PERSECUCIÓN POLÍTICA Y VIOLACIONES AL DEBIDO PROCESO
Tomo I

COLECCIÓN OPINIONES Y ALEGATOS JURÍDICOS

Títulos publicados

1. *Inconstitucionalidad de la decisión del Congreso en el caso "Sierra Nevada", por extralimitación de atribuciones en relación con el Dr. Luis Cova Arria*, Caracas 1980, 60 pp.

2. *El caso de las Cartas de Crédito. Efectos retroactivos y confiscatorios de la unificación cambiaria y el régimen de las subvenciones administrativas*, por Allan R. Brewer-Carías, Caracas, 1991, 141 pp.

3. *El caso del Monstruo de Los Palos Grandes*, Estudio Jurídico Urbanístico, por Allan R. Brewer-Carías y Carlos M. Ayala Corao, Caracas 1993, 580 pp.

4. *El caso del Banco de Venezuela. El Juicio de Amparo contra la Comisión Nacional de Valores*, Tomo I, por Allan R. Brewer-Carías; Carlos M. Ayala Corao; Armida Quintana Matos; León Henrique Cottin y Gabriel Ruan Santos, Caracas 1993, 443 pp.

5. *Los Derechos del Niño vs. Los abusos de parlamentarios de la libertad de expresión,* por José Guillermo Andueza; Allan R. Brewer-Carías y Gerardo Fernández, Caracas 1994, 167 pp.

6. *El caso del Banco de Venezuela. La incompetencia de la Comisión Nacional de Valores para declarar acciones de sociedades anónimas, como acciones en tesorería. Dictámenes Jurídicos*, Tomo II, por Eduardo García de Enterría; Massimo Severo Gianinni; Roland Drago; Antonio Jiménez Blanco y José Guillermo Andueza, Caracas 1995, 150 pp.

7. *El derecho a la intimidad y a la vida privada y su protección frente a las injerencias abusivas o arbitrarias del estado (el caso de las declaraciones juradas de patrimonio exigidas a los administradores de bancos)*, por Allan Brewer-Carías y Carlos Ayala Corao, Caracas 1995, 347 pp.

8. *El caso del Banco de Venezuela. El Takeover del Banco de Venezuela*, Tomo III, por Alfredo Morles Hernández, Caracas 1996, 318 pp.

9. *El caso del Banco de Venezuela. La adquisición de acciones propias y supuestos similares*, Tomo IV, por Prieto Abbadessa; María Auxiliadora Pisani Ricci; Juan Sánchez-Calero Guilante; Alberto Javier Tapia Hermida y Alfredo Morles Hernández, Caracas 1996, 173 pp.

10. *La Fusión Pinco-Corimon. El procedimiento administrativo en Pro-competencia*, Tomo I, por Alberto Baumeister Toledo y Gustavo José Linares Benzo, Caracas 1997, 380 pp.

11. *El caso "Las Cristinas". Sobre el intento de despojo de las Minas de Oro más ricas de Guayana*, por Allan R. Brewer-Carías, Francisco Zubillaga Silva y Gerardo Fernández, Caracas 1998, 309 pp.

12. *La Guerra de las Colas en Venezuela*, por Gustavo J. Linares Benzo, Caracas 2000, 962 pp.

13. *En mi propia defensa*, por Allan R. Brewer-Carías, Caracas, 2006, 598 pp.

14. *El caso Allan R. Brewer-Carías vs. Venezuela ante la Corte Interamericana de Derechos Humanos (Estudio del caso y análisis crítico de la errada sentencia de la Corte Interamericana de Derechos Humanos N° 277 de 26 de mayo de 2014)*, por Allan R. Brewer-Carías, Caracas 2014, 499 páginas.

PERSECUCIÓN POLÍTICA Y VIOLACIONES AL DEBIDO PROCESO

Caso CIDH
ALLAN R. BREWER-CARÍAS
vs.
VENEZUELA

ante la Comisión Interamericana de Derechos Humanos y ante la Corte Interamericana de Derechos Humanos

Tomo I
DENUNCIA, ALEGATOS Y SOLICITUDES PRESENTADOS POR LOS ABOGADOS

PEDRO NIKKEN, CLAUDIO GROSSMAN,
JUAN MÉNDEZ, HELIO BICUDO,
DOUGLAS CASSEL Y HÉCTOR FAÚNDEZ

ALLAN R. BREWER-CARÍAS
(Compilador)

**Con las decisiones de la
Comisión y de la Corte Interamericanas como Apéndices**

Colección Opiniones y Alegatos Jurídicos
N° 15

Editorial Jurídica Venezolana
Caracas 2015

©   by Allan R. Brewer-Carías
abrewer@bblegal.com
www.allanbrewercarias.com

Hecho el Depósito de Ley
Depósito Legal: lf54020143402335
ISBN: 978-980-365-260-9

Editado por: Editorial Jurídica Venezolana
Avda. Francisco Solano López, Torre Oasis, P.B., Local 4, Sabana Grande,
Apartado 17.598 – Caracas, 1015, Venezuela
Teléfono 762.25.53, 762.38.42. Fax. 763.5239
http://www.editorialjuridicavenezolana.com.ve
Email fejv@cantv.net

Impreso por: Lightning Source, an INGRAM Content company
para Editorial Jurídica Venezolana International Inc.
Panamá, República de Panamá.
Email: editorialjuridicainternational@gmail.com

Diagramación, composición y montaje
por: Francis Gil, en letra Times New Roman, 10,5
Interlineado 11, Mancha 18 x 11.5 cm., libro: 22.9 x 15.2 cm

SUMARIO

NOTA EXPLICATIVA   9

PROLOGO: EL AGOTAMIENTO DE LOS RECURSOS DE LA
JURISDICCIÓN INTERNA Y LA SENTENCIA DE LA CORTE
INTERAMERICANA DE DERECHOS HUMANOS EN EL CA-
SO BREWER CARÍAS, por: *Héctor Faúndez Ledesma*   21

LIBRO PRIMERO
ACTUACIONES ANTE LA COMISIÓN
INTERAMERICANA DE DERECHOS HUMANOS

PRIMERA PARTE: ESCRITO DE LA DENUNCIA PRESENTADA
POR LOS REPRESENTANTES DE ALLAN R. BREWER-
CARÍAS ANTE LA COMISIÓN INTERAMERICANA DE DE-
RECHOS HUMANOS CONTRA EL ESTADO VENEZOLANO,
POR VIOLACIÓN DE SUS DERECHOS GARANTIZADOS EN
LA CONVENCIÓN INTERAMERICANA DE DERECHOS
HUMANOS, DE FECHA 24 DE ENERO DE 2007   31

SEGUNDA PARTE: ESCRITO DE RESPUESTA A LAS PREGUN-
TAS FORMULADAS POR LA COMISIÓN INTERAMERICA-
NA DE DERECHOS HUMANOS DE 24 DE OCTUBRE DE
2007, CONSIGNADO EL 27 DE DICIEMBRE DE 2007   92

TERCERA PARTE: ESCRITOS COMPLEMENTARIOS A LA PE-
TICIÓN FORMULADOS CON OCASIÓN DE LA SANCIÓN
DE LA LEY DE AMNISTÍA DE 30 DE DICIEMBRE DE 2007   119

APÉNDICE 1: INFORME DE ADMISIÓN DE LA PETI-
CIÓN EMANADO DE LA COMISIÓN INTERAMERICANA
DE DERECHOS HUMANOS, DE FECHA 8 DE SEPTIEM-
BRE DE 2009   124

CUARTA PARTE: ESCRITO DE OBSERVACIONES ADICIONA-
LES PRESENTADAS ANTE LA COMISIÓN INTERAMERI-
CANA DE DERECHOS HUMANOS EN FECHA 30 DE NO-
VIEMBRE DE 2009   160

APÉNDICE 2: INFORME Nº 171/11 DE LA COMISIÓN INTERAMERICANA DE DERECHOS HUMANOS DE FECHA 7 DE MARZO DE 2012 RENDIDO CONFORME AL ARTICULO 50 DE LA CONVENCIÓN AMERICANA PARA EL SOMETIMIENTO DEL CASO ANTE LA CORTE INTERAMERICANA DE DERECHOS HUMANOS ... 261

NOTA DE LA COMISIÓN INTERAMERICANA DE DERECHOS HUMANOS DE FECHA 7 DE MARZO DE 2012, DE SOMETIMIENTO DEL CASO Nº 12.724 (ALLAN R. BREWER CARÍAS v. VENEZUELA) A LA CORTE INTERAMERICANA DE DERECHOS HUMANOS ... 316

LIBRO SEGUNDO

ACTUACIONES ANTE LA CORTE INTERAMERICANA DE DERECHOS HUMANOS

QUINTA PARTE: ESCRITO AUTÓNOMO DE SOLICITUDES, ARGUMENTOS Y PRUEBAS PRESENTADO POR LOS REPRESENTANTES DE ALLAN R. BREWER-CARÍAS ANTE LA CORTE INTERAMERICANA DE DERECHOS HUMANOS CONTRA EL ESTADO VENEZOLANO, POR VIOLACIÓN DE SUS DERECHOS GARANTIZADOS EN LA CONVENCIÓN INTERAMERICANA DE DERECHOS HUMANOS, DE FECHA 7 DE JULIO DE 2012 ... 321

SEXTA PARTE: ESCRITO DE OBSERVACIONES PRESENTADAS POR LOS REPRESENTANTES DE ALLAN R. BREWER-CARÍAS DE 5 DE MARZO DE 2013 A LA EXCEPCIÓN PRELIMINAR FORMULADA POR EL ESTADO EN EL ESCRITO DE CONTESTACIÓN (DE 12 DE NOVIEMBRE DE 2012) ... 635

SÉPTIMA PARTE: ESCRITOS DE ALEGATOS Y OBSERVACIONES FINALES PRESENTADO POR LOS REPRESENTANTES DE ALLAN R. BREWER CARÍAS ANTE LA CORTE INTERAMERICANA DE DERECHOS HUMANOS DE 4 DE OCTUBRE DE 2013 ... 685

APÉNDICE 3: SENTENCIA DE LA CORTE INTERAMERICANA DE DERECHOS HUMANOS Nº 277 DE 26 DE MAYO DE 2014, EN EL CASO *ALLAN R. BREWER-CARÍAS VS. VENEZUELA* (EXCEPCIONES PRELIMINARES) ... 954

VOTO CONJUNTO NEGATIVO DE LOS JUECES MANUEL E. VENTURA ROBLES Y EDUARDO FERRER MACGREGOR POISOT ... 1020

ÍNDICE GENERAL ... 1065

NOTA EXPLICATIVA

Estos dos tomos del libro *Persecución Política y violaciones al debido proceso*, contienen los documentos contentivos de todas las argumentaciones y alegatos formulados en el caso *Allan R. Brewer-Carías vs Venezuela*, que durante siete años se desarrolló ante la Comisión Interamericana de Derechos Humanos (2007-2011) y ante la Corte Interamericana de Derechos Humanos (2011-2013), con motivo de la denuncia formulada en enero de 2007 por mis representantes, los profesores **Pedro Nikken, Claudio Grossman, Juan E. Méndez, Douglas Cassel, Helio Bicudo y Héctor Faúndez Ledezma**, por la violación masiva de mis derechos y garantías constitucionales y convencionales por parte de los agentes del Estado venezolano, y que concluyó con la sentencia de dicha Corte internacional N° 277 de 26 de mayo de 2014, emitida con la firma de los Jueces **Humberto Antonio Sierra Porto**, Presidente y Ponente; **Roberto F. Caldas, Diego García-Sayán** y **Alberto Pérez Pérez**, y el *Voto Conjunto Negativo* de los Jueces **Manuel E. Ventura Robles** y **Eduardo Ferrer Mac-Gregor Poisot.**[1]

En la denuncia que originó el caso se alegó la violación masiva por parte de los agentes del Estado venezolano de mis derechos y garantías judiciales (a la defensa, a ser oído, a la presunción de inocencia, a ser juzgado por un juez imparcial e independiente, al debido proceso judicial, a seguir un juicio en libertad, a la protección judicial) y otros (a la honra, a la libertad de expresión, incluso al ejercer mi profesión de abogado, a la seguridad personal y a la circulación y a la igualdad y no discriminación), consagrados en los artículos 44. 49, 50, 57 y 60 de la Constitución de Venezuela y de los artículos 1.1, 2, 7, 8.1, 8.2, 8.2.c, 8.2.f, 11, 13, 22, 24 y 25 de la Convención Americana sobre

---

1   Véase la sentencia en http://www.corteidh.or.cr/docs/casos/articulos/seriec_278_esp.pdf. El Juez **Eduardo Vio Grossi**, el 11 de julio de 2012, apenas el caso se presentó ante la Corte, muy honorablemente se excusó de participar en el mismo conforme a los artículos 19.2 del Estatuto y 21 del Reglamento, ambos de la Corte Interamericana, recordando que en la década de los ochenta se había desempeñado como investigador en el Instituto de Derecho Público de la Universidad Central de Venezuela, cuando yo era Director del mismo, precisando que aunque ello había acontecido hacía ya bastante tiempo, "no desearía que ese hecho pudiese provocar, si participase en este caso en cuestión, alguna duda, por mínima que fuese, acerca de la imparcialidad," tanto suya "como muy especialmente de la Corte." La excusa le fue aceptada por el Presidente de la Corte el 7 de septiembre de 2012, después de consultar con los demás Jueces, estimando razonable acceder a lo solicitado.

9

Derechos Humanos, en el proceso penal que fue iniciado en mi contra en octubre de 2005, sin fundamento alguno, por el delito de "conspiración para cambiar violentamente la Constitución," y sólo con motivo de mi actuación como abogado en ejercicio en el momento de la crisis política originada por la anunciada renuncia del Presidente de la República en abril de 2002, en el cual se solicitó mi opinión jurídica sobre un proyecto de "decreto de gobierno de transición democrática" que se sometió a mí consideración, y respecto del cual, incluso, di una opinión adversa. La denuncia y acusación en mi contra, sin duda, fue la excusa para materializar la persecución política en mi contra por mi posición crítica respecto del régimen autoritario que se había instalado en el país desde 1999.

La sentencia de la Corte Interamericana de Derechos Humanos, resolvió archivar el expediente, denegándome en definitiva el acceso a la justicia, y protegiendo en cambio a un Estado que se había burlado sistemáticamente de sus propias decisiones, renunciando así la Corte a cumplir con sus obligaciones convencionales de conocer y juzgar las violaciones de los derechos humanos, en este caso de mis derechos y garantías, para lo cual tuvo que abandonar la que quizás era su más tradicional jurisprudencia sentada desde 1987 en el caso *Velásquez Rodríguez Vs. Honduras*,[2] que le imponía la obligación de entrar a conocer del fondo de la causa cuando como sucedió en mi caso, las denuncias formuladas contra un Estado eran por violaciones a las garantías judiciales, como la violación a los derechos al debido proceso, a un juez independiente e imparcial, a la defensa, a la presunción de inocencia, y a la protección judicial. En esos supuestos, la Corte Interamericana siempre sostuvo que no se podía decidir la excepción de falta de agotamiento de recursos internos que pudiera alegar el Estado demandado, sin primero entrar a conocer y decidir si en el Estado cuestionado había o no esencialmente garantías judiciales, es decir, si el Poder Judicial efectivamente era confiable, idóneo y efectivo para la protección judicial.

Sin embargo, en este caso, apartándose de su propia jurisprudencia, para no decidir sobre las violaciones alegadas y evitar juzgar al Estado denunciado, el cual venía presionándola en toda forma sistemática, la Corte se excusó, sin razón jurídica alguna y en desconocimiento absoluto e inconcebible de las características peculiares del proceso de amparo en Venezuela, en el argumento de que para que yo pudiese haber pretendido acudir ante la jurisdicción internacional para buscar la protección que nunca pude obtener en mi país, yo debía haber "agotado" los recursos internos en Venezuela, ignorando deliberadamente que yo había intentado y agotado efectivamente, en noviembre de 2005, a través de mis abogados defensores **León Henrique Cottin** y **Rafael Odremán**, *el único recurso disponible y oportuno que tenía al comenzar la etapa intermedia del proceso penal*, que fue la solicitud de "nulidad absoluta" de lo actuado por violación masiva de mis derechos y garantías constituciona-

---

2 Caso *Velásquez Rodríguez Vs. Honduras*. Excepciones Preliminares. Sentencia de 26 de junio de 1987. Serie C Nº 1.

les, llamado como "amparo penal;" recurso que jamás fue decidido por el juez de la causa, violando a la vez mi derecho a la protección judicial.

Lo que la inicua decisión de la Corte de ordenar archivar el expediente significó fue, en definitiva, resolver que para que yo pudiera pretender acceder a la justicia internacional buscando protección a mis derechos, debía previamente someterme el paródico proceso penal iniciado en mi contra por razones que eran puramente políticas, y allí gestionar que el mismo pasara de una supuesta "etapa temprana," (párrafos 95, 96, 97, 98 de la sentencia) en la cual se encontraba, y en la cual por lo visto, en criterio de la Corte, se pueden violar impunemente las garantías judiciales; para que llegara a una imprecisa y subsiguiente "etapa tardía," que nadie sabe cuál podría ser, y ver si se corregían los vicios denunciados; pero eso sí, privado de libertad y sin garantía alguna del debido proceso, en un país donde simplemente no existe independencia y autonomía del Poder Judicial.

Es decir, para la Corte Interamericana, la única forma para que yo pudiera pretender obtener justicia internacional en un caso de ostensible persecución política, era que me entregara a mis perseguidores políticos, para que una vez privado de libertad y sin garantías judiciales algunas, tratase de seguir, desde la cárcel, un proceso judicial que estaba viciado desde el inicio; de manera que si después de varios años lograba que el mismo avanzara, y las violaciones a mis derechos se agravaran, entonces, si aún contaba con vida, o desde la ultratumba, podía regresar ante la Corte Interamericana a denunciar los mismos vicios que con su sentencia la Corte se negó a conocer.

Y todo ello, que es lo más absurdo aún, en relación con un "proceso" que en la práctica ya se había extinguido en Venezuela, pues el que se había iniciado en 2005 había desaparecido legalmente en virtud de una Ley de Amnistía dictada en diciembre de 2007, mediante la cual se despenalizaron los hechos por los que se me había acusado, habiéndose extinguido en consecuencia el proceso penal para todos los imputados. Sin embargo, como yo tuve la osadía de reclamar justicia ante la justicia internacional, no sólo la Corte Interamericana me la denegó, sino que en Venezuela, por ello, se me "castigó" de manera tal que la extinción del proceso penal operó para todos, excepto para mí persona por haber reclamado mis derechos.

La decisión de la Corte Interamericana, por lo demás, se adoptó en un momento de intensa presión política que el Estado venezolano ejerció sobre la misma y algunos de sus Jueces, que es lo único que en definitiva puede justificar el inexplicable cambió en la jurisprudencia de la Corte, para terminar protegiendo a un Estado que despreció sus sentencias, y cercenarle el acceso a la justicia a un ciudadano que acudió a la ella clamando por la que no la podía obtener en su país. ¿Habrá sido esa la consecuencia de la presión ejercida por el Estado venezolano contra la Corte al denunciar la Convención Americana? Solo la historia lo dirá.

En todo caso, lo cierto es que la sentencia fue la secuela de previas decisiones dictadas por el Tribunal Supremo de Justicia de Venezuela de declarar inejecutables sendas sentencias de la Corte en dos casos previos de importancia política (2008, 2011), y del anuncio oficial del Estado de denunciar la Convención Americana sobre Derechos Humanos de septiembre de 2012, basado precisamente en dichos casos, y además, en el hecho de que la Corte Interamericana en ese momento se encontraba precisamente, conociendo de mi caso, lo que el Estado consideró como parte de una campaña internacional en su contra. La denuncia de la Convención, por lo demás, materializó los expresos e insólitos requerimiento hechos al Ejecutivo Nacional por la Sala Constitucional del Tribunal Supremo de Justicia, al declarar inejecutables en Venezuela las sentencias de la Corte Interamericana.

Además, la emisión de la sentencia coincidió con un momento en el funcionamiento de la Corte en la cual, en particular, los intereses políticos personales de algunos jueces comenzaron a darse a conocer, como fue el de la anunciada candidatura del juez **Diego García Sayán** para la Secretaría General de la Organización de Estados Americanos, a la cual aspiraba desde 2013, desde antes de ser dictada la sentencia; lo que sin duda le requería cortejar a los electores, que son precisamente los Estados, para buscar sus votos, a pesar de que ellos son a los que los jueces están llamados a juzgar.

Para lograr su cometido de ser juez-candidato o candidato-juez a ese alto cargo político internacional, sin separase de su cargo de Juez, el juez **García Sayán** logró que el Juez **Humberto Antonio Sierra Porto**, Presidente de la Corte, lo autorizase a proceder entonces a realizar todas las actividades políticas necesarias para promover su candidatura, totalmente incompatibles con el cargo de Juez. Y así fue entonces que el Juez **García Sayán** el 16 de agosto de 2014 hizo pública su aspiración, que era un secreto a voces desde meses antes, continuando con su afán de buscar los votos de los Estados para que lo apoyasen y eligieran.

Esta decisión del Presidente Juez **Sierra Porto**, adoptada de espaldas a la Corte, motivó que los Jueces **Eduardo Vio Grossi** y **Manuel Ventura** consignaran y publicaran el 21 de agosto de 2014, una "Constancia de Disentimiento" cuestionando la decisión del Presidente Juez **Sierra Porto**, y solicitando que por "la trascendencia del asunto para el desarrollo de la propia Corte," quedase registrada en sus archivos "su disconformidad," tanto con la solicitud formulada por el Juez **García Sayán**, para que *mientras fuese candidato* a la Secretaría General de la OEA se le excusase *"de participar en la deliberación e las sentencias u otras decisiones relativas a casos contenciosos, supervisión de cumplimiento de sentencias o medidas provisionales sobre las que la Corte tenga que pronunciarse;"* como con lo resuelto unilateralmente por el Presidente de la Corte, Juez **Sierra Porto** aceptando la mencionada excusa.

Era evidente que el Juez **García Sayán** no podía pretender seguir ejerciendo su cargo como Juez de la Corte Interamericana y además, simultáneamente, seguir de Juez con una "excusa" para realizar la gestión política de compromisos internacionales buscando apoyos y votos de los Estados, que son los sujetos a ser juzgados por la propia Corte. Al contrario, lo que debió haber hecho el Juez **García Sayán** era haber renunciado a su cargo desde antes, para dedicarse de lleno a la actividad política que demandaba su postulación como candidato a la Secretaría General de la OEA, como bien lo indicaron los Jueces **Vio Grossi** y **Ventura Robles**, en su "Constancia de Disentimiento," y conforme a lo que está previsto en el artículo 21.1 del Estatuto del Corte, lo cual sin embargo no hizo. Por ello, la propia conclusión de los jueces **Ventura Robles** y **Vio Grossi**, fue que:

> "es a todas luces evidente que la "*actividad*" consistente en la candidatura a la Secretaría General de la OEA, no solo puede en la práctica impedir el ejercicio del cargo de juez de la Corte, sino que también puede afectar la "independencia, "*imparcialidad*", "*dignidad*" o "*prestigio*" con que necesariamente debe ser percibido dicho ejercicio por quienes comparecen ante la Corte demandando Justicia en materia de derechos humanos."

Por esa situación, que atentaba contra la credibilidad de la Corte, y además por la presión que Venezuela había estado ejerciendo ante la propia Corte, era evidente que era difícil poder esperar justicia, lo que quedó evidenciado con la sentencia de la misma, dictada unos meses antes de esos eventos, y durante el tiempo en el cual la aspiración a la candidatura de parte del Juez **García Sayán** a la Secretaria General de la OEA era ya bien conocida.

Con dicha sentencia, como se dijo, la Corte Interamericana no sólo demostró una incomprensión extrema del sistema venezolano de protección constitucional mediante el amparo o tutela constitucional, desconociendo la solicitud de amparo penal que mis abogados había ejercido a los pocos días de formularse acusación en mi contra en octubre de 2005, sino que llegó a afirmar que si el escrito de una petición de amparo o tutela constitucional, como fue la nulidad absoluta intentada de todo lo actuado en el proceso, tiene 532 páginas, entonces según el criterio de la Corte Interamericana, la acción de amparo deja de serlo, porque en su miope criterio, por su "extensión" la misma no se podría resolver perentoriamente.

Pero además, la Corte Interamericana incurrió en el gravísimo error de afirmar que en un proceso penal supuestamente existiría la referida "etapa temprana" (párrafos 95, 96, 97, 98) que como lo advirtieron los Jueces **Eduardo Ferrer Mac Gregor** y **Manuel Ventura Robles**, en su *Voto Conjunto Negativo* a la sentencia, es un "*nuevo concepto* acuñado en la Sentencia y en la jurisprudencia" (párrafo 46), que implica la absurda consecuencia de que si en la misma (como sería la etapa de investigación de un proceso penal) se han cometido violaciones a los derechos y garantías constitucionales, las violaciones nunca podrían ser apreciadas ni juzgadas por el juez internacional, porque eventualmente podrían ser corregidas en el curso del proceso interno (en el entendido, por supuesto, de que se tratase de un sistema donde funcione el Estado de derecho), así el proceso íntegro estuviese viciado.

Ello equivale a dejar sentada la doctrina de que en esa "etapa temprana" del proceso penal se pueden violar impunemente las garantías judiciales, y las víctimas lo que tienen que hacer es esperar *sine die*, incluso privadas de libertad y en condiciones inhumanas, para que un sistema judicial sometido al Poder político, instrumento para la persecución y deliberadamente lento, termine de demoler todos los derechos y garantías, para entonces, después de varios años de prisión sin juicio, las víctimas quizás puedan pretender tener oportunidad de acudir al ámbito internacional buscando justicia.

Como lo advirtieron los Jueces **Ferrer Mac Gregor** y **Ventura Robles** en su *Voto Conjunto Negativo*, en "la Sentencia se consideró que en este caso en el cual todavía se encuentra pendiente la audiencia preliminar y una decisión al menos de primera instancia, *no era posible entrar a pronunciarse sobre la presunta vulneración de las garantías judiciales*, debido a *que todavía no habría certeza sobre cómo continuaría el proceso* y si muchos de los alegatos presentados *podrían ser subsanados a nivel interno*" (párrafo 25, e igualmente párrafos 35, 46, 50), considerando el *Voto Conjunto Negativo* que con ello, la Corte Interamericana:

> "contradice la línea jurisprudencial del propio Tribunal Interamericano en sus más de veintiséis años de jurisdicción contenciosa, desde su primera resolución en la temática de agotamiento de los recursos internos como es el caso *Velásquez Rodríguez Vs. Honduras,*[3] *creando así un preocupante precedente contrario a su misma jurisprudencia y al derecho de acceso a la justicia en el sistema interamericano*" (párrafo 47).

Por ello, los Jueces **Ferrer Mac Gregor** y **Ventura Robles** en su *Voto Conjunto Negativo* insistieron en este grave error de la sentencia de la Corte de establecer esta "nueva teoría" de la "etapa temprana" de un proceso, que:

> "representa un retroceso que afecta al sistema interamericano en su integralidad, en cuanto a los asuntos ante la Comisión Interamericana y casos pendientes por resolver por la Corte, toda vez que tiene *consecuencias negativas para las presuntas víctimas en el ejercicio del derecho de acceso a la justicia. Aceptar que en las "etapas tempranas" del procedimiento no puede determinarse alguna violación (porque eventualmente puedan ser remediadas en etapas posteriores) crea un precedente que implicaría graduar la gravedad de las violaciones atendiendo a la etapa del procedimiento en la que se encuentre; más aún, cuando es el propio Estado el que ha causado que no se hayan agotado los recursos internos en el presente caso, dado que ni siquiera dio trámite a los recursos de nulidad de actuaciones —de 4 y 8 de noviembre de 2005— por violación a derechos fundamentales*" (párrafo 56).

Todo ello llevó a los Jueces disidentes en su *Voto Conjunto Negativo* a concluir que la utilización por la sentencia, como uno de sus argumentos centrales, de "*la artificiosa teoría,*" - así la califican -:

---

3   *Caso Velásquez Rodríguez Vs. Honduras*. Excepciones Preliminares. Sentencia de 26 de junio de 1987. Serie C Nº 1.

"de la "etapa temprana" del proceso, para no entrar al análisis de las presuntas violaciones a los derechos humanos protegidos por el Pacto de San José, constituye un *claro retroceso en la jurisprudencia histórica de esta Corte, pudiendo producir el precedente que se está creando consecuencias negativas para las presuntas víctimas en el ejercicio del derecho de acceso a la justicia*; derecho fundamental de gran trascendencia para el sistema interamericano en su integralidad, al constituir en si mismo una garantía de los demás derechos de la Convención Americana en detrimento del efecto útil de dicho instrumento" (párrafo 119).

Con esta sentencia, en realidad, la mayoría sentenciadora de la Corte Interamericana, y entre ellos, un Juez que paralelamente aspiraba a ser candidato a la Secretaria General de la OEA, para lo cual tenía que contar con los votos de los Estados que estaba juzgando, al pensar que el viciado proceso penal seguido en mi contra como instrumento de persecución política podía avanzar y salir de la "etapa temprana" en la que en criterio de la Corte se encontraba, y considerar que el Estado, con el Poder Judicial como está, podía sin embargo corregir los vicios denunciados; lo que resolvió en definitiva fue darle un aval a la situación y el funcionamiento del Poder Judicial en Venezuela, considerándolo apropiado para impartir justicia, que era precisamente todo lo contrario de lo que fue denunciado, y de la realidad política del país.

Lástima, en todo caso, que los señores jueces que tomaron la decisión no solo ignoraron los excelentes alegatos y argumentos formulados en el caso, así como los dictámenes y *amicus curiae* que se presentaron en juicio, y que se pueden leer en estos dos volúmenes, sino que ni siquiera tuvieron el tiempo de haber leído sus propias sentencias anteriores en las cuales la Corte ya había analizado y considerado la situación del Poder Judicial en Venezuela. A ello se suma la deliberada ceguera frente a las toneladas de informes y documentos que mostraban la situación catastrófica del Poder Judicial en el país, que no leyeron o no quisieron leer. Entre ellos se incluye uno de los más recientes informes sobre la problemática estructural del Poder Judicial en Venezuela como fue el elaborado por la *Comisión Internacional de Juristas*, titulado *Fortalecimiento del Estado de Derecho en Venezuela*, publicado en Ginebra en marzo de 2014, es decir, sólo dos meses antes de dictarse la sentencia, en cuya Presentación, su Secretario General, Wilder Tayler, explicó que:

> *"Este informe da cuenta de la falta de independencia de la justicia en Venezuela, comenzando con el Ministerio Público cuya función constitucional además de proteger los derechos es dirigir la investigación penal y ejercer la acción penal. El incumplimiento con la propia normativa interna ha configurado un Ministerio Público sin garantías de independencia e imparcialidad de los demás poderes públicos y de los actores políticos, con el agravante de que los fiscales en casi su totalidad son de libre nombramiento y remoción, y por tanto vulnerables a presiones externas y sujetos órdenes superiores.*

En el mismo sentido, el Poder Judicial ha sido integrado desde el Tribunal Supremo de Justicia (TSJ) con criterios predominantemente políticos en su designación. La mayoría de los jueces son "provisionales" y vulnerables a presiones políticas externas, ya que son de libre nombramiento y de remoción discrecional por una Comisión Judicial del propio TSJ, la cual, a su vez, tiene una marcada tendencia partidista. [...]".

Luego de referirse a que "el informe da cuenta además de las restricciones del Estado a la profesión legal," el Sr. Tayler concluyó su Presentación del Informe afirmando tajantemente que:

"Un sistema de justicia que carece de independencia, como lo es el venezolano, es comprobadamente ineficiente para cumplir con sus funciones propias. En este sentido en Venezuela, un país con una de las más altas tasas de homicidio en Latinoamérica y en el familiares sin justicia, esta cifra es cercana al 98% en los casos de violaciones a los derechos humanos. Al mismo tiempo, el poder judicial, precisamente por estar sujeto a presiones externas, no cumple su función de proteger a las personas frente a los abusos del poder sino que por el contrario, en no pocos casos es utilizado como mecanismo de persecución contra opositores y disidentes o simples críticos del proceso político, incluidos dirigentes de partidos, defensores de derechos humanos, dirigentes campesinos y sindicales, y estudiantes."[4]

Ese Poder Judicial, es el que la Corte Interamericana no se atrevió a juzgar, avalándolo sin embargo, pero sin motivación, al pensar que en el mismo se podían realmente corregir las violaciones masivas cometidas en un proceso penal cuyo objeto además era la persecución política.

Si el Estado venezolano despreció la justicia internacional el negarse a ejecutar las sentencias de la Corte Interamericana, minando su majestad decisora; con sentencias como estas dictada en el caso *Allan R. Brewer-Carías vs. Venezuela*, protegiendo a un Estado despreciador de sus sentencias, ha sido la misma Corte la que está contribuyendo a minar la confianza que pudieran tener en ella los ciudadanos cuando buscan la justicia que no encuentran en sus países. Y si no hay justicia, como lo escribió Quevedo hace siglos: ***"Si no hay justicia, Qué difícil es tener razón !!"***

Y no puede haber justicia internacional confiable cuando un juez de la Corte Interamericana, como el Juez **Diego García Sayán**, quien presidió la Corte cuando se realizó la audiencia del caso en septiembre de 2013, y cuando se adoptó la sentencia, ya aspiraba a ser candidato a la Secretaría General de la Organización de Estados Americanos, candidatura que se concretó en agosto de 2014, oportunidad en la cual obtuvo un insólito permiso menciona-

---

4   Véase en http://icj.wpengine.netdna-cdn.com/wp-content/uploads/2014/06/VENE-ZUELA-Informe-A4-elec.pdf

do del Presidente de la Corte, Juez **Serra Porto** para sin dejar de ser Juez, dedicarse de lleno a buscar y completar los votos de los Estados que necesitaba en apoyo de dicha candidatura; Estados que estaban siendo juzgados por él mismo como miembro de la propia Corte.

En un libro recientemente publicado he tenido ocasión de analizar detalladamente la errada sentencia (**Allan R. Brewer-Carías**, *El caso Allan R. Brewer-Carías, vs. Venezuela ante la Corte Interamericana de Derechos Humanos. Estudio del caso y análisis crítico de la errada sentencia de la Corte Interamericana de derechos Humanos de 26 de mayo de 2014*, **Colección Opiniones y Alegatos Jurídicos Nº 14, Editorial Jurídica Venezolana, Caracas 2014, 500 pp.**) la cual, incluso pesar de los temores que teníamos sobre sus circunstancias, nunca pensamos que podía ser tan decepcionante, sobre todo para todos aquellos amigos y juristas que dieron importantísimas opiniones jurídicas sobre el caso, cuyos extraordinarios aportes son los que se recopilan en estos dos Tomos, y que he querido editar y publicar, precisamente, en homenaje y hasta cierta forma en desagravio a ellos, como muestra además de mi renovado agradecimiento por su desinteresado apoyo. La solidez de las mismas, además, para cualquier lector, le confirmará lo errado que fue la sentencia.

El primer Tomo de esta obra recoge la muy importante denuncia y los alegatos formulados en mi defensa por los distinguidos abogados que me representaron ante la Comisión Interamericana de Derechos Humanos (2007-2011) y ante la Corte Interamericana de Derechos Humanos (2011-2014), quienes en mi nombre denunciaron al Estado venezolano por las violaciones masivas cometidas contra mis derechos y garantías judiciales. Ese equipo de mis representantes, realmente creo que no pudo ser mejor, integrado por el profesor **Pedro Nikken**, ex Decano de la Facultad de Derecho de la Universidad Central de Venezuela ; ex Presidente de la Corte Interamericana de Derechos Humanos; ex Presidente de la Comisión Internacional de Juristas y ex Presidente del Instituto Interamericano de Derechos Humanos; el profesor, **Claudio Grossman**, Decano de la *American University School of Law*, Washington, antiguo miembro de la Comisión Interamericana de Derechos Humanos, y presidente del Comité contra la Tortura de las naciones Unidas; el profesor **Juan E. Méndez**, antiguo miembro de la Comisión Interamericana de Derechos Humanos, ex Director del Instituto Interamericano de Derechos Humanos, y Relator Especial contra la Tortura, Naciones Unidas; el profesor **Douglas Cassel**, de la Facultad de la *Notre Dame Law School, Notre Dame Presidential Fellow*, y miembro del *Kellogg Institute for International Studies* y del *Kroc Institute for International Peace Studies*; el profesor **Héctor Faúndez Ledezma**, de la Facultad de Derecho de la Universidad Central de Venezuela, director del centro de Derechos Humanos de la misma Universidad; y el jurista **Helio Bicudo**, distinguido académico del Brasil. Todos conformaron lo que sin duda puede calificarse como un excepcional e inmejorable equipo, por lo que a todos les quiero aquí agradecer de nuevo su ayuda, apoyo y amistad. Todos contamos, además, con la guía experta del profesor **Pedro**

Nikken, quien además, y más importante aún, ha sido mi socio y amigo durante varias décadas, a quien de nuevo quiero agradecer su invalorable asistencia. No descarto que quizás porque era un equipo demasiado bueno, más de algún Juez pudo haber resentido la excelencia. Nada es descartable en la conducta humana.

Junto con los escritos y alegatos de esos extraordinarios juristas, se publican además en el Tomo I de esta obra, los diversos Informes producidos por la Comisión Interamericana de Derechos Humanos en el curso el procedimiento, y el texto de la sentencia de la Corte Interamericana de Derechos Humanos N° 277 de 26 de mayo de 2014 junto con el *Voto Conjunto Negativo* de los Jueces **Manuel E. Ventura Robles** y **Eduardo Ferrer MacGregor Poisot**.

Por otra parte, en el Tomo II de esta obra se recogen, en primer lugar, el testimonio escrito rendido ante la Corte Interamericana por **Rafael Odremán** en su carácter de testigo presentado por mis representantes, y las declaraciones escritas de los profesores **Antonio Canova** y **Carlos Tiffer**, formuladas ante la misma Corte, en carácter de peritos también presentados por mis representantes. En segundo lugar, se incluyen en el Tomo II, los excelentes dictámenes jurídicos sobre diversos aspectos del caso elaborados por los profesores **Enrique Gimbernat, Alberto Arteaga Sánchez** y **Rafael Chavero**. Y en tercer lugar, también se recogen en el Tomo II, los diversos y muy importantes *Amicus curiae* presentados en el proceso ante la Corte Interamericana de Derechos Humanos, y que fueron olímpicamente ignorados por la misma, en apoyo de consideraciones jurídicas que formulamos en el caso, elaborados por las siguientes personas e instituciones: **José Alberto Álvarez, Renaldy Gutiérrez, Francisco Saenger** y **Dante Figueroa**, por la *Inter-American Bar Association*; **Baroness Helena Kennedy QC** y **Stenford Noyo**, por el *International Bar Association's Human Rights Institute*; **Werner F. Ahlers, Andrew L. Frey, Allison Levine Stillman, Tiasha Palikovoic, Gretta L. Walters, Werner F. Ahlers** por la *Association of the Bar of the City of New York*; **Leo Zwaak, Diana Contreras-Gudiño, Lubomina Kostova, Tomas Königs, Amick Pijnengurg** por *The Netherlands Institute of Human Rights*; **Humberto Prado**, por las *Comisiones de Derechos Humanos de la federación de Colegios de Abogados de Venezuela*; por los profesores **Rafael Chavero, Juan Domingo Alfonso, José Vicente Haro, Jesús María Andrade, Ricardo Antella Garrido, Jorge Kariakiris Longhi, Luis Herrera Orellana, Carlos Ayala Corao, Gustavo Linares, Laura Louza, Román J. Duque Corredor, Gerardo Fernández, José A. Muci Borjas, Oscar Ghersi Rossi, Freddy J. Orlando, Andrea Isabel Rondón, Carlos Weffe H., Enrique Sánchez Falcón, Henrique Meier, Humberto Najim, Alberto Blanco Uribe, Carlos E. Herrera, Armando Rodríguez, Flavia Pesci Feltri, Gustavo Tarre Briceño, Ana Elvira Araujo, Rogelio Pérez Perdomo, Serviliano Abache, José Ignacio Hernández, Tomás Arias Castillo, José Miguel Matheus, Antonio Silva Aranguren, Gustavo Urdaneta T., Daniela Urosa Maggi, Juan Manuel Raffalli, Marco Antonio Osorio,**

Ninoska Rodríguez, Manuel Rojas Pérez del *Grupo de Profesores de Derecho Público de Venezuela*; por el profesor **Enrique Rojas Franco** por la *Asociación e Instituto Iberoamericano de Derecho Público y Administrativo, Profesor. Jesús González Pérez*; por los profesores **Jaime Rodríguez Arana, José Luis Meilán Gil, José Luis Benavides, Javier Barnes, José Coviello** del *Foro Iberoamericano de Derecho Administrativo*; por los profesores **Libardo Rodríguez, Luciano Parejo Alfonso, Marta Franch, Miriam Ivanega, Diana Arteaga, Jorge Silvero Salgueiro, Gladys Camacho Cepeda, Giusseppe Franco Ferrari, Juan Francisco Pérez Galves** de la *Asociación Internacional de Derecho Administrativo*; por el profesor **José René Olivos Campos**, por la *Asociación Mexicana de Derecho Administrativo*; por el profesor **Olivo Rodríguez**, por la *Asociación Dominicana de derecho Administrativo*; por la profesora **Ana Giacometto**, por el *Centro Colombiano de Derecho procesal Constitucional*; por el profesor **Rubén Hernández**, por la *Asociación Costarricense de Derecho Constitucional*; por el profesor **Asdrúbal Aguiar** por el *Observatorio Iberoamericano por la Democracia*; y por los profesores **Amira Esquivel, Víctor Hernández Mendible; Jorge Luis Suárez; Luis Enrique Chase Plate, Eduardo Jorge Pratts, Pablo González Colautoro y Henry R. Henríquez Machado**.

Todos esos trabajos constituyen unos extraordinarios aportes jurídicos a la problemática discutida en el proceso ante la Corte Interamericana, que la misma, sin embargo, se inhibió de considerar, pero cuya lectura y estudio, sin duda, será obligatoria para todos los interesados en los temas discutidos en el juicio, y en el futuro del sistema interamericano de protección de los derechos humanos.

Por mi parte, en todo caso, y aparte de lo adverso que fue la sentencia al negarme el acceso a la justicia internacional, como se lo expresé a mis representantes antes de que se dictara la sentencia, precisamente al terminar la audiencia ante la Corte el 5 de septiembre de 2013, personalmente yo me di por satisfecho en justicia, por el hecho de haber tenido la oportunidad de exponer por primera vez en ocho años mi caso ante un tribunal como la Corte Interamericana, y en una audiencia pública como aquélla. Sentí que para mí, con ese acto público, ya había habido justicia, no sólo por el privilegio que tuve de haber tenido como abogados y representantes al formidable equipo de juristas que actuó ante la Corte y ante los tribunales venezolanos, que creyeron en el caso, sino con el resultado mismo de la audiencia, en la cual además de haber participado excelentes expertos y testigos presentados por mis representantes, y se presentaron dictámenes, informes y *amicus curiae* por representantes del mundo académico latinoamericano; pudimos ser testigos de cómo los agentes del Estado, incluyendo el denunciante y el acusador, confirmaron públicamente todos las sistemáticas y masivas violaciones cometidas en mi contra, que quedaron reconocidas, e incluso confesadas ante la Corte por sus propios autores.

En todo caso, la justicia de mi caso, después de haber experimentado en carne propia lo que es la búsqueda de justicia ante un tribunal internacional, porque en el propio país de uno no la encuentra, y más bien el aparato judicial se utiliza para perseguir políticamente, y a pesar de que creyendo encontrarla ante la Corte Interamericana de Derechos Humanos, esta se negó a jugar al Estado, y más bien lo protegió, creo que en definitiva está en los extraordinarios y sabios argumentos y alegatos de mis abogados representantes ante la Corte, y de todos los juristas que expresaron su opinión sobre los diversos asuntos ventilados en el proceso, que son los que se recogen como testimonio en estos dos tomos, a quienes una vez más quiero agradecer su invalorable ayuda y apoyo en esta búsqueda infructuosa de justicia. A pesar de que la Corte Interamericana no quiso siquiera entrar a considerarlos, sin duda se bastan por sí mismos, como el lector lo podrá apreciar, reafirmándose el error en el cual incurrió el tribunal internacional.

Nueva York, mayo de 2015

Allan R. Brewer-Carías

PRÓLOGO

EL AGOTAMIENTO DE LOS RECURSOS DE LA JURISDICCIÓN INTERNA Y LA SENTENCIA DE LA CORTE INTERAMERICANA DE DERECHOS HUMANOS EN EL CASO BREWER CARÍAS

Héctor Faúndez Ledesma

Hace 45 años, cuando se adoptó la Convención Americana sobre Derechos Humanos, se hizo con el firme compromiso de proporcionar a las víctimas del ejercicio arbitrario del poder público, que no podían obtener justicia de los tribunales nacionales, la posibilidad de recurrir a una instancia internacional, independiente e imparcial, con competencia para disponer las reparaciones a que hubiera lugar. El sistema así diseñado no tenía (ni tiene) el propósito de sustituir a las jurisdicciones de los propios Estados, que tienen la responsabilidad primordial de respetar y garantizar los derechos consagrados en la Convención. Por consiguiente, según los términos del artículo 46.1, literal a), de la Convención, cualquier reclamación internacional dirigida en contra del Estado debe estar precedida del agotamiento de los recursos de la jurisdicción interna, "conforme a los principios del Derecho Internacional generalmente reconocidos".

En el sistema interamericano de protección de los derechos humanos, la regla del agotamiento de los recursos de la jurisdicción interna ha sido frecuentemente por los Estados. Esta circunstancia ha permitido que, desde un comienzo, la Corte Interamericana de Derechos Humanos haya podido producir un valioso acervo jurisprudencial que, de manera coherente con el propósito de la Convención y con "los principios del Derecho Internacional generalmente reconocidos" a que ésta hace referencia, han señalado cuáles son las características de esta regla, las condiciones que deben reunir los recursos a agotar, el momento y la forma en que ella se debe hacer valer, y las excepciones a la misma. Sin embargo, toda esa jurisprudencia se ha tirado por la borda con la sentencia dictada en el caso Brewer Carías,[1] como muy bien

---

1   Corte Interamericana de Derechos Humanos, *Caso Brewer Carías vs. Venezuela,* sentencia del 26 de mayo de 2014 (Excepciones preliminares).

se explica en el voto disidente de los jueces Manuel Ventura Robles y Eduardo Ferrer Mac-Gregor Poisot.

La regla del agotamiento de los recursos de la jurisdicción interna ha sido ampliamente desarrollada por el Derecho Internacional general, por la doctrina[2] y por la jurisprudencia de otros tribunales internacionales.[3] Citando el artículo 26 del texto original de la Convención Europea de Derechos Humanos (recogido en el artículo 35.1 de su versión actual), que también se remite a la regla del agotamiento de los recursos de la jurisdicción interna "según los principios generalmente reconocidos del Derecho Internacional", la Corte Europea de Derechos Humanos ha entendido que, obviamente, la Convención Europea no ha pretendido derogar la práctica internacional a este respecto.[4] Del mismo modo, hasta su sentencia en el caso Brewer Carías, la Corte Interamericana también había entendido que esta regla debía interpretarse "conforme a los principios del Derecho Internacional generalmente reconocidos", por lo que indagó sobre el alcance de los mismos, nutriéndose de la doctrina y la jurisprudencia internacionales. De allí es que se deriva que esta regla impone al Estado la obligación correlativa de proporcionar recursos adecuados y

---

2   Cfr. por ejemplo, Ian Brownlie, *The Rule of Law in International Affairs*, Martinus Nijhoff Publishers, The Hague/London/Boston, 1998, p. 103; Lassa Oppenheim, *Tratado de Derecho Internacional Público*, octava edición inglesa a cargo de Hersch Lauterpacht, traducción al español por J. López Olivan y J. M. Castro-Rial, Casa Editorial Bosch, Barcelona, 1961, tomo I, vol. I, pág. 382; Charles Rousseau, *Droit International Public*, SIREY, Paris, 1983, Tome V, pp. 153 y ss.; Denis Alland, Droit International Public, Presses Universitaires de France, Paris, 2000, pp. 417 y ss.; John Collier and Vaughan Lowe, *The settlement of disputes in International Law*, Oxford University Press, Oxford, 1999, pp. 195 y ss.; Anthony D'Amato, *International Law Anthology*, Anderson Publishing Co., Cincinnati, 1994, p. 312; Antonio Cassese, *International Law*, second edition, Oxford University Press, Oxford, 2005, p. 122; Michael Akehurst, *Introducción al Derecho Internacional*, título original, *A Modern Introduction to International Law*, George Allen & Unwin Ltd., segunda edición, Londres, 1971, traducción de Manuel Medina Ortega, Alianza Editorial, Madrid, 1972, pp. 159 y ss., Antônio A. Cançado Trindade, *The application of the rule of exhaustion of local remedies in International Law*, Cambridge University Press, Cambridge, 1983, y Eloy Ruiloba Santana, *El agotamiento de los recursos internos como requisito de la protección internacional del individuo*, Universidad de Valencia, Secretariado de Publicaciones, Valencia, 1978.

3   A título meramente ilustrativo, en el caso *Interhandel*, la Corte Internacional de Justicia manifestó que éste era "un principio bien establecido del Derecho Internacional consuetudinario", y en el caso *Elettronica Sicula (ELSI)* lo calificó como un "importante principio de derecho internacional consuetudinario". *Cfr.* International Court of Justice, *Interhandel case, Switzerland c. United States of America*, Preliminary objections, sentencia del 21 de Marzo de 1959, en Reports of Judgments, Advisory Opinions and Orders, 1959, p. 27, y *Case concerning Elettronica Sicula S.p.A. (ELSI), United States of America c. Italy*, sentencia del 20 de Julio de 1989, Reports of Judgments, Advisory Opinions and Orders, 1989, p. 42, párrafo 50.

4   *Cfr.* Corte Europea de Derechos Humanos, Casos De Wilde, Ooms y Versyp ("Vagrancy" Cases), sentencia del 18 de junio de 1971, párrafo 55.

efectivos, que es un derecho del Estado y que su aplicación no es automática, haciendo ilusoria la protección internacional.

Desde un comienzo, la práctica internacional ha dejado claramente establecido que ésta no es una regla rígida e inflexible, que deba ser aplicada mecánicamente en todo caso en el que ella sea invocada. En particular, su aplicación debe tener en cuenta el objeto y fin de aquellos tratados que tienen como propósito la protección de los derechos humanos, particularmente en situaciones en que se denuncia el ejercicio arbitrario del poder público. En consecuencia, la jurisprudencia anterior de la Corte Interamericana había indicado, reiteradamente, que "la salvaguarda de la persona frente al ejercicio arbitrario del poder público es el objetivo primordial de la protección internacional de los derechos humanos [y que], en este sentido, la inexistencia de recursos internos efectivos coloca a la víctima en estado de indefensión."[5] Es precisamente esta circunstancia, el ejercicio arbitrario del poder público y la inexistencia de recursos efectivos para ponerle remedio, la que explica y justifica la protección internacional de los derechos humanos. Por ende, tradicionalmente la Corte había interpretado la regla del agotamiento de los recursos de la jurisdicción interna teniendo en cuenta ese fin último de la Convención Americana sobre Derechos Humanos, que no puede dejar en la indefensión a quien es víctima del ejercicio arbitrario del poder público. Lo anterior es congruente con lo previsto por el artículo 29, literal a), de la Convención, en cuanto dispone que ninguna de sus disposiciones podrá interpretarse en el sentido de permitir a alguno de los Estados suprimir el goce y ejercicio de los derechos y libertades reconocidos en la Convención, o limitarlos en mayor medida que la prevista en ella. Curiosamente, la sentencia de la Corte Interamericana, apartándose de su práctica anterior, omitió examinar esta excepción preliminar junto con el fondo de la controversia, a fin de determinar si, en efecto, la presunta víctima había sido objeto del ejercicio arbitrario del poder público, sin que hubiera recursos efectivos disponibles para subsanar esa situación, o sin que la víctima tuviera acceso a esos recursos. Como muy bien observan los jueces disidentes, esta es la primera vez en la historia de la Corte que ésta no entra a conocer el fondo del litigio para decidir si es procedente una excepción preliminar por falta de agotamiento de los recursos internos.

Citando jurisprudencia de la Corte Europea de Derechos Humanos, desde un comienzo, la Corte ha entendido que, según los principios del Derecho Internacional generalmente reconocidos y la práctica internacional, la regla

---

5   Corte Interamericana de Derechos Humanos, *Caso del Tribunal Constitucional vs. Perú*. Fondo, Reparaciones y Costas, sentencia del 31 de enero de 2001, párrafo 89. También, *Caso "Instituto de Reeducación del Menor" vs. Paraguay*. Excepciones Preliminares, Fondo, Reparaciones y Costas, sentencia del 2 de septiembre de 2004, párrafo 239; *Caso García Asto y Ramírez Rojas vs. Perú*. Excepción Preliminar, Fondo, Reparaciones y Costas, sentencia del 25 de noviembre de 2005, párrafo 114; *Caso Claude Reyes y otros Vs. Chile*. Fondo, Reparaciones y Costas, sentencia del 19 de septiembre de 2006, párrafo 129.

que exige el previo agotamiento de los recursos internos está concebida en interés del Estado, pues busca dispensarlo de responder ante un órgano internacional por actos que se le imputen, antes de haber tenido la ocasión de remediarlos con sus propios medios, por lo que se le ha considerado un medio de defensa del Estado y, como tal, renunciable, aun de modo tácito.[6] La obligación de agotar los recursos internos es una oportunidad para que el Estado rectifique, por sus propios medios, el hecho ilícito que se le imputa; pero, según la anterior jurisprudencia de la Corte Interamericana, ella tiene que ser alegada por el Estado, en la primera oportunidad posible, debiendo indicar precisamente cuáles eran los recursos a agotar. En este sentido, ya en los primeros casos de que le tocó conocer, la Corte sostuvo que "el Estado que alega el no agotamiento tiene a su cargo *el señalamiento de los recursos internos que deben agotarse y de su efectividad.*"[7] (Énfasis añadido) En el presente caso, en el procedimiento ante la Comisión y en su escrito de contestación a la petición, el Estado se había limitado a alegar la falta de agotamiento de los recursos internos, sin precisar de qué recursos se trataba y por qué esos eran los recursos idóneos que la presunta víctima debía haber intentado; esa circunstancia tampoco fue enmendada en el procedimiento ante la Corte, en el que el Estado se limitó a reproducir disposiciones de su derecho interno relativas a recursos jurisdiccionales. Sin embargo, en la sentencia que comentamos, la mayoría de los jueces de la Corte se contentaron con un mero enunciado genérico de los recursos existentes en el Derecho interno venezolano, sin especificar cuáles de esos recursos estaban disponibles en el caso particular, y sin explicar por qué esos recursos resultaban adecuados y efectivos para subsanar la situación jurídica infringida. Según esta nueva jurisprudencia, la Corte entendió que ella podía suplir ese vacío en los alegatos del Estado y, sin considerar los méritos del caso como hacía previamente, evaluar cuál de los recursos citados por éste podía haber sido un recurso adecuado y efectivo. Es interesante observar que, en su escrito de contestación a la demanda, el propio Estado había citado, e invocado la aplicación de lo decidido en la sentencia dictada en el caso Velásquez Rodríguez, indicando que: "*el Estado que alega el no agotamiento tiene a su cargo el señalamiento de los recursos internos que deben agotarse y de su efectividad.*" Razones habría para que, precisamente en este caso, la Corte se apartara de ese importante criterio jurisprudencial.

---

6   *Cfr.* Asunto Viviana Gallardo y otras, decisión del 13 de noviembre de 1981, párrafo 26. La referencia es a la sentencia de la Corte Europea de Derechos Humanos en De Wilde, Ooms and Versyp Cases ("Vagrancy" Cases), judgment of 18th June 1971. Aunque la Corte Interamericana no lo indica, el párrafo pertinente de la sentencia antes citada es el párrafo 55.

7   *Caso Velásquez Rodríguez, Excepciones Preliminares, sentencia del 26 de junio de 1987, párrafo 88, Caso Fairén Garbi y Solís Corrales, Excepciones Preliminares, sentencia del 26 de junio de 1987, párrafo 87, y Caso Godínez Cruz, Excepciones Preliminares, sentencia del 26 de junio de 1987, párrafo 90.*

Aunque el Estado no señaló de manera concreta cuáles eran los recursos adecuados a agotar, limitándose a indicar que todavía no había una sentencia de primera instancia y a mencionar los recursos disponibles en el ordenamiento jurídico venezolano, la Corte señala que, en el presente caso, no se interpusieron los recursos que el Estado señaló como adecuados, a saber el recurso de apelación, el recurso de casación y el recurso de revisión.[8] Pero sería ingenuo asumir que la Corte no se percató de cuál era el objeto de la controversia. Si se hubiera alegado que el Estado había cometido una violación de los derechos consagrados en la Convención al condenar injustamente al profesor Brewer Carías, obviamente que los recursos adecuados abrían sido los previamente indicados; pero el objeto de la controversia era la averiguación previa y la imputación penal del delito de rebelión en contra de la víctima en este caso, sin posibilidad de acceder al expediente fiscal y sin posibilidad de impugnar esa imputación.

No obstante que, de acuerdo con la jurisprudencia anterior de la Corte, la carga de la prueba en cuanto a los recursos idóneos que debían haberse agotado correspondía al Estado, los defensores del profesor Brewer Carías demostraron que impugnaron, por todos los medios legales a su alcance, la imputación penal del delito de rebelión formulada en su contra sobre la base de meros comentarios de prensa. Con ese propósito, se solicitó ante la Fiscalía se citara a declarar a varios testigos que podrían haber esclarecido la situación; se solicitó otras diligencias probatorias que, igualmente, podrían haber desvirtuado la imputación fiscal; se solicitó diligencias probatorias para demostrar que, en los días en que se le atribuía haber estado conspirando, se encontraba de vacaciones en el estado de Colorado, en Estados Unidos; se solicitó la exhibición de videos mencionados en la acusación fiscal, a fin de poder demostrar inexactitudes entre lo afirmado por la fiscal y lo efectivamente contenido en esos videos. Todo eso fue negado, por lo que la víctima interpuso un recurso de nulidad por inconstitucionalidad, que era el único recurso efectivo ante tales arbitrariedades que debía ser resuelto en tres días y que, hasta la fecha, no ha sido decidido. Todo eso fue objeto de un recurso de nulidad por inconstitucionalidad. El Estado pudo remediar esta situación, resolviendo el recurso de nulidad antes referido; sin embargo, prefirió dictar una orden de detención preventiva en contra del profesor Brewer Carías.

Entre otras irregularidades cometidas en el procedimiento en contra del profesor Brewer Carías, se recibió el testimonio del General Lucas Rincón en forma clandestina y sin la presencia de sus defensores; se violó el principio de presunción de inocencia, invirtiendo la carga de la prueba y exigiendo a la víctima probar que no había redactado el documento que se le atribuía, pero sin que se le permitiera evacuar las pruebas promovidas por sus abogados; en fin, los jueces que intervinieron en el caso y que pudieron mostrar algún grado de independencia e imparcialidad fueron destituidos. Todo ello fue objeto de un recurso de nulidad por inconstitucionalidad, que era el único recurso

---

8   *Cfr.* párrafo 97 de la sentencia.

efectivo para subsanar esas irregularidades y que, en violación de la jurisprudencia de la Sala Constitucional del Tribunal Supremo de Justicia de Venezuela, aún no ha sido decidido. Como quiera que sea, estos hechos tenían que ver con la existencia de recursos judiciales efectivos y, por lo tanto, según la práctica anterior de la Corte, debieron ser examinados junto con la excepción de no agotamiento de los recursos de la jurisdicción interna. En un tribunal cuya función es la protección de los derechos humanos, llama la atención que la Corte no haya explicado qué razones la llevaron a apartarse de su jurisprudencia anterior.

Según la jurisprudencia anterior de la Corte, como contrapartida del requisito del agotamiento de los recursos de la jurisdicción interna, "los Estados Partes se obligan a *suministrar recursos judiciales efectivos* a las víctimas de violación de los derechos humanos (art. 25), *recursos que deben ser sustanciados de conformidad con las reglas del debido proceso legal* (art. 8.1), *todo ello dentro de la obligación general* a cargo de los mismos Estados, *de garantizar el libre y pleno ejercicio de los derechos reconocidos por la Convención* a toda persona que se encuentre bajo su jurisdicción (art. 1)".[9] (Cursivas añadidas). En el presente caso, si había algún recurso idóneo para subsanar las arbitrariedades cometidas en la instrucción del procedimiento penal iniciado en contra del profesor Brewer Carías era el recurso de nulidad por inconstitucionalidad, que debía ser resuelto dentro de los tres días siguientes. Pero debe observarse que ni el procedimiento que se impugnaba ni el trámite del recurso de nulidad por inconstitucionalidad se ajustaron a las reglas del debido proceso legal a que se refiere la jurisprudencia anterior de la Corte. En esta ocasión, la Corte encontró que el proceso se encontraba en "una etapa intermedia", o "en una etapa temprana", estando pendiente una audiencia preliminar y una decisión de primera instancia, por lo que no era posible entrar a pronunciarse sobre la presunta vulneración de las garantías judiciales.[10] Huelga decir que esa distinción entre "etapas tempranas" y fases posteriores del proceso no se encuentra recogida en la Convención, no tiene ninguna base normativa, y es primera vez que es invocada en la jurisprudencia de la Corte. Esta extraña explicación, que justifica la vulneración de las garantías judiciales en las primeras etapas del proceso, ignora que muchas de esas garantías surgen desde el primer momento en que una persona se enfrenta a una acusación penal. ¿Habrá que asumir que, a partir de esta sentencia, tal requisito no es indispensable? Si las reglas del debido proceso son una herramienta fundamental para evitar la arbitrariedad, ¿por qué, en este caso, la Corte acepta la existencia meramente formal de un recurso judicial?

---

9   Caso Velásquez Rodríguez, Excepciones Preliminares, *sentencia del 26 de junio de 1987,* párrafo 91.

10 *Cfr.* párrafos 88 y 96 de la sentencia.

Si la renuncia al trámite de los recursos judiciales "de conformidad con las reglas del debido proceso legal"[11] es de por sí grave e inexplicable en una sentencia de un tribunal de derechos humanos es aún más grave el que, para agotar los recursos disponibles, tampoco se requiera, como lo hacía la jurisprudencia anterior, *"garantizar el libre y pleno ejercicio de los derechos reconocidos por la Convención"*. En efecto, la Corte ha dado por bueno el argumento del Estado según el cual los recursos internos no se habrían agotado por encontrarse el profesor Brewer Carías "prófugo de la justicia" y no haber comparecido personalmente ante los tribunales venezolanos. Según la sentencia, el artículo 7.5 de la Convención establece que la "libertad podrá estar condicionada a garantías que aseguren su comparecencia ante el juicio", de manera que los Estados se encuentran facultados a establecer leyes internas para garantizar la comparecencia del acusado y que la misma prisión preventiva (que sólo puede ser admitida excepcionalmente) tiene, entre sus fines, el de asegurar la comparecencia del imputado en juicio.[12] Pero ni la Convención ni la jurisprudencia de la Corte indican que, para agotar los recursos de la jurisdicción interna, especialmente cuando se trata de un recurso de mero derecho, el acusado deba estar presente en el juicio. La sentencia pretende que una persona que es perseguida por razones políticas, acusada de un delito político, como es el delito de rebelión, para poder agotar los recursos disponibles, deba someterse a la persecución de que es objeto, y a los agravios y violaciones de derechos humanos que está denunciando e intenta evitar, como es la privación de su libertad personal por tribunales que carecen de independencia e imparcialidad, sometiéndolo al escarnio público, y a tratos inhumanos y degradantes. De nuevo, es difícil encontrar argumentos jurídicos para explicar esta decisión que se aparta radicalmente de lo sostenido previamente en el sentido de que "los Estados Partes se obligan a suministrar recursos judiciales efectivos a las víctimas de violación de los derechos humanos (art. 25), recursos que deben ser sustanciados de conformidad con las reglas del debido proceso legal (art. 8.1), *todo ello dentro de la obligación general a cargo de los mismos Estados, de garantizar el libre y pleno ejercicio de los derechos reconocidos por la Convención* a toda persona que se encuentre bajo su jurisdicción (art. 1)".[13]

Para ser efectivos, los recursos de la jurisdicción interna deben subsanar la situación jurídica infringida; no agravarla, exponiendo a la víctima a una situación mucho más severa, obligándolo a renunciar al ejercicio de sus derechos como condición para poder agotar los recursos internos. Un recurso que, para agotarlo, obliga a la víctima a renunciar a la garantía de los derechos que le confiere la Convención Americana sobre Derechos Humanos no es un re-

---

11 Caso Velásquez Rodríguez, Excepciones Preliminares, *sentencia del 26 de junio de 1987,* párrafo 91.

12 *Cfr.* párrafo 134 de la sentencia.

13 Caso Velásquez Rodríguez, Excepciones Preliminares, *sentencia del 26 de junio de 1987,* párrafo 91.

curso efectivo; un recurso que, para agotarlo, obliga a la víctima a someterse a una detención ilegal y arbitraria no es un recurso efectivo. Pero, por alguna razón, la actual mayoría de los jueces de la Corte piensa lo contrario.

No obstante que el profesor Brewer Carías agotó el único recurso disponible adecuado y efectivo para subsanar la infracción de los derechos alegados, en su caso particular, estaba eximido de hacerlo. Al no ser una regla absoluta, en los términos del artículo 46.2, literal b), de la Convención, la regla del agotamiento de los recursos internos está sujeta a tres excepciones, una de las cuales se desdobla en dos. La primera de dichas excepciones se refiere a la ausencia del debido proceso legal para la protección de los derechos que se alega han sido vulnerados. Según la sentencia, "de un alegado contexto estructural de provisionalidad del poder judicial no se puede derivar la aplicación directa de la excepción contenida en el artículo 46.2.a de la Convención, pues ello implicaría que a partir de una argumentación de tipo general sobre la falta de independencia o imparcialidad del poder judicial no fuera necesario cumplir con el requisito del previo agotamiento de los recursos internos."[14] Sin embargo, aquí se alegaron hechos muy concretos que tuvieron aplicación inmediata y directa en el caso del profesor Brewer Carías; la Corte no consideró relevante que el Ministerio Público se hubiera negado a citar a los testigos propuestos por la defensa, que se negara a la víctima acceder a los videos y otros medios probatorios invocados en su contra, que se practicara el interrogatorio de un testigo en forma clandestina, sin permitir el acceso y el contrainterrogatorio de los abogados del profesor Brewer Carías, que se transcribiera en forma adulterada, tergiversando lo expresado por algunos periodistas en entrevistas de televisión, que se ejercieran presiones indebidas sobre los jueces de la causa, o que se diera por establecida la culpabilidad del profesor Brewer Carías tanto por parte del entonces Fiscal General de la República como de magistrados del Tribunal Supremo de Justicia; nada de eso fue relevante para la mayoría de los jueces de la Corte, en cuanto pudiera configurar la ausencia del debido proceso legal en este caso concreto. Por supuesto, tampoco resultó relevante la provisionalidad de los jueces y fiscales que intervinieron en el proceso seguido en contra del profesor Brewer Carías.

El profesor Brewer Carías también estaba eximido de agotar los recursos de la jurisdicción interna por falta de acceso a los mismos. En efecto, al condicionar arbitraria e ilegalmente el trámite de un recurso de nulidad a la comparecencia personal de la víctima a una audiencia preliminar, en la cual sería detenido en virtud de una orden judicial incompatible con disposiciones constitucionales y convencionales (que señalan que la prisión preventiva es la excepción y no la regla), y que viola la presunción de inocencia, se le impidió el acceso físico a los recursos jurisdiccionales. En su Opinión Consultiva sobre Excepciones al Agotamiento de los Recursos Internos,[15] la Corte había seña-

---

14   Párrafo 105 de la sentencia.

15   *Cfr.* Corte Interamericana de Derechos Humanos, Excepciones al Agotamiento de los Recursos Internos, OC-11/90, del 10 de agosto de 1990, párrafos 32 y 33.

lado que no puede exigirse el agotamiento de los recursos internos a quien, como en este caso, siente un fundado temor de que el ejercicio de ese recurso pueda poner en peligro el ejercicio de sus derechos humanos. Sin embargo, esta jurisprudencia también fue ignorada, dando paso a una decisión menos sensible a los derechos de la víctima.

Pero la alegada falta de agotamiento de los recursos de la jurisdicción interna también debió haber sido desestimada por el retardo injustificado en la decisión del recurso de nulidad planteado por el profesor Brewer Carías que, ocho años después de haber sido intentado ante los tribunales venezolanos aún no había sido resuelto. Esta circunstancia resulta aún más sorprendente si se tiene en cuenta que, de acuerdo con el artículo 177 del Código Orgánico de Procedimiento Penal venezolano, dicho recurso debía ser decidido dentro de los tres días siguientes. Sin embargo, en el razonamiento de la Corte, teniendo en cuenta el contenido, las características y extensión del escrito presentado por la defensa del profesor Brewer Carías, ésta consideró que su solicitud de nulidad no era "de las que deban resolverse en el plazo de tres días señalado en el artículo 177 del COPP"[16] venezolano. No importa que ese haya sido el plazo estipulado por la legislación interna. En consecuencia, en lo futuro, ¡quien intente un recurso deberá hacerlo en forma breve y sumaria o exponerse a que el mismo sea resuelto después de ocho años!

Incluso si no se hubieran agotado los recursos de la jurisdicción interna, concurrían todas las excepciones previstas en el artículo 46.2, literal b), de la Convención.

Como dice un viejo refrán español, "tres cosas se necesitan para justicia alcanzar: tener la razón, saberla pedir, y que la quieran dar." En el caso del profesor Brewer Carías, perseguido por sus ideas, víctima del ejercicio arbitrario del poder público, que agotó todos los recursos jurisdiccionales a su disposición, es muy difícil negar que tenía la razón; sus abogados expusieron claramente el caso, invocando toda la jurisprudencia anterior de la Corte Interamericana de Derechos Humanos. Como muy bien apuntaba Couture, "El derecho puede crear un sistema perfecto en cuanto a su justicia; pero si ese sistema ha de ser aplicado en última instancia por hombres, el derecho valdrá lo que valgan esos hombres (...) y las sentencias valdrán lo que valgan los hombres que las dicten."[17]

---

16 *Cfr.* párrafo 133 de la sentencia.

17 Eduardo J. Couture, Tutela Constitucional del Proceso, en Fundamentos del Derecho Procesal Civil, Buenos Aires, Editorial Depalma, 1958, pp. 75 y 77.

LIBRO PRIMERO

ACTUACIONES ANTE LA COMISIÓN INTERAMERICANA DE DERECHOS HUMANOS

PRIMERA PARTE

ESCRITO DE LA DENUNCIA PRESENTADA POR LOS REPRESENTANTES DE ALLAN R. BREWER-CARÍAS ANTE LA COMISIÓN INTERAMERICANA DE DERECHOS HUMANOS CONTRA EL ESTADO VENEZOLANO, POR VIOLACIÓN DE SUS DERECHOS GARANTIZADOS EN LA CONVENCIÓN INTERAMERICANA DE DERECHOS HUMANOS, DE FECHA 24 DE ENERO DE 2007

COMISIÓN INTERAMERICANA DE DERECHOS HUMANOS
PETICIÓN (84-2007)

ALLAN R. BREWER CARÍAS
CONTRA
REPÚBLICA BOLIVARIANA DE VENEZUELA

24 DE ENERO DE 2007

I. RESUMEN

1. En representación de y autorizados por la víctima, Dr. Allan R. Brewer Carías, los peticionarios son los doctores Pedro Nikken, ex Presidente de la Corte Interamericana de Derechos Humanos; Helio Bicudo, Claudio Grossman y Juan E. Méndez, ex Presidentes de la Comisión Interamericana de Derechos Humanos; Douglas Cassel, Director del Centro de Derechos Civiles y Humanos de Notre Dame Law School en los Estados Unidos de América, y Héctor Faúndez Ledesma, Director del Centro de Derechos Humanos de la Universidad Central de Venezuela.

2. Los peticionarios denuncian la persecución política dirigida por la República Bolivariana de Venezuela ("el Estado venezolano" o "el Estado") en contra del Dr. Brewer Carías. Además de ser jurista de gran prestigio nacional e internacional y larga trayectoria en defensa de la democracia, el Estado de Derecho y los derechos humanos, el Dr. Brewer Carías ha sido persona disidente, visible y constante, en contra de lo que él considera políticas autoritarias, militaristas y arbitrarias del Gobierno actual de Venezuela. La persecución de que es objeto es parte de un patrón de conducta dirigido en contra de quienes levantan su voz para criticar el actual régimen político venezolano, incluyendo los defensores de derechos humanos en ese país. Un elemento fundamental de ese patrón es la utilización del sistema penal con el objeto de amedrentar y silenciar a quienes critican al gobierno actual de Venezuela. Otro componente de dicho patrón es la existencia de fiscales y jueces provisorios o temporales. En este contexto, en aquellas excepcionales situaciones en que alguno de dichos fiscales y jueces ejercen sus funciones con independencia, se procede a separarlos, trasladarlos, o hacerlos objeto de otras sanciones administrativas.

3. La persecución contra el Dr. Brewer Carías toma la forma de un supuesto proceso penal motivado políticamente y carente de toda base probatoria creíble. Se acusa falsamente al Dr. Brewer Carías –reconocido constitucionalista– de "conspiración para cambiar violentamente la Constitución" durante la crisis constitucional de Venezuela de abril de 2002, y hasta de redactar el decreto del llamado "gobierno de transición." El proceso contra el Dr. Brewer Carias también se conduce por fiscales y, todos provisorios o temporales, carentes de independencia e imparcialidad, al punto que en el proceso, los pocos que excepcionalmente se atrevieron a amparar derechos de los imputados, fueron rápidamente separados de sus cargos.

4. Para echar a andar este proceso político disimulado como proceso penal, el Estado no ha tenido más camino que el de invertir la presunción de inocencia. Así:

• califica a rumores periodísticos como lo que denomina *"hecho notorio comunicacional"*, a pesar de que nadie los confirma ni se responsabiliza por su origen y de que fueron desmentidos pública y oportunamente por Dr. Brewer Carías y por otros testigos,

- impone a los imputados la carga de demostrar su inocencia, en vez de asumir la carga fiscal de probar su culpabilidad, y

- por medio de órganos y altos funcionarios –entre otros la Asamblea Nacional, el Fiscal General y algunos magistrados del Tribunal Supremo de Justicia, y Embajadores– públicamente afirma o sugiere la culpabilidad del Dr. Brewer Carías, aún cuando él no haya sido ni siquiera enjuiciado, ni mucho menos condenado por un tribunal.

5. Como si esto no bastara para inculpar al inocente, tampoco se ha permitido al Dr. Brewer Carías ni a sus abogados el acceso a supuestas pruebas en su contra; no se les permite repreguntar o incluso conocer a supuestos testigos en su contra; y los testigos y otras pruebas que él ha promovido para la absurda tarea de demostrar su inocencia (que debe presumirse) son rechazadas, tergiversadas o no son siquiera valoradas.

6. Luego de impedir que él tenga posibilidad oportuna y efectiva de defenderse, el Estado intenta negar al Dr. Brewer Carías la libertad física, le niega el derecho a juicio en libertad y le restringe su libertad de circulación, por decretar su detención preventiva que no responde en absoluto a necesidad alguna y que no cumple con las normas mínimas internacionales y nacionales para justificar tal medida de excepción.

7. El resultado –previsto y deliberado– de esta persecución es no sólo violar los derechos procesales del Dr. Brewer Carías, e imponerle un gran peso económico, sino también dañarle la honra, la reputación y la dignidad, y así descalificarle como voz pública disidente. Es decir, la víctima de las violaciones en este caso no es solamente el Dr. Brewer Carías, sino el conjunto de los ciudadanos de la República Bolivariana de Venezuela.

8. La persecución política en contra del Dr. Brewer Carías viola numerosos derechos reconocidos y garantizados por la Convención Americana sobre Derechos Humanos ("la Convención" o "la Convención Americana"): los derechos a ser oído por un tribunal independiente e imparcial, a la presunción de inocencia, al debido proceso legal y a la defensa (art. 8) *(infra, párrs. 30-120; 128-134)*; el derecho a la protección judicial (art. 25) *(infra, párrs. 122-127)*; el derecho a la libertad y a la seguridad personal (art. 7) *(infra, párrs. 144-146)*; la libertad de expresión (art. 13) *(infra, párrs. 137-143)*; el derecho a la protección de la honra y la dignidad (art. 11) *(infra, párrs. 135-136)*; el derecho de circulación (art. 22) *(infra, párrs. 144-146)*; y el derecho a la igualdad ante la ley (art. 24) *(infra, párrs. 147-149)*; todos en relación con el incumplimiento por parte del Estado venezolano de sus deberes de garantizar el pleno goce de estos derechos sin discriminación alguna (art. 1.1) y de tomar las medidas necesarias para hacerlos efectivos (art. 2) *(infra, párrs. 150-151)*.

9. Los peticionarios solicitan que la Comisión Interamericana de Derechos Humanos ("la Comisión" o "CIDH") declare que el Estado ha violado estos derechos del Dr. Brewer Carías. Además solicitan que la Comisión recomiende que el Estado investigue y repare las violaciones, que se declare la nulidad de los procedimientos seguidos en contra del Dr. Brewer Carías y que se deje sin efecto la orden de detención preventiva,[1] que se realice "un acto de disculpa pública y reconocimiento de responsabilidad internacional,"[2] y que "se tomen todas las medidas necesarias para que cese la campaña de persecución, difamación y hostigamiento"[3] en su contra. Para tal efecto se debe cerrar de inmediato el proceso en su contra. En caso de que el Estado no cumpliera con las recomendaciones de la Comisión, se solicita que el caso sea enviado a la Corte Interamericana de Derechos Humanos ("la Corte" o "la Corte Interamericana") *(infra, párr. 165)*.

II. ADMISIBILIDAD

10. La República Bolivariana de Venezuela es Estado Parte de la Convención Americana a partir del 9 de agosto de 1977, y aceptó la competencia contenciosa de la Corte Interamericana el 24 de junio de 1981. Esta petición no está pendiente de otro procedimiento de arreglo internacional. La petición se envía a la Comisión dentro de los seis meses luego de las múltiples violaciones continuas.

11. Dr. Brewer Carías ha empleado todos los recursos internos a su alcance, que teóricamente deberían servir para su defensa y que han revelado persistentemente su inutilidad a la luz de las arbitrariedades y manipulaciones sistemáticas del Ministerio Público y de los jueces que han conocido del caso. Sin embargo, no hay necesidad de agotarlos, es decir, esperar hasta que se termine el proceso penal en su contra, porque la experiencia del caso, tal como se detalla en la exposición sobre el fondo que se hace más adelante en esta petición *(infra, párrs. 30 ss)*, demuestra que los recursos internos son ineficaces e ilusorios, y que son aplicables todas las excepciones del artículo 46.2 de la Convención: los recursos internos o bien se demoran indebidamente, o bien no son accesibles o se impide su ejercicio, o bien no cumplen con los requisitos del debido proceso de ley *(infra, párrs. 152 ss)*. En el presente caso se aplica enteramente el acertado *dictum* de la Corte Interamericana, según el cual,

> ...cuando se invocan ciertas excepciones a la regla de no agotamiento de los recursos internos, como son **la inefectividad de tales recursos o la inexistencia del debido proceso legal**, no sólo se está alegando que el agraviado no está obligado a interponer tales recursos, sino que indirectamente se está imputando al Estado involucrado una nueva violación a

---

1   Véase la recomendación de la Comisión en el *Caso Figueredo Planchart vs. Venezuela*, Informe 50/00, caso 11298, 13 de abril de 2000, OEA/Ser.L/V/II.106, Doc. 3, párr. 159, Recomendación VII.1.

2   Corte IDH: *Caso Vargas Areco vs. Paraguay*, Sentencia de 26 de septiembre de 2006. Serie C. N° 155; párr. 176.10.

3   CIDH, *Caso Gallardo vs. México*, N° 43/96, caso 11.430, 15 de octubre de 1996, párr. 118.

*las obligaciones contraídas por la Convención. **En tales circunstancias la cuestión de los recursos internos se aproxima sensiblemente a la materia de fondo.**[4] (Énfasis añadidos).*

12. Por lo tanto se analiza el tema de agotamiento de los recursos internos más adelante *(infra, párrs. 152 ss.)*, luego de los análisis de fondo de las múltiples violaciones de los artículos 8 y 25 de la Convención *(infra, párrs. 30 ss.).*

III. HECHOS

1. SEMBLANZA DE LA VÍCTIMA

13. El Dr. Allan R. Brewer Carías es un destacado jurista de gran prestigio nacional e internacional **(Anexo 1)**.[5] Tiene larga historia de defensa de la democracia, del Estado de Derecho y de la eficacia de la defensa de los derechos humanos. Además es hombre público venezolano, disidente de las políticas autoritarias del Gobierno actual.

A. *Destacado jurista*

14. El Dr. Brewer Carías, nacido en Caracas el 13 de noviembre de 1939, es Profesor Titular (hoy jubilado) de la Universidad Central de Venezuela, institución a la cual ingresó como profesor-investigador por concurso en 1963, y cuyo Instituto de Derecho Público dirigió entre 1979 y 1987. Durante su carrera académica, el Dr. Brewer Carías también ha sido profesor regular de post grado de varias universidades extranjeras, entre las cuales están las Cambridge (Inglaterra), París II (Francia), del Externado y del Rosario (Colombia), y Columbia (Nueva York). Es doctor *honoris causa* de las Universidades españolas de Granada y Carlos III y de la Universidad Católica del Táchira (Venezuela). Es Individuo de Número de la Academia de Ciencias Políticas y Sociales de Venezuela desde 1978 y fue su Presidente entre 1997 y 1999. Es Vicepresidente de la Academia Internacional de Derecho Comparado de La Haya desde 1982. Es miembro de diversas asociaciones e instituciones académicas a nivel mundial y profesor honorario de varias prestigiosas universidades latinoamericanas

15 El Dr. Brewer Carías es dueño de una fecunda obra jurídica. Ha publicado más de 140 libros y más de 400 artículos en revistas especializadas y obras colectivas, en su mayor parte sobre diversos tópicos de Derecho Público, en especial en Derecho Administrativo, y en Derecho Constitucional. Es director fundador de la *Revista de Derecho Público*, publicación Trimestral que inició en 1980, y ya cuenta con más de 100 números editados. En 2003

---

4   Corte IDH: *Caso Velázquez Rodríguez. Excepciones preliminares.* Sentencia de 26 de junio de 1987. Serie C, N° 1; párr. 91.

5   Para mayor información puede consultarse su página web: www.allanbrewercarias.com

fue editada en Madrid la obra colectiva, en la que participaron 145 autores, titulada *"El Derecho Público a comienzos del Siglo XXI. Estudios en Homenaje al Profesor Allan R. Brewer Carías"* (*Thomson-Civitas Ediciones*. Madrid 2003, 3 vols. 3.553 pp.).

B. *Defensor de los Derechos Humanos*

16. Dr. Brewer Carías es miembro del Consejo Directivo y de la Asamblea General del Instituto Interamericano de Derechos Humanos, desde 1984 hasta el presente, en calidad de miembro fundador. Su obra en materia de Derecho Constitucional tiene particular énfasis en los temas sobre justicia constitucional y protección de los derechos humanos[6], habiendo participado activamente en la redacción de la Ley Orgánica de Amparo sobre derechos y garantías constitucionales de 1988.

C. *Hombre público y disidente del régimen político de Venezuela*

17. En paralelo a esta intensa actividad académica, el Dr. Brewer Carías ha tenido una activa vida pública, vinculada con la praxis del constitucionalismo democrático. Durante toda su trayectoria ha estado presente en el debate público sobre temas de interés nacional. Fue miembro durante largo tiempo de la Junta Directiva del diario *"El Nacional"* de Caracas y ha ofrecido numerosas entrevistas y declaraciones públicas sobre distintos aspectos de la situación política, judicial y social venezolana, a través de medios de comunica-

---

6   Entre sus libros: *Garantías constitucionales de los derechos del hombre*, Editorial Jurídica Venezolana, Caracas 1976, 145 pp.; *Estado de derecho y control judicial (Justicia constitucional, Contencioso administrativo y amparo en Venezuela)*, Instituto Nacional de Administración Pública, Madrid 1987, 657 pp.; *Ley Orgánica de amparo sobre derechos y garantías constitucionales* (en colaboración con Carlos Ayala Corao), Editorial Jurídica Venezolana, Caracas 1988, 242 pp.; *Judicial Review in Comparative Law*, Cambridge University Press, Cambridge 1989; *Los derechos humanos en Venezuela: casi 200 años de historia*, Academia de Ciencias Políticas y Sociales, Caracas 1990, 462 pp. *El amparo a los derechos y libertades constitucionales. Una aproximación comparativa*, Editorial Jurídica Venezolana, Caracas-San Cristóbal 1993, 138 pp.; *El control concentrado de la constitucionalidad de las leyes. Estudio de derecho comparado*, Editorial Jurídica Venezolana, Caracas-San Cristóbal 1994, 179 pp.; *El sistema mixto o integral de control de la constitucionalidad en Colombia y Venezuela*, Universidad Externado de Colombia y Pontificia Universidad Javeriana, Bogotá 1995, 120 pp.; *Derecho y acción de amparo*, Vol. V de la obra *Instituciones Políticas y Constitucionales*, Editorial Jurídica Venezolana, Caracas-San Cristóbal 1998, 577 pp.; *La Justicia Constitucional*, Vol. VI de la obra *Instituciones Políticas y Constitucionales*, Editorial Jurídica Venezolana, Caracas-San Cristóbal 1996, 642 pp.; *El sistema de justicia constitucional en la Constitución de 1999 (Comentarios sobre su desarrollo jurisprudencial y su explicación, a veces errada, en la Exposición de Motivos)*, Editorial Jurídica Venezolana, Caracas 2000, 134 pp.; *Mecanismos nacionales de protección de los derechos humanos (Garantías judiciales de los derechos humanos en el derecho constitucional comparado latinoamericano)*, Instituto Interamericano de Derechos Humanos, San José 2005, 300 pp.

ción escritos y audiovisuales (**Anexo 1**), siempre con una visión crítica del entorno socio político.

18. En ese marco, ha ejercido altas funciones públicas, aunque nunca fue miembro de partido político alguno. Entre 1969 y 1972 fue Presidente de la Comisión de Administración Pública de la Presidencia de la República; fue elegido como Senador independiente (suplente) propuesto en la listas del Partido Demócrata Cristiano (COPEI) entre 1978 y 1988, desde donde impulsó la sanción de importantes leyes, como las de régimen municipal, ordenación territorial y de amparo a los derechos constitucionales[7]. También fue Ministro de Estado para la Descentralización (1993-94), gestión bajo la cual se aprobó y se puso en práctica el más ambicioso y profundo proceso de descentralización en la historia de Venezuela, concebido dentro de las más vanguardistas ideas democráticas y participativas.[8]

19. En 1999 impugnó por razones de inconstitucionalidad la convocatoria que hizo el entonces recién posesionado Presidente de la República Hugo Chávez Frías para elegir una Asamblea Nacional Constituyente[9], y una vez que la antigua Corte Suprema de Justicia corrigió ciertos errores presidenciales[10], fue elegido mediante postulación de propia iniciativa, y con el apoyo de toda la oposición democrática, como Miembro de la Asamblea Nacional Constituyente (1999-2000), siendo uno de los apenas cuatro integrantes de esa Asamblea electo desde la disidencia y contra el proyecto político del Presidente Chávez. Desde esa curul defendió con denuedo los principios del constitucionalismo democrático, se opuso a la usurpación del poder llevada a cabo por la Asamblea Nacional Constituyente en 1999, cuyo Vicepresidente electo en las listas apoyadas por el Presidente Chávez fue, precisamente, el ahora Fiscal General de la República, Isaías Rodríguez, uno de los funcionarios del Estado que ha violado el derecho a la presunción de inocencia del Dr. Brewer Carías *(infra, párr. 80 ss.).* El Dr. Brewer Carías, en relación con la

---

7   Todas sus propuestas se publicaron en 3 volúmenes: Allan R. Brewer-Carías, *Estudios de Derecho Público. Tomo I, (Labor en el Senado 1982)*, Ediciones del Congreso de la República, Caracas 1983, 266 pp.; *Tomo II, (Labor en el Senado)*, Ediciones del Congreso de la República, Caracas 1985, 460 pp.; y *Estudios de Derecho Público, Tomo III, (Labor en el Senado 1985-1987)*, Ediciones del Congreso de la República, Caracas 1989, 420 pp.

8   Dirigió el *Informe sobre la Descentralización en Venezuela 1993, Memoria del Dr. Allan R. Brewer-Carías, Ministro de Estado para la Descentralización (junio 1993-febrero 1994)*, Caracas 1994, 1.072 pp.

9   Véase el texto del recurso de inconstitucionalidad en Allan R Brewer-Carías, *Asamblea Constituyente y Ordenamiento Constitucional*, Serie Estudios Nº 53, Biblioteca de la Academia de Ciencias Políticas y Sociales, Caracas 1999, 328 pp.

10   Véase el análisis de las sentencias de la Corte Suprema de Justicia en Allan R Brewer-Carías *Poder Constituyente Originario y Asamblea Nacional Constituyente (Comentarios sobre la interpretación jurisprudencial relativa a la naturaleza, la misión y los límites de la Asamblea Nacional Constituyente)*, Colección Estudios Jurídicos Nº 72, Editorial Jurídica Venezolana, Caracas 1999, 296 pp.

Asamblea Nacional Constituyente, rechazó el carácter originario que asumió[11]; salvando su voto en todos los actos de intervención de los poderes constituidos, en particular del poder legislativo y especialmente del poder judicial[12], y oponiéndose a la empresa política del Presidente Chávez en todo cuanto ésta tiene de presidencialismo extremo, centralismo, concentración del poder, estatismo, militarismo y autoritarismo[13]. Votó en contra del texto constitucional sancionado por la Asamblea Nacional Constituyente e hizo activa campaña en contra de su aprobación cuando el mismo fue sometido a referéndum popular[14].

20. Se trata pues, de una figura de renombre nacional e internacional y de una autoridad reconocida en Derecho Constitucional, que ha mantenido una clara y activa postura disidente frente al sistema político que ha instaurado el Presidente Chávez en Venezuela, por considerar que el mismo se aparta de principios fundamentales del constitucionalismo democrático, lo cual ha denunciado en libros y artículos[15], en particular oponiéndose al proyecto polí-

---

11 Véase Allan R. Brewer-Carías, *Golpe de Estado y Proceso Constituyente en Venezuela*, Instituto de Investigaciones Jurídicas, Universidad Nacional Autónoma de México, México 2002, 405 pp.

12 Véase su voto salvado en Allan R. Brewer-Carías, *Debate Constituyente (Aportes a la Asamblea Nacional Constituyente), Tomo I (8 agosto-8 septiembre 1999)*, Fundación de Derecho Público-Editorial Jurídica Venezolana, Caracas 1999, 233 pp.

13 Todas sus propuestas y votos salvados se publicaron en Allan R. Brewer-Carías, *Debate Constituyente (Aportes a la Asamblea Nacional Constituyente), Tomo II (9 septiembre-17 octubre 1999)*, Fundación de Derecho Público-Editorial Jurídica Venezolana, Caracas 1999, 286 pp.; y *Debate Constituyente (Aportes a la Asamblea Nacional Constituyente), Tomo III (18 octubre-30 noviembre 1999)*, Fundación de Derecho Público-Editorial Jurídica Venezolana, Caracas 1999, 340 pp.

14 Véase "Razones para el voto No" expuestas para el referendo aprobatorio de la Constitución, en Allan R. Brewer-Carías, *Debate Constituyente (Aportes a la Asamblea Nacional Constituyente), Tomo III (18 octubre-30 noviembre 1999)*, Fundación de Derecho Público-Editorial Jurídica Venezolana, Caracas 1999, pp. 311-336; y Allan R. Brewer-Carías, *«Reflexiones críticas sobre la Constitución de Venezuela de 1999»* en el libro de Diego Valadés, Miguel Carbonell (Coordinadores), *Constitucionalismo Iberoamericano del Siglo XXI*, Cámara de Diputados. LVII Legislatura, Universidad Nacional Autónoma de México, México 2000, pp. 171-193; en *Revista de Derecho Público*, N° 81, Editorial Jurídica Venezolana, Caracas, enero-marzo 2000, pp. 7-21; en *Revista Facultad de Derecho, Derechos y Valores*, Volumen III N° 5, Universidad Militar Nueva Granada, Santafé de Bogotá, D.C., Colombia, Julio 2000, pp. 9-26; y en el libro *La Constitución de 1999*, Biblioteca de la Academia de Ciencias Políticas y Sociales, Serie Eventos 14, Caracas 2000, pp. 63-88.; y *«El proceso constituyente y la fallida reforma del Estado en Venezuela»* en *Estrategias y propuestas para la reforma del Estado*, Universidad Nacional Autónoma de México, México 2001, pp. 25-48.

15 Allan R. Brewer-Carías, *Reflexiones sobre el Constitucionalismo en América*, Colección Cuadernos de la Cátedra Fundacional Doctor Charles Brewer Maucó "Historia del Derecho en Venezuela", Universidad Católica Andrés Bello, N° 2, Editorial Jurídica Venezolana, Caracas 2001, 436 pp.; *La crisis de la democracia venezolana. La Carta Democrática Interamericana y los sucesos de abril de 2002*, Los Libros de

tico de concentración y centralización del poder y a la sistemática intervención política del poder judicial[16] y del poder electoral[17] en Venezuela, lo cual por lo demás, ha sido denunciado repetidamente ante esta Comisión por diversas organizaciones no gubernamentales.

2. ANTECEDENTES RELEVANTES DE LA VIOLACIÓN DE LOS DERECHOS HUMANOS DEL DR. ALLAN BREWER CARÍAS

21. A partir de diciembre de 2001 y durante el primer trimestre de 2002, en Venezuela hubo una intensa movilización social de protesta contra diversas políticas del gobierno del Presidente Chávez, quien había promulgado un

---

El Nacional, Colección Ares, Caracas 2002, 263 pp.; y *Constitución, Democracia y Control del Poder*, Centro Iberoamericano de Estudios Provinciales y Locales (CIEPROL), Consejo de Publicaciones/Universidad de Los Andes/Editorial Jurídica Venezolana. Mérida, octubre 2004, 383 pp.; *«Los problemas de la gobernabilidad democrática en Venezuela: el autoritarismo constitucional y la concentración y centralización del poder»*, en *Gobernabilidad y constitucionalismo en América Latina*, Universidad Nacional Autónoma de México, México 2005, pp. 73-96.

16   Véase Allan R. Brewer-Carías, *«La progresiva y sistemática demolición institucional de la autonomía e independencia del Poder Judicial en Venezuela 1999-2004»*, en el libro: *XXX Jornadas J.M. Domínguez Escovar, Estado de derecho, administración de justicia y derechos humanos*, Instituto de Estudios Jurídicos del Estado Lara, Barquisimeto, 2005, pp. 33-174; *«Quis Custodiet ipsos Custodes*: De la interpretación constitucional a la inconstitucionalidad de la interpretación»*, *VIII Congreso Nacional de derecho Constitucional*, Perú, Fondo Editorial 2005, Colegio de Abogados de Arequipa, Arequipa, septiembre 2005, pp. 463-489.

17   Véase Allan R. Brewer-Carías, *La Sala Constitucional versus el Estado Democrático de Derecho. El secuestro del Poder Electoral y de la Sala Electoral del Tribunal Supremo y la confiscación del derecho a la participación política*, Los Libros de El Nacional, Colección Ares, Caracas 2004, 172 pp.; *«El secuestro del Poder Electoral y la confiscación del derecho a la participación política mediante el referendo revocatorio presidencial: Venezuela 2000-2004»*, en *Boletín Mexicano de Derecho Comparado*, Instituto de Investigaciones Jurídicas, Universidad Nacional Autónoma de México, Nº 112. México, enero-abril 2005 pp. 11-73; *«El secuestro del Poder Electoral y la confiscación del derecho a la participación política mediante el referendo revocatorio presidencial: Venezuela 2000-2004»* en *Revista Jurídica del Perú*, Año LIV Nº 55, Lima, marzo-abril 2004, pp. 353-396; *«El secuestro del Poder Electoral y de la Sala Electoral del Tribunal Supremo y la confiscación del derecho a la participación política mediante el referendo revocatorio presidencial: Venezuela: 2000-2004»* en *Revista Costarricense de Derecho Constitucional*, Tomo V, Instituto Costarricense de Derecho Constitucional, Editorial Investigaciones Jurídicas S.A., San José 2004, pp. 167-312; *«El secuestro de la Sala Electoral por la Sala Constitucional del Tribunal Supremo de Justicia»*, en *La Guerra de las Salas del TSJ frente al Referendum Revocatorio*, Editorial Aequitas, Caracas 2004, C.A., pp. 13-58; *«El secuestro del poder electoral y la confiscación del derecho a la participación política mediante el referendo revocatorio presidencial: Venezuela 2000-2004»*, *Stvdi Vrbinati, Rivista tgrimestrale di Scienze Giuridiche, Politiche ed Economiche*, Año LXXI – 2003/04 Nueva Serie A – N. 55,3, Università degli studi di Urbino, pp.379-436. Urbino, Italia 2004..

grueso conjunto de decretos leyes de dudosa constitucionalidad criticada por el profesor Brewer-Carías[18] y había adoptado medidas hegemónicas en el área educativa. El volumen de la protesta pública fue creciendo, como fue conocido por la opinión pública internacional. El 11 de abril de 2002, una gran manifestación pública que se dirigía al Palacio de Miraflores, sede de la Presidencia de la República en Caracas, terminó en un ataque armado contra civiles indefensos.[19] Tras esos eventos se desencadenó una grave crisis política, configurada por sucesivas declaraciones públicas de los comandantes de las distintas ramas de las Fuerzas Armadas, que desconocían la autoridad del Presidente de la República. Durante la madrugada del día 12 de abril, el jefe militar de mayor jerarquía en el país, general en jefe Lucas Rincón, a la sazón Inspector General de la Fuerza Armada, se dirigió al país por televisión, acompañado del Alto Mando Militar, e informó que esa cúpula castrense había solicitado la renuncia al Presidente de la República y que éste así lo había aceptado[20] *(infra, párr. 90)*, todo lo cual configuró una grave crisis constitucional. Como es sabido, el día 12 de abril, el señor Pedro Carmona Estanga, uno de los líderes de las protestas civiles precedentes, anunció el establecimiento de un "gobierno de transición democrática", presidido por él, así como la disolución de los poderes públicos y otras medidas extremas. Ese anuncio de golpe contra la Constitución provocó justificadas reacciones adversas en el mundo político y militar, así como protestas populares que condujeron, el 13 de abril, a la reinstalación del Presidente Chávez en la Presidencia de la República.

---

18   Véase Allan R. Brewer-Carías, *«Apreciación general sobre los vicios de inconstitucionalidad que afectan los Decretos Leyes Habilitados»* en **Ley Habilitante del 13-11-2000 y sus Decretos Leyes**, Academia de Ciencias Políticas y Sociales, Serie Eventos Nº 17, Caracas 2002, pp. 63-103; *«El régimen constitucional de los Decretos Leyes y de los actos de gobierno»* en **Bases y Principios del Sistema Constitucional Venezolano (Ponencias del VII Congreso Venezolano de Derecho Constitucional realizado en San Cristóbal del 21 al 23 de noviembre de 2001)**, Asociación Venezolana de Derecho Constitucional, Universidad Católica del Táchira, San Cristóbal, 2002, pp. 25-74.

19   Recientemente, la CIDH admitió la petición de víctimas y familiares de esos sucesos, por la omisión del Estado en investigar la verdad de lo ocurrido en esa cruenta jornada. Informe 96-06. Petición 4348-02. ADMISIBILIDAD. *Jesús Mohamad Capote, Andrés Trujillo y otros v. Venezuela*. 23 de octubre de 2006

20   Las palabras textuales del General Rincón fueron las siguientes: "Pueblo venezolano, muy buenos días, los miembros del Alto Mando Militar de la Fuerza Armada Nacional de la República Bolivariana de Venezuela deploran los lamentables acontecimientos sucedidos en la ciudad capital el día de ayer. **Ante tales hechos se le solicitó al señor Presidente de la República la renuncia a su cargo, la cual aceptó.** Los miembros del Alto Mando Militar ponemos, a partir de este momento, nuestros cargos a la orden, los cuales entregaremos a los oficiales que sean designados por las nuevas autoridades". (Énfasis añadido). Véase Albor Rodríguez (ed), *Verdades, mentiras y Videos. Lo más relevante de las interpelaciones en la Asamblea Nacional sobre los sucesos de abril*, Libros El Nacional, Caracas 2002, pp. 13-14.

22. Entre las numerosas noticias que aparecieron en los medios de comunicación venezolanos sobre tan extraños y repudiables sucesos, algunas apreciaciones de periodistas, que no habían sido testigos presenciales de esos eventos, vincularon al Dr. Brewer Carías con el decreto constitutivo del llamado "gobierno de transición" que anunció el señor Pedro Carmona Estanga el 12 de abril de 2002 ("decreto del 12 de abril"). En particular, la periodista Patricia Poleo, en unos ocho artículos y entrevistas audiovisuales del mes de abril de 2002, contradiciéndose a sí misma en sus propias aseveraciones, atribuyó al Dr. Brewer Carías la redacción de dicho decreto. Esta apreciación periodística es totalmente desacertada y falsa. El Dr. Brewer Carías no redactó tal decreto ni propuso borrador alguno, pues el texto que se le presentó para que emitiera una opinión jurídica ya estaba redactado. Por eso él mismo se apresuró a desmentir semejante especie *(infra, párr. 24)*, y el día 16 de abril de 2002 convocó para ese fin a una rueda de prensa[21]. Ha reiterado ese desmentido en numerosas declaraciones posteriores y en libros que ha escrito conectados con esa desafortunada especie, entre ellos, el titulado *La crisis de la Democracia Venezolana*[22], y el titulado *En mi propia Defensa* (**Anexo 2**)[23]. Así lo ha aclarado el propio señor Carmona en un libro intitulado *Mi Testimonio ante la Historia*, Caracas 2004 (**Anexo 3**) *(infra, párrs. 103-106)* y en declaración auténtica formulada ante Notario Público el día 23 de febrero de

---

21 Véase las siguientes reseñas de la rueda de prensa: "Allan Brewer Carías responde a las acusaciones: No redacté el Decreto de Carmona Estanga" reseña por Ana Damelis Guzmán, *El Globo*, Caracas, 17/04/02, p. 4: "El abogado desmiente haber redactado acta constitutiva de gobierno transitorio; Brewer Carías se desmarca de Pedro Carmona Estanga", reseña por Felipe González Roa *Notitarde*, Valencia, 17/04/02, p. 13; "Brewer-Carías: No sé quien redactó el decreto de Carmona", reseña por Jaime Granda, *El Nuevo País*, Caracas, 17/04/02, p. 2; "Señaló Brewer Carías; Carta Democrática Interamericana podría ser aplicada a Chávez Frías", <reseña> *El Siglo*, Maracay, 17/04/02, p. A-10; "Brewer-Carías niega haber redactado el decreto", reseña por Juan Francisco Alonso, *El Universal*, Caracas, 17/04/02, p. 1-4; y "Constituyente Allan Brewer Carías: Carta democrática paradójicamente se aplica a los opositores de Chávez y no a su gestión", reseña de Eucaris Perdomo, diario *2001*, Caracas, 17/04/02, p. 9. Véase el texto de estas reseñas periodísticas en el libro Allan R. Brewer-Carías, *En mi propia defensa. Respuesta preparada con la asistencia de mis defensores Rafael Odremán y León Henrique Cottin contra la infundada acusación fiscal por el supuesto delito de conspiración*, Editorial Jurídica Venezolana, Caracas 2006 (**Anexo 2**), pp. a 192).

22 Véase Allan R. Brewer-Carías, *La crisis de la democracia venezolana. La Carta Democrática Interamericana y los sucesos de abril de 2002*, Los Libros de El Nacional, Colección Ares, Caracas 2002, 263 pp.

23 Allan R. Brewer-Carías, *En mi propia defensa. Respuesta preparada con la asistencia de mis defensores Rafael Odremán y León Henrique Cottin contra la infundada acusación fiscal por el supuesto delito de conspiración*, Editorial Jurídica Venezolana, Caracas 2006, 606 pp. Este libro contiene el escrito de 08-11-2005 de contestación a la acusación penal formulada contra el Dr. Brewer Carías, en el cual se denuncian todas las violaciones a sus derechos y garantías judiciales cometidas durante el proceso de imputación y en la acusación.

2006 en Bogotá[24] **(Anexo 4)** *(infra, párrs. 91, 93)*. Tal como se relata más en adelante en el análisis sobre el fondo, también lo han reiterado testigos, cuya declaración no ha sido atendida por el Ministerio Público y los tribunales venezolanos, o cuya promoción como tales testigos ha sido rechazada, con grave perjuicio para la defensa del Dr. Brewer Carías *(infra, párrs. 92 y ss.)*. Y otros elementos contundentes de convicción que no ha sido posible hacer valer, por haberlo impedido arbitrariamente el Ministerio Público y el sistema judicial venezolanos *(infra, párrs. 114 ss. y 122 ss.)*.

23. El Dr. Brewer Carías no fue, ni por asomo, el redactor del decreto del 12 de abril. Su conexión con esos eventos fue puramente circunstancial. El Dr. Brewer Carías había permanecido fuera de Venezuela durante las dos semanas precedentes a aquella crisis política, en disfrute de vacaciones *(infra, párrs. 98, 99)* de las cuales regresó a Caracas en la noche del día 9 de abril, sin haber podido siquiera participar en aquellas multitudinarias protestas *(infra, párr. 101)*. En la madrugada del 12 de abril, recibió una llamada telefónica del Dr. Pedro Carmona Estanga, requiriendo urgentemente su presencia. A tales efectos se le envió un automóvil que lo recogió en su lugar de residencia. El Dr. Brewer Carias fue trasladado desde su casa a la mayor instalación militar de Caracas, conocida como "Fuerte Tiuna", donde tienen su sede el Ministerio de la Defensa y la Comandancia General del Ejército. En esta última se encontraba el Sr. Carmona Estanga, en reuniones a las que el Dr. Brewer Carías no tuvo acceso. Dos jóvenes abogados que allí se encontraban le mostraron el texto de lo que sería horas después el decreto del 12 de abril[25]. La reacción inmediata del Dr. Brewer Carias fue manifestarle al Sr. Carmona su rechazo absoluto respecto de aquel texto por apartarse del constitucionalismo democrático y violar, además, la Carta Democrática Interamericana. El Dr. Brewer Carias solicitó acceso al Dr. Carmona Estanga para manifestarle privada y personalmente su rechazo a dicho texto. Le fue imposible tener esa reunión en Fuerte Tiuna. Por ello, hacia mediodía de ese mismo día 12 de abril se trasladó al Palacio de Miraflores para manifestarle al Sr. Carmona su opinión jurídica contraria al documento. Allí sólo pudo ver a los dos jóvenes abogados que había visto en la madrugada, pero el acceso al Sr. Carmona le fue nuevamente denegado, retirándose entonces a los pocos minutos de ese lugar; y sólo pudo tener acceso al Sr. Carmona por teléfono en la tarde de ese mismo día 12 de abril, cuando ya el Dr. Brewer Carias se encontraba en su

---

24   Véase el texto en Allan R. Brewer-Carías, *En mi propia defensa*, Caracas 2005, pp. 591-598 **(Anexo 2)**.

25   El Dr. Brewer Carías no pudo menos que sorprenderse ante la presencia de estos dos abogados, a quienes había conocido y visto por primera vez apenas dos días antes (el 10 de abril), cuando ellos se hicieron presentes en la oficina del Dr. Jorge Olavarría, destacado historiador, periodista y político, donde se encontraba reunido a solas con el Dr. Brewer Carías. Dichos abogados habían llevado a Olavarría, en esa oportunidad, un texto similar, respecto del cual ambos expresaron de inmediato su sorpresa y total rechazo, al punto que no consideraron que se tratara de nada serio sobre lo que valiera la pena discutir *(infra, párrs. 108 y 109)*.

casa de habitación, ocasión en la cual le manifestó su rechazo absoluto al aludido decreto. Dicha comunicación telefónica tuvo lugar antes de que se diera lectura pública al decreto desde el Palacio de Miraflores. Obviamente, por su posición decidida en esta materia, el Dr. Brewer Carias no estuvo presente en la tarde de ese día en el Palacio de Miraflores ni participó en ese acto, que tuvo amplia cobertura de prensa nacional e internacional.

24. Frente a sorprendentes publicaciones que, por motivos abiertos a todo tipo de sospechas especularon sobre la presencia del Dr. Brewer Carias durante algunas horas de la madrugada del 12 de abril de 2002 en las instalaciones del Fuerte Tiuna, lo señalaron como autor intelectual o redactor de aquel decreto, éste hizo lo que corresponde hacer a una personalidad pública en una sociedad democrática, esto es, desmentir rápida y públicamente aquella murmuración, sin perder el espíritu de tolerancia que debe prevalecer en la democracia *(supra, párr. 22)*.[26]

25. Lejos de preocuparse por establecer la verdad de aquellos hechos y, al contrario, sobre la base de especulaciones de periodistas que no presenciaron personalmente en forma alguna los supuestos hechos que comentaron, el Ministerio Público, con la complicidad de los jueces que han conocido de la causa, acusó al Dr. Brewer Carías de cometer el delito político de conspirar para cambiar violentamente la Constitución y se ha dispuesto su privación de su libertad, según han anunciado funcionarios gubernamentales con orden de captura nacional e internacional. Esto no es más que una cruda expresión de la utilización de la justicia penal para perseguir y destruir a la disidencia, que se ha hecho práctica común del actual régimen venezolano. En el caso, se pretende destruir la reputación, la integridad intelectual y moral y la autoridad intelectual de un conspicuo crítico del gobierno venezolano, quien, además, por su trayectoria goza del más alto prestigio y credibilidad nacional e internacional en materia de constitucionalismo democrático. El propósito del juicio ilegítimo que se ha instaurado contra el Dr. Brewer Carías no es otro que el de destruirlo moralmente y neutralizar el peso de su posición crítica frente al gobierno venezolano y sus persistentes prácticas antidemocráticas *(infra, párrs. 82, 83, 135, 136)*.

26. Si en Venezuela existiera una fiscalía independiente y un poder judicial independiente e imparcial, el Dr. Brewer Carias no habría sido imputado ni acusado; o, de haberlo sido, se habría establecido su no participación en conspiración alguna y no habría sido necesario tampoco recurrir a esta Comi-

---

26 Era y es consciente de que una personalidad pública está más expuesta a que se tejan conjeturas infundadas sobre su conducta y que está llamada a ser más tolerante con noticias u opiniones que ofenden, resultan ingratas o perturban. Como lo ha dicho la Corte Interamericana de Derechos Humanos *"aquellas personas que influyen en cuestiones de interés público se han expuesto voluntariamente a un escrutinio público más exigente y, consecuentemente, se ven expuestos a un mayor riesgo de sufrir críticas, ya que sus actividades salen del dominio de la esfera privada para insertarse en la esfera del debate público."* Corte I.D.H.: *Caso Herrera Ulloa* Sentencia de 2 de julio de 2004. Serie C, N° 107; párr. 129.

sión. La frivolidad de los "cargos" contra el Dr. Brewer Carías no hubiera resistido análisis alguno de un fiscal independiente y en todo caso de jueces independientes e imparciales que cumplieran con los requisitos de la Convención Americana.

3. LA IMPUTACIÓN PENAL CONTRA EL DR. ALLAN BREWER CARÍAS

27. El presente caso se origina con la infundada imputación formulada contra el Dr. Brewer Carías, mediante escrito de fecha 27 de enero de 2005 **(Anexo 5)** por la señora Luisa Ortega Díaz, Fiscal provisoria Sexta del Ministerio Público a Nivel Nacional con Competencia Plena ("Fiscal provisoria Sexta"), que atribuyó al Dr. Allan R. Brewer-Carías "la comisión del delito de **conspiración para cambiar violentamente la Constitución** previsto y sancionado en el artículo 143, numeral 2 del Código Penal Vigente (artículo 144, numeral 2 para la fecha de la comisión de los hechos)", por haber supuestamente participado "en la discusión, elaboración, redacción y presentación" del decreto constitutivo del llamado gobierno de transición que anunció el ciudadano Pedro Carmona Estanga el 12 de abril de 2002 *(supra, párr. 4)*, hecho que el Dr. Brewer Carías ha negado enfáticamente por ser completamente falso *(supra, párr. 22)*.

28. La actuación de la Fiscal provisoria Sexta tuvo como punto de partida y fundamento la denuncia formulada en 22 de mayo de 2002, por un militar activo, Coronel del Ejército y abogado llamado Ángel Bellorín **(Anexo 6)**, siguiendo órdenes del gobierno, quien textualmente afirmó ante el Ministerio Público venezolano que "*es un **hecho notorio comunicacional** reiterado y por todos conocidos a través de los diversos medios de comunicación que los autores de dicho decreto son los ciudadanos Allan Brewer Carías, Carlos Ayala Corao, Cecilia Sosa y Daniel Romero, conocidos los tres primeros como expertos en materia constitucional, tal como se desprende de los artículos periodísticos que de seguida referimos...*" El supuesto "hecho notorio comunicacional" con el que el Estado pretende desvirtuar e invertir la presunción de inocencia, se basa en publicaciones de versiones, rumores y meras opiniones de algunos periodistas, que, posteriormente, se incorporaron al acta de imputación como elementos probatorios *(supra, párrs. 4,22; infra, párrs. 62 ss.)*.

29. Asimismo la Fiscal provisoria Sexta invocó el libro del Sr. Pedro Carmona (*Mi testimonio ante la historia*), utilizándolo con evidente malicia, pues en el mismo su autor más bien aclara que el Dr. Brewer Carías no fue el redactor de dicho decreto *(supra, párr. 22; infra, párrs. 93, 103)*; e incluso la deposición voluntaria de un testigo calificado, el Dr. Jorge Olavarría, quien acudió espontáneamente ante la Fiscalía el 9 de julio de 2002 para expresar *"la constancia que tengo de la injuriosa falsedad"* de los hechos imputados al Dr. Brewer Carías, como más adelante se detalla en esta petición *(infra, párrs. 107 ss.)*.

IV. VIOLACIÓN DE LAS GARANTÍAS JUDICIALES (ARTÍCULO 8, CADH)

30. La República Bolivariana de Venezuela violó los derechos contenidos en el artículo 8(1), 8(2), 8(2)(c); y (f) de la Convención Americana.

31. Destacamos, ante todo, que estas garantías judiciales se aplican en toda etapa e instancia del proceso. Así lo han reiterado la Corte y la Comisión. La Corte ha subrayado recientemente la amplitud de la garantía debida al debido proceso en el Sistema Interamericano de Derechos Humanos:

> *El artículo 8 de la Convención Americana se aplica al conjunto de requisitos que deben observarse en las instancias procesales, **cualesquiera que ellas sean**, a efecto de que las personas puedan defenderse adecuadamente ante cualquier acto emanado del Estado que pueda afectar sus derechos*[27]. (Énfasis añadido)

32. En su voto razonado en el mismo caso, el Presidente de la Corte Interamericana García Ramírez añadió:

> *La jurisprudencia de la Corte Interamericana a propósito del debido proceso, la tutela judicial, las garantías procesales o la preparación y el ejercicio de la defensa de los particulares –expresiones que coinciden en una sola preocupación– ha desarrollado en sentido progresivo –invariablemente garantista– los datos del debido proceso.*[28]

33. La Comisión, por su parte, ha sostenido que "ni el artículo 8 ni el 25 de la Convención establecen en qué etapa del proceso de sustanciación de una acusación penal el indiciado queda habilitado para ejercer sus derechos a la defensa y al debido proceso."[29]

---

27 Corte IDH.: *Caso Claude Reyes y otros vs Chile.* Sentencia de 19 de septiembre de 2006. Serie C, Nº 151; párr 116.

28 *Ibíd.*, voto razonado juez García Ramírez; párr. 7. El mismo juez García Ramírez, en su voto razonado en la Opinión Consultiva *El Derecho a la Información sobre la Asistencia Consular en el Marco de las Garantías del Debido Proceso Legal.* Opinión Consultiva OC-16/99 del 1 de octubre de 1999. Serie A Nº 16, hizo apropiados comentarios sobre la profunda vinculación entre el debido proceso, la democracia y los derechos humanos: *"La historia de la democracia y de los derechos humanos guarda una relación estrecha con la evolución del sistema persecutorio. **El proceso penal es un escenario fidedigno del progreso moral, jurídico y político de la humanidad.** De ser objeto del proceso, el inculpado pasó a ser sujeto de una relación jurídica concebida en términos diferentes. En ella **el inculpado es titular de derechos y garantías, que son el escudo del ciudadano frente al poder arbitrario.** La llamada "justicia penal democrática" reconoce y desarrolla estos derechos".* (Énfasis añadidos).

29 CIDH, *Figueredo Planchart... cit.*; párr. 83.

34. La Comisión, en el mismo caso Figueredo Planchart v. Venezuela,[30] entendió que *"tanto la jurisprudencia del sistema europeo como la del interamericano establecen claramente que la aplicación por parte de los Estados de las garantías del debido **proceso no pueden estar limitadas ni restringidas a la fase final de un proceso penal**, menos aún si la fase preliminar tiene consecuencias jurídicas sobre los derechos civiles del presunto imputado."*[31]

35. Dado que las violaciones pueden acaecer en cualquier momento del proceso, y que la obligación del respeto a las garantías mínimas pesa sobre el Estado en todas las etapas del proceso judicial, desde su iniciación hasta que haya sentencia firme, las mismas también tienen que poder denunciarse en cualquier estadio del proceso, siempre y cuando los hechos del caso así lo requieran. Más aún en la situación a la que se refiere esta petición, en la cual el caso contra el Dr. Brewer Carías ha sido construido y procesado para formalizar una decisión tomada previamente de condenarlo y de decretar su privación de libertad, como en efecto se ha decretado.

36. Por lo demás, la Constitución de la República Bolivariana de Venezuela garantiza que *"la defensa y la asistencia jurídica son derechos inviolables **en todo estado y grado de la investigación y del proceso"*** (art. 49), e igualmente prevé que toda persona tiene derecho de acceder a las pruebas y a los medios adecuados para ejercer su defensa.

1. VIOLACIÓN DEL DERECHO A SER OÍDO POR UN JUEZ O TRIBUNAL INDEPENDIENTE E IMPARCIAL (ARTÍCULO 8(1), CADH).

37. La falta de independencia del poder judicial de Venezuela afecta, en la actualidad, tanto el sistema en general, como el caso concreto del Dr. Brewer Carías. Nos referiremos primero a los vicios institucionales del sistema, y luego denunciaremos su manifestación o aplicación en el caso concreto.

A. *La sujeción política y jerárquica del Sistema Judicial y del Ministerio Público en Venezuela*

a. *El Tribunal Supremo de Justicia*

38. Desde la sanción de la Constitución de 1999, el Presidente de la República se ha propuesto controlar políticamente el Tribunal Supremo de Justicia y, por medio de éste, el sistema judicial venezolano. Además, como ya lo observó esa ilustre Comisión en su *Informe sobre Venezuela* de 2003, la designación de sus Magistrados no se ajustó a la recién aprobada Constitución, de modo que *"las reformas constitucionales introducidas en la forma de elección de estas autoridades establecidas como garantías de independencia*

---

30   *Ibíd.*
31   *Ibíd.; párr.* 87.

e imparcialidad no fueron utilizadas en este caso" (párr. 186). Peor aún, cuando, a partir de 2002, los vaivenes políticos pusieron en peligro ese control, con todo desenfado se promovió una reforma a Ley Orgánica del Tribunal Supremo de Justicia (publicada en *Gaceta Oficial* N° 37.942 de 20/5/04), aprobada por apretada mayoría en la Asamblea Nacional y con amplia discusión y cuestionamiento respecto de la mayoría calificada que se requería por la Constitución, por tratarse de una ley orgánica. La reforma aumentó el número de Magistrados de 20 a 32, elegidos los nuevos por mayoría simple de la misma Asamblea Nacional. Como lo subrayó oportunamente la Comisión, dicha Ley *"no toma en consideración las preocupaciones expresadas por la CIDH en su informe en cuanto a posibles amenazas a la independencia del Poder Judicial."*[32] A lo anterior debe agregarse la destitución o "jubilación" de los Magistrados que osaron no seguir la línea gubernamental[33], todo lo cual ha permitido al gobierno asumir un control absoluto del Tribunal Supremo de Justicia en general, y de cada una de sus Salas en particular.

39. El proceso de selección final de los nuevos Magistrados fue dominado por la sumisión al Presidente de la República. En víspera del nombramiento, el entonces Presidente de la Comisión parlamentaria encargada de escoger los candidatos a Magistrados del Tribunal Supremo, Sr. Pedro Carreño, quien ha sido nombrado en enero de 2007 Ministro del Interior y de Justicia, declaró a la prensa lo siguiente: *"Si bien los diputados tenemos la potestad de esta escogencia, el Presidente de la República fue consultado **y su opinión fue tenida muy en cuenta.**"* (Resaltado añadido). Agregó: *"**Vamos a estar claros, nosotros no nos vamos a meter autogoles.** En la lista había gente de la oposición que cumple con todos los requisitos. La oposición hubiera podido usarlos para llegar a un acuerdo en las últimas sesiones, pero no quisieron. Así que nosotros no lo vamos a hacer por ellos. **En el grupo de los postulados no hay nadie que vaya a actuar contra nosotros** y, así sea en una sesión de 10 horas, lo aprobaremos."* (Resaltados y subrayado añadidos) **(Anexo 7)**. Con razón, la Comisión Interamericana indicó en su *Informe a la Asamblea General de la OEA* correspondiente a 2004 que *"estas normas de la Ley Orgánica del Tribunal Supremo de Justicia habrían facilitado que*

---

32   CIDH, 2004, 174

33   Fue el caso del Magistrado Franklin Arrieche, Vice Presidente del Tribunal Supremo de Justicia, quien fue Ponente de la sentencia de la Sala Plena Accidental de 14-08-2002 que decidió el antejuicio de mérito a los generales que actuaron el 12 de abril de 2002 (**Anexo 53**), declarando que no había mérito para enjuiciarlos porque en esa ocasión no había ocurrido un golpe militar sino un vacío de poder; y de los Magistrados Alberto Martini Urdaneta, Presidente de la Sala Electoral y Rafael Hernández y Orlando Gravina, Magistrados de la misma Sala, quienes suscribieron la sentencia de fecha sentencia N° 24 del 15-03-2004 (Caso: *Julio Borges, César Pérez Vivas, Henry Ramos Allup, Jorge Sucre Castillo, Ramón José Medina y Gerardo Blyde vs. Consejo Nacional Electoral*), que suspendió los efectos de la Resolución N° 040302-131 de 02-03-2004, del Consejo Nacional Electoral que en su momento impidió la realización del referendo revocatorio presidencial.

el Poder Ejecutivo manipulara el proceso de elección de magistrados llevado a cabo durante 2004."[34]

40. Se ha configurado, de este modo, un Tribunal Supremo de Justicia altamente politizado y sujeto a la voluntad del Presidente de la República, que cancela en la práctica la autonomía del Poder Judicial y el postulado de la separación de los poderes, como piedra angular del Estado de Derecho y de la vigencia de las instituciones democráticas. Por lo demás, contra dicha Ley se han intentado varias demandas de inconstitucionalidad, entre ellas una incoada por los Decanos de las Facultades de Derecho más reputadas del país, la cual, casi tres años después sigue en espera de decisión.[35]

41. El Tribunal Supremo de Justicia domina enteramente el sistema judicial venezolano, en particular el nombramiento y remoción de los jueces, cuya inestabilidad avalada y promovida por dicho Tribunal, y el nombramiento de los jueces sin el concurso público que exige la Constitución, es otro componente de la sujeción política de los tribunales venezolanos, como ya lo ha señalado esa ilustre Comisión *(infra, párrs. 43 y ss.).*

b. *La provisionalidad de jueces y fiscales*

42. Respecto de la independencia del Tribunal, los *Principios Básicos relativos a la independencia de la judicatura*, aprobados por la Asamblea General de la ONU[36] han servido de norma tanto para el Comité de Derechos Humanos que funciona en el marco de dicha organización como para la Corte Interamericana de Derechos Humanos, que los ha citado en diversas sentencias.[37] En el *caso Carranza*, la CIDH reafirmó el principio de inamovilidad de los jueces, sosteniendo que *"el principio se basa en la propia naturaleza especial de la función de los tribunales y garantiza la independencia de los*

---

34 CIDH 2004 180

35 Los magistrados encargados de conocer de esta causa fueron recusados, por ser parte interesada. La recusación fue rechazada en decisión de la Sala Constitucional del 28 de abril de 2005, por considerar que la recusación sería de imposible ejecución y porque, además. *"hasta prueba en contrario, los Magistrados se presumen honorables, y tal honorabilidad no puede quedar en tela de juicio porque deban juzgar sobre la nulidad de una ley, que indirectamente pudiera afectarlos".* Esto entra en abierta contradicción con el concepto de "juez imparcial" postulado por la jurisprudencia de la Corte Interamericana de Derechos Humanos, según la cual, *"se debe garantizar que el juez o tribunal en el ejercicio de su función como juzgador cuente con la mayor objetividad para enfrentar el juicio",* al punto que, *"hasta las apariencias podrán tener cierta importancia."* (*Caso Herrera Ulloa;* párrs. 170 y 171).

36 *Principios Básicos Relativos a la Independencia de la Judicatura,* adoptados por el Séptimo Congreso de las Naciones Unidas en Milán, del 26 de agosto al 6 de septiembre de 1985 y confirmados por la Asamblea General en sus resoluciones 40/32 de noviembre de 1985 y 40/146 del 13 de diciembre de 1985.

37 Corte IDH, Caso *Ivcher Bronstein.* Sentencia de 6 de febrero de 2001. Serie C, N° 74, Párr. 112 (2001).

jueces frente a las demás ramas del gobierno y ante los cambios político-electorales."[38]

43. En su *Informe Especial sobre Venezuela* de 2003, la Comisión Interamericana ya se ha pronunciado respecto de la preocupación que genera el establecimiento de jueces provisorios en Venezuela,[39] considerando como tales los que carecen de estabilidad en el cargo, siendo por ello susceptibles de manipulación política,[40] en el sentido de que *"no gozan de la garantía de estabilidad en el cargo y pueden ser removidos o suspendidos libremente, lo que podría suponer un condicionamiento a la actuación de estos jueces, en el sentido de que no pueden sentirse protegidos frente a indebidas interferencias o presiones provenientes del interior o desde fuera del sistema judicial,"*[41] y ha concluido que el alto porcentaje de estos jueces altera el derecho de la ciudadanía a una adecuada administración de justicia.[42]

44. Esta ilustre Comisión ha diagnosticado con toda precisión desde hace años esta notoria falta de independencia que aqueja al sistema judicial venezolano, habiendo ya advertido sobre el problema de autonomía e independencia del Poder Judicial y la provisionalidad de los jueces, en las *Observaciones Preliminares* formuladas el 10 de mayo de 2002[43], con motivo de su visita a Venezuela, que:

...luego de casi tres años de reorganización del Poder Judicial, un número significativo de los jueces tiene carácter provisorio, que oscila entre el 60 y el 90% según las distintas fuentes. Ello afecta la estabilidad, independencia y autonomía que debe regir a la judicatura[44].

45. Agregó la Comisión que había sido:

...informada que el problema de la provisionalidad de los jueces se ha profundizado y aumentado desde que el presente Gobierno inició un proceso de reestructuración judicial.[45]

---

38 CIDH, *Carranza vs. Argentina*, caso 10.087, Informe N° 30/97, 30 de Diciembre de 1997; párr. 41.

39 *Informe sobre la Situación de los Derechos Humanos en Venezuela*, OEA/Ser.L/V/II.118, d.C. 4 rev. 2, 29 de Diciembre de 2003, Párr. 11, p. 3 ("La Comisión ha sido informada que solo 250 jueces han sido designados por concurso de oposición de conformidad a la normativa constitucional. De un total de 1772 cargos de jueces en Venezuela, el Tribunal Supremo de Justicia reporta que solo 183 son titulares, 1331 son provisorios y 258 son temporales.").

40 *Ibíd.*, párrs. 11 y 12.

41 *Ibíd.*, p. 57; párr. 159.

42 *Ibíd.*

43 Véase "Comunicado de Prensa" de 10-05-2000, en *El Universal*, Caracas 11-5-2002

44 *Ibíd.*, párr. 30

45 *Ibíd.*, párr. 31

46. En el antes citado *Informe Especial* sobre Venezuela del año 2003, esta Ilustre Comisión también expresó:

> *... un aspecto vinculado a la autonomía e independencia del Poder Judicial es el relativo al carácter provisorio de los jueces en el sistema judicial de Venezuela. Actualmente, la información proporcionada por las distintas fuentes indica que más del 80% de los jueces venezolanos son "provisionales".*[46].

47. Después de siete años de vigencia de la Constitución, aún no se ha establecido la jurisdicción disciplinaria de los jueces que exige la Constitución (artículos 254 y 267) tendiente a garantizar su sola remoción mediante juicios disciplinarios, por jueces disciplinarios, por lo que ha continuando en funcionamiento una "transitoria" Comisión de Reorganización (creada en 1999) que ha removido a los jueces sin debido proceso, y ha dado pie a la instauración de los mencionados jueces provisorios *(infra, párr. 53)*.

48. Últimamente, se ha pretendido solventar el problema de la provisionalidad a través del *Programa Especial para la Regularización de la Titularidad* dirigido a los jueces accidentales, temporales o provisorios, con un lapso mayor a tres meses en el ejercicio de la función judicial. Semejante programa burla el sistema de ingreso a la función judicial por concursos públicos de oposición, también específicamente dispuesto por la Constitución (art. 255), pues se limita a una evaluación de los jueces provisorios, sin concurso ni competencia algunos, de modo que más que a "regularizar" lo que tiende es a consolidar los efectos de los nombramientos "a dedo" provisionales, procedimiento del cual incluso un juez provisorio ha denunciado mediante una acción de amparo haber sido excluido por discriminación política[47].

49. En ese contexto, tal como la Comisión lo registró en el informe sobre la situación de los derechos humanos en Venezuela contenido en el Capítulo IV del Informe que rindió ante la Asamblea General de la OEA en 2006, se da cuenta de diversos *"casos de destituciones, sustituciones y otro tipo de medidas que, en razón de la provisionalidad y los procesos de reforma, han generado dificultades para una plena vigencia de la independencia judicial en Venezuela."*[48]. Entre ellos, se destacan *"destituciones y sustituciones que son señaladas como **represalias por la toma de decisiones contrarias al Gobierno**"*[49]. Asimismo se consigna que, para 2005, según cifras oficiales, *"el*

---

46 *Informe sobre la Situación de los Derechos Humanos en Venezuela 2003, cit.* párr. 161

47 Véase la información sobre el recurso de amparo por discriminación política intentado por el ex juez provisorio Henry Jaspe contra la Dirección Ejecutiva de la Magistratura, en *El Universal.Digital*, "Expediente, Justicia Maisanta", reseña de la periodista Giuliana Chiappe, domingo 19-11-2006.

48 Párr. 291

49 Párrs. 295 y ss. Énfasis añadido

18,30% de las juezas y jueces son titulares y 81,70% están en condiciones de provisionalidad"[50]. (infra, párr. 46)

50. Esta situación del poder judicial de Venezuela también fue objeto de preocupación para el Comité de Derechos Humanos de la ONU[51] que expresó:

> *El Comité está particularmente preocupado por la situación del poder judicial en Venezuela, que se encuentra todavía en reorganización. Un proceso de reorganización prolongado pone en riesgo la independencia de dicho poder, por la posibilidad de que los jueces sean removidos como consecuencia del ejercicio de la función judicial, infringiendo así el párrafo 3 del artículo 2 y el artículo 14 del Pacto. Otro motivo de preocupación es la falta de información sobre las consecuencias que dicho proceso ha tenido hasta ahora y la falta de una fecha de término del mismo. El proceso de reorganización del poder judicial no debe continuar. Además, el Estado Parte deberá proporcionar información sobre el número de jueces que han sido removidos durante este proceso, las causas de la remoción, así como el procedimiento seguido en el mismo."[52]*

51. La provisionalidad también afecta gravemente al Ministerio Público, con graves consecuencias para el debido proceso, como ocurre en el presente caso. La misma Comisión así lo pudo verificar, tal como lo expresó el referido informe sobre la situación de los derechos humanos en Venezuela contenido en el en el Capítulo IV de su último *Informe Anual a la Asamblea General de la OEA*:

> *En lo que va del año 2005 se han designado 307 Fiscales provisorios, interinos y suplentes, de tal forma que aproximadamente **el noventa por ciento (90%) de los fiscales se encuentran en provisionalidad**. Los cambios de fiscales instructores tienen efectos negativos en el impulso de las investigaciones correspondientes, si se tiene en cuenta la importancia, por ejemplo, de la constitución y evaluación continúa del acervo probatorio. Por consiguiente, **esta situación puede tener consecuencias negativas frente a los derechos de las víctimas en el marco de procesos penales relacionados con violación a derechos humanos**. ...(Omissis) ...según algunos estudios, estos fiscales son **designados arbitrariamente por el Fiscal General de la República** sin ninguna preparación previa, ni selección objetiva de conformidad con la Ley que rige sus funciones. Como consecuencia de ello, estos fiscales son de libre nombramiento y remoción por parte del Fiscal General de la República, **quien se desem-**

---

50 (Párr. 292

51 Observaciones finales del Comité de Derechos Humanos: Venezuela, GENERAL CCPR/CO/71/VEN, 26 de abril de 2001

52 *Ibíd.*, párr. 13.

peñó como Vicepresidente Ejecutivo del actual gobierno de Venezuela antes de ser designado en tan alta responsabilidad.[53] (Énfasis añadidos).

B. **La falta de independencia e imparcialidad de jueces y fiscales en el caso del Dr. Brewer Carías**

52. El sistema judicial y el ministerio público así estructurados han actuado de consuno para sofocar toda posibilidad de defensa efectiva y de respeto al debido proceso en el caso del Dr. Brewer Carías.

a. **La precariedad y sujeción política de los fiscales y jueces del caso**

53. Los jueces y fiscales que han actuado en la imputación y acusación contra el Dr. Brewer Carías o han conocido de ella son ***en su totalidad*** funcionarios temporales provisorios, los cuales han sido sustituidos cuando las decisiones tomadas no han sido del agrado de los perseguidores.

54. En lo que se refiere al Ministerio Público, sólo han actuado funcionarios provisorios. Comenzó a conocer el fiscal **José Benigno Rojas**, fiscal provisorio ante quien acudió el Dr. Brewer Carías voluntariamente a declarar el día 3 de julio de 2002[54], y quien tuvo a su cargo la investigación por más de dos años sin haber imputado a persona alguna de delito. Lo sustituyó el fiscal **Danilo Anderson**, también provisorio, quien tampoco imputó a nadie de delito alguno y fue ulteriormente asesinado, en circunstancias no esclarecidas. Fue sustituido por la fiscal **Luisa Ortega Díaz**, también fiscal provisorio (**Anexo 8**)[55], quien fue la que inició el proceso de imputaciones masivas en diferentes casos con implicaciones políticas, desde finales de 2004, con claros propósitos de persecución política, entre otros contra los miembros de la organización no gubernamental Súmate, de vigilancia electoral. La Fiscal provisoria Ortega fue a la vez sustituida en el caso por el Fiscal María Alejandra Pérez, también Fiscal provisorio, y actualmente ocupa el cargo de Directora General de Actuación Procesal en el Ministerio Público, al cual fue ascendida. Por lo demás, mientras la Sra. Ortega Díaz ejerció su cargo de Fiscal provisoria, se le asignó la responsabilidad de estar encargada, junto con un grupo reducido de otros Fiscales, tales como **Gilberto Landaeta**, **Yorako Bauza**, **Sonia Buznego**, **Turci Simáncas**, **Alejandro Castillo**, **Gledyz Carpio**, **Danilo Jaimez**, **José Benigno Rojas**, **Didier Rojas**, y **Yoneiba Parra**, de la totalidad de los casos de juicios políticos o que envuelven a disidentes políticos del actual régimen venezolano. Como lo ha destacado la ONG *Foro Penal Venezolano*, sobre 1200 fiscales del Ministerio Público, sólo esos esca-

---

53   CIDH Informe Anual 2005; párr. 294.

54   Véase el texto en el libro Allan R. Brewer-Carías, *En mi propia defensa*, *cit.*, pp. 37 y ss.

55   Designada por el Fiscal General de la República, Julián Isaías Rodríguez, según Resolución N° 539 de 28 de agosto de 2002 (**Anexo 8**).

sos fiscales concentran las causas con motivación política (**Anexos 9, 10, 11**).[56]

55. En cuanto a los jueces, a cargo del Juzgado de Primera Instancia en Funciones de Control del Circuito Judicial Penal del Área Metropolitana de Caracas ("Juzgado 25 de Control") han actuado la **jueza. Josefina Gómez Sosa** (juez **temporal**), el juez **Manuel Bognanno** (juez **temporal**), quienes fueron sucesivamente suspendidos; y el juez **José Alonso Duarte** y la jueza **María Lourdes Fragachán**, y a la fecha de este escrito, **Máximo Guevara Rizquez**, también provisorios.

56. Por otra parte, en el curso del juicio contra el Dr. Brewer Carías, han sido sancionados los siguientes jueces, que han tomado decisiones contra el criterio de los perseguidores:

1)   El proceso en el cual está incluida la causa contra el Dr. Brewer Carías comenzó a ser conocido por la **jueza Josefina Gómez Sosa** (jueza **temporal** Vigésimo Quinta de Control), a quien le fue presentado, detenido, el Sr. Pedro Carmona Estanga. En el curso del proceso, a solicitud de la Fiscal provisoria Sexta, la jueza provisoria Gómez Sosa decretó la prohibición de salida del país de varios ciudadanos investigados por su presunta participación en los hechos investigados. Estos ciudadanos apelaron de esa medida y la Sala 10 de la Corte de Apelaciones en fecha 31-01-2005 la revocó por considerar que no había sido suficientemente motivada por la jueza provisoria que la dictó, aunque uno de los tres integrantes de dicha Sala salvó su voto considerando que la decisión apelada sí estaba suficientemente motivada. Pues bien, de inmediato, en fecha 3 de febrero de 2005, la Comisión Judicial del Tribunal Supremo de Justicia *suspendió de sus cargos* a los dos jueces de la Corte de Apelaciones que votaron por la nulidad de la decisión apelada, así como a la jueza provisoria Gómez Sosa, autora de la decisión presuntamente inmotivada.[57]

2)   La jueza temporal Gómez Sosa, suspendida, fue sustituida por el **juez** temporal **Manuel Bognanno**. En una oportunidad, éste ordenó a la Fiscal provisoria Sexta que expidiera a los defensores del Dr. Brewer Carías copias de las actuaciones del expediente que habían solicitado, entre ellas, las de ciertos videos que contenían supuestas declaraciones de periodistas que incriminarían a la víctima *(infra, párrs. 116-120)*. La Fiscal provisoria Sexta solicitó la nulidad de esa actuación **(Anexo 12)**. Más tarde, en otra incidencia,

---

56   Esta información, según nuestro conocimiento, ya ha sido denunciada ante la CIDH por varias organizaciones no gubernamentales y ha sido ampliamente difundida en el *Informe del Foro Penal Venezolano* de junio de 2005, en *El Nacional*, Caracas 07-06-2005; pp. A-1 y A-2 **(Anexo 9)**; *El Universal*, Caracas 07-06-2005 y 12-06-2005 **(Anexos 10 y 11)**.

57   Resulta revelador que el miembro de la Corte de Apelaciones que disintió por considerar que la decisión apelada estaba motivada no haya sido afectado por la suspensión, mientras que la jueza que la dictó haya sido sancionada invocando en su contra precisamente el supuesto error de no haberla motivado.

el juez temporal Bognanno pidió a la Fiscal Sexta que le remitiera el expediente, y ésta, en lugar de acatar al juez provisorio, lo increpó solicitándole una explicación del por qué le pedía el expediente (**Anexo 13**). Ante esa situación, el juez temporal Bognanno ofició al Fiscal Superior para ponerlo en conocimiento de la irregularidad en la que estaba incurriendo la Fiscal provisoria Sexta (**Anexo 14**). Pues bien, a los pocos días *el juez temporal Bognanno fue suspendido de su cargo.*

57. Es decir, en el curso del proceso, han sido destituidos dos jueces de primera instancia y dos miembros de una Corte de Apelaciones con ocasión, o inmediatamente después, de haber adoptado decisiones que podían considerarse favorables a los encausados, incluyendo al Dr. Brewer Carías. La inestabilidad, unida al sesgo manifiestamente político de la Fiscal provisoria Ortega Díaz, ha sido un factor que ha conspirado permanentemente contra la independencia de los jueces y fiscales y que se ha traducido en manifiestas lesiones procesales e indefensión del Dr. Brewer Carías, las cuales se precisan más en adelante. La persistente actuación de estos funcionarios al margen de todo estándar internacional relativo al debido proceso, puede encontrar una de sus explicaciones en el quebrantamiento estructural de su independencia, pero, cualquiera sea su origen, ella *configura una situación de denegación de justicia que, de por sí, priva al Dr. Brewer Carías de un juez independiente e imparcial, apto para tramitar cualquier recurso interno potencialmente eficaz.*

58. Debe recordarse a este respecto cómo esta ilustre Comisión ha subrayado el indisoluble vínculo entre la presunción de inocencia, cuya violación se analiza a continuación (*infra, párrs. 61 y ss.*), y la imparcialidad del juez. La presunción de inocencia, por otro lado, está íntimamente vinculada a la imparcialidad de la judicatura. Al respecto, la CIDH ha dicho que *"la presunción de inocencia se relaciona en primer lugar con el ánimo y actitud del juez que debe conocer de la acusación penal. El juez debe abordar la causa sin prejuicios y bajo ninguna circunstancia debe suponer que el acusado es culpable."*[58]

59. A estas circunstancias se une el adelanto de opinión sobre la culpabilidad del Dr. Brewer Carías, analizado más adelante en relación con la inversión de la presunción de inocencia, por parte del Tribunal Supremo de Justicia, contenido en las cartas que le dirigió a la Presidenta del Instituto Interamericano de Derechos Humanos el 13 de diciembre de 2005 (**Anexo 15**) y al Presidente del Instituto Iberoamericano de Derecho procesal Constitucional el 31 de enero de 2006 (**Anexo 16**) *(infra, párr. 78)*, las cuales, por la jerarquía del órgano de donde emanaron el cual además de ser la última y suprema instancia, controla todo el sistema judicial, priva también de toda posibilidad a la víctima de ser juzgada por un juez independiente e imparcial, como lo prescribe la Convención y todo estándar internacional relativo al debido proceso.

---

58   CIDH, *caso Martín de Mejía vs. Perú*, p. 209.

C. *La violación del principio de la igualdad de medios*

60. El artículo 8, párrafo 1 de la Convención ha sido igualmente violado en el proceso contra el Dr. Brewer Carías, por haberse violado el principio de la igualdad de medios, que es inherente al debido proceso y está implícito en dicha norma al consagrar el derecho de toda persona a ser oída "con las debidas garantías". En este caso, como se argumenta más adelante *(infra, párrs. 124 ss.)*, la Fiscal provisoria Sexta sistemáticamente utilizó pruebas contra el Dr. Brewer Carías, con la anuencia del Juez provisorio de control y sin posibilidad para el procesado de controlarlas *(infra, párrs. 83, 84)*, y quienes se negaron a aceptar las mismas pruebas presentadas por los abogados del Dr. Brewer Carías en su descargo. Ello ocurrió con la declaración del Dr. Carmona *(infra, párr. 91 ss.)* y con los testigos promovidos por ellos *(infra, párrs. 70, 95)*.

2. VIOLACIÓN DE LA PRESUNCIÓN DE INOCENCIA (ARTÍCULO 8(2), CADH)

61. De acuerdo con el artículo 8(2) de la Convención, *"toda persona inculpada de delito tiene derecho a que se presuma su inocencia mientras no se establezca legalmente su culpabilidad."* Esa fundamental garantía procesal ha sido sistemáticamente violada por el Estado en el presente caso, como se analiza exhaustivamente en particular sobre el tema de la presunción de inocencia y de la manipulación de las pruebas en el dictamen del destacado profesor de la Universidad Complutense de Madrid, Enrique Gimbernat (**Anexo 17**).

A. *La imputación basada en un supuesto "hecho notorio comunicacional"*

62. *La imputación* del delito del cual se acusa al Dr. Brewer Carías tuvo como fundamento esencial un conjunto de versiones periodísticas que vinculaban al Dr. Brewer Carías con la redacción del decreto del 12 de abril, formuladas por personas que no presenciaron hecho alguno ni fueron testigos de lo que opinaron. Amén de que dichas versiones fueron inmediata u oportunamente desmentidas por el mismo Dr. Brewer Carías *(supra, párr. 22)*, valerse de las mismas para desvirtuar la presunción de inocencia es incompatible con la Convención.

63. De acuerdo con la jurisprudencia de la Sala Constitucional del Tribunal Supremo de Justicia venezolano[59], un *"hecho notorio comunicacional"* sólo se configura cuando existen noticias sobre hechos o sucesos difundidas por medios de comunicación social que no han sido desmentidas. Considera dicha Sala que *"los medios de comunicación social escritos, radiales o audiovisuales, publicitan un hecho como cierto, como sucedido, y esa situación de certeza se consolida **cuando el hecho no es desmentido** a pesar de que*

---

59 Sentencia Nº 98 de 15 de marzo de 2000 (Caso: *Oscar Silva Hernández*). Disponible en http://www.tsj.gov.ve/decisiones/scon/Marzo/98-150300-0146.htm.

ocupa un espacio reiterado en los medios de comunicación social" (énfasis añadido), sobre el mismo. Por ello, es *"necesario que el hecho no resulte sujeto a rectificaciones, a dudas sobre su existencia, a presunciones sobre la falsedad del mismo, que surjan de los mismos medios que lo comunican, o de otros".* En ese contexto, la Sala Constitucional ha juzgado que sólo si no han sido desmentidos es legítimo que *"el sentenciador disponga como ciertos y los fije en autos, a los hechos comunicacionales que se publicitan hacia todo el colectivo y que en un momento dado se hacen notorios (así sea transitoriamente) para ese colectivo."*[60]

64. No es nuestro propósito entrar a discutir el valor general del llamado *"hecho notorio comunicacional". Lo que sí ha de resultar claro, empero, es que **semejante razonamiento no puede ser legítimamente aplicado para desvirtuar la presunción de inocencia,*** menos aún si lo que se publicita no se refiere a hechos o acaecimientos, sino a opiniones o consejas, las cuales además han sido desmentidas, porque de lo contrario equivaldría precisamente a destruir uno de los fundamentos de la misma, como lo es que una persona no pueda ser tenida como culpable sobre la base de meras opiniones, apariencias o rumores, sino por pruebas inequívocas de hechos que establezcan su culpabilidad.

65. Con singular lucidez, el Presidente de la Corte Interamericana de Derechos Humanos, quien es además un renombrado penalista, en un voto razonado reciente se ha referido a la presunción de inocencia diciendo que ***"difícilmente habría un principio que guardase mayor congruencia con la justicia penal democrática, que pone a cargo del Estado acusador la comprobación de las imputaciones y del Estado juzgador la decisión sobre éstas."***[61] Y agrega:

> *... esa presunción o ese principio representan una referencia de valor supremo para informar la construcción del proceso, resolver las dudas que se plantean en el curso de éste, rescatar las garantías y reducir las injerencias desmedidas. El carácter y la desembocadura de los actos procesales y del proceso en su conjunto son muy diferentes cuando se trata al enjuiciado "como si fuera culpable", que es un rasgo del siste-*

---

60 La Sala ilustra su criterio en los siguiente términos*: "Resulta un despilfarro probatorio y un ritualismo excesivo, contrario a las previsiones de una justicia idónea, responsable, sin dilaciones indebidas y sin formalismos, que consagra el artículo 26 de la vigente Constitución, que se deba probar formalmente en un juicio, por ejemplo, que la Línea Aeropostal Venezolana es una línea aérea; que fulano es el Gobernador de un Estado;, o que existen bebidas gaseosas ligeras, o que el equipo Magallanes es un equipo de béisbol; o que José Luis Rodríguez es un cantante; o Rudy Rodríguez una actriz; o que una persona* fue *asesinada, y que su presunto victimario resultó absuelto; se trata de conocimientos de igual entidad que el difundido por la prensa en el sentido que un día y hora determinado hubo una gran congestión de transito en una avenida, o se cayó un puente en ella, etc."*

61 Caso*: Tibi vs Ecuador.* Sentencia de 07 de septiembre de 2004. Serie C, N° 114. Voto del Juez García Ramírez; párr. 32.

*ma inquisitivo, y cuando se le trata "como si fuera inocente", que lo es del acusatorio. En fin de cuentas, **lo que pretende la presunción o el principio de inocencia es excluir el prejuicio** –juicio anticipado, general y condenatorio, que se dirige en contra del inculpado, sin miramiento sobre la prueba de los hechos y de la responsabilidad– **y ahuyentar la sanción adelantada que se funda en vagas apariencias.**[62]* (Énfasis añadidos).

66.   La presunción de inocencia, precisamente, debe defender a toda persona contra las consecuencias adversas de supuestos "hechos comunicacionales" configurados por versiones u opiniones de periodistas que no encuentran sustento en pruebas controlables judicialmente. Las solas opiniones y apreciaciones de periodistas carecen de consistencia probatoria para desvirtuar la presunción de inocencia.

67.   En todo caso, de acuerdo con la doctrina judicial venezolana referida al "hecho notorio comunicacional", para que éste exista, *no sólo debe referirse a hechos, sucesos o acaecimientos, y nunca a opiniones o apreciaciones de periodistas, sino que debe tratarse de una especie no desmentida, lo cual además no se configuró en forma alguna en el presente caso*, puesto que, como antes se ha expresado, el Dr. Brewer Carías se apresuró a desmentir públicamente la versión periodística que lo vinculaba con la redacción del decreto del 12 de abril (*supra, párr. 22*). Ese desmentido, que bastaba para desvirtuar el supuesto "hecho notorio comunicacional", no fue siquiera considerado por la Fiscal provisoria acusadora.

68.   Peor aún, en vista de que los periodistas que difundieron o se refirieron a esa errada versión *(supra, párr. 22)* no fueron llamados por la Fiscal provisoria a declarar para ratificar sus aserciones o pareceres antes de imputarle un delito al Dr. Brewer Carías, sus abogados fueron los que pidieron su comparecencia como testigos ante el Ministerio Público. Allí declararon, Patricia Poleo,[63] Rafael Poleo,[64] Francisco Olivares,[65] Ricardo Peña,[66] Edgard

---

62   *Ibíd.*; párr. 35.

63   Autora de *ocho artículos o intervenciones por televisión*. Dijo en su testimonio que no estuvo presente ni tiene constancia directa de ninguna de las actividades que atribuyó al Dr. Brewer Carías (en versiones contradictorias entre sí, por cierto). Afirma haber recibido información de personas que dijeron haber estado presentes en Fuerte Tiuna, pero no identificó a esos pretendidos testigos.

64   Editor y padre de la anterior. Hizo referencia, en un programa de TV, a una llamada telefónica que supuestamente habría recibido desde el Fuerte Tiuna, según la cual, el Dr. Brewer Carías habría estado trabajando en la redacción del decreto del 12 de abril; pero en su declaración como testigo ante el Ministerio Público, el 6 de junio de 2005, no identificó al autor de esta supuesta llamada.

65   En un artículo de prensa, atribuyó al Dr. Brewer Carías haber participado en la redacción del decreto el 12 de abril; pero, al comparecer como testigo ante la Fiscalía, dijo no haber presenciado ninguno de los eventos referidos en su artículo y tampoco identificó a quienes supuestamente le habrían suministrado la información que sirvió de base a su reportaje. Esta deposición no es tan siquiera mencionada en el escrito de

López,[67] Mariela León,[68] Roberto Giusti,[69] Milagros Socorro,[70] Nitu Pérez Osuna[71] y Teodoro Petkoff[72], y todos dijeron no haber sido testigos de los hechos sobre los cuales opinaron y comentaron.

69. Sólo los dos primeros (Rafael y Patricia Poleo) dijeron haber recibido información de terceros (referencial) de los hechos que la Fiscal provisoria Sexta imputó al Dr. Brewer Carías sobre la base de sus publicaciones por los medios de comunicación. Los demás se limitaron a menciones circunstanciales sin sustento alguno y que en modo alguno involucran al aludido. Los dos primeros nombrados dijeron haber recibido esa información de una fuente que se negaron a revelar. Aunque la reserva de las fuentes periodísticas forma parte del derecho al secreto profesional, las reglas del debido proceso no autorizan a tomar en cuenta estas "referencias" de personas que no han presenciado personalmente los hechos para fundamentar una imputación y acusación, ya que se refieren a terceras personas no identificadas, cuyo supuesto testimonio no puede sujetarse al control judicial de la prueba, que sólo es posible mediante la declaración en presencia del juez de testigos que puedan ser repreguntados por la defensa. Como lo dijo la Corte Europea de Derechos Humanos en un caso similar,

> *Al desconocer su identidad, la defensa sufrió una desventaja casi insuperable: le faltaba la información necesaria para apreciar el crédito de los testigos o ponerlo en duda.*[73]

---

acusación al Dr. Brewer Carías, donde, en cambio, sí se consigna el artículo referido como sustento de los cargos.

66   Escribió en un diario que el Dr. Brewer Carías había sido *"supuestamente"* uno de los asesores para la redacción de dicho decreto.

67   No atribuyó al Dr. Brewer Carías la redacción del decreto del 12 de abril, sino que reseñó que se comentaba en medios judiciales que él era el "arquitecto jurídico" del nuevo gobierno. ***Informó también que el Dr. Brewer el mismo día de los hechos le manifestó su opinión contraria al contenido del decreto.***

68   Escribió un reportaje en el que no menciona siquiera al Dr. Brewer Carías.

69   No atribuye al Dr. Brewer Carías haber redactado el decreto del 12 de abril, sino haber dado una opinión sobre el valor jurídico de la declaración del Jefe del Alto Mando Militar anunciando que el Presidente Chávez había dimitido.

70   En una entrevista que realizó, el entrevistado afirma que en la redacción del decreto del 11 de abril "intervinieron los mejores constitucionalistas del país", pero ni el entrevistado ni la periodista atribuyeron el hecho al Dr. Brewer Carías.

71   Comentó la presencia del Dr. Brewer Carías en el Fuerte Tiuna en la madrugada del 12 de abril, pero negó, en su declaración como testigo, tener constancia alguna de su participación en la redacción del decreto mencionado.

72   En una entrevista en TV del 13 de abril, con el periodista César Miguel Rondón, hizo una alusión al Dr. Brewer Carías, aunque sin afirmar su autoría de tal decreto. En su declaración como testigo dijo no tener ninguna constancia de vínculo alguno entre el Dr. Brewer Carías y el decreto del 12 de abril y que la alusión que hizo a su nombre fue *"una inexcusable ligereza"* de su parte.

70. Resulta entonces aún más inconcebible que esas publicaciones hayan sido sostenidas para imputar al Dr. Brewer Carías un delito y para acusarlo penalmente por el mismo. Se presentan esas versiones de periodistas sin base cierta como una presunción que no admite prueba en contrario y que abate la presunción de inocencia *(infra, párr. 78)*. Peor aún, pese a haber fundado su persecución contra la víctima en tales testimonios referenciales, la misma Fiscal provisoria Sexta, en el mismo caso, rechazó las pruebas de testigos promovidas por los abogados defensores del Dr. Brewer Carías *(infra, párr. 93)* argumentando ante la Corte de Apelaciones, en escrito de 30 de junio de 2005, que los testigos referenciales no podían ser admitidos en el proceso penal venezolano[74] **(Anexo 18)**. Según semejante contradicción, *para el Ministerio Público venezolano los testigos referenciales son válidas para acusar al Dr. Brewer Carías de haber cometido delito, pero, en cambio, no sirven como medio de defensa frente a la imputación y acusación fiscales.*

71. Esta circunstancia constituye, adicionalmente, una nueva violación del principio de igualdad de medios, que es inherente al debido proceso, y que está implícito en el art. 8, párrafo 1, de la Convención, al consagrar el derecho de toda persona a ser oída "con las debidas garantías" *(supra, párr. 60)*.

    B.   *La formulación expresa de la Fiscal provisoria Sexta de la inversión de la presunción de inocencia*

72. En el mismo proceso de imputación llevado a cabo por la Fiscal provisoria Sexta contra el Dr. Brewer Carías, también fue arbitraria e injustamente imputado, por el mismo delito, el Dr. Carlos Ayala Corao, ex Presi-

---

73   *"Being unaware of their identity, the defence was confronted with an almost insurmountable handicap: it was deprived of the necessary information permitting it to test the witnesses' reliability or cast doubt on their credibility"*. ECtHR: Case Windschid v. Austria. *(Application n° 12489/86)*. Judgment. 27 September 1990; párr. 28. En el caso, se trataba de la deposición de dos agentes de policía austriacos, quienes se refirieron a declaraciones obtenidas de personas a las que se negaron a identificar, por razones de secreto profesional. Los tribunales de Austria dieron valor a lo dicho por los agentes, pero la Corte Europea concluyó que esto violaba el derecho al debido proceso del inculpado por tales deposiciones y condenó a Austria.

74   La Fiscal argumentó así en dicho escrito: "De las innumerables pruebas solicitadas por los defensores, han sido acordadas casi en su totalidad, como consecuencia de lo cual es igualmente falso que se haya hecho caso omiso a la petición de evacuación de pruebas, salvo las declaraciones de los ciudadanos Nelson Mezerhane, Nelson Socorro, Yaya Andueza y Leopoldo Baptista que pretenden que el Ministerio Público entreviste a los fines de que tenga conocimiento de lo que el abogado Allan Brewer Carías les dijo a ellos, como si el solicitante ya no se lo haya hecho saber a la representante fiscal y pretendiendo incorporar pruebas de testigos referenciales que tenían valor legal en la vigencia del Código de Enjuiciamiento Criminal, por lo que a criterio del Ministerio Público los testimoniales no eran ni son necesarios para esclarecer los hechos y así les hizo saber por escrito en su oportunidad legal" (Folio 135, Pieza XXI del Expediente).

dente de la Comisión Interamericana. Con ocasión de oponerse a una apelación interpuesta por este último sobre una negativa de pruebas, la Fiscal provisoria Sexta hizo una manifestación ante el Juzgado Vigésimo Quinto de Control de Caracas en la cual de manera insólitamente ostensible invierte la presunción de inocencia y la carga de la prueba, no sólo en perjuicio del Dr. Ayala Corao, sino también del Dr. Brewer Carías:

> *En criterio del Ministerio Público la imputación hecha al ciudadano Carlos Ayala Corao cumple con los requisitos de ley, por lo que en todo caso corresponde a la defensa del mismo desvirtuar* **¿Porqué (sic) se supone que no conspiró?** **¿Las razones por las cuales acompañó al ciudadano Allana (sic) Brewer Carias el día de los hechos?** **¿Cuáles fueron sus objeciones y oposiciones a la redacción al decreto por medio del cual se suprimieron las instituciones democráticas?** **¿Porqué (sic) no fue redactor del decreto?** **¿Qué hacía en el Palacio de Miraflores en compañía del ciudadano Allan Brewer Carias horas antes de darse la lectura al decreto de gobierno de facto?** *La falta de respuesta y* **pruebas para desvirtuar las sospechas fundadas** *que tiene el Ministerio Público, acerca de su participación en la redacción del decreto, son las razones por las cuales se considera innecesario hacer una ampliación de la imputación, por cuanto en criterio del Ministerio Público no han demostrado que no participó, (sic.) sólo se han dedicado a plantear recursos temerarios que se traducen en dilaciones indebidas y a desplegar campaña a través de los medio de comunicación y de los organismos internacionales que protegen los derechos humanos, para tratar de crear una matriz de opinión que se le están (sic) violando derechos al ciudadano CARLOS AYALA CORAO, como si por el sólo hecho de haberse dedicado a la defensa de los derechos humanos a nivel nacional e internacional haya creado a su favor una patente de corso que lo exime de cometer delitos y que en virtud de ello no puede ningún organismo nacional investigarlo".* (**Anexo 19**; énfasis añadidos).

73. Por lo tanto, en la investigación penal que adelantó el Ministerio Público contra todos los imputados en este caso, incluyendo a Allan R. Brewer-Carías, ha sido criterio de la representación fiscal que *correspondía a la defensa del imputado desvirtuar la imputación que ella había hecho*, es decir, que correspondía al imputado desvirtuar la sospecha que ella tenía de que supuestamente habrían cometido algún delito *(supra, párr. 4)*. *¡Al punto de que la sola circunstancia de haber estado en compañía del Dr. Brewer Carías convertía al Dr. Ayala Corao en presunto culpable del delito de conspiración!*

> C.   *Violación de la presunción de inocencia por otros órganos del poder público*

74.   Otros órganos del poder público, de la más alta jerarquía del Estado, han emitido pronunciamientos que prejuzgan sobre la culpabilidad del Dr.

Brewer Carías, en abierta infracción a su derecho a la presunción de inocencia, según la cual, como lo ha afirmado el Comité de Derechos Humanos del PIDCP, *"todas las autoridades públicas tienen la obligación de no prejuzgar el resultado de un proceso."*[75] Sobre esa base, el Comité concluyó en un caso que *"declaraciones públicas muy difundidas de agentes superiores del orden público de que el firmante era culpable"* evidenciaban *"que las autoridades no practicaron el comedimiento que exige el párrafo 2 del artículo 14, y que, así, fueron violados los derechos del firmante de la comunicación."*[76] Contra estos principios han actuado la Asamblea Nacional, el Tribunal Supremo de Justicia, el Fiscal General de la República y ciertas Embajadas venezolanas. Esto, además de infringir el artículo 8(2) de la Convención, pone de manifiesto, en primer lugar, cómo el procesamiento, la orden de privación de libertad y la condena contra el Dr. Brewer Carías han sido decisiones políticamente preconcebidas; y, en segundo lugar, cómo la totalidad del aparato del Estado ha actuado en concierto en la lesión sistemática de los derechos de la víctima.

a. *Violación de la presunción de inocencia por la Asamblea Nacional*

75. La Asamblea Nacional designó una "Comisión Parlamentaria Especial para Investigar los sucesos de abril de 2002", cuyo Informe **(Anexo 20)**, emitido en agosto de 2002, fue el detonante formal de la violación por parte del Estado venezolano del derecho a la presunción de inocencia del Dr. Brewer-Carías, así como de su derecho a la defensa. En efecto, en las *Recomendaciones* de dicho Informe (páginas 272 y siguientes), sin que ello encuentre fundamento en parte alguna de la investigación parlamentaria o del texto mismo del Informe[77], y sin que se hubiera en forma alguna citado ni oído previamente al Dr. Brewer, ni se le hubiera permitido previamente ejercer su defensa, entre otras cosas *(infra, párr. 112)*, se acordó *"Exhortar al poder ciudadano para investigar y determinar responsabilidades del caso, a los siguientes ciudadanos quienes, sin estar investidos de funciones públicas,*

---

75 *Observación General* N° 13, en *Observaciones Generales adoptadas por el Comité de Derechos Humanos.* Art. 14, párr. 7. HRI/GEN/1/Rev. 7. 12 de mayo de 2004; p. 155.

76 *Gridin v. Russian Federation.* Comunicación N° 770/1997, U.N. Doc. CCPR/C/69/D/770/1997 (2000). Decisión de 18 de julio de 2000; párr. 8.3.

77 Ignorando incluso, la propia manifestación del Sr. Pedro Carmona quien en su declaración ante la Asamblea Nacional, se refirió al Dr. Brewer Carías en los siguientes términos: *"El es una personalidad conocida por toda la nación, fue miembro de la Asamblea Constituyente y desde luego un reconocido jurista, investigador, autor, que no merece presentación alguna, salvo el nexo entonces de amistad el doctor Alan Brewer Carías, **no tiene responsabilidad alguna, sino la de haber emitido profesionalmente algún criterio que, repito lo comprometa con ninguna acción de esas cortas horas de la provisionalidad, o transitoriedad de esos días.*"* (Folio 19 de 138, Anexo 4 del Expediente; énfasis añadido))

actuaron en forma activa y concordada en la conspiración y golpe de Estado"(énfasis añadido), afirmando lo siguiente:

> *Cuarto:* **Allan Brewer-Carías por estar demostrada su participación en la planificación y ejecución del golpe de Estado del 11, 12, 13 y 14 de abril;** *por haber actuado en contra de la instauración efectiva de la Constitución y del Estado de Derecho; por omitir las actuaciones necesarias para el restablecimiento pleno del orden constitucional; por haber sido corredactor del decreto de auto proclamación y disolución de todos los poderes públicos.* (Énfasis añadido).

76. El voto salvado de más del 40% de los diputados de la Asamblea Nacional a la aprobación del Informe indicó lo siguiente:

> *El informe oficialista inventa una nueva categoría de sanción inexistente en la legislación positiva venezolana, la cual denomina "Voto de Censura por reprochable conducta cívica" para tratar de establecer responsabilidades morales o éticas a ciudadanos que no ostentan ningún cargo como funcionarios públicos en abierta violación al principio de legalidad, incurriendo en el vicio de ausencia de norma, entre otros. Así pretende sancionar con este inexistente tipo jurídico a los ciudadanos Carlos Ortega, Allan Brewer Carías, Ignacio Cardenal Velasco (Príncipe de la Iglesia Católica), Monseñor Baltasar Porras, y a Isaac Pérez Recao. Los mencionados ciudadanos no son funcionarios públicos por lo que sobre los mismos no pueden establecerse responsabilidades políticas y así lo reconoce el Informe oficialista (en abierta contradicción con otras responsabilidades políticas que si establece a otros ciudadanos que tampoco ocupan ningún cargo público). Pero en este caso se fabrica una sanción inexistente "voto de censura por reprochable conducta cívica" lo cual constituye una violación a los derechos constitucionales de los imputados y en franca violación también al principio general de derecho que determina "nulla crimen sine lege"(sic).*

77. En todo caso, semejante resolución de la Asamblea Nacional, a más de arbitraria *per se*, que da "por demostrados" hechos que no se han demostrado en forma alguna, condena de antemano al Dr. Brewer Carías por un crimen del que no pudo defenderse. Semejante condena, en las condiciones de composición política y control gubernamental de la Asamblea y, además, de sujeción política del Tribunal Supremo de Justicia, que es a la vez máxima instancia y cabeza jerárquica del sistema judicial, no es sólo una violación del derecho de la defensa sino también la construcción política de una presunción de culpabilidad, esencialmente violatoria de la de inocencia.

b. *Violación de la presunción de inocencia por el Tribunal Supremo de Justicia*

78. El 31 de octubre de 2005, el Instituto Interamericano de Derechos Humanos dirigió una carta al Tribunal Supremo de Justicia de Venezuela, manifestado su *"preocupación por el proceso iniciado por la Fiscalía General de la República Bolivariana de Venezuela contra el doctor Allan Brewer-Carías por el delito imputado de conspiración para cambiar violentamente la Constitución"*[78]. En fecha 8 de diciembre del mismo año 2005, el Instituto Iberoamericano de Derecho Procesal Constitucional dirigió al mismo Tribunal Supremo de Justicia una carta con similar propósito[79]. En fechas 13 de diciembre de 2005 **(Anexo 15)** y 31 de enero de 2006 **(Anexo 16)**, dichas cartas fueron respectivamente respondidas por el Tribunal Supremo, mediante sendas comunicaciones suscritas por los Magistrados Fernando Vegas Torrealba, Jesús Eduardo Cabrera Romero y Juan José Núñez Calderón, en las cuales se expresó lo siguiente:

> *... numerosos testimonios que son de conocimiento público señalan al doctor Allan Brewer-Carías como uno de los autores del decreto en alusión y entre ellos hay uno privilegiado, consistente en la narración de los hechos que hace el propio Pedro Carmona Estanga en su libro "Mi testimonio ante la Historia"*. Editorial Aptun, Bogota, 2004.

79. Con estas respuestas ante dos prestigiosas instituciones, el Tribunal Supremo de Justicia de Venezuela tomó posición anticipada y adelantó su juicio, haciendo suyos supuestos "testimonios públicos que son del conocimiento público" y, además, uno que califican como supuestamente "privilegiado" del Sr. Pedro Carmona Estanga, que supuestamente "señalan al doctor Allan Brewer-Carías como uno de los autores del decreto en alusión", lo cual además es falso, como al contrario resulta del mismo libro del Sr. Carmona *(infra, párrs. 103 ss.)* y lo ha testimoniado el propio testigo "privilegiado", Sr. Carmona *(infra, párrs. 93 ss.)*. Esta posición de Magistrados del Tribunal Supremo no solamente demuestra no sólo la falsa apreciación sobre lo dicho por Carmona y la ofensa al debido proceso por parte del mismo Tribunal Supremo, sino que, dada la absoluta dependencia de las instancias inferiores del aparato judicial con respecto al mismo Tribunal Supremo, en la práctica significa el despojo al Dr. Brewer Carías de los efectos de la presunción de inocencia, y de toda posibilidad de defenderse y tener un juicio justo puesto que el mismo Tribunal Supremo de Justicia lo presume culpable.

c. *Violación de la presunción de inocencia por el Fiscal General de la República*

80. El Fiscal General de la República, abogado Isaías Rodríguez, después de haber sido el Vicepresidente de la Asamblea Nacional Constituyente

---

78 Firmada por los destacados especialistas en derechos humanos, Sra. Sonia Picado, Presidenta del Instituto y Sres. Rodolfo Stavenhagen y María Elena Martínez, Vicepresidentes.

79 Firmada por los destacados constitucionalistas latinoamericanos: Néstor Pedro Sagües (Argentina), Rubén Hernández Valle (Costa Rica), Humberto Nogueira Alcalá (Chile) y Eloy Espinosa Saldaña Barrera (Perú)

en 1999 *(supra, párr. 19)*, una vez aprobada la Constitución que creó el cargo de Vicepresidente de la República, de libre nombramiento y remoción por el Presidente, fue nombrado para ese cargo, el cual luego dejó para ocupar inmediatamente el cargo de Fiscal General de la República; y como tal jefe del Ministerio Público, publicó un libro denominado *"Abril comienza en Octubre"* (Grabados Nacionales C.A., Caracas, septiembre 2005, Derechos Reservados por Julio Isaías Rodríguez D.) **(Anexo 21)**, en el cual se permitió opinar sobre la culpabilidad del Dr. Brewer Carías por hechos sometidos a una investigación del propio Ministerio Público y respecto de los cuales el Dr. Brewer Carías debía presumirse inocente. Allí se dice:

> *Poco después de la llamada de un amigo, Rafael Poleo supo que Carmona estaba encerrado en Fuerte Tiuna con el general Efraín Vásquez Velasco, Isaac Pérez Recao, Allan Brewer Carías y Daniel Romero, redactando los documentos constitutivos del nuevo gobierno.* (Pág. 195).

81. El Fiscal General de la República, al difundir en una publicación con su firma y asumir como verdaderas aseveraciones periodísticas que estaban bajo la investigación de su despacho y que nunca fueron ratificadas como testimonios ni corroboradas en manera alguna, violó directamente la presunción de inocencia y condenó al Dr. Brewer Carías antes de haberse siquiera intentado una acción penal en su contra. El Dr. Brewer Carías denunció dichas violaciones al propio Fiscal General de la República, en carta que personalmente le envió el 28 de septiembre de 2005, la víspera de su salida de Venezuela **(Anexo 22)**.[80]

d. *Violación de la presunción de inocencia por los Embajadores de Venezuela en la República Dominicana y en Costa Rica*

82. La acción arbitraria del Estado contra el Dr. Brewer Carías se ha extendido a la escena internacional. En fecha 11 de julio de 2006, con motivo de la invitación que el Dr. Brewer-Carías recibió para dictar una conferencia en la sede del Senado de la República Dominicana sobre temas de reforma constitucional, el Embajador de Venezuela, general Belisario Landis, dirigió una comunicación a la Dirección de la INTERPOL de la Policía Nacional de ese país solicitando que se "capturara" al profesor Brewer Carías con motivo de la decisión judicial de privación preventiva de libertad **(Anexo 23)**. Además, desarrolló una campaña de prensa, originando titulares *como Embajador Venezuela denuncia presencia de "conspirador"* en *RD* (Listín Diario 13 de julio de 2006, p. 1), que fueron reproducidos en diarios de la República Dominicana, de Venezuela y de otros países **(Anexo 24)**.

---

80 Véase el texto de la carta en Allan R. Brewer-Carías, *En mi propia defensa*, cit.; pp. 573 y ss. **(Anexo 2)**.

83. Por su lado, con motivo de la invitación formulada al Dr. Brewer Carías por el Instituto Interamericano de Derechos Humanos con sede en San José, Costa Rica, para dictar una conferencia en el XXIV Curso Interdisciplinario de Derechos Humanos, la Embajadora venezolana en Costa Rica, Sra. Nora Uribe Trujillo, dirigió una nota fechada el 29 de agosto de 2006 a la Presidenta del Instituto **(Anexo 25)** y otra igual al Gobierno de Costa Rica, en las cuales se refirió al Dr. Brewer Carías como alguien que "según se conoce, participó como autor material e intelectual e instruyó para su corrección en la redacción del decreto mediante el cual se abolieron los poderes constituidos de la República Bolivariana de Venezuela"; y que "por eso huyó del país". Ello originó, por ejemplo la nota de *Associated Press* que salió publicada en el diario *La Nación* de San José, el 31 de Agosto 2006, que se acompaña **(Anexo 26)**.

84. Es decir, el Embajador de Venezuela en la República Dominicana se refirió públicamente al Dr. Brewer Carías como "conspirador", que es el delito que se le imputa, sin pruebas ni condena judicial **(Anexo 24)**. Igualmente, la Embajadora de Venezuela en Costa Rica, lo señaló pública y privadamente como autor del decreto del 12 de abril **(Anexo 26)**, en idénticas circunstancias. Estos dos altos funcionarios del Estado han ignorado y violado de manera flagrante la presunción de inocencia de la víctima en el presente caso.

3. LA VIOLACIÓN DE LOS DERECHOS A SER OÍDO Y A LA DEFENSA (ARTÍCULOS 8(1) Y 8(2)(F), CAHD)

85. En los términos del artículo 8(2)(f), una de las garantías del debido proceso consiste en el *"derecho de la defensa de interrogar a los testigos presentes en el tribunal y de obtener la comparecencia, como testigos o peritos, de otras personas que puedan arrojar luz sobre los hechos."* Dicha norma tiene en Venezuela **jerarquía constitucional y aplicación preferente** sobre cualquier otra norma que contenga disposiciones menos favorables (artículo 23 de la Constitución). Además, conforme a la Constitución venezolana, este derecho a la defensa se garantiza como "inviolable **en todo estado y grado del la investigación y del proceso**" (artículo 49.1).

86. Este derecho ha sido reiteradamente vulnerado en el proceso. De manera general, *la defensa del Dr. Brewer Carías nunca pudo estar presente en el interrogatorio de ninguno de los testigos que declaró ante la Fiscal provisoria Sexta, ni repreguntarlos*, porque ella decidió discrecional y arbitrariamente que eso era lo que mejor convenía a la investigación penal, lo cual no se compadece con la garantía del debido proceso en esa fase de la investigación, como lo prescriben la Constitución venezolana, la Convención y la antes citada jurisprudencia de la Comisión y de la Corte (*supra, párrs. 31 ss.*). En algunos casos, cuando la defensa sabía sobre qué estaba supuesto a declarar un testigo, la Fiscal provisoria admitió preguntas por escrito; pero esto no fue posible cuando se trató de testigos sobrevenidos en el curso de la investigación, que declararon en secreto y sin posibilidad de control alguno por parte de la defensa (*infra, párrs. 110 ss.*). Se violó, pues, de manera general, el *"derecho de la defensa de interrogar a los testigos presentes en el tribunal."* Conforme lo ha destacado el Comité de Derechos Humanos, este derecho comporta que se debe *"garantizar al acusado las mismas facultades jurídicas para obligar a comparecer a testigos e interrogar y repreguntar a éstos de que dispone la acusación."*[81] Se trata de un principio capital vinculado con la igualdad de tratamiento de las partes que tratan de promover pruebas a través del interrogatorio de testigos (***supra, párr. 60***).

87. El Artículo 14, párrafo 3, letra e) del Pacto Internacional de Derechos Civiles y Políticos consagra el derecho del acusado (y para estos efectos el Dr. Brewer Carías es acusado, en los términos que ha sostenido la jurisprudencia de la Corte europea) "a interrogar o hacer interrogar a los testigos de cargo y a obtener la comparecencia de los testigos de descargo y que éstos sean interrogados en las mismas condiciones que los testigos de cargo." Que esta disposición no se encuentre recogida en iguales términos por el art. 8, párrafo 2, letra f), de la Convención, no anula lo dispuesto por el art. 8, párrafo 1, en el sentido de que toda persona tiene derecho a ser oída "con las debidas garantías." Para tal efecto, la Comisión ha elaborado que:

> ... *oírle **es permitir su presencia en los interrogatorios de testigos** que puedan declarar en su contra, **permitirle tacharlos, contrainterrogarlos** con el fin de desvirtuar sus declaraciones incriminatorias por contradictorias o por falsas.* [82] (Énfasis añadidos)

88. A criterio de la Comisión, este derecho implica también el derecho a la igualdad procesal:

> *Al conferir a la defensa el derecho de preguntar y presentar sus pruebas **en las mismas condiciones que la acusación,** se está asegurando **la efectividad del principio de igualdad procesal.** Sólo así podrá la defensa **presentar equitativamente una causa** y podrán aparecer todos los aspectos relevantes del caso.*[83] (Énfasis añadidos)

89. Estos derechos han sido violados repetida y sistemáticamente en el caso concreto del proceso penal en contra del Dr. Brewer Carías, tal y como se demuestra en adelante.

> A. *Se ha impedido a la defensa interrogar a testigos relevantes que comparecieron ante la Fiscal provisoria Sexta*

90. Los abogados defensores del Dr. Brewer Carías (así como también los de otros procesados en el mismo caso) pidieron la comparecencia como testigo del general Lucas Rincón, el jefe militar que anunció a la nación la

---

81   *Observación General Nº 13...*, *cit.*; párr. 12. HRI/GEN/1/Rev. 7. 12 de mayo de 2004; p. 156.

82   CIDH, Caso: *Figueredo Planchart...* "; *cit.;* párr. 112.

83   *Ibid.*; párr. 127.

renuncia del Presidente Chávez a instancia del Alto Mando Militar que él mismo encabezaba *(supra, párr. 21)*; para lo cual introdujeron un interrogatorio mediante escrito de fecha 29 de septiembre de 2005 (**Anexo 27**). En el expediente aparece un acta según la cual la Fiscal provisoria "recibió" el testimonio del General Rincón quien habría prestado declaración el 5 de octubre de 2005, sin que tal fecha se hubiera fijado previamente ni se convocara o notificara a la defensa. Según el acta, la declaración se habría prestado a las 3:30 p.m., es decir, habría durado media hora, toda vez que la Fiscalía despacha estrictamente hasta las 4 p.m.; sin expresar dónde se le habría tomado esa declaración. Aparece igualmente que respondió sesenta preguntas, lo que promedia **28 segundos** en la formulación, meditación, respuesta y transcripción **de cada pregunta (Anexo 28)**. Los abogados defensores no fueron notificados, ni pudieron comparecer ni repreguntar al testigo. La única pista de que esa declaración tuvo lugar es el acta mencionada, pues nadie vio comparecer al general Rincón a la Fiscalía, ni hubo registro de su presencia, exigido a todo el que entre en la sede de la Fiscalía. Se trata, por lo tanto, de un testigo de alta relevancia, que podía *"arrojar luz sobre los hechos"*, y que no pudo ser interrogado por la defensa por causas imputables al Estado.

B. *Se han rechazado arbitrariamente testigos y otras pruebas relevantes promovidos por la defensa*

a   Testimonio de Pedro Carmona Estanga

91.   Los abogados del Dr. Brewer Carías solicitaron que, en aplicación del artículo 307 del Código Orgánico Procesal Penal,[84] se tomara declaración como testigo al Sr. Pedro Carmona Estanga, la persona más apropiada para afirmar o negar la participación del Dr. Brewer Carías en los hechos que se le imputan[85] (**Anexo 29**). El Juez provisorio de Control negó la solicitud con el argumento de que la declaración del Sr. Carmona no tendría ningún valor porque él es imputado en la causa (**Anexo 30**). Esta negativa de prueba es arbitraria porque según el derecho venezolano, la condición de imputado no representa ningún impedimento legal para prestar testimonio. Además, en primer lugar, un libro del Sr. Carmona (*Mi testimonio ante la historia*) (**Anexo 3**), fue retorcidamente apreciado como elemento inculpatorio contra el Dr. Brewer Carías cuando del texto resulta lo contrario *(supra, párr. 103)*;

---

84   **Artículo 307. Prueba anticipada.** Cuando sea necesario practicar un reconocimiento, inspección o experticia, que por su naturaleza y características deban ser consideradas como actos definitivos e irreproducibles, o cuando deba recibirse una declaración que, por algún obstáculo difícil de superar, se presuma que no podrá hacerse durante el juicio, el ministerio público o cualquiera de las partes podrá requerir al juez de control que lo realice. Si el obstáculo no existiera para la fecha del debate, la persona deberá concurrir a prestar su declaración.

85   Invocaron, para este propósito, la Convención Interamericana sobre Asistencia Mutua en Materia Penal, en virtud de que el Sr. Carmona se encontraba en Bogotá por haberle sido otorgado asilo político por la República de Colombia.

y en segundo lugar, las declaraciones de otros imputados fueron invocadas como fundamento de la imputación o acusación de otras personas en el mismo proceso (Anexo 31).[86] *Se incurrió así, de nuevo, en una flagrante contradicción en perjuicio del Dr. Brewer Carías, puesto que, según semejante razonamiento, las pruebas son válidas sólo cuando sirven para sustentar los cargos de la imputación y acusación pero no el descargo propio del derecho a la defensa.* En esta forma se violó de nuevo el principio de la igualdad de medios que es inherente al debido proceso, implícito en el artículo 8, párrafo 1 de la Convención al consagrar el derecho de toda persona a ser oída con las debidas garantías *(supra, párr. 60).*

92. Luego de la formalización de la acusación contra el Dr. Brewer Carías el 21 de octubre de 2005 (Anexo 48), el proceso pasó de la fase de investigación a la fase intermedia, en la cual sus abogados defensores la contestaron en todas sus partes mediante escrito de 8 de noviembre de 2005 (Anexo 2)[87], denunciando todas las violaciones ocurridas a sus garantías judiciales, solicitando la nulidad de todo lo actuado; y además, promovieron nuevamente la declaración del Sr. Carmona, como testigo (Anexo 32); pero como se trataba del mismo Juez provisorio de Control que ya la había rechazado, se vieron obligados a recusarlo, por haber emitido opinión sobre el mismo punto. La Corte de Apelaciones declaró sin lugar la recusación considerando que la decisión previa del Juez provisorio de Control no significaba emisión de opinión porque en ella no había pronunciamiento sobre culpabilidad o inocencia del Dr. Brewer Carías (Anexo 33). Olvidó la Corte que la negativa de una prueba crucial como esa puede hacer cambiar el dispositivo del fallo que en definitiva se dicte.

93. En vista de esta situación, los abogados defensores obtuvieron la declaración notariada bajo juramento del Sr. Pedro Carmona, ofrecida el día 23 de febrero de 2006 en Bogotá, la cual debidamente legalizada fue consignada en el expediente, en la cual éste manifestó que el Dr. Brewer Carías no fue el autor del decreto del 12 de abril, sino que la opinión jurídica, requerida por el Sr. Carmona, fue contraria al contenido del mismo (Anexo 4). Esta declaración ha sido ignorada por el Juez provisorio de Control, quien ha dictado decisiones ulteriores, incluida nada menos que la de privar de su libertad al Dr. Brewer Carías, sin consideración alguna de la misma, es decir, como si la declaración notariada del Sr. Carmona no existiera. En dicha declaración, entre otros aspectos, Carmona dice:

---

86 Por ejemplo, pocos días después de rechazar el testimonio del Sr. Carmona, el mismo Juez de Control decretó medida privativa de libertad contra el ciudadano Daniel Romero y utilizó como elemento de convicción en su contra la declaración del Dr. Brewer Carías, quien también es imputado (Anexo 31).

87 El texto íntegro de la contestación a la acusación formulada contra el Dr. Brewer Carías se ha publicado en su libro *En mi propia defensa,* Caracas 2006 (Anexo 2).

Puedo afirmar por tanto, que el Dr. Allan R. Brewer-Carías no esta-
ba presente en Fuerte Tiuna en el momento en que yo llegué a ese sitio
en la madrugada del 12 de abril de 2002, ni cuando se decidió iniciar el
análisis de un borrador de documento para la formación un gobierno de
transición, ante el inminente anuncio de la renuncia del Presidente de la
República, comunicado por fuentes gubernamentales. De lo manifestado
en mi libro, ratifico que decidí llamar al Dr. Brewer-Carías en la ma-
drugada del día 12 de abril de 2002 a su casa de habitación, y le pedí
que se trasladara a Fuerte Tiuna, a cuyo efecto lo mandé a buscar con
mi automóvil y chofer, desde donde luego fue retornado a su domicilio
(p. 111).

La llamada telefónica que le hice al Dr. Brewer-Carías tuvo como
propósito solicitar su criterio, en su condición de abogado en ejercicio,
sobre el mencionado borrador de documento, el cual a su llegada a
Fuerte Tiuna estaba redactado como tal, es decir, como un papel de tra-
bajo. No había visto ni hablado con el Dr. Brewer-Carías en las sema-
nas anteriores al día 12 de abril de 2002. Por tanto, de mi libro no pue-
de resultar elemento de prueba alguna de que el Dr. Brewer-Carías
hubiera conspirado ni participado en la redacción del mencionado bo-
rrador del decreto de gobierno de transición, más cuando, por el contra-
rio, sobre el mismo me expresó luego una opinión discrepante" (pp. 107
y 108).

94.   En síntesis, el Ministerio Público y los jueces que han intervenido
en el proceso contra el Dr. Brewer Carías, se han rehusado arbitrariamente y
en forma reiterada de aceptar un testimonio de la mayor relevancia para el
descargo del Dr. Brewer Carías.

b.   *Testimonio de Nelson Mezerhane*

95.   La defensa promovió como testigo al Sr. Nelson Mezerhane, quien
podía dejar constancia de que el Dr. Brewer Carías estaba alejado de lo que
ocurría en el Palacio de Miraflores el 12 de abril de 2002, porque estuvieron
juntos toda la tarde de ese día, en su casa de habitación, donde, además, el Dr.
Brewer Carías le expresó su desacuerdo con el decreto de esa fecha. La Fiscal
provisoria Sexta rechazó la prueba ofrecida en auto de 21 de abril de 2005 por
considerarla innecesaria e impertinente **(Anexo 34)**

c.   *Testimonio de Nelson Socorro*

96.   Los abogados defensores promovieron como testigo al Dr. Nelson
Socorro, mencionado en el expediente por el Sr. Rafael Octavio Arreaza Padilla, quien declaró como supuesto testigo de una no menos supuesta conversación telefónica que habría tenido lugar el 12 de abril de 2002, entre el Sr. Pedro Carmona y un cierto "Alan". Esa afirmación referencial no fue incluida
por la Fiscal provisoria Sexta entre los fundamentos de la "imputación" del
delito al Dr. Brewer Carías, pero sus abogados promovieron, a todo evento, el

testimonio del Dr. Socorro, para que éste ratificara ante el Ministerio Público si realmente dicha reunión se habría efectuado con su presencia en la cual se habría escuchado tal conversación telefónica del Sr. Carmona. La Fiscal provisoria Sexta rechazó la prueba ofrecida en auto de 21 de abril de 2005 por considerarla innecesaria e impertinente **(Anexo 34)**, pero en cambio, en el escrito de cargos de la acusación fiscal **(Anexo 48)**, *¡sí apreció la declaración referencial del Sr. Arreaza Padilla respecto de la supuesta reunión en la que habría estado el Dr. Socorro, no permitiéndose al imputado defenderse mediante la declaración de éste!*

97. El testimonio del Dr. Nelson Socorro, además, estaba destinado a dejar constancia de que el Dr. Brewer Carías no estuvo en el Palacio de Miraflores en la tarde del 12 de abril de 2002, y que su opinión jurídica había sido contraria al decreto del 12 de abril, como se lo manifestó al Dr. Socorro en la mañana del día 13 de abril de 2002 durante la cual estuvieron reunidos en su casa de habitación. Como se dijo, la Fiscal provisoria Sexta rechazó la prueba ofrecida **(Anexo 34)**.

d. *Testimonio de Yajaira Andueza*

98. La defensa promovió como testigo a la periodista Yajaira (*Yaya*) Andueza, quien presenció la conversación telefónica que el Dr. Brewer Carías sostuvo con la Sra. Patricia Poleo la noche del 13 de abril de 2002, reclamándole las afirmaciones falsas que ésta ya había comenzado a hacer en los medios de comunicación sobre la supuesta autoría del mencionado decreto. La Fiscal provisoria Sexta rechazó la prueba ofrecida en auto de 21 de abril de 2005, por considerarla innecesaria e impertinente **(Anexo 34)**.

e. *Testimonio de Guaicaipuro Lameda*

99. La defensa promovió como testigo al Sr. Guaicaipuro Lameda (general del ejército y ex presidente de PDVSA), pues fue señalado por el testigo Jorge Javier Parra Vega como supuestamente acompañando al Dr. Brewer Carías en un sitio preciso del edificio del Ministerio de la Defensa la noche del 12 de abril *(infra, párr. 109)*, lugar donde nunca estuvieron ni se reunieron en forma alguna. La declaración del Sr. Lameda hubiera revelado el falso testimonio de Parra Vega. Nunca se aceptó este testigo.

f. *Testimonio de Leopoldo Baptista*

100. La defensa promovió el testimonio del Ing. Leopoldo Batista, quien, junto con su esposa estuvo de vacaciones con el Dr. Brewer Carías y su esposa durante toda la semana anterior al 12 de abril de 2006, en el Estado de Colorado, en Estados Unidos de América *(supra, párr. 23)*, de modo que podía dar fe de que el Dr. Brewer durante todos esos días previos a los acontecimientos de Caracas no estuvo en forma alguna conspirando para cambiar violentamente la Constitución. Esta prueba también fue rechazada, mediante auto de 21 de abril de 2005, por considerarla innecesaria e impertinente **(Anexo 34)**.

g. Prueba de informes sobre la migración del Dr. Brewer Carías

101. Los abogados defensores promovieron como prueba la ficha migratoria del Dr. Brewer Carías, en posesión de las autoridades competentes venezolanas, para demostrar que durante las semanas que precedieron al 12 de abril el Dr. Brewer Carías no estuvo en Venezuela, de modo que no pudo estar conspirando para cambiar violentamente la Constitución. La Fiscal provisoria Sexta rechazó la prueba ofrecida en auto de 9 de mayo de 2005, por considerarla innecesaria **(Anexo 35)**.

C. *La apreciación sesgada, aviesa y parcializada del acervo probatorio*

102. El patrón de conducta persistente del Ministerio Público y de los jueces provisorios que han conocido de la causa ha sido la de apreciar las pruebas con manifiesto sesgo de parcialidad, valorando, en la misma prueba, lo que pueda contribuir a fundamentar una condena al Dr. Brewer Carías y descartando arbitrariamente lo que comprueba su inocencia.

a. *El libro "Mi testimonio ante la historia" del Sr. Pedro Carmona Estanga.*

103. Entre los supuestos "elementos de convicción" de la imputación y de la acusación formuladas contra el Dr. Brewer Carías figura el libro *"Mi testimonio ante la Historia"* (Editorial Aptun, Bogotá, 2004), publicado por el Sr. Pedro Carmona **(Anexo 3)**. Para inculpar al Dr. Brewer Carías,[88] el Ministerio Público invocó el siguiente párrafo de la página 95 de ese libro:

> *Fueron numerosas las opiniones recibidas. Se escuchó a juristas civiles y militares, entre ellos a los Doctores Allan Brewer-Carías, Carlos Ayala Corao, Cecilia Sosa, Daniel Romero, Juan Raffalli, Gustavo Linares Benzo, José Gregorio Vásquez, al Coronel Julio Rodríguez Salas y a numerosos actores políticos, pero no puede decirse que sus opiniones fueron plasmadas plenamente o que se les pueda imputar su redacción.* (Énfasis añadidos).

104. Incluso, a pesar de lo terminante de esta afirmación del "testigo privilegiado", tal como fue calificado por Magistrados del Tribunal Supremo de Justicia *(infra, párr. 78)*, de que no se puede imputar a ninguna de las personas que nombró la redacción del decreto del 12 de abril, retorciendo la prueba, ello lo considera la Fiscal provisorio como un "elemento de convicción" contra el Dr. Brewer Carías.

---

88 La misma cita fue utilizada para imputar del delito de conspiración a otros de los mencionados, como Carlos Ayala Corao, ex Presidente de la CIDH, y Cecilia Sosa Gómez, ex Presidenta de la Corte Suprema de Justicia.

105. Empero, la parcialización de la Fiscal provisoria Sexta fue de tal naturaleza, que al invocar dicho párrafo del libro del Sr. Carmona para acusar al Dr. Brewer Carías, omitió sin embrago toda referencia a la siguiente cita de la página 108 del mismo libro:

> *...nunca he atribuido al Dr. Brewer-Carías la autoría del Decreto, pues sería irresponsable, como lo hicieron luego representantes del oficialismo para inculparlo. Respeto incluso las diferencias que el Dr. Brewer expresara en relación con el camino elegido y las constancias que dejó en las actas de la entrevista que le hiciese la Fiscalía General de la República, aun cuando discrepo de algunas de sus interpretaciones.* (Énfasis añadidos).

106. Así, pues, una alusión genérica y que en modo alguno incrimina al Dr. Brewer Carías, en un libro del Sr. Carmona, es utilizada para acusarlo de cometer delito, pero otro pasaje del mismo libro, específicamente dirigido a él, que lo descarga de responsabilidad, es palmariamente ignorado. Por lo demás, tampoco se apreció la declaración del Sr. Carmona en la investigación adelantada por la Asamblea Nacional, de fecha 2 de mayo de 2002, *en la cual dijo que el Dr. Brewer "no tiene responsabilidad alguna, sino la de haber emitido profesionalmente algún criterio que, repito lo comprometa con ninguna acción de esas cortas horas de la provisionalidad, o transitoriedad de esos días" (supra, párr. 75)*; ni se admitió al Sr. Carmona como testigo, para que aclarara estas menciones dentro del proceso, ni se hizo absolutamente ningún análisis ni mención de la declaración jurada de éste consignada en el expediente **(Anexo 4)**, en la que manifiesta concretamente que el Dr. Brewer no fue el redactor del decreto y que mas bien tuvo opinión contraria al mismo *(supra, párr. 92)*.

b. *El testimonio de Jorge Olavarría*

107. El Dr. Jorge Olavarría, hoy fallecido, fue un destacado periodista, intelectual y político venezolano, quien también fue electo como independiente para integrar la Asamblea Nacional Constituyente de 1999. El Dr. Olavarría compareció espontáneamente ante el Ministerio Público, donde declaró el 10 de julio de 2002, consignando una comunicación de fecha 9 de julio de 2002 donde expresó:

> *Comparezco ante usted para rendir testimonio bajo fe de juramento de la constancia que tengo de la injuriosa falsedad que le atribuye al Dr. Allan Randolph Brewer Carías, de haber sido el autor del acta de constitución del llamado "Gobierno de transición y unidad nacional" instalado en el Palacio de Miraflores la tarde del 12 de abril pasado. Me consta que el Dr. Brewer no redactó ese documento.* Considero mi deber testimoniarlo así. **(Anexo 35; énfasis añadido)**.

108. Relató asimismo un episodio que compartió con el Dr. Brewer Carías el 10 de abril de 2002:

... pasadas las seis de la tarde del miércoles 10 de abril, llegaron a mi despacho los abogados Daniel Romero y José Gregorio Vásquez a quienes no conocía. El Dr. Romero leyó lo que pretendía ser un proyecto de instalación para un gobierno de transición. Yo les hice algunas observaciones de carácter histórico y el Dr. Brewer llamó su atención acerca de la Carta Democrática Interamericana, *haciéndose evidente para ambos la ignorancia de los abogados en esos temas por lo cual no les dimos mayor importancia. Cuando se marcharon, el Dr. Brewer y yo comentamos la ligereza y banalidad del documento,* **del cual me dejaron una copia.** *(Anexo 36). (Énfasis y subrayado añadidos).*

109.   A pesar de que tan contundente declaración es una rotunda prueba de descargo a favor del Dr. Brewer Carías, ella ha sido invocada por el Ministerio Público en la acusación *(Anexo 48)* como ¡*prueba de que el Dr. Brewer Carías sí redactó dicho decreto del 12 de abril!* Semejante argumentación revela el sesgo parcializado e infringe las más elementales reglas de la lógica y de lo que es razonable. No es sólo que los vulnere, sino que constituye una burla de los derechos a la defensa y a la presunción de inocencia, que se explica por sí misma.

   c.   *Absurda apreciación de supuestas pruebas sobrevenidas y referenciales*

110.   Para evitar la excesiva e innecesaria extensión de esta petición, nos limitaremos a enunciar otros supuestos *"elementos de convicción"* incluidos por la Fiscal provisoria Sexta en el escrito de acusación mediante el cual ejerció la acción penal contra el Dr. Brewer Carías *(Anexo 48),* pero que no figuraban en el acto de imputación previo, de modo que, con respecto a ellos, no fue posible ejercer el control mínimo que requiere el derecho a la defensa *(supra, párr. 87).* Esa y todas las otras violaciones de las garantías judiciales del Dr. Brewer Carias, fueron oportunamente denunciadas ante el juez de control en la contestación a la acusación consignada por sus abogados defensores el 8 de noviembre de 2005 *(Anexo 2),* solicitándose la nulidad de lo actuado, pero sobre la cual no se ha producido decisión judicial alguna.

111.   Así fueron escuchados, sin control alguno, las declaraciones del coronel José Gregorio Montilla Pantoja[89]; del Sr. Jorge Javier Parra Vega[90]; del

---

89   Testigo referencial (funcionario de inteligencia militar) que "presume" que el Dr. Brewer Carías revisó el borrador de renuncia del Presidente Chávez.

90   Testigo falso, quien afirmó haber visto al Dr. Brewer Carías *"con el general Guaicaipuro Lameda, en un salón contiguo al salón de los espejos. Estaban con una laptop, donde escribía él y Guaicaipuro Lameda, redactaban un documento cuyo contenido desconozco."* El Dr. Brewer Carías jamás estuvo en ese salón del edificio del Ministerio de la Defensa, ni se reunió con Guaicaipuro Lameda en momento alguno.

Sr. José Rafael Revenga Gorrondona[91]; del Sr. Gustavo Linares Benzo[92]; del Sr. Freddy Alirio Bernal Reyes[93]. A esto se agregó también una vieja declaración del 28 de abril de 2002 del general Melvin José López Hidalgo.[94] Estas declaraciones sólo pudieron ser apreciadas como pruebas dentro de un contexto dirigido hacia la puesta en práctica de una condena previa y preconcebida al Dr. Brewer Carías.

112. Lo mismo puede decirse de otros supuestos "elementos de convicción" usados por la Fiscal provisoria Sexta para fabricar una acusación contra el Dr. Brewer Carías y llevarlo a la cárcel. Es el caso, del Informe de la *Comisión Parlamentaria Especial para Investigar los Sucesos de Abril de 2002* **(Anexo 20)**, emitido, como antes se expresó *(supra, párr. 75)*, en violación de la presunción de inocencia y del derecho a la defensa y que no es más que la declaración política, de un cuerpo político, a la que sólo puede atribuirse valor jurídico en una justicia partidizada, como la venezolana de estos años. Igual ocurre con un nuevo reportaje en la prensa[95]; con una supuesta declaración del general Francisco Usón **(Anexo 37)**, que consignó la Fiscal provisoria ante el Juez provisorio de Control después de haber acusado al Dr. Brewer **(Anexo 38)**, afirmando falsamente que aquél supuestamente habría visto al Dr. Brewer redactar el decreto del gobierno de transición **(Anexo 39)**, lo cual es falso pues no fue eso lo que dijo el general Usón en esa entrevista; y con las opiniones vertidas por el Dr. Brewer Carías en programas de TV sobre la desobediencia civil **(Anexo 40)** y la interpretación de la Constitución a este respecto, que son tratadas por el Ministerio Público como delitos de opinión.

113. **En síntesis**, el derecho a la defensa del Dr. Brewer Carías ha sido sistemática y masivamente violado. Sus abogados no pudieron estar presentes en las declaraciones de ninguno de los testigos, ni pudieron interrogarlos sino, en algunos casos, mediante cuestionarios que debían entregar a la Fiscal provisoria Sexta y que sólo ella manejaba, sin control alguno. Varios testigos emergieron en la supuesta investigación, sin informar a los abogados del Dr. Brewer Carías sobre qué declararían, de modo que ni siquiera a través de esos

---

91   Quien se limitó a conjeturar que el Dr. Brewer Carías pudo participar en la preparación del decreto del 12 de abril, pero que no lo elaboró.

92   Quien sólo dijo haber visto breves minutos al Dr. Brewer Carías en el Palacio de Miraflores, entre centenares de personas, la mañana del 12 de abril de 2002.

93   Alcalde del Municipio Libertador de Caracas y dirigente del partido de gobierno MVR. Dijo que *"...es de conocimiento de la colectividad nacional e internacional que Allan Brewer Carías, Carlos Ayala Corao, Daniel Romero, José Gregorio Vásquez y otros juristas fueron los corredactores del decreto..."*

94   Quien se limitó a decir que el Dr. Brewer Carías estuvo en el Fuerte Tiuna la noche del 11 al 12 de abril de 2002.

95   Firmado por el periodista L. J. Linares en el semanario *Quinto Día*. Afirma que dos militares le contaron que el Dr. Brewer Carías había sido el autor del *"decreto de renuncia de Chávez"*. Es un testimonio referencial y falso pues ese "decreto" nunca se conoció.

precarios cuestionarios podía ejercerse derecho de defensa alguno ante sus declaraciones, por lo demás carentes de toda sustancia incriminatoria. Tampoco pudo la defensa obtener la comparecencia de testigos que arrojaran luz sobre los hechos, ni que se aceptaran otras pruebas relevantes. La apreciación de las pruebas fue determinada por el capricho y la supresión descarada de todas las que muestran que el Dr. Brewer Carías es inocente de los hechos que se le imputan. La indefensión misma, en fin.

4. VIOLACIÓN DE LOS DERECHOS DE SER OÍDO Y A LOS MEDIOS ADECUADOS PARA LA PREPARACIÓN DE LA DEFENSA (ARTÍCULOS 8(1) Y 8(2)(C), CADH)

114. De acuerdo con el artículo 8(2)(c) de la Convención, el inculpado tiene derecho a la concesión *"del tiempo y de los medios adecuados para la preparación de su defensa."* Además, de acuerdo con la jurisprudencia de la Comisión, el derecho a ser oído ante un tribunal, consagrado por el artículo 8 (1) de la Convención, significa que *"oír a un procesado es **darle la oportunidad** de desconocer, de restar valor a los documentos que se pretenden utilizar en su contra."*[96] (Énfasis añadido).

115. Durante todo el proceso ante la Fiscal provisoria Sexta, el Dr. Brewer Carías y sus abogados defensores no pudieron obtener copia de ninguna de las actuaciones. Lo único que se les permitió fue transcribir a mano y por sí mismos, las distintas piezas del expediente, que sumaron miles de páginas en XXVII piezas. Esta negativa a expedir copias constituye una obstaculización a la defensa, sin ninguna base razonable, y privó al Dr. Brewer Carías y a sus abogados de tiempo y de condiciones razonables para preparar su defensa[97].

116. Por otra parte, en el acto de imputación la Fiscal provisoria utilizó como supuestos elementos de convicción en contra del Dr. Brewer, una serie de videos que, según la opinión fiscal, contenían declaraciones de periodistas y entrevistados que lo incriminaban.

117. A los fines de verificar la veracidad o falsedad del contenido de los artículos y opiniones de periodistas supuestamente contenidos en videos que mencionó la Fiscal provisoria en la imputación, el Dr. Brewer Carías solicitó en diversas oportunidades la exhibición de los videos correspondientes, y sólo le fue mostrado el contenido de algunos de ellos.

118. En fechas posteriores y con el mismo objeto, los defensores del Dr. Brewer solicitaron la exhibición del contenido de tales videos obteniendo en diversas ocasiones respuestas negativas, porque supuestamente las cintas no habían sido encontradas, o porque ante la gran cantidad de imputados existente en la investigación, se hacía difícil encontrar una oportunidad adecuada, o

---

96   CIDH, *Caso Figueredo Planchart vs...; cit.*, párr. 112.

97   En el escrito de los abogados defensores del Dr. Brewer Carías de fecha 10-08-2005 **(Anexo 46)** se da cuenta de la negativa de la Fiscal provisoria Sexta de expedir las copias del expediente que le fueron solicitadas.

porque en ese momento el Despacho tenía otras ocupaciones[98]. La insistencia en observar los videos obedecía *a que se habían encontrado inexactitudes entre el contenido que de ellos citó la Fiscal provisoria y lo que en realidad tales videos contenían*. De la escueta revisión que el Dr. Brewer Carías pudo hacer de los videos, sin que pudiera analizarlos en la forma debida con sus defensores, encontró que los textos que transcribió la Fiscal provisoria en el acta de imputación, de supuestas entrevistas hechas a periodistas, eran falsos y no se corresponden con lo que en las cintas se puede ver y oír; es decir, los textos transcritos en el acta de imputación fiscal no son ciertos, son totalmente falsos. **(Anexo 41)**

119. Por todo ello, se procedió a solicitar la práctica de una diligencia consistente en ordenar efectuar por técnicos especializados en ello, la transcripción íntegra de todos los videos que cursaban en el expediente con entrevistas a periodistas que pretendieran ser considerados como supuestos elementos probatorios de la imputación fiscal[99]. *Esta solicitud también fue negada arbitrariamente, en auto de 21-04-2005, aduciendo que ello no agregaría nada para la investigación* (Anexo 42).

120. Lo que más resalta en todo esto es que la Fiscal provisoria en la imputación realizó una transcripción tergiversada de los videos que pretendió presentar como prueba en contra del Dr. Brewer Carías y que ante la solicitud de la defensa de transcripción de los mismos por expertos en la materia, se negó a acordarlo de manera arbitraria, de modo que no quedara en evidencia la manipulación de tales supuestas "pruebas".

121. Toda esta incongruencia y manipulación probatoria por parte de la Fiscal provisoria Sexta pone en evidencia la violación de los derechos de ser oído y a los medios adecuados para la preparación de la defensa (artículos 8(1) y 8(2)(c) del Dr. Allan Brewer Carías.

---

98 El 16-02-05 los defensores del Dr. Brewer Carías solicitaron por escrito ver los videos Nos. 15, 16, 17, 18, 19, 20, 21 señalados en el acta de imputación; el 18-02-05 solicitaron nuevamente por escrito ver los videos Nos. 15, 16, 17, 18, 19, 20, 21 del acta de imputación; el 22-02-05 la Fiscal negó por escrito la solicitud de observar los videos 15, 16, 17, 18 y 19 "porque el imputado observó el contenido de los videos el 11.2.05". Los abogados defensores el 25-02-05 solicitaron de nuevo por escrito se fije día para observar los videos. El 08-03-05 se permitió al Dr. Brewer con su defensor Dr. Cottin observar los videos señalados con los Nos. 20 y 21 en el acta de imputación, no así el resto de los videos, indicando el funcionario de la Fiscalía que el N° 22 sobre interpelación a Patricia Poleo no estaba en la Fiscalía, lo cual resultó inverosímil habida cuenta de que su supuesto contenido había sido transcrito en el acta de imputación. Ese mismo día 08-03-05 se pidió por escrito la fijación de oportunidad para la observación de la totalidad de los videos faltantes, lo cual tampoco fue atendido.

99 Diligencia de 18-3-2005. No obstante, se continuó en varias oportunidades solicitando ver los videos, con resultados negativos. Así ocurrió los días 31-03-05 y 20-04-05. Por falta de decisión oportuna, el 31-03-05 de nuevo por escrito se solicitó de la Fiscal proveyera sobre ésta y otras solicitudes.

V. VIOLACIÓN DEL DERECHO A LA PROTECCIÓN JUDICIAL (ARTÍCULO 25, CADH)

122. En el presente caso, las actuaciones del Estado ponen también de manifiesto la inexistencia de un recurso judicial efectivo para proteger al Dr. Brewer Carías de las violaciones a sus derechos humanos, en particular en presencia de un sistema judicial y un Ministerio Público carentes de toda independencia.

123. El derecho a la protección judicial contenido en el artículo 25 de la Convención fue interpretado por la Comisión y por la Corte de manera que no quedara limitado a la mera existencia de recursos sino que incluyera bajo su análisis la cuestión de la eficacia de los recursos judiciales existentes. En este sentido, la Comisión en el caso *Carranza vs. Argentina* ha dicho que *"la propia lógica interna de todo recurso judicial -también el del artículo 25- indica que el decisor debe establecer concretamente la verdad o el error de la alegación del reclamante."*[100] Continúa diciendo que de lo contrario el recurso "devendría inconcluso."[101] Además, "el recurso judicial sería abiertamente ineficaz, pues al no permitir el reconocimiento de la violación de derechos, en caso de que ésta se haya comprobado, no sería apto para amparar al individuo en su derecho afectado ni para proveerle una reparación adecuada."[102]

124. En el presente caso, el Dr. Brewer Carías acudió repetidamente al juez provisorio de Control y al Tribunal de Apelaciones para solicitar que se restablecieran sus derechos, conforme lo establecen la Constitución y las leyes de Venezuela y la Convención Americana. El Juez provisorio de control Bognanno decidió que carecía de atributos legales para ese fin y que no podía interferir, dado que la Fiscal provisoria es "autónoma" en la dirección de la investigación **(Anexos 43 y 44)**.

125. En fecha 4 de mayo de 2005, los abogados del Dr. Brewer Carías acudieron ante el Juez provisorio Vigésimo Quinto de Control, pidiendo que interviniera para corregir la irregular y arbitraria actuación del Ministerio Público al denegar las anteriores diligencias probatorias **(Anexo 43)** y restableciera el derecho a la defensa. El Tribunal de Control omitió pronunciarse sobre las violaciones del debido proceso denunciadas, limitándose a decir que no era la oportunidad adecuada para hacer esos planteamientos **(Anexo 44)**.

126. Los abogados del Dr. Brewer Carías apelaron de dicha decisión. En fecha 6 de julio de 2005, la Sala 9 de la Corte de Apelaciones decidió dicha apelación **(Anexo 45)**, anulando el fallo del Juez provisorio de Control por razones formales (falta de notificación a la Fiscalía); pero, en cuanto al fondo, acogió los argumentos de la defensa y concluyó que ésta sí podía acudir ante el Juez de Control a reclamar sus derechos frente a violaciones al debido pro-

---

100 CIDH, *Caso Carranza vs. Argentina…*; *cit.*; párr. 73.

101 *Ibíd.*

102 *Ibíd.*; párr. 74.

ceso por el Ministerio Público en la etapa de investigación, de modo que también ordenó que el Juez provisorio de Control decidiera nuevamente sobre las solicitudes que se le habían formulado en ese sentido. Los abogados del Dr. Brewer Carías introdujeron de nuevo un escrito en fecha 10 de agosto de 2005 ante el Tribunal 25 de Control refrescando las solicitudes que ordenó decidir la Corte de Apelaciones **(Anexo 46)**. No obstante, en fecha 20 de octubre de 2005, el Juez provisorio de Control volvió a decidir que no podía inmiscuirse en la labor de investigación de la Fiscal provisoria **(Anexo 30)**, de lo cual los abogados defensores apelaron en fecha 28 de octubre de 2005 **(Anexo 47)**, siendo denegada la apelación en fecha 1° de diciembre de 2005. Llama la atención, además, que la Fiscal provisoria Sexta consignó la acusación contra el Dr. Brewer Carías el 21 de octubre de 2005 **(Anexo 48)**, es decir, al día siguiente de esta última decisión del Juez provisorio de Control, el cual nada había decidido desde el mes de julio de 2005, no obstante las ratificaciones posteriores de la defensa, para proceder a decidirlas, negándolas todas, justo, el día antes de que el Ministerio Público introdujera la acusación. Dicha acusación fue contestada en todas sus partes, denunciándose la violación de las garantías judiciales del Dr. Brewer Carías mediante escrito de 8 de noviembre de 2005 **(Anexo 2)**, en el cual se solicitó al juez la declaratoria de nulidad de todo lo actuado a causa de dichas violaciones.

127. Esta absurda conducta de los jueces a cuyo cargo estaría el control de la investigación fiscal, ha dejado al Dr. Brewer Carías en estado de indefensión frente a la arbitrariedad de la Fiscal provisoria Sexta. De esta manera quedó constituida la violación al artículo 25 de la Convención, teniendo como resultado el sometimiento del Dr. Brewer Carías a un juicio para el cual por el momento no puede defenderse; donde su inocencia en lugar de presumirse tiene que ser probada.

VI. VIOLACIÓN DEL DERECHO A JUICIO EN LIBERTAD (ARTÍCULO 8.2, CADH).

128. En fecha 26 de octubre de 2005, los defensores del Dr. Brewer Carías solicitaron ante el Juez provisorio de control, con base en el artículo 125,8 del Código Orgánico Procesal Penal, que se garantizara su derecho a ser juzgado en libertad y se declarara por anticipado la improcedencia de su privación de libertad durante el juicio, sobre lo cual el juez provisorio nunca se pronunció **(Anexo 49)**. Más tarde, los abogados del Dr. Brewer Carías informaron al Juez provisorio de Control que su defendido, después de haber permanecido en Venezuela durante toda la fase de investigación, en ejercicio legítimo de su actividad académica, aceptó la designación que se le ha hecho de Profesor Adjunto en la Facultad de Derecho de la Universidad de Columbia, en Nueva York[103] **(Anexo 50)**. La reacción inmediata de la Fiscal provisoria Sexta fue

---

103 Donde ha estado dictando el Seminario sobre ***"The "Amparo Suit": Judicial Protection of Human Rights in Latin America (A Comparative Law Study of the Suit for***

la de solicitar, el 2 de junio de 2006 **(Anexo 51)**. que dicho Juzgado dictase una medida privativa de libertad contra Brewer, "por peligro de fuga", aún cuando sabía que estaba fuera de Venezuela, a lo que de inmediato accedió el Juez provisorio de Control **(Anexo 52)**, quien ordenó en fecha 15 de junio de 2006 la privación de libertad, la cual no ha sido ejecutada porque el Dr. Brewer Carías permanece en Nueva York, conforme a la actividad académica que realiza y sobre la cual sus defensores le informaron al Juez provisorio. *Ahora no podrá regresar a Venezuela sino para ser encarcelado.*

129. Si no estuviera el Dr. Brewer Carías fuera del país en el momento de la orden de captura, es decir, si se hubiera logrado privarle de su libertad, se configuraría una violación del artículo 7(3) de la Convención, que dispone que *"nadie puede ser sometido a detención o encarcelamiento arbitrarios."* Por esa sola circunstancia no se ha materializado tal violación.

130. Sin embargo, la orden de captura, en sí, constituye otra violación más de la presunción de inocencia, garantizada por el artículo 8.2 de la Convención. Tal y como explica la Corte Interamericana:

> *De lo dispuesto en el artículo 8.2 de la Convención deriva la obligación estatal de no restringir la libertad del detenido más allá de los límites estrictamente necesarios para asegurar que el no impedirá el desarrollo eficiente de las investigaciones ni eludirá la acción de la justicia. En este sentido, la prisión preventiva es una medida cautelar, no punitiva.*[104]

131. El orden jurídico interno de Venezuela, teóricamente, se adecua a este régimen internacional, puesto que el artículo 44(1) de la Constitución postula que toda persona *"será juzgada en libertad"* y el artículo 102 del Código Orgánico Procesal Penal establece que *"se evitará, en forma especial, solicitar la privación preventiva de libertad del imputado cuando ella no sea absolutamente necesaria para asegurar las finalidades del proceso."*

132. Esta regla, sin embargo, se ha violado en el caso particular del Dr. Brewer Carías. A pesar de la solicitud de los abogados del Dr. Brewer Carías de la declaratoria anticipada de la improcedencia de su privación de libertad durante el juicio, hubo una deliberada omisión judicial, inconstitucional, del Juez provisorio de Control, pues ni antes de la acusación ni en los ocho (8) meses que transcurrieron después de que se introdujo la misma, dicho Juzgado tomó la decisión que correspondía en este caso, conforme a la doctrina de la Sala Penal del Tribunal Supremo de Justicia venezolano, siendo como es conocido que, por ser una persona académicamente activa, el Dr. Brewer-Carías, tenía arraigo en el país, donde tiene su residencia, su despacho de abogados y donde entre otras actividades, dirige la *Revista de Derecho Públi-*

"Amparo"), publicado como Course Materials, Columbia Law School, Columbia University, New York, 2006, 2 vols., 390 pp.

104 *Caso Tibi v. Ecuador*, Sentencia de 7 de septiembre de 2004, párr. 180.

co. Es obvio, además, que no se trata de un sujeto peligroso. No hay justificación para limitar o suprimir su derecho a ser juzgado en libertad.

133. Sin embargo, en este caso, el Juez provisorio de Control *se cuidó de no decidir anticipadamente la solicitud formulada*, de modo que puso al Dr. Brewer Carías en la necesidad de velar por su propia seguridad y libertad personal, alejándose del territorio de Venezuela e impidiéndole estar presente en el juicio que se sigue en su contra, lo que a la vez ha sido la excusa para dictar la medida preventiva privativa de su libertad **(Anexos 51, 52)** Este cuadro se ha agravado con el hostigamiento y la amenaza a su libertad de las que ha sido víctima el Dr. Brewer Carías por agentes diplomáticos venezolanos **(Anexos 23, 25)** *(supra, párrs. 82, 83, 84)*. Esta tentativa de privar la libertad del Dr. Brewer Carías, no sólo violó su derecho a la presunción de inocencia, sino que también le negó su derecho a un juicio en libertad y sin demora, puesto que el proceso penal ha quedado congelado a partir de la orden de captura decretada en octubre de 2005. La audiencia preliminar, que debió tener lugar entre diez y veinte días después de presentada la acusación (21-10-2005),[105] todavía no ha tenido lugar para la fecha de presentación de esta petición, ni siquiera para los otros acusados, lo cual constituye un retardo injustificado de más de un año en el trámite del juicio que se sigue, no sólo contra el Dr. Brewer Carías, sino contra otras figuras de la oposición democrática como la Dra. Cecilia Sosa, ex Presidenta de la antigua Corte Suprema de Justicia, también acusada por el mismo delito.

134. Al igual que todo este irregular proceso, fue manifiestamente preconcebida, de la misma manera como todas las actuaciones del Estado revelan la determinación de condenarlo, cualquiera sea la defensa que esgrima.

VII. VIOLACIÓN DEL DERECHO A LA HONRA (ARTÍCULO 11, CADH)

135. De acuerdo con el artículo 11 de la Convención, *"toda persona tiene derecho al respeto de su honra y al reconocimiento de su dignidad."* En contravención de este derecho, las afirmaciones a las que ya nos hemos referido, emanadas de la Asamblea Nacional, del Tribunal Supremo de Justicia, del Fiscal General de la República y de los Embajadores de Venezuela en la República Dominicana y en Costa Rica constituyen violaciones a la honra y dignidad de la víctima, el Dr. Brewer Carías, y demuestran que la investigación en su conjunto constituye en sí misma una violación a este derecho. Ya hemos descrito como esos órganos del Estado han emitido pronunciamientos prejuzgados que, además de violentar la presunción de inocencia, constituyen otras tantas violaciones al artículo 11 de la Convención por órganos y funcionarios que comprometen la responsabilidad del Estado *(supra, párrs. 74 ss.)*.

136. La Comisión ya ha dicho en diversos casos que las declaraciones hechas por representantes gubernamentales respecto de hechos o actos delic-

---

105   Código Orgánico Procesal Penal, art. 327.

tivos no probados aun en sede judicial representan una violación a la honra del afectado y una amenaza al principio de independencia de la judicatura.[106] En el presente caso, las sistemáticas acusaciones de "golpista" dirigidas en contra de nuestro representado, así como la irresponsable atribución que se le hace de la autoría del texto de un documento estrafalario y absurdo, que objetó como incompatible con los pilares de una sociedad democrática, lesionan su reputación y su prestigio como constitucionalista y como profesor universitario.

VIII. VIOLACIÓN DE LA LIBERTAD DE EXPRESIÓN (ARTÍCULO 13, CADH).

137. Este proceso penal contra el Dr. Brewer Carías, sin fundamento probatorio, y sin garantizarle sus derechos fundamentales a un proceso justo, no es gratuito ni obedece a simples errores cometidos de buena fe por el Estado. Como se señalaba más arriba *(supra, párrs. 16 ss.)*, el Dr. Brewer Carías ha sido disidente visible y creíble desde el inicio de la política autoritaria del gobierno actual de Venezuela. Ha ejercido su libertad de expresión garantizada por el artículo 13 de la Convención Americana, de manera pública y reiterada, en contra de tales políticas. Fue uno de tan sólo cuatro miembros de la oposición que lograron ser elegidos a la Asamblea Nacional Constituyente (1999-2000) *(supra, párrs. 18, 19)*. En este cargo, en los términos del artículo 23.1.a de la Convención Americana, él ejerció su derecho *"de participar en la dirección de los asunto públicos, directamente..."* En tal cargo, él votó en contra del proyecto constitucional, y luego hizo campaña pública en contra de su aprobación por referéndum popular.

138. El Dr. Brewer Carías también ejerció su derecho a expresarse libremente, como ciudadano y como abogado, al manifestar su opinión crítica sobre el decreto del 12 de abril (adversa por demás), a la consulta que le formuló el Sr. Pedro Carmona, auto declarado jefe del llamado "gobierno de transición" de abril de 2002 *(supra, párrs. 22, 103 ss., 91)*.

139. Fue precisamente el ejercicio de este derecho que fue utilizado para acusarle al Dr. Brewer Carías de conspirar violentamente en contra de la Constitución. Vista su presencia en el edificio de la Comandancia General del Ejército, adonde concurrió para ser consultado sobre temas jurídicos, en la víspera de la declaración del "gobierno de transición," y conociendo su oposición tanto al Gobierno del Presidente Chávez como a la Constitución promulgada para sustentar ese régimen, algunos periodistas presumían que él habría tenido algo que ver con la conformación del supuesto "gobierno de transición" *(supra, párr. 22)*. Pero no tomaron en cuenta su compromiso profundo y por vida con el constitucionalismo y con el Estado de Derecho. Una cosa es oponerse de manera legítima y democrática a una Constitución; otra

---

106 CIDH, *Gallardo Rodríguez v. México*, Caso 11430, OEA/Ser.L/V/II.95 Doc. 7 rev; p. 485, párr. 76 (1997).

cosa es intentar destruirla por la fuerza. El Dr. Brewer Carías respeta la primera; se opone desde lo hondo de su ser a la segunda.

140. Con su presunción equivocada o parcializada, los periodistas no se fijaron en la ausencia del Dr. Brewer Carías del acto de declaración del nuevo "gobierno" en la tarde del día 12 de abril *(supra, párrs. 23, 93, 94)*. No sabían, no podían saber en el momento de los hechos, la verdad (que tal vez algunos tampoco querían saber): que en su única oportunidad de comunicarse con el Dr. Carmona, el Dr. Brewer Carías se opuso a la llamada acta de constitución del supuesto "gobierno de transición y unidad nacional" *(supra, párr. 23)*.

141. Al Gobierno no le interesaba el esclarecimiento de la verdad, expuesta sin demora en declaraciones públicas del mismo Dr. Brewer Carías y corroborada por todos los demás testigos competentes, incluso el mismo Sr. Carmona *(supra, párrs. 75, 93, 103, 104)*. El Gobierno y sus dependencias en la fiscalía y los tribunales querían aprovecharse de la mera presencia del Dr. Brewer Carías en el edificio donde estuvo el Sr. Carmona, como pretexto suficiente para, por fin, silenciar la voz de un opositor importante, acusándolo de golpista.

142. Todo este conjunto de circunstancias demuestran que el proceso penal viciado en contra del Dr. Brewer Carías es una respuesta estatal al ejercicio de su libertad de expresión, garantizada por la Convención Americana, una respuesta cuyo objetivo es imposibilitar que él siguiera en ejercicio de tal libertad, que tanto molesta al Gobierno actual.

143. Por todo lo expuesto, sólo quien estuviera motivado políticamente podría desvincular el proceso penal en contra del Dr. Brewer Carías, con el intento de negar al Dr. Brewer Carías el ejercicio de sus derechos políticos en contra del Gobierno actual de Venezuela.

IX. VIOLACIÓN DEL DERECHO A LA SEGURIDAD PERSONAL Y DE LA LIBERTAD DE CIRCULACIÓN (ARTÍCULOS 7 Y 22, CADH).

144. Si bien es cierto que el Dr. Brewer Carías no ha sido detenido, es objeto de una persecución internacional *(supra, párrs. 82 ss.)*, que restringe su libertad de movimiento, que le impide regresar a su país sin el riesgo de ser detenido *(supra, párr. 128 ss.)* para enfrentar un proceso en el que no cuenta con las debidas garantías judiciales y cuyo resultado está decidido de antemano, y que, mientras se encuentre en el extranjero, lo expone a ser privado de su libertad personal, por tiempo indefinido, mientras dura un proceso que ya se ha demorado indebidamente y al que las autoridades no tienen la menor intención de ponerle término

145. El artículo 7 de la Convención consagra "el derecho a la libertad y a la seguridad personales", el cual también se ha violado en el presente caso. La seguridad personal es un complemento indispensable de la libertad personal, y está íntimamente asociada a ésta.[107] En consecuencia, el derecho a la seguridad de la persona comprende no solamente la garantía de que nadie será privado de su libertad sino por las causas y de acuerdo al procedimiento establecido por la ley, sino la garantía de que esa ley no se aplicará en forma arbitraria, con el torcido propósito de silenciar y castigar a un disidente político.

146. El resultado de la orden de captura en contra del Dr. Brewer Carías, en si misma violatoria del artículo 8.2 de la Convención (*supra, párrs. 128 ss.*) implica también la violación de su libertad de circulación garantizada por el artículo 22 de la Convención. Actualmente residente de New York con cargo académico en Columbia University, ya no puede regresar a su país sin someterse a detención preventiva violatoria de su derecho a la presunción de inocencia. Hasta sus viajes internacionales son impedidos por el riesgo de que los diplomáticos venezolanos convenzan a otro gobierno detenerle (*supra, párrs. 82-84*).

X. VIOLACIÓN DE LOS PRINCIPIOS DE NO DISCRIMINACIÓN E IGUALDAD ANTE LA LEY (ARTÍCULOS 1.1 Y 24, CADH)

147. El artículo 1(1) de la Convención recoge el principio universal de *ius cogens*[108] según el cual los derechos humanos deben ser espetados y garantizados *"sin discriminación alguna por motivos de raza, color, sexo, idioma, religión, **opiniones políticas** o de cualquier otra índole, origen nacional o social, posición económica, **nacimiento o cualquier otra condición social.**"* De igual manera en asuntos jurídicos, el artículo 24 de la Convención garantiza la igualdad de toda persona ante la ley. Más aún, el artículo 14(1) del Pacto Internacional de Derechos Civiles y Políticos subraya especialmente la importancia de este principio con respecto al debido proceso, al proclamar que *"todas las personas son iguales ante los tribunales y cortes de justicia."* Pues bien, honorable Comisión, en el caso emprendido contra el Dr. Brewer Carías y contra otras personas[109], sólo han sido imputados y acusados civiles. Es decir, que en un presunto delito de conspirar para cambiar violentamente la Constitución y con hechos que comprendieron un anuncio del máximo jefe militar del país según el cual el Presidente de la República había renunciado a

---

107 Según James Fawcett, "si la libertad personal significa la libertad de movimiento efectiva de la persona, la seguridad es la condición de que esa libertad se encuentre protegida por la ley." *The application of the European Convention on Human Rights,* Clarendon Press, Oxford 1969, p. 58.

108 Corte IDH, *Condición Jurídica y Derechos de los Migrantes Indocumentados,* Opinión Consultiva OC-18/03 de 17 de septiembre de 2003, Serie A. N° 18, párr. 101.

109 Entre las cuales está la Dra. Cecilia Sosa Gómez, ex Presidenta de la Corte Suprema de Justicia (ya acusada formalmente por el delito de conspiración) y el Dr. Carlos Ayala Corao, ex Presidente de la Comisión (imputado que no ha sido formalmente acusado, pero cuya causa tampoco ha sido sobreseída, en nueva violación de su derecho al debido proceso).

petición de Alto Mando Militar *(supra, párr. 21)*, *no hay militares procesados sino sólo civiles.*

148. En efecto, un grupo de militares que fue inicialmente señalado por el Ministerio Público como participantes en aquellos hechos de abril de 2002 quedaron exentos inicialmente de ser juzgados gracias al privilegio constitucional,[110] en sí misma discriminatorio, que otorga a todos los generales y almirantes el derecho a un "antejuicio" por ante el Tribunal Supremo de Justicia, que establezca si hay méritos para juzgarlos, antes de toda acusación penal contra ellos. El Tribunal Supremo decidió inicialmente que no había lugar a tal enjuiciamiento puesto que lo ocurrido en abril de 2002 no había sido un golpe de estado sino un *"vacío de poder"* (**Anexo 53)**. Aunque más tarde la Sala Constitucional anuló esa decisión, exclusivamente por razones de forma (**Anexo 54)** y esos militares han sido posteriormente citados para ser imputados, ninguno de ellos ha comparecido, con el resultado de que, por causas imputables al Estado no hay militares encausados sino sólo civiles, entre ellos el Dr. Brewer Carías. Ese resultado discriminatorio a favor de los militares es imputable al Estado, porque es nada menos que su Constitución la que establece el privilegio del antejuicio de mérito para generales y almirantes, y porque fue una decisión de su Tribunal Supremo la que inicialmente exoneró de responsabilidad a esos militares, pues sólo ellos y no los civiles tenían el privilegio de tal antejuicio.

149. No menos sorprendente es que el general en jefe del ejército Lucas Rincón Gutiérrez, el militar de más alta jerarquía en abril de 2002, y quien anunció en la noche del 11 al 12 de abril por televisión y junto con el Alto Mando Militar, que la cúpula militar había pedido la renuncia del Presidente de la República *"la cual aceptó" (supra, párr. 21)*, no ha sido sometido ni siquiera a una investigación. Por el contrario, fue posteriormente promovido a Ministro de la Defensa y luego a Ministro del Interior y **Justicia** y se desempeña actualmente como Embajador en Portugal. Es inconcebible que, pese a tal grado de protagonismo y de haber sido aquella declaración la que desencadenó la crisis de gobierno creando la certeza de la acefalía de la Presidencia de la República, que el general Rincón no haya sido objeto de investigación

---

110 "**Artículo 266.-** Son atribuciones del Tribunal Supremo de Justicia:

....

3. *Declarar si hay o no mérito para el enjuiciamiento del Vicepresidente Ejecutivo o Vicepresidenta Ejecutiva, de los o las integrantes de la Asamblea Nacional o del propio Tribunal Supremo de Justicia, de los Ministros o Ministras, del Procurador o Procuradora General, del Fiscal o la Fiscal General, del Contralor o Contralora General de la República, del Defensor o Defensora del Pueblo, los Gobernadores o Gobernadoras, **oficiales**, **generales y almirantes de la Fuerza Armada Nacional** y de los o jefes o jefas de misiones diplomáticas de la República y, en caso afirmativo, remitir los autos al Fiscal o la Fiscal General de la República o a quien haga sus veces, si fuere el caso; y si el delito fuere común, continuará conociendo de la causa hasta la sentencia definitiva."*
(Énfasis añadido).

alguna. Esto comprueba, una vez más, el carácter sesgado y la discriminación política que están presentes en todo el proceso viciado contra el Dr. Brewer Carías.

XI. VIOLACIÓN DE LOS DEBERES DE GARANTIZAR EL PLENO GOCE DE LOS DERECHOS Y DE ADOPTAR LAS MEDIDAS NECESARIAS PARA HACERLOS EFECTIVOS (ARTÍCULOS 1 Y 2, CADH).

150. Por el hecho de cometer las violaciones arriba señaladas, el Estado necesariamente incumplió su deber conforme al artículo 1.1 de la Convención Americana de garantizar el pleno goce de los derechos violados.

151. Además incumplió su deber de tomar las medidas necesarias, sean legislativas o de otra índole, para hacer efectivos tales derechos, violando así el artículo 2 de la Convención. Para señalar sólo unos ejemplos, es obvio que la legislación nacional en cuanto al nombramiento y seguridad de cargo de jueces y fiscales no es adecuada para hacer efectivo el derecho del Dr. Brewer Carías –y de todo venezolano– a ser oído por un tribunal independiente e imparcial.

XII. NO EXIGIBILIDAD EN ESTE CASO DE LA REGLA DEL PRE-VIO AGOTAMIENTO DE RECURSOS INTERNOS (ARTÍCULO 46, CADH).

152. La entidad de las violaciones a los artículos 8 y 25 de la Convención, implican que se ha negado al Dr. Brewer Carías acceso a la justicia conforme al debido proceso legal y sin demora indebida. La violación de la presunción de inocencia pretende colocarlo en la situación de probar que no conspiró y que no redactó el decreto del 12 de abril, es decir, de suministrar una prueba negativa indefinida. *Es decir, se impuso al Dr. Brewer Carías probar algo que no está obligado a demostrar, pero cuando pese a todo intentó hacerlo, se le negaron los medios apropiados para ello.* El mismo patrón de conducta ha sido seguido por los tribunales y por los órganos del poder público a los que hemos aludido *(supra, párr. 72)*. Como si ello no bastara, se han rechaza-do arbitrariamente o se ha ignorado de manera palmaria pruebas relevantes ofrecidas por los abogados defensores del Dr. Brewer Carías *(supra, párr. 90)*, mientras que otras se han apreciado de manera a todas luces distorsiona-da y sesgada *(supra, párr. 102)*, lo que pone en evidencia que la causa crimi-nal emprendida en su contra ha tenido como característica persistente la de considerarlo culpable de antemano, y dejarlo en estado de indefensión por manifiesta falta de imparcialidad de los fiscales y jueces provisorios que han intervenido en el caso *(supra, párrs. 37 ss., 2 ss.)*. Todo ello pone de mani-fiesto que el Dr. Brewer Carías no puede esperar razonablemente un juicio justo y no dispone de recursos internos eficaces para su defensa.

153. *La regla del previo agotamiento de los recursos internos, por consi-guiente, no es aplicable al presente caso*, en el cual puede comprobarse que, dentro del marco de una política de Estado, al Dr. Brewer Carías no sólo ha sido condenado de antemano, sino que se ve impedido de utilizar los recursos que normalmente deberían proveer a su defensa dentro del proceso penal, los cuales son arbitrariamente desconocidos por el Ministerio Público y el sistema judicial. Como lo ha dicho la Corte Interamericana, en semejante situación *"acudir a esos recursos se convierte en una formalidad que carece de sentido. Las excepciones del artículo 46.2 serían plenamente aplicables en estas situaciones y eximirían de la necesidad de agotar recursos internos que, en la práctica, no pueden alcanzar su objeto."* [111]

154. En el presente caso, y tratándose de violaciones al debido proceso legal en el marco del hostigamiento a un conocido disidente del régimen político imperante en Venezuela *(supra, párr. 17)*, por parte del Ministerio Público y del Poder Judicial, integrados por funcionarios interinos, con nombramientos provisionales, y enteramente desprovistos de independencia *(supra, párrs. 42, 43)*, las instancias domésticas han demostrado su absoluta inutilidad a causa de la persistente y arbitraria negativa del Ministerio Público y de los diversos jueces que han conocido de una causa criminal incoada contra el Dr. Brewer Carías, de admitir y dar curso a los medios de prueba y recursos promovidos por los abogados de la víctima para proveer a su adecuada defensa en los términos del artículo 8 de la Convención *(supra, párr. 85)* y porque, además, el pretendido proceso contra la víctima y los otros acusados se encuentra paralizado desde octubre de 2005, pues aún en dicho proceso no se ha verificado siquiera la audiencia preliminar que, como se dijo *(supra, párr. 133)*, debió realizarse entre 10 y 20 días después de presentada la acusación, es decir, entre octubre y noviembre de 2005, así demorando la justicia indebidamente. Todo ello configura el supuesto de aplicación de las tres excepciones al requisito del previo agotamiento de los recursos internos, contempladas en los artículos 46(2) de la Convención y 31(2) del Reglamento: la falta de debido proceso de ley, le negación de acceso a la justicia y el retardo indebido.

155. También invocamos el reconocido principio de la jurisprudencia interamericana de que no hay que agotar recursos ineficaces. Este principio ha sido elaborado por la Corte Interamericana, según la cual *"la salvaguarda de la persona frente al ejercicio arbitrario del poder público es el objetivo primordial de la protección internacional de los derechos humanos."* [112]

156. Invocamos las excepciones a la exigencia del previo agotamiento de los recursos internos cuyo fundamento coincide en buena medida con las violaciones a la Convención que hemos denunciado. A este respecto, nos permitimos recordar que la Corte Interamericana de Derechos Humanos ya ha observado que,

---

111 Corte IDH: *Caso Velázquez Rodríguez*; párr. 68.

112 Corte IDH: *Caso Velásquez Rodríguez*; párr. 165. *Caso del Tribunal Constitucional*, párr. 89; *Caso Cinco Pensionistas*, párr. 126.

...la fundamentación de la protección internacional de los derechos humanos radica en la necesidad de salvaguardar a la víctima del ejercicio arbitrario del poder público. **La inexistencia de recursos internos efectivos coloca a la víctima en estado de indefensión y explica la protección internacional.** *Por ello, cuando quien denuncia una violación de los derechos humanos aduce que no existen dichos recursos o que son ilusorios, la puesta en marcha de tal protección puede* **no sólo estar justificada sino ser urgente.** *En esos casos no solamente es aplicable el artículo 37.3 del Reglamento de la Comisión, a propósito de la carga de la prueba, sino que la oportunidad para decidir sobre los recursos internos debe adecuarse a los fines del régimen de protección internacional.*[113] (Énfasis añadidos).

157. En ese contexto, también ha interpretado la Corte Interamericana que:

... para que tal recurso exista, no basta con que esté previsto por la Constitución o la ley o con que sea formalmente admisible, sino que se requiere que sea realmente idóneo para establecer si se ha incurrido en una violación a los derechos humanos y proveer lo necesario para remediarla. **No pueden considerarse efectivos aquellos recursos que, por las condiciones generales del país o incluso por las circunstancias particulares de un caso dado, resulten ilusorios.** *Ello puede ocurrir, por ejemplo, cuando su inutilidad haya quedado demostrada por la práctica,* **porque el Poder Judicial carezca de la independencia necesaria para decidir con imparcialidad** *o porque falten los medios para ejecutar sus decisiones;* **por cualquier otra situación que configure un cuadro de denegación de justicia,** *como sucede cuando se incurre en retardo injustificado en la decisión; o, por cualquier causa, no se permita al presunto lesionado el acceso al recurso judicial.*[114] (Énfasis y subrayados añadidos).

158. Por su parte, esa ilustre Comisión ha dicho que la víctima no dispone de recursos internos en un cuadro de ***"inoperancia del sistema judicial para resolver su situación"***[115], lo cual ocurre, entre otras situaciones, cuando está establecida su corrupción o su *"falta de independencia."*[116] En lo que concierne al caso venezolano, esa ilustre Comisión se ha referido reiteradamente a la falta de independencia del Poder Judicial, y al efecto pernicioso que tiene

---

113 Corte IDH: *Caso Velásquez Rodríguez. Excepciones Preliminares; cit.,* párr. 93.

114 Corte IDH: *Garantías judiciales en estados de emergencia. Opinión Consultiva* OC 9-87 de 6 de octubre de 1987. Serie C. N° 9; párr. 24. Igualmente, *Caso Bámaca González.* Sentencia de 25 de noviembre de 2000. Serie C N° 70; párr. 191.

115 CIDH: Caso *Elvis Gustavo Lovato Rivera.* Informe N° 5/94. Informe Anual de la Comisión Interamericana de Derechos Humanos 1993; *Consideración* N° 5, párrs. f y h. i; pp. 187 y ss.

116 *Ibíd.*

en una administración de justicia independiente la existencia de un más de 80% de jueces provisorios, inclusive todos los jueces que hayan conocido del caso concreto del Dr. Brewer Carías. *(supra, párrs. 42 ss.)*

159. En el presente caso concurren todas las circunstancias descritas en la citada jurisprudencia de la Corte. Las *"condiciones generales del país"* revelan la existencia de un sistema judicial y de un ministerio público carentes ambos de independencia y sujetos a la voluntad política del régimen del Presidente Chávez. No tienen, pues, ni por asomo, *"la independencia necesaria para decidir con imparcialidad."* Asimismo, *"las circunstancias particulares"* del presente caso muestran que los recursos internos, por inútiles e inefectivos *"resultan ilusorios"*, entre otras razones, porque la actuación arbitraria y hostil de fiscales provisorios del Ministerio Público y de los jueces temporales que han conocido de la causa criminal contra el Dr. Brewer Carías configuran *"un cuadro de denegación de justicia."* Todo ello comporta que el sistema judicial venezolano actual es *inoperante* para *resolver la situación* de las graves violaciones al debido proceso de las que es víctima el Dr. Brewer Carías, puesto que es el sistema judicial mismo, con los vicios de que padece, la fuente de las violaciones de los derechos humanos a las que se refiere esta denuncia.

160. Las circunstancias anteriores redundan de manera contundente en la posibilidad real del Dr. Brewer Carías de obtener que la acusación penal dirigida en su contra sea tramitada conforme al debido proceso, lo cual se corresponde con todo lo expuesto en la presente petición como denuncia de masivas violaciones del artículo 8 (párrafos 8 (1); 8 (2); 8 (2) [c] y [f]) de la Convención *(supra, párrs. 30 ss.).* Sin embargo, la futilidad de los recursos internos no se agota allí, pues de ninguna manera cabría esperar respuesta positiva alguna en la jurisdicción doméstica si se tratar de encontrar en ella remedio para las violaciones a los artículos 1.1, 2, 7, 11, 13, 22 24 y 25 de la Convención, que se han denunciado en la presente petición *(supra, párrs. 119 ss.).* Se trata de infracciones indisociablemente conectadas con la violación del derecho al debido proceso de modo que las mismas razones por las cuales no se debe exigir al Dr. Brewer Carías que agote los recursos domésticos para remediar esta última, tampoco cabe hacerle semejante exigencia para obtener protección estatal contra las primeras.

161. En resumen, por la falta de recursos internos eficaces en este caso, y por la presencia de todas tres excepciones convencionales a la necesidad de agotamiento, no hay necesidad de agotar los recursos internos para que este caso sea declarado admisible por la Comisión.

XIII. CONCLUSIÓN

162. La intimidación y acoso a un disidente en Venezuela puede asumir diversas formas. En un sistema judicial debilitado y dependiente, como es el de Venezuela, la utilización del recurso judicial para amedrentar y hostigar a personas como el Dr. Brewer Carías, con autoridad intelectual y académica internacionalmente reconocida dentro del constitucionalismo democrático y con inequívocos antecedentes como crítico de diversas actuaciones inconstitucionales del gobierno y de otras ramas del poder público en el país, no sólo constituye una violación a sus derechos humanos, sino que además contribuye a desvirtuar los procesos judiciales convirtiéndolos en instrumentos políticos para castigar a la disidencia; genera una crisis de confianza en la probidad judicial; y, en general, destruye la atmósfera que debe privar en una sociedad democrática.

163. De los hechos del presente caso surge claramente que el procesamiento del Dr. Allan Brewer Carías no puede explicarse sino como una utilización ilegítima del poder judicial a fin de silenciar y desprestigiar a un reconocido acreditado constitucionalista y hombre público, crítico del gobierno del Presidente Chávez desde su elección en 1998.

164. En el presente caso, la República Bolivariana de Venezuela violó los derechos contenidos en los artículos 1.1, 2, 7, 8 (1); 8 (2); 8 (2) (c) y (f); 11, 13, 22 24 y 25 de la Convención Americana sobre Derechos Humanos en contra del Dr. Brewer Carías y a raíz de esta violación, los peticionarios le solicitan a la Comisión que declare admisible el presente caso y recomiende al Estado que desista en su persecución arbitraria contra el Dr. Brewer Carías y en su afán por destruir su autoridad y vocería como disidente del actual régimen político venezolano.

XIV. PETITORIO

165. Como consecuencia de todo lo anteriormente expuesto, los peticionarios solicitan:

1.   Que se declare el caso admisible y que no hay necesidad de agotar los recursos internos, por ser ineficaces y por la falta de acceso a la justicia, la falta de debido proceso de ley y la demora indebida. Todo esto en el marco de un patrón de utilización del derecho penal en contra de quienes se presenten como personalidades destacadas en el mundo jurídico y del estado de derecho.

2.   Que se declare que la República Bolivariana de Venezuela violó los derechos contenidos en los artículos 7, 8, numerales 1 y 2, y sus párrafos c y f; 11; 13; 22; y 25 de la Convención Americana sobre Derechos Humanos, todas en relación con los artículos 1.1 y 2 de la misma, en perjuicio del Dr. Allan Brewer Carías.

3.   Que se recomiende al Estado venezolano que investigue la violación de los derechos del Dr. Allan Brewer Carías y se determinen las responsabilidades de los perpetradores.

4.   Que se imponga al Estado de Venezuela la obligación de reparar conforme al derecho internacional, que incluye los daños materiales e inmateriales que ha sufrido el Dr. Brewer Carías en virtud de la violación de sus derechos, incluyendo las costas de los abogados que actuaron ante los órganos nacionales y los internacionales. La totalidad de dichas costas será donada para la creación de un fondo que permita llevar casos de violaciones de dere-

chos humanos contra disidentes democráticos en Venezuela y en otros países de América Latina que, como el Dr. Brewer Carías, sean objeto de hostigamiento por parte del sistema de justicia o por otras vías.

5.   Que se declare la nulidad de los procedimientos seguidos en contra del Dr. Brewer Carías y que se deje sin efecto la orden de detención preventiva.[117]

6.   Que "se tomen todas las medidas necesarias para que cese la campaña de persecución, difamación y hostigamiento"[118] en su contra y que, en consecuencia, se proceda a cerrar de inmediato el proceso contra el Dr. Brewer Carías.

7.   Que se realice "un acto de disculpa pública y reconocimiento de responsabilidad internacional."[119]

8.   Que se incorporen y garanticen efectivamente las disposiciones de la Convención Americana sobre debido proceso y protección judicial en el orden interno de Venezuela, con el objeto de asegurar la existencia de un poder judicial independiente e imparcial que dé pleno cumplimiento a las garantías del debido proceso establecidas en dicho tratado.

9.   En caso de que el Estado no cumpliera con las recomendaciones de la Comisión, se solicita que el caso sea enviado a la Corte Interamericana de Derechos Humanos.

XV. PETICIONARIOS

Pedro Nikken   Héctor Faúndez Ledesma

Douglas Cassel   Claudio Grossman

Helio Bicudo   Juan E. Méndez

DATOS DE LOS PETICIONARIOS:

Dr. Pedro Nikken, venezolano, con cédula de identidad número 1.758.988, domiciliado en Torre América, PH-B, Av. Venezuela, Bello Monte, Caracas, Venezuela; Dr. Helio Bicudo, brasilero, documento de identidad número 588644, domiciliado en Rua Araporé 325, Jardim Guedala, São Paulo, SP, Brasil; Dr. Claudio Grossman, chileno, cédula de identidad número 4540211-8, domiciliado en 5011 Warren Street NW, Washington DC, Estados Unidos de América; Dr. Juan E. Méndez, argentino, pasaporte N° 5333694, domiciliado en 612 Clinton Street, Apt. 1F, Hoboken, NJ 07030, Estados Unidos de

---

117   Véase la recomendación de la Comisión en el *Caso Figueredo Planchart vs. Venezuela*, Informe 50/00, caso 11298, 13 de abril de 2000, OEA/Ser.L/V/II.106, Doc. 3, párr. 159, Recomendación VII.1.

118   CIDH, *Caso Gallardo vs. México*, N° 43/96, caso 11.430, 15 de octubre de 1996, párr. 118.

119   Corte IDH: *Caso Vargas Areco vs. Paraguay*; *cit.*; párr. 176.10.

América.; Dr. Douglass Cassel, ciudadano de los Estados Unidos, domiciliado en 4250 North Marine Drive, Apt. 606, Chicago, Illinois, EE.UU.; Dr. Héctor Faúndez Ledesma, 13.285.986, domiciliado en calle B-1, Quinta Palmyra, La Lagunita, El Hatillo, Caracas; actuando en representación del Dr. Allan Randolph Brewer Carías, venezolano, cédula de identidad número 1861982, actualmente residenciado en el número 20, de la calle 68 en la ciudad de Nueva York, Estados Unidos de América, solicitan a la Comisión que declare la presente petición admisible.

SEGUNDA PARTE
ESCRITO DE RESPUESTA A LAS PREGUNTAS FORMULADAS POR LA COMISIÓN INTERAMERICANA DE DERECHOS HUMANOS EN FECHA 24 DE OCTUBRE DE 2007, CONSIGNADO EL 27 DICIEMBRE DE 2007

Excelentísimo Señor
Embajador
Santiago Cantón
Secretario Ejecutivo de la
Comisión Interamericana de Derechos Humanos
Washington
D.C.-

1.   Quien suscribe, **Pedro Nikken**, actuando en mi condición de peticionario en el caso del **Dr. Allan R. Brewer Carías** (en adelante también designado como "la víctima"), que lleva el número **P-84/07** en el registro de esa honorable Comisión Interamericana de Derechos Humanos (en adelante, "honorable Comisión", "Comisión" o "CIDH", indistintamente), ambos debidamente identificados en los archivos de la misma Comisión, respetuosamente acude ante ella con ocasión de dar respuesta a la comunicación s/n que me fuera dirigida por su Secretaría Ejecutiva en fecha 24 de octubre de 2007, requiriendo información sobre cuatro particulares específicos que en dicha comunicación se mencionan.

2.   Antes de pasar a responder lo requerido por esa honorable Comisión, debo precisar que para esta fecha la aludida comunicación aún no ha sido recibida en la dirección que en ella figura como de remisión y que corresponde a la de mi oficina particular, que es la dirección procesal que suministramos en su momento, a todos los efectos del trámite de este caso. Me impuse de su contenido por haber pasado personalmente por las oficinas de la CIDH el pasado viernes 9 de noviembre de 2007, razón por la cual solicité prórroga para remitir la presente respuesta. Dicha prórroga me fue concedida

según comunicación de 27 de noviembre de 2007, por 30 días a partir de esa fecha, la cual expira hoy.

3. Por otra parte, la ocasión de responder a los particulares que se nos han sometido la hemos encontrado propicia para informar a la CIDH sobre algunos hechos posteriores a la introducción de la Petición y que han agravado la situación de la víctima en el presente caso. Asimismo deberemos agregar algunas consideraciones en relación con la admisibilidad del presente caso y sobre el tratamiento que esa honorable Comisión le ha dado hasta el presente.

4. Por lo tanto, el presente escrito estará dividido en tres partes. En la primera parte daremos respuestas concretas, punto por punto, a los particulares a los que se refiere la comunicación de la CIDH de fecha 24 de octubre de 2007. La segunda expondrá ciertas consideraciones de hecho, sobre sucesos acaecidos con posterioridad a la introducción de la petición relativa al caso del Dr. Allan Brewer Carías. La tercera contendrá algunas observaciones de derecho sobre la admisibilidad del caso y sobre el trámite que esa honorable Comisión le ha dado hasta esta fecha.

I. RESPUESTA A LA COMUNICACIÓN DE LA CIDH FECHADA EL 24 DE OCTUBRE DE 2007

A. Primer particular: "estatus del recurso de nulidad interpuesto por los representantes del señor Brewer Carías el 8 de noviembre de 2005."

5. Entendemos que la pregunta de la CIDH se refiere a la solicitud de nulidad de todo lo actuado que fue incluida en el escrito de contestación a la acusación, referido en el párrafo 92 de la Petición y que está incluido en el **Anexo N° 2** a la misma. Esa solicitud de nulidad al que hace referencia la Comisión en la comunicación que respondemos, *no ha sido resuelta*. Debemos sin embargo dejar constancia de que ni la víctima ni sus abogados ciframos expectativas de obtener justicia de ésta ni de ninguna otra instancia interna, mientras no se resuelva la grave situación de falta de independencia y de sometimiento a los lineamientos políticos emanados del poder ejecutivo. Como hemos señalado en la Petición y lo ha verificado la propia CIDH en sus informes, la situación de dependencia del poder judicial en Venezuela es crítica. Más aún cuando se trata de un caso como el presente, en el cual es notorio el interés político de las más altas esferas del gobierno. Peor todavía es la posición de la víctima en el presente caso, en cualquier proceso en curso ante los tribunales venezolanos, toda vez que las diversas ramas del poder público, incluidos el Tribunal Supremo de Justicia y el Fiscal General de la República, han adelantado pronunciamientos que lo condenan, en flagrante violación de la presunción de inocencia. **Todos** los jueces y fiscales que han conocido de la causa han sido funcionarios con nombramientos provisionales y, en los pocos casos en que sus decisiones parecían favorecer a la víctima, fueron sustituidos. Esta circunstancia, unida al lapso transcurrido desde la

fecha de su interposición sin que hasta el momento haya sido resuelto, hace imposible que la mencionada solicitud de nulidad pueda ser eficaz en el caso de nuestro representado.

6. Por lo tanto, la circunstancia de que hayamos solicitado la nulidad de las actuaciones contra el Dr. Brewer Carías en modo alguno significa que nos allanemos a las denuncias que hemos formulado en lo que respecta a la situación del sistema judicial y a la inaceptable conculcación de la presunción de inocencia de la víctima. Es de rigor haber solicitado la anulación de las actuaciones, pero no cabe cifrar esperanza alguna sobre la suerte de esa pretensión mientras perviva la sujeción del poder judicial a las consignas que emanan del ejecutivo.

B. Segundo particular: efectos procesales de la falta de presencia física del señor Brewer Carías en el desarrollo del proceso conforme con la normativa interna venezolana.

7. De conformidad con el artículo 125(12) del Código Orgánico Procesal Penal venezolano, es un derecho del imputado *"[n]o ser juzgado en ausencia, salvo lo dispuesto en la Constitución de la República"*.

8. Esta disposición aparece por primera vez en el Código Orgánico Procesal Penal (en adelante "COPP") al momento de su publicación en la Gaceta Oficial de Venezuela N° 5.208 Extraordinario de fecha 23-01-1998. En esa oportunidad la norma estaba contenida en el artículo 122.12, pero con motivo de la reforma de fecha 12 de noviembre de 2001 pasó a constituir el artículo 125.12, manteniéndose igual en las subsiguientes reformas del 14 de noviembre de 2001 y 4 de octubre del 2006.

9. La frase *"salvo lo dispuesto en la Constitución de la República"* contenida en el artículo citado tiene sentido cuando se le ubica en el contexto de la fecha de promulgación del Código Orgánico Procesal Penal, pues en el año 1998 todavía estaba vigente la Constitución de la República de Venezuela de 1961 y ésta establecía en su artículo 60.5 que *"Los reos de delito contra la cosa pública podrán ser juzgados en ausencia, con las garantías y en la forma que determine la ley"*.

10. Por esta razón, al ratificar la Convención Americana sobre Derechos Humanos (en adelante "la Convención"), Venezuela formuló la reserva correspondiente porque *"[e]sta posibilidad no está vista (sic) en el artículo 8, ordinal 1, de la Convención."*

11. Esta excepción, que permitía el enjuiciamiento en ausencia en delitos contra la cosa pública, fue eliminada en la Constitución de la República Bolivariana de Venezuela de 1999 y por ello ya no tiene ninguna relevancia la frase *"salvo lo dispuesto en la Constitución de la República"* contenida en el transcrito artículo 125.12 del Código Orgánico Procesal Penal.

12. Por lo tanto, de acuerdo con la vigente Constitución, con el COPP y también según el artículo 8(1) de la Convención, en Venezuela está prohibido el juicio en ausencia del imputado, entendido esto como que toda persona

tiene derecho a ser oída en cualquier clase de proceso, con las debidas garantías y dentro del plazo razonable determinado legalmente por un tribunal competente, independiente e imparcial establecido con anterioridad, tal como lo
dispone el artículo 49(3) de la Constitución.

13. Ahora bien, es claro, y así lo reconoce explícitamente el COPP, que
la prohibición de juicio en ausencia es un *derecho del imputado*, con respecto
al cual el orden jurídico interno se ha adecuado plenamente a la Convención.
Por lo tanto, las dos disposiciones (legal y constitucional) constituyen *una
garantía procesal que debe ser entendida siempre a favor del imputado o
acusado y nunca en su contra*.

14. Por ello, nunca podrá utilizarse la garantía procesal de prohibición
de enjuiciamiento en ausencia, para perjudicar al imputado o acusado, a quien
asisten, además, otras garantías de igual relevancia como la prevista en el
artículo 49(1) de la Constitución vigente según el cual *"[l]a defensa y la asistencia jurídica son derechos inviolables en todo estado y grado de la investigación y del proceso"*; y la prevista en el 26, de la misma Constitución, que
establece:

> *Toda persona tiene derecho de acceso a los órganos de administra-
> ción de justicia para hacer valer sus derechos e intereses, incluso los co-
> lectivos o difusos, a la tutela efectiva de los mismos y a obtener con
> prontitud la decisión correspondiente. El Estado garantizará una justi-
> cia gratuita, accesible, imparcial, idónea, transparente, autónoma, inde-
> pendiente, responsable, equitativa y expedita, sin dilaciones indebidas,
> sin formalismos o reposiciones inútiles.*

15. Los anteriores derechos enunciados en la Constitución venezolana
se corresponden con lo previsto en el artículo 8(2)(d) de la Convención, en
cuyos términos se garantiza el *"derecho del inculpado de defenderse personalmente o de ser asistido por un defensor de su elección"*; así como con lo
dispuesto por el artículo 8(1) de la misma Convención, que establece:

> *Toda persona tiene derecho a ser oída, con las debidas garantías y
> dentro de un plazo razonable, por un juez o tribunal competente, inde-
> pendiente e imparcial, establecido con anterioridad por la ley, en la sus-
> tanciación de cualquier acusación penal formulada contra ella, o para
> la determinación de sus derechos y obligaciones de orden civil, laboral,
> fiscal o de cualquier otro carácter.*

16. En ese contexto, los actos procesales que no se pueden realizar sin
la presencia del señor Brewer Carías son aquellos que impliquen su juzgamiento, entre los cuales se encuentran la audiencia preliminar y el juicio oral
y público. Esto no obsta a que sí puedan cumplirse otras numerosas actuaciones judiciales que no implican su juzgamiento en ausencia. En particular, no
impide que se pueda resolver la solicitud de nulidad de todo lo actuado, propuesta hace dos años.

17. Para determinar cuáles son los actos procesales que no pueden realizarse en ausencia del reo es útil tener presentes las disposiciones de los artículos 327 y siguientes del Código Orgánico Procesal Penal:

Artículo 327. Audiencia preliminar. Presentada la acusación el juez convocará a las partes a una audiencia oral, que deberá realizarse dentro de un plazo no menor de diez días ni mayor de veinte.

La víctima podrá, dentro del plazo de cinco días, contados desde la notificación de la convocatoria, adherir a la acusación del fiscal o presentar una acusación particular propia cumpliendo con los requisitos del artículo 326.

La admisión de la acusación particular propia de la víctima al término de la audiencia preliminar, le conferirá la cualidad de parte querellante en caso de no ostentarla con anterioridad por no haberse querellado previamente durante la fase preparatoria. De haberlo hecho, no podrá interponer acusación particular propia si la querella hubiere sido declarada desistida.

Artículo 328. Facultades y cargas de las partes. Hasta cinco días antes del vencimiento del plazo fijado para la celebración de la audiencia preliminar, el fiscal, la víctima, siempre que se haya querellado o haya presentado una acusación particular propia, y el imputado, podrán realizar por escrito los actos siguientes:

1. *Oponer las excepciones previstas en este Código, cuando no hayan sido planteadas con anterioridad o se funden en hechos nuevos;*

2. *Pedir la imposición o revocación de una medida cautelar;*

3. *Solicitar la aplicación del procedimiento por admisión de los hechos;*

4. *Proponer acuerdos reparatorios;*

5. *Solicitar la suspensión condicional del proceso;*

6. *Proponer las pruebas que podrían ser objeto de estipulación entre las partes;*

7. *Promover las pruebas que producirán en el juicio oral, con indicación de su pertinencia y necesidad;*

8. *Ofrecer nuevas pruebas de las cuales hayan tenido conocimiento con posterioridad a la presentación de la acusación fiscal.*

Artículo 329. Desarrollo de la Audiencia. El día señalado se realizará la audiencia en la cual las partes expondrán brevemente los fundamentos de sus peticiones.

Durante la audiencia el imputado podrá solicitar que se le reciba su declaración, la cual será rendida con las formalidades previstas en este Código.

El juez informará a las partes sobre las medidas alternativas a la prosecución del proceso.

En ningún caso se permitirá que en la audiencia preliminar se planteen cuestiones que son propias del juicio oral y público.

Artículo 330. Decisión. *Finalizada la audiencia el juez resolverá, en presencia de las partes, sobre las cuestiones siguientes, según corresponda:*

1. *En caso de existir un defecto de forma en la acusación del fiscal o del querellante, estos podrán subsanarlo de inmediato o en la misma audiencia, pudiendo solicitar que ésta se suspenda, en caso necesario, para continuarla dentro del menor lapso posible;*

2. *Admitir, total o parcialmente, la acusación del Ministerio Público o del querellante y ordenar la apertura a juicio, pudiendo el Juez atribuirle a los hechos una calificación jurídica provisional distinta a la de la acusación fiscal o de la víctima;*

3. *Dictar el sobreseimiento, si considera que concurren algunas de las causales establecidas en la ley;*

4. *Resolver las excepciones opuestas;*

5. *Decidir acerca de medidas cautelares;*

6. *Sentenciar conforme al procedimiento por admisión de los hechos;*

7. *Aprobar los acuerdos reparatorios;*

8. *Acordar la suspensión condicional del proceso;*

9. *Decidir sobre la legalidad, licitud, pertinencia y necesidad de la prueba ofrecida para el juicio oral.*

18.   Como se observa de la transcripción anterior, los puntos que se pueden tratar y decidir en la audiencia preliminar son exclusivamente los siguientes: 1) Defectos de forma de la acusación; 2) Admisión o no de la acusación; 3) Dictar sobreseimiento; 4) Resolver las excepciones opuestas; 5) Decidir sobre medidas cautelares; 6) Sentenciar en caso de admisión de los hechos; 7) Aprobar acuerdos reparatorios; 8) Decidir sobre la suspensión condicional del proceso; y, 9) Admitir o no las pruebas promovidas.

19.   Son exclusivamente los anteriores puntos los que se deben resolver en la audiencia preliminar, en la cual es imprescindible la presencia del acusado. Cualquier otro asunto distinto planteado por el acusado o sus abogados para proveer a su defensa, como lo es una solicitud de nulidad por violación de garantías constitucionales y legales, debe ser resuelto por el Tribunal sin necesidad de celebrar dicha audiencia y, por lo tanto, sin que para ello se requiera la presencia física del imputado.

20.   En cambio, la audiencia preliminar no puede realizarse en ausencia del imputado, por ser un acto de juzgamiento. El juicio oral no puede prose-

guir en ausencia del acusado, porque así lo prescriben disposiciones expresas relativas al ejercicio de sus garantías procesales, pautadas en el COPP, la Constitución de la República Bolivariana de Venezuela y la Convención.

21. Me permito recordar ante esa honorable Comisión las circunstancias en las que el Dr. Brewer-Carías se ausentó de Venezuela y, más tarde, debió tomar la decisión de permanecer en esa situación. Salió de Venezuela el 28 de septiembre de 2005, fecha en la cual también envió una carta al Fiscal General de la República (**Anexo 22 de la Petición**) en la cual le denunció que con motivo de la publicación de su libro "Abril comienza en Octubre", él, en su condición de jefe del ministerio público, lo condenaba de antemano, en violación del derecho a la defensa, a la presunción de inocencia y, en suma, al debido proceso. En fecha 26 de octubre de 2005, los defensores del Dr. Brewer Carías solicitaron ante el Juez provisorio de control, con base en el artículo 125.8 del COPP, que se garantizara su derecho a ser juzgado en libertad y se declarara por anticipado la improcedencia de su privación de libertad durante el juicio, sobre lo cual el juez provisorio nunca se pronunció (**Anexo 49 de la Petición**). Más tarde, el 10 de mayo de 2006, los abogados del Dr. Brewer Carías informaron al Juez provisorio de Control que su defendido, después de haber permanecido en Venezuela durante toda la fase de investigación, en ejercicio legítimo de su actividad académica, aceptó la designación que se le ha hecho de Profesor Adjunto en la Facultad de Derecho de la Universidad de Columbia, en Nueva York (USA) y pidieron que continuara el juicio para no perjudicar a los otros procesados (**Anexo 50 de la Petición**). La reacción inmediata de la Fiscal provisoria Sexta, Sra. Luisa Ortega Díaz (designada hace pocos días como Fiscal General de la República), fue la de solicitar, el 2 de junio de 2006 (**Anexo 51 de la Petición**) que dicho Juzgado dictase una medida privativa de libertad contra Brewer, "por peligro de fuga", aún cuando sabía que estaba fuera de Venezuela, a lo que de inmediato accedió el Juez provisorio de Control, quien ordenó en fecha 15 de junio de 2006 la privación de libertad y la captura (**Anexo 52 de la Petición**), la cual no ha sido ejecutada porque el Dr. Brewer Carías permanece en la ciudad de Nueva York.

22. El Dr. Brewer Carías adoptó la justa y legítima determinación de permanecer fuera de Venezuela, al abrigo de la inminente amenaza de privación ilegítima de su libertad por parte de autoridades que han actuado de manera sistemática al margen de reglas fundamentales del debido proceso, tal como hemos denunciado con los detalles y pruebas del caso en la Petición. Se trata de una medida de autoprotección, que constituye un notorio recurso al que tienen derecho a optar las víctimas de persecuciones de carácter político como la que se ha emprendido contra el Dr. Brewer Carías. Su situación presente fue la que señalamos en la Petición: *no podrá regresar a Venezuela sino para ser encarcelado*, en un contexto dentro del cual, a la arbitrariedad y la conculcación de derechos fundamentales que comportaría su efectiva privación de libertad, de concretarse la amenaza existente al respecto, se uniría el riesgo de una reclusión en el sistema carcelario venezolano, notoriamente inhumano y despiadado para con los reclusos, como lo han podido verificar la

CIDH así como la Corte Interamericana de Derechos Humanos (en adelante "la Corte") en casos y medidas provisionales que han sido sometidos a su jurisdicción.

23.   Permanecer fuera del país y del alcance de sus perseguidores representa el ejercicio legítimo de un derecho. El Dr. Brewer Carías, hallándose en estado de completa indefensión, era en definitiva la única persona que podía velar por su propia seguridad y libertad personal, alejándose del territorio de Venezuela e impidiéndole estar presente en el juicio que se sigue en su contra. No tendrá objeción ni reparo en hacer frente a las absurdas acusaciones que se han hecho en su contra, el día en que sea razonable esperar que los tribunales venezolanos tengan la independencia necesaria para garantizar el debido proceso; pero sería absurdo que, en las circunstancias actuales, que son precisamente las que nos han llevado a elevar su caso a esa honorable Comisión, se le imponga un agudo agravamiento de la violación de sus derechos humanos que ya padece, para someterse a los dictados de una justicia que actúa bajo la presión de un gobierno arbitrario y a la privación de su libertad en condiciones que pondrían en peligro no sólo su libertad, sino su integridad personal y su vida misma.

24.   Por lo demás, como se explicará en seguida, la circunstancia de que el juicio contra el Dr. Brewer Carías deba suspenderse a causa de su ausencia, no comporta en modo alguno sus suspensión con respecto a los otros acusados en la misma causa, en conexión con los hechos que arbitrariamente se imputan a la víctima, y menos aún justifica la notoria demora que dicho proceso ha sufrido.

C.   **Tercer particular: resultados de la audiencia preliminar. En caso de no haberse realizado, tengan a bien indicar las razones por las cuales habría sido aplazada.**

25.   La audiencia preliminar, que debió haber tenido lugar entre diez y veinte días después de haberse presentado la acusación el día 21 de octubre de 2005,[1] todavía no se ha realizado para esta fecha. Esto constituye un retardo de más de dos años en el trámite del juicio que se sigue, no sólo contra el Dr. Brewer Carías, sino contra otras figuras de la oposición democrática como la Dra. Cecilia Sosa, ex Presidenta de la antigua Corte Suprema de Justicia, también acusada por el mismo delito.

26.   La justificación del retraso esbozada por el Juzgado 25 de Control, a cargo de la causa, ha estado referida a recursos intentados por otros procesados, cuyo trámite habría redundado en demoras para la continuación del juicio. A todo evento, dicho Juzgado ha dejado **explícitamente claro que tales demoras no tienen que ver ni encuentran su origen en la incomparecencia del Dr. Brewer Carías.** En efecto, en decisión de fecha 20 de julio de

---

1   Código Orgánico Procesal Penal, art. 327.

2007 (**Anexo 55**[2]), mediante la cual se resolvió una solicitud de otro acusado, el aludido Juzgado 25 de Control se refirió al tema, en los términos siguientes:

> *En este sentido, en el caso de marras, el acto de la Audiencia Preliminar **no ha sido diferido por incomparecencia del ciudadano Alan (sic) R. Bruwer (sic) Carías**, al contrario los diversos diferimientos que cursan en las actas del presente expediente han sido en virtud de las numerosas solicitudes interpuestas por los distintos defensores de los imputados*
>
> *(...)*
>
> *(...) De lo antes narrado se observa que en el caso de marras el Juez de Control **Decretó Medida Privativa de Libertad** en contra del imputado ALAN (sic) R. BREWER CARÍAS, como se ha dicho anteriormente y en consecuencia procedió a convocar a la audiencia preliminar de conformidad con lo dispuesto en el artículo 327 del Código Orgánico Procesal Penal. Los diversos diferimientos de la señalada audiencia **no han sido por la ausencia contumaz del imputado antes mencionado**, por el contrario, han sido producto de las innumerables solicitudes de diferimientos por (sic) la propia defensa.*
>
> *En ese orden de ideas, el auto impugnado no niega el requerimiento solicitado por los recurrentes, solo indica el momento procesal en el cual el tribunal resolverá el mismo, por cuanto el presente proceso se encuentra en fase intermedia o preliminar sin causar ningún gravamen irreparable al imputado. Siendo diferida en las últimas cinco oportunidades en las siguientes fechas 07/11/06 vista la incomparecencia de los abogados defensores del imputado Guaicaipuro Lameda y visto asimismo la solicitud de diferimiento por los ciudadanos defensores privados de la ciudadana Cecilia Sosa Gómez hasta tanto la Sala 10 de la Corte de Apelaciones dicte decisión en cuanto al recurso de apelación interpuesto en fecha 08/08/2006, 13/12/06 solicitud de diferimiento de los Defensores Privados de la Ciudadana Cecilia Sosa Gómez hasta tanto no (sic) se pronuncie la Sala 10 de la Corte de Apelaciones, 23/01/07 Solicitud de Diferimiento de los Defensores Privados de la Ciudadana Cecilia Sosa Gómez hasta tanto no (sic) se pronuncie la Sala 10 de la Corte de Apelaciones, 23/02/07 diferimiento en virtud a la solicitud de fecha 22/02/07 interpuesta por los ciudadanos Defensores Privados de la Ciudadana Cecilia Sosa Gómez hasta tanto se resuelva la acumulación de los expedientes signados con los números 2J-369-05 y 1183-02, 26/03/07 solicitud realizada por los Defensores Privados de la Ciudadana Cecilia Sosa Gómez hasta tanto haya pronunciamiento en cuanto al Conflicto de No Conocer, y en relación al recurso de apelación inter-*

---

2   Para evitar confusiones, continuamos la numeración serial de anexos de la Petición, cuyo último anexo tiene el N° 54.

*puesto el día 21 de marzo de 2007, causales no imputables a este Despacho ni del ciudadano JOSÉ GREGORIO VÁSQUEZ L. (**Anexo 55**. Subrayados y resaltados añadidos).*

27.   En oportunidades posteriores ha sido diferida de nuevo la audiencia preliminar por razones similares a las mencionadas en la decisión anterior.

D.   Cuarto Particular: Piezas del expediente a las cuales Los Representantes Del Señor Brewer Carías No Han Tenido Acceso Y Razones Que Motivan La Falta De Acceso.

28.   La negativa de acceso a ciertos componentes relevantes para la imputación y posterior acusación contra el Dr. Brewer Carías tuvo lugar en la fase de investigación a cargo del ministerio público en la persona de la Fiscal provisoria Sexta Luisa Ortega Díaz (quien desde el 20 de diciembre de 2007 ejerce el cargo de Fiscal General de la República), tal como se ha explicado en los párrafos 116 a 121 de la Petición. A los cuales nos reemitimos. En la actualidad el expediente se encuentra ante el Tribunal 25 de Control y todas las partes pueden tener acceso a él. Sin embargo, la denegación de acceso que tuvo lugar en la fase precedente, que estuvo a cargo de quien hoy es jefe del ministerio público, ya causó un **gravamen irreparable** al Dr. Brewer Carías en la etapa de investigación al no poder verificar él o sus defensores a la mayoría de los videos contentivos de supuestas filmaciones que fueron utilizados por el ministerio público para imputarlo. Peor aún, como se expresó en la Petición, la escueta revisión que el Dr. Brewer Carías pudo hacer de algunos de los videos, encontró que los textos que transcribió la Fiscal provisoria Sexta, hoy Fiscal general de la República, en el acta de imputación, de supuestas entrevistas hechas a periodistas, eran falsos y no se correspondían con lo que en las cintas se puede ver y oír; es decir, los textos transcritos en el acta de imputación fiscal presentada por quien es hoy Fiscal General de la República, no son ciertos, sino que expresan contenidos distintos a los registros magnéticos en términos arteramente dirigidos a dar sustento a la acusación con base en datos falsos. Por lo demás, los defensores del Dr. Brewer Carías nunca pudieron analizar debidamente esos videos, por no permitirlo así la Fiscal Ortega Díaz, hoy Fiscal General de la República.

29.   El gravamen resulta irreparable[3] porque se le impidió defenderse contra esos supuestos elementos probatorios en la fase de investigación y se imposibilitó de esa manera obtener un acto conclusivo de investigación distinto de la acusación fiscal, es decir, que pusiera fin al proceso en dicha fase sin tener que someterse al vejamen y escarnio que significa un juicio oral y público, lo que es denominado en doctrina como "pena de banquillo".

30.   De igual manera, la Fiscal Ortega Díaz le negó la oportunidad de asistir a los interrogatorios de testigos llevados a cabo en la sede del ministe-

---

3   O sólo reparable decretando la nulidad de lo actuado en contravención a las garantías constitucionales.

rio público, impidiendo su derecho a repreguntar para invalidar testimonios usados en su contra, lo cual hubiera dado lugar a un acto conclusivo distinto de la acusación fiscal. También le negó diversas solicitudes para la citación de personas claves que podían testificar a favor del Dr. Brewer Carías.

II. EL AGRAVAMIENTO DE LAS VIOLACIONES A LOS DERE-CHOS HUMANOS Y DE LA SITUACIÓN DE LA VÍCTIMA.

31. **El primer grupo de hechos nuevos que agravan la condición del Dr. Brewer Carías como víctima en este caso se relaciona con la PERSECUCIÓN POLICIAL INTERNACIONAL QUE PRETENDE INSTAURAR EL ESTADO EN SU CONTRA.** En efecto, en los párrafos 82 y 83 de la Petición se dio cuenta del hostigamiento de los embajadores de Venezuela en la República Dominicana y en Costa Rica contra el Dr. Brewer Carías. En el caso de la República Dominicana, ese acoso se configuró por la iniciativa del General Francisco Belisario Landis quien era y continua siendo Embajador de Venezuela ante la República Dominicana (previamente fue director de un cuerpo policial venezolano). Enterado de que el Dr. Brewer Carías dictaría una conferencia en el Senado de ese país en fecha 12 de julio de 2006, por invitación oficial de altas autoridades de la misma República Dominicana, envió una comunicación al Coronel Horacio Veras Cabrera, Director de la INTERPOL, Policía Nacional, de la República Dominicana, en fecha 11 de julio de 2006 informándole de las acciones iniciadas por la Dirección de INTERPOL, Venezuela, a los efectos de pretender darle un ámbito internacional a la orden de detención judicial preventiva dictada contra el Dr. Brewer por el Tribunal Penal de Caracas, según se evidencia de los documentos que conforman el **Anexo Nº 23 de la Petición.**

32. El Dr. Brewer Carías tuvo planeado asistir a eventos académicos a los que fue invitado en España y en Perú. No obstante, antes de viajar, advirtió a los respectivos profesores que lo invitaron sobre los antecedentes referidos. En ambos casos se verificó que existía una nota informativa de la solicitud de orden de captura internacional originada en la Oficina Central Nacional (OCN) de INTERPOL en Caracas. Prudentemente el Dr. Brewer Carías decidió cancelar su comparecencia a estos eventos.

33. Más tarde, tuvimos noticia de que en la misma fecha en la que el Dr. Brewer Carías dictó su conferencia en Santo Domingo, es decir, 12 de julio de 2007, las autoridades venezolanas solicitaron directamente a INTERPOL, cuya Secretaría General se encuentra en Lyon, Francia, la aprehensión internacional del profesor Brewer Carías. Esta solicitud contraviene el artículo 3 del Estatuto de INTERPOL, que prohíbe a la Organización *"toda actividad o intervención en asuntos de carácter político, militar, religioso o racial"*. El delito imputado al Dr. Brewer Carías es un típico delito político puro,[4] por lo

---

4 El tema de los delitos de naturaleza política se plantea con frecuencia en materia de extradición, asilo y refugio. En el ámbito interamericano, por ejemplo, el artículo IV de la Convención sobre Asilo Territorial (de 1954) establece, que *"la extradición no*

cual el requerimiento de captura a la INTERPOL era y es manifiestamente inconducente y abusivo.

34.   Sólo tuvimos noticia formal de este requerimiento en agosto de 2007, pues fue sólo entonces cuando se incorporó al expediente la nota Ref. OLA/34990-3/STA/36-E/EM/sm, de 27 de julio de 2007, dirigida por la Secretaría General y la Oficina de Asuntos Jurídicos de INTERPOL en Lyon al Juzgado Vigésimo Quinto de Primera Instancia en función de Control del Circuito Judicial Penal del Área Metropolitana de Caracas (**Anexo N° 56**). En dicha comunicación, INTERPOL expresa que *prima facie*, el delito imputado al Dr. Brewer Carías entra en la categoría de "delitos políticos puros", y se indica además que, aunque en el mensaje de difusión se hace referencia a una conspiración con uso de violencia, no se menciona ningún hecho constitutivo de infracción penal de derecho común. INTERPOL igualmente expresa que, en razón de lo anterior, sometió a estudio jurídico el requerimiento venezolano de julio de 2006 y procedió a solicitar información complementaria a las autoridades judiciales venezolanas competentes, la cual *"[a] pesar de los varios recordatorios enviados, hasta ahora no se ha recibido ninguna información que satisfaga los requisitos estipulados por el RTI"* (Reglamento sobre el Tratamiento de Información).

35.   La referida comunicación de INTERPOL informa que, en virtud de lo anterior, en aplicación del artículo 10.1(d) del RTI, "la Secretaría General consideró que en tanto se daba respuesta a la consulta, (…) era necesario adoptar medidas cautelares (…). Por ello, decidió insertar una advertencia en la información relativa al Sr. BREWER CARIAS, visible para todos los Miembros que la consultaran, que indicara que ésta estaba siendo objeto de un examen jurídico."

36.   También se dio cuenta en esa comunicación del trámite de la queja presentada por el Dr. Brewer Carías ante la Comisión de Control de INTERPOL, habida cuenta del acoso del que es objeto por el Estado utilizando indebidamente la INTERPOL. La Comisión de Control, al no haber recibido las aclaraciones solicitadas, recomendó que la información difundida sobre el Dr.

---

es procedente cuando se trate de personas que, con arreglo a la calificación del Estado requerido, sean perseguidas por delitos políticos o por delitos comunes cometidos con fines políticos, ni cuando la extradición se solicita obedeciendo a móviles predominantemente políticos". El problema fundamental, con relación a la aplicación de este principio, radica en determinar lo que ha de entenderse por delito político. Al respecto la doctrina distingue entre los **delitos políticos puros** que constituyen u*na ofensa o un atentado, por si mismos, contra la forma de organización política del Estado, o contra el orden constitucional o, en general contra los fines políticos del Estado*, que sería evidentemente el caso del delito arbitrariamente imputado al Dr. Brewer Carías; los **delitos políticos relativos**, que serian delitos comunes cometidos con un fin político; y los **delitos conexos con los delitos políticos** que son delitos comunes cometidos en el curso de delitos políticos y vinculados, por tanto, circunstancialmente con éstos. *Cfr.* ARTEAGA SÁNCHEZ, A.: *Derecho Penal Venezolano*, Octava Edición, McGraw-Hill 1997; págs. 63-64.

Brewer Carías por INTERPOL-Caracas *fuera retirada de la base de datos de INTERPOL*. La Secretaría General, se informó, en tales circunstancias *"está obligada a bloquear la información relativa al Sr. BREWER CARIAS."*

37. Sin embargo, como la oficina de Caracas pidió que se prorrogara la fase consultiva, la Secretaría General de INTERPOL decidió *"solicita(r) respetuosamente al Tribunal de Primera Instancia en Función de Control del Circuito Judicial del Área Metropolitana de Caracas que, a través de la OCN de Caracas, le facilite la información que demuestre el carácter de delito de derecho común del caso, en el sentido en que tal concepto se entiende en el estatuto y la normativa de INTERPOL."* (Subrayado añadido). Advirtió asimismo que, de no recibir la información solicitada en el plazo de un mes, la Secretaría General *"estará obligada a destruir toda la información relativa al Sr. BREWER CARIAS."*

38. Ello no obstante, la misma comunicación declara que ella *"no resta validez a la orden de detención expedida conforme a la legislación venezolana ni impide que las autoridades venezolanas traten de obtener la cooperación internacional por otras vías distintas a INTERPOL."*

39. El plazo de un mes transcurrió sin que se produjera respuesta alguna por parte del tribunal requerido, de modo que debería presumirse que la información relativa al Dr. Brewer Carías ha sido destruida por INTERPOL, conforme a lo anunciado.

40. Ello no obstante, el 17 de septiembre de 2007, es decir, vencido el lapso determinado por INTERPOL, el referido Juzgado produjo una decisión insólita, denominada por él como *"Aclaratoria"* (**Anexo N° 57**), en la cual se consigna información falsa y hasta pretende cambiarse de oficio la calificación del delito a fin de justificar la persecución internacional del Dr. Brewer Carías, todo lo cual redunda en nuevas violaciones al debido proceso y en la agudización de la indefensión con la que arbitrariamente se castiga a la víctima en el presente caso.

41. En efecto, la referida *"Aclaratoria"* judicial ratifica, en primer término, que al Dr. Brewer Carías se le acusa de haber cometido el delito tipificado en el artículo 143, numeral 2, del Código Penal, es decir el delito de rebelión, bajo la modalidad de conspiración para cambiar violentamente la Constitución. A renglón seguido se afirma sin más argumentación que *"en la presente causa no puede atribuírsele los hechos imputados* (sic) *al ciudadano ALAN BREWER CARIAS, el carácter de Delito Político, pues se perdería el sentido de este compromiso internacional."* Nada se arguye sobre la naturaleza de "delito político puro" que tiene el que se imputa al Dr. Brewer Carías. Esta respuesta en sí misma dista de llenar el requerimiento de INTERPOL de *"la información que **demuestre el carácter de delito de derecho común** del caso"*.

42. El Tribunal requerido, no obstante, se atrevió a más. Faltando a todo sentido de responsabilidad institucional y con el único ánimo explicable de inventar argumentos para paralizar la decisión de INTERPOL de *"destruir*

toda la información relativa al Sr. BREWER CARIAS", la *Aclaratoria* se atreve a sugerir que el Dr. Brewer Carías ¡estuvo envuelto en un complot para asesinar al Presidente de la República! Esta absurda e inverosímil conclusión es la que se deduce del siguiente párrafo de la *Aclaratoria*:

> *[...] contra el Presidente de la República Bolivariana de Venezuela, ciudadano Hugo Chávez Frías, **al parecer**, según los elementos de convicción transcritos, se cometió un atentado frustrado, cuya autoría intelectual orientan (sic) al ciudadano imputado ALAN BREWER CARIAS, quedando desvirtuada, como antes se indicó, la naturaleza del delito político de los hechos aquí reproducidos.* (Resaltado y subrayado añadidos).

43.   Semejante afirmación representa, en primer término, una prueba adicional de la arbitraria determinación del gobierno venezolano de mantener a toda costa su persecución internacional contra el Dr. Brewer Carías. Al no encontrar cómo demostrar que la rebelión no es un delito político, irresponsablemente arroja sobre la víctima en este caso la insinuación de que es un asesino y que "al parecer" es el autor intelectual de un atentado frustrado contra el Presidente de la República. Llegar hasta este extremo para acosar policialmente a un profesor universitario de intachable trayectoria, para tratar de hacerlo preso en cualquier parte del mundo, es una ignominia que debería hablar por sí sola.

44.   Al margen del requerimiento de INTERPOL y del trámite de su respuesta, semejante aseveración en una decisión judicial de naturaleza incierta (¿qué cosa es procesalmente esta *Aclaratoria*?), ella porta en sí una notoria agravación de las violaciones de las garantías judiciales de las que es acreedor el Dr. Brewer Carías. En efecto, si semejante *Aclaratoria* pretende ser más que una arbitraria maniobra para enervar la decisión de INTERPOL de no prestarse a la persecución política contra el Dr. Brewer Carías, ella contendría gravísimas violaciones al debido proceso, que podrían acarrear infaustas consecuencias para la libertad, la seguridad y la honra de la víctima en este caso.

45.   En efecto, sin ánimo de agotar este tema en este escrito y reservando siempre el derecho de ampliar el enunciado que sigue si las circunstancias lo ameritan, la *Aclaratoria* de marras incurre, por lo menos, en los siguientes agravios al debido proceso garantizado por el artículo 8 de la Convención:

1)   Hace referencia a unos supuestos "elementos de convicción transcritos" que en ninguna parte de la *Aclaratoria* se ha transcrito o mencionado, ni para demostrar el supuesto delito de magnicidio frustrado, ni para señalar como autor al Dr. Brewer Carías; y que además no existen en pieza alguna del expediente ni en la acusación fiscal.

2)   Altera **los hechos** que supuestamente fundaron la ya de por sí arbitraria acusación, pues ésta se basa en una supuesta "conspiración para cambiar violentamente la Constitución" y la *Aclaratoria* se refirió a un supuesto e inexistente "atentado frustrado" contra el Presidente de la República.

3)   Se atreve a señalar que esos hechos fantasmas "al parecer" orientan hacia la autoría intelectual del Dr. Brewer Carías.

4)   Cambia de un plumazo la calificación jurídica del delito, que de rebelión o conspiración para cambiar violentamente la Constitución pasa a ser ¡magnicidio frustrado!

5)   Entre los *"Fundamentos de Hecho" de la Aclaratoria, se incluye "que no está prescrita la acción penal para perseguir el delito **por el cual se realizó la presente solicitud de extradición**"* (resaltado añadido). Esto es inexplicable puesto que no hay "solicitud de extradición" alguna relacionada con el Dr. Brewer Carías. Un nuevo supuesto falso e inexistente para distorsionar el caso frente a INTERPOL.

6)   Emite semejantes pronunciamientos en una *Aclaratoria*, que es un acto para el cual no tiene atribuida competencia y que fue dictada, además, en ausencia de todo procedimiento.

46.   Todo esto se traduce en afirmaciones aventuradas y arbitrarias, que infringen una vez más, en términos gravísimos, el derecho a la defensa, la presunción de inocencia y prácticamente todas las garantías judiciales contenidas en el artículo 8.1 y 8.2 (a-f) de la Convención. Debemos creer que esta aventurada y absurda *Aclaratoria* sólo persigue crear confusión para prorrogar la acción emprendida a través de INTERPOL para hostigar y perseguir al Dr. Brewer Carías aun fuera de la jurisdicción venezolana. Pero ello no resta gravedad al asunto, como no escapará a esa honorable Comisión. En todo caso, pone aún en mayor evidencia que las actuaciones judiciales contra el Dr. Brewer Carías son un mero instrumento para perseguirlo y atentar contra su libertad, su seguridad y su integridad mediante lo que ya hemos calificado como una violación masiva de sus garantías judiciales.

47.   Los abogados del Dr. Brewer Carías apelaron y solicitaron que se anulara la llamada *Aclaratoria*. La apelación fue desestimada por decisión de la Sala 8 de la Corte de Apelaciones del Circuito Judicial Penal del Área Metropolitana de Caracas, de 29 de octubre de 2007 (**Anexo Nº 58**).

48.   El cuadro de hostigamiento contra el Dr. Brewer Carías no ha cesado. La nota referida de INTERPOL al Tribunal de Control debería conducir a la conclusión de que, en ausencia de respuesta satisfactoria y oportuna, la información sobre el Dr. Brewer Carías transmitida a esa Organización por las autoridades venezolanas, debería haber sido destruida. Sin embargo, hasta esta fecha no hemos recibido comunicación alguna al respecto, a pesar de haber introducido una queja formal al respecto ante la misma INTERPOL. Además, tenemos noticia fidedigna de que la nota referida a la solicitud de captura en varios países, incluidos Perú y España, no ha perdido vigencia.

49.   Por otra parte, incluso si INTERPOL, de acuerdo con su Estatuto y su normativa hubiera dispuesto finalmente la destrucción de la información concerniente al Dr. Brewer Carías, los antecedentes señalados nos hacen presumir que el gobierno venezolano se valdrá de la acotación contenida en la comunicación de INTERPOL, según la cual su decisión *"[no] impide que las*

autoridades venezolanas traten de obtener la cooperación internacional por otras vías distintas a INTERPOL. " Todo hace presumir que el gobierno no cejará en su empeño de perseguir y encarcelar al Dr. Brewer Carías a cualquier precio.

50. Como consecuencia de esta situación el Dr. Brewer Carías se ha visto compelido a mantenerse en su domicilio, para evitar las asechanzas del gobierno venezolano. Esto agrega nuevos elementos agravantes sobre las violaciones a los derechos a la seguridad y a la libertad de circulación, garantizados por los artículos 7 y 22 de la Convención. En el **Anexo Nº 59** puede verse una lista de diez y siete importantes eventos académicos con las correspondientes invitaciones, en los cuales el Dr. Brewer Carías tenía prevista una participación relevante, a los que se vio compelido a dejar de asistir como consecuencia del hostigamiento universal al que lo ha sometido con ensañamiento el gobierno venezolano.

51. **Un segundo hecho sobrevenido, de singular relevancia, que amenaza con agravar la situación del Dr. Brewer Carías, es la designación de la señora LUISA ORTEGA DÍAZ como FISCAL GENERAL DE LA REPÚBLICA.** En efecto, el día 13 de diciembre de 2007, la Asamblea Nacional controlada por el Presidente Chávez, designó como Fiscal General de la República a la Fiscal acusadora del Dr. Brewer Carías, señora Luisa Ortega Díaz (Gaceta Oficial Nº 38.836 de 20 de diciembre de 2007), con lo cual se consolida la partidización del ministerio público y el designio del gobierno de poner la institución al servicio de sus propósitos y proyectos políticos.

52. En efecto, como se narró en la Petición (**párrafo 54**), la Sra. Ortega Díaz fue designada como "fiscal provisoria" por el Fiscal General de la República, Julián Isaías Rodríguez, según Resolución Nº 539 de 28 de agosto de 2002 (**Anexo 8 de la Petición**). Asumió con tal carácter la Fiscalía Sexta en noviembre de 2004 y, poco después inició el proceso de imputaciones masivas en diferentes casos con implicaciones políticas, incluido el relativo a los hechos en los cuales se ha pretendido involucrar al Dr. Brewer Carías. Precisamente por esta circunstancia expusimos ante esa honorable Comisión (**párrafo 27 de la Petición**), que "el presente caso se origina con la infundada imputación formulada contra el Dr. Brewer Carías, mediante escrito de fecha 27 de enero de 2005, **por la señora Luisa Ortega Díaz**, Fiscal Provisoria Sexta del Ministerio Público a Nivel Nacional con Competencia Plena", que atribuyó al Dr. Allan R. Brewer-Carías "la comisión del delito de **conspiración para cambiar violentamente la Constitución.**"También denunciamos (**párrafo 32**) que el sesgo manifiestamente político de la Fiscal provisoria Ortega Díaz, ha sido un factor que ha conspirado permanentemente contra la independencia de los jueces y fiscales y que se ha traducido en manifiestas lesiones procesales e indefensión.

53. Ya para la fecha de la Petición habíamos consignado que la Fiscal provisoria Ortega Díaz había sido ascendida al cargo de Directora General de Actuación Procesal en el Ministerio Público, lo cual ponía desde entonces en evidencia que sus actuaciones orientadas hacia la criminalización de la disi-

dencia no sólo eran aprobadas, sino también premiadas por su superioridad. Ahora cuenta con el apoyo y la aprobación de la Asamblea Nacional, que equivale al apoyo y aprobación del Presidente de la República, toda vez que la totalidad de los diputados que integran dicha Asamblea provienen de los partidos que apoyaron la reelección del Presidente Chávez. Este es un nuevo signo adverso respecto de la institucionalidad venezolana y una amenaza adicional sobre todos aquellos que, como el Dr. Brewer Carías, han sido víctimas de las inicuas actuaciones y de la persecución política emprendida por la entonces apenas Fiscal provisoria Ortega Díaz.

54.   En el caso del Tribunal Constitucional, esa misma Comisión alegó que se produjo *"[u]na confabulación de los tres poderes públicos"* para lograr la remoción de los jueces del citado tribunal.[5] Esa es, precisamente, la situación en el presente caso: El Poder Ejecutivo se ha valido del Poder Judicial y de la Fiscalía para perseguir a un ciudadano en razón de sus ideas y de su trayectoria política. Además, la actuación parcializada y al servicio del Ejecutivo que ha demostrado la Fiscalía ha sido avalada por la Asamblea Nacional, que ha premiado a la Fiscal encargada del caso, designándola Fiscal General de la república.

III. OBSERVACIONES RELATIVAS AL TRÁMITE DEL PRESENTE CASO

55.   La Petición correspondiente al presente caso fue introducida el 24 de enero de 2007 y la comunicación que ahora respondemos data del 24 de octubre de 2007 y menciona expresamente que ella se enmarca dentro del *"estudio previsto por el artículo 26 del Reglamento de la Comisión"*, lo que equivale a informarnos que la Petición aún no ha pasado el estadio de la *"revisión inicial"* a la que se contrae la aludida norma reglamentaria. Es decir, que nueve (9) meses después de introducida la Petición la CIDH aún no ha completado la revisión inicial para determinar si la misma reúne los requisitos pautados por la Convención y el Reglamento. En el entre tiempo, como lo hemos expuesto, la situación de la víctima ha empeorado.

56.   Comprendemos que esa honorable Comisión y su personal están sometidos a un volumen de trabajo que sobrepasa a menudo su capacidad material para atender con la prontitud que corresponde y que ella sin duda desea imprimirle a los numerosos requerimientos que se le formulan en su esfera de competencia. También entendemos que cuando se invocan excepciones a la regla del no agotamiento de los recursos internos es necesario estudiar este punto con atención, pero no entendemos que se haga con tanta demora. Como lo dijo la Corte en su mas temprana jurisprudencia, *"cuando quien denuncia una violación de los derechos humanos aduce que no existen dichos recursos o que son ilusorios, la puesta en marcha de tal protección puede no sólo es-*

---

5   *Cfr.* CorteI.D.H.: *Caso del Tribunal Constitucional.* Sentencia del 31 de enero de 2001. Serie C N° 71; párr. 64(c).

tar justificada sino ser urgente."[6] Con todo respeto, invitamos a esa honorable Comisión a apegarse a este *dictum* detrás del cual está la razón de ser de la protección internacional de los derechos humanos. Como lo enfatizó la Corte en la misma decisión citada, la inexistencia de recursos internos efectivos *"explica la protección internacional."*[7]

57.   El presente caso comprende, como tema fundamental de infracción a la Convención, la violación sistemática y masiva de los artículos 8 y 25 de la Convención en perjuicio del doctor y profesor Allan Brewer Carías. No repetiremos en este escrito de respuesta las denuncias que, en tal sentido, se han detallado en la Petición, pero sintéticamente las enunciaremos.

1)   La CIDH, en repetidos informes anuales y en su *Informe Especial sobre Venezuela* de 2003, así como el Comité de Derechos Humanos de la ONU, han manifestado, entre sus preocupaciones sobre la falta de independencia del sistema judicial venezolano, la circunstancia de que un alto porcentaje de jueces y funcionarios judiciales tuviera nombramientos provisionales. No se ha pretendido invocar esta consideración de *carácter general* como fundamento de la Petición, sino de denunciar que, en el *caso concreto* de Allan Brewer Carías, *la totalidad* de los jueces y fiscales que han actuado en la imputación y acusación contra él o han conocido de ella han sido funcionarios temporales provisorios, y que cuando excepcionalmente han tomado decisiones que parezcan favorecerlo o que de alguna manera no han sido del agrado de los perseguidores, *dichos funcionarios han sido sustituidos* (**ver párrs. 54-56 de la Petición**). La víctima, por lo tanto, nunca ha tenido, ni le cabría esperanza razonable de tener, acceso a un tribunal independiente e imparcial, como lo pauta la Convención.

2)   La Fiscal Ortega Díaz, que instruyó la imputación y la acusación, se fundamentó en el llamado *hecho notorio comunicacional*, que en el caso estuvo constituido por noticias reconocidas como meramente referenciales por sus autores y que fueron desmentidas rápidamente por el Dr. Brewer Carías, a quien la misma Fiscal le impuso la carga de desvirtuarlas, en clara inversión de la presunción de inocencia.

3)   Las más diversas ramas del poder público en Venezuela han violado la presunción de inocencia en perjuicio de la víctima (**párrs. 74 y ss. de la Petición**). Esto incluye al Tribunal Supremo de Justicia, de donde emanó una comunicación oficial donde se lo señala como autor del delito que se le imputa (**párrs. 78-79 de la Petición**) y al Fiscal General de la República quien, *antes de concluir la "investigación" del ministerio público a su cargo*, publicó un libro de su autoría donde asumió como verdaderas aseveraciones periodísticas que estaban bajo la investigación de su despacho (**párrs. 80-81 de la Petición**).

---

6   Corte IDH: *Caso Velásquez Rodríguez. Excepciones Preliminares*; Sentencia de 26 de junio de 1987. Serie C, N° 1; párr. 93.

7   *Ibíd.*

4)   El derecho a la defensa del Dr. Brewer Carías ha sido arbitrariamente conculcado por el ministerio público y por los jueces encargados del control de la causa. No se le ha permitido controlar la prueba que supuestamente lo inculparía; se han rechazado arbitrariamente numerosos testimonios y otras pruebas de descargo; se han tergiversado pruebas al punto de trastocar las de descargo en inverosímiles pruebas de cargo; las pruebas de cargo han sido el fruto de apreciación a todas luces caprichosas; varias transcripciones han falsificado videos y se ha negado la petición de verificarlos; se ha negado a los abogados de la defensa el acceso a pruebas; se le han negado copias de las actuaciones; y se han rechazado los recursos judiciales intentados para corregir estas anomalías (**párrs. 85-127 de la Petición**).

58.   El 26 de octubre de 2005, los abogados defensores del Dr. Brewer Carías solicitaron al Juez (provisorio) con base en el artículo 125.8 del Código Orgánico Procesal Penal, que se garantizara su derecho a ser juzgado en libertad y se declarara por anticipado la improcedencia de su privación de libertad durante el juicio, sobre lo cual el juez provisorio nunca se pronunció (**Anexo 49 de la Petición; párrs. 128-134**). Por el contrario, el 15 de junio de 2006, a solicitud de la Fiscal provisoria Sexta, quien hoy es la Fiscal General de la República, el mismo Juez decretó

> *LA MEDIDA DE **PRIVACIÓN JUDICIAL PREVENTIVA DE LIBERTAD** contra el ciudadano ALLAN RANDOLPH BREWER CARIAS por considerar que existen **fundados elementos de convicción para estimar que el imputado es autor o partícipe** de la comisión del hecho punible que le atribuye el Ministerio Público por el delito de CONSPIRACIÓN PARA CAMBIAR VIOLENTAMENTE LA CONSTITUCIÓN previsto y sancionado en el artículo 143 numeral 2 del Código Penal vigente (artículo 143 numeral 2 del Código Penal vigente para la fecha de comisión de los hechos), que establece pena de presidio de Doce (12) a Veinticuatro (24) años y **ACUERDA expedir ORDEN DE APREHENSIÓN contra el ciudadano ALLAN RANDOLPH BREWER CARÍAS**. (Anexo Nº 52 de la Petición;* mayúsculas del original, resaltados añadidos).

59.   En el curso del proceso incoado en su contra, el Dr. Brewer Carías y sus abogados defensores han interpuesto, *inútilmente*, todos los recursos disponibles para combatir las graves violaciones que en el mismo se han cometido contra las garantías judiciales proclamadas por la Convención:

1)   En fecha 4 de mayo de 2005, los abogados del Dr. Brewer Carías acudieron ante el Juez provisorio Vigésimo Quinto de Control, pidiendo que interviniera para corregir la irregular y arbitraria actuación de la Fiscal provisoria Sexta, Luisa Ortega Díaz, hoy Fiscal General de la República, al denegar las anteriores diligencias probatorias (**Anexo 43 de la Petición**) y restableciera el derecho a la defensa. **Resultado:** El Tribunal de Control omitió pronunciarse sobre las violaciones del debido proceso denunciadas, limitán-

dose a decir que no era la oportunidad adecuada para hacer esos planteamientos **(Anexo 44 de la Petición)**.

2)   Los abogados del Dr. Brewer Carías apelaron de dicha decisión. **Resultado**: En fecha 6 de julio de 2005, la Sala 9 de la Corte de Apelaciones decidió dicha apelación **(Anexo 45 de la Petición)**, anulando el fallo del Juez provisorio de Control por razones formales (falta de notificación a la Fiscalía); pero, <u>en cuanto al fondo, acogió los argumentos de la defensa</u> y concluyó que ésta sí podía acudir ante el Juez de Control a reclamar sus derechos frente a violaciones al debido proceso por el ministerio público en la etapa de investigación, de modo que también ordenó que el Juez provisorio de Control decidiera nuevamente sobre las solicitudes que se le habían formulado en ese sentido. **<u>Como se verá, esta decisión de la Corte de Apelaciones fue burlada</u>**.

3)   Sobre esta base, los abogados del Dr. Brewer Carías introdujeron de nuevo un escrito en fecha 10 de agosto de 2005 ante el Tribunal 25 de Control refrescando las solicitudes que ordenó decidir la Corte de Apelaciones **(Anexo 46 de la Petición)**. **Resultado:** No obstante la previa decisión de la Corte de Apelaciones, en fecha <u>20 de octubre de 2005,</u> el Juez provisorio de Control **<u>volvió a decidir que no podía inmiscuirse en la labor de investigación de la Fiscal provisoria</u>** **(Anexo 30 de la Petición)**.

4)   Los abogados defensores apelaron nuevamente de la anterior decisión, en fecha 28 de octubre de 2005 **(Anexo 47 de la Petición)**. **Resultado: Ninguno:** La apelación fue denegada en fecha 1° de diciembre de 2005. Llama la atención, además, que la Fiscal provisoria Sexta Luisa Ortega Díaz, recién nombrada Fiscal General de la República, consignó la acusación contra el Dr. Brewer Carías el 21 de octubre de 2005 **(Anexo 48)**, es decir, al día siguiente de la última decisión del Juez provisorio de Control, el cual nada había decidido desde el mes de julio de 2005, no obstante las ratificaciones posteriores de la defensa, para proceder a decidirlas, negándolas todas, justo, el día antes de que el ministerio público introdujera la acusación.

5)   La acusación fue contestada en todas sus partes, denunciándose la violación de las garantías judiciales del Dr. Brewer Carías mediante escrito de 8 de noviembre de 2005 **(incorporado al Anexo 2 de la Petición)**, en el cual se solicitó al juez la declaratoria de nulidad de todo lo actuado a causa de dichas violaciones. **Resultado: Ninguno**.

6)   Como quedó dicho, el 26 de octubre de 2005, los abogados defensores del Dr. Brewer Carías solicitaron que se garantizara su derecho a ser juzgado en libertad. **Resultado: Ninguno:** Nunca se proveyó dicha solicitud y, el 15 de junio de 2006, se dispuso la privación judicial preventiva de libertad y se dictó orden de aprehensión contra el Dr. Brewer Carías.

7)   Los abogados del Dr. Brewer Carías introdujeron una apelación contra la insólita *Aclaratoria* con la que se pretendió dar respuesta a la solicitud de información de INTERPOL sobre el caso (*supra*, párrs. 40 y sig.). **Re-**

sultado: Ninguno: La Corte de Apelaciones de Caracas desestimó la apelación por decisión de 29 de octubre de 2007 (**Anexo Nº 58**).

60.   Estos eran los remedios adecuados para hacer frente a las violaciones al debido proceso *ya consumadas* contra el Dr. Brewer Carías en el trámite de la imputación que concluyó en acusación y en la ulterior providencia de privación de libertad y de captura. *No existen otros remedios contra esos agravios a la Convención.* El único recurso que teóricamente restaría al Dr. Brewer Carías por agotar sería el de someterse al proceso penal que, en semejantes condiciones de hecho y de derecho, se ha incoado en su contra; es decir, que se presentara ante sus perseguidores y aceptara ser privado arbitrariamente de su libertad y continuar, además, expuesto a nuevas y mayores arbitrariedades. Es esto último todo lo que cabe *razonablemente esperar* de lo que ha ocurrido hasta ahora en su caso, especialmente si se lo enmarca dentro del contexto de manifiesta carencia de independencia y autonomía del sistema judicial y del ministerio público, patente no sólo en los términos generales que la propia CIDH y el Comité de Derechos Humanos han verificado, sino particularmente dentro del caso concreto del Dr. Brewer Carías, agravado ahora que su acusadora y principal motor inmediato de las violaciones a sus derechos humanos ha sido ascendida a Fiscal General de la República. La desestimación reiterada y sistemática de todos los recursos interpuestos por los abogados del Dr. Brewer Carías para restablecer el debido proceso, que incluyó la sustitución de jueces que intentaron apartarse de semejante orden de acciones arbitrarias, significó y significa, en la práctica, que esos recursos son ineficaces para remediar la violación de los derechos del Dr. Allan Brewer Carías, razón por la cual no hay obligación alguna de agotarlos para acceder a la instancia internacional a cargo de esa honorable Comisión.

61.   El proceso penal que se sigue contra Brewer Carías ha sido y es el mecanismo mediante el cual se han vulnerado sus derechos, en los términos expresados en la Petición.[8] No es razonable que se espere que la víctima tenga que exponerse a nuevas y más graves violaciones a sus derechos humanos, originadas en la misma fuente transgresora que se ha denunciado, como requisito para acudir a la protección internacional que brinda el sistema interamericano de derechos humanos. Se trata de una vulneración de sus derechos cometida con la actuación y con la complicidad del Poder Judicial, que se ha traducido en una amenaza a su libertad personal, una violación del debido proceso, y la ausencia de un recurso judicial efectivo.

62.   Es un principio reconocido de derecho internacional consuetudinario que no se requiere utilizar ni agotar aquellos recursos internos que existen teóricamente en el derecho interno, pero que en la práctica son ilusorios o inútiles. Así ha quedado recogido en los Artículos sobre Responsabilidad In-

---

8   Derechos en los artículos 7, 8, numerales 1 y 2, y sus párrafos c y f; 11; 13; 22; y 25 de la Convención Americana sobre Derechos Humanos, todas en relación con los artículos 1.1 y 2 de la misma.

ternacional de los Estados de la Comisión de Derecho Internacional (art. 44.b), cuyo relator sobre el tema ha comentado que *"la mera existencia en el papel de remedios según el derecho interno no impone el requisito de emplear esos recursos en todo caso. En particular, no se requiere usar uno de esos remedios cuando no ofrece posibilidad de restablecer la situación..."*[9]

63.   Ese es el mismo principio que orienta el artículo 46. 2 de la Convención y las disposiciones pertinentes del Estatuto y el Reglamento de la CIDH. La Corte ha sintetizado este punto al subrayar que este requerimiento no se refiere *"sólo a la existencia formal de tales recursos, sino también a que éstos sean adecuados y efectivos"*.[10] La extinta Comisión Europea de Derechos Humanos expresó esta idea vinculándola con la de **razonabilidad** y concluyó que no era necesario agotar los recursos internos en presencia de una *"falta de perspectiva razonable de éxito."*[11] El mismo criterio ha guiado a esa honorable Comisión, la cual, ante ciertas ejecuciones en los Estados Unidos de América violatorias de la Declaración Americana de los Derechos y Deberes del Hombre, que contaban sin embargo con precedentes de aceptación por la Corte Suprema de ese país, concluyó que *"ningún procedimiento en que se plantearan esas reclamaciones ante cortes internas tendría perspectivas razonables de éxito, por lo cual no sería eficaz conforme a los principios generales del derecho internacional."*[12]

64.   En el ámbito del derecho internacional de los derechos humanos, debe tenerse además presente que la regla del previo agotamiento de los recursos internos tiene una dimensión adicional a la que ofrece el derecho internacional general, pues no es su sólo propósito el de brindar una oportunidad al Estado de resolver el caso con sus propios medios antes de verse demandado ante una instancia internacional, sino que es también *el correlato de la obligación a cargo del mismo Estado de proporcionar recursos internos adecuados y efectivos, que se tramiten conforme al debido proceso.* En este sentido, no se trata sólo de un derecho del Estado, sino que implica el correlativo derecho de toda persona bajo su jurisdicción de disponer de recursos internos eficaces y efectivos para proteger sus derechos humanos.[13]

---

9   CRAWFORD, J.: *The International Law Commission's Articles on State Responsibility*. Cambridge University Press. Cambridge, UK. 2002; page. 265.

10   Corte IDH: *Caso Velásquez Rodríguez.* Sentencia de 29 de junio de 19887. Serie C, Nº 5; párr. 63.

11   *Retimag S.A. v. Federal Republic of Germany.* Application Nº 712/60. 4 Yearbook of the European Convention of Human Rights; page. 400.

12   CIDH: *Caso Nº 11.193. Gary T. Graham., actualmente conocido como Shaka Sankofa vs. Estados Unidos.* Informe Nº 51/00 de 15 de junio de 2000; párr. 60

13   Así lo ha reconocido expresamente la CIDH: *Caso Nº 11.006. Alan García vs. Perú.* Informe 1/95 de 7 de febrero de 1995; V(A). También la Corte ha aludido a las particulares *"implicaciones"* del agotamiento de los recursos internos en materia de derechos humanos: Corte IDH: *Caso Velázquez Rodríguez. Excepciones preliminares*; cit. párr. 91. *Cfr.* FAÚNDEZ, H.: *El agotamiento de los recursos internos en el sis-*

65.   La Comisión y la Corte han aplicado reiteradamente estos principios. Esa honorable Comisión, por ejemplo, ha decidido que la pendencia de un proceso penal por calumnias e injurias contra las víctimas de violaciones a la libertad de expresión, no debía considerarse como un supuesto en el que los recursos internos no se habían agotado, para admitir una petición relativa a la violación del artículo 13 de la Convención, tanto más cuanto las presuntas víctimas habían objetado ese procedimiento *ab initio* y en su totalidad, porque estaba referido a una ley *per se* violatoria de la Convención.[14] Con menos razón debe pedirse a la víctima, cuyos derechos han sido violados en un proceso penal en curso y conducido de manera sistemáticamente arbitraria en quebrantamiento de la Convención, que continúe exponiéndose a más y mayores violaciones a sus derechos hasta que se consumen en el máximo grado, para sólo entonces admitirla a litigar en el sistema internacional. Es injusto, en todo caso, exigir a una persona que agote un recurso interno cuando razonablemente no cabe esperar que remedie las violaciones ya consumadas, sino más bien que, por el contrario, el trámite de ese recurso las multiplique y agrave.

66.   En este sentido la honorable Corte Interamericana siguiendo el criterio de la Corte Europea de Derechos Humanos ha sostenido que además de la existencia de recursos formales en el sistema legal de un Estado, se debe tomar en cuenta el contexto general legal y político en el cual operan, así como las circunstancias personales de los peticionarios o demandantes. Conforme a este criterio, el requisito del previo agotamiento de los recursos internos debe ser aplicada de manera flexible, teniendo en cuenta el contexto legal y político del Estado afectado, así como las condiciones particulares del peticionario:

> *En ese sentido, en el caso **Akdivar vs. Turquía**, la Corte Europea de Derechos Humanos consideró, inter alia, que la existencia de los recursos internos debe ser suficientemente cierta, no sólo en teoría sino también en la práctica, en cuyo caso contrario no cumplirán con la accesibilidad y efectividad requeridas. Además, estimó que se debe tomar en cuenta tanto la existencia de recursos formales en el sistema legal del Estado en cuestión, como el contexto general legal y político en el cual*

---

tema interamericano de protección de los derechos humanos. Centro de Estudios de Derechos Humanos de la Universidad Central de Venezuela/Instituto Interamericano de Derechos Humanos. Caracas 2007, págs. 31-33; PINTO, M.: *La denuncia ante la Comisión Interamericana de Derechos Humanos*. Editores del Puerto. Buenos Aires 1993, pág. 59. CANÇADO TRINDADE, A.A.: *Tratado de Directo Internacional dos Directos Humanos*. Sergio Antonio Fabris, Editor. Porto Alegre 1997. Tomo I, págs. 424-427. Quien suscribe este escrito como peticionario también subrayó hace años esta nota particular de la regla del agotamiento de los recursos internos en el ámbito de los derechos humanos: NIKKEN, P.: *La Protección Internacional de los Derechos Humanos. Su desarrollo progresivo*. Editorial Civitas/Instituto Interamericano de Derechos Humanos. Madrid 1987; p. 235.

14   CIDH: *Caso N° 12.380. Santander Tristán Donoso v. Panamá.* Admisibilidad. 24 de octubre de 2002; párrs. 20-22.

operan, así como las circunstancias personales de los peticionarios o demandantes.[15]

67.   La Corte Interamericana se ha pronunciado también a este respecto en el siguiente sentido:

> *... para que tal recurso exista, no basta con que esté previsto por la Constitución o la ley o con que sea formalmente admisible, sino que se requiere que sea realmente idóneo para establecer si se ha incurrido en una violación a los derechos humanos y proveer lo necesario para remediarla. **No pueden considerarse efectivos aquellos recursos que, por las <u>condiciones generales del país</u> o incluso por <u>las circunstancias particulares de un caso dado</u>, <u>resulten ilusorios</u>.** Ello puede ocurrir, por ejemplo, cuando su inutilidad haya quedado demostrada por la práctica, **porque el Poder Judicial carezca de <u>la independencia necesaria para decidir con imparcialidad</u>** o porque falten los medios para ejecutar sus decisiones; **por cualquier otra situación que configure <u>un cuadro de denegación de justicia</u>,** como sucede cuando se incurre en retardo injustificado en la decisión; o, por cualquier* causa, no se permita al presunto lesionado el acceso al recurso judicial.[16] (Resaltados y subrayados añadidos).

68.   Por otra parte, es un principio de derecho internacional que un tribunal internacional afirma su competencia para conocer de un caso cuando los hechos envueltos en el mismo, de comprobarse como ciertos en el proceso, caerían dentro de su jurisdicción. Es este el mismo caso en materia de recursos internos, particularmente en casos como el presente en el cual están envueltas denuncias de graves violaciones al debido proceso y al derecho a un recurso judicial efectivo. La admisión del caso no prejuzga sobre la pertinencia y exactitud de las violaciones denunciadas, que deben ser establecidas en el contradictorio sobre el fondo, en el curso del cual el Estado tendrá garantizado su derecho a la defensa. Pero si esas violaciones están establecidas al menos *prima facie* en la petición, como ocurre en este caso, no es razonable negarse a admitir el caso sólo porque las excepciones al agotamiento de los recursos internos, invocadas también como cuestión de fondo, pudieran even-

---

15   **Corte IDH:** *Caso Trabajadores Cesados del Congreso (Aguado Alfaro y otros) Vs. Perú.* Sentencia de 24 de noviembre de 2006. Serie C. N° 154; párr. 130. Ver, *Cfr.* **Eur. Court. HR.** *Akdivar and others v. Turkey,* judgment (Preliminary Objections) of 16 September 1996, Reports 1996-IV Court (Grand Chamber), paras. 66 and 69. Ver también, inter alia, *Vernillo v. France,* judgment of 20 February 1991, Series A. N° 198, pp. 11-12, para. 27; *Johnston and Others v. Ireland,* judgment of 18 December 1986, Series A. N° 112, p. 22, para. 45, y *Van Oosterwijck v. Belgium,* judgment (Preliminary Objections) of 6 November 1980, Series A. N° 40, pp. 18, para. 35.

16   Corte IDH: *Garantías judiciales en estados de emergencia.* Opinión Consultiva OC9-87 de 6 de octubre de 1987. Serie C. N° 9; párr. 24. Igualmente, *Caso Bámaca González.* Sentencia de 25 de noviembre de 2000. Serie C N° 70; párr. 191.

tualmente carecer de mérito. La admisión en modo alguno implica un prejuicio sobre el fondo, sino que abre un debate judicial o cuasi judicial, al término del cual la CIDH se formará su posición definitiva sobre los temas que le han sido sometidos. Este punto fue ya abordado por la Corte:

> ...cuando se invocan ciertas excepciones a la regla de no agotamiento de los recursos internos, como son **la inefectividad de tales recursos o la inexistencia del debido proceso legal**, no sólo se está alegando que el agraviado no está obligado a interponer tales recursos, sino que indirectamente se está imputando al Estado involucrado una nueva violación a las obligaciones contraídas por la Convención. **En tales circunstancias la cuestión de los recursos internos se aproxima sensiblemente a la materia de fondo.**[17] (Resaltados añadidos).

69.   Teóricamente, el Dr. Brewer Carías podría tratar de revertir las violaciones que ya se han consumado contra sus derechos humanos presentándose para la continuación del proceso penal, pero esta es una carga que **no** se le puede imponer en el contexto de dependencia, parcialidad y arbitrariedad que han caracterizado la acción del ministerio público y los tribunales en las fases del proceso ya cumplidas. Esto significaría presentarse para la ejecución de la orden de privación judicial de libertad, que se impugna como arbitraria, y para exponerse a la continuación de un juicio políticamente concebido y ejecutado, divorciado radicalmente de las garantías judiciales proclamadas por la Convención y la Constitución venezolana; juicio en el cual, además, en los más de dos años que han transcurrido desde que se inició por la acusación Fiscal, ni siquiera ha tenido lugar la audiencia preliminar respecto de los otros acusados. Implicaría igualmente la pérdida de su libertad personal y una grave amenaza para su integridad física y moral y de su vida misma, habida cuenta de las notorias condiciones de cárceles y lugares de detención en Venezuela, reiteradas veces censuradas por la Comisión y por la Corte.

70.   Imponer semejante requisito como condición de admisión del presente caso implicaría *condicionar la protección internacional al agudo agravamiento del las violaciones a los derechos humanos que se tratan de proteger ante la instancia internacional.* En la práctica, no se estaría requiriendo el agotamiento de unos recursos que en la realidad no existen y son los instrumentos mismos de la violación de la Convención, sino la consumación de la más alta escala de violación a los derechos humanos como requisito para tramitar la protección internacional. Toda fórmula de interpretación o aplicación de la Convención que comporte semejante requerimiento, sería una aberración que conduciría a un resultado manifiestamente absurdo e irrazonable, como tal contrario a las reglas de interpretación propias del derecho internacional general. Más aún en el contexto del derecho internacional de los derechos humanos, que postula siempre la interpretación más favorable al ser humano, esto es, la que mejor proteja a la víctima.

---

17   Corte IDH: *Caso Velázquez Rodríguez. Excepciones preliminares*; *cit.*, párr. 91.

71. Esto se conecta con la determinación del Dr. Brewer Carías de permanecer fuera de Venezuela mientras no tenga la oportunidad objetiva de acceder a un juicio justo en su país. Él decidió legítimamente proteger su libertad y su integridad, así como preservar su derecho a ser juzgado algún día por un tribunal independiente e imparcial, saliendo de Venezuela y manteniéndose fuera del país. En el contexto del trámite de su imputación y de su acusación se puso de manifiesto que era víctima de una violación masiva de las garantías judiciales que se le deben y que había una acción concertada del ministerio público con los tribunales que debían controlar la investigación y conocer de la causa, que descartaban toda posibilidad razonable de que el proceso se tramitara con independencia e imparcialidad y de que concluyera en algo distinto a su condena a una pena de presidio entre 12 y 24 años.

72. Evitar materialmente la consumación de una violación a los derechos humanos es, de suyo, un acto legítimo, conectado con principios fundamentales de derecho, como la legítima defensa y el derecho (bajo ciertos supuestos, incluso el deber) de mitigar los daños ocasionados por un hecho ilícito internacional. En el caso de la persecución política, está fuera de toda duda que el derecho internacional asiste a quien procura ponerse a salvo de sus perseguidores saliendo del ámbito de su jurisdicción. Este es el fundamento último del asilo y del refugio como instituciones jurídicas. Más aún, el perseguido tiene derecho a no ser devuelto a las manos de sus perseguidores, al punto que el derecho internacional impone al Estado que niega el refugio o el asilo el deber jurídico de no devolver a la víctima a la jurisdicción del Estado que lo persigue, mediante la regla conocida como *non refoulement*. Pretender que la condición para que la CIDH admita a trámite este caso es que la víctima se entregue a sus perseguidores para que culminen la tarea que ya han emprendido, sería absolutamente inconcebible y, por lo demás, incompatible con la Convención, pues implicaría olvidar que, de acuerdo con el art. 33 de la misma, la Comisión es un órgano de protección de los derechos humanos y de ningún modo una instancia diseñada para avalar sus violaciones.

73. Mantenerse fuera del país es un acto razonable para impedir el agravamiento de las violaciones a los derechos humanos; y también proporcionado a las ya sufridas y a las amenazas de su repetición y agudización. Es un acto que, como se dijo antes en este escrito, en nada perjudica a los demás procesados y tiene como sólo efecto suspender la causa contra el Dr. Brewer Carías (*supra*, párrs. 26-27). No se trata, por lo demás, de un hecho punible toda vez que, de acuerdo con el Código Penal venezolano (art. 259), ni siquiera la fuga de un procesado del establecimiento donde estuviere detenido es punible, a menos que medie violencia contra personas o cosas.[18] Por lo demás, recordamos que la prohibición de juicio en ausencia es un **derecho del**

---

18 **Artículo 259.-** Cualquiera que, hallándose legalmente detenido, se fugare del establecimiento en que se encuentra, **haciendo uso de medios violentos**, **contra las personas o las cosas**, será castigado con prisión de cuarenta y cinco días a nueve meses. (Resaltado añadido).

imputado, que constituye *una garantía procesal, la cual, como tal, debe ser entendida siempre a favor del imputado o acusado y nunca en su contra.*

74. En su situación actual, por consiguiente, el Dr. Brewer Carías se limita a evitar los daños mayores que resultarían de la prosecución del juicio en su contra en el contexto actual. Pero esto en modo alguno aminora las consecuencias lesivas de las violaciones ya perpetradas, ni los daños que comporta la imposibilidad de regresar a Venezuela libremente, ni, muchísimo menos, los que resultan de la arbitraria persecución internacional emprendida con malas artes por el gobierno en su contra (*supra*, párrs. 31-50), y que representan nuevas violaciones a su libertad de movimiento y a su integridad moral. Denunciamos estas nuevas violaciones y pedimos se acumulen al expediente del caso.

IV. PETITORIO

75. Con base a lo expuesto, solicito y pido:

1) Que se tenga por recibida la presente RESPUESTA a las preguntas formuladas por esa honorable Comisión Interamericana de Derechos Humanos en su comunicación fechada el 24 de octubre de 2007.

2) Que **se de trámite** a la Petición correspondiente al presente caso, introducida el 24 de enero del corriente año y numerada 84/07, y **se apruebe su admisión** conforme a las disposiciones correspondientes del reglamento de la CIDH.

3) Que se agreguen al expediente los nuevos hechos constitutivos de nuevas violaciones a los derechos humanos del Dr. Allan Brewer Carías o agravaciones de las ya denunciadas en la Petición.

Es justicia que esperamos el 27 de diciembre de 2007.

TERCERA PARTE

ESCRITOS COMPLEMENTARIOS A LA PETICIÓN FORMULADOS CON OCASIÓN DE LA SANCIÓN DE LA LEY DE AMNISTÍA DE 30 DE DICIEMBRE DE 2007

I. ESCRITO DE FECHA 25 DE FEBRERO DE 2008 SOBRE NUEVOS HECHOS CON OCASIÓN DE LA EJECUCIÓN DE LA LEY DE AMNISTÍA EL 31 DE DICIEMBRE DE 2007

Excelentísimo Señor
Embajador
Santiago Cantón
Secretario Ejecutivo de la
Comisión Interamericana de Derechos Humanos
Washington D.C.-

1.   Quien suscribe, **Pedro Nikken**, actuando en mi condición de peticionario en el caso del **Dr. Allan R. Brewer Carías** (en adelante también designado como "la víctima"), que lleva el número **P-84/07** en el registro de esa honorable Comisión Interamericana de Derechos Humanos (en adelante, "honorable Comisión", "Comisión" o "CIDH", indistintamente), ambos debidamente identificados en los archivos de la misma Comisión, respetuosamente acude ante ella con ocasión de llevar a su conocimiento, *a título informativo*, nuevos hechos que se refieren al caso y que han tenido lugar desde el 31 de enero de 2008, como a continuación y con la venia de estilo se expone:

2.   El Presidente de la República Bolivariana de Venezuela, mediante **Decreto Ley Nº 5.790 de 31-12-2007** dictado con fundamento en la Ley que autoriza al Presidente de la República para dictar Decretos con Rango, Valor y Fuerza de Ley en las materias que se delegan (*Gaceta Oficial* Nº 38.617 de 01-02-2007), dictó la **Ley Especial de Amnistía** (*Gaceta Oficial* Nº 5.870 Extra. del 31-12-2007) mediante la cual se concedió amnistía "a favor de todas aquellas personas que **enfrentadas al orden general establecido, y que a la presente fecha se encuentren a derecho y se hayan sometido a los**

procesos penales, que hayan sido procesadas o condenadas" por la comisión de delitos, entre muchos otros, por los siguientes hechos: *"**Por la redacción del Decreto del Gobierno de facto del doce (12) de abril de 2.002.**"* (art. 1.A).

3.   Como consta del expediente que cursa ante esa honorable Comisión, el Dr. Allan Brewer Carías, víctima en el presente caso, ha sido acusado por el Ministerio Público venezolano por la supuesta comisión del delito de **conspirar para cambiar violentamente la Constitución** previsto y sancionado en el artículo 143, numeral 2 del Código Penal, por supuestamente haber participado en la redacción del mencionado decreto del gobierno de transición del 12 de abril de 2002.

4.   Interpretamos que el Decreto-Ley de Amnistía de 32-12-07 podía significar el inicio de una nueva etapa dentro del convulsionado proceso político venezolano, destinado a poner fin al sistemático uso de la jurisdicción penal para reprimir y criminalizar la disidencia política. La amnistía, en efecto, prohibida cuando se trata de delitos gravísimos contra la humanidad o contra los derechos humanos, tiene una función natural que cumplir en el ámbito de los delitos políticos, como lo es aquel por el cual se ha encausado arbitrariamente al Dr. Brewer Carías, de tal modo que no resultaba inapropiado invocarla como medio último de terminar la persecución que viene sufriendo por parte de las autoridades venezolanas. *Esto no implica que, en modo alguno, la solicitud de aplicación de la amnistía constituya un recurso interno ordinario que debe ser agotado previamente para acceder a la protección internacional de los derechos humanos. Se trataría de una posibilidad extraordinaria de poner fin a la persecución arbitraria contra la víctima en el presente caso, pero en ningún modo es un recurso para la protección o salvaguarda de sus derechos.*

5.   Por lo tanto, los abogados del Dr. Brewer Carías, introdujeron ante el Juez Vigésimo Quinto de Primera Instancia en Funciones de Control de la Circunscripción Judicial del Área Metropolitana de Caracas, el día 11 de enero de 2008, una solicitud de sobreseimiento con base en la aludida amnistía. En dicha solicitud se expuso que el Dr. Brewer Carías se encuentra acusado y procesado por atribuírsele un delito despenalizado por el Decreto Ley de Amnistía, como es la conspiración para cambiar violentamente la Constitución, supuestamente configurado por su no menos supuesta participación en *la redacción del Decreto del Gobierno de facto del doce (12) de abril de 2.002.*

6.   No obstante la fundamentada solicitud de sobreseimiento, ésta fue negada por decisión del 25 de enero de 2008 del Juzgado Vigésimo Quinto de Primera Instancia en función de control del Circuito Judicial Penal de la Circunscripción Judicial del Área Metropolitana de Caracas, en condiciones que comportan nuevas violaciones del derecho al debido proceso del Dr. Allan Brewer Carías, garantizado por el artículo 8 de la Convención Americana sobre Derechos Humanos ("la Convención") y por la Constitución.

7.   La decisión citada adolece del vicio de inmotivación, lo cual, en sí mismo, es una vulneración del derecho a la tutela judicial efectiva y, por lo

tanto, del debido proceso. La misma decisión introduce requisitos para la amnistía que no están contemplados en el Decreto-Ley N° 5.790, por lo cual incluye violaciones a éste. Dicha decisión, en fin, conduce a resultados discriminatorios que violan el derecho a la igualdad ante la ley. En tal virtud dicha decisión fue apelada por los abogados del Dr. Brewer. Oportunamente informaremos a la CIDH sobre la suerte de esta apelación. *Ratificamos que la apelación no está referida a recursos internos que deban ser agotados según el derecho internacional y que ella no debe ser óbice para la admisión de esta caso, con respecto a la cual esa honorable Comisión está en mora.* Por lo demás, no consideramos viable cifrar esperanza alguna en esa gestión, vistos los antecedentes que hemos descrito minuciosamente en nuestros diversos escritos ante esa honorable Comisión.

8.   Los nuevos hechos que hemos referido en el presente escrito no hacen más que ratificar la urgencia de que la Comisión admita el presente caso, de manera que esté en condiciones de darle trámite haciendo uso de la totalidad de las facultades que la Convención y su Reglamento le atribuyen para auxiliar y proteger a las víctimas de violaciones a los derechos humanos en las Américas. Hemos considerado útil informar sobre ellos para que la amnistía (sobre la cual no cabe albergar esperanzas expectativa ninguna) no se constituya en un pretexto más para mantener la inexplicable paralización que sufre el trámite del presente caso.

9.   En tal virtud, ratificamos nuestros petitorios anteriores, y urgimos a esa honorable Comisión a que dé trámite a la Petición correspondiente al presente caso, introducida el 24 de enero de 2007 y numerada 84/07, y se apruebe su admisión conforme a las disposiciones correspondientes del Reglamento de la CIDH. *Han transcurrido trece meses desde entonces, lo que a todas luces desborda los límites e razonabilidad de espera en el trámite de una denuncia de violación a los derechos humanos.*

Caracas, 25 de febrero de 2008.

II. ESCRITO COMPLEMENTARIO DE FECHA 30 DE ABRIL 2008 SOBRE LA EJECUCIÓN DE LA LEY DE AMNISTÍA.

Excelentísimo Señor
Embajador
Santiago Cantón
Secretario Ejecutivo de la
Comisión Interamericana de Derechos Humanos
Washington D.C.-

1. Quien suscribe, **Pedro Nikken**, actuando en mi condición de peticionario en el caso del **Dr. Allan R. Brewer Carias** (en adelante también designado como "la víctima"), que lleva el número **P-84/07** en el registro de esa honorable Comisión Interamericana de Derechos Humanos (en adelante, "honorable Comisión", "Comisión" o "CIDH", indistintamente), ambos debidamente identificados en los archivos de la misma Comisión, respetuosamente acude ante ella en la ocasión de complementar la información suministrada a esa honorable Comisión en fecha 25 de febrero de 2008, a propósito de el Decreto-Ley de Amnistía **Ley N° 5.790 de 31-12-2007**, dictado por el Presidente de la República Bolivariana de Venezuela. En tal sentido, y también *a título informativo,* como expresamos en nuestra referida comunicación de 25-2-08, actualizaremos los hechos que en la misma elevamos a conocimiento de la CIDH, como a continuación y con la venia de estilo se expone:

2. Como lo expresamos en nuestra precedente comunicación, el referido Decreto-Ley de Amnistía beneficiaría, entre otros, a los acusados *"(p)or la redacción del Decreto del Gobierno de facto del doce (12) de abril de 2.002."* (art. 1.A). Como era este el hecho que se imputaba al Dr. Brewer Carias para procesarlo arbitrariamente por conspiración para cambiar violentamente la Constitución, el propio Dr. Brewer Carias y sus abogados estimaron no resultaba inapropiado invocarla como medio extraordinario de terminar la persecución que viene sufriendo por parte de las autoridades venezolanas. En verdad, considerando el patrón sistemático de inclemencia que ha caracterizado y caracteriza la persecución contra la víctima en el presente caso. Sin embargo no cabía abrigar mayor esperanza de hacer cesar esa persecución, no debía desaprovecharse una ocasión para que las autoridades venezolanas restituyeran, aun parcialmente, los derechos violados al Dr. Brewer Carias, con los propios medios que la Constitución facilita al Estado. Todo ello, claro está, en el entendimiento de que *la solicitud de aplicación de la amnistía no constituía ni constituye un recurso interno ordinario que debe ser agotado previamente para acceder a la protección internacional de los derechos humanos. Se trataría de una posibilidad extraordinaria de poner fin a la persecución arbitraria contra la víctima en el presente caso, pero en ningún modo es un recurso para la protección o salvaguarda de sus derechos.*

3.   Como lo expresamos en el escrito del 25-2-08, los abogados del Dr. Brewer Carías introdujeron ante el Juez Vigésimo Quinto de Primera Instancia en Funciones de Control de la Circunscripción Judicial del Área Metropolitana de Caracas, el día 11 de enero de 2008, una solicitud ampliamente fundamentada de sobreseimiento con base en la aludida amnistía. Fue inútil. Por decisión del 25 de enero de 2008 (**Anexo Nº 60**[1]), el Juzgado Vigésimo Quinto de Primera Instancia en función de control del Circuito Judicial Penal de la Circunscripción Judicial del Área Metropolitana de Caracas, *negó el sobreseimiento.*

4.   En nuestro precedente escrito indicamos a la Comisión que dicha decisión fue apelada por los abogados del Dr. Brewer, aunque no considerábamos viable cifrar esperanza alguna en esa gestión, vistos los antecedentes que hemos descrito minuciosamente en nuestros diversos escritos ante esa honorable Comisión. Dicha apelación, por lo demás, como lo expresamos entonces y lo ratificamos ahora, *no estaba referida a recursos internos que deban ser agotados según el derecho internacional y que ella no debe ser óbice para la admisión de esta caso, con respecto a la cual esa honorable Comisión está en mora.*

5.   Acudimos ahora a informar a la CIDH que, como lamentablemente cabía esperar, la Corte de Apelaciones del Circuito Judicial Penal del Área Metropolitana de Caracas, en Sala Quinta, por sentencia del 3 de abril de 2003 (**Anexo Nº 61**), denegó la apelación. No creemos oportuno hacer un comentario sobre los innumerables desatinos de esta sentencia, algunos de los cuales quedaron expresados en el voto disidente de una magistrada de ese tribunal colegiado. No pretendemos un pronunciamiento de la CIDH sobre la llamada amnistía decretada en Venezuela. Sólo aspiramos informar a la Comisión y subrayar ante ella que la víctima en el presente caso sólo puede esperar arbitrariedad, ensañamiento y más persecución.

6.   En tal virtud, ratificamos nuestros petitorios anteriores, y urgimos a esa honorable Comisión a que dé trámite a la Petición correspondiente al presente caso, introducida el 24 de enero de 2007 y numerada 84/07, y se apruebe su admisión conforme a las disposiciones correspondientes del Reglamento de la **CIDH**. *La oportunidad y eficacia en el auxilio a la víctima son angulares en la protección internacional de los derechos humanos, de modo que reiteramos nuestro pedido de que se inicie el trámite de este caso, introducido hace más de quince meses ante esa honorable Comisión.*

Caracas, 30 de abril de 2008.

---

1   Para evitar confusiones, continuamos la numeración serial de anexos de la Petición y de nuestro Escrito del 27 de diciembre de 2007, cuyo último anexo tiene el Nº 59. Aclaramos, además, que esta sentencia fue a la que se aludió, por error material, en un anterior escrito, designándola como **Anexo 62.**

APÉNDICE 1:

INFORME N° 97/09 DE ADMISIBILIDAD DE LA COMISIÓN INTERAMERICANA DE DERECHOS HUMANOS DE FECHA 8 DE SEPTIEMBRE DE 2009[*]

COMISIÓN INTERAMERICANA DE DERECHOS HUMANOS
OEA/Ser/L/V/11.136
Doc. 11
8 septiembre 2009
Original: Español
136° período ordinario de sesiones
INFORME N° 97/09
PETICIÓN 84-2007
ADMISIBILIDAD
ALLAN R. BREWER CARÍAS
VENEZUELA
Aprobado por la Comisión en su sesión N° 1803
celebrada el 8 de septiembre de 2009

SECRETARÍA GENERAL DE LA ORGANIZACIÓN DE LOS ESTADOS AMERICANOS, WASHINGTON, D.C. 20006
Internet: http://www.cidh.org

---

[*]   Tomado de http://www.cidh.oas.org/annualrep/2009sp/Venezuela84-07.sp.htm

INFORME N° 97/09[1]
PETICIÓN 84-2007
ADMISIBILIDAD

ALLAN R. BREWER CARÍAS
VENEZUELA
8 de septiembre de 2009

I. RESUMEN

1.   El 24 de enero de 2007 la Comisión Interamericana de Derechos Humanos (en adelante también "la Comisión") recibió una petición presentada por Pedro Nikken, Helio Bicudo, Claudio Grossman, Juan Méndez, Douglass Cassel y Héctor Faúndez (en adelante "los peticionarios"), en la cual se alega que los tribunales de la República Bolivariana de Venezuela (en adelante "el Estado") son responsables por la persecución política del constitucionalista Allan R. Brewer Carias en el contexto de un proceso judicial en su contra por el delito de conspiración para cambiar violentamente la Constitución, en el contexto de los hechos ocurridos entre el 11 y el 1 3 de abril de 2002.

2.   Los peticionarios alegaron que el Estado es responsable por la violación de los derechos a la seguridad personal, las garantías judiciales, la honra y dignidad, la libertad de expresión, la circulación y residencia, la igualdad ante la ley y la protección judicial, previstos en los artículos 7, 8, 11, 13, 22, 24 y 25, de la Convención Americana sobre Derechos Humanos (en adelante "la Convención Americana" o "la Convención"), así como el incumplimiento con su deber de respetar los derechos consagrado en la Convención y de adoptar disposiciones de derecho interno, conforme a los artículos 1.1 y 2 del Tratado. Asimismo, alegaron que su reclamo es admisible en aplicación de las excepciones a la regla del previo agotamiento de los recursos internos previstas en el artículo 46.2 de la Convención Americana. El Estado, por su parte, alegó que Allan Brewer Carias se encuentra sujeto a un proceso penal en lo cual se ha aplicado las garantías del debido proceso, que se encuentra ausente del país razón por lo cual el proceso no puede seguir su curso, y que el reclamo es inadmisible por la falta de agotamiento e los recursos internos.

3.   Tras examinar los alegatos recibidos, y en cumplimiento de los requisitos previstos en los artículos 46 y 47 de la Convención Americana, la Comisión decidió declarar el reclamo sobre la presunta violación de los artículos 2, 8, 13 y 25 de la Convención Americana, en relación son su artículo

---

1   Conforme a lo dispuesto en el artículo 17.2.a del Reglamento de la Comisión, la Comisionada Luz Patricia Mejía Guerrero, de nacionalidad venezolana, no participó en el debate ni en la decisión del presente caso. Asimismo, el Comisionado Víctor Abramovich se excusó de participar en el debate y decisión del presente caso conforme al artículo 17.2.b del Reglamento de la Comisión

1.1. Asimismo, declaró inadmisible el reclamo respecto de la presunta violación de los artículos 7, 11, 22 y 24 de la Convención Americana y decidió notificar el informe a las partes y ordenar su publicación en el Informe Anual a ser presentado a la Asamblea General.

II. TRÁMITE ANTE LA COMISIÓN

4.   La petición fue registrada bajo el número P 87/07. Tras el análisis preliminar de los reclamos, el 24 de octubre de 2007 se solicitó información adicional a los peticionarios sobre los recursos judiciales interpuestos y los efectos procesales de la ausencia física de imputado en Venezuela, entre otros temas. El 19 de noviembre de 2007 los peticionarios solicitaron una prórroga la cual fue concedida el 27 de noviembre de 2007. Mediante comunicación de fecha 27 de diciembre de 2007 los peticionarios presentaron su respuesta. Mediante comunicaciones de fechas 25 de febrero y 30 de abril de 2008 los peticionarios presentaron información adicional.

5.   Una vez completado el examen preliminar de la petición, la Comisión decidió darle trámite y el 17 de junio de 2008 se procedió a transmitir copia de las partes pertinentes al Estado, con un plazo de dos meses para presentar observaciones, de conformidad con el artículo 30.2 del Reglamento. El plazo expiró sin que el Estado presentara sus observaciones.

6.   El 14 de enero de 2009 los peticionarios solicitaron que la Comisión continuara con el trámite del caso. El 4 de febrero de 2009 la Comisión reiteró su solicitud de observaciones al Estado. El 6 de febrero de 2009 los peticionarios presentaron una comunicación mediante la cual cuestionaron la reiteración de la solicitud de observaciones al Estado. El 31 de agosto de 2009, vencido el plazo originalmente establecido por la Comisión, el Estado presentó su respuesta a la petición.

III. POSICIÓN DE LAS PARTES

A.   Posición de los peticionarios

1.   Contexto

7.   Los peticionarios alegan que entre diciembre de 2001 y abril de 2002 se produjo una intensa movilización social de protesta contra diversas políticas del Gobierno del Presidente Hugo Chávez Frías. Indican que el 11 de abril de 2002 los comandantes de la Fuerza Armada manifestaron desconocer la autoridad del Presidente de la República y al día siguiente el General Lucas Rincón informó a la población que se le "solicitó al señor Presidente de la República la renuncia a su cargo, la cual aceptó"[2].

---

2   Albor Rodríguez (ed), *Verdades, mentiras y Videos, Lo más relevante de las interpelaciones en la Asamblea Nacional sobre los sucesos de abril*, Libros El Nacional, Ca-

8.   Los peticionarios alegan que en la madrugada del 12 de abril de 2002 Pedro Carmona Estanga, uno de los líderes de las protestas civiles, se comunicó con el jurista Allan Brewer Carias[3] y envió un vehículo para que lo recogiera en su residencia. Indican que Brewer Carias fue llevado al "Fuerte Tiuna", sede del Ministerio de Defensa y de la Comandancia General del Ejército. Indican que allí fue recibido por dos abogados[4] que le mostraron un borrador del decreto, más tarde conocido como el "Decreto Carmona", mediante el cual se ordenaba la disolución de los poderes públicos y el establecimiento de un "gobierno de transición democrática".

9.   Alegan que hacia el mediodía Allan Brewer Carias se trasladó al Palacio de Miraflores para manifestar personalmente a Carmona Estanga su rechazo al documento por apartarse del constitucionalismo y violar la Carta Democrática Interamericana. Indican que finalmente debió hacerlo por teléfono. Ese mismo día el señor Pedro Carmona Estanga anunció la disolución de los poderes públicos y el establecimiento de un "gobierno de transición democrática", entre otras medidas. Señalan que el anuncio de "golpe contra la Constitución" provocó reacciones que condujeron a la reinstalación de Hugo Chávez en la Presidencia de la República, el 1 3 de abril de 2002.

10.   Señalan que posteriormente los medios de comunicación especularon[5] sobre la presencia de Allan Brewer Carias durante la madrugada del 12

---

racas (2002), páginas 13 y 14, citado en Petición original recibida el 24 de enero de 2007, página 9.

3   Los peticionarios señalan que Allan Brewer Carias es un jurista de conocida trayectoria en el derecho constitucional, la defensa de la democracia, el Estado de Derecho, los derechos humanos y que había manifestado fuertes críticas frente a una serie de decisiones adoptadas mediante decretos del Poder Ejecutivo en Venezuela. Petición original recibida el 24 de enero de 2007, párrs. 13-20.

4   En su declaración ante el Ministerio Público Allan Brewer Carias expresó: "Me condujeron a un pequeño cubículo donde estaba el Dr. Carmona, a quien saludé y quien me solicitó que analizara un documento que le habían entregado cuando llegó a ese lugar, a cuyo efecto se me puso en contacto con dos jóvenes abogados de nombres Daniel Romero y José Gregorio Vásquez, quien (sic) fueron los que me mostraron el documento [...]". Citado en el escrito de imputación fiscal contra Allan Brewer Carias del 27 de enero de 2005, anexo 5 a la petición original recibida el 24 de enero de 2007.

5   Edgar López, *Carta Interamericana Democrática fundamenta Gobierno de Transición*. En: *El Nacional*, 13 de abril de 2002; Laura Weffer Cifuentes, *Cómo se fraguó la renuncia de Hugo Chávez*. En: *El Nacional*, 13 de abril de 2002; Mariela León, *Primer Presidente Empresario*. En: *El Universal*, 13 de abril de 2002; Patricia Poleo, *Factores de Poder*. En: *El Nuevo País*, 16 y 17 de abril de 2002; Ricardo Peña, *Círculo íntimo*. En: *El Reporte*, 18 de abril de 2002; Patricia Poleo, *Factores de poder*. En: *El Nuevo País*, 25 de abril de 2002; Francisco Olivares, entrevista a Daniel Romero, *Los militares manejaron todas las decisiones políticas*. En: *El Universal*, 26 de abril de 2002; Milagros Socorro, *Al país se le tendió una trampa*. En: *El Nacional*, 27 de abril de 2002; Francisco Olivares, *Historia del segundo decreto*. En: *El Universal*, 28 de abril de 2002; Nitu Pérez Osuna, *El video de Chávez retenido*. En: *El Mundo*, 3 de mayo de 2002; Programas de televisión de Rafael Poleo y Patricia Po-

de abril de 2002 en "Fuerte Tiuna" y lo señalaron como autor intelectual o redactor del llamado "Decreto Carmona"[6]. Indican que dichas especulaciones fueron desmentidas públicamente por Allan Brewer Carias[7].

11.   Indican que la Asamblea Nacional designó una "Comisión Parlamentaria Especial para investigar los sucesos de abril de 2002". En su informe de agosto de 2002 esta Comisión Especial exhortó al Poder Ciudadano a investigar y determinar las responsabilidades de ciudadanos "...quienes, sin estar investidos de funciones públicas, actuaron en forma activa y concordada en la conspiración y golpe de Estado". La lista de ciudadanos a ser investigados incluye a Allan Brewer Carias "por estar demostrada su participación en la planificación y ejecución del Golpe de Estado

2.   Hechos alegados en relación con el proceso judicial

12.   Los peticionarios alegan que entre el 2002 y el 2005 al menos cuatro fiscales provisorios investigaron los hechos que rodearon la redacción del "Decreto Carmona", entre otros hechos relacionados con los eventos que se produjeran entre el 11 y el 13 de abril de 2002. Señalan que en primer término la investigación estuvo a cargo del Fiscal provisorio José Benigno Rojas,

---

leo, *Dominio Público* (Venevisión). 12 de abril de 2002; César Miguel Rondón entrevista a Teodoro Petkoff en *30 Minutos* (Televén), 1 2 de mayo de 2002; Domingo Blanco entrevista a Patricia Poleo en *Primera Página* (Globovisión), 1 5 de abril de 2002; César Miguel Rondón entrevista a Patricia Poleo en *30 Minutos* (Televén), 16 de abril de 2002; Luisiana Ríos y Carlos Omobono entrevistan a Patricia Poleo en *La Entrevista* (RCTV), 16 de abril de 2002; Carlos Fernández entrevista a Tarek William Saab en *Triángulo* (Televén), 10 de mayo de 2002; Programa *Voces de un país* de Luis García Figueroa (Globovisión), 28 de mayo de 2002. Escrito de imputación fiscal contra Allan Brewer Carias del 27 de enero de 2005. Anexo 5 a la petición original recibida el 24 de enero de 2007.

6   "En la sede de la Comandancia del Ejército, zona reservada al Jefe del Estado Mayor, se habían instalado en un cubículo Pedro Carmona...En el cubículo de enfrente estaba Allan Brewer Carias redactando a mano lo que luego sería el Acta Constitutiva del Gobierno de Transición ...Brewer Carias replicó: 'No importa la renuncia. Ya Lucas la va a anunciar por televisión y eso será más que suficiente..." Artículo del diario El Nuevo País del 16 de abril de 2002, por Patricia Poleo. *Factores de poder,* Citado en el escrito de imputación fiscal contra Allan Brewer Carias del 27 de enero de 2005, anexo 5 a la petición original recibida el 24 de enero de 2007.

7   Los peticionarios citan las siguientes ruedas de prensa: Allan Brewer Carias responde a las acusaciones: *No redacté el decreto de Carmona Estanga* reseña por Ana Damelis Guzmán, *El Globo,* Caracas, 17/4/02, pág. 4. *El abogado desmiente haber redactado acta constitutiva de gobierno transitorio; Brewer Carias se desmarca de Pedro Carmona Estanga,* reseña por Feliz González Roa Notitarde, Valencia, 17/4/02, pág.1 3. *Brewer Carias: no sé quién redactó el decreto Carmona,* reseña por Jaime Granda, *El Nuevo País,* 17/04/02, pág. 2. Allan R. Brewer Carias *En mi propia defensa. Respuesta preparada con la asistencia de mis defensores Rafael Odremán y León Henrique Cottin contra la infundada acusación fiscal por el supuesto delito de conspiración,* Editorial Jurídica Venezolana, Caracas, 2006, pág. 192, entre otros. Petición original recibida el 24 de enero de 2007, págs. 10 y 11.

quien no formuló imputaciones. Indican que éste fue sustituido por el Fiscal provisorio Danilo Anderson quien tampoco formuló imputaciones y ulteriormente fue asesinado en noviembre de 2004[8]. Subsiguientemente, Luisa Ortega Díaz, Fiscal Provisoria Sexta del Ministerio Público a Nivel Nacional con Competencia Plena (en adelante también "Fiscal Sexta")[9], asumió la investigación y formuló un número de imputaciones. Alegan que, desde entonces, el patrón de conducta, tanto del Ministerio Público como de los jueces provisorios que han visto la causa, ha sido el de valorar los aspectos de la prueba que puedan contribuir a condenar a Allan Brewer Carias y descartar aquellos aspectos que comprueben su inocencia.

13.   Los peticionarios alegan que durante la etapa investigativa, los defensores de Allan Brewer Carias no pudieron obtener copia de ninguna de las actuaciones, sino que sólo se les permitió transcribir a mano las distintas piezas del expediente. Alegan por lo tanto que se los privó de tiempo y condiciones razonables para su defensa[10]. Sostienen que durante la revisión del expediente, Allan Brewer Carias encontró que los textos transcritos en el acta de imputación fiscal no se correspondían con el contenido de los videos considerados como prueba[11]. En vista de lo anterior, se solicitó a la Fiscal provisoria la realización de una transcripción técnica especializada del contenido de todos los videos con entrevistas a periodistas, utilizados como elementos probatorios en la imputación fiscal. La solicitud fue denegada el 21 de abril de 2004 con fundamento en que "nada aportaría a la investigación".

14.   Alegan asimismo que el 21 de abril de 2004 la Fiscal Sexta rechazó los testimonios de Nelson Mezerhane, Nelson Socorro, Yajaira Andueza, Guaicaipuro Lameda y Leopoldo Baptista, ofrecidos por la defensa, con fun-

---

8   Ver CIDH Comunicado de Prensa 24/04 en http://www.cidh.oas.org/Comunicados/Spanish/2004/24.04.htm.

9   Petición original recibida el 24 de enero de 2007, párr. 54. Alegan que a esta Fiscal, y a otros diez fiscales, se les habrían asignado todos los procesos sobre disidentes políticos. Actualmente Luisa Ortega Díaz se desempeñaría como Fiscal General de la República. Escrito de los peticionarios recibido el 3 de enero de 2008, pág. 21.

10   Los peticionarios indican que actualmente el proceso se encuentra ante el Juzgado 25 de Control, ante el cual la defensa sí tiene acceso a los expedientes. Sin embargo, consideran que la falta de acceso en la fase investigativa fue un gravamen irreparable. Escrito de los peticionarios recibido el 3 de enero de 2008, págs. 11 y 1 2.

11   Escrito de la defensa de Brewer Carias del 4 de mayo de 2005 dirigido al Juez Vigésimo Quinto de Control en el que se indica que luego de haber visto los videos y notas de prensa que reposan en el expediente del caso pudieron establecer la falta de veracidad o falsedad de los textos dado que ciertas partes de los videos utilizados para la imputación no se correspondían con lo que se ve y escucha en el video utilizado a la vez de volver a solicitar acceso a la totalidad de los videos contenidos en el expediente del caso. Anexo 43 a la petición original recibida el 24 de enero de 2007, párr. 118.

damento en que se trataba de testigos referenciales cuyas declaraciones carecían de valor probatorio a la luz de la normativa vigente[12].

15.   Indican que el 27 de enero de 2005 la Fiscal Provisoria Sexta formuló imputación fiscal contra Allan Brewer Carias por el delito de conspiración para cambiar violentamente la Constitución mediante la redacción del Decreto Carmona[13]. Alegan que ésta se basó en la denuncia del Coronel del Ejército en servicio Ángel Bellorín que indicaba que "es un hecho notorio comunicacional reiterado y por todos conocido a través de los diversos medios de comunicación que los autores de dicho decreto son los ciudadanos Allan Brewer Carias, [...], conocidos [...] como expertos en materia constitucional..."[14].

16.   Indican que el proceso en el cual está incluida la causa contra Allan Brewer Carias fue asignado inicialmente a Josefina Gómez Sosa, Jueza Temporal Vigésimo Quinta de Control. A solicitud de la Fiscal Sexta, la Juez Vigésimo Quinta de Control decretó la orden de prohibición de salida del país de Allan Brewer Carias. Dicha orden fue apelada ante la Sala Diez de la Corte de Apelaciones. El 31 de enero de 2005 la Sala de Apelaciones dictó la revocatoria de la orden de prohibición de salida del país. El 3 de febrero de 2005 la Comisión Judicial del Tribunal Supremo de Justicia suspendió de su cargo a los jueces de la Corte de Apelaciones que votaron por la nulidad de la decisión apelada, así como a la Juez Temporal Josefina Gómez Sosa, por no haber

---

12   "De las innumerables pruebas solicitadas por los defensores, han sido acordadas casi en su totalidad, como consecuencia de lo cual es igualmente falso que se haya hecho caso omiso a la petición de evacuación de pruebas, las declaraciones de NELSON MEZERHANE, NELSON SOCORRO, YAHAIRA ANDUEZA Y LEOPOLDO BAPTISTA, que pretenden que el Ministerio Público entreviste a los fines de que tenga conocimiento de lo que el abogado ALLAN BREWER CARIAS les dijo a ellos, como si el solicitando ya no se lo haya hecho saber a la representación fiscal y pretendiendo incorporar pruebas de testigos referenciales que tenían valor legal en la vigencia del Código de Enjuiciamiento Criminal, por lo que a criterio del Ministerio Público las testimoniales no eran ni son necesarias para esclarecer los hechos y así se les hizo saber por escrito en su oportunidad legal". Decisión de la Fiscal Sexta a Nivel Nacional con Competencia Plena de fecha 21 de abril de 2004 en la que se niega la solicitud promovida por los representantes de Brewer Carias para que sean citados a declarar los señores Nelson Socorro y Leopoldo Baptista con el fin de que den cuenta de las actividades de Allan Brewer Carias los días anteriores al 10 de abril de 2002. El Tribunal rechazó la solicitud al considerar que las actividades de Allan Brewer Carias anteriores al 10 de abril de 2002 no formaban parte de los hechos imputados y por tanto eran innecesarios. Petición original recibida el 24 de enero de 2007, párr. 90 y 95-100.

13   Código Penal Venezolano artículo 144: "Serán castigados con presidio de doce a veinticuatro años: 2. Los que, sin el objeto de cambiar la forma política republicana que se ha dado la Nación, conspiren o se alcen para cambiar violentamente la Constitución Nacional".

14   Denuncia formulada por Ángel Bellorín el 22 de mayo de 2002, anexo 6 a la petición original recibida el 24 de enero de 2007.

motivado suficientemente la orden de prohibición de salida del país. La Jueza Gómez Sosa fue sustituida por el Juez de Control Manuel Bognanno, también temporal. Alegan que éste fue suspendido de su cargo el 29 de junio de 2005 tras oficiar, el 27 de junio de 2005, al Fiscal Superior sobre alegadas irregularidades en la investigación conducida por la Fiscal Sexta.

17. El 4 de mayo de 2005 la defensa solicitó al Juez Vigésimo Quinto de Control la exhibición de todos los videos, la admisión de los testimonios ofrecidos y el acceso a las copias del expediente. En respuesta el juez ordenó a la Fiscal Sexta permitir a la defensa "el acceso total al expediente y los videos que guarden en relación con la causa..."[15]. Sin embargo, decidió que no le correspondía pronunciarse sobre la pertinencia de los testimonios ofrecidos por la defensa. El 16 de mayo de 2005 la defensa apeló ante la Corte de Apelaciones la decisión del Juez Vigésimo Quinto de Control de no pronunciarse sobre la pertinencia de los testimonios ofrecidos.

18. Asimismo, indican que la defensa promovió la consideración de la ficha migratoria de Allan Brewer Carias como prueba para demostrar que durante las semanas que precedieron al 12 de abril de 2002 éste se encontraba fuera del país, por lo que no pudo haber conspirado para cambiar violentamente la Constitución. Indican que el 9 de mayo de 2005 la Fiscal Provisoria Sexta rechazó la prueba por considerarla innecesaria[16].

19. El 30 de mayo de 2005 la Fiscalía Sexta solicitó la declaratoria de nulidad de la decisión del Juez Vigésimo Quinto de Control con fundamento en que el escrito presentado por la defensa no le había sido notificado, por lo cual no había tenido la oportunidad de defenderse[17]. El 6 de julio de 2005 la Corte de Apelaciones declaró nula la decisión del Juez Vigésimo Quinto de Control de no pronunciarse sobre la pertinencia de los testimonios ofrecidos y ordenó que otro juez de control se pronunciara respecto del escrito de la defensa. El 10 de agosto de 2005 la defensa presentó un escrito ante el Juez

---

15 Juez Vigésimo Quinto de Control, oficio 25C-482-05, decisión del 11 de mayo de 2005. Anexo 44 a la petición original recibida el 24 de enero de 2007.

16 Decisión del 9 de mayo de 2005 en la que se consideró que la solicitud la defensa no se indicó lo que se pretendía probar, cuáles eran los hechos imputados que iban a desvirtuar con la diligencia y por considerar que tal solicitud no se ajustaba a lo establecido en el artículo 198 del Código Orgánico Procesal Penal el cual señala que: "...un medio de prueba para ser admitido, debe referirse, directa o indirectamente, al objeto de la investigación y ser útil para el descubrimiento de la verdad". Anexo 35 a la petición original recibida el 24 de enero de 2007, párr. 101.

17 La Fiscal indica que desde la fecha de imputación de Allan Brewer Carias, 27 de enero de 2005 hasta el 9 de mayo de 2005, los representantes del imputado "han revisado todas las piezas, durante 47 días laborales, de 67 transcurridos. De todas y cada una de las veces que han solicitado y revisado el expediente se ha levantado un acta de revisión que consigno en este escrito a fin de demostrar la falsedad de las imputaciones hechos (sic) por el abogado ALLAN BREWER CARIAS y sus defensores". Solicitud de nulidad de la Fiscal provisoria del 30 de junio de 2005, anexo 1 2 a la petición original recibida el 24 de enero de 2007.

Vigésimo Quinto de Control insistiendo en la admisión de los testimonios ofrecidos y en el cumplimiento de la decisión de la Corte de Apelaciones.

20. El 30 de septiembre de 2005 la defensa presentó un escrito de promoción de prueba anticipada de declaración de Pedro Carmona Estanga ante el Juez Vigésimo Quinto de Control. El 20 de octubre de 2005 la solicitud fue declarada improcedente[18] con fundamento en que Pedro Carmona Estanga también se encontraba imputado en la causa por lo que su declaración no tendría valor probatorio. Indican que promovieron por segunda vez la declaración de Pedro Carmona; que ésta fue denegada por el mismo juez; que presentaron recusación en su contra por haber emitido opinión nuevamente sobre la misma cuestión; y que la recusación fue denegada con fundamento en que el juez no había emitido pronunciamiento sobre la culpabilidad o inocencia de Allan Brewer Carias. Señalan que finalmente presentaron la declaración de Pedro Carmona por escrito y alegan que ésta ha sido "ignorada" por el juez. Asimismo, sostienen que se citó un párrafo del libro de Pedro Carmona Estanga[19] en la acusación de Allan Brewer Carias sin tomar en cuenta otro párrafo del mismo libro en el que Pedro Carmona señala que nunca le había atribuido la autoría del Decreto en cuestión[20].

21. Señalan que por decisión discrecional y arbitraria de la Fiscal Provisoria Sexta, no se permitió a la defensa de Allan Brewer Carias estar presente en el interrogatorio de los testigos llamados a declarar ante ella. Indican que en algunos casos la Fiscal admitió preguntas por escrito, pero que no fue posible presentarlas en el caso de testigos sobrevenidos en el curso de la investigación que declararon en secreto. Específicamente señalan que el 5 de octubre de 2005 se recibió el testimonio del General Lucas Rincón, sin que la defensa hubiere sido convocada o notificada.

22. Alegan que no se tomó en cuenta el testimonio ofrecido por el periodista y político Jorge Olavarría en sustento de la inocencia de Allan Bre-

---

18 Decisión del Vigésimo Quinto de Control del 20 de octubre de 2005. Anexo 30 a la petición original recibida el 24 de enero de 2007.

19 "Fueron numerosas las opiniones recibidas. Se escuchó a juristas civiles y militares, entre ellos a los doctores Allan Brewer-Carías [...] y a numerosos actores políticos, pero no puede decirse que sus opiniones fueron plasmadas plenamente o que se les pueda imputar su redacción". Pedro Carmona. *Testimonio ante la historia*, Caracas 2004, pág. 95, anexo 3 a la petición original recibida el 24 de enero de 2007, párr. 103.

20 "[Nunca he atribuido al Dr. Brewer-Carías la autoría del Decreto, pues sería irresponsable, [...]. Respeto incluso las diferencias que el Dr. Brewer expresara en relación con el camino elegido y las constancias que dejó en las actas de la entrevista que le hiciese la Fiscalía General de la República, aun cuando discrepo de algunas de sus interpretaciones". Ver Pedro Carmona. *Testimonio ante la historia*, Caracas 2004, pág. 108, anexo 3 a la petición original recibida el 24 de enero de 2007, párr. 105.

wer Carias[21] y que por el contrario éste fue considerado para fundamentar su acusación[22].

23. El 21 de octubre de 2005 la Fiscal Sexta formalizó la acusación contra Allan Brewer Carias y el proceso pasó a etapa intermedia. Dicha decisión fue apelada por la defensa ante la Corte de Apelaciones el 28 de octubre de 2005[23]. La apelación fue denegada el 1° de diciembre de 2005.

24. El 8 de noviembre de 2005 la defensa interpuso una acción de nulidad de todo lo actuado con fundamento en violaciones a las garantías judiciales[24]. Indican que dicha solicitud aun no ha sido resuelta y que el proceso se encuentra aun en fase intermedia.

25. Los peticionarios indican que Brewer Carias participó en el proceso de manera presencial hasta el 28 de septiembre de 2005, fecha en la cual se ausentó de Venezuela. Señalan que el 26 de octubre de 2005 la defensa de Allan Brewer Carias solicitó al Juez Provisorio de Control que se garantizara su derecho a ser juzgado en libertad[25] y la declaratoria anticipada de la impro-

---

21 "Comparezco ante usted para rendir testimonio bajo fe de juramento de la constancia que tengo de la injuriosa falsedad que el atribuye al Dr. Allan Randolph Brewer Carias, de haber sido el autor del acta de constitución del llamado 'Gobierno de transición y unidad nacional' instalado [...]. Me consta que el Dr. Brewer no redactó ese documento. Considero mi deber testimoniarlos así". Anexo 35 a la petición original recibida el 24 de enero de 2007, párr. 107.

22 "...Pasadas las seis de la tarde del miércoles 10 de abril, llegaron a mi despacho los abogados Daniel Romero y José Gregorio Vásquez a quienes no conocía. El Dr. Romero Leyó lo que pretendía ser el proyecto de instalación para un gobierno de transición. Yo les hice algunas observaciones de carácter histórico yo les hice algunas observaciones y el Dr. Brewer llamó su atención acerca de la Carta Democrática Interamericana, haciéndose evidente para ambos la ignorancia de los abogados en esos temas por lo cual no les dimos mayor importancia. Cuando se marcharon el Dr. Brewer y yo comentamos la ligereza y banalidad del documento. Anexo 36 a la petición original recibida el 24 de enero de 2007, párr. 108.

23 Apelación de la defensa contra la decisión del Juez Vigésimo Quinto de Control del 20 de octubre de 2005. Anexo 47 a la petición original recibida el 24 de enero de 2007.

24 Contestación de la defensa a la acusación contra Allan Brewer Carias del 8 de noviembre de 2006. Anexo 2 a la petición original recibida el 24 de enero de 2007.

25 Señalan que el artículo 44(1) de la Constitución de Venezuela establece que toda persona "será juzgada en libertad", que el artículo 102 del Código Orgánico Procesal Penal (COPP) establece que:"se evitará, en forma especial, solicitar privación preventiva de libertad del imputado cuando ella no sea absolutamente necesaria para asegurar las finalidades del proceso" y que su artículo 125(12) establece que es un derecho del imputado "[n]o ser juzgado en ausencia, salvo lo dispuesto en la Constitución de la República". Los peticionarios indican que "la posibilidad de enjuiciamiento en ausencia en delitos contra la cosa pública fue eliminada de la Constitución de la República Bolivariana de Venezuela de 1999 y por ello la frase 'salvo lo dispuesto en la Constitución de la República' ya no tiene relevancia". Petición original recibida el 24 de enero de 2007, párr. 131 y pág. 3 del escrito de los peticionarios recibido el 3 de enero de 2008

cedencia de su privación de libertad durante el juicio, por tratarse de una persona no peligrosa, laboral y académicamente activa, con residencia y arraigo en el país. Indican que el Juez provisorio nunca se pronunció sobre esta solicitud.

26.   Posteriormente, el 10 de mayo de 2006 la defensa informó al Juez Provisorio de Control que Allan Brewer Carias había aceptado la designación como profesor adjunto en la Facultad de Derecho de la Universidad de Columbia en los EEUU y solicitaron que continuara el proceso. Indican que -a pesar de saber que el imputado se encontraba fuera del país— el 2 de junio de 2006 la Fiscal Provisoria Sexta solicitó al Juez el dictado de medida privativa de libertad contra Allan Brewer Carias por peligro de fuga. En respuesta, el 15 de junio de 2006 el Juez Provisorio de Control ordenó medida privativa de libertad[2626], la cual no ha sido ejecutada dado que a la fecha Allan Brewer Carias permanece en el extranjero.

27.   Los peticionarios indican que el 12 de julio de 2006 la Fiscal Sexta cursó una solicitud de cooperación a la INTERPOL para la búsqueda y localización de Allan Brewer Carias, con miras a su detención preventiva y a su posible extradición. Asimismo, el 11 de julio de 2006, el Embajador de Venezuela en República Dominicana dirigió una comunicación a la INTERPOL, solicitando la captura de Allan Brewer Carias con motivo de una invitación para dictar una conferencia en ese país. Asimismo, dicho agente diplomático lo habría denunciado ante los medios de comunicación de la República Dominicana como un "conspirador". Indican que en respuesta a estos requerimientos, la INTERPOL solicitó información a los tribunales sobre el carácter del delito imputado a Brewer Carias como de derecho común. Señalan que mediante aclaratoria del 1 7 de septiembre de 2007 el Tribunal de Primera Instancia en Función de Control del Circuito Judicial de la Área Metropolitana de Caracas respondió que Allan Brewer Carias sería el autor intelectual de un atentado frustrado en contra el Presidente de la República, por lo que quedaba desvirtuada la naturaleza de delito político de la imputación. Indican que la defensa apeló y solicitó que dicha aclaratoria fuera anulada, pero que dicha apelación fue desestimada el 29 de octubre de 2007.

28.   Asimismo, señalan que con ocasión de una invitación cursada a Allan Brewer Carias para dictar una conferencia en el Instituto Interamericano de Derechos Humanos (IIDH) la Embajadora de Venezuela en Costa Rica dirigió una carta a la Presidenta del IIDH refiriéndose a Allan Brewer Carias como alguien que "según se conoce, participó como autor material e intelectual e instruyó para su corrección en la redacción del decreto mediante el cual se abolieron los poderes constituidos de la República Bolivariana de Venezuela" y que por eso "huyó del país". Indican que también se requirieron órdenes de captura a la INTERPOL con motivo de dos invitaciones cursadas

---

26   Decisión del Juez Provisorio de Control del 15 e junio de 2006, dicta medida preventiva de privación de libertad contra Allan Brewer Carias. Anexo 52 a la petición original recibida el 24 de enero de 2007.

a Allan Brewer Carias para dictar conferencias en Perú y España, y que éste decidió no asistir, por razones de seguridad.

29.   El 11 de enero de 2008 los representantes de Allan Brewer Carias interpusieron ante el Juez Vigésimo Quinto de Control una solicitud de sobreseimiento con base en el Decreto 5790 con Rango, Valor y Fuerza de Ley Especial de Amnistía, dictado el 31 de diciembre de 2007 por el Presidente Hugo Chávez. Dicha norma, dirigida a "todas aquellas personas que enfrentadas al orden general establecido, y que a la presente fecha se encuentren a derecho y se hayan sometido a los procesos penales, que hayan sido procesadas y condenadas", incluye entre las conductas sujetas a amnistía "la redacción del Decreto del Gobierno de facto del (12) de abril de 2002"[27]. La solicitud fue denegada el 25 de enero de 2008 con base en que Allan Brewer Carias no había comparecido en el proceso. Los peticionarios alegan que dicha denegatoria careció de motivación, lo cual vulneró el derecho a la tutela judicial efectiva y el derecho a la igualdad ante la ley. Indican que dicha decisión fue apelada ante la Sala Quinta de la Corte de Apelaciones del Circuito Penal del Área Metropolitana de Caracas y denegada el 3 de abril de 2008.

3.   Alegatos sobre la violación de la Convención Americana

30.   Los peticionarios alegan que el Estado es responsable por la violación de los derechos establecidos en los artículos 8.1, 8.2, 11, 13, 22, 24, 25, 1.1 y 2 de la Convención Americana en perjuicio de Allan Brewer Carias.

31.   Con relación al derecho a ser oído por un juez o tribunal competente, independiente e imparcial establecido en el artículo 8.1 de la Convención Americana, los peticionarios alegan que los fiscales y jueces que han actuado en la imputación y acusación de Brewer Carias son funcionarios provisorios, y que han sido sustituidos toda vez que sus decisiones no fueran "del agrado de los perseguidores". Alegan que la provisionalidad de jueces y fiscales vulnera la garantía de independencia e imparcialidad del artículo 8 de la Convención Americana en tanto dichos funcionarios no gozan de estabilidad en el cargo y pueden ser removidos o suspendidos libremente.

32.   Con relación al derecho de toda persona inculpada de delito a que se presuma su inocencia mientras no se establezca legalmente su culpabilidad, establecido en el artículo 8.2 de la Convención Americana, los peticionarios alegan que se abrió un proceso contra Allan Brewer Carias con base en un "hecho notorio comunicacional", a pesar de que éste desmintiera las informaciones de prensa. Los peticionarios alegan que en la jurisprudencia de la Sala Constitucional del Tribunal Supremo de Justicia de Venezuela, "un hecho notorio comunicacional" sólo se configura cuando existen noticias difundidas por medios de comunicación que no han sido desmentidas. Alegan asimismo

---

27   *Gaceta Oficial* Nº 5.870 Extra, del 31-12-2007. Art. 1 .A. Escrito de los peticionarios recibido del 25 de febrero de 2008, párr. 2.

que la Fiscalía invirtió la carga de la prueba al exigir que la defensa desvirtuara la imputación por ella formulada contra Allan Brewer Carias.

33. Asimismo alegan que las solicitudes de captura cursadas a INTERPOL son manifiestamente inconducentes y abusivas dado que el delito imputado a Allan Brewer Carias es un típico delito político puro y el artículo 3 del Estatuto de INTERPOL le prohíbe "toda actividad o intervención en asuntos de carácter político, militar, religioso o racial". Consideran que la determinación por parte de los tribunales internos de que la conducta imputada a Brewer Carias constituye un delito común "...es una maniobra arbitraria que cambia la calificación jurídica del delito imputado, configura violaciones al debido proceso y que puede acarrear infaustas consecuencias para la libertad, la seguridad y la honra". Alegan que dichas solicitudes de captura vulneran el principio de presunción de inocencia.

34. Asimismo, alegan que entes tales como la Asamblea Nacional, el Tribunal Supremo de Justicia, el Fiscal General de la República, así como miembros del cuerpo diplomático, se manifestaron públicamente sobre el alcance de las conductas imputadas a Brewer Carias y su presunta culpabilidad.

35. En cuanto a la Asamblea Nacional, alegan que el informe de la "Comisión Parlamentaria Especial para investigar los sucesos de abril de 2002" da por demostrada la participación de Allan Brewer Carias en conductas de las que no pudo defenderse. Asimismo, alegan que dicho informe viola el principio de legalidad. Indican que el 40% de los diputados de la Asamblea votaron en contra del informe con fundamento en que "inventa una nueva categoría de sanción [...] para tratar de establecer responsabilidades morales o éticas a ciudadanos que no ostentan ningún cargo como funcionario público"[28].

36. En el caso del Tribunal Supremo de Justicia, alegan que éste habría adelantado opinión al indicar por escrito que "numerosos testimonios que son de conocimiento público señalan al doctor Allan Brewer-Carías como uno de los autores del decreto en alusión y entre ellos hay uno privilegiado, consistente en la narración de los hechos que hace el propio Pedro Carmona Estanga en su libro 'Mi testimonio ante la Historia'"[29]. Alegan que el Fiscal General de la República también adelantó opinión sobre la culpabilidad de Allan Brewer

---

28 Indican que los parlamentarios consideraron que la Investigación de estos ciudadanos viola el principio de legalidad al pretender establecer responsabilidades políticas y sancionarlos sin que sean funcionarios públicos "... (en abierta contradicción con otras responsabilidades políticas que si (sic) establece a otros ciudadanos que tampoco ocupan ningún cargo público). Pero en este caso se fabrica una sanción inexistente [...] lo cual constituye una violación a los derechos constitucionales de los imputados y en franca violación también al principio general de derecho que determina *"nulla crimen sine lege"*. Petición original recibida el 24 de enero de 2007, párr. 76.

29 Cartas del 13 de diciembre de 2005 y 31 de enero de 2006 del Tribunal Supremo de Justicia al Instituto Interamericano de Derechos Humanos y al Instituto Iberoamericano de Derecho Procesal. Petición original recibida el 24 de enero de 2007, párr. 78.

Carias en su libro "Abril Comienza en Octubre"[30] en el que asume como verdaderas aseveraciones periodísticas que estaban bajo investigación de su despacho y que nunca fueron ratificadas con testimonios ni corroboradas. Indican que Allan Brewer Carias se dirigió sobre el particular al Fiscal General de la República en una misiva enviada en la víspera de su salida de Venezuela[31]. Por último alegan que miembros del cuerpo diplomático públicamente se refirieron a Allan Brewer Carias como "conspirador" y "autor del Decreto del 12 de abril", conductas que se le imputan, sin pruebas ni condena judicial.

37.   Con relación al derecho del inculpado a contar con el tiempo y los medios adecuados para la preparación de su defensa, establecido en el artículo 8.2.c de la Convención Americana, los peticionarios alegan que durante la etapa investigativa, los defensores de Allan Brewer Carias no pudieron obtener copia de ninguna de las actuaciones, sino que sólo se les permitió transcribir a mano las distintas piezas del expediente lo cual ocasionó un perjuicio irreparable en la defensa del caso.

38.   Con relación al derecho de la defensa de interrogar a los testigos y obtener la comparecencia de testigos o peritos que puedan arrojar luz sobre los hechos, establecido en el artículo 8.2.f de la Convención Americana, los peticionarios alegan que no se permitió a la defensa de Allan Brewer Carias estar presente en el interrogatorio de los testigos llamados a declarar por la Fiscal Sexta. Indican que en algunos casos la Fiscal admitió preguntas por escrito, pero que no fue posible presentarlas en el caso de testigos sobrevenidos en el curso de la investigación que "declararon en secreto". Específicamente señalan que el 5 de octubre de 2005 se recibió el testimonio del General Lucas Rincón, sin que la defensa hubiere sido convocada o notificada. Asimismo, alegan que los diez periodistas que difundieron los "hechos notorios comunicacionales" que sirvieron de base a la imputación no fueron llamados a ratificar sus aseveraciones. Señalan que al ser llamados por la defensa de Allan Brewer Carias, manifestaron no haber sido testigos de los hechos, por lo que los peticionarios consideran improcedente las pruebas referenciales que sirvieron de base para la imputación de Allan Brewer Carias.

39.   En cuanto a la comparecencia de testigos ofrecidos por la defensa, alegan que el 21 de abril de 2004 la Fiscal Sexta rechazó los testimonios de Nelson Mezerhane, Nelson Socorro, Yajaira Andueza, Guaicaipuro Lameda y Leopoldo Baptista, con fundamento en que se trataba de testigos referenciales cuyas declaraciones carecían de valor probatorio a la luz de la normativa vigente. Asimismo, alegan que se les denegó la promoción anticipada de la declaración de Pedro Carmona Estanga y que habiendo sido presentada por escrito, habría sido "ignorada".

---

30   Isaías Rodríguez, *"Abril comienza en octubre"*, Caracas, septiembre de 2005, **anexo 21** a la petición original recibida el 24 de enero de 2007, párr. 80.

31   Carta de Allan Brewer Carías, en: Allan Brewer Carías *En mi propia defensa*, Editorial Jurídica Venezolana, Caracas, 2006, anexo 2 a la petición original recibida el 24 de enero de 2007, párr. 80.

40. Con relación a los derechos a la seguridad personal y a la circulación y residencia, establecidos en los artículos 7 y 22 de la Convención Americana, los peticionarios alegan que la orden de captura en contra de Allan Brewer Carias implica que ya no puede regresar a su país sin someterse a detención preventiva violatoria de su derecho a la presunción de inocencia. Asimismo, sugieren que la ausencia de decisión sobre la solicitud de declaratoria anticipada de la improcedencia de privación de libertad durante el juicio, promovida por Allan Brewer Carias, lo puso en la necesidad de velar por su propia seguridad y libertad personales, y abandonar el país. Alegan que a pesar de que Allan Brewer Carias no ha sido detenido, es objeto de una persecución y hostigamiento internacional que restringe su libertad de movimiento y que le impide retornar a su país sin riesgo de ser detenido, para enfrentar un proceso penal en el que no cuenta con las debidas garantías. Alegan que a causa de este hostigamiento, se ha visto compelido a dejar de asistir a 17 eventos académicos importantes a los que fue invitado[32].

41. Consideran que en casos de persecución política, el derecho internacional asiste a quien procura ponerse a salvo del Estado en cuestión. Indican que éste es el fundamento último del asilo y del refugio como instituciones jurídicas. Alegan que el perseguido tiene derecho a no ser devuelto a sus perseguidores, al punto que el derecho internacional impone al Estado que niega el refugio o asilo el deber jurídico de no devolver a la víctima a la jurisdicción del Estado que lo persigue, mediante la regla conocida como *non refoulement*.

42. Con relación al derecho a la honra y la dignidad, establecido en el artículo 11 de la Convención Americana, los peticionarios alegan que las declaraciones de representantes gubernamentales respecto de hechos delictivos no probados aun en sede judicial afectan la honra de Allan Brewer Carias y amenazan el principio de independencia de la judicatura. Consideran que en el presente caso las sistemáticas acusaciones de "golpista" dirigidas en contra de Allan Brewer Carias y la atribución de autoría del decreto en cuestión, lesionan su reputación y prestigio como abogado constitucionalista y profesor universitario. Al respecto, alegan que los pronunciamientos emanados de órganos del Estado tales como la Asamblea Nacional, el Tribunal Supremo de Justicia, el Fiscal General de la República y de las Embajadas de Venezuela en la República Dominicana y Costa Rica, constituyen violaciones del derecho a la honra y dignidad de Allan Brewer Carias y demuestran que la investigación en su conjunto viola el artículo 11 de la Convención Americana[33].

43. Con relación al derecho a la libertad de expresión, establecido en el artículo 13 de la Convención Americana, los peticionarios alegan que a causa

---

32 Listado de eventos, anexo 59 al escrito de los peticionarios recibido el 3 de enero de 2008, pág. 20.

33 Los peticionarios citan CIDH. Gallardo Rodríguez, Caso 11.430 OAS/Ser.L/V/ll.95 Doc. 7 rev., párr. 76. Petición original recibida el 24 de enero de 2007, párr. 135 y 136.

de la abierta disidencia de Allan Brewer Carias a las políticas del Gobierno, algunos periodistas presumieron que se encontraba vinculado a la conformación del llamado "gobierno de transición". Alegan que el Gobierno y sus instituciones han utilizado la mera presencia de Allan Brewer Carias en el "Fuerte Tiuna" en la víspera de la emisión del Decreto Carmona como pretexto para acallar la voz de un opositor importante, acusándolo de golpista. En este sentido, consideran que el proceso penal seguido en contra de Allan Brewer Carias configura una violación de su derecho a la libertad de expresión, establecido en el artículo 13 de la Convención Americana.

44.   Con relación al derecho a la igualdad ante la ley, establecido en el artículo 24 de la Convención Americana, los peticionarios alegan que en el proceso sobre conspiración para cambiar violentamente la Constitución sólo han sido imputados y acusados civiles y no militares, a pesar de que fueron los altos mandos militares quienes habrían solicitado la renuncia del Jefe de Estado. Indican que los miembros de la Fuerza Armada inicialmente señalados por el Ministerio Público, se beneficiaron del privilegio constitucional de antejuicio a fin de que el Tribunal Supremo de Justicia estableciera si existía mérito para iniciar el juzgamiento[34]. En ese caso, el Tribunal Supremo consideró que no había lugar para el juicio, con fundamento en que los hechos de abril de 2002 no constituyeron un golpe de Estado sino un "vacío de poder". Indican que posteriormente esa decisión fue declarada nula por la Sala Constitucional pero que aun cuando algunos militares han sido citados para ser imputados, estos no han comparecido[35]. Los peticionarios alegan que el Estado es responsable por un acto de discriminación que vulnera el artículo 24 de la Convención Americana, en relación con su artículo 1.1.

45.   Con relación al derecho a la protección judicial establecido en el artículo 25 de la Convención Americana, los peticionarios alegan que en Venezuela no existen recursos judiciales efectivos para la protección de los derechos de Allan Brewer Carias. Al respecto, indican que Allan Brewer Carias acudió repetidamente al Juez Provisorio de Control y al Tribunal de Apelaciones a fin de que se reestablecieran sus derechos en el curso de proceso. Alegan que en respuesta los tribunales sostuvieron que carecían de atributos legales para proteger sus derechos, que los planteamientos eran inoportunos[36] o que no podían interferir con la autonomía de la Fiscalía en la dirección de la investigación[37].

---

34   Indican que el derecho de antejuicio está establecido en el artículo 266 de la Constitución de Venezuela. Petición original recibida el 24 de enero de 2007, párr. 148.

35   Indican que el General en Jefe del Ejército, Lucas Rincón Gutiérrez, quien anunció en abril de 2002 que la cúpula militar había pedido la renuncia del Presidente de la República, no ha sido sometido a investigación. Petición original recibida el 24 de enero de 2007, párr. 149.

36   Decisión del Tribunal de Control del 11 de mayo de 2005. Anexo 44 a la petición original recibida el 24 de enero de 2007, párr. 125.

37   Petición original recibida el 24 de enero de 2007, párr. 124.

46. Finalmente, los peticionarios alegan que el Estado incumplió su deber de adoptar las medidas necesarias, ya sean legislativas o de otra índole, para hacer efectivos los derechos protegidos en la Convención, en violación de sus artículos 2 y 1.1. Indican que la legislación nacional no es adecuada en cuanto al nombramiento y permanencia en el cargo de los jueces y fiscales, para hacer efectivos los derechos de Allan Brewer Carias y de todos los venezolanos a ser oídos por un tribunal independiente e imparcial.

4. Alegatos sobre la admisibilidad del reclamo

47. Los peticionarios alegan que los recursos disponibles en la jurisdicción interna resultan ilusorios en vista de las condiciones generales del país y las circunstancias del caso. Consideran que el Poder Judicial carece de independencia e imparcialidad y que en general se configura un cuadro de denegación de justicia[38]. Alegan que la Comisión ya ha establecido en otros casos que la víctima no dispone de recursos internos en un cuadro de "inoperancia del sistema judicial para resolver su situación" lo cual ocurre, entre otras situaciones, cuando se establece su corrupción o falta de independencia[39]. Los peticionarios citan también consideraciones de la CIDH sobre el impacto de la permanencia de un alto porcentaje de jueces provisorios en la independencia del Poder Judicial en Venezuela[40]. Cuestionan también a la elección de los magistrados del Tribunal Supremo de Justicia tras la adopción de la Constitución; la reforma de la Ley Orgánica de dicho Tribunal que dispuso la elección por la Asamblea Nacional de 1 2 nuevos magistrados, por mayoría simple[41]; y la destitución o "jubilación" de los magistrados que no siguieron la línea gubernamental[42]. En tanto el Tribunal Supremo tiene como función el nombra-

---

38 Los peticionarios citan Corte I.D.H. *Garantías judiciales en estados de emergencia.* OC 9-87 de 6 de octubre de 1987. Serie C. N° 9, párr. 24 y *Caso Bámaca González (sic).* Sentencia de 25 de noviembre de 2000. Serie C. N° 70, párr. 191. Petición original recibida el 24 de enero de 2007, párr. 157.

39 Los peticionarios citan el Informe 5/94 (Elvis Lovato Rivera) *Informe Anual de la CIDH de 1993,* consideración N° 5, párrafos f y h, páginas 187 y siguientes.

40 Los peticionarios citan el Informe de la CIDH sobre los derechos humanos en Venezuela adoptado el 29 de diciembre de 2003, página 3.

41 Los peticionarios señalan que la CIDH estableció en su Informe Especial sobre Venezuela de 2003 que dicha ley "no toma en consideración las preocupaciones expresadas por la CIDH en su informe en cuanto a posibles amenazas a la independencia del Poder Judicial". Petición original recibida el 24 de enero de 2007, párr. 38. Asimismo, indican que contra dicha ley se han intentado varias demandas de inconstitucionalidad entre las cuales, la que fue presentada por los decanos de las facultades de derecho más reputadas del país, se encontraba, luego de tres años, en espera de decisión. Petición original recibida el 24 de enero de 2007, párr. 40.

42 Los peticionarios indican que en víspera del nombramiento de los magistrados, el entonces Presidente de la Comisión Parlamentaria encargada de escoger a los candidatos a magistrado, declaró a la prensa lo siguiente:"si bien los diputados tenemos la potestad de esta escogencia, el Presidente de la República fue consultado y su opinión fue tenida en cuenta [...] Vamos a estar claros, nosotros no nos vamos a meter

miento y remoción de jueces inferiores, los peticionarios consideran que esta situación afecta la autonomía del Poder Judicial.

48.   Consideran que el presente caso se inserta en el marco de una política de Estado en la que Allan Brewer Carias no sólo ha sido condenado de antemano sino que se ve impedido de utilizar los recursos normalmente disponibles para su defensa dentro del proceso penal, los cuales son arbitrariamente desconocidos por el Ministerio Público y por el sistema judicial. Los peticionarios sostienen que acudir a esos recursos se convierte en una formalidad que carece de sentido y que las excepciones del artículo 46.2 son plenamente aplicables en esta situación y los eximen del requisito de agotar recursos internos que, en la práctica, no pueden alcanzar su objeto[43].

49.   Asimismo, alegan que el proceso ha quedado paralizado a partir de la emisión de la orden de captura a nombre de Allan Brewer Carias en junio de 2006 y que por lo tanto no se ha celebrado audiencia preliminar lo cual constituye un retardo injustificado en el proceso y la violación del derecho a juicio en libertad y sin demora. Alegan también que el retardo injustificado en resolver el recurso de nulidad interpuesto el 8 de noviembre de 2005. Indican que dicha solicitud aun no ha sido resuelta y que el proceso se encuentra aun en fase intermedia.

50.   Respecto a los efectos procesales de la falta de presencia física de Allan Brewer Carias en el desarrollo del proceso, consideran que éstos sólo alcanzan a actos procesales que no se pueden realizar sin su presencia, tales como la audiencia preliminar y el juicio oral y público. Indican que esto no obsta a que sí puedan cumplirse otras actuaciones judiciales que no impliquen su juzgamiento en ausencia, tales como el recurso de nulidad propuesto el 8 de noviembre de 2005. Alegan que la prohibición de juicio en ausencia constituye una garantía procesal que debe ser siempre entendida a favor del imputado o procesado y nunca en su contra. Indican que no se trata de un hecho punible de acuerdo con el Código Penal venezolano[44]. Los peticionarios alegan que mantenerse fuera del país es un acto razonable a fin de impedir el agravamiento de las violaciones de derechos humanos, proporcionado a las ya sufridas y a las amenazas de su repetición.

---

autogoles. En la lista había gente de la oposición que cumple con todos los requisitos. La oposición hubiera podido usarlos para llegar a un acuerdo en las últimas sesiones pero no quisieron. Así que nosotros no lo vamos a hacer por ellos. En el grupo de los postulados no hay nadie que vaya a actuar contra nosotros y, así sea en una sesión de 10 horas, lo aprobaremos". Petición original recibida el 24 de enero de 2007, párr. 39.

43   Los peticionarios citan Corte I.D.H., *Caso Velásquez Rodríguez. Excepciones Preliminares.* Sentencia de 26 de junio de 1 987. Serie C Nº 1, párr. 64. Petición original recibida el 24 de enero de 2007, par. 1 53.

44   Los peticionarios indican que de acuerdo al art. 259 del Código Penal Venezolano ni siquiera la fuga de un procesado del establecimiento donde estuviere detenido es punible, a menos que medie la violencia. Escrito de los peticionarios recibido el 3 de enero de 2008, pág. 34.

51.   Consecuentemente, alegan que son aplicables las excepciones al agotamiento de los recursos internos previstas en los tres incisos del artículo 46.2. de la Convención Americana.

B.   Posición del Estado

1.   Contexto

52.   A manera de contexto, el Estado cita las resoluciones adoptadas por el Consejo Permanente y la Asamblea General de la Organización de los Estado Americanos en las que se define a los hechos ocurridos entre el 12 y el 1 3 de abril de 2002 como una "grave alteración del orden constitucional" en Venezuela. Señala que el ingreso al poder de Pedro Carmona durante esos días no puede justificarse en un supuesto "vacío de poder" ya que la Constitución venezolana establece que el Vicepresidente Ejecutivo de la República es el suplente formal del Presidente de la República en las diferentes hipótesis de faltas absolutas o temporales contempladas en el artículo 233 y 234 de ese instrumento. Señala que en el supuesto que la Constitución no estableciera la forma como se suplen las faltas del Presidente, corresponde a la Sala Constitucional del Tribunal Supremo de Justicia determinar los procedimientos correspondientes.

53.   El Estado enfatiza que la Constitución no permite la "usurpación de las funciones" ni establece que un decreto de transición puede tornarse en un mecanismo para su derogación o para suplir la falta del Presidente de la República[45]. Señala que el Decreto adoptado en el contexto de los hechos del 12 y el 13 de abril de 2002 pretendió facultar al Presidente de la Junta de Facto a reorganizar los "Poderes Públicos" sin indicar límites a la naturaleza de sus funciones, el ámbito de su aplicación y su tiempo de duración.

54.   Indica que según surge de la petición, Allan Brewer Carias conoció de la existencia y contenido del mencionado decreto y se trasladó al Palacio de Miraflores para manifestar su opinión a Pedro Carmona. Desestima la alegación de los peticionarios en el sentido que Allan Brewer Carias estaba en desacuerdo con el contenido de dicho decreto, el cual sería inconstitucional aun en el caso de que su contenido hubiere sido distinto. Cuestiona, por lo tanto, la noción de que si la opinión de Allan Brewer Carias hubiere sido re-

---

45   El Estado Indica que el artículo 233 de la Constitución considera como faltas absolutas del Presidente de la República: la muerte, su renuncia, la destitución decretada por sentencia del Tribunal Supremo de Justicia, a incapacidad física o mental permanente; certificada por una Junta Médica designada por el Tribunal Supremo de Justicia y con aprobación de la Asamblea Nacional, el abandono del cargo, declarado éste por la Asamblea Nacional, así como la revocatoria popular de su mandato. El artículo 234 establece que las faltas temporales deben ser suplidas por el Vicepresidente Ejecutivo hasta por noventa días, prorrogables por decisión de la Asamblea Nacional por noventa días más. Sí la falta se prolonga la Asamblea debe decidir si debe considerarse que hay falta absoluta. Escrito del Ministerio del Poder Popular para las Relaciones Exteriores AEGV/000394 del 25 de agosto de 2009, pag. 12

almente oída, el decreto habría resultado moderadamente inconstitucional y no manifiestamente inconstitucional.

55. El Estado alega que a pesar de conocer su contenido. Allan Brewer Carias no repudió la adopción del decreto, como correspondía a cualquier defensor de la constitución y la democracia. El Estado indica que el artículo 333 de la propia Constitución establece que en caso de ser derogada por acto de fuerza u otros medios distintos a los previstos en ella, toda persona con autoridad o no, tendrá el deber de colaborar en el restablecimiento de su efectiva vigencia. Alega que a pesar de considerarse como "disidente de las políticas autoritarias", Allan Brewer Carias no denunció el establecimiento de un gobierno de facto que concentró todos los poderes en una sola persona, cambió el nombre de la República y disolvió todos los poderes públicos.

56. El Estado alega que quienes dirigieron el golpe utilizaron la Carta Democrática Interamericana como base y fundamento para promover un decreto inconstitucional y antidemocrático[46]. Indica que la Carta Interamericana establece principios y mecanismos destinados a proteger la institucionalidad democrática de los Estados, no a quebrantar las constituciones. Alega que este abuso de las normas de la Carta Interamericana tampoco fue denunciado por el constitucionalista Allan Brewer Carias.

57. Estado considera que la hipótesis de que se procesó a Brewer Carias con el fin de amedrentarlo en razón de su larga trayectoria en defensa de la democracia y los derechos humanos y su disidencia política (ver *supra* III A), es falsa. Afirman que dicho alegato carece de base jurídica y sustento probatorio y que la disidencia política no constituye pretexto para cometer el delito de conspirar para cambiar violentamente la Constitución.

58. El Estado venezolano considera que si la CIDH admite esta petición, convalidará nuevamente el golpe de Estado del 11 de abril de 2002, y

---

46 El Estado indica que el artículo 3 de la Carta Interamericana establece: "Son elementos esenciales de la democracia representativa, entre otros, el respeto a los derechos humanos y las libertades fundamentales; el acceso al poder y su ejercicio con sujeción al estado de derecho; la celebración de elecciones periódicas, libres, justas y basadas en el sufragio universal y secreto como expresión de la soberanía del pueblo; el régimen plural de partidos y organizaciones políticas; y la separación e independencia de los poderes públicos". El Estado argumenta que la Carta Democrática Interamericana recordó que la Carta de la OEA, por medio de la cual se ordena la creación de la CIDH, reconoció que la democracia representativa es indispensable para la estabilidad, la paz y el desarrollo de la región y que uno de los propósitos de la OEA es promover y consolidar la democracia representativa, y en tal sentido los Jefes de Estado y de Gobierno de las Américas reunidos en la tercera Cumbre de las Américas, celebrada del 20 al 22 de abril de 2001, adoptaron una que establece que cualquier alteración o ruptura inconstitucional del orden democrático en un Estado del hemisferio constituye un obstáculo insuperable para la participación del gobierno de dicho Estado. Escrito del Ministerio del Poder Popular para las Relaciones Exteriores AEGV/000394 del 25 de agosto de 2009, págs. 14 y 15.

desconocerá las resoluciones emitidas por la Asamblea General de la OEA y por su Consejo Permanente[47].

2. Alegatos sobre la conducción del proceso judicial

59. El Estado indica que el proceso de imputación contra Allan Brewer Carias fue iniciado el 12 de abril de 2002 por la Fiscalía del Ministerio Público a Nivel Nacional en Materia contra Corrupción con Competencia Especial en Bancos, Seguros y Mercados de Capitales, a fin de determinar las responsabilidades de las personas involucradas en los hechos ocurridos en abril de 2002, cuyas actas fueron posteriormente remitidas al Despacho de la Fiscalía Sexta.

60. El Estado señala que el 27 de enero de 2005, la Fiscalía Sexta imputó a Allan Brewer Carias, por su "presunta participación en la redacción y elaboración del Acta de Constitución del Gobierno de Transición Democrática y Unidad Nacional contentiva del decretó de constitución de un Gobierno de Transición Democrática y Unidad Nacional [...] el día 1 2 de abril de 2002, dentro de las instalaciones del Palacio de Miraflores, luego que un grupo de personas, civiles y oficiales de la Fuerza Armada Nacional desconociendo el gobierno constitucional y legítimamente constituido, al margen de la Constitución de la República Bolivariana de Venezuela y de las leyes, procedieron a constituir un gobierno de facto; subsumiéndose su conducta en la precalificación del delito de CONSPIRACIÓN PARA CAMBIAR VIOLENTAMENTE LA CONSTITUCIÓN, previsto y sancionado en el articulo 144 numeral 2, del Código Penal"[48] (su actual artículo 143 numeral 2).

61. Alega que dicho acto de imputación fue realizado en cumplimiento de los principios y garantías procesales establecidas tanto en la Constitución de la República Bolivariana de Venezuela, como en la norma adjetiva penal y

---

47 Alega que la CIDH admitió el Golpe de Estado, y reconoció indebidamente a los autores de los actos cometidos entre el 11 y 12 de abril, al dirigir una comunicación al Ministro de Relaciones Exteriores "de Facttum", en la que solicitó información sobre los hechos suscitados, como si pudiese existir legitimidad en la figura usurpada. Alega que le causó extrema preocupación que la CIDH no haya tramitado una medida cautelar solicitada a favor del Presidente Constitucional de Venezuela Hugo Rafael Chávez Frías, pero que en cambio haya solicitado cierta información a los usurpadores admitiendo su carácter legitimo de gobernantes. Alega que en aquella fecha, tanto Allan Brewer Carias como la CIDH, admitieron el Golpe de Estado "reconociendo a sus dirigentes y desconociendo la legitimidad del gobierno del presidente Chávez", los atributos de la Carta de la OEA, de la Carta Democrática Interamericana e incluso de la CIDH. Escrito del Ministerio del Poder Popular para las Relaciones Exteriores AEGV/000394 del 25 de agosto de 2009, pág. 15.

48 El Estado cita el artículo 144: "Serán castigados con presidio de doce a veinticuatro años. Los que, sin el objeto de cambiar la forma política republicana que se ha dado a la Nación, conspiren o se alcen para cambiar violentamente la Constitución Nacional. Escrito del Ministerio del Poder Popular para las Relaciones Exteriores AEGV/000394 del 25 de agosto de 2009, pág. 22.

en los Tratados, Convenios y Acuerdos Internacionales suscritos por la República. Indica que en el acto de imputación, Allan Brewer Carias estuvo debidamente asistido por sus abogados de confianza, León Enrique Cottin Núñez y Pedro Nikken Bellshawhog. Señala que en dicho acto la Fiscal Sexta Luisa Ortega Díaz le preguntó al imputado: "[...] si entendió las razones por las cuales se le imputa, si tiene alguna duda sobre lo expuesto [...]" y que el imputado no manifestó nada. Asimismo, señala que se le preguntó si deseaba rendir declaración, a lo que el imputado respondió que no. Indica que el acta de imputación fue firmada por los abogados defensores Pedro Nikken y León Cottin y por Allan Brewer Carias.

62.   Alega que los representantes legales de Allan Brewer Carias ejercieron plenamente su derecho a la defensa y que solicitaron la práctica de diligencias tendientes a esclarecer los hechos. Alega que en respuesta el Ministerio Publico procedió a practicar las diligencias que cumplían con los requisitos de pertinencia y necesidad.

63.   El Estado señala que en la fase de investigación la defensa interpuso recurso de apelación en contra de los autos judiciales dictados, siendo éstos declarados sin lugar por las distintas Salas de las Cortes de Apelaciones, que los conocieron.

64.   El Estado señala que el 21 de octubre de 2005, se presentó acusación formal contra Allan Brewer Carias ante el Juzgado Vigésimo Quinto de Control por su participación en la comisión del delito de conspiración para cambiar violentamente la Constitución.

65.   Indica que el 10 de mayo de 2006, el Juzgado Vigésimo Quinto de Control, recibió un escrito de la defensa mediante el cual Allan Brewer Carias manifestó su intención de salir del país con base en un falso supuesto de violación de sus derechos y garantías constitucionales de defensa y en que "[...] la ilustre Universidad de Columbia le ha brindado la oportunidad de lograr un viejo anhelo profesional, como lo es el pertenecer a su plantilla de profesores, ha tomado la decisión de esperar a que se presenten las condiciones idóneas para obtener un juicio imparcial y con respeto de sus garantías [...]"[49].

66.   Señala que en consecuencia, el 2 de junio de 2006, el Ministerio Público solicitó al Juzgado Vigésimo Quinto de Control se decretara la medida de privación judicial preventiva de libertad contra Allan Randolph Brewer Carias, pese a que en el escrito acusatorio ya se había solicitado dicha medida. Alega que su negativa a someterse a la persecución penal, atenta no sólo contra la investigación conducida por el Ministerio Público, sino contra todo el sistema de justicia.

67.   Alegan que por tal motivo, el 15 de junio de 2006 el Juzgado Vigésimo Quinto de Control acordó la medida de privación judicial preventiva de libertad N° 010-06 en contra del acusado, debido a que estaban presentes los

---

49   Escrito del Ministerio del Poder Popular para las Relaciones Exteriores AEGV/000394 del 25 de agosto de 2009, pág. 24.

supuestos concurrentes de procedencia establecidos en el artículo 250 del COPP, en concordancia con los numerales 1, 2, 3, y 4 del primer párrafo de su artículo 251[50]. Indica que la orden de aprehensión fue remitida tanto al Director del Cuerpo de investigaciones Científicas, Penales y Criminalísticas como a la Dirección de INTERPOL.

---

50 El Estado cita el artículo 250 del COPP:"Procedencia. El juez de control, a solicitud del Ministerio Público, podrá decretar la privación preventiva de libertad del imputado siempre que se acredite la existencia de: 1. Un hecho punible que merezca pena privativa de libertad y cuya acción penal no se encuentre evidentemente prescrita; 2. Fundados elementos de convicción para estimar que el imputado ha sido autor o partícipe en la comisión de un hecho punible; 3. Una presunción razonable, por la apreciación de las circunstancias del caso particular, de peligro de fuga o de obstaculización en la búsqueda de la verdad respecto de un acto concreto de investigación. (Subrayado del Estado). Dentro de las veinticuatro horas siguientes a la solicitud fiscal, el juez de control resolverá respecto al pedimento realizado. En caso de estimar que concurren los requisitos previstos en este artículo para la procedencia de la privación judicial preventiva de libertad, deberá expedir una orden de aprehensión del imputado contra quien se solicitó la medida. Dentro de las cuarenta y ocho horas siguientes a su aprehensión, el imputado será conducido ante el juez, quien, en presencia de las partes y de las víctimas, si las hubiere, resolverá sobre mantener la medida impuesta, o sustituirla por otra menos gravosa. Si el juez acuerda mantener la medida de privación judicial preventiva de libertad durante la fase preparatoria, el fiscal deberá presentar la acusación, solicitar el sobreseimiento o, en su caso, archivar las actuaciones, dentro de los treinta días siguientes a la decisión judicial. Este lapso podrá ser prorrogado hasta un máximo de quince días adicionales sólo si el fiscal lo solicita por lo menos con cinco días de anticipación al vencimiento del mismo. En este supuesto, el fiscal deberá motivar su solicitud y el juez decidirá lo procedente luego de oír al imputado. Vencido este lapso y su prórroga, si fuere el caso, sin que el fiscal haya presentado la acusación, el detenido quedará en libertad mediante decisión del juez de control, quien podrá imponerle una medida cautelar sustitutiva. En todo caso, el juez de juicio a solicitud del Ministerio Público decretará la privación judicial preventiva de libertad del acusado cuando se presuma fundadamente que éste no dará cumplimiento a los actos del proceso, conforme al procedimiento establecido en este artículo. En casos excepcionales de extrema necesidad y urgencia, y siempre que concurran los supuestos previstos en este artículo, el juez de control a solicitud del Ministerio Público, autorizará por cualquier medio idóneo, la aprehensión del investigado. Tal autorización deberá ser ratificada por auto fundado dentro de las doce horas siguientes a la aprehensión, y en lo demás se seguirá el procedimiento previsto en este artículo." "Artículo 251. Peligro de fuga. Para decidir acerca del peligro de fuga se tendrán en cuenta, especialmente, las siguientes circunstancias: 1. Arraigo en el país, determinado por el domicilio, residencia habitual, asiento de la familia, de sus negocios o trabajo y las facilidades para abandonar definitivamente el país o permanecer oculto, (Subrayado del Estado). 2. La pena que podría llegarse a imponer en el caso; 3. La magnitud del daño causado. 4. El comportamiento del imputado durante el proceso, o en otro proceso anterior, en la medida que indique su voluntad de someterse a la persecución penal; (Subrayado nuestro). 5. La conducta predelictual del Imputado Párrafo Primero: Se presume el peligro de fuga en casos de hechos punibles con penas privativas de libertad, cuyo término máximo sea igual o superior a diez años. (...)"

146

68. Frente al alegato de los peticionarios respecto a la violación del principio de presunción de inocencia dado que correspondía a la defensa desvirtuar la imputación hecha por la Fiscalía (ver *supra* III A), el Estado responde que del artículo 125.5[51] del COPP, interpretado en conjunto con los artículos 131[52] y 305[53], se colige que la defensa tiene una postura activa y proactiva dentro de la investigación a fin de garantizar el debido proceso y que puede solicitar la práctica de diligencias a fin de desvirtuar las imputaciones formuladas, toda vez que satisfagan los requisitos de pertinencia, nece-

---

51 El Estado hace referencia al artículo 125 del COPP. Derechos. "El imputado tendrá los siguientes derechos: 1. Que se le informe de manera específica y clara acerca de los hechos que se le imputan; 2. Comunicarse con sus familiares, abogado de su confianza o asociación de asistencia jurídica, para informar sobre su detención; 3. Ser asistido, desde los actos iniciales de la investigación, por un defensor que designe él o sus parientes y, en su defecto, por un defensor público; 4. Ser asistido gratuitamente por un traductor o intérprete si no comprende o no habla el idioma castellano; **5. Pedir al Ministerio Público la práctica de diligencias de investigación destinadas a desvirtuar las imputaciones que se le formulen;** (resaltado del Estado); 6. Presentarse directamente ante el Juez con el fin de prestar declaración; 7. Solicitar que se active la investigación y a conocer su contenido, salvo en los casos en que alguna parte de ella haya sido declarada reservada y sólo por el tiempo que esa declaración se prolongue; 8. Pedir que se declare anticipadamente la improcedencia de la privación preventiva judicial de libertad; 9. Ser impuesto del precepto constitucional que lo exime de declarar y, aun en caso de consentir a prestar declaración, a no hacerlo bajo juramento; 10. No ser sometido a tortura u otros tratos crueles, inhumanos o degradantes de su dignidad personal; 11. No ser objeto de técnicas o métodos que alteren su libre voluntad, incluso con su consentimiento; 12. No ser juzgado en ausencia, salvo lo dispuesto en la Constitución de la República Bolivariana de Venezuela". Escrito del Ministerio del Poder Popular para las Relaciones Exteriores AEGV/000394 del 25 de agosto de 2009, págs. 30-31.

52 El Estado hace referencia al artículo 131 del COPP. Advertencia preliminar. "Antes de comenzar la declaración se le impondrá al imputado del precepto constitucional que lo exime de declarar en causa propia y, aun en caso de consentir a prestar declaración, a no hacerlo bajo juramento y se le comunicará detalladamente cuál es el hecho que se le atribuye, con todas las circunstancias de tiempo, lugar y modo de comisión, incluyendo aquellas que son de importancia para la calificación jurídica, las disposiciones legales que resulten aplicables y los datos que la investigación arroja en su contra. **Se le instruirá también de que la declaración es un medio para su defensa y, por consiguiente, tiene derecho a explicar todo cuanto sirva para desvirtuar las sospechas que sobre él recaigan, y a solicitar la práctica de diligencias que considere necesarias".** (Resaltado del Estado). Escrito del Ministerio del Poder Popular para las Relaciones Exteriores AEGV/000394 del 25 de agosto de 2009, págs. 31-32.

53 El Estado hace referencia al artículo 305 del COPP. Proposición de diligencias. "El imputado, las personas a quienes se les haya dado intervención en el proceso y sus representantes, podrán solicitar al fiscal la práctica de diligencias para el esclarecimiento de los hechos. El Ministerio Público las llevará a cabo si las considera pertinentes y útiles, debiendo dejar constancia de su opinión contraria, a los efectos que ulteriormente correspondan". Escrito del Ministerio del Poder Popular para las Relaciones Exteriores AEGV/000394 del 25 de agosto de 2009, pág. 32.

sidad y utilidad y de estar vinculadas directamente con la investigación y el esclarecimiento de los hechos.

69.   En respuesta al alegato de los peticionarios respecto a la falta de acceso a "supuestas pruebas en su contra; y a los testigos y otras pruebas que él ha promovido"[54], (ver *supra* III A), el Estado señala que los peticionarios confunden dentro de la fase preparatoria e intermedia conceptos básicos que son necesarios para comprender y poder realizar una denuncia de tal naturaleza, como los actos de investigación, elementos de convicción, medios de prueba y pruebas propiamente dichas; incluso desconocen en qué etapa procesal del sistema adjetivo penal venezolano deben utilizarse.

70.   Frente al alegato de los peticionarios respecto a que se les ha impedido la posibilidad oportuna y efectiva de defenderse (ver *supra* III A), el Estado responde que no presentan prueba alguna de ello y que sólo pretenden que la Comisión de por cierto el no haber tenido acceso al expediente y por ende a la oportuna y efectiva defensa. El Estado rechaza dichos argumentos, y alega que se cuenta con 17 actas firmadas por el representante legal de Allan Brewer Carias durante el proceso ante el Ministerio Público, donde consta con su firma que revisó el expediente en todas y cada una de sus partes, sin observación alguna. Asimismo, indica que revisaron los videos y demás anexos vinculados con su imputación, lo cual se evidencia en las planillas de solicitud de revisión de expedientes. Alega que en vista de esto resulta extraño y falso que indiquen que no tuvieron acceso al expediente, o a lo que ellos erróneamente llaman "las pruebas" dentro de la fase de investigación. Señala que durante la fase de investigación y desde la fecha de imputación Allan Brewer Carias y sus representantes legales, se apersonaron en reiteradas oportunidades a la Fiscalía Sexta, a fin de "imponerse del contenido de la causa llevada en su contra".

71.   Frente al alegato de los peticionarios respecto a que "se violó.de manera general, el derecho de la defensa de interrogar a los testigos presentes en el tribunal [...]" (ver *supra* III A), el Estado alega que los peticionarios confunden la "prueba" presentada ante un tribunal en la etapa de juicio, con los "términos de convicción" presentados ante la Fiscalía en la etapa de investigación. Al respecto, sostiene que la entrevista de testigos por la Fiscalía no equivale a la producción de testimonios ante un tribunal en la etapa de juicio, conforme a los artículos 355[55] y 356[56] del COPP. Una vez conocida la identi-

---

54   El Estado cita el párr. 5 de la petición presentada a la Comisión de fecha 24 de enero de 2007.

55   El Estado cita el artículo 355 del COPP. Testigos. "Seguidamente, el Juez presidente procederá a llamar a los testigos, uno a uno; comenzará por los que haya ofrecido el Ministerio Público, continuará por los propuestos por el querellante y concluirá con los del acusado. El Juez presidente podrá alterar este orden cuando asno considere conveniente para el mejor esclarecimiento de los hechos. Antes de declarar, los testigos no podrán comunicarse entre sí ni con otras personas, ni ver, oír o ser informados de lo que ocurra en el debate. Después de hacerlo, el Juez presidente dispondrá si continúan en la antesala o se retiran. No obstante, el incumplimiento de la incomuni-

dad de la persona citada por la Fiscalía a declarar, la defensa puede solicitar que el Ministerio Público formule ciertas preguntas al entrevistado, fundamentando su pertinencia, necesidad, utilidad y vinculación con la investigación[57]. Indica que en el caso de Brewer Carias la defensa no presentó dicha solicitud al Ministerio Público. La defensa debe explicar la pertinencia, necesidad, utilidad y vinculación con la investigación de las personas propuestas para entrevista con la Fiscalía en la etapa de investigación, y puede solicitar la formulación de determinadas preguntas que cumplan con los mismos requisitos. Alega que estos requisitos no fueron cumplidos por los abogados defensores de Brewer Carias. Señala que en la entrevista ante la Fiscalía la defensa puede participar activamente dentro de este acto de investigación (que no es un acto de prueba) lo cual queda plasmado en un acta de entrevista. Indica que si dicho acto de investigación es admitido por el Tribunal de Control y pasa al Tribunal de Juicio, es entonces, cuando la defensa puede preguntar y repreguntar y puede controlar la prueba de testigos. Enfatiza que en el presente caso no se ha llegado a la etapa de juicio por lo que la defensa tendrá entonces la posibilidad de preguntar y repreguntar a los testigos cuyas declaraciones hayan sido admitidas por el Tribunal de Control en la etapa intermedia. Concluye por lo tanto que los peticionarios confunden[58] la fase de investigación, la fase intermedia y la fase de juicio en el proceso penal venezolano.

---

cación no impedirá la declaración del testigo, pero el tribunal apreciará esta circunstancia al valorar la prueba". Escrito del Ministerio del Poder Popular para las Relaciones Exteriores AEGV/000394 del 25 de agosto de 2009, pág. 35.

56 El Estado cita el artículo 356 del COPP. Interrogatorio. "Después de juramentar e interrogar al experto o testigo sobre su identidad personal y las circunstancias generales para apreciar su informe o declaración, el Juez presidente le concederá la palabra para que indique lo que sabe acerca del hecho propuesto como objeto de prueba. Al finalizar el relato, permitirá el Interrogatorio directo. Iniciará quien lo propuso, continuarán las otras partes, en el orden que el Juez presidente considere conveniente, y se procurará que la defensa interrogue de último. Luego, el tribunal podrá interrogar al experto o al testigo. El Juez presidente moderará el interrogatorio y evitará que el declarante conteste preguntas capciosas, sugestivas o impertinentes, procurará que el interrogatorio se conduzca sin presiones indebidas y sin ofender la dignidad de las personas. Las partes podrán solicitar la revocación de las decisiones al Juez presidente cuando limiten el interrogatorio, u objetar las preguntas que se formulen. Los expertos y testigos expresarán la razón de sus informaciones y el origen de su conocimiento". Escrito del Ministerio del Poder Popular para las Relaciones Exteriores AEGV/000394 del 25 de agosto de 2009, pág. 35.

57 El Estado cita el artículo 305, 125 numeral 5 y 131 del COPP. Escrito del Ministerio del Poder Popular para las Relaciones Exteriores AEGV/000394 del 25 de agosto de 2009, pág. 38.

58 El Estado indica que dicha confusión también se refleja en la cita de los peticionarios del Informe N° 85/99 del Caso N° 11.258 (Figueredo Planchart), en la que se refieren específicamente a los actos celebrados ante un tribunal y no en la etapa de investigación.

72. Alega que Allan Brewer Carias enfrentaba el proceso penal en su contra en libertad, sin una orden de detención en su contra, hasta el 14 de julio de 2006. En este sentido, el Estado controvierte el alegato de los peticionarios respecto a que: "[...] el Estado intenta negar al Dr. Brewer Carias la libertad física, le niega el derecho a juicio en libertad y le restringe su libertad de circulación, por decretar su detención preventiva que no responde en absoluto a necesidad alguna y que no cumple con las normas mínimas internacionales y nacionales para justificar tal medida de excepción". El Estado resalta que desde el 1 2 de abril de 2002 Allan Brewer Carias se encontraba en libertad plena hasta la fecha que se ausentó del país, el 2 de junio de 2006 y alega que fue Allan Brewer Carias quien provocó que se activaran los mecanismos constitucionales y legales para la procedencia de la privación judicial preventiva de la libertad.

73. Frente al alegato de los peticionarios sobre la violación de normas internacionales (ver *supra* III A) el Estado responde que el derecho internacional de los derechos humanos es complementario y subsidiario y que no sustituye la propia actividad del Estado. Alega que los peticionarios tienen la obligación de (i) señalar la norma interna violada, en este caso el COPP y/o la Constitución; (ii) demostrar la violación de esa norma interna, fundamentándola con el propio expediente, y la jurisprudencia e interpretación en el derecho interno, sin que esto comporte el planteamiento de argumentos de fondo del caso; y finalmente (iii) trasladar el correspondiente derecho violado en el Estado a la norma internacional.

74. Finalmente, el Estado resalta que el estado de rebeldía jurídica Allan Brewer Carias le hizo perder la posibilidad de caer en el supuesto contemplado por el Decreto con Rango, Valor y Fuerza de Ley Especial de Amnistía, emitido el 31 de diciembre de 2007 por el Presidente Hugo Chávez Frías, en ejercicio de su atribución constitucional. Indica que dicho decreto aplicó a todas la personas que

[...] enfrentadas al orden establecido se encuentren a derecho y se hayan sometido a los procesos penales en los delitos siguientes:

A) Por la redacción del decreto del gobierno de facto del 1 2 de abril de 2002.

B) Por firmar el decreto del gobierno de facto del 1 2 de abril del 2002

C) Por la toma violenta de la Gobernación del Estado Mérida del 12 de abril de 2002

D) Por la privación ilegítima de la libertad del ciudadano Ramón Rodríguez Chacín, Ministro de Interior y Justicia el 12 de abril de 2002

E) Por la Comisión de los Delitos de Instigación a Delinquir y rebelión militar hasta el 2 de diciembre de 2007 [...].

75. Consecuentemente, el Estado solicita a la Comisión que declare la petición inadmisible.

3. Alegatos sobre la admisibilidad del reclamo

76. El Estado alega que el reclamo de los peticionarios vulnera el principio de complementariedad de Sistema Interamericano de Derechos Humanos, al aducir una persecución política, que no es tal. El Estado señala que la Comisión ha sostenido que el propósito de la etapa de admisibilidad no es el de verificar si un imputado o acusado es culpable o ¡nocente, sino el de confirmar si se agotaron los recursos internos. Por lo tanto considera que los peticionarios no deben alegar defensas que debieran ser ventiladas ante los tribunales venezolanos y que nada tienen que ver con la competencia de la CIDH para analizar el caso. Alega que argumentos respecto a la autoría de la redacción del decreto en cuestión como el hecho que Allan Brewer Carias no fuera "ni por asomo, el redactor del decreto del 12 de abril" o el alegato sobre la "infundada imputación formulada contra el Dr. Brewer Carias, mediante escrito de fecha 27 de enero de 2005 [...]", presuponen que la Comisión decida si la imputación es infundada o no, cuando esto es competencia de los tribunales venezolanos. El Estado alega que los argumentos de hecho y derecho presentados por los peticionarios deben ser resueltos por los tribunales de los República Bolivariana de Venezuela y que a tal fin, Allan Brewer Carias debe ponerse a derecho ante los tribunales venezolanos.

77. El Estado considera que los peticionarios no han agotado los recursos de la jurisdicción interna en vista de que el proceso penal seguido contra Allan Brewer Carias se encuentra en etapa intermedia por causa de que éste se dio a la fuga y de que en Venezuela no existe el juicio en ausencia. Alega que en consecuencia el proceso no ha llegado a etapa de juicio; no se ha celebrado la audiencia oral y pública; no se ha iniciado la admisión de pruebas; y no se ha emitido una sentencia de primera instancia que posibilite la presentación de un recurso de apelación de autos, de un recurso de apelación de sentencia definitiva, de revocación, de casación, de revisión en materia penal, de amparo; y finalmente una revisión constitucional ante la Sala Constitucional de la República de Venezuela.

78. El Estado considera inadmisible el argumento de los peticionarios de que habiendo ejercido algunos recursos que no fueron exitosos deben considerarse como agotado los recursos internos. Alega que los peticionarios argumentan la admisión del caso y luego la excepción al agotamiento de los recursos internos cuando ésta es consecuencia de aquella. Concretamente, considera que los peticionarios exponen los hechos vinculados con el proceso penal seguido contra Allan Brewer Carias de forma maliciosa y falsa a fin de "que se declare [...] que no hay necesidad de agotar los recursos internos, por ser ineficaces y por la falta de acceso a la justicia, la falta de debido proceso de ley y la demora indebida, todo esto en el marco de un patrón de utilización del derecho penal en contra de quienes se presenten como personalidades destacadas en el mundo jurídico y del estado de derecho" (ver *supra* III A).

79. Por todo lo anterior, el Estado solicita a la Comisión que declare la petición inadmisible.

IV. ANÁLISIS

A. Competencia *ratione personae, ratione loci, ratione temporis* y *ratione materíae* de la comisión

80.   Los peticionarios se encuentran facultados por el artículo 44 de la Convención para presentar denuncias a favor de las presuntas víctimas. Por su parte, el Estado venezolano ratificó la Convención Americana el 9 de agosto de 1977, en consecuencia, la Comisión tiene competencia *ratione personae* para examinar la petición. Asimismo, la Comisión tiene competencia *ratione temporis* por cuanto la Convención Americana ya se encontraba en vigor para el Estado en la fecha en que habrían ocurrido los hechos alegados en la petición.

81.   La Comisión tiene competencia *ratione loci,* por cuanto las violaciones alegadas habrían tenido lugar dentro del territorio de un Estado parte en dicho tratado. Finalmente, la Comisión tiene competencia *ratione materiae,* porque en la petición se denuncian presuntas violaciones de derechos humanos protegidos por la Convención Americana.

B.   Requisitos de admisibilidad

1.   Agotamiento de los recursos internos

82.   El artículo 46.1.a de la Convención Americana exige el previo agotamiento de los recursos disponibles en la jurisdicción interna conforme a los principios de derecho internacional generalmente reconocidos, como requisito para la admisión de reclamos sobre la presunta violación de la Convención Americana. El artículo 46.2 de la Convención prevé que el requisito de previo agotamiento de los recursos internos no resulta aplicable cuando:

a)   no exista en la legislación interna del Estado de que se trata el debido proceso legal para la protección del derecho o derechos que se alega han sido violados;

b)   no se haya permitido al presunto lesionado en sus derechos el acceso a los recursos a la jurisdicción interna, o haya sido impedido de agotarlos, y

c)   haya retardo injustificado en la decisión sobre los mencionados recursos.

83.   De acuerdo con la carga de la prueba aplicable a la materia, el Estado que alega el no agotamiento debe señalar los recursos internos que deben agotarse y proporcionar la prueba de su efectividad[59].

---

59   Reglamento de la CIDH, artículo 31.3. Véase CIDH, Informe N° 32/05, petición 642/03, Admisibilidad, Luis Rolando Cuscul Pivaral y otras personas afectadas por el VIH/SIDA, Guatemala, 7 de marzo de 2005, párrs. 33-35; Corte I.D.H., *Caso de la*

84.   En el asunto bajo estudio, el Estado alega que el proceso penal seguido contra Allan Brewer Carias se encuentra en etapa intermedia, debido a que Allan Brewer Carias se dio a la fuga y a que en Venezuela no existe el juicio en ausencia. El Estado explica que, por lo anterior, el proceso no ha llegado a la etapa de juicio, no se ha producido la audiencia oral y pública, no se ha iniciado la admisión de pruebas, no se ha emitido una sentencia de primera instancia, que posibilite la presentación de un recurso de apelación de autos, un recurso de apelación de sentencia definitiva, revocación, casación, revisión en materia penal, amparo y finalmente una revisión constitucional ante la Sala Constitucional de la República de Venezuela.

85.   Por su parte, los peticionarios alegan que su reclamo es admisible por aplicación de las tres excepciones al agotamiento de los recursos internos, arriba citadas. En primer término, alegan que el proceso ha quedado paralizado a partir de la emisión de la orden de captura a nombre de Allan Brewer Carias en junio de 2006 y que no se ha celebrado audiencia preliminar lo cual constituye un retardo injustificado en el proceso. Alegan también el retardo injustificado en resolver el recurso de nulidad interpuesto el 8 de noviembre de 2005. En segundo término, alegan que el presente caso se inserta en el marco de una política de Estado en la que Allan Brewer Carias no sólo ha sido condenado de antemano sino que se ve impedido de utilizar los recursos normalmente disponibles para su defensa dentro del proceso penal, los cuales son arbitrariamente desconocidos por el Ministerio Público y por el sistema judicial. Finalmente alegan que los recursos disponibles en la jurisdicción interna resultan ilusorios en vista de que el Poder Judicial carece de independencia e imparcialidad y que en general se configura un cuadro de denegación de justicia.

86.   En cuanto a la posibilidad de aplicar una excepción al requisito de agotamiento de los recursos internos prevista en el artículo 46.2.c de la Convención por un presunto retardo injustificado en el proceso, la Comisión nota que, como indica la información presentada por las partes, se inició la investigación de los hechos ocurridos en abril de 2002 en agosto de 2002 cuando la Comisión Especial emitió su informe y exhortó al Poder Ciudadano a investigarlos. La imputación fiscal contra Allan Brewer Carias tuvo lugar el 27 de enero de 2005 y el imputado participó en el proceso de manera presencial hasta el 28 de septiembre de 2005, fecha en la que viajó al extranjero, donde permanece hasta la fecha de aprobación de este informe. La acusación contra Allan Brewer Carias fue formalizada el 21 de octubre de 2005, fecha en la que el proceso pasó a etapa intermedia, y el 1 5 de junio de 2006 se emitió orden de captura en su contra, la cual aun no ha podido ser ejecutada en razón de su permanencia en el extranjero.

Comunidad Mayagna (Sumo) Awas Tingni. Excepciones Preliminares, párr. 53; *Caso Durand y ligarte. Excepciones Preliminares.* Sentencia de 28 de mayo de 1999. Serie C N° 50, párr. 33; y *Caso Cantoral Benavides. Excepciones Preliminares.* Sentencia de 3 de septiembre de 1998. Serie C N° 40, párr. 31.

87.	Al respecto, la Comisión observa que si bien el recurso de nulidad interpuesto el 8 de noviembre de 2005 podría ser resuelto sin la presencia de Allan Brewer Carias, la ausencia física del acusado de hecho impide la celebración de la audiencia preliminar y de otros actos procesales vinculados a su juzgamiento por lo que la Comisión no cuenta con elementos para atribuir al Estado un retardo injustificado en la decisión sobre el proceso penal en su conjunto. La Comisión observa, sin embargo, que la falta de resolución del recurso de nulidad es un indicio de demora atribuible al Estado en cuanto a la resolución de los reclamos relativos al debido proceso que estuvieron presentados en el mismo.

88.	En cuanto a la aplicación de la excepción al requisito de agotamiento de los recursos internos prevista en el artículo 46.2.b de la Convención, los peticionarios alegan que Allan Brewer Carias se ha visto impedido de utilizar los recursos que deben estar a disposición de la defensa dentro del proceso penal, los cuales habrían sido arbitrariamente desconocidos por el Ministerio Público y por el sistema judicial. Afirman que no se ha permitido a Allan Brewer Carias el acceso a los recursos de la jurisdicción interna en vista de que se habría violentado el principio de presunción de inocencia a la luz de declaraciones de miembros del poder judicial sobre la presunta culpabilidad del imputado; y de que la provisionalidad de fiscales y jueces vinculados a la causa habría afectado su independencia e imparcialidad. Asimismo, hacen referencia a la afectación de las garantías del debido proceso relacionadas con el ejercicio de la defensa en juicio, tales como el derecho a interrogar y ofrecer testigos así como de tener acceso al expediente en condiciones que permitan preparar debidamente la defensa del imputado. Alegan que estas presuntas violaciones al acceso a los recursos judiciales con las debidas garantías fueron cuestionadas ante los tribunales mediante el recurso de nulidad incoado el 8 de noviembre de 2005 el cual no ha sido resuelto.

89.	La Comisión observa que los reclamos referidos en el párrafo anterior estuvieron presentados en la jurisdicción interna con el recurso de nulidad, y por ende deben ser analizados en el contexto del mismo y el análisis *supra* bajo el articulo 46.2.c. Como ya se señaló en relación con dicho recurso, ha habido un retardo en la decisión respectiva, y la Comisión considera que el lapso de más que tres años en la resolución del mismo es un factor que se encuadra en la excepción prevista en razón de un retardo injustificado.

90.	Los peticionarios consideran que en casos de persecución política, el derecho internacional asiste a quien procura ponerse a salvo del Estado en cuestión. Indican que éste es el fundamento último del asilo y del refugio como instituciones jurídicas y citan el principio de *non-refoulement*. La Comisión entiende, sin embargo, que Allan Brewer Carias no se encuentra en el extranjero bajo el estatus de refugiado. Considera que un eventual análisis de los alegatos de persecución política o de los factores que hubieron afectado su derecho al debido proceso correspondería a la etapa del fondo.

91.	En cuanto al argumento de los peticionarios sobre la naturaleza ilusoria de los recursos de la jurisdicción interna por falta de independencia e imparcialidad del Poder Judicial, los peticionarios fundamentan su alegación en que la elección del Tribunal Supremo de Justicia no se habría ajustado a la Constitución; que la reforma de la Ley Orgánica del Tribunal Supremo de Justicia de 2002 estableció la elección de jueces por mayoría simple; y que los magistrados que no siguen la línea gubernamental han sido destituidos o "jubilados". El Estado considera inadmisible el argumento de los peticionarios de que habiendo ejercido algunos recursos que no fueron exitosos deben considerarse como agotado los recursos internos, y rechaza la caracterización de los presuntos hechos planteados por los peticionarios en cuanto a la independencia del Poder Judicial.

92. Si bien la CIDH ha manifestado en varias oportunidades su preocupación sobre factores que pueden afectar la imparcialidad e independencia de algunos funcionarios del Ministerio Público y de la rama judicial en Venezuela, el tenor de los procedimientos contenciosos exige que los peticionarios presenten argumentos concretos sobre el impacto en el proceso judicial relacionado al reclamo[60]. Las menciones genéricas al contexto no son suficientes *per se* para justificar la invocación de dicha excepción.

93. Según indicara el Estado *supra,* no corresponde a la CIDH pronunciarse sobre la determinación de culpabilidad o inocencia de un imputado o acusado en proceso penal. Sin embargo, sí le compete analizar si se han menoscabado las garantías del debido proceso protegidas en la Convención y -a efectos de la determinación de la admisibilidad del reclamo —si se han agotado los recursos internos o si corresponde excusar su agotamiento en vista de las características del reclamo. En el presente caso, los peticionarios alegan que factores tales como la provisionalidad de fiscales y jueces vinculados a la causa, los ha hecho susceptibles de remoción sin proceso, situación que afecta las garantías de independencia e imparcialidad.

94. Concretamente alegan que a solicitud de la Fiscal Sexta, la Juez Vigésimo Quinta de Control decretó la orden de prohibición de salida del país de Allan Brewer Carias. Dicha orden fue apelada ante la Sala Diez de la Corte de Apelaciones. El 31 de enero de 2005 la Sala de Apelaciones dictó la revocatoria de la orden de prohibición de salida del país. El 3 de febrero de 2005 la Comisión Judicial del Tribunal Supremo de Justicia suspendió de su cargo a los jueces de la Corte de Apelaciones que votaron por la nulidad de la decisión apelada, así como a la Juez Temporal Josefina Gómez Sosa, por no haber motivado suficientemente la orden de prohibición de salida del país. La Jueza Gómez Sosa fue sustituida por el Juez de Control Manuel Bognanno, también temporal. Alegan que éste fue suspendido de su cargo el 29 de junio de 2005 tras oficiar, el 27 de junio de 2005, al Fiscal Superior sobre alegadas irregularidades en la investigación conducida por la Fiscal Sexta[61]. Vale decir que los

---

60 CIDH Informe N° 96/06 Admisibilidad (Capote, Trujillo y otros), Venezuela, párrafo 69.

61 En sesión de fecha 29 de junio de 2005 la Comisión Judicial designó a José Alonso Dugarte Ramos como Juez Temporal en sustitución de Manuel Antonio Bognanno

peticionarios alegan que los jueces de control de garantías que resolvieron mociones a favor de la defensa o buscaron rectificar violaciones al debido proceso presuntamente cometidas en la fase de investigación fueron sustituidos.

95. La Comisión observa que, en respuesta a los alegatos de los peticionarios, el Estado no ha indicado los recursos idóneos para cuestionar la asignación o remoción de jueces. De hecho, cabe señalar que recursos normalmente disponibles a la defensa, tales como la recusación, no resultan idóneos para cuestionar la provisionalidad de jueces adscritos al proceso o su remoción por causa de su actuación. La Comisión encuentra que la remoción de varios jueces provisionales en el presente caso, tras la adopción de decisiones relativas a la situación de la presunta víctima, puede haber afectado su acceso a los recursos de la jurisdicción interna y por lo tanto corresponde eximir este aspecto del reclamo del requisito bajo estudio.

96. Por lo tanto, en vista de su análisis de los alegatos e información presentados por las dos partes, la Comisión concluye que los reclamos sobre la presunta violación de los artículos 1.1, 2, 8 y 25 deben quedar exceptuados de agotar recursos internos antes de recurrir al sistema interamericano en búsqueda de protección, de acuerdo a lo establecido en el artículo 46.2.b y c. de la Convención Americana. Los alegatos planteados por los peticionarios en cuanto a los artículos 7, 11, 13, 22 y 24 se relacionan estrechamente con los reclamos presentados en relación a los artículos 8 y 25, y se analizaran más específicamente en la sección 4 *infra*.

97. La Comisión reitera que la invocación de las excepciones a la regla del agotamiento de los recursos internos previstas en el artículo 46.2 de la Convención se encuentra estrechamente ligada a la determinación de posibles violaciones a ciertos derechos allí consagrados, tales como las garantías de acceso a la justicia. Sin embargo, el artículo 46.2 de la Convención Americana, por su naturaleza y objeto, es una norma con contenido autónomo, *vis à vis* las normas sustantivas de la Convención. Por lo tanto, la determinación de si las excepciones a la regla del agotamiento de los recursos internos resultan

---

Palmares en el Tribunal de Primera Instancia del Circuito Judicial Penal - Área Metropolitana de Caracas. El 27 de junio de 2005 el juez temporal suspendido había remitido una comunicación al Fiscal Superior del Ministerio Público del Área Metropolitana de Caracas informándole sobre presuntas acciones obstructoras por parte de la Fiscalía Sexta a Nivel Nacional dirigida por la Dra. Luisa Ortega Díaz que lleva la causa seguida al señor Carmona Estanga y otros, al no informar al Tribunal sobre el plazo fijado por el Ministerio Público para presentar -luego de pasados seis meses desde la individualización de los imputados- su acto conclusivo y solicitando al Ministerio que "asuma una actitud objetiva, dirigida a colaborar y no ha (sic) obstaculizar la actuación del órgano jurisdiccional". Adicionalmente, fue este mismo juez suspendido el que el 11 de mayo de 2005 instruyó a la Fiscalía Sexta del Ministerio Público dar acceso a la totalidad de las pruebas obrantes en el expediente y videos que guardan relación con la causa en la cual Allan Brewer Carias es imputado. Anexo a la petición original recibida el 24 de enero de 2007, párr. 56.

aplicables al caso en cuestión debe llevarse a cabo de manera previa y separada del análisis del fondo del asunto, ya que depende de un estándar de apreciación distinto de aquél utilizado para determinar la violación de los artículos 8 y 25 de la Convención. Cabe aclarar que las causas y los efectos que han impedido el agotamiento de los recursos internos en el presente caso serán analizados, en lo pertinente, en el Informe que adopte la Comisión sobre el fondo de la controversia, a fin de constatar si efectivamente configuran violaciones a la Convención Americana.

2. Plazo de presentación de la petición

98. La Convención Americana establece que para que una petición resulte admisible por la Comisión se requerirá que sea presentada dentro del plazo de seis meses a partir de la fecha en que el presunto lesionado haya sido notificado de la decisión definitiva. En el reclamo bajo análisis, la CIDH ha establecido la aplicación de la excepción al agotamiento de los recursos internos conforme al artículo 46.2.b de la Convención Americana. Al respecto, el artículo 32 del Reglamento de la Comisión establece que en los casos en los cuales resulten aplicables las excepciones al previo agotamiento de los recursos internos, la petición deberá presentarse dentro de un plazo razonable, a criterio de la Comisión. A tal efecto, la Comisión debe considerar la fecha en que hayan ocurrido las presuntas violaciones de los derechos y las circunstancias de cada caso.

99. En el presente caso, la petición fue recibida el 24 de enero de 2007 y los hechos que originan el reclamo se iniciaron el 2002 y sus efectos continúan hasta la fecha. Por lo tanto, en vista del contexto y las características del presente caso, la Comisión considera que la petición fue presentada dentro de un plazo razonable y que debe darse por satisfecho el requisito de admisibilidad referente al plazo de presentación.

3. Duplicación de procedimientos y cosa juzgada internacional

100. No surge del expediente que la materia de la petición se encuentre pendiente de otro procedimiento de arreglo internacional, ni que reproduzca una petición ya examinada por éste u otro órgano internacional. Por lo tanto, corresponde dar por cumplidos los requisitos establecidos en los artículos 46.1.c) y 47.d) de la Convención.

4. Caracterización de los hechos alegados

101. En vista de los elementos de hecho y de derecho anteriormente descritos y la naturaleza del asunto puesto bajo su conocimiento, la CIDH considera que las alegaciones de los peticionarios sobre el proceso judicial incoado contra Allan Brewer Carías podrían caracterizar posibles violaciones a los derechos a las garantías judiciales y a la protección judicial protegidos en los artículos 2, 8, 13 y 25 de la Convención Americana en relación con las obligaciones generales establecidas en el artículo 1.1 del mismo instrumento. Por cuanto la falta de fundamento o la improcedencia de estos aspectos del recla-

mo no resultan evidentes, la Comisión considera satisfechos los requisitos establecidos en los artículos 47.b y c de la Convención Americana.

102. En cuanto a la alegada violación del derecho previsto en el artículo 13 de la Convención Americana, los peticionarios alegan que la persecución política de la que sería objeto Allan Brewer Carias afectaría su derecho a la libertad de expresión por lo que la Comisión considera que corresponde analizar este aspecto del reclamo en la etapa de fondo.

103. En cuanto al alegato sobre la presunta violación del derecho a la honra y dignidad previsto en el artículo 11 de la Convención, la Comisión observa que éste se encuentra subsumido en el reclamo sobre la presunta violación del artículo 8.2 de la Convención Americana, por lo que corresponde considerarlo como inadmisible.

104. En cuanto a los alegatos sobre la presunta violación de los derechos a la seguridad personal, el derecho de circulación y residencia y el derecho a la igualdad previstos en los artículos 7, 22 y 24 la Comisión observa que los peticionarios han alegado que la presunta violación de estos derechos se deriva de la conducción del proceso judicial contra Allan Brewer Carias, pero no han presentado elementos suficientes para demostrar que los hechos alegados podrían caracterizar una violación de los mismos. Por lo tanto, corresponde considerarlos como inadmisibles.

V. CONCLUSIONES

105. Con fundamento en las consideraciones de hecho y de derecho expuestas, y sin prejuzgar sobre el fondo de la cuestión, la Comisión Interamericana concluye que el presente caso satisface los requisitos de admisibilidad enunciados en los artículos 46 y 47 de la Convención Americana en cuanto a los reclamos relacionados con los artículos 1, 2, 8, 13 y 25, y que los reclamos bajo los artículos 7, 11, 22 y 24 son inadmisibles. En consecuencia,

LA COMISIÓN INTERAMERICANA DE DERECHOS HUMANOS,

DECIDE:

1. Declarar admisible la petición bajo estudio, con relación a los artículos 2, 8, 13 y 25 de la Convención Americana en conexión con el artículo 1.1 del mismo instrumento.

2. Declarar inadmisible la petición bajo estudio, con relación a los artículos 7, 11, 22 y 24.

3. Notificar esta decisión al Estado y al peticionario.

4. Iniciar el trámite sobre el fondo de la cuestión.

5. Publicar esta decisión e incluirla en el Informe Anual, a ser presentado a la Asamblea General de la OEA.

Dado y firmado a los 8 días del mes de septiembre de 2009. (Firmado): Felipe González, Segundo Vicepresidente; Sir Clare K. Roberts, Paulo Sergio Pinheiro, Florentín Meléndez y Paolo G. Carozza, Miembros de la Comisión.

El que suscribe, Santiago A. Cantón, en su carácter de Secretario Ejecutivo de la Comisión Interamericana de Derechos Humanos, de conformidad con el artículo 47 del Reglamento de la Comisión, certifica que es copia fiel del original depositado en los archivos de la Secretaría de la CIDH.

CUARTA PARTE

ESCRITO DE OBSERVACIONES ADICIONALES PRESENTADO ANTE LA COMISIÓN INTERAMERICANA DE DERECHOS HUMANOS EN FECHA 30 DE NOVIEMBRE DE 2009

Excelentísimo Señor
Embajador
Santiago Cantón
Secretario Ejecutivo de la
Comisión Interamericana de Derechos Humanos
Washington D.C.-

1.   Quien suscribe, **Pedro Nikken**, actuando en mi condición de peticionario en el Caso N° 12.724 (*Allan Brewer Carías vs. República Bolivariana de Venezuela*) que cursa ante esa honorable Comisión Interamericana de Derechos Humanos (en adelante, "honorable Comisión", "Comisión" o "CIDH", indistintamente), actuando en representación de y autorizados por la víctima, Dr. Allan R. Brewer Carías, ambos debidamente identificados en los archivos de la misma Comisión, y habiendo requerido el parecer favorable para el presente escrito de los demás copeticionarios, señores Helio Bicudo, Claudio Grossman, Juan E. Méndez, Douglass Cassel y Héctor Faúndez Ledesma, igualmente identificados, respetuosamente acude ante ella en la ocasión de presentar el escrito de *Observaciones Adicionales sobre el Fondo*, requerido por la CIDH con ocasión de la Admisión de la **Petición**, con oficio fechado el 25 de septiembre de 2009, recibido el día 29 del mismo mes y año, como a continuación y con la venia de estilo se expone:

I.   INTRODUCCIÓN Y CONTEXTO

2.   En fecha 24 de enero de 2007, los peticionarios, Pedro Nikken, Helio Bicudo, Claudio Grossman, Juan E. Méndez, Douglass Cassel y Héctor Faúndez Ledesma nos dirigimos a esa honorable Comisión, con base en el artículo 44 de la Convención Americana sobre Derechos Humanos (en ade-

lante, también "la Convención" o "la Convención Americana", indistintamente), para presentar una petición (en adelante "la Petición") mediante la cual denunciamos la violación, en perjuicio del Dr. Allan Brewer Carías, de los derechos a ser oído por un tribunal independiente e imparcial, a la presunción de inocencia, al debido proceso legal y a la defensa (art. 8), a la protección judicial (art. 25); el derecho a la libertad y a la seguridad personal (art. 7), a la libertad de expresión (art. 13), a la protección de la honra y la dignidad, a la libre circulación (art. 22) y a la igualdad ante la ley (art. 24), todos en relación con el incumplimiento por parte del Estado venezolano de sus deberes de garantizar el pleno goce de estos derechos sin discriminación alguna (art. 1.1) y de tomar las medidas necesarias para hacerlos efectivos (art. 2).

3.   Con nota del 17 de junio de 2008, la CIDH nos comunicó que en esa misma fecha se había dado traslado al Estado de las partes pertinentes de la **Petición**, fijándole un plazo de dos meses, a partir de ese día, para que presentara sus observaciones, de conformidad con el artículo 30 del Reglamento de la Comisión. Vencido ese plazo, la CIDH concedió *ex officio* un nuevo plazo al Estado, según se nos comunicó con nota de 4 de febrero de 2009, decisión con respecto a la cual manifestamos nuestra insatisfacción a esa honorable Comisión, mediante nota que le dirigimos el 6 de febrero de 2009. Sin embargo, el Estado incumplió incluso ese plazo y todos los lapsos reglamentarios, puesto que su Respuesta a la **Petición**, data del 25 de agosto de 2009, es decir, después de haber transcurrido más de un año de la fecha originalmente fijada por la Comisión. Cabe agregar, adicionalmente, que recibimos esa Respuesta el 29 de septiembre de 2009, algunas horas después de haber recibido la comunicación de la CIDH relativa al Informe de Admisión, de manera que hubimos de considerarla apretadamente en el lapso de dos meses para hacer las presentes *Observaciones Adicionales* después de la Admisión. Entendemos la paciencia de la CIDH frente a un Estado que, como la República Bolivariana de Venezuela, ha mostrado persistentemente su hostilidad hacia el Sistema Interamericano de Derechos Humanos, muchas de cuyas resoluciones y sentencias se rehúsa paladinamente a cumplir, pero no podemos menos que dejar constancia de que este cuadro, más allá de la infracción a las normas reglamentarias de la CIDH, implica una sensible ruptura de la igualdad procesal, al conceder a una de las partes en el proceso lapsos sensiblemente mayores a los que dispone la otra para considerar y responder las respectivas presentaciones ante la CIDH, lo cual ésta debería encontrar medios de sancionar, sin afectar la rapidez con la que la **Petición** debe tramitase. En todo caso, ponemos de manifiesto que la conducta del Estado en el presente caso muestra su falta de cooperación con el proceso y con la CIDH, en una nueva violación de sus obligaciones según la Convención y el derecho internacional general.

4.   En fecha 8 de septiembre de 2009, durante su 136° Período de Sesiones y durante su sesión N° 1803, esa honorable Comisión aprobó el Informe de Admisión N° 97/09, relativo al presente caso, por el que se resolvió *"declarar admisible la petición bajo estudio, con relación a los artículos 2,*

161

8, 13 y 25 de la Convención Americana, en conexión con el artículo 1.1 del mismo instrumento."

5. Como lo expusimos en la **Petición**, la víctima en el presente caso es el Dr. Allan Brewer Carías, profesor universitario venezolano, quien además de ser jurista de reconocido prestigio nacional e internacional, exhibe una larga trayectoria en defensa de la democracia, el Estado de Derecho y los derechos humanos. En Venezuela, ha sido Senador, Ministro y miembro de la Asamblea Nacional Constituyente de 1999 (electo como candidato independiente, por iniciativa propia). El Dr. Brewer Carías ha sido persona disidente, visible y constante, en contra de lo que él considera políticas autoritarias, militaristas y arbitrarias del Gobierno actual de Venezuela.[1] Su denuncia de estas políticas gubernamentales se ha plasmado en la producción de numerosos libros y artículos, la cual se ha enriquecido después de la fecha en que presentamos la **Petición**.[2]

---

1   La semblanza del Dr. Brewer, su obra científica y su trayectoria académica y política han sido descritas en los párrafos 13 al 21 de la **Petición**.

2   *Cfr.* notas al pie números 16 y 17 de la Petición, desde cuya fecha el Dr. Brewer ha publicado, además, los siguientes **libros** *Reforma Constitucional y Fraude a la Constitución (1999-2009)*, Academia de Ciencias Políticas y Sociales, Caracas 2009, 278 pp.; *Reforma Constitucional, Asamblea Constituyente, y Control Judicial: Honduras (2009), Ecuador (2007) y Venezuela (1999)*, Serie Derecho Administrativo N° 7, Universidad Externado de Colombia, Bogotá 2009, 144 pp.; *Historia Constitucional de Venezuela*, Edit. Alfa, 2 Vols., Caracas, 2008, 463 pp. y 542 pp.; *La Reforma Constitucional de 2007 (Comentarios al Proyecto Inconstitucionalmente sancionado por la Asamblea Nacional el 2 De Noviembre De 2007)*, Colección Textos Legislativos, N° 43, 224 pp.; *Estudios sobre el Estado Constitucional (2005-2006)*, Cuadernos de la Cátedra Fundacional Allan R. Brewer Carías de Derecho Público, Universidad Católica del Táchira, N° 9, Editorial Jurídica Venezolana, Caracas, 2007, pp. 835; *Crónica sobre la "In" Justicia Constitucional. La Sala Constitucional y el autoritarismo en Venezuela*, Colección Instituto de Derecho Público, Universidad Central de Venezuela, N° 2, Caracas 2007, 702 pp.; *Hacia la Consolidación de un Estado Socialista, Centralizado, Policial y Militarista. Comentarios sobre el sentido y alcance de las propuestas de reforma constitucional 2007*, Colección Textos Legislativos, N° 42, Editorial Jurídica Venezolana, Caracas 2007, 157 pp.; y los siguientes **artículos**: "La fraudulenta mutación de la Constitución en Venezuela, o de cómo el juez constitucional usurpa el poder constituyente originario," en *Anuario de Derecho Público*, Centro de Estudios de Derecho Público de la Universidad e Monteávila, Año 2, Caracas 2009, pp. 23-65; "La ilegítima mutación de la Constitución por el juez constitucional y la demolición del Estado de derecho en Venezuela,"en *Revista de Derecho Político, N° 75-76, Homenaje a Manuel García Pelayo*, Universidad Nacional de Educación a Distancia, Madrid, 2009, pp. 289-325; "La ilegítima mutación de la constitución hecha por el juez constitucional en materia de antejuicios de mérito de altos funcionarios del Estado," en *Revista de Derecho Público*, N° 116, (julio-septiembre 2008), Editorial Jurídica Venezolana, Caracas 2008, pp. 261-266; "El Juez Constitucional vs. La alternabilidad republicana (La reelección continua e indefinida)," en *Revista de Derecho Público*, N° 117, (enero-marzo 209), Caracas 2009, pp. 205-211; "Hacia la creación de un Estado Socialista, Centralizado y Militarista en Venezuela. Análisis de la propuesta presidencial de reforma constitucional 2007," en

Revista de Derecho Político, N° 70, Universidad Nacional de Educación a Distancia, Departamento de Derecho Constitucional, Madrid 2007, pp. 383-432, en *Estudios Jurídicos*, Volumen XIII, Enero 2004-Diciembre 2007, Asociación Hipólito Herrera Billini, Santo Domingo, República Dominica 2008, pp. 17-66, y en *Revista de Derecho Político*, No 70, Madrid, septiembre-diciembre 2007, pp. 381-432; "La ilegitima mutación de la Constitución y la legitimidad de la jurisdicción constitucional: la "reforma" de la forma federal del Estado en Venezuela mediante interpretación constitucional," en *Memoria del X Congreso Iberoamericano de Derecho Constitucional, Instituto Iberoamericano de Derecho Constitucional,* Asociación Peruana de Derecho Constitucional, Instituto de Investigaciones Jurídicas-UNAM y Maestría en Derecho Constitucional-PUCP, IDEMSA, Lima 2009, tomo 1, pp. 29-51; "La Sala Constitucional como poder constituyente: la modificación de la forma federal del estado y del sistema constitucional de división territorial del poder público," en *Revista de Derecho Público*, N° 114, (abril-junio 2008), Editorial Jurídica Venezolana, Caracas 2008, pp. 247-262; "El juez constitucional como constituyente: el caso del financiamiento de las campañas electorales de los partidos políticos en Venezuela," en *Revista de Derecho Público*, N° 117, (enero-marzo 209), Caracas 2009, pp. 195-203; "El juez constitucional vs. La justicia internacional en materia de derechos humanos", en *Revista de Derecho Público*, N° 116, (julio-septiembre 2008), Editorial Jurídica Venezolana, Caracas 2008, pp. 249-260; "Reforma Constitucional, Asamblea Nacional Constituyente y Control judicial contencioso administrativo: El caso de Honduras (2009) y el precedente venezolano (1999)", en *Revista Mexicana Statum Rei Romanae de Derecho Administrativo. Homenaje de Nuevo León a Jorge Fernández Ruiz*, Con. 3, Julio-Dic 2009, Asociación Mexicana de Derecho Administrativo, Facultad de Derecho y Criminología de la Universidad Autónoma de Nuevo León, Monterrey, México 2009, pp.11-77; "The Principle of Separation of Powers and the Authoritarian Government in Venezuela", en *Duquesne Law Review*, Volume 47, Spring 2009, Pittsburgh, pp. 813-838; "El juez constitucional al servicio del autoritarismo y la ilegítima mutación de la Constitución: el caso de la Sala Constitucional del Tribunal Supremo de Justicia de Venezuela (1999-2009)", en *IUSTEL, Revista General de Derecho Administrativo*, N° 21, junio 2009, Madrid, ISSN-1696-9650; "La interrelación entre los Tribunales Constitucionales de America Latina y la Corte Interamericana de Derechos Humanos, y la cuestión de la inejecutabilidad de sus decisiones en Venezuela," en *Gaceta Constitucional. Análisis multidisciplinario de la jurisprudencia del Tribunal Constitucional,* Gaceta Jurídica, Tomo 16 Año 2009, Lima 2009, pp. 17-48; "El control de la constitucionalidad de la omisión legislativa y la sustitución del Legislador por el Juez Constitucional: el caso del nombramiento de los titulares del Poder Electoral en Venezuela ", en *Revista Iberoamericana de Derecho Procesal Constitucional*, N° 10 Julio-Diciembre 2008, Editorial Porrúa, Instituto Iberoamericano de Derecho Procesal Constitucional, México 2008, pp. 271-286; "La demolición del Estado de Derecho en Venezuela. Reforma Constitucional y fraude a la Constitución (1999-2009)," en El *Cronista del Estado Social y Democrático de Derecho*, N° 6, Editorial Iustel, Madrid 2009, pp. 52-61; "El Estado democrático de derecho y los nuevos autoritarismos constitucionales en América: el caso de Venezuela," en David Cienfuegos Salgado y Luis Gerardo Rodríguez Lozano Coordinadores), *Estado, Derecho Democracia en el momento actual. Contexto y crisis de las instituciones contemporáneas*, Editorial FEJ, Monterrey 2008, pp. 47-67; "De cómo la Jurisdicción constitucional en Venezuela, no sólo legisla de oficio, sino subrepticiamente modifica las reformas legales que "sanciona", a espaldas de las partes en el proceso: el caso de la aclaratoria de la sentencia de Reforma de la Ley de Impuesto sobre la Renta de 2007," en *Revista de Derecho Público*, N° 114, Editorial Jurídica Venezolana, Caracas 2008, pp. 267-276; "Sobre el nombramiento irregular por la

Asamblea Nacional de los titulares de los órganos del poder ciudadano en 2007," en *Revista de Derecho Público*, N° 113, Editorial Jurídica Venezolana, Caracas 2008, pp. 85-88; "La proyectada reforma constitucional de 2007, rechazada por el poder constituyente originario," en *Anuario de Derecho Público 2007*, Año 1, Instituto de Estudios de Derecho Público de la Universidad Monteávila, Caracas 2008, pp. 17-65, y en *Revista Peruana de Derecho Público*, Año 8, N° 15, Lima, Julio-Diciembre 2007, pp. 13-53; "El juez constitucional vs. la supremacía constitucional. (O de cómo la jurisdicción constitucional en Venezuela renunció a controlar la constitucionalidad del procedimiento seguido para la "reforma constitucional" sancionada por la Asamblea Nacional el 02 de noviembre de 2007, antes de que fuera rechazada por el pueblo en el referendo del 02 de diciembre de 2007)", en *Revista de Derecho Público*, N° 112, Editorial Jurídica Venezolana, Caracas 2007, pp. 661-694, y en *Revista Iberoamericana de Derecho Procesal Constitucional*, N° 9 enero-junio 2008, Editorial Porrúa, Instituto Iberoamericano de Derecho procesal Constitucional, México 2008, pp. 17-60; "El sello socialista que se pretendía imponer al Estado", en *Revista de Derecho Público*, N° 112, Editorial Jurídica Venezolana, Caracas 2007, pp. 71-76; "Constitution Making in Defraudation of the Constitution and Authoritarian Government in Defraudation of Democracy. The Recent Venezuelan Experience", en *Lateinamerika Analysen,* 19, 1/2008, GIGA, German Institute of Global and Area Studies, Institute of Latin American Studies, Hamburg 2008, pp. 119-142; "Estudio sobre la propuesta presidencial de reforma constitucional para la creación de un Estado Socialista, Centralizado y Militarista en Venezuela (Agosto 2007)," en *Revista de Derecho Público*, N° 111, (julio-septiembre 2007), Editorial Jurídica Venezolana, Caracas 2007, pp. 7-42, en *Cadernos da Escola de Direito e Relações Internacionais da UniBrasil*, n° 07, Curitiba, 2007, pp. 265-308, y en *Anuario da Facultade de Dereito da Universidade da Coruña, Revista jurídica interdisciplinaria internacional*, Con. 12, La Coruña 2008, pp. 87-125; "Comentarios sobre la inconstitucional creación de la Comisión Central de Planificación, centralizada y obligatoria," en *Revista de Derecho Público*, N° 110, (abril-junio 2007), Editorial Jurídica Venezolana, Caracas 2007, pp. 79-89; "El juez constitucional en Venezuela como instrumento para aniquilar la libertad de expresión plural y para confiscar la propiedad privada: El caso RCTV," en *Revista de Derecho Público*, N° 110, (abril-junio 2007), Editorial Jurídica Venezolana, Caracas 2007, pp. 7-32, y en *Gaceta Judicial*, Santo Domingo, República Dominicana, mayo 2007, pp. 24-27; "La justicia sometida al poder (La ausencia de independencia y autonomía de los jueces en Venezuela por la interminable emergencia del Poder Judicial (1999-2006))," en *Cuestiones Internacionales. Anuario Jurídico Villanueva 2007*, Centro Universitario Villanueva, Marcial Pons, Madrid 2007, pp. 25-57, y en *Derecho y Democracia.* Cuadernos Universitarios, Órgano de Divulgación Académica, Vicerrectorado Académico, Universidad Metropolitana, Año II, N° 11, Caracas, septiembre 2007, pp. 122-138; "El autoritarismo establecido en fraude a la Constitución y a la democracia, y su formalización en Venezuela mediante la reforma constitucional (De cómo en un país democrático se ha utilizado el sistema eleccionario para minar la democracia y establecer un régimen autoritario de supuesta "dictadura de la democracia" que se pretende regularizar mediante la reforma constitucional)," en el libro *Temas constitucionales. Planteamientos ante una Reforma*, Fundación de Estudios de Derecho Administrativo, FUNEDA, Caracas 2007, pp. 13-74; "El inicio de la desmunicipalización en Venezuela: La organización del Poder Popular para eliminar la descentralización, la democracia representativa y la participación a nivel local", en *AIDA, Opera Prima de Derecho Administrativo. Revista de la Asociación Internacional de Derecho Administrativo*, Universidad Nacional Autónoma de México, Asociación Internacional de Derecho Administrativo, México, 2007, pp. 49 a 67.

6. En las presentes *Observaciones Adicionales* someteremos a esa honorable Comisión, ante todo, la ratificación en todos sus términos de la **Petición**; pero también tendremos la ocasión de presentar ante ella nuevos elementos de juicio que hacen aún más evidente la responsabilidad internacional del Estado venezolano por la violación de los derechos humanos del Dr. Allan Brewer Carías, incumpliendo así las obligaciones contraídas como Estado Parte en la Convención.

7. En la Respuesta del Estado éste pone explícitamente de manifiesto graves errores de concepto, cuyo reconocimiento contribuye a esclarecer el presente caso, como bien podrá verificarlo esa honorable Comisión y que se expondrán con mayor detalle en este escrito. El ***primer error de concepto*** consiste en afirmar que el derecho internacional de los derechos humanos, por ser *"complementario y subsidiario"* está subordinado al derecho interno, al punto que la víctima tiene *"la obligación […] de señalar la norma interna violada"* antes de estar en capacidad para *"trasladar el correspondiente derecho violado en el Estado a la Norma Internacional."* (*Cfr.* Respuesta del Estado, párr. 33; *infra* párr. 39). El ***segundo error de concepto*** consiste en afirmar que las garantías judiciales prescritas por el artículo 8 de la Convención están concebidas para la etapa de juicio del proceso penal y no para la fase de investigación del mismo proceso, al afirmar que nuestras denuncias de no haber tenido la posibilidad de repreguntar testigos ante la Fiscalía se justifica porque el derecho a repreguntar testigos *"está[]referido[] en el momento en que éstos se encontrarían frente a un Tribunal en la ETAPA DE JUICIO y no en la EN LA ETAPA DE INVESTIGACIÓN."* (Respuesta del Estado, pág. 34; *Infra* párr. 43). Igualmente desconoce el Estado el derecho de la persona a quien se ha imputado un delito a promover pruebas de descargo durante la fase de investigación, afirmando una curiosa distinción entre "pruebas" y "elementos de convicción" y que nuestra denuncia de haber sido privado el Dr. Brewer Carías del derecho a promover pruebas en su descargo ante el Ministerio Público *"es así porque simplemente el caso para aquel momento se encontraba en investigación y en esa ETAPA DE INVESTIGACIÓN se habla es de ELEMENTOS DE CONVICCIÓN que pasarían a ser pruebas para evacuarlas una vez que se discuta la acusación en contra del ciudadano Brewer Carias, de ser el caso.* (Respuesta del Estado, pág. 36; *Infra* párr. 44). Lo que, en definitiva se pone en evidencia de este escrito y, en general, de la conducta del Estado a través del Ministerio Público en el presente caso, es que su propósito prioritario es privar de la libertad al Dr. Brewer Carías para después considerar qué garantías procesales podrían reconocerle: *lo quieren ver entre rejas antes de reconocerle ningún derecho.*

8. Como se expresó en la Petición, el arbitrario proceso contra el Dr. Brewer Carías tiene como antecedente[3] una consulta jurídica que, como abogado especialista en derecho constitucional, le fue formulada por el Dr. Pedro Carmona Estanga, durante la noche del 11 al 12 de abril de 2002, relativa a un

---

3   *Cfr.* párrafos 21-26 de la **Petición**.

proyecto (ya redactado cuando llegó a conocimiento del Dr. Brewer Carías) sobre la formación de "un gobierno de transición democrática", en el marco de la crisis política que se vivía en Venezuela en aquellas fechas, agravada especialmente cuando el general en jefe Lucas Rincón, a la sazón Inspector General de la Fuerza Armada y oficial de más alto rango en la Fuerza Armada venezolana, se dirigió al país por televisión para comunicar que el Presidente Hugo Chávez había renunciado a su investidura como tal. A los exclusivos efectos de esa consulta, el Dr. Brewer Carías fue trasladado al Fuerte Tiuna, sede del Ministerio de la Defensa y de la Comandancia General del Ejército venezolano, por disposición del Dr. Carmona Estanga, donde se le entregó el texto del proyecto de decreto. El Dr. Brewer Carías manifestó su opinión jurídica adversa a dicho proyecto, en los términos que se pormenorizan en la **Petición** (*cfr.* párr. 23).

9.   Su presencia en el Fuerte Tiuna durante algunas horas de la madrugada del 12 de abril de 2002 fue especulada durante los días inmediatamente siguientes a aquellos sucesos, por algunos periodistas, en especial los señores Patricia y Rafael Poleo, para señalarlo como el autor intelectual o el redactor del Decreto que se leyó la tarde del día 12 de abril de 2002, como constitutivo de un "gobierno de transición democrática." Frente a esto, atendiendo a las reglas de juego en materia de libertad de expresión en una sociedad democrática, el Dr. Brewer Carías, como persona de figuración pública, convocó de inmediato una rueda de prensa que tuvo lugar el día 16 de abril de 2002, en la que desmintió categóricamente esas especies. Ese desmentido debería haber clausurado este tema ante la opinión pública o haber dado origen a opiniones que lo adversaran, siempre en el ámbito de la opinión pública. Pero no fue así. Aquella circunstancia fue aprovechada maliciosamente para construir un proceso penal destinado a condenar criminalmente y atacar el prestigio académico, profesional y ético del Dr. Brewer Carías, para descalificarlo y anularlo como disidente y crítico de la llamada Revolución Bolivariana.

10.   En efecto, al tener noticia de que aquellos rumores periodísticos estarían siendo tomados en cuenta por el Ministerio Público en la investigación de los hechos de abril de 2002, el día 3 de julio de 2002 el Dr. Brewer Carías se presentó voluntariamente a declarar ante el fiscal (provisorio) **José Benigno Rojas**, a cuyo cargo estaba dicha investigación.[4] Más de dos años después, la investigación era dirigida por la fiscal (provisoria) Sra. **Luisa Ortega Díaz** (hoy Fiscal General de la República), quien fue la que inició el proceso de imputaciones masivas en diferentes casos con implicaciones políticas, desde finales de 2004, con claros propósitos de persecución política (*cfr.* párr. 54 de la **Petición**). En el caso del Dr. Brewer Carías y de algunas otras personas, la imputación del delito y la posterior acusación tuvo como punto de partida y fundamento la denuncia formulada en 22 de mayo de 2002, por un militar activo, Coronel del Ejército y abogado llamado Ángel Bellorín **(Anexo 6)**,

---

4   Véase el texto en el libro Allan R. Brewer-Carías, *En mi propia defensa*, **Anexo 2** de la **Petición**, pp. 37 y ss.

siguiendo órdenes del gobierno, quien textualmente afirmó ante el Ministerio Público venezolano que *"es un **hecho notorio comunicacional** reiterado y por todos conocidos a través de los diversos medios de comunicación que los autores de dicho decreto son los ciudadanos Allan Brewer Carías, Carlos Ayala Corao, Cecilia Sosa y Daniel Romero, conocidos los tres primeros como expertos en materia constitucional, tal como se desprende de los artículos periodísticos que de seguida referimos..."* (Énfasis agregado) (*infra* párr. 111). Llama poderosamente la atención que la Respuesta del Estado a la **Petición** haya ignorado este hecho, que marcó *ab initio* el sesgo malicioso del procesamiento del Dr. Brewer Carías, sin otro fundamento que rumores de prensa, por demás desmentidos por él tan pronto fueron publicados, frente a los cuales tenía que demostrar su inocencia, en un claro quebrantamiento de ese *"fundamento de las garantías judiciales"* [5] que es la presunción de inocencia. A partir de ese desaguisado se ha construido un juicio cuya manifiesta injusticia y arbitrariedad le dan connotaciones de parodia judicial de un proceso penal.

11. Sobre esa base, mediante escrito de imputación de fecha 27 de enero de 2005 **(Anexo 5)** la Sra. Luisa Ortega Díaz, Fiscal provisoria Sexta del Ministerio Público a Nivel Nacional con Competencia Plena ("Fiscal provisoria Sexta"), transcribiendo textualmente el contenido de la denuncia del Coronel Bellorín (*supra* párr. 7; *infra* párr. 111, 113) imputó al Dr. Allan R. Brewer-Carías "la comisión del delito de **conspiración para cambiar violentamente la Constitución** previsto y sancionado en el artículo 143, numeral 2 del Código Penal Vigente (artículo 144, numeral 2 para la fecha de la comisión de los hechos)", por haber supuestamente participado *"en la discusión, elaboración, redacción y presentación"* del decreto constitutivo del llamado gobierno de transición que anunció el ciudadano Pedro Carmona Estanga el 12 de abril de 2002, hecho que el Dr. Brewer Carías ha negado enfáticamente por ser completamente falso. La fase de investigación del proceso penal contra el Dr. Brewer Carías estuvo plagada de las múltiples irregularidades y violaciones de las garantías judiciales proclamadas en el artículo 8 de la Convención, hasta que, en fecha 21 de octubre de 2005, la Fiscal Ortega Díaz procedió a ejercer la acción penal formalizando la acusación contra el Dr. Brewer Carías **(Anexo 48)**, basándose, entre otros, en los mismos supuestos "hechos notorios comunicacionales" que se enumeraron en la imputación y que se habían indicado en la denuncia (véase *infra* párr. 124). Ratificamos en este acto todas y cada una de las denuncias que hicimos en la **Petición** con respecto a las irregularidades procesales y violaciones múltiples al artículo 8 de la Convención que formulamos en la **Petición**, con la precisiones y agregados que, a la luz de nuevos acontecimientos y de la Respuesta del Estado a la **Pe-**

---

5   Corte IDH, *Caso Tibi vs Ecuador*. Sentencia de 07 de septiembre de 2004. Serie C, N° 114; párr. 180: Corte IDH, *Caso Chaparro Álvarez y Lapo Íñiguez vs Ecuador*, Sentencia de 21 de noviembre de 2007. Serie C, N° 170; párr. 145.

tición, estimamos relevantes para que esa honorable Comisión pueda mejor resolver sobre el fondo de la misma.

12. Antes de pasar a examinar las violaciones denunciadas a la Convención, estimamos pertinente hacer una nueva y breve referencia al contexto en el que ocurrieron las violaciones a los derechos humanos de la víctima, tomando en cuenta las afirmaciones y apreciaciones a este respecto volcadas en la Respuesta del Estado. Esos antecedentes, que hemos resumido en los párrafos precedentes, pueden leerse en la **Petición**, especialmente en sus párrafos 21 al 26. Esa exposición de los hechos de ninguna manera intenta convertir el procedimiento ante esa ilustre Comisión en una instancia en la cual debe dirimirse la inocencia del Dr. Brewer Carías de los falsos cargos que se le imputan, sino más bien situar las violaciones a sus derechos dentro de un determinado contexto de hecho, que incluye la pretensión del Estado de que cometió el delito de conspirar para cambiar violentamente la Constitución tipificado en el artículo 143, numeral 2 del Código Penal por haber supuestamente participado *"en la discusión, elaboración, redacción y presentación"* del decreto constitutivo del llamado "gobierno de transición democrática" de 12 de abril de 2002.

13. Llama la atención, en la Respuesta del Estado, que se admita que el Dr. Brewer Carías no redactó el mencionado decreto, pero que en cambio se le impute que, en cumplimiento del artículo 333 de la Constitución[6], que *"conociendo el contenido del decreto, no denunció el mismo y que, además, se tomo (sic) la molestia de trasladarse al Palacio de Miraflores para manifestarle al Sr. Carmona su 'opinión' sobre el texto"* o que *"en lugar de denunciar abiertamente su propósito, no denunció como correspondía a cualquier defensor de la constitucionalidad democrática, sino que además pretendió una reunión con el dirigente de la ofensiva golpista"* (pág. 13 de la Respuesta del Estado).

14. Este tipo de señalamiento no estuvo presente en la imputación inicial que se hizo al Dr. Brewer Carías, por el delito de conspiración para cambiar violentamente la Constitución, por haber redactado el conocido decreto del 12 de abril de 2002. Sin embargo, en la acusación que introdujo contra él la Fiscal (provisoria) Sexta **(Anexo 48)**, sí pueden identificarse varias alusiones en esa dirección, es decir, en el sentido de que el Dr. Brewer Carías *"tenía conocimiento del mismo y a pesar de ese conocimiento no cumplió con su deber que le impone el artículo 333 de la Constitución de la República Bolivariana de Venezuela, de colaborar en el restablecimiento de la efectiva vigencia de la Constitución."*[7]

---

6   *Artículo 333.* Esta Constitución no perderá su vigencia si dejare de observarse por acto de fuerza o porque fuere derogada por cualquier otro medio distinto al previsto en ella.

En tal eventualidad, todo ciudadano investido o ciudadana investida o no de autoridad, tendrá el deber de colaborar en el restablecimiento de su efectiva vigencia.

7   *Acusación Fiscal contra Allan Brewer Carías*, pp. 57-58. (Anexo 48 de la **Petición**)

15. Esta nueva imputación al Dr. Brewer Carías es en verdad sorprendente y jurídicamente irrelevante, pero no deja de tener interés para ilustrar mejor aún a la CIDH sobre la determinación del gobierno venezolano de condenar y descalificar a cualquier precio al Dr. Brewer Carías. Como quedó dicho en la **Petición**, el Dr. Brewer Carías tuvo conocimiento del texto del aludido proyecto de decreto en dos momentos. Primero, el día 10 de abril de 2002, cuando estando en la oficina del Dr. Jorge Olavarría, recibieron a dos jóvenes abogados que pidieron visitar a este último y a quienes no conocía y les entregaron un papel anónimo con lo que más tarde sería el llamado decreto para un gobierno de transición democrática. En el momento, según el testimonio ante el Ministerio Público del Dr. Olavarría, *"haciéndose evidente para ambos la ignorancia de los abogados en esos temas por lo cual no les dimos mayor importancia. Cuando se marcharon, el Dr. Brewer y yo comentamos la ligereza y banalidad del documento"*.[8] Luego, en la madrugada del 12 de abril de 2002, cuando esos mismos jóvenes abogados le entregaron el texto en el Fuerte Tiuna adonde se había trasladado para atender, *como abogado*, una consulta que le había requerido el Dr. Carmona Estanga.

16. En cuanto a la primera situación, el Dr. Brewer no tenía obligación alguna de denunciar a nadie. El artículo 333 de la Constitución establece, en términos generales, que si la Constitución pretendiera ser derogada ilegítimamente o dejara de observarse por un acto de fuerza, *"todo ciudadano investido o ciudadana investida o no de autoridad, tendrá el deber de colaborar en el restablecimiento de su efectiva vigencia."* Se trata de un deber general que surge en el supuesto de que la Constitución se derogue por medios distintos a los pautados por ella misma o deje de observarse por un acto de fuerza, lo cual no había ocurrido cuando el Dr. Brewer y el Dr. Olavarría conocieron aquel documento anónimo. El Ministerio Público venezolano parece leer en dicho artículo 333 la imposición a *"todo ciudadano"* el deber jurídico de convertirse en delator de todo cuanto pudiera ser una mala idea contra la Constitución, incluso rumores o papeles anónimos, incluso cuando quien los lee no encuentra razón para tomárselos en serio. Pero es falso que el artículo 333 constitucional imponga semejante deber de delación. Eso sería propio del constitucionalismo totalitario, dominado por el concepto de Estado-Policía, donde cada ciudadano está supuesto a ser un espía virtual. En segundo lugar, en aquel momento, 10 de abril de 2002, ningún acto de fuerza había derogado la Constitución. En tercer lugar, el deber de colaboración que establece el artículo 333 de la Constitución no tiene un contenido específico, de modo que queda al libre albedrío de cada quien determinar cómo y cuándo debe colaborar para restablecer la Constitución. Por último, ninguna ley penal tipifica como delito el incumplimiento de ese deber, de modo que invocar semejante cosa ante la CIDH hace aún más palmario el desprecio de las autoridades venezolanas por las reglas del debido proceso y por el principio de legalidad penal, postulado por el artículo 9 de la Convención, en cuyos términos

---

8 *Cfr.*, **Petición**, párr. 108 y nota al pie N° 15. Igualmente, Anexo 36 de la **Petición**.

"(n)adie puede ser condenado por acciones u omisiones que en el momento de cometerse no fueran delictivos según el derecho aplicable".

17. En cuanto, a la segunda situación, se trató de una consulta jurídica que se solicitó al Dr. Brewer Carías en su condición de abogado especialista en derecho constitucional. En esa condición, estaba obligado, en primer lugar, por el secreto profesional. En segundo lugar, su deber era suministrarle a la persona que había solicitado su parecer profesional, *"asesoramiento con respecto a sus derechos y obligaciones, así como con respecto al funcionamiento del ordenamiento jurídico, en tanto sea pertinente a los derechos y obligaciones de los clientes"*[9], lo cual el Dr. Brewer hizo tan pronto las circunstancias imperantes se lo permitieron, expresando al Dr. Carmona Estanga en la primera oportunidad que tuvo, su rechazo absoluto respecto de aquel texto por apartarse del constitucionalismo democrático y violar, además, la Carta Democrática Interamericana (**Petición**, párrafo 23). Por lo demás, desdeña el Estado en su Respuesta, como lo han hecho el Ministerio Público venezolano, los jueces que han intervenido en el proceso y las altas autoridades de la República Bolivariana de Venezuela que han condenado de antemano al Dr. Brewer Carías, el estándar internacional aplicable, según el cual, *"(l)os abogados no serán identificados con sus clientes ni con las causas de sus clientes como consecuencia del desempeño de sus funciones."*[10]

18. Rechazamos, en consecuencia, por impertinentes y reincidentes en las lesiones ya sufridas por el Dr. Brewer Carías, las nuevas y tendenciosas imputaciones que pretenden hacérsele en la Respuesta del Estado. Como desde luego repudiamos por impertinentes y falaces las acusaciones que se hacen contra la misma Comisión Interamericana de Derechos Humanos.

19. Por lo demás, no deja de llamar la atención la simplicidad con la que la Respuesta del Estado describe los sucesos del 11, 12 y 13 de abril de 2002. Según esto, unos malvados conspiradores comandados por el Dr. Carmona Estanga, súbitamente derrocaron el gobierno constitucional, mientras el resto del Estado seguía funcionando, de modo que los ciudadanos debían dirigirse a las autoridades para denunciar la ruptura del orden constitucional, so pena de ser parte de la conspiración. En esa respuesta se trata con ironía nuestra caracterización de tales hechos, en la **Petición**, como *"extraños y repudiables sucesos"*. A pesar de esa ironía, insistimos en que ***es extraño y repudiable*** que el más alto jerarca militar venezolano haya anunciado por televisión la renuncia del Presidente Chávez "a pedido" del Alto Mando Militar; y que, restituido el Presidente, ese general fuera confirmado en su jefatura militar, más tarde designado Ministro de la Defensa y luego Embajador de Venezuela en Portugal. En que ***es extraño y repudiable*** que el Presidente del Tribunal Su-

---

9   *Principios Básicos sobre la Función de los Abogados* (aprobados por el Octavo Congreso de las Naciones Unidas sobre Prevención del Delito y Tratamiento del Delincuente, celebrado en La Habana (Cuba) del 27 de agosto al 7 de septiembre de 1990), Principio 13 (a).

10   *Ibíd.*, Principio 18.

premo de Justicia haya presentado su renuncia el día 12 de abril de 2002, *"a objeto de facilitar la transitoriedad, la continuidad de las instituciones y el respeto al Estado de Derecho y la seguridad jurídica"*,[11] y que, restituido el Presidente Chávez, haya regresado a su magistratura, como si nada hubiera ocurrido, y que actualmente se desempeñe como Embajador de Venezuela ante la Santa Sede. En que *es extraño y repudiable* que ninguno de estos funcionarios haya sido objeto de tan siquiera una investigación y fueron posteriormente premiados. En cambio, el general Raúl Isaías Baduel, quien como comandante de las unidades militares de Maracay (cerca de Caracas), tuvo una intervención decisiva para abortar aquella insurgencia, aunque fue designado tiempo después Ministro de la Defensa, una vez que se opuso a la reforma constitucional totalitaria promovida por el Presidente Chávez en 2007, pagó su disidencia con un proceso criminal en su contra y se encuentra actualmente encarcelado en una fortaleza militar venezolana. Todo esto, sí, *es extraño y repudiable.*

20.   Suficientemente aclaradas las equívocas afirmaciones contenidas en la Respuesta del Estado en lo que respecta al contexto de los hechos que originan el presente caso, así como las actuaciones que, dentro de dicho confuso y censurable contexto, hubo de cumplir el Dr. Brewer Carías, pasamos a recapitular las violaciones a sus derechos humanos que hemos denunciado en la **Petición**, dentro de los límites establecidos por el Informe de Admisibilidad aprobado por la CIDH.

II. VIOLACIÓN DE LAS GARANTÍAS JUDICIALES (ARTÍCULO 8, CADH)

1. Introducción

21.   La **Petición** contiene una exposición detallada y fundamentada de las violaciones al debido proceso o garantías judiciales, según las estipulaciones del artículo 8 de la Convención. Ratificamos íntegramente aquella exposición, que complementaremos parcialmente en las presentes *Observaciones Adicionales*. Sin embargo, antes de entrar en esas condiciones particulares, debemos dirigirnos a ciertos argumentos contenidos en la Respuesta del Estado, tendientes a descalificar la **Petición** y a los peticionarios, como ignorantes del derecho positivo venezolano relacionado con el proceso penal, y en particular la normativa del Código Orgánico Procesal Penal de Venezuela (en adelante, "COPP"), y al régimen particular de las distintas etapas del proceso

---

11   Ver nota de prensa del periodista Edgard López, en *El Nacional* de Caracas, del día 13 de abril de 2002. **Anexo 62.** Para evitar confusiones, continuamos la numeración serial de anexos de la Petición a la cual corresponden los Anexos 1 a 54), de nuestro Escrito de Respuestas a la CIDH del 27 de diciembre de 2007 (al cual corresponden los Anexos 55 al 59), y de nuestros Escritos de 25 febrero de 2008 y de 30 de abril de 2008 (al cual corresponden los Anexos 60 y 61), cuyo último anexo tiene el N° 61

penal según ese cuerpo normativo y a la aplicabilidad a las mismas de las garantías judiciales contenidas en el artículo 8 de la Convención.

22. En efecto, en la Respuesta del Estado se insiste en presentar el proceso penal regulado por el COPP como uno en el que se niegan al indiciado en la etapa de investigación las garantías judiciales prescritas por el artículo 8 de la Convención, las cuales sólo podrían invocarse en la etapa de juicio, de modo que la persona a quien se impute un hecho punible debe esperar hasta que se la acuse formalmente y se entre en la etapa de juicio para hacer valer ante el Juez la plenitud del derecho al debido proceso. Esto, en primer lugar, no es cierto. Nada hay en el COPP que impida al procesado hacer valer todas las garantías judiciales que contiene el artículo 8 de la Convención ni las estipuladas en la Constitución venezolana. Y en segundo lugar, es contrario a lo que disponen expresas disposiciones de la Constitución venezolana (particularmente, el artículo 49).

23. Contrariamente a lo expresado en la respuesta del Estado, el COPP garantiza el debido proceso en la fase de investigación y no hace distinción para excluir, en dicha fase, las garantías que se deben al imputado en todas las etapas del proceso, incluida la de investigación. Así se evidencia de varias normas contenidas en el COPP:

- El artículo 125 de este Código enuncia los derechos del imputado, entre los cuales está el de *"(p)edir al Ministerio Público la práctica de diligencias de investigación destinadas a desvirtuar las imputaciones que se le formulen"* (COPP, art. 125(5)), derecho que fue ignorado sistemáticamente de manera arbitraria por la Fiscal provisoria Sexta en el caso del Dr. Brewer Carías, tal como lo denunciamos en la **Petición** (*cfr.* párrs. 91-101) y lo ratificamos en estas *Observaciones Adicionales* (*Infra* párrs. 130 ss.).

- El mismo artículo 125 del COPP, en su ordinal 8°, garantiza al imputado el derecho de *"(p)edir que se declare anticipadamente la improcedencia de la privación preventiva judicial de libertad"*, el cual fue ejercido por el Dr. Brewer Carías mediante solicitud que introdujeron sus abogados ante el Juez (provisorio) de Control el 26 de octubre de 2005 (**Anexo 49)**, la cual jamás fue decidida por dicho tribunal. Por el contrario, hemos denunciado en la **Petición** (*cfr.* párrs, 128-134) como fue violado el derecho del Dr. Brewer Carías a ser juzgado en libertad.

- Según el artículo 281 del COPP, *"(e)l Ministerio Público en el curso de la investigación hará constar no sólo los hechos y circunstancias útiles para fundar la inculpación del imputado, sino también aquellos que sirvan para exculparle. En este último caso, está obligado a facilitar al imputado los datos que lo favorezcan."* En el presente caso, la Fiscal provisoria Sexta no sólo se abstuvo de dejar constancia de los numerosos aportes de la defensa del Dr. Brewer Carías para establecer su inocencia, sino que llegó al extremo de presentar como prueba de que el Dr. Brewer Carías sí redactó dicho decreto del 12 de abril, al testimonio del Dr. Jorge Olavarría, donde rotundamente expuso ante esa Fiscal provisoria como le constaba que el Dr. Brewer Carías *no había redactado* ese decreto[12] (*cfr.* párrs. 107-109 de la **Petición**; igualmente sus Anexos 35 y 36).

24. Por otra parte, la defensa de la posición del Estado que se delinea en su Respuesta, pareciera indicar que, en su interpretación, la finalidad de la fase de investigación se limita a recabar pruebas (o "elementos de convicción", como parece preferir el vocabulario del Estado) para acusar al imputado, *y esto es falso e incorrecto*. El imputado tiene derecho a que la fase de investigación concluya exculpándolo, mediante un acto conclusivo de investigación que proponga el sobreseimiento de su causa (COPP, arts. 315-320); y, aún en el caso de que el acto conclusivo fuera una acusación fiscal, el imputado tiene derecho a que en la audiencia preliminar el Juez de Control dicte un sobreseimiento, tal y como lo prevé el artículo 330(3) del COPP· Por consiguiente, el imputado no tiene obligatoriamente que esperar al juicio oral y público para obtener una resolución favorable a su caso, y para que su derecho a obtener tal resolución no sea ilusorio, el Ministerio Público está en la obligación de tramitar todas las diligencias que sean necesarias a esos efectos, ya sea que lo pida la defensa, o bien de oficio. Este derecho fue sistemáticamente violentado por la Fiscal (provisoria) Sexta.

25. Más aún, si la interpretación de esta normativa procesal arrojara alguna incertidumbre, el asunto debería quedar resuelto por la inequívoca disposición del artículo 49 de la Constitución, según el cual *"la defensa y la asistencia jurídica son derechos inviolables **en todo estado y grado de la investigación** y del proceso. Toda persona tiene derecho a ser notificada de los cargos por los cuales **se le investiga**; de acceder a las pruebas y de disponer del tiempo y de los medios adecuados para ejercer su defensa."* (art. 49; énfasis y subrayados agregados). No hay margen de duda con respecto al im-

---

12 *Comparezco ante usted para rendir testimonio bajo fe de juramento de la constancia que tengo de la injuriosa falsedad que le atribuye al Dr. Allan Randolph Brewer Carías, de haber sido el autor del acta de constitución del llamado "Gobierno de transición y unidad nacional" instalado en el Palacio de Miraflores la tarde del 12 de abril pasado. Me consta que el Dr. Brewer no redactó ese documento. Considero mi deber testimoniarlo así.* (Anexo 35 de la Petición; **énfasis agregado**).

...

... pasadas las seis de la tarde del miércoles 10 de abril, llegaron a mi despacho los abogados Daniel Romero y José Gregorio Vásquez a quienes no conocía. El Dr. Romero leyó lo que pretendía ser un proyecto de instalación para un gobierno de transición. Yo les hice algunas observaciones de carácter histórico y el Dr. Brewer llamó su atención acerca de la Carta Democrática Interamericana, haciéndose evidente para ambos la ignorancia de los abogados en esos temas por lo cual no les dimos mayor importancia. Cuando se marcharon, el Dr. Brewer y yo comentamos la ligereza y banalidad del documento, del cual me dejaron una copia. (Anexo 36 de la Petición; énfasis y subrayado agregados).

perativo constitucional de garantizar la plenitud del derecho a la defensa y, en general, del debido proceso, durante la fase de *investigación* del proceso penal y con respecto a la persona a quien se *investiga*. Ese claro mandato constitucional no permite postergar los derechos de la persona a quien se investiga para que sólo pueda ejercerlos cuando en sentido estricto se la juzga, es decir, en la etapa de juicio del proceso penal. Por lo demás, de acuerdo con el COPP *la fase de investigación es la primera etapa del proceso penal, de tal manera que, ontológicamente, no puede escapar a la aplicación estricta de las reglas del debido proceso.*

26. En todo caso y *gratia arguendi*, incluso si el derecho interno venezolano no reconociera o limitara irrazonablemente las garantías judiciales durante la etapa de investigación del proceso penal, tal cosa sería irrelevante en la instancia interamericana de derechos humanos (como en cualquier otra instancia internacional llamada a verificar la recta aplicación de las garantías judiciales).

27. Como es bien sabido, las disposiciones de la Convención tienen un carácter autónomo, sin que su contenido y alcance pueda no está supeditado en modo alguno a lo que prescriba el derecho interno de los Estados partes. Por ello, la jurisprudencia de la Corte Interamericana de Derechos Humanos ha sostenido que *"(l)as garantías judiciales son de observancia obligatoria en todo proceso **en el que la libertad personal de un individuo está en juego.** "*[13] (Énfasis agregado). Asimismo la Corte ha establecido que,

> Si bien el artículo 8 de la Convención Americana se titula 'Garantías Judiciales', su aplicación no se limita a los recursos judiciales en sentido estricto, 'sino al conjunto de requisitos que deben observarse en las instancias procesales' a efecto de que las personas puedan defenderse adecuadamente ante cualquier acto emanado del Estado que pueda afectar sus derechos.[14] *(Énfasis agregado).*

28. Es claro, pues, que las garantías judiciales contenidas en el artículo 8 de la Convención se aplican a todo proceso y en toda etapa e instancia del proceso. La Corte ha subrayado la amplitud de la garantía debida al debido proceso en el Sistema Interamericano de Derechos Humanos:

> El artículo 8 de la Convención Americana se aplica al conjunto de requisitos que deben observarse en las instancias procesales, **cualesquiera que ellas sean,** a efecto de que las personas puedan defenderse

---

13   Corte IDH, *Condición Jurídica y Derechos Humanos del Niño*. Opinión Consultiva OC-17/02 de 28 de agosto de 2002, Serie A N° 17; párr. 115.

14   Corte IDH, *Caso Ivcher Bronstein vs. Perú*. Sentencia de 6 de febrero de 2001.Serie C N° 74; párr. 102.

adecuadamente *ante cualquier acto emanado del Estado que pueda afectar sus derechos*[15]. (Énfasis agregado)

29. En su voto razonado en el mismo caso, el Presidente de la Corte Interamericana García Ramírez añadió:

> *La jurisprudencia de la Corte Interamericana a propósito del debido proceso, la tutela judicial, las garantías procesales o la preparación y el ejercicio de la defensa de los particulares –expresiones que coinciden en una sola preocupación– ha desarrollado en sentido progresivo –invariablemente garantista– los datos del debido proceso.*[16]

30. De manera más precisa, y con mayor pertinencia para este caso, la Corte ha señalado que

> *En cuanto respecta a las garantías contempladas en los artículos 8.2 y 8.3 de la Convención Americana, observa el Tribunal que si bien parecen contraerse al amparo de personas sometidas a un proceso judicial (artículo 8.2)* **o inculpadas en el marco del mismo** *(artículo 8.3), a juicio de la Corte también* **se tienen que respetar en procedimientos o actuaciones previas o concomitantes a los procesos judiciales que, de no someterse a tales garantías, pueden tener** <u>**un impacto desfavorable no justificado**</u> **sobre la situación jurídica de la persona de que se trata.**[17]

31. La jurisprudencia de la Comisión es también clara e inequívoca. La CIDH ha determinado, en efecto, que "ni el artículo 8 ni el 25 de la Convención establecen en qué etapa del proceso de sustanciación de una acusación penal el indiciado queda habilitado para ejercer sus derechos a la defensa y al debido proceso."[18]

---

15 Corte IDH.: *Caso Claude Reyes y otros vs Chile.* Sentencia de 19 de septiembre de 2006. Serie C, N° 151; párr 116.

16 *Ibíd.*, voto razonado juez García Ramírez; párr. 7. El mismo juez García Ramírez, en su voto razonado en la Opinión Consultiva *El Derecho a la Información sobre la Asistencia Consular en el Marco de las Garantías del Debido Proceso Legal.* Opinión Consultiva OC-16/99 del 1 de octubre de 1999. Serie A N° 16, hizo apropiados comentarios sobre la profunda vinculación entre el debido proceso, la democracia y los derechos humanos: *"La historia de la democracia y de los derechos humanos guarda una relación estrecha con la evolución del sistema persecutorio.* **El proceso penal es un escenario fidedigno del progreso moral, jurídico y político de la humanidad.** *De ser objeto del proceso, el inculpado pasó a ser sujeto de una relación jurídica concebida en términos diferentes. En ella* **el inculpado es titular de derechos y garantías, que son el escudo del ciudadano frente al poder arbitrario.** *La llamada "justicia penal democrática" reconoce y desarrolla estos derechos".* (Énfasis agregados).

17 Corte IDH, *Caso Maritza Urrutia vs. Guatemala.* Sentencia del 27 de noviembre de 2003. Serie C N° 103; párr. 120.

18 CIDH, *Caso Figueredo Planchart vs. Venezuela*, Informe 50/00, caso 11298, 13 de abril de 2000, OEA/Ser.L/V/II.106, Doc. 3, párr. 83.

32. La Comisión, en el mismo caso Figueredo Planchart v. Venezuela,[19] entendió que "tanto la jurisprudencia del sistema europeo como la del interamericano establecen claramente que la aplicación por parte de los Estados de las garantías del debido **proceso no pueden estar limitadas ni restringidas a la fase final de un proceso penal, menos aún si la fase preliminar tiene consecuencias jurídicas sobre los derechos civiles del presunto imputado.**"[20] (Énfasis agregado).

33. No puede sino concluirse entonces que, según la Convención Americana, las garantías judiciales contenidas en su artículo 8, se deben a toda persona procesada en un juicio penal, desde que éste se inicia contra aquélla, lo cual incluye, sin lugar a dudas, la etapa o fase de investigación de dicho proceso, que, en Venezuela, está legalmente a cargo del Ministerio Público. Por lo tanto, según la misma Convención y el derecho internacional general, los Estados Partes en la misma deben regular el proceso penal de manera que las garantías judiciales estén vigentes a los largo de todo el proceso, incluida, desde luego, la etapa de investigación.

34. Debemos recordar en efecto que, en este contexto, el artículo 2 de la Convención obliga a los Estados Partes, y por tanto a Venezuela, a adaptar su ordenamiento jurídico interno a la Convención. Esto significa, como lo ha dicho la Corte, que el Estado *"debe introducir en su derecho interno las modificaciones necesarias para asegurar la ejecución de las obligaciones asumidas"*... y que debe hacerlo de manera *efectiva*, es decir, *"que el Estado ha de adoptar todas las medidas para que lo establecido en la Convención sea realmente cumplido en su orden jurídico interno. Y esas medidas son efectivas cuando la comunidad, en general, adapta su conducta a la normativa de la Convención y, en el caso de que así no sea, cuando se aplican efectivamente las sanciones previstas en ella."*[21]

35. Esta regla expresa otra más general del derecho internacional consuetudinario, recogida en el artículo 27 de la Convención de Viena sobre el Derecho de los Tratados, determina que un Estado *"no podrá invocar las disposiciones de su derecho interno como justificación del incumplimiento de un tratado"*. Si tal exoneración fuera posible, estaríamos frente al absurdo resultado de eximir al Estado de responsabilidad por las violaciones a los derechos humanos, en toda situación en que dicha violación estuviera autorizada por el Derecho interno; es decir, se exoneraría al Estado de las consecuencias de ignorar el artículo 1(1) *por una causa exclusivamente imputable al mismo Estado.*

---

19   *Ibíd.*

20   *Ibíd.; párr.* 87.

21   Corte I.D.H.: *Caso Garrido y Baigorria, Reparaciones (Art. 63.1 Convención Americana sobre Derechos Humanos),* sentencia de 27 de agosto de 1998. Serie C, N° 39, párrs. 68 69. Corte I.D.H.: *Caso Baena Ricardo y otros (270 trabajadores vs. Panamá).* Sentencia del 2 de febrero de 2001. Serie C N° 72; párr. 179.

36. Sería útil que la representación del Estado tuviera presente que la obligación de garantizar los derechos humanos, a cargo de los Estados Partes, comporta el deber de

...organizar todo el aparato gubernamental y en general, todas las estructuras a través de las cuales se manifiesta el ejercicio del poder público, de manera tal que sean capaces de asegurar jurídicamente el libre y pleno ejercicio de los derechos humanos.[22]

37. La obligación de adecuar el derecho interno a la Convención no se agota en la mera normativa, ni obliga solamente a los Estados partes a adoptar nuevas disposiciones de derecho interno que doten de efectividad a la Convención en el orden doméstico; ***están también obligados a suprimir toda norma o práctica*** que resulte incompatible con los deberes asumidos según la misma Convención:

*El deber general del artículo 2 de la Convención Americana sobre Derechos Humanos implica la adopción de medidas en dos vertientes. Por una parte, **la supresión de las normas y prácticas de cualquier naturaleza** que entrañen violación a las garantías previstas en la Convención. Por la otra, **la expedición de normas y el desarrollo de prácticas conducentes a la efectiva observancia de dichas garantías.***[23] *(*Énfasis agregados)

38. La Corte ha aplicado estos principios en varios casos contenciosos[24]. En uno de ellos, *Herrera Ulloa vs. Costa Rica*, la Corte concluyó, precisamente, que la legislación procesal penal costarricense no garantizaba ciertos aspectos del derecho al debido proceso, tal como éste se encuentra recogido en la Convención. En consecuencia, ordenó:

Que dentro de un plazo razonable, el Estado debe adecuar su ordenamiento jurídico interno a lo establecido en el artículo 8.2.h de la Convención Americana sobre Derechos Humanos, en relación con el artícu-

---

22   Corte I.D.H.: *Caso Velásquez Rodríguez*, Sentencia de 29 de julio de 1988. Serie C. N° 4, párr. 166; también párrs. 164-177; Corte I.D.H.: *Caso Godínez Cruz*, Sentencia de 20 de enero de 1989, serie C. N° 5, párrs. 175; también párrs. 173-188.

23   Corte I.D.H.: *Caso Castillo Petruzzi y otros. Sentencia del 30 de mayo de 1999. Serie C, NC 52, par. 207; Corte I.D.H.: *Caso Baena Ricardo y otros (270 trabajadores vs. Panamá)... cit.*, párr. 180; Corte I.D.H. *Caso Durand y Ugarte*. Sentencia de 16 de agosto de 2000. Serie C. N° 68, párr. 137. En el mismo sentido, sobre un caso concreto de violación del derecho a la libertad personal, *cfr.* Corte I.D.H. *Caso Suárez Rosero*. Sentencia del 12 de noviembre de 1997. Serie C N° 35, párr. 99.

24   Por ejemplo, en el caso *"La Última Tentación de Cristo"*, la Corte ordeno al Estado *"modificar su ordenamiento jurídico interno"* para adaptarlo a la Convención, lo cual, en ese caso, implicaba enmendar la Constitución chilena, Corte I.D.H.: *Caso "La Última Tentación de Cristo" (Olmedo Bustos y otros vs Chile)*. Sentencia de 5 de febrero de 2001. Serie C N° 73, párr. 103(4).

lo 2 de la misma, en los términos señalados en el párrafo 198 de la presente Sentencia.[25]

39. Debemos destacar ante esa honorable Comisión que la posición asumida por el Estado en su Respuesta obedece a la reiteración de una errada posición sobre la relación entre el derecho interno y el internacional particularmente el derecho internacional de los derechos humanos. ***En su Respuesta, el Estado sugiere que el derecho internacional está subordinado al derecho interno, de modo que no sería concebible que se violara el primero si no se ha infringido una norma doméstica:***

> *...si se parte del principio que el Derecho Internacional de los Derechos Humanos es complementario y subsidiario, que no viene a sustituir la propia actividad del Estado, surge entonces, **la obligación del peticionario de señalar la norma interna violada** (que para este caso sería el Código Orgánico Procesal Penal y/o la Constitución de la República Bolivariana de Venezuela); **luego de ello, deberá demostrar ante el Organismo Internacional la violación de esa norma interna**, fundamentándola con el propio expediente, y de **la propia y coherente jurisprudencia e interpretación en el Derecho Interno**, sin que esto comporte el planteamiento de argumentos de fondo del caso que son propios de los Tribunales venezolanos; el siguiente paso, sería, luego de haber atacado al orden interno, trasladar el correspondiente derecho violado en el Estado a la Norma Internacional.* (Respuesta del Estado, pág. 33; énfasis agregados).

40. Ya el Estado venezolano ha pretendido afirmar la prevalencia del derecho interno, o al menos su validez como medio de exonerar su responsabilidad si viola la Convención aplicando disposiciones "soberanas" de su orden interno, llegando incluso a afirmar que, por no ser Parte en la Convención de Viena sobre el Derecho de los Tratados, el ya citado artículo 27 de la misma no le es oponible. La Corte descartó de manera contundente semejante razonamiento:

> *...como lo dispone el artículo 27 de la Convención de Viena sobre el Derecho de los Tratados de 1969, no pueden, por razones de orden interno, dejar de atender la responsabilidad internacional ya establecida. Aún cuando Venezuela alegó no ser parte de la Convención de Viena, la*

---

25 Corte IDH, *Caso Herrera Ulloa vs. Costa Rica.* Sentencia de 2 de julio de 2004. Serie C N° 107; párr. 207(5). La Corte había concluido que *"los recursos de casación presentados contra la sentencia condenatoria de 12 de noviembre de 1999 no satisficieron el requisito de ser un recurso amplio de manera tal que permitiera que el tribunal superior realizara un análisis o examen comprensivo e integral de todas las cuestiones debatidas y analizadas en el tribunal inferior."* Ver igualmente párrs. 168, 175 y 198 de dicha sentencia.

*obligación internacional del **pacta sunt servanda**, es norma de derecho consuetudinario de obligatorio cumplimiento.*[26]

41. Por lo tanto, no es admisible que el Estado invoque el COPP, o la maliciosa aplicación que han pretendido darle el Ministerio Público y los jueces que han conocido el presente caso en la jurisdicción interna, para justificar que en Venezuela no se deben las garantías judiciales durante la etapa de investigación del proceso penal.

42. Por el contrario, como lo afirmamos en la **Petición**, dado que las violaciones pueden acaecer en cualquier momento del proceso, y que la obligación del respeto a las garantías mínimas pesa sobre el Estado en todas las etapas del proceso judicial, desde su iniciación hasta que haya sentencia firme, las mismas también existe el derecho de denunciar su violación en cualquier estadio del proceso, siempre y cuando los hechos del caso así lo requieran. Más aún en la situación a la que se refiere esta petición, en la cual el caso contra el Dr. Brewer Carías ha sido construido y procesado para formalizar una decisión tomada previamente de condenarlo y de decretar su privación de libertad, como en efecto se ha decretado, y *no concederle garantía alguna mientras no se haya entregado a sus perseguidores y esté encarcelado.*

43. En la errada dirección conceptual que hemos señalado, el Estado ha afirmado, por ejemplo,

> *Es notable la confusión que tienen los peticionarios en relación con la fase de investigación, la fase intermedia y la fase de juicio en el proceso penal venezolano y **con ese gran laberinto pretenden decir que no pudieron interrogar o repreguntar a los testigos que declararon en la Fiscalía**, pero en sus citas los testigos están referidos en el momento en que éstos se encontrarían frente a un Tribunal en la **ETAPA DE JUICIO** y no en la **EN LA ETAPA DE INVESTIGACIÓN.** (*Respuesta del Estado, pág. 34; énfasis agregado).

> ....

> *Se observa, entonces que **en la ETAPA DE JUICIO la defensa tiene la posibilidad de preguntar y repreguntar a los testigos** y que es en ese momento procesal cuando se les llama a pruebas, porque las mismas declaraciones fueron admitidas por un Tribunal de Control en la ETAPA INTERMEDIA; **la defensa del ciudadano Brewer Carias no puede realizar este acto de preguntas y repreguntas de este tipo de PRUEBAS, ya que el caso del ciudadano Brewer Carias, no ha llegado a la etapa de juicio** por haberse fugado y abstraído de la justicia venezolana la citada y pretendida víctima.* (Respuesta del Estado, pág. 36; énfasis agregado).

---

26 Corte IDH, *Casos: Liliana Ortega y Otras; Luisiana Ríos y Otros; Luis Uzcátegui; Marta Colomina y Liliana Velázquez.* Medidas Provisionales respecto de Venezuela de 4 de mayo de 2004; *Considerando*, N° 7.

44. Aparte de que el Dr. Brewer Carías no se "fugó", pues cuando salió de Venezuela el 29 de septiembre de 2005, no sólo no se había formulado contra él acusación alguna (la acusación fue formalizada el 21 de octubre de 2005), sino que tampoco pesaba contra él medida limitativa alguna respecto de su libertad de circulación o de su libertad personal (la medida privativa de libertad se dictó el 15 de junio de 2006) (*infra,* párr. 186); una posición similar asume el Estado en relación con las pruebas promovidas por los abogados del Dr. Brewer Carías, durante la fase de investigación, en su vano intento de desvirtuar la "presunción de culpabilidad" que pesa sobre él por obra del Ministerio Público (que no del COPP). En los párrafos 91 y siguientes de la **Petición**, se denuncia cómo *fueron rechazadas arbitrariamente pruebas de descargo, como lo eran los testimonios de Pedro Carmona Estanga, Nelson Mezerhane, Nelson Socorro, Yajaira Andueza, Guaicaipuro Lameda y Leopoldo Baptista, así como una prueba de informes sobre la migración del Dr. Brewer Carías.* Para justificar este arbitrario quebrantamiento del derecho a la defensa en la etapa de investigación, el Estado alegó lo siguiente:

> *Tal es la ignorancia de tan ilustres abogados, del Código Orgánico Procesal Penal que desde el párrafo 94 al 101 hablan del término de pruebas, pero todas presentadas ante la Fiscalía y no ante ningún Tribunal y* **eso es así** *porque simplemente el caso para aquel momento se encontraba en investigación y en esa ETAPA DE INVESTIGACIÓN se habla es de ELEMENTOS DE CONVICCIÓN que pasarían a ser pruebas para evacuarlas una vez que se discuta la acusación en contra del ciudadano Brewer Carias, de ser el caso.* (Respuesta del Estado, pág. 36; énfasis y subrayado agregados).

45. Llama la atención la curiosa y confusa distinción entre "pruebas" y "elementos de convicción" a la que alude la Respuesta del Estado. Prueba, según los maestros Francisco Ricci y Hernando Devis Echandía es la convicción que con ella se produce en le mente de quien la aprecia, sobre la realidad o verdad de los hechos que configuran el delito, el litigio o la cuestión no litigiosa, bien sea con cada medio en particular o con el conjunto de los aportados al proceso.[27] ¿Es que puede haber pruebas que no nazcan de elementos de convicción? ¿O puede haber elementos de convicción que no prueben aquello a lo que la convicción se refiere? La *prueba* se configura, precisamente, cuando el *medio de prueba* alcanza el umbral de *elemento de convicción.* ¿O será que, para el Estado basta la convicción caprichosa de un o una Fiscal para acusar arbitrariamente, sin apreciar otros medios de prueba que los que le dicta su capricho y sin permitir al afectado controlar y contradecir las pruebas sobre las que dice fundar su convicción? Tales subjetividad y ausencia de control son una invitación a la arbitrariedad del Ministerio Público como,

---

27   *Cfr.* Francisco RICCI: *Tratado de las Pruebas.* Master Fer, Buenos Aires. 1971. Tomo 1, p. 13.; Hernando DEVIS ECHANDÍA: *Teoría General de la Prueba.* De Zavalía. Buenos Aires.1970. Tomo 1, p. 23.

precisamente, ha ocurrido sistemáticamente en el caso del Dr. Brewer Carías y como lo hemos denunciado en la **Petición**. Por lo demás, el COPP no hace semejante distinción, cuando, por ejemplo, en su artículo 197 dispone:

> ***Artículo 197. Licitud de la prueba. Los elementos de convicción sólo tendrán valor*** *si han sido obtenidos por un medio lícito e incorporados al proceso conforme a las disposiciones de este Código.* (Subrayados y énfasis agregados).

46.   Las declaraciones del Estado en su Respuesta constituyen la admisión de los hechos que hemos denunciado en la **Petición** y que ahora ratificamos: el Dr. Allan Brewer Carías ha sido víctima de una masiva violación de las garantías judiciales que se le deben según la Convención. *El Estado no puede invocar el COPP como justificativo para violar la Convención.* El fundamento jurídico, en el derecho internacional general y en el de los derechos humanos, en particular, es enteramente independiente de la interpretación que se haga del COPP: que la Respuesta del Estado obedezca a una cabal interpretación del COPP o que, como creemos y sostenemos, el COPP no autoriza ni muchísimo menos a esas arbitrariedades, es irrelevante en esta instancia: *El Estado no puede invocar el COPP como justificativo para violar la Convención.* Mucho menos puede invocar violaciones a su derecho interno, particularmente al artículo 49 de la Constitución (que explícitamente consagra la plenitud de las garantías judiciales en la etapa de investigación del proceso penal), para pretender eludir las consecuencias de la responsabilidad internacional en la que ha incurrido al infringir el artículo 8 de la Convención.

47.   *La Respuesta del Estado contiene su reconocimiento del ilegítimo proceder que se ha reiterado en el proceso que se ha incoado contra el Dr. Brewer Carías.* El Estado afirma que garantías judiciales explícitas, como el *"derecho de la defensa a interrogar a los testigos"* (CADH, art. 8(2)(f), en Venezuela sólo existen en la etapa de juicio pero no en la etapa procesal de investigación. También reconoce que el inculpado sólo tiene derecho a promover testimonios o pruebas *"que puedan arrojar luz sobre los hechos"* (*ídem*) únicamente en la etapa de juicio, pues en la investigación no se barajan pruebas sino "elementos de convicción". El reconocimiento explícito por parte del Estado de ese ilegítimo proceder debería cerrar el debate sobre los hechos sobre estos puntos, por lo que pedimos a esa honorable Comisión ___que tenga por probado___ que la víctima en el presente caso, Dr. Allan Brewer Carías, se vio conculcado su derecho *"de interrogar a los testigos presentes en el tribunal y de obtener la comparecencia, como testigos o peritos, de otras personas que puedan arrojar luz sobre los hechos",* garantizado por el artículo 8(2)(f) de la Convención Americana sobre Derechos Humanos. E igualmente que, en términos generales, el Estado ha actuado en este proceso en el entendimiento de que la fase de investigación en el proceso penal no está resguardada por las garantías judiciales del mismo artículo 8 de la Convención, todo lo cual explica y comprueba que ha sido víctima de una violación masiva del derecho a un proceso regular.

48. Aclarados estos puntos, pasamos de inmediato a recapitular las denuncias sobre la violación de los derechos humanos de la víctima.

2. Violación del derecho a ser oído por un juez o tribunal independiente e imparcial (artículo 8(1), cadh).

49. En la Petición afirmamos que la falta de independencia del Poder Judicial de Venezuela afecta, en la actualidad, tanto el sistema en general, como el caso concreto del Dr. Brewer Carías. Nos referiremos primero a los vicios institucionales del sistema, y luego denunciaremos su manifestación o aplicación en el caso concreto. No nos referiremos en esta ocasión a lo que entonces expresamos en relación con la sujeción política del Tribunal Supremo de Justicia (**Petición**, párrs 38-41), puesto que se trata de una institución que en nada ha cambiado con respecto a la descripción que ya formulamos. En cambio, sí nos permitimos retomar, con nuevos elementos de juicio que amplían nuestra anterior exposición, a la relación de dependencia crónica a la que está sujeto el sistema judicial venezolano como consecuencia de la provisionalidad endémica de jueces y fiscales.

50. No es extraño que, en un caso relativo a la destitución de una jueza provisoria en Venezuela, la Corte haya recordado que *"(e)l principio de independencia judicial constituye uno de los pilares básicos de las garantías del debido proceso, motivo por el cual debe ser respetado en todas las áreas del procedimiento y ante todas las instancias procesales en que se decide sobre los derechos de la persona".*[28]

51. También dentro del contexto de un caso relativo a Venezuela, la Corte ha evocado los imperativos de la independencia e imparcialidad de la justicia. La independencia *"radica en evitar que el sistema judicial en general y sus integrantes en particular se vean sometidos a posibles restricciones indebidas en el ejercicio de su función por parte de órganos ajenos al Poder Judicial."*[29] La imparcialidad, por su lado, *"exige que el juez que interviene en una contienda particular se aproxime a los hechos de la causa careciendo, de manera subjetiva, de todo prejuicio y, asimismo, ofreciendo garantías suficientes de índole objetiva que permitan desterrar toda duda que el justiciable o la comunidad puedan albergar respecto de la ausencia de imparcialidad."*[30]

52. En el caso de Venezuela, la Constitución dispone que el ingreso a la carrera judicial se hará mediante concursos de oposición públicos y que los jueces o juezas sólo podrán ser removidos o removidas o suspendidos o sus-

---

28 Corte IDH, *Caso Reverón Trujillo vs. Venezuela*. Sentencia de 30 de junio de 2009. Serie C N° 198; párr. 68.

29 Corte IDH, *Caso Apitz Barbera y Otros ("Corte Primera de lo Contencioso Administrativo") vs. Venezuela*. Sentencia de 5 de agosto de 2008, Serie C N° 182, párr. 55.

30 *Ibíd.*, párr. 56.

pendidas de sus cargos mediante los procedimientos disciplinarios expresamente previstos en la ley (Art. 255), desarrollados ante "la jurisdicción disciplinaria judicial" a cargo de los "tribunales disciplinarios que determine la ley" (Art. 267).

53. Sin embargo, como lo ha verificado repetidamente esa honorable Comisión, ese mandato constitucional dista de materializarse en la práctica. Ya en su *Informe Especial sobre Venezuela* de 2003[31], la Comisión tomó debida nota del inicio, a partir de agosto de 1999, de un proceso de reestructuración del Poder Judicial, el cual inicialmente se dejó en manos de una Comisión de Emergencia Judicial,[32] más tarde corrió a cargo de otra Comisión de Reestructuración del Poder Judicial,[33] posteriormente de la Dirección Ejecutiva de la Magistratura,[34] y continúa en el presente bajo la responsabilidad de la Comisión Judicial del Tribunal Supremo de Justicia (*infra*, párr. 61). Este proceso indefinido de reestructuración perpetua del Poder Judicial tiene como contenido sustantivo fundamental la provisionalidad de los nombramientos en los cargos judiciales, el abandono del ingreso por concurso pautado por la Constitución y la total inestabilidad de los jueces, que terminan siendo de la libre designación y remoción por la Comisión de turno. La prórroga sucesiva de este régimen por más de diez años se traduce en un vicio estructural que priva de la necesaria independencia a los tribunales y cortes de justicia venezolanos. Ese vicio estructural se instaló antes de que se iniciara el ilegítimo y paródico proceso contra el Dr. Brewer Carías, ha estado vigente durante todos los actos procesales que han violado sus garantías judiciales según la Convención y continúa en pie para la fecha de las presentes *Observaciones Adicionales*, sin que nada presagie que se le pondrá término algún día.

54. Como lo recordamos en la **Petición**, esa honorable Comisión expresó desde temprana hora la preocupación que genera el establecimiento de jueces provisorios en Venezuela, considerando como tales los "*no gozan de la garantía de estabilidad en el cargo y pueden ser removidos o suspendidos libremente, lo que podría suponer un condicionamiento a la actuación de estos jueces, en el sentido de que no pueden sentirse protegidos frente a indebidas interferencias o presiones provenientes del interior o desde fuera del sistema judicial,*"[35] y ha concluido que el alto porcentaje de estos jueces altera el derecho de la ciudadanía a una adecuada administración de justicia.[36] En el mismo Informe, se expresó que, para aquel momento, "*la información proporcionada por las distintas fuentes indica que más del 80% de los jueces*

---

31 *Informe sobre la Situación de los Derechos Humanos en Venezuela,* OEA/Ser.L/V/II.118, d.C. 4 rev. 2, 29 de Diciembre de 2003.

32 *Ibíd.*, párr. 164.

33 *Ibíd.*, párr. 167.

34 *Ibíd.*, párr. 173.

35 *Ibíd.*, párr. 159.

36 *Ibíd.* Párr. 160.

venezolanos son "provisionales".[37] Más precisamente, la CIDH registró que, para aquella fecha, *"sólo 250 jueces han sido designados por concurso de oposición de conformidad a la normativa constitucional"* mientras que de *"un total de 1772 cargos de jueces en Venezuela, el Tribunal Supremo de Justicia reporta que solo 183 son titulares, 1331 son provisorios y 258 son temporales."*[38]

55. En sus *Informes Anuales*, la CIDH ha continuado, invariablemente, dando cuenta de este persistente mal, que estructural y conceptualmente destruye la independencia judicial venezolana. En el Informe correspondiente a 2005 (Cap. IV, se hace referencia a *"casos de destituciones, sustituciones y otro tipo de medidas que, en razón de la provisionalidad y los procesos de reforma, han generado dificultades para una plena vigencia de la independencia judicial en Venezuela."*[39]. Entre ellos, se destacan *"destituciones y sustituciones que son señaladas como **represalias por la toma de decisiones contrarias al Gobierno"**.*[40] Asimismo se consigna que, para 2005, según cifras oficiales, *"el 18,30% de las juezas y jueces son titulares y 81,70% están en condiciones de provisionalidad."*[41] *Cabe destacar* que estas observaciones de la CIDH están referidas al año 2005, *que fue el período durante el cual se imputó el supuesto delito al Dr. Brewer Carías, se construyó una investigación fiscal espuria contra él, denegándole las garantías judiciales dispuestas en la Convención, y se le acusó formalmente de haber conspirado para cambiar violentamente la Constitución. Fue ese también el año en que sus abogados demandaron la nulidad por inconstitucionalidad de todas las actuaciones por la violación de las garantías judiciales que se le debían, nulidad cuyo trámite ni tan siquiera se ha iniciado para la fecha de estas Observaciones Adicionales* (*Infra* 161 ss.).

56. En el *Informe* correspondiente a 2006, la honorable Comisión registró como *"un avance importante"* la información recibida del Estado según la cual se habría regularizado la situación de provisionalidad en la mayoría de los tribunales, mediante concursos de oposición[42], aunque también habría recibido información relativa a irregularidades y falta de transparencia en los mismos.[43] *Durante el año 2006 se ordenó la privación de libertad del*

---

37   *Ibíd.,* párr. 161.

38   *Ibíd.,* párr. 174.

39   *Informe Anual de la Comisión Interamericana de Derechos Humanos 2005* (OEA/Ser.L/V/II.124. Doc. 7. 27 febrero 2006); párr. 291.

40   *Ibíd.,* párrs. 295 y ss. Énfasis agregado.

41   *Ibíd.,* párr. 292.

42   *Informe Anual de la Comisión Interamericana de Derechos Humanos 2006* (OEA/Ser.L/V/II.127. Doc. 4 rev. 1. 3 marzo 2007); párr. 160.

43   *Ibíd.,* párr. 162. Con todo respeto, en la **Petición** advertimos que se ha pretendido solventar el problema de la provisionalidad a través del *Programa Especial para la Regularización de la Titularidad* dirigido a los jueces accidentales, temporales o provisorios, con un lapso mayor a tres meses en el ejercicio de la función judicial. Seme-

***Dr. Brewer Carías y se dictó orden captura, incluyendo la captura interna-
cional a través de un recurso abusivo a la INTERPOL***, del que dimos cuenta detallada en nuestro **Escrito de Respuestas** (párrs. 31-50).

57. El *Informe Anual* de la CIDH correspondiente a 2007 reflejó una información distinta, aunque siguió siendo valorada positivamente. El Estado
habría informado sobre un *"Programa de Formación Inicial en agosto de
2007"*, a través del cual *"3.916 aspirantes a jueces ser[ía]n evaluados para
posteriormente ser sometidos a un concurso público de oposición."*[44] La
CIDH, empero, manifestó que quedaría:

> *... atenta a la ejecución de esta iniciativa y espera que el Estado ve-
> nezolano adopte las medidas necesarias para asegurar que todos los
> jueces de la República cuenten con garantías de independencia e impar-
> cialidad, específicamente que se dé cumplimiento estricto a las normas
> que regulan el ingreso y ascenso de los jueces, y que se establezcan re-
> glas claras en cuanto a las categorías de jueces y las garantías de esta-
> bilidad con relación a cada una de ellas.*[45]

**Durante el año 2007 se produjo una insólita Aclaratoria judicial,
dentro del cuadro de la persecución internacional contra el Dr. Brewer
Carías, que pretendió involucrarlo en un intento de magnicidio, y se
desoyó igualmente la apelación que sus abogados interpusieron contra
semejante despropósito**. (*Cfr.* **Escrito de Respuestas**, párrs. 40 y ss.; Infra párrs. 79, 148 ss.).

58. En su *Informe* correspondiente al 2008, la CIDH nuevamente verificó la persistencia de la provisionalidad judicial, de tal modo que se revelaba
que *la información suministrada en años anteriores por el Estado no se correspondía con la realidad institucional*:

> *Durante el año 2008, la CIDH continuó recibiendo información so-
> bre la situación de estabilidad de los llamados jueces temporales y pro-
> visorios. **La persistencia de esta problemática endémica, se ha visto re-
> flejada en los altos números de jueces que han sido designados en el
> año 2008 en calidad de temporales o provisorios**. Conforme a la infor-
> mación recibida, entre el 1º de enero de 2008 y el 30 de septiembre de*

---

jante programa burla el sistema de ingreso a la función judicial por concursos públicos de oposición, también específicamente dispuesto por la Constitución (art. 255),
pues se limita a una evaluación de los jueces provisorios, sin concurso ni competencia algunos, de modo que más que a "regularizar" lo que tiende es a consolidar los
efectos de los nombramientos "a dedo" provisionales, procedimiento del cual incluso
un juez provisorio ha denunciado mediante una acción de amparo haber sido excluido por discriminación política. (*Cfr.* **Petición**, párr. 48).

44 *Informe Anual de la Comisión Interamericana de Derechos Humanos 2007*
(OEA/Ser.L/V/II.130. Doc. 22 rev. 1. 29 diciembre 2007); párr. 285.

45 *Ibíd.*, párr. 286.

2008 fueron nombrados aproximadamente 1407 jueces, de los cuales 919 son temporales, 322 son accidentales, 159 son provisorios, 4 son suplentes y 3 son integrantes. De los 919 jueces temporales, aproximadamente 854 fueron nombrados para cubrir vacaciones, permisos, licencias, inhibiciones y recusaciones de otros jueces y de los 159 provisorios aproximadamente 22 fueron nombrados para cubrir las plazas de los jueces retirados por jubilación. Conforme a la información aportada, estos nombramientos no se estarían llevando a cabo conforme a los preceptos constitucionales que rigen esa materia.[46] (Énfasis y subrayado agregados).*

__Fue también durante 2008 cuando se excluyó discriminatoriamente al Dr. Brewer Carías de la aplicación de un Decreto-Ley de Amnistía, que se aplicó en cambio a otros procesados que estaban en idénticas condiciones a las suyas__ (Infra párrs. 98 ss.).

59. La Comisión indicó que las resoluciones para los nombramientos provisorios se han justificado en *"la urgencia de proveer las vacantes ocurridas en los distintos Tribunales de la nación",*[47] pero también advirtió que se configura *"el establecimiento de un __estado permanente de 'urgencia'__, bajo el cual se amparan los nombramientos."*[48] (Énfasis agregado). En todo caso, este proceso de intervención había tenido por objeto la "**depuración del Poder Judicial,**" tal como lo indicó expresamente la Sala Constitucional del Tribunal Supremo de Justicia en la sentencia No 1.939 de 18 de diciembre de 2008 (Caso *Procuraduría General de la República -Abogados Gustavo Álvarez Arias y otros*) (**Anexo 63**), al declarar, a solicitud del propio gobierno, como *"inejecutable"* en Venezuela la decisión de la Corte de 5 de agosto de 2008 dictada en el caso *Apitz Barbera y otros ("Corte Primera de lo Contencioso Administrativo") vs. Venezuela,*[49] en la cual decidió que el Estado Venezolano había violado las garantías judiciales, establecidas en la Convención Americana, de los jueces de la Corte Primera de lo Contencioso Administrativo que habían sido destituidos.[50]

---

46 *Informe Anual de la Comisión Interamericana de Derechos Humanos 2008* (OEA/Ser.L/V/II.134. Doc. 5 rev. 1. 25 febrero 2009); párr. 391.

47 *Ibíd.*, párr.392.

48 *Ibíd.*

49 Corte IDH, *Caso Apitz Barbera y Otros ("Corte Primera de lo Contencioso Administrativo") vs. Venezuela.* Sentencia de 5 de agosto de 2008, Serie C N° 182.

50 En su sentencia, la Sala Constitucional del Tribunal Supremo dijo lo siguiente: " *En este caso, estima la Sala que la ejecución de la sentencia de la Corte Interamericana de Derechos Humanos del 5 de agosto de 2008, afectaría principios y valores esenciales del orden constitucional de la República Bolivariana de Venezuela y pudiera conllevar a un caos institucional en el marco del sistema de justicia, al pretender modificar la autonomía del Poder Judicial constitucionalmente previsto y el sistema disciplinario instaurado legislativamente, así como también pretende la reincorporación de los hoy ex jueces de la Corte Primera de lo Contencioso Administrativo*

60. Esta situación del Poder Judicial de Venezuela también fue objeto de preocupación para el Comité de Derechos Humanos de la ONU[51] que expresó:

El Comité está particularmente preocupado por la situación del poder judicial en Venezuela, que se encuentra todavía en reorganización. Un proceso de reorganización prolongado pone en riesgo la independencia de dicho poder, por la posibilidad de que los jueces sean removidos como consecuencia del ejercicio de la función judicial, infringiendo así el párrafo 3 del artículo 2 y el artículo 14 del Pacto. Otro motivo de preocupación es la falta de información sobre las consecuencias que dicho proceso ha tenido hasta ahora y la falta de una fecha de término del mismo. **El proceso de reorganización del poder judicial no debe continuar**. *Además, el Estado Parte deberá proporcionar información sobre el número de jueces que han sido removidos durante este proceso, las causas de la remoción, así como el procedimiento seguido en el mismo.*[52] (Énfasis agregado).

61. A pesar de la repetidas veces expresada preocupación de esa honorable Comisión sobre la duración de la reestructuración judicial en Venezuela, así como de la expresa admonición del Comité de Derechos Humanos de las Naciones Unidas en el sentido de que *"(e)l proceso de reorganización del poder judicial no debe continuar"*, muy recientemente, en fecha 18 de marzo de 2009 el Tribunal Supremo de Justicia, en Sala Plena, adoptó la Resolución N° 2009-0008 (*Gaceta Oficial* N° 5.915 Extr. De 2 de abril de 2009. **Anexo 64**), en la cual decidió, una vez más, *"la reestructuración integral de todo el Poder judicial Venezolano"* (Art. 1°). En ese marco, se dispone que todos los jueces *"serán sometidos a un proceso obligatorio de evaluación institucional"* (Art. 2°) y *"(s)e autoriza a la Comisión Judicial del Tribunal Supremo de Justicia a suspender con o sin goce de sueldo"* a quienes no aprueben la evaluación (Art. 3°). Por último, para continuar con la práctica crónica de provisionalidad de los cargos judiciales y su no provisión por concurso conforme a la Constitución, se dispone que *"(l)os cargos vacantes como consecuencia del proceso de reestructuración, serán cubiertos por la Comisión*

---

por supuesta parcialidad de la Comisión de Funcionamiento y Reestructuración del Poder Judicial, cuando la misma ha actuado durante varios años en miles de casos, **procurando la depuración del Poder Judicial en el marco de la actividad disciplinaria** *de los jueces. Igualmente, el fallo de la Corte Interamericana de Derechos Humanos pretende desconocer la firmeza de las decisiones de destitución que recayeron sobre los ex jueces de la Corte Primera de lo Contencioso Administrativo que se deriva de la falta de ejercicio de los recursos administrativos o judiciales, o de la declaratoria de improcedencia de los recursos ejercidos por parte de las autoridades administrativas y judiciales competentes."* (Énfasis agregado).

51 *Observaciones finales del Comité de Derechos Humanos: Venezuela*, GENERAL CCPR/CO/71/VEN, 26 de abril de 2001

52 *Ibíd.*, párr. 13.

Judicial", sujetos a la ratificación ulterior por el mismo Tribunal Supremo de Justicia (Art. 4°). Es evidente que, no obstante todas las censuras que ha recibido el Estado venezolano por esta situación, *la reestructuración judicial venezolana es perpetua y la provisionalidad de los jueces es lo único verdaderamente estable en ese sistema judicial.*

    62. En el Ministerio Público el cuadro es idéntico. En su Informe Anual correspondiente a 2005[53] la CIDH registró *"que aproximadamente **el noventa por ciento (90%) de los fiscales se encuentran en provisionalidad"** de tal modo que, **"esta situación puede tener consecuencias negativas frente a los derechos de las víctimas en el marco de procesos penales relacionados con violación a derechos humanos.** "*[54] (Énfasis agregados). La situación anormal así descrita se ha mantenido a lo largo de los años recientes, tal como lo pone de manifiesto el Informe Anual presentado por la CIDH a la Asamblea General de la OEA del corriente año 2009:

    *La Comisión también fue informada de que **en el año 2008 continuaron los nombramientos de fiscales en calidad de provisionalidad**. Según la información recibida entre el 1° de enero de 2008 y el 23 de octubre de 2008 se nombraron aproximadamente 371 fiscales, de los cuales 201 son fiscales auxiliares interinos, 145 provisorios, 10 suplentes, 6 superiores provisorios, 6 superiores y 3 superiores encargados. La CIDH manifiesta su preocupación por la ausencia de titularidad en los nombramientos de fiscales y reitera lo señalado en su último informe respecto de la implementación adecuada de la carrera fiscal dado el rol fundamental que cumple el Ministerio Público en cuanto al impulso de las investigaciones penales. Así también la CIDH reitera la importancia de que los fiscales cuenten con la estabilidad necesaria a fin de garantizar la independencia, imparcialidad e idoneidad de los mismos y asegurar la efectividad de las averiguaciones a fin de eliminar la impunidad, especialmente en los casos de violaciones de derechos humanos.*[55] (Énfasis agregados).

    63. La propia Fiscal General de la República ha reconocido que <u>la provisionalidad de los fiscales del Ministerio Público los coloca en una situación de vulnerabilidad frente al poder</u>. En efecto, en el mismo *Informe Anual*, esa honorable Comisión reflejó las palabras pronunciadas por dicha alta funcionaria en el acto de inauguración la Escuela Nacional de Fiscales, en las cuales reconoció que *"(l) a provisionalidad en el ejercicio de los cargos de fiscales, coloca a estos funcionarios en situación de vulnerabilidad ante la influencia que, sobre su actuación, podrían tener factores de poder, en detrimento de la constitucionalidad y de la legalidad de la justicia.*[56] Sin embargo, para la fe-

---

53   *Cfr.* **Petición**, párr. 51.
54   CIDH Informe Anual 2005, cit.; párr. 294.
55   CIDH *Informe Anual 2008*, cit.; párr. 398.
56   *Ibíd.*, párr. 299.

cha de este escrito la mencionada Escuela no ha sido útil para combatir la provisionalidad sino, en el mejor de los casos, para dictar ciertos cursos de mejoramiento para el personal del Ministerio Público.[57]

64. Adicionalmente, después de que la **Petición** fue introducida, pero antes de su admisión, el peculiar escenario judicial venezolano, caracterizado por su provisionalidad, inestabilidad y consiguiente carencia de independencia, ha sido el objeto de apreciación específica por la Corte Interamericana de Derechos Humanos en el examen de casos que se han sometido a su jurisdicción, referidos a hechos que ocurrieron en la misma época y bajo parecidas circunstancias a las que han acompañado a la parodia judicial escenificada contra el Dr. Brewer Carías.

65. La Corte Interamericana ha apreciado que el cuadro descrito, por sí mismo, vulnera las garantías implícitas en la independencia judicial según los estándares propios del derecho internacional de los derechos humanos, sintetizados por la Corte de la siguiente manera: *a) un adecuado proceso de nombramiento, b) la inamovilidad en el cargo y, c) la garantía contra presiones externas.*[58]

66. En cuanto al *proceso nombramiento*, ya se ha señalado en este escrito que el ingreso mediante concursos de oposición público, prescrito por la Constitución, ha sido abandonado. Los jueces provisorios son de libre nombramiento.

67. También son *de libre remoción*, lo cual vulnera el requisito de *inamovilidad en el cargo*, identificado por la Corte, la cual ha agregado a este respecto que *"la autoridad a cargo del proceso de destitución de un juez debe conducirse independiente e imparcialmente en el procedimiento establecido para el efecto y permitir el ejercicio del derecho de defensa*[59] En Venezuela, la destitución de los jueces provisorios no está sujeto al procedimiento

---

57 En una nota de prensa del 16 de octubre de 2009, se informa que en *"un emotivo acto se celebró el I aniversario de la Escuela Nacional de Fiscales"*, la cual habría iniciado, con 123 estudiantes *"el programa de formación para el inicio de la carrera fiscal, incluso muchos de esos alumnos han sido incorporados al Ministerio Público"*, lo cual indica que se ha designado como fiscales provisorios a estudiantes que no han completado dicho curso. Adicionalmente, se da cuenta de que *"se prepararon 1.687 funcionarios sobre los actos de imputación"* y de que *"se han capacitado y formado 1.336 funcionarios policiales en lo relativo a las actas policiales."* No existe, pues, ningún progreso tangible en la indispensable erradicación de la provisionalidad en el Ministerio Público.

Cfr. (http://www.fiscalia.gov.ve/Prensa/A2009/prensa1610V.htm).

58 Corte IDH, *Caso Reverón Trujillo vs. Venezuela, cit.*; párr. 70. La Corte apoyó esta conclusión sobre su propia jurisprudencia, la de la Corte Europea de Derechos Humanos y los *Principios Básicos de las Naciones Unidas Relativos a la Independencia de la Judicatura.*

59 Corte IDH, *Caso del Tribunal Constitucional Vs. Perú*, Sentencia de 31 de enero de 2001. Serie C N° 71, párr. 74, Corte IDH, *Caso Apitz Barbera y otros, cit.*; párr. 44; Corte IDH, *Caso Reverón Trujillo vs. Venezuela, cit.*; párr. 78.

alguno, mucho menos a las reglas del debido proceso. Esta es la situación imperante desde que se inició el llamado proceso de reestructuración judicial, que incluye íntegramente el tiempo de la imputación, acusación y, en general, del procesamiento irregular del Dr. Brewer Carías.

68. La Sala Político Administrativa del Tribunal Supremo de Justicia determinó que los jueces provisorios son de libre remoción, sin proceso alguno, lo cual pone en evidencia la precariedad de su independencia:

> *... quienes ocupen un cargo para el cual no hubieren concursado, carecen del derecho bajo análisis y, en consecuencia, podrán ser removidos del cargo en cuestión en las mismas condiciones en que el mismo fue obtenido, es decir, sin que exista para la Administración competente la obligación de fundamentar dicha separación en las disposiciones que componen el régimen disciplinario aplicable –se insiste- sólo a los jueces de carrera, esto es, a aquellos (sic) que ocupan un cargo previo concurso de oposición.[60]* (Subrayados del original).

69. La Sala Constitucional del mismo Tribunal Supremo de Justicia, por su parte, ha reafirmado explícitamente este régimen de inestabilidad absoluta para los jueces provisorios, en numerosas sentencias:

> *...los cargos desempeñados con carácter temporal que éstos no confieren a los funcionarios –sean judiciales o administrativos- la cualidad de personal fijo o titular y, por ende, tampoco gozan de los derechos inherentes a la carrera como, por ejemplo, la estabilidad en el cargo, por lo que muy bien pueden ser suspendidos o removidos del cargo conforme a las atribuciones que competen a la autoridad judicial o administrativa correspondiente.[61]*

> *Los jueces y juezas provisorios [...] **ocupan cargos judiciales, pero no ostentan la condición de jueces de carrera**, al no haber ingresado por concurso público en el que, tras diversas pruebas (escrita, práctica, oral), se les haya evaluado. Su designación la realiza la Comisión Judicial, por delegación que hace la Sala Plena del Tribunal Supremo de Justicia, en razón de la necesidad de ocupar los cargos judiciales mientras culmina el mencionado proceso de reestructuración y reorganización del Poder Judicial. [...] Sin duda, hay una distinción entre jueces de carrera y jueces provisorios: Los primeros adquieren la titularidad luego de la aprobación del concurso; **en cambio, los jueces y juezas provisorios se designan de manera discrecional**, previo análisis de credenciales. Los jueces y juezas de carrera gozan de estabilidad y sólo pueden ser sancionados o destituidos de sus cargos si se demuestra, en el curso de una audiencia oral y pública con garantías de defensa [...]*

---

60   TSJ/SPA, Sentencia N° 02221 de la SPA, 28 de noviembre de 2000 (**Anexo 65**), p. 13.

61   TSJ/SC, Sentencia N° 1413 de 10 de julio de 2007 (**Anexo 66**), p. 9.

*que han resultado incursos en faltas disciplinarias previstas en la Ley Orgánica del Consejo de la Judicatura y la Ley de Carrera Judicial, **no así los jueces y juezas provisorios, que son susceptibles de ser separados del cargo de la misma manera como fueron designados: <u>discrecionalmente.</u>*** [62] (Énfasis y subrayado agregados)

70. Este conjunto de componentes y de hechos verificables condujo a la Corte Interamericana a concluir, ***en sentencia del corriente año 2009, <u>que abarca la totalidad del tiempo durante el cual se han venido configurando que los hechos lesivos contra los derechos humanos del Dr. Brewer Carías</u>***, que

> *...<u>desde agosto de 1999 hasta la actualidad</u>, los jueces provisorios no tienen estabilidad en el cargo, son nombrados discrecionalmente y pueden ser removidos sin sujeción a ningún procedimiento preestablecido. Asimismo, <u>en la época de los hechos del presente caso</u>, el porcentaje de jueces provisorios en el país alcanzaba aproximadamente el 80%. En los años 2005 y 2006 se llevó a cabo un programa por medio del cual los mismos jueces provisorios nombrados discrecionalmente lograron su titularización. La cifra de jueces provisorios se redujo a aproximadamente 44% a finales del año 2008.* [63] (Énfasis y subrayados agregados).

71. A propósito del programa al que alude la sentencia citada, recordamos lo que ya expresamos a ese respecto en la **Petición** (párr. 48), en relación con el llamado *Programa Especial para la Regularización de la Titularidad* dirigido a los jueces accidentales, temporales o provisorios, con un lapso mayor a tres meses en el ejercicio de la función judicial. Semejante programa burla el sistema de ingreso a la función judicial por concursos públicos de oposición, también específicamente dispuesto por la Constitución (art. 255), pues se limita a una evaluación de los jueces provisorios, sin concurso ni competencia algunos, de modo que más que a "regularizar" lo que tiende es a consolidar los efectos de los nombramientos "a dedo" provisionales, procedimiento del cual incluso un juez provisorio ha denunciado mediante una acción de amparo haber sido excluido por discriminación política. [64]

72. Esta situación, por sí misma, crea un cuadro adverso a la independencia del sistema judicial en su conjunto, o la menos de la de aquellos jueces, funcionarios judiciales y fiscales afectados por el régimen de provisionalidad e inestabilidad, puesto que, como lo ha detectado la Corte a propósito, precisamente, de la provisionalidad judicial en Venezuela, *"... la libre remo-*

---

62 TSJ/SC, Sentencia N° 2414 de 20 de diciembre de 2007 (**Anexo 67**), p. 26.

63 Corte IDH, *Caso Reverón Trujillo vs. Venezuela*, cit.; párr. 106.

64 Véase la información sobre el recurso de amparo por discriminación política intentado por el ex juez provisorio Henry Jaspe contra la Dirección Ejecutiva de la Magistratura, en *El Universal. Digital*, "Expediente, Justicia Maisanta", reseña de la periodista Giuliana Chiappe, domingo 19-11-2006. (**Anexo 68**).

ción de jueces fomenta la duda objetiva del observador sobre la posibilidad efectiva de aquellos de decidir controversias concretas sin temor a represalias."[65]

73. En el detenido análisis sobre la provisionalidad judicial en Venezuela, particularmente en los citados casos *Apitz Barbera* y *Reverón Trujillo*, la Corte destacó que los nombramientos provisionales, en virtud de la extensión en el tiempo de la provisionalidad de los jueces *y* del *"hecho de que la mayoría de los jueces se encuentren en dicha situación, generan importantes obstáculos para la independencia judicial."*[66] Dicha obstaculización a la independencia judicial, agregó la Corte, *resulta particularmente relevante por el hecho de que Venezuela no ofrece a dichos jueces la garantía de inamovilidad.*"[67]

74. Desde ese cuadro, la Corte obtuvo una conclusión que resulta plenamente aplicable al presente caso:

... algunas de las normas y prácticas asociadas al proceso de reestructuración judicial que se viene implementando en Venezuela (supra párr. 121)[68]*, por las consecuencias específicas que tuvo en el caso concreto, **provoca una afectación muy alta a la independencia judicial**.*[69] (Énfasis agregado).

75. En el presente caso, en efecto, se presentan, en su totalidad, las características descritas en la jurisprudencia interamericana. Como ya lo expresamos en la **Petición** (párrafos 53 y ss.), **la totalidad** de los jueces y fiscales que han actuado en la causa contra el Dr. Brewer Carías, **son provisorios**. El temor a las represalias se origina, en primer lugar, en las numerosas manifestaciones de altos funcionarios del Estado, que incluyen las cabezas del Poder Judicial y del Ministerio Público, han hecho manifestaciones en las que afirman la culpabilidad del Dr. Brewer Carías en los hechos que falazmente se le atribuyen. En la **Petición**, caracterizamos esas manifestaciones como otras tantas violaciones a la presunción de inocencia (que lo son, como lo afirmamos de nuevo en este escrito) y a la imparcialidad que debe observar el tribunal; sin embargo, es también evidente que ellas constituyen otros tantos mensajes para fiscales y jueces provisorios, que no podrán fallar de acuerdo a De-

---

65 Corte IDH, *Caso Apitz Barbera y Otros, cit.,* párr. 44. La Corte relacionó este *dictum* con los Principios 2, 3 y 4 de los *Principios Básicos de las Naciones Unidas, Unidas Relativos a la Independencia de la Judicatura.* La Corte repitió la misma formulación, nuevamente en un caso relativo a Venezuela: Corte IDH, *Caso Reverón Trujillo, cit.,* párr. 78.

66 Corte IDH, *Caso Apitz Barbera y otros, cit.;* párr. 43; Corte IDH, *Caso Reverón Trujillo, cit.;* párr. 118.

67 Corte IDH, *Caso Reverón Trujillo,* cit.; párr. 121.

68 El párrafo 121 de esa Sentencia se ha citado en el párrafo precedente, *in fine,* de este escrito de *Observaciones Preliminares.*

69 Corte IDH, *Caso Reverón Trujillo, cit.;* párr. 127.

recho y con arreglo a su conciencia aquello que imaginen como desfavorable al gobierno, si es que desean continuar en sus cargos.

76. Particularmente, ya iniciado el procesamiento contar el Dr. Brewer Carías, el entonces Fiscal General de la República (Dr. Julián Isaías Rodríguez, hoy día Embajador en España) publicó un libro de su autoría titulado *"Abril comienza en Octubre"* (Grabados Nacionales C.A., Caracas, septiembre 2005, Derechos Reservados por Julián Isaías Rodríguez D.; **Anexo 21**), en el cual afirmó que, durante la noche del 11 al 12 de abril de 2002, el Dr. Brewer Carías, habría estado, junto con otras personas, *"redactando los documentos constitutivos del nuevo gobierno."* (Pág. 195). Asimismo, como se indicó en la **Petición**, el Tribunal Supremo de Justicia se dirigió al Instituto Interamericano de Derechos Humanos y al Instituto Iberoamericano de Derecho Procesal Constitucional, señalado a *"Allan Brewer-Carías como uno de los autores del decreto en alusión."*[70] Como si ello no bastara, la Asamblea Nacional, adoptó por mayoría un informe de naturaleza política, sin oír al Dr. Brewer Carías y sin que éste pudiera en modo alguno ejercer su derecho a la defensa (**Petición**, párrs. 75 y 76), en el que halló responsable a *"Allan Brewer-Carías por estar demostrada su participación en la planificación y ejecución del golpe de Estado del 11, 12, 13 y 14 de abril."*[71] No es difícil concluir que, en un marco de absoluta falta de independencia del Poder Judicial y de inestabilidad estructural de los jueces, de los fiscales y demás funcionarios del sistema de justicia, esos pronunciamientos no pueden ser desatendidos por los jueces y fiscales provisorios que tienen a su cargo el proceso en contra de Allan Brewer Carías.

77. A este respecto, la Corte ha advertido sobre el especial cuidado que deberían poner las altas autoridades del Estado a la hora de expresarse en términos que puedan afectar o constreñir la independencia judicial, cuidado que estuvo notoriamente ausente en las declaraciones referidas:

> *...los funcionarios públicos, en especial las más altas autoridades de Gobierno, deben ser particularmente cuidadosos en orden a que sus declaraciones públicas no constituyan una forma de injerencia o presión lesiva de la independencia judicial o puedan inducir o sugerir acciones por parte de otras autoridades que vulneren la independencia o afecten la libertad del juzgador.*[72]

78. Tratándose, por una parte, de manifestaciones que emanaron de las más altas esferas del Estado, relativas a sucesos del más elevado nivel de politización y de importancia vital para la conducción del proceso político que se vive en Venezuela; y, por otra parte, que **todos los jueces y fiscales** que han actuado en el procesamiento del Dr. Brewer Carías, han sido y son provi-

---

70   *Cfr.* **Petición**, párr. 78. y **Anexos** 15 y 16 de la **Petición**

71   **Anexo** 30 de la **Petición**.

72   Corte IDH, *Caso Apitz Barbera y otros,* cit.; párr. 131.

sorios, se trata, evidentemente, del género de sucesos que, en palabras de la Corte, inciden determinantemente sobre *"la posibilidad efectiva de aquellos de decidir controversias concretas sin temor a represalias."*[73] Asimismo, como ya lo hemos recordado, en tiempos en los que ya se había iniciado la persecución contra el Dr. Brewer Carías, ya esa honorable Comisión había registrado casos de jueces que habían sufrido *"destituciones y sustituciones que son señaladas como represalias por la toma de decisiones contrarias al Gobierno".*[74] (Énfasis agregado).

79. *Este contexto anormal e ilegítimo configuró el escenario viciado en el que ha transcurrido la totalidad del paródico proceso instaurado contra el Dr. Brewer Carías. Es este el escenario presente antes de enero de 2005; presente en enero de 2005* cuando se produjo la imputación contra el Dr. Brewer Carías; presente en octubre de 2005, cuando se formalizó la acusación fiscal en su contra y cuando sus abogados solicitaron inútilmente que se garantizara su derecho a ser juzgado en libertad; *presente en noviembre de 2005,* cuando sus abogados demandaron la declaratoria de nulidad por inconstitucionalidad de todo lo actuado a causa de las violaciones masivas al debido proceso registradas hasta ese momento; *presente en junio de 2006,* cuando se dictó orden para su captura, incluyendo la captura internacional a través de un recurso abusivo a la INTERPOL; *presente en enero de 2007,* cuando introdujimos la Petición; *presente en setiembre de 2007,* cuando se produjo una insólita *Aclaratoria* judicial, dentro del cuadro de la persecución internacional contra el Dr. Brewer Carías, que pretendió involucrarlo en un intento de magnicidio, y *en octubre de 2007*, cuando se desoyó igualmente la apelación que sus abogados interpusieron contra semejante despropósito; *presente en abril de 2008*, cuando se lo excluyó discriminatoriamente de la aplicación de un Decreto-Ley de Amnistía, que se aplicó en cambio a otros procesados que estaban en idénticas condiciones a las suyas; y presente en noviembre de 2009, cuando estamos presentando estas *Observaciones Adicionales* y cuando todavía ni siquiera se ha proveído su prenombrada solicitud de noviembre de 2005, demandando la nulidad de todas las actuaciones por el vicio inconstitucionalidad emanado de la violación de sus garantías judiciales. Ha sido esa la estructura fiscal y judicial que ha servido de asiento a la persecución contra el Dr. Brewer Carías y al paródico proceso entablado contra él.

80. *No se trata, en este caso, de una especulación abstracta*, ni de la consideración sobre cómo un estado de cosas general (la provisionalidad de jueces y fiscales) pudo influir sobre la independencia de los funcionarios judiciales que han intervenido en el enjuiciamiento contra el Dr. Brewer Carías.

---

73 Corte IDH, *Caso Apitz Barbera y Otros, cit.,* párr. 44. La Corte relacionó este *dictum* con los Principios 2, 3 y 4 de los *Principios Básicos de las Naciones Unidas, Unidas Relativos a la Independencia de la Judicatura.* La Corte repitió la misma formulación, nuevamente en un caso relativo a Venezuela: Corte IDH, *Caso Reverón Trujillo, cit.,* párr. 78.

74 *Ibíd.,* párrs. 295 y ss.

Como lo ha señalado la CIDH en el Informe sobre Admisibilidad, se trata también de presentar argumentos y situaciones concretas sobre la vulneración de la independencia judicial en este caso, lo cual concierne por igual al agotamiento de los recursos internos y a la cuestión de fondo. En efecto, no se trata de especular sobre si algunas de las decisiones que se adoptaron contra el Dr. Brewer Carías en el marco de este caso pudieron estar influenciadas en el *temor a las represalias, sino de poner una vez más en evidencia que **efectivamente se tomaron represalias contra jueces que tomaron decisiones que podrían favorecer directa o indirectamente al Dr. Brewer Carías o precaver a la mejor defensa de su causa**.* Esta circunstancia, que se reitera con hechos concretos de inmediato en este escrito, afectó y afecta negativamente el debido proceso legal al que tenía derecho el Dr. Brewer Carías.

81. En efecto, en el ordenamiento procesal penal venezolano, el Juez de Control cumple una función esencial para la garantía de los derechos de las personas que hayan sido objeto de imputación por el Ministerio Público. Según lo dispone el artículo 64 del Código Orgánico Procesal Penal, corresponde al tribunal de control, entre otras materias, *"**hacer respetar las garantías procesales**, decretar las medidas de coerción que fueren pertinentes, realizar la audiencia preliminar, y la aplicación del procedimiento por admisión de los hechos."* (Énfasis agregado). Por lo tanto, en casos como el presente, en los cuales el Ministerio Público actúa arbitrariamente (o así lo percibe el imputado), es vital contar con la independencia del Juez de Control para restablecer los derechos violados en la fase preparatoria del proceso penal. Por el contrario, si la independencia del Juez de Control es abatida, la efectividad del derecho a la defensa sucumbe y la indefensión del imputado es total. Pues bien, en el curso del juicio contra el Dr. Brewer Carías, han sido sancionados los siguientes Jueces de Control, o en ejercicio de funciones de control, que han tomado decisiones contra el criterio de los perseguidores. Recordamos ahora los casos en los que esto ocurrió, mencionados en la **Petición**:

- El proceso en el cual está incluida la causa contra el Dr. Brewer Carías comenzó a ser conocido por la **jueza Josefina Gómez Sosa** (jueza **temporal** Vigésimo Quinta de Control), a quien le fue presentado, detenido, el Sr. Pedro Carmona Estanga. En el curso del proceso, a solicitud de la Fiscal provisoria Sexta, la jueza provisoria Gómez Sosa decretó la prohibición de salida del país de varios ciudadanos investigados por su presunta participación en los hechos investigados. Estos ciudadanos apelaron de esa medida y la Sala 10 de la Corte de Apelaciones en fecha 31 de enero de 2005 la revocó por considerar que no había sido suficientemente motivada por la jueza provisoria que la dictó, aunque uno de los tres integrantes de dicha Sala salvó su voto considerando que la decisión apelada sí estaba suficientemente motivada. Pues bien, de inmediato, mediante Resolución N° 2005-0015 de fecha 3 de febrero de 2005 (**Anexo 69**), la Comisión Judicial del Tribunal Supremo de Justicia **suspendió de sus cargos** a los dos jueces de la Corte de Apelaciones que votaron por la nulidad de la decisión apelada, así como a la jueza provisoria Gómez Sosa, autora de la decisión presuntamente inmotivada.[75]

- La jueza temporal Gómez Sosa, suspendida, fue sustituida por el **juez** temporal **Manuel Bognanno**. En una oportunidad, éste ordenó a la Fiscal Provisoria Sexta que expidiera a los defensores del Dr. Brewer Carías copias de las actuaciones del expediente que habían solicitado, entre ellas, las de ciertos videos que contenían supuestas declaraciones de periodistas que incriminarían a la víctima (infra, párrs. 119-123). La Fiscal provisoria Sexta solicitó la nulidad de esa actuación (**Anexo 12**). Más tarde, en otra incidencia, el juez temporal Bognanno pidió a la Fiscal Sexta que le remitiera el expediente, y ésta, en lugar de acatar al juez provisorio, lo increpó solicitándole una explicación del por qué le pedía el expediente (**Anexo 13**). Ante esa situación, el juez temporal Bognanno ofició al Fiscal Superior para ponerlo en conocimiento de la irregularidad en la que estaba incurriendo la Fiscal provisoria Sexta (**Anexo 14**). Pues bien, a los pocos días **el juez temporal Bognanno fue suspendido de su cargo**. La Fiscal Sexta nunca remitió al Tribunal el expediente solicitado y el nuevo juez se desentendió de tal requerimiento.

82. Es decir, en el curso del proceso, han sido destituidos dos jueces de primera instancia y dos miembros de una Corte de Apelaciones con ocasión, o inmediatamente después, de haber adoptado decisiones que podían considerarse favorables a los encausados, incluyendo al Dr. Brewer Carías. Esas destituciones, desde luego, fueron decididas *discrecionalmente*, conforme lo ha pautado el Tribunal Supremo de Justicia. Sin debido proceso para los afectados y sin que se conozcan, al menos en el caso del Juez Bognano[76], las causas formales que pudieron servir de pretexto a la destitución. La inestabilidad,

---

75 Resulta revelador que el miembro de la Corte de Apelaciones que disintió por considerar que la decisión apelada estaba motivada no haya sido afectado por la suspensión, mientras que la jueza que la dictó haya sido sancionada invocando en su contra precisamente el supuesto error de no haberla motivado. Una situación similar se presentó en el *Caso Apitz Barbera*, en el cual se verificó que la Corte Primera en lo Contencioso Administrativo de Venezuela adoptó, *por unanimidad*, una decisión que fue juzgada como "error judicial inexcusable" por el órgano disciplinario, el cual, empero, sólo destituyó a tres de los cinco Magistrados que votaron ese fallo. A manera de curiosidad agregamos que una de las Magistradas no sancionadas es actualmente la Presidenta del Tribunal Supremo de Justicia (y del Poder Judicial), mientras que la otra preside la Sala Político Administrativa del mismo Tribunal Supremo. En cuanto a la suerte final de las medidas de prohibición de salida del país, luego que destituyen a 2 de los integrantes de la Sala 10, se constituyó una Sala Accidental, la cual conoció de una solicitud de nulidad planteada por la Fiscal contra la decisión del 31-01-05 que anuló la medida cautelar; la ponente de esa sala accidental Belkis Cedeño presentó ponencia que fue aprobada, anulando la decisión del 31-01-05.

76 Una irregularidad adicional, en este caso, viene dada porque ni siquiera se incorporó al expediente el acto por el cual se suspendió al Juez provisorio Bognano.

unida al sesgo manifiestamente político que en todo momento caracterizó las actuaciones de la entonces Fiscal provisoria Ortega Díaz (hoy Fiscal General de la República), ha sido un factor que ha conspirado permanentemente contra la independencia de los jueces y fiscales y que se ha traducido en manifiestas lesiones procesales e indefensión del Dr. Brewer Carías. Esto ha ocurrido en dos direcciones:

- *En primer lugar, se han frustrado los efectos de decisiones favorables a los encausados. En el caso particular de la destitución del Juez Bognano, **se desvaneció para siempre el requerimiento del expediente, como también se desvaneció toda tentativa de control de las actuaciones del Ministerio Público** con respecto a las actuaciones procesales lesivas de las garantías debidas al Dr. Brewer Carías.*

- *En segundo lugar, no pasará inadvertido a esa honorable Comisión el **efecto demostración** que para sucesivos jueces provisorios a cargo de esta causa ejercen estas destituciones. No hubo proceso para los destituidos, ni se conoce qué falta cometieron. Lo que sí se sabe es que los afectados habían tomado decisiones incómodas para el Ministerio Público (y la causa política a la que ostensiblemente adhiere) y que de inmediato fueron destituidos. El mensaje, pues, es claro: no sólo se pueden tomar represalias. **Efectivamente, se toman represalias, consistentes en la destitución inmediata de todo juez provisorio que parezca haber tomado una decisión que favorezca a los encausados en el presente caso, y muy en particular al Dr. Allan Brewer Carías**.*

83. Agreguemos a este cuadro como factor que juega poderosamente en el *efecto demostración* que, en contraste con el castigo a jueces provisorios que se consideren complacientes con los procesados en esta causa, se ha premiado la lealtad política de quien inició esta persecución, la entonces Fiscal Provisorias Sexta, Sra. Luisa Ortega Díaz. En efecto, como se narró en la Petición (párr. 54), la Sra. Ortega Díaz fue designada como "fiscal provisoria" por el Fiscal General de la República, Julián Isaías Rodríguez, según Resolución No. 539 de 28 de agosto de 2002 (**Anexo 8**). Asumió con tal carácter la Fiscalía Sexta en noviembre de 2004 y, poco después inició el proceso de imputaciones masivas en diferentes casos con implicaciones políticas, incluido el relativo a los hechos en los cuales se ha pretendido involucrar al Dr. Brewer Carías. Precisamente por esta circunstancia expusimos ante esa honorable Comisión (**Petición**, párr. 27), que "el presente caso se origina con la infundada imputación formulada contra el Dr. Brewer Carías, mediante escrito de fecha 27 de enero de 2005, **por la señora Luisa Ortega Díaz**, Fiscal Provisoria Sexta del Ministerio Público a Nivel Nacional con Competencia Plena", que atribuyó al Dr. Allan R. Brewer-Carías "la comisión del delito de **conspiración para cambiar violentamente la Constitución**." También denunciamos (**Petición**, párr. 32) que el sesgo manifiestamente político de la Fiscal provisoria Ortega Díaz, ha sido un factor que ha conspirado permanentemente contra la independencia de los jueces y fiscales y que se ha traducido en manifiestas lesiones procesales e indefensión.

84. Ya para la fecha de la **Petición** habíamos consignado que la Fiscal provisoria Ortega Díaz había sido ascendida al cargo de Directora General de Actuación Procesal en el Ministerio Público, lo cual ponía desde entonces en evidencia que sus actuaciones orientadas hacia la criminalización de la disidencia no sólo eran aprobadas, sino también premiadas por su superioridad. Ahora cuenta con el apoyo y la aprobación de la Asamblea Nacional, que equivale al apoyo y aprobación del Presidente de la República, toda vez que la totalidad de los diputados que integran dicha Asamblea provienen de los partidos que apoyaron la reelección del Presidente Chávez. Este es un nuevo signo adverso respecto de la institucionalidad venezolana y una amenaza adicional sobre todos aquellos que, como el Dr. Brewer Carías, han sido víctimas de las inicuas actuaciones y de la persecución política emprendida por la entonces apenas Fiscal provisoria Ortega Díaz.

85. Todas estas circunstancias hacen evidente la inexistencia de independencia y libertad espiritual en los funcionarios judiciales que han tenido a su cargo la causa a la que se refiere el presente caso, con la consiguiente vulneración masiva del debido proceso legal en el caso de Allan Brewer Carías.

86. No debe extrañar a esa honorable Comisión que en la **Petición** no se hayan presentado otros casos de jueces provisorios destituidos por haber adoptado decisiones favorables al Dr. Brewer Carías. La razón es simple: ___no ha habido otras decisiones objetivas e imparciales que reconozcan derechos del Dr. Brewer Carías___, sobre ninguno de los puntos que sus abogados han planteado a lo largo del proceso y que hemos acompañado como anexos a la **Petición**. Las únicas decisiones que podrían tener componentes favorables a los encausados, y al Dr. Brewer Carías en particular, son las que hemos descrito, y en ambos casos desembocaron en la destitución inmotivada y discrecional del juez provisorio que la adoptó. ¿Puede albergarse razonablemente alguna esperanza de que algún juez provisorio se atreva a decidir contra el Ministerio Público, más aún cuando la entonces Fiscal Provisoria Sexta, que acusó al Dr. Brewer Carías, ha sido premiada con si ascenso nada menos que a Fiscal General de la República? Por el contrario, en el contexto actual venezolano y con los escarmientos particulares que ya ha sufrido jueces que no siguen al dedillo la línea oficial, nadie podría razonablemente esperar que el Dr. Brewer Carías sea juzgado de manera independiente e imparcial, ni que habrá juez alguno que se atreva a adoptar una decisión que parezca favorecer la posición del Dr. Brewer Carías, ni siquiera si esa decisión es meramente procedimental.

87. Tampoco podemos citar ahora nuevas decisiones que hayan acarreado la destitución de jueces o fiscales, porque esas decisiones no se han producido. Tampoco puede producirse ninguna nueva decisión, toda vez que, como se verá luego en este escrito (*infra* párr. 108), el proceso ha entrado en una suerte de limbo jurídico por obra de la caprichosa aplicación del Decreto-

Ley de Amnistía del 31 de diciembre de 2007. Lo que sí puede citarse es una nueva actuación pública de la Fiscal General Ortega Díaz, coaccionando a la Fiscal (provisoria) que actuaba en el proceso contra el Dr. Allan Brewer Carías. En efecto, antes de que el Ministerio Público fijara ante el tribunal de la causa su posición con respecto a la aplicación del referido Decreto-Ley de Amnistía al Dr. Brewer Carías (ver *infra* párr. 96), la Fiscal General de la República declaró públicamente que sería a la Fiscal (provisoria, por supuesto) del caso a quien *"le corresponderá determinar si a él lo alcanza el decreto"*, pero a renglón seguido fijó claramente su posición y los argumentos para que no se aplicara dicha amnistía al Dr. Brewer Carías.[77] Como era de esperarse, la opinión de la Fiscal (provisoria) del caso fue adversa a la aplicación de la amnistía al Dr. Brewer Carías y así lo determinó también el tribunal. Esta circunstancia ha determinado una nueva violación al derecho al debido proceso del Dr. Brewer Carías, pues la aplicación desigual del Decreto-Ley de Amnistía al que aludimos quebrantó el principio de igualdad ante las cortes y tribunales de justicia, como lo mostraremos a continuación. En todo caso, adecuándose al mismo patrón de condena anticipada y pública, de mismo modo como ya se ha decidido de antemano que el Dr. Brewer Carías es culpable, la Fiscal General Ortega Díaz se anticipó a decidir que a él no se le aplicaba el Decreto-Ley de Amnistía.

3.   **Violaciones sobrevenidas al debido proceso originadas en el Decreto-Ley de Amnistía de 31 de diciembre de 2007.**

88.   Tal como lo informamos a esa honorable Comisión con nuestro escrito de 25 de febrero de 2008, el Presidente de la República Bolivariana de Venezuela, mediante **Decreto-Ley Nº 5.790 de 31-12-2007** dictado con fundamento en la Ley que autoriza al Presidente de la República para dictar Decretos con Rango, Valor y Fuerza de Ley en las materias que se delegan (*Gaceta Oficial* Nº 38.617 de 01-02-2007), dictó la **Ley Especial de Amnistía** (*Gaceta Oficial* Nº 5.870 Extra. del 31-12-2007 (**Anexo 70**) mediante la cual se concedió amnistía "a favor de todas aquellas personas que **enfrentadas al orden general establecido, y que a la presente fecha se encuentren a derecho y se hayan sometido a los procesos penales, que hayan sido procesadas o condenadas"** por la comisión de delitos, entre muchos otros, por los siguientes hechos: ***"Por la redacción del Decreto del Gobierno de facto del doce (12) de abril de 2.002."*** (art. 1.A).

89.   Como consta del expediente que cursa ante esa honorable Comisión, el Dr. Allan Brewer Carías, víctima en el presente caso, ha sido acusado por el Ministerio Público venezolano por la supuesta comisión del delito de **conspirar para cambiar violentamente la Constitución** previsto y sancionado en el artículo 143, numeral 2 del Código Penal, por supuestamente haber participado en la redacción del mencionado decreto del gobierno de transición

---

77   Véase la entrevista del periodista Eligio Rojas a la Sra. Luisa Ortega Díaz, en *Últimas Noticias*, Caracas, 8 de enero de 2008, p. 24. (**Anexo 71**).

del 12 de abril de 2002. Por lo tanto, el aludido Decreto-Ley de Amnistía debería habérsele aplicado sin más condicionamientos.

90. En efecto, por su naturaleza, una ley de amnistía constituye la remisión, el olvido o la abolición de ciertos delitos y de sus penas en relación con ciertos hechos enumerados en la misma, respecto de los cuales el Estado renuncia a la persecución penal y al castigo que pudiera haberse originado en los mismos, de suerte que el delito queda borrado con todas sus huellas. En el sistema jurídico venezolano, este concepto se plasma en el artículo 104 del Código Penal, conforme al cual la amnistía *"extingue la acción penal y hace cesar la ejecución de la condena y todas las consecuencias penales de la misma"*. La ley de amnistía despenaliza los hechos a los que se refiere, de modo que los mismos quedan fuera del campo de aplicación de la ley penal. En esto se diferencia de la gracia o indulto, que condona total o parcialmente la pena, sin destruir el delito cuya pena se perdona, respecto del cual el mismo artículo 104 del Código Penal dispone que "el indulto o gracia que condona la pena la hace cesar con todas sus accesorias." La amnistía se refiere al delito y a la ley penal, mientras que el indulto está dirigido a la persona del delincuente y a la pena que le ha sido impuesta. En el indulto, por ser medida de gracia, es determinante la cualidad subjetiva y la identidad del beneficiario; en la amnistía, en cambio, por emanar de una ley, priva la destrucción objetiva del delito y la igualdad ante la ley prevalece sobre las cualidades subjetivas de los beneficiarios. Como consecuencia de todo esto, la amnistía debe emanar de una norma de rango legal. Estos conceptos quedan expuestos con claridad en la siguiente doctrina explícitamente expuesta por la Sala Constitucional del Tribunal Supremo de Justicia:

> *... el **indulto**, tanto general como particular, no actúa sobre la realidad jurídica de un acto calificado como delito, ni afecta a la ilicitud en cuanto tal, sino que opera sobre su sanción, sea para excluirla sea para mitigarla. Por tanto, presupone siempre un hecho punible que, a diferencia de lo que puede suceder con la amnistía, permanece incólume. Con él no se censura la norma calificadora de un acto como ilícito penal; simplemente se excepciona su aplicación en un caso concreto (indulto particular) o para una pluralidad de personas o de supuestos (indulto general).*
>
> *Por el contrario, la **amnistía** suele definirse como <u>una derogación retroactiva que puede afectar bien a la norma que califica a un acto como ilícito penal</u>, bien a la que dispone -como consecuencia de la verificación de un acto así calificado- la imposición de una sanción. En su grado máximo, y en honor a la etimología de la expresión, comporta la inexistencia en derecho de actos jurídicamente ciertos, una suerte de **amnesia** del ordenamiento respecto de conductas ya realizadas y perfectamente calificadas (o calificables) –tipicidad objetiva- por sus órganos de garantía. <u>Efectos tan radicales han llevado siempre a sostener que sólo puede actuarla el poder legislativo</u>, aunque es común adscribirla a la órbita de la gracia, incluso cuando ésta viene atribuida al Jefe del Esta-*

do. Esa adscripción se explica, sin duda, por causa del componente ex-culpatorio de la amnistía -común al que es propio del indulto en sus dos variantes-; <u>en propiedad, la amnistía no sólo exculpa, sino que, más aún, puede eliminar de raíz el acto sobre el que se proyecta la inculpa-ción o la norma resultante de ésta.</u>[78] (Énfasis del original, subrayados agregados).

91. Idénticos conceptos se encuentran en los dictámenes de los profesores Jesús Ramón Quintero y Alberto Arteaga Sánchez, distinguidos penalistas venezolanos, que acompañamos como **Anexos 72 y 73.**

92. Precisamente porque la amnistía debe emanar de una norma de rango legal encuentra explicación que el Presidente de la República, haya fundamentado el Decreto-Ley 5.790 en una ley habilitante que lo faculta para dictar decretos-leyes y no en el artículo 236, numeral 19 de la Constitución, según el cual es atribución ordinaria del Presidente de la República la de "conceder indultos". Por ello, el Decreto-Ley Especial de Amnistía estableció directamente en sus normas los efectos jurídicos de la misma conforme a los principios que rigen dicha institución, disponiendo en su artículo 2 que respecto de las personas y de los hechos a los cuales se aplica, que:

... se extinguen de pleno derecho las acciones penales, judiciales, mi-litares y policiales instruidas por cualquiera de los órganos del Estado, tribunales penales ordinarios o penales militares, que se correspondan exclusivamente con los hechos a que se refiere el artículo anterior. (Énfasis agregado*).*

93. Por lo tanto, a partir de la publicación de la Ley (31 de diciembre de 2007), ***quedaron extinguidas de pleno derecho todas las acciones penales, judiciales, militares y policiales instruidas por cualquier órgano del Estado, tribunales penales ordinarios o penales militares*** siempre que se correspon-dan exclusivamente con los hechos enumerados en el artículo 1 de la Ley. La consecuencia de todo ello, es que la Ley de Amnistía creó derechos en cabeza de los beneficiados de la misma, por lo cual debió producir inmediatamente sus efectos desde la fecha de su publicación. Por consiguiente, a partir de esa fecha (31 de diciembre de 2007), el Dr. Brewer Carías, procesado hasta esa fecha, ***debió dejar de ser procesado y debió tener derecho a dejar de serlo*** al desaparecer el delito, pues el Decreto-Ley de Amnistía ***suprimió el delito***. Incluso las personas que hubieran sido objeto de medidas preventivas o pre-liminares (prohibición de salida del país o detención por peligro de fuga) deb-ían recupera *ipso jure* su derecho a salir del país, a ser liberados y a que no se los persiga más: la amnistía extirpó el delito y, por lo tanto, también el proce-so y los efectos de los actos judiciales que decretaron las medidas preventi-vas.

---

78 Tribunal Supremo de Justicia (Sala Constitucional), Sentencia N° 3167, de fecha 9/12/2002, Expediente 02-2154; p. 22 (**Anexo 74**).

94. Sin embargo, el Decreto-Ley de Amnistía aludido agregó un requisito que, por su naturaleza, no se corresponde conceptualmente con la amnistía, según el sistema jurídico venezolano, puesto que sus beneficios se restringirían sólo a las personas que *"se encuentren a derecho y se hayan sometido a los procesos penales, que hayan sido procesadas o condenadas".*[79]

95. Como lo expresamos en nuestro escrito de 25 de febrero de 2008, en su momento intentamos interpretar aquel Decreto-Ley de Amnistía de 31-12-07 como el posible inicio de una nueva etapa dentro del convulsionado proceso político venezolano, destinado a poner fin al sistemático uso de la jurisdicción penal para reprimir y criminalizar la disidencia política. En tal virtud, los abogados del Dr. Brewer Carías, introdujeron ante el Juez Vigésimo Quinto de Primera Instancia en Funciones de Control de la Circunscripción Judicial del Área Metropolitana de Caracas (en adelante "el Juez 25" o "el Juez de la causa"), el día 11 de enero de 2008, una solicitud de sobreseimiento con base en la aludida amnistía **(Anexo Nº 75)**. En dicha solicitud se expuso, en primer lugar, que el Dr. Brewer Carías se encontraba acusado y procesado por atribuírsele un delito despenalizado por el Decreto-Ley de Amnistía, como es la conspiración para cambiar violentamente la Constitución, supuestamente configurado por su no menos supuesta participación en *la redacción del Decreto*

---

79   Decimos que este requisito no se corresponde con la naturaleza de la amnistía, al menos en el sistema jurídico venezolano, por lo menos por las siguientes razones:

• Porque la expresión *"estar a derecho"* carece de definición legal explícita en el derecho procesal penal venezolano y es un término que se origina en usos más bien de los periodistas que cubren la fuente relativa a los procesos penales, para referirse a las personas que se someten a un proceso penal. Esta expresión ha sido objeto de cierta precisión jurisprudencial, que no la priva de indefinición formal legal. Aunque la expresión del Decreto-Ley de Amnistía referida a quienes *"se hayan sometido a los procesos penales"*, puede contribuir a aclarar el sentido de *"encontrarse a derecho"*, se trata de un enunciado y de una condición de significado ambiguo que, como tal, repugna a la precisión que han de tener las leyes penales en virtud del principio de legalidad. En todo caso, los abogados del Dr. Brewer Carías ante la jurisdicción penal doméstica, han demostrado que, incluso dentro de las señaladas limitaciones, su defendido cumple con este requisito, en los términos en que esa expresión es concebida en el foro venezolano y su periferia periodística.

• Porque establece distinciones que nada tienen que ver con los elementos objetivos que configuran el tipo penal de los delitos que se despenalizan a través de la amnistía. En la práctica, negar el efecto de la amnistía con base en determinada conducta procesal del afectado, equivale a dejar sin efecto el delito imputado, y penalizarlo de nuevo como castigo a una conducta procesal, lo cual es un contrasentido e implica, en la práctica, atribuir efectos penales a la conducta procesal, con manifiesto apartamiento del principio de legalidad y de la obligatoria tipicidad que informan el derecho penal.

• Porque el rango legal de la amnistía debe ser un obstáculo insalvable para establecer distinciones, que no estén relacionadas objetivamente con el delito de que se trate, entre aquellos a quienes va dirigida, como consecuencia del principio fundamental de igualdad ante la ley.

del Gobierno de facto del doce (12) de abril de 2.002. Por lo tanto, al despenalizarse esa conducta, la persecución penal contra él debía cesar de inmediato. A pesar de la anómala introducción en la amnistía del requisito de *"encontrarse a derecho"*, los abogados del Dr. Brewer Carías demostraron que su defendido cumplía con este requisito, como puede leerse en la aludida solicitud de sobreseimiento.

96. En ese contexto, es relevante destacar que, también en relación con la aplicabilidad de la amnistía al Dr. Brewer Carías, se produjo una nueva manifestación de los altos órganos del Estado venezolano, de utilizar los medios de comunicación para condenarlo públicamente y condicionar la autonomía de los funcionarios judiciales competentes para decidir sobre sus derechos. Se configuró de nuevo una rotunda violación de la independencia judicial y el debido proceso, la Fiscal General Ortega Díaz, coaccionando a la Fiscal (provisoria) que actuaba en el proceso contra el Dr. Allan Brewer Carías. En efecto, antes de que el Ministerio Público fijara ante el tribunal de la causa su posición con respecto a la aplicación del referido Decreto-Ley de Amnistía al Dr. Brewer Carías (*supra* párr. 87), el día 8 de enero de 2008, la Fiscal General de la República declaró públicamente que sería a la Fiscal (provisoria, por supuesto) del caso a quien *"le corresponderá determinar si a él lo alcanza el decreto"*, pero a renglón seguido expresó: *"cuando conduje esa investigación, el abogado Brewer Carías, ya siendo acusado, fue convocado para la audiencia preliminar, y a través de sus abogados envió una comunicación donde decía que no creía en la justicia venezolana, que la justicia venezolana no le daba garantía a ningún ciudadano incluso a él, que por eso optaba por irse del país y que no regresaría hasta tanto no cambiara el Gobierno."*[80] Esta afirmación, además de deformar el contenido de lo expresado en su momento por los abogados del Dr. Brewer Carías, implicaba una clara fijación de posición por parte de la Fiscal General de la República, quien avanzó argumentos para que no se le aplicara dicha amnistía. Frente a semejante declaración, habría sido inconcebible que la Fiscal (provisoria) a cargo del caso y el Juez (provisorio) encargado de resolver la solicitud de sobreseimiento basada en la amnistía resolvieran algo distinto a denegar esa solicitud. Por tanto, como era de esperarse, la opinión de la Fiscal (provisoria) del caso fue adversa a la aplicación de la amnistía al Dr. Brewer Carías y así lo determinó también el tribunal.

97. En efecto no obstante la fundamentada argumentación de la solicitud de sobreseimiento, ésta fue negada por decisión del 25 de enero de 2008 del Juzgado Vigésimo Quinto de Primera Instancia en función de control del Circuito Judicial Penal de la Circunscripción Judicial del Área Metropolitana de Caracas (**Anexo N° 60**). Para esa denegación, se invocó que el Dr. Brewer Carías no estaba "a derecho", según lo pautaba el Decreto-Ley de Amnistía,

---

80 Véase la entrevista del periodista Eligio Rojas a la Sra. Luisa Ortega Díaz, en *Últimas Noticias*, Caracas, 8 de enero de 2008, p. 24. (**Anexo 71**).

pretendiendo fundar tal conclusión en expresiones de tal modo genéricas y ambiguas que equivalían a inmotivación del fallo.[81]

98. Los abogados del Dr. Brewer Carías apelaron dicha decisión mediante escrito de 7 de febrero de 2008 (**Anexo 76**), denunciando en el mismo los vicios de la sentencia de primera instancia, y <u>donde invocaron además el derecho a la igualdad y a la no discriminación, puesto que el ex Gobernador (del Estado Miranda) Enrique Mendoza D'Ascoli, conjuntamente con la Sra. Milagros del Carmen Durán López, acusados de los delitos de rebelión civil, violencia o amenaza contra el funcionamiento de los órganos del poder público, con ocasión de los sucesos de abril de 2002 y sobre quienes pesaba igualmente una medida de privación de libertad y una orden de aprehensión, es decir, encontrándose en idéntica situación procesal al Dr. Brewer Carías, fueron beneficiarios de la amnistía por haberlo así solicitado el Ministerio Público.</u>

99. Ello no obstante, la Sala Quinta de la Corte de Apelaciones del Circuito Judicial Penal del Área Metropolitana de Caracas, mediante sentencia adoptada por dos votos contra uno el día 3 de abril de 2008 (**Anexo 61**), declaró sin lugar la apelación interpuesta, por considerar que el Dr. Brewer Carías no estaba "a derecho", que la sentencia apelada estaba suficientemente motivada y que la situación del los señores Mendoza D'Ascoli y Durán López era diferente, puesto que el tribunal penal que conocía de su causa no era el mismo que conocía de la del Dr. Brewer Carías y porque, en el caso de los señores Mendoza y Durán, el Fiscal había opinado que la medida de privación de libertad dictada en su contra había sido "prematura". (*Infra* párrs. 104, 105, 106).

100. La Magistrada Clotilde Condado Rodríguez salvó su voto en la anterior sentencia, por considerar, en primer lugar, que el Decreto-Ley de Amnistía despenalizó los hechos que se imputan a Brewer Carías y extinguió la acción penal "de pleno derecho"[82]; y, en segundo lugar, consideró la Magistrada

---

81   Como afirmar que El Dr. Brewer Carías *"no ha comparecido a los llamados de este Tribunal"* o que *"no manifestó su disposición y su conducta, tanto con la Vindicta Pública así como con este despacho, no compareciendo de forma efectiva al proceso"*, sin indicar a qué "llamados" se refiere, ni indicar de qué manera no compareció al proceso, habiéndose mostrado que el único acto al que fue convocado y al que anunció que no comparecería, nunca se realizó por causas ajenas a su incomparecencia. El Tribunal simplemente ignoró, sin razonar, estos argumentos de hecho y de derecho.

82   *"La Amnistía extingue la acción penal y hace cesar la ejecución de la condena y todas las consecuencias penales de la misma, tal corno lo señala expresamente el artículo 104 del Código Penal. Por tanto en modo alguno puede estar condicionada su aplicación por el hecho de que algunas de las personas no esté a derecho en el momento en que entra en vigencia. En estos casos el Procedimiento Legal establecido en el artículo 250 del Código Orgánico Procesal Penal, no resulta una formalidad esencia!, en los términos establecidos en el artículo 257 de la Constitución de la República Bolivariana de Venezuela, que impida al Juez, decretar de oficio el sobreseimiento de la causa por extinción de la acción penal en ejecución de la Ley Espe-*

disidente que el requisito de "estar a derecho" para beneficiarse de la amnistía es inconstitucional por ser discriminatorio, pues conduce a que, con respecto a los mismos hechos, para unos se configure un delito mientras que para otros no.[83]

101. En síntesis, el Ministerio Público y los tribunales penales que conocían la acusación contra el Dr. Brewer Carías, actuando conjuntamente, le denegaron los beneficios del Decreto-Ley de Amnistía, lo cual agrava sensiblemente las violaciones al debido proceso reconocido y garantizado por el artículo 8 de la Convención. No nos detendremos en este escrito a analizar cómo en el trámite de la solicitud de sobreseimiento, por sí mismo, se violó el artículo 8 de la Convención, pero, en cambio, *sí sometemos ante esa honorable Comisión que la aplicación desigual a los distintos procesados en la causa que incluyó al Dr. Brewer Carías, agravó la violación que ya hemos denunciado de las reglas del debido proceso* contenidas en dicho artículo con respecto al proceso penal contra la víctima en el presente caso, proceso al cual está referida la **Petición.**

102. La aplicación conjunta de los artículos 8 y 1(1) de la Convención, en el contexto señalado, recoge el principio de *igualdad ante las cortes y tribunales de justicia.* El artículo 14.1 del Pacto Internacional de Derechos Civiles y Políticos, en el cual Venezuela es Parte) proclama explícitamente este principio general sobre el derecho al debido proceso: *Todas las personas son iguales ante las cortes y tribunales de justicia.* Esta expresión no se encuentra en la Convención Americana ni en ningún otro tratado general sobre derechos humanos;[84] pero, como principio general, es aplicable dentro del marco de la

---

cial de Amnistía, y como consecuencia de ello, debe dejar sin efecto cualquier orden de aprehensión o Medida de Privación Judicial Preventiva de Libertad o Medida Cautelar Sustitutiva que haya, sido dictada con anterioridad a la vigencia de dicha Ley..." Sentencia de la Sala Quinta de la Corte de Apelaciones del Circuito Judicial Penal del Área Metropolitana de Caracas, de 3 de abril de 2008 (**Anexo 61**); p. 65.

83 "...no es relevante estudiar si la persona está a derecho o no, como tampoco resulta relevante aplicar el procedimiento aludido en párrafos anteriores, esto es, el artículo 250 del Código Orgánico Procesal Penal, ya que se mantendría detenida a una persona por un hecho punible que con motivo de la Ley de Amnistía desapareció, para al final tener que igualmente sobreseer la causa por la amnistía, porque el hecho punible ya no existe y sería el tratamiento desigual el que sí exista para otra persona ese hecho, sólo porque procesalmente no se encontraba a derecho. No puede existir un delito para unos y para otros no, razón por la cual resulta necesario aplicar el control difuso de la constitución, esto es, desaplicar dicha norma legal por Control de la Constitucionalidad con fundamento en el artículo 19 de! Código Orgánico Procesal Penal, en relación con el artículo 334 Constitucional." Ibíd., p. 66.

84 Cfr. M. NOWAK: U.N. Covenant on Civil and Political Rights. CCPR Commentary. N.P. Engel, Publisher, 2nd revised edition. Kehl, Strasbourg, Arlington Va., 2005: pp. 207 y ss. La inclusión de esta frase obedeció a una iniciativa del Bloque Soviético y apuntaba a los fueros especiales arbitrarios, especialmente los fundados en razones raciales. El concepto ha sido aplicado al sometimiento a civiles a la jurisdicción militar, especialmente en casos relativos a Uruguay durante la última dictadura militar,

Convención Americana, especialmente en casos relativos a países que, como Venezuela, incorporan las convenciones internacionales a su derecho interno por medio de leyes especiales aprobatorias de dichas Convenciones. Su aplicación, en general, en el ámbito del Sistema Interamericano de Derechos Humanos, y, en particular, al presente caso, se funda en las siguientes razones:

a. Como cuestión de principio, el artículo 8 de la Convención está cubierto por la garantía general de no discriminación contenida en el artículo 1.1 de la misma Convención. Como consecuencia de esta cobertura, en el Sistema Interamericano es plenamente aplicable el principio según el cual *todas las personas son iguales ante las cortes y tribunales de justicia*.

b. De acuerdo con el artículo 29(b) de la Convención, ninguna de sus disposiciones puede ser interpretada en el sentido de *"limitar el goce y ejercicio de cualquier derecho o libertad que pueda estar reconocido de acuerdo con las leyes de cualquiera de los Estados Partes o de acuerdo con otra convención en que sea parte uno de dichos Estados."* Sobre esa base, la Corte concluyó que,

> *... si a una misma situación son aplicables la Convención Americana y otro tratado internacional, debe prevalecer la norma más favorable a la persona humana.*[85]

c) El Pacto Internacional de Derechos Civiles y Políticos está integrado al derecho interno venezolano a través de la ley aprobatoria prevista en su ordenamiento constitucional como mecanismo de aprobación de los tratados. Más aún, según lo determina el artículo 23 de la Constitución,[86] dicho Pacto, como todo otro tratado sobre derechos humanos en el que Venezuela es parte, tiene rango constitucional.

103. La amnistía de 2007 incurre en discriminación *de jure*[87] dentro del concepto de amnistía en el sistema jurídico venezolano pues la propia ley que

---

así como también a los llamados *jueces sin rostro* en el Perú, en el marco de la política antiterrorista contra *Sendero Luminoso*.

85 Corte IDH, *La colegiación obligatoria de periodistas (arts. 13 y 29 Convención Americana sobre Derechos Humanos)*, Opinión Consultiva OC-5/85 del 13 de noviembre de 1985. Serie A N° 5, párr. 52.

86 *Los tratados, pactos y convenciones relativos a derechos humanos, suscritos y ratificados por Venezuela, tienen jerarquía constitucional y prevalecen en el orden interno, en la medida en que contengan normas sobre su goce y ejercicio más favorables a las establecidas en esta Constitución y en las leyes de la República, y son de aplicación inmediata y directa por los tribunales y demás órganos del Poder Público.*

87 Caracterizamos como discriminación *de jure* a aquella que emana de ley misma, cuando contiene distinciones en su aplicación, con respecto a los sujetos, que son arbitrarias, irrazonables o desproporcionadas.

la decretó contiene, en sí misma, un principio discriminatorio, al restringir su aplicación a quienes se encuentren a derecho y se hayan sometido a los procesos penales.[88]

104. Más allá de la discriminación *de jure* con respecto al derecho interno que se impuso contra el Dr. Brewer Carías, *lo que fuera de toda duda ofende las garantías judiciales internacionalmente reconocidas es la discriminación de facto[89] en la que incurrió el Estado en la aplicación del Decreto Ley de Amnistía.* La discriminación de facto violenta el principio de igualdad ante cortes y tribunales de justicia, plenamente reconocido en el derecho internacional de los derechos humanos. En efecto, la amnistía de 31 de diciembre de 2007 *se aplicó a personas que se encontraban en el mismo supuesto de del Dr. Brewer Carías, es decir, con medida de privación de libertad y orden de aprehensión por hechos relacionados con el golpe de estado de 2002.* Este punto también fue presentado inútilmente ante la jurisdicción interna (*supra* párr. 98). Se trata del caso del ex Gobernador (del Estado Miranda) Enrique Mendoza D'Ascoli y de la Sra. Milagros Durán López, quienes fueron acusados por los delitos de rebelión civil, violencia o amenaza contra el funcionamiento de los órganos del poder público, con ocasión de los sucesos de abril de 2002, por ante el Juzgado Cuadragésimo Quinto de Primera Instancia en funciones de Control del Circuito Judicial Penal del Área Metropolitana de Caracas. Sobre ellos pesaba igualmente una medida judicial de privación de libertad y una orden de aprehensión, es decir, encontrándose en idéntica situación procesal al Dr. Brewer Carías. Sin embargo, esas dos personas se beneficiaron de la amnistía y su causa se sobreseyó por haberlo así solicitado el Ministerio Público.

105. La sentencia de la Sala Quinta de la Corte de Apelaciones del Circuito Judicial Penal del Área Metropolitana de Caracas, de 3 de abril de 2008

---

88 El concepto de amnistía en el sistema jurídico venezolano es objetivo y no admite distinciones por los sujetos:

    a) La amnistía tiene por efecto hacer desaparecer el hecho punible como tal. Es la abolición retroactiva del delito. No puede entonces existir el mismo delito para unos mientras que para otros no.

    b) Condicionar la amnistía en los términos que lo hizo el Decreto-Ley de 2007 equivale a dejar sin efecto el delito imputado, y penalizarlo de nuevo como castigo a una conducta procesal, lo cual es un contrasentido e implica, en la práctica, como ya lo hemos dicho y hecho valer inútilmente en la jurisdicción interna, atribuir efectos penales a la conducta procesal, con manifiesto apartamiento del principio de legalidad y de la obligatoria tipicidad que informan el derecho penal.

    c) El rango legal de la amnistía debe ser un obstáculo insalvable para establecer distinciones, que no estén relacionadas objetivamente con el delito de que se trate, entre aquellos a quienes va dirigida, como consecuencia del principio fundamental de igualdad ante la ley.

89 Caracterizamos como discriminación *de facto* a aquella que resulta de la aplicación desigual de la ley a dos o más sujetos, de manera arbitraria, irrazonable o desproporcionada.

(**Anexo 61**), concluyó que no se trataba de un caso de discriminación, invocando artificiosos y sorprendentes puntos de diferenciación que habría tenido el caso Mendoza D'Ascoli-Durán López con respecto al del Dr. Brewer Carías. En primer lugar, los casos serían diferentes porque el tribunal que conocía de la causa Mendoza D'Ascoli-Durán López no era el mismo que conocía de la del Dr. Brewer Carías, es decir, textualmente, porque *"no es el Tribunal Vigésimo Quinto de Control quien conoció de la causa contra el ciudadano Enrique Mendoza sino otro Tribunal, en este caso el Juzgado Cuadragésimo Quinto de Primera Instancia en funciones de Control del Circuito Judicial Penal del Área Metropolitana de Caracas."* Y, en segundo lugar, porque, en el caso de los señores Mendoza y Durán, el Fiscal había opinado que la medida de privación de libertad dictada en su contra había sido "prematura", es decir, textualmente, porque el Fiscal afirmó que *"fue un pronunciamiento prematuro al haberse decretado sin que se fijara la Audiencia Preliminar, oportunidad ésta para pronunciarse sobre dicha solicitud al haber sido formulada conjuntamente con el escrito de acusación."*

106. *Esa motivación carece de sentido, es banal y manifiestamente arbitraria por irrazonable*, de tal modo que no hace más que confirmar la discriminación procesal *de facto* contra el Dr. Brewer Carías. Primero, porque los dos tribunales, aunque materialmente eran diferentes, eran idénticos en el plano jurídico procesal: tribunales de primera instancia en lo penal con funciones de control en el Área Metropolitana de Caracas. Brewer Carías, por un lado, y Mendoza D'Ascoli-Durán López, por el otro, tenían pleno derecho a ser tratados de manera igual, por tribunales iguales y por hechos sometidos por igual a la misma norma jurídica (el Decreto-Ley de Amnistía). *Una diferenciación de trato basada en que tribunales de idéntica competencia, rango y ámbito territorial son diferentes es manifiestamente irrazonable, caprichosa y arbitraria*. Segundo, porque la opinión del Ministerio Público de que una medida de privación de libertad contra Mendoza D'Ascoli-Durán López había sido prematura, en nada desprovee de efectos a dicha medida, que *sólo puede ser revocada por un juez, lo cual no ocurrió*. Se trataba, pues, en ambos casos (Brewer Carías, por un lado, y Mendoza y Durán, por el otro), de personas sometidas a un proceso penal en Caracas por supuestos delitos cometidos en los sucesos de abril de 2002, con medida judicial de privación de libertad, dictada en un proceso donde *igualmente* nunca se realizó la audiencia preliminar, y además *igualmente* no ejecutada e *igualmente* con orden de captura.

107. Esos hechos no sólo comportan discriminación en la aplicación del derecho sustantivo sino que configuran un supuesto de discriminación procesal, que viola principio de igualdad ante las cortes y tribunales de justicia, y por lo tanto el derecho al debido proceso, puesto que al acordar un trato diferenciado a los procesados sobre las bases señaladas, aplicando la amnistía en un caso y rehusando su aplicación en el otro, se incurrió en una diferenciación discriminatoria que surge de la extinción del proceso en unos casos y su mantenimiento en el caso del Dr. Brewer Carías.

108. Adicionalmente, más allá del tema de la discriminación procesal, la aplicación del Decreto-Ley de Amnistía ha comportado una nueva violación del debido proceso, puesto que ha colocado la situación procesal del Dr. Brewer Carías en una suerte de limbo jurídico. El delito que se le imputó y por el cual se lo acusó debería considerarse suprimido, olvidado y extinguido como efecto normal de la amnistía, como institución jurídica, y como resultado de la aplicación del citado artículo 104 del Código Penal. Consecuencialmente, el proceso penal, también debió darse por extinguido, por obra de la amnistía, para los cuatro acusados en esa causa, a saber Cecilia M. Sosa Gómez, José Gregorio Vásquez López, Guaicaipuro Lameda y Allan R. Brewer Carías. El estado de aquella causa era anómalo, pues la audiencia preliminar, que debió celebrarse conforme al artículo 330 del Código Orgánico Procesal Penal, entre los días 31 de octubre y 10 de noviembre de 2005, fue diferida sucesivamente en sinnúmero de ocasiones, al punto que **jamás llegó a realizarse.** Cuando se sobreseyó la causa contra Cecilia M. Sosa Gómez, José Gregorio Vásquez López y Guaicaipuro Lameda, la fase intermedia del juicio aún no había comenzado, pues el tribunal nunca consiguió realizar la audiencia preliminar por distintas razones, entre las cuales, por lo demás, *jamás estuvo que el Dr. Brewer Carías permaneciese fuera del país*, como lo determinó expresamente el Juez (provisorio) 25 de Control.[90] No habiéndose celebrado la audiencia preliminar de ese juicio tampoco podría jamás convocarse, puesto que el efecto normal de la amnistía es la extinción de ese proceso. Sin embargo, por el principio discriminatorio contenido en el mismo Decreto-Ley de Amnistía y por el sentido no menos discriminatorio en que la misma amnistía fue aplicada desigualmente, el Dr. Brewer Carías parece seguir *de facto* procesado por un delito inexistente mediante un proceso que *de jure* debió extinguirse. Semejante embrollo *creado exclusivamente por el Estado*, por deberse exclusivamente a la actuación arbitraria de sus órganos, ha arrojado como resultado el estancamiento de esa causa, sin que haya funcionario alguno que se haga cargo de ella en el presente.

109. En esta situación fáctica de incongruencia y discriminación, de un "proceso" extinguido en general por la amnistía pero supuestamente no extinguido respecto del Dr. Brewer Carías, se presenta para esta fecha una verdaderamente absurda situación, puesto que desde hace dos años nadie sabe de dicho supuesto "proceso" en la "parte" que pueda haber sobrevivido, pues en el mismo - si existiese-, ni el Ministerio Público, ni el Juez han tenido iniciativa procesal alguna, no se ha fijado fecha para la realización de acto procesal alguno y menos para la audiencia preliminar. Más aún, los abogados del Dr. Brewer Carías han tratado de ver ese expediente, incluso para obtener copias para anexar a este escrito de *Observaciones Adicionales*, y se han encontrado con que dicho expediente no está físicamente en el Juzgado 25 de Control, sin

---

90   *…la Audiencia Preliminar **no ha sido diferido por incomparecencia del ciudadano Alan (sic) R. Bruwer (sic) Carías**…, Cfr.* **Escrito de Respuestas** de 27 de diciembre de 2007, párr. 26; **e** *infra*, párr. 193.

que haya registro de su salida, de modo que, a la hora actual, se trata de un "proceso" en el cual se desconoce dónde está el expediente, y por tanto, la identidad del juez que efectivamente pueda tener el control del mismo.[91] Por la misma razón, los defensores del acusado no tienen acceso a dicho expediente, en lo que configura una nueva violación de las garantías judiciales prescritas por el artículo 8 de la Convención. El único acusado que no fue sobreseído fue el Dr. Brewer Carías, quien ha devenido así en *la única persona que permanece acusada* por el intento de golpe de estado de abril de 2002, lo cual habla por sí solo sobre la magnitud de la parodia procesal con la que se lo persigue. Al dejar este "proceso" en el vacío", como el Estado lo ha dejado en efecto, se reiteran las violaciones al debido proceso y la determinación de mantenerlo abierto *sine die* para poder así prolongar *sine die* la persecución contra el Dr. Brewer Carías. Se trata de un "proceso" que nunca avanzó más allá de la fase de investigación, que tuvo lugar con la masa de irregularidades que hemos denunciado en la **Petición** y en las presentes *Observaciones Adicionales* y en todas nuestras actuaciones ante esa honorable Comisión; por consiguiente, la fase intermedia *nunca comenzó*, ni presumiblemente va a comenzar nunca, con el perverso efecto, entre otros, de mantener arbitraria y discriminatoriamente vigente una medida preventiva de privación de libertad que lo que es, en definitiva, es una medida que impide que el Dr. Brewer Carías pueda regresar a su país.

4. Violación de la presunción de inocencia (artículo 8(2), CADH).

110. De conformidad con el artículo 8(2) de la Convención, *"(t)oda persona inculpada de delito tiene derecho a que se presuma su inocencia mientras no se establezca legalmente su culpabilidad."* Como lo hemos expresado con detenimiento en la **Petición**, el Dr. Brewer Carías ha sido víctima de una masiva violación de su derecho a ser presumido inocente, como por demás se analiza con abundante razonamiento en el dictamen del destacado profesor de la Universidad Complutense de Madrid, Enrique Gimbernat **(Anexo 17)**.

111. El punto de partida del paródico proceso entablado contra el Dr. Brewer Carías, fue la denuncia contra él y otros especialistas en derecho constitucional, introducida por el coronel del ejército venezolano Ángel Bellorín **(Petición**, párr. 28), quien les atribuía la redacción del tantas veces aludido "Decreto" sobre la base de un *hecho notorio comunicacional*, expresado en rumores y opiniones de algunos periodistas y otras personas, que no fueron testigos presenciales de ninguno de los hechos aludidos por ellos. Esos componentes comunicacionales fueron **(Anexo 6)**: 1. Acta de Constitución del Gobierno de Transición Democrática y Unidad Nacional de 12 de abril de 2002; 2. Diario *El Nacional*, sábado 13 de abril de 2002, Laura Weffer Cifuentes, Artículo "Como se fraguó la renuncia de Hugo Chávez"; 3. Diario *El*

---

91 Se anexa la solicitud de la defensa del Dr. Brewer Carías al Juzgado 25 de Control, para que se ubique dónde está el expediente y so lo traiga a la sede de ese tribunal. **Anexo 77.**

Nacional, sábado 13 de abril de 2002, Edgar López, artículo "Carta Interamericana Democrática fundamenta gobierno de Transición" donde reseña una entrevista a Allan Brewer Carías; 4. Diario *El Universal*, sábado 13 de abril de 2002, Mariela León, Artículo "Primer Presidente Empresario"; 5. Diario *El Nuevo País*, martes 16 de abril de 2002, Patricia Poleo, Artículo "Factores de Poder."; 6. Diario *El Nuevo País*, miércoles 17 de abril de 2002, Patricia Poleo Artículo "Factores de Poder."; 7. Diario *El Universal*, jueves 18 de abril de 2002, Roberto Giusti, Artículo "Si me dejarán ir a Cuba renuncio."; 8. Diario *El Reporte,* jueves 18 de abril de 2002, Ricardo Peña, Columna "Círculo Íntimo."; 9. Opinión: "Supuestamente los asesores del decreto-adefesio jurídico de Carmona Estanga fueron los abogados Cecilia Sosa Gómez y Allan Brewer Carías"; 10. Diario *El Nuevo País*, jueves 25 de abril de 2002, Patricia Poleo, Artículo "Factores de Poder."; 11. Diario *El Universal*, viernes 26 de abril de 2002, Entrevista de Francisco Olivares a Daniel Romero, "Los militares manejaron todas las decisiones políticas."; 12. Diario *El Nacional*, Sábado 27 de abril de 2002, Entrevista de Milagros Socorro a Daniel Romero "Al país se le tendió una trampa."; 13. Diario *El Universal,* domingo 28 de abril de 2002 Francisco Olivares, Columna "Historia del Segundo Decreto."; 14. Vespertino *El Mundo*, Nitu Pérez Osuna, Columna "Desde las gradas."; 15. Programa "Dominio Público", transmitido por *Venevisión*, el día 12-04-02, con entrevista a los periodistas Rafael Poleo y a Patricia Poleo; 16. Programa "30 Minutos," transmitido por *Televen*, 12-3-02, con entrevista del periodista Cesar Miguel Rondón Teodoro Petkoff; 17. Programa "Primera Página," transmitido por *Globovisión*, el 15-04-02, con entrevista del periodista Domingo Blanco a la periodista Patricia Poleo; 18. Programa "30 Minutos," transmitido por *Televen*, el día 16-04-02, con entrevista de César Miguel Rondón a la periodista Patricia Poleo; 19. Programa "La Entrevista en el Observador," trasmitido por *Radio Caracas Televisión* el día 16-04-02, con entrevista de los periodistas Luisiana Ríos y Carlos Omobono a la periodista Patricia Poleo; 20. Programa "Triángulo," trasmitido por *Televen* el día 10-05-02 con entrevista del periodista Carlos Fernández, al diputado Tarek William Saab; 21. Programa Voces de un País" del Domingo 28 de mayo de 2002, transmitido por *Globovisión*; 22. Interpelación ante la Comisión Especial de la Asamblea Nacional, transmitida en vivo por *Venezolana de Televisión* y *Globovisión,* a la periodista Patricia Poleo; 23. Programa Grado 33, de fecha 16-05-02 transmitido por *Globovisión*, donde se entrevista a Isaac Pérez Recao.

112. Sobre esa base, el Ministerio Público, por medio de la Fiscal (provisoria) Sexta nacional, acudió a la inversión de la presunción de inocencia para formular imputación al Dr. Brewer Carías por el delito de conspirar para cambiar violentamente la Constitución sobre la base del mismo llamado *"hecho notorio comunicacional"* invocado por el coronel Bellorín, sin atender siquiera a los supuestos que, según la jurisprudencia del Tribunal Supremo de Justicia de Venezuela, deben reunirse para que semejante "hecho notorio" se configure[92] (*cfr.* **Petición**, párrs. 63-64).

113. El Dr. Brewer Carías fue imputado como hechor del delito de conspiración para cambiar violentamente la Constitución, sobre la base de los siguientes elementos (**Anexo 5**): 1. Contenido del "Acta de Constitución del gobierno de Transición Democrática y Unidad Nacional" la cual contiene a su vez el "Decreto de Constitución de un "gobierno de Transición Democrática y Unidad Nacional", de 12 de abril de 2002; 2. Denuncia formulada por el Coronel del Ejército Alberto Bellorín, ante el Ministerio Público en fecha 22 de mayo de 2002; 3. Artículo publicado en el diario *El Nacional*, el día sábado 13 de abril de 2002, por la periodista Laura Weffer Cifuentes, "Como se fraguó la renuncia de Hugo Chávez; 4. Artículo publicado en el diario *El Nacional*, el día sábado 13 de abril de 2002, por el periodista Edgar López, "Carta Interamericana Democrática fundamenta gobierno de Transición" con entrevista a Allan Brewer Carías; 5. Artículo publicado en *El Universal* el día 13 de abril de 2002, por la periodista Mariela León, "Primer Presidente Empresario"; 6. Artículo del diario *El Nuevo País* de fecha martes 16 de abril de 2002, por la periodista Patricia Poleo, "Factores de Poder"; 7. Artículo del diario *El Nuevo País*, del día miércoles 17 de abril de 2002, de la periodista Patricia Poleo "Factores de Poder"; 8. Artículo del diario *El Universal* de fecha jueves 18 de abril de 2002, del periodista Roberto Giusti, "si me dejarán ir a Cuba renunciaría"; 9. Artículo del diario *El Reporte*, del jueves 18 de abril de 2002, del periodista Ricardo Peña, "Círculo Íntimo"; 10. Artículo del diario *El Nuevo País*, del jueves 25 de abril de 2002, de la periodista Patricia Poleo, "Factores de Poder"; 11. Artículo del diario *El Universal*, de fecha viernes 26 de abril de 2002, donde el periodista Francisco Olivares entrevista al ciudadano Daniel Romero, "los militares manejaron todas las decisiones políticas"; 12. Artículo del diario *El Nacional*, Sábado 27 de abril de 2002, de la periodista Milagros Socorro, de "Al país se le tendió una trampa," con entrevista a Daniel Romero; 13. Artículo del diario *El Universal* del domingo 28 de abril de

---

92 De acuerdo con la jurisprudencia de la Sala Constitucional del Tribunal Supremo de Justicia venezolano, un *"hecho notorio comunicacional"* sólo se configura cuando existen noticias sobre hechos o sucesos difundidas por medios de comunicación social que no han sido desmentidas. Considera dicha Sala que *"los medios de comunicación social escritos, radiales o audiovisuales, publicitan un hecho como cierto, como sucedido, y esa situación de certeza se consolida **cuando el hecho no es desmentido** a pesar de que ocupa un espacio reiterado en los medios de comunicación social"* (énfasis agregado), sobre el mismo. Por ello, es *"necesario que el hecho no resulte sujeto a rectificaciones, a dudas sobre su existencia, a presunciones sobre la falsedad del mismo, que surjan de los mismos medios que lo comunican, o de otros".* En ese contexto, la Sala Constitucional ha juzgado que sólo si no han sido desmentidos es legítimo que *"el sentenciador disponga como ciertos y los fije en autos, a los hechos comunicacionales que se publicitan hacia todo el colectivo y que en un momento dado se hacen notorios (así sea transitoriamente) para ese colectivo."* Cfr. Sentencia Nº 98 de 15 de marzo de 2000 (Caso Oscar Silva Hernández). Disponible en http://www.tsj.gov.ve/decisiones/scon/Mar-zo/98-150300-0146.htm

2002 escrito por el periodista Francisco Olivares, "Historia del Segundo Decreto"; 14. Artículo del diario *El Mundo* de fecha viernes 3 de mayo de 2002, en la columna "Desde las gradas" de la periodista Nitu Pérez Osuna, "El video de Chávez retenido"; 15. Programa Dominio Público, transmitido por *Venevisión*, el día 12 de abril de 2002 en el cual entrevistaron al periodista Rafael Poleo y a la periodista Patricia Poleo; 16. Programa 30 Minutos, transmitido por *Televen* el 12 de Mayo de 2002, en el que el periodista Cesar Miguel Rondón entrevistó a Teodoro Petkoff; 17. Programa Primera Página, transmitido por *Globovisión* el día 15 de abril de 2002, en el que el periodista Domingo Blanco entrevista a la periodista Patricia Poleo; 18. Programa 30 Minutos, transmitido por *Televen*, el día 16 de abril de 2002, en el que el periodista César Miguel Rondón entrevista a la periodista Patricia Poleo; 19. Programa La Entrevista, trasmitido por *Radio Caracas Televisión* el día 16 de abril de 2002, en el que los periodistas Luisiana Ríos y Carlos Omobono entrevistan a la periodista Patricia Poleo; 20. Programa Triángulo, trasmitido por *Televen* el día 10 de mayo de 2002 en el que el periodista Carlos Fernández, entrevista al diputado Tarek William Saab; 21. Programa Voces de un País, trasmitido por *Globovisión,* el día 28 de mayo de 2002; 22. Interpelación que le hiciera la Comisión Especial de la Asamblea Nacional, trasmitida en vivo por *Venezolana de Televisión* y *Globovisión*, a la periodista Patricia Poleo; 23. Entrevista rendida ante el Ministerio Público y relato en fecha 09 de julio de 2002, por Jorge Olavarría; 24. Cinta VHS, enviada al despacho del Fiscal por CONATEL, en fecha 16 de diciembre de 2004, donde se aprecia el desarrollo del acto del día 12 de abril de 2002, en el cual fue leída "Acta de Constitución del Gobierno de Transición Democrática y Unidad Nacional"; 25. Libro *Mi Testimonio ante la Historia* de Pedro Carmona Estanga, Editorial Actum, páginas 123, 124 y 125; 26. Entrevista rendida por Allan Brewer Carías en la Fiscalía, en fecha 03 de junio de 2002, ante el Ministerio Público;

114. Como lo afirmamos en la **Petición**, el llamado *"hecho notorio comunicacional"*, por sí solo, no puede admitirse como un concepto con la fuerza suficiente para desvirtuar o invertir la presunción de inocencia. Esa figura se conforma por la reiterada difusión **de un hecho** por los medios de comunicación, no desmentida por quien resulte afectado por esas noticias. Esto supone ir demasiado lejos en la apreciación de lo que se difunde por los medios de comunicación. La credibilidad de lo que se publica en los medios es un tema social y cultural, con cierta dimensión política, pero no puede atribuírsele el carácter de un hecho jurídico con la fuerza suficiente, por sí solo, para procesar penalmente a quien sea condenado por la prensa y los demás medios de comunicación social. Como lo dijimos en la **Petición**, sin entrar a discutir el valor general o conceptual del llamado *"hecho notorio comunicacional"*, debería ser bien claro para quien tiene como función aplicar la ley penal, que *semejante mecanismo no puede ser legítimamente aplicado para desvirtuar la presunción de inocencia*, menos aún si lo que se publicita **no se refiere a hechos o acaecimientos** sino, como ocurrió en el caso del Dr. Brewer Carías, **a opiniones o consejas**, las cuales además han sido desmentidas, porque de lo contrario equivaldría precisamente a destruir uno de los fundamentos de la misma, como lo es que una persona no pueda ser tenida como culpable sobre la base de meras opiniones, apariencias o rumores, sino por pruebas inequívocas de hechos que establezcan su culpabilidad.

115. La presunción de inocencia es *"fundamento de las garantías judiciales"*,[93] de tal imᴾortancia que, en boca del Presidente García Ramírez, *"difícilmente habría un principio que guardase mayor congruencia con la justicia penal democrática, que pone **a cargo del Estado acusador la comprobación de las imputaciones y del Estado juzgador la decisión sobre éstas.***"*[94]

116. En todo caso, de acuerdo con la doctrina judicial venezolana referida al "hecho notorio comunicacional", para que éste exista, *no sólo debe referirse a hechos, sucesos o acaecimientos, y nunca a opiniones o apreciaciones de periodistas, sino que debe tratarse de una especie no desmentida, lo cual además no se configuró en forma alguna en el presente caso,* puesto que, como se expresó y mostramos en la **Petición**, las supuestas "noticias" difundidas no se refirieron a supuestos hechos o acaecimientos que hubieran sido presenciados por periodistas sino que fueron infundadas opiniones y apreciaciones de periodistas, frente a las cuales el Dr. Brewer Carías se apresuró a desmentir públicamente, por los medios de comunicación, la versión periodística que lo vinculaba con la redacción del decreto del 12 de abril (*cfr.* **Petición**, párr. 22). Ese desmentido, que bastaba para desvirtuar el supuesto "hecho notorio comunicacional", no fue siquiera considerado por la Fiscal provisoria acusadora.

117. Nuevamente, la Respuesta del Estado a nuestra **Petición** viene en nuestro auxilio para ayudarnos a comprender el razonamiento de la Fiscal acusadora al invertir la presunción de inocencia, al tiempo que constituye el reconocimiento del Estado al suministrar plena prueba de que, en efecto, en este caso, el Estado ha aplicado el COPP como si éste autorizara esa inversión de tan fundamental presunción.

118. En efecto, el Estado invoca el derecho de la persona investigada y del imputado a hacer valer pruebas de descargo como fundamento para imponerle la carga de la prueba de su inocencia. En su Respuesta a la **Petición**, el Estado cita el numeral 5 del artículo 125 del COPP, de acuerdo con el cual es un ___derecho del imputado___ el de *pedir al Ministerio Público la práctica de diligencias de investigación destinadas a desvirtuar las imputaciones que se le formulen.* Cita igualmente el artículo 305 del mismo COPP, según el cual el imputado tiene ___derecho___ a *solicitar al fiscal la práctica de diligencias para el esclarecimiento de los hechos.* Por último, acude el Estado al artículo 131 del mismo Código, relativo a las advertencias que deben hacerse al imputado antes de tomarle declaración, para su protección, entre las cuales está al de ins-

---

93 Corte IDH, *Caso Tibi vs Ecuador*, cit.; párr. 180: Corte IDH, *Caso Chaparro Álvarez y Lapo Íñiguez vs Ecuador*, cit.; párr. 145.

94 *Caso Tibi vs Ecuador.* Voto del Juez García Ramírez; párr. 32.

214

truirlo *"de que la declaración es un medio para su defensa y, por consiguiente, **tiene derecho** a explicar todo cuanto sirva para desvirtuar las sospechas que sobre él recaigan, y a solicitar la práctica de diligencias que considere necesarias para su protección"*.

119. Esos artículos proclaman y consagran **_derechos_** del imputado, pero no le imponen **_la carga_** de probar su inocencia. Los abogados del Dr. Brewer Carías, precisamente, tropezaron sistemáticamente con la tozuda determinación de la Fiscal acusadora de rechazar las diligencias que dichos abogados practicaron para hacer valer esos **_derechos_** del imputado según el COPP, pero arbitrariamente les fue negado de manera sistemática la posibilidad de producir medios de prueba (o elementos de convicción si así le resulta ininteligible a la representación del Estado), tal como lo denunciamos en la **Petición** (*cfr.* párrs. 85-113) y lo ratificamos en esta *Observaciones Adicionales*. Pero la Respuesta del Estado concibe estos **_derechos_** como una **_carga_**, toda vez que si no se ejercen por el imputado, éste irremisiblemente sucumbe ante la acusación fiscal, esto es, se le tiene como culpable de los hechos imputados porque no ha demostrado lo contrario. ***Se patentiza así la inversión de la presunción de inocencia.*** La Repuesta del Estado afirma que según el COPP (generosamente al parecer) al imputado *"se le da la oportunidad de proponer diligencias, de solicitarlas para que los hechos que están siendo investigados sean esclarecidos"* (pág. 32). Pero si no "aprovecha" esa "oportunidad", se le tiene por culpable, según lo pretende la afirmación que hace el Estado en su Respuesta: *"si no ejercen los derechos del imputado consagradas en las citadas normas procesales, el derecho de la defensa del peticionario se desvanecería por causa imputables a ellos y no al Estado"*. En dos palabras, la defensa deja de ser un derecho y se convierte en una carga del imputado: para evitar una sanción penal, el acusado se ve forzado a demostrar su inocencia; eso constituye una negación del derecho al debido proceso legal, con las garantías previstas en el Derecho penal democrático y en la propia Convención Americana sobre Derechos Humanos. Según semejante razonamiento, ***la presunción de inocencia queda abolida.***

120. Este razonamiento explica y dota de congruencia (contra la Convención, por cierto, pero congruencia al fin) a la formulación contra la presunción de inocencia hecha por la fiscal Ortega Díaz, que denunciamos en la **Petición** y que nos permitimos reiterar de inmediato, a la luz de los conceptos vertidos en la Respuesta del Estado sobre la carga de la prueba de la inocencia a cargo del imputado. En efecto, en el mismo proceso de imputación llevado a cabo por la Fiscal provisoria Sexta contra el Dr. Brewer Carías, también fue arbitraria e injustamente imputado por el mismo delito (aunque nunca acusado), el Dr. Carlos Ayala Corao, ex Presidente de la Comisión Interamericana de Derechos Humanos. Con ocasión de oponerse a una apelación interpuesta por este último sobre una negativa de pruebas, la Fiscal provisoria Sexta hizo una manifestación ante el Juzgado Vigésimo Quinto de Control de Caracas en la cual de manera insólitamente ostensible invirtió la presunción de inocencia y la carga de la prueba, no sólo en perjuicio del Dr. Ayala Corao, sino también del Dr. Brewer Carías:

> *En criterio del Ministerio Público la imputación hecha al ciudadano Carlos Ayala Corao cumple con los requisitos de ley, por lo que en todo caso corresponde a la defensa del mismo desvirtuar* ***¿Porqué (sic) se supone que no conspiró? ¿Las razones por las cuales acompañó al ciudadano Allana (sic) Brewer Carias el día de los hechos?*** *¿Cuáles fueron sus objeciones y oposiciones a la redacción al decreto por medio del cual se suprimieron las instituciones democráticas?* ***¿Porqué (sic) no fue redactor del decreto?*** *¿Qué hacía en el Palacio de Miraflores en compañía del ciudadano Allan Brewer Carias horas antes de darse la lectura al decreto de gobierno de facto?* ***La falta de respuesta y pruebas para desvirtuar las sospechas fundadas que tiene el Ministerio Público, acerca de su participación en la redacción del decreto, son las razones por las cuales se considera innecesario hacer una ampliación de la imputación,*** *por cuanto en criterio del Ministerio Público* ***no han demostrado que no participó,*** *(sic.) sólo se han dedicado a plantear recursos temerarios que se traducen en dilaciones indebidas y a desplegar campaña a través de los medio de comunicación y de los organismos internacionales que protegen los derechos humanos, para tratar de crear una matriz de opinión que se le están (sic) violando derechos al ciudadano CARLOS AYALA CORAO, como si por el sólo hecho de haberse dedicado a la defensa de los derechos humanos a nivel nacional e internacional haya creado a su favor una patente de corso que lo exime de cometer delitos y que en virtud de ello no puede ningún organismo nacional investigarlo".* (**Anexo 19**; énfasis y subrayados agregados).

121. Aunque dicha aseveración no estaba dirigida directamente a Allan R. Brewer-Carías, la misma pone en evidencia que en la investigación penal que adelantó el Ministerio Público contra todos los imputados en este caso, incluyendo a Allan R. Brewer-Carías, ha sido criterio de la representación fiscal que *correspondía a la defensa del imputado desvirtuar la imputación que ella había hecho,* es decir, que correspondía al imputado desvirtuar la sospecha que ella tenía de que supuestamente habrían cometido algún delito *(supra,* párr. 117 ss.*). ¡Al punto de que la sola circunstancia de haber estado en compañía del Dr. Brewer Carías convertía al Dr. Ayala Corao en presunto culpable del delito de conspiración!*

122. *Es difícil imaginar mayor desprecio por la presunción de inocencia ni mayor prejuicio por parte del Ministerio Público,* llamado, como parte de buena fe, al mayor respeto por la presunción de inocencia, que impone, como lo ha subrayado la Corte Europea de Derechos Humanos (en adelante, "la Corte Europea"), *"no partir de la idea preconcebida de que el acusado ha* *cometido el acto incriminado; la carga de la prueba pesa sobre la acusación y cualquier duda beneficia al acusado.* "[95]

123. La Respuesta del Estado en esta materia también es esclarecedora. Lo que en el COPP y en el procesalismo democrático son **_derechos_** del imputado a promover y presentar pruebas para su descargo, es considerado como una **_carga_** procesal por el Estado. Siguiendo el razonamiento que el Estado nos ha presentado, una vez que el Ministerio Público define a una persona como "sospechosa" porque así parece deducirse de algunos comentarios y opiniones de periodistas y le imputa un delito, esa persona tiene la carga de desvirtuar las sospechas, de tal modo que si no lo hace se le tiene, eso es, se le presume, como responsable de los hechos imputados. El reconocimiento de este razonamiento por parte del Estado sirve para esclarecer más aún el presente caso, puesto que el Estado, sin proponérselo seguramente, ha admitido que la práctica de la mecánica de la imputación y la fase de investigación del proceso penal incluyen la de considerar que debe procesarse a todo aquel o aquella que el Ministerio Público tenga como sospechosa o sospechoso y que no desvirtúe las sospechas, a juicio del mismo Ministerio Público.

124. Adicionalmente, en el escrito de acusación fiscal contra el Dr. Brewer Carías **(Anexo 48)** se repitieron las mismas violaciones a la presunción de inocencia, presentando como "elementos de convicción" los mismos rumores y comentarios periodísticos (que el denunciante Coronel Bellorín había recolectado en "recortes de prensa") provenientes de supuestas fuentes referenciales anónimas, que son tolerables como difusión de opiniones pues gozan de la protección de la libertad de expresión, pero que en ningún caso pueden ser aceptadas como fuentes legítimas de incriminación, precisamente porque de aceptarse como tales se viola, como en el caso se violó, la presunción de inocencia. Sitúan al incriminado en la posición de desvirtuar rumores, mediante una prueba negativa imposible, es decir, *equivale a presumir que la persona afectada es culpable de lo que los rumores le atribuyen, a menos que pruebe lo contrario.* Nuevamente, el solo enunciado de los "elementos de convicción" de la acusación muestra la calidad de opiniones o rumores de la casi totalidad de los mismos, amén de aquellos que fueron irregularmente obtenidos o retorcidamente manipulados (*infra* párr. 111 ss; **Petición**, párrs. 90, 102-113): 1. Texto del Acta de Gobierno de Transición; 2. Denuncia de Ángel Bellorín y su entrevista ante la Fiscalía; 3. Entrevista de Ángel Bellorín en la Fiscalía; 4. Comunicación de Isaac Pérez Recao; 5. Entrevista de Allan R. Brewer-Carías ante la Fiscalía en 3 de junio de 2002; 6. Artículo de la periodista Laura Weffer; 7. Declaración de la Periodista Laura Weffer; 8. Rese-

---

95 CEDH, *Case of Barbérà, Messegué and Jabardo v. Spain. (Application no. 10590/83).* Judgment of 6 December 1988; párr. 77. Traducción nuestra: *"Paragraph 2 (art. 6-2) embodies the principle of the presumption of innocence. It requires, inter alia, that when carrying out their duties, the members of a court should not start with the preconceived idea that the accused has committed the offence charged; the burden of proof is on the prosecution, and any doubt should benefit the accused."*

ña periodística de Edgar López; 9. Declaración del periodista Edgar López; 10. Crónica de la periodista Patricia Poleo; 11. Crónica de la periodista Patricia Poleo; 12. Entrevista a la periodista Patricia Poleo; 13. Entrevista a la periodista Patricia Poleo; 14. Entrevista a la periodista Patricia Poleo; 15. Interpelación a la periodista Poleo en La Asamblea Nacional; 16. Entrevista de Patricia Poleo en la Fiscalía el 28-03-2005; 17. Crónica del periodista Roberto Giusti del 18-04-2002; 18. Afirmación del general Néstor González en crónica del periodista Roberto Giusti del 18-04-2002; 19. Nota del periodista Ricardo Peña; 20. Afirmación de Daniel Romero en la reseña del periodista Francisco Olivares; 21. Afirmación de Daniel Romero en la reseña de la periodista Milagros Socorro; 22. Crónica del periodista Francisco Olivares; 23. Comentario periodístico de la periodista Nitu Pérez Osuna; 24. Entrevista ante la fiscalía de la periodista Nitu Pérez Osuna; 25. Video del acto desarrollado en el Palacio de Miraflores la tarde del 12-04-2002; 26. Experticia sobre el video de Daysi Olimpia Virguez; 27. Extracto del libro de Pedro Carmona *Mi Testimonio ante la Historia*; 28. Escrito de Allan Brewer-Carías ante la Fiscalía de 14-01-2005; 29. Escrito de Allan Brewer-Carías ante la Fiscalía de 24-01-2005; 30. Declaración ante la Fiscalía de Rafael Arreaza Padilla el 27-09-2004; 31. Declaración y relato de Jorge Olavarría ante la Fiscalía el 09-07-2002; 32. Entrevista a los periodistas Rafael Poleo y a Patricia Poleo; 33. Texto de Rafael Poleo en su libro "*Venezuela la crisis de abril*"; 32. Declaración de Rafael Poleo ante la Fiscalía; 35. Entrevista de televisión a Teodoro Petkoff; 36. Declaración en la Fiscalía de Teodoro Petkoff; 37. Video de Globovisión, programa Voces de un País del 28-05-2002; 38. Interpelación en la Asamblea Nacional al militar José Gregorio Montilla; 38. Declaración en la Fiscalía del militar José Gregorio Montilla; 40. Declaración en la Fiscalía de Jorge Javier Parra Vega; 41. Declaración en la Fiscalía de José Rafael Revenga el 09-09-2005; 42. Declaración en la fiscalía de Gustavo Linares Benzo el 01-09-2005; 43. Denuncia ante la Fiscalía formulada por Darío Vivas Velasco, Carlos Delgado Silva, Juan Carlos Dugarte y Reinaldo García el 05-10-2004; 44. Declaración en la Fiscalía de Freddy Bernal de 24-05-2005; 45. Entrevista de televisión a Alan R. Brewer-Crías el 11-04-2002; 46. Declaración en la fiscalía a Melvin José López Hidalgo el 28-04-2002; 47. Una llamada telefónica a las 11.08 pm del día 12-04-2005; 48. Información del Semanario Quinto Día del 19/26-04-2002; 49. Informe de la Comisión Especial de la Asamblea Nacional; 50. Declaraciones de Allan R. Brewer-Carias, Programa Triangulo de 16-04-2002; 51. Entrevista a Allan R. Brewer-Carías en Televen el día 11-04-2002. Los escasos elementos incriminatorios que no provienen de meras especulaciones y rumores recogidos en la prensa, se originan en funcionarios públicos, o militares, que declararon subrepticiamente ante la Fiscal, sin aviso a la defensa ni control alguno por su parte.

125. Por lo demás, ratificamos en todos su términos lo expresado en la **Petición** en relación con la violación sistemática de la presunción de inocencia contra el Dr. Brewer Carías, para lo cual concurrieron todos los poderes públicos del Estado venezolano: la Asamblea Nacional (párrs. 75-77), el Tribunal Supremo de Justicia (párrs. 78-79), el Fiscal General de la República (párrs. 80-81) y hasta los Embajadores de Venezuela en la República Dominicana y Costa Rica (párrs. 82-84). Sintetizando, como ya lo hicimos antes en estas *Observaciones Adicionales,* ya iniciado el procesamiento contar el Dr. Brewer Carías, el entonces Fiscal General de la República publicó un libro de su autoría titulado *"Abril comienza en Octubre"* (Grabados Nacionales C.A., Caracas, septiembre 2005, Derechos Reservados por Julián Isaías Rodríguez D.; **Anexo 21**), en el cual afirmó que, durante la noche del 11 al 12 de abril de 2002, el Dr. Brewer Carías, habría estado, junto con otras personas, *"redactando los documentos constitutivos del nuevo gobierno."* (Pág. 195). Asimismo, como se indicó en la **Petición**, el Tribunal Supremo de Justicia se dirigió al Instituto Interamericano de Derechos Humanos y al Instituto Iberoamericano de Derecho Procesal Constitucional, señalado a *"Allan Brewer-Carías como uno de los autores del decreto en alusión."*[96] Como si ello no bastara, la Asamblea Nacional, adoptó por mayoría un informe de naturaleza política, sin oír al Dr. Brewer Carías y sin que éste pudiera en modo alguno ejercer su derecho a la defensa (**Petición**, párrs. 75 y 76), en el que halló responsable a *"Allan Brewer-Carías por estar demostrada su participación en la planificación y ejecución del golpe de Estado del 11, 12, 13 y 14 de abril."*[97]

126. La presunción de inocencia no está dirigida solamente al juez, sino que es un derecho individual que se afirma y se ejerce frente al Estado y acarrea el deber de todos sus órganos de respetarlo y garantizarlo. El Comité de Derechos Humanos ha aclarado que dicha presunción no está dirigida solamente al juez, sino al Estado y todas sus autoridades:

> *No puede suponerse a nadie culpable a menos que se haya demostrado la acusación fuera de toda duda razonable. Además, la presunción de inocencia implica el derecho a ser tratado de conformidad con este principio. Por lo tanto, todas las autoridades públicas tienen la obligación de no prejuzgar el resultado de un proceso.*[98]

127. Refiriéndose a la presunción de inocencia garantizada en el artículo 6(2) de la Convención Europea de Derechos Humanos, la Corte Europea ha afirmado que,

> *...la Corte reitera que la Convención debe ser interpretada de manera que se garanticen derechos concretos y efectivos y no teóricos e iluso-*

---

96 *Cfr.* **Petición**, párr. 78. y **Anexos** 15 y 16 de la **Petición**

97 **Anexo** 30 de la **Petición**.

98 CDH, *Observación General N° 13* en *Observaciones Generales adoptadas por el Comité de Derechos Humanos.* Art. 14, párr12. HRI/GEN/1/Rev. 7. 12 de mayo de 2004; párr. 7, p. 155.

rios. [...] Esto también se aplica al derecho consagrado por el artículo 6(2).[99]

*La Corte considera que la presunción de inocencia puede ser violada no sólo por un juez o un tribunal, sino **también por cualquier autoridad pública**.*[100] (Énfasis agregado).

128. En el caso citado de la jurisprudencia europea, la víctima había sido el objeto de declaraciones públicas de del Ministro del Interior y de altos funcionarios policiales de Francia, apuntando hacia su culpabilidad, algo semejante a lo ocurrido contra el Dr. Brewer Carías por pare del entonces Fiscal General de la República. A esos efectos, la Corte Europea advirtió lo siguiente:

La libertad de expresión, garantizada por el artículo 10 de la Convención, comprende la de recibir y difundir información. El artículo 6(2) no puede, por lo tanto, impedir a las autoridades que informen al público sobre investigaciones en curso, pero él requiere que lo hagan con toda la discreción y reserva que impone el respeto a la presunción de inocencia.[101]

129. En concepto del Estado, corresponde al imputado *"desvirtuar la imputación en su contra"* (Respuesta del Estado, pág. 33), de manera tal que si no lo logra no puede evitar ser condenado. Esta afirmación es reveladora,

---

99 CEDH, *Case of Allenet de Ribemont v. France. Application no. 15175/89.* Judgment of 10 February 1995; párr. 35. Traducción nuestra: *"...the Court reiterates that the Convention must be interpreted in such a way as to guarantee rights which are practical and effective as opposed to theoretical and illusory [...]. That also applies to the right enshrined in Article 6 para. 2 (art. 6-2). "* *** *"Elle rappelle en outre que la Convention doit s'interpréter de façon à garantir des droits concrets et effectifs, et non théoriques et illusoires [...]. Cela vaut aussi pour le droit consacré par l'article 6 par. 2 (art. 6-2)."*

100 *Ibíd.*, párr. 36 *The Court considers that the presumption of innocence may be infringed not only by a judge or court but also by other public authorities.*** *Or la Cour estime qu'une atteinte à la présomption d'innocence peut émaner non seulement d'un juge ou d'un tribunal mais aussi d'autres autorités publiques.*

101 *Ibíd.*, párr. 38. Traducción nuestra: *"Freedom of expression, guaranteed by Article 10 (art. 10) of the Convention, includes the freedom to receive and impart information. Article 6 para. 2 (art. 6-2) cannot therefore prevent the authorities from informing the public about criminal investigations in progress, but it requires that they do so with all the discretion and circumspection necessary if the presumption of innocence is to be respected."* *** *"La liberté d'expression, garantie par l'article 10 (art. 10) de la Convention, comprend celle de recevoir ou de communiquer des informations. L'article 6 par. 2 (art. 6-2) ne saurait donc empêcher les autorités de renseigner le public sur des enquêtes pénales en cours, mais il requiert qu'elles le fassent avec toute la discrétion et toute la réserve que commande le respect de la présomption d'innocence."* Ver también, con respecto a los límites que impone la independencia judicial, Corte IDH, *Caso Apitz Barbera y otros,* cit.; párr. 131. (*Supra* párr. 77, y nota 70).

porque en la misma respuesta del Estado, como se ha notado antes (*supra* 23 ss., 43 ss.), se afirma que el imputado no puede promover pruebas en la fase de investigación sino en la de juicio, con lo cual el Estado no explica cómo podría desvirtuar la imputación. Pero el tema no es ese. Obviamente, si el imputado no hace nada para defenderse y se abstiene de aclarar lo que se le imputa, su defensa descansará sólo sobre la presunción de su inocencia, *que es lo que la acusación fiscal debe desvirtuar con pruebas más allá de toda duda razonable, porque el imputado tiene derecho a no ser tenido por culpable, mientras no exista en su contra un sentencia firme condenatoria.* Pero el concepto del estado, al menos en este caso, no es ese. Para el Estado, el Dr. Brewer Carías es culpable ya y sólo si regresa a Venezuela y ofrece a sus perseguidores el trofeo de verlo entre rejas, se le permitirá *"desvirtuar la imputación".* Mientras no lo haga es tenido por culpable. Si no fueran bastante las violaciones a la presunción de inocencia que ya hemos denunciado en la **Petición** (párrs. 61-84), el Estado corrobora este muy errado concepto, al punto de "dirigir advertencias" a la CIDH si admitía este caso, en términos respecto de los cuales huelgan comentarios, puesto que sólo se explican porque el Estado *no presume inocente al profesor Brewer Carías*:

> *El Estado venezolano advierte a la Comisión Interamericana, que admitir esta petición del Doctor Allan Brewer Carias es convalidar nuevamente el golpe de Estado del 11 de abril de 2002.* (Énfasis agregado).

5. La violación de los derechos a ser oído y a la defensa (artículos 8(1) y 8(2)(f), CADH)

130. Ratificamos en todos su términos y damos por reproducidos en el presente escrito de *Observaciones Adicionales* todo cuanto denunciamos a este respecto en los párrafos 85 a 113 de la **Petición**, donde se establecieron los hechos en los que incurrió la Fiscal (provisoria) Sexta en la conducción de la investigación, que conculcaron el derecho a la defensa del Dr. Brewer Carías, en desconocimiento abierto del artículo 8(2)(f) de la Convención, que reconoce el *"derecho de la defensa de interrogar a los testigos presentes en el tribunal y de obtener la comparecencia, como testigos o peritos, de otras personas que puedan arrojar luz sobre los hechos."* Esto debería haberse traducido, en los términos expresados por el Comité de Derechos Humanos, en que se *"garantizar*(a) *al acusado las mismas facultades jurídicas para obligar a comparecer a testigos e interrogar y repreguntar a éstos de que dispone la acusación."*[102] La conculcación de estos derechos redujo al Dr. Brewer Carías a la más completa indefensión frente a las actuaciones del Ministerio Público y convirtió a las actuaciones del Ministerio Público en una parodia procesal, cuyo desenlace forzoso habría de ser la condena y la privación de libertad del acusado.

---

102 CDH, *Observación General N° 13…, cit.,* párr. 12, p. 156.

131. Como se expresó en la **Petición** de manera detallada, el derecho a la defensa del Dr. Brewer Carías fue sistemática y masivamente violado. Sus abogados no pudieron estar presentes en las declaraciones de ninguno de los testigos, ni pudieron interrogarlos sino, en algunos casos, mediante cuestionarios que debían entregar a la Fiscal provisoria Sexta y que sólo ella manejaba, sin control alguno. Varios testigos emergieron en la supuesta investigación, sin informar a los abogados del Dr. Brewer Carías sobre qué declararían, de modo que ni siquiera a través de esos precarios cuestionarios podía ejercerse derecho de defensa alguno ante sus declaraciones, por lo demás carentes de toda sustancia incriminatoria (párrs. 90 y 110-112 de la **Petición**). Tampoco pudo la defensa obtener la comparecencia de testigos que arrojaran luz sobre los hechos, ni que se aceptaran otras pruebas relevantes (párrs. 91-101 de la **Petición**). La apreciación de las pruebas fue determinada por el capricho y la supresión descarada de todas las que muestran que el Dr. Brewer Carías es inocente de los hechos que se le imputan (párrs. 102-109 de la **Petición**). La indefensión misma, en fin.

132. Las situaciones que así hemos denunciado constituyen otra tantas violaciones a derecho a la defensa y a ser oído, toda vez que le impidieron producir pruebas propias de descargo y controlar las supuestas pruebas (o elementos de convicción" recabadas a hurtadillas por el Ministerio Público, en particular testigos militares sobrevenidos a última hora sobre los que la Fiscal provisoria Sexta no dio noticia al Dr. Brewer Carías o sus abogados, de modo que no pudieron ser vistos por éstos ni mucho menos, repreguntados (**Petición**, párrs. 110-113).

133. Como antes en este escrito lo hemos subrayado (supra párr. 7, 39, 43), el Estado no niega estos hechos, *pero afirma que estas garantías judiciales de la Convención están reservadas para la fase de juicio y que no se aplican a la fase de investigación del proceso penal*, lo cual es una confesión ex parte que prueba y confirma que, en este caso, se violó la Convención, se desatendió la jurisprudencia reiterada y concordante de la Comisión y de la Corte y se violó también el artículo 49 de la Constitución venezolana. Se trata, una vez más, de violaciones a los derechos humanos reconocidas por el Estado y, por lo tanto, plenamente probadas en esta instancia. Estos hechos privaron a Allan Brewer Carías del debido proceso legal, en los términos estipulados por el artículo 8 de la Convención.

6. **Violación de los derechos de ser oído y a los medios adecuados para la preparación de la defensa (artículos 8(1) y 8(2)(c), CADH)**

134. Ratificamos y reproducimos lo que denunciamos en la Petición. El artículo 8(2)(c) de la Convención, reconoce al inculpado el derecho a la concesión *"del tiempo y de los medios adecuados para la preparación de su defensa."* Además, de acuerdo con la jurisprudencia de la Comisión, el derecho a ser oído ante un tribunal, consagrado por el artículo 8 (1) de la Convención, significa que *"oír a un procesado es **darle la oportunidad** de desconocer, de restar valor a los documentos que se pretenden utilizar en su contra."*[103] (Énfasis agregado).

135. Durante todo el proceso ante la Fiscal provisoria Sexta, el Dr. Brewer Carías y sus abogados defensores no pudieron obtener copia de ninguna de las actuaciones. Lo único que se les permitió fue transcribir a mano y por sí mismos, las distintas piezas del expediente, que sumaron miles de páginas en XXVII piezas. Esta negativa a expedir copias constituye una obstaculización a la defensa, sin ninguna base razonable, y privó al Dr. Brewer Carías y a sus abogados de tiempo y de condiciones razonables para preparar su defensa[104]. El derecho a contar con las facilidades necesarias para la defensa es un elemento primordial del debido proceso, del cual Allan Brewer Carías se vio privado.

136. Por otra parte, en el acto de imputación la Fiscal provisoria utilizó como supuestos elementos de convicción en contra del Dr. Brewer, una serie de videos que, según la opinión fiscal, contenían declaraciones de periodistas y entrevistados que lo incriminaban (*supra* párr. 113).

137. A los fines de verificar la veracidad o falsedad del contenido de los artículos y opiniones de periodistas supuestamente contenidos en videos que mencionó la Fiscal provisoria en la imputación, el Dr. Brewer Carías solicitó en diversas oportunidades la exhibición de los videos correspondientes, y sólo le fue mostrado el contenido de algunos de ellos.

138. En fechas posteriores y con el mismo objeto, los defensores del Dr. Brewer solicitaron la exhibición del contenido de tales videos obteniendo en diversas ocasiones respuestas negativas, porque supuestamente las cintas no habían sido encontradas, o porque ante la gran cantidad de imputados existente en la investigación, se hacía difícil encontrar una oportunidad adecuada, o porque en ese momento el Despacho tenía otras ocupaciones[105]. La insistencia

---

103 CIDH, *Caso Figueredo Planchart ...; cit.*, párr. 112.

104 En el escrito de los abogados defensores del Dr. Brewer Carías de fecha 10-08-2005 **(Anexo 46)** se da cuenta de la negativa de la Fiscal provisoria Sexta de expedir las copias del expediente que le fueron solicitadas.

105 El 16-02-05 los defensores del Dr. Brewer Carías solicitaron por escrito ver los videos Nos. 15. 16. 17. 18. 19, 20, 21 señalados en el acta de imputación; el 18-02-05 solicitaron nuevamente por escrito ver los videos Nos. 15, 16. 17. 18. 19, 20, 21 del acta de imputación; el 22-02-05 la Fiscal negó por escrito la solicitud de observar los videos 15, 16, 17, 18 y 19 "porque el imputado observó el contenido de los videos el 11.2.05". Los abogados defensores el 25-02-05 solicitaron de nuevo por escrito se fije día para observar los videos. El 08-03-05 se permitió al Dr. Brewer con su defensor, Dr. Cottin, observar los videos señalados con los Nos. 20 y 21 en el acta de imputación, no así el resto de los videos, indicando el funcionario de la Fiscalía que el N° 22 sobre interpelación a Patricia Poleo no estaba en la Fiscalía, lo cual resultó inverosímil habida cuenta de que su supuesto contenido había sido transcrito en el acta de imputación. Ese mismo día 08-03-05 se pidió por escrito la fijación de oportuni-

en observar los videos obedecía *a que se habían encontrado inexactitudes entre el contenido que de ellos citó la Fiscal provisoria y lo que en realidad tales videos contenían.* De la escueta revisión que el Dr. Brewer Carías pudo hacer de los videos, sin que pudiera analizarlos en la forma debida con sus defensores, encontró que los textos que transcribió la Fiscal provisoria en el acta de imputación, de supuestas entrevistas hechas a periodistas, eran falsos y no se corresponden con lo que en las cintas se puede ver y oír; es decir, los textos transcritos en el acta de imputación fiscal no son ciertos, son totalmente falsos. **(Anexo 41)**.

139. Por todo ello, se procedió a solicitar la práctica de una diligencia consistente en ordenar efectuar por técnicos especializados en ello, la transcripción íntegra de todos los videos que cursaban en el expediente con entrevistas a periodistas que pretendieran ser considerados como supuestos elementos probatorios de la imputación fiscal.[106] ***Esta solicitud también fue negada arbitrariamente, en auto de 21-04-2005, aduciendo que ello no agregaría nada para la investigación*** **(Anexo 42)**.

140. Lo que más resalta en todo esto es que la Fiscal provisoria Sexta realizó en la imputación una transcripción tergiversada de los videos que pretendió presentar como prueba en contra del Dr. Brewer Carías y que ante la solicitud de la defensa de transcripción de los mismos por expertos en la materia, se negó a acordarlo de manera arbitraria, de modo que no quedara en evidencia la manipulación de tales supuestas "pruebas".

141. Toda esta incongruencia y manipulación probatoria por parte de la Fiscal provisoria Sexta pone en evidencia la violación de los derechos de ser oído y a los medios adecuados para la preparación de la defensa (artículos 8(1) y 8(2)(c) del Dr. Allan Brewer Carías.

142. En su Respuesta el Estado afirma que *"se cuenta con diecisiete (17) actas firmadas por el abogado representante del Doctor Allan Brewer Carias durante el proceso llevado en el Ministerio Público por el Doctor Rafael Odreman, donde consta que revisó el expediente en todas y cada una de sus partes, incluso dichas audiencias donde constan tales revisiones fueron firmadas por él y sin ningún tipo de observación..."* (pág. 20). Igualmente señala el Estado que:

> *...durante el tiempo que duro la fase de investigación, el mencionado ciudadano, conjunta o separadamente con sus abogados de confianza, se apersonaron en reiteradas oportunidades por ante el Despacho de la Fiscalía Sexta a Nivel nacional con Competencia Plena, a los fines de*

---

dad para la observación de la totalidad de los videos faltantes, lo cual tampoco fue atendido.

106 Diligencia de 18-3-2005. No obstante, se continuó en varias oportunidades solicitando ver los videos, con resultados negativos. Así ocurrió los días 31-03-05 y 20-04-05. Por falta de decisión oportuna, el 31-03-05 de nuevo por escrito se solicitó de la Fiscal proveyera sobre ésta y otras solicitudes.

imponerse del contenido de la causa llevada en su contra, lo cual realizaron desde el mismo día de su imputación; de igual forma procedieron a revisar los videos y demás anexos vinculados con la misma. Cuestión que se evidencia en las planillas de solicitud de revisión de expedientes. (Pág. 23).

143. Es cierto que el Dr. Brewer Carías y sus abogados comparecieron reiteradamente ante el despacho de la Fiscal provisoria Sexta durante la fase de investigación. Es más, el mismo Dr. Brewer Carías acudió **casi a diario a ese despacho durante nueve meses**, así fuera tan solo para copiar a mano las actuaciones cuya copia se le negó sistemáticamente. Pero esa comparecencia física, asidua y puntual, se reveló ***inútil***, pues la Fiscal provisoria nada hizo para rectificar las irregularidades que se le hacían presentes en la formación del expediente y rechazaba arbitrariamente las solicitudes de la defensa y las pruebas que se promovían ante ella. Precisamente, la asiduidad del Dr. Brewer Carías mostraba su voluntad inequívoca de hacer frente a la imputación que se le hizo y a usar todos los medios a su alcance para su defensa. Pero, al mismo tiempo, esa misma asiduidad le mostró vívidamente la ***inutilidad del esfuerzo en defenderse, pues no enfrentaba verdaderamente un proceso sino una parodia judicial predeterminada para condenarlo y privarlo de su libertad, arguyera lo que arguyera en su defensa.*** En todo caso, agradecemos al Estado que, en su Respuesta, haya dejado constancia de la reiterada y continua comparecencia del Dr. Brewer Carías y de sus abogados ante la Fiscal provisoria Sexta, en lo que fue un gran (y vano) esfuerzo por ejercer su derecho a la defensa en esa instancia.

7. La violación de los derechos a ser oído y a ser impuesto de la acusación en su contra (artículo 8(2)(b), CADH)

144. En la infundada imputación contra el Dr. Brewer Carías del 27 de enero de 2005 (**Anexo 5**), se lo incriminó por *"la comisión del delito de conspiración para cambiar violentamente la Constitución previsto y sancionado en el artículo 143, numeral 2 del Código Penal Vigente (artículo 144, numeral 2 para la fecha de la comisión de los hechos)"*, por haber supuestamente participado *"en la discusión, elaboración, redacción y presentación"* del decreto constitutivo del llamado gobierno de transición que anunció el ciudadano Pedro Carmona Estanga el 12 de abril de 2002.

145. Sin embargo, posteriormente han surgido nuevas y sorprendentes calificaciones o fundamentaciones sobre el supuesto delito. La primera es la que ya hemos mencionado en este escrito de *Observaciones Adicionales* (*supra* párr. 13 ss.), sobre la cual abundó la Respuesta del Gobierno, pero que hizo su primera aparición en el escrito de acusación fiscal: *"conociendo el contenido del decreto, no denunció el mismo"* cuando así debió hacerlo según el artículo 333 de la Constitución. Ahora bien, la supuesta no denuncia, aun para el caso (que no lo es) en que semejante cosa fuera obligatoria, es obviamente algo distinto a "redactar un decreto" o a "conspirar", de manera que lo que se pretende es atribuir a otros hechos una naturaleza delictual que no tienen o a *cambiar los términos de la acusación según sea necesario para condenar al acusado, contra todo concepto de debido proceso penal.*

146. Además, como ya lo hemos expresado antes (*supra* párr. 16), el Dr. Brewer Carías no tenía, en modo alguno, el deber de denunciar a nada ni a nadie, especialmente en las circunstancias en que leyó un borrador anónimo, aparentemente desprovisto de toda seriedad. Adicionalmente, el Dr. Brewer Carías nunca estuvo ante los supuestos pautados por el citado artículo 333 de la Constitución; pero en el supuesto negado de que lo hubiera estado, ninguna ley penal venezolana tipifica como delito el que una persona se abstenga de hacer algo en el sentido que pudiera indicar el artículo 333 de la Constitución, de manera que, conforme al principio de legalidad en materia penal no se le puede imputar un crimen por semejante abstención pues *"nadie puede ser condenado por acciones u omisiones que en el momento de cometerse no fueran delictivos según el derecho aplicable"* (CADH, Art. 9).

147. Adicionalmente, reiteramos en esta ocasión ante esa honorable Comisión otro hecho, de la mayor gravedad, del que ya le dimos cuenta en nuestro **Escrito de Respuestas** de 27 de diciembre de 2007, que obra en el expediente correspondiente al presente caso. Se trata de un suceso, formalmente ocurrido fuera del ámbito de la Fiscalía, pero dentro de la esfera de hechos imputables al Estado venezolano, que como tales comprometen su responsabilidad internacional. Como lo señalamos en dicho **Escrito de Respuestas**, la INTERPOL fue requerida por el gobierno venezolano para capturar al Dr. Brewer Carías. Como este organismo policial internacional tiene vedado capturar a los perseguidos por delitos políticos, la INTERPOL decidió *"solicita(r) respetuosamente al Tribunal de Primera Instancia en Función de Control del Circuito Judicial del Área Metropolitana de Caracas que, a través de la OCN de Caracas, le facilite la información que demuestre el carácter de delito de derecho común del caso, en el sentido en que tal concepto se entiende en el estatuto y la normativa de INTERPOL."* (Subrayado agregado). De no recibirse esa información dentro del plazo que fijó la misma INTERPOL, ésta procedería a *"destruir toda la información relativa al Sr. BREWER CARIAS".* **(Anexo 56).**

148. El 17 de septiembre de 2007, el referido Juzgado produjo una decisión insólita, denominada por él como *"Aclaratoria"* **(Anexo 57)**, en la cual se consignó información falsa y se pretendió cambiar de oficio la calificación del delito a fin de justificar la persecución internacional del Dr. Brewer Carías, todo lo cual redunda en nuevas violaciones al debido proceso y en la agudización de la indefensión con la que arbitrariamente se castiga a la víctima en el presente caso.

149. En efecto, la referida *"Aclaratoria"* judicial ratificó, en primer término, que al Dr. Brewer Carías se le acusó de haber cometido el delito tipificado en el artículo 143, numeral 2, del Código Penal, es decir el delito de rebelión, bajo la modalidad de conspiración para cambiar violentamente la Constitución. A renglón seguido se afirma sin más argumentación que "en la presente causa no puede atribuírsele los hechos imputados (*sic*) al ciudadano ALAN BREWER CARIAS, el carácter de Delito Político, pues se perdería el sentido de este compromiso internacional." Nada se argumentó sobre la naturaleza de "delito político puro" que tiene el que se imputa al Dr. Brewer Carías. Esta respuesta en sí misma dista de llenar el requerimiento de INTERPOL de *"la información que demuestre el carácter de delito de derecho común del caso"*.

150. El Tribunal requerido, no obstante, se atrevió a más. Faltando a todo sentido de responsabilidad institucional y con el único ánimo explicable de inventar argumentos para paralizar la decisión de INTERPOL de "destruir toda la información relativa al Sr. BREWER CARIAS" la *Aclaratoria* se atrevió a sugerir que el Dr. Brewer Carías *¡estuvo envuelto en un complot para asesinar al Presidente de la República!* Esta absurda e inverosímil conclusión es la que se deduce del siguiente párrafo de la *Aclaratoria*:

> *[...] contra el Presidente de la República Bolivariana de Venezuela, ciudadano Hugo Chávez Frías, **al parecer**, según los elementos de convicción transcritos, se cometió un atentado frustrado, cuya autoría intelectual orientan (sic) al ciudadano imputado ALAN BREWER CARIAS, quedando desvirtuada, como antes se indicó, la naturaleza del delito político de los hechos aquí reproducidos."* (Resaltado y subrayado agregados).

151. Semejante afirmación representó, en primer término, una prueba adicional de la arbitraria determinación del gobierno venezolano de mantener a toda costa su persecución internacional contra el Dr. Brewer Carías, hasta encarcelarlo. Al no encontrar cómo demostrar que la rebelión no es un delito político, irresponsablemente arrojó sobre la víctima en este caso la insinuación de que es un asesino y que *"al parecer"* es el autor intelectual de un atentado frustrado contra el Presidente de la República. Llegar hasta este extremo para acosar policialmente a un profesor universitario de intachable trayectoria, para tratar de hacerlo preso en cualquier parte del mundo, es una ignominia que debería hablar por sí sola.

152. Al margen del requerimiento de INTERPOL y del trámite de su respuesta, semejante aseveración en una decisión judicial de naturaleza incierta (¿qué cosa es procesalmente esta *Aclaratoria*?), ella porta en sí una notoria agravación de las violaciones de las garantías judiciales de las que es acreedor el Dr. Brewer Carías. En efecto, la *Aclaratoria* de marras incurre, por lo menos, en los siguientes agravios al debido proceso garantizado por el artículo 8 de la Convención:

- Hace referencia a unos supuestos "elementos de convicción transcritos" que en ninguna parte de la Aclaratoria se transcribieron ni mencionaron, ni para demostrar el supuesto delito de magnicidio frustrado, ni para señalar como autor al Dr. Brewer Carías; y que además no existen en pieza alguna del expediente ni en la acusación fiscal.

- Altera **los hechos** que supuestamente fundaron la ya de por sí arbitraria acusación, pues ésta se basó en una supuesta "conspiración para cambiar violentamente la Constitución" y la *Aclaratoria* se refirió a un supuesto e inexistente "atentado frustrado" contra el Presidente de la República.

- Incurrió en la temeridad de señalar que esos hechos fantasmas "al parecer" orientaban hacia la autoría intelectual del Dr. Brewer Carías.

- Cambió de un plumazo la calificación jurídica del delito, que de rebelión o conspiración para cambiar violentamente la Constitución, que pasó a ser *¡magnicidio frustrado!*

- Entre los *"Fundamentos de Hecho"* de la Aclaratoria, se incluyó *"que no está prescrita la acción penal para perseguir el delito **por el cual se realizó la presente solicitud de extradición**"* (resaltado agregado). Esto es inexplicable puesto que no había, nunca ha habido ni hay "solicitud de extradición" alguna relacionada con el Dr. Brewer Carías. Un nuevo supuesto falso e inexistente para distorsionar el caso frente a INTERPOL.

- Emite semejantes pronunciamientos en una Aclaratoria, que es un acto para el cual no tiene atribuida competencia y que fue dictada, además, en ausencia de todo procedimiento.

- Pone de manifiesto, una vez más, la falta de independencia e imparcialidad del Poder Judicial venezolano en este caso particular, al servir de instrumento para una persecución política.

153. Todo esto se tradujo en afirmaciones aventuradas y arbitrarias, que infringieron una vez más, en términos gravísimos, el derecho a la defensa, la presunción de inocencia y prácticamente todas las garantías judiciales contenidas en el artículo 8.1 y 8.2 (a-f) de la Convención. Debemos creer, tenemos que creer, que esta aventurada y absurda *Aclaratoria* sólo perseguía crear confusión para prorrogar la acción emprendida a través de INTERPOL para hostigar y perseguir al Dr. Brewer Carías aun fuera de la jurisdicción venezolana. Pero ello no resta gravedad al asunto, como no escapará a esa honorable Comisión. En todo caso, pone aún en mayor evidencia que las actuaciones judiciales contra el Dr. Brewer Carías son una parodia judicial y un mero instrumento para perseguirlo y atentar contra su libertad, su seguridad y su integridad mediante lo que ya hemos calificado como una violación masiva de sus garantías judiciales.

154. Los abogados del Dr. Brewer Carías apelaron y solicitaron que se anulara la llamada *Aclaratoria*. La apelación fue desestimada por decisión de la Sala 8 de la Corte de Apelaciones del Circuito Judicial Penal del Área Metropolitana de Caracas, de 29 de octubre de 2007 **(Anexo No. 58)**. La desestimación de la apelación se fundó exclusivamente en la ausencia del Dr. Brewer Carías de Venezuela, lo cual ha sido considerado por la Corte Europea como *una carga desproporcionada,*[107] que no tiene en cuenta la *función primordial que los derechos de la defensa y el principio de preeminencia del derecho cumplen en una sociedad democrática.*[108]

III. VIOLACIÓN DEL DERECHO A LA PROTECCIÓN JUDICIAL (ARTÍCULO 25, CADH)

155. En el presente caso, las actuaciones del Estado ponen también de manifiesto la inexistencia de un recurso judicial efectivo para proteger al Dr. Brewer Carías de las violaciones a sus derechos humanos, en particular en presencia de un sistema judicial y un Ministerio Público carentes de toda independencia.

156. El derecho a la protección judicial contenido en el artículo 25 de la Convención fue interpretado por la Comisión y por la Corte de manera que no quedara limitado a la mera existencia de recursos sino que incluyera bajo su análisis la cuestión de la eficacia de los recursos judiciales existentes. En este sentido, la Comisión en el caso *Carranza vs. Argentina* ha dicho que *"la propia lógica interna de todo recurso judicial -también el del artículo 25- indica que el decisor debe establecer concretamente la verdad o el error de la alegación del reclamante."*[109] Continúa diciendo que de lo contrario el recurso *"devendría inconcluso."*[110] Además, *"el recurso judicial sería abiertamente ineficaz, pues al no permitir el reconocimiento de la violación de derechos, en caso de que ésta se haya comprobado, no sería apto para amparar al individuo en su derecho afectado ni para proveerle una reparación adecuada."*[111]

157. En el presente caso, el Dr. Brewer Carías acudió repetidamente al juez provisorio de Control y al Tribunal de Apelaciones para solicitar que se restablecieran sus derechos, conforme lo establecen la Constitución y las leyes de Venezuela y la Convención Americana. El Juez provisorio de control Bognanno decidió que carecía de atributos legales para ese fin y que no podía interferir, dado que la Fiscal provisoria es "autónoma" en la dirección de la investigación **(Anexos 43 y 44).**

158. En fecha 4 de mayo de 2005, los abogados del Dr. Brewer Carías acudieron ante el Juez provisorio Vigésimo Quinto de Control, pidiendo que

---

107 CEDH, *Case of Guérin v. France (51/1997/835/1041).* Judgment of 29 July 1998, párr. 43; CEDH, *Case of Omar v. France (43/1997/827/1033).* Judgment of 29 July 1998, párr. 40.

108 CEDH, *Case of Poitrimol v. France (Application no. 14032/88).* Judgment of 23 November 1993, párr. 38.

109 CIDH, *Carranza vs. Argentina,* caso 10.087, Informe N° 30/97, 30 de Diciembre de 1997; párr. 73.

110 *Ibíd.*

111 *Ibíd.;* párr. 74.

interviniera para corregir la irregular y arbitraria actuación del Ministerio Público al denegar las anteriores diligencias probatorias **(Anexo 43)** y restableciera el derecho a la defensa. El Tribunal de Control omitió pronunciarse sobre las violaciones del debido proceso denunciadas, limitándose a decir que no era la oportunidad adecuada para hacer esos planteamientos **(Anexo 44)**. Es decir, no había en ese momento (como tampoco lo hubo nunca en uno posterior), un recurso efectivo que amparara a la víctima en este caso, y que le permitiera subsanar la situación jurídica infringida.

159. Los abogados del Dr. Brewer Carías apelaron de dicha decisión. En fecha 6 de julio de 2005, la Sala 9 de la Corte de Apelaciones decidió dicha apelación **(Anexo 45)**, anulando el fallo del Juez provisorio de Control por razones formales (falta de notificación a la Fiscalía); pero, en cuanto al fondo, acogió los argumentos de la defensa y concluyó que ésta sí podía acudir ante el Juez de Control a reclamar sus derechos frente a violaciones al debido proceso por el Ministerio Público en la etapa de investigación, de modo que también ordenó que el Juez provisorio de Control decidiera nuevamente sobre las solicitudes que se le habían formulado en ese sentido. Los abogados del Dr. Brewer Carías introdujeron de nuevo un escrito en fecha 10 de agosto de 2005 ante el Juzgado 25 de Control refrescando las solicitudes que ordenó decidir la Corte de Apelaciones **(Anexo 46)**. No obstante, en fecha 20 de octubre de 2005, el Juez provisorio de Control volvió a decidir que no podía inmiscuirse en la labor de investigación de la Fiscal provisoria **(Anexo 30)**, de lo cual los abogados defensores apelaron en fecha 28 de octubre de 2005 **(Anexo 47)**, siendo denegada la apelación en fecha 1° de diciembre de 2005. Llama la atención, además, que la Fiscal provisoria Sexta consignó la acusación contra el Dr. Brewer Carías el 21 de octubre de 2005 **(Anexo 48)**, es decir, al día siguiente de la última decisión citada del Juez provisorio de Control, quien nada había decidido desde el mes de julio de 2005, no obstante las ratificaciones posteriores de la defensa, para proceder a decidirlas, negándolas todas, justo, el día antes de que el Ministerio Público introdujera la acusación. Dicha acusación fue contestada en todas sus partes, denunciándose la violación de las garantías judiciales del Dr. Brewer Carías mediante escrito de 8 de noviembre de 2005 **(Anexo 2)**, en el cual se solicitó al juez la declaratoria de nulidad de todo lo actuado a causa de dichas violaciones.

160. Esta absurda conducta de los jueces a cuyo cargo estaría el control de la investigación fiscal, ha dejado al Dr. Brewer Carías en estado de indefensión frente a la arbitrariedad de la Fiscal provisoria Sexta. De esta manera quedó constituida la violación al artículo 25 de la Convención, teniendo como resultado el sometimiento del Dr. Brewer Carías a un juicio para el cual por el momento no puede defenderse; donde su inocencia en lugar de presumirse tiene que ser probada. Todo ello configura, en este caso particular, la ausencia del debido proceso legal.

161. Frente a todo ello, *__el único recurso judicial disponible contra la masiva violación del derecho al debido proceso garantizado por la Constitución y la Convención, era y es el de nulidad absoluta por inconstituciona-__*

lidad de las actuaciones judiciales así viciadas, con base en el artículo 191 del COPP:

> **Artículo 191. Nulidades absolutas.** *Serán consideradas nulidades absolutas aquellas concernientes a la intervención, asistencia y representación del imputado, en los casos y formas que este Código establezca, o las que impliquen inobservancia o **violación de derechos y garantías fundamentales previstos en este Código, la Constitución de la República, las leyes y los tratados, convenios o acuerdos internacionales suscritos por la República.** (Énfasis agregado).*

162. Como ya se ha apuntado, en el escrito de contestación y oposición a la acusación, de 8 de noviembre de 2005 (**Anexo 2**, capítulo II, pp. 21-112), en el cual se solicitó al juez la declaratoria de nulidad de todo lo actuado a causa de dichas violaciones, concluyendo con el siguiente *petitum*:

> *En razón de las consideraciones anteriores solicitamos respetuosamente se decrete la nulidad absoluta de todas las actuaciones que conforman el presente proceso, por la violación sistemática y masiva de los derechos y garantías constitucionales del Dr. Allan Brewer Carías, como ha quedado reflejado a lo largo del presente capítulo, ordenando la devolución del expediente a la Fiscalía Superior del Área Metropolitana de Caracas para que designe un Fiscal imparcial que inicie las investigaciones que considere pertinentes, respetando las garantías constitucionales de los investigados.*

163. De conformidad con el artículo 195 del COPP, dicha solicitud debió ser tramitada y decidida en los términos siguientes:

> **Artículo 195. Declaración de nulidad.** *Cuando no sea posible sanear un acto, ni se trate de casos de convalidación, **el juez deberá declarar su nulidad por auto razonado** o señalará expresamente la nulidad en la resolución respectiva, de oficio o a petición de parte. El auto que acuerde la nulidad deberá individualizar plenamente el acto viciado u omitido, determinará concreta y específicamente, cuáles son los actos anteriores o contemporáneos a los que la nulidad se extiende por su conexión con el acto anulado, cuáles derechos y garantías del interesado afecta, cómo los afecta, y, siendo posible, ordenará que se ratifiquen, rectifiquen o renueven.*

164. El COPP no dispone explícitamente un lapso para decidir sobre una solicitud de nulidad por *"violación de derechos y garantías fundamentales"*, como lo fue la demandada por la defensa del Dr. Brewer Carías. Por tal razón, semejante solicitud debería ser tramitada conforme a la disposición general contenida en el artículo 177 del mismo COPP, para las actuaciones escritas que no tengan fijado otro plazo:

Artículo 177. Plazos para decidir. El juez dictará las decisiones de mero trámite en el acto.

*Los autos y las sentencias definitivas que sucedan a una audiencia oral serán pronunciados inmediatamente después de concluida la audiencia. **En las actuaciones escritas las decisiones se dictarán dentro de los tres días siguientes.***

165. Conforme a esta regla, general y supletoria, la solicitud de nulidad debió quedar decidida dentro de los tres días siguientes al 8 de noviembre de 2005, lo cual no ha ocurrido para la fecha de las presentes *Observaciones Adicionales*, es decir, para este día la decisión sobre nulidad exhibe *¡más de cuatro años de retardo injustificado!*

166. Por lo demás, la regla general contenida en el artículo 177 del COPP es enteramente congruente con el principio de preeminencia de los derechos humanos tanto en el sistema constitucional venezolano como en el establecido en la Convención y, más en general en el derecho internacional de los derechos humanos.

167. Uno de los principios fundamentales establecidos en la Constitución ha sido el de la preeminencia de los derechos humanos, lo que impone a todos los jueces la obligación ineludible de pronunciarse sobre las peticiones relativas a los mismos, sin dilación y con prevalencia sobre cualquier otro asunto. Es decir, en el Estado Constitucional o Estado de Derecho y de Justicia, la dignidad humana y de los derechos de la persona tienen una posición preferente, lo que implica la obligación del Estado y de todos sus órganos a respetarlos y garantizarlos como objetivo y finalidad primordial de su acción pública. Así lo establecen sin ambigüedades los artículos 2° y 3° de la Constitución:

> *Artículo 2.   Venezuela se constituye en un Estado democrático y social de Derecho y de Justicia, que propugna como valores superiores de su ordenamiento jurídico y de su actuación, la vida, la libertad, la justicia, la igualdad, la solidaridad, la democracia, la responsabilidad social y, en general, **la preeminencia de los derechos humanos**, la ética y el pluralismo político. (Énfasis agregado).*

> *Artículo 3.   **El Estado tiene como fines esenciales la defensa y el desarrollo de la persona y el respeto a su dignidad**, el ejercicio democrático de la voluntad popular, la construcción de una sociedad justa y amante de la paz, la promoción de la prosperidad y bienestar del pueblo y **la garantía del cumplimiento de los principios**, derechos y deberes **reconocidos y consagrados en esta Constitución**. (Énfasis agregados).*

168. Estos principios han sido desarrollados por la jurisprudencia del Tribunal Supremo de Justicia. Por ejemplo, en sentencia No. 224 del 24 de febrero de 2000 de su Sala Político Administrativa al referirse a "la transformación del orden jurídico-político por la preeminencia de la dignidad y los derechos de la persona", el Tribunal Supremo asentó:

La entrada en vigencia de la Constitución de la República Bolivariana de Venezuela, constituye un escalafón fundamental en el proceso de cambios y transformaciones jurídico-políticas iniciadas en Venezuela. En este contexto, el artículo 2 de la vigente Constitución, al definir el modelo del Estado venezolano, adopta la forma Democrática y Social de Derecho y de Justicia, consagrando la preeminencia de la dignidad y del respeto de los derechos humanos, **estos últimos, establecen el sistema de principios y valores que legitiman la Constitución y, por consiguiente, garantizarán la existencia misma del Estado.** (Énfasis agregado).

.....

Este sistema de valores y principios constitucionales tienen un carácter y fuerza normativa, establecida expresamente en el artículo 7 de la Constitución, conlleva la sujeción y vinculatoriedad **de todos los órganos que ejercen el Poder Público impregnando la vida del Estado** (en sus aspectos jurídico, político, económico y social). Por consiguiente, este orden axiológico anterior o preexistente a la Constitución, afecta todo el funcionamiento del sistema jurídico y constituye "un núcleo de principios inderogables incluso para las mayorías que pudieran reformar la Constitución: este núcleo inviolable comprendería **tanto los principios fundamentales del ordenamiento constitucional como los derechos inalienables de la persona humana.** " (Énfasis agregado).

Es así, que este núcleo material axiológico, recogido y desarrollado ampliamente por el Constituyente de 1999, dada su posición preferente, representa la base ideológica que sustenta el orden dogmático de la vigente Constitución, imponiéndose al ejercicio del Poder Público y estableciendo un sistema de garantías efectivo y confiable. **De allí que todo Estado Constitucional o Estado de Derecho y de Justicia, <u>lleva consigo la posición preferente de la dignidad humana y de los derechos de la persona, la obligación del Estado y de todos sus órganos a respetarlos y garantizarlos como objetivo y finalidad primordial de su acción pública</u>**. (Énfasis agregado).

....

La Constitución venezolana de 1999 consagra **la preeminencia de los derechos de la persona como uno de los valores superiores de su ordenamiento jurídico y también refiere que su defensa y desarrollo** <u>son uno de los fines esenciales del Estado</u>. (Énfasis del original, subrayado agregado).

....

En efecto, expresamente, el Constituyente ha puesto en manos de este Máximo Tribunal la labor de garantizar la efectividad o justiciabilidad del sistema de garantías (Artículo 335 eiusdem) bajo el entendido de que **sólo la función jurisdiccional asegura la vigencia y efectividad de los derechos humanos y, en consecuencia, del Estado Democrático, Social de Derecho y de Justicia. En este sentido, la doctrina constitucional**

comparada asegura que "La piedra angular de la defensa de los dere-
chos esenciales <u>se encuentra en el control jurisdiccional, sólo cuando</u>
<u>existe tal control puede sostenerse la existencia de una protección de</u>
<u>los derechos</u>". [112] (Énfasis del original, subrayado agregado).

169. El plazo de tres días contemplado en el COPP como el término dentro del cual deben resolverse las actuaciones escritas que no tengan fijado otro diferente, también se conforma con la disposición genera del artículo 26 de la Constitución:

> *Toda persona tiene derecho de acceso a los órganos de administración de justicia para hacer valer sus derechos e intereses, incluso los colectivos o difusos, **a la tutela efectiva de los mismos y a obtener <u>con</u>***
> ***<u>prontitud</u> la decisión correspondiente**. El Estado garantizará una justicia gratuita, accesible, imparcial, idónea, transparente, autónoma, independiente, responsable, equitativa y expedita, sin dilaciones indebidas, sin formalismos o reposiciones inútiles.* (Énfasis y subrayado agregados).

170. Anexamos al presente escrito de *Observaciones Adicionales* para mayor ilustración de esa honorable Comisión, el dictamen sobre este punto que hemos solicitado al profesor Rafael J. Chavero Gazdik, de la Facultad de Ciencias Jurídicas y Políticas de la Universidad Central de Venezuela **(Anexo 79)**, cuyas conclusiones transcribimos a continuación:

- *De acuerdo con la normativa procesal penal vigente, las solicitudes de nulidades procesales presentadas por escrito, antes de la audiencia preliminar, deben resolverse dentro de los tres (3) días a que hace referencia el artículo 177 del COPP, sobre todo cuando los vicios se refieren a violaciones de derechos fundamentales y existen razones concretas suficientes para precipitar la decisión judicial.*

- *La jurisprudencia de la Sala Constitucional ha considerado que para determinar la oportunidad razonable para tomar una decisión (interlocutoria o definitiva) deben considerarse y ponderarse las circunstancias concretas de cada caso, teniendo muy en cuenta el tipo de vicios alegados. Razón por la cual, los vicios relacionados con la vulneración de derechos constitucionales deben atenderse y resolverse en forma perentoria, más aún cuando existen otras consideraciones que avalan la necesidad de un pronunciamiento urgente, tal y como en efecto sucede en el caso del proceso penal seguido en contra del profesor Brewer-Carías.*

- *Nuestra Constitución y legislación exigen que la defensa de los derechos fundamentales se atienda en forma preferente, para lo cual*

---

112 TSJ/SPA, sentencia N° 224 del 24 de febrero de 2000. (**Anexo 78**). También publicada en *Revista de Derecho Público*, N° 81, EJV, Caracas 2000, pp. 131 y ss.

no sólo existe un procedimiento especial, sumario y urgente (amparo), sino también se consagra una incidencia especial y urgente que debe utilizarse en los procedimientos ordinarios, cuando no existan incidencias particulares que permitan la resolución oportuna y tempestiva de conflictos relacionados con derechos constitucionales.

- *De acuerdo a todos estos factores y argumentos, no nos cabe la menor duda de que en el caso del profesor Brewer-Carías la solicitud de nulidades procesales fundadas en vicios de inconstitucionalidad, realizada antes de la audiencia preliminar, tenía que atenderse en forma urgente y preferente, dando estricto cumplimiento a lo dispuesto en el artículo 177 del COPP, lo que implicaba (e implica) la necesidad de decidir esas nulidades dentro de los tres (3) días siguientes al término de la oportunidad disponible para el resto de la partes para hacer valer sus argumentos y consideraciones.*

171. En todo caso, el trámite y decisión del recurso judicial interpuesto deben adecuarse a los requerimientos del artículo 25 de la Convención, que reconoce el *"derecho a un recurso sencillo y rápido o a cualquier otro recurso efectivo ante los jueces o tribunales competentes, que la ampare contra actos que violen sus derechos fundamentales reconocidos por la Constitución, la ley o la presente Convención."* Los requisitos pautados para la protección judicial garantizada en el citado artículo, han de entenderse, como lo ha hecho la Corte, de manera *copulativa,*[113] esto es, para satisfacer los requerimientos del artículo 25, el recurso judicial ha de ser *sencillo, rápido y efectivo.* Este recurso comprende la institución latinoamericana del amparo, pero la desborda, pues incluye *"cualquier otro recurso efectivo ante los jueces o tribunales competentes".*[114] Como lo estableció la Corte desde temprana hora,

*...la inexistencia de un recurso efectivo contra las violaciones a los derechos reconocidos por la Convención constituye una transgresión de la misma por el Estado Parte en el cual semejante situación tenga lugar. En ese sentido debe subrayarse que, **para que tal recurso exista, no basta con que esté previsto por la Constitución o la ley** o con que sea formalmente admisible, sino que **se requiere que sea realmente idóneo** para establecer si se ha incurrido en una violación a los derechos humanos y proveer lo necesario para remediarla. **No pueden considerarse efectivos aquellos recursos que, por las condiciones generales del país o incluso por las circunstancias particulares de un caso dado, resulten ilu-***

---

113 *Cfr.* C. MEDINA: *La Convención Americana: Teoría y Jurisprudencia.* Universidad de Chile/Centro de Derechos Humanos de la Universidad de Chile. Santiago, 2003; pp. 369 y 370.

114 Corte IDH, *Garantías Judiciales en Estados de Emergencia (Arts. 27.2, 25 Y 8) Convención Americana sobre Derechos Humanos.* Opinión Consultiva OC-9/87 del 6 de octubre de 1987. Serie A N° 9; párr. 41(1).

sorios. Ello puede ocurrir, por ejemplo, cuando su inutilidad haya que-
dado demostrada por la práctica, **porque el Poder Judicial carezca de**
la independencia necesaria para decidir con imparcialidad *o porque*
falten los medios para ejecutar sus decisiones; por **cualquier otra situa-**
ción que configure un cuadro de denegación de justicia, como sucede
cuando se incurre en retardo injustificado en la decisión*; o, por cual-*
quier causa, no se permita al presunto lesionado el acceso al recurso ju-
dicial.[115]

172. La Corte ha reiterado sistemáticamente este dictum a lo largo de su
jurisprudencia y ha agregado *que "(l)a existencia de esta garantía constituye*
uno de los pilares básicos, no sólo de la Convención Americana, sino del
propio Estado de Derecho en una sociedad democrática, en el sentido de la
Convención."[116]

173. El recurso de nulidad absoluta de todas las actuaciones judiciales
violatorias de los derechos humanos reconocido en la Constitución y en la
Convención es el **único recurso** previsto en el COPP para ese propósito. Es,
teóricamente, un recurso sencillo, efectivo y rápido, pues debería resolverse
dentro de los tres días siguientes, al tenor del artículo 177 del mismo COPP.
Sin embargo, como lo observó bien la Corte, no basta con que este recurso
esté previsto en el COPP. En las circunstancias particulares de este caso y
dentro del marco de un Poder Judicial que carece de la imparcialidad para
decidir, se ha configurado un cuadro de abierta **denegación de justicia**, al
haber transcurrido más de cuatro años de su interposición sin que tan siquiera
se haya proveído a su trámite.

174. En efecto, a pesar de la primacía constitucional de los derechos
humanos y de la obligación de tramitar con rapidez el recurso de nulidad, que
surge también del artículo 25 de la Convención, el Juez de la causa no ha
proveído absolutamente nada para su trámite, ni ha abierto articulación alguna, ni ha requerido la contestación del Ministerio Público, ni el recurso ha
sido tan siquiera contestado por éste. *__En cuatro años NO HA PASADO NA-__*
__DA.__ Como si el recurso de nulidad no se hubiera interpuesto. Ha sido el obje-
to de la más total ignorancia por parte de la autoridad judicial competente,
que ha prolongado de ese modo las violaciones preexistentes de las garantías
judiciales, ha agregado una nueva violación al artículo 8(1) de la Convención,
al no resolver dentro de *un plazo razonable* (o *con prontitud*, como lo pauta el
artículo 26 de la Constitución venezolana) y ha conculcado rotundamente el

---

115 *Ibíd.*, párr. 24.

116 Corte IDH. *Caso Acosta Calderón v. Ecuador.* Sentencia de 24 de junio de 2005.
Serie C N° 129, párr 93; Corte IDH. *Caso Palamara Iribarne Vs. Chile.* Fondo, Reparaciones y Costas. Sentencia de 22 de noviembre de 2005. Serie C N° 135, párr.
184; Corte IDH. *Caso López Álvarez v. Honduras.* Sentencia de 1 de febrero de
2006. Serie C N° 141, párr. 138; Corte IDH. *Caso Baldeón García v. Perú.* Fondo,
Reparaciones y Costas. Sentencia de 6 de abril de 2006. Serie C N° 147, párr. 144.

derecho a la protección judicial consagrado en el artículo 25 de la misma Convención.

175. En relación con el artículo 25 de la Convención, se reúnen en este caso todos los supuestos de conculcación del mismo que la Corte identificó desde su Opinión Consultiva Nº 9:

• Dadas "las condiciones generales del país", que hemos descrito en la **Petición** y en estas *Observaciones Adicionales,* así como "las circunstancias particulares de este caso" caracterizado por el ensañamiento de consuno de todas las ramas del poder público contra la víctima y que también hemos descrito en ambas presentaciones ante esa honorable Comisión, el recurso de nulidad ha resultado "ilusorio".

• La "inutilidad" de los recursos judiciales en casos como el presente ha "quedado demostrada por la práctica, porque el Poder Judicial carece de la independencia necesaria para decidir con imparcialidad", al punto que cuatro jueces que adoptaron decisiones que tímidamente favorecían a la víctima en el presente caso y a otros procesados, fueron removidos de inmediato y sin fórmula de juicio.

• Se ha "configurado un cuadro de denegación de justicia" como consecuencia del retardo injustificado en la decisión" sobre la nulidad de los actos que han violado masivamente las garantías judiciales de la víctima.

176. Los más de cuatro años transcurridos sin que siquiera se haya proveído a tan solo un acto de trámite de la nulidad demandada son suficientemente elocuentes sobre la violación del artículo 25 de la Convención. Cualesquiera sean las reglas procesales de derecho interno para procesar y decidir esa nulidad, es evidente por sí mismo que semejante retardo de cuatro años, no sólo para decidir sino incluso para iniciar el trámite de ese recurso rompe cualquier estándar internacional para la razonabilidad de una demora en ese trámite. *La violación del artículo 25 de la Convención en perjuicio del Dr. Allan Brewer Carías es rotunda y evidente.*

177. Por lo demás, antes de demandar la nulidad de todas las actuaciones, la defensa del Dr. Brewer Carías utilizaron todos los medios procesales a su alcance para denunciar, impugnar y corregir las irregularidades y violaciones al debido proceso que se fueron produciendo a todo lo largo del paródico proceso en su contra. Fue, como se sintetiza a continuación:

a. En fecha 4 de mayo de 2005, los abogados del Dr. Brewer Carías acudieron ante el Juez provisorio Vigésimo Quinto de Control, pidiendo que interviniera para corregir la irregular y arbitraria actuación de la Fiscal provisoria Sexta, Luisa Ortega Díaz, hoy Fiscal General de la República, al denegar las anteriores diligencias probatorias **(Anexo 43)** y restableciera el derecho a la defensa. *Resultado*: El Tribunal de Control omitió pronunciarse sobre las violaciones del debido proceso denunciadas, limitándose a decir que no era la oportunidad adecuada para hacer esos planteamientos **(Anexo 44)**.

b. Los abogados del Dr. Brewer Carías apelaron de dicha decisión. **_Resultado_**_:_ En fecha 6 de julio de 2005, la Sala 9 de la Corte de Apelaciones decidió dicha apelación **(Anexo 45)**, anulando el fallo del Juez provisorio de Control por razones formales (falta de notificación a la Fiscalía); pero, <u>en cuanto al fondo, acogió los argumentos de la defensa</u> y concluyó que ésta sí podía acudir ante el Juez de Control a reclamar sus derechos frente a violaciones al debido proceso por el ministerio público en la etapa de investigación, de modo que también ordenó que el Juez provisorio de Control decidiera nuevamente sobre las solicitudes que se le habían formulado en ese sentido. **_Esta decisión de la Corte de Apelaciones fue burlada._**

c. Sobre esta base, los abogados del Dr. Brewer Carías introdujeron de nuevo un escrito en fecha 10 de agosto de 2005 ante el Tribunal 25 de Control refrescando las solicitudes que ordenó decidir la Corte de Apelaciones **(Anexo 46)**. **_Resultado_**: No obstante la previa decisión de la Corte de Apelaciones, en fecha <u>20 de octubre de 2005</u>, el Juez provisorio de Control **_volvió a decidir que no podía inmiscuirse en la labor de investigación de la Fiscal provisoria_** **(Anexo 30)**.

d. Los abogados defensores apelaron nuevamente de la anterior decisión, en fecha 28 de octubre de 2005 **(Anexo 47)**. **_Resultado_**: **Ninguno:** La apelación fue denegada en fecha 1° de diciembre de 2005. Llama la atención, además, que la Fiscal provisoria Sexta Luisa Ortega Díaz, recién nombrada Fiscal General de la República, consignó la acusación contra el Dr. Brewer Carías el 21 de octubre de 2005 **(Anexo 48)**, es decir, al día siguiente de la última decisión del Juez provisorio de Control, el cual nada había decidido desde el mes de julio de 2005, no obstante las ratificaciones posteriores de la defensa, para proceder a decidirlas, negándolas todas, justo, el día antes de que el Ministerio Público introdujera la acusación.

e. La acusación fue contestada en todas sus partes, denunciándose la violación de las garantías judiciales del Dr. Brewer Carías mediante escrito de 8 de noviembre de 2005 **(Anexo 2)**, en el cual se solicitó al juez la declaratoria de nulidad de todo lo actuado a causa de dichas violaciones. **_Resultado_**: **Ninguno**.

f. El 26 de octubre de 2005, los abogados defensores del Dr. Brewer Carías solicitaron que se garantizara su derecho a ser juzgado en libertad. **_Resultado_**: **Ninguno:** Nunca se proveyó dicha solicitud y, el 15 de junio de 2006, se dispuso la privación judicial preventiva de libertad y se dictó orden de aprehensión contra el Dr. Brewer Carías.

g. Los abogados del Dr. Brewer Carías introdujeron una apelación contra la insólita Aclaratoria con la que se pretendió dar respuesta a la solicitud de información de INTERPOL sobre el caso. **_Resultado_**:

Ninguno: La Corte de Apelaciones de Caracas desestimó la apelación por decisión de 29 de octubre de 2007 (supra párr. 154).

IV. VIOLACIÓN DEL DERECHO A JUICIO EN LIBERTAD (ARTÍCULO 8.2, CADH).

178. El artículo 9.3 del Pacto Internacional de Derechos Civiles y Políticos establece que *"la prisión preventiva de las personas que hayan de ser juzgadas no debe ser la regla general"*. El artículo 44(1) de la Constitución venezolana, en concordancia, consagra el derecho de toda persona a ser *"juzgada en libertad, excepto por las razones determinadas por la ley y apreciadas por el juez o jueza en cada caso."* En idéntica dirección, el artículo 102 del COPP establece que *"se evitará, en forma especial, solicitar la privación preventiva de libertad del imputado cuando ella no sea absolutamente necesaria para asegurar las finalidades del proceso."* En concordancia plena con esas normas, el artículo 125(8) del COPP reconoce explícitamente el derecho de la persona a quien se haya imputado la comisión de un delito a solicitar ante el juez que se declare anticipadamente su derecho a ser juzgado en libertad:

> *Artículo 125. Derechos. El imputado tendrá los siguientes Derechos:*
>
> .....
>
> *8. Pedir que se declare anticipadamente la improcedencia de la privación preventiva judicial de libertad.*

179. La Corte Interamericana ha expresado el sentido y los límites de la detención preventiva de un procesado:

> *De lo dispuesto en el artículo 8.2 de la Convención deriva la obligación estatal de no restringir la libertad del detenido más allá de los límites estrictamente necesarios para asegurar que el no impedirá el desarrollo eficiente de las investigaciones ni eludirá la acción de la justicia. En este sentido, la prisión preventiva es una medida cautelar, no punitiva.*[117]

180. La acusación contra el Dr. Brewer Carías fue formalizada el día 21 de octubre de 2005. En fecha 26 de octubre de 2005, los defensores del Dr. Brewer Carías solicitaron ante el Juez provisorio de control, con base en el citado artículo 125(8) del COPP, que se garantizara su derecho a ser juzgado en libertad y se declarara por anticipado la improcedencia de su privación de libertad durante el juicio, ***sobre lo cual el juez provisorio nunca se pronunció*** (Anexo 49).

181. La solicitud introducida por los abogados del Dr. Brewer Carías de la declaratoria anticipada de la improcedencia de su privación de libertad durante el juicio, era enteramente pertinente. Siendo como es conocido que, por

---

117 *Caso Tibi v. Ecuador, cit.*, párr. 180

ser una persona académicamente activa, el Dr. Brewer-Carías, tenía arraigo en el país, donde a la fecha de la presentación de estas *Observaciones Adicionales* continúa teniendo su residencia familiar, su despacho de abogados y donde entre otras actividades, continúa dirigiendo la *Revista de Derecho Público*. Adicionalmente, el Dr. Brewer Carías, espontánea y voluntariamente, se presentó en dos ocasiones ante el Ministerio Público cuando se difundió por los medios de comunicación que se iniciaría una investigación contra él; y acudió casi a diario al despacho de la Fiscal provisoria Sexta, desde que fue imputado el 27 de enero de 2005 y durante todo el tiempo que se prolongó la sedicente "investigación" por parte de dicha Fiscal provisoria. Es obvio, además, que no se trata de un sujeto peligroso. *No podía encontrar el Juez justificación alguna para limitar o suprimir su derecho a ser juzgado en libertad ni para acceder a su legítima demanda de que se declarase anticipadamente la improcedencia de la privación preventiva judicial de libertad.*

182. Frente a la bien fundada solicitud de la defensa del Dr. Brewer, hubo una deliberada e inconstitucional omisión judicial por parte del Juez provisorio de Control, quien no tomó la decisión que correspondía en este caso. El orden jurídico interno de Venezuela, *teóricamente*, se adecua a los estándares determinados por la Convención y precisados por la Corte, según lo evidencian los antes citados artículos 44(1), y 102 y 125(8) del Código Orgánico Procesal Penal (*supra*, párr. 178). Esas reglas, *en la práctica*, fueron ignoradas en el presente caso, en el cual se negó al Dr. Brewer Carías su solicitud de que se declarara la improcedencia de su privación de libertad, a través de un artificio que *deja a la víctima en la mayor indefensión: el silencio del juez* al que corresponde decidir sobre esa garantía, quien simplemente se abstuvo de decidir. Esto era y es un serio indicio de que, no teniendo argumento alguno para sustentar la denegación de esa solicitud, el silencio era, al mismo tiempo, la única vía para rechazarla en la práctica y el presagio de que el Dr. Brewer Carías no sería juzgado en libertad, sino que se le impondría una detención arbitraria, en violación impune del artículo 7(3) de la Convención: *"nadie puede ser sometido a detención o encarcelamiento arbitrarios."*

183. El Dr. Brewer Carías salió del país normalmente el 29 de septiembre de 2005, por razones personales y por lo que imaginaba un corto lapso, pasando por todos los controles migratorios habituales, pues no pesaba en su contra, en ese momento, prohibición de salida del país ni ninguna restricción a su libertad de circulación. Sin embargo, en vista de la ostensible omisión del Juez en decidir la solicitud anticipada de improcedencia de su privación de libertad, consideré, como lo habría hecho toda persona medianamente razonable en su caso, que su libertad personal corría un grave peligro dentro de la jurisdicción venezolana, que ya había desconocido y violado sus derechos judiciales. *Se vio así ante el imperativo de velar por sí mismo al resguardo de su libertad y seguridad, ante el fundado temor de que fuera el objeto de una orden judicial arbitraria de privación de libertad*, que podía presagiarse sobre la base de todas las irregularidades que viciaron la "investigación", de su condena anticipada por altos funcionarios e instituciones del Estado en ultraje a la presunción de inocencia y en la omisión judicial en acordar lo que era evidentemente procedente, como lo era la garantía de ser juzgado en libertad. Decidió entonces aceptar un cargo académico en la Universidad de Columbia y mantenerse alejado del territorio de Venezuela, lo cual, por cierto le ha impedido estar presente personalmente en el juicio que se sigue en su contra (en el cual, sin embargo han estado presentes sus defensores), lo que a la vez ha sido el pretexto para dictar la medida preventiva privativa de su libertad **(Anexos 51, 52).** Este cuadro se ha agravado con el hostigamiento y la amenaza a su libertad de las que ha sido víctima el Dr. Brewer Carías por agentes diplomáticos venezolanos **(Anexos 23, 25.** *Cfr.* párrs. 82-84 de la **Petición).**

184. Más tarde, el 10 de mayo de 2006, los abogados del Dr. Brewer Carías informaron mediante un escrito al Juez provisorio de Control que su defendido, después de haber permanecido en Venezuela durante toda la fase de investigación, en ejercicio legítimo de su actividad académica, había aceptado la designación que se le ha hecho de Profesor Adjunto en la Facultad de Derecho de la Universidad de Columbia, en Nueva York[118] **(Anexo 50)**, ciudad en la que permanece en esta fecha. Ese escrito contiene una síntesis muy clara y contundente de los agravios a las garantías judiciales cometidas durante la parodia judicial a la que se ha visto sometido el Dr. Brewer Carías, de tal modo que, aun cuando hemos anexado dicho escrito, consideramos útil e ilustrativo reproducirlo íntegro en las presentes *Observaciones Adicionales*:

Ciudadano

Juez Vigésimo Quinto de Primera Instancia en Funciones de Control del Circuito Judicial Penal del Área Metropolitana de Caracas.

Su Despacho.

*Nosotros, **León Henrique Cottin y José Rafael Odreman L.**, abogados en ejercicio, de este domicilio, inscritos en el IPSA bajo los Nos. 7.135 y 18.101, respectivamente, actuando con el carácter de defensores del Dr. **Allan R. Brewer-Carías**, en el expediente Nº 1183 nomenclatura de ese Honorable Tribunal, ante Usted respetuosamente ocurrimos a fin de exponer:*

---

118 Donde dictó el Seminario sobre "The 'Amparo Suit': Judicial Protection of Human Rights in Latin America (A Comparative Law Study of the Suit for 'Amparo')", publicado como *Constitutional Protection of Human Rights in Latin America. A Comparative Study of the Amparo Proceedings*, Cambridge University Press, New York, 2008, 432 pp. Los documentos legislativos que sirvieron de base para dicho seminario se publicaron además, con el título: *Leyes de Amparo de América Latina*, Instituto de Administración Pública de Jalisco y sus Municipios, Instituto de Administración Pública del Estado de México, Poder Judicial del Estado de México, Academia de Derecho Constitucional de la Confederación de Colegios y Asociaciones de Abogados de México, Jalisco 2009, 2 Vols.

*En conversación sostenida con nuestro defendido, **nos ha manifesta-do una serie de reflexiones y decisiones tomadas que respetuosamente cumplimos en transmitirle al Tribunal a continuación**:*

Nos ha dicho que la actuación del Ministerio Público en el presente caso no ha sido otra cosa que una clara persecución política oficial en su contra, utilizando como pretexto el haber atendido a una solicitud que se le hizo, en su carácter de abogado, el 12 de abril de 2002 para en medio de la crisis política que se originó en Venezuela por la oficialmen-te anunciada renuncia del Presidente Chávez, dar una opinión jurídica sobre un proyecto de decreto de gobierno de transición originado por dicha renuncia, frente al cual, incluso, manifestó una opinión contraria a lo que contenía, particularmente en cuanto a la inconstitucional deci-sión de disolución de los poderes públicos constituidos que se pretendía, lo cual violaba además los postulados de la Carta Democrática Inter-americana.

Que ello lo ha reconocido públicamente el Sr. Pedro Carmona Es-tanga, tanto en su libro titulado "Mi testimonio Ante La Historia", como en la interpelación que le hiciera la Asamblea Nacional, así como tam-bién en declaraciones dadas a los medios de comunicación. Incluso, pos-teriormente, lo ha escrito y declarado en forma oficial, tal y como consta en el documento contentivo de su declaración que, debidamente legali-zada hemos consignado en el presente expediente, en la cual, en forma clara y concisa ha manifestado que nuestro defendido no es el autor del decreto leído en Miraflores el 12 de abril de 2002, sino mas bien que su opinión fue contraria al contenido del mismo.

Que esa evidencia no ha servido ni para el Ministerio Público ni pa-ra el Tribunal que ha conocido de esta causa, siendo que lo que lo favo-rece en el expediente se usa amañadamente para buscar condenarlo.

Que desde el inicio de la investigación en su contra en julio de 2002 enfrentó jurídicamente la injusta e infundada imputación y asumió su de-fensa, acudiendo durante nueve meses al Ministerio Público, disciplina-damente, a estudiar y copiar a mano el expediente, pero durante todo ese tiempo su derecho al debido proceso fue sistemática y masivamente vulnerado: la imputación de entonces, como la acusación de ahora, se fundamentó esencialmente en "recortes de prensa" de opiniones y co-mentarios de periodistas, sin fundamento y totalmente referenciales; la Fiscal del caso invirtió la carga de la prueba olvidándose de que ella era la obligada a probar, exigiendo que los imputados probaran hechos negativos, violando así la garantía constitucional de la presunción de inocencia; y a la vez, ha negado la evacuación de muchas de las pruebas solicitadas por la defensa.

Que el propio Fiscal General de la República ha violentado directa-mente su garantía a la presunción de inocencia, al haberlo condenado públicamente de antemano, violando las más elementales normas legales y éticas que rigen al Ministerio Público, al publicar su libro autobio-

gráfico titulado Abril comienza en Octubre (Septiembre 2005), en el cual haciendo suyos malintencionados comentarios periodísticos, da por cierto hechos que son falsos.

Que ante el reclamo oportuno hecho en sede jurisdiccional, sólo ha obtenido respuestas negativas fundamentadas en la errada opinión de que el Juez de Control no puede inmiscuirse en la investigación del Ministerio Público, cuando en realidad la ley procesal[119] lo obliga a hacer respetar las garantías procesales y a ejercer el estricto control del cumplimiento de los principios y garantías establecidos en dicha ley, en la Constitución, en los tratados, convenios o acuerdos internacionales.

Que esas respuestas negativas y muchas veces tardías del órgano jurisdiccional han constituido a su vez nuevas violaciones a sus garantías constitucionales.

Que pruebas irrefutables de ello lo constituye la negativa de la Fiscal y del Juez a acordar nuestras solicitudes de tomar declaración a varias personas que presenciaron la opinión discrepante que tuvo sobre el decreto.

Que el fundamento de tal negativa fue que se trata de declaraciones referenciales, pero a la vez se utilizan en su contra como válidos, recortes de periódico contentivos de opiniones de algunos periodistas, que sí constituyen testimonios referenciales; y son utilizados a pesar de que dichos periodistas han declarado en el proceso que no presenciaron los hechos sobre los cuales escribieron.

Que se negó también nuestra solicitud de declaración del ciudadano Pedro Carmona Estanga por vía de prueba anticipada, quien es la persona más calificada para expresar cual fue la exacta participación de nuestro defendido en los hechos que son objeto del proceso, lo cual, como sabemos todos, no dará otro resultado que demostrar que nuestro defendido es absolutamente inocente de los hechos por los que hoy se le pretende enjuiciar.

De esa manera se le cercenó el derecho de obtener un sobreseimiento en la fase intermedia del proceso.

Que una prueba adicional de tales violaciones lo constituye la omisión de decisión sobre nuestra solicitud de declaratoria anticipada de la improcedencia de su privación de libertad durante el juicio, tal y como fue pedido oportunamente conforme a lo establecido en el artículo 125, ordinal 8 del Código Orgánico Procesal Penal.

Que todo ello constituye la negación de una justicia accesible, imparcial, idónea, transparente, autónoma, independiente, responsable, equitativa y expedita de la que habla nuestra Constitución.

---

119 Artículos 64 y 282 del Código Orgánico Procesal Penal

Que en su persona lo que se acusa y se persigue, en realidad, es a la disidencia respecto del actual régimen político venezolano, en la cual se ha ubicado desde los primeros intentos del régimen por subvertir el orden constitucional, en 1999.

Que la acusación en si misma ya es una condena, cuyo objeto es castigar su crítica política e ideológica al proyecto con el que se pretende sojuzgar a Venezuela y, además, seguir aterrorizando toda otra forma de disidencia.

Que se le utiliza como medio de escarmiento para todo compatriota que albergue una posición adversa al régimen, para que de antemano sepa que será castigada. Basta con darse cuenta de que la investigación se inició, precisamente, por denuncia interpuesta por un coronel activo del ejército.

Que se quiere ejemplificar la represión en este campo, precisamente persiguiendo a un ex Presidente de la Academia de Ciencias Políticas y Sociales, con más de 40 años de vida dedicada a la docencia y a la investigación jurídica, y a la sólida afirmación del constitucionalismo democrático.

Que con esto, en Venezuela queda claro que se persigue la disidencia y se penaliza la opinión contraria al régimen, negándose además a los acusados la posibilidad misma de un juicio justo, en libertad, a cargo de jueces independientes.

Que, adicionalmente, han sido reconocidos sus méritos académicos al haber sido designado Profesor Adjunto en la Facultad de Derecho de la Universidad de Columbia, donde impartirá clases en las materias de "Protección Judicial de los Derechos Humanos en América Latina", "Estudios de Derecho Constitucional Comparado Sobre el Amparo Latinoamericano" y los "Injunctions Americanos".

*Que ante esas dos situaciones, por un lado la violación sistemática y masiva de sus derechos y garantías constitucionales de la defensa, de acceso a las pruebas, de igualdad de las partes, de la presunción de inocencia, del juez natural, de la tutela judicial efectiva, del juicio en libertad, en fin, del debido proceso, y por el otro, que la ilustre Universidad de Columbia le ha brindado la oportunidad de lograr un viejo anhelo profesional, como lo es el pertenecer a su plantilla de profesores, ha tomado la decisión **de esperar a que se presenten las condiciones idóneas para obtener un juicio imparcial y con respeto de sus garantías y así nos ha pedido lo participemos a ese Tribunal, a fin de que tome la decisión que crea conveniente y continúe adelante con el proceso, todo ello a fin de no causar ninguna dilación, ni perjuicios a los demás acusados en la presente causa.***

Así se lo comunicamos respetuosamente al Tribunal, a los fines legales consiguientes, en la ciudad de Caracas, a los diez días del mes de mayo del año dos mil seis. (Énfasis agregado).

185. La reacción inmediata de la Fiscal provisoria Sexta fue la de solicitar, el 2 de junio de 2006 **(Anexo 51)**. que dicho Juzgado dictase una medida privativa de libertad contra Brewer, "por peligro de fuga", aun cuando sabía que estaba fuera de Venezuela desde el 28 de septiembre de 2005, a lo que de inmediato accedió el Juez provisorio de Control **(Anexo 52)**, quien ordenó en fecha 15 de junio de 2006 la privación de libertad, la cual no ha sido ejecutada porque el Dr. Brewer Carías permanece en Nueva York, conforme a la actividad académica que realiza y sobre la cual sus defensores le informaron al Juez provisorio. *Ahora no podrá regresar a Venezuela sino para ser encarcelado.*

186. Esta tentativa de privar la libertad del Dr. Brewer Carías, no sólo violó su derecho a la presunción de inocencia, sino que también le negó su derecho a un juicio en libertad y sin demora, puesto que el proceso penal ha quedado congelado en virtud de que nunca se realizó la audiencia preliminar en el mismo después de que la Fiscal presentara la acusación en su contra. Es decir, la audiencia preliminar, que, legalmente, debió tener lugar entre diez y veinte días después de presentada la acusación (21 de octubre de 2005),[120] *nunca tuvo lugar para ninguno de los acusados y su convocatoria, luego, ha quedado en el vacío por obra del Decreto-Ley de Amnistía del 31 de diciembre de 2007.*

187. En este punto, encontramos necesario y pertinente formular algunas aclaraciones sobre el tema de la permanencia del Dr. Brewer Carías en la ciudad de Nueva York y sus efectos sobre el paródico proceso entablado contra el por el Estado venezolano, para responder las afirmaciones falsas que el Estado ha hecho en su Respuesta y también para rogar a esa honorable Comisión que tome nota y tenga a bien corregir ciertas imprecisiones al este respecto, que hemos detectado en el Informe de Admisión del presente caso.

188. Según lo recoge dicho Informe de Admisión (párr. 84), *"el Estado alega que el proceso penal seguido contra Allan Brewer Carías se encuentra en etapa intermedia debido a que Allan Brewer Carías **se dio a la fuga** y a que en Venezuela no existe el juicio en ausencia."* (Énfasis agregado). Esto explicaría, según el Estado, que no se haya celebrado la audiencia preliminar, ni el proceso se haya abierto a pruebas ni se haya dictado sentencia. La honorable Comisión, aunque no acoge como un todo ese dictum del Estado, los suscribe parcialmente al afirmar en el Informe de Admisión que *"la ausencia física del acusado de hecho impide la celebración de la audiencia preliminar y de otros actos procesales vinculados a su juzgamiento"* (párr. 87).

189. Para esclarecer estos puntos, a los que ya nos habíamos referido en nuestro **Escrito de Respuestas** de 27 de diciembre de 2007 (párrs. 7-27), consideramos necesario, ante todo, refrescar ante la CIDH la cronología de los hechos relevantes a los cuales esas afirmaciones están referidas, por lo demás correctamente recogidos en el Informe de Admisión (párr. 86):

---

120 COPP, art. 327.

- *27 de enero de 2005: la Fiscal provisoria Sexta formaliza la imputación contra el Dr. Brewer Carías.*

- *28 de septiembre de 2005: el Dr. Brewer Carías sale de Venezuela libremente, pasando por todos los controles migratorios habituales.*

- *21 de octubre de 2005: la Fiscal provisoria Sexta formaliza la acusación penal contra el Dr. Brewer Carías.*

- *26 de octubre de 2005: la defensa del Dr. Brewer Carías solicita al Juez 25 de Control de Caracas que "declare anticipadamente la improcedencia de la privación preventiva judicial de libertad", conforme al artículo 125(8) del COPP.* **El juez se abstiene de todo pronunciamiento.**

- *31 de octubre a 10 de noviembre de 2005: fechas entre las cuales, según el COPP, la audiencia preliminar debió ser convocada y celebrarse para todas las personas acusadas en ese juicio.* **La audiencia preliminar jamás se realizó con respecto a <u>ninguna</u> de ellas.**

- *8 de noviembre de 2005: la defensa del Dr. Brewer Carías presentó escrito de contestación y oposición a la acusación en el cual se demandó la declaratoria de nulidad de todo lo actuado a causa de las violaciones masivas al debido proceso en las que para esa fecha ya se había incurrido. La demanda de nulidad no ha sido tan siquiera proveída hasta la fecha de estas Observaciones Adicionales.*

- *10 de mayo de 2006: los abogados del Dr. Brewer Carías informan al Juez mediante un escrito que su defendido aceptó la designación que se le ha hecho de Profesor Adjunto en la Facultad de Derecho de la Universidad de Columbia, en Nueva York y, asimismo, que ha tomado la decisión de permanecer fuera de Venezuela hasta que se presenten las condiciones idóneas para obtener un juicio imparcial.*

- *2 de junio de 2006: la Fiscal provisoria Sexta solicita al Juez la detención preventiva del Dr. Brewer Carías.*

- *15 de junio de 2005: el Juez provisorio 25 de Control ordena la detención preventiva del Dr. Brewer Carías y libra orden de captura, seguida de una persecución internacional, manipulando indebidamente a la INTERPOL.*

190. Por lo tanto, en primer lugar afirmamos rotundamente que es falso que Allan Brewer Carías se haya "dado a la fuga", como temerariamente lo afirma el Estado en su Respuesta, pues nada había en su contra que restringiese su libertad de tránsito, sino que salió del país libremente sin que existiese restricción alguna que lo impidiera, antes de que fuera acusado. Fue nueve meses más tarde cuando se dictó la medida privativa de libertad en su contra. Si el juicio contra Allan Brewer Carías y contra otros tres acusados (Cecilia M. Sosa Gómez, José Gregorio Vásquez López y Guaicaipuro Lameda) no pasó de la etapa intermedia, ello no se debió a que el Dr. Brewer Carías se hubiera "dado a la fuga" como falsa y maliciosamente afirma el Estado, ni porque hubiese permanecido en el exterior con posterioridad, sino porque en el juez no consiguió celebrar esa la audiencia preliminar en los lapsos dispuestos por el COPP, sin relación alguna con la no presencia del Dr. Brewer Carías en el territorio venezolano.

191. Es oportuno reiterar adicionalmente que el Dr. Brewer Carías *salió lícitamente de Venezuela, pasando por los controles de inmigración y aduaneros del país, el 29 de septiembre de 2005 y no el 2 de junio de 2006* (fecha en que la Fiscal provisoria Sexta solicitó su privación de libertad) como lo afirma la Respuesta del Estado, para presentarlo maliciosamente como un fugitivo. La decisión de privación de libertad fue entonces efectivamente dictada no para impedir que el Dr. Brewer Carías saliera del país, sino para impedirle que regresara al país, pues si lo hacía perdía su libertad. Es decir, fue una medida dictada que no tenía por objeto buscar que compareciera a un proceso judicial pues el mismo nunca comenzó, ni nunca iba a comenzar como efectivamente ocurrió, y no precisamente a causa de su ausencia del país.

192. Nos permitimos, por otra parte, insistir ante esa honorable Comisión que la ausencia del Dr. Brewer Carías no fue óbice para que la audiencia preliminar pudiera tener lugar, como se firma en el párrafo 87 del Informe de Admisión. Pedimos a la CIDH que tenga presente que el proceso contra el Dr. Brewer Carías comprendía a otros tres acusados (Cecilia M. Sosa Gómez, José Gregorio Vásquez López y Guaicaipuro Lameda). La audiencia preliminar era *un solo acto para los cuatro acusados y ese acto jamás se celebró respecto de ninguno de ellos, por causas no imputables al Dr. Brewer Carías o a su ausencia.*

193. En efecto, la no celebración de esa audiencia nada tuvo que ver con la circunstancia de que el Dr. Brewer Carías se encontrara fuera del país *y así lo estableció expresamente el Juez 25 de Control.* Con motivo de una solicitud de uno de los coacusados en ese procedimiento, en decisión de fecha 20 de julio de 2007 **(Anexo 55)** el Juzgado 25 de Control se refirió al tema, en los términos siguientes:

> *En este sentido, en el caso de marras, el acto de la Audiencia Preliminar **no ha sido diferido por incomparecencia del ciudadano Alan (sic) R. Bruwer (sic) Carías**, al contrario los diversos diferimientos que cursan en las actas del presente expediente han sido en virtud de las numerosas solicitudes interpuestas por los distintos defensores de los imputados...* (Énfasis y subrayado agregados).

194. En esa misma decisión, el Juez hizo una detallada enumeración de las causas que, en su concepto, habían determinado el diferimiento de la audiencia preliminar, las cuales,

> *...han sido producto de las innumerables solicitudes de diferimientos por (sic) la propia defensa. En ese orden de ideas, el auto impugnado no niega el requerimiento solicitado por los recurrentes, solo indica el mo-*

*mento procesal en el cual el tribunal resolverá el mismo, por cuanto el presente proceso se encuentra en fase intermedia o preliminar sin causar ningún gravamen irreparable al imputado. **Siendo diferida en las últimas cinco oportunidades** en las siguientes fechas **07/11/06** vista la incomparecencia de los abogados defensores del imputado Guaicaipuro Lameda y visto asimismo la solicitud de diferimiento por los ciudadanos defensores privados de la ciudadana Cecilia Sosa Gómez hasta tanto la Sala 10 de la Corte de Apelaciones dicte decisión en cuanto al recurso de apelación interpuesto en fecha 08/08/2006, **13/12/06** solicitud de diferimiento de los Defensores Privados de la Ciudadana Cecilia Sosa Gómez hasta tanto no (sic) se pronuncie la Sala 10 de la Corte de Apelaciones, **23/01/07** Solicitud de Diferimiento de los Defensores Privados de la Ciudadana Cecilia Sosa Gómez hasta tanto no (sic) se pronuncie la Sala 10 de la Corte de Apelaciones, **23/02/07** diferimiento en virtud a la solicitud de fecha 22/02/07 interpuesta por los ciudadanos Defensores Privados de la Ciudadana Cecilia Sosa Gómez hasta tanto se resuelva la acumulación de los expedientes signados con los números 2J-369-05 y 1183-02, **26/03/07** solicitud realizada por los Defensores Privados de la Ciudadana Cecilia Sosa Gómez hasta tanto haya pronunciamiento en cuanto al Conflicto de No Conocer, y en relación al recurso de apelación interpuesto el día 21 de marzo de 2007, causales no imputables a este Despacho ni del ciudadano JOSÉ GREGORIO VÁSQUEZ L.* (**Anexo 55**).

195. Después de esa fecha (20 de julio de 2007), la audiencia preliminar fue diferida varias veces, por razones análogas, ***sin que ninguna de ellas tuviera relación con la ausencia física del Dr. Brewer Carías***,[121] es decir, dicha audiencia preliminar, convocada en sinnúmero de ocasiones, ***nunca tuvo lugar***, sin que la presencia o ausencia del Dr. Brewer Carías tuviera significación alguna a esos efectos. Por tanto, la circunstancia de que el Dr. Brewer Carías se hubiera encontrado fuera del país no es la causa de su incomparecencia a esa audiencia: ***nunca hubiera podido comparecer a una audiencia que nunca se realizó. Su ausencia fue irrelevante.*** Más aún, el Estado está impedido de invocar consecuencias desfavorables para el Dr. Brewer Carías por no haber comparecido a una audiencia que nunca tuvo lugar porque el aparato judicial no tuvo idoneidad para asegurar que la misma se celebrara en el tiempo y dentro de los plazos legalmente establecidos. *Nullus commodum capere de sua injuria propria.*

---

121 Hemos tratado de solicitar las copias de las actuaciones por las cuales se difirió la audiencia preliminar después del 20 de julio de 2007, pero no hemos podido ni tan siquiera hacer la solicitud de copias, porque el expediente **no está en la sede del Juzgado 25 de Control ni hay constancia en esa sede sobre dónde se encuentra**. Como se dijo *supra (*párr. 109), la defensa del Dr. Brewer Carías ha solicitado antes ese Juzgado que ubique y recupere el expediente. **Nos reservamos el derecho de suministrar la la CIDH esas copias, una vez que se remuevan los obstáculos que tenemos para obtenerlas y que son imputables al Estado.**

248

196. Por lo demás, en estricto derecho esa audiencia no puede ya realizarse, toda vez que por obra del Decreto-Ley de Amnistía de 31 de diciembre de 2007 los hechos que se imputaron al Dr. Brewer Carías fueron despenalizados, de tal modo que, de nuevo en estricto derecho, el proceso debió quedar extinguido para todos los procesados. El proceso se extinguió sin que la audiencia jamás se celebrara. El que se haya denegado la aplicación de esa amnistía al Dr. Brewer Carías es una nueva injuria al debido proceso que ya hemos denunciado en esta *Observaciones Finales* (*supra,* párr. 88 ss.).

197. Debemos adicionalmente recordar el agudo agravamiento de la situación del Dr. Brewer Carías cuando el gobierno venezolano, abusivamente, pretendió manipular los mecanismos de INTERPOL para perseguir *urbi et orbi* a este distinguido profesor universitario (*cfr.* **Escrito de Respuestas**, párrs. 31-51). El gobernó solicitó una orden de captura internacional, en contravención con el artículo 3 del Estatuto de INTERPOL, que prohíbe a la Organización *"toda actividad o intervención en asuntos de carácter político, religioso o racial"*. El delito imputado al Dr. Brewer Carías es un típico delito político puro,[122] por lo cual el requerimiento de captura a la INTERPOL era y es manifiestamente inconducente y abusivo.

198. Esta solicitud dio pie a cierto grado de acoso internacional contra el Dr. Brewer Carías, de lo que dimos cuenta en el aludido **Escrito de Respuestas**; y, adicionalmente, a la arbitraria y desmedida *Aclaratoria* (*supra,* párr. 148 ss.), que llegó al extremo de insinuar que el Dr. Brewer Carías estaría incurso en un complot para asesinar al Presidente de la República, lo que eleva tremendamente de grado la saña y la irresponsabilidad de sus perseguidores.

199. La orden judicial de detención preventiva tiene como origen la irresponsable omisión del mismo Juez de proveer a una solicitud, apegada a la Constitución, a la Convención y al COPP, de garantizar ser juzgado en libertad. La respuesta del Ministerio Público a la lista de quejas contenida en el

---

122 El tema de los delitos de naturaleza política se plantea con frecuencia en materia de extradición, asilo y refugio. En el ámbito interamericano, por ejemplo, el artículo IV de la Convención sobre Asilo Territorial (de 1954) establece, que *"la extradición no es procedente cuando se trate de personas que, con arreglo a la calificación del Estado requerido, sean perseguidas por delitos políticos o por delitos comunes cometidos con fines políticos, ni cuando la extradición se solicita obedeciendo a móviles predominantemente políticos"*. El problema fundamental, con relación a la aplicación de este principio, radica en determinar lo que ha de entenderse por delito político. Al respecto la doctrina distingue entre los **delitos políticos puros** que constituyen u*na ofensa o un atentado, por si mismos, contra la forma de organización política del Estado, o contra el orden constitucional o, en general contra los fines políticos del Estado,* que sería evidentemente el caso del delito arbitrariamente imputado al Dr. Brewer Carías; los **delitos políticos relativos,** que serian delitos comunes cometidos con un fin político; y los **delitos conexos con los delitos políticos** que son delitos comunes cometidos en el curso de delitos políticos y vinculados, por tanto, circunstancialmente con éstos. *Cfr.* ARTEAGA SÁNCHEZ, A.: *Derecho Penal Venezolano*, Octava Edición, McGraw-Hill 1997; págs. 63-64.

escrito de 10 de mayo de 2006 (**Anexo 50** y *supra,* párr. 184), tuvo como respuesta la orden de privación de libertad de alguien que se encontraba cumpliendo compromisos académicos en la Universidad de Columbia desde meses antes y cuya actuación en ese caso había sido de asidua y voluntaria comparecencia. La medida de privación judicial preventiva de libertad discriminatoria y desproporcionada fue, además, dictada en respuesta a un alegato de denuncia de sus derechos humanos. Se buscó detener, incluso a nivel internacional, a una persona que no ha sido declarada culpable de nada, para que permaneciera privada de su libertad durante el curso de un proceso que jamás se desarrolló por no haber tenido lugar la audiencia preliminar y no precisamente por haberse encontrado el profesor Brewer Carías en actividades académicas en el exterior.

200. Esto configura un nuevo ataque a la presunción de inocencia. La profesora Renée Koering-Joulin ha observado, con razón que *"un inculpado en libertad es sin duda considerado más inocente que un inculpado detenido."*[123] Para fraseándola, puede también afirmarse que un acusado en libertad es tenido como más inocente que un acusado contra el cual, en el mismo proceso, se ha dictado una medida privativa de libertad; y más aún si a ese acusado se le niega el beneficio de la amnistía que se ha concedido a otros acusados en un proceso. Todo converge, en fin, en la masiva violación de las garantías judiciales que hemos denunciado ante esa honorable Comisión Interamericana de Derechos Humanos.

201. Por todo ello, en las condiciones que ha debido encarar el Dr. Brewer Carías la masiva, reiterada y sistemática violación de las garantías procesales que, en el caso concreto, son la salvaguarda última de su libertad, *permanecer fuera del país y del alcance de sus perseguidores representa el ejercicio legítimo de un derecho*. El Dr. Brewer Carías tenía y tiene razones objetivas bastantes para fundar su total desconfianza en el sistema judicial al que se sometió su caso y se entregó la decisión sobre su libertad. La investigación dirigida por la Fiscal provisoria Sexta (y luego Fiscal General de la República) fue manifiestamente sesgada, como se mostró en la **Petición** (párrs. 102 ss.) y en las presentes *Observaciones Adicionales* (*supra,* párrs. 46 ss., 110 ss.); dentro de un marco de inestabilidad, provisionalidad y falta de independencia de los jueces que conocieron de su causa, pudo constatar como los únicos cuatro jueces que participaron en la toma de decisiones interlocutorias que podían considerarse como favorables a su casusa, fueron inmediatamente removidos; la denuncia por inconstitucionalidad que hizo de todas esas actuaciones irregulares se plasmó en un recurso de nulidad que nunca fue siquiera abierto a trámite. A este respecto, le resulta plenamente aplicable el concepto emitido por la Corte Europea en el caso *Fey v. Austria*:

---

123 Véase KOERING-JOULIN, Renée, "La présomption d'innocence, un droit fondamental? Rapport introductif", en el libro del Centre Français de Droit Comparé/ Ministère de la Justice, *La présomption d'innocence en droit comparé*, Société de Législation Comparée, Paris 1998, p. 26.

*... debe determinarse, puesta aparte la conducta personal del juez, si existen actos identificables que puedan suscitar dudas sobre su imparcialidad. A este respecto incluso las apariencias pueden tener cierta importancia. Lo que está en juego es la confianza que los tribunales en una sociedad democrática deben inspirar en el público y, **sobre todo, en la medida en que los procesos penales están involucrados, del acusado.** Esto implica que al decidir si un juez en particular carece de imparcialidad, el punto de vista del acusado es relevante pero no decisivo. Lo que es determinante es si ese temor puede sustentarse como objetivamente justificado.*[124]

202. El Dr. Brewer Carías tuvo y tiene sobradas razones objetivas para temer que no estaba siendo procesado imparcialmente, sino que estaba, como lo está, sometido más a una parodia judicial destinada desde el principio a condenarlo, que ante un proceso judicial donde las garantías que se deben al acusado son respetadas. Hallándose en entonces en estado de completa indefensión, era en definitiva *la única persona que podía velar por su propia seguridad y libertad personal*, manteniendo su alejamiento del territorio de Venezuela. No tendrá objeción ni reparo en comparecer ante autoridades fiscales y judiciales imparciales e independientes para esclarecer y contradecir rotundamente las absurdas acusaciones que se han hecho en su contra, el día en que sea razonable esperar que los tribunales venezolanos tengan la independencia necesaria para garantizar el debido proceso; pero sería insensato e irrazonable que, en las circunstancias actuales, que son precisamente las que nos han llevado a elevar su caso a esa honorable Comisión, se le imponga un agudo agravamiento de la violación de sus derechos humanos que ya padece, para someterse a los dictados de una justicia que actúa bajo la presión de un gobierno arbitrario y a la privación de su libertad en condiciones que pondrían en peligro no sólo su libertad, sino su integridad personal y su vida misma.

203. Ahora, como se deduce de toda la actuación del Ministerio Público en este caso y como quedó explícitamente plasmado en la Respuesta del Estado, sus garantías judiciales no serán reconocidas mientras no se entregue a sus perseguidores y éstos lo tengan entre rejas.

204. Invocamos a este respecto los estándares del derecho internacional de los derechos humanos en relación con la no comparecencia personal al

---

124 CEDH, *Case of Fey vs. Austria. (Application no. 14396/88)*. Judgment of 24 February 1993; párr. 30. Traducción nuestra: *"...it must be determined whether, quite apart from the judge's personal conduct, there are ascertainable facts which may raise doubts as to his impartiality. In this respect even appearances may be of a certain importance. What is at stake is the confidence which the courts in a democratic society must inspire in the public and, above all, as far as criminal proceedings are concerned, in the accused. This implies that in deciding whether in a given case there is a legitimate reason to fear that a particular judge lacks impartiality, the standpoint of the accused is important but not decisive. What is determinant is whether this fear can be held to be objectively justified."*

juicio de quien está procesado penalmente. Conforme a esos estándares, si bien es admisible un grado apropiado de coerción para que el procesado se presente ante el tribunal de la causa, es ilegítimo imponer sanciones desproporcionadas o irrazonables a quien no comparezca, particularmente si su comparecencia comporta su encarcelamiento. Por ejemplo, en relación con la denegación del recurso de casación en virtud de una ley interna (francesa) que prohibía oírlo a favor de un procesado al que pudiera considerarse fugitivo, la Corte Europea de Derechos Humanos determinó lo siguiente:

> *La Corte no puede sino constatar que la inadmisibilidad de un recurso de casación fundada únicamente, como en el presente caso, en **que el recurrente no se ha entregado como prisionero en ejecución de la decisión judicial impugnada mediante ese recurso, constriñe al interesado a infligirse a sí mismo por anticipado la privación de libertad resultante de la decisión impugnada, a pesar de que esa decisión no puede ser considerada como definitiva** hasta que el recurso no haya sido definido o hasta que no haya transcurrido el lapso para interponerlo.*
>
> ***Se atenta sí contra la esencia misma del derecho a recurrir, imponiendo al recurrente una carga desproporcionada...***[125] (Énfasis y subrayados agregados).

205. En un caso precedente, relativo a la misma ley interna, la Corte Europea había concluido que,

> *La Corte considera que la inadmisibilidad de un recurso de casación por razones vinculadas con la fuga del recurrente, también configura una **sanción desproporcionada**, teniendo presente la función primordial*

---

125 CEDH, *Case of Guérin v. France (51/1997/835/1041)*. Judgment of 29 July 1998, párr. 43. Traducción nuestra: *"The Court can only note that, where an appeal on points of law is declared inadmissible solely because, as in the present case, the appellant has not surrendered to custody pursuant to the judicial decision challenged in the appeal, this ruling compels the appellant to subject himself in advance to the deprivation of liberty resulting from the impugned decision, although that decision cannot be considered final until the appeal has been decided or the time-limit for lodging an appeal has expired.[ ] This impairs the very essence of the right of appeal, by imposing a disproportionate burden on the appellant...*** *"La Cour ne peut que constater que l'irrecevabilité d'un pourvoi en cassation, fondée uniquement, comme en l'espèce, sur le fait que le demandeur ne s'est pas constitué prisonnier en exécution de la décision de justice faisant l'objet du pourvoi, contraint l'intéressé à s'infliger d'ores et déjà à lui-même la privation de liberté résultant de la décision attaquée, alors que cette décision ne peut être considérée comme définitive aussi longtemps qu'il n'a pas été statué sur le pourvoi ou que le délai de recours ne s'est pas écoulé.[ ] On porte ainsi atteinte à la substance même du droit de recours, en imposant au demandeur une charge disproportionnée..."* En idéntico sentido: CEDH, *Case of Omar v. France (43/1997/827/1033)*. Judgment of 29 July 1998, párr. 40.

*que **los derechos de la defensa y el principio de preeminencia del derecho cumplen en una sociedad democrática**.*[126] (Énfasis agregado).

206. Condicionar las garantías judiciales a la entrega del perseguido a sus perseguidores es ilegítimo: *"constreñir al interesado a infligirse a sí mismo por anticipado la privación de la libertad resultante de la decisión atacada, cuando esa decisión no puede considerarse como definitiva [...] impone una carga desproporcionada..."*[127]

207. Por último, en nuestros escritos anteriores hicimos referencia al principio de *ius cogens* de no devolución o *non refoulement*, para expresar que sería contrario a los fundamentos de ese principio de derecho internacional que se impusiera al Dr. Brewer Carías entregarse a sus perseguidores como condición para tener una esperanza (falsa e ilusoria por demás) de acceder a un proceso penal con las garantías propias de una sociedad democrática. La Comisión, en su Informe de Admisión, indicó que el Dr. Brewer Carías no se encuentra en el exterior como refugiado (párr. 90) y eso es cierto. Pero, aunque nacido en el derecho de refugiados, creemos que el *non-refoulement* es una institución humanitaria de alcance más general, por lo demás plasmado en el artículo 22(8) de la Convención:

> *En ningún caso el extranjero puede ser expulsado o devuelto a otro país, sea o no de origen, donde su derecho a la vida o a **la libertad personal** está en riesgo de violación a causa de raza, nacionalidad, religión, condición social o **de sus opiniones políticas**.* (Énfasis agregados).

V. VIOLACIONES A LA LIBERTAD DE EXPRESIÓN (CADH, ART. 13)

208. Según el artículo 13 de la Convención, la libertad de expresión *"comprende la libertad de buscar, recibir y difundir informaciones e ideas de toda índole"* y las limitaciones legítimas a ese derecho deben contraerse a *"responsabilidades ulteriores, las que deben estar expresamente fijadas por la ley y ser necesarias para asegurar: a) el respeto a los derechos o a la reputación de los demás, o b) la protección de la seguridad nacional, el orden público o la salud o la moral públicas."*

---

126 CEDH, *Case of Poitrimol v. France (Application no. 14032/88).* Judgment of 23 November 1993, párr. 38. Traducción nuestra: *"The Court considers that the inadmissibility of the appeal on points of law, on grounds connected with the applicant's having absconded, also amounted to a disproportionate sanction, having regard to the signal importance of the rights of the defence and of the principle of the rule of law in a democratic society."* *** *"La Cour estime que l'irrecevabilité du pourvoi, pour des raisons liées à la fuite du requérant, s'analysait elle aussi en une sanction disproportionnée, eu égard à la place primordiale que les droits de la défense et le principe de la prééminence du droit occupent dans une société démocratique."*

127 CEDH, *Case of Guérin v. France, cit.,* párr. 43; CEDH, *Case of Omar v. France, cit.,* párr. 40.

209. Por su parte, el artículo 19 de la Declaración Universal de los Derechos Humanos expresamente estipula que el derecho de libertad de expresión *"incluye el de no ser molestado a causa de sus opiniones"*; y el artículo 19(1) del Pacto Internacional de Derechos Civiles y Políticos determina igualmente que *"(n)adie podrá ser molestado a causa de sus opiniones."* Estas estipulaciones explícitas son claramente complementarias del artículo 13 de la Convención y sirven para su interpretación conforme a los párrafos b) y d) del artículo 27 de la Misma Convención.

210. El Dr. Brewer Carías ha sido disidente visible y creíble desde el inicio de la política autoritaria del gobierno actual de Venezuela, lo que es un hecho notorio que ya expusimos en la **Petición** (*cfr*. **párrs. 16 ss.**) Ha ejercido su libertad de expresión garantizada por el artículo 13 de la Convención Americana, de manera pública y reiterada, en contra de tales políticas. Fue uno de tan sólo cuatro miembros que lograron ser elegidos a la Asamblea Nacional Constituyente (1999-2000), compitiendo con éxito contra candidatos del sector oficial (*cfr*. **Petición, párrs. 18, 19**). En ejercicio de su mandato como constituyente, él votó en contra del proyecto constitucional, y luego hizo campaña pública en contra de su aprobación por referéndum popular.

211. El Dr. Brewer Carías también ejerció su derecho a expresarse libremente, como ciudadano y como abogado, al manifestar su opinión crítica sobre el decreto del 12 de abril (adversa por demás), a la consulta que le formuló el Sr. Pedro Carmona, auto declarado jefe del llamado "gobierno de transición" de abril de 2002, para lo cual se le trasladó a la Comandancia General del Ejército, en el Fuerte Tiuna de Caracas, en la noche del 11 al 12 de abril de 2002, a pedido del Sr. Carmona y en el vehículo de éste (*cfr*. **Petición, párrs. 22, 103 ss., 91** y *supra*, párr. 8). Algunos periodistas especularon la presencia del Dr. Brewer Carías en esos lugares y publicaron su opinión vinculándolo erróneamente con la concepción de aquellos acontecimientos, como autor o coautor del nombrado decreto del llamado gobierno de transición democrática. El Dr. Brewer Carías, como persona de figuración pública y ex constituyente, se apresuró a desmentir esos rumores y opiniones. (*cfr*. **Petición, párrs. 22, 24** y *supra*, párr. 9). Fue entrevistado asimismo en aquellos días por varios medios de comunicación, entrevistas en las que expresó sus críticas al gobierno del Presidente Chávez, el cual, en su opinión, había cometido también graves abusos contra la Constitución y las instituciones democráticas venezolanas. ***Todo dentro de los cánones y estándares de la libertad de expresión, dentro de una sociedad democrática.***

212. Como expusimos en la **Petición**, el Gobierno no tenía el menor interés en el esclarecimiento de la verdad de aquel debate público, expuesta sin demora en declaraciones del mismo Dr. Brewer Carías y corroborada por todos los demás testigos competentes, incluso el mismo Sr. Carmona (*cfr*. **Petición, párrs. 75, 93, 103, 104**). El Gobierno y sus dependencias en la fiscalía y los tribunales querían aprovecharse de la mera presencia del Dr. Brewer Carías en el edificio donde estuvo el Sr. Carmona, como pretexto suficiente para, por fin, silenciar la voz de un disidente importante, acusándolo de golpista. Adicionalmente, en un claro y desmedido abuso en la utilización de opiniones libremente expresadas, se construyó la especie del llamado *hecho notorio comunicacional*, para imponer al Dr. Brewer Carías la carga de desvirtuar esas opiniones, invirtiendo así ilegítimamente la presunción de inocencia (*cfr.* **Petición, párrs. 63-71** y *supra*, párrs. 10, 112, 114, 116).

213. En el escrito de acusación fiscal **(Anexo 48)**, el Ministerio Público fue mucho más lejos, *pues se valió de declaraciones públicas del Dr. Brewer Carías, críticas respecto de los numerosos abusos de poder del gobierno venezolano, para construir supuestos "elementos de convicción" de su participación en una conspiración para cambiar violentamente la Constitución, lo que constituye un castigo por sus ideas u opiniones, prohibido por la Convención y por los estándares de la libertad de expresión en una sociedad democrática.*

214. En efecto, como lo acabamos de indicar, el Dr. Brewer Carías concedió varias entrevistas durante los días 11, 12 y 13 de abril de 2002, entre ellas las realizadas por el diario *El Nacional* de Caracas y las estaciones de televisión *Televen* y *CMT*. En dichas entrevistas se analizaron los acontecimientos de entonces y el Dr. Brewer Carías manifestó su opinión sobre lo que había sido, a lo largo del mandato del Presidente Hugo Chávez Frías, una práctica reiterada de abusos de poder y de militarización del Estado, incluidas las violaciones a la libertad de expresión. Igualmente, destacó las violaciones a los artículos 3 y 4 de la Carta Democrática Interamericana, y aludió al derecho de todo ciudadano a la desobediencia civil, dentro de los términos pautados y autorizados por el artículo 350 de la Constitución de la República Bolivariana de Venezuela.[128]

215. Por Ejemplo, el día 12 de abril de 2002, en un programa de opinión de la televisora *CMT*, de Caracas, el Dr. Brewer Carías expresó:

> ... *en una fase de desobediencia civil, que es lo que está garantizado en el artículo 350, de manera que no hay nada ilegitimo, ni nada inconstitucional, ni en un paro de 24 horas, ni 48 horas, ni en una huelga general indefinida, es una manifestación general que garantiza la Constitución, es una manifestación general que garantiza la constitución ...(omissis) ... todo esto es una manifestación pacífica que es lo más importante, que es la característica de la desobediencia civil, que es un acto cívico, del pueblo en general, es colectivo, es no violenta, es pacifica, de protesta y de desconocimiento, de hecho, por eso es un paro o una huelga general a un régimen que está al margen del sistema democrático ...*"[129]

---

128 **Artículo 350.** *El pueblo de Venezuela, fiel a su tradición republicana, a su lucha por la independencia, la paz y la libertad, desconocerá cualquier régimen, legislación o autoridad que contraríe los valores, principios y garantías democráticos o menoscabe los derechos humanos.*

129 Transcripción del escrito de acusación fiscal **(Anexo 48)**, p. 8.

216. A renglón seguido, en la acusación se expresa:

*... con certeza es lo mismo que transcribió y expresó al periodista **EDGAR LÓPEZ**, en la entrevista publicada en el diario El Nacional, el día sábado 13 de abril de 2002, **"Carta Interamericana Democrática fundamenta el gobierno de Transición"**, y exactamente igual al contenido del decreto de facto puesto en vigencia el 12 de abril de 2.002.*[130] (Énfasis del original, subrayado agregado).

217. En una entrevista con el periodista Edgard López, publicada en el diario *El Nacional* de Caracas, el Dr. Brewer Carías expresamente declaró que *"su intervención se limitó a dar opiniones sobre aspectos estrictamente jurídicos del proceso de transición que se ha iniciado"*, y opinó nuevamente sobre la desobediencia civil prevista en el artículo 350 de la Constitución. En ese reportaje se incluyó una afirmación según la cual *"la disolución de los poderes constituidos es una manifestación de ese derecho a la desobediencia civil...*[131]

218. Maliciosamente, la Fiscal acusadora omitió toda valoración a la aclaración de esa expresión suministrada por el mismo periodista López en su declaración ante la Fiscalía:

8) ¿Diga Usted si la frase "la legitimidad del Ejecutivo provisional proviene del ejercicio del derecho a la desobediencia civil que generó la defenestración de Chávez" provino de una expresión del Dr. Allan Brewer-Carías o más bien es autoría del periodista como parte del título de su reseña?

*Contestó: **Es autoría del periodista** como parte del título de su reseña.*[132] (Énfasis y subrayado añadidos).

219. Por tanto, no sólo se utilizó lo que opinó el Dr. Brewer Carías para castigarlo, sino que se lo castigó por expresiones de las cuales la Fiscalía tenía conocimiento pleno de que no era él el autor, sino que provenían del periodista que firmaba el reportaje.

220. Porque de esas expresiones, la acusadora concluyó lo que sigue:

---

130 *Ibíd.*

131 *Ibíd.*, p. 32.

132 *DECLARACION DE EDGAR LOPEZ*, Folio 259. 21.04.05 *Entrevista a Edgar López.* También se omitió toda valoración, por ejemplo, al particular 11 de ese interrogatorio: *"11) ¿Diga Usted si en esa llamada Allan Brewer-Carías **le manifestó que no estaba de acuerdo** con la disolución de la Asamblea Nacional, ni con la destitución de los Magistrados del Tribunal Supremo, **ni con ninguna otra decisión que significara la ruptura del hilo constitucional? Contestó: Si.**"* (Énfasis y subrayado añadidos). Es una muestra más de la palpable manipulación del acervo probatorio por la Fiscal Ortega Díaz.

*Es prueba de que el ciudadano **ALAN RANDOLPH BREWER CA-RIAS**, justifica y fundamenta la elaboración y vigencia del decreto referido con base al artículo 350 de la Constitución de la República Bolivariana de Venezuela, como es la Desobediencia Civil, y que era un hecho notorio comunicacional que es el arquitecto jurídico del nuevo régimen de facto que se fundamentó en el decreto. Es prueba que es uno de los co redactores del "Decreto de Constitución de un Gobierno de Transición Democrática y Unidad Nacional", de su acuerdo de los postulados plasmados en el decreto al señalar que la disolución de los poderes legítimamente constituidos, lo que se traduce en una conspiración para cambiar violentamente la constitución. Y sobre todo, ES PRUEBA QUE LO EXPRESADO POR EL IMPUTADO, CIUDADANO ALAN RANDOLPH BREWER CARIAS, ES EXACTAMENTE IGUAL AL CONTENIDO DEL DECRETO DE CONSTITUCIÓN DE UN GOBIERNO DE TRANSICIÓN Y UNIDAD NACIONAL.*[133] *(*Énfasis y mayúsculas del original, subrayados añadidos).

221. En una entrevista en la televisora *Televen*, de Caracas, el 11 de abril de 2002, al referirse a los paros convocados por el sector laboral y el sector empresarial en aquella fecha, el Dr. Brewer Carías manifestó que esto *"ya es una manifestación de desobediencia civil"*,[134] de donde el Ministerio Público concluye:

La afirmaciones *son prueba* de que el imputado conspiró para cambiar violentamente la Constitución, que es co redactores del decreto, que las afirmaciones hechas por el imputado en el programa televisivo hace referencia precisamente al contenido del decreto por él redactado.[135] (Subrayado agregado).

222. En el mismo escrito de acusación fiscal se reitera luego varias veces que esas opiniones "prueban" que el Dr. Brewer Carías fue redactor o co redactor del aludido decreto, pues lo allí expresado por él, *es igual a lo explanado en el decreto de facto antes mencionado."*[136]

223. La lectura de la Fiscal provisoria Sexta es falaz y sesgada, pues no es cierto que exista la plena coincidencia que ella afirma, ni puede haberla toda vez que tampoco es cierto que todo lo publicado haya sido expresado por el Dr. Brewer Carías, sino que resultó de la autoría del periodista, que la acusación maliciosamente omitió señalar. En todo caso, esos aspectos entran a lo que es materia de interpretación de las opiniones del Dr. Brewer Carías, de modo que termina siendo enteramente irrelevante a la luz de la dinámica de la opinión pública en una sociedad democrática. ¿Qué significaría esa coinci-

---

133 *Ibíd.*
134 *Ibíd.*, p. 82.
135 *Ibíd.*
136 *Ibíd.*, pp. 142 y 150.

dencia si existiera? En las opiniones vertidas después de conocido el nombrado decreto, es normal que haya coincidencia al referirse a un texto difundido y, en lo que se refiere a opiniones vertidas con anterioridad al 12 de abril, en el peor de los casos, fue quien redactó ese documento, quien quiera haya sido, el que pudo considerar útil para el indebido fin que perseguía, utilizar las opiniones que difundió el Dr. Brewer Carías por los medios de comunicación, en pleno ejercicio de la libertad de expresión, entre las que se encuentran las vertidas en su estudio sobre *La democracia venezolana a la luz de la Carta Democrática Interamericana y el principio de la desobediencia civil*, enero 2002 **(Anexo 40)**.

224. ¿Es legítimo criminalizar al Dr. Brewer Carías por esas opiniones? De acuerdo con la Convención, es obvio que tal criminalización es ilegítima, pues no cabe en ninguna de las limitaciones a la libertad de expresión autorizadas por el artículo 13. En Venezuela no existe una ley que haya establecido responsabilidades ulteriores para quien opina por el uso que hagan terceros de sus opiniones, y de haberla sería ilegítima. Pero el hecho es que semejante castigo por el uso que pueda darse a las opiniones no está establecido en ninguna ley que determine *"responsabilidades ulteriores"* para el opinante.

225. El caso del Dr. Brewer Carías es paradigmático en el castigo a la libertad de opinión, comprendida en la libertad de expresión en el artículo 13 de la Convención, pero tratada separadamente el la Declaración Universal de los Derechos Humanos y en el Pacto Internacional de Derechos Civiles y Políticos (*"(n)adie podrá ser molestado a causa de sus opiniones"*), texto con respecto al cual el Comité de Derechos Humanos ha subrayado que *"(s)e trata de un derecho para el que el Pacto no admite excepciones ni restricciones."*[137]

226. Como es bien sabido por esa honorable Comisión, la intolerancia por la opinión ajena ha sido una característica de marca el actual régimen político venezolano. Ella ha podido verificarlo en sus Informes, tanto anuales como el especialmente dedicado a la situación de los derechos humanos en el país, e igualmente en el trámite de numerosas peticiones y solicitudes de medidas provisionales que ha tramitado ante la Corte, incluyendo dos casos (*Gabriela Perozo y Otros* y *Luisiana Ríos y Otros*) que llevó ante la Corte, recibiendo en ambos Venezuela una condena por violación del artículo 13 de la Convención. Actualmente, en Venezuela se califica a la disidencia de conspiración, los adversarios del régimen son tratados como enemigos del Estado y hasta "traidores a la patria". Se sataniza la opinión adversa. Un cuadro que invita a una breve digresión literaria para evocar el *dictum* que Antonio Machado puso en boca de uno de los discípulos de Juan de Mairena, su maestro imaginario:

---

137 CDH, *Observación General* N° 10, en *Observaciones Generales... cit.*, párr.1, p. 150.

-Continúe usted, señor Rodríguez, desarrollando el tema.

*-En una república cristiana -habla Rodríguez en clase de oratoria-democrática y liberal conviene otorgar al Demonio carta de naturaleza y de ciudadanía, obligarle a vivir dentro de la ley, prescribirle deberes a cambio de concederle sus derechos, sobre todo el específicamente demoníaco: el derecho a la emisión del pensamiento. Que como tal Demonio nos hable, que ponga cátedra, señores. No os asustéis. **El Demonio, a última hora no tiene razón; pero tiene razones. Hay que escucharlas todas.**[138] (Énfasis y subrayado agregados).*

227. Las razones que expresó el Dr. Brewer Carías, en su crítica a un régimen político que considera (con muy buenos argumentos, sea dicho de paso) como apartado de los valores democráticos universalmente reconocidos y recogidos en los artículos 3 y 4 de la Carta Democrática Interamericana, sólo fueron escuchadas para criminalizarlas. Hablaba un profesor universitario, un reconocido constitucionalista, no el Demonio de Machado. Pero sus opiniones sí fueron demonizadas para perseguirlo como un delincuente e imponerle el exilio forzoso que padece desde hace más de cuatro años. Pedimos a la Comisión Interamericana de Derechos Humanos la justicia que se le deniega en el sumiso sistema judicial nacional.

VI. PETITORIO

228. Como consecuencia de todo lo anteriormente expuesto, los peticionarios solicitan a la Comisión Interamericana de Derechos Humanos:

1. Que declare que la República Bolivariana de Venezuela violó los derechos contenidos en los artículos, 8, numerales 1 y 2, y sus párrafos c y f; 25 y 13 de la Convención Americana sobre Derechos Humanos, todas en relación con los artículos 1.1 y 2 de la misma, en perjuicio del Dr. Allan Brewer Carías.

2. Que declare que los procedimientos seguidos en contra del Dr. Brewer Carías carecen de efectos jurídicos y que, por lo tanto, la orden de detención preventiva en su contra debe ser suprimida de inmediato.[139]

3. Que se recomiende al Estado venezolano que investigue la violación de los derechos del Dr. Allan Brewer Carías y se determinen las responsabilidades de los perpetradores.

4. Que se imponga al Estado de Venezuela la obligación de reparar integralmente los daños, conforme al derecho internacional, lo que in-

---

138 Machado, A: "Juan de Mairena. Sentencias, donaires, apuntes y recuerdos de un profesor apócrifo," en *Obras Poesía y Prosa,* Edición reunida por Aurora de Albornoz y Guillermo de Torre. Editorial Losada. Buenos Aires, 1964, p. 353

139 Véase la recomendación de la Comisión en el *Caso Figueredo Planchart vs. Venezuela, cit.,* párr. 159, Recomendación VII.1.

cluye los daños materiales e inmateriales que ha sufrido el Dr. Brewer Carías en virtud de la violación de sus derechos, incluyendo las costas de los abogados que actuaron ante los órganos nacionales y los internacionales y los costos en los que ha incurrido por el exilio forzoso al que se ha visto sometido como consecuencia de la violación de sus garantías judiciales y a la protección judicial. La totalidad de estas indemnizaciones será donada para la creación de un fondo que permita llevar casos de violaciones de derechos humanos contra disidentes democráticos en Venezuela y en otros países de América Latina que, como el Dr. Brewer Carías, sean objeto de hostigamiento por parte del sistema de justicia o por otras vías.

5. Que "se tomen todas las medidas necesarias para que cese la campaña de persecución, difamación y hostigamiento"[140] en su contra y que, en consecuencia, se proceda a cerrar de inmediato el proceso contra el Dr. Brewer Carías.

6. Que es Estado y sus altas autoridades realicen "un acto de disculpa pública y reconocimiento de responsabilidad internacional."[141]

7. Que se adopten las modificaciones necesarias en el ordenamiento jurídico venezolano a fin de que se incorporen y garanticen efectivamente las disposiciones de la Convención Americana sobre debido proceso y protección judicial en el orden interno de Venezuela, con el objeto de asegurar la existencia de un poder judicial independiente e imparcial que dé pleno cumplimiento a las garantías del debido proceso establecidas en dicho tratado.

8. En caso de que el Estado no cumpliera con las recomendaciones de la Comisión, se solicita que el caso sea sometido a la Corte Interamericana de Derechos Humanos.

Es Justicia, que demandamos en Washington DC, Estados Unidos de América, sede de la Comisión Interamericana de Derechos Humanos.

Pedro Nikken

---

140 CIDH, *Caso Gallardo vs. México,* N° 43/96, caso 11.430, 15 de octubre de 1996, párr. 118.

141 Corte IDH: *Caso Vargas Areco vs. Paraguay.* Sentencia de 26 de septiembre de 2006. Serie C N° 155; párr. 176.10.

APÉNDICE 2:

INFORME N° 171/11 DE LA COMISIÓN INTERAMERICANA DE DERECHOS HUMANOS DE FECHA 7 DE MARZO DE 2012 RENDIDO CONFORME AL ARTÍCULO 50 DE LA CONVENCIÓN AMERICANA PARA EL SOMETIMIENTO DEL CASO ANTE LA CORTE INTERAMERICANA DE DERECHOS HUMANOS

OEA/Ser.L/V/II, 143

Doc. 55

3 noviembre 2011

Original: Español

143° período ordinario de sesiones

INFORME N° 171/11[1]

CASO 12.724

INFORME DE FONDO

ALLAN R. BREWER CARÍAS

VENEZUELA

Aprobado por la Comisión en su sesión N° 1891

celebrada el 3 de noviembre de 2011

---

1   Véase en: http://www.oas.org/es/cidh/decisiones/corte/12.724FondoEsp.doc. Conforme a lo dispuesto en el artículo 17.2 del Reglamento de la Comisión, la Comisionada Luz Patricia Mejía Guerrero, de nacionalidad venezolana, no participó en el debate ni en la decisión del presente caso.

I. RESUMEN

1. El 24 de enero de 2007 la Comisión Interamericana de Derechos Humanos (en adelante también "la Comisión"' o "la CIDH") recibió una petición presentada por Pedro Nikken, Helio Bicudo, Claudio Grossman,. Juan E, Méndez, Douglass Cassel y Héctor Faúndez Ledesma (en adelante "los peticionarios"), en la cual se alega que la República Bolivariana de Venezuela (en adelante "el Estado") es responsable por la persecución política del abogado constitucionalista Allan R. Brewer Carías (en adelante "la presunta víctima"') en el marco de un proceso judicial en su contra por el delito de conspiración para cambiar violentamente la Constitución, en el contexto de los hechos ocurridos entre el 11 y el 1 3 de abril de 2002.

2. El 8 de septiembre de 2009 la Comisión declaró admisible el reclamo sobre la presunta violación de los derechos protegidos en los artículos 2, 8, 13 y 25 de la Convención Americana sobre Derechos Humanos (en adelante "la Convención Americana" o "la Convención") en relación con las obligaciones establecidas en su artículo 1.1.

3. En la etapa de fondo, los peticionarios alegaron que el Estado es responsable por la violación de los artículos 2, 8, 13 y 25 de la Convención en relación con las obligaciones establecidas en su artículo 1.1, en perjuicio de Allan R, Brewer Carías, Por su parte, el Estado, sostuvo que no es responsable por las violaciones alegadas dado que Allan Brewer Carías sé encuentra prófugo, razón por la cual no se puede continuar con el proceso penal en el que podría interponer recursos internos en defensa de sus derechos.

4. Tras analizar los fundamentos de hecho y de derecho presentados por las partes, la Comisión concluye que el Estado es responsable por la violación de los artículos 8 y 25 de la Convención Americana, en relación con las obligaciones establecidas en sus artículos 1.1 y 2, en perjuicio de Allan R. Brewer Cartas y que no es responsable por la violación del artículo 13 del mismo instrumento.

II. TRÁMITE ANTE LA COMISIÓN POSTERIOR AL INFORME DE ADMISIBILIDAD Nº 97/09

5. Tras completar el trámite de admisibilidad de la petición Nº 84/07 la Comisión declaró la petición admisible mediante la adopción del Informe 97/09[2] Seguidamente, de conformidad con lo previsto en el artículo 37.2 de su Reglamento vigente, procedió a registrar la petición bajo el número de caso 12.724. El Informe 97/09 fue notificado a ambas partes mediante comunicación de fecha 25 de septiembre de 2009. En esa oportunidad, la Comisión solicitó a los peticionarios que presentaran sus alegatos sobre el fondo del asunto, dentro del plazo de dos meses establecido en el artículo 38.1 de su

---

2   CIDH, Informe Nº 97/09, Petición 84-07, Admisibilidad, Allan R. Brewer Carías, Venezuela, 8 de septiembre de 2009.

Reglamento vigente, y ofreció sus buenos oficios para una posible solución amistosa.

6.   El 23 de octubre de 2009 los peticionarios manifestaron su disposición a aceptar el ofrecimiento de la Comisión respecto del procedimiento de solución amistosa, escrito que fue trasladado al Estado con un mes de plazo para sus observaciones el 28 de octubre de 2009, El 17 y 30 de noviembre de 2009 e! Estado y los peticionarios, respectivamente, presentaron sus alegatos sobre el fondo, El Estado no se pronunció sobre el procedimiento de solución amistosa. El 8 de diciembre siguiente el escrito de los peticionarios fue trasladado al Estado para la presentación de sus observaciones dentro de un plazo de dos meses. El 17 de febrero de 2010 el Estado presentó observaciones adicionales, Los escritos estatales de 17 de noviembre de 2009 y 17 de febrero de 2010 fueron trasladados a los peticionarlos el 19 de febrero de 2010 para sus observaciones. Asimismo, el 19 de febrero la CIDH trasladó, para las observaciones del Estado, un escrito presentado por los peticionarios el 1 8 de febrero de 2010.

7.   El 8 de abril de 2010 los peticionarios presentaron observaciones adicionales, las que fueron trasladadas al Estado para su conocimiento el 9 de abril de 2010. El 5 de mayo de 2011 los peticionarios enviaron información adicional, la cual fue trasladada al Estado para su conocimiento el 10 de mayo siguiente.

III. POSICIONES DE LAS PARTES SOBRE EL FONDO

A.   Posición de los peticionarios

1.   Contexto

8.   Los peticionarios alegan que entre diciembre de 2001 y abril de 2002 se produjo una intensa movilización social de protesta contra diversas políticas del Gobierno del Presidente Hugo Chávez Frías. Indican que el 11 de abril de 2002 los comandantes de la Fuerza Armada manifestaron desconocer la autoridad del Presidente de la República, y al día siguiente el General Lucas Rincón informó a la población que se solicitó al Presidente de la República la renuncia a su cargo, la cual aceptó.

9.   Los peticionarios alegan que en la madrugada del 12 de abril de 2002 Pedro Carmona Estanga, uno de los líderes de las protestas civiles, se comunicó con Allan Brewer Carías[3] y envió un vehículo para que lo recogiera en su residencia. Indican que Brewer Carías fue llevado al "Fuerte Tiuna", sede del Ministerio de Defensa y de la Comandancia General del Ejército.

---

3   Los peticionarios señalan que Allan Brewer Carías es un jurista de conocida trayectoria en el derecho constitucional, la defensa de la democracia, el Estado de Derecho, los derechos humanos y que había manifestado fuertes críticas frente a una serie de decisiones adoptadas mediante decretos del Poder Ejecutivo en Venezuela.

Indican que allí fue recibido por dos abogados que le mostraron un borrador del decreto, más tarde conocido como el "Decreto Carmona", mediante el cual se ordenaba la disolución de los poderes públicos-y el establecimiento de un "gobierno de transición democrática".

10.   Sostienen que hacia el mediodía Allan Brewer Carías se trasladó al Palacio de Miraflores para manifestar personalmente a Carmona Estanga su rechazo al documento por apartase del constitucionalismo y violar la Carta Democrática Interamericana. indican que, sin embargo, debió hacerlo por teléfono. Ese mismo día, Pedro Carmona Estanga habría anunciado la disolución de los poderes públicos y el establecimiento de un "gobierno de transición democrática", entre otras medidas. Señalan que el anuncio de "golpe contra la Constitución" provocó reacciones que condujeron a la reinstalación de Hugo Chávez en la Presidencia de la República, el 13 de abril de 2002.

11.   Señalan que posteriormente, los medios de comunicación especularon sobre la presencia de Allan Brewer Carías durante la madrugada del 12 de abril de 2002 en "Fuerte Tiuna" y lo señalaron como autor intelectual o redactor del llamado "Decreto Carmona". Indican que dichas especulaciones fueron desmentidas públicamente por Allan Brewer Carías[4],

12.   Manifiestan que la Asamblea Nacional designó una "Comisión Parlamentaria Especial para investigar los sucesos de abril de 2002". En su informe de agosto de 2002 esta Comisión Especial habría exhortado al Poder Ciudadano a investigar y determinar las responsabilidades de ciudadanos "quienes, sin estar investidos de funciones púbicas, actuaron en forma activa y concordada en la conspiración y golpe de Estado", La lista de ciudadanos a ser investigados incluiría a Allan Brewer Carías "por estar demostrada su participación en la planificación y ejecución del Golpe de Estado",

2.   Hechos alegados en relación con el proceso judicial

13.   Los peticionarios alegan que entre el 2002 y el 2005 al menos cuatro fiscales provisorios investigaron los hechos que rodearon la redacción del "Decreto Carmona", entre otros hechos relacionados con los eventos que se produjeran entre el .11 y el 13 de abril de 2002. Señalan que, en primer término, la investigación estuvo a cargo del Fiscal provisorio José Benigno

---

4   Los peticionarios manifiestan que así lo hizo en las siguientes ruedas de prensa: Allan Brewer Carías responde a las acusaciones: *No redacté el decreto de Carmona Estanga* reseña por Ana Damelis Guzmán, *El Globo,* Caracas, 17/4/02, pág. 4. El abogado desmiente haber redactado acta constitutiva de gobierno transitorio; *Brewer Carías se desmarca de Pedro Carmona Estanga,* reseña por Feliz González Roa *Notitarde,* Valencia, 17/4/02, pág. 13. *Brewer Carías; no sé quién redactó si decreto Carmona,* reseña por Jaime Granda, *El Nuevo País,* 17/04/02, pág. 2. Allan R. Brewer Carías *En mi propia defensa. Respuesta preparada con la asistencia de mis defensores Rafael Odremán y León Henríque Cottin contra la infundada acusación fiscal por el supuesto delito de conspiración,* Editorial Jurídica Venezolana, Caracas, 2006, pág. 192, entre otros.

Rojas, quien no formuló imputaciones. Indican que éste fue sustituido por el Fiscal provisorio Danilo Anderson quien tampoco formuló imputaciones y ulteriormente fue asesinado en noviembre de 2004. Subsiguientemente, Luisa Ortega Díaz, Fiscal Provisoria Sexta del Ministerio Público a Nivel Nacional con Competencia Plena (en adelante también la "Fiscal Provisional Sexta")[5], asumió la investigación y formuló un número de imputaciones[6]. Alegan que, desde entonces, el patrón de conducta, tanto del Ministerio Público como de los jueces provisorios que han visto la causa, ha sido el de valorar los aspectos de la prueba que puedan contribuir a condenar a Allan Brewer Carías y descartar aquellos aspectos que comprueben su inocencia.

14. Los peticionarios alegan que durante la etapa investigativa, los defensores de Allan Brewer Carías no pudieron obtener copia de las actuaciones, sino que sólo se les permitió transcribir a mano, las distintas piezas del expediente. Alegan por lo tanto que se los privó de tiempo y condiciones razonables para su defensa[7]. Sostienen que durante la revisión del expediente, Allan Brewer Carías encontró que los textos transcritos en el acta de imputación fiscal no se correspondían con el contenido de los videos considerados como prueba. En vista de lo anterior, se solicitó a la Fiscal provisoria la realización de una transcripción técnica especializada del contenido de todos los videos con entrevistas a periodistas, utilizados como elementos probatorios en la imputación fiscal. La solicitud fue denegada el 21 de abril de 2004 con fundamento en que "nada aportaría a la investigación".

15. Alegan asimismo que el 21 de abril de 2004 la Fiscal Sexta rechazó los testimonios de Nelson Mezerhane, Nelson Socorro, Yajaira Andueza, Guaicapuro Lameda y Leopoldo Baptista, ofrecidos por la defensa, con fundamento en que se trataba de testigos referenciales cuyas declaraciones carecían de valor probatorio a la luz de la normativa vigente.

16. Indican que el 27 de enero de 2005 la Fiscal Provisoria Sexta formuló imputación fiscal contra Allan Brewer Carías por el delito de conspiración para cambiar violentamente la Constitución mediante la redacción del Decreto Carmona. Alegan que ésta se basó en la denuncia del Coronel del Ejército en servicio Ángel Bellorín que indicaba como un hecho notorio comunicacional reiterado y por todos conocido a través de los diversos medios de comunicación que Allan Brewer Carías, conocido como experto en materia constitucional, sería uno de los autores de dicho decreto.

---

5   Alegan que a esta Fiscal, y a otros diez fiscales, se les habrían asignado todos los procesos sobre disidentes políticos. Actualmente Luisa Ortega Díaz se desempeñaría como Fiscal General de la República

6   Alegan que esta fiscal habría sido posteriormente sustituida por la Fiscal María Alejandra Pérez.

7   Los peticionarios señalan que actualmente el proceso se encuentra ante el Juzgado 25 de Control, ante el cual la defensa sí tiene acceso a los expedientes. Sin embargo, consideran que la falta de acceso en la fase investigativa fue un gravamen irreparable.

17.   Manifiestan que el proceso en el cual está Incluida la causa contra Allan Brewer Carías fue asignado inicialmente a Josefina Gómez Sosa, Jueza Temporal Vigésimo Quinta de Control {en adelante "Jueza Temporal Vigésimo Quinta"). A solicitud de la Fiscal Sexta, la Jueza Temporal Vigésimo Quinta decretó la prohibición de salida del país de varios ciudadanos investigados por su presunta participación en los hechos. Dicha orden fue apelada ante la Sala Diez de la Corte de Apelaciones, El 31 de enero de 2005 la Sala de Apelaciones dictó la revocatoria de la orden de prohibición de salida del país, El 3 de febrero de 2005 la Comisión Judicial del Tribunal Supremo de Justicia suspendió de su cargo a los jueces de la Corte de Apelaciones que votaron por la nulidad de la decisión apelada, así como a la Jueza Temporal Josefina Gómez Sosa, por no haber motivado suficientemente la orden de prohibición de salida del país. La Jueza Gómez Sosa fue sustituida por el Juez de Control Manuel Bognanno, también .temporal. Alegan que éste fue suspendido de su cargo el 29 de junio de 2005 tras oficiar, el 27 de junio de 2005, al Fiscal Superior sobre alegadas irregularidades en la investigación conducida por la Fiscal Provisional Sexta.

18.   Los peticionarios señalan que el 4 de mayo de 2005 la defensa solicitó al Juez Temporal Vigésimo Quinto la exhibición de todos los videos, la admisión de los testimonios' ofrecidos y el acceso a las copias del expediente. En respuesta el juez ordenó a la Fiscal Provisional Sexta permitir a la defensa el acceso total al expediente y los videos que guardaren en relación con la causa. Sin embargo, decidió que no le correspondía pronunciarse sobre la pertinencia de los testimonios ofrecidos por la defensa. El 16 de mayo de 2005 la' defensa apeló ante la Corte de Apelaciones la decisión del Juez Temporal Vigésimo Quinto de no pronunciarse sobre la pertinencia de los testimonios ofrecidos.

19.   Asimismo, indican que la defensa promovió la consideración de la ficha migratoria de Allan Brewer Carías como prueba para demostrar que durante las semanas que precedieron al 12 de abril de 2002 éste se encontraba fuera del país, por lo que no pudo haber conspirado para cambiar violentamente la Constitución. Indican que el 9 de mayo de 2005 la Fiscal Provisoria Sexta rechazó la prueba por considerarla innecesaria.

20.   Señalan que el 30 de mayo de 2005 la Fiscalía Sexta solicitó la declaratoria de nulidad de la decisión del Juez Temporal Vigésimo Quinto de otorgar acceso total al expediente, con fundamento en que el escrito presentado por la defensa no le había sido notificado, por lo cual no había tenido la oportunidad de defenderse. El 6 de julio de 2005 la Corte de Apelaciones declaró nula la decisión del Juez Temporal Vigésimo Quinto de no pronunciarse sobre la pertinencia de los testimonios ofrecidos y ordenó que otro juez de control se pronunciara respecto del escrito de la defensa. El 10 de agosto de 2005 la defensa presentó un escrito ante el Juez Temporal Vigésimo Quinto insistiendo en la admisión de los testimonios ofrecidos y en el cumplimiento de la decisión de la Corte de Apelaciones.

21.   Agregan que el 30 de septiembre de 2005 ¡a defensa presentó un escrito de promoción de prueba anticipada de declaración de Pedro Carmona Estanga ante el Juez Temporal Vigésimo Quinto. El 20 de octubre de 2005 la solicitud fue declarada improcedente con fundamento en que Pedro Carmona Estanga también se encontraba imputado en la causa por lo que su declaración no tendría valor probatorio, indican que: promovieron por segunda vez la declaración de Pedro Carmona; que ésta fue denegada por el mismo juez; que presentaron recusación en su contra por haber emitido opinión nuevamente sobre la misma cuestión; y que la recusación fue denegada con fundamento en que el juez no había emitido pronunciamiento sobre la culpabilidad o inocencia de Allan Brewer Carías. Señalan que finalmente presentaron la declaración de Pedro Carmona por escrito y que ésta habría sido "ignorada" por el juez. Asimismo, sostienen que se citó un párrafo del libro de Pedro Carmona Estanga en la acusación de Allan Brewer Carías sin tomar en cuenta otro párrafo del mismo libro en el que Pedro Carmona señala que nunca le había atribuido la autoría del Decreto en cuestión.

22.   Señalan que por decisión discrecional y arbitrarla de la Fiscal Provisoria Sexta, no se permitió a la defensa de Allan Brewer Carías estar presente en el interrogatorio de los testigos llamados a declarar ante ella. Indican que en algunos casos la Fiscal admitió preguntas por escrito, pero que no fue posible presentarlas en el caso de testigos sobrevenidos en el curso de la investigación que declararon en secreto. Específicamente señalan que el 5 de octubre de 2005 se recibió el testimonio del General Lucas Rincón, sin que la defensa hubiere sido convocada o notificada.

23.   Alegan que no se tomó en cuenta el testimonio ofrecido por el periodista y político. Jorge Olavarría en sustento de la inocencia de Allan Brewer Carías y que por el contrario éste fue considerado para fundamentar su acusación. Manifiestan que el 21 de octubre de 2005 la Fiscal Provisional Sexta formalizó ¡a acusación contra Allan Brewer Carías y el proceso pasó a etapa intermedia. Dicha decisión fue apelada por la defensa ante la Corte de Apelaciones el 28 de octubre de 2005. La apelación fue denegada el 1 ^{0} de diciembre de 2005. Agregan que el 8 de noviembre de 2005 la defensa interpuso una acción de nulidad de todo lo actuado con fundamentó en violaciones a las garantías judiciales, que dicha solicitud aún no ha sido resuelta y que el proceso se encuentra en fase intermedia.

24.   Los peticionarios indican que Brewer Carías participó en el proceso de manera presencial hasta el 28 de septiembre de 2005, fecha en la cual se ausentó de Venezuela. Señalan que el 26 de octubre de 2005 la defensa de Allan Brewer Carías solicitó al Juez Temporal Vigésimo Quinto que se garantizara su derecho a ser juzgado en libertad[8] y la declaratoria anticipada de

---

8   Señalan que el artículo 44 (1) de la Constitución de Venezuela establece que toda persona "será juzgada en libertad", que el artículo 102 del Código Orgánico Procesal Penal (COPP) establece que: "se evitará, en forma especial, solicitar privación preventiva de libertad del imputado cuando ella no sea absolutamente necesaria para

la improcedencia de su privación de libertad durante el juicio, por tratarse de una persona no peligrosa, laboral y académicamente activa, con residencia y arraigo en el país, indican que el Juez nunca se pronunció sobre esta solicitud.

25.   Sostienen que, el 10 de mayo de 2006 la defensa informó al Juez Temporal Vigésimo Quinto que Allan Brewer Carías había aceptado la designación como profesor adjunto en la Facultad de Derecho de la Universidad de Columbia en los EEUU y solicitaron que continuara ei proceso. Indican que - a pesar de saber que el imputado se encontraba fuera del país- el 2 de junio de 2006 la Fiscal Provisoria Sexta solicitó al Juez el dictado de medida privativa de libertad contra Allan Brewer Carías por peligro de fuga, En respuesta, el 1 5 de junio de 2006 el Juez Provisorio de Control ordenó medida privativa de libertad, la cual no ha sido ejecutada dado que a la fecha Allan Brewer Carías permanece en el extranjero,

26.   Los peticionarios indican que el 12 de julio de 2006 la Fiscal Sexta cursó una solicitud de cooperación a la INTERPOL para la búsqueda y localización de Allan Brewer Carías, con miras a su detención preventiva y a su posible extradición. Asimismo, el 11 de julio de 2006, el Embajador de Venezuela en República Dominicana dirigió una comunicación a la INTERPOL, solicitando la captura de Allan Brewer Carías con motivo de una invitación para dictar una conferencia en ese país. Asimismo, dicho agente diplomático lo habría denunciado ante los medios de comunicación de la República Dominicana como un "conspirador". Indican que en respuesta a estos requerimientos, la INTERPOL solicitó información a los tribunales sobre el carácter del delito imputado a Brewer Carías como de derecho común. Señalan que mediante aclaratoria de 17 de septiembre de 2007 el Tribunal de Primera Instancia en Función de Control del Circuito Judicial del Área Metropolitana de Caracas respondió que Allan Brewer Carías sería el autor intelectual de un atentado frustrado en contra del Presidente de la República, por lo que quedaba desvirtuada la naturaleza de delito político de la imputación. Indican que la defensa apeló y solicitó que dicha aclaratoria fuera anulada, pero que dicha apelación fue desestimada el 29 de octubre de 2007.

27.   Asimismo, señalan que con ocasión de una invitación cursada a Allan Brewer Carías para dictar una conferencia en el Instituto Interamericano de Derechos Humanos (IIDH) la Embajadora de Venezuela en Costa Rica dirigió una carta a la Presidenta del IIDH refiriéndose a Allan Brewer Carías como alguien que "según se conoce, participó como autor material e intelectual e instruyó para su corrección en la redacción del decreto, mediante el cual se abolieron los poderes constituidos de la República Bolivariana de Ve-

---

asegurar las finalidades del proceso" y que su artículo 125(12) establece que es un derecho del imputado "[n]o ser juzgado en ausencia, salvo lo dispuesto en la Constitución de la República", Los peticionarios Indican que "la posibilidad de enjuiciamiento en ausencia en delitos contra la cosa pública fue eliminada de la Constitución de la República Bolivariana de Venezuela de 1999 y por ello la frase 'salvo lo dispuesto en la Constitución de la República' ya no tiene relevancia".

nezuela" y que por eso "huyó del país". Indican que también se requirieron órdenes de captura a la INTERPOL con motivo de dos invitaciones cursadas a Allan Brewer Carías para dictar conferencias en Perú y España, y que éste decidió no asistir, por razones de segundad.

28.   El 11 de enero de 2008 los representantes de Allan Brewer Carías interpusieron ante el Juez Vigésimo Quinto de Control una solicitud de sobreseimiento con base en el Decreto 5790 con Rango, Valor y Fuerza de Ley Especial de Amnistía, dictado el 31 de diciembre de 2007 por el Presidente Hugo Chávez. Dicha norma, dirigida a "todas aquellas personas que enfrentadas al orden general establecido, y que a la presente fecha se encuentren a derecho y se hayan sometido a los procesos penales, que hayan sido procesadas y condenadas", incluye entre las conductas sujetas a amnistía "la redacción del Decreto del Gobierno de facto del (12) de abril de 2002". La solicitud fue denegada el 25 de enero de 2008 con base en que Allan Brewer Carías no había comparecido en el proceso. Los peticionarios indican que dicha decisión fue apelada ante la Sala Quinta de la Corte de Apelaciones del Circuito Penal del Área Metropolitana de Caracas y denegada el 3 de abril de 2008.

3.   Alegatos sobre la violación de la Convención Americana

29.   Los peticionarios alegan que el Estado es responsable por la violación de los derechos establecidos en los artículos 8.1, 8,2, 13, 25, 1,1 y 2 de la Convención Americana en perjuicio de Allan Brewer Carías.

30.   Con relación al derecho a ser oído por un juez o tribunal competente, independiente e imparcial establecido en el artículo 8.1 de la Convención Americana, los peticionarios alegan que los fiscales y jueces que han actuado en la imputación y acusación de Brewer Carías son funcionarlos provisorios, y que han sido sustituidos toda vez que sus decisiones no fueran "del agrado de los perseguidores". Sostienen que la provisionalidad de jueces y fiscales vulnera la garantía de independencia e imparcialidad del artículo 8 de la Convención Americana en tanto dichos funcionarios no gozan de estabilidad en el cargo y pueden ser removidos o suspendidos libremente.

31.   Alegan que el sistema judicial venezolano está sujeto a una relación de dependencia crónica como consecuencia de la provisionalidad endémica de jueces y fiscales. Al respecto, realizan un análisis pormenorizado de la situación de provisionalidad de los jueces en Venezuela desde agosto de 1999 con ¡a implementación del proceso de reestructuración del Poder Judicial inicialmente a cargo de Emergencia Judicial, luego a cargo de otra Comisión de Reestructuración del Poder Judicial, que actualmente continúa a cargo de la Dirección Ejecutiva de la Magistratura. Alegan que este proceso indefinido de "reestructuración perpetua" tiene como contenido principal la provisionalidad de los nombramientos de los cargos judiciales, el abandono del ingreso por concurso pautado de la Constitución y la total inestabilidad de los jueces que terminan siendo de Ubre designación y remoción por la Comisión de turno. Alegan que también existe una situación de provisionalidad similar en cuanto a los fiscales.

32.   En cuanto a la afectación de esta alegada situación de falta de estabilidad e independencia de los jueces y fiscales en el proceso judicial seguido contra Allan Brewer Carías sostienen que dicho proceso de reestructuración con libre nombramiento y remoción de jueces y fiscales se instaló antes de que se iniciara el proceso penal seguido contra Allan Brewer Carías y se mantiene hasta ahora. Asimismo, se destituyó a dos jueces de primera instancia y dos miembros de la Corte de Apelaciones con ocasión o inmediatamente después de haber adoptado decisiones que podían considerarse favorables a Allan Brewer Carías, Sostienen que, dichas destituciones fueron decididas discrecionalmente,- sin debido proceso para los afectados y sin que se conozcan, al menos .en el caso del Juez Bognanno, las causas formales que pudieron servir de pretexto para su destitución. Alegan que la inestabilidad unida al sesgo manifiestamente político que en todo momento caracterizó a la Fiscal Provisoria Sexta ha sido un factor que se ha traducido en manifiestas lesiones procesales y en la indefensión de Allan Brewer Carías. Asimismo, alegan que este cuadro tiene .un "efecto demostración" dado el contraste entre el castigo a jueces provisorios complacientes con los procesados en esta causa y el premio a la lealtad política de la Fiscal Provisoria Sexta, quien poco después de iniciar las múltiples imputaciones en procesos penales de implicancias políticas, fue ascendida a Directora General de Actuación Procesal del Ministerio Público y actualmente ostenta el cargo de Fiscal General de la República.

33.   Con relación al derecho de toda persona inculpada de delito a que se presuma su inocencia mientras no se establezca legalmente su culpabilidad, establecido en el artículo 8.2 de la Convención Americana, los peticionarios alegan que se abrió un proceso contra Allan Brewer Carías con base en un "hecho notorio comunicacional", a pesar de que éste desmintiera las informaciones de prensa. Los peticionarios alegan que en la jurisprudencia de la Sala Constitucional del Tribunal Supremo de Justicia de Venezuela, "un hecho notorio comunicacional" sólo se configura cuando existen noticias difundidas por medios de comunicación que no han sido desmentidas, Alegan asimismo que la Fiscalía invirtió la carga de la prueba al exigir que la defensa desvirtuara la imputación por ella formulada contra Allan Brewer Carías[9].

---

9   Al respecto, indican que la Fiscal Provisoria Sexta puso en evidencia que según su criterio corresponde al imputado desvirtuar la imputación al manifestar -en el proceso seguido contra otra persona imputada en la misma causa- ante el Juez Vigésimo de Control que "[e]n criterio del Ministerio Público la imputación hecha al ciudadano [...,] cumple con los requisitos de ley, por lo que en todo caso corresponde e ¡a defensa del mismo desvirtuar ¿Porqué (sic} se supone que no conspiró? ¿Las razones por las cuales acompañó al ciudadano Allana (sic) Brewer Carías el día de los hechos? ¿Cuáles fueron sus objeciones y oposiciones a la redacción al decreto [,.,]? La falta de respuesta y pruebas para desvirtuar las sospechas ' fundadas que tiene el Ministerio Público, acerca de su participación en la redacción del decreto, son las razones por las cuales se considera innecesario hacer una ampliación de la imputación, por cuanto a criterio del Ministerio Público no han demostrado que no participó [...]".

34. Asimismo alegan que las solicitudes de captura cursadas a INTER-POL fueron manifiestamente inconducentes y abusivas, dado que el delito imputado a Allan Brewer Cartas es un típico delito político puro y el artículo 3 del Estatuto de INTERPOL le prohíbe "toda actividad o intervención en asuntos de carácter político, militar, religioso o racial". Consideran que la determinación por parte de los tribunales internos de que la conducta imputada a Brewer Carías constituye un delito común "es una maniobra arbitraria que cambia la calificación jurídica del delito imputado" y configura violaciones al debido proceso. También indican que las solicitudes de captura vulneran el principio de presunción de inocencia.

35. Adicionalmente, alegan que entes tales como la Asamblea Nacional, el Tribunal Supremo de Justicia, el Fiscal General de la República, así como miembros del cuerpo diplomático, se manifestaron públicamente sobre el alcance de las conductas imputadas a Brewer Carías y su presunta culpabilidad.

36, En cuanto a la Asamblea Nacional, alegan que el informe de la "Comisión Parlamentaria Especial para investigar los sucesos de abril de 2002" da por demostrada la participación de Allan Brewer Carías en conductas de las que no pudo defenderse. En el caso del Tribunal Supremo de Justicia, alegan que éste habría adelantado opinión al indicar por escrito que "numerosos testimonios que son de conocimiento público señalan al doctor Allan Brewer-Carías como uno de los autores del decreto en alusión", Alegan que el Fiscal General de la República también adelantó opinión sobre la culpabilidad de Allan Brewer Carías en su libro "Abril Comienza en Octubre" en el que asume como verdaderas aseveraciones periodísticas que estaban bajo investigación de su despacho y que nunca fueron ratificadas con testimonios ni corroboradas. Por último alegan que miembros del cuerpo diplomático públicamente se refirieron a Allan Brewer Carías como "conspirador" y "autor del Decreto del 12 de abril", conductas que se le imputan, sin pruebas ni condena judicial.

37, Con relación al derecho del inculpado a contar con el tiempo y los medios adecuados para la preparación de su defensa, establecido en el artículo 8.2.c) de la Convención Americana, los peticionarios alegan que durante la etapa investigativa, los defensores de Allan Brewer Carías no pudieron obtener copia de las actuaciones, sino que sólo se les permitió transcribir a mano y por si mismos, las distintas piezas del expediente, que sumaron miles de páginas en XXVII piezas.' indican que dicha negativa a expedir copias constituye una obstaculización a la defensa, sin ninguna base razonable, y privó a Allan Brewer Carías y a sus abogados de tiempo y de condiciones razonables para preparar su defensa, Alegan que el derecho a contar con las facilidades necesarias para la defensa es un elemento primordial del debido proceso, de! cual Allan Brewer Carías se vio privado.

Los peticionarios citan el escrito de la Fiscal Provisoria Sexta de Control del 3 de junio de 2005. Anexo 18 a la petición original recibida el 24 de enero de 2007.

38.   Con relación al derecho de la defensa de interrogar a los testigos y obtener la comparecencia de testigos o peritos que puedan arrojar luz sobre los hechos, establecido en el artículo 8,2.f) de la Convención Americana, los peticionarios alegan que no se permitió a la defensa de Allan Brewer Carías estar presente en el interrogatorio de los testigos llamados a declarar por la Fiscal Sexta, Al respecto, sostienen que a la defensa le fueron arbitrariamente rechazadas solicitudes para producir medios de prueba o elementos de convicción para hacer valer los derechos de Allan Brewer Carías. Indican que en algunos casos la Fiscal admitió preguntas por escrito, pero que no fue posible presentarlas en el caso de testigos sobrevenidos en el curso de la investigación que "declararon en secreto". Específicamente señalan que el 5 de octubre de 2005 se recibió el testimonio del General Lucas Rincón, sin que la 'defensa hubiere sido convocada o notificada. Asimismo, alegan que los diez periodistas que difundieron los "hechos notorios comunicacionales" que sirvieron de base a la imputación no fueron llamados a ratificar sus aseveraciones. Señalan que al ser llamados por la defensa de Allan Brewer Carías, manifestaron no haber sido testigos de los hechos, por lo que los peticionarios consideran improcedente las pruebas referenciales que sirvieron de base para la imputación de Allan Brewer Carías.

39.   En cuanto a la comparecencia de testigos ofrecidos por la defensa, alegan que el 21 de abril de 2004 la Fiscal Sexta rechazó los testimonios de Nelson Mezerhane, Nelson Socorro, Yajaira Andueza, Guaicaipuro Lameda y Leopoldo Baptista, con fundamento en que se trataba de testigos referenciales cuyas declaraciones carecían de valor probatorio a la luz de la normativa vigente. Asimismo, alegan que se les denegó la promoción anticipada de la declaración de Pedro Carmona Estanga y que habiendo sido presentada por escrito, habría sido "Ignorada".

40.   En relación al alegato del Estado sobre la presentación de prueba y oportunidad de controvertir en la etapa de juicio, frente a los elementos de convicción en la investigación, los peticionarios alegan que el Estado niega al imputado garantías judiciales prescitas en el artículo 8 de la Convención Americana durante la etapa de investigación, lo cual explica y comprueba que Allan Brewer Carías "ha sido víctima de una violación masiva del derecho a un proceso regular". Alegan que quizá "para el Estado basta la convicción caprichosa de un o una Fiscal para acusar arbitrariamente, sin aplicar otros medios de prueba que los que le dicta su capricho y sin permitir al afectado controlar y contradecir las pruebas sobre ¡as que dice fundar su convicción".

41.   Alegan que en el Código Orgánico de Procedimiento Penal (en adelante "COPP") no hay nada que impida al procesado hacer valer todas las garantías judiciales. Sostienen que su artículo 125 enuncia los derechos del imputado, entre los cuales está "pedir al Ministerio Público la práctica de diligencias de investigación destinadas a desvirtuar las imputaciones que se le formulen y pedir que se declare anticipadamente la improcedencia de la privación de libertad, tal como fue solicitado el 26 de octubre de 2005 y no fue decidido por el Juez de Control. Alegan que el imputado tiene derecho a que

la investigación concluya exculpándolo, mediante un acto conclusivo que proponga el sobreseimiento de su causa (COPP arts. 315-320), y aún en el caso de que el acto conclusivo fuera una acusación fiscal, el imputado tiene derecho a que en la audiencia preliminar del Juez de Control dicte sobreseimiento. Alegan que las garantías Judiciales establecidas en el artículo 8 de la Convención Americana se aplican en todo proceso y en todas sus etapas[10].

42.   Adicionalmente, en el acto de imputación la Fiscal Provisoria utilizó como supuestos elementos de convicción en contra de Allan Brewer Carías, una serie de videos que, según la opinión fiscal, contenían declaraciones de periodistas y entrevistados que lo incriminaban. Alegan que Allan Brewer Carías solicitó en diversas oportunidades la exhibición de los vídeos correspondientes, y sólo le fue mostrado él contenido de algunos de ellos. En fechas posteriores, los defensores de Allan Brewer Carías solicitaron la exhibición del contenido de tales videos obteniendo en diversas ocasiones respuestas negativas, porque supuestamente las cintas no habían sido encontradas, o porque ante la gran cantidad de imputados existente en la investigación, se hacía difícil encontrar una oportunidad adecuada, o porque en ese momento el Despacho tenía otras ocupaciones. Seguidamente, se procedió a solicitar la práctica de una diligencia consistente en ordenar que técnicos lleven a cabo la transcripción íntegra de todos los-videos que cursaban en el expediente con entrevistas a periodistas que pretendieran ser considerados, como supuestos elementos probatorios de la imputación fiscal, la cual fue denegada mediante auto de 21 de abril de 2005.

43.   Los peticionarios señalan que desde que se dictó la Ley Especial de Amnistía, Allan Brewer Carías, debió dejar de ser procesado dado que el Decreto-Ley de Amnistía suprimió el delito. Adicionalmente, alegan que la denegatoria de la solicitud de sobreseimiento con base en el Decreto 5790 con Rango, Valor y Fuerza de Ley Especial de Amnistía careció de motivación, lo cual vulneró los artículos 8 y 1 de la Convención Americana y contiene, en sí misma, un principio discriminatorio, al restringir su aplicación a quienes se encuentren á derecho y se hayan sometido a los procesos penales y se aplicó a personas que se encontraban en el mismo supuesto de Allan Brewer Carías, es decir, con medida de privación de libertad y orden de aprehensión por hechos relacionados con el golpe de Estado de 2002.

44.   Con relación al derecho a la libertad de expresión, establecido en el artículo 13 de la Convención Americana, los peticionarios alegan que a causa de la abierta disidencia de Allan Brewer Carías a las políticas de! Gobierno, algunos periodistas presumieron que se encontraba vinculado a la conformación del llamado "gobierno de transición". Alegan que el Gobierno y sus instituciones han utilizado la mera presencia de Allan Brewer Carías en el "Fuerte Tiuna" en la víspera de la emisión del Decreto Carmona como pretexto para acallar la voz de un opositor importante, acusándolo de golpista. En este

_____

10   En sustento de su argumento citan: Corte I.D.H. *Caso Claude Reyes y otros vs. Chile*, Sentencia de 19 de septiembre de 2006. Serie C, N° 151, párr. 116.

sentido, consideran que el proceso penal seguido en contra de Allan Brewer Carías configura una violación de su derecho a ¡a libertad de expresión, establecido en el artículo 13 de la Convención Americana,

45.   Con relación al derecho a la protección judicial establecido en el artículo 25 de la Convención Americana, los peticionarios alegan que en Venezuela .no existen recursos judiciales efectivos para la protección de los derechos de Allan Brewer Carías. Al respecto, indican que Allan Brewer Carías acudió repetidamente al Juez Provisorio de Control y a! Tribunal de Apelaciones a fin de que se restablecieran sus derechos en el curso de proceso. Alegan que en respuesta los tribunales sostuvieron que carecían dé atributos legales para proteger sus derechos, que los planteamientos eran inoportunos o que no podían interferir con la autonomía de la Fiscalía en la dirección de la investigación.

46.   Así, alegan que Allan Brewer Carías y sus abogados comparecieron reiteradamente ante el despacho de la Fiscal Provisoria Sexta durante la fase de investigación. Sostienen que Allan Brewer Carías acudió casi a diario a ese despacho durante nueve meses, así fuera tan solo para copiar a mano las actuaciones cuya copia se le negó sistemáticamente, Pero alegan que esa comparecencia se reveló inútil, pues la Fiscal provisoria nada hizo para rectificar las irregularidades que se le hacían presentes en la formación del expediente y rechazaba arbitrariamente las solicitudes de la defensa y las pruebas que se, promovían ante ella.

47.   Adicionalmente, alegan que en el presente caso, las actuaciones del Estado ponen también de manifiesto la Inexistencia de un recurso judicial efectivo para proteger a Allan Brewer Carías de las violaciones a sus derechos humanos, en particular en presencia de un sistema judicial y un Ministerio Público carentes de toda Independencia.

48.   Indican que Allan Brewer Carías acudió repetidamente al juez provisorio de Control y al Tribunal de Apelaciones para solicitar que se restablecieran sus derechos. El juez provisorio de control Bognanno decidió que carecía de atributos legales para ese fin y que no podía interferir, dado que la Fiscal provisoria es "autónoma" en la dirección de la investigación. Los peticionarios alegan que en vista de lo anterior el único recurso judicial disponible contra la violación del derecho al debido proceso garantizado por la Constitución y la Convención, era y es el de nulidad absoluta por inconstitucionalidad de las actuaciones judiciales así viciadas, con base en el artículo 191 del COPP:

> Artículo 191. Nulidades absolutas, Serán consideradas nulidades absolutas .aquellas concernientes a la intervención, asistencia y representación del imputado, en los casos y formas que este Código establezca, o las que impliquen inobservancia o violación de derechos y garantías fundamentales previstos en este Código, la Constitución de le República, las leyes y los tratados, convenios o acuerdos internacionales suscritos por la República.

49.   Así, indican que en el escrito de contestación y oposición a la acusación, de 8 de. noviembre de 2005, se solicitó al juez la declaratoria de nulidad de todo lo actuado a causa de dichas violaciones, concluyendo con la siguiente solicitud:

En razón de las consideraciones anteriores solicitamos respetuosamente se decrete la nulidad absoluta de todas las actuaciones que conforman el presente proceso, por la violación sistemática y masiva de los derechos y garantías constitucionales del Dr. Allan Brewer Carías, como ha quedado, reflejado a lo largo del presente capítulo, ordenando la devolución del expediente a la Fiscalía Superior del Área Metropolitana de Caracas para que designe un Fiscal imparcial que inicie las Investigaciones que considere pertinentes, respetando las garantías constitucionales de los investigados.

50.   Sostienen que el COPP no dispone explícitamente un lapso para decidir sobre una solicitud de nulidad por "violación de derechos y garantías fundamentales", como lo fue la demandada por la defensa de Allan Brewer Carías. Por tal razón, semejante solicitud debería ser tramitada conforme a la disposición general contenida en el artículo 177 del mismo COPP, para las actuaciones escritas que no tengan fijado otro plazo:

Artículo 177. Plazos para decidir. El juez dictará las decisiones de mero trámite en el acto. Los autos y las sentencias definitivas que sucedan a una audiencia oral serán pronunciados Inmediatamente después de concluida la audiencia. En las actuaciones escritas las decisiones se dictarán dentro de los tres días siguientes,

51.   Conforme a esta regla, general y supletoria, la solicitud de nulidad debió quedar decidida dentro de los tres días siguientes al 8 de noviembre de 2005, lo cual no habría ocurrido hasta la fecha, es decir, la decisión sobre nulidad exhibe más de cuatro años de retardo injustificado, lo cual alegan constituye una violación del artículo 25 de la Convención.

52.   Consideran que en casos de persecución política, el derecho internacional asiste a quien procura ponerse a salvo del Estado en cuestión. Indican que éste es el fundamento último del asilo y del refugio como instituciones jurídicas pero que también es una institución humanitaria de alcance más general. Alegan que el perseguido tiene derecho a no ser devuelto a sus perseguidores, al punto que el derecho internacional impone al Estado que niega el refugio o asilo el deber jurídico de no devolver a la víctima a la jurisdicción del Estado que lo persigue, mediante la regla conocida como *non refoulement*.

53.   Asimismo, los peticionarios alegan que al Estado incumplió su deber de adoptar las medidas necesarias, ya sean legislativas o de otra índole, para hacer efectivos los derechos protegidos en la Convención, en violación de sus artículos 2 y 1.1. Indican que la legislación nacional no es adecuada en cuanto al nombramiento y permanencia en el cargo de los jueces y fiscales, para hacer efectivos los derechos de Allan Brewer Carías y de todos los venezolanos a ser oídos por un tribunal independiente e imparcial. Adicionalmen-

te, alegan que el artículo 2 de la Convención Americana obliga a los Estados Partes a regular el. proceso penal de manera que las garantías judiciales estén vigentes a lo largo de todo el proceso, incluida la etapa de investigación, lo que implica adoptar todas las medidas para que lo establecido en la Convención sea efectivamente cumplido.

B. Posición del Estado

1. Contexto

54. A manera de contexto, el Estado cita las resoluciones adoptadas por el Consejo Permanente y la Asamblea General de la Organización de los Estados Americanos en las que se define a los hechos ocurridos entre el 12 y el 13 de abril de 2002 como una "grave alteración del orden constitucional" en Venezuela. Señala que el ingreso al poder de Pedro Carmona durante esos días no puede justificarse en un supuesto "vacío de poder" ya que la Constitución venezolana establece que el Vicepresidente Ejecutivo de la República es el suplente formal del Presidente de la República en las diferentes hipótesis de faltas absolutas o temporales contempladas en el artículo 233 y 234 de ese instrumento. Señala que en el supuesto que la Constitución no estableciera la forma como se suplen las faltas del Presidente, corresponde a la Sala Constitucional del Tribunal Supremo de Justicia determinar los procedimientos correspondientes.

55. El Estado enfatiza que la Constitución no permite la "usurpación de las funciones" ni establece que un decreto de transición puede tornarse en un mecanismo para su derogación o para suplir la falta del Presidente de la República. Señala que el Decreto adoptado en el contexto de los hechos del 12 y el 13 de abril de 2002 pretendió facultar al Presidente de la Junta de Facto a reorganizar los "Poderes Públicos" sin indicar límites a la naturaleza de sus funciones, el ámbito de su aplicación y su tiempo de duración.

56. índica que según surge de la petición, Allan Brewer Carías conoció de la existencia y contenido del mencionado decreto y se trasladó al Palacio de Miraflores para manifestar su opinión a Pedro Carmona. Desestima la alegación de los peticionarios en el sentido que Allan Brewer Carías estaba en desacuerdo con el contenido de dicho decreto.

57. El Estado alega que a pesar de conocer su contenido, Allan Brewer Carías no repudió la adopción del decreto, como correspondía a cualquier defensor de la constitución y la democracia. El Estado indica que el artículo 333 de la propia Constitución establece que en caso de ser derogada por acto de fuerza u otros medios distintos a los previstos en ella, toda persona con autoridad o no, tendrá el deber de colaborar en el restablecimiento de su efectiva vigencia. Alega que a pesar de considerarse como "disidente de las políticas autoritarias", Allan Brewer Carías no denunció el establecimiento de un gobierno de facto que concentró todos los poderes en una sola persona, cambió el nombre de la República y disolvió todos los poderes públicos.

58.   El Estado alega que quienes dirigieron el golpe utilizaron la Carta Democrática Interamericana como base y fundamento para promover un decreto inconstitucional y antidemocrático. Indica que la Carta Interamericana establece principios y mecanismos destinados a proteger la institucionalidad democrática de los Estados, no a quebrantar las constituciones. Alega que este abuso de las normas de la Carta Interamericana tampoco fue denunciado por el constitucionalista Allan Brewer Carías.

2.   Alegatos en relación con el proceso judicial

59.   En sus alegatos de fondo el Estado solicita a la Comisión que desestime, por falsos e infundados, los argumentos de los peticionarios relacionados con los artículos 2, 8, 13 y 25 de la Convención Americana en conexión con su artículo 1.1 y desea dejar "expresa constancia de la mala fe y temeridad de la acción intentada por la representación de la pretendida víctima, en contra del Estado Venezolano".

60.   El Estado hace un recuento pormenorizado de todos los recursos, facultades y cargas de los peticionarios para hacer valer sus derechos como presentar nuevas pruebas, interrogar testigos, expertos, peritos, la inmediación, la publicidad, la concertación, continuidad, oralidad, declarar todas las veces que considere oportuno o no declarar. Indica que el acusado puede negar, contradecir, argumentar los hechos y el derecho, replicar, contrarreplicar, recusar y hablar en todo momento con su defensor, sin que nada de ello implique la suspensión de la audiencia, es decir que tiene a disposición todos los derechos y garantías que pudieran llegar a lograr los objetivos que la defensa pretende.

61.   El Estado cita el artículo 327 del COPP de 2005, que no establece obligaciones respecto a la ausencia del imputado en la audiencia preliminar y cita el COPP de 2009[11] que establece que si la audiencia preliminar se hubiere diferido por más de dos ocasiones por incomparecencia de los imputados, el proceso debe continuar con respecto de los demás imputados y el juez deberá realizar la audiencia con los comparecientes, separando de la causa a quien no compareció. De no realizarse la audiencia en el plazo establecido, las partes podrán intentar las acciones disciplinarias a que haya lugar contra aquél por cuya responsabilidad no se realizó dicha audiencia.

62.   Asimismo, cita el artículo 328 del COPP de 2005 y 2009 donde se establece la posibilidad del Imputado de realizar una serie de actos procesales como oponer excepciones, solicitar revocación de la medida cautelar, solicitar la suspensión del proceso, entre otros. Al respecto, considera que los peticionarios tienen una serie de cargas pendientes que de ser utilizadas generarían acciones que pudieran ejercer para hacer valer. sus derechos.

---

11   El Estado cita el COPP de 4 de septiembre de 2009, Escrito del Ministerio del Poder Popular para las Relaciones Exteriores AGEV/000530 del 17 de noviembre de 2009.

63.   Alega que con todos los recursos que tienen a su disposición los peticionarios pretenden violar el carácter complementario del sistema interamericano de derechos humanos con un argumento vinculado a las excepciones al agotamiento de los recursos internos. Indica que "no entiende si es una ignorancia supina o una mala fe llevada hasta sus últimas consecuencias".

a.   Alegatos sobre la solicitud de nulidad de lo actuado

64.   El Estado alega que resulta absurdo y malintencionado de los peticionarios "decir a la Comisión que la solicitud de nulidad de todo lo investigado y actuado se puede resolver sin la presencia del acusado, cuando dichas solicitudes se hicieron en un escrito de contestación de la acusación y dichas peticiones son la consecuencia lógica de la argumentación que realizó la defensa para rechazar en todas sus partes, tanto en los hechos como en el derecho, la actuación'". Al respecto, alega que si la defensa está contestando la acusación es porque están ejerciendo sus facultades y cargas contenidas en el artículo 328 del COPP[12] y le corresponderá al juez, en presencia de todas las partes y sin la ausencia del imputado, resolver sobre las peticiones de cada una de las mismas[13], como lo establece el artículo 330 del COPP[14]. Alega que dicha solicitud de nulidad está contenida en la respuesta a la acusación y no es una petición autónoma -como argumentan los peticionarios- que puede ser resuelta en ausencia del imputado, dado que no es sobre cuestiones incidentales que vulneran derechos sino que es una solicitud que toca el fondo y la

---

12   El Estado cita el COPP publicado en la Gaceta Oficial de la República de Venezuela N° 5.930 Extraordinario de 4 de septiembre de 2009. Escrito del Ministerio del Poder Popular para las Relacionas Exteriores AGEV/000530 del 17 de noviembre de 2009.

13   En sustento de su argumento el Estado cita; Sala Constitucional del Tribunal Supremo de Justicia Exp. N° 09- 0173 decisión de 19 de octubre de 2009: "[...] que la amenaza o violación de los derechos constitucionales alegados por el accionante, no es de posible realización por parte del Juez Cuarto de Control, toda vez que 'este solo podía pronunciarse sobre la solicitud del acusado en el acto de audiencia preliminar [...] el pronunciamiento requerido por el hoy accionante referido a la declaratoria de nulidad de la acusación fiscal, sólo puede realizarse en el acto de audiencia preliminar, acto que no ha sido realizado por la inasistencia del imputado [.,.] En relación a la falta de pronunciamiento sobre las solicitudes de '...acumulaciones, nulidades y despacho saneador...', a juicio de la Sala, éstas deben ser resueltas en la audiencia preliminar tal como lo dispone el artículo 330 del Código Orgánico Procesal Penal, motivo por el cual la supuesta amenaza o violación de los derechos constitucionales alegados por el accionante, no es de posible realización por parte del referido Juzgado Cuarto de Control [..,], toda vez que éste sólo podría pronunciarse sobre la solicitud del acusado en el acto de audiencia preliminar [...]". (Subrayado del Estado}, Escrito del Ministerio del Poder Popular para las Relaciones Exteriores AGEV/000530 del 17 de noviembre de 2009, págs. 44 y 45.

14   El Estado cita el COPP publicado en la *Gaceta Oficial de la República de Venezuela* N° 5.930 Extraordinario de 4 de septiembre de 2009. Escrito del Ministerio del Poder Popular para las Relaciones Exteriores AGEV/000530 del 17 de noviembre de 2009.

esencia de la propia audiencia preliminar[15], lo cual debe ser resuelto en presencia de las partes para no vulnerar sus derechos.

65.　El Estado sostiene que la Comisión comete el error de asimilar la contestación de la acusación del Ministerio Público y sus peticiones a un mal llamado recurso de nulidad, cuyo término no existe, ya que lo correcto es hablar de medios de impugnación y de nulidades establecidas en los artículos 190 y siguientes del COPP y que son las formas de controvertir por parte de los peticionarios pero que deben ser resueltas en la audiencia preliminar en presencia de las partes. Indica que si la Comisión habla de un recurso de nulidad, resulta fácil, pero erróneo separar la audiencia preliminar del mal llamado recurso y así argumentar y sostener la excepción del agotamiento a los recursos internos. Alega que los peticionarios no han planteado un recurso de nulidad sino una contestación a la acusación de la Fiscalía en la que realizaron diversas solicitudes que no pueden ser resueltas sin que el acusado esté presente, Por lo tanto, la paralización de la causa no es por retardo injustificado del Estado sino a causa de la falta de comparecencia del propio acusado.

66.　El Estado sostiene que tanto las solicitudes de la Fiscalía en su escrito de acusación como las de la defensa no han sido resueltas, no porque se pretenda violar los derechos del acusado, ni se tenga la intención de retrazar el proceso; sino que mientras el acusado se encuentre ausente, abstraído del proceso penal, fugado de la justicia venezolana, no se puede celebrar y decidir sobre peticiones de las partes si no se encuentran todas las partes presentes, aunado al hecho que los requerimientos tocan y deciden el fondo del caso.

b.　Alegatos sobre el derecho a un recurso efectivo y al debido proceso

67.　El Estado alega que el derecho a la protección judicial no significa que su pretensor debe obtener decisiones conforme a sus intereses sino por el contrario implica que éste cuente con la posibilidad de acceder al sistema de justicia en defensa de sus alegatos y obtener una respuesta del-Estado fundada en derecho y manera eficiente.

15　En sustento de su argumento el Estado cita: Sala Constitucional del Tribunal Supremo de Justicia Exp. N° 01-2304 decisión de 16 de noviembre de 2001: "se observa que la convocatoria de la audiencia preliminar no presupone la existencia de una violación del derecho a la seguridad personal y a la defensa del demandante, pues es en la audiencia preliminar cuando el juez de control determina la viabilidad procesal de la acusación fiscal, de la cual dependerá la existencia o no del juicio oral. Es decir, durante la celebración de la audiencia preliminar se determina -a través del examen del material aportado por el ministerio Público- el objeto del juicio y sí es probable' la participación del imputado en los hechos que se el atribuyen; de modo que la celebración de dicha audiencia no causó perjuicio alguno al Imputado de la causa principal [...]". Escrito del Ministerio del Podar Popular para las Relaciones Exteriores AGEV/000530 del 17 de-noviembre de 2009, págs. 43 y 44.

68. Alega que la imputación contra Allan Brewer Carías fue realizada en cumplimiento de los principios y garantías procesales establecidas tanto en la Constitución, como en la norma adjetiva penal y en los Tratados, Convenios y Acuerdos Internacionales suscritos por el Estado. Indica que en el acto de imputación, el 27 de enero de 2005, Allan Brewer Carías estuvo debidamente asistido por sus abogados de confianza, León Enrique Cottin Núñez y Pedro Nikken Bellshawhog, Señala que en dicho acto la Fiscal Provisoria Sexta le preguntó al imputado: "[...] si entendió las razones por las cuales se le imputa, si tiene alguna duda sobre lo expuesto [...]" y que' el imputado no manifestó nada. Asimismo, señala que se le preguntó si deseaba rendir declaración, a lo que el imputado respondió que no, Indica que el acta de imputación fue firmada por sus abogados defensores y que posteriormente Allan Brewer Carías salió del Despacho Fiscal en plena libertad, porque el proceso en su contra se estaba llevando en libertad.

69. Alega que los representantes legales de Allan Brewer Carías ejercieron plenamente su derecho a la defensa y que solicitaron la práctica de diligencias tendientes a esclarecer los hechos. Alega que en respuesta el Ministerio Público procedió a practicar las diligencias que cumplían con los requisitos de pertinencia y necesidad.

70. El Estado señala que en la fase de investigación la defensa interpuso recurso de apelación en contra de los autos judiciales dictados, siendo éstos declarados sin lugar por las distintas Salas de las Cortes de Apelaciones, que los conocieron,

71. El Estado señala que luego de ¡a acusación formal contra Allan Brewer Carías por el delito de conspiración para cambiar violentamente la Constitución del 21 de octubre de 2005, el 10 de mayo de 2006, Allan Brewer Carías manifestó a la Jueza, por escrito, su intención de salir del país con base en un falso supuesto de violación de sus derechos y garantías constitucionales de defensa y en que "[...] la ilustre Universidad de Columbia le ha brindado la oportunidad de lograr un viejo anhelo profesional, como lo es el pertenecer a su plantilla de profesores, ha tomado la decisión de esperar a que se presenten las condiciones idóneas para obtener un juicio imparcial y con respeto de sus garantías [...]",

72. Señala que en consecuencia, el 2 de junio de 2006, el Ministerio Público solicitó al Juez Temporal Vigésimo Quinto se decretara la medida de privación judicial preventiva de libertad contra Allan Randolph Brewer Carías, pese a que en el escrito acusatorio ya se había solicitado dicha medida. Alega que su negativa a someterse a la persecución penal, atenta no sólo contra la investigación conducida por el Ministerio Público, sino contra todo el sistema de justicia.

73. Alega que por tal motivo, el 15 de junio de 2006 el Juez Temporal Vigésimo Quinto acordó la medida de privación de libertad contra el acusado, debido a que estaban presentes los supuestos concurrentes de procedencia establecidos en el artículo 250 del COPP, en concordancia con los numerales 1, 2, 3, y 4 del primer párrafo de su artículo 251.

74. Frente al alegato de los peticionarios respecto a la violación del principio de presunción de inocencia dado que correspondía a la defensa desvirtuar la imputación hecha por la Fiscalía (ver *supra* III A), el Estado responde que del artículo 125.5[16] del COPP, interpretado en conjunto con los artículos 131 y 305, se colige que la defensa tiene una postura activa y proactiva dentro de la investigación a fin de garantizar el debido proceso y que puede solicitar la práctica de diligencias a fin de desvirtuar las imputaciones formuladas, toda vez que satisfagan los requisitos de pertinencia, necesidad y utilidad y de estar vinculadas directamente con la investigación y el esclarecimiento de los hechos.

75. En respuesta al alegato de los peticionarios respecto a la falta de acceso a "supuestas pruebas en su contra; y a los testigos y otras pruebas que él ha promovido"[17], (ver *supra* lll A), el Estado señala que los peticionarios confunden dentro de la fase preparatoria e intermedia conceptos básicos que son necesarios para comprender y poder realizar una denuncia de tal naturaleza, como los actos de investigación, elementos de convicción, medios de prueba y pruebas propiamente dichas; incluso desconocen en qué etapa, procesal del sistema adjetivo penal venezolano deben utilizarse.

76. Frente al alegato de los peticionarios respecto a que se les ha impedido la posibilidad oportuna y efectiva de defenderse (ver *supra* III A), el Estado responde que no presentan prueba alguna de ello y que sólo pretenden que la Comisión dé por cierto el no haber tenido acceso al expediente y por ende a la oportuna y efectiva defensa. El Estado rechaza dichos argumentos, y

---

16 El Estado hace referencia al artículo 125 del COPP. Derechos, "El imputado tendrá los siguientes derechos: 1, Que se le informe de manera específica y clara acerca de los hechos que se le Imputan; 2, Comunicarse con sus familiares, abogado de su confianza o asociación de asistencia jurídica, para informar sobre su detención; 3. Ser asistido, desde los actos iniciales de la investigación, por un defensor que designe al o sus parientes y, en su defecto, por un defensor público; 4. Ser asistido gratuitamente por un traductor o intérprete si no comprende o no habla el idioma castellano; 5, Pedir al Ministerio Público la práctica de diligencias de investigación destinadas a desvirtuar las Imputaciones que se le formulen; (resaltado del Estado); 6. Presentarse directamente ante el Juez con el fin de prestar declaración; 7. Solicitar que se active la investigación y a conocer su contenido, salvo en los casos en que alguna parte de ella haya sido declarada reservada y sólo por el tiempo que esa declaración se prolongue; 8. Pedir que se declare anticipadamente la Improcedencia de la privación preventiva judicial de libertad; 9, Ser impuesto del precepto constitucional que lo exime de declarar y, aun en caso de consentir *a* prestar declaración, a no hacerlo bajo juramento; 10. No ser sometido a tortura u otros tratos crueles, inhumanos o degradantes de su dignidad personal; 11, No ser objeto de técnicas o métodos que alteren su libre voluntad, incluso con su consentimiento; 12. No ser juzgado en ausencia, salvo lo dispuesto en la Constitución de la República Bolivariana de Venezuela", Escrito del Ministerio del Poder Popular para las Relaciones Exteriores AEGV/000394 del 25 de agosto de 2009, págs. 30-31.

17 El Estado cita el párr. 5 de la petición presentada a la Comisión de fecha 24 de enero de 2007.

alega que se cuenta con 17 actas firmadas por el representante legal de Allan Brewer Carías durante el proceso ante el Ministerio Público, donde consta con su firma que revisó el expediente en todas y cada una de sus partes, sin observación alguna. Asimismo, indica que revisaron los videos y demás anexos vinculados con su imputación, lo cual se evidencia en las planillas efe solicitud de revisión de expedientes. Alega que en vista de esto resulta extraño y falso que indiquen que no tuvieron acceso al expediente, o a lo que ellos erróneamente llaman "las pruebas" dentro de la fase de investigación. Señala que durante la fase de investigación y desde la fecha de imputación Allan Brewer Carías y sus representantes legales, se apersonaron en reiteradas oportunidades a la Fiscal Provisoria Sexta, a fin de "imponerse del contenido de la causa llevada en su contra".

77. Frente al alegato de los peticionarios respecto a que "se violó.,. de manera general, el derecho de la defensa de interrogar a los testigos presentes en el tribunal [...]" (ver *supra* III A), el Estado alega que los peticionarios confunden la "prueba" presentada ante un tribunal en la etapa de juicio, con los "términos de convicción" presentados ante la Fiscalía en la etapa de investigación. Al respecto, sostiene que la entrevista de testigos por la Fiscalía no equivale a la producción de testimonios ante un tribunal en la etapa de juicio, conforme a los artículos 355 y 356 del COPP. Una vez conocida la Identidad de la persona citada por la Fiscalía a declarar, la defensa puede solicitar qué el Ministerio Público formule ciertas preguntas al entrevistado, fundamentando su pertinencia, necesidad, utilidad y vinculación con la Investigación[18]. Indica que en el caso de Brewer Carías la defensa no presentó dicha solicitud al Ministerio Público. La defensa debe explicar la pertinencia, necesidad, utilidad y vinculación con la investigación de las personas propuestas para entrevista con la Fiscalía en la etapa de Investigación, y puede solicitar la formulación de determinadas preguntas que cumplan con los mismos requisitos. Alega que estos requisitos no fueron cumplidos por los abogados defensores de Brewer Carías. Señala que en la entrevista ante la Fiscalía la defensa puede participar activamente dentro de este acto de Investigación (que no es un acto de prueba) lo cual queda plasmado en un acta de entrevista. Indica que si dicho acto de investigación es admitido por el Tribunal de Control y pasa al Tribunal de Juicio, es entonces, cuando la defensa puede preguntar y repreguntar y puede controlar la prueba de testigos, Enfatiza que en el presente caso no se ha llegado a la etapa de juicio por lo que la defensa tendrá entonces la posibilidad de preguntar y repreguntar a los testigos cuyas declaraciones hayan sido admitidas por el Tribunal de Control en la etapa intermedia. Concluye por lo

---

18 El Estado cita el artículo 305, 125 numeral 6 y 131 del COPP. Escrito del Ministerio del Poder Popular para las Relaciones Exteriores AEGV/000394 del 25 de agosto de 2009, pág, 38

tanto que los peticionarios confunden[19] la fase de investigación, la fase intermedia y la fase de juicio en el proceso penal venezolano.

78. Alega que Allan Brewer Carías enfrentaba el proceso penal en su contra en libertad, sin una orden de detención en su contra, hasta el 14 de julio de 2006. En este sentido, el Estado controvierte el alegato de los peticionarios respecto a que: "[...] el Estado intenta negar al Dr. Brewer Carías la libertad física, le niega el derecho a juicio en libertad y le restringe su libertad de circulación, por decretar su detención preventiva que no responde en absoluto a necesidad alguna y que no cumple con las normas mínimas internacionales y nacionales para justificar tal medida de excepción". El Estado resalta que desde el 12 de abril de 2002 Allan Brewer Carías se encontraba en libertad plena hasta la fecha que se ausentó del país, el 2 de junio de 2006 y alega que fue Allan Brewer Carías quien provocó que se activaran los mecanismos constitucionales y legales para la procedencia de la privación judicial preventiva de la libertad.

79. Frente al alegato de los peticionarios sobre la violación de normas Internacionales (ver *supra* III A) el Estado responde que el derecho internacional de los derechos humanos es complementario y subsidiario y que no sustituye la propia actividad del Estado. Alega que los peticionarios tienen la obligación de (i) señalar la norma interna violada, en este caso el COPP y/o la Constitución; (ii) demostrar la violación de esa norma interna, fundamentándola con el propio expediente, y la jurisprudencia e interpretación en el derecho interno, sin que. esto comporte el planteamiento de argumentos de fondo del caso; y finalmente (iii) trasladar el correspondiente derecho violado, en el Estado a la norma internacional.

80. El Estado indica que el estado de rebeldía jurídica de Allan Brewer Carías le hizo perder la posibilidad de caer en el supuesto contemplado por el Decreto con Rango, Valor y Fuerza de Ley Especial de Amnistía, emitido el 31 de diciembre de 2007 por el Presidente Hugo Chávez Frías, en ejercicio de su atribución constitucional. Indica que dicho decreto aplicó a todas las personas que

[...] enfrentadas al orden establecido se encuentren a derecho y se hayan sometido a los procesos penales en los delitos siguientes:

Por la redacción del decreto del gobierno de facto del 12 de abril de 2002.

Por firmar el decreto del gobierno de facto del 12 de abril del 2002

---

19 El Estado indica que dicha confusión también se refleja en la cita de los peticionarios del informe N° 85/99 de) Caso N° 11.258 (Figueredo Planchart), en la que se refieren específicamente a los actos celebrados ante un tribunal y no en la etapa de investigación.

C) Por la toma violenta de la Gobernación del Estado Mérida del 1 2 de abril de 2002

D) Por la privación ilegítima de la libertad del ciudadano Ramón Rodríguez Chacín, Ministro de Interior y Justicia el 12 de abril de 2002

E) Por la Comisión de los Delitos de instigación a Delinquir y rebelión militar hasta el 2 de diciembre de 2007 [...].

81. Respecto a la posible afectación del acceso de Allan Brewer Carías a los recursos de la jurisdicción interna en razón de la provisionalidad, independencia e imparcialidad de los jueces, el Estado alega que, tal como lo ha establecido la Corte Interamericana, se debe probar en el caso concreto que las decisiones de los tribunales están supeditadas a cuestiones vinculadas con la provisionalidad, independencia e imparcialidad de los jueces[20].

82. El Estado alega que Allan Brewer Carías, hoy prófugo de la justicia, y su defensa, de la manera más irresponsable decidió -fundamentados en lo que era su parecer y en una oferta de trabajo en una universidad extranjera- abstenerse del proceso penal por una supuesta desconfianza, que hasta ahora no ha podido probar y en razón de no haber obtenido respuestas positivas pretende quebrantar las formas procesales más básicas, para evitar no el juicio sino la celebración de la audiencia preliminar. Finalmente, alega que la credibilidad de las instituciones internacionales de protección de los derechos humanos está estrechamente relacionada con la observancia de los principios de objetividad, imparcialidad, buena fe y no selectividad.

3. Alegatos sobre el derecho a la libertad de expresión

83. Respecto al análisis de la alegada violación al derecho a la libertad de expresión en la etapa de fondo el Estado sostiene que esta situación es "una de las formas más veladas de violación del derecho a la defensa del Estado cuando consideran alegatos sin ningún fundamento y prueba alguna, pretendiendo incorporarlos 'después' en la etapa de fondo". Al respecto, el Estado considera que "los peticionarios no han presentado elementos suficientes para demostrar que los hechos alegados podrían caracterizar una violación". El Estado "no puede aceptar que la Comisión admita un alegato [...] cuando la posibilidad de la presunta, violación no ha sido ni siquiera demostrada [...] sino únicamente es señalada por medio de apreciaciones totalmente subjetivas"[21]

---

20 En sustento de su argumento el Estado cita: Corte I.D.H. *Caso Ríos y otros* Vs. *Venezuela.* Sentencia de 28 de enero de 2009, Serie C N° 194 y Caso *Perozo y otros Vs. Venezuela.* Sentencia de 28 de enero de 2009. Serie C N° 195. Escrito del Ministerio del Poder Popular para las Relaciones Exteriores AGEV/000530 del 17 de noviembre de 2009, pág. 59

21 Escrito del Ministerio del Poder Popular para las Relaciones Exteriores AGEV/000530 del 17 de noviembre de 2009, pág. 49.

84. Alega que no se puede decir que se quiere silenciar la voz de Allan Brewer Carías quien incluso con posterioridad de los actos de imputación y de acusación ha hecho uso de su libertad de expresión, "ha continuado expresando como a bien tenga del Estado venezolano y hasta de su propio caso"[22]. Indica que los libros de Allan Brewer Carías no han sido objeto de ninguna restricción, prohibición o censura. Considera que la violación al derecho a la libertad-de expresión de Allan Brewer Carías no se configura.

IV. ANÁLISIS SOBRE EL FONDO

A. Determinaciones de hecho

1. Antecedentes

85. Entre diciembre de 2001 y abril de 2002 se produjo una movilización social de protesta contra diversas políticas del Gobierno[23]. El de abril de 2002 los comandantes de la Fuerza Armada manifestaron desconocer la autoridad del Presidente de la República y al día siguiente el General Lucas

---

22 En sustento de su argumento el Estado cita: "La demolición del Estado de derecho y la destrucción de la democracia en Venezuela" Conferencia dictada en la Procuraduría Geral do Estado do Río de Janeiro, 26 de agosto de 2009; The citizen's access to Constitutional Jurisdiction; Special reference to the Venezuelan system of Judicial Review, Round- table conference of the International Association of Constitutional Law, IACL on "Challenges to the consolidation of the Rules of Law of Democracy In Latín America. Compared experiences", Porto de Galinhas, Estado de Pernambuco, Brasil, 24 de agosto de 2009; "El Juez Constitucional al servicio del autoritarismo y la ilegítima mutación de la Constitución: el caso de la Sala Constitucional del Tribunal Supremo de Justicia de Venezuela (1999-2009)", Notas para la exposición en el Seminario del Prof. Eduardo García de Enterría, Facultad de Derecho de la Universidad Complutense de Madrid, 1° de abril de 2009; Reforma Constitucional, Asamblea Constituyente y Control Judicial Contenciosos Administrativo: el caso de Honduras (2009) y el precedente venezolano (1999)/Nueva York, julio de 2009; "Historia, Los sucesos de abril de 2002 y las consecuencias de la renuncia del Presidente Hugo Chávez *Frías a* la Presidencia de la República", abril de 2009; El Juez Constitucional vs. La alternabilidad republicana, 2009. Notas sobre la Sentencia de la Sala Constitucional de 03-02-2009 que declara constitucional el proceso de enmienda constitucional 2008-2009 que altera el principio de alternabilidad del gobierno, al establecer la reelección continua e indefinida de cargos electivos u que se someterá al referendo el 15-2-2009; "En mi propia defensa" Ed. Jurídica Venezolana, 2006 y "Mi testimonio ante la Historia". Escrito del Ministerio del Poder Popular para las Relaciones Exteriores AGEV/000530 del 17 de noviembre de 2010, págs. 49 y 50

23 "El ambiente político en Venezuela se caracterizó por una notoria tendencia a la radicalización que comenzó con un proceso de definición y acentuación en los primeros meses del año 2002 y la interrupción del orden constitucional el 11 de abril y la posterior restauración el 14 de abril del mismo año". CIDH. Informe sobre La Situación de los Derechos Humanos en Venezuela de 2003 OEA/Ser.L/V/11.118. Doc. 4 rev. 1, 24 de octubre de 2003, Resumen Ejecutivo, párr. 4, "Durante los graves sucesos del 11 de abril de 2002, la Comisión condenó el golpe de Estado perpetrado contra el orden constitucional.

Rincón informó a la población que se le "solicitó al señor Presidente de la República la renuncia a su cargo, la cual aceptó"[24].

86.   En la madrugada del 12 de abril de 2002 Pedro Carmona Estanga, uno de los líderes de las protestas civiles, se comunicó con el abogado Allan Brewer Carias[25] y envió un vehículo para que lo recogiera en su residencia. Brewer Carias sostiene que fue llevado al "Fuerte Tiuna", sede del Ministerio de Defensa y de la Comandancia General del Ejército y que

> Me condujeron a un pequeño cubículo donde estaba el Dr. Carmona, a quien saludé y quien me solicitó que analizara un documento que le habían entregado cuando llegó a ese lugar, a cuyo efecto se me puso en contacto con dos jóvenes abogados de nombres Daniel Romero y José Gregorio Vásquez, quien (sic) fueron los que me mostraron el documento [...][26]

87.   Dicho documento, más tarde conocido como el "Decreto Carmona", ordenaba la disolución de los poderes públicos y el establecimiento de un "gobierno de transición democrática"[27].

88.   Hacia el mediodía Allan Brewer Carias se trasladó al Palacio de Miraflores. Ese mismo día el señor Pedro Carmona Estanga anunció la disolución de los poderes públicos y el establecimiento de un "gobierno de transición democrática", entre otras medidas. Hugo Chávez fue reinstaurado en la Presidencia de la República el 13 de abril de 2002[28].

89.   Las resoluciones adoptadas por el Consejo Permanente y la Asamblea General de la Organización de los Estados Americanos definieron los

---

24   Albor Rodríguez (ed), *Verdades, mentiras y Videos, Lo más relevante de tas interpelaciones en la Asamblea Nacional sobre los sucesos de abril*, Libros El Nacional, Caracas (2002), páginas 13 y 14, citado en: petición original recibida el 24 de enero de 2007, página 9.

25   Allan Brewer Cartas es un especialista en derecho constitucional, que había manifestado críticas frente a una serie de decisiones adoptadas mediante decretos del Poder Ejecutivo en Venezuela, Ha sido Senador, Ministro y miembro de la Asamblea Nacional Constituyente de 1 999. Petición original recibida el 24 de enero de 2007, párrs. 13-20,

26   Declaración de Allan Brewer Carías ante el Ministerio Público. Citado en el acta de imputación fiscal contra Allan Brewer Carías del 27 de enero de 2005, anexo 5 a la petición original recibida el 24 de enero de 2007.

27   El Decreto está contenido en el acta de imputación fiscal contra Allan Brewer Carias del 27 de enero de 2005, anexo 5 a la petición original recibida el 24 de enero de 2007.

28   "[L]a Comisión emitió un comunicado de prensa el 13 de abril de 2002, en el que expresó, entre otras cosas, su más enérgica condena por los hechos de violencia, deploró la destitución de las más altas autoridades de todos los poderes públicos; y advirtió que dichos hechos configuraban una interrupción del orden constitucional". CIDH. Informe sobre la Situación de los Derechos Humanos en Venezuela de 2003. OEA/Ser.L/V/11.118. Doc. 4 rev. 1, 24 de octubre de 2003, párr. 7.

hechos ocurridos entre el 12 y el 13 de abril de 2002 como una "interrupción abrupta del orden democrático y constitucional" en Venezuela[29].

90.   Posteriormente, los medios de comunicación difundieron[30] notas sobre la presencia de Allan Brewer Carias durante la madrugada del 12 de abril de 2002 en "Fuerte Tiuna" que lo vinculaban con la redacción del llamado "Decreto Carmona". Por ejemplo, difundieron que

> En la sede de la Comandancia del Ejército, zona reservada al Jefe del Estado Mayor, se habían instalado en un cubículo Pedro Carmona... En el cubículo de enfrente estaba Allan Brewer Carías redactando a mano lo que luego sería el Acta Constitutiva del Gobierno de Transición [...] Brewer Carías replicó: 'No importa la renuncia. Ya Lucas la va a anunciar por televisión y eso será más que suficiente...[31].

91.   Allan Brewer Carias desmintió en muchas ruedas de prensa lo que él consideró especulaciones[32]. El 13 de abril de 2002 la presunta víctima

---

29   OEA. Resolución del Consejo Permanente (CP). Actual Situación en Venezuela OEA/Ser.G. CP/doc. 3616/02. 28 de mayo de 2002. Ver CP/Resolución 811 (1315/02). CIDH. Informe sobre la Situación de los Derechos Humanos en Venezuela de 2003. OEA/Ser.L/V/11.118. Doc. 4 rev. 1, 24 de octubre de 2003, párr. 534.

30   Edgar López, *Carta Interamericana Democrática fundamenta Gobierno de Transición.* En: *El Nacional,* 13 de abril de 2002; Laura Weffer Cifuentes, *Cómo se fraguó la renuncia de Hugo Chávez.* En: *El Nacional,* 13 de abril de 2002; Mariela León, *Primer Presidente Empresario.* En: *El Universal,* 13 de abril de 2002; Patricia Poleo, *Factores de Poder.* En: *El Nuevo País,* 16 y 17 de abril de 2002; Ricardo Peña, *Círculo íntimo.* En: *El Reporte,* 18 de abril de 2002; Patricia Poleo, *Factores de poder.* En: *El Nuevo País,* 25 de abril de 2002; Francisco Olivares, entrevista a Daniel Romero, *Los militares manejaron todas las decisiones políticas.* En: *El Universal,* 26 de abril de 2002; Milagros Socorro, *Al país se le tendió una trampa.* En: *El* Nacional, 27 de abril de 2002; Francisco Olivares, *Historia del segundo decreto.* En: *El Universal,* 28 de abril de 2002; Nitu Pérez Osuna, *El video de Chávez retenido.* En: *El Mundo,* 3 de mayo de 2002; Programas de televisión de Rafael Poleo y Patricia Poleo, *Dominio Público* (Venevisión), 12 de abril de 2002; César Miguel Rondón entrevista a Teodoro Petkoff en *30 Minutos* (Televén), 12 de mayo de 2002; Domingo Blanco entrevista a Patricia Poleo en *Primera Página* (Globovisión), 15 de abril de 2002; César Miguel Rondón entrevista a Patricia Poleo en *30 Minutos* (Televén), 16 de abril de 2002; Luisiana Ríos y Carlos Omobono entrevistan a Patricia Poleo en *La Entrevista* (RCTV), 16 de abril de 2002; Carlos Fernández entrevista a Tarek William Saab en *Triángulo* (Televén), 10 de mayo de 2002; Programa *Voces de un país* de Luis García Figueroa (Globovisión), 28 de mayo de 2002. Escrito de imputación fiscal contra Allan Brewer Carias del 27 de enero de 2005. Anexo 5 a la petición original recibida el 24 de enero de 2007.

31   Artículo del diario El Nuevo País del 16 de abril de 2002, por Patricia Poleo. *Factores de poder,* Citado en el escrito de imputación fiscal contra Allan Brewer Carias del 27 de enero de 2005, anexo 5 a la petición original recibida el 24 de enero de 2007.

32   Allan Brewer Carías responde a las acusaciones: *No redacté el decreto de Carmona Estanga* reseña por Ana Damelis Guzmán, *El Globo,* Caracas, 17/4/02, pág. 4. El abogado desmiente haber redactado acta constitutiva de gobierno transitorio; *Brewer*

otorgó una entrevista en la que, en referencia al "gobierno de transición democrática", señaló

[...] que el documento constitutivo del Gobierno transitorio se fundamenta en la Carta Democrática Interamericana, que Venezuela suscribió el 11 de septiembre de 2001... ¿Entonces la referencia jurídica del nuevo gobierno es la Carta Interamericana Democrática (sic) y no la Constitución Nacional de 1999, elaborada por la Asamblea Constituyente y convalidada en referéndum popular? No exactamente. Aquí hubo el ejercicio de un derecho ciudadano a la resistencia o desobediencia civil, el cual está garantizado y previsto en el artículo 350 de la Constitución Nacional. El Pueblo de Venezuela, a través de sus representantes, desconoció un régimen, una autoridad y una legislación que contrariaba los principios y valores democráticos y que violaba derechos y garantías constitucionales. En definitiva se produjo una rebelión de carácter civil, y posteriormente la renuncia del Presidente de la República, según lo anunció el alto mando militar. El vacío constitucional de poder tuvo que ser llenado por los representantes de diversos sectores de la sociedad, sobre la base, insisto, del artículo 340 de la Constitución. ¿Cómo es posible hablar de apego al estado de derecho si la Junta de Gobierno acordó la disolución de los poderes legítimamente constituidos? La disolución de los poderes constituidos es una manifestación de ese derecho a la desobediencia civil [...][33].

92.   La Asamblea Nacional designó una "Comisión Parlamentaria Especial para investigar los sucesos de abril de 2002". En su informe de julio de 2002 esta Comisión Especial exhortó al Poder Ciudadano a investigar y determinar las responsabilidades de ciudadanos "...quienes, sin estar investidos de funciones públicas, actuaron en forma activa y concordada en la conspiración y golpe de Estado"[34]. La lista de ciudadanos a ser investigados incluye a

---

Carias se desmarca de Pedro Carmona Estanga, reseña por Feliz González Roa *Notitarde*, Valencia, 17/4/02, pág. 13. *Brewer Carias: no sé quién redactó el decreto Carmona*, reseña por Jaime Granda, *El Nuevo País*, 17/04/02, pág. 2. Allan R. Brewer Carias *En mi propia defensa. Respuesta preparada con la asistencia de mis defensores Rafael Odremán y León Henrique Cottin contra la infundada acusación fiscal por el supuesto delito de conspiración*, Editorial Jurídica Venezolana, Caracas, 2006, pág. 192, entre otros. Ver reseñas en Anexo 2 a la petición original recibida el 24 de enero de 2007.

33   Artículo publicado en el diario "*El Nacional*", 13 de abril de 2002 por Edgar López *Carta Interamericana Democrática fundamenta gobierno de transición*. Citado en el escrito de imputación fiscal contra Allan Brewer Carias del 27 de enero de 2005, anexo 5 a la petición original recibida el 24 de enero de 2007.

34   Informe de la Comisión Parlamentaria Especial para Investigar los Sucesos de Abril de 2002. Anexo 20 a la petición original recibida el 24 de enero de 2007.

Allan Brewer Carias "por estar demostrada su participación en la planificación y ejecución del Golpe de Estado..."[35].

2. Hechos probados en relación con el proceso judicial

93, El proceso de imputación contra Allan Brewer Carias fue iniciado el 12 de abril de 2002 por la Fiscalía del Ministerio Público a Nivel Nacional en Materia contra Corrupción con Competencia Especial en Bancos, Seguros y Mercados de Capitales, a fin de determinar las responsabilidades de las personas involucradas en los hechos ocurridos en abril de 2002. El 22 de mayo de 2002 el Coronel del Ejército en servicio Ángel Bellorín presentó una denuncia que indicaba que "es un hecho notorio comunicacional reiterado y por todos conocido a través de los diversos medios de comunicación que los autores de dicho decreto son los ciudadanos abogados ALLAN BREWER CARÍAS, [y tres personas más] conocidos [...] como expertos en materia constitucional [...] tal como se desprende de los artículos periodísticos que de seguida referimos [...][36].

94. Entre el 2002 y el 2005 al menos cuatro fiscales provisorios investigaron los hechos que rodearon la redacción del "Decreto Carmona", entre otros hechos relacionados con los eventos que se produjeron entre el 11 y el 13 de abril de 2002. Al inicio la investigación estuvo a cargo del Fiscal provisorio José Benigno Rojas. El 9 de julio de 2002 el testigo Jorge Olavarría presentó ante este Fiscal un escrito de testimonio donde señala que le consta que Brewer Carias no redactó el "Decreto Carmona"[37]. José Benigno Rojas fue sustituido por el Fiscal Provisorio Danilo Anderson[38]. Subsiguientemen-

---

35 Informe de la Comisión Parlamentaria Especial para Investigar los Sucesos de Abril de 2002. Anexo 20 a la petición original recibida el 24 de enero de 2007.

36 Denuncia formulada por Ángel Bellorín el 22 de mayo de 2002. Anexo 6 a la petición original recibida el 24 de enero de 2007.

37 Escrito de Jorge Olavarría. Anexo 36 a la petición original recibida el 24 de enero de 2007.

38 "02. FIRMANTES DEL DECRETO DE PEDRO CARMONA ESTANGA

Implicados: Aproximadamente 400 personas

Fiscales: 6° nacional, Luisa Ortega Díaz

•   Estado: Entre el 18 de octubre y el 10 de noviembre de 2004, el fiscal 4 con competencia plena, Danilo Anderson, imputó por la presunta comisión del delito de rebelión civil a los ciudadanos [...],

•   Posteriormente, la investigación fue asignada en diciembre de 2004 a la fiscal 6° nacional, Luisa Ortega Díaz, tras la muerte del fiscal Anderson.

•   En ese sentido, a partir de enero de este año han sido imputados los ciudadanos [...], Allan Brewer Carias, [...]". Ministerio Público. Balance investigaciones de los sucesos de abril de 2002, 8 de abril de 2005. En: http://www.urru.org/11A/balancefiscaliainvestigaciones11a.pdf

te, el 28 de agosto de 2002 la Fiscal Provisoria Sexta asumió la investigación[39].

95. El 27 de enero de 2005, la Fiscal Provisoria Sexta imputó a Allan Brewer Carias, por su supuesta

"participación en la redacción y elaboración del Acta de Constitución del Gobierno de Transición Democrática y Unidad Nacional la cual contiene un [Democrática y Unidad Nacional] (sic), leído por el ciudadano DANIEL ROMERO, el día 12 de abril de 2002, dentro de las instalaciones del Palacio de Miraflores, luego que un grupo de personas, civiles y oficiales de la Fuerza Armada Nacional desconociendo el gobierno constitucional y legítimamente constituido, al margen de la Constitución de la República Bolivariana de Venezuela y de las leyes, procedieron a constituir un gobierno de facto"[40].

96. Esta conducta está prevista y sancionada en el artículo 144 numeral 2, del Código Penal venezolano -como garantía de la vigencia de la Constitución- como el delito de conspiración para cambiar violentamente la Constitución[41].

97. El 4 de mayo de 2005 la defensa presentó un escrito en el que manifestó que una entrevista utilizada como prueba para la imputación fiscal no se correspondía con la realidad[42]. Al respecto, señaló que en el programa 30 Minutos se entrevistó a Teodoro Petkoff quien afirmó que

---

39 Resolución N° 539 del Fiscal General de la República mediante la cual se designa a Luisa Ortega Díaz como Suplente Especial de la Fiscalía Sexta del Ministerio Público con a Nivel Nacional con Competencia Plena de 28 de agosto de 2002. Anexo 8 a la petición original recibida el 24 de enero de 2007. Ver. Ultimas Noticias Solicitan Sobreseer a firmantes y militares de 9 de enero de 2008. "Caracas. La Fiscal sexta nacional, María Alejandra Pérez, solicitó sobreseimiento de los investigados por la firma del decreto del Gobierno de facto de Pedro Carmona Estanga del 12 de abril de 2002, mediante el cual se derogó la Constitución [...]", En: http://venezuela-real.zoomblog.com/archivo/2008/01/09/solicitan-sobreseer-a-firmantes-y-mili.html

40 Imputación Fiscal. Anexo 5 a la petición original recibida el 24 de enero de 2007.

41 Código Penal de Venezuela artículo 144: "Serán castigados con presidio de doce a veinticuatro años. Los que, sin el objeto de cambiar la forma política republicana que se ha dado a la Nación, conspiren o se alcen para cambiar violentamente la Constitución Nacional". (Actual artículo 143 numeral 2). Escrito del Ministerio del Poder Popular para las Relaciones Exteriores AEGV/000394 del 25 de agosto de 2009, págs. 22 - 24. Imputación Fiscal. Anexo 5 a la petición original recibida el 24 de enero de 2007.

42 Escrito de la defensa de Brewer Carías del 4 de mayo de 2005 dirigido al Juez Vigésimo Quinto de Control en el que se indica que luego de haber visto los videos y notas de prensa que reposan en el expediente del caso pudieron establecer la falta de veracidad o falsedad de los textos dado que ciertas partes de los videos utilizados para la imputación no se correspondían con lo que se ve y escucha en el video utilizado a la vez de volver a solicitar acceso a la totalidad de los videos contenidos en el expe-

Estamos ante un golpe de estado sui generis, Pedro Carmona, tiene plenos poderes para nombrar alcaldes, gobernadores, se juramentó ante sí mismo, destituyó a los Magistrados del Tribunal Supremo de Justicia, al Defensor del Pueblo, Contralor..., tiene poderes dictatoriales. Estamos en presencia de un gobierno de facto, porque no cubre las formas democráticas. Brewer debe explicar ese decreto ante la OEA[43].

98. Indicó que ésta es una falsedad advertida por el propio Teodoro Petkoff quien en respuesta a una pregunta del Fiscal indicó

SÉPTIMA: ¿Diga Usted por qué señaló en esa entrevista que Brewer debe explicar ese decreto ante la OEA? CONTESTO: Yo no dije que Brewer debía explicar ese decreto ante la OEA, dije, ahora que acabo de oír el programa de nuevo. 'No sé cómo vamos a explicar esta situación ante la OEA', me refería obviamente al golpe de Estado y no Brewer. OCTAVA: ¿Diga Usted si tiene conocimiento de quienes elaboraron el decreto ...? CONTESTÓ: No. No estuve allí[44].

99. En el escrito señalado, se solicitó a la Fiscal Provisoria la realización de una transcripción técnica especializada del contenido de todos los videos con entrevistas a periodistas, utilizados como elementos probatorios en la imputación fiscal. La solicitud fue denegada el 21 de abril de 2005[45].

100. El 31 de marzo de 2005 la defensa solicitó que sean citados a declarar Nelson Socorro y Leopoldo Baptista con el fin de que den cuenta de las actividades de Allan Brewer Carías los días anteriores al 10 de abril de 2002. La solicitud fue denegada el 21 de abril de 2005 por la Fiscal Provisoria Sexta al considerar que las actividades de Allan Brewer Carías anteriores al 10 de abril de 2002 no formaban parte de los hechos imputados y por tanto eran innecesarios[46].

101. El proceso en el cual está incluida la causa contra Allan Brewer Carías fue asignado inicialmente a la Jueza Temporal Vigésimo Quinta Josefina Gómez Sosa. A solicitud de la Fiscal Provisoria Sexta, la Jueza Temporal Vigésimo Quinta decretó la orden de prohibición de salida del país de 27 imputados por los sucesos de abril de 2002, el 17 de diciembre de 2004, en-

---

diente del caso. Anexo 43 a la petición original recibida el 24 de enero de 2007, párr. 118.

43 Escrito de la defensa presentado el 4 de mayo de 2005. Anexo 43 a la petición original recibida el 24 de enero de 2007.

44 Escrito de la defensa presentado el 4 de mayo de 2005. Anexo 43 a la petición original recibida el 24 de enero de 2007.

45 Respuesta de la Fiscal de 21 de abril de 2005, Anexo 42 a la petición original recibida el 24 de enero de 2007.

46 Decisión de la Fiscal Provisoria Sexta a Nivel Nacional con Competencia Plena de fecha 21 de abril de 2005. Anexo 34 a la petición original recibida el 24 de enero de 2007.

tre quienes no se encontraba Brewer Carias[47]. Dicha orden fue apelada ante la Sala Diez de la Corte de Apelaciones. El 31 de enero de 2005 la Sala de Apelaciones dictó la revocatoria de las órdenes de prohibición de salida del país. El 3 de febrero de 2005 la Comisión Judicial del Tribunal Supremo de Justicia suspendió de su cargo a los jueces de la Corte de Apelaciones que votaron por la nulidad de la decisión apelada, así como a la Juez Temporal Josefina Gómez Sosa, por no haber motivado suficientemente la orden de

---

47 En el Informe de Admisibilidad N° 97/09 se indicó erróneamente que la orden de prohibición de salida del país incluía a Allan Brewer Carias. En la etapa procesal de fondo se determinó que dicha orden no fue dictada en su contra sino contra otras personas investigadas por su presunta participación en los hechos. "La Comisión Judicial del Tribunal Supremo de Justicia, [...], suspendió sin goce de sueldo e indefinidamente a los jueces de la Sala 10 de la Corte de Apelaciones que el 1o de este mes revocaron la medida de prohibición de salida del país contra 27 imputados por rebelión civil, por el supuesto respaldo al decreto mediante el cual Pedro Carmona Estanga sustituyó al presidente Hugo Chávez el 12 de abril de 2002.

[...] Los jueces afectados son Pedro Troconis Da Silva y Hertzen Vilela Sibada, quienes determinaron que la prohibición de salida del país decretada [...] por la jueza 25o de Control, Josefina Gómez Sosa, no fue suficientemente motivada. [...] Precisamente por considerar que la jueza Gómez Sosa incurrió en un error inexcusable, la Comisión Judicial también resolvió suspenderla sin goce de sueldo e indefinidamente.

Sobre el particular, en la resolución se razona: "No pocas veces se han dictado decisiones sin motivación con el deliberado propósito de que sean revocadas en la Alzada y, en verdad, resulta inexplicable que la jueza de primera instancia hubiese tomado tal determinación sin suministrar razones, cuando tal es una elemental obligación de todo juez".

La Comisión Judicial insistió en que la Sala 10 de la Corte de Apelaciones "en vez de anotar tan craso error y ordenar su corrección devolviendo los autos para tal finalidad, materializó un aprovechamiento de la falta y la agravó produciendo esta decisión que hoy conmueve al país".

La solicitud de prohibición de salida del país fue interpuesta el 17 de diciembre pasado por la fiscal 6° del Ministerio Público, Luisa Ortega, y en horas de la noche del mismo día la jueza Gómez Sosa la acogió.

Los imputados involucrados son Heidi Engelberth, María Corina Machado, José Rodríguez Iturbe, Julio Brazón, Leopoldo López Gil, Felipe Brillembourg, César Carballo, José Curiel, Rocío Guijarro, Sergio Ornar Calderón, Raúl De Armas, Guaicaipuro Lameda, León Arismendi, Godofredo Marín, Douglas León Natera, Rafael Huizi Clavier, Vilma Petrash, Enrique Yéspica, Jaime Manzo, Federico Carmona, Ignacio Salvatierra, Alberto Quirós Corradi, Corina Parisca de Machado, Juan Pablo Borregales, Alejandro Peña Esclusa, Elias Bittar y Alvis Muñoz". El Nacional, 4 de febrero de 2005 A/2. "Suspendidos Jueces que favorecieron a imputados por Decreto de Carmona". Ver también Resolución del Tribunal Supremo de Justicia del 15 de noviembre de 2009 al recurso de apelación interpuesto por la Jueza Josefina Gómez Sosa.

prohibición de salida del país[48]. La Jueza Gómez Sosa fue sustituida por el Juez Manuel Bognanno[49].

102. El 4 de mayo de 2005 la defensa solicitó al Juez Temporal Vigésimo Quinto la exhibición de todos los videos, la admisión de los testimonios ofrecidos y el acceso a fas copias del expediente[50]. La defensa promovió la consideración de la ficha migratoria de Allan Brewer Carias para demostrar que durante las semanas que precedieron al 12 de abril de 2002 éste se encontraba fuera del país. El 9 de mayo de 2005 la Fiscal Provisoria Sexta rechazó la prueba por considerarla innecesaria[51].

103. El 11 de mayo de 2005, el Juez Temporal Vigésimo Quinto Manuel Bognanno ordenó a la Fiscal Provisoria Sexta permitir a la defensa "el acceso total al expediente y los videos que guarden en relación con la causa..." y consideró que no le correspondía pronunciarse sobre la pertinencia de los testimonios ofrecidos[52]. El 16 de mayo de 2005 la defensa apeló dicha decisión ante la Corte de Apelaciones[53]. Por su parte, el 30 de mayo de 2005 la Fiscal Provisoria Sexta solicitó ante el Juez Vigésimo Quinto[54] y ante la Sala Nueve de la Corte de Apelaciones[55] la declaratoria de nulidad de la decisión de otorgar acceso total al expediente con fundamento en que el escrito presentado por la defensa no le había sido notificado, por lo cual no había tenido la oportunidad de defenderse. Al respecto, la Fiscal señaló que desde la fecha de imputación de Allan Brewer Carías, 27 de enero de 2005 hasta el 9 de mayo de 2005, los representantes del imputado

---

48   Resolución de destitución. Ver: http://www.tsi.gov.ve/informacion/resoluciones/ci/resolucionCJ 08.htm

49   Resolución de destitución en la que se designa al nuevo juez. Ver: http://www.tsi.gov.ve/informacion/resoluciones/ci/resolucionCJ 08.htm

50   Ver decisión de la Fiscal Provisoria Sexta del 9 de mayo de 2005. Anexo 35 a la petición original recibida el 24 de enero de 2007.

51   Decisión del 9 de mayo de 2005 en la que se consideró que la solicitud la defensa no se indicó lo que se pretendía probar, cuáles eran los hechos imputados que iban a desvirtuar con la diligencia y por considerar que tal solicitud no se ajustaba a lo establecido en el artículo 198 del Código Orgánico Procesal Penal el cual señala que: "...un medio de prueba para ser admitido, debe referirse, directa o indirectamente, al objeto de la investigación y ser útil para el descubrimiento de la verdad". Anexo 35 a la petición original recibida el 24 de enero de 2007.

52   Juez Vigésimo Quinto de Control, oficio 25C-482-05, decisión del 11 de mayo de 2005. Anexo 44 a la petición original recibida el 24 de enero de 2007.

53   Ver decisión de la Sala 9 de la Corte de Apelaciones del 6 de julio de 2005. Anexo 45 a la petición original recibida el 24 de enero de 2007.

54   Solicitud de nulidad de la Fiscal provisoria del 30 de junio de 2005. Anexo 12 a la petición original recibida el 24

55   Solicitud de nulidad de la Fiscal provisoria del 30 de junio de 2005. Anexo 19 a la petición original recibida el 24 de enero de 2007.

han revisado todas las piezas, durante 47 días laborales, de 67 transcurridos. De todas y cada una de las veces que han solicitado y revisado
el expediente se ha levantado un acta de revisión que consigno en este
escrito a fin de demostrar la falsedad de las imputaciones hechos (sic)
por el abogado ALLAN BREWER CARIAS y sus defensores[56]

104. La Fiscal solicitó la nulidad absoluta con el fundamento de que se
trataba de testigos referenciales cuyas declaraciones carecían de valor probatorio a la luz de la normativa vigente, al respecto señaló

De las innumerables pruebas solicitadas por los defensores, han sido
acordadas casi en su totalidad, como consecuencia de lo cual es igualmente falso que se haya hecho caso omiso a la petición de evacuación de
pruebas, las declaraciones de NELSON MEZERHANE, NELSON SO-
CORRO, YAHAIRA ANDUEZA Y LEOPOLDO BAPTISTA, que pre-
tenden que el Ministerio Público entreviste a los fines de que tenga conocimiento de lo que el abogado ALLAN BREWER CARIAS les dijo a
ellos, como si el solicitando ya no se lo haya hecho saber a la representación fiscal y pretendiendo incorporar pruebas de testigos referenciales
que tenían valor legal en la vigencia del Código de Enjuiciamiento Criminal, por lo que a criterio del Ministerio Público las testimoniales no
eran ni son necesarias para esclarecer los hechos y así se les hizo saber
por escrito en su oportunidad legal. [57]

105. El 10 de junio de 2005 el Juez Bognanno solicitó a la Fiscal Provisoria Sexta que le remitiera el expediente, y ella le requirió el 27 de junio de
2005 "..., se sirva indicar a esta representación fiscal la norma en que fundamenta su solicitud, y que le imponga al Ministerio Público la obligación de
informar y de remitir las actuaciones que cursan ante el mismo"[58]. El mismo
día el juez remitió una comunicación al Fiscal Superior del Ministerio Público del Área Metropolitana de Caracas informándole sobre presuntas acciones
obstructoras por parte de la Fiscal Provisoria Sexta que lleva la causa seguida
al señor Carmona Estanga y otros, al no informar al Tribunal sobre el plazo
fijado por el Ministerio Público para presentar -luego de pasados seis meses
desde la individualización de los imputados- su acto conclusivo y solicitando
al Ministerio que "asuma una actitud objetiva, dirigida a colaborar y no ha
(sic) obstaculizar la actuación del órgano jurisdiccional"[59]. Manuel Bognanno

---

56   Solicitud de nulidad de la Fiscal provisoria del 30 de junio de 2005. Anexo 12 y 19 a
     la petición original recibida el 24 de enero de 2007.

57   Solicitud de la Fiscal de declaratoria de nulidad de la orden de expedición de copias
     de las actuaciones del 30 de junio de 2005 de la Fiscal Provisoria Sexta de Control.
     Anexo 12 a la petición original recibida el 24 de enero de 2007

58   Escrito de la Fiscal Provisoria Sexta al Juez 25 de Control del 127 de junio de 2005.
     Anexo 13 a la petición original recibida el 24 de enero de 2007

59   Oficio N° 632-05 de 27 de junio de 2005. Anexo 14 a la petición original recibida el
     24 de enero de 2007

fue suspendido de su cargo el 29 de junio de 2005 y se designó a José Alonso Dugarte Ramos como Juez Temporal en sustitución de Manuel Antonio Bognanno en el Tribunal de Primera Instancia del Circuito Judicial Penal - Área Metropolitana de Caracas[60.]

106. El 6 de julio de 2005 la Corte de Apelaciones declaró nula la decisión del Juez Temporal Vigésimo Quinto y ordenó que otro juez de control se pronuncie respecto del escrito de la defensa[61]. El 10 de agosto de 2005 la defensa presentó un escrito ante el Juez Temporal Vigésimo Quinto insistiendo en la admisión de los testimonios ofrecidos y en el cumplimiento de la decisión de la Corte de Apelaciones[62].

107. El 28 de septiembre de 2005, Allan Brewer Carias se ausentó de Venezuela[63]. El mismo día la defensa solicitó que se cite a rendir testimonio a Lucas Hincón con un pliego de preguntas[64]. El 30 de septiembre de 2005 la defensa presentó un escrito de promoción de prueba anticipada de declaración de Pedro Carmona Estanga ante el Juez Temporal Vigésimo Quinto[65]. El 5 de octubre de 2005 Lucas Rincón fue entrevistado por la Fiscalía respecto de las preguntas solicitadas por la defensa[66]. El 1 8 de octubre de 2005 la defensa solicitó nuevamente que se tome la declaración de Pedro Carmona Estanga[67]. El 20 de octubre de 2005 la solicitud sobre Carmona Estanga fue declarada improcedente[68] con fundamento en que Pedro Carmona Estanga también se encontraba imputado en la causa por lo que su declaración no tendría valor probatorio. El juez Temporal Vigésimo Quinto fue recusado por la defensa al haber emitido opinión nuevamente sobre la misma cuestión.

108. El 21 de octubre de 2005 la Fiscal Provisoria Sexta formalizó la acusación contra Allan Brewer Carias, se solicitó la privación judicial preventiva de libertad de los acusados y el proceso pasó a etapa intermedia[69].

109. El 26 de octubre de 2005 la defensa de Allan Brewer Carias solicitó al Juez Temporal Vigésimo Quinto que se garantizara su derecho a ser juz-

---

60 Ver http://www.tsj.gov.ve/desinaciones/designacion.asp?fecha id=320
61 Decisión de la Sala 9 de la Corte de Apelaciones del 6 de julio de 2005. Anexo 45 a la petición original recibida el 24 de enero de 2007
62 Escrito presentado por la defensa el 10 de agosto de 2005 ante el Juez Vigésimo Quinto de Control. Anexo 46 a la petición original recibida el 24 de enero de 2007
63 Escrito de los peticionarios de 30 de noviembre de 2009, pág. 94
64 Anexo 27 a la petición original recibida el 24 de enero de 2007
65 Anexo 29 a la petición original recibida el 24 de enero de 2007
66 Anexo 28 a la petición original recibida el 24 de enero de 2007
67 La defensa solicita prueba anticipada, 18 de octubre de 2005. Anexo 32 a la petición original recibida el 24 de enero de 2007
68 Decisión del Vigésimo Quinto de Control del 20 de octubre de 2005. Anexo 30 a la petición original recibida el 24 de enero de 2007
69 Acusación fiscal. Anexo 48 a la petición original recibida el 24 de enero de 2007. En dicha acusación la Fiscal también acusó a otras dos personas

gado en libertad y la declaratoria anticipada de la improcedencia de su privación de libertad durante el juicio, por tratarse de una persona no peligrosa, laboral y académicamente activa, con residencia y arraigo en el país[70]. El juez no se habría pronunciado sobre esta solicitud.

110. La acusación fue apelada por la defensa el 28 de octubre de 2005[71]. El 8 de noviembre de 2005, en su escrito de contestación a la acusación contra Allan Brewer Carias, la defensa solicitó la nulidad de todo lo actuado con fundamento en violaciones a las garantías judiciales[72].

111. El 13 de diciembre de 2005 y 31 de enero de 2006 varios Magistrados del Tribunal Supremo de Justicia remitieron carta al Instituto Interamericano de Derechos Humanos y al Instituto Iberoamericano de Derecho Procesal Constitucional en el que indicaron que:

> Numerosos testimonios que son de conocimiento público señala al Dr. Brewer-Carías como uno de los autores del decreto en alusión [...]. Naturalmente, este asunto debe ventilarse frente al juez natural aquí en Venezuela con todas las garantías [...]. Estamos seguros que el Dr. Brewer-Carías se apersonará para responsablemente aclarar su situación frente a la ley[73].

112. La recusación del Juez Temporal Vigésimo Quinto fue denegada el 30 de enero de 2006 con fundamento en que el juez no había emitido pronunciamiento sobre la culpabilidad o inocencia de Allan Brewer Carias[74].

113. El 10 de mayo de 2006 la defensa informó al Juez Temporal Vigésimo Quinto que Allan Brewer Carias había aceptado la designación como profesor adjunto en la Facultad de Derecho de la Universidad de Columbia en los EEUU y solicitaron que continuara el proceso[75]. En dicho escrito se señala que Brewer Carías

> [...] que la Ilustre Universidad de Columbia le ha brindado [a Brewer Carias] la oportunidad de realizar un viejo anhelo profesional ...ha tomado la decisión de esperar a que se presenten las condiciones idóneas para

---

70 Apelación de la defensa contra la solicitud del Fiscal ante el Juez Vigésimo Quinto de Control recibida el 26 de octubre de 2005. Anexo 49 a la petición original recibida el 24 de enero de 2007

71 Apelación de la defensa contra la .acusación del Fiscal ante el Juez Vigésimo Quinto de Control recibida el 28 de octubre de 2005. Anexo 47 a la petición original recibida el 24 de enero de 2007

72 Contestación de la defensa a la acusación contra Allan Brewer Carias del 8 de noviembre de 2006. Anexo 2 a la petición original recibida el 24 de enero de 2007

73 Anexos 1 5 y 1 6 a la petición original recibida el 24 de enero de 2007

74 Anexo 33 a la petición original recibida el 24 de enero de 2007

75 Escrito de la Defensa de 10 de mayo de 2006. Anexo 50 a la petición original recibida el 24 de enero de 2007

obtener un juicio imparcial y con respeto de sus garantías ...a fin de que tome la decisión que crea conveniente y continúe adelante con el proceso, todo ello a fin de no causar ninguna dilación, ni perjuicios a los demás encausados en la presente causa[76].

114. El 2 de junio de 2006 la Fiscal Provisoria Sexta solicitó al Juez el dictado de medida privativa de libertad contra Allan Brewer Carias por peligro de fuga[77]. El 6 de junio de 2006 la Fiscal Provisoria Sexta ofreció la declaratoria periodística de Francisco Usón[78]. El 15 de junio de 2006 el Juez Temporal Vigésimo Quinto acordó la medida de privación judicial preventiva de libertad N° 010-06 en contra del acusado[79]. La orden de aprehensión fue remitida tanto al Director del Cuerpo de Investigaciones Científicas, Penales y Criminalísticas como a la Dirección de INTERPOL[80]. Dicha medida no ha sido ejecutada dado que a la fecha Allan Brewer Carias permanece en el extranjero.

115. El 22 de febrero de 2007 la defensa de José Gregorio Vásquez, acusado conjuntamente con Allan Brewer Carias, solicitó al Juez Temporal Vigésimo Quinto -que en vista de que la medida privativa de libertad contra Allan Brewer Carias no podía ejecutarse dado que él se encontraba en el extranjero-, separe esa causa del proceso penal a fin de que se lleve a cabo la audiencia preliminar. El 20 de julio de 2007 el Juez decidió no separar la causa por cuanto el Tribunal se pronunciará en la audiencia preliminar[81]. En dicha decisión el Tribunal señaló

[...] en el caso de marras, el acto de la Audiencia Preliminar no ha sido diferido por incomparecencia del Ciudadano ALLAN R. BREWER CARÍAS, al contrario los diversos diferimientos que cursan el (sic) las actas del presente expediente han sido en virtud de las numerosas solicitudes interpuestas por los distintos defensores de los Imputados. No han

---

76   Escrito de la Defensa de 10 de mayo de 2006. Anexo 50 a la petición original recibida el 24 de enero de 2007

77   Anexo 51 a la petición original recibida el 24 de enero de 2007

78   Anexo 38 a la petición original recibida el 24 de enero de 2007. En su solicitud la Fiscal consignó el ejemplar de *Ultimas Noticias* del 6 de junio de 2006, pág. 30. Entrevista hecha al General Usón: "observé a Allan Brewer trabajar afanosamente en uno de los cubículos de la Ayudantía General del Ejército. Minutos después, en mi presencia, él mismo le dijo a una persona que me acompañaba: '...con este decreto volveremos a la Constitución de 1961'". Anexo 38 a la petición original recibida el 24 de enero de 2007.

79   Decisión del Juez Provisorio de Control del 15 de junio de 2006, dicta medida preventiva de privación de libertad contra Allan Brewer Carias. Anexo 52 a la petición original recibida el 24 de enero de 2007

80   Anexo 23 a la petición original recibida el 24 de enero de 2007

81   Decisión del Juzgado Vigésimo Quinto de 20 de julio de 2007. Anexo 55 al escrito de los peticionarios recibido el 3 de enero de 2008

sido por la ausencia contumaz del imputado antes emocionado, por el contrario, han sido producto de las innumerables solicitudes de diferimientos de la propia defensa[82].

116. El 11 de julio de 2006, el Embajador de Venezuela en República Dominicana dirigió una comunicación a la INTERPOL, solicitando la captura de Allan Brewer Carias con motivo de una invitación para dictar una conferencia en ese país[83]. El 12 de julio de 2006 la Fiscal Provisoria Sexta cursó una solicitud de cooperación a la INTERPOL para la búsqueda y localización de Allan Brewer Carias, con miras a su detención preventiva y a su posible extradición[84]. En respuesta, la INTERPOL solicitó información a los tribunales sobre el carácter del delito imputado a Brewer Carias como de derecho común[85]. El 1° de junio de 2007 la Comisión de Control de Expedientes de INTERPOL concluyó que la naturaleza de la acción tomada en contra de Allan Brewer Carias era predominantemente política por lo que consecuentemente recomendó que la Secretaría General de INTERPOL borrara el registro de Allan Brewer Carias[86]. Mediante aclaratoria del 17 de septiembre de 2007 el Tribunal de Primera Instancia en Función de Control del Circuito Judicial del Área Metropolitana de Caracas respondió que Allan Brewer Carias sería el autor intelectual de un atentado frustrado en contra del Presidente de la República, por lo que quedaba desvirtuada la naturaleza de delito político de la imputación[87]. La defensa apeló y solicitó que dicha aclaratoria fuera anulada. Dicha apelación fue desestimada el 29 de octubre de 2007[88]

117. Según lo publicado, la Fiscal General de la República, Luisa Ortega Díaz (ex Fiscal Provisoria Sexta), en referencia a la investigación contra Allan Brewer Carias, declaró a la prensa: "cuando conduje esa investigación el abogado BC, ya siendo acusado, fue convocado para la audiencia preliminar, y a través de sus abogados envió una comunicación donde decía que no creía en la justicia venezolana, que la justicia venezolana no le daba garantía

---

82 Decisión del Juzgado Vigésimo Quinto de 20 de julio de 2007. Anexo 55 al escrito de los peticionarios recibido el 3 de enero de 2008.

83 Anexo 23 a la petición original recibida el 24 de enero de 2007.

84 Ver Respuesta del Juzgado Vigésimo Quinto a INTERPOL. Anexo 57 al escrito de los peticionarios recibido el 3 de enero de 2008.

85 Comunicación de INTERPOL de 27 de julio de 2007. Anexo 56 al escrito de los peticionarios recibido el 3 de enero de 2008.

86 Carta de INTERPOL de 1° de agosto de 2007. Anexo al escrito de los peticionarios de 18 de febrero de 2010.

87 Respuesta del Juzgado Vigésimo Quinto a INTERPOL. Anexo 57 al escrito de los peticionarios recibido el 3 de enero de 2008.

88 Apelación de la defensa. Anexo 58 al escrito de los peticionarios recibido el 3 de enero de 2008.

a ningún ciudadano incluso a él, que por eso optaba por irse del país y que no regresaría hasta tanto no cambiara el Gobierno"[89].

118. El 11 de enero de 2008 los representantes de Allan Brewer Carias interpusieron ante el Juez Temporal Vigésimo Quinto una solicitud de sobreseimiento[90] con base en el Decreto 5790 con Rango, Valor y Fuerza de Ley Especial de Amnistía, dictado el 31 de diciembre de 2007 por el Presidente Hugo Chávez. Dicha norma, dirigida a "todas aquellas personas que enfrentadas al orden general establecido, y que a la presente fecha se encuentren a derecho y se hayan sometido a los procesos penales, que hayan sido procesadas y condenadas", incluye entre las conductas sujetas a amnistía "la redacción del Decreto del Gobierno de facto del (12) de abril de 2002"[91]. La solicitud fue denegada el 25 de enero de 2008 con base en que Allan Brewer Carias no había comparecido en el proceso. Dicha denegatoria fue apelada por la defensa[92], y la apelación fue a su vez denegada el 3 de abril de 2008.[93] El proceso se encuentra en etapa preliminar ante el Juzgado 25 de Control, ante el cual a enero de 2008 la defensa sí tenía acceso a los expedientes. El 23 de noviembre de 2009 en vista de que se le había informado informalmente que el expediente no se encuentra físicamente en la sede del despacho del Juez Temporal Vigésimo Quinto, la defensa le solicitó su ubicación para solicitar copias certificadas[94].

B. Determinaciones de derecho

1. Derecho a las garantías judiciales y la protección judicial (Artículos 8.1 y 25 de la Convención Americana en relación con su artículo 1.1)

119. El artículo 8.1 de la Convención Americana establece que

[t]oda persona tiene derecho a ser oída, con las debidas garantías y dentro de un plazo razonable, por un juez o tribunal competente, independiente e imparcial, establecido con anterioridad por la ley, en la sustanciación de cualquier acusación penal formulada contra ella, o para la

---

89 Diario *El País*, entrevista a Luisa Ortega Díaz de 8 de enero de 2008. Anexo 71 al escrito de los peticionarios recibido el 30 de noviembre de 2009.

90 Solicitud de sobreseimiento. Anexo 74 al escrito de los peticionarios recibido el 30 de noviembre de 2009.

91 *Gaceta Oficial* Nº 5.870 Extra, del 31-12-2007. Art. 1 .A. Anexo 70 al escrito de los peticionarios recibido el 30 de noviembre de 2009.

92 Escrito de apelación de 7 de febrero de 2008. Anexo 75 al escrito de los peticionarios recibido el 30 de noviembre de 2009.

93 Ver escrito de la defensa. Anexo 76 al escrito de los peticionarios recibido el 30 de noviembre de 2009.

94 Escrito de la defensa. Anexo 76 al escrito de los peticionarios recibido el 30 de noviembre de 2009.

determinación de sus derechos y obligaciones de orden civil, laboral, fiscal o de cualquier otra índole.

120. Por su parte, el artículo 25 de la Convención establece:

1. Toda persona tiene derecho a un recurso sencillo y rápido o a cualquier otro recurso efectivo ante jueces o tribunales competentes, que la ampare contra actos que violen sus derechos fundamentales reconocidos por la Constitución, la ley o la presente Convención, aun cuando tal violación sea cometida por personas que actúen en ejercicio de sus funciones oficiales.

2. Los Estados Partes se comprometen:

a) a garantizar que la autoridad competente prevista por el sistema legal del Estado decidirá sobre los derechos de toda persona que interponga tal recurso;

b) a desarrollar las posibilidades de recurso judicial; y

c) a garantizar el cumplimiento, por las autoridades competentes, de toda decisión en que se haya estimado procedente el recurso.

121. El artículo 1.1 de la Convención Americana establece que

Los Estados partes en esta Convención se comprometen a respetar los derechos y libertades reconocidos en ella y a garantizar su libre y pleno ejercicio a toda persona que esté sujeta a su jurisdicción, sin discriminación alguna por motivos de raza, color, sexo, idioma, religión, opiniones políticas o de cualquier otra índole, origen nacional o social, posición económica, nacimiento o cualquier otra condición social.

122. El artículo 2 de la Convención Americana establece que

Si en el ejercicio de los derechos y libertades mencionados en el artículo 1 no estuviere ya garantizado por disposiciones legislativas o de otro carácter, los Estados partes se comprometen a adoptar, con arreglo a sus procedimientos constitucionales y a las disposiciones de esta Convención, las medidas legislativas o de otro carácter que fueren necesarias para hacer efectivos tales derechos y libertades.

a. Derecho a un juez imparcial e independiente

123. En primer término, la Comisión analizará los alegatos sobre la falta de independencia e imparcialidad de los fiscales y jueces encargados de la investigación y el proceso seguido contra Allan Brewer Carías. Asimismo, analizará los alegatos respecto a que la legislación nacional no es adecuada en cuanto al nombramiento y permanencia en el cargo de los jueces y fiscales,

para hacer efectivos los derechos de Allan Brewer Carias a ser oído por un tribunal independiente e imparcial.

124. Al respecto, cabe resaltar que la independencia judicial es una garantía esencial para que los sistemas judiciales desarrollen adecuadamente su función en una sociedad democrática. De esta garantía depende la legitimidad de las decisiones de los jueces y en consecuencia, la legitimidad del Poder Judicial. En este sentido, la Comisión recuerda la importancia del deber del Estado de garantizar y promover la independencia e imparcialidad de la judicatura[95]. Asimismo, la Corte Interamericana ha considerado que uno de los objetivos principales que tiene la separación de los poderes públicos, es la garantía de la independencia de los jueces y, para tales efectos, los diferentes sistemas políticos han ideado procedimientos estrictos, tanto para su nombramiento como para su destitución[96] y ha establecido "que el principio de independencia judicial constituye uno de los pilares básicos de las garantías del debido proceso, motivo por el cual debe ser respetado en todas las áreas del procedimiento y ante todas las instancias procesales en que se decide sobre los derechos de la persona. La Corte ha considerado que el principio de independencia judicial resulta indispensable para la protección de los derechos fundamentales, por lo que su alcance debe garantizarse inclusive, en situaciones especiales, como lo es el estado de excepción"[97].

125. En el presente caso la Comisión ha considerado probado que entre el 2002 y el 2005 al menos cuatro fiscales provisorios investigaron los hechos que rodearon la redacción del "Decreto Carmona", entre otros hechos relacionados con los eventos que se produjeron entre el 11 y el 13 de abril de 2002. Asimismo, ha dado por probado que el 27 de enero de 2005, la Fiscal Provisoria Sexta imputó a Allan Brewer Carias y que tanto la investigación como el proceso penal fueron adelantados en su etapa preliminar por Jueces Temporales.

126. En cuanto el contexto, la Comisión ha considerado probado que los Jueces que integraban la Sala Diez de la Corte de Apelaciones y que el 31 de enero de 2005 votaron por la nulidad de la orden de prohibición de salida del

---

95   *Cfr.* Corte I.D.H. Caso *Reverón Trujillo Vs. Venezuela*. Sentencia de 30 de junio de 2009. Serie C N°197, párr. 67. *Cfr.* CIDH Informe 48/00 Caso 11.166 Fondo, Walter Humberto Vásquez Bejarano, Perú, 13 de abril de 2000, párr.44.

96   *Cfr.* Corte I.D.H. *Caso del Tribunal Constitucional* Vs. *Perú*. Fondo, Reparaciones y Costas. Sentencia de 31 de enero de 2001. Serie C N° 71, párr. 73, y *Caso Apitz Barbera y otros ("Corte Primera de lo Contencioso Administrativo") Vs. Venezuela*. Excepción Preliminar, Fondo, Reparaciones y Costas. Sentencia de 5 de agosto de 2008. Serie C N° 182, párr. 55.

97   Corte I.D.H. *Caso Reverón Trujllo Vs. Venezuela.* Sentencia de 30 de junio de 2009. Serie C N° 197, párr. 68. *Cfr.* El Hábeas Corpus Bajo Suspensión de Garantías (arts. 27.2, 25.1 y 7.6 Convención Americana sobre Derechos Humanos). Opinión Consultiva OC-8/87 del 30 de enero de 1987. Serie A N° 8, párr. 30, y Garantías Judiciales en Estados de Emergencia (arts. 27.2, 25 y 8 Convención Americana sobre Derechos Humanos}, Serie A N° 9 de 30 de enero de 1987, párr. 20.

país de 27 imputados por su presunta participación en los hechos investigados -relacionados con la emisión del "Decreto Carmona"- fueron suspendidos de sus cargos el 3 de febrero de 2005 por la Comisión Judicial del Tribunal Supremo de Justicia. Asimismo, dicha Comisión suspendió de su cargo a la Jueza Temporal Josefina Gómez Sosa por no haber motivado suficientemente la mencionada orden de prohibición de salida del país.

127. La Comisión ha también dado por probado que el Juez de Control Manuel Bognanno quien sustituyó a la Jueza Gómez Sosa también fue suspendido de su cargo el 29 de junio de 2005 tras oficiar, el 27 de junio de 2005, al Fiscal Superior del Ministerio Público del Área Metropolitana de Caracas a fin de informarle sobre presuntas "acciones obstructoras" por parte de la Fiscal Provisoria Sexta en el proceso penal contra Allan Brewer Carias, al no informar al Tribunal sobre el plazo fijado por el Ministerio Público para presentar su acto conclusivo y solicitó al Ministerio que "asuma una actitud objetiva, dirigida a colaborar y no ha (sic) obstaculizar la actuación del órgano jurisdiccional".

128. En su Informe sobre Venezuela de 2003 la Comisión estableció que los jueces provisionales son aquellos que no gozan de la garantía de estabilidad en el cargo y pueden ser removidos o suspendidos libremente, lo que podría suponer un condicionamiento a la actuación de estos jueces, en el sentido de que no pueden sentirse jurídicamente protegidos frente a indebidas interferencias o presiones provenientes del interior o desde fuera del sistema judicial[98]. La Comisión señaló que un alto porcentaje de jueces provisionales afectaba seriamente el derecho de la ciudadanía a una adecuada administración de justicia y el derecho del magistrado a la estabilidad en el cargo como garantía de independencia y autonomía en la judicatura[99].

129. En diciembre de 1999, luego de la sanción de la nueva Constitución, la Asamblea Nacional Constituyente dispuso el llamado "Régimen de Transición del Poder Público"[100]. La CIDH observó con preocupación que este régimen avanzó más allá de la normal y debida temporalidad, e incluyó directrices de contenido legislativo que escapaban a la naturaleza de un régimen transitorio[101]. Las actuaciones de la Comisión de Emergencia Judicial y pos-

---

98   CIDH. Informe sobre la Situación de los Derechos Humanos en Venezuela de 2003. OEA/Ser.L/V/11.118. Doc. 4 rev. 1, 24 de octubre de 2003, párr. 159.

99   CIDH. Informe sobre la Situación de los Derechos Humanos en Venezuela de 2003. OEA/Ser.L/V/11.118. Doc. 4 rev. 1, 24 de octubre de 2003, párr. 160. La información proporcionada a la Comisión para 2003 indicaba que más del 80% de los jueces venezolanos eran "provisionales". Esta situación fue también objeto de preocupación del Comité de Derechos Humanos del Pacto Internacional de Derechos Civiles y Políticos. CIDH. Informe sobre la Situación de la Derechos Humanos en Venezuela de 2003. OEA/Ser.L/V/11.118. Doc. 4 rev. 1, 24 de octubre de 2003, párr. 163.

100 CIDH. Informe sobre la Situación de los Derechos Humanos en Venezuela de 2003. OEA/Ser.L/V/11.118. Doc. 4 rev. 1, 24 de octubre de 2003, párr. 166.

101 CIDH. Informe sobre la Situación de los Derechos Humanos en Venezuela de 2003. OEA/Ser.L/V/11.118. Doc. 4 rev. 1, 24 de octubre de 2003, párr. 166.

teriormente de la Comisión de Reestructuración y Funcionamiento del Sistema Judicial fueron objeto de cuestionamientos en torno a que no se habrían preservado las garantías del debido proceso con respecto a los nombramientos y destituciones de los magistrados. En su Informe la CIDH dio cuenta de que en algunas ocasiones, los jueces provisionales habrían sido nombrados sin reunir los requisitos para el cargo[102] y que los nombramientos no habrían respetado la realización de los concursos de oposición establecida en el artículo 255 de la Constitución venezolana[103].

130. En su Informe sobre Venezuela de 2006, en su Capítulo IV del Informe Anual del año 2006 y en su Informe Democracia y Derechos Humanos en Venezuela de 2009 la CIDH ha manifestado su preocupación por la situación de los fiscales en Venezuela, recordando que además de los posibles vicios de independencia e imparcialidad que pueden subyacer a las constantes destituciones y nuevas designaciones, la provisionalidad y correlativa ausencia de estabilidad laboral de los funcionarios encargados de iniciar e impulsar las investigaciones en materia penal, necesariamente se puede ver reflejada también en dificultades en la determinación, continuidad y finalización de líneas específicas de investigación así como en el incumplimiento de plazos en la etapa de investigación. Señaló que los cambios de fiscales instructores tienen efectos negativos en el impulso de las investigaciones correspondientes, si se tiene en cuenta la importancia, por ejemplo, de la constitución y evaluación continua del acervo probatorio. Consideró que esta situación puede tener consecuencias negativas frente a los derechos de las víctimas en el marco de procesos penales relacionados con violaciones de derechos humanos[104].

131. Con relación a la provisionalidad de los jueces, la Corte Interamericana, por su parte, ha señalado que la permanencia de los jueces en su cargo es un presupuesto esencial de la independencia judicial[105]. Asimismo, la Comisión en su Informe Democracia y Derechos Humanos en Venezuela ha señalado que la estabilidad en el cargo de los jueces y fiscales es indispensable para garantizar su independencia frente a los cambios políticos o de gobierno[106].

---

102 CIDH. Informe sobre la Situación de los Derechos Humanos en Venezuela de 2003. OEA/Ser.L/V/11.118. Doc. 4 rev. 1, 24 de octubre de 2003, párr. 168

103 CIDH. Informe sobre la Situación de los Derechos Humanos en Venezuela de 2003. OEA/Ser.L/V/ll, 118. Doc. 4 rev. 1, 24 de octubre de 2003, párr. 169.

104 CIDH. Informe Democracia y Derechos Humanos en Venezuela, OEA/Ser.L/V/ll. Doc. 54, 30 de diciembre de 2009, párr. 229

105 Corte I.D.H., *Caso del Tribunal Constitucional Vs, Perú.* Sentencia de 31 de enero de 2001. Serie C N° 71, párr. 75. *Caso Apitz Barbera y otros ("Corte Primera de lo Contencioso Administrativo") Vs. Venezuela.* Sentencia de 5 de agosto de 2008. Serie C N° 182, párr. 138

106 CIDH. Informe Democracia y Derechos Humanos en Venezuela, OEA/Ser.L/V/ll. Doc. 54, 30 de diciembre de 2009, párr. 229

132. Al respecto, los Principios Básicos de las Naciones Unidas Relativos a la Independencia de la Judicatura establecen que "[l]a ley garantizará la permanencia en el cargo de los jueces por los períodos establecidos" (Principio 11) y que "[s]e garantizará la inamovilidad de los jueces, tanto de los nombrados mediante decisión administrativa como de los elegidos, hasta que cumplan la edad para la jubilación forzosa o expire el período para el que hayan sido nombrados o elegidos, cuando existan normas al respecto" (Principio 12)[107].

133. En 2009, la Comisión en su Informe Democracia y Derechos Humanos en Venezuela señaló que la provisionalidad y no titularidad de los jueces implica que pueden ser fácilmente removidos cuando adoptan decisiones que podrían afectar los intereses del gobierno, lo que compromete la independencia del poder judicial venezolano[108]. Al respecto, la jurisprudencia del año 2000 de la Sala Político Administrativa del Tribunal Supremo de Justicia de Venezuela que además ha sido reiterada por la misma Sala y reafirmada por la Sala Constitucional, sostuvo que

quienes ocupen un cargo para el cual no hubieren concursado, carecen del derecho [a la estabilidad judicial] y, en consecuencia, podrán ser removidos del cargo en cuestión en las mismas condiciones en que el mismo fue obtenido, es decir, sin que exista para la Administración competente la obligación de fundamentar dicha separación en las disposiciones que componen el régimen disciplinario aplicable -se insiste- sólo a los jueces de carrera, esto es, a aquellos que ocupan un cargo previo concurso de oposición[109].

134. La Comisión ha señalado que por circunstancias excepcionales, en ocasiones puede ser necesario nombrar jueces con un carácter temporal, pero esos jueces no sólo deben ser nombrados mediante un procedimiento adecuado, sino que además deben tener garantías de cierta inamovilidad en sus

---

107 Naciones Unidas. Principios Básicos relativos a la Independencia de la judicatura. Adoptados por el Séptimo Congreso de las Naciones Unidas sobre Prevención del Delito y Tratamiento del Delincuente, celebrado en Milán del 26 de agosto a 6 de septiembre de 1985, y confirmados por la Asamblea General en sus resoluciones 40/32 de 29 de noviembre de 1985 y 40/146 de 13 de diciembre de 1985. *Cfr.* Corte I.D.H., *Caso del Tribunal Constitucional* Vs, *Perú.* Sentencia de 31 de enero de 2001. Serie C N° 71, párr. 71

108 CIDH. Informe Democracia y Derechos Humanos en Venezuela, OEA/Ser.L/V/lI, Doc. 54, 30 de diciembre de 2009, párr. 253

109 Tribunal Supremo de Justicia de Venezuela, Sala Político Administrativa. Sentencia N° 02221 emitida el 28 de noviembre de 2000 y Tribunal Supremo de Justicia de Venezuela, Sala Político Administrativa. Sentencia N° 1798 de 19 de octubre de 2004. Sala Constitucional del Tribunal Supremo de Justicia. Sentencias N° 1413, 5111 y 5116 en CIDH. Informe Democracia y Derechos Humanos en Venezuela, OEA/Ser.L/V/ll. Doc. 54, 30 de diciembre de 2009, párr. 225

cargos[110]. La Corte Interamericana, por su parte, ha explicado que "la garantía de la inamovilidad se traduce, en el ámbito de los jueces provisorios, en la exigencia de que ellos puedan disfrutar de todos los beneficios propios de la permanencia hasta tanto acaezca la condición resolutoria que pondrá fin legal a su mandato"[111].

135. En su jurisprudencia, la Corte Interamericana ha establecido que los jueces provisorios en Venezuela ejercen exactamente las mismas funciones que los jueces titulares, esto es, administrar justicia[112]. En consecuencia, señaló que los justiciables tienen el derecho, derivado de la propia Constitución venezolana y de la Convención Americana, a que los jueces que resuelven sus controversias sean y aparenten ser independientes. Estableció que para ello, el Estado debe ofrecer las garantías que emanan del principio de la independencia judicial, tanto a los jueces titulares como a los provisorios[113]. La Corte ha señalado también que la inamovilidad de los jueces provisorios está estrechamente ligada a la garantía contra presiones externas, toda vez que si los jueces provisorios no tienen la seguridad de permanencia durante un período determinado, serán vulnerables a presiones de diferentes sectores, principalmente de quienes tienen la facultad de decidir sobre destituciones o ascensos en el Poder Judicial[114].

136. Asimismo, la Corte ha establecido que:

[...] los Estados están obligados a asegurar que los jueces provisorios sean independientes y, por ello, debe otorgarles cierto tipo de estabilidad y permanencia en el cargo, puesto que la provisionalidad no equivale a libre remoción. [...] En similar sentido, la Corte considera que la provisionalidad no debe significar alteración alguna del régimen de garantías para el buen desempeño del juzgador y la salvaguarda de los propios justiciables. Además, no debe extenderse indefinidamente en el tiempo y debe estar sujeta a una condición resolutoria, tal como el cumplimiento de un plazo predeterminado o la celebración y conclusión de un concurso público de oposición y antecedentes que nombre al reemplazante del juez

---

110 *Cfr.* CIDH. Informe 30/97 Caso 10.087 Fondo, Gustavo Carranza, Argentina, 30 de septiembre de 1997, párr. 41

111 *Cfr.* Corte I.D.H. *Caso Reverón Trujillo Vs. Venezuela.* Sentencia de 30 de junio de 2009. Serie C N° 197, párr. 117

112 Corte I.D.H. Caso *Chocrón Chocrón Vs. Venezuela.* Sentencia de 1 de julio de 2011. Serie C N° 227, párr. 103. Corte IDH. *Cfr.* Caso *Reverón Trujillo Vs. Venezuela.* Sentencia de 30 de junio de 2009. Serie C N° 197, párr. 114

113 Corte I.D.H. Caso *Chocrón Chocrón Vs. Venezuela.* Sentencia de 1 de julio de 2011. Serie C N° 227, párr. 103. Corte IDH. *Cfr.* Caso *Reverón Trujillo Vs. Venezuela.* Sentencia de 30 de junio de 2009. Serie C N° 197, párr. 114

114 Corte I.D.H. Caso *Chocrón Chocrón Vs. Venezuela.* Sentencia de 1 de julio de 2011. Serie C N° 227, párr. 106. Corte IDH. *Cfr.* Caso *Reverón Trujillo Vs. Venezuela.* Sentencia de 30 de junio de 2009. Serie C N° 197, párr. 117

provisorio con carácter permanente, Los nombramientos provisionales deben constituir una situación de excepción y no la regla. De esta manera, la extensión en el tiempo de la provisionalidad de los jueces o el hecho de que la mayoría de los jueces se encuentren en dicha situación, generan importantes obstáculos para la independencia judicial. Esta situación de vulnerabilidad del Poder Judicial se acentúa si tampoco existen procesos de destitución respetuosos de las obligaciones internacionales de los Estados[115].

137. La CIDH ha establecido en su Informe Democracia y Derechos Humanos en Venezuela que el problema de la provisionalidad "afecta por igual a los fiscales en Venezuela, pues todos los fiscales del Ministerio Público son de libre nombramiento y remoción"[116]. Sólo en el año 2008 se designaron 638 fiscales sin que medie un concurso público, sin titularidad, y por tanto de libre nombramiento y remoción[117].

138. En su Informe la CIDH ha manifestado su preocupación por la situación de los fiscales en Venezuela, recordando que además de los posibles vicios de independencia e imparcialidad que pueden subyacer a las constantes destituciones y nuevas designaciones, la provisionalidad y correlativa ausencia de estabilidad laboral de los funcionarios encargados de iniciar e impulsar las investigaciones en materia penal, necesariamente se puede ver reflejada también en dificultades en la determinación, continuidad y finalización de líneas específicas de investigación así como en el incumplimiento de plazos en la etapa de investigación. Indicó que los cambios de fiscales instructores tienen efectos negativos en el impulso de ¡as investigaciones correspondientes, si se tiene en cuenta la importancia, por ejemplo, de la constitución y evaluación continua del acervo probatorio. Señaló que, esta situación puede tener consecuencias negativas frente a los derechos de las víctimas en el marco de procesos penales relacionados con violaciones de derechos humanos[118].

139. La CIDH resaltó también que, durante el acto de inauguración de la Escuela Nacional de Fiscales, en octubre de 2008, la Fiscal General de la República, Luisa Ortega Díaz, reconoció que

[l]a provisionalidad en el ejercicio de los cargos de fiscales, coloca a estos funcionarios en situación de vulnerabilidad ante la influencia que,

---

115 Corte IDH, Caso *Apitz Barbera y otros ("Corte Primera de lo Contencioso Administrativo")*. Sentencia de 5 de agosto de 2008, Serie C N° 182, párr. 43.

116 CIDH. Informe Democracia y Derechos Humanos en Venezuela, OEA/Ser.L/V/ll, Doc, 54, 30 de diciembre de 2009, párr. 264

117 CIDH. Informe Democracia y Derechos Humanos en Venezuela, OEA/Ser.L/V/ll, Doc, 54, 30 de diciembre de 2009, párr. 264.

118 CIDH. Informe Anual 2006. Capítulo IV: Desarrollo de los Derechos Humanos en la Región. Venezuela, párr. 167 e Informe Democracia y Derechos Humanos en Venezuela, OEA/Ser.L/V/ll. Doc. 54, 30 de diciembre de 2009, párr. 265

sobre su actuación, podrían tener factores de poder, en detrimento de la constitucionalidad y de la legalidad de la justicia. La provisionalidad en el ejercicio de los cargos de la función pública es contraria a lo establecido en el artículo 146 de la Constitución de la República Bolivariana de Venezuela, en la que se señala que los cargos de la administración pública son de carrera, a los que se accederá por concurso público[119].

140. La CIDH ya ha manifestado su preocupación por la ausencia de titularidad en los nombramientos de fiscales y ha reiterado la importancia de la implementación adecuada de la carrera fiscal dado el rol fundamental que cumple el Ministerio Público en cuanto al impulso de las investigaciones penales. Asimismo, la Comisión se ha pronunciado sobre la importancia de que los fiscales cuenten con la estabilidad necesaria a fin de garantizar la independencia, imparcialidad e idoneidad de los mismos y asegurar la efectividad de las averiguaciones a fin de eliminar la impunidad, especialmente en los casos de violaciones de derechos humanos[120]. Al respecto, la Comisión considera de suma importancia que los fiscales puedan realizar su labor sin interferencias políticas.

141. En suma, la Comisión estima que el deber estatal de asegurar el cumplimiento de la garantía de estabilidad reforzada frente a jueces y fiscales, se encuentra al margen de si los respectivos funcionarios son nombrados de manera temporal o permanente, pues lo que se pretende proteger a través de la estabilidad es la función judicial en sí misma; y con esta, la protección de los derechos humanos en su conjunto.

142. Respecto a la garantía de independencia judicial y en conexión al artículo 2 de la Convención Americana, la Corte Interamericana ha establecido que el deber general del Estado de adecuar su derecho interno a las disposiciones de la Convención Americana -para garantizar los derechos en ella consagrados- establecido en el artículo 2, incluye la expedición de normas y el desarrollo de prácticas conducentes a la observancia efectiva de los derechos y libertades consagrados en la misma, así como la adopción de medidas para suprimir las normas y prácticas de cualquier naturaleza que entrañen una violación a las garantías previstas en la Convención[121].

---

119 Nota de la Fundación Televisora de la Asamblea Nacional. *Inaugurada Escuela Nacional de Fiscales*, Artículo de 6 de octubre de 2008. Disponible en: http://www.antv.gob.ve/m8/noticiam8.asp7id=14946. CIDH. Informe Democracia y Derechos Humanos en Venezuela, OEA/Ser.L/V/II. Doc. 54, 30 de diciembre de 2009, párr. 266.

120 CIDH. *Acceso a la Justicia e Inclusión Social. El camino hacia el fortalecimiento de la democracia en Bolivia.* 28 de junio de 2007, párr. 96 e Informe Democracia y Derechos Humanos en Venezuela, OEA/Ser.L/V/ll. Doc. 54, 30 de diciembre de 2009, párr. 267

121 Corte I.D.H., *Caso Reverón Trujillo Vs. Venezuela.* Sentencia de 30 de junio de 2009. Serie C N° 197, párr. 60

143. Conforme a la jurisprudencia de la Corte Interamericana y de la Corte Europea, así como de conformidad con los Principios Básicos de las Naciones Unidas relativos a la independencia de la judicatura se derivan las siguiente garantías de la independencia judicial: un adecuado proceso de nombramiento, la inamovilidad en el cargo y la garantía contra presiones externas[122].

144. Con respecto al proceso de restructuración judicial en Venezuela y la normativa sobre la provisionalidad de los jueces la Corte Interamericana ya se ha pronunciado estableciendo que

> [...] desde agosto de 1999 hasta la actualidad, los jueces provisorios no tienen estabilidad en el cargo, son nombrados discrecionalmente y pueden ser removidos sin sujeción a ningún procedimiento preestablecido. Asimismo, en la época de los hechos del presente caso, el porcentaje de jueces provisorios en el país alcanzaba aproximadamente el 80%. En los años 2005 y 2006 se llevó a cabo un programa por medio del cual los mismos jueces provisorios nombrados discrecionalmente lograron su titularización. La cifra de jueces provisorios se redujo a aproximadamente 44% a finales del año 2008[123].

145. La Comisión observa que esta situación se mantiene hasta la fecha de aprobación del presente informe. Asimismo, la Corte Interamericana ha establecido que el Estado está en el deber de garantizar una apariencia de independencia de la magistratura que inspire legitimidad y confianza suficiente no sólo al justiciable, sino a los ciudadanos en una sociedad democrática[124].

146. En el presente caso, el proceso penal seguido contra Brewer Carias estuvo a cargo de tres jueces temporales durante la etapa preliminar. Esta situación, constituye -en sí misma- una afectación a las garantías judiciales en el caso concreto. Asimismo, la Comisión observa que el 11 de mayo de 2005, el Juez Temporal Vigésimo Quinto Manuel Bognanno ordenó a la Fiscal Provisoria Sexta permitir a la defensa el acceso total al expediente. El 30 de mayo de 2005 la Fiscal Provisoria Sexta solicitó la declaratoria de nulidad de dicha decisión. El 10 de junio de 2005 el Juez Bognanno solicitó a la Fiscal Provisoria Sexta que le remitiera el expediente, y el 27 de junio de 2005 ella le requirió que se le indique la norma que le impone al Ministerio Público la obligación de remitir las actuaciones que cursan ante él. El 27 de junio de 2005 el Juez comunicó al Fiscal Superior del Ministerio Público sobre presuntas "acciones obstructoras" por parte de la Fiscal Provisoria Sexta en la

---

122 Corte I.D.H., *Caso Reverón Trujillo Vs. Venezuela.* Sentencia de 30 de junio de 2009. Serie C N° 197, párr. 70.

123 Corte I.D.H., *Caso Reverón Trujillo Vs. Venezuela.* Sentencia de 30 de junio de 2009. Serie C N° 197, párr. 106.

124 Corte I.D.H., *Caso Reverón Trujillo Vs. Venezuela.* Sentencia de 30 de junio de 2009. Serie C N° 197, párr. 67.

causa y le solicitó al Ministerio Público que "asuma una actitud objetiva, dirigida a colaborar y no ha (sic) obstaculizar la actuación del órgano jurisdiccional". Manuel Bognanno fue suspendido de su cargo el 29 de junio de 2005 y se designó a un nuevo Juez Temporal a cargo del proceso.

147. En suma, el Juez Bognanno fue suspendido y reemplazado dos días después de presentar una queja por la falta de cumplimiento de una orden emitida por él a favor del imputado, a fin de que éste acceda a la totalidad de su expediente. En conexión con el análisis anterior, la Comisión considera que en el presente caso, la normativa y la práctica respecto del nombramiento, destitución y situación de provisionalidad de los jueces en Venezuela afectó el derecho de Allan Brewer Carias a un juez independiente.

148. Con base en las consideraciones que anteceden, la Comisión concluye que el hecho de que el proceso contra Allan Brewer Carias haya sido instruido por fiscales y jueces provisorios que, tal como ha quedado demostrado, implica una falta de garantías de independencia e imparcialidad. Por lo tanto, el Estado no ha arbitrado los medios necesarios para administrar justicia en la investigación y proceso penal seguido contra Allan Brewer Carias, conforme a los artículos 8.1 y 25 en de la Convención Americana, en conexión con sus artículos 1.1 y 2, en su perjuicio.

b. Medios adecuados para la preparación de la defensa

149. En segundo término, la Comisión analizará los alegatos relacionados con la supuesta imposibilidad de sacar fotocopias a los expedientes durante la etapa investigativa, y que a la defensa sólo se le permitió transcribir a mano las distintas piezas del expediente, lo cual les ha impedido la posibilidad oportuna y efectiva de defenderse. Por su parte el Estado alega que cuenta con 17 actas firmadas por el representante legal de Allan Brewer Carias durante el proceso ante el Ministerio Público, donde consta que revisó el expediente, sin observación alguna. Alega que en vista de esto resulta extraño y falso que indiquen que no tuvieron acceso al expediente, o a lo que ellos erróneamente llaman "las pruebas" dentro de la fase de investigación.

150. La Comisión ha dado por probado que el 4 de mayo de 2005 la defensa solicitó al Juez Temporal Vigésimo Quinto la exhibición de todos los videos, la admisión de los testimonios ofrecidos y el acceso a las copias del expediente. El 11 de mayo de 2005, el Juez Temporal Vigésimo Quinto Manuel Bognanno ordenó a la Fiscal Provisoria Sexta permitir a la defensa "el acceso total al expediente y los videos que guarden en relación con la causa...". Por su parte, el 30 de mayo de 2005 la Fiscal Provisoria Sexta solicitó ante el Juez Temporal Vigésimo Quinto y ante ¡a Sala Nueve de la Corte de Apelaciones la declaratoria de nulidad de dicha decisión argumentando que desde la fecha de imputación de Allan Brewer Carias hasta el 9 de mayo de 2005, sus representantes revisaron todas las piezas procesales. Sin embargo, no se habría otorgado a la defensa las copias solicitadas.

151. El 10 de junio de 2005 el Juez Bognanno solicitó a la Fiscal Provisoria Sexta que le remitiera el expediente, y ella le requirió que se sirva indicar la norma en que fundamenta su solicitud, y que le impone al Ministerio Público la obligación de informar y de remitir las actuaciones que cursan ante el mismo. El juez remitió una comunicación al Fiscal Superior del Ministerio Público informándole sobre presuntas acciones obstructoras por parte de la Fiscal Provisoria Sexta, solicitando al Ministerio que asuma una "actitud objetiva", Manuel Bognanno fue suspendido de su cargo el 29 de junio de 2005. El 6 de julio de 2005 la Corte de Apelaciones declaró nula la decisión del Juez Temporal Vigésimo Quinto y ordenó que otro juez de control se pronuncie respecto del escrito de la defensa. Durante la etapa intermedia del proceso la defensa sí ha tenido acceso a las copias del expediente.

152. Respecto a la solicitud de copias del expediente de la investigación ante el Ministerio Público la jurisprudencia de la Sala de Casación Penal del Tribunal Supremo de Justicia ha establecido que

[...], con respecto a la supuesta vulneración de los derechos a la igualdad, al debido proceso y a la defensa esgrimidos, aduciendo la supuesta falta de respuesta por parte del Ministerio Público, a sus requerimientos de copias certificadas de las actas que conforman la causa que lo involucra, importante es precisar, que el contenido del artículo 304 del código adjetivo vigente, dispone expresamente, que todos los actos de la investigación serán reservados para los terceros, pudiendo ser examinadas las actas por el imputado, su defensor y por la víctima y sus apoderados con poder especial, se haya o no querellado. [...] Debe sumarse, que el artículo 97 de la Ley Orgánica del Ministerio Público establece, que puede acordarse judicialmente la copia, exhibición o inspección de determinado documento, expediente, libro o registro que corresponda al archivo, y se ejecutará la providencia dictada, a menos que el Fiscal General de la República considere que dicho documento, libro, expediente o registro tiene carácter reservado o confidencial.

Esto último se compadece, con la atribución consolidada en cabeza del Ministerio Público, por los artículos 285 de la Carta Fundamental, 108 y 280 del Código Orgánico Procesal Penal, de investigar (con las actuaciones a que hubiere lugar), el acaecimiento de hechos punibles, pudiendo en la etapa de investigación, decretar las reserva de las actas procesales, como bien lo explica el artículo 304 eiusdem, que sería entonces, el único obstáculo establecido para la obtención de copias del expediente[125].

---

125 Tribunal Supremo de Justicia. Sala de Casación Penal. Sentencia N° 298/2009 Exp. 2009-105 de 1 8 de junio de 2009. En: http://www.tsj.gov.ve/decisiones/scp/junio/298-18609-2009-a09-105.html. Ver también: "Ello así, se advierte que dentro de este marco constitucional y para concretar la tutela judicial efectiva, el artículo 49 de la Carta Magna consagra el derecho a la defensa, el cual debe estar presente en todas

153. En el presente caso la Comisión nota que la Fiscal Provisoria Sexta no habría decretado la reserva de las actas procesales como "único obstáculo establecido para la obtención de copias del expediente". Dicha Fiscal tampoco acató el requerimiento judicial de brindar acceso al expediente, en vista de que la defensa habría podido examinarlo.

154. En vista de esto, la Comisión considera que el hecho de que durante la investigación penal contra Allan Brewer Carías seguido ante el Ministerio Público se configuró la violación de la garantía judicial establecida en el artículo 8.2.c) de la Convención Americana por la falta "[...] de los medios adecuados para la preparación de su defensa".

---

las actuaciones judiciales y administrativas tramitadas por los órganos del poder público en sus relaciones con ¡os ciudadanos, que debe ser inviolable en todo estado de la investigación y del proceso, a fin de garantizar a toda persona el conocimiento previo de los cargos por los que es investigado y las pruebas que obran en su contra, de manera de disponer del tiempo adecuado para reparar los medios con los cuales ejercer su defensa y, primordialmente, el derecho a recurrir del fallo adverso en procura de una revisión superior, todo lo cual adquiere mayor trascendencia dentro del ámbito del proceso penal, en el cual se pone en evidencia el poder punitivo del Estado,

Por tanto, los derechos a la defensa y al debido proceso fueron establecidos por el Constituyente como garantía para proteger los derechos humanos de los investigados, que en el desarrollo de un proceso penal tiene como postulado esencial para su ejercicio, el acceso por parte del imputado a las actuaciones adelantadas en la etapa de investigación, a objeto de preparar sus alegatos y desarrollar una adecuada defensa [...].

Ello así se advierte que el artículo 97 de la Ley Orgánica del Ministerio Público señala lo siguiente:

'(...) Podrá acordarse judicialmente la copia, exhibición o inspección de determinado documento, expediente, libro o registro que corresponda al archivo, y se ejecutará la providencia dictada, a menos que el Fiscal General de la República considere que dicho documento, libro, expediente o registro tiene carácter reservado o confidencial'.

Por tanto, al no haber dispuesto el Ministerio Público la reserva de los documentos que integran la investigación N° 24F40NN-0034-05 y, en aplicación del referido artículo 97, esta Sala comparte el criterio de la Sala N° 2 de la Corte de Apelaciones del Circuito Judicial Penal del Estado Zulia, que declaró sin lugar el amparo ejercido por considerar que la actuación del Juzgado Décimo de Primera Instancia en Funciones de Control de dicho Circuito Judicial Penal, estuvo ajustada a derecho y dentro del ámbito de sus competencias, según lo dispuesto en el artículo 4 de la Ley Orgánica de Amparo sobre Derechos y Garantías Constitucionales, al estimar que, en atención al derecho a la defensa, al debido proceso, a la tutela judicial efectiva y a obtener oportuna respuesta, el imputado puede obtener copias simples de las actas de la investigación para la preparación de su defensa, siempre que el Ministerio Público no haya dispuesto la reserva total o parcial de las actuaciones". Tribunal Supremo de Justicia. Sala de Casación Penal. Sentencia N° 298/2009. Exp. N° 06-0760 de 26 de julio de 2006. En: http://www.tsj.gov.ve/decisio-nes/scon/Julio/1427-260706-06-0760.htm

c. Derecho a la protección judicial (plazo razonable)

155. Seguidamente, la Comisión analizará los alegatos relacionados con la demora en la respuesta de la solicitud de nulidad. Al respecto, la Comisión ha dado por probado que el 8 de noviembre de 2005 la defensa interpuso una solicitud de nulidad de todo lo actuado con fundamento en violaciones a las garantías judiciales. Dicha solicitud de nulidad se presentó en el escrito de contestación y oposición a la acusación. Al respecto, los peticionarios alegan que a la fecha dicha solicitud de nulidad no ha sido resuelta y por lo tanto el proceso continuaría en fase intermedia. Por su parte, el Estado alega que dicha solicitud de nulidad debe ser resuelta en la audiencia preliminar, la cual no ha podido ser realizada por la ausencia del imputado.

156. Al respecto, el artículo 191 del COPP establece que

> Serán consideradas nulidades absolutas aquellas concernientes a la intervención, asistencia y representación del imputado, en los casos y formas que este Código establezca, o las que impliquen inobservancia o violación de derechos y garantías fundamentales previstos en este Código, la Constitución de la República, las leyes y los tratados, convenios o acuerdos internacionales suscritos por la República[126].

157. La jurisprudencia del Tribunal Supremo de Justicia ha establecido de manera reiterada, sobre el momento procesal en el cual deben ser resueltas las nulidades que

> [...] p]ara el proceso penal, el juez de control durante la fase preparatoria e intermedia hará respetar las garantías procesales, pero el Código Orgánico Procesal Penal no señala una oportunidad procesal para que se pida y se resuelvan las infracciones a tales garantías, lo que incluye las transgresiones constitucionales, sin que exista para el proceso penal una disposición semejante al artículo 10 del Código de Procedimiento Civil, ni remisión alguna a dicho Código por parte del Código Orgánico Procesal Penal.

> [...] A juicio de esta Sala, depende de la etapa procesal en que se haga, y si ella se interpone en la fase intermedia, el juez puede resolverla bien antes de la audiencia preliminar o bien como resultado de dicha audiencia, variando de acuerdo a la lesión constitucional alegada, ya que hay lesiones cuya decisión no tienen la urgencia de otras, al no infringir en forma irreparable e inmediata la situación jurídica de una de las partes.

> No señala el artículo 328 del Código Orgánico Procesal Penal entre las actuaciones que pueden realizar las partes en la fase intermedia, la petición de nulidades, pero ello lo considera la Sala posible como emana-

---

126 COPP de 4 de diciembre de 2009

ción del derecho de defensa. De ocurrir tal petición de nulidad, el juez de control -conforme a la urgencia debido a la calidad de la lesión y ante el silencio de la ley- podrá antes de abrir la causa a juicio y en cualquier momento antes de dicho acto de apertura resolverla, aunque lo preferible es que sea en la audiencia preliminar, con prioridad a la decisión de los puntos a que se refiere el artículo 330 del Código Orgánico Procesal Penal, a fin de garantizar el contradictorio a las partes, ya que éste es un principio que rige el proceso penal (artículo 18 del Código Orgánico Procesal Penal). Sin embargo, cuando la nulidad coincide con el objeto de las cuestiones previas, la resolución de las mismas debe ser en la misma oportunidad de las cuestiones previas; es decir, en la audiencia preliminar lo que de paso garantiza el derecho de defensa de todas las partes del proceso y cumple con el principio del contradictorio[127].

158. Ya en 2001 el Tribunal había observado que

la convocatoria de la audiencia preliminar no presupone la existencia de una violación del derecho a la seguridad personal y a la defensa del demandante, pues es en la audiencia preliminar cuando el juez de control determina la viabilidad procesal de la acusación fiscal, de la cual dependerá la existencia o no del juicio oral. Es decir, durante la celebración de la audiencia preliminar se determina -a través del examen del material aportado por el ministerio Público- el objeto del juicio y si es 'probable' la participación del imputado en los hechos que se le atribuyen; de modo que la celebración de dicha audiencia no causó perjuicio alguno al imputado de la causa principal [...][128].

159. Asimismo, el Tribunal en su jurisprudencia general ha reiterado que

[...] el pronunciamiento requerido por el hoy accionante referido a la declaratoria de nulidad de la acusación fiscal, sólo puede realizarse en el acto de audiencia preliminar, acto que no ha sido realizado por la inasistencia del imputado [...] En relación a la falta de pronunciamiento sobre las solicitudes de '...acumulaciones, nulidades y despacho saneador...', a juicio de la Sala, éstas deben ser resueltas en la audiencia preliminar tal como lo dispone el artículo 330 del Código Orgánico Procesal Penal, motivo por el cual la supuesta amenaza o violación de los derechos constitucionales alegados por el accionante, no es de posible realización por parte del referido Juzgado Cuarto de Control t...], toda vez que éste sólo

---

127 Sala Constitucional del Tribunal Supremo de Justicia. Exp. N° 07-0827. Decisión de 20 de julio de 2007.

128 Sala Constitucional del Tribunal Supremo de Justicia Exp. N° 01-2304 decisión de 16 de noviembre de 2001: Escrito del Ministerio del Poder Popular para las Relaciones Exteriores AGEV/000530 del 17 de noviembre de 2009, págs. 43 y 44.

podría pronunciarse sobre la solicitud del acusado en el acto de audiencia preliminar [...]¹²⁹·

160. Así, la Comisión observa que la solicitud de nulidad debe ser resuelta en la audiencia preliminar, la cual no se ha realizado por la falta de comparecencia del imputado. En ese sentido, aunque el artículo 327 del COPP de 2005 no establecía explícitamente la presencia del imputado en la audiencia preliminar, la jurisprudencia lo había requerido. La reforma al COPP del año 2009, por su parte, recoge la jurisprudencia y establece que si la audiencia preliminar se hubiere diferido por más de dos ocasiones por incomparecencia de los imputados, el proceso debe continuar con respecto de los demás imputados y el juez deberá realizar la audiencia con los comparecientes, separando de la causa a quien no compareció.

161. En vista de lo anterior, y dado el hecho de que las reformas del COPP entraron en vigencia en el año 2009 para todos los procesos que se hallaren en curso¹³⁰, la Comisión considera que la presencia del imputado es requerida en la audiencia preliminar a modo de que dicho acto se pueda realizar y durante su celebración el juez resuelva la solicitud de nulidad planteada por la defensa del acusado. Por lo tanto, la Comisión considera que no se configura una violación al artículo 25.1 en conexión con el artículo 1.1 de la Convención Americana en perjuicio de Allan Brewer Carias.

2. Derecho a la libertad de expresión (Artículo 13 de la Convención Americana en relación con su artículo 1.1)

162. La Convención Americana garantiza a toda persona el derecho a la libertad de pensamiento y expresión. El artículo 13 de dicho instrumento establece, en lo pertinente que "[t]oda persona tiene derecho a la libertad de pensamiento y expresión, Este derecho comprende la libertad de buscar, recibir y difundir informaciones e ideas de toda índole, sin consideración de fronteras, ya sea oralmente, por escrito o en forma de su elección".

163. Por el contenido del derecho asegurado en el artículo 13 de la Convención Americana, la expresión y la difusión de los pensamientos e ideas son indivisibles y la restricción de las posibilidades de divulgación representa un límite al derecho de expresarse libremente. Tal derecho es esencial para el desarrollo y fortalecimiento de la democracia y para el ejercicio pleno de los

---

129 Sala Constitucional del Tribunal Supremo de Justicia Exp. N° 09-0173 decisión de 19 de octubre de 2009. Ver también Sentencia de la Sala Accidental de la Corte de Apelaciones del Circuito Judicial Penal del Estado Sucre de 19 de octubre de 2008.

130 Primera Disposición Final de la Ley de Reforma Parcial del Código Orgánico Procesal Penal, *Gaceta Oficial* N° 5.930 de 4 de septiembre de 2009 "[e]ste código se aplicara desde su entrada en vigencia, aún para los procesos que se hallaren en curso y para los hechos punibles cometidos con anterioridad, siempre que sean más favorable al imputado o imputada, o acusado o acusada".

derechos humanos. El pleno reconocimiento de la libertad de expresión es una garantía fundamental para asegurar el Estado de Derecho y las instituciones democráticas.

164. En el presente caso, no se han aportado elementos tácticos o jurídicos que permitan demostrar o deducir razonablemente que la investigación y proceso penal adelantado contra Allan Brewer Carias buscara silenciar su expresión. Por ello, la Comisión concluye que no ha sido posible configurar la presunta violación del derecho a la libertad de pensamiento y expresión en perjuicio de Allan Brewer Carias.

165. Finalmente, respecto de la supuesta violación del principio de *non refouiement* y la presunta violación del principio de presunción de inocencia la Comisión considera que no se presentaron elementos que requieran un análisis de fondo.

V. CONCLUSIONES

166. Por lo expuesto en el análisis precedente, el Estado venezolano es responsable de la violación de los derechos, contemplados en los artículos 8 y 25 de la Convención Americana, en relación los sus artículos 1.1 y 2, en perjuicio de Allan R. Brewer Carias. Asimismo, la Comisión concluye que el Estado venezolano no es responsable por la violación del derecho contemplado en el artículo 13 de la Convención Americana.

VI. RECOMENDACIONES

167. Con fundamento en los argumentos de hecho y de derecho antes expuestos,

LA COMISIÓN INTERAMERICANA DE DERECHOS HUMANOS RECOMIENDA:

1. Adoptar medidas para asegurar la independencia del poder judicial, reformando a fin de fortalecer los procedimientos de nombramiento y remoción de jueces y fiscales, afirmando su estabilidad en el cargo y eliminando la situación de provisionalidad en que se encuentra la gran mayoría de jueces y fiscales, con el objeto de garantizar la protección y garantías judiciales establecidas en la Convención Americana.

2. En el caso de que el proceso penal contra Allan Brewer Carías avance, poner en práctica las condiciones necesarias para asegurar que la causa sea llevada conforme las garantías y los estándares consagrados en los artículos 8 y 25 de la Convención Americana.

Reparar adecuadamente las violaciones de derechos humanos declaradas en el presente informe tanto en el aspecto material como moral.

NOTA DE LA COMISIÓN INTERAMERICANA DE DERECHOS HUMANOS DE FECHA 7 DE MARZO DE 2012, DE SOMETIMIENTO DEL CASO N° 12.724 (ALLAN R. BREWER CARÍAS V. VENE-ZUELA) A LA CORTE INTERAMERICANA DE DERECHOS HUMANOS

Comisión Interamericana de Derechos Humanos
7 de marzo de 2012

Señor
Pablo Saavedra Alessandri,
Secretario Corte Interamericana de Derechos Humanos
Apartado 6906-1000
San José, Costa Rica
Anexos

Ref.:   Caso N° 12.724
Allan R. Brewer Carías
Venezuela

Señor Secretario:

Tengo el agrado de dirigirme a usted en nombre de la Comisión Interamericana de Derechos Humanos con el objeto de someter a la jurisdicción de la Honorable Corte Interamericana de Derechos Humanos, el caso N° 12.724, Allan R. Brewer Carías de la República Bolivariana de Venezuela (en adelante "el Estado de Venezuela", "el Estado venezolano" o "Venezuela"), relacionado con la falta de garantías judiciales y protección judicial en el proceso seguido al abogado constitucionalista Allan R. Brewer Carías por el delito de conspiración para cambiar violentamente la Constitución, en el contexto de los hechos ocurridos entre el 11 y el 13 de abril de 2002, en particular, su supuesta vinculación con la redacción del llamado "Decreto Carmona" mediante el cual se ordenaba la disolución de los poderes públicos y el establecimiento de un "gobierno de transición democrática".

La Comisión concluyó en su informe de fondo que el hecho de que el proceso penal seguido contra Allan Brewer Carías estuviera a cargo de tres jueces temporales durante la etapa preliminar constituía en sí misma una violación a las garantías judiciales en el caso concreto. Asimismo, la Comisión consideró que en este caso se afectaron las garantías de independencia e imparcialidad del juzgador y el derecho a la protección judicial, teniendo en cuenta que uno de los jueces temporales fue suspendido y reemplazado dos días después de presentar una queja por la falta de cumplimiento de una orden emitida por él que ordenaba el acceso del imputado a la totalidad de su expediente, sumado a la normativa y práctica respecto del nombramiento, destitución y situación de provisionalidad de los jueces en Venezuela. Finalmente, la Comisión consideró que la imposibilidad de la víctima de acceder al expediente en su totalidad y sacar fotocopias, configuró la violación al derecho a contar con los medios adecuados para la preparación de la defensa.

El Estado depositó el instrumento de ratificación de la Convención Americana sobre Derechos Humanos el 9 de agosto de 1977 y aceptó la jurisdicción contenciosa de la Corte el 24 de junio de 1981. En ese sentido, los hechos debatidos en el caso se encuentran comprendidos dentro de la competencia temporal de la Corte Interamericana,

La Comisión ha designado al Comisionado Felipe González y al Secretario Ejecutivo de la CIDH Santiago A. Cantón, como sus delegados. Asimismo, Elizabeth Abi-Mershed, Secretaria Ejecutiva Adjunta, Tatiana Gos, Lilly Ching y Karin Mansel, abogadas de la Secretaría Ejecutiva de la CIDH, actuarán como asesoras legales.

De conformidad con el artículo 35 del Reglamento de la Corte Interamericana, la Comisión adjunta copia del informe 171/11 elaborado en observancia del artículo 50 de la Convención, así como copia de la totalidad del expediente ante la Comisión Interamericana (Apéndice I) y los anexos utilizados en la elaboración del informe 171/11 (Anexos). La Comisión adoptó el Informe de Fondo N° 171/11 el 3 de noviembre de 2011 y lo transmitió al Estado el 7 de diciembre de 2011, otorgándole un plazo de dos meses para que informara sobre las medidas adoptadas para dar cumplimiento a las recomendaciones respectivas. El 7 de febrero de 2012, el Estado presentó una comunicación que no aportó información sobre el cumplimiento de las recomendaciones formuladas por la Comisión, sino cuestionó las conclusiones del Informe de Fondo, con base en argumentos planteados a lo largo de la tramitación del caso y que fueron oportuna y debidamente analizados.

La Comisión somete el presente caso a la jurisdicción de la Corte Interamericana por la necesidad de obtención de justicia para la víctima, debido a la naturaleza y gravedad de las violaciones comprobadas, y ante el incumplimiento de las recomendaciones por parte del Estado.

La Comisión Interamericana somete a la jurisdicción de la Corte la totalidad de los hechos y violaciones de derechos humanos descritos en el Informe de Fondo 171/11, y solicita a la Corte que concluya y declare la responsabilidad internacional del Estado de Venezuela por:

la violación de los derechos contemplados en los artículos 8 y 25 de la Convención Americana, en relación con sus artículos 1.1 y 2, en perjuicio de Allan R, Brewer Carías.

En consecuencia, la Comisión solicita a la Corte Interamericana que disponga las siguientes medidas de reparación:

1. Adoptar medidas para asegurar la independencia del poder judicial, reformando a fin de fortalecer los procedimientos de nombramiento y remoción de jueces y fiscales, afirmando su estabilidad en el cargo y eliminando la situación de provisionalidad en que se encuentra la gran mayoría de jueces y fiscales, con el objeto de garantizar la protección y garantías judiciales establecidas en la Convención Americana,

2. En el caso de que el proceso penal contra Allan Brewer Carías avance, poner en práctica las condiciones necesarias para asegurar que la causa sea llevada conforme las garantías y los estándares consagrados en los artículos 8 y 25 de la Convención Americana.

3. Reparar adecuadamente las violaciones de derechos humanos declaradas en el presente informe tanto en el aspecto material como moral.

Asimismo, la Comisión advierte que este caso contiene elementos de orden público interamericano ya abordados por el sistema de protección de derechos humanos en relación con el principio de independencia judicial consagrado en el artículo 8,1 de la Convención Americana. La Comisión considera que este caso permitirá a la Corte retomar su jurisprudencia en relación con la provisionalidad del Poder Judicial en Venezuela pero desde otra perspectiva, esto es, en cuanto al derecho a garantías y protección judicial de una persona acusada penalmente.

En este sentido, en virtud de que estas cuestiones afectan de manera relevante el orden público interamericano, de conformidad con el artículo 35.1 f) del Reglamento de la Corte Interamericana, la Comisión se permite solicitar el traslado, en lo pertinente, de las declaraciones de Antonio Canova González, en el caso *Chocrón Chocrón vs. Venezuela,* José Luis Tamayo Rodríguez y Alberto Arteaga Sánchez, en el caso *Reverón Trujllo vs. Venezuela,* y Param Cumaraswamy y Jesús María Casal Hernández, en el caso *Apítz Barbera y otros ("Corte Primera de lo Contencioso Administrativo") vs. Venezuela,* quienes se refirieron a los temas de orden público referidos. Asimismo, la Comisión se permite ofrecer la siguiente declaración pericial:

1. José Zeitune, quien se referirá a estándares internacionales aplicables al impacto de la provisionalidad de jueces y fiscales en relación con el principio de independencia judicial, el debido proceso y las garantías judiciales de las personas sometidas a proceso penal, en particular en el contexto de una acusación penal donde se debaten cuestiones con contenido político.

El curriculum vitae del perito propuesto será incluido en los anexos al informe de fondo 171/11.

Finalmente, el abogado que actuó como peticionario ante la Comisión y sus datos son:

Pedro Nikken
Av. Venezuela, Torre América, PHB
Bello Monte, Caracas 1050
Venezuela pedro.nikken@gmail.com

Aprovecho la oportunidad para saludar a usted muy atentamente,

Elizabeth Abi-Mershed
Secretaria Ejecutiva Adjunta

LIBRO SEGUNDO
ACTUACIONES ANTE LA CORTE INTERAMERICANA DE DERECHOS HUMANOS

QUINTA PARTE

ESCRITO AUTÓNOMO DE SOLICITUDES, ARGUMENTOS Y PRUEBAS PRESENTADO POR LOS REPRESENTANTES DE ALLAN R. BREWER-CARÍAS ANTE LA CORTE INTERAMERICANA DE DERECHOS HUMANOS CONTRA EL ESTADO VENEZOLANO, POR VIOLACIÓN DE SUS DERECHOS GARANTIZADOS EN LA CONVENCIÓN INTERAMERICANA DE DERECHOS HUMANOS, DE FECHA 7 DE JULIO DE 2012

1. Quiènes suscriben, abogados Pedro Nikken, Claudio Grossman, Juan E. Méndez, Douglas Cassel, Helio Bicudo y Héctor Faúndez Ledezma, actuando en calidad de Representantes de la víctima, Allan R. Brewer Carías (en adelante "los Representantes"), en virtud de lo dispuesto en el artículo 28.1 del Reglamento de la Honorable Corte Interamericana de Derechos Humanos (en adelante "Corte Interamericana," "Corte," Corte IDH," o "el Tribunal"), nos permitimos presentar el escrito de solicitudes, argumentos y pruebas (ESAP), en el caso "Allan R. Brewer Carías," el cual comporta graves violaciones a los derechos de la víctima consagrados en los artículos 1.1, 2, 7, 8.1, 8.2, 8.2.c, 8.2.f, 11, 13, 22, 24 y 25 de la Convención Americana sobre Derechos Humanos (en adelante la "Convención" o la "Convención Americana"), que le han sido infligidas por Venezuela ("la República Bolivariana de Venezuela" o "el Estado venezolano" o "el Estado") en el marco de la persecución política que ha desatado en su contra desde 2005. Por razones de carácter práctico exclusivamente, el presente escrito lleva únicamente la firma del abogado Pedro Nikken, con el pleno acuerdo de los demás Representantes quienes así lo han autorizado.

RESUMEN EJECUTIVO

Presentamos el caso del profesor Allan R. Brewer Carías, un distinguido intelectual, jurista y hombre público venezolano, disidente y crítico del régimen político de su país, quien es objeto de persecución política a través de un proceso penal por un supuesto delito político, en el cual se han violado masivamente las garantías judiciales. El Caso Brewer Carías es paradigmático respecto de los graves efectos de la provisionalidad, inestabilidad y falta de independencia judicial en Venezuela, sobre los derechos humanos de las personas bajo su jurisdicción y sobre los valores de una sociedad democrática. El profesor Allan Brewer Carías es un conocido constitucionalista y iuspublicista venezolano, profesor de la Universidad Central de Venezuela, y también de Cambridge University, Columbia University y Paris II, entre otras, y autor de una fecunda obra jurídica de más de 140 libros, que ha tenido también una destacada vida pública, habiendo sido senador, ministro y miembro de la Asamblea Nacional Constituyente de 1999. Desde entonces, ha sido parte importante de la disidencia venezolana frente al actual régimen político del país. El profesor Brewer Carías ha sido víctima de una persecución política encubierta por una investigación penal por el supuesto delito de "conspiración para cambiar violentamente la Constitución" durante la crisis política de Venezuela de abril de 2002, y de supuestamente redactar el decreto constitutivo del llamado "gobierno de transición." El proceso contra el profesor Brewer Carías se conduce por fiscales y jueces, todos provisorios o temporales, carentes de estabilidad y, por lo tanto, de independencia e imparcialidad, al punto que en el proceso, los pocos que excepcionalmente se atrevieron a amparar mínimamente derechos del procesado, fueron inmediatamente separados de sus cargos. Para echar a andar esta arbitrariedad disimulada como proceso penal, el Estado, por medio de sus agentes, ha violado flagrantemente el debido proceso legal y otros derechos contemplados en la Convención Americana por medio de los siguientes hechos: Investigación penal sin garantías del debido proceso; denegación de jueces y fiscales independientes e imparciales, violación masiva de la presunción de inocencia y del derecho de defensa; imputación criminal sobre la base de especulaciones periodísticas denominándolas "hecho notorio comunicacional", a pesar de que nadie los confirma ni se responsabiliza por su origen y de que fueron desmentidos pública y oportunamente por profesor Brewer Carías y por otros testigos; imposición a los imputados de la carga de la prueba para demostrar su inocencia, en vez de asumir la carga fiscal de probar su culpabilidad; violación del principio de inocencia por medio de órganos y altos funcionarios –entre otros la Asamblea Nacional, el Fiscal General y magistrados del Tribunal Supremo de Justicia, y Embajadores– que públicamente afirman o sugieren la culpabilidad del profesor Brewer Carías, aún cuando él no haya sido ni siquiera enjuiciado, ni mucho menos condenado por un tribunal; no se ha permitido al profesor Brewer Carías ni a sus abogados el acceso a supuestas pruebas en su contra, no se le permite repreguntar o incluso conocer a supuestos testigos en su contra; y los testigos y otras pruebas que él ha promovido para demostrar su inocencia (que debe presumirse) son rechazadas, tergiversadas, convirtiendo arbitrariamente pruebas de descargo en pruebas de cargo, o no son siquiera valoradas. Luego de impedir que él tenga posibilidad oportuna y efectiva de defenderse, el Estado intenta negar al profesor Brewer Carías la libertad física, omite pronunciarse cuando ejerce el derecho reconocido en la ley procesal venezolana pedir que se le garantice un juicio en libertad, para luego decretar arbitrariamente su detención preventiva. El profesor Brewer se ve compelido a permanecer en Nueva York, adonde se había trasladado para impartir clase en la Universidad de Columbia y donde permanece exiliado. El resultado –previsto y deliberado– de esta persecución es no sólo violar los derechos procesales del profesor Brewer Carías, e imponerle un gran peso económico, sino también dañarle la honra, la reputación y la dignidad, y así descalificarle como voz pública disidente y como autoridad en Derecho constitucional. En otras palabras, la víctima de las violaciones en este caso no es solamente el profesor Brewer Carías, sino el conjunto de los ciudadanos de la República Bolivariana de Venezuela, los cuales han recibido un mensaje claro de los riesgos de disentir públicamente del Gobierno del Presidente Chávez. La persecución política en contra del profesor Brewer Carías viola numerosos derechos reconocidos y garantizados por la Convención Americana sobre Derechos Humanos, a saber: derechos a ser oído por un tribunal independiente e imparcial, presunción de inocencia, derecho al debido proceso legal y a la defensa (art. 8); el derecho a la protección judicial (art. 25); el derecho a la libertad y a la seguridad personal (art. 7); la libertad de expresión (art. 13); el derecho a la protección de la honra y la dignidad (art. 11); el derecho de circulación (art. 22); y el derecho a la igualdad ante la ley (art. 24); todos ellos en relación con el incumplimiento por parte del Estado venezolano de sus deberes de garantizar el pleno goce de estos derechos sin discriminación alguna (art. 1.1) y de tomar las medidas necesarias para hacerlos efectivos (art. 2). Se solicita a la Corte Interamericana que declare que el Estado ha violado estos derechos del profesor Brewer Carías y que ordene al Estado investigar y reparar integralmente las violaciones, así como restituirle en sus derechos, incluida la condena al Estado de

privar radicalmente de efecto al proceso penal en su contra y la or-
den de detención preventiva; que se realice un acto de disculpa
pública y reconocimiento de responsabilidad internacional, y que se
tomen todas las medidas necesarias para que cese la campaña de
persecución, difamación y hostigamiento en su contra y se establezca
una cátedra con su nombre en la Universidad Central de Venezuela
u otra institución académica de América Latina; que la Corte dis-
ponga medidas de no repetición, incluida la creación de una asigna-
tura sobre derechos humanos en la Educación Media venezolana y
medidas orientadas a garantizar la estabilidad e independencia de los
jueces, teniendo como referencia el informe Democracia y Derechos
Humanos en Venezuela (2009) de la Comisión Interamericana de
Derechos Humanos.

INTRODUCCIÓN

2. Además de ser jurista de gran prestigio nacional e internacional y de larga trayectoria en defensa de la democracia, el Estado de Derecho y los derechos humanos, el profesor Brewer Carías ha sido persona disidente, visible y constante, en contra de lo que él considera políticas autoritarias, militaristas, antidemocráticas y arbitrarias desarrolladas por el Gobierno de Venezuela desde 1999 (*Véase infra ¶¶ 20 ss.*). La persecución de que es objeto (*Véase infra ¶¶ 119 ss.*) es parte de un patrón de conducta gubernamental, caracterizado, primero, por estar dirigido en contra de quienes han levantado y levantan su voz para criticar el régimen político autoritario venezolano, incluyendo los defensores de derechos humanos en ese país; segundo, por la utilización de los medios judiciales y del sistema judicial penal con el objeto de amedrentar y silenciar a quienes critican al gobierno de Venezuela (*Véase infra ¶¶ 29 ss.*); y tercero, por la existencia de fiscales y jueces provisorios o temporales, o que han sido incorporados en una supuesta carrera judicial sin cumplir con los requisitos exigidos por la Constitución de ese país (concurso público), y quienes no han gozado ni gozan de estabilidad alguna (*Véase infra ¶¶ 41 ss.*). En este contexto, en aquellas excepcionales situaciones en las cuales alguno de dichos fiscales y jueces han ejercido y ejercen sus funciones con independencia, se ha procedido a separarlos, trasladarlos, o hacerlos objeto de otras sanciones administrativas, e incluso, de carácter penal como ha ocurrido desde 2009 con la Juez María Lourdes Afiuni Mora (*Véase infra ¶¶ 73 ss.*), en un caso denunciado en el ámbito internacional, que ha sido objeto de un pronunciamiento del Grupo de Trabajo sobre detenciones Arbitrarias de la ONU, y también ha sido objeto de Medidas Provisionales de protección dictadas por parte de esta Corte Interamericana de Derechos Humanos ("Corte", "Corte Interamericana").

3. Desde 2005, la persecución contra el profesor Brewer Carías tomó la forma de un supuesto proceso penal motivado políticamente y carente de toda base probatoria creíble (*Véase infra ¶¶ 122 ss.*). Se acusó falsamente al profesor Brewer Carías – reconocido constitucionalista – de "conspiración para cambiar violentamente la Constitución" durante la crisis política de Venezuela y el breve deposición del Presidente de la República Hugo Chávez Frías, por haber pedido su renuncia el Alto Mando Militar, el día 12 de abril de 2002, y hasta de redactar el decreto del llamado "gobierno de transición" ("decreto Carmona"). El proceso contra el profesor Brewer Carías también se condujo por fiscales y jueces, todos provisorios o temporales, carentes de independencia e imparcialidad, al punto que en el proceso, los pocos que excepcionalmente se atrevieron a amparar derechos de los imputados, fueron rápidamente separados de sus cargos (*Véase infra ¶¶ 28 ss.*).

4.   Para echar a andar este proceso político disimulado como proceso penal, el Estado no tuvo otro camino que el de invertir la presunción de inocencia. Así:

- calificó a opiniones de periodistas o rumores periodísticos como un supuesto *"hecho notorio comunicacional"*, a pesar de que, por un lado, nadie los ha confirmado ni se ha responsabilizado por su origen, ni eran noticias sobre "hechos" o sucesos, y por otro, dichas opiniones fueron desmentidas pública y oportunamente por profesor Brewer Carías y por otros testigos (*Véase infra ¶¶ 377 ss.*);

- impuso a los imputados la carga de demostrar su inocencia, en vez de asumir la carga fiscal de probar su culpabilidad (*Véase infra ¶¶ 424 ss.*); y

- por medio de órganos y altos funcionarios – entre otros la Asamblea Nacional, el Fiscal General de la República y algunos magistrados del Tribunal Supremo de Justicia, y Embajadores – públicamente ha afirmado o sugerido la culpabilidad del profesor Brewer Carías, aun cuando él no ha sido ni siquiera enjuiciado, ni mucho menos condenado por un tribunal (*Véase infra ¶¶ 390 ss.*).

5.   Como si esto no bastara para inculpar al inocente, tampoco se permitió al profesor Brewer Carías ni a sus abogados el acceso a supuestas pruebas en su contra; muchas de ellas fueron distorsionadas en la investigación (videos); no se les permitió repreguntar e incluso conocer a supuestos testigos en su contra; y los testigos y otras pruebas que él promovió para la absurda tarea de demostrar su inocencia (que debe presumirse) fueron rechazadas, tergiversadas y ni siquiera fueron valoradas (*Véase infra ¶¶ 320 ss.*).

6.   Luego de impedir que él tuviese posibilidad oportuna y efectiva de defenderse, el Estado le negó al profesor Brewer Carías su libertad física, le niega el derecho a juicio en libertad y le restringe su libertad de circulación, por decretar su detención preventiva en junio de 2006, después que ya para ese entonces había permanecido nueve meses en el exterior cumpliendo actividades académicas (desde septiembre de 2005). Esa medida de excepción no responde en absoluto a necesidad alguna y no cumple con las normas mínimas internacionales y nacionales la puedan justificar (*Véase infra ¶¶ 170 ss*). Lo que se pretendió fue forzar al profesor Brewer Carías a no regresar al país,

pues el riesgo de ser detenido era obvio, y más grave aún lo era el riesgo de ser detenido *sine die*, sin ser efectivamente juzgado, como ha sucedido en numerosos casos de personas sometidas a arbitraria persecución en Venezuela (*Véase infra ¶¶ 73 ss)*.

7.   El resultado – previsto y deliberado – de esta persecución política ha sido no sólo violar los derechos procesales del profesor Brewer Carías, su libertad de expresión, su seguridad y libertad de circulación, sino también atentar contra su honra y reputación (*Véase infra ¶¶ 569 ss)*, y así descalificarle como voz pública disidente e impedir que su posición crítica respecto del régimen político venezolano pueda ser conocida y valorada por la opinión pública nacional e internacional.

8.   Como se ha dicho, la persecución política en contra del profesor Brewer Carías además de violar numerosos derechos reconocidos y garantizados por la Convención Americana sobre Derechos Humanos, se agrava en un sistema judicial debilitado y dependiente, como es el de Venezuela, que permite al gobierno la utilización de las instituciones llamadas a impartir justicia y colaborar con ella, para amedrentar y hostigar a personas como el profesor Brewer Carías, con autoridad intelectual y académica internacionalmente reconocida dentro del constitucionalismo democrático y con inequívocos antecedentes como crítico de diversas actuaciones inconstitucionales y antidemocráticas del gobierno y de otras ramas del poder público en el país. Ello no sólo constituye una violación a sus derechos humanos, sino que además contribuye a desvirtuar los procesos judiciales convirtiéndolos en instrumentos políticos para castigar a la disidencia; genera una crisis de confianza en la probidad judicial; y, en general, destruye la atmósfera de pluralismo que debe privar en una sociedad democrática. De los hechos del caso del profesor Brewer Carías sometidos por la Comisión Interamericana de Derechos Humanos ("Comisión," "CIDH") ante este Tribunal surge claramente que su procesamiento no puede explicarse sino como una utilización ilegítima del poder judicial a fin de silenciar y desprestigiar a un reconocido acreditado constitucionalista, crítico del gobierno del Presidente Chávez desde su elección en 1998.

9.   En tal contexto, el día 7 de marzo de 2012, la Comisión Interamericana de Derechos Humanos, sometió el caso ante la Corte, en virtud de lo establecido en el artículo 35 del Reglamento del Tribunal (**Escrito de la CIDH, sometimiento del caso ante la Corte, 7-3-2012**). De conformidad con el Informe de fondo 171/11 de 3 de noviembre de 2011 (**Informe 171/11, Informe de la Comisión, Informe de la CIDH**), en su escrito de sometimiento del caso, la Comisión solicitó a la Corte Interamericana de Derechos Humanos, que concluya y declare que el Estado de Venezuela incurrió en responsabilidad internacional por:

1. La violación del derecho a ser juzgado por juez imparcial e independiente garantizado en *los artículos 8.1 y 25 en de la Convención Americana, en conexión con sus artículos 1.1 y 2, en virtud de que la in-*

vestigación y proceso penal seguido contra Allan Brewer Carías se instruyó por fiscales y jueces provisorios lo que implica una falta de garantías de independencia e imparcialidad, ya que no se arbitraron los medios necesarios para administrar justicia, conforme a las antes mencionadas provisiones de la Convención Americana.

2. La violación del derecho a disponer de los medios adecuados para la preparación de su defensa, garantizado en el artículo 8.2.c) de la Convención Americana, configurada durante la investigación penal contra Allan Brewer Carías seguido ante el Ministerio Público.

10. Los Representantes compartimos en lo fundamental los argumentos de hecho formulados por la Comisión, y asimismo, los argumentos de derecho expuestos en el escrito de sometimiento del Caso ante la Corte en fecha 7 de marzo de 2012 y en el Informe 171/11 en el sentido de que el hecho de que "el proceso penal seguido contra Allan Brewer Carías estuviera a cargo de tres jueces temporales durante la etapa preliminar constituía en sí misma una **violación a las garantías judiciales** en el caso concreto"; que "en este caso **se afectaron las garantías de independencia e imparcialidad del juzgador y el derecho a la protección judicial,** teniendo en cuenta que uno de los jueces temporales fue suspendido, y reemplazado dos días después de presentar una queja por la falta de cumplimiento de una orden emitida por él que ordenaba el acceso del imputado a la totalidad de su expediente, sumado a la normativa y práctica respecto del nombramiento, destitución y situación de provisionalidad de los jueces en Venezuela," considerando "finalmente que la imposibilidad de la víctima de acceder al expediente en su totalidad y sacar fotocopias, **configuró la violación al derecho a contar con los medios adecuados para la preparación de la defensa**" (**Escrito de la CIDH, sometimiento del caso ante la Corte, 7-3-2012**), todo lo cual se configura como "la violación .de los derechos contemplados en los artículos 8 y 25 de la Convención Americana, en relación con sus artículos 1.1 y 2, en perjuicio de Allan R. Brewer Carías" (**Escrito de la CIDH sometimiento del caso ante la Corte, 7-3-2012**). Por ello, la propia Comisión en el **Escrito de sometimiento** del caso de 7 de marzo de 2012, advirtió a la Corte "que este caso contiene elementos de orden público interamericano ya abordados por el sistema de protección de derechos humanos en relación con el principio de independencia judicial consagrado en el artículo 8,1 de la Convención Americana. La Comisión considera que este caso permitirá a la Corte retomar su jurisprudencia en relación con la provisionalidad del Poder Judicial en Venezuela pero desde otra perspectiva, esto es, en cuanto al derecho a garantías y protección judicial de una persona acusada penalmente."

11. Sin embargo, en el texto del *Informe 171/11* la CIDH expresó lo siguiente:

166. Por lo expuesto en el análisis precedente, el Estado venezolano es responsable de la violación de los derechos contemplados en los artículos 8 y 25 de la Convención Americana, en relación con sus

artículos 1.1 y 2, en perjuicio de Allan R. Brewer Carías. Asimismo, la Comisión concluye que el Estado venezolano no es responsable por la violación del derecho contemplado en el artículo 13 de la Convención Americana.

12. Discrepamos de estas últimas conclusiones de la Comisión en su Informe en cuanto a las denuncias de violaciones de otros derechos que sometimos ante ella y que no fueron acogidas en el mismo. Al contrario, reafirmamos y demandamos ante esta Corte al Estado venezolano, tanto por haber violado los derechos contemplados en los artículos 8 y 25 de la Convención Americana, en relación con sus artículos 1.1 y 2, como por haberle violado también al profesor Brewer Carías los derechos contenidos en los artículos 7, 11, 13, 22 24 y 25 de la Convención Americana sobre Derechos Humanos. En consecuencia con fundamento en los mismos hechos conocidos y destacados por la Comisión, alegamos adicionalmente en este escrito ante esta honorable Corte, la violación de los siguientes derechos de Allan R. Brewer Carías: a la presunción de inocencia, al debido proceso legal y a la defensa (art. 8); a la protección judicial (art. 25); a la libertad y a la seguridad personal (art. 7); a la libertad de expresión (art. 13); a la protección de la honra y la dignidad (art. 11); a la circulación (art. 22); y a la igualdad ante la ley (art. 24); todos en relación con el incumplimiento por parte del Estado venezolano de sus deberes de garantizar el pleno goce de estos derechos sin discriminación alguna (art. 1.1) y de tomar las medidas necesarias para hacerlos efectivos (art. 2).

13. Asimismo, presentaremos argumentos respecto al contexto de ocurrencia de los hechos y la necesidad de analizar las violaciones a la Convención Americana, a la luz de la doctrina de las garantías judiciales de los derechos humanos. Igualmente, desarrollaremos argumentos y presentaremos prueba en relación con los perjuicios ocasionados a la víctima, así como las medidas de reparación orientadas a proveer restitución, satisfacción y compensación a la víctima, y garantizar la no repetición de los hechos.

OBJETO DEL ESCRITO DE SOLICITUDES, ARGUMENTOS Y PRUEBAS

14. En relación con el caso Allan R. Brewer Carías, solicitamos a la Corte que declare la responsabilidad internacional del Estado venezolano, por el incumplimiento de sus obligaciones internacionales derivadas de la violación de los derechos a ser oído por un tribunal independiente e imparcial, a la presunción de inocencia, al debido proceso legal y a la defensa (art. 8); del derecho a la protección judicial (art. 25); del derecho a la libertad y a la seguridad personal (art. 7); de la libertad de expresión (art. 13); del derecho a la protección de la honra y la dignidad (art. 11); del derecho de circulación (art. 22); y del derecho a la igualdad ante la ley (art. 24); todos en relación con el incumplimiento por parte del Estado venezolano de sus deberes de garantizar el pleno goce de estos derechos, sin discriminación alguna, garantizados en la Convención Americana, en relación con la obligación de respetar los dere-

chos (art. 1.1) y con el deber de adoptar disposiciones de Derecho interno para hacerlos efectivos (art. 2).

15. Adicionalmente solicitamos de la Corte:

- *Que el proceso penal incoado contra el profesor Allan R. Brewer Carías carece de efectos jurídicos y que por lo tanto debe cesar de inmediato y se deben privar de efecto la imputación, la acusación fiscal, la medida de privación de libertad, la orden de captura, así como cualquier otro efecto producido o por producirse de dicho proceso penal.*

- *Que se ordene al Estado la adopción de todas las medidas necesarias para que cesen de inmediato todos los actos de hostigamiento y de señalamiento del profesor Brewer Carías como autor de delitos, en particular del delito al que se refiere el proceso penal arbitrariamente incoado contra él, así como de cualquier otra disposición, de hecho o de derecho, discriminatoria contra su persona.*

- *Que ordene al Estado la adopción de las medidas necesarias a fin de que se lleve a cabo una investigación seria, exhaustiva y completa para identificar a los responsables de las violaciones objeto del presente procedimiento, y que una vez identificados los presuntos responsables se les someta a un debido proceso para establecer sus responsabilidades legales y que el resultado de las investigaciones referidas en el numeral anterior sea hecho público, mediante su publicación en un diario de circulación nacional.*

- *Que el Estado y sus altas autoridades realicen un acto de disculpa pública y reconocimiento de su responsabilidad internacional por medio de la publicación de la sentencia que se dicte en el presente caso en la Gaceta Oficial de la República Bolivariana de Venezuela y en un diario de circulación nacional.*

- *Que el adopte las medidas necesarias para la creación una cátedra permanente, que llevará el nombre de Allan R. Brewer Carías, para la enseñanza e investigación del siguiente tema jurídico: "El debido proceso como vehículo para la justiciabilidad de todos los derechos humanos y el fortalecimiento del Estado de Derecho". Dicha cátedra deberá crearse en la Facultad de Ciencias Jurídicas y Políticas de la Universidad Central de Venezuela, de acuerdo con sus autoridades y el profesor Brewer Carías o, si por cualquier razón ello no fuere posible, en otra institución académica de América Latina, a juicio de esa honorable Corte.*

- *Que el Estado adopte las modificaciones necesarias en el ordenamiento jurídico venezolano a fin de que se incorporen y garanticen efectivamente las disposiciones de la Convención Americana sobre debido proceso y protección judicial en el orden interno de Venezuela, con el objeto de asegurar la existencia de un poder judicial independiente e imparcial que dé pleno cumplimiento a las garant-*

ías del debido proceso establecidas en dicho tratado, en el sentido del Informe de la CIDH "Democracia y Derechos Humanos en Venezuela (2009).

PRIMERA PARTE:
FUNDAMENTOS DE HECHO

16. La República Bolivariana de Venezuela es Estado Parte de la Convención Americana sobre Derechos Humanos (en adelante "la Convención" o "la Convención Americana") a partir del 9 de agosto de 1977, y aceptó la competencia contenciosa de la Corte Interamericana el 24 de junio de 1981.

17. El trámite de este caso ante el Sistema Interamericano se inició con la presentación de la petición individual ante la Comisión Interamericana de Derechos Humanos el 24 de enero de 2007, y finalizó con la emisión del Informe del Artículo 50 de la Convención Americana de fecha 3 de noviembre de 2011. Este caso fue sometido a la jurisdicción de la Corte Interamericana dentro del plazo de tres meses que señala el artículo 50 de la Convención Americana.

I. AGOTAMIENTO DE RECURSOS INTERNOS

18. Aún cuando las circunstancias del caso no obligaban a la víctima a agotar los recursos de la jurisdicción interna, pues se daban las circunstancias que hacían operar las **excepciones a la obligación de agotar recursos internos** establecidas en el artículo 46.2 de la Convención Americana, el doctor Brewer Carías optó por agotar todos los recursos disponibles en el Derecho interno venezolano a pesar de que los mismos se mostraban ineficaces, como en efecto quedó demostrado totalmente (***Véase infra ¶¶ 490 ss)***. La víctima empleó todos los recursos internos a su alcance, que teóricamente deberían servir para su defensa y que han revelado persistentemente su inutilidad a la luz de las arbitrariedades y manipulaciones sistemáticas del Ministerio Público y de los jueces que han conocido del caso.

- En fecha 4 de mayo de 2005, los abogados del profesor Brewer Carías acudieron ante el Juez provisorio Vigésimo Quinto de Control, pidiendo que interviniera para corregir la irregular actuación de la entonces Fiscal provisoria Sexta, Luisa Ortega Díaz (hoy Fiscal General de la República), al denegar arbitrariamente diligencias probatorias **(Anexo 43)** y restableciera el derecho a la defensa. **Resultado:** El Tribunal de Control omitió pronunciarse sobre las violaciones del debido proceso denunciadas, limitándose a decir que no era la oportunidad adecuada para hacer esos planteamientos **(Anexo 44)**.

- Los abogados del profesor Brewer Carías apelaron de dicha decisión. **Resultado**: En fecha 6 de julio de 2005, la Sala 9 de la Corte de Apelaciones decidió dicha apelación **(Anexo 45)**, anulando el fallo del Juez provisorio de Control por razones formales (falta de notificación a la Fiscalía); y además, en cuanto al fondo, acogió los argumentos de la defensa y concluyó que ésta sí podía acudir ante el Juez de Control a reclamar sus derechos frente a violaciones al debido proceso por el Ministerio Público en la etapa de investigación, de modo que también ordenó que el Juez provisorio de Control decidiera nuevamente sobre las solicitudes que se le habían formulado en ese sentido. **Esta decisión de la Corte de Apelaciones fue burlada.**

- Sobre esta base, los abogados del profesor Brewer Carías introdujeron de nuevo un escrito en fecha 10 de agosto de 2005 ante el Tribunal 25 de Control refrescando las solicitudes que había ordenado decidir la Corte de Apelaciones **(Anexo 46)**. **Resultado:** No obstante la previa decisión de la Corte de Apelaciones, en fecha 20 de octubre de 2005, el Juez provisorio de Control **volvió a decidir que no podía inmiscuirse en la labor de investigación de la Fiscal provisoria (Anexo 30).**

- Los abogados defensores apelaron nuevamente de la anterior decisión, en fecha 28 de octubre de 2005 **(Anexo 47)**. **Resultado: Ninguno:** La apelación fue denegada en fecha 1° de diciembre de 2005. Llama la atención, además, que la Fiscal provisoria Sexta Luisa Ortega Díaz, recién nombrada Fiscal General de la República, consignó la acusación contra el profesor Brewer Carías el 21 de octubre de 2005 **(Anexo 48)**, es decir, al día siguiente de la última decisión del Juez provisorio de Control, el cual nada había decidido desde el mes de julio de 2005, no obstante las ratificaciones posteriores de la defensa, para proceder a decidirlas, negándolas todas, justo, el día antes de que el Ministerio Público introdujera la acusación.

- La acusación fue contestada en todas sus partes, denunciándose la violación de las garantías judiciales del profesor Brewer Carías mediante escrito de 8 de noviembre de 2005 **(incorporado al Anexo 2)**, en el cual *se solicitó al juez la declaratoria de nulidad de todo lo actuado* a causa de dichas violaciones (*Véase infra ¶¶ 492 ss)*. **Resultado: Ninguno.** El tiempo transcurrido desde la interposición de este escrito contentivo además del recurso de nulidad por violaciones de las garantías constitucionales sin que se haya adoptado decisión sobre el mismo, configura un caso evidente de retardo injustificado en los términos del artículo 46.2.c de la Convención.

- El 26 de octubre de 2005, los abogados defensores del profesor Brewer Carías solicitaron que se garantizara su derecho a ser juzgado en libertad **(anexo 49)**. **Resultado: Ninguno:** Nunca se proveyó dicha solicitud y, el 15 de junio de 2006, en cambio, se dispuso la privación judicial preventiva de libertad y se dictó orden de aprehensión contra el profesor Brewer Carías **(anexo 52)**.

- Los abogados del profesor Brewer Carías introdujeron una apelación contra la insólita *Aclaratoria* con la que se pretendió dar respuesta a la solicitud de información de INTERPOL sobre el caso[1]. **Resultado: Ninguno:** La Corte de Apelaciones de Caracas desestimó la apelación por decisión de 29 de octubre de 2007 (**Anexo Nº 58**).

19.   Sin embargo, a pesar de que se intentaron todos esos recursos que eran los disponibles, no había necesidad de agotarlos, es decir, esperar hasta que se terminara el proceso penal en su contra, porque la experiencia del caso, tal como se detalla en la exposición sobre el fondo que se hace más adelante en este Escrito, demuestra que los recursos internos eran ineficaces e ilusorios, y que eran aplicables todas las excepciones del artículo 46.2 de la Convención: los recursos internos o bien se demoran indebidamente, o bien no son accesibles o se impide su ejercicio, o bien no cumplen con los requisitos del debido proceso de ley. En el presente caso se aplica enteramente el acertado *díctum* de la Corte Interamericana, según el cual,

> …cuando se invocan ciertas excepciones a la regla de no agotamiento de los recursos internos, como son **la inefectividad de tales recursos o la inexistencia del debido proceso legal**, no sólo se está alegando que el agraviado no está obligado a interponer tales recursos, sino que indirectamente se está imputando al Estado involucrado una nueva violación a las obligaciones contraídas por la Convención. **En tales circunstancias la cuestión de los recursos internos se aproxima sensiblemente a la materia de fondo".**[2] (Énfasis añadidos).

---

1   En vista del requerimiento que se le hiciera de librar una orden internacional de captura contra el profesor Brewer Carías, mediante nota Ref. OLA/34990-3/STA/36-E/EM/sm, de 27 de julio de 2007, de la Secretaría General y la Oficina de Asuntos Jurídicos de INTERPOL en Lyon, dirigida al Juzgado Vigésimo Quinto de Primera Instancia en función de Control del Circuito Judicial Penal del Área Metropolitana de Caracas (**Anexo Nº 56**), INTERPOL expresó que *prima facie*, el delito imputado al profesor Brewer Carías entra en la categoría de "delitos políticos puros" y pidió información al respecto al señalado Juzgado. El 17 de septiembre de 2007 (vencido, por demás, el lapso determinado por INTERPOL), el referido Juzgado produjo una decisión insólita, denominada por él como *"Aclaratoria"* (**Anexo Nº 57**), en la cual irresponsablemente se afirmó que *"…contra el Presidente de la República Bolivariana de Venezuela, ciudadano Hugo Chávez Frías, al parecer, según los elementos de convicción transcritos, se cometió un atentado frustrado, cuya autoría intelectual orientan* (sic) *al ciudadano imputado ALAN BREWER CARIAS".* Sobre esa singular *"Aclaratoria"* de un Juzgado Penal versó la apelación interpuesta inútilmente por los abogados del profesor Brewer Carías.

2   Corte IDH: *Caso Velázquez Rodríguez. Excepciones preliminares.* Sentencia de 26 de junio de 1987. Serie C, Nº 1; párr. 91.

Por lo tanto, siendo que el tema del agotamiento de los recursos es materia vista y resuelta en la fase ante la Comisión Interamericana, no será necesario volver a tratarla por razón de preclusión.

II. PERFIL DE LA VÍCTIMA EN EL PRESENTE CASO: ALLAN R. BREWER CARÍAS

20. El profesor Allan R. Brewer Carías es un destacado jurista y académico de gran prestigio nacional e internacional **(Anexo 1).**[3] Tiene larga historia de defensa de la democracia, del Estado de Derecho y de la eficacia de la defensa de los derechos humanos. Además es hombre público venezolano, disidente de las políticas autoritarias del Gobierno actual.[4]

21. El profesor Brewer Carías, nacido en Caracas el 13 de noviembre de 1939, es Profesor Titular (hoy jubilado) de la Universidad Central de Venezuela, institución a la cual ingresó como profesor-investigador por concurso en 1963, y cuyo Instituto de Derecho Público dirigió entre 1979 y 1987. Durante su carrera académica, el profesor Brewer Carías también ha sido profesor regular de post grado de varias universidades extranjeras, entre las cuales están las Cambridge (Inglaterra), París II (Francia), del Externado y del Rosario (Colombia), y Columbia (Nueva York). Es doctor *honoris causa* de las Universidades españolas de Granada y Carlos III y de la Universidad Católica del Táchira (Venezuela). Es Individuo de Número de la Academia de Ciencias Políticas y Sociales de Venezuela desde 1978 y fue su Presidente entre 1997 y 1999. Fue Vicepresidente de la Academia Internacional de Derecho Comparado de La Haya desde 1982 hasta 2010. Es miembro de diversas Academias, asociaciones e instituciones académicas a nivel mundial y profesor honorario de varias prestigiosas universidades latinoamericanas

22. El profesor Brewer Carías es dueño de una fecunda obra jurídica. Ha publicado más de 140 libros y más de 700 artículos en revistas especializadas y obras colectivas, en su mayor parte sobre diversos tópicos de Derecho Público, en especial en Derecho Administrativo, y en Derecho Constitucional. Es director fundador de la *Revista de Derecho Público*, publicación Trimestral que inició en 1980, y ya cuenta con más de 128 números editados. En 2003 fue editada en Madrid la obra colectiva, en la que participaron 145 autores, titulada *"El Derecho Público a comienzos del Siglo XXI. Estudios en Homenaje al Profesor Allan R. Brewer Carías" (Thomson-Civitas Ediciones.* Madrid 2003, 3 vols. 3.553 pp.).

23. El profesor Brewer Carías es miembro de la Asamblea General del Instituto Interamericano de Derechos Humanos, y fue desde 1984 Miembro

---

3 Para mayor información puede consultarse su página web: http://allanbrewercarias.com/

4 La condición del profesor Brewer como experto en Derecho Constitucional y crítico disidente del gobierno venezolano es aludida en la nota al pie Nº 25 del Informe de la CIDH.

del Consejo Directivo del mismo, en calidad de miembro fundador. Su obra en materia de Derecho Constitucional tiene particular énfasis en los temas sobre justicia constitucional y protección de los derechos humanos,[5] habiendo participado activamente en la redacción de la Ley Orgánica de Amparo sobre derechos y garantías constitucionales de Venezuela de 1988; de la Ley sobre Justicia Constitucional de Honduras de 2004 y de la Ley sobre Procesos Constitucionales y el Tribunal Constitucional de República Dominicana de 2011.

24. En convergencia con su quehacer académico, el profesor Brewer Carías ha estado presente en la vida pública, vinculada con la praxis del cons-

---

5   Entre sus libros en esas materias: *Garantías constitucionales de los derechos del hombre*, Editorial Jurídica Venezolana, Caracas 1976, 145 pp.; *Estado de derecho y control judicial (Justicia constitucional, Contencioso administrativo y amparo en Venezuela)*, Instituto Nacional de Administración Pública, Madrid 1987, 657 pp.; *Ley Orgánica de amparo sobre derechos y garantías constitucionales* (en colaboración con Carlos Ayala Corao), Editorial Jurídica Venezolana, Caracas 1988, 242 pp.; *Judicial Review in Comparative Law*, Cambridge University Press, Cambridge 1989; *Los derechos humanos en Venezuela: casi 200 años de historia*, Academia de Ciencias Políticas y Sociales, Caracas 1990, 462 pp. *El amparo a los derechos y libertades constitucionales. Una aproximación comparativa*, Editorial Jurídica Venezolana, Caracas-San Cristóbal 1993, 138 pp.; *El control concentrado de la constitucionalidad de las leyes. Estudio de derecho comparado*, Editorial Jurídica Venezolana, Caracas-San Cristóbal 1994, 179 pp.; *El sistema mixto o integral de control de la constitucionalidad en Colombia y Venezuela*, Universidad Externado de Colombia y Pontificia Universidad Javeriana, Bogotá 1995, 120 pp.; *Derecho y acción de amparo*, Vol. V de la obra *Instituciones Políticas y Constitucionales*, Editorial Jurídica Venezolana, Caracas-San Cristóbal 1998, 577 pp.; *La Justicia Constitucional*, Vol. VI de la obra *Instituciones Políticas y Constitucionales*, Editorial Jurídica Venezolana, Caracas-San Cristóbal 1996, 642 pp.; *El sistema de justicia constitucional en la Constitución de 1999*, Editorial Jurídica Venezolana, Caracas 2000, 134 pp.; *Mecanismos nacionales de protección de los derechos humanos (Garantías judiciales de los derechos humanos en el derecho constitucional comparado latinoamericano)*, Instituto Interamericano de Derechos Humanos, San José 2005, 300 pp.; *La justicia constitucional (Procesos y procedimientos constitucionales)*, Editorial Porrúa, Instituto Mexicano de Derecho procesal Constitucional, México 2007, 521 pp.; *Crónica sobre la "In" Justicia Constitucional. La Sala Constitucional y el autoritarismo en Venezuela*, Instituto de Derecho Público, Universidad Central de Venezuela, Editorial Jurídica Venezolana, Caracas 2007, 702 pp; *Leyes de Amparo de America Latina*), Instituto de Administración Pública de Jalisco y sus Municipios, Jalisco 2009, 2 Vols. 419 pp y 405 pp.; *Constitutiuonal Protection of Human Rights in Latin America..A Comparative Study of the Amparo Proceeding*, Cambridge University Press, New York 2009, 432 pp.; *Constitucional Courts as Positive Legislators*, Cambridge University Press, New York 2011, 932 pp.; *Práctica y distorsión de la justicia constitucional en Venezuela (2008-2012)*, Colección Justicia Nº 3, Acceso a la Justicia, Academia de Ciencias Políticas y Sociales, Universidad Metropolitana, Editorial Jurídica Venezolana, Caracas 2012, 520 pp.; *Derecho procesal constitucional. Instrumentos para la justicia constitucional*, Editorial Investigaciones Jurídicas C.A., San José, Costa Rica 2012, 628 pp.; *Comentarios a la Ley sobre Justicia Constitucional*, OIM Editorial, Tegucigalpa 2012, 153 pp.

titucionalismo democrático. Durante toda su trayectoria ha participado en el debate público sobre temas de interés nacional. Fue miembro durante largo tiempo de la Junta Directiva del diario *"El Nacional"* de Caracas, y ha ofrecido numerosas entrevistas y declaraciones públicas sobre distintos aspectos de la situación política, judicial y social venezolana, a través de medios de comunicación escritos y audiovisuales (**Anexo 1**), siempre con una visión crítica del entorno socio político.

25. En ese marco, ha ejercido altas funciones públicas, aunque nunca fue miembro de partido político alguno. Entre 1969 y 1972 fue Presidente de la Comisión de Administración Pública de la Presidencia de la República;[6] fue elegido como Senador independiente (suplente) propuesto en la lista del Partido Demócrata Cristiano (COPEI) y como tal, entre 1978 y 1988, impulsó la sanción de importantes leyes, como las de régimen municipal, salvaguarda del patrimonio público, ordenación del territorio y de amparo a los derechos constitucionales.[7] También fue Ministro de Estado para la Descentralización (1993-94), gestión bajo la cual se aprobó y se puso en práctica el más ambicioso y profundo proceso de descentralización en la historia de Venezuela, concebido dentro de las más vanguardistas ideas democráticas y participativas.[8] El profesor Brewer Carías ha sido persona disidente, visible y constante, en contra de lo que él considera políticas autoritarias, militaristas, antidemocráticas y arbitrarias del Gobierno actual de Venezuela. Su denuncia de estas políticas gubernamentales se ha plasmado en la producción de numerosos libros y artículos, la cual se ha enriquecido después de la fecha en que presentamos la Petición inicial ante la Comisión.[9]

---

6   Dirigió el *Informe sobre la Reforma de la Administración Pública Nacional*, Comisión de Administración Pública, Presidencia de la república, Caracas 1972, 2 vols.

7   Todas sus propuestas se publicaron en 3 volúmenes: Allan R. Brewer Carías, *Estudios de Derecho Público. Tomo I, (Labor en el Senado 1982)*, Ediciones del Congreso de la República, Caracas 1983, 266 pp.; *Tomo II, (Labor en el Senado)*, Ediciones del Congreso de la República, Caracas 1985, 460 pp.; y *Estudios de Derecho Público, Tomo III, (Labor en el Senado 1985-1987)*, Ediciones del Congreso de la República, Caracas 1989, 420 pp.

8   Dirigió el *Informe sobre la Descentralización en Venezuela 1993, Memoria del Dr. Allan R. Brewer Carías, Ministro de Estado para la Descentralización (junio 1993-febrero 1994)*, Caracas 1994, 1.072 pp.

9   *Cfr.* notas al pie números 16 y 17 de la Petición ante la Comisión,. Desde cuya fecha el profesor Brewer ha publicado, además, los siguientes **libros:** *Comentarios a la Ley sobre Justicia Constitucional*, OIM Editorial, Tegucigalpa 2012, 153 pp.; *La Constitución de Cádiz y el constitucionalismo hispanoamericano*, Editorial Investigaciones Jurídicas C.A., San José, Costa Rica 2012, 252 pp.; *Constitucional Law. Venezuela*, Suppl. 97, International Encyclopaedia of Laws, Kluwer, 2012, 314 pp.; *Práctica y distorsión de la justicia constitucional en Venezuela (2008-2012)*, Colección Justicia N° 3, Acceso a la Justicia, Academia de Ciencias Políticas y Sociales, Universidad Metropolitana, Editorial Jurídica Venezolana, Caracas 2012, 520 pp.; *Derecho procesal constitucional. Instrumentos para la justicia constitucional*, Editorial Investigaciones Jurídicas C.A., San José, Costa Rica 2012, 628 pp.; *Los inicios del proceso*

26. En 1999 impugnó por razones de inconstitucionalidad la convocatoria que hizo el entonces recién posesionado Presidente de la República Hugo

---

constituyente hispano y americano. Caracas 1811 – Cádiz 1812, (Prólogo de Asdrúbal Aguiar), Editorial bid & co. Editor, Colección Historia, Caracas 2012, 376 pp.; *La Constitución de la Provincia de Caracas de 31 de enero de 1812. Homenaje al bicentenario*, Academia de Ciencias Políticas y Sociales, Colección Estudios N° 100, Caracas 2011, 232 pp.; *La Constitución de 1999 y la Enmienda Constitucional N° 1 de 2009*, Editorial Jurídica Venezolana, Caracas 2011, 618 pp.; *Constitucional Courts ss Positive Legislators*, Cambridge University Press, New York 2011, 932 pp.; *Las Declaraciones de Derechos del Pueblo y del Hombre de 1811* (Academia de Ciencias Políticas y Sociales, Caracas 2011, 228 pp.; *Dismantling Democracy. The Chávez Authoritarian Experiment*, Cambridge University Press, New York 2010, 418 pp.; *Ley Orgánica de Consejos Comunales*, Colección Textos Legislativos, N° 46, Editorial Jurídica Venezolana, Caracas 2010, 99 pp.; *Constitutional Law. Venezuela*, International Encyclopeaedia of Laws, Suppl. 83 (October 2009), Kluwer Law International BV, 2009, 280 pp.; *Reforma Constitucional y fraude a la Constitución (1999-2009)*, Academia de Ciencias Políticas y Sociales, Caracas 2009, 278 pp.; *Reforma Constitucional, Asamblea Constituyente, y Control Judicial: Honduras (2009), Ecuador (2007) Y Venezuela (1999)*, Serie Derecho Administrativo N° 7, Universidad Externado de Colombia, Bogotá 2009, 144 pp.; *Leyes de Amparo de America Latina*), Instituto de Administración Pública de Jalisco y sus Municipios, , Jalisco 2009, 2 Vols. 419 pp y 405 pp.; *Constitutional Protection of Human Rights in Latin America. A Comparative Study of the Amparo Proceedings*, Cambridge University Press, New York, 2008, 432 pp.; *El modelo urbano de ciudad colonial y su implantación en Hispanoamérica*, Serie Derecho Urbanístico N° 1, Universidad Externado de Colombia, Bogotá 2008, 133 pp. ; *Reflexiones sobre la revolución norteamericana (1776), la revolución francesa (1789) y la revolución hispanoamericana (1810-1830) y sus aportes al constitucionalismo moderno*, 2ª Edición Ampliada, Serie Derecho Administrativo N° 2, Universidad Externado de Colombia, Editorial Jurídica Venezolana, Bogotá 2008, 369 pp.; *Historia Constitucional de Venezuela*, Edit. Alfa, 2 Vols., Caracas, 2008, 463 pp. y 542 pp.; *La Reforma Constitucional de 2007 (Comentarios al Proyecto Inconstitucionalmente sancionado por la Asamblea Nacional el 2 De Noviembre de 2007)*, Colección Textos Legislativos, N° 43, Caracas 2007, 224 pp.; *Estudios de derecho administrativo 2005-2007*, Colección Estudios Jurídicos, N°86, Editorial Jurídica Venezolana, Caracas 2007, 676 pp.; *La justicia constitucional (Procesos y procedimientos constitucionales)*, Editorial Porrúa/ Instituto Mexicano de Derecho procesal Constitucional, México 2007, 521 pp.; *Ley de aguas*, Colección Textos Legislativos, N° 41, Editorial Jurídica Venezolana, Caracas 2007, 138 pp.; *Estudios sobre el Estado Constitucional (2005-2006)*, Cuadernos de la Cátedra Fundacional Allan R. Brewer Carías de Derecho Público, Universidad Católica del Táchira, N° 9, Editorial Jurídica Venezolana, Caracas, 2007, pp. 835; *Crónica sobre la "In" Justicia Constitucional. La Sala Constitucional y el autoritarismo en Venezuela*, Colección Instituto de Derecho Público, Universidad Central de Venezuela, N° 2, Caracas 2007, 702 pp.; *Hacia la Consolidación de un Estado Socialista, Centralizado, Policial y Militarista. Comentarios sobre el sentido y alcance de las propuestas de reforma constitucional 2007*, Colección Textos Legislativos, N° 42, Editorial Jurídica Venezolana, Caracas 2007, 157 pp.; y además más de 200 **artículos en Revistas y Obras Colectivas** que pueden consultarse en el **Anexo 1**, y en su página web: http://allanbrewercarias.com/ .

Chávez Frías para elegir una Asamblea Nacional Constituyente[10], y una vez que la antigua Corte Suprema de Justicia corrigió ciertos errores presidenciales[11], fue elegido mediante postulación de propia iniciativa, y con el apoyo de toda la oposición democrática, como Miembro de la Asamblea Nacional Constituyente (1999-2000), siendo uno de los apenas cuatro integrantes de esa Asamblea electo desde la disidencia y contra el proyecto político del Presidente Chávez. Desde esa curul defendió con denuedo los principios del constitucionalismo democrático. El profesor Brewer Carías rechazó el carácter originario que se atribuyó la Asamblea Nacional Constituyente[12]; salvando su voto en todos los actos de intervención de los poderes constituidos, en particular del poder legislativo y especialmente del poder judicial[13], y oponiéndose a la empresa política del Presidente Chávez en todo cuanto ésta tiene de presidencialismo extremo, centralismo, concentración del poder, estatismo, militarismo y autoritarismo[14]. Votó en contra del texto constitucional sancionado por la Asamblea Nacional Constituyente e hizo activa campaña en contra de su aprobación cuando el mismo fue sometido a referéndum popular[15].

---

10   Véase el texto del recurso de inconstitucionalidad en Allan R Brewer Carías, *Asamblea Constituyente y Ordenamiento Constitucional*, Serie Estudios Nº 53, Biblioteca de la Academia de Ciencias Políticas y Sociales, Caracas 1999, 328 pp.

11   Véase el análisis de las sentencias de la Corte Suprema de Justicia en Allan R Brewer Carías *Poder Constituyente Originario y Asamblea Nacional Constituyente (Comentarios sobre la interpretación jurisprudencial relativa a la naturaleza, la misión y los límites de la Asamblea Nacional Constituyente)*, Colección Estudios Jurídicos Nº 72, Editorial Jurídica Venezolana, Caracas 1999, 296 pp.

12   Véase Allan R. Brewer Carías, *Golpe de Estado y Proceso Constituyente en Venezuela*, Instituto de Investigaciones Jurídicas, Universidad Nacional Autónoma de México, México 2002, 405 pp.

13   Véase su voto salvado en Allan R. Brewer Carías, *Debate Constituyente (Aportes a la Asamblea Nacional Constituyente), Tomo I (8 agosto-8 septiembre 1999)*, Fundación de Derecho Público-Editorial Jurídica Venezolana, Caracas 1999, 233 pp.

14   Todas sus propuestas y votos salvados se publicaron en Allan R. Brewer Carías, *Debate Constituyente (Aportes a la Asamblea Nacional Constituyente), Tomo II (9 septiembre-17 octubre 1999)*, Fundación de Derecho Público-Editorial Jurídica Venezolana, Caracas 1999, 286 pp.; y *Debate Constituyente (Aportes a la Asamblea Nacional Constituyente), Tomo III (18 octubre-30 noviembre 1999)*, Fundación de Derecho Público-Editorial Jurídica Venezolana, Caracas 1999, 340 pp.

15   Véase "Razones para el voto No" expuestas para el referendo aprobatorio de la Constitución, en Allan R. Brewer Carías, *Debate Constituyente (Aportes a la Asamblea Nacional Constituyente), Tomo III (18 octubre-30 noviembre 1999)*, Fundación de Derecho Público-Editorial Jurídica Venezolana, Caracas 1999, pp. 311-336; y Allan R. Brewer Carías, *«Reflexiones críticas sobre la Constitución de Venezuela de 1999»* en el libro de Diego Valadés, Miguel Carbonell (Coordinadores), *Constitucionalismo Iberoamericano del Siglo XXI*, Cámara de Diputados. LVII Legislatura, Universidad Nacional Autónoma de México, México 2000, pp. 171-193; en *Revista de Derecho Público*, Nº 81, Editorial Jurídica Venezolana, Caracas, enero-marzo 2000, pp. 7-21; en *Revista Facultad de Derecho, Derechos y Valores*, Volumen III Nº 5, Universidad Militar Nueva Granada, Santafé de Bogotá, D.C., Colombia, Julio 2000, pp. 9-26; y

27. Se trata pues, de una figura de renombre nacional e internacional y de una autoridad reconocida en Derecho Constitucional, que ha mantenido una clara y activa postura disidente frente al sistema político que ha instaurado el Presidente Chávez en Venezuela, por considerar que el mismo se aparta de principios fundamentales del constitucionalismo democrático, lo cual ha denunciado en libros y artículos[16], en particular oponiéndose al proyecto político de concentración y centralización del poder y a la sistemática intervención política del poder judicial[17] y del poder electoral[18] en Venezuela, lo cual

---

en el libro *La Constitución de 1999*, Biblioteca de la Academia de Ciencias Políticas y Sociales, Serie Eventos 14, Caracas 2000, pp. 63-88.; y *«El proceso constituyente y la fallida reforma del Estado en Venezuela»* en *Estrategias y propuestas para la reforma del Estado*, Universidad Nacional Autónoma de México, México 2001, pp. 25-48.

16   Allan R. Brewer Carías, *Reflexiones sobre el Constitucionalismo en América*, Colección Cuadernos de la Cátedra Fundacional Doctor Charles Brewer Maucó "Historia del Derecho en Venezuela", Universidad Católica Andrés Bello, N° 2, Editorial Jurídica Venezolana, Caracas 2001, 436 pp.; *La crisis de la democracia venezolana. La Carta Democrática Interamericana y los sucesos de abril de 2002*, Los Libros de El Nacional, Colección Ares, Caracas 2002, 263 pp.; y *Constitución, Democracia y Control del Poder*, Centro Iberoamericano de Estudios Provinciales y Locales (CIEPROL), Consejo de Publicaciones/Universidad de Los Andes/Editorial Jurídica Venezolana. Mérida, octubre 2004, 383 pp.; *Dismantling Democracy. The Chávez Authoritarian Experiment*, Cambridge University Press, New York 2010, 418 pp. En cuanto a los artículos en Revistas y Obras Colectivas denunciando el modelo autoritario *supra*, nota. 13.

17   Véase Allan R. Brewer Carías, "La progresiva y sistemática demolición de la autonomía e independencia del Poder Judicial en Venezuela (1999-2004)," en *XXX Jornadas J.M Domínguez Escovar, Estado de Derecho, Administración de Justicia y Derechos Humanos*, Instituto de Estudios Jurídicos del Estado Lara, Barquisimeto 2005, pp. 33-174; Allan R. Brewer-Carías, "El constitucionalismo y la emergencia en Venezuela: entre la emergencia formal y la emergencia anormal del Poder Judicial," en Allan R. Brewer-Carías, *Estudios Sobre el Estado Constitucional (2005-2006)*, Editorial Jurídica Venezolana, Caracas 2007, pp. 245-269; Allan R. Brewer-Carías "La justicia sometida al poder. La ausencia de independencia y autonomía de los jueces en Venezuela por la interminable emergencia del Poder Judicial (1999-2006)" en *Cuestiones Internacionales. Anuario Jurídico Villanueva 2007*, Centro Universitario Villanueva, Marcial Pons, Madrid 2007, pp. 25-57; y "Sobre la ausencia de independencia y autonomía judicial en Venezuela, a los doce años de vigencia de la constitución de 1999 (O sobre la interminable transitoriedad que en fraude continuado a la voluntad popular y a las normas de la Constitución, ha impedido la vigencia de la garantía de la estabilidad de los jueces y el funcionamiento efectivo de una "jurisdicción disciplinaria judicial"), en *Independencia Judicial*, Colección Estado de Derecho, Tomo I, Academia de Ciencias Políticas y Sociales, Acceso a la Justicia, Fundación de Estudios de Derecho Administrativo (Funeda), Universidad Metropolitana (Unimet), Caracas 2012.

18   Véase Allan R. Brewer Carías, *La Sala Constitucional versus el Estado Democrático de Derecho. El secuestro del Poder Electoral y de la Sala Electoral del Tribunal Supremo y la confiscación del derecho a la participación política*, Los Libros de El Nacional, Colección Ares, Caracas 2004, 172 pp.; «El secuestro del Poder Electoral y la

por lo demás, ha sido denunciado repetidamente ante el Sistema Interamericano de Derechos Humanos por diversas personas y organizaciones no gubernamentales.

28. Nos permitimos poner de relieve ante esa honorable Corte Interamericana de Derechos Humanos que el caso que sometemos a su conocimiento, juicio y decisión es el de una persona de la más alta jerarquía intelectual y de irreprochable trayectoria democrática, que ha sido perseguida a través de la utilización abyecta de un sistema de justicia penal carente de toda independencia respecto de los requerimientos del poder ejecutivo. Esa persecución se ha traducido en su enjuiciamiento al margen del más elemental respeto al debido proceso, en la orden de su privación de libertad y de aprehensión, y en un forzado exilio en el que vive desde hace más de seis años. En su persona, se ha pretendido castigar y escarmentar la disidencia contra el régimen político venezolano.

III. SITUACIÓN GENERAL Y SISTEMÁTICA RESPECTO DE FALTA DE INDEPENDENCIA JUDICIAL Y SITUACIONES QUE AFECTAN LA INSTITUCIONALIDAD Y LAS INVESTIGACIONES PENALES INDEPENDIENTES.

29. La situación de persecución y de violaciones de derechos humanos en contra del profesor Brewer Carías no es un hecho aislado. Es sólo una muestra de un caso que es objeto de un patrón de conducta dirigido en contra de quienes levantan su voz para criticar el actual régimen político venezolano, incluyendo los defensores de derechos humanos en ese país. Un elemento fundamental de ese patrón es la utilización del sistema penal con el objeto de amedrentar y silenciar a quienes critican al gobierno actual de Venezuela.

---

confiscación del derecho a la participación política mediante el referendo revocatorio presidencial: Venezuela 2000-2004», en *Boletín Mexicano de Derecho Comparado,* Instituto de Investigaciones Jurídicas, Universidad Nacional Autónoma de México, Nº 112. México, enero-abril 2005 pp. 11-73; «El secuestro del Poder Electoral y la confiscación del derecho a la participación política mediante el referendo revocatorio presidencial: Venezuela 2000-2004» en *Revista Jurídica del Perú,* Año LIV Nº 55, Lima, marzo-abril 2004, pp. 353-396; «El secuestro del Poder Electoral y de la Sala Electoral del Tribunal Supremo y la confiscación del derecho a la participación política mediante el referendo revocatorio presidencial: Venezuela: 2000-2004» en *Revista Costarricense de Derecho Constitucional,* Tomo V, Instituto Costarricense de Derecho Constitucional, Editorial Investigaciones Jurídicas S.A., San José 2004, pp. 167-312; «El secuestro de la Sala Electoral por la Sala Constitucional del Tribunal Supremo de Justicia», en *La Guerra de las Salas del TSJ frente al Referéndum Revocatorio,* Editorial Aequitas, Caracas 2004, C.A., pp. 13-58; «El secuestro del poder electoral y la conficación del derecho a la participación política mediante el referendo revocatorio presidencial: Venezuela 2000-2004», *Stvdi Vrbinati, Rivista tgrimestrale di Scienze Giuridiche, Politiche ed Economiche,* Año LXXI – 2003/04 Nuova Serie A – N. 55,3, Università degli studi di Urbino, pp.379-436. Urbino, Italia 2004.

1. **La sujeción política y jerárquica del Sistema Judicial y del Ministerio Público al Poder Ejecutivo en Venezuela: falta de independencia del Tribunal Supremo de Justicia**

30. El desmantelamiento de la autonomía e independencia del Poder Judicial en su conjunto, y en particular, al aseguramiento del control político por parte del Ejecutivo Nacional del Tribunal Supremo y de su Sala Constitucional, los cuales han sido puestos al servicio del autoritarismo afectando su rol de garantes de la Constitución y de los derechos humanos, ha conducido por supuesto al propio desmantelamiento del principio de la separación de poderes, y con ello, de la propia democracia,[19] precisamente mediante un proceso paralelo de concentración del poder. La Comisión Interamericana de Derechos Humanos haya destacado, en su *Informe Anual de 2009*, que hay *"condiciones que evidencian la falta de una efectiva separación e independencia entre los poderes públicos en Venezuela."*[20] Esta conclusión la ha ilustrado nada menos que la Presidenta del Tribunal Supremo de Venezuela y de su Sala Constitucional, quien afirmó a la prensa en diciembre de 2009, simplemente que "la división de poderes debilita al Estado,' y que "hay que reformarla"[21]

31. Desde la sanción de la Constitución de 1999, el Presidente de la República se ha propuesto controlar políticamente el Tribunal Supremo de Justicia y, por medio de éste, el sistema judicial venezolano. Además, la designación de sus Magistrados no se ajustó a la nueva Constitución, de modo que como lo apuntó atinadamente la Comisión *"las reformas constitucionales introducidas en la forma de elección de estas autoridades establecidas como garantías de independencia e imparcialidad no fueron utilizadas en este caso".*[22] Peor aún, cuando, a partir de 2002, los vaivenes políticos pusieron en peligro ese control, con todo desenfado se promovió una reforma a Ley Orgánica del Tribunal Supremo de Justicia (publicada en *Gaceta Oficial* Nº 37.942 de 20/5/2004), aprobada por apretada mayoría en la Asamblea Nacional y con amplia discusión y cuestionamiento respecto de la mayoría calificada que se requería por la Constitución, por tratarse de una ley orgánica. La reforma aumentó el número de Magistrados de 20 a 32, elegidos los nuevos por mayoría simple de la misma Asamblea Nacional. Como lo subrayó oportunamente la

---

19 Véase Allan R. Brewer Carías, *Dismantling Democracy. The Chávez Authoritarian Experiment*, Cambridge University Press, New York 2010

20 CIDH, *Informe Anual 2009*, Cap. IV, párr. 472.

21 Véase en Juan Francisco Alonso, "La división de poderes debilita al estado. La presidenta del TSJ [Luisa Estela Morales] afirma que la Constitución hay que reformarla," *El Universal*, Caracas 5 de diciembre de 2009, en http://www.eluniversal.com/2009/12/05/pol_art_morales:-la-divisio_1683109.shtml. **(Anexo 79).** Nos permitimos invocar esta declaración como un hecho sobreviniente que ayuda a esclarecer el contexto del presente caso.

22 CIDH, *Informe sobre la Situación de los Derechos Humanos en Venezuela*, OEA/Ser.L/V/II.118, d.C. 4 rev. 2, 29 de Diciembre de 2003, párr. 186.

Comisión, dicha Ley *"no toma en consideración las preocupaciones expresa-das por la CIDH en su informe en cuanto a posibles amenazas a la indepen-dencia del Poder Judicial."*[23] A lo anterior debe agregarse la destitución o "jubilación" de los Magistrados que osaron no seguir la línea gubernamen-tal[24], todo lo cual ha permitido al gobierno asumir un control absoluto del Tribunal Supremo de Justicia en general, y de cada una de sus Salas en parti-cular.

32. El proceso de selección final de los nuevos Magistrados fue domi-nado por la sumisión al Presidente de la República. En víspera del nombra-miento, el entonces Presidente de la Comisión parlamentaria encargada de escoger los candidatos a Magistrados del Tribunal Supremo, Sr. Pedro Carre-ño, quien luego fue nombrado en enero de 2007 Ministro del Interior y de Justicia, declaró a la prensa lo siguiente: *"Si bien los diputados tenemos la potestad de esta escogencia, el Presidente de la República fue consultado y* ***su opinión fue tenida muy en cuenta.***"(Resaltado añadido). Agregó: *"****Va-mos a estar claros, nosotros no nos vamos a meter autogoles****. En la lista había gente de la oposición que cumple con todos los requisitos. La oposi-ción hubiera podido usarlos para llegar a un acuerdo en las últimas sesiones, pero no quisieron. Así que nosotros no lo vamos a hacer por ellos. **En el grupo de los postulados <u>no hay nadie que vaya a actuar contra nosotros</u>** y, así sea en una sesión de 10 horas, lo aprobaremos."* (Resaltados y subrayado añadidos) **(Anexo 7).** Con razón, la Comisión Interamericana indicó en su *Informe a la Asamblea General de la OEA* correspondiente a 2004 que *"estas normas de la Ley Orgánica del Tribunal Supremo de Justicia habrían facili-tado que el Poder Ejecutivo manipulara el proceso de elección de magistra-dos llevado a cabo durante 2004."*[25]

33. Se configuró, de este modo, un Tribunal Supremo de Justicia alta-mente politizado y sujeto a la voluntad del Presidente de la República, que cancela en la práctica la autonomía del Poder Judicial y el postulado de la separación de los poderes, como piedra angular del Estado de Derecho y de la

---

23 CIDH, *Informe Anual 2004* (OEA/Ser.L/V/II.122 Doc. 5 rev. 1 23 febrero 2005), párr. 174.

24 Fue el caso del Magistrado Franklin Arrieche, Vice Presidente del Tribunal Supremo de Justicia, quien fue Ponente de la sentencia de la Sala Plena Accidental de 14-08-2002 que decidió el antejuicio de mérito a los generales que actuaron el 12 de abril de 2002 (**Anexo 53**), declarando que no había mérito para enjuiciarlos porque en esa ocasión no había ocurrido un golpe militar sino un vacío de poder; y de los Magistra-dos Alberto Martini Urdaneta, Presidente de la Sala Electoral y Rafael Hernández y Orlando Gravina, Magistrados de la misma Sala, quienes suscribieron la sentencia de fecha sentencia N° 24 del 15-03-2004 (Caso: *Julio Borges, César Pérez Vivas, Henry Ramos Allup, Jorge Sucre Castillo, Ramón José Medina y Gerardo Blyde vs. Consejo Nacional Electoral*), que suspendió los efectos de la Resolución N° 040302-131 de 02-03-2004, del Consejo Nacional Electoral que en su momento impidió la realiza-ción del referendo revocatorio presidencial.

25 CIDH, *Informe Anual 2004, cit.*, párr 180.

vigencia de las instituciones democráticas. Por lo demás, contra dicha Ley se intentaron varias demandas de inconstitucionalidad, que no prosperaron, sujetas como estaban a ser decididas por los mismos jueces beneficiarios de la reforma impugnada.[26]

34. Como muestra de la falta de independencia e imparcialidad del Poder Judicial de la que ha sido víctima el Dr. Brewer Carías, y que es un fenómeno lamentablemente no sólo consolidado sino creciente, debe mencionarse que recientemente, en diciembre de 2010, fueron designados 9 magistrados principales y 32 magistrados suplentes del Tribunal Supremo en una forma apresurada. Luego de las elecciones parlamentarias celebradas en Venezuela el 26 de septiembre del año 2010, el partido de gobierno (**PSUV**) perdió la mayoría calificada de las 2/3 partes de los diputados a la Asamblea Nacional, necesaria para designar a los Magistrados. En lugar de esperar el inicio de la nueva Asamblea Nacional que tendría lugar en los primeros días de enero del año 2011, la Asamblea Nacional feneciente llevó a cabo el nombramiento de nueve (9) vacantes principales ocurridas en su mayoría por jubilaciones anticipadas de magistrados –y el fallecimiento de uno.

35. Se recurrió para ello a lo que no vacilamos en calificar como un ardid fraudulento. En efecto, la *Ley Orgánica del Tribunal Supremo de Justicia* había sido reformada en julio de 2010 y disponía que el plazo para presentar las candidaturas a Magistrados del Tribunal ante el Comité de Postulaciones Judiciales no debía ser *"menor de treinta días continuos"* (artículo 70). Esto implicaba que la Legislatura que concluía en diciembre de 2010 no alcanzaba a hacer los nombramientos y que correspondería a la nueva Legislatura, donde el Partido oficial (Partido Socialista Unido de Venezuela, PSUV) no tendría ya mayoría calificada para imponer Magistrados dóciles al sector oficial. Se recurrió entonces al fraudulento expediente de disponer la "reimpresión" de la Ley Orgánica del Tribunal Supremo de Justicia en la *Gaceta Oficial* por un supuesto error material de copia del texto legal. Mediante un "Aviso" del

---

26 Los magistrados encargados de conocer de una de estas demandas, intentadas por los Decanos de las Facccultades de Derecho más reputadas del país, fueron recusados, por ser parte interesada. La recusación fue rechazada en decisión de la Sala Constitucional del 28 de abril de 2005, por considerar que la recusación sería de imposible ejecución y porque, además. *"hasta prueba en contrario, los Magistrados se presumen honorables, y tal honorabilidad no puede quedar en tela de juicio porque deban juzgar sobre la nulidad de una ley, que indirectamente pudiera afectarlos"*. Esto entra en abierta contradicción con el concepto de "juez imparcial" postulado por la jurisprudencia de la Corte Interamericana de Derechos Humanos, según la cual, *"se debe garantizar que el juez o tribunal en el ejercicio de su función como juzgador cuente con la mayor objetividad para enfrentar el juicio"*, al punto que, *"hasta las apariencias podrán tener cierta importancia."* (*Caso Herrera Ulloa*; párrs. 170 y 171). Ver **Anexo 86** Sentencia N° 656, dictada por la Sala Constitucional del Tribunal Supremo de Justicia en fecha 28-04-2005 http://www.tsj.gov.ve/decisiones/scon/Abril/656-280405-04-1385.htm. En esta causa se declaró la perención de la instancia mediante sentencia N° 1325 de 27/06/2007. Ver en http://www.tsj.gov.ve/decisiones/scon/Junio/1325-270607-04-1385.htm

Secretario de la Asamblea Nacional publicado en la *Gaceta Oficial*, se dispuso que en lugar de la palabra *"menor"* la palabra supuestamente correcta de la norma es la antónima, es decir, *"mayor"* en el sentido de que la norma debía decir lo contrario, que el plazo *"no será mayor de treinta días continuos."* En esta forma, con un cambio de palabras, de "menor" a "mayor," un plazo legal mínimo se convirtió en un plazo máximo, con la clara intención de reducir los plazos para recibir las postulaciones y proceder a la inmediata designación de los nuevos Magistrados, precisamente antes de que se instalara la nueva Asamblea Nacional en enero de 2011[27].

36. El 7 de diciembre de 2010 la Asamblea Nacional designó a 41 magistrados: 9 titulares y 32 suplentes.[28] No obstante, esta designación fue calificada por la ex magistrada de la Corte Suprema de Justicia y conocida simpatizante del oficialismo, la doctora Hildegard Rondón de Sansó, como una designación política, en virtud de que *"se ha violado el sacrosanto principio de separación de los poderes ya que, tendremos como jueces a unos señores que provienen del campo político y que en lugar de justicia verán en cada decisión, la razón del partido o grupo, y no la que derive del Derecho y de la Equidad. Es decir, las decisiones estarán en manos de quienes no son jueces, no conocen la técnica para desempeñar ese cargo, y son, por el contrario, políticos de profesión."*[29] En efecto, conforme a las informaciones, de los magistrados designados, al menos cinco (5) eran Diputados del partido oficial de gobierno (PSUV) a la Asamblea Nacional; una (1) de las magistradas era diputada de ese partido de gobierno al Parlamento Andino y en ese momento era embajadora ante Canadá designada por el Presidente de la República; y otra magistrada era la Procuradora General de la República designada por el Presidente de la República[30].

---

27   Ver **Anexo 87.** Ley Orgánica del Tribunal Supremo de Justicia publicada originalmente en la *Gaceta Oficial* N° Extr. 5.991 de 29-07-2010, reimpresa por error material en la *Gaceta Oficial* N° 39.483 de 09-08-2010; y reimpresa nuevamente por *"error material"* en la *Gaceta Oficial* N° 39.522 de 01/10/2010.

28   El acto legislativo de las designaciones de los nuevos magistrados fue publicado en la Gaceta Oficial N° 39.569 del 8 de diciembre de 2010. **(Anexo 88)**

29   Hildegard Rondón de Sansó, *Obiter Dicta"/"Comité de postulaciones judiciales,* La Voce d'Italia, 8 de febrero de 2011, en www.voce.com.ve **(Anexo 89)**

30   1. Jhannet Madriz, Diputada al Parlamento Andino por el PSUV y Embajadora en Canadá (Sala Electoral, magistrada principal); 2. Malaquías Gil, Diputado PSUV (Sala Electoral, principal). Madriz y Gil fueron de inmediato designados Presidente y Vicepresidente de la Sala Electoral del Tribunal Supremo. 3. Juan José Mendoza, Diputado PSUV (Sala Constitucional, magistrado principal); 4. Roberto Quintero, Diputado PSUV (Sala Electoral, magistrado suplente); 5. Carmen Alvarez, Diputado PSUV (Sala Electoral, magistrada suplente); 6. Libes González, Diputado PSUV (Sala Casación Civil, magistrada suplente); y 7. Gladis Gutiérrez, Procuradora General de la República (Sala Constitucional, magistrada principal). Ver, entre otros, *Mayoría del PSUV llevó a cinco de sus colegas y a la procuradora al TSJ*, El Universal, 8 de   diciembre   de   2010,   disponible   en:

37. El sesgo partidario del Tribunal Supremo de Justicia y el someti-miento de su independencia a la política oficial quedaron así consolidados. Ello se confirma, por lo demás, con lo expresado en el discurso de apertura del Año Judicial el 5 de febrero de 2011 pronunciado, como Orador de Orden, por Magistrado Fernando Vegas Torrealba, en el cual destacó que *"el Poder Judicial venezolano está en el deber de dar su aporte para la eficaz ejecución, en el ámbito de su competencia, de la Política de Estado que ade-lanta el gobierno nacional"* en el sentido de desarrollar *"una acción delibe-rada y planificada para conducir un socialismo bolivariano y democrático"* y que *"la materialización del aporte que debe dar el Poder Judicial para colaborar con el desarrollo de una política socialista, conforme a la Consti-tución y la leyes, viene dado por la conducta profesional de jueces, secreta-rios, alguaciles y personal auxiliar,"* agregando que:

> *Así como en el pasado, bajo el imperio de las constituciones liberales que rigieron el llamado estado de derecho, la Corte de Casación, la Corte Federal y de Casación o la Corte Suprema de Justicia y demás tribunales, se consagraban a la defensa de las estructuras liberal-democráticas y combatían con sus sentencias a quienes pretendían sub-vertir ese orden en cualquiera de las competencias ya fuese penal, labo-ral o civil, de la misma manera este Tribunal Supremo de Justicia y el resto de los tribunales de la República, deben aplicar severamente las leyes para sancionar conductas o reconducir causas que vayan en desmedro de la construcción del Socialismo Bolivariano y Democráti-co.* [31] (Énfasis añadido).

38. Este fue un discurso de corte eminentemente partidista, pronunciado a nombre y en el estrado del más alto Tribunal del Estado, en un acto solemne dirigido a todos los jueces y operarios de justicia del país. Un discurso que refleja el grado de instrumentalización política que se pretende para la el Po-der Judicial venezolano. Se llama al Poder Judicial a "cumplir con el deber" aportar a *"la Política de Estado que adelanta el gobierno nacional,"* política que es también partidista y gubernamental: **el socialismo.** En los términos de la vida política y social venezolana, es notorio que "socialismo" es una op-ción política y electoral, que encabezan el Presidente Chávez y el Partido So-cialista Unido de Venezuela, partido de gobierno. Es también conocido que le pueblo de Venezuela está dividido en torno a esa opción, que es tema funda-mental de la campaña electoral presidencial que tiene lugar en el tiempo en que presentamos el presente escrito. A través del orador, Magistrado Vegas, el Tribunal Supremo de Justicia hizo un vehemente llamado al Poder Judicial

---

http://politica.eluniversal.com/2010/12/08/pol_art_an-excluyo-a-isaias_08A4828333.shtml **(Anexo 90).**

31 Véase la Nota de Prensa oficial difundida por el Tribunal Supremo. Véase en http://www.tsj.gov.ve/informacion/notasdeprensa/notasdeprensa.asp?codigo=8239 **(Anexo 91)**

a ponerse al servicio de una ideología, de un partido y de otra rama del poder público: el gobierno nacional. Como si no bastara, hizo un llamado para *"sancionar conductas o reconducir causas que vayan en desmedro de la construcción del Socialismo Bolivariano y Democrático."* No escapará a esa honorable Corte que el Código Penal venezolano no tipifica (al menos no todavía) el delito de "ir en desmedro de la construcción del Socialismo Bolivariano y Democrático." La vía para sancionar a quienes, por opositores, vayan en desmedro de la política del gobierno nacional, no puede ser otra que la de disfrazar, a través de la imputación falaz de hechos punibles, la criminalización de la disidencia ideológica y política venezolana. Ese discurso explica la persecución contra el profesor Brewer Carías mucho mejor de lo que podemos hacerlo nosotros.

39. En un caso precedente, atinente a Venezuela, los abogados de las víctimas hicieron referencia al discurso pronunciado por otro Magistrado en la Apertura del Año Judicial 2001. La Corte no lo consideró relevante entonces *"no concluye necesariamente en la toma de partido por posición política alguna, puesto que se refiere a un proyecto axiológico constitucional."*[32] Difícilmente podría decirse lo mismo de la pieza oratoria del Magistrado Vegas Torrealba.

40. El Tribunal Supremo de Justicia domina enteramente el sistema judicial venezolano, en particular el nombramiento y remoción de los jueces, cuya inestabilidad avalada y promovida por dicho Tribunal, y el nombramiento de los jueces sin el concurso público que exige la Constitución, es otro componente de la carencia de independencia de los jueces y tribunales venezolanos, como ya lo ha señalado la Comisión y la Corte Interamericanas, en los términos que a continuación se exponen.

2. *La provisionalidad de jueces y fiscales. Observaciones de organismos internacionales de derechos humanos*

41. Los *Principios Básicos relativos a la independencia de la judicatura*, aprobados por la Asamblea General de la ONU[33] han servido de norma tanto para el Comité de Derechos Humanos que funciona en el marco de dicha Organización, como para esta Corte Interamericana, que los ha invocado en diversas sentencias.[34] La Comisión, por su parte, reafirmó, en el *caso Ca-*

---

32 Corte IDH, *Caso Apitz Barbera y otros, cit.,* párr. 100. Se refería la Corte al Magistrado J.M. Delgado Ocando.

33 *Principios Básicos Relativos a la Independencia de la Judicatura*, adoptados por el Séptimo Congreso de las Naciones Unidas en Milán, del 26 de agosto al 6 de septiembre de 1985 y confirmados por la Asamblea General en sus resoluciones 40/32 de noviembre de 1985 y 40/146 del 13 de diciembre de 1985.

34 Corte IDH, Caso: *Ivcher Bronstein vs. Perú*, Sentencia de 6 de febrero de 2991, Serie C, N° 74, párr. 112. Así ha ocurrido e los casos *Apitz Barbera y Otros vs. Venezuela, Reverón Trujillo vs. Venezuela* y *Chocrón Chocrón vs. Venezuela*, que se citan a continuación.

rranza, el principio de inamovilidad de los jueces, sosteniendo que *"el principio se basa en la propia naturaleza especial de la función de los tribunales y garantiza la independencia de los jueces frente a las demás ramas del gobierno y ante los cambios político-electorales."*[35]

42. La sistematicidad generalizada de violaciones a derechos humanos que denunciamos en el caso del profesor Brewer Carías coincide con los *Informes* generales emitidos por la Comisión Interamericana respecto de Venezuela. En su último informe anual correspondiente a 2011, en cuyo Capítulo IV se incluye a Venezuela, la Comisión señala lo siguiente:

394. De los cinco criterios expuestos en el Informe Anual de la CIDH de 1997 que la Comisión tiene en cuenta para identificar a los Estados miembros de la OEA cuyas prácticas en materia de derechos humanos merecen atención especial, la CIDH considera que la situación de Venezuela se enmarca dentro del criterio cinco que se refiere a:

*[...] situaciones coyunturales o estructurales, que estén presentes en Estados que por diversas razones enfrenten situaciones que afecten seria y gravemente el goce y disfrute de los derechos fundamentales, consagrados en la Convención Americana o en la Declaración Americana. Este criterio incluye, por ejemplo: **situaciones graves de violencia que dificultan el funcionamiento adecuado del Estado de Derecho; graves crisis institucionales; procesos de reforma institucional con graves incidencias negativas para los derechos humanos; u omisiones graves en la adopción de disposiciones necesarias para hacer efectivos los derechos fundamentales**.*

*395. En primer término, la Comisión ha identificado situaciones estructurales como las modificatorias normativas que implican restricciones legales y administrativas que afectan el goce y disfrute de los derechos humanos en Venezuela. Al respecto, la Comisión reporta por ejemplo, la adopción de leyes en el marco de la "Ley que autoriza al Presidente de la República para dictar Decretos con Rango, Valor y Fuerza de Ley en las materias que se delegan"[36], conocida como "Ley Habilitante". Asimismo, la Comisión ha observado de manera reiterada en sus Informes anteriores sobre Venezuela, situaciones estructurales como la de provisionalidad de los jueces y fiscales, la cual conlleva a la fragilidad del poder judicial y a su falta de independencia e imparcialidad, que impacta de manera negativa el ejercicio del derecho de acceso a la justicia. **Así también, ha identificado el uso abusivo del derecho penal y la afectación a la libertad de expresión, entre otros temas de especial interés para la Comisión.** En segundo término, la Comisión ha identificado situaciones coyunturales, como por ejemplo, las graves situaciones*

---

35 CIDH, *Carranza vs. Argentina*, caso 10.087, Informe N° 30/97, 30 de Diciembre de 1997; párr. 41.

36 *Gaceta Oficial Extraordinaria* N° 6.009 del 17 de diciembre de 2010.

de inseguridad ciudadana y de violencia en los centros penitenciarios las cuales implican una afectación al ejercicio de los derechos humanos a la vida y a la integridad personal de los venezolanos, entre otros... (resaltados agregados).[37]

43. Con anterioridad, la situación de sujeción y falta de independencia de la justicia venezolana ha venido siendo objeto de la atención de instancias internacionales regionales y universales. Se trata de **hechos que se remontan a la época en que ocurrieron las violaciones a los derechos humanos de la víctima en el presente caso y que se han mantenido a través del tiempo, lo cual muestra ese patrón general que solicitamos que se tenga como hecho probado y que sustentamos en informes y documentos internacionales de carácter público.**

44. En su *Informe sobre la Situación de los Derechos Humanos en Venezuela* de 2003, la CIDH se pronunció respecto de la preocupación que genera el establecimiento de jueces provisorios en Venezuela,[38] considerando como tales los que carecen de estabilidad en el cargo, siendo por ello susceptibles de manipulación política,[39] en el sentido de que *"no gozan de la garantía de estabilidad en el cargo y pueden ser removidos o suspendidos libremente, lo que podría suponer un condicionamiento a la actuación de estos jueces, en el sentido de que no pueden sentirse protegidos frente a indebidas interferencias o presiones provenientes del interior o desde fuera del sistema judicial,"[40]* y concluyó que el alto porcentaje de estos jueces altera el derecho de la ciudadanía a una adecuada administración de justicia. La Comisión también expresó:

> *... un aspecto vinculado a la autonomía e independencia del Poder Judicial es el relativo al carácter provisorio de los jueces en el sistema judicial de Venezuela. Actualmente, la información proporcionada por las distintas fuentes indica que más del 80% de los jueces venezolanos son "provisionales."[41]*

45. En su Informe *"Democracia y Derechos Humanos en Venezuela,[42]* de 2009, la Comisión identificó aspectos que restringen el pleno goce de los

---

37   Comisión Interamericana de Derechos Humanos. Informe Anual 2011. http://www.oas.org/es/cidh/docs/anual/2011/indice.asp

38   CIDH, *Informe sobre la Situación de los Derechos Humanos en Venezuela, cit.*, párr. 11, p. 3 ("La Comisión ha sido informada que solo 250 jueces han sido designados por concurso de oposición de conformidad a la normativa constitucional. De un total de 1772 cargos de jueces en Venezuela, el Tribunal Supremo de Justicia reporta que solo 183 son titulares, 1331 son provisorios y 258 son temporales.").

39   *Ibíd.*, párrs. 11 y 12.

40   *Ibíd.*, párr. 159.

41   *Ibíd.*, párr. 161.

42   CIDH, *Democracia y Derechos Humanos en Venezuela.* OEA/Ser.L/5/II Doc. 54. 30 diciembre 2009.

derechos humanos reconocidos en la Convención Americana sobre Derechos Humanos. Entre otros, la CIDH analizó una serie de condiciones que evidencian la falta de una efectiva separación e independencia de los poderes públicos en Venezuela. La Comisión también refirió que en Venezuela no se ha garantizado a todas las personas el pleno ejercicio de sus derechos con independencia de su posición frente a las políticas del gobierno. La Comisión encontró además que se está utilizando el poder punitivo del Estado para intimidar o sancionar a personas en virtud de su opinión política. El Informe de la Comisión estableció que en Venezuela no existen las condiciones para que los defensores de derechos humanos y los periodistas ejerzan libremente su labor. Asimismo, la CIDH determinó la existencia de un patrón de impunidad en los casos de violencia, que afecta de manera particular a los comunicadores sociales, los defensores de derechos humanos, los sindicalistas, las personas que participan en manifestaciones públicas, las personas privadas de su libertad, los campesinos, los pueblos indígenas y las mujeres. Con respecto a la criminalización de la disidencia, la CIDH expresó:

> ...la información recibida por la CIDH continúa marcando una tendencia preocupante hacia acciones de represalia contra personas que hacen público su disenso con las políticas del gobierno. Esta tendencia afecta tanto a las autoridades de la oposición como a ciudadanos que han ejercido su derecho a expresar su disconformidad con las políticas adelantadas por el gobierno. En ocasiones, las represalias se ejercen a través de actos estatales, y en otras el acoso proviene de grupos civiles que actúan al margen de la ley. Según se ha informado a la Comisión, se ha llegado al extremo de iniciar procedimientos penales contra miembros de la oposición, acusándolos de delitos comunes con miras a privarlos de su libertad en virtud de su posición política.[43]

46. Sobre la independencia e imparcialidad del Poder Judicial, el Informe sobre *Democracia y Derechos Humanos en Venezuela* contiene un amplio y concienzudo análisis (Capítulo III.A; pp. 48-81), sintetizado en el *Resumen Ejecutivo* del Informe en los siguientes términos:

> 10. El informe de la Comisión también hace referencia a aspectos que afectan la independencia e imparcialidad del poder judicial en Venezuela. La CIDH **reitera lo señalado en ocasiones anteriores respecto a que las normas de designación, destitución y suspensión de los magistrados contenidas en la Ley Orgánica del Tribunal Supremo de Justicia carecen de previsiones adecuadas para evitar que otros poderes del Estado puedan afectar la independencia del Tribunal Supremo, o que escasas mayorías circunstanciales decidan la composición de éste.*

> 11. La Comisión mira también con preocupación **la ausencia de concursos públicos para acceder a los cargos de jueces y fiscales**, de forma

---

43   *Ibíd.*, párrafo 95.

tal que estos operadores de justicia continúan siendo nombrados de manera discrecional sin que se hayan realizado concursos de oposición. Al no haber sido nombrados por medio de un concurso público, los jueces y fiscales son de libre nombramiento y remoción, lo que afecta seriamente su independencia para adoptar decisiones. Asimismo, la CIDH observa que a través del Programa Especial para la Regularización de la Titularidad, se ha otorgado la titularidad a jueces que habían sido nombrados provisionalmente, todo ello **sin que medie un concurso público de oposición**.

12. Además de las falencias en el proceso de nombramiento, la Comisión observa que en Venezuela los jueces y fiscales **no gozan de la estabilidad en el cargo indispensable para garantizar su independencia frente a los cambios políticos o de gobierno**. Y es que además de ser de libre nombramiento y remoción, se han promulgado una serie de normas que permiten un alto grado de subjetividad al momento de juzgar la conducta de los magistrados en el marco de procedimientos disciplinarios. Incluso el Código de Ética del Juez Venezolano y la Jueza Venezolana, aprobado en agosto de 2009, contiene normas que, debido a su amplitud o vaguedad, permiten una amplia discreción de los órganos disciplinarios que juzgan la conducta de los jueces.

13. Más aún, a pesar de que la Constitución de 1999 estableció que la legislación referida al sistema judicial sería aprobada dentro del primer año luego de la instalación de la Asamblea Nacional, transcurrida una década lo que continúa vigente es el Régimen de Transición del Poder Público creado para permitir la vigencia inmediata de la Constitución. En virtud de este régimen transicional se creó la Comisión de Funcionamiento y Reestructuración del Sistema Judicial, que desde entonces ha ejercido facultades disciplinarias para remover a los miembros del poder judicial. Dicha Comisión, además de ser un órgano excepcional, **no goza de las debidas garantías para asegurar la independencia de sus decisiones** puesto que también sus miembros pueden ser nombrados o removidos por la sola discreción de la Sala Constitucional del Tribunal Supremo de Justicia, sin que se hayan establecido previamente las causales o el procedimiento para tales efectos.

14. Otro aspecto que preocupa a la Comisión en relación con la autonomía e independencia del poder judicial es el relativo al carácter provisorio de la mayoría de los jueces en Venezuela. De acuerdo con información proporcionada a la Comisión por el Estado venezolano, en agosto de 2009 existía un total de 1896 jueces, de los cuales sólo 936 eran titulares. Ello significa que **más del 50% de los jueces en Venezuela no gozan de estabilidad en su cargo y pueden ser fácilmente removidos cuando adoptan decisiones que podrían afectar los intereses del gobierno**. El problema de la provisionalidad afecta por igual a los fiscales del Ministerio Público, puesto que todos los fiscales en Venezuela son de libre nombramiento y remoción.

*15. La Comisión también refiere en su informe que un importante número de jueces ha sido removido o se ha dejado sin efecto su designación sin un correspondiente procedimiento administrativo. Del examen de las resoluciones mediante las cuales se deja sin efecto las designaciones de ciertos jueces, la CIDH observa que en ellas no se hace referencia a las causas para dejar sin efecto sus nombramientos ni de ellas se puede inferir que fueron adoptadas en virtud de un procedimiento administrativo en el que se otorgue a los jueces la posibilidad de defenderse. La Comisión nota con preocupación que en algunos casos **las destituciones de los jueces se producen de manera casi inmediata luego de que los magistrados adoptaran decisiones judiciales en casos con importante connotación política. La falta de independencia y autonomía del poder judicial frente al poder político constituye, a juicio de la CIDH, uno de los puntos más débiles de la democracia Venezolana.**[44]* (Énfasis agregados).

47. El peculiar y lamentable escenario judicial venezolano, caracterizado por su provisionalidad, inestabilidad y consiguiente carencia de independencia, ha sido el objeto de apreciación específica por esa honorable Corte Interamericana de Derechos Humanos en el examen de varios casos venezolanos que se han sometido a su jurisdicción, referidos a hechos que ocurrieron en la misma época y bajo parecidas circunstancias a las que han acompañado a la parodia judicial escenificada contra el profesor Brewer Carías.

48. La Corte Interamericana ha apreciado que el cuadro descrito, por sí mismo, vulnera las garantías implícitas en la independencia judicial según los estándares propios del Derecho internacional de los derechos humanos, sintetizados por la Corte de la siguiente manera: *a) un adecuado proceso de nombramiento, b) la inamovilidad en el cargo y, c) la garantía contra presiones externas.*[45]

49. En cuanto al *proceso nombramiento*, el ingreso mediante concursos de oposición público, prescrito por la Constitución, ha sido abandonado. Los jueces provisorios son de libre nombramiento. También son *de libre remoción*, lo cual vulnera el requisito de *inamovilidad en el cargo*, identificado por la Corte, la cual ha agregado a este respecto que *"la autoridad a cargo del proceso de destitución de un juez debe conducirse independiente e imparcialmente en el procedimiento establecido para el efecto y permitir el ejercicio del derecho de defensa"*[46] En Venezuela, la destitución de los jueces provi-

---

44 *Ibíd.*, párrs. 10-15.

45 Corte IDH, *Caso Reverón Trujillo vs. Venezuela*. Sentencia de 30 de junio de 2009. Serie C N° 198; párr. 70. La Corte apoyó esta conclusión sobre su propia jurisprudencia, la de la Corte Europea de Derechos Humanos y los *Principios Básicos de las Naciones Unidas Relativos a la Independencia de la Judicatura.*

46 Corte IDH, *Caso del Tribunal Constitucional vs. Perú*, Sentencia de 31 de enero de 2001. Serie C N° 71, párr. 74, Corte IDH, *Caso Apitz Barbera y Otros ("Corte Pri-*

sorios no ha estado sujeto a procedimiento alguno, mucho menos a las reglas del debido proceso. Esta es la situación imperante desde que se inició el llamado proceso de reestructuración judicial, que incluye íntegramente el tiempo de la imputación, acusación y, en general, del procesamiento irregular seguido contra el profesor Brewer Carías.

50. La Sala Político Administrativa del Tribunal Supremo de Justicia determinó, incluso, que los jueces provisorios son de libre remoción, sin proceso alguno, lo cual pone en evidencia la precariedad de su independencia:

> ... quienes ocupen un cargo para el cual no hubieren concursado, carecen del derecho bajo análisis y, en consecuencia, podrán ser removidos del cargo en cuestión en las mismas condiciones en que el mismo fue obtenido, es decir, sin que exista para la Administración competente la obligación de fundamentar dicha separación en las disposiciones que componen el régimen disciplinario aplicable –se insiste- sólo a los jueces de carrera, esto es, a aquellos (**sic**) que ocupan un cargo previo concurso de oposición.[47] (Subrayados del original).

51. La Sala Constitucional del mismo Tribunal Supremo de Justicia, por su parte, reafirmó explícitamente este régimen de inestabilidad absoluta para los jueces provisorios, en numerosas sentencias. En una de estas dijo:

> ...los cargos desempeñados con carácter temporal que éstos no confieren a los funcionarios –sean judiciales o administrativos- la cualidad de personal fijo o titular y, por ende, tampoco gozan de los derechos inherentes a la carrera como, por ejemplo, la estabilidad en el cargo, por lo que muy bien pueden ser suspendidos o removidos del cargo conforme a las atribuciones que competen a la autoridad judicial o administrativa correspondiente.[48]

> Los jueces y juezas provisorios [...] **ocupan cargos judiciales, pero no ostentan la condición de jueces de carrera**, al no haber ingresado por concurso público en el que, tras diversas pruebas (escrita, práctica, oral), se les haya evaluado. Su designación la realiza la Comisión Judicial, por delegación que hace la Sala Plena del Tribunal Supremo de Justicia, en razón de la necesidad de ocupar los cargos judiciales mientras culmina el mencionado proceso de reestructuración y reorganización del Poder Judicial. [...] Sin duda, hay una distinción entre jueces de carrera y jueces provisorios: Los primeros adquieren la titularidad luego de la aprobación del concurso; **en cambio, los jueces y juezas provisorios se designan de manera discrecional**, previo análisis de cre-

---

mera de lo Contencioso Administrativo") vs. Venezuela. Sentencia de 5 de agosto de 2008. Serie C N° 182, párr. 78.

47 TSJ/SPA, Sentencia N° 02221 de la SPA, 28 de noviembre de 2000 (**Anexo 65**), p. 13.

48 TSJ/SC, Sentencia N° 1413 de 10 de julio de 2007 (**Anexo 66**), p. 9.

*denciales. Los jueces y juezas de carrera gozan de estabilidad y sólo pueden ser sancionados o destituidos de sus cargos si se demuestra, en el curso de una audiencia oral y pública con garantías de defensa [...] que han resultado incursos en faltas disciplinarias previstas en la Ley Orgánica del Consejo de la Judicatura y la Ley de Carrera Judicial, **no así los jueces y juezas provisorios, que son susceptibles de ser separados del cargo de la misma manera como fueron designados: <u>discrecionalmente.</u>*[49] (Énfasis y subrayado agregados)

52. Adicionalmente, mediante esta última sentencia, el Tribunal Supremo avaló otra extraña práctica de la Comisión Judicial, consistente en la de *"dejar sin efecto en razón a las observaciones que fueron formuladas ante este Despacho,"* ciertos nombramientos de jueces. El Tribunal Supremo de Justicia decidió al respecto, que ese procedimiento se asimila al régimen de libre remoción al que han estado sujetos los jueces provisorios. Anulando una sentencia de la Sala Político Administrativa, la Sala Constitucional decidió que esas providencias "no son actos disciplinarios, sino actos en ejercicio de una potestad discrecional [...]fundado[s] en motivos de oportunidad"[50]. Además, ratificó que

> *Los aspectos aludidos permiten a la Sala concluir, en primer lugar, que los jueces y otros funcionarios judiciales provisorios **pueden ser sujetos de remoción sin procedimiento alguno,** y en este sentido se asimilan a los funcionarios en ejercicio de un cargo de libre nombramiento y remoción, que no gozan de estabilidad; por lo tanto, la Administración de que se trate está facultada para, **discrecionalmente, hacerlos cesar en el ejercicio del cargo.***

53. En consecuencia concluyó que:

> *... la Comisión Judicial **mantiene la potestad de dejar sin efecto los nombramientos** que otorga, conforme a la autoridad que le confiere la Sala Plena, **ejerciendo una administración necesariamente expedita.***[51] (Énfasis añadidos).

54. La CIDH ha observado que, en las resoluciones que adopta este tipo de providencia "no se hace referencia a las causas para dejar sin efecto los nombramientos ni de ellas se puede inferir que las resoluciones hayan sido adoptadas en virtud de un procedimiento administrativo en el que se otorgue a los jueces la posibilidad de defenderse.[52]

---

49   TSJ/SC, Sentencia N° 2414 de 20 de diciembre de 2007 **(Anexo 67)**, p. 26.
50   *Ibíd.*
51   *Ibíd.*
52   CIDH, *Democracia y Derechos Humanos en Venezuela, cit.,* párr. 275.

55. Esa honorable Corte, por su parte, tuvo la ocasión de decidir un caso relativo a una jueza venezolana cuyo nombramiento fue dejado sin efecto según la práctica que aludimos. La Corte concluyó que con semejante tratamiento, el Estado había violado *"su obligación de permitir una defensa adecuada que le otorgara la posibilidad de controvertir las observaciones efectuadas en su contra, todo lo cual vulnera las debidas garantías establecidas en el artículo 8.1, en relación con el artículo 1.1 de la Convención Americana."*[53] Más aún, refiriéndose al Estado venezolano, observó lo siguiente:

> *Con base en el control de convencionalidad, se debe disponer el conocimiento de los hechos que supongan dejar sin efecto nombramientos, remover o destituir jueces temporales o provisorios a la autoridad competente, en el marco de un proceso en el que la persona involucrada pueda ejercer su derecho defensa, se cumpla con la obligación de motivar la decisión y pueda acceder a un recurso efectivo, garantizando la permanencia debida en el cargo.*[54]

56. Este conjunto de componentes y de hechos verificables condujo a la Corte Interamericana a concluir, ***en sentencia del año 2009, que abarca la totalidad del tiempo durante el cual se han venido configurando que los hechos lesivos contra los derechos humanos del profesor Brewer Carías***, que

> *...desde agosto de 1999 hasta la actualidad, los jueces provisorios no tienen estabilidad en el cargo, son nombrados discrecionalmente y pueden ser removidos sin sujeción a ningún procedimiento preestablecido. Asimismo, en la época de los hechos del presente caso, el porcentaje de jueces provisorios en el país alcanzaba aproximadamente el 80%. En los años 2005 y 2006 se llevó a cabo un programa por medio del cual los mismos jueces provisorios nombrados discrecionalmente lograron su titularización. La cifra de jueces provisorios se redujo a aproximadamente 44% a finales del año 2008.*[55] (Énfasis y subrayados agregados).

57. En una sentencia de 2010, la Corte confirmó sus conclusiones:

> *... en el 2010 el Poder Judicial tenía un porcentaje de jueces provisorios y temporales de aproximadamente el 56%, conforme a lo señalado en el discurso de la Presidenta del TSJ, porcentaje que en la época de los hechos del presente caso alcanzó el 80% (...). Esto, además de generar obstáculos a la independencia judicial (...), resulta particularmente relevante por el hecho de que Venezuela no ofrece a dichos jueces la garantía de inamovilidad que exige el principio de independencia judicial.*

---

53 Corte IDH, *Caso Chocrón Chocrón vs. Venezuela, cit.,* párr. 123.

54 *Ibíd.*, párr. 164

55 Corte IDH, *Caso Reverón Trujillo vs. Venezuela*, cit.; párr. 106.

*Además, la Corte observa que los jueces provisorios y temporales son nombrados discrecionalmente por el Estado, es decir, sin la utilización de concursos públicos de oposición (...), y muchos de éstos han sido titularizados a través del denominado "Programa Especial para la Regularización de la Titularidad" (PET). Esto quiere decir que las plazas correspondientes han sido provistas sin que las personas que no hagan parte del Poder Judicial hayan tenido oportunidad de competir con los jueces provisorios para acceder a esas plazas. Tal como fue señalado en el caso **Reverón Trujillo**, a pesar de que a través del PET se adelantan evaluaciones de idoneidad, este procedimiento otorga estabilidad laboral a quienes fueron inicialmente nombrados con absoluta discrecionalidad.[56]*

58. La Corte obtuvo esas conclusiones de la información suministrada por la Presidenta del Tribunal Supremo de Justicia, en su discurso de Apertura del Año Judicial 2011:

...en el discurso de la Presidenta del TSJ de Venezuela, la Corte observa lo siguiente: i) en el año 2010 la Comisión Judicial nombró en total 1064 jueces provisorios y temporales, lo cual representa el 56% de los jueces en Venezuela, si se toma como base un total de 1900 jueces en todo el país, y ii) la Comisión Judicial dejó sin efecto 67 nombramientos y la CFRSJ impulsó 40 procesos disciplinarios que culminaron con destitución.[57]

59. En su discurso correspondiente a la Apertura del Año Judicial 2012 **(Anexo 92)**, la Presidenta del TSJ fue menos generosa en cuanto a la precisión de la información, que fue, sin embargo, elocuente:

...la Comisión Judicial del Tribunal Supremo de Justicia, designó un total de veinte (20) inspectores de tribunales y mil trescientos noventa y dos (1392) jueces, es importante señalar que no son nuevos jueces ni nuevos tribunales que se han creado, sino que la sustitución en la mayoría de los casos obedece permisos, licencias, ausencias por vacaciones, entre otras.[58]

60. Si las 1392 designaciones obedecen a permisos, licencias, ausencias por vacaciones, etc., debe presumirse que se trata, de nuevo, de nombramientos provisorios y temporales, ajenos a los concursos ordenados por la Consti-

---

56 Corte IDH, *Caso Chocrón Chocrón vs. Venezuela,* cit., párr. 110.

57 *Ibíd.*, párr. 71.

58 Palabras de Apertura del Año Judicial 2012 por la Presidenta del Tribunal Supremo de Justica, Magistrada Luisa Estella Morales Lamuño, pp. 24 y 25. **(Anexo 92).** También en http://www.tsj.gov.ve/informacion/miscelaneas/apertura2112-Presidenta.pdf.

tución, y sometidos a un régimen de libre remoción, que destruye la independencia de los jueces.

61. En lo que se refiere al año 2012, hasta la fecha de presentación del presente escrito de *Solicitudes, Argumentos y Pruebas*, la información disponible en la página web del Tribunal Supremo de Justicia, revela que se han producido, aproximadamente 570 nombramientos de jueces, de los cuales 291 (51%) son temporales, 137 (24%) son accidentales, 128 (22,5%) son provisorios, 14 (2,5%) son itinerantes y ***ninguno* (0%) es titular. (Anexo 93).** De acuerdo, pues, con estas últimas cifras oficiales, la inestabilidad endémica y la falta de independencia que es su corolario, siguen vigentes para el momento de la presentación del presente escrito de *Solicitudes, Argumentos y Pruebas*.

62. Esta situación, por sí misma, crea un cuadro adverso a la independencia del sistema judicial en su conjunto, o la menos de la de aquellos jueces, funcionarios judiciales y fiscales afectados por el régimen de provisionalidad e inestabilidad, puesto que, como lo ha detectado la Corte a propósito, precisamente, de la provisionalidad judicial en Venezuela, *"... la libre remoción de jueces fomenta la duda objetiva del observador sobre la posibilidad efectiva de aquellos de decidir controversias concretas sin temor a represalias."*[59]

63. En el detenido análisis sobre la provisionalidad judicial en Venezuela, particularmente en los citados casos *Apitz Barbera* y *Reverón Trujillo*, la Corte destacó que los nombramientos provisionales, en virtud de la extensión en el tiempo de la provisionalidad de los jueces *y* del *"hecho de que la mayoría de los jueces se encuentren en dicha situación, generan importantes obstáculos para la independencia judicial."*[60] Dicha obstaculización a la independencia judicial, agregó la Corte, *"resulta particularmente relevante por el hecho de que Venezuela no ofrece a dichos jueces la garantía de inamovilidad."*[61]

64. Desde ese cuadro, la Corte obtuvo una conclusión que resulta plenamente aplicable al presente caso:

> *... algunas de las normas y prácticas asociadas al proceso de reestructuración judicial que se viene implementando en Venezuela (supra*

---

59 Corte IDH, *Caso Apitz Barbera y Otros, cit.,* párr. 44. La Corte relacionó este *dictum* con los Principios 2, 3 y 4 de los *Principios Básicos de las Naciones Unidas, Unidas Relativos a la Independencia de la Judicatura.* La Corte repitió la misma formulación, nuevamente en unos casos relativos a Venezuela:Corte IDH, *Caso Reverón Trujillo, cit.,* párr. 78; Corte IDH, *Caso Chocrón Chocrón, cit.,* párr. 99.

60 Corte IDH, *Caso Apitz Barbera y otros,* cit.; párr. 43; Corte IDH, *Caso Reverón Trujillo,* cit.; párr. 118; Corte IDH, *Caso Chocrón Chocrón, cit.,* párr. 107.

61 Corte IDH, *Caso Reverón Trujillo,* cit.; párr. 121; Corte IDH, *Caso Chocrón Chocrón, cit.,* párr.110.

párr. 121)[62]*, por las consecuencias específicas que tuvo en el caso concreto,* **provoca una afectación muy alta a la independencia judicial.**[63] (Énfasis agregado).

65. En el presente caso se presentan, en su totalidad, las características descritas en la jurisprudencia interamericana. **La totalidad** de los jueces y fiscales que han actuado en la causa contra el profesor Brewer Carías, **fueron o son provisorios**. El temor a las represalias se origina, en primer lugar, en las numerosas manifestaciones que altos funcionarios del Estado, lo que incluye las cabezas del Poder Judicial y del Ministerio Público, han hecho, en las que afirman la culpabilidad del profesor Brewer Carías en los hechos que falsamente se le atribuyen. Esas manifestaciones son otras tantas violaciones a la presunción de inocencia (como lo afirmamos en este escrito) y a la imparcialidad que debe observar el tribunal; sin embargo, es también evidente que ellas constituyen otros tantos mensajes para fiscales y jueces provisorios, que no podrán fallar de acuerdo a Derecho y con arreglo a su conciencia aquello que imaginen o en efecto pudiese resultar como desfavorable al gobierno, si es que desean continuar en sus cargos.

66. Esta situación del poder judicial de Venezuela también fue objeto de preocupación para el Comité de Derechos Humanos de la ONU,[64] el cual expresó:

> *El Comité está particularmente preocupado por la situación del poder judicial en Venezuela, que se encuentra todavía en reorganización. Un proceso de reorganización prolongado pone en riesgo la independencia de dicho poder, por la posibilidad de que los jueces sean removidos como consecuencia del ejercicio de la función judicial, infringiendo así el párrafo 3 del artículo 2 y el artículo 14 del Pacto. Otro motivo de preocupación es la falta de información sobre las consecuencias que dicho proceso ha tenido hasta ahora y la falta de una fecha de término del mismo. El proceso de reorganización del poder judicial no debe continuar. Además, el Estado Parte deberá proporcionar información sobre el número de jueces que han sido removidos durante este proceso, las causas de la remoción, así como el procedimiento seguido en el mismo.*[65]

67. También en el ámbito universal cabe destacar el resultado del *Examen Periódico Universal* de 7 de octubre de 2011, correspondiente a Venezuela, realizado dentro del marco del Consejo de Derechos Humanos de las

---

62 El párrafo 121 de la Sentencia del caso *Reverón Trujillo* se ha citado en el párrafo precedente, *in fine*, de este escrito.

63 Corte IDH, *Caso Reverón Trujillo, cit.*; párr. 127.

64 Observaciones finales del Comité de Derechos Humanos: Venezuela, GENERAL CCPR/CO/71/VEN, 26 de abril de 2001 **(Anexo 94).**

65 *Ibíd.*, párr. 13.

Naciones Unidas. Las Respuestas a las Recomendaciones formuladas dentro del marco del Grupo de Trabajo cuyo *Informe* fue aprobado por ese Consejo el 15 de marzo de 2012[66], pone en evidencia que *la totalidad de las Reco-mendaciones formuladas a Venezuela relativas a la independencia del Po-der Judicial fue rechazada por el gobierno*. (**Anexo 95**).

3. *Una nueva faz de la reorganización judicial permanente de la in-estabilidad de los jueces: la creación en 2011 de una "jurisdicción disciplinaria judicial" políticamente sometida, con jueces discipli-narios nombrados libremente por la asamblea nacional sin tener competencia constitucional para ello*

68. A pesar de que la CIDH ha manifestado repetidas veces su preocu-pación de la CIDH sobre la duración de la reestructuración judicial en Vene-zuela, y que el Comité de Derechos Humanos de las Naciones Unidas ha hecho su expresa admonición en el sentido de que *"(e)l proceso de reorgani-zación del poder judicial no debe continuar,"* en fecha 18 de marzo de 2009, el Tribunal Supremo de Justicia, en Sala Plena, adoptó la Resolución N° 2009-0008 (Gaceta Oficial N° 5.915 Extr. De 2 de abril de 2009. **Anexo 64**), en la cual decidió, una vez más, *"la reestructuración integral de todo el Po-der judicial Venezolano"* (Art. 1°). En ese marco, se dispuso que todos los jueces *"serán sometidos a un proceso obligatorio de evaluación institucio-nal"* (Art. 2°) y *"(s)e autoriza a la Comisión Judicial del Tribunal Supremo de Justicia a suspender con o sin goce de sueldo"* a quienes no aprueben la evaluación (Art. 3°). Por último, para continuar con la práctica crónica de provisionalidad de los cargos judiciales y su no provisión por concurso con-forme a la Constitución, se dispuso que *"(l)os cargos vacantes como conse-cuencia del proceso de reestructuración, serán cubiertos por la Comisión Judicial"*, sujetos a la ratificación ulterior por el mismo Tribunal Supremo de Justicia (Art. 4°). Es evidente que, no obstante todas las censuras que ha reci-bido el Estado venezolano por esta situación, el mensaje que se envió con esta última decisión era que *la reestructuración judicial venezolana es perpetua y la provisionalidad de los jueces lo único verdaderamente estable y perma-nente en ese sistema judicial.*

69. En 2010 se dictaron dos importantes leyes en materia judicial: por una parte, en mayo de ese año se sancionó la reforma de la Ley Orgánica del Tribunal Supremo de Justicia;[67] y por otra, en agosto del mismo año, se dictó la "Ley del Código de Ética del Juez Venezolano y la Jueza Venezolana," que

---

66 A/HRC/DEC/19/110. 4 de abril de 2012.

67 La Ley Orgánica fue publicada en *Gaceta Oficial* N° 5.991 Extra. de 29-07-2010, y luego fue republicada, para corregir supuestos errores materiales, en *Gaceta Oficial* N° 39.483 de 9-08-2010. Véanse los comentarios en Allan R. Brewer Carías y Víctor Hernández Mendible, *Ley Orgánica del Tribunal Supremo de Justicia*, Caracas 2010, pp. 225-226. Ver **Anexo 87**.

fue reformado casi de inmediato.[68] En la primera, desapareció la Disposición Transitoria que había prorrogado el funcionamiento de la Comisión de Funcionamiento y Reorganización del Poder Judicial, y en la segunda, se sustituyó dicha Comisión por unos órganos disciplinarios judiciales: la Corte Disciplinaria Judicial y el Tribunal Disciplinario Judicial. Después de que durante más de una década se estuvo trabajado en la "depuración" del Poder Judicial a la cual se refirió la Sala Constitucional, parecía que había llegado el momento de ejecutar el mandato constitucional en materia de organización definitiva de la Jurisdicción Disciplinaria Judicial, cesando a la Comisión *ad hoc* (*Comisión Judicial*) que se había utilizado para ejercer la función disciplinaria. Pero, lamentablemente no ocurrió así.

70. En realidad, a pesar de que con la reforma de la Ley Orgánica del Tribunal Supremo de Justicia de 2010 se había eliminado la Disposición Transitoria que disponía la sobrevivencia de la Comisión de Funcionamiento y Reestructuración del Sistema Judicial; con la sanción subsiguiente por la Asamblea Nacional de la Ley del Código de Ética del Juez Venezolano y la Jueza Venezolana,[69] lo que se hizo fue crear teóricamente una "jurisdicción disciplinaria judicial," a cargo de un "Tribunal Disciplinario Judicial" y una "Corte Disciplinaria Judicial," estableciéndose un complejo y detallado procedimiento para designar los jueces que integrarían ambas instancias.

71. Sin embargo, lo que se hizo en la práctica fue cambiarle el nombre a la "Comisión de Funcionamiento y Reestructuración del Sistema Judicial" desdoblándola en dos: el "Tribunal Disciplinario Judicial" y la "Corte Disciplinaria Judicial", los cuales, por obra de una nueva disposición transitoria los mismos no están integrada por verdaderos jueces -que conforme a la Constitución sólo pueden ser designados por el Tribunal Supremo de Justicia- sino por unos llamados "jueces disciplinarios" nombrados libre y directamente por la Asamblea Nacional, sin concurso público alguno y sin participación ciudadana alguna, violándose, por tanto, todas las disposiciones constitucionales relativas al Poder Judicial.[70] Por consiguiente, de un órgano inconstitucional como la mencionada Comisión *ad hoc* se pasó a otro órgano inconstitucionalmente constituido, controlado directamente por el poder político representado por la Asamblea Nacional.

72. El Código de Ética y la jurisdicción disciplinaria son letra muerta. Nada en el fondo ha mejorado desde 1999 en esta materia, de manera que la

---

68   *Gaceta Oficial* N° 39.493 de fecha 23-8-2010

69   *Gaceta Oficial* N° 39.493 de 23-08-2010

70   Para ello, en la referida Ley del Código de Ética del juez, de nuevo, se incorporó una nueva "Disposición Transitoria Tercera" en la cual se dispuso que: "*Tercera*. Hasta tanto se conformen los Colegios Electorales Judiciales para la elección de los jueces y juezas de la competencia disciplinaria judicial, la Asamblea Nacional procederá a designar los jueces y juezas y los respectivos suplentes del Tribunal Disciplinario Judicial y la Corte Disciplinaria Judicial, previa asesoría del Comité de Postulaciones Judiciales."

estabilidad de los jueces, como garantía de su independencia y autonomía, sigue ausente de Venezuela.

73. Un caso paradigmático y asombroso, que ha atraído la atención de numerosos organismos internacionales de derechos humanos, ha sido el de la persecución de la Jueza María Lourdes Afiuni Mora. Su suspensión y su arbitraria detención y enjuiciamiento, muestran la implacable determinación con la que el Gobierno venezolano impone su voluntad a los jueces y está presto a escarmentar a quienes se atrevan a actuar con independencia.

74. El caso fue el de la detención policial arbitraria, en diciembre de 2009, de una juez penal, María Lourdes Afiuni Mora, por habérsele ocurrido ordenar, conforme a sus atribuciones y siguiendo las recomendaciones del Grupo de Trabajo de las Naciones Unidas sobre Detenciones Arbitrarias, la excarcelación de un individuo investigado por delitos financieros a los efectos de que fuese enjuiciado en libertad como lo garantiza la Constitución. El mismo día de la decisión, el Presidente de la Republica pidió públicamente la detención de la juez, exigiendo que se le aplicara la pena máxima de 30 años establecida en Venezuela para crímenes horrendos y graves.

75. El mismo Grupo de Expertos de Naciones Unidas consideró estos hechos como "un golpe del Presidente Hugo Chávez contra la independencia de los jueces y abogados" solicitando la "inmediata liberación de la juez" concluyendo que "las represalias ejercidas sobre jueces y abogados por el ejercicio de sus funciones garantizadas constitucionalmente creando un clima de temor, solo sirve para minar el Estado de derecho y obstruir la justicia."[71]

76. Por su parte, la CIDH, en su Informe correspondiente al año 2011,[72] en particular en cuanto atiende al análisis de la situación de los derechos humanos en Venezuela (capítulo IV), se hace una nueva reseña del caso y su relevancia, señalándose que el 10 de diciembre de 2010 la Corte Interamericana otorgó medidas provisionales a la jueza Afiuni; pero que, mediante resolución de 2 de marzo de 2011 la Corte Interamericana resolvió levantar las medidas provisionales dictadas a favor de la jueza Afiuni,[73] dada la aplicación

---

71 Véase en http://www.unog.ch/unog/website/news_media.nsf/%28httpNewsByYearen%29/93687E8429BD53A1C125768E00529 DB6?OpenDocument&cntxt=B35C3&cookielang=fr. El 14-10-2010, el mismo Grupo de Trabajo de la ONU solicitó formalmente al Gobierno venezolano que la Juez fuse "sometida a un juicio apegado al debido proceso y bajo el derecho de la libertad provisional". Véase en *El Universal*, 14-10-2010, en http://www.eluniversal.com/2010/10/14/pol_ava_instancia-de-la-onu_14A4608051.shtml Véase sobre este caso los comentarios de Véase Rafael J. Chavero Gazdik, *La Justicia Revolucionaria. Una década de Reestructuración (o Involución) Judicial en Venezuela*, Editorial Aequitas, Caracas 2011, pp. 199 ss.; 241 ss.

72 Véase http://www.oas.org/es/cidh/docs/anual/2011/Cap4Venezuela.doc

73 Resolución de la Corte Interamericana de Derechos Humanos de 2 de marzo de 2011, Medidas Provisionales respecto de Venezuela, Asunto María Lourdes Afiuni, considerandos 8 y 9.

de una medida sustitutiva de privación de libertad y visto que se permitió que se le impartieran los cuidados médicos que requería entonces. Ahora bien, en el mismo Informe, la Comisión reitera que el caso de la jueza Afiuni envía una fuerte señal a la sociedad y al resto de los jueces de que el poder judicial no tiene la libertad de adoptar decisiones contrarias a los intereses del gobierno,[74] pues de hacerlo corren el riesgo de ser removidos de sus cargos, procesados y sometidos a sanciones.

4. El programa de regularización de la titularidad (PET): Un nuevo fraude a la Constitución y a la independencia judicial

77. El Tribunal Supremo de Justicia adoptó una iniciativa para "regularizar" a los jueces provisorios y temporales, designados sin el concurso de oposición que exige la Constitución, a través de un mecanismo que dista de satisfacer los requerimientos constitucionales y, menos aún, los de la independencia judicial establecidos por esta Corte. En septiembre de 2005, adoptó una normativa que pretendió establecer ese proceso "reconversión" de dichos jueces provisorios en "jueces titulares," sin el concurso público de oposición tal como lo requiere la Constitución. Con razón el profesor Rafael Chavero observó que, después de la "purga de jueces con años de servicio, luego de que se operó un sistema perverso de remociones discrecionales, se comenzó a otorgar titularidad a aquellos jueces que demostraron seguir las directrices de los órganos de gobierno del poder judicial."[75]

78. El Tribunal Supremo de Justicia dictó unas "Normas de Evaluación y Concurso de oposición para el ingreso y ascenso de la carrera judicial" mediante Acuerdo de 6 de julio de 2005,[76] en las cuales, luego de regular muy detalladamente los concursos públicos para el nombramiento de jueces, suspendió su aplicación durante un año (2005-2006) en unas Disposiciones Finales y Transitorias, en cuyo artículo 46 estableció una llamada "Regularización de la Titularidad de los Jueces Provisorios," a los efectos "de regular la situación de los Jueces no titulares". Para ello, incluso antes de dictarse estas normas, la Sala Plena del Tribunal Supremo de Justicia en fecha 6 de abril de 2005, había aprobado "el proyecto de normas presentado por la Escuela Nacional de la Magistratura que incluía el *Programa Especial para la Regularización de la Titularidad (PET)*, conformado por un Programa Académico de

---

74   CIDH. *Informe Democracia y Derechos Humanos en Venezuela*, 30 de diciembre de 2009, Capítulo III, párr. 301.

75   Véase Rafael J. Chavero Gazdik, *La Justicia Revolucionaria. Una década de Reestructuración (o Involución) Judicial en Venezuela,* Editorial Aequitas, Caracas 2011, p. 304. **(Anexo 98)**

76   Véase en *Gaceta Oficial* N° 38.282 de 28-09-2005. Dicho Acuerdo, sin embargo, no derogó expresamente las Normas de Evaluación y Concursos de oposición para ingresos y permanencia en el Poder Judicial que había dictado la Comisión de Funcionamiento y reestructuración del Sistema Judicial en 2000. **Anexo 99.**

Capacitación, evaluación médica y psicológica, evaluación de desempeño, y el correspondiente examen de conocimiento, todo de acuerdo con lo previsto en la presente normativa". (Énfasis añadido).

79. La norma del artículo 46 agregó que "el referido programa tendrá una vigencia de doce meses contados a partir de la aprobación por la Sala Plena del Tribunal Supremo de Justicia de las presentes normas." Con ello, se buscó titularizar a todos los jueces provisorios y temporales, que para el momento de entrada en vigencia de las normas tenía solo más de tres meses en ejercicio de sus cargos,[77] de manera que la misma norma agregó además que solo "aquellos jueces que, para la fecha en que cese la vigencia de dicho Programa, mantengan la condición de Provisorios, Temporales o Accidentales, y no tengan al menos tres (3) meses en el ejercicio de sus funciones judiciales", eran los que debían "participar y aprobar el Programa de Formación Inicial (PFI) para obtener la titularidad."

80. La normativa del PET no perseguía otra cosa que la de consolidar nombramientos hechos a dedo, al margen de la Constitución y obviar los concursos de oposición para acceder a la carrera judicial, violando de nuevo, así, la Constitución. Si bien estaba previsto que los jueces provisorios "regularizados" presentasen un examen, también estaba previsto que no competían con nadie ajeno al círculo de los mismos jueces provisorios, nombrados discrecionalmente. Ya esa honorable Corte Interamericana observó está anormalidad:

> ...la Corte observa que los jueces provisorios son nombrados discrecionalmente por el Estado, es decir, sin la utilización de concursos públicos de oposición (**OMMISSIS**) y muchos de éstos han sido titularizados a través del PET (**OMMISSIS**). Esto quiere decir que las plazas correspondientes han sido provistas sin que las personas que no hagan parte del Poder Judicial hayan tenido oportunidad de competir con los jueces provisorios para acceder a esas plazas. A pesar de que a través del PET se adelantan evaluaciones de idoneidad, este procedimiento otorga estabilidad laboral a quienes fueron inicialmente nombrados con absoluta discrecionalidad.[78]

---

77   El artículo 47 de dichas normas transitorias, establece sobre la convocatoria a concurso, que *"La Escuela Nacional de la Magistratura convocará a concurso sólo a aquellos jueces no titulares, con al menos tres (3) meses en el ejercicio de la función judicial para la fecha de inicio del Programa Académico de Capacitación. Tal convocatoria deberá cumplir con los requisitos de publicidad y fases establecidas en las presentes normas."* Quienes tengan ¡menos de tres meses! En ejercicio de funciones judiciales, *"deberán participar y aprobar el Programa de Formación Inicial (PFI) para obtener la titularidad."* (Artículo 46).

78   Corte IDH, *Caso Reverón Trujillo, cit.*; párr. 121; Corte IDH, *Caso Chocrón Chocrón, cit.*, párr.113. Igualmente, CIDH, *Democracia y Derechos Humanos en Venezuela, cit.*, párr. 214.

81. Además, como también lo ha destacado esa honorable Corte expresamente,

*...todo proceso de nombramiento debe tener como función no sólo la escogencia según los méritos y calidades del aspirante, sino **el aseguramiento de la igualdad de oportunidades en el acceso al Poder Judicial**. En consecuencia, se debe seleccionar a los jueces exclusivamente por el mérito personal y su capacidad profesional, a través de mecanismos objetivos de selección y permanencia que tengan en cuenta la singularidad y especificidad de las funciones que se van a desempeñar.*[79]
(Énfasis añadido).

82. Tampoco se respetó, pues, la igualdad de oportunidades, que es también una garantía de *"la libertad frente a toda injerencia o presión política."*[80] En consecuencia, el PET es un mero instrumento para institucionalizar la carencia de independencia de los jueces y para lograr que la sujeción del Poder Judicial como institución, encabezado por el Tribunal Supremo de Justicia, se extienda de manera sistémica a cada uno de los jueces que se integran en el mismo.[81]

5. La provisionalidad en el Ministerio Público

83. En el sistema procesal penal venezolano, el Ministerio Público es el titular de la acción penal,[82] y le corresponde, además, la conducción de la primera fase del proceso penal, correspondiente a la *investigación* (Código Orgánico Procesal Penal, COPP, Art. 283). Según el resultado de la investigación, el Ministerio Público debe dictar un *acto conclusivo*, mediante el cual, según el caso, orden el archivo del expediente (COPP, Art. 315), o presenta la acusación ante el tribunal de control (COPP, Art. 326). Por lo tanto, aunque no se trata de un órgano judicial en sentido estricto, cumple una función esencial en el proceso penal, función que impone que sus actuaciones

---

79 Corte IDH, *Caso Reverón Trujillo, cit.*; párr. 72. Igualmente, CIDH, *Democracia y Derechos Humanos en Venezuela, cit.*, párr. 214.

80 Corte IDH, *Caso Chocrón Chocrón, cit.*, párr. 135.

81 Un juez provisorio, a quien el PET niega la posibilidad de concursar, cumpliendo la Constitución, un juez provisorio denunció mediante una acción de amparo haber sido excluido por discriminación política. Véase la información sobre el recurso de amparo por discriminación política intentado por el ex juez provisorio Henry Jaspe contra la Dirección Ejecutiva de la Magistratura, en *El Universal. Digital*, "Expediente, Justicia Maisanta", reseña de la periodista Giuliana Chiappe, domingo 19-11-2006. **(Anexo 68)**. La acción de amparo fue declarada inadmisible, mediante sentencia de la Sala Constitucional del Tribunal Supremo de Justicia N° 1955 de 22-10-2007. Ver en http://www.tsj.gov.ve/decisiones/scon/Octubre/1955-221007-06-1531.htm. **Anexo 68-A.**

82 COPP, Art. 24: ***Artículo 24. Ejercicio.*** *La acción penal deberá ser ejercida de oficio por el Ministerio Público, salvo que sólo pueda ejercerse por la víctima o a su requerimiento.*

estén investidas de las mismas características de *competencia, independencia e imparcialidad* que el debido proceso requiere para los jueces. Así lo ha entendido ya esa honorable Corte:

> *Todas esas exigencias, así como criterios de independencia e imparcialidad, **se extienden también a los órganos no judiciales a los que corresponda la investigación previa al proceso judicial**, realizada para determinar las circunstancias de una muerte y la existencia de suficientes indicios para interponer una acción penal. **Sin el cumplimiento de estas exigencias, el Estado no podrá posteriormente ejercer de manera efectiva y eficiente su facultad acusatoria y los tribunales no podrán llevar a cabo el proceso judicial que este tipo de violaciones requiere.***[83]*
> (Énfasis añadido).

84.   La provisionalidad también afecta gravemente al Ministerio Público de Venezuela, con graves consecuencias para el debido proceso, como ocurre en el presente caso (*Véase infra ¶ 302)*. La Comisión ha venido verificando reiteradamente esta situación en sus diversos Informes. En el sobre la situación de los derechos humanos en Venezuela contenido en el en el Capítulo IV de su *Informe Anual a la Asamblea General de la OEA* correspondiente a 2005, la CIDH determinó, con base en datos oficiales *"que aproximadamente el noventa por ciento (90%) de los fiscales se encuentran en provisionalidad."* La CIDH observó, además, que estos fiscales, precisamente en el tiempo que se emprendía la persecución política en instancias fiscales y judiciales contra el profesor Brewer Carías, eran

> *"**designados arbitrariamente por el Fiscal General de la República** sin ninguna preparación previa, ni selección objetiva de conformidad con la Ley que rige sus funciones. Como consecuencia de ello, estos fiscales son de libre nombramiento y remoción por parte del Fiscal General de la República, **quien se desempeñó como Vicepresidente Ejecutivo del actual gobierno de Venezuela** antes de ser designado en tan alta responsabilidad."*[84] (Énfasis añadidos).

85.   En verdad, el Ministerio Público, durante todo el tiempo desde que se imputó delito al profesor Brewer Carías hasta el presente, está también minado por la provisionalidad y temporalidad de los fiscales y demás funcionarios, que son del libre nombramiento y remoción del Fiscal General de la República. Cabe destacar que este cargo lo ocupa hoy la Sra. Luisa Ortega Díaz, la misma persona que, como Fiscal provisorio Sexta condujo la investigación, la imputación y la acusación contra el profesor Brewer Carías, en las que se vulneraron masivamente sus garantías judiciales. Los fiscales provisorios en general, y en particular todos a los que ha correspondido y pueda correspon-

---

83   Corte IDH, *Cantoral Huamaní y García Santa Cruz vs. Perú.* Sentencia de 10 de julio de 2007. Serie C N° 167, párr. 133.

84   CIDH Informe Anual 2005; párr. 294.

der actuar en el paródico proceso contra el profesor Brewer Carías, han tenido y tienen cercenada su independencia, y han sido expuestos a represalias cuando se han apartado de la línea de actuación impuesta por sus superiores.

86. En su Informe sobre *Democracia y Derechos Humanos en Venezuela* de 2009, la Comisión determinó que *la totalidad de los fiscales designados durante 2008 y 2009 eran de libre nombramiento y remoción.*[85] La situación permanece invariable en el *Informe Anual* de la CIDH correspondiente a 2011, donde se da cuenta que la totalidad de los 230 fiscales designados han sido libremente escogidos y designados en resoluciones *"sin ninguna motivación."*[86] Se trata de fiscales provisorios, interinos y suplentes. Todos éstos, claro está, son también de libre remoción.

6. *Un Poder Judicial al servicio del Poder Ejecutivo en un marco de ausencia de separación de poderes, y su confirmación por declaraciones públicas de un ex Magistrado del Tribunal Supremo en abril de 2012*

87. Las denuncias que hemos hecho a todo lo largo del trámite de esta caso ante la CIDH, en el sentido de la sujeción política del sistema de justicia venezolano a los designios políticos del Presidente de la República y sobre la utilización de los tribunales penales y el Ministerio Público han sido objeto de una dramática y cruda confirmación por un hecho superviniente al sometimiento del presente caso a esa honorable Corte por la CIDH. Se trata de las declaraciones públicas del ex Magistrado del Tribunal Supremo de Justicia, Eladio Aponte Aponte. El señor Aponte es un oficial de un cuerpo de la Fuerza Armada venezolana conocido como Guardia Nacional Bolivariana, quien se desempeñó como Fiscal Militar y luego, durante varios años como Presidente de las Sala Penal del Tribunal Supremo de Justicia. El Magistrado Aponte Aponte era una conspicua pieza del sistema de control judicial y de criminalización de la disidencia por parte del Gobierno venezolano. Luego de un oscuro episodio relativo a un proceso a un presunto narcotraficante presuntamente vinculado con altos personeros de la Fuerza Armada y del Gobierno, dicho magistrado fue destituido por la Asamblea Nacional, tras lo cual se trasladó a los Estados Unidos, donde confesó públicamente con sorprendente desfachatez, a la periodista Verioska Velasco para una emisora de televisión de Miami, USA (SoiTV),[87] diversas facetas de su conducta como juez, las cuales además de ser en sí mismas repulsivas, revelan con extraordinaria cru-

---

85 CIDH, *Democracia y Derechos Humanos en Venezuela, cit.*, párrs. 225 y 226.

86 CIDH, *Informe Anual* 2011, *cit.*, párr. 459.

87 El texto de las declaraciones ha sido tomado de la transcripción hecha por la estación de SoiTV, publicada en *El Universal*, Caracas 18-4-2012, disponible en: http://www.eluniversal.com/nacional-y-politica/120418/historias-secretas-de-un-juez-en-venezuela. Copia de la transcripción está en el **Anexo 103**. Se puede obtener el video en http://www.youtube.com/watch?v=uYIbEEGZZ6s.

deza la trágica situación del Poder Judicial en Venezuela, y la demolición, y más que eso, la pulverización del principio de la separación de poderes que se ha producido en el país bajo la vigencia de la Constitución de 1999, confesada por uno de sus artífices. A continuación transcribimos y comentamos esas gravísimas y reveladoras declaraciones.

88. Dejando aparte las referencias o acusaciones que hizo el ex magistrado Aponte Aponte respecto de otras personas, nuestro interés, aquí, es destacar las partes de la entrevista que son materialmente confesiones públicas de irregularidades e incluso delitos que cometió el declarante, relativas a sus propias conductas y actuaciones como juez el Tribunal Supremo en relación con el funcionamiento del Poder Judicial. El declarante comenzó la entrevista explicando su ascenso en la jerarquía judicial, desde Fiscal Militar hasta el Tribunal Supremo, para el cual fue promovido por el propio Presidente de la República. Ante la pregunta de la periodista de "*¿Qué hizo usted para lograr ese ascenso luego en el TSJ? ¿Cuál fue ese caso emblemático que usted considera que hizo que usted llegara hasta la Presidencia de la TSJ?,*" respondió:

- **Magistrado**: *Yo creo que mi actuación fue muy pulcra y muy adaptada a los parámetros exigidos. Aparte del currículum que tengo.*
- Periodista: *Cuando usted habla de pulcra, ¿significa leal al presidente?*
- **Magistrado: *Sí, leal al gobierno.***
- Periodista: *Más no leal a lo que establece la Constitución.*
- **Magistrado: *Tienes razón, es cierto.***

89. En esos términos, para ascender en el Poder Judicial, el Magistrado confiesa que se necesita ser leal al gobierno, pero no a lo que establece la Constitución. Esa lealtad fue, precisamente, la que explicó el Magistrado extensamente en la entrevista, en unos casos manifestada en acciones y en otros casos, en omisiones.

90. En cuanto a sus acciones, entre otros casos citó el conocido "*caso Usón,*" que llegó a ser sentenciado incluso por esa honorable Corte Interamericana,[88] referido a un general del ejército enjuiciado por el "delito" de haber explicado en forma pública el efecto que podría tener el apuntar un lanzallamas hacia una celda de detenidos militares. El enjuiciamiento fue por vilipendio (desacato) a la Fuerza Armada. Ante la pregunta de la periodista de si "*fue manipulado ese caso?*, dijo:

---

88   *Cfr.* Corte IDH, *Caso Usón Ramírez vs. Venezuela.* Sentencia de 20 de noviembre de 2009. Serie C Nº 207.

- **Magistrado**: *Sí fue manipulado ese caso.*
- Periodista: *¿Usted recibió alguna orden Presidencial, o alguna orden del Ejecutivo para actuar diferente a lo que Fiscalía Militar hubiese actuado?*
- **Magistrado**: *Si*
- Periodista: *¿Qué le dijeron?*
- **Magistrado**: ***Bueno que... que había que, que acusarlo o imputarlo.***
- Periodista: *¿Por qué lo hizo? ,,, ¿Por qué usted lo hizo?*
- **Magistrado**: ***Recibía órdenes.***
- Periodista: *¿Qué pasa si usted no ejecutaba esas órdenes?*
- **Magistrado**: ***Quedaba afuera.***
- Periodista: *¿Eso fue lo único que lo motivo a usted a seguir esas órdenes?*
- **Magistrado**: *Si! **Yo soy militar, o era militar de carrera.***

91. Por lo tanto, en los términos del ex Magistrado, la justicia se imparte en Venezuela conforme a las órdenes que se reciban, no conforme a lo que diga la ley. El criterio para "impartir justicia", es la lealtad al gobierno y el cumplimiento de las órdenes que se reciben del mismo.

92. Todo ello lo ratificó el Magistrado al referirse a otro caso judicial, también muy conocido, el caso Simonovis, quien fue uno de los comisarios de la Policía Metropolitana a cargo de la custodia de una multitudinaria manifestación de rechazo contra el presidente Chávez, desarrollada el 11 de abril de 2002, y que concluyó con numerosos manifestantes indefensos muertos. Las imágenes de televisión mostraron disparando a pistoleros del oficialismo. Éstos a la postre fueron premiados, mientras que los comisarios policiales que protegían la manifestación fueron condenados a 30 años de prisión por delitos que no cometieron. Sobre ello, el magistrado Aponte Aponte, ante la pregunta de la periodista si para él "*¿ahora existen presos políticos en Venezuela?*" **respondió**

- **Magistrado**: ***Sí, hay gente que la orden es no soltarlos, principalmente los comisarios.***
- Periodista: *¿Quién da la orden y cual es la orden y de que..?*
- **Magistrado**: ***La orden viene de la Presidencia para abajo; no nos caigamos en dudas, en Venezuela no se da puntada si no lo aprueba el Presidente.***
- Periodista: *¿Usted recibió orden de no soltar a Simonovis? ... Simonovis, los policías del 11 de abril, ¿cual fue la orden, dígame?*
- **Magistrado**: ***¿Cuál fue la posición de la Sala Penal? Convalidar todo lo que venia hecho, eso, en pocas palabras, es aceptar que esos señores no podían salir pues, y que la justicia ahí, les***

dio la espalda. Entonces que le diría yo a los familiares, tengan fe y luchen por lo que creen que merecen y tienen que luchar.

93.   Al oír o leer esto cualquier persona medianamente sensible a los valores democráticos y al respeto de los derechos humanos, no puede uno menos que indignarse, pues en realidad fue él, como operador de la justicia, quien les dio la espalda a los comisarios y los condenó a 30 años de prisión.

94.   A la pregunta directa de la periodista de *"¿Cómo funciona el poder judicial en Venezuela actualmente?,"* respondió lo siguiente:

- **Magistrado:** *Yo formo parte del poder judicial, o formaba parte del poder judicial de una manera protagónica. Y quizás muchas de las cosas que suceden en el poder de ahorita, existieron bajo mi responsabilidad. Pero una vez que yo me vi que me midieron con la misma vara, y el mismo metro con el que se mide a los demás, dije: esto no es la justicia que se proclama, esta no es la justicia que debe ser, esta no es la justicia constitucional.*
- **Magistrado***: ...la justicia no vale... la justicia es una plastilina, digo plastilina porque se puede modelar, a favor o en contra"..."*

95.   En Venezuela, bien lo sabemos y lo hemos denunciado, la justicia ha sido y es manipulable. Pero nunca lo habíamos oído explicado públicamente por uno de sus operadores principales quién hasta hace escaso tiempo era alabado por sus ejecutorias "judiciales." Esa manipulación de la justicia, particularmente por parte del Poder Ejecutivo, fue precisamente uno de los temas que más trató el ex magistrado, al explicar con detalle cómo los jueces en Venezuela reciben órdenes de parte del Ejecutivo Nacional sobre cómo deben ejercer sus funciones. Al responder a la pregunta que le hizo la periodista sobre si alguna vez había recibido *"¿alguna llamada de algún funcionario público de cualquier estatus para solicitarle a usted algún tipo de manipulación en la justicia venezolana?,"* respondió:

- **Magistrado:** *Cierto. Desde el Presidente para abajo.*

96.   Se refirió el ex Magistrado en su respuesta a que en una ocasión Chávez había dicho: *"Entonces habrá que meterle penas máximas a la jueza y a los que hagan eso. 30 años de prisión,"* refiriéndose sin duda al conocido caso de la **jueza Afiumi, al cual calificó como un caso "muy político y emblemático" (***Véase supra*** ¶¶ 71 ss.).** Y la periodista siguió preguntando:

- Periodista: *Por lo menos en el caso del Presidente de la República que usted menciona, ¿hablaba directamente con usted el Presidente?*
- **Magistrado:** *Directamente.*
- Periodista: ¿Lo llamaba a usted?
- **Magistrado:** *A mí.*

367

97. En la misma línea de llamadas presidenciales para el tratamiento de casos judiciales, el ex Magistrado Aponte narró otro caso, esta vez vinculado al narcotráfico aclarando que ese había sido el único caso en el cual él -dijo- había "favorecido al narcotráfico." Por respeto a esa honorable Corte omitimos la transcripción de frases que revelan la presencia de influencias del crimen organizado en la administración de justicia en la más alta instancia venezolana, pero que pueden leerse en la transcripción anexa

98. Empero, las referencias a las llamadas de funcionarios dando instrucciones a los jueces para decidir casos o para favorecer a determinadas personas, no se quedaron en referencias a funcionarios del Poder Ejecutivo. Según el ex Magistrado, que bien conoce el funcionamiento de la justicia venezolana desde 1999 pues participó activamente en su manipulación, las llamadas también venían de la Fiscalía General de la República, es decir, del Ministerio Público, y así lo hace constar ante la siguiente pregunta:

- Periodista: *Aparte del presidente Hugo Chávez, ¿Como era su relación con otro funcionarios públicos? Por lo menos en el caso del Ministro Público, de la fiscalía, Luisa Ortega, Luisa Estela Morales, ¿también usted recibía llamadas telefónicas de ellos para que interviniese en alguna decisión?*

- **Magistrado:** *De Luisa Ortega (Fiscal General de la República) sí, más de una llamada recibí. De Luisa Estela Morales (Presidenta del TSJ), infinidades.*

- Periodista: *¿Que le decían?*

- **Magistrado:** *[que] cuándo se iba a imputar a alguna persona, cuándo se le iba a privar de libertad, cuándo se iban a hacer los allanamientos; para que yo organizara esa situación, y buscara al juez idóneo, para que se realizara tal acto.*

- Periodista*: Es decir, ¿ manipular un caso?*

- **Magistrado:** *Sí, más de uno.*

99. Y ante la pregunta de la periodista sobre por qué "*esa intromisión en el poder judicial?*," el magistrado explicó con precisión, que:

- **Magistrado:** *Esa era la componenda que había a nivel de Presidenta de la Corte Suprema y Fiscal General de la República.*

- Periodista: *Pero ¿recibían dinero? ¿Extorsionaban a clientes? ¿Que sabe usted?*

- **Magistrado:** *Yo creo que sí extorsionaban principalmente en el caso de los banqueros…*

100. Y agregó algo más al referirse a las combinaciones entre ambos órganos del Poder Público, pues a la pregunta de la periodista sobre si había un grupo de "*fiscales preferidos*" de la Fiscalía General, dijo:

- **Magistrado:** *Sí, cierto que había un grupo preferido. Y son esos, los que llamaban a los jueces. Creo que el Castillo, Mejía, llamaban a los jueces y si no hacían lo que les pedía el fiscal [les decía]: voy a hacer que te boten. Te expulsan.*

101. Sobre esos casos manipulados ante la pregunta de la periodista sobre *"¿Qué caso recuerda que fue manipulado?,"* el Magistrado respondió que "Fueron bastantes." Aclarando sin embargo que "El único que me acuerdo fue un caso en Maracaibo de un diputado que le dicen Mazuco,". Sobre la pregunta de la periodista de *"¿Como fue ese caso?,* respondió:

- **Magistrado**: *Bueno el caso fue más o menos un caso que buscaron un preso, lo encapucharon, y lo pusieron como testigo para que dijera que este señor había sido el que dio la orden para que mataran al otro.*
- **Periodista:** *¿Y que le habría solicitado la Presidenta del Tribunal Supremo de Justicia?*
- **Magistrado:** *Bueno eso precisamente. Avalar esa situación. Y al hombre se le pago dándole la libertad.*

102. Respecto de todas estas arbitrariedades, muchas de las cuales constituyen delito, y en cuya realización participó el ex Magistrado Aponte, según su confesión pública, a la pregunta de la periodista de si reconocía *"el daño que le hizo al poder judicial venezolano,"* el magistrado Aponte respondió:

- **Magistrado:** *Si, le digo yo asumo mi responsabilidad y mi culpa y si es de pagar por ello yo pago.*
- **Periodista:** *Así como usted, qué tan contaminado está ese poder en Venezuela?*
- **Magistrado:** *Yo creo que bastante, suficiente, y a todos los niveles; mucha manipulación,... ahí no sale una decisión si no se consulta; últimamente, los tribunales penales antes de cualquier decisión tienen que consultarlo.*

103. Ante otra pregunta de la periodista en la cual le inquiría al ex Magistrado que: *"Cuando usted dice que usted fue manipulado, quiero que nos especifique mas cómo fue ese modus operandi,"* el Magistrado respondió:

- **Magistrado:** *... Lo que pasa es que a mí me pedían los favores y yo los ejecutaba. Y ay del juez que se negara a ejecutarlo. !!*
- **Periodista:** *¿Qué le pasaba al juez que no le hiciera caso?*
- **Magistrado:** *Era removido del cargo.*
- **Periodista:** *¿A cuantos jueces removió del cargo?*
- **Magistrado:** *Bueno yo no. Eso lo hacia la Comisión Judicial. Pero fueron muchos.*

- Periodista: *¿Usted apoyó a más de uno para que fuese removido de su cargo?*
- **Magistrado: *Si lo apoyé.***
- Periodista: *¿Por qué?*
- **Magistrado: *Porque eso es parte de la Comisión Judicial.***
- Periodista: *Pero ¿por qué los removían? ¿ Simplemente por no seguir su orden?*
- **Magistrado: *No solamente la orden, porque la orden no la daba yo directamente. La orden la daba también la Presidenta del Tribunal directamente. Muchas veces la orden la daban directamente los fiscales. Hay un fiscal de apellido Castillo, que ese llamó directamente a los jueces y llegaba hasta amenazarlos.***

104. Ante la pregunta que le formuló la periodista sobre si *"Es cierto que en Venezuela las actuaciones procesales y las sentencias tienen costo?,"* el magistrado respondió:

- **Magistrado:** En algunos casos sí.
- Periodista: ¿Se puede comprar la justicia en Venezuela entonces con dinero?
- **Magistrado:** Tal vez.
- Periodista: ¿A que se refiere con "tal vez"?
- **Magistrado:** Sí, en algunos casos si lo han hecho...

105. Sobre la autonomía e independencia del Poder Judicial, respondiendo una pregunta de la periodista, el Magistrado llegó a decir simplemente, que "eso es una falacia" y le explicó claramente por qué. Dijo:

- **Magistrado: *...Y te voy a decir por qué. Todos los fines de semana principalmente los viernes en la mañana, hay una reunión en la Vicepresidencia Ejecutiva del país, donde se reúne el Vicepresidente, que es el que maneja la justicia en Venezuela, con la Presidenta del Tribunal Supremo, con la Fiscal General de la República, con el Presidente de la Asamblea Nacional, con la Procuradora General de la República, con la Contadora General de la República, y unas que otras veces va uno de los jefes de los cuerpos policiales. De ahí es donde sale la directriz de lo que va a ser la justicia. O sea, salen las líneas conductoras de la justicia en Venezuela.***
- Periodista: *¿Usted acudió a una de esas reuniones?*
- **Magistrado: *A varias acudí yo. ...***
- Periodista: *¿Como queda la independencia de los poderes en Venezuela?*
- **Magistrado: *Yo creo que no hay tanta independencia.***

- Periodista: *¿Qué se habla en esas reuniones?*
- **Magistrado***: Bueno, de cuáles son los casos que están pendientes, qué es lo que se va a hacer. O sea, se daban la directrices de acuerdo al panorama político.*

106. Esta insólita entrevista o confesión del Magistrado terminó con la pregunta reiterada de la periodista, sobre si "*¿existe independencia de poderes en Venezuela?,*" a lo cual respondió simplemente:

- **Magistrado: *ninguna.***
- Periodista: *¿El poder judicial en Venezuela?*
- **Magistrado**: *Ni el poder judicial, ni el poder ejecutivo, ninguno de los poderes.*

107. Esta entrevista, por su contenido, no nos sorprende, ni nos revela una situación general que desconociéramos, la cual se describe patéticamente en la misma. Por el contrario, la hemos denunciado en el presente caso, en cuyo trámite hemos aludido varias veces ejecutorias del entonces Magistrado Aponte Aponte. Sorpresa es, sin embargo, la forma tan directa, abierta, grosera y desvergonzada de describirla, por parte de uno de sus propios y más conspicuos actores.

IV. ANTECEDENTES RELEVANTES DE LA VIOLACIÓN DE LOS DERECHOS HUMANOS DEL PROFESOR BREWER CARÍAS. LOS SUCESOS DE ABRIL DE 2002

1. *Movilización popular y anuncio de la renuncia del Presidente*

108. Hacia fines de 2001 y principios de 2002, se produjeron en Venezuela masivas protestas contra el gobierno del Presidente Chávez, que desembocaron en el transitorio derrocamiento de éste el 11 de abril de 2002.[89] Hubo una intensa movilización social de protesta contra diversas políticas del gobierno del Presidente Chávez, quien había promulgado un grueso conjunto de decretos leyes de cuestionable constitucionalidad, criticadas, por cierto, por el profesor Brewer Carías.[90] El Presidente Chávez también había adoptado medidas hegemónicas en el área educativa. El volumen de la protesta pública fue

---

89 *Cfr.* párr. 85 del Informe de la CIDH.

90 Véase Allan R. Brewer Carías, «*Apreciación general sobre los vicios de inconstitucionalidad que afectan los Decretos Leyes Habilitados*» en *Ley Habilitante del 13-11-2000 y sus Decretos Leyes*, Academia de Ciencias Políticas y Sociales, Serie Eventos Nº 17, Caracas 2002, pp. 63-103; «*El régimen constitucional de los Decretos Leyes y de los actos de gobierno*» en *Bases y Principios del Sistema Constitucional Venezolano (Ponencias del VII Congreso Venezolano de Derecho Constitucional realizado en San Cristóbal del 21 al 23 de noviembre de 2001)*, Asociación Venezolana de Derecho Constitucional, Universidad Católica del Táchira, San Cristóbal, 2002, pp. 25-74.

creciendo en el primer trimestre de 2002, de lo cual se enteró el profesor Brewer Carías en el exterior, pues durante las dos semanas precedentes estuvo fuera del país, a donde regresó el día 9 de abril de 2011 en la noche. No estuvo en Venezuela, en consecuencia, en las semanas que precedieron los hechos de abril de 2001, ni tuvo contacto alguno con personas vinculadas a los acontecimientos políticos de Venezuela.

109. El 11 de abril de 2002, una gran manifestación pública que se dirigía al Palacio de Miraflores, sede de la Presidencia de la República en Caracas, terminó en un ataque armado contra civiles indefensos.[91] Tras esos eventos se desencadenó una grave crisis política, configurada por sucesivas declaraciones públicas de los comandantes de las distintas ramas de las Fuerzas Armadas, que desconocían la autoridad del Presidente de la República. Durante la madrugada del día 12 de abril, el jefe militar de mayor jerarquía en el país, general en jefe Lucas Rincón, a la sazón Inspector General de la Fuerza Armada, se dirigió al país por televisión, acompañado del Alto Mando Militar, e informó que esa cúpula castrense había solicitado la renuncia al Presidente de la República y que éste así lo había aceptado,[92] todo lo cual configuró una grave crisis y transmitió a la opinión pública nacional e internacional que el Presidente Chávez, en efecto, se había separado de su cargo. Como es sabido, el día 12 de abril, el Dr. Pedro Carmona Estanga, uno de los líderes de las protestas civiles precedentes, anunció el establecimiento de un "gobierno de transición democrática", presidido por él, así como la disolución de los poderes públicos y otras medidas extremas.

2. *Atención del profesor Brewer Carías al requerimiento de asistencia jurídica formulado por el Dr. Pedro Carmona Estanga*

110. En medio de una situación que aún era confusa para la inmensa mayoría del país, el Dr. Carmona Estanga solicitó una opinión jurídica al profesor Brewer Carías, como abogado especialista en Derecho Constitucional, en las circunstancias que se explican en el Informe de la CIDH y en el presente

---

91   La CIDH admitió la petición de víctimas y familiares de esos sucesos, por la omisión del Estado en investigar la verdad de lo ocurrido en esa cruenta jornada. Informe 96-06. Petición 4348-02. ADMISIBILIDAD. *Jesús Mohamad Capote, Andrés Trujillo y otros v. Venezuela*. 23 de octubre de 2006. **Anexo 106.**

92   Las palabras textuales del General Rincón fueron las siguientes: "Pueblo venezolano, muy buenos días, los miembros del Alto Mando Militar de la Fuerza Armada Nacional de la República Bolivariana de Venezuela deploran los lamentables acontecimientos sucedidos en la ciudad capital el día de ayer. **Ante tales hechos se le solicitó al señor Presidente de la República la renuncia a su cargo, la cual aceptó.** Los miembros del Alto Mando Militar ponemos, a partir de este momento, nuestros cargos a la orden, los cuales entregaremos a los oficiales que sean designados por las nuevas autoridades".(Énfasis añadido). Véase Albor Rodríguez (ed), *Verdades, mentiras y Videos. Lo más relevante de las interpelaciones en la Asamblea Nacional sobre los sucesos de abril,* Libros El Nacional, Caracas 2002, pp. 13-14. **Anexo 107**

escrito.[93] En efecto, en la madrugada del 12 de abril de 2001, el profesor Brewer Carías recibió en su casa de habitación una llamada telefónica del Dr. Pedro Carmona Estanga, requiriendo urgentemente su presencia, como abogado, para solicitarle una opinión jurídica. A tales efectos se le envió un automóvil que lo recogió en su lugar de residencia. El profesor Brewer Carías fue trasladado desde su casa a la mayor instalación militar de Caracas, conocida como "Fuerte Tiuna", donde tienen su sede el Ministerio de la Defensa y la Comandancia General del Ejército. En esta última se encontraba el Dr. Carmona Estanga, en reuniones a las que el Dr. Brewer Carías no tuvo acceso. Allí le fue mostrado el texto de un borrador de decreto cuya autoría el profesor Brewer Carías desconocía y desconoce, y que básicamente fue el mismo texto que en horas de la tarde de ese mismo día, 12 de abril de 2002, configuraría el decreto del así autodenominado gobierno de transición democrática. La reacción inmediata del profesor Brewer Carías fue la de notar que dicho texto se apartaba del constitucionalismo democrático y violaba la Carta democrática Interamericana, lo cual quiso comunicar de inmediato al Dr. Carmona Estanga.

111. Para ese propósito, el profesor Brewer Carías trató de inmediato de manifestar privada y personalmente al Dr. Carmona Estanga su posición jurídica, pero le fue imposible tener una reunión privada con él en el Fuerte Tiuna. Por ello, luego de que pudo salir de dicha instalación militar (donde permaneció breves horas pues no disponía de vehículo propio para movilizarse libremente), hacia mediodía de ese mismo día 12 de abril se trasladó al Palacio de Miraflores para transmitir al Dr. Carmona la opinión jurídica que le había sido requerida, pero nuevamente le fue imposible entrevistarse con el Dr. Carmona, por lo que se retiró a los pocos minutos de ese lugar. El profesor Brewer Carías sólo pudo tener contacto con el Dr. Carmona vía telefónica, cuando éste lo llamó por teléfono, en la tarde de ese mismo día 12 de abril, a su casa de habitación, ocasión en la cual le manifestó su opinión jurídica en el sentido de rechazo absoluto al aludido decreto. Dicha comunicación telefónica tuvo lugar antes de que se diera lectura pública al decreto desde el Palacio de Miraflores, en un acto que el profesor Brewer Carías vio por televisión desde su casa. Obviamente, el profesor Brewer Carías no estuvo presente en la tarde de ese día en el Palacio de Miraflores ni participó en ese acto, ni firmó su adhesión a dicho acto, como muchas personas lo hicieron y fue ampliamente difundido por la prensa nacional e internacional. Con dicho decreto se pretendió la disolución de los poderes públicos y otras medidas extremas, constituían un golpe contra la Constitución, lo cual provocó justificadas reacciones adversas en el mundo político y militar, así como protestas populares que condujeron, el 13 de abril, a la reinstalación del Presidente Chávez en la Presidencia de la República.

112. La actuación del profesor Brewer Carías en relación con los hechos antes mencionados, fue la de un abogado en ejercicio profesional, especialista

---

93   El Informe de la CIDH da cuenta de este hecho en sus párrafos 86-88.

en Derecho público, que fue llamado de urgencia por una persona con la cual había tenido previamente relación de índole profesional, para solicitarle una opinión jurídica sobre un texto ya redactado para la instauración de un denominado gobierno de transición. Es obvio que la consulta misma prueba que el profesor Brewer Carías no redactó el documento sobre el cual dicha consulta versaba. El ejercicio profesional de la abogacía, cuando el abogado da una opinión jurídica sobre un documento, es una actividad legítima, sobre el cual debe incluso guardar secreto profesional, que no puede generar responsabilidad alguna, mucho menos responsabilidad penal. Sobre ese carácter de la actuación del profesor Brewer Caría en el caso de los sucesos de abril de 2002, el propio Dr. Carmona en su libro *Mi Testimonio ante la Historia* (**Anexo 3**, pp. 107 y 108), explicó que fue en el carácter de abogado de Brewer Carías, que legítimamente le requirió una opinión jurídica sobre un documento que ya estaba redactado y que tenía en su poder. Brewer Carías, también legítimamente, en ejercicio libre de su profesión de abogado, evacuó la consulta jurídica que se le requirió e informó sobre la opinión jurídica que le merecía el documento, a la persona que le había solicitado la opinión (*Véase infra ¶ 352*). Ello no constituye delito alguno, sino el recto ejercicio de la profesión de abogado; y por lo demás, como está reconocido universalmente, el abogado, por el ejercicio legítimo de su profesión no puede ser imputado de delito alguno (*Véase infra ¶ 597*).

3. *Vinculación mediática del profesor Brewer Carías con la redacción del decreto mediante informaciones referenciales de periodistas, y desmentido del Profesor Brewer Carías en relación con las informaciones referenciales de prensa*

113. En los días que siguieron a aquellos sucesos de abril de 2002, algunos periodistas especularon en artículos o reseñas de opinión, sobre la breve presencia del profesor Brewer Carías en el Fuerte Tiuna la madrugada del 12 de abril, atribuyéndole sin más la redacción del decreto que pretendió constituir el gobierno presidido por el Dr. Carmona Estanga, lo cual fue inmediata y repetidamente desmentido por el profesor Brewer Carías.[94]

114. En efecto, tras las numerosas reseñas periodísticas y noticias que aparecieron en los medios de comunicación venezolanos sobre los extraños y jurídicamente repudiables sucesos, y la breve presencia de Brewer Carías en el lugar de los hechos, algunas apreciaciones de periodistas, que no habían sido testigos presenciales de esos eventos, vincularon al profesor Brewer Carías con el decreto constitutivo del llamado "gobierno de transición" que anunció el Dr. Pedro Carmona Estanga el 12 de abril de 2002 ("decreto del 12 de abril"). En particular, la periodista Patricia Poleo, en unos ocho artículos y entrevistas audiovisuales del mes de abril de 2002, contradiciéndose a sí misma en sus propias aseveraciones, atribuyó al profesor Brewer Carías la

---

94 Tanto las imputaciones erróneas de esos periodistas como los desmentidos del profesor Brewer Carías están relacionados en los párrafos 90 y 91 del Informe de la CIDH.

redacción de dicho decreto. Esta apreciación periodística es totalmente desacertada y falsa.

115. El profesor Brewer Carías no redactó tal decreto ni propuso borrador alguno, pues el texto que se le presentó para que emitiera una opinión jurídica ya estaba redactado. Por eso él mismo se apresuró a desmentir semejante especie, y el día 16 de abril de 2002 convocó para ese fin a una rueda de prensa[95] (*Véase infra ¶ 408*) Ha reiterado ese desmentido en numerosas declaraciones posteriores y en libros que ha escrito conectados con esa desafortunada especie, entre ellos, el titulado *La crisis de la Democracia Venezolana*[96], y el titulado *En mi propia Defensa* (*Anexo 2*).[97] Así lo ha aclarado el propio Dr. Carmona en su libro titulado *Mi Testimonio ante la Historia*, Caracas 2004 (**Anexo 3**), y en declaración auténtica formulada ante Notario Público el día 23 de febrero de 2006 en Bogotá[98] (**Anexo 4**). También lo han reiterado testigos, cuya declaración no fue atendida por el Ministerio Público y los tribunales venezolanos, o cuya promoción como tales testigos fue rechazada, con grave perjuicio para la defensa del profesor Brewer Carías. Y otros elementos contundentes de convicción que no ha sido posible hacer valer, por

---

95 Véase las siguientes reseñas de la rueda de prensa: "Allan Brewer Carías responde a las acusaciones: No redacté el Decreto de Carmona Estanga" reseña por Ana Damelis Guzmán, *El Globo*, Caracas, 17/04/02, p. 4: "El abogado desmiente haber redactado acta constitutiva de gobierno transitorio; Brewer Carías se desmarca de Pedro Carmona Estanga", reseña por Felipe González Roa *Notitarde*, Valencia, 17/04/02, p. 13; "Brewer Carías: No sé quien redactó el decreto de Carmona", reseña por Jaime Granda, *El Nuevo País*, Caracas, 17/04/02, p. 2; "Señaló Brewer Carías; Carta Democrática Interamericana podría ser aplicada a Chávez Frías", <reseña> *El Siglo*, Maracay, 17/04/02, p. A-10; "Brewer Carías niega haber redactado el decreto", reseña por Juan Francisco Alonso, *El Universal*, Caracas, 17/04/02, p. 1-4; y "Constituyente Allan Brewer Carías: Carta democrática paradójicamente se aplica a los opositores de Chávez y no a su gestión", reseña de Eucaris Perdomo, diario *2001*, Caracas, 17/04/02, p. 9.Véase el texto de estas reseñas periodísticas en el libro Allan R. Brewer Carías, En mi propia defensa. Respuesta preparada con la asistencia de mis defensores Rafael Odremán y León Henrique Cottin contra la infundada acusación fiscal por el supuesto delito de conspiración, Editorial Jurídica Venezolana, Caracas 2006 (**Anexo 2**, pp. a 192).

96 Véase Allan R. Brewer Carías, *La crisis de la democracia venezolana. La Carta Democrática Interamericana y los sucesos de abril de 2002,* Los Libros de El Nacional, Colección Ares, Caracas 2002, 263 pp.

97 Allan R. Brewer Carías, *En mi propia defensa. Respuesta preparada con la asistencia de mis defensores Rafael Odremán y León Henrique Cottin contra la infundada acusación fiscal por el supuesto delito de conspiración,* Editorial Jurídica Venezolana, Caracas 2006, 606 pp. Este libro contiene el escrito de 08-11-2005 de contestación a la acusación penal formulada contra el profesor Brewer Carías, en el cual se denuncian todas las violaciones a sus derechos y garantías judiciales cometidas durante el proceso de imputación y en la acusación.

98 Véase el texto en Allan R. Brewer Carías, *En mi propia defensa*, Caracas 2005, pp. 591-598 (**Anexo 2**).

haberlo impedido arbitrariamente el Ministerio Público y el sistema judicial venezolanos.

116. El profesor Brewer Carías no fue, ni por asomo, el redactor del decreto del 12 de abril. Su conexión con esos eventos fue puramente circunstancial, al requerírsele una opinión como abogado. El profesor Brewer Carías había permanecido fuera de Venezuela durante las dos semanas precedentes a aquella crisis política, básicamente en disfrute de vacaciones de las cuales regresó a Caracas en la noche del día 9 de abril, sin haber podido siquiera participar en las multitudinarias protestas que tuvieron lugar esos días. Por tanto, frente a sorprendentes publicaciones que, por motivos abiertos a todo tipo de sospechas especularon sobre la presencia del profesor Brewer Carías durante algunas horas de la madrugada del 12 de abril de 2002 en las instalaciones del Fuerte Tiuna, y lo señalaron como autor intelectual o redactor de aquel decreto, éste hizo lo que corresponde hacer a una personalidad pública en una sociedad democrática, esto es, desmentir rápida y públicamente aquella murmuración, sin perder el espíritu de tolerancia que debe prevalecer en la democracia *(párr. 22 de la Petición ante la CIDH).*[99]

117. Por lo demás, la última posición asumida por el Estado en el procedimiento ante la CIDH, contenida en su **Contestación a la Petición P-84-07** del 29 de agosto de 2009 ("la Contestación del Estado", Anexo 108), admite que el profesor Brewer Carías no redactó el mencionado decreto, pero que en cambio se le imputa que, en cumplimiento del artículo 333 de la Constitución,[100] que *"conociendo el contenido del decreto, no denunció el mismo y que, además, se tomo (sic) la molestia de trasladarse al Palacio de Miraflores para manifestarle al Dr. Carmona su 'opinión' sobre el texto"* o que *"en lugar de denunciar abiertamente su propósito, no denunció como correspondía a cualquier defensor de la constitucionalidad democrática, sino que además pretendió una reunión con el dirigente de la ofensiva golpista"* (pág. 13 de la **Contestación del Estado a la Petición**). Esta afirmación reconoce lo que repetidamente hemos señalado, es decir, que al profesor Brewer Carías se le presentó un documento ya redactado sobre el cual se le pidió una opinión

---

99 Brewer era y es consciente de que una personalidad pública está más expuesta a que se tejan conjeturas infundadas sobre su conducta y que está llamada a ser más tolerante con noticias u opiniones que ofenden, resultan ingratas o perturban. Como lo ha dicho la Corte Interamericana de Derechos Humanos *"aquellas personas que influyen en cuestiones de interés público se han expuesto voluntariamente a un escrutinio público más exigente y, consecuentemente, se ven expuestos a un mayor riesgo de sufrir críticas, ya que sus actividades salen del dominio de la esfera privada para insertarse en la esfera del debate público."* Corte I.D.H.: *Caso Herrera Ulloa* Sentencia de 2 de julio de 2004. Serie C, N° 107; párr. 129.

100 *Artículo 333. Esta Constitución no perderá su vigencia si dejare de observarse por acto de fuerza o porque fuere derogada por cualquier otro medio distinto al previsto en ella.*

   En tal eventualidad, todo ciudadano investido o ciudadana investida o no de autoridad, tendrá el deber de colaborar en el restablecimiento de su efectiva vigencia.

jurídica como profesional del derecho, que emitió en las circunstancias que ya se ha relatado. Según lo afirmado por el Estado, lo que se le imputaría no sería ya la redacción del señalado decreto, sino no haber delatado su existencia. Volveremos sobre este punto, pero es claro que un abogado no está obligado a delaciones ni a denuncias como la que pretendería el Estado, sobre materias que se han sometido a su consulta profesional[101] (*Véase infra ¶¶ 367, 596*)

118. La anterior exposición de los hechos que sirven como antecedente inmediato al presente caso, de ninguna manera intenta convertir el proceso ante esa honorable Corte en una instancia en la cual debe dirimirse la inocencia del profesor Brewer Carías de los falsos cargos que se le imputan, sino más bien situar las violaciones a sus derechos dentro de un determinado contexto de hecho. Ese contexto incluye la pretensión del Estado de que el profesor Brewer Carías cometió el delito de conspirar para cambiar violentamente la Constitución tipificado en el artículo 143, numeral 2 del Código Penal por haber supuestamente participado *"en la discusión, elaboración, redacción y presentación"* del decreto constitutivo del llamado "gobierno de transición democrática" de 12 de abril de 2002. Asimismo, el absurdo contexto de esas acusaciones y las contradicciones del Estado sirven para poner de relieve el trasfondo del presente caso, que es uno más en el que el gobierno venezolano utiliza el sistema penal interno para perseguir y aniquilar las expresiones contrarias al régimen, y a las personas mismas de los disidentes.

---

101 Aunque es irrelevante, haremos mención de una declaración atribuida al general Francisco Usón, utilizada por la acusación fiscal contra el profesor Brewer Carías y referida en la nota al pie 78 del **Informe de la CIDH**, y que fue incluida por nosotros como **Anexo 38**. Según esa declaración, el general Usón habría afirmado: *"observé a Allan Brewer trabajar afanosamente en uno de los cubículos de la Ayudantía General del Ejército. Minutos después, en mi presencia, él mismo le dijo a una persona que me acompañaba: '...con este decreto volveremos a la Constitución de 1961.'"* Observamos que el general Usón en ningún momento afirmó que vio al profesor Brewer Carías redactando en borrador de decreto, sino que lo vio "trabajar afanosamente". Cualquiera sea el significado de esa expresión, no significa que el declarante haya observado que el profesor Brewer redactaba un decreto o un borrador de decreto. Ella puede corresponderse más bien con la urgencia con la que el profesor Brewer Carías debía ordenar su respuesta a la consulta que se le había sometido, lo cual hace invariablemente por escrito. En cuanto al comentario que el general Usón atribuye el profesor Brewer Carías, de haberlo oído expresar lo indicado, el mismo no implica juicio de valor alguno con respecto al llamado Decreto Carmona. Por el contrario, durante los años finales de la década de los '90 fue del dominio público en Venezuela la posición del profesor Brewer Carías a favor de la convocatoria a una asamblea nacional constituyente para la sustitución de la Constitución de 1961 por un nuevo Texto Fundamental. Esa posición, en parte, explica su postulación y elección a la Asamblea Nacional Constituyente de 1999, que sancionó la Constitución venezolana vigente.

V. ACTOS DEL ESTADO QUE VIOLAN LA CONVENCIÓN AME-RICANA SOBRE DERECHOS HUMANOS EN PERJUICIO DEL PROFESOR ALLAN BREWER CARÍAS

119. En el marco de su sólida formación jurídica, y de su compromiso con los principios que informan el Estado de Derecho, en una sociedad democrática respetuosa de los derechos humanos, el profesor Brewer Carías ha sido persona visiblemente contestataria de aquellos sistemas y gobiernos que adoptan políticas antidemocráticas, autoritarias, militaristas o arbitrarias en cualquier país del mundo, lo que incluye su posición abierta como centro de preocupación respecto de medidas, decisiones y acontecimientos que han venido ocurriendo en su país, Venezuela, durante el Gobierno del Presidente Chávez. Debido a sus posiciones públicas cuestionando los riesgos a la democracia y la forma como ha sido desmantelada la institucionalidad democrática en Venezuela, Allan Brewer Carías ha sido víctima de una sistemática persecución política y, peor aún, de la conculcación de derechos humanos reconocidos y garantizados por la Convención Americana (y la Constitución venezolana). Esta persecución ha sido llevada a cabo por parte del Gobierno del Presidente Hugo Chávez, en cabeza de altos funcionarios, pertenecientes a todas las ramas del poder público, controladas desenfadadamente por el Gobierno, como más adelante se indicará, y que han afectado de manera marcada el proyecto de vida del profesor Brewer Carías y el de su familia. A tal punto, que ha sido así, que desde septiembre de 2005 Allan Brewer Carías ha tenido que permanecer en el exilio *(Véase infra ¶ 157)*. En efecto, luego de haber salido del país, legal y voluntariamente a cumplir compromisos académicos en la Universidad de Columbia en septiembre de 2005, nueve meses después, se dictó una medida privativa de libertad en su contra y se libró orden de captura contra él, incluso internacional, para materializar persecuciones de todo tipo, incluyendo investigaciones penales en su contra sin fundamento alguno y fuera de un marco de garantías mínimas del debido proceso *(Véase infra ¶ 170)*.

1. *El Informe de la Comisión Parlamentaria Especial de 2002*

120. La Asamblea Nacional creó una Comisión Especial para investigar los sucesos de abril de 2001.[102] Luego de haber citado y oído a muchas personas en múltiples audiencias, entre las cuales no estuvo el profesor Brewer Carías, la Asamblea Nacional terminó declarando formalmente que el profesor Brewer Carías habría actuado "en forma activa y concordada en la conspiración y golpe de Estado", solicitando al Ministerio Público que lo investigara "por estar demostrada su participación en la planificación y ejecución del Golpe de Estado."[103] Con ello, en realidad, *se produjo la primera violación*

---

102 Ver párrafo 92 del Informe de la Comisión.

103 *Informe de la Comisión Parlamentaria Especial para Investigar los Sucesos de Abril de 2002. **Anexo 20.***

formal y documentada del derecho a la defensa y a ser oído, y del derecho a la presunción de inocencia del profesor Allan Brewer Carías por parte del Estado venezolano, porque la Asamblea Nacional afirmó semejantes conclusiones sin haber citado ni oído al profesor Brewer Carías (*Véase infra ¶¶ 392 ss.*). Se trató de un pronunciamiento arbitrario que no respetó ni tuvo en cuenta las garantías previstas en el artículo 8 de la Convención, aplicables a un procedimiento parlamentario que afectaba los derechos del profesor Brewer Carías. En ese procedimiento, la Asamblea Nacional se permitió concluir como materia "demostrada" que correspondía imputarle a un ciudadano el haber cometido un delito. Tanto la Constitución venezolana como la Convención y la jurisprudencia proscriben absolutamente que una persona sea condenada políticamente sin proceso, y menos sin que la referida Comisión parlamentaria para llegar a esa inicua conclusión, hubiera siquiera citado, llamado u oído al profesor Brewer Carías.

121. Con esa actuación de la Asamblea Nacional, condenando políticamente y de antemano a Allan Brewer Carías, por un hecho que no cometió y que no estaba en absoluto "demostrado," se inició el largo itinerario de violaciones de sus derechos humanos, en particular de su derecho a la defensa y a la presunción de inocencia. Así, de la manera más irrespetuosa de las garantías procesales, el profesor Brewer Carías quedó condenado políticamente por el Estado venezolano, sin haber tenido ocasión de defenderse (*Véase infra ¶¶ 392 ss.*).

2. **Hechos relacionados con el proceso judicial incoado contra el profesor Brewer Carías**

A. **Inicio del proceso de imputación contra el profesor Brewer Carías**

122. En el **Informe 171/11** de la Comisión, en relación con el inicio de imputación penal contra Brewer Carías se indica erróneamente que *"el proceso de imputación contra Allan Brewer Carías fue iniciado el 12 de abril de 2002 por la Fiscalía del Ministerio Público a Nivel Nacional en Materia contra Corrupción con Competencia Especial en Bancos, Seguros y Mercados de Capitales, a fin de determinar las responsabilidades de las personas involucradas en los hechos ocurridos en abril de 2002".*[104] Como se describirá luego, el proceso de imputación contra Brewer Carías se inició el 27 de enero de 2005, cuando la Fiscal Sexta del Ministerio Público lo imputó del delito de conspiración para cambiar violentamente la Constitución[105] (*Véase infra ¶¶ 377 ss.*)

123. En 2002, en realidad, no hubo imputación alguna contra Brewer Carías. En abril de ese año, inmediatamente después de los sucesos del 11 y

---

104 Párrafo 93 del Informe de la Comisión.

105 Párrafo 95 del Informe de la Comisión. Ver también **Anexo 5**

12 de ese mes, la Fiscalía del Ministerio Público a Nivel Nacional en Materia contra Corrupción con Competencia Especial en Bancos, Seguros y Mercados de Capitales abrió una investigación sobre dichos sucesos. El 22 de mayo de 2002, un oficial activo del Ejército, el coronel Ángel Bellorín, consignó ante la Fiscalía una denuncia contra el profesor Brewer Carías y tres personas más, "conocidos como expertos en materia constitucional", sobre la exclusiva base de artículos periodísticos que configurarían un "hecho notorio comunicacional"[106] (*Véase infra ¶¶ 377 ss.*)con lo cual se habría abierto una investigación penal. En ésta, el Ministerio Público, lejos de preocuparse por establecer la verdad de los hechos mencionados referencialmente en la denuncia sobre la base de especulaciones de periodistas que no presenciaron personalmente en forma alguna los supuestos hechos que comentaron, lo que hizo fue, con la complicidad de los jueces que conocieron de la causa, *tres años después*, en 2005, imputar y acusar al profesor Brewer Carías de cometer el delito político de conspirar para cambiar violentamente la Constitución. Posteriormente, en 2006, se ordenó la privación de su libertad, que incluyó el requerimiento de una orden de captura nacional e internacional.

124. Al tener noticia de que los rumores periodísticos estarían siendo tomados en cuenta por el Ministerio Público en la investigación de los hechos de abril de 2002, el día 3 de julio de 2002 *el profesor Brewer Carías se presentó voluntariamente a declarar* ante el Fiscal (provisional) **José Benigno Rojas**, a cuyo cargo estaba dicha investigación (**Anexo 2**, pp. 37 ss.). Más de dos años después, luego de la actuación de dos Fiscales del Ministerio Público (**José Benigno Rojas** y **Danilo Anderson**), quienes no volvieron siquiera a citar a declarar al profesor Brewer Carías después de su comparecencia voluntaria, la investigación era dirigida por la Fiscal (provisoria) Sra. **Luisa Ortega Díaz** (hoy Fiscal General de la República), quien inició el proceso de imputaciones masivas en diferentes casos con implicaciones políticas, desde finales de 2004, con claros propósitos de persecución política.[107] (*cfr.* párr. 54 de la **Petición ante la CIDH**).

125. El proceso judicial que configura la persecución judicial política a la que este caso se refiere, en efecto, comenzó formalmente con la infundada imputación formalizada contra el profesor Brewer Carías el 27 de enero de 2005,[108] por la Sra. **Luisa Ortega Díaz**, Fiscal provisoria Sexta del Ministerio

---

106 Párrafo 93 del Informe de la CIDH.

107 Mientras la Sra. Ortega Díaz ejerció su cargo de Fiscal provisoria, se le asignó la responsabilidad de estar encargada, junto con un grupo reducido de otros Fiscales, tales como **Gilberto Landaeta**, **Yorako Bauza**, **Sonia Buznego**, **Turci Simáncas**, **Alejandro Castillo**, **Gledyz Carpio**, **Danilo Jaimez**, **José Benigno Rojas**, **Didier Rojas**, y **Yoneiba Parra**, de la totalidad de los casos de juicios políticos o que envuelven a disidentes políticos del actual régimen venezolano. Como lo ha destacado la ONG *Foro Penal Venezolano*, sobre 1200 fiscales del Ministerio Público, sólo esos escasos fiscales concentran las causas con motivación política (**Anexos 9, 10, 11**).

108 Párrafos 95 y 96 del Informe de la CIDH. Ver también **Anexo 5.**

Público a Nivel Nacional con Competencia Plena, configurándose así, de manera patente, la persecución política judicial de la que ha sido víctima el profesor Brewer Carías. El acta de imputación ni tan siguiera hace relación alguna de los supuestos "coconspiradores" en ese delito colectivo de "conspiración," por haber supuestamente participado "en la discusión, elaboración, redacción y presentación" del decreto constitutivo del llamado gobierno de transición que anunció el ciudadano Pedro Carmona Estanga el 12 de abril de 2002, comúnmente conocido como el "Decreto Carmona." El profesor Brewer Carías negó enfáticamente y de inmediato el hecho que se le imputaba, por ser completamente falso.

126. La actuación de la Fiscal provisoria Sexta tuvo como punto de partida y fundamento la aludida denuncia formulada en 22 de mayo de 2002, por un militar en servicio activo, Coronel del Ejército y abogado Ángel Bellorín **(Anexo 6)**, siguiendo órdenes del gobierno, quien textualmente afirmó ante el Ministerio Público venezolano que "*es un **hecho notorio comunicacional reiterado y por todos conocidos a través de los diversos medios de comunicación que los autores de dicho decreto son los ciudadanos Allan Brewer Carías, Carlos Ayala Corao, Cecilia Sosa y Daniel Romero**, conocidos los tres primeros como expertos en materia constitucional, tal como se desprende de los artículos periodísticos que de seguida referimos...*" El supuesto "*hecho notorio comunicacional*" con el que el Estado pretendió desvirtuar e invertir la presunción de inocencia, se basó en publicaciones de versiones, rumores y meras opiniones de algunos periodistas, ninguno de los cuales se pretendió testigo presencial de los hechos, publicaciones que, posteriormente, se incorporaron al acta de imputación como elementos probatorios (*Véase infra ¶ 378*).

127. Asimismo la Fiscal provisoria Sexta invocó el libro del Sr. Pedro Carmona (*Mi testimonio ante la historia*, **Anexo 3**), utilizándolo con evidente malicia, pues en el mismo, su autor más bien **aclara que el profesor Brewer Carías no fue el redactor de dicho decreto**. Incluso en deposición voluntaria de un testigo calificado, el Dr. Jorge Olavarría, quien acudió espontáneamente ante la Fiscalía el 9 de julio de 2002, expresó "*la constancia que tengo de la injuriosa falsedad*" de los hechos imputados al profesor Brewer Carías, como más adelante se detalla en este escrito.

128. Fue sobre esas bases como, mediante escrito de imputación de fecha 27 de enero de 2005 **(Anexo 5)** la Fiscal provisoria Sexta, transcribiendo textualmente el contenido de la denuncia del Coronel Bellorín, imputó al profesor Allan R. Brewer Carías, de manera arbitraria y temeraria, "la comisión del delito de **conspiración para cambiar violentamente la Constitución** previsto y sancionado en el artículo 143, numeral 2 del Código Penal Vigente (artículo 144, numeral 2 para la fecha de la comisión de los hechos)", por haber supuestamente participado "*en la discusión, elaboración, redacción y presentación*" del llamado *Decreto Carmona*, lo cual es completamente falso.

B. Vulneración del derecho a un juez o tribunal independiente e imparcial

a. Los jueces temporales que intervinieron en la causa contra el profesor Brewer Carías y sus destituciones

129. El proceso en el cual está incluida la causa contra el profesor Brewer Carías comenzó a ser conocido por la **jueza Josefina Gómez Sosa** (jueza **temporal** Vigésimo Quinta de Control), a quien le fue presentado, detenido, el Sr. Pedro Carmona Estanga. En el curso del proceso, a solicitud de la Fiscal provisoria Sexta, la jueza temporal Gómez Sosa decretó la prohibición de salida del país de varios ciudadanos investigados por su presunta participación en los hechos investigados. Estos ciudadanos apelaron de esa medida y la Sala 10 de la Corte de Apelaciones de Caracas, en fecha 31 de enero de 2005, la revocó por considerar que no había sido suficientemente motivada por la jueza provisoria que la dictó, con el voto salvado de uno de los tres integrantes de dicha Sala, quien consideró que la decisión apelada sí estaba suficientemente motivada. Pues bien, de inmediato, mediante Resolución N° 2005-0015 de fecha 3 de febrero de 2005 **(Anexo 69)**, la Comisión Judicial del Tribunal Supremo de Justicia *suspendió de sus cargos* a los dos jueces de la Corte de Apelaciones que votaron por la nulidad de la decisión apelada, así como a la jueza temporal Gómez Sosa, autora de la decisión presuntamente inmotivada.[109]

130. La jueza temporal Gómez Sosa, suspendida, fue sustituida por el juez **temporal Manuel Bognanno**, en los términos de la misma Resolución N° 2005-0015 de 3 de febrero de 2005 **(Anexo 69)**[110]. En una oportunidad, éste ordenó a la Fiscal Provisoria Sexta que expidiera a los defensores del

---

109 Ver párrafos 101 y 126 del Informe de la CIDH. Resulta revelador que el miembro de la Corte de Apelaciones que disintió por considerar que la decisión apelada estaba motivada no haya sido afectado por la suspensión, mientras que la jueza que la dictó haya sido sancionada invocando en su contra precisamente el supuesto error de no haberla motivado. Una situación similar se presentó en el *Caso Apitz Barbera*, en el cual se verificó que la Corte Primera en lo Contencioso Administrativo de Venezuela adoptó, *por unanimidad*, una decisión que fue juzgada como "error judicial inexcusable" por el órgano disciplinario, el cual, empero, sólo destituyó a tres de los cinco Magistrados que votaron ese fallo. A manera de curiosidad agregamos que una de las Magistradas no sancionadas es actualmente la Presidenta del Tribunal Supremo de Justicia (y del Poder Judicial), mientras que la otra preside la Sala Político Administrativa del mismo Tribunal Supremo. En cuanto a la suerte final de las medidas de prohibición de salida del país, luego que destituyen a 2 de los integrantes de la Sala 10, se constituyó una Sala Accidental, la cual conoció de una solicitud de nulidad planteada por la Fiscal contra la decisión del 31-01-05 que anuló la medida cautelar; la ponente de esa sala accidental Belkis Cedeño presentó ponencia que fue aprobada, anulando la decisión del 31-01-05.

110 El nombramiento del señor Manuel Bognanno como Juez temporal en ese tribunal fue posteriormente confirmado mediante Resolución N° 2005-0118 del 31 de mayo de 2005. **Anexo 69-A**.

profesor Brewer Carías copias de las actuaciones del expediente que habían solicitado, entre ellas, las de ciertos videos que supuestamente contenían declaraciones de periodistas que incriminarían a la víctima (*Véase infra ¶¶ 320 ss.*). La Fiscal provisoria Sexta solicitó la nulidad de esa actuación (**Anexo 12**). Más tarde, en otra incidencia, el juez temporal Bognanno pidió a la Fiscal Sexta que le remitiera el expediente, y ésta, en lugar de acatar al Juez provisorio Bognanno, lo increpó solicitándole una explicación del por qué le pedía el expediente (**Anexo 13**). Ante esa situación, el juez temporal Bognanno ofició al Fiscal Superior, en fecha 27 de junio de 2005, para ponerlo en conocimiento de la irregularidad en la que estaba incurriendo la Fiscal provisoria Sexta, hoy Fiscal General de la República (**Anexo 14**). Pues bien, dos días más tarde, el 29 de junio de 2005 *el nombramiento del Juez temporal Bognanno fue "dejado sin efecto"* mediante Resolución 2005-0145 de la Comisión Judicial del Tribunal Supremo de Justicia *"en razón a las observaciones que fueron formuladas ante este Despacho,"*[111] *es decir, sin motivación alguna*. La Fiscal Sexta nunca remitió al Tribunal el expediente solicitado y el nuevo juez se desentendió de tal requerimiento.

b. *Fiscales provisorios que ha intervenido en el caso*

131. Durante todo el curso de la investigación penal desarrollada entre 2002 y 2005, hasta que el profesor Brewer Carías fue imputado; y, con posterioridad a tal imputación, hasta que se decretó amnistía en relación con los hechos originados de abril de 2002, en el caso actuaron al menos cuatro Fiscales del Ministerio Público, todos provisorios, que fueron los abogados José Benigno Rojas, Danilo Anderson, Luisa Ortega Díaz y María Alejandra Pérez.[112] Los dos primeros dirigieron sus investigaciones fundamentalmente a las personas que habían firmado el "Decreto Carmona" en la tarde del día 12 de abril de 2002, y las dos segundas dirigieron su actuación a imputar a Brewer Carías, Carlos Ayala Corao y Cecilia Sosa Gómez, entre otros, el delito de conspiración para cambiar violentamente la Constitución, por haber supuestamente redactado el "Decreto Carmona," para luego formalizar acusación penal, primero contra el profesor Brewer Carías, y luego a Sosa Gómez y a otros imputados. En 2008, la fiscal María Alejandra Pérez solicitó el sobreseimiento de la causa en los casos de Ayala Corao[113] y Sosa Gómez, en virtud de la amnistía decretada por el Presidente de la República. El profesor Brewer Carías requirió la aplicación de la misma amnistía a su caso, pero le fe negado, como se verá más adelante en este escrito (*Véase infra ¶ 193).*

---

111 **Anexo 69-B.** Ver párrafo 146 del Informe de la CIDH.

112 *Cfr.* Párr. 94 del Informe de la CIDH. Con respecto a la fiscal Ortega Díaz, **Anexo 8.**

113 El Dr. Carlos Ayala Corao rechazó la aplicación de la amnistía a su caso, en el cual, sin cerrar la investigación por la imputación en su contra, tampoco se formuló acusación, manteniendo una amenaza latente en su perjuicio. Su rechazo no fue oído y la amnistía le fue impuesta.

132. Todos los fiscales que han actuado en el proceso contra el profesor Brewer Carías han sido "provisorios," es decir, de libre designación y remoción.[114] Comenzó a conocer el Fiscal **José Benigno Rojas**, fiscal provisorio ante quien acudió el profesor Brewer Carías voluntariamente a declarar el día 3 de julio de 2002, y quien tuvo a su cargo la investigación por más de dos años sin haber imputado delito a persona alguna. Lo sustituyó el Fiscal **Danilo Anderson**, también provisorio, quien tampoco imputó delito a nadie y fue ulteriormente asesinado, en circunstancias no esclarecidas. Fue sustituido por la Fiscal **Luisa Ortega Díaz**, también fiscal provisorio[115]. La Fiscal provisoria Ortega Díaz fue a su vez sustituida en el caso por el Fiscal María Alejandra Pérez, también provisoria.

C. *Rechazo, adulteración y apreciación inexcusablemente sesgada de las pruebas.*

a. *Testimonio de Jorge Olavarría en 2002*

133. El Dr. Jorge Olavarría, fallecido en 2005, fue un periodista, escritor y político venezolano de destacada actuación por más de tres décadas. Aunque apoyó la candidatura presidencial del teniente coronel Hugo Chávez Frías en 1998, pronto marcó distancias con respecto a su proyecto político, Al igual que el profesor Brewer Carías, el Dr. Olavarría se postuló por iniciativa propia a la Asamblea Nacional Constituyente de 1999, a la cual fue electo, al igual que Brewer Carías, como uno de los cuatro independientes que no fueron apoyados por los partidos que respaldaban al Presidente Chávez. Esa circunstancia, unida a la vieja amistad entre ambos, estimuló una fluida comunicación entre ellos sobre los sucesos políticos de Venezuela en la era de Chávez. Cuando, al término de su viaje antes aludido (*Véase supra ¶¶ 108 ss.*), el profesor Brewer Carías regreso a Caracas, se comunicó de inmediato con el Dr. Olavarría, quien lo invitó a su oficina el 10 de abril para intercambiar puntos de vista sobre el acontecer político de esos días. Estando allí reunidos, llegaron dos jóvenes abogados que habían anunciado una visita al Dr. Olavarría, quien no los conocía, como tampoco el profesor Brewer Carías, habiéndole pedido Olavarría a Brewer que lo acompañara al atenderlos. Ellos les mostraron un proyecto de decreto para la constitución de un nuevo gobierno, que fue criticado tanto por el Dr. Olavarría como por el profesor Brewer. Dado que ese papel era anónimo y que por esos días circulaba todo tipo de rumores y de informaciones, ambos optaron por no tomar en serio aquel papel, cuyo contenido reveló ser idéntico o al menos muy parecido al del ulterior "Decreto Carmona".

134. Por lo tanto, **si alguien podía testificar que le constaba que el profesor Brewer Carías no había redactado el "Decreto Carmona," era**

---

114 *Cfr.* Párr. 125 del Informe de la CIDH.

115 Designada por el Fiscal General de la República, Julián Isaías Rodríguez, según Resolución Nº 539 de 28 de agosto de 2002 (**Anexo 8**)

precisamente Jorge Olavarría, pues le constaba que el borrador de ese documento le había sido presentado, **ya redactad**o claro está, en presencia del profesor **Brewer Carías el día 10 de abril de 2002,** de modo que era imposible que éste fuera el autor de un texto que les había sido mostrado ya redactado. Ante la denuncia presentada contra el profesor Brewer Carías, el Dr. Olavarría decidió consignar ante el Fiscal José Benigno Rojas, en fecha 9 de julio de 2002, su testimonio sobre esos hechos, mediante comunicación entregada en esa misma fecha personalmente por Olavarría a dicho Fiscal, con ocasión de la declaración que formuló en forma espontánea ante él, como consta en el Expediente (**Anexo 36**)[116]. El **Dr. Jorge Olavarría** en efecto expresó:

"Comparezco ante usted para rendir testimonio bajo fe de juramento de la constancia que tengo de la injuriosa falsedad que le atribuye al Dr. Allan Randolph Brewer Carías, de haber sido el autor del acta de constitución del llamado "Gobierno de transición y unidad nacional" instalado en el Palacio de Miraflores la tarde del 12 de abril pasado.

Me consta que el profesor Brewer no redactó ese documento. Considero mi deber testimoniarlo así, no solo por la vieja amistad que me une con él, sino porque se trata de uno de los más relevantes juristas venezolanos del presente a quien la envidia y la mezquindad se han complacido en zaherir imputándole la autoría de un documento que, más allá de la valoración política que pueda hacerse de los hechos que lo motivaron, es objetivamente, el más absurdo disparate de nuestra rica historia de instrumentos de instalación de gobiernos de facto.

El miércoles 10 de abril accedí a recibir en mi despacho a unos abogados interesados en consultarme asuntos relacionados con los temas de varios artículos publicados por mi en El Nacional: "La transición posible" (12 de febrero) "El Derecho a rebelión" (19 de febrero) y "El artículo 350" (26 de febrero). Llamé al profesor Brewer Carías y le pedí que nos reuniéramos en mi despacho a esa hora, para enterarlo de todo lo que estaba sucediendo pues había estado ausente de Venezuela varias semanas y de paso, aprovechar sus superiores conocimientos jurídicos en la consulta que se me haría.

En eso estábamos cuando pasadas las seis de la tarde del miércoles 10 de abril, llegaron a mi despacho los abogados Daniel Romero y José Gregorio Vásquez a quienes no conocía. El Dr. Romero leyó lo que pretendía ser un proyecto de instalación para un gobierno de transición. Yo les hice algunas observaciones de carácter histórico y el profesor Brewer llamó su atención acerca de la Carta Democrática Interamericana, haciéndose evidente para ambos la ignorancia de los abogados en esos temas por lo cual no les dimos mayor importancia. Cuando se marcha-

---

116 El párrafo 94 del Informe de la CIDH da cuenta del testimonio de Jorge Olavarría.

ron, el profesor Brewer y yo comentamos la ligereza y banalidad del documento, del cual me dejaron una copia.

Al día siguiente jueves 11 se efectuó la marcha prevista que resulto mucho mayor de lo que nadie había pensado y que en Chuao decidió encaminarse a Miraflores para pedir la renuncia del Presidente Chávez, lo cual concluyo en la masacre perpetrada por pistoleros adictos al gobierno como es público y notorio.

Al día siguiente, en la tarde del viernes 12 pude ver por la Televisión con estupor y alarma, que el Dr. Daniel Romero, el mismo que había estado en mi despacho en la noche del miércoles 10 leía el acta de instalación de un gobierno de facto presidido por el Presidente de Fedecámaras, Pedro Carmona Estanga.

Supe que el profesor Brewer Carías había estado en la madrugada de ese día en la Comandancia del Ejército y luego en el Palacio Miraflores. De allí que corriera la especie de que él había tenido algo que ver con el acta de constitución hecha pública esa tarde. Yo, mejor que nadie, sabía demasiado bien que ello no era cierto. Presumí, que si acaso Brewer fue consultado, sus opiniones no fueron tomadas en cuenta por quienes actuaron con temeraria irresponsabilidad, lo cual me ha sido confirmado posteriormente.

Me complace en rendir este testimonio, que exime totalmente al Dr. Allan R. Brewer Carías de toda injerencia en el lamentable episodio del gobierno de facto de Carmona Estanga. Consigno copia del proyecto de acta que me fue entregada el miércoles 10, la cual cotejaba con la que se hizo pública el viernes 12, revela su similitud en casi todo, menos en la referencia a la masacre de la marcha."

135. Ahora bien, por increíble que parezca, las manifestaciones inequívocas del Dr. Jorge Olavarría fueron invocadas por la Fiscal provisoria Sexta como fundamento para imputar al profesor Brewer Carías el delito de conspiración para cambiar violentamente la Constitución, por haber redactado o coadyuvado a la redacción del llamado Decreto Carmona. Esa conclusión, a pesar de haber afirmado el testigo Olavarría que era una "injuriosa falsedad" que el profesor Brewer Carías hubiera "sido el autor del acta de constitución del llamado 'Gobierno de transición y unidad nacional;'" que le "consta que el profesor Brewer no redactó ese documento;" que sólo "la envidia y la mezquindad" han podido imputarle "la autoría [del documento];" que dicho documento hizo evidente para el profesor Brewer Carías "la ignorancia, ligereza y banalidad" de quienes lo habían redactado; de que "[el Dr. Olavarría] mejor que nadie sabe demasiado bien que ello no era cierto [que el profesor Brewer 'había tenido algo que ver con el acta de constitución'],'" y de que "[Jorge Olavarría] exime totalmente al profesor Allan R. Brewer Carías de toda injerencia en el lamentable episodio del gobierno de facto de Carmona Estanga" (*Véase infra ¶¶ 354 ss.*).

136. Todas estas tajantes afirmaciones *testimoniales* del Dr. Olavarría, por activa y por pasiva, de que el profesor Brewer Carias no es el autor del "Acta de Constitución del Gobierno de Transición Democrática y de Unidad Nacional," le sirvieron al Ministerio Público como ¡prueba! de que el profesor Brewer Carías ¡sí había redactado dicha "Acta"![117] Peor aún, en los términos de la Acusación Fiscal contra el profesor Brewer Carías, el categórico testimonio de Jorge Olavarría, *"prueba que desde el día 10 de abril de 2.002, el ciudadano **ALAN RANDOLPH BREWER CARIAS**, venía participando en la elaboración del "Decreto de Constitución de un Gobierno de Transición Democrática y Unidad Nacional", por el cual se conspiró para cambiar violentamente la Constitución, que él tenía conocimiento del mismo y a pesar de ese conocimiento no cumplió con su deber que le impone el artículo 333 de la Constitución de la República Bolivariana de Venezuela, de colaborar en el reestablecimiento de la efectiva vigencia de la Constitución."*[118] Es palmario y se entiende por sí mismo que una argumentación así infringe las más elementales reglas de la lógica y de lo que es razonable, y que, por consiguiente, no es que vulnere, sino que simplemente constituye una burla del derecho al debido proceso. Es tan crasa la carencia de rigor en el razonamiento contenido en la acusación fiscal, lesiva por lo demás del profesor Brewer Carías, que hace difícil imaginar que se trata de un involuntario error.

b. *Transcripciones adulteradas de entrevistas televisadas*

137. La defensa del profesor Brewer Carías presentó un escrito, el 4 de mayo de 2005, denunciando ante el Juez Vigésimo quinto de Control que la transcripción de la entrevista hecha al Dr. Teodoro Petkoff, respetado dirigente político de la izquierda democrática venezolana y director del diario *"Tal Cual,"* era inexacta. Esa entrevista transcrita había sido utilizada como "prueba" para la imputación fiscal.[119] Según la imputación fiscal, el Dr. Petkoff habría afirmado:

> *Estamos ante un golpe de estado sui generis, Pedro Carmona, tiene plenos poderes para nombrar alcaldes, gobernadores, se juramentó ante si mismo, destituyó a los Magistrados del Tribunal Supremo de Justicia, al Defensor del Pueblo, Contralor..., tiene poderes dictatoriales. Estamos en presencia de un gobierno de facto, porque no cubre las formas democráticas. Brewer debe explicar ese decreto ante la OEA.*

138. Sin embargo, como se indicó en el escrito de la defensa del profesor Brewer Carías, esa "afirmación" qu aparecía en la transcripción era una false-

---

117 Ver, Escrito de Imputación (**Anexo 5**), cargo 23, pp. 11-12; y pp.

118 Ver, Escrito de Acusación (**Anexo 48**), "elemento de convicción" N° 31.

119 El Informe de la CIDH da cuenta de estos hechos en sus párrafos 97-99.

dad que fue advertida por el propio Teodoro Petkoff, cuando compareció a declarar ante la Fiscal provisoria Sexta, al responder una pregunta de ésta:

> SÉPTIMA: ¿Diga Usted por que señaló en esa entrevista que Brewer debe explicar ese decreto ante la OEA? CONTESTO: Yo no dije que Brewer debía explicar ese decreto ante la OEA, dije, ahora que acabo de oír el programa de nuevo, 'No se cómo vamos a explicar esta situación ante la OEA', me refería obviamente al golpe de Estado y no Brewer. OCTAVA: ¿Diga Usted si tiene conocimiento de quienes elaboraron el decreto ...? CONTESTÓ: **No. No estuve allí.**

139. La acusación fiscal contra el profesor Brewer no insistió en esa falsa reproducción de la entrevista del Dr. Petkoff, pero en cambio se valió de otra,[120] que conceptuó como "elemento de convicción N° 35", en la cual el entrevistado habría afirmado: *"No bueno es que además yo te voy a decir, yo no se pues, yo creo adivinar el talento de Randy Brewer, detrás de ese decreto que salió hoy !!!no¡¡¡..."*. Semejante "elemento de convicción, por otra parte, quedó desvirtuado por lo expresado por el mismo Dr. Petkoff cuando compareció ante la Fiscalía Sexta, al cotejar la misma entrevista, el 10 de septiembre de 2002. El Dr. Teodoro Petkoff declaró entonces lo siguiente:

> Diga usted, por qué en el mencionado video hace mención al ciudadano ALAN BREWER CARIAS como una de las personas que presuntamente estructuraron el referido decreto? CONTESTO: **La verdad de que esa fue una inexcusable ligereza de mi parte**, porque no tenía como no tengo todavía ningún conocimiento fehaciente de quienes elaboraron el decreto. De hecho, en la entrevista con RONDÓN yo no afirmo que BREWER haya participado, sino que digo algo así como: "CREO PERCIBIR LA MANO DE RANDY BREWER EN ESE DECRETO", pero esto desde luego, no solo no es una afirmación categórica sino de hecho como dije antes, **es una ligereza.** (Folios 63 al 65, pieza 14).[121] (Énfasis añadido).

140. A pesar de que en ningún momento el Dr. Petkoff dijo nada más allá de que "creía adivinar" y que consideró su afirmación como una ligereza pues no tenía constancia (ni era por lo tanto testigo) sobre quién había elaborado el "Decreto Carmona," la acusación persistió en incluir al Dr. Petkoff entre quienes señalaban el profesor Brewer Carías como autor de ese documento. Se trataba de manipular y tergiversar los dichos de Petkoff, como Brewer crítico del régimen del Presidente Chávez, para maquillar de credibilidad la acusación y tratar de desproveerla de contenido político. Sin embargo, es tan burda la manipulación que más bien pone de bulto el trasfondo político de la

---

120 El programa "30 minutos" en TELEVEN, del 12 de abril de 2002. *Cfr.* Acusación Fiscal, **Anexo 48**.

121 Acusación Fiscal, **Anexo 48**, "Elemento de Convicción" N° 36.

acusación y la naturaleza política de la persecución de la que es víctima el profesor Brewer Carías, como disidente venezolano.

D. ***La negativa fiscal a evacuar pruebas promovidas por la defensa y de suministrar copias del expediente***

    a. *Copias y transcripciones*[122]

141. A los fines de verificar la veracidad o falsedad del contenido de los artículos y opiniones de periodistas supuestamente contenidos en videos que mencionó la Fiscal provisoria en la imputación, el profesor Brewer Carías solicitó en diversas oportunidades la exhibición de los videos correspondientes, y sólo le fue mostrado el contenido de algunos de ellos. Los defensores del profesor Brewer solicitaron la exhibición del contenido de tales videos obteniendo en diversas ocasiones respuestas negativas, porque supuestamente las cintas no habían sido encontradas, o porque ante la gran cantidad de imputados existente en la investigación, se hacía difícil encontrar una oportunidad adecuada, o porque en ese momento el Despacho tenía otras ocupaciones.[123] La insistencia en observar los videos obedecía *a que se habían encontrado inexactitudes entre el contenido que de ellos citó y "transcribió" la Fiscal provisoria y lo que en realidad tales videos contenían.* De la escueta revisión que el profesor Brewer Carías pudo hacer de los videos, sin que pudiera analizarlos en la forma debida con sus defensores, encontró que los textos que transcribió la Fiscal provisoria en acta de imputación, de supuestas entrevistas hechas a periodistas, eran falsos y no se correspondían con lo que en las cintas se podía ver y oír; es decir, los textos transcritos en el acta de imputación fiscal no son ciertos, son totalmente falsos. (**Anexo 41**).

142. Por todo ello, la defensa procedió a solicitar la práctica de una diligencia consistente en ordenar efectuar por técnicos especializados en ello, la transcripción íntegra de todos los videos que cursaban en el expediente con

---

122 El Informe de la CIDH hace referencia a este punto en los párrafos 102 y 149-154.

123 El 16-02-05 los defensores del Dr. Brewer Carías solicitaron por escrito ver los videos Nos. 15, 16, 17, 18, 19, 20, 21 señalados en el acta de imputación; el 18-02-05 solicitaron nuevamente por escrito ver los videos Nos. 15, 16. 17. 18. 19, 20, 21 del acta de imputación; el 22-02-05 la Fiscal negó por escrito la solicitud de observar los videos 15, 16, 17, 18 y 19 "porque el imputado observó el contenido de los videos el 11.2.05". Los abogados defensores el 25-02-05 solicitaron de nuevo por escrito se fije día para observar los videos. El 08-03-05 se permitió al Dr. Brewer con su defensor, Dr. Cottin, observan los videos señalados con los Nos. 20 y 21 en el acta de imputación, no así el resto de los videos, indicando el funcionario de la Fiscalía que el Nº 22 sobre interpelación a Patricia Poleo no estaba en la Fiscalía, lo cual resultó inverosímil habida cuenta de que su supuesto contenido había sido transcrito en el acta de imputación. Ese mismo día 08-03-05 se pidió por escrito la fijación de oportunidad para la observación de la totalidad de los videos faltantes, lo cual tampoco fue atendido.

entrevistas a periodistas que pretendieran ser considerados como supuestos elementos probatorios de la imputación fiscal.[124] *Esta solicitud también fue negada arbitrariamente, en auto de 21-04-2005, aduciendo que ello no agregaría nada para la investigación* (Anexo 42).

143. Por otra parte, durante todo el proceso ante la Fiscal provisoria Sexta, ni el profesor Brewer Carías ni sus abogados defensores pudieron obtener copia de ninguna de las actuaciones. Lo único que se les permitió fue transcribir a mano y por sí mismos, las distintas piezas del expediente, que sumaron miles de páginas en XXVII piezas.[125] El Estado ha reconocido esta irregularidad, de la cual no se ha defendido más que afirmando que el profesor Brewer Carías y sus abogados tuvieron acceso a revisar el expediente en la sede de la fiscalía.

144. Debe mencionarse que el Estado, en su **Contestación ante la Comisión,** afirmó que "se *cuenta con diecisiete (17) actas firmadas por el abogado representante del Doctor Allan Brewer Carías durante el proceso llevado en el Ministerio Público por el Doctor Rafael Odreman, donde consta que revisó el expediente en todas y cada una de sus partes, incluso dichas audiencias donde constan tales revisiones fueron firmadas por él y sin ningún tipo de observación...* " (pág. 20). Igualmente señala el Estado que:

> "*...durante el tiempo que duro la fase de investigación, el mencionado ciudadano, conjunta o separadamente con sus abogados de confianza, se apersonaron en reiteradas oportunidades por ante el Despacho de la Fiscalía Sexta a Nivel nacional con Competencia Plena, a los fines de imponerse del contenido de la causa llevada en su contra, lo cual realizaron desde el mismo día de su imputación; de igual forma procedieron a revisar los videos y demás anexos vinculados con la misma. Cuestión que se evidencia en las planillas de solicitud de revisión de expedientes.* (Pág. 23)

145. La observación del Estado en su Contestación en nada desmiente que se hayan denegado las copias solicitadas, que es un hecho implícitamente admitido al sugerir que no hay derecho a obtener copias y que el imputado debe contentarse con leer las actas procesales en la sede de la fiscalía.

146. Recordamos que cuando el Juez temporal Manuel Bognanno intentó corregir estas irregularidades, su nombramiento como tal juez temporal *fue*

---

124 Diligencia de 18-3-2005. No obstante, se continuó en varias oportunidades solicitando ver los videos, con resultados negativos. Así ocurrió los días 31-03-05 y 20-04-05. Por falta de decisión oportuna, el 31-03-05 de nuevo por escrito se solicitó de la Fiscal proveyera sobre ésta y otras solicitudes.

125 En el escrito de los abogados defensores del Dr. Brewer Carías de fecha 10-08-2005 **(Anexo 46)** se da cuenta de la negativa de la Fiscal provisoria Sexta de expedir las copias del expediente que le fueron solicitadas.

dejado sin efecto "en razón a las observaciones que fueron formuladas ante este Despacho."[126]

b. Negativa fiscal a admitir pruebas promovidas por la defensa

147. La defensa del profesor Brewer Carías promovió varios testigos que fueron rechazados por la Fiscal provisoria Sexta sin sustento razonables. Fue el caso de señores Nelson Mezherane, Guaicaipuro Lameda, Yajaira Andueza, Nelson Socorro y Leopoldo Batista.[127]

148. La defensa del profesor Brewer Carías solicitó que, en aplicación del artículo 307 del Código Orgánico Procesal Penal (*prueba anticipada*),[128] se tomara declaración como testigo al Sr. Pedro Carmona Estanga, la persona más apropiada para afirmar o negar la participación del profesor Brewer Carías en los hechos que se le imputaron[129] **(Anexo 29)**. El Juez provisorio de Control negó la solicitud con el argumento de que la declaración del Dr. Carmona no tendría ningún valor porque él es imputado en la causa **(Anexo 30)**. Esta negativa de prueba es arbitraria porque según el derecho venezolano, la condición de imputado no representa ningún impedimento legal para prestar testimonio. Además, en primer lugar, un libro del Dr. Carmona (*Mi testimonio ante la historia*) **(Anexo 3)**, fue retorcidamente apreciado como elemento inculpatorio contra el Dr. Brewer Carías cuando del texto resulta lo contrario (*Véase supra ¶¶ 110 ss.; infra ¶ 150 596)*); y en segundo lugar, las declaraciones de otros imputados fueron invocadas como fundamento de la imputación o acusación de otras personas en el mismo proceso **(Anexo 31)**.[130]

Se incurrió así, de nuevo, en una flagrante contradicción en perjuicio del profesor Brewer Carías, puesto que, según semejante razonamiento, las pruebas son válidas sólo cuando sirven para sustentar los cargos de la imputación y acusación, pero no el descargo propio del derecho a la defensa.

---

126 **Anexo 69-B.** Ver párrafo 146 del Informe de la CIDH.

127 *Cfr.* Informe de la CIDH, párr. 100.

128 **Artículo 307. Prueba anticipada.** Cuando sea necesario practicar un reconocimiento, inspección o expertica, que por su naturaleza y características deban ser consideradas como actos definitivos e irreproducibles, o cuando deba recibirse una declaración que, por algún obstáculo difícil de superar, se presuma que no podrá hacerse durante el juicio, el ministerio público o cualquiera de las partes podrá requerir al juez de control que lo realice. Si el obstáculo no existiera para la fecha del debate, la persona deberá concurrir a prestar su declaración.

129 Invocaron, para este propósito, la Convención Interamericana sobre Asistencia Mutua en Materia Penal, en virtud de que el Dr. Carmona se encontraba en Bogotá por haberle sido otorgado asilo político por la República de Colombia.

130 Por ejemplo, pocos días después de rechazar el testimonio del Dr. Carmona, el mismo Juez de Control decretó medida privativa de libertad contra el ciudadano Daniel Romero y utilizó como elemento de convicción en su contra la declaración del Dr. Brewer Carías, quien también es imputado **(Anexo 31)**

149. Luego de la formalización de la acusación contra el Dr. Brewer Carías el 21 de octubre de 2005 **(Anexo 48)**, el proceso pasó de la fase de investigación a la fase intermedia, en la cual sus abogados defensores no sólo la contestaron en todas sus partes mediante escrito de 8 de noviembre de 2005 **(Anexo 2),**[131] sino que fundamentalmente denunciaron todas las violaciones ocurridas a sus garantías judiciales, solicitando la nulidad de todo lo actuado; y además, promovieron nuevamente la declaración del Dr. Carmona, como testigo **(Anexo 32)**; pero como se trataba del mismo Juez provisorio de Control que ya la había rechazado, se vieron obligados a recusarlo, por haber emitido opinión sobre el mismo punto. La Corte de Apelaciones declaró sin lugar la recusación considerando que la decisión previa del Juez provisorio de Control no significaba emisión de opinión porque en ella no había pronunciamiento sobre culpabilidad o inocencia del Dr. Brewer Carías **(Anexo 33)**. Olvidó la Corte que la negativa de una prueba crucial como esa puede hacer cambiar el dispositivo del fallo que en definitiva se dicte.

150. En vista de esta situación, los abogados defensores obtuvieron la declaración notariada bajo juramento del Sr. Pedro Carmona, ofrecida el día 23 de febrero de 2006 en Bogotá, la cual debidamente legalizada fue consignada en el expediente, en la cual éste manifestó que el profesor Brewer Carías no fue el autor del decreto del 12 de abril, sino que la opinión jurídica que le había expresado, requerida por el Dr. Carmona, fue contraria al contenido del mismo **(Anexo 4)** (*Véase infra ¶ 352*). Esta declaración ha sido ignorada por el Juez provisorio de Control, quien ha dictado decisiones ulteriores, incluida nada menos que la de privar de su libertad al profesor Brewer Carías, sin consideración alguna de la misma, es decir, como si la declaración notariada del Dr. Carmona no existiera. En dicha declaración, entre otros aspectos, Carmona dice:

> *Puedo afirmar por tanto, que el Dr. Allan R. Brewer-Carías no estaba presente en Fuerte Tiuna en el momento en que yo llegué a ese sitio en la madrugada del 12 de abril de 2002, ni cuando se decidió iniciar el análisis de un borrador de documento para la formación un gobierno de transición, ante el inminente anuncio de la renuncia del Presidente de la República, comunicado por fuentes gubernamentales. De lo manifestado en mi libro, ratifico que decidí llamar al Dr. Brewer-Carías en la madrugada del día 12 de abril de 2002 a su casa de habitación, y le pedí que se trasladara a Fuerte Tiuna, a cuyo efecto lo mandé a buscar con mi automóvil y chofer, desde donde luego fue retornado a su domicilio (p. 111).*

> *La llamada telefónica que le hice al Dr. Brewer-Carías tuvo como propósito solicitar su criterio, en su condición de abogado en ejercicio, sobre el mencionado borrador de documento, el cual a su llegada a*

---

131 El texto íntegro de la contestación a la acusación formulada contra el Dr. Brewer Carías se ha publicado en su libro ***En mi propia defensa***, Caracas 2006 **(Anexo 2)**

Fuerte Tiuna estaba redactado como tal, es decir, como un papel de trabajo. No había visto ni hablado con el Dr. Brewer-Carías en las semanas anteriores al día 12 de abril de 2002. Por tanto, de mi libro no puede resultar elemento de prueba alguna de que el Dr. Brewer-Carías hubiera conspirado ni participado en la redacción del mencionado borrador del decreto de gobierno de transición, más cuando, por el contrario, sobre el mismo me expresó luego una opinión discrepante" (pp. 107 y 108).

151. En síntesis, el Ministerio Público y los jueces que han intervenido en el proceso contra el Dr. Brewer Carías, se han rehusado arbitrariamente y en forma reiterada a aceptar un testimonio de la mayor relevancia para el descargo del Dr. Brewer Carías.

152. La defensa del profesor Brewer Carías también promovió como prueba la ficha migratoria de éste, en posesión de las autoridades competentes venezolanas, para demostrar que durante las semanas que precedieron al 12 de abril el profesor Brewer Carías no estuvo en Venezuela, de modo que no pudo estar conspirando para cambiar violentamente la Constitución. La Fiscal provisoria Sexta rechazó la prueba ofrecida en auto de 9 de mayo de 2005, por considerarla innecesaria **(Anexo 35)**.

E. *Negativa de la Fiscal provisoria Sexta de permitir el control de pruebas por la defensa.*

153. Los abogados defensores del profesor Brewer Carías pidieron la comparecencia como testigo del general Lucas Rincón, el jefe militar que anunció a la nación la renuncia del Presidente Chávez a instancia del Alto Mando Militar que él mismo encabezaba *(Véase supra ¶ 109)*; para lo cual introdujeron un interrogatorio mediante escrito de fecha 29 de septiembre de 2005 **(Anexo 27)**. En el expediente aparece un acta según la cual la Fiscal provisoria "recibió" el testimonio del General Rincón quien habría prestado declaración el 5 de octubre de 2005, sin que tal fecha se hubiera fijado previamente ni se convocara o notificara a la defensa. Según el acta, la declaración se habría prestado a las 3:30 p.m., es decir, habría durado media hora, toda vez que la Fiscalía despacha estrictamente hasta las 4 p.m.; sin expresar dónde se le habría tomado esa declaración. Aparece igualmente que respondió sesenta preguntas, lo que promedia **28 segundos** en la formulación, meditación, respuesta y transcripción **de cada pregunta (Anexo 28)**. Los abogados defensores no fueron notificados, ni pudieron comparecer ni repreguntar al testigo. La única pista de que esa declaración tuvo lugar es el acta mencionada, pues nadie vio comparecer al general Rincón a la Fiscalía, ni hubo registro de su presencia, exigido a todo el que entre en la sede de la Fiscalía. Se trata, por lo tanto, de un testigo de alta relevancia, que podía *"arrojar luz sobre los hechos"*, y que no pudo ser interrogado por la defensa por causas imputables al Estado.

F. *Los intentos del juez de control provisorio por controlar el expediente, la negativa de la Fiscal a ser controlada, negativa de pruebas y la destitución del juez*[132]

154. Como antes se ha avanzado *(Véase supra ¶ 130)*, el Juez de Control, que era el Juez Bognanno intentó ejercer un control mínimo sobre las arbitrariedades de la Fiscal provisoria Sexta. El 11 de mayo de 2005, el Juez Manuel Bognanno ordenó a la Fiscal Provisoria Sexta permitir a la defensa del profesor Brewer Carías "el acceso total al expediente y los videos que guarden en relación con la causa..." y consideró que no le correspondía pronunciarse sobre la pertinencia de los testimonios ofrecidos **(Anexo 44)**. El 30 de mayo de 2005 la Fiscal Provisoria Sexta solicitó ante el Juez Vigésimo Quinto **(Anexo 12)** y ante la Sala Nueve de la Corte de Apelaciones **(Anexo 19)** la declaratoria de nulidad de la decisión del Juez Bognanno.

155. El 10 de junio de 2005 el Juez Bognanno solicitó a la Fiscal provisoria Sexta que le remitiera el expediente, y ella le requirió el 27 de junio de 2005 "..., se sirva indicar a esta representación fiscal la norma en que fundamenta su solicitud, y que le imponga al Ministerio Público la obligación de informar y de remitir las actuaciones que cursan ante el mismo" **(Anexo 13)**. El mismo día el juez remitió una comunicación al Fiscal Superior del Ministerio Público del Área Metropolitana de Caracas informándole sobre presuntas acciones obstructoras por parte de la Fiscal provisoria Sexta que lleva la causa seguida al Dr. Carmona Estanga y otros, al no informar al Tribunal sobre el plazo fijado por el Ministerio Público para presentar -luego de pasados seis meses desde la individualización de los imputados- su acto conclusivo y solicitando al Ministerio que *"asuma una actitud objetiva, dirigida a colaborar y no ha* (sic) *obstaculizar la actuación del órgano jurisdiccional"*. **(Anexo 14)**. El juez provisorio Manuel Bognanno fue removido de su cargo el 29 de junio de 2005, al "dejarse sin efecto su designación" **(Anexo 69-B)**.

156. El 6 de julio de 2005 la Corte de Apelaciones declaró nula la decisión del Juez Temporal Vigésimo Quinto y ordenó que otro juez de control se pronuncie respecto del escrito de la defensa **(Anexo 26)**.

G. *Salida del profesor Brewer Carías de Venezuela en septiembre de 2005 y su permanencia en Nueva York*[133]

157. El 28 de septiembre de 2005, el profesor Brewer Carías se ausentó de Venezuela para atender una invitación para enseñar en la Universidad de Columbia en Nueva York, pero también luego de conocer y haber leído el libro escrito por el Fiscal General de la República, Sr. Isaías Rodríguez, titulado *"Abril comienza en Octubre"*, editado por (Grabados Nacionales C.A., Caracas, septiembre 2005 (Derechos Reservados por Julián Isaías Rodríguez

---

132 El Informe de la CIDH se refiere a este tema en los párrafos 103-106 y 127.

133 El Informe de la CIDH se refiere a este tema en el párrafo 107.

D.) (**Anexo 21**), publicado en esos mismos días de septiembre de 2005. Dicho Fiscal General, en ese libro, daba a Brewer por culpable de las falsas imputaciones que la Fiscal Sexta le había hecho, afirmando irresponsablemente que durante la noche del 11 al 12 de abril de 2002, el profesor Brewer Carías, habría estado, junto con otras personas, *"redactando los documentos constitutivos del nuevo gobierno"* (p. 195). Con una declaración pública de este tipo, hecha por el Jefe del Ministerio Público, Brewer Carías no podía esperar justicia alguna de parte de las autoridades fiscales ni judiciales venezolanas, por lo que procedió a enviarle a dicho Fiscal General de la República la comunicación que se acompaña como **Anexo 22**, denunciando la violación a sus derechos constitucionales.

H. *Acusación fiscal contra el profesor Brewer Carías y su contestación solicitando nulidad de todo lo actuado.*

158. La Fiscal provisoria Sexta, después de las afirmaciones públicas que había hecho el Fiscal General de la República en su libro, pasó a formalizar la acusación contra el profesor Brewer Carías el 21 de octubre de 2005 (**Anexo 48**), y el proceso pasó de la fase de investigación a la fase intermedia, en la cual sus abogados defensores no sólo la contestaron en todas sus partes mediante escrito de 8 de noviembre de 2005, sino que ejecieron el recurso de nulidad de todo lo actuado por violación de sus derechos y garantías judiciales constitucionales (**Anexo 2**).[134] Es decir, la contestación a la acusación incluyó la denuncia de todas las violaciones ocurridas a sus garantías judiciales según la Constitución (y la Convención), demandando en consecuencia la nulidad por inconstitucionalidad de todo lo actuado en el proceso.

159. En fecha 26 de octubre de 2005, los defensores del profesor Brewer Carías solicitaron ante el Juez provisorio de control, con base en el artículo 125.8 del Código Orgánico Procesal Penal, que se garantizara su derecho a ser juzgado en libertad y se declarara por anticipado la improcedencia de su privación de libertad durante el juicio, sobre lo cual el juez provisorio nunca se pronunció (**Anexo 49**). Por el contrario, como se verá luego (*Véase infra* ¶¶ *170 ss.*), en fecha 15 de junio de 2006 el Juez de Control ordenó su privación de libertad, orden que no ha sido ejecutada porque el profesor Brewer Carías estaba y permaneció en Nueva York.

I. *Decisión del juez de control reconociendo que la falta de realización de la audiencia preliminar no es imputable a la permanencia de Brewer en el exterior*

160. El juicio contra el profesor Brewer Carías, luego de que se formulara la acusación y se intentara el recurso de nulidad de todo lo actuado, y a

---

134 El texto íntegro de la contestación a la acusación formulada contra el Dr. Brewer Carías se ha publicado en su libro *En mi propia defensa*, Caracas 2006 (**Anexo 2**)

pesar de que el Juez de Control debía resolver sobre esa nulidad sin esperar la audiencia preliminar, se paralizó completamente respecto del profesor Brewer sin que dicha audiencia preliminar se hubiese realizado jamás, no solamente con respecto a él, sino en relación con todos los otros acusados en el mismo proceso. Destacamos que *el Juez de Control reconoció expresamente que la no realización de esa audiencia preliminar no era imputable al profesor Brewer Carías ni se debía a su ausencia del país*[135] (*Véase infra ¶ 443*).

161. En efecto, el 22 de febrero de 2007 la defensa de José Gregorio Vásquez, acusado conjuntamente con el profesor Brewer Carías, solicitó al Juez Temporal Vigésimo Quinto que, en vista de que la medida privativa de libertad contra Allan Brewer Carías no podía ejecutarse dado que él se encontraba en el extranjero, separase esa causa del proceso penal a fin de que se llevara a cabo la audiencia preliminar. El 20 de julio de 2007, el Juez decidió no separar la causa por cuanto el Tribunal se pronunciaría en la audiencia preliminar **(Anexo 55)**. En dicha decisión el Tribunal señaló

> *[...] en el caso de marras, **el acto de la Audiencia Preliminar no ha sido diferido por incomparecencia del Ciudadano ALLAN R. BRE-WER CARÍAS**, al contrario los diversos diferimientos que cursan el (sic) las actas del presente expediente han sido en virtud de las numerosas solicitudes interpuestas por los distintos defensores de los Imputados. No han sido por la ausencia contumaz del imputado antes emocionado, por el contrario, han sido producto de las innumerables solicitudes de diferimientos de la propia defensa.* (Énfasis añadido).

3. *Vulneración de la presunción de inocencia*

162. En el marco de la denuncia e investigación penal, desde el inicio se dio un adelanto de opinión sobre la culpabilidad del profesor Brewer Carías (*Véase infra ¶¶ 374 ss.*), y se le tuvo por culpable, contrariando la presunción de inocencia, por parte del Tribunal Supremo de Justicia. Ello se puede analizar en el contenido en las cartas que ese Tribunal le dirigió a la Presidenta del Instituto Interamericano de Derechos Humanos el 13 de diciembre de 2005 **(Anexo 15)** y al Presidente del Instituto Iberoamericano de Derecho Procesal Constitucional el 31 de enero de 2006 **(Anexo 16)**, las cuales, por la jerarquía del órgano de donde emanaron el cual además de ser la última y suprema instancia, controla todo el sistema judicial, priva también de toda posibilidad a la víctima de ser juzgada por un juez independiente e imparcial, como lo prescribe la Convención y todo estándar internacional relativo al debido proceso. Pero además, muchos otros órganos que han conocido de la investigación y otros de carácter político; en suma, la Fiscalía General, el Tribunal Supremo de Justicia, la Asamblea Nacional y hasta Embajadores de Venezuela en República Dominicana y Costa Rica, recurrieron al expediente cotidiano de con-

---

135 El Informe de la CIDH se refiere a estos hechos en su párrafo 115.

denar sin previo juicio, y en violación clara del principio de presunción de inocencia, derechos humanos fundamentales del profesor Brewer Carías como se indica a continuación y como se argumentará más adelante.

A. Violación del derecho a la presunción de inocencia por la imputación basada en un supuesto "hecho notorio comunicacional"

163. La imputación del delito del cual se acusa al profesor Brewer Carías tuvo como fundamento esencial un conjunto de versiones periodísticas que supuestamente vinculaban al profesor Brewer Carías con la redacción del decreto del 12 de abril, formuladas por personas **que no presenciaron hecho alguno ni fueron testigos de lo que opinaron.** Esas versiones habrían configurado un "hecho notorio comunicacional" (*Véase infra ¶ 373.)*Amén de que tal "hecho notorio comunicacional" no podía configurarse en presencia del inmediato y oportuno desmentido del mismo profesor Brewer Carías, valerse de semejantes versiones para desvirtuar e invertir la presunción de inocencia es incompatible con la Convención.

164. De acuerdo con la jurisprudencia de la Sala Constitucional del Tribunal Supremo de Justicia venezolano,[136] un *"hecho notorio comunicacional"* sólo se configura cuando existen **noticias sobre hechos o sucesos** difundidas por medios de comunicación social que no han sido desmentidas. Considera dicha Sala que *"los medios de comunicación social escritos, radiales o audiovisuales, publicitan un hecho como cierto, como sucedido, y esa situación de certeza se consolida* **cuando el hecho no es desmentido** *a pesar de que ocupa un espacio reiterado en los medios de comunicación social"* (énfasis añadido), sobre el mismo. Por ello, es *"necesario que el hecho no resulte sujeto a rectificaciones, a dudas sobre su existencia, a presunciones sobre la falsedad del mismo, que surjan de los mismos medios que lo comunican, o de otros".* En ese contexto, la Sala Constitucional ha juzgado que sólo si no han sido desmentidos es legítimo que *"el sentenciador disponga como ciertos y los fije en autos, a los hechos comunicacionales que se publicitan hacia todo el colectivo y que en un momento dado se hacen notorios (así sea transitoriamente) para ese colectivo."*[137]

---

136 Sentencia N° 98 de 15 de marzo de 2000 (Caso Oscar Silva Hernández). Disponible en http://www.tsj.gov.ve/decisiones/scon/Marzo/98-150300-0146.htm. **Anexo 109**

137 La Sala ilustra su criterio en los siguiente términos*: "Resulta un despilfarro probatorio y un ritualismo excesivo, contrario a las previsiones de una justicia idónea, responsable, sin dilaciones indebidas y sin formalismos, que consagra el artículo 26 de la vigente Constitución, que se deba probar formalmente en un juicio, por ejemplo, que la Línea Aeropostal Venezolana es una línea aérea; que fulano es el Gobernador de un Estado;, o que existen bebidas gaseosas ligeras, o que el equipo Magallanes es un equipo de béisbol; o que José Luis Rodríguez es un cantante; o Rudy Rodríguez una actriz; o que una persona fue asesinada, y que su presunto victimario resultó absuelto; se trata de conocimientos de igual entidad que el difundido por la prensa en*

165. En el caso del profesor Brewer Carías, por lo demás, ninguna de las opiniones periodísticas en cuyos recortes se fundamentó la denuncia y la imputación y la acusación fiscal contenían "noticias sobre hechos o sucesos, sino que **solo eran opiniones de periodistas**, que en ningún caso pueden dar lugar a lo que el Tribunal Supremo califica como hecho notorio comunicacional; opiniones de periodistas que además, fueron desmentidas públicamente e inmediatamente por Brewer Carías.

> **B.** *Violación de la presunción de inocencia por improcedente inversión de la carga de la prueba por formulación expresa de la Fiscal provisoria Sexta*

166. En el proceso de imputación llevado a cabo por la Fiscal provisoria Sexta (hoy Fiscal general de la República) contra el profesor Brewer Carías, se invirtió de manera insólita la presunción de inocencia y la carga de la prueba, con el fin de que él, y otros imputados, tuvieran la obligación imposible de demostrar hechos que no cometieron (hechos negativos), como textualmente expresó dicha funcionaria: *"¿Por qué se supone que no conspiró?"* **(Anexo 19)**. Se les conminó a lo imposible cuando el Ministerio Público les requirió demostrar que ellos no conspiraron o que demuestren que ellos no redactaron el *decreto de auto proclamación y disolución de todos los poderes públicos*, cuando era precisamente ese ente acusador el que debía demostrar lo opuesto, es decir, si fueron los imputados los que conspiraron y los que redactaron el decreto *(Véase infra ¶ 388)*.

> **C.** *Violación de la presunción de inocencia por otros órganos del Poder Público*

167. Otros órganos del poder público emitieron pronunciamientos que prejuzgaron y violaron el principio de inocencia que debía resguardarse en favor del profesor Brewer Carías en todo momento, no sólo en el ámbito penal, sino en el administrativo y civil. Como se demostrará en la parte argumental, esos otros órganos fueron la Asamblea Nacional que designó una "Comisión Parlamentaria Especial para Investigar los sucesos de abril de 2002"; el Tribunal Supremo de Justicia; el Fiscal General de la República y los Embajadores de Venezuela en Costa Rica y en República Dominicana *(Véase infra ¶¶ 390 ss.)*.

---

el sentido que un día y hora determinado hubo una gran congestión de transito en una avenida, o se cayó un puente en ella, etc." **Anexo 109**

4. Hechos en relación con la persecución política contra el profesor Brewer Carías

A. La Carta de Magistrados del Tribunal Supremo al Instituto Interamericano de Derechos Humanos y al Instituto Iberoamericano de Derecho Procesal Constitucional

168. Como se ha visto, ya desde antes de la formulación de la acusación, con está y después, los derechos y garantías judiciales del profesor Brewer Carías fueron abiertamente violadas por el Ministerio Público, no sólo con las actuaciones de la Fiscal provisoria Sexta, sino de lo escrito públicamente por el propio jefe del Ministerio Público, Fiscal General de la República, en el libro de su autoría. Pero además, tales garantías y derechos también fueron abiertamente violados por los Magistrados del Tribunal Supremo de Justicia en sendas comunicaciones enviadas, en nombre del Tribunal, al Instituto Interamericano de Derechos Humanos y al Instituto Iberoamericano de Derecho Procesal Constitucional[138] (*Véase infra ¶¶ 396*). En ambas cartas, en las cuales se calificó como testigo "privilegiado" al Dr. Carmona, (**Anexos 15 y 16**) se afirma los siguiente:

> *Numerosos testimonios que son de conocimiento público señalan al profesor Brewer Carías como uno de los autores del decreto en alusión [...]. Naturalmente, este asunto debe ventilarse frente al juez natural aquí en Venezuela con todas las garantías [...]. Estamos seguros que el profesor Brewer Carías se apersonará para responsablemente aclarar su situación frente a la ley.*

169. En esta forma, sin ningún recato ni restricción, y sin tomar en cuenta la afirmación en contrario del Dr. Carmona en su libro (*Véase infra ¶ 350*) que desmiente la afirmación, los Magistrados firmantes de dichas comunicaciones del máximo Tribunal de la República asumieron que éste era *"señalado"* como *"uno de los autores del decreto en alusión,"* y así lo expresaron por escrito a los referidos y prestigiosos Institutos, de los cuales es miembro el profesor Brewer Carías. El Tribunal Supremo se colocó de esta manera en la misma línea de condenar sin juicio al profesor Brewer Carías, sólo basándose en lo que denominó *"testimonios que son de conocimiento público"* y que no pueden se otros que reportajes de opiniones de periodistas quienes no estuvieron siquiera en el lugar de los hechos, de los que por tanto no podían, ni pudieron en efecto, dar *"testimonio"* alguno, pues estuvieron basados en fuentes anónimas o en referencias, y la imaginación de cada quien, como lo admitieron en sus declaraciones ante la Fiscal provisoria Sexta. Es decir, en esas cartas, el Tribunal Supremo adoptó las mismas opiniones referenciales de periodistas con base en los cuales se imputó al profesor Brewer un delito tan grave como el de conspirar para cambiar violentamente la Constitución. Con ello, los Ma-

---

138 Estas cartas son aludidas en el párrafo 111 del Informe de la Comisión

gistrados violaron el derecho a la presunción de inocencia del profesor Brewer Carías, teniéndolo por culpable de un hecho que no cometió como fue la redacción del decreto Carmona, y sumaron una prueba más al expediente de la acción coincidente de todos los Poderes Públicos de emprender una persecución criminal contra un disidente notorio y calificado, condenándolo públicamente por un grave delito, con prescindencia de las garantías que le ofrece la Convención.

B. *Información suministrada por la defensa al juez de control sobre la permanencia de Brewer Carías en Nueva York, y la solicitud de la Fiscal al juez de que dictase medida privativa de libertad en su contra, e inicio de la persecución en su contra incluso apelando a Interpol*

170. Como ya lo hemos referido, el 10 de mayo de 2006 los abogados defensores de la víctima en el presente caso, informaron al Juez de Control sobre las actividades académicas que estaba realizando en Nueva York, y solicitaron que continuara el proceso con respecto a otros acusados en el mismo expediente **(Anexo 50)**. En su comunicación al Juez de Control, los defensores del profesor Brewer Carías expresaron:

> *... que la Ilustre Universidad de Columbia le ha brindado* [al profesor Brewer Carías] *la oportunidad de realizar un viejo anhelo profesional ...ha tomado la decisión de esperar a que se presenten las condiciones idóneas para obtener un juicio imparcial y con respeto de sus garantías ...a fin de que tome la decisión que crea conveniente y continúe adelante con el proceso, todo ello a fin de no causar ninguna dilación, ni perjuicios a los demás encausados en la presente causa.* **(Véase infra ¶ 192)**.

171. Como única respuesta a dicha comunicación, se produjo la solicitud, de 2 de junio de 2006, de la Fiscal provisoria Sexta para que el Juez de control dictase una medida privativa de libertad **(Anexo 51)**, "por peligro de fuga", aun cuando sabía que el profesor Brewer Carías estaba fuera de Venezuela, por razones académicas y profesionales que en modo alguno podían conceptuarse como "fuga." A dicha solicitud, de inmediato accedió el Juez provisorio de Control, quien el 15 de junio de 2006 acordó la medida de privación judicial preventiva de libertad Nº 010-06 en contra de la víctima **(Anexo 52)**. La orden de aprehensión fue remitida tanto al Director del Cuerpo de investigaciones Científicas, Penales y Criminalísticas como a la Dirección de INTERPOL **(Anexo 23)**. Como ya lo hemos expuesto, esa orden no ha sido ejecutada porque el Dr. Brewer Carías permaneció en Nueva York.

172. Es claro que el profesor Brewer Carías permanece fuera de Venezuela. La medida privativa de libertad fue paradójicamente dictada "por peligro de fuga" respecto de una persona que no estaba en Venezuela, y que no se había salido del país como fugitivo sino legalmente, en ejercicio de sus derechos constitucionales, ya que nada se lo impedía. De hecho y en la práctica, esa medida resultó en una "prohibición de entrada al país," pues de regresar el profesor Brewer Carías perdería su libertad, con el riesgo de ser encarcelado "preventivamente" *sine die*, como ha ocurrido en numerosos casos de perseguidos por el actual régimen.

173. Su permanencia en el exterior, sin embargo, no ha significado que no se hayan continuado produciendo violaciones a sus derechos por el Estado venezolano, donde la persecución orquestada desde el Poder Ejecutivo a través de todas las ramas del Poder Público, ha continuado. Así, le fue negado formalmente en 2011, en el Consulado de Venezuela en Nueva York, la expedición de su pasaporte, por instrucciones del Ministerio Público venezolano, sin tener este órgano competencia alguna para ello (**Anexos 111 y 112**). Se agrega así una nueva violación a sus derechos, en particular, el derecho a la identificación personal. Y al negársele la expedición o prórroga de su pasaporte se le ha negado además, expresamente, su derecho a inscribirse en el registro electoral permanente de Venezuela, y con ello se ha producido una nueva violación a su derecho al sufragio activo (**Anexo 113**).

C. *Persecución a escala internacional. Actuación del Embajador en República Dominicana, nueva solicitud de intervención de INTERPOL, e intento de conversión del delito imputado en otro delito de frustrado magnicidio*

174. En fecha 12 de julio de 2006, el profesor Brewer Carías viajó a Santo Domingo, República Dominicana, para atender la invitación que recibió para dictar una conferencia en la sede del Senado de ese país sobre temas de reforma constitucional. Enterado de que el profesor Brewer Carías estaría en la República Dominicana para el anterior propósito el día 12 de julio de 2006, la víspera, el 11 de julio de 2006, el Embajador de Venezuela ante la República Dominicana, general Francisco Belisario Landis (quien previamente fue director de un cuerpo policial venezolano) envió una comunicación al coronel Horacio Veras Cabrera, Director de la INTERPOL, Policía Nacional, de la República Dominicana, informándole de las acciones iniciadas en Venezuela con motivo de la orden de privación de libertad contra la víctima, a los efectos de pretender darle un ámbito internacional a dicha orden de detención judicial preventiva dictada por el Tribunal Penal de Caracas, solicitando que se "capturara" al profesor Brewer Carías (**Anexo 23**)[139]. El general Belisario Landis, además, desarrolló una campaña de prensa, originando titulares *como Embajador Venezuela denuncia presencia de "conspirador" en RD* (*Listín Diario*, 13 de julio de 2006, p. 1), que fueron reproducidos en diarios de la República Dominicana, de Venezuela y de otros países (**Anexo 24**) (*Véase infra ¶ 400*).

175. En la misma fecha, el 12 de julio de 2006, la Fiscal provisoria Sexta cursó una solicitud de cooperación a la INTERPOL para la búsqueda y locali-

---

139 Este hecho se encuentra referido en el párrafo 116 del Informe de la CIDH.

zación del profesor Brewer Carías, con miras a su detención preventiva y a su posible extradición **(Anexo 57)**. En respuesta, la INTERPOL solicitó información a los tribunales sobre el carácter del delito imputado a Brewer Carías, que era el de rebelión (delito político), y su supuesta consideración por las autoridades venezolanas como "derecho común" para haber solicitado la intervención de INTERPOL **(Anexo 56)**. El 1° de junio de 2007, la Comisión de Control de Expedientes de INTERPOL concluyó que la naturaleza de la acción tomada en contra del profesor Brewer Carías **era predominantemente política** por lo que, en consecuencia, recomendó que la Secretaría General de INTERPOL borrara el registro de Allan Brewer Carías (86). Mediante aclaratoria del 17 de septiembre de 2007 el Tribunal de Primera Instancia en Función de Control del Circuito Judicial del Área Metropolitana de Caracas respondió que el profesor Brewer Carías sería el autor intelectual de un atentado frustrado en contra del Presidente de la República, por lo que supuestamente quedaba desvirtuada la naturaleza de delito político de la imputación **(Anexo 57)**. La defensa apeló y solicitó que dicha aclaratoria fuera anulada. Dicha apelación fue desestimada el 29 de octubre de 2007 **(Anexo 58)**.[140] INTERPOL, en todo caso, al final, hizo caso omiso de semejante arbitrariedad *(Véase infra ¶¶ 181 ss.)*.

176. Los hechos anteriormente descritos, agravaron la condición del profesor Brewer Carías como víctima de persecución política mediante la utilización indebida de procedimientos judiciales, con el agregado de la persecución policial internacional instaurado el Estado en su contra. El profesor Brewer Carías tuvo planeado asistir a eventos académicos a los que fue invitado en España y en Perú. No obstante, antes de viajar, advirtió a los respectivos profesores que lo invitaron sobre los antecedentes referidos. En ambos casos se verificó que existía una nota informativa de la solicitud de orden de captura internacional originada en la Oficina Central Nacional (OCN) de INTERPOL en Caracas. Prudentemente el profesor Brewer Carías decidió cancelar su comparecencia a estos eventos.

177. Los abogados del profesor Brewer Carías en Venezuela, Dres. Rafael Odreman y León Henrique Cottin, tuvieron noticia de que en la misma fecha en la que el profesor Brewer Carías dictó su conferencia en Santo Domingo, es decir, 12 de julio de 2007, las autoridades venezolanas solicitaron directamente a INTERPOL, cuya Secretaría General se encuentra en Lyon, Francia, la aprehensión internacional del profesor Brewer Carías. Esta solicitud contraviene el artículo 3 del Estatuto de INTERPOL, que prohíbe a la Organización *"toda actividad o intervención en asuntos de carácter político, militar, religioso o racial"*. El delito imputado al profesor Brewer Carías es un típico delito político puro,[141] por lo cual el requerimiento de captura a la INTERPOL era y es manifiestamente inconducente y abusivo.

---

140 Estos hechos se encuentran referidos en el párrafo 116 del **Informe de la CIDH.**

141 El tema de los delitos de naturaleza política se plantea con frecuencia en materia de extradición, asilo y refugio. En el ámbito interamericano, por ejemplo, el artículo IV de la Convención sobre Asilo Territorial (de 1954) establece, que *"la extradición no*

402

178. Sin embargo, los abogados sólo tuvieron noticia formal de este requerimiento en agosto de 2007, pues fue sólo entonces cuando se incorporó al expediente judicial del Juez de Control la nota Ref. OLA/34990-3/STA/36-E/EM/sm, de 27 de julio de 2007, dirigida por la Secretaría General y la Oficina de Asuntos Jurídicos de INTERPOL en Lyon, Francia, al Juzgado Vigésimo Quinto de Primera Instancia en función de Control del Circuito Judicial Penal del Área Metropolitana de Caracas (**Anexo N° 56**). En dicha comunicación, INTERPOL expresó que *prima facie*, el delito imputado al profesor Brewer Carías entra en la categoría de "delitos políticos puros", y se indica además que, aunque en el mensaje de difusión se hace referencia a una conspiración con uso de violencia, no se menciona ningún hecho constitutivo de infracción penal de derecho común. INTERPOL igualmente expresó que, en razón de lo anterior, sometió a estudio jurídico el requerimiento venezolano de julio de 2006 y procedió a solicitar información complementaria a las autoridades judiciales venezolanas competentes, la cual *"[a] pesar de los varios recordatorios enviados, hasta ahora no se ha recibido ninguna información que satisfaga los requisitos estipulados por el RTI"* (Reglamento sobre el Tratamiento de Información).

179. La referida comunicación de INTERPOL informó que, en virtud de lo anterior, en aplicación del artículo 10.1(d) del RTI, "la Secretaría General consideró que en tanto se daba respuesta a la consulta, (…) era necesario adoptar medidas cautelares (…). Por ello, decidió insertar una advertencia en la información relativa al Sr. BREWER CARIAS, visible para todos los Miembros que la consultaran, que indicara que ésta estaba siendo objeto de un examen jurídico."

180. También se dio cuenta en esa comunicación del trámite de la queja presentada por el profesor Brewer Carías ante la Comisión de Control de INTERPOL, habida cuenta del acoso del que era objeto por el Estado utilizando indebidamente la INTERPOL. La Comisión de Control, al no haber recibido las aclaraciones solicitadas de las autoridades venezolanas, recomendó que la información difundida sobre el profesor Brewer Carías por INTERPOL-Caracas *fuera retirada de la base de datos de INTERPOL*. La Secretaría Ge-

---

es procedente cuando se trate de personas que, con arreglo a la calificación del Estado requerido, sean perseguidas por delitos políticos o por delitos comunes cometidos con fines políticos, ni cuando la extradición se solicita obedeciendo a móviles predominantemente políticos". El problema fundamental, con relación a la aplicación de este principio, radica en determinar lo que ha de entenderse por delito político. Al respecto la doctrina distingue entre los **delitos políticos puros** que constituyen una ofensa o un atentado, por si mismos, contra la forma de organización política del Estado, o contra el orden constitucional o, en general contra los fines políticos del Estado, que sería evidentemente el caso del delito arbitrariamente imputado al profesor Brewer Carías; los **delitos políticos relativos**, que serian delitos comunes cometidos con un fin político; y los **delitos conexos con los delitos políticos** que son delitos comunes cometidos en el curso de delitos políticos y vinculados, por tanto, circunstancialmente con éstos. *Cfr.* ARTEAGA SÁNCHEZ, A.: *Derecho Penal Venezolano*, Octava Edición, McGraw-Hill 1997; págs. 63-64.

neral, se informó, en tales circunstancias *"está obligada a bloquear la información relativa al Sr. BREWER CARIAS."*

181. Sin embargo, como la Oficina de Caracas pidió que se prorrogara la fase consultiva, la Secretaría General de INTERPOL decidió "solicita(r) respetuosamente al Tribunal de Primera Instancia en Función de Control del Circuito Judicial del Área Metropolitana de Caracas que, a través de la OCN de Caracas, le facilite la información que demuestre el carácter de delito de derecho común del caso, en el sentido en que tal concepto se entiende en el estatuto y la normativa de INTERPOL." (Subrayado añadido). Advirtió asimismo que, de no recibir la información solicitada en el plazo de un mes, la Secretaría General "estará obligada a destruir toda la información relativa al Sr. BREWER CARIAS."

182. El plazo de un mes transcurrió sin que se produjera respuesta alguna por parte del tribunal requerido, de modo que debería presumirse que la información relativa al profesor Brewer Carías debió haber sido destruida por INTERPOL, conforme a lo anunciado. Así ocurrió efectivamente, y la INTERPOL confiando en la buena fe en la seguridad de los servicios de correo en Venezuela, notificó al abogado del profesor Allan R. Brewer Carías en Caracas, Dr. León Henrique Cottín que se había ordenado eliminar la información de los archivos y terminales de INTERPOL. Dicha correspondencia y las subsiguientes, sin embargo, nunca llegaron a su destinatario, pues el correo nunca las entregó.

183. Ello no obstante, el 17 de septiembre de 2007, es decir, vencido el lapso determinado por INTERPOL, el referido Juzgado produjo una decisión insólita, denominada por el juez como *"Aclaratoria"* (**Anexo 57**), en la cual se consignó información falsa y hasta pretendió cambiarse de oficio la calificación del delito a fin de justificar la persecución internacional contra el profesor Brewer Carías, todo lo cual redundó en nuevas violaciones al debido proceso y en la agudización de la indefensión con la que arbitrariamente se castiga a la víctima en el presente caso (*Véase infra ¶ 367*).

184. En efecto, la referida *"Aclaratoria"* judicial ratificó, en primer término, que al profesor Brewer Carías se le acusó de haber cometido el delito tipificado en el artículo 143, numeral 2, del Código Penal, es decir el delito de rebelión, bajo la modalidad de conspiración para cambiar violentamente la Constitución. A renglón seguido se afirmó sin más argumentación que *"en la presente causa no puede atribuírsele los hechos imputados (sic) al ciudadano ALAN BREWER CARIAS, el carácter de Delito Político, pues se perdería el sentido de este compromiso internacional."*

185. El Tribunal requerido, no obstante, se atrevió a más y se atrevió a sugerir que el profesor Brewer Carías ¡estuvo envuelto en un complot para asesinar al Presidente de la República! Esta absurda e inverosímil conclusión es la que se deduce del siguiente párrafo de la *Aclaratoria*:

> [...] contra el Presidente de la República Bolivariana de Venezuela, ciudadano Hugo Chávez Frías, **al parecer**, según los elementos de con-

vicción transcritos, se cometió un atentado frustrado, cuya autoría intelectual orientan (sic) al ciudadano imputado ALAN BREWER CARIAS, quedando desvirtuada, como antes se indicó, la naturaleza del delito político de los hechos aquí reproducidos. (**Anexo 57**. Resaltado y subrayado añadidos).

186.   Semejante afirmación, (*Véase infra* ¶ *369)* que es una copia de lo que el ex Magistrado Presidente de la Sala Penal del Tribunal Supremo de Justicia Eladio Aponte Aponte, quien ha confesado públicamente las violaciones a la independencia y autonomía del Poder Judicial (*Véase supra* ¶¶ *88)* expuso como Ponente de la sentencia dictada por el Tribunal Supremo de Justicia de fecha 17 de abril de 2007 en el caso de la solicitud de extradición de Pedro Carmona (**Anexo 110**), representa en primer término, una prueba adicional de la arbitraria determinación del gobierno venezolano de mantener a toda costa su persecución internacional contra el profesor Brewer Carías. Al no encontrar cómo demostrar que la rebelión no es un delito político, irresponsablemente arroja sobre la víctima en este caso la insinuación de que es un asesino y que "al parecer" es el "autor intelectual" de un atentado frustrado contra el Presidente de la República. Llegar hasta este extremo para acosar policialmente a un profesor universitario de intachable trayectoria, y tratar de hacerlo preso en cualquier parte del mundo, es una ignominia que debería hablar por sí sola; y muestra además, al utilizar el mismo lenguaje usado por el Ex Magistrado Aponte Aponte, quien ha confesado públicamente su rol en la persecución de la disidencia, que se trató de un plan orquestado desde la cúpula judicial penal, lo que dice muy poco de la autonomía e independencia de los jueces. En segundo término, esta calificación sobrevenida de magnicidio frustrado constituye una nueva violación a las garantías judiciales, a la que nos referiremos más adelante en el presente escrito de *Solicitudes, Argumentos y Pruebas* (*Véase infra* ¶¶ *363 ss.).*

187.   Los abogados del profesor Brewer Carías apelaron y solicitaron que se anulara la llamada *Aclaratoria*. La apelación fue desestimada por decisión de la Sala 8 de la Corte de Apelaciones del Circuito Judicial Penal del Área Metropolitana de Caracas, de 29 de octubre de 2007 (**Anexo 58**).

188.   El cuadro de hostigamiento contra el profesor Brewer Carías no ha cesado. La nota referida de INTERPOL al Tribunal de Control, efectivamente, en ausencia de respuesta satisfactoria y oportuna, condujo a que se ordenara la destrucción de la información sobre el profesor Brewer Carías transmitida a esa Organización por las autoridades venezolanas. Sin embargo, como ya se relató, ni el profesor Brewer Carías ni sus abogados recibieron oportunamente la comunicación oficial al respecto. Posteriormente las notificaciones de INTERPOL le fueron remitidas a su dirección en Nueva York. Sin embargo, la consecuencia fáctica de la persecución, fue y ha sido que la nota referida a la solicitud de captura en varios países no se hubiera eliminado efectivamente de los registros e migración. Ello ocurrió, según noticias fidedignas que el profesor Brewer Carías recibió, en países como Perú y España, y más recientemente en Colombia, Argentina y Chile, donde las autoridades y pro-

fesores que lo invitaron para participar en actividades académicas, debieron aclarar previamente con las autoridades de policía la decisión de INTERPOL de borrar la referida información, que aún quedaba en los terminales de información de los países. Incluso a comienzos de julio de 2012, el profesor Brewer debió desistir de concurrir a dar un curso en Buenos Aires sobre Justicia Constitucional, en la Universidad Lomas de Zamora, por persistir en los terminales de migración de ese país la nota en relación con el profesor Brewer con motivo del requerimiento del Estado.

189. Por otra parte, incluso a pesar de que la INTERPOL, de acuerdo con su Estatuto y su normativa haya dispuesto la destrucción de la información concerniente al profesor Brewer Carías, los antecedentes señalados nos hacen presumir que el gobierno venezolano se valdrá de la acotación contenida en la comunicación final de INTERPOL, según la cual su decisión *"[no] impide que las autoridades venezolanas traten de obtener la cooperación internacional por otras vías distintas a INTERPOL."* Todo hace presumir que el gobierno no cejará en su empeño de perseguir y encarcelar al profesor Brewer Carías a cualquier precio.

190. Como consecuencia de esta situación, el profesor Brewer Carías se vió compelido a mantenerse en su domicilio durante mucho tiempo, para evitar las asechanzas del gobierno venezolano. Esto agrega nuevos elementos agravantes sobre las violaciones a los derechos a la seguridad y a la libertad de circulación, garantizados por los artículos 7 y 22 de la Convención. En el **Anexo 59** puede verse una lista de diez y siete importantes eventos académicos con las correspondientes invitaciones hasta 2009, en los cuales el profesor Brewer Carías tenía prevista una participación relevante, a los que se vio compelido a dejar de asistir como consecuencia del hostigamiento universal al que lo ha sometido con ensañamiento el gobierno venezolano.

D. *Afirmación de la Fiscal sobre la percepción del profesor Brewer Carías sobre la justicia en el país*

191. La Fiscal General de la República, Luisa Ortega Díaz (ex Fiscal provisoria Sexta), suministró una declaración a la prensa haciendo su propia interpretación de la ausencia del profesor Brewer Carías del país, tergiversando los términos de la posición expresada al Tribunal de Control por sus abogados. La Sra. Ortega Díaz declaró a la prensa: *"cuando conduje esa investigación el abogado BC, ya siendo acusado, fue convocado para la audiencia preliminar, y a través de sus abogados envió una comunicación donde decía que no creía en la justicia venezolana, que la justicia venezolana no le daba garantía a ningún ciudadano incluso a él, que por eso optaba por irse del país y que no regresaría hasta tanto no cambiara el Gobierno."* [142] **(Anexo 71)**.

---

142 Este hecho se encuentra referido en el párrafo 117 del Informe de la CIDH.

192. Efectivamente, como ya se ha referido *(Véase supra ¶ 170)*, con fecha 10 de mayo de 2006, los abogados del profesor Brewer Carías informaron al Juez provisorio de Control que su defendido, después de haber permanecido en Venezuela durante toda la fase de investigación entre enero y septiembre de 2005, en ejercicio legítimo de su actividad académica, había aceptado la designación que se le ha hecho de Profesor Adjunto en la Facultad de Derecho de la Universidad de Columbia, en Nueva York[143] **(Anexo 50)**, ciudad en la que permanece en esta fecha. Ese escrito contiene una síntesis muy clara y contundente de los agravios a las garantías judiciales que ya se habían cometido durante la parodia judicial a la que se ha visto sometido el profesor Brewer Carías, de tal modo que consideramos útil e ilustrativo reproducirlo íntegro en el presente escrito ante la Corte:

Ciudadano

Juez Vigésimo Quinto de Primera Instancia en Funciones de Control del Circuito Judicial Penal del Área Metropolitana de Caracas.

Su Despacho.

Nosotros, León Henrique Cottin y José Rafael Odreman L., abogados en ejercicio, de este domicilio, inscritos en el IPSA bajo los Nos. 7.135 y 18.101, respectivamente, actuando con el carácter de defensores del Dr. Allan R. Brewer Carías, en el expediente N° 1183 nomenclatura de ese Honorable Tribunal, ante Usted respetuosamente ocurrimos a fin de exponer:

En conversación sostenida con nuestro defendido, nos ha manifestado una serie de reflexiones y decisiones tomadas que respetuosamente cumplimos en transmitirle al Tribunal a continuación:

Nos ha dicho que la actuación del Ministerio Público en el presente caso no ha sido otra cosa que **una clara persecución política oficial en su contra, utilizando como pretexto el haber atendido a una solicitud que se le hizo, en su carácter de abogado, el 12 de abril de 2002 para en medio de la crisis política que se originó en Venezuela por la oficialmente anunciada renuncia del Presidente Chávez, dar una opinión jurídica sobre un proyecto de decreto de gobierno de transición**

---

143 Donde dictó el Seminario sobre "The 'Amparo Suit': Judicial Protection of Human Rights in Latin America (A Comparative Law Study of the Suit for 'Amparo')", publicado como *Constitutional Protection of Human Rights in Latin America. A Comparative Study of the Amparo Proceedings*, Cambridge University Press, New York, 2008, 432 pp. Los documentos legislativos que sirvieron de base para dicho seminario se publicaron además, con el título: *Leyes de Amparo de América Latina*, Instituto de Administración Pública de Jalisco y sus Municipios, Instituto de Administración Pública del Estado de México, Poder Judicial del Estado de México, Academia de Derecho Constitucional de la Confederación de Colegios y Asociaciones de Abogados de México, Jalisco 2009, 2 Vols.

originado por dicha renuncia, frente al cual, incluso, manifestó una opinión contraria a lo que contenía, particularmente en cuanto a la inconstitucional decisión de disolución de los poderes públicos constituidos que se pretendía, lo cual violaba además los postulados de la Carta Democrática Interamericana.

Que ello lo ha reconocido públicamente el Sr. Pedro Carmona Estanga, tanto en su libro titulado *Mi testimonio ante la Historia*, como en la interpelación que le hiciera la Asamblea Nacional, así como también en declaraciones dadas a los medios de comunicación. Incluso, posteriormente, lo ha escrito y declarado en forma oficial, tal y como consta en el documento contentivo de su declaración que, debidamente legalizada hemos consignado en el presente expediente, **en la cual, en forma clara y concisa ha manifestado que nuestro defendido no es el autor del decreto leído en Miraflores el 12 de abril de 2002, sino mas bien que su opinión fue contraria al contenido del mismo.**

Que esa evidencia no ha servido ni para el Ministerio Público ni para el Tribunal que ha conocido de esta causa, siendo que lo que lo favorece en el expediente se usa amañadamente para buscar condenarlo.

Que desde el inicio de la investigación en su contra en **julio de 2002 enfrentó jurídicamente la injusta e infundada imputación y asumió su defensa, acudiendo durante nueve meses al Ministerio Público,** disciplinadamente, a estudiar y copiar a mano el expediente, pero durante todo ese tiempo **su derecho al debido proceso fue sistemática y masivamente vulnerado: la imputación de entonces, como la acusación de ahora, se fundamentó esencialmente en "recortes de prensa" de opiniones y comentarios de periodistas, sin fundamento y totalmente referenciales;** la Fiscal del caso **invirtió la carga de la prueba** olvidándose de que ella era la obligada a probar, exigiendo que los imputados probaran hechos negativos, violando así la garantía constitucional de la presunción de inocencia; y a la vez, ha negado la evacuación de muchas de las pruebas solicitadas por la defensa.

Que el propio **Fiscal General de la República ha violentado directamente su garantía a la presunción de inocencia, al haberlo condenado públicamente de antemano, violando las más elementales normas legales y éticas que rigen al Ministerio Público,** al publicar su libro autobiográfico titulado *Abril comienza en Octubre* (Septiembre 2005), en el cual haciendo suyos malintencionados comentarios periodísticos, da por cierto hechos que son falsos.

Que ante el **reclamo oportuno hecho en sede jurisdiccional,** sólo ha obtenido respuestas negativas fundamentadas en la errada opinión de que el Juez de Control no puede inmiscuirse en la investigación del Ministerio Público, cuando en realidad la ley procesal[144] lo obliga a hacer respetar las garantías procesales y a ejercer el estricto control del cumplimiento de los principios y garantías establecidos en dicha ley, en la Constitución, en los tratados, convenios o acuerdos internacionales.

Que esas respuestas negativas y muchas veces tardías del órgano jurisdiccional han constituido a su vez nuevas violaciones a sus garantías constitucionales.

Que pruebas irrefutables de ello lo constituye la **negativa de la Fiscal y del Juez a acordar nuestras solicitudes de tomar declaración a varias personas que presenciaron la opinión discrepante** que tuvo sobre el decreto.

Que el fundamento de tal negativa fue que se trata de declaraciones referenciales, pero a la vez **se utilizan en su contra como válidos, recortes de periódico contentivos de opiniones de algunos periodistas, que sí constituyen testimonios referenciales; y son utilizados a pesar de que dichos periodistas han declarado en el proceso que no presenciaron los hechos sobre los cuales escribieron**.

Que se negó también nuestra solicitud de declaración del ciudadano Pedro Carmona Estanga por vía de prueba anticipada, quien es la persona más calificada para expresar cual fue la exacta participación de nuestro defendido en los hechos que son objeto del proceso, lo cual, como sabemos todos, no dará otro resultado que demostrar que nuestro defendido es absolutamente inocente de los hechos por los que hoy se le pretende enjuiciar.

De esa manera se le cercenó el derecho de obtener un sobreseimiento en la fase intermedia del proceso.

Que una prueba adicional de tales violaciones lo constituye la omisión de decisión sobre nuestra solicitud de declaratoria anticipada de la improcedencia de su privación de libertad durante el juicio, tal y como fue pedido oportunamente conforme a lo establecido en el artículo 125, ordinal 8 del Código Orgánico Procesal Penal.

Que todo ello constituye la **negación de una justicia** accesible, imparcial, idónea, transparente, autónoma, independiente, responsable, equitativa y expedita de la que habla nuestra Constitución.

Que en su persona lo que se acusa y se persigue, en realidad, es a la disidencia respecto del actual régimen político venezolano, en la cual se ha ubicado desde los primeros intentos del régimen por subvertir el orden constitucional, en 1999.

---

144 Artículos 64 y 282 del Código Orgánico Procesal Penal

Que la acusación en si misma ya es una condena, cuyo objeto es castigar su crítica política e ideológica al proyecto con el que se pretende sojuzgar a Venezuela y, además, seguir aterrorizando toda otra forma de disidencia.

Que se le utiliza como medio de escarmiento para todo compatriota que albergue una posición adversa al régimen, para que de antemano sepa que será castigada. Basta con darse cuenta de que **la investigación se inició, precisamente, por denuncia interpuesta por un coronel activo del ejército.**

Que se quiere ejemplificar la represión en este campo, precisamente persiguiendo a un ex Presidente de la Academia de Ciencias Políticas y Sociales, con más de 40 años de vida dedicada a la docencia y a la investigación jurídica, y a la sólida afirmación del constitucionalismo democrático.

Que con esto, en Venezuela queda claro que **se persigue la disidencia y se penaliza la opinión contraria al régimen, negándose además a los acusados la posibilidad misma de un juicio justo, en libertad, a cargo de jueces independientes.**

Que, adicionalmente, han sido reconocidos sus méritos académicos al haber sido designado Profesor Adjunto en la Facultad de Derecho de la Universidad de Columbia, donde impartirá clases en las materias de "Protección Judicial de los Derechos Humanos en América Latina", "Estudios de Derecho Constitucional Comparado Sobre el Amparo Latinoamericano" y los "Injunctions Americanos".

Que ante esas dos situaciones, por un lado **la violación sistemática y masiva de sus derechos y garantías constitucionales de la defensa, de acceso a las pruebas, de igualdad de las partes, de la presunción de inocencia, del juez natural, de la tutela judicial efectiva, del juicio en libertad, en fin, del debido proceso**, y por el otro, que la ilustre Universidad de Columbia le ha brindado la oportunidad de lograr un viejo anhelo profesional, como lo es el pertenecer a su plantilla de profesores, ha tomado la decisión de esperar a que se presenten las condiciones idóneas para obtener un juicio imparcial y con respeto de sus garantías y así nos ha pedido lo participemos a ese Tribunal, a fin de que tome la decisión que crea conveniente y continúe adelante con el proceso, todo ello a fin de no causar ninguna dilación, ni perjuicios a los demás acusados en la presente causa.

Así se lo comunicamos respetuosamente al Tribunal, a los fines legales consiguientes, en la ciudad de Caracas, a los diez días del mes de mayo del año dos mil seis. (Énfasis agregado).

E. La negativa de la Fiscal General de la República y del Juez de Control de aceptar la aplicación de la Ley de Amnistía al profesor Brewer Carías.[145]

193. Año y medio después de que se envió al Juez de Control la anterior comunicación, y sin que en el proceso se hubiera llegado a realizar jamás la audiencia preliminar y no por culpa del Dr. Brewer (*Véase infra ¶ 443)*, el 31 de diciembre de 2007, el Presidente de la República dictó el Decreto 5790, "con Rango, Valor y Fuerza de Ley Especial de Amnistía"[146] (*Gaceta Oficial* N° 5.870 Extra. del 31-12-2007 **Anexo 70**), mediante la cual se concedió amnistía *"a favor de todas aquellas personas que enfrentadas al orden general establecido, y que a la presente fecha se encuentren a derecho y se hayan sometido a los procesos penales, que hayan sido procesadas o condenadas"* por la comisión de diversos delitos, entre muchos otros, por los siguientes hechos: ***"Por la redacción del Decreto del Gobierno de facto del doce (12) de abril de 2.002."*** (art. 1.A). El proceso iniciado por el Ministerio Público contra el profesor Brewer Carías fue por la supuesta comisión del delito de **conspirar para cambiar violentamente la Constitución** previsto y sancionado en el artículo 143, numeral 2 del Código Penal, por supuestamente haber participado en la redacción del mencionado decreto del 12 de abril de 2002. Por lo tanto, el aludido Decreto-Ley de Amnistía debería habérsele aplicado sin más condicionamientos.

194. Por su naturaleza, una ley de amnistía constituye la remisión, el olvido o la abolición de ciertos delitos y de sus penas en relación con ciertos hechos enumerados en la misma, respecto de los cuales el Estado renuncia a la persecución penal y al castigo que pudiera haberse originado en los mismos, de suerte que el delito queda borrado con todas sus huellas. En el sistema jurídico venezolano, este concepto se plasma en el artículo 104 del Código Penal, conforme al cual la amnistía *"extingue la acción penal y hace cesar la ejecución de la condena y todas las consecuencias penales de la misma"*. La ley de amnistía despenaliza los hechos a los que se refiere, de modo que los mismos quedan fuera del campo de aplicación de la ley penal. En esto se diferencia de la gracia o indulto, que condona total o parcialmente la pena, sin destruir el delito cuya pena se perdona, respecto del cual el mismo artículo 104 del Código Penal dispone que "el indulto o gracia que condona la pena la hace cesar con todas sus accesorias." La amnistía se refiere al delito y a la ley penal, mientras que el indulto está dirigido a la persona del delincuente y a la pena que le ha sido impuesta. En el indulto, por ser medida de gracia, es determinante la cualidad subjetiva y la identidad del beneficiario; en la amnistía, en cambio, por emanar de una ley, priva la destrucción objetiva del delito y la

---

145 Este hecho se encuentra referido en el párrafo 118 del Informe de la CIDH.

146 Dictado con fundamento en la Ley que autoriza al Presidente de la República para dictar Decretos con Rango, Valor y Fuerza de Ley en las materias que se delegan (*Gaceta Oficial* N° 38.617 de 01-02-2007).

igualdad ante la ley prevalece sobre las cualidades subjetivas de los beneficiarios. Como consecuencia de todo esto, la amnistía debe emanar de una norma de rango legal. Estos conceptos quedan expuestos con claridad en la siguiente doctrina explícitamente expuesta por la Sala Constitucional del Tribunal Supremo de Justicia:

> ... el **indulto**, tanto general como particular, no actúa sobre la realidad jurídica de un acto calificado como delito, ni afecta a la ilicitud en cuanto tal, sino que opera sobre su sanción, sea para excluirla sea para mitigarla. Por tanto, presupone siempre un hecho punible que, a diferencia de lo que puede suceder con la amnistía, permanece incólume. Con él no se censura la norma calificadora de un acto como ilícito penal; simplemente se excepciona su aplicación en un caso concreto (indulto particular) o para una pluralidad de personas o de supuestos (indulto general).

> Por el contrario, la **amnistía** suele definirse como una derogación retroactiva que puede afectar bien a la norma que califica a un acto como ilícito penal, bien a la que dispone -como consecuencia de la verificación de un acto así calificado- la imposición de una sanción. En su grado máximo, y en honor a la etimología de la expresión, comporta la inexistencia en derecho de actos jurídicamente ciertos, una suerte de **amnesia** del ordenamiento respecto de conductas ya realizadas y perfectamente calificadas (o calificables) –tipicidad objetiva– por sus órganos de garantía. Efectos tan radicales han llevado siempre a sostener que sólo puede actuarla el poder legislativo, aunque es común adscribirla a la órbita de la gracia, incluso cuando ésta viene atribuida al Jefe del Estado. Esa adscripción se explica, sin duda, por causa del componente exculpatorio de la amnistía -común al que es propio del indulto en sus dos variantes-; en propiedad, la amnistía no sólo exculpa, sino que, más aún, puede eliminar de raíz el acto sobre el que se proyecta la inculpación o la norma resultante de ésta.[147] (Énfasis del original, subrayados agregados).

195. Idénticos conceptos se encuentran en los dictámenes del profesor Alberto Arteaga Sánchez, distinguido penalista venezolano **(Anexo 72)**.

196. El Decreto-Ley Especial de Amnistía estableció directamente en sus normas los efectos jurídicos de la misma conforme a los principios que rigen dicha institución, disponiendo en su artículo 2, respecto de las personas y de los hechos a los cuales se aplica, que:

> ... se extinguen de pleno derecho las acciones penales, judiciales, militares y policiales instruidas por cualquiera de los órganos del Estado, tribunales penales ordinarios o penales militares, que se correspondan exclusivamente con los hechos a que se refiere el artículo anterior.

---

147 Tribunal Supremo de Justicia (Sala Constitucional), Sentencia N° 3167, de fecha 9/12/2002, Expediente 02-2154; p. 22 **(Anexo 73)**.

197. Por lo tanto, a partir de la publicación de la Ley (31 de diciembre de 2007), *quedaron extinguidas de pleno derecho todas las acciones penales, judiciales, militares y policiales instruidas por cualquier órgano del Estado, tribunales penales ordinarios o penales militares* siempre que se correspondan exclusivamente con los hechos enumerados en el artículo 1 de la Ley. La consecuencia de todo ello es que la Ley de Amnistía creó derechos en cabeza de los beneficiados de la misma, por lo cual debió producir inmediatamente sus efectos desde la fecha de su publicación. Por consiguiente, a partir del 31 de diciembre de 2007, el profesor Brewer Carías, procesado para esa fecha, *debió dejar de ser procesado* al desaparecer el delito, pues el Decreto-Ley de Amnistía *suprimió el delito*. Incluso las personas que hubieran sido objeto de medidas preventivas o preliminares (prohibición de salida del país o detención por peligro de fuga) debían recuperar *ipso jure* su derecho a salir del país, a ser liberados y a que no se los persiga más: la amnistía extirpó el delito y, por lo tanto, también el proceso y los efectos de los actos judiciales que decretaron las medidas preventivas.

198. Sin embargo, el Decreto-Ley de Amnistía aludido agregó un requisito que, por su naturaleza, no se corresponde conceptualmente con la naturaleza de la amnistía, según el sistema jurídico venezolano, puesto que sus beneficios se restringirían sólo a las personas que *"se encuentren a derecho y se hayan sometido a los procesos penales, que hayan sido procesadas o condenadas"*.[148] Ello no impidió que los abogados defensores del profesor Bre-

---

148 Decimos que este requisito no se corresponde con la naturaleza de la amnistía, al menos en el sistema jurídico venezolano, por lo menos por las siguientes razones: - Porque la expresión *"estar a derecho"* carece de definición legal explícita en el derecho procesal penal venezolano y es un término que se origina en usos más bien de los periodistas que cubren la fuente relativa a los procesos penales, para referirse a las personas que se someten a un proceso penal. Esta expresión ha sido objeto de cierta precisión jurisprudencial, que no la priva de indefinición formal legal. Aunque la expresión del Decreto-Ley de Amnistía referida a quienes *"se hayan sometido a los procesos penales"*, puede contribuir a aclarar el sentido de *"encontrarse a derecho"*, se trata de un enunciado y de una condición de significado ambiguo que, como tal, repugna a la precisión que han de tener las leyes penales en virtud del principio de legalidad. En todo caso, los abogados del profesor Brewer Carías ante la jurisdicción penal doméstica, han demostrado que, incluso dentro de las señaladas limitaciones, su defendido cumple con este requisito, en los términos en que esa expresión es concebida en el foro venezolano y su periferia periodística.// - Porque establece distinciones que nada tienen que ver con los elementos objetivos que configuran el tipo penal de los delitos que se despenalizan a través de la amnistía. En la práctica, negar el efecto de la amnistía con base en determinada conducta procesal del afectado, equivale a dejar sin efecto el delito imputado, y penalizarlo de nuevo como castigo a una conducta procesal, lo cual es un contrasentido e implica, en la práctica, atribuir efectos penales a la conducta procesal, con manifiesto apartamiento del principio de legalidad y de la obligatoria tipicidad que informan el derecho penal. // - Porque el rango legal de la amnistía debe ser un obstáculo insalvable para establecer distinciones, que no estén relacionadas objetivamente con el delito de que se trate, entre aquellos a quienes va dirigida, como consecuencia del principio fundamental de igualdad ante la ley.

wer Carías, hubieran procedido a solicitar al Juez Vigésimo Quinto de Primera Instancia en Funciones de Control de la Circunscripción Judicial del Área Metropolitana de Caracas el día 11 de enero de 2008, una solicitud de sobreseimiento con base en la aludida amnistía **(Anexo No. 74)**. En dicha solicitud se expuso, en primer lugar, que el profesor Brewer Carías se encontraba acusado y procesado por atribuírsele un delito despenalizado por el Decreto-Ley de Amnistía, como es la conspiración para cambiar violentamente la Constitución, supuestamente configurado por su no menos supuesta participación en *la redacción del Decreto del Gobierno de facto del doce (12) de abril de 2.002*. Por lo tanto, al despenalizarse esa conducta, la persecución penal contra él debía cesar de inmediato. A pesar de la anómala introducción en la amnistía del requisito de *"encontrarse a derecho"*, los abogados del profesor Brewer Carías demostraron que su defendido cumplía con este requisito, como puede leerse en la aludida solicitud de sobreseimiento; es decir, siempre se estuvo o se encontró a derecho, pues no dejó de asistir a ninguna de las actuaciones judiciales donde se requería su presencia, y en cuanto a la audiencia preliminar, como la misma nunca se realizó, y no por causas que le fueran imputables, nunca podía decirse que no estuvo a derecho.

199. En ese contexto, es relevante destacar que también en relación con la aplicabilidad de la amnistía al profesor Brewer Carías, se produjo una nueva manifestación de los altos órganos del Estado venezolano, de utilizar los medios de comunicación para condenarlo públicamente y condicionar la autonomía de los funcionarios judiciales competentes para decidir sobre sus derechos. Se configuró de nuevo una rotunda violación de la independencia judicial y el debido proceso, por la Fiscal General Ortega Díaz, coaccionando a la Fiscal (provisoria) que actuaba en el proceso contra el profesor Brewer Carías. En efecto, antes de que el Ministerio Público fijara ante el tribunal de la causa su posición con respecto a la aplicación del referido Decreto-Ley de Amnistía al profesor Brewer Carías, el día 8 de enero de 2008, la Fiscal General de la República declaró públicamente que sería a la Fiscal (provisoria, por supuesto) del caso a quien *"le corresponderá determinar si a él lo alcanza el decreto,"* pero a renglón seguido expresó: *"cuando conduje esa investigación, el abogado Brewer Carías, ya siendo acusado, fue convocado para la audiencia preliminar, y a través de sus abogados envió una comunicación donde decía que no creía en la justicia venezolana, que la justicia venezolana no le daba garantía a ningún ciudadano incluso a él, que por eso optaba por irse del país y que no regresaría hasta tanto no cambiara el Gobierno."*[149] Esta afirmación, además de deformar el contenido de lo expresado en su momento por los abogados del profesor Brewer Carías, implicaba una clara fijación de posición por parte de la Fiscal General de la República, quien avanzó argumentos para que no se le aplicara dicha amnistía. Frente a semejante declaración, habría sido inconcebible que la Fiscal (provisoria) a cargo del caso

---

149 Véase la entrevista del periodista Eligio Rojas a la Sra. Luisa Ortega Díaz, en *Últimas Noticias*, Caracas, 8 de enero de 2008, p. 24. (**Anexo 71**).

y el Juez (provisorio) encargado de resolver la solicitud de sobreseimiento basada en la amnistía, resolvieran algo distinto a denegar esa solicitud. Por tanto, como era de esperarse, la opinión de la Fiscal (provisoria) del caso fue adversa a la aplicación de la amnistía al profesor Brewer Carías y así lo determinó también el tribunal.

200. En efecto no obstante la fundamentada argumentación de la solicitud de sobreseimiento, ésta fue negada por decisión del 25 de enero de 2008 del Juzgado Vigésimo Quinto de Primera Instancia en función de control del Circuito Judicial Penal de la Circunscripción Judicial del Área Metropolitana de Caracas **(Anexo N° 60), aun cuando fue acordada respecto de otros co-acusados.** Para su denegación al profesor Brewer Carías, se invocó que él supuestamente no estaba "a derecho", según lo pautaba el Decreto-Ley de Amnistía, pretendiendo fundar tal conclusión en expresiones de tal modo genéricas y ambiguas, que equivalían a la falta de motivación del fallo.[150]

201. Los abogados del profesor Brewer Carías apelaron dicha decisión, mediante escrito de 7 de febrero de 2008 (**Anexo 75**), denunciando en el mismo los vicios de la sentencia de primera instancia, e invocando además el derecho a la igualdad y a la no discriminación, puesto que el ex Gobernador (del Estado Miranda) Enrique Mendoza D'Ascoli, conjuntamente con la Sra. Milagros del Carmen Durán López, acusados de los delitos de rebelión civil, violencia o amenaza contra el funcionamiento de los órganos del poder público, con ocasión de los sucesos de abril de 2002 y sobre quienes pesaba igualmente una medida de privación de libertad y una orden de aprehensión, es decir, encontrándose en idéntica situación procesal al profesor Brewer Carías, fueron beneficiarios de la amnistía por haberlo así solicitado el Ministerio Público.

202. Ello no obstante, la Sala Quinta de la Corte de Apelaciones del Circuito Judicial Penal del Área Metropolitana de Caracas, mediante sentencia adoptada por dos votos contra uno el día 3 de abril de 2008 (**Anexo 61**), declaró sin lugar la apelación interpuesta, por considerar que el profesor Brewer Carías no estaba "a derecho," que la sentencia apelada estaba suficientemente motivada, y que la situación del los señores Mendoza D'Ascoli y Durán López era diferente, puesto que el tribunal penal que conocía de su causa no era el mismo que conocía de la del profesor Brewer Carías y porque, en el caso de los señores Mendoza y Durán, el Fiscal había opinado que la medida de privación de libertad dictada en su contra había sido "prematura."

---

150 Como afirmar que El profesor Brewer Carías *"no ha comparecido a los llamados de este Tribunal"* o que *"no manifestó su disposición y su conducta, tanto con la Vindicta Pública así como con este despacho, no compareciendo de forma efectiva al proceso"*, sin indicar a qué "llamados" se refiere, ni indicar de qué manera no compareció al proceso, habiéndose mostrado que el único acto al que fue convocado y al que anunció que no comparecería, nunca se realizó por causas ajenas a su incomparecencia. El Tribunal simplemente ignoró, sin razonar, estos argumentos de hecho y de derecho.

203. La Magistrada Clotilde Condado Rodríguez salvó su voto en la anterior sentencia, por considerar, en primer lugar, que el Decreto-Ley de Amnistía despenalizó los hechos que se imputan a Brewer Carías y extinguió la acción penal "de pleno derecho;"[151] y, en segundo lugar, consideró la Magistrada disidente que el requisito de "estar a derecho" para beneficiarse de la amnistía es inconstitucional por ser discriminatorio, pues conduce a que, con respecto a los mismos hechos, para unos se configure un delito mientras que para otros no.[152]

SEGUNDA PARTE
FUNDAMENTOS DE DERECHO

I. VIOLACIÓN DE LAS GARANTÍAS JUDICIALES (ARTÍCULO 8, CADH)

204. El Sistema Interamericano de Derechos Humanos ofrece una completa garantía para el debido proceso. Así se deduce de los términos amplios en que está redactado el artículo 8 de la Convención al igual que de la interpretación y aplicación del mismo por la jurisprudencia. Esa honorable Corte ha venido reiterando de manera constante lo que una vez expresó en el caso *Tribunal Constitucional*:

---

151 *"La Amnistía extingue la acción penal y hace cesar la ejecución de la condena y todas las consecuencias penales de la misma, tal corno lo señala expresamente el artículo 104 del Código Penal. Por tanto en modo alguno puede estar condicionada su aplicación por el hecho de que algunas de las personas no esté a derecho en el momento en que entra en vigencia. En estos casos el Procedimiento Legal establecido en el artículo 250 del Código Orgánico Procesal Penal, no resulta una formalidad esencia!, en los términos establecidos en el artículo 257 de la Constitución de la República Bolivariana de Venezuela, que impida al Juez, decretar de oficio el sobreseimiento de la causa por extinción de la acción penal en ejecución de la Ley Especial de Amnistía, y como consecuencia de ello, debe dejar sin efecto cualquier orden de aprehensión o Medida de Privación Judicial Preventiva de Libertad o Medida Cautelar Sustitutiva que haya, sido dictada con anterioridad a la vigencia de dicha Ley..."* Sentencia de la Sala Quinta de la Corte de Apelaciones del Circuito Judicial Penal del Área Metropolitana de Caracas, de 3 de abril de 2008 (**Anexo 61**); p. 65.

152 *"...no es relevante estudiar sí la persona está a derecho o no, como tampoco resulta relevante aplicar el procedimiento aludido en párrafos anteriores, esto es, el artículo 250 del Código Orgánico Procesal Penal, ya que se mantendría detenida a una persona por un hecho punible que con motivo de la Ley de Amnistía desapareció, para al final tener que igǔalmente sobreseer la causa por la amnistía, porque el hecho punible ya no existe y sería el tratamiento desigual el que sí exista para otra persona ese hecho, sólo porque procesalmente no se encontraba a derecho. No puede existir un delito para unos y para otros no, razón por la cual resulta necesario aplicar el control difuso de la constitución, esto es, desaplicar dicha norma legal por Control de la Constitucionalidad con fundamento en el artículo 19 de! Código Orgánico Procesal Penal, en relación con el artículo 334 Constitucional." Ibíd., p. 66.*

Si bien el artículo 8 de la Convención Americana se titula 'Garantías Judiciales', su aplicación no se limita a los recursos judiciales en sentido estricto, 'sino **al conjunto de requisitos que deben observarse en las instancias procesales**' a efecto de que las **personas puedan defenderse adecuadamente ante cualquier acto emanado del Estado que pueda afectar sus derechos.**[153] (Énfasis agregado).

205. En esa misma dirección, ha sido criterio reiterado de la Corte que el artículo 8 de la Convención no está referido exclusivamente al "juez" en sentido estricto, sino a toda autoridad pública que en ejercicio de sus funciones pueda determinar derecho y obligaciones, de tal modo que una instancia *procesal* no es necesariamente una instancia *judicial*:

De conformidad con la separación de los poderes públicos que existe en el Estado de Derecho, si bien la función jurisdiccional compete eminentemente al Poder Judicial, otros órganos o autoridades públicas pueden ejercer funciones del mismo tipo. Es decir, que cuando la Convención se refiere al derecho de toda persona a ser oída por un "juez o tribunal competente" para la "determinación de sus derechos", esta expresión se **refiere a cualquier autoridad pública, sea administrativa, legislativa o judicial, que a través de sus resoluciones determine derechos y obligaciones de las personas.** Por la razón mencionada, esta Corte considera que **cualquier órgano del Estado que ejerza funciones de carácter materialmente jurisdiccional, tiene la obligación de adoptar resoluciones apegadas a las garantías del debido proceso legal** en los términos del artículo 8 de la Convención Americana"[154]. (Énfasis agregado).

206. Las garantías contenidas en el artículo 8 de la Convención no sólo se aplican *a todo proceso*, sino a *todas las etapas e instancias del proceso*. El proceso, como concepto, es *uno e indivisible*, aun cuando la naturaleza de las distintas materias que pueden ser su objeto, impone una mecánica particular para cada una de esas materias, que acarrea la graduación de su trámite en etapas y en instancias. La unidad del proceso es inseparable de sus garantías, que se deben a todo lo largo de éste, lo que implica que la obligación del res-

---

153 Corte IDH, *Caso del Tribunal Constitucional vs. Perú* Sentencia de 31 de enero de 2001. Serie C N° 71, párr 69; Corte IDH, *Caso Baena Ricardo y otros vs. Panamá*. Sentencia de 2 de febrro de 2001. Serie C N° 72, párr. 124; Corte IDH, *Caso Ivcher Bronstein vs. Perú*. Sentencia de 6 de febrero de 2001. Serie C N° 74, párr. 102; Corte IDH, *Caso Yatama vs. Nicaragua*. Sentencia de 23 de junio de 2005. Serie C N° 127, párr. 147; Corte IDH, *Caso Claude Reyes y otros vs. Chile*. Sentencia de 19 de septiembre de 2006. Serie C N° 151, párr. 116.

154 Corte IDH. *Caso del Tribunal Constitucional, cit.,* párr. 71. Corte IDH, *Caso Ivcher Bronstein, cit.,* párr. 104; Corte IDH, *Caso Yatama, cit.,* párr. 149; Corte IDH, *Caso Palamara Iribarne vs. Chile.* Sentencia de 22 de noviembre de 2005. Serie C N° 135, párr. 164; Corte IDH, *Caso Claude Reyes, cit.,* párr. 126; Corte IDH, *Caso Vélez Loor vs. Panamá.* Sentencia de 23 de noviembre de 2010. Serie C N° 218, párr. 142.

peto a las garantías mínimas pesa sobre el Estado en todas las etapas e instancias del proceso judicial, desde su iniciación hasta que haya sentencia firme y ésta se ejecute.

207. El anterior concepto ha sido explícitamente enunciado por esa honorable Corte con respecto a *todas* las garantías judiciales que protegen el derecho a la defensa, precisamente en un caso en el que Venezuela era la parte demandada:

> Ahora bien, el derecho a la defensa debe necesariamente poder ejercerse desde que se señala a una persona como posible autor o partícipe de un hecho punible y sólo culmina cuando finaliza el proceso, incluyendo, en su caso, la etapa de ejecución de la pena. Sostener lo opuesto implicaría supeditar las garantías convencionales que protegen el derecho a la defensa, entre ellas el artículo 8.2.b, a que el investigado encuentre en determinada fase procesal, dejando abierta la posibilidad de que con anterioridad se afecte un ámbito de sus derechos a través de actos de autoridad que desconoce o a los que no puede controlar u oponerse con eficacia, lo cual es evidentemente contrario a la Convención. En efecto, impedir que la persona ejerza su derecho de defensa desde que se inicia la investigación en su contra y la autoridad dispone o ejecuta actos que implican afectación de derechos es potenciar los poderes investigativos del Estado en desmedro de derechos fundamentales de la persona investigada. El derecho a la defensa obliga al Estado a tratar al individuo en todo momento como un verdadero sujeto del proceso, en el más amplio sentido de este concepto, y no simplemente como objeto del mismo"[155].

208. Estas garantías son de las más alta importancia en el proceso penal, cuyas resultas pueden afectar diversos derechos protegidos por la Convención. Por ello, la jurisprudencia de esa honorable Corte ha sostenido que *"(l)as garantías judiciales son de observancia obligatoria en todo proceso **en el que la libertad personal de un individuo está en juego.**"*[156] (Énfasis agregado). De manera aún más precisa, y con mayor pertinencia para este caso, la Corte ha señalado que

> En cuanto respecta a las garantías contempladas en los artículos 8.2 y 8.3 de la Convención Americana, observa el Tribunal que si bien parecen contraerse al amparo de personas sometidas a un proceso judicial (artículo 8.2) **o inculpadas en el marco del mismo** (artículo 8.3), a juicio de la Corte también **se tienen que respetar en procedimientos o actuaciones previas o concomitantes a los procesos judiciales que, de no someter-**

---

155 Corte IDH. *Caso Barreto Leiva vs. Venezuela.* Sentencia de 17 de nooviembre de 2009. Serie C N° 206, párr. 29; Corte IDH, *Caso Cabrera García y Montiel Flores vs. México.* Sentencia de 26 de noviembre de 2010. Serie C N° 220, párr. 154.

156 Corte IDH, *Condición Jurídica y Derechos Humanos del Niño.* Opinión Consultiva OC-17/02 de 28 de agosto de 2002, Serie A N° 17; párr. 115.

se a tales garantías, pueden tener <u>un impacto desfavorable no justificado</u> sobre la situación jurídica de la persona de que se trata.[157] (Énfasis y subrayado añadidos).

209. La jurisprudencia de la Comisión es también clara e inequívoca. La CIDH ha determinado, en efecto, que "ni el artículo 8 ni el 25 de la Convención establecen en qué etapa del proceso de sustanciación de una acusación penal el indiciado queda habilitado para ejercer sus derechos a la defensa y al debido proceso."[158]

210. La Comisión, en el mismo caso Figueredo Planchart vs. Venezuela,[159] entendió que "tanto la jurisprudencia del sistema europeo como la del interamericano establecen claramente que la aplicación por parte de los Estados de las garantías del debido **proceso no pueden estar limitadas ni restringidas a la fase final de un proceso penal, menos aún si la fase preliminar tiene consecuencias jurídicas sobre los derechos civiles del presunto imputado**."[160] (Énfasis agregado).

211. Por lo demás, la Constitución de la República Bolivariana de Venezuela garantiza que *"la defensa y la asistencia jurídica son derechos inviolables en todo estado y grado de la investigación y del proceso"* (art. 49), e igualmente prevé que toda persona tiene derecho de acceder a las pruebas y a los medios adecuados para ejercer su defensa.

212. No puede sino concluirse entonces que, según la Convención Americana (y la Constitución venezolana), las garantías judiciales contenidas en su artículo 8, se deben a toda persona procesada en un juicio penal, desde que éste se inicia, lo cual incluye, sin lugar a dudas, la etapa o fase de investigación de dicho proceso. Por lo tanto, según la misma Convención y el Derecho internacional general, los Estados Partes en la misma deben regular el proceso penal de manera que las garantías judiciales estén vigentes a los largo de éste, incluida, desde luego, la etapa de investigación.

213. Asimismo, de la misma manera que las violaciones a esas garantías pueden acaecer en cualquier momento o etapa del proceso, las denuncias y reclamaciones sobre las mismas también pueden referirse cualquier estadio del proceso, para obtener su restablecimiento y reparación de inmediato. Más aún en la situación a la que se refiere esta demanda, en la cual el caso contra el profesor Brewer Carías ha sido construido y procesado para formalizar una decisión tomada previamente de condenarlo y de decretar su privación de libertad, como en efecto se ha decretado.

---

157 Corte IDH, *Caso Maritza Urrutia vs. Guatemala*. Sentencia del 27 de noviembre de 2003. Serie C N° 103; párr. 120.

158 CIDH, *Caso Figueredo Planchart vs. Venezuela*, Informe 50/00, caso 11298, 13 de abril de 2000, OEA/Ser.L/V/II.106, Doc. 3, párr. 83.

159 *Ibíd.*

160 *Ibíd., párr.* 87.

214. Sobre esa base, nos permitimos entonces referirnos a la errónea posición asumida en la **Contestación del Estado (Anexo 108)** en el trámite de la Petición ante la CIDH, según la cual las garantías judiciales no se deben a las personas a quienes se imputa un delito durante la fase de investigación del proceso penal. Más aún, el Estado insistió en presentar el proceso penal regulado por el Código Orgánico Procesal Penal venezolano (COPP) como uno en el que *se niegan al indiciado en la etapa de investigación las garantías judiciales prescritas por el artículo 8 de la Convención, las cuales sólo podrían invocarse en la etapa de juicio, de modo que la persona a quien se impute un hecho punible debe esperar hasta que se la acuse formalmente y se entre en la etapa de juicio para hacer valer ante el Juez la plenitud del derecho al debido proceso (Véase infra ¶¶ 332 ss.).*

215. Esto, en primer lugar, *no es cierto*. Nada hay en el COPP que impida al procesado hacer valer todas las garantías judiciales que contiene el artículo 8 de la Convención ni las estipuladas en la Constitución venezolana. En segundo lugar, negar esas garantías en la fase de investigación es contrario a lo que disponen expresas disposiciones de la Constitución venezolana (particularmente, el artículo 49). Contrariamente a lo expresado en la respuesta del Estado, el COPP garantiza el debido proceso en la fase de investigación y no hace distinción para excluir, en dicha fase, las garantías que se deben al imputado en todas las etapas del proceso, incluida la de investigación. Así se evidencia de varias normas contenidas en el COPP:

- El artículo 125 de este Código enuncia los derechos del imputado, entre los cuales está el de "(p)edir al Ministerio Público la práctica de diligencias de investigación destinadas a desvirtuar las imputaciones que se le formulen" (COPP, art. 125(5)), derecho que fue ignorado sistemáticamente de manera arbitraria por la Fiscal provisoria Sexta en el caso del profesor Brewer Carías, tal como lo denunciamos en la **Petición** (cfr. párrs. 91-101) y lo ratificamos en este escrito *(Véase supra ¶¶ 133 ss.).*

- El mismo artículo 125 del COPP, en su ordinal 8°, garantiza al imputado el derecho de "(p)edir que se declare anticipadamente la improcedencia de la privación preventiva judicial de libertad", el cual fue ejercido por el profesor Brewer Carías mediante solicitud que introdujeron sus abogados ante el Juez (provisorio) de Control el 26 de octubre de 2005 **(Anexo 49)**, la cual jamás fue decidida por dicho tribunal. Por el contrario, en el presente caso, fue violado el derecho del profesor Brewer Carías a ser juzgado en libertad *(Véase supra ¶¶ 170 ss..*

- Según el artículo 281 del COPP, "(e)l Ministerio Público en el curso de la investigación hará constar no sólo los hechos y circunstancias útiles para fundar la inculpación del imputado, sino también aquellos que sirvan para exculparle. En este último caso, está obligado a facilitar al imputado los datos que lo favorezcan." En el presente caso, la Fiscal provisoria Sexta no sólo se abstuvo de dejar constancia de los numerosos aportes de la defensa del profesor Brewer Carías para establecer su inocencia, sino que llegó al extremo de presentar como prueba de que sí redactó dicho decreto del 12 de abril, al testimonio del Dr. Jorge Olavarría, donde rotundamente expuso ante esa Fiscal provisoria como le constaba que el profesor Brewer Carías **no había redactado** ese decreto[161] (*Véase supra 134; infra ¶ 354*) (Igualmente Anexos 35 y 36).

216. Por otra parte, la defensa de la posición del Estado que se delinea en su Contestación, pareciera indicar que en su interpretación, la finalidad de la fase de investigación se limita a recabar pruebas (o "elementos de convicción", como parece preferir el vocabulario del Estado) para acusar al imputado, *y esto es falso e incorrecto*. El imputado tiene derecho a que la fase de investigación concluya exculpándolo, mediante un acto conclusivo de investigación que proponga el sobreseimiento de su causa (COPP, arts. 315-320); y, aún en el caso de que el acto conclusivo fuera una acusación fiscal, el imputado tiene derecho a que en la audiencia preliminar el Juez de Control dicte un sobreseimiento, tal y como lo prevé el artículo 330(3) del COPP. Por consiguiente, el imputado no tiene obligatoriamente que esperar al juicio oral y público para obtener una resolución favorable a su caso, y para que su derecho a obtener tal resolución no sea ilusorio, el Ministerio Público está en la obligación de tramitar todas las diligencias que sean necesarias a esos efectos, ya sea que lo pida la defensa, o bien de oficio. Este derecho fue sistemáticamente violentado por la Fiscal provisoria Sexta.

217. Más aún, si la interpretación de esta normativa procesal arrojara alguna incertidumbre, el asunto debería quedar resuelto por la inequívoca disposición del artículo 49 de la Constitución, según el cual *"la defensa y la asistencia jurídica son derechos inviolables **en todo estado y grado de la in**-__vestigación__ y __del proceso__. Toda persona tiene derecho a ser notificada de los cargos por los cuales __se le investiga__; de acceder a las pruebas y de disponer*

---

161 **Comparezco ante usted para rendir testimonio bajo fe de juramento de la constancia que tengo de la injuriosa falsedad que le atribuye al Dr. Allan Randolph Brewer Carías, de haber sido el autor del acta de constitución del llamado "Gobierno de transición y unidad nacional" instalado en el Palacio de Miraflores la tarde del 12 de abril pasado.** Me consta que el profesor Brewer no redactó ese documento. Considero mi deber testimoniarlo así. (Anexo 35; **énfasis agregado**) [...] *pasadas las seis de la tarde del miércoles 10 de abril, llegaron a mi despacho los abogados Daniel Romero y José Gregorio Vásquez a quienes no conocía. El Dr. Romero leyó lo que pretendía ser un proyecto de instalación para un gobierno de transición.* Yo les hice algunas observaciones de carácter histórico y el profesor Brewer llamó su atención acerca de la Carta Democrática Interamericana, haciéndose evidente para ambos la ignorancia de los abogados en esos temas por lo cual no les dimos mayor importancia. Cuando se marcharon, el profesor Brewer y yo comentamos la ligereza y banalidad del documento, **del cual me dejaron una copia.** (Anexo 36; **énfasis y subrayado agregados**).

del tiempo y de los medios adecuados para ejercer su defensa." (énfasis y subrayados agregados). No hay margen de duda con respecto al imperativo constitucional de garantizar la plenitud del derecho a la defensa y, en general, del debido proceso, durante la fase de *investigación* del proceso penal y con respecto a la persona a quien se *investiga*. Ese claro mandato constitucional no permite postergar los derechos de la persona a quien se investiga para que sólo pueda ejercerlos cuando en sentido estricto se la juzga, es decir, en la etapa de juicio del proceso penal. Por lo demás, de acuerdo con el COPP *la fase de investigación es la primera etapa del proceso penal, de tal manera que, ontológicamente, no puede escapar a la aplicación estricta de las reglas del debido proceso.*

218. En todo caso y *gratia arguendi*, incluso si el Derecho interno venezolano no reconociera o limitara irrazonablemente las garantías judiciales durante la etapa de investigación del proceso penal, tal cosa sería irrelevante en la instancia interamericana de derechos humanos (como en cualquier otra instancia internacional llamada a verificar la recta aplicación de las garantías judiciales).

219. Como es bien sabido, las disposiciones de la Convención tienen un carácter autónomo, sin que su contenido y alcance pueda no está supeditado en modo alguno a lo que prescriba el Derecho interno de los Estados partes.

220. Debemos recordar en efecto que, en este contexto, el artículo 2 de la Convención obliga a los Estados Partes, y por tanto a Venezuela, a adaptar su ordenamiento jurídico interno a la Convención. Esto significa, como lo ha dicho la Corte, que el Estado *"debe introducir en su Derecho interno las modificaciones necesarias para asegurar la ejecución de las obligaciones asumidas"...* y que debe hacerlo de manera *efectiva*, es decir, *"que el Estado ha de adoptar todas las medidas para que lo establecido en la Convención sea realmente cumplido en su orden jurídico interno. Y esas medidas son efectivas cuando la comunidad, en general, adapta su conducta a la normativa de la Convención y, en el caso de que así no sea, cuando se aplican efectivamente las sanciones previstas en ella."*[162]

221. Esta regla expresa otra más general del Derecho internacional consuetudinario, recogida en el artículo 27 de la Convención de Viena sobre el Derecho de los Tratados, determina que un Estado *"no podrá invocar las disposiciones de su Derecho interno como justificación del incumplimiento de un tratado."*

222. La obligación de adecuar el Derecho interno a la Convención no se agota en la mera normativa, ni obliga solamente a los Estados partes a adoptar nuevas disposiciones de Derecho interno que doten de efectividad a la Conven-

---

162 Corte I.D.H.: *Caso Garrido y Baigorria, Reparaciones (Art. 63.1 Convención Americana sobre Derechos Humanos)*, sentencia de 27 de agosto de 1998. Serie C, N° 39, párrs. 68 69. Corte I.D.H.: *Caso Baena Ricardo y otros (270 trabajadores vs. Panamá)*. Sentencia del 2 de febrero de 2001. Serie C N° 72; párr. 179.

ción en el orden doméstico; *están también obligados a suprimir toda norma o práctica* que resulte incompatible con los deberes asumidos según la misma Convención:

> El deber general del artículo 2 de la Convención Americana sobre Derechos Humanos implica la adopción de medidas en dos vertientes. Por una parte, **la supresión de las normas y prácticas de cualquier naturaleza** que entrañen violación a las garantías previstas en la Convención. Por la otra, **la expedición de normas y el desarrollo de prácticas conducentes a la efectiva observancia de dichas garantías.**[163] (Énfasis agregados)

223. La Corte ha aplicado estos principios en varios casos contenciosos[164]. En uno de ellos, *Herrera Ulloa vs. Costa Rica*, la Corte concluyó, precisamente, que la legislación procesal penal costarricense no garantizaba ciertos aspectos del derecho al debido proceso, tal como éste se encuentra recogido en la Convención. En consecuencia, ordenó:

> Que dentro de un plazo razonable, el Estado debe adecuar su ordenamiento jurídico interno a lo establecido en el artículo 8.2.h de la Convención Americana sobre Derechos Humanos, en relación con el artículo 2 de la misma, en los términos señalados en el párrafo 198 de la presente Sentencia.[165]

224. Debemos destacar ante esa honorable Corte que la posición asumida por el Estado en su Contestación obedece a la reiteración de una errada posición sobre la relación entre el Derecho interno y el internacional particularmente el Derecho internacional de los derechos humanos. *En su Contestación, el Estado sugiere que el Derecho internacional está subordinado al*

---

163 Corte I.D.H.: *Caso Castillo Petruzzi y otros.* Sentencia del 30 de mayo de 1999. Serie C, NC 52, par. 207; Corte I.D.H.: *Caso Baena Ricardo y otros (270 trabajadores vs. Panamá)... cit.*, párr. 180; Corte I.D.H. *Caso Durand y Ugarte.* Sentencia de 16 de agosto de 2000. Serie C. N° 68, párr. 137. En el mismo sentido, sobre un caso concreto de violación del derecho a la libertad personal, *cfr.* Corte I.D.H. *Caso Suárez Rosero.* Sentencia del 12 de noviembre de 1997. Serie C N° 35, párr. 99.

164 Por ejemplo, en el caso *"La Última Tentación de Cristo"*, la Corte ordeno al Estado *"modificar su ordenamiento jurídico interno"* para adaptarlo a la Convención, lo cual, en ese caso, implicaba enmendar la Constitución chilena, Corte I.D.H.: *Caso "La Última Tentación de Cristo" (Olmedo Bustos y otros vs Chile).* Sentencia de 5 de febrero de 2001. Serie C N° 73, párr. 103(4).

165 Corte IDH, *Caso Herrera Ulloa vs. Costa Rica.* Sentencia de 2 de julio de 2004. Serie C N° 107; párr. 207(5). La Corte había concluido que *"los recursos de casación presentados contra la sentencia condenatoria de 12 de noviembre de 1999 no satisficieron el requisito de ser un recurso amplio de manera tal que permitiera que el tribunal superior realizara un análisis o examen comprensivo e integral de todas las cuestiones debatidas y analizadas en el tribunal inferior."* Ver igualmente párrs. 168, 175 y 198 de dicha sentencia.

Derecho interno, de modo que no sería concebible que se violara el primero si no se ha infringido una norma doméstica:

> ...si se parte del principio que el Derecho internacional de los Derechos Humanos es complementario y subsidiario, que no viene a sustituir la propia actividad del Estado, surge entonces, **la obligación del peticionario de señalar la norma interna violada** (que para este caso sería el Código Orgánico Procesal Penal y/o la Constitución de la República Bolivariana de Venezuela); **luego de ello, deberá demostrar ante el Organismo Internacional la violación de esa norma interna**, fundamentándola con el propio expediente, y de **la propia y coherente jurisprudencia e interpretación en el Derecho interno**, sin que esto comporte el planteamiento de argumentos de fondo del caso que son propios de los Tribunales venezolanos; el siguiente paso, sería, luego de haber atacado al orden interno, trasladar el correspondiente derecho violado en el Estado a la Norma Internacional. (*Contestación del Estado, pág. 33; énfasis agregados*).

225. Ya el Estado venezolano ha pretendido afirmar la prevalencia del Derecho interno, o al menos su validez como medio de exonerar su responsabilidad si viola la Convención aplicando disposiciones "soberanas" de su orden interno, llegando incluso a afirmar que, por no ser Parte en la Convención de Viena sobre el Derecho de los Tratados, el ya citado artículo 27 de la misma no le es oponible. La Corte descartó de manera contundente semejante razonamiento:

> ...como lo dispone el artículo 27 de la Convención de Viena sobre el Derecho de los Tratados de 1969, no pueden, por razones de orden interno, dejar de atender la responsabilidad internacional ya establecida. Aún cuando Venezuela alegó no ser parte de la Convención de Viena, la obligación internacional del **pacta sunt servanda**, es norma de derecho consuetudinario de obligatorio cumplimiento.[166]

226. Por lo tanto, no es admisible que el Estado invoque el COPP, o la maliciosa aplicación que han pretendido darle el Ministerio Público y los jueces que han conocido el presente caso en la jurisdicción interna, para justificar que en Venezuela no se deben las garantías judiciales durante la etapa de investigación del proceso penal.

227. Por el contrario, las violaciones pueden acaecer en cualquier momento del proceso y la obligación del respeto a las garantías mínimas pesa sobre el Estado en todas las etapas del mismo proceso, desde su iniciación hasta que haya sentencia firme; por eso mismo también existe el derecho de denunciar su violación en cualquier estadio del proceso. Más aún en la situa-

---

166 Corte IDH, *Casos: Liliana Ortega y Otras; Luisiana Ríos y Otros; Luis Uzcátegui; Marta Colomina y Liliana Velázquez.* Medidas Provisionales respecto de Venezuela de 4 de mayo de 2004; *Considerando*, Nº 7.

ción a la que se refiere esta petición, en la cual el caso contra el profesor Brewer Carías ha sido construido y procesado para formalizar una decisión tomada previamente de condenarlo y de decretar su privación de libertad, como en efecto se ha decretado, y *no concederle garantía alguna mientras no se haya entregado a sus perseguidores y esté privado de su libertad*.

228. En la errada dirección conceptual que hemos señalado, el Estado ha afirmado, por ejemplo,

> Es notable la confusión que tienen los peticionarios en relación con la fase de investigación, la fase intermedia y la fase de juicio en el proceso penal venezolano y **con ese gran laberinto pretenden decir que no pudieron interrogar o repreguntar a los testigos que declararon en la Fiscalía, pero en sus citas los testigos están referidos en el momento en que éstos se encontrarían frente a un Tribunal en la ETAPA DE JUICIO y no en la EN LA ETAPA DE INVESTIGACIÓN.** (Contestación del Estado, pág. 34; énfasis agregado). [...]

> Se observa, entonces que **en la ETAPA DE JUICIO la defensa tiene la posibilidad de preguntar y repreguntar a los testigos** y que es en ese momento procesal cuando se les llama a pruebas, porque las mismas declaraciones fueron admitidas por un Tribunal de Control en la ETAPA INTERMEDIA; **la defensa del ciudadano Brewer Carias no puede realizar este acto de preguntas y repreguntas de este tipo de PRUE-BAS, ya que el caso del ciudadano Brewer Carias, no ha llegado a la etapa de juicio** por haberse fugado y abstraído de la justicia venezolana la citada y pretendida víctima. (Contestación del Estado, pág. 36; énfasis agregados).

229. Por lo tanto, por su propia *confesión* ante las instancias del Sistema Interamericano de Derechos Humanos, *queda plenamente probado* que el Estado ha actuado en este proceso en el entendimiento de *que la fase de investigación en el proceso penal no está resguardada por las garantías judiciales* del mismo artículo 8 de la Convención. Este errado concepto explica y comprueba por qué el profesor Brewer Carías ha sido víctima de una violación masiva del derecho a un proceso regular.

II. VIOLACIÓN DEL DERECHO A SER OÍDO POR UN JUEZ O TRIBUNAL COMPETENTE, INDEPENDIENTE E IMPARCIAL (ARTÍCULO 8.1, CADH*).*

230. En los términos del artículo 8(1) de la Convención,

> Toda persona tiene derecho a ser oída, con las debidas garantías y dentro de un plazo razonable, por un juez o tribunal **competente, independiente e imparcial**, establecido con anterioridad por la ley, en la sustanciación de cualquier acusación penal formulada contra ella, o para la de-

terminación de sus derechos y obligaciones de orden civil, laboral, fiscal o de cualquier otro carácter. (Énfasis añadido).

231. El derecho del profesor Brewer Carías a ser oído por un tribunal independiente e imparcial ha sido repetidas veces violado por el Estado venezolano, a lo largo del paródico proceso incoado contra él.

232. En el presente caso, ya nos hemos referido en el este escrito a la crítica situación de falta de independencia del Poder Judicial de Venezuela (*Véase supra ¶¶ 29 ss.*) dentro del contexto del presente caso.

233. Dentro del contexto de casos relativos a Venezuela, la Corte ha evocado los imperativos de la independencia e imparcialidad de la justicia. La independencia *"radica en evitar que el sistema judicial en general y sus integrantes en particular se vean sometidos a posibles restricciones indebidas en el ejercicio de su función por parte de órganos ajenos al Poder Judicial."*[167] La imparcialidad, por su lado, *"exige que el juez que interviene en una contienda particular se aproxime a los hechos de la causa careciendo, de manera subjetiva, de todo prejuicio y, asimismo, ofreciendo garantías suficientes de índole objetiva que permitan desterrar toda duda que el justiciable o la comunidad puedan albergar respecto de la ausencia de imparcialidad."*[168]

1. *Un tribunal competente, independiente e imparcial*

234. Como lo ha reiterado en numerosas ocasiones esa honorable Corte, "de los objetivos principales que tiene la separación de los poderes públicos es la garantía de la independencia de los jueces,"[169] lo que viene a subrayar una vez más el vínculo entre la independencia judicial y el Estado de Derecho. No se trata, sin embargo, de una mera separación de una rama del Poder Público, sino de alcanzar y proteger la plena independencia de la conciencia del juez para decidir su recta interpretación del derecho y conocimiento de lo alegado y probado ante su autoridad.

235. Ese ejercicio independiente de la función judicial, - y ya nos hemos referido en el este escrito a la crítica situación de falta de independencia del Poder Judicial de Venezuela - (*Véase supra ¶¶ 29 ss.),* dentro del contexto del presente caso, como lo ha dicho la Corte:

---

167 Corte IDH, *Caso Apitz Barbera y Otros ("Corte Primera de lo Contencioso Administrativo") vs. Venezuela, cit.,* párr. 55; Corte IDH, *Caso Reverón Trujillo vs. Venezuela, cit.,* párr. 67; Corte IDH, *Caso Chocrón Chocrón vs. Venezuela, cit.,* párr. 97.

168 Corte IDH, *Caso Apitz Barbera y Otros vs. Venezuela, cit.,* párr. 56.

169 Corte IDH, *Caso del Tribunal Constitucional vs. Perú.* Sentencia de 31 de enero de 2001. Serie C Nº 71, párr. 73; Corte IDH, *Caso Apitz Barbera y otros, cit.,* párr. 55; Corte IDH, *Caso Reverón Trujillo, cit.,* párr. 67; Corte IDH, *Caso Chocrón Chocrón, cit.,* parr 97.

...debe ser garantizado por el Estado tanto en su faceta institucional, esto es, en relación con el Poder Judicial como sistema, así como también en conexión con su vertiente individual, es decir, con relación a la persona del juez específico. El objetivo de la protección radica en evitar que el sistema judicial en general y sus integrantes en particular se vean sometidos **a posibles restricciones indebidas en el ejercicio de su función por parte de órganos ajenos al Poder Judicial o incluso por parte de aquellos magistrados que ejercen funciones de revisión o apelación**[170].

236. No es extraño que, en un caso relativo a la destitución de una jueza provisoria en Venezuela, la Corte haya recordado que *"(e)l principio de independencia judicial constituye uno de los pilares básicos de las garantías del debido proceso, motivo por el cual debe ser respetado en todas las áreas del procedimiento y ante todas las instancias procesales en que se decide sobre los derechos de la persona"*.[171]

237. En realidad, la jurisprudencia reiterada de la Corte ha sido clara sobre la función crucial que cumple la idoneidad del juez o tribunal para la existencia del debido proceso y, en general, del Estado de Derecho mismo. La independencia, ha afirmado categóricamente la Corte, es *"esencial para el ejercicio de la función judicial"*.[172] La independencia es, en efecto, *esencial* para que un tribunal encargado de dirigir el proceso al que se refiere el artículo 8 de la Convención pueda ser tenido como tal, como *esenciales* son también su competencia y su imparcialidad. En realidad, el tribunal *competente, independiente e imparcial al que se alude el artículo 8, es el único tribunal concebible para hacer valer el debido proceso del artículo 8, el recurso judicial efectivo del artículo 25 de la Convención*, y toda instancia procesal en la que las garantías judiciales deben respetarse.

238. Desde su primera jurisprudencia esa honorable Corte estableció un concepto que hay reiterado, como es el de que no pueden considerarse recursos judiciales efectivos *"aquellos recursos que, **por las condiciones generales del país o incluso por las circunstancias particulares de un caso dado, resulten ilusorios**. Ello puede ocurrir, por ejemplo, cuando su inutilidad haya quedado demostrada por la práctica, **porque el Poder Judicial carezca de la independencia necesaria para decidir con imparcialidad.**"*[173]

---

170 Corte IDH, *Caso Apitz Barbera, cit.*, párr. 55; Corte IDH, *Caso Reverón Trujillo, cit.,* párr. 67; Corte IDH, *Caso Chocrón Chocrón, cit.,* parr 97.

171 Corte IDH, *Caso Reverón Trujillo vs. Venezuela, cit.*, párr. 68.

172 Corte IDH, *Caso Herrera Ulloa vs. Costa Rica.* Sentencia de 2 de julio de 2004. Serie C Nº 107, párr. 171; Corte IDH, *Caso Palamara Iribarne, cit.*, párr. 145; Corte IDH, Caso Reverón Trujillo Vs. Venezuela, *supra* nota 12, párr. 67; Corte IDH, *Caso Chocrón Chocrón, cit.,* parr 973.

173 Corte IDH, *Garantías Judiciales en Estados de Emergencia (Arts. 27.2, 25 Y 8) Convención Americana sobre Derechos Humanos.* Opinión Consultiva OC-9/87 del 6 de octubre de 1987. Serie A Nº 9; párr. 24. También, por ejemplo, Corte IDH, *Ivcher*

239. En una dirección similar, en otro caso reciente relativo a Venezuela, la Corte llegó a la conclusión de que la falta de competencia e imparcialidad vulneran la esencia de un tribunal, al punto que los actos y decisiones que adopte quedan radicalmente privados de efectos jurídicos:

> ...el Tribunal considera que al haber declarado ya que el señor Usón Ramírez fue juzgado y condenado por tribunales que carecen de competencia e imparcialidad para ello (**ommissis**), se está ante **un procedimiento viciado desde su origen**, lo cual implica que el señor Usón Ramírez **no tuvo acceso a las garantías judiciales**, por lo que el Tribunal considera innecesario referirse a las otras violaciones alegadas en relación con dichas garantías establecidas en el artículo 8.2 de la Convención."[174]

240. En verdad, la *competencia, independencia e imparcialidad* son calidades concurrentes que determinan la existencia de un *auténtico tribunal*, único capaz de conducir el debido proceso del artículo 8 y de hacer efectivas las garantías judiciales del artículo 25 de la Convención. La Corte ha considerado la inseparabilidad de esas tres calidades al afirmar que *"el juez encargado del conocimiento de una causa debe ser competente, además de independiente e imparcial"*[175]. De no reunirse esos tres requisitos, quedan negadas radicalmente las garantías judiciales y el debido proceso. Aun cuando una entidad que carezca de una cualquiera de esas características pueda ostentar formalmente el nombre de tribunal o juzgado, no lo será verdaderamente. No, al menos en el sistema de garantías a los derechos humanos concebido por la Convención ni en cualquier otro que pretenda expresar los estándares universales del Estado de Derecho o los valores de una sociedad democrática. En el mismo sentido, cualquier trámite que semejante entidad tramite y que pueda afectar los derechos de una persona, podrá ser mecanismo de ejercicio arbitrario del poder o un proceso paródico, pero nunca el *debido proceso* o *juicio justo* que se conforma a los estándares internacionales de derechos humanos.

241. Con razón, el entonces Presidente de esa honorable Corte, Juez García Ramírez, hizo la siguiente observación en su voto concurrente en el caso *Usón Ramírez*:

> En mi concepto, existe una diferencia relevante entre el derecho o garantía (para los efectos de esta consideración no es necesario deslindar

---

*Bronstein vs. Perú.*Sentencia de 6 de febrero de 2001. Serie C N° 74, párr. 137; Corte IDH, *Caso Las Palmeras vs. Colombia.* Sentencia del 6 de diciembre de 2001. Serie C N° 90, párr. 58; Corte IDH, *Cinco Pensionistas vs. Perú.* Sentencia de 28 de febrero de 2003. Serie C N° 98, párrs. 126 y 136.

174 *Usón C207/09*, párr. 124. Esto tiene un antecedente similar en Corte IDH, *Cantoral Benavides vs. Perú*, Fondo, 18-VIII-2000, Serie C 69, párr. 115.

175 *Radilla C209/09*, párrr. 273; *Fernández C215/10*, párr. 176; *Cantú C216/10*, párr. 160; *Cabrera C220/10*, párr. 197.

entre ambas nociones) de juez natural que reconoce el párrafo 1 y las diversas garantías mínimas que enuncia el párrafo 2. En efecto, **la intervención de un juez competente, independiente e imparcial es un presupuesto del debido proceso.** En ausencia de aquél, **no existe verdadero proceso, sino apariencia de tal.** Se trataría de un simple procedimiento que no satisface el derecho esencial del justiciable. No es posible suponer que éste puede ser juzgado y su litigio resuelto por cualquier persona u órgano que carece de **esos atributos,** y que el procedimiento que ante ellos se sigue merece la calificación de proceso y la resolución en la que culmina constituye una auténtica sentencia.[176]

242. En definitiva, el concepto de tribunal *competente, independiente e imparcial* impregna la totalidad de las garantías judiciales, puesto que sin un órgano con esos atributos, la conducción del proceso y la posibilidad de hacer valer realmente esas garantías quedan fatalmente vulneradas. Piénsese en situaciones, como la del caso del profesor Brewer Carías, en las cuales la presunción de inocencia ha sido ultrajada por los mismos factores externos que ultrajan la independencia de la justicia y donde el "juez o tribunal superior" padece la misma carencia de autonomía y las mismas condicionantes de su dependencia que los jueces o tribunales de instancias inferiores.

2. *La inestabilidad y falta de independencia de los jueces en Venezuela*

243. Pues bien, en Venezuela, en general, y en el caso de profesor Brewer Carías, en particular, durante todo el tiempo en el que dicho caso se ha tramitado en las instancias internas, ha estado presente el doble déficit al que se ha referido la Corte en su jurisprudencia. La falta de independencia judicial ha estado presente *"tanto en su faceta institucional, esto es, en relación con el Poder Judicial como sistema, así como también en conexión con su vertiente individual, es decir, con relación a la persona del juez específico"* [177] *(Véase supra ¶¶ 41 ss.).* Tanto los recursos para defender sus derechos como las garantías al debido proceso *"por las condiciones generales del país o incluso por las circunstancias particulares de [su] caso"* resultan ilusorios, pues *"su inutilidad haya quedado demostrada por la práctica, porque el Poder Judicial care[ce] de la independencia necesaria para decidir con imparcialidad."* [178]

---

176 Corte IDH, *Cso Usón Ramírez, cit.,* voto razonado del Juez García Ramírez, párr. 6.

177 Corte IDH, *Caso Apitz Barbera y otros ("Corte Primera de lo Contencioso Administrativo"), cit.,* párr. 55; Corte IDH, *Caso Reverón Trujillo, cit.,* párr. 67; Corte IDH, *Caso Chocrón Chocrón, cit.,* parr 97.

178 Corte IDH, *Garantías Judiciales en Estados de Emergencia (Arts. 27.2, 25 Y 8) Convención Americana sobre Derechos Humanos.* Opinión Consultiva OC-9/87 del 6 de octubre de 1987. Serie A N° 9; párr. 24. También, por ejemplo, Corte IDH, *Ivcher Bronstein vs. Perú.*Sentencia de 6 de febrero de 2001. Serie C N° 74, párr. 137; Corte

244. La Corte, dentro del conocimiento de casos que han afectado la independencia de dos juezas venezolanas, ha identificado también, con base en el Derecho internacional de los Derechos Humanos, apoyándose en su propia jurisprudencia, en la de la Corte Europea de Derechos Humanos y en los *Principios Básicos de las Naciones Unidas Relativos a la Independencia de la Judicatura*, las garantías implícitas en la independencia judicial, sintetizados por la Corte de la siguiente manera: *a) un adecuado proceso de nombramiento, b) la inamovilidad en el cargo y, c) la garantía contra presiones externas.*[179] Un juez que no goce de esas tres garantías es un juez vulnerable, cuya independencia se encuentra lesionada *ab initio* si fue nombrado por un procedimiento inidóneo o se encuentra permanentemente amenazada si puede ser removido de su cargo discrecionalmente o carece de protección contra presiones externas.

245. El régimen jurídico que ha venido aplicándose a la judicatura venezolana vulnera de manera sistemática y persistente esas garantías. Ya nos hemos referido, en el contexto de los hechos a los que la presente demanda se contrae, a la flagrante carencia de independencia del Tribunal Supremo de Justicia, cuyo diseño constitucional ha sido desfigurado y destruido a través de fraudulentas reformas legislativas para garantizar la designación de magistrados cuya calidad primera es la fidelidad irrestricta al proyecto político que encabeza el Presidente de la República (*Véase supra ¶¶ 30 ss.*). El Tribunal Supremo de Justicia, como cabeza administrativa y más alta instancia, todo a la vez, del sistema judicial, ha organizado la judicatura sobre la base de la provisionalidad de los jueces, valiéndose para ello de una perpetua reorganización del Poder Judicial e incluso de sus propias sentencias, que se han encargado de afirmar y reafirmar que los jueces provisorios (la gran mayoría) son de libre nombramiento y remoción, de modo que carecen totalmente de estabilidad. Con esas herramientas, no sólo se han asegurado de nombrar jueces y funcionarios de justicia dóciles al mismo proyecto político, sino que han ejercido las más diversas formas de presión sobre ellos, comprendida la destitución e incluso la persecución penal, de aquéllos que se atrevan a mostrar algún rasgo de independencia y a decidir en forma que contraríe los designios de la dirección política del país. Por consiguiente, la independencia y la imparcialidad, esos valores esenciales para la idoneidad judicial, han estado ausentes de los tribunales venezolanos desde que se inició, en 1999, la interminable reestructuración del Poder Judicial. *Es una situación que ha persistido a todo lo largo del paródico proceso incoado contra profesor Brewer Carías.*

IDH, *Caso Las Palmeras vs. Colombia*. Sentencia del 6 de diciembre de 2001. Serie C N° 90, párr. 58; Corte IDH, *Cinco Pensionistas vs. Perú*. Sentencia de 28 de febrero de 2003. Serie C N° 98, párrs. 126 y 136.

179 Corte IDH, *Caso Reverón Trujillo vs. Venezuela, cit.,* párr. 70; Corte IDH, *Caso Chocrón Chocrón Vs. Venezuela, cit.,* párr. 98

246. En efecto, la Constitución venezolana dispone que el ingreso a la carrera judicial se hará mediante concursos de oposición públicos y que los jueces o juezas sólo podrán ser removidos o removidas o suspendidos o suspendidas de sus cargos mediante los procedimientos disciplinarios expresamente previstos en la ley (Art. 255), desarrollados ante "la jurisdicción disciplinaria judicial" a cargo de los "tribunales disciplinarios que determine la ley" (Art. 267).

247. Sin embargo, ese mandato constitucional dista de materializarse en la práctica. Como esa honorable Corte lo ha podido verificar en varios casos recientes atinentes a Venezuela, la provisionalidad y consiguiente discrecionalidad en el nombramiento y remoción de los jueces, enteramente al margen de la Constitución, ha sido una práctica endémica en Venezuela.

3. *La ausencia de garantías de la independencia judicial*

248. En cuanto al *proceso nombramiento*, ya se ha señalado en este escrito que el ingreso mediante concursos de oposición público, prescrito por la Constitución, ha sido abandonado. Los jueces provisorios son de libre nombramiento.

249. También son de libre remoción, lo cual vulnera el requisito de inamovilidad en el cargo, identificado por la Corte, la cual ha agregado a este respecto que "la autoridad a cargo del proceso de destitución de un juez debe conducirse independiente e imparcialmente en el procedimiento establecido para el efecto y permitir el ejercicio del derecho de defensa.[180] En Venezuela, la destitución de los jueces provisorios no está sujeto al procedimiento alguno, mucho menos a las reglas del debido proceso. Esta es la situación imperante desde que se inició el llamado proceso de reestructuración judicial, que incluye íntegramente el tiempo de la imputación, acusación y, en general, del procesamiento irregular del profesor Brewer Carías.

250. La Sala Político Administrativa del Tribunal Supremo de Justicia determinó que los jueces provisorios son de libre remoción, sin proceso alguno, lo cual pone en evidencia la precariedad de su independencia:

> *... quienes ocupen un cargo para el cual no hubieren concursado, carecen del derecho bajo análisis y, en consecuencia, podrán ser removidos del cargo en cuestión en las mismas condiciones en que el mismo fue obtenido, es decir, sin que exista para la Administración competente la obligación de fundamentar dicha separación en las disposiciones que componen <u>el régimen disciplinario aplicable</u> –se insiste- <u>sólo a los jue-*</u>

---

180 Corte IDH, *Caso del Tribunal Constitucional Vs. Perú*, Sentencia de 31 de enero de 2001. Serie C N° 71, párr. 74, Corte IDH, *Caso Apitz Barbera y otros, cit.*, párr. 44; Corte IDH, *Caso Reverón Trujillo vs. Venezuela, cit.*, párr. 78.

*ces de carrera, esto es, a aquellos (**sic**) que ocupan un cargo previo con-curso de oposición.*[181] (Subrayados del original).

251. La Sala Constitucional del mismo Tribunal Supremo de Justicia, por su parte, ha reafirmado explícitamente este régimen de inestabilidad absoluta para los jueces provisorios, en numerosas sentencias:

> …los cargos desempeñados con carácter temporal que éstos no con-fieren a los funcionarios –sean judiciales o administrativos- la cualidad de personal fijo o titular y, por ende, tampoco gozan de los derechos in-herentes a la carrera como, por ejemplo, la estabilidad en el cargo, por lo que muy bien pueden ser suspendidos o removidos del cargo conforme a las atribuciones que competen a la autoridad judicial o administrativa co-rrespondiente.[182]

> Los jueces y juezas provisorios [...] **ocupan cargos judiciales, pero no ostentan la condición de jueces de carrera**, al no haber ingresado por concurso público en el que, tras diversas pruebas (escrita, práctica, oral), se les haya evaluado. Su designación la realiza la Comisión Judi-cial, por delegación que hace la Sala Plena del Tribunal Supremo de Jus-ticia, en razón de la necesidad de ocupar los cargos judiciales mientras culmina el mencionado proceso de reestructuración y reorganización del Poder Judicial. [...] Sin duda, hay una distinción entre jueces de carrera y jueces provisorios: Los primeros adquieren la titularidad luego de la aprobación del concurso; **en cambio, los jueces y juezas provisorios se designan de manera discrecional**, previo análisis de credenciales. Los jueces y juezas de carrera gozan de estabilidad y sólo pueden ser sancio-nados o destituidos de sus cargos si se demuestra, en el curso de una au-diencia oral y pública con garantías de defensa [...] que han resultado in-cursos en faltas disciplinarias previstas en la Ley Orgánica del Consejo de la Judicatura y la Ley de Carrera Judicial, **no así los jueces y juezas provisorios, que son susceptibles de ser separados del cargo de la misma manera como fueron designados: discrecionalmente.**[183] (Énfa-sis y subrayado agregados)

252. Este conjunto de componentes y de hechos verificables condujo a la Corte Interamericana a concluir, *en sentencia del corriente año 2009, que abarca la totalidad del tiempo durante el cual se han venido configurando que los hechos lesivos contra los derechos humanos del profesor Brewer Carías,* que

---

181 TSJ/SPA, Sentencia N° 02221 de la SPA, 28 de noviembre de 2000 **(Anexo 65)**, p. 13.

182 TSJ/SC, Sentencia N° 1413 de 10 de julio de 2007 **(Anexo 66)**, p. 9.

183 TSJ/SC, Sentencia N° 2414 de 20 de diciembre de 2007 **(Anexo 67)**, p. 26.

...desde agosto de 1999 hasta la actualidad, los jueces provisorios **no tienen estabilidad en el cargo, son nombrados discrecionalmente y pueden ser removidos sin sujeción a ningún procedimiento preestablecido.** *Asimismo, en la época de los hechos del presente caso, el porcentaje de jueces provisorios en el país alcanzaba aproximadamente el 80%. En los años 2005 y 2006 se llevó a cabo un programa por medio del cual los mismos jueces provisorios nombrados discrecionalmente lograron su titularización. La cifra de jueces provisorios se redujo a aproximadamente 44% a finales del año 2008.*[184] (Énfasis y subrayados agregados).

253. Esta situación, por sí misma, crea un cuadro adverso a la independencia del sistema judicial en su conjunto, o al menos de la de aquellos jueces, funcionarios judiciales y fiscales afectados por el régimen de provisionalidad e inestabilidad, puesto que, como lo ha detectado la Corte a propósito, precisamente, de la provisionalidad judicial en Venezuela, *"... la libre remoción de jueces fomenta la duda objetiva del observador sobre la posibilidad efectiva de aquellos de decidir controversias concretas sin temor a represalias."*[185]

254. En su detenido análisis sobre la provisionalidad judicial en Venezuela, particularmente en los citados casos *Apitz Barbera, Reverón Trujillo* y *Chocrón Chocrón,* la Corte destacó que los nombramientos provisionales, en virtud de la extensión en el tiempo de la provisionalidad de los jueces *y* del *"hecho de que la mayoría de los jueces se encuentren en dicha situación, generan importantes obstáculos para la independencia judicial."*[186] Dicha obstaculización a la independencia judicial, agregó la Corte, *resulta particularmente relevante por el hecho de que Venezuela no ofrece a dichos jueces la garantía de inamovilidad."*[187]

255. Desde ese cuadro, la Corte obtuvo una conclusión que resulta plenamente aplicable al presente caso:

… algunas de las normas y prácticas asociadas al proceso de reestructuración judicial que se viene implementando en Venezuela (omissis), por las consecuencias específicas que tuvo en el caso concreto, **provoca**

---

184 Corte IDH, *Caso Reverón Trujillo, cit.,* párr. 106; Corte IDH, *Caso Chocrón Chocrón, cit.,* párr. 110.

185 Corte IDH, *Caso Apitz Barbera y Otros, cit.,* párr. 44. La Corte relacionó este *dictum* con los Principios 2, 3 y 4 de los *Principios Básicos de las Naciones Unidas, Unidas Relativos a la Independencia de la Judicatura.* La Corte repitió la misma formulación, nuevamente en un caso relativo a Venezuela: Corte IDH, *Caso Reverón Trujillo, cit.,* párr. 78.

186 Corte IDH, *Caso Apitz Barbera y otros, cit.,* párr. 43; Corte IDH, *Caso Reverón Trujillo, cit.,* párr. 118; Corte IDH, *Caso Chocrón Chocrón, cit.,* párr. 107.

187 Corte IDH, *Caso Reverón Trujillo, cit.,* párr. 121; Corte IDH, *Caso Chocrón Chocrón, cit.,* párr. 110.

una afectación muy alta a la independencia judicial.[188] (Énfasis agregado).

4. *La falta de imparcialidad judicial*

256. Todo el cuadro de falta de independencia del poder judicial en Venezuela, confirma que desde el punto de vista objetivo, los jueces carecen de imparcialidad. Es decir su situación de sujeción y dependencia respecto del control político que sobre los mismos ejerce el Tribunal Supremo de Justicia, a la vez controlado por el Poder Ejecutivo, hacen que haya suficientes elementos de razonabilidad para considerar que los jueces provisorios que han conocido del caso y los que en general integran la justicia penal en Venezuela no son imparciales. En casos como éste, y siguiendo la orientación de la jurisprudencia de la Corte, es al Estado al que correspondería probar la existencia de imparcialidad de los jueces correspondiéndole a la víctima la prueba de explicar la razonabilidad de la duda, los temores o las sospechas respecto la parcialidad de los jueces basándose en el comportamiento de los mismos y en el cuadro de dependencia del poder judicial que hemos explicado en este escrito. Así lo ha venido construyendo la Corte en su jurisprudencia.

257. En efecto, ya desde *Castillo Petruzzi*, al hablar de independencia de los jueces militares, la Corte señaló:

> *"Los miembros del Consejo Supremo Militar son quienes, a su vez, determinan los futuros ascensos, incentivos profesionales y asignación de funciones de sus inferiores. Esta constatación pone en duda la independencia de los jueces militares"*[189].

258. Hay que comprender el contexto de esas palabras. La Corte líneas arriba de ese pasaje había señalado que el juez militar no era competente,[190] y allí afirmó que por el modo en que son nombrados y por la dinámica propia de la jurisdicción militar, había de ponerse en duda la independencia de los jueces militares. Es decir, descalificó a esos jueces no sólo por incompetentes sino por no ser independientes, y entendió que la duda surge al constatar cuál era la dinámica interna de dicha jurisdicción y su vinculación con el Consejo Supremo Militar. Aunque ese párrafo se refiere a la independencia, y no a la imparcialidad, lo que interesa ahora subrayar es que la Corte considera que esa duda, surgida de la constatación de esa dinámica y de esa vinculación, es suficiente para declarar la falta de independencia.

---

188 Corte IDH, *Caso Reverón Trujillo, cit.,* párr. 127.

189 Corte IDH, *Caso Castillo Petruzzi y otros vs. Perú.* Sentencia de 30 de mayo de 1999. Serie C N° 52, párr. 130. Y en el mismo sentido, v. gr. *cfr.* Corte IDH, *Caso Cantoral Benavides vs. Perú.* Sentencia de 18 de agosto de 2000. Serie C N° 69, párr. 114; Corte IDH, *Caso Lori Berenson Mejía vs. Perú.* Sentencia de 25 de noviembre de 2004. Serie C N° 119, párr. 145.

190 *Cfr.* Corte IDH, *Caso Castillo Petruzzi, cit.,* párr. 128.

259. En *Durand y Ugarte*, la Corte dijo:

> *"Por lo que respecta a la afirmación sobre la parcialidad y dependencia de la justicia militar, es razonable considerar que los funcionarios del fuero militar que actuaron en el proceso encaminado a investigar los sucesos de El Frontón carecían de la imparcialidad e independencia requeridas por el artículo 8.1 de la Convención para investigar los hechos de una manera eficaz y exhaustiva y sancionar a los responsables por los mismos.*
>
> *Como ha quedado establecido (supra párr. 59.ñ), los tribunales que conocieron los hechos relacionados con dichos sucesos "constituyen un alto Organismo de los Institutos Armados" y los militares que integraban dichos tribunales eran, a su vez, miembros de las fuerzas armadas en servicio activo, requisito para formar parte de los tribunales militares. **Por tanto, estaban incapacitados para rendir un dictamen independiente e imparcial**[191].*

260. Esto significa que la Corte invocó la dependencia orgánica para inferir de ahí la ausencia de imparcialidad e independencia. En efecto, entendió que *"es razonable considerar"* que se careció de imparcialidad e independencia porque los integrantes de esos tribunales eran a su vez miembros de las fuerzas armadas en servicio activo. Es decir, tratándose de esos dos atributos del órgano, le bastaba un argumento de razonabilidad que suscitase la duda. Y esa duda es el fundamento de la declaratoria de la inexistencia de ambos atributos. No es un acto de los jueces mediante el que se dejase al descubierto sus prejuicios o preferencias por un determinado caso o imputado lo que llevó a la Corte a declarar la falta de independencia e imparcialidad, sino que fue la estructura y contexto mismo del órgano lo que la llevó a afirmar que *"es razonable considerar"*, que es plausible, que ha de entenderse, que no hubo imparcialidad ni independencia.

261. En *La Cantuta*, la Corte afirmó:

> *"En Perú, al momento de los hechos, el fuero militar estaba subordinado jerárquicamente al Poder Ejecutivo y los magistrados militares que ejercían función jurisdiccional en actividad, lo cual impedía o al menos dificultaba a los magistrados del fuero militar juzgar objetiva e imparcialmente".*[192]

262. Nótese que en ese caso el criterio orgánico es considerado como impedimento o dificultad para que se de la imparcialidad y considera que tal

---

191 *Durand y Ugarte vs. Perú*. Sentencia de 16 de agosto de 2000. Serie C N° 68, párrs. 125, 126.

192 Corte IDH, *Caso La Cantuta vs. Perú*. Sentencia de 29 de noviembre de 2006. Serie C N° 162, párr. 141.

dificultad es suficiente para declarar la inexistencia de ese atributo consustancial del órgano.

263. En *Herrera Ulloa*, la Corte dijo por primera vez lo que luego, reiteradamente, ha señalado: que, según la Corte Europea de Derechos Humanos, la imparcialidad tiene aspectos -subjetivo y objetivo-. Y transcribe la jurisprudencia europea que afirma:

> *"Primero, el tribunal debe carecer, de una manera subjetiva, de prejuicio personal. Segundo, también debe ser imparcial desde un punto de vista objetivo, es decir, debe ofrecer garantías suficientes para **que no haya duda legítima** al respecto. Bajo el análisis objetivo, se debe determinar si, aparte del comportamiento personal de los jueces, hay hechos averiguables que podrán suscitar dudas respecto de su imparcialidad. En este sentido, hasta las apariencias podrán tener cierta importancia. Lo que está en juego es la confianza que deben inspirar los tribunales a los ciudadanos en una sociedad democrática y, sobre todo, en las partes del caso".* [193] (Énfasis agregado).

264. En el caso *Palamara Iribarne*, la Corte señaló respecto de la imparcialidad lo siguiente:

> "La imparcialidad del tribunal implica que sus integrantes no tengan un interés directo, una posición tomada, una preferencia por alguna de las partes y que no se encuentren involucrados en la controversia"[194].

265. Pero no puede sostenerse que el contenido de la imparcialidad se reduce a eso. De hecho, la misma Corte, en el caso *Apitz Barbera,* añadió:

> "El juez debe aparecer como actuando sin estar sujeto a influencia, aliciente, presión, amenaza o intromisión, directa o indirecta, sino única y exclusivamente conforme a -y movido por- el Derecho"[195].

266. En esta misma sentencia, invocando jurisprudencia europea, la Corte afirmó que los aspectos subjetivo y objetivo tienen diverso tratamiento para efectos probatorios. En efecto, dice esa sentencia:

---

193 Corte IDH, *Caso Herrera Ulloa, cit.,* párr. 170 (citando a: Eur. Court H. R., Case of Pabla KY v. Finland, Judgment of 26 June, 2004, para. 27; y Eur. Court H. R., Case of Morris v. the United Kingdom, Judgment of 26 February, 2002, para. 58). Igualmente, Corte IDH, *Caso Apitz Barbera y otros, cit.,* párr. 56; Corte IDH, *Casi Usón Ramírez, cit.,* párr. 117; Corte IDH, *Caso Atala Riffo y Niñas vs. Chile.* Sentencia de 24 de febrero de 2012. Serie C N° 239, párr. 189;

194 Corte IDH, *Caso Palamara Iribarne, cit.,* párr. 146. *Cfr.* Corte IDH, Caso *Usón Ramírez, cit.,* párr. 117.

195 Corte IDH, *Caso Apitz Barbera y otros, cit.,* párr. 56. *Cfr.* Corte IDH, *Caso Barreto Leiva, cit.,* párr. 117; *Caso Atala Riffo y Niñas, cit.,* párr. 189.

"La imparcialidad exige que el juez que interviene en una contienda particular se aproxime a los hechos de la causa careciendo, de manera subjetiva, de todo prejuicio y, asimismo, ofreciendo garantías suficientes de índole objetiva que permitan desterrar toda duda que el justiciable o la comunidad puedan albergar respecto de la ausencia de imparcialidad. La Corte Europea de Derechos Humanos ha explicado que la imparcialidad personal o subjetiva se presume a menos que exista prueba en contrario. Por su parte, la denominada prueba objetiva consiste en determinar si el juez cuestionado brindó elementos convincentes que permitan eliminar temores legítimos o fundadas sospechas de parcialidad sobre su persona. Ello puesto que el juez debe aparecer como actuando sin estar sujeto a influencia, aliciente, presión, amenaza o intromisión, directa o indirecta, sino única y exclusivamente conforme a -y movido por- el Derecho"[196]. (Subrayado añadido).

267. Es decir, se presume que el juez está libre de prejuicios, salvo que se pruebe lo contrario: por ejemplo, que haya adelantado criterio o haya manifestado hostilidad o interés en conocer el caso por razones personales[197]. Pero el aspecto objetivo, aquel que está integrado por las *"garantías suficientes para que no haya duda legítima"*[198] debe ser probado por el Estado. Eso no lo señaló expresamente la Corte, pero se infiere claramente de lógica interna que entraña la dinámica procesal sobre este punto.

268. En efecto, el imputado sólo tiene que manifestar las "dudas"[199] sobre la imparcialidad o "los temores legítimos o fundadas sospechas de parcialidad."[200] Naturalmente la víctima debe demostrar los hechos que suscitan las dudas, los temores o las sospechas. Además, debe mostrar la legitimidad o fundamento de esos estados subjetivos. Pero, tal como dice la Corte, "la denominada prueba objetiva consiste en determinar si el juez cuestionado brindó elementos convincentes que permitan eliminar"[201] esas dudas, esos temores legítimos o fundadas sospechas de parcialidad. Y aportar esos elementos corresponde al Estado. No es quien tiene la duda, temor o sospecha el que debe aportar los elementos que los eliminen: es decir, la prueba objetiva de la que habla la Corte.

---

196 Corte IDH, *Apitz C182/08*, párr. 56. *Cfr*. Corte IDH, *Barreto C206/09*, párr. 98; *Usón C207/09*, párr. 117; *Atala C239/12*, párr. 189.

197 *Cfr*. Corte IDH, *Caso Atala Riffo y Niñas, cit.,* párr. 234 y la jurisprudencia europea ahí referida.

198 Corte IDH, *Caso Herrera* Ulloa, *cit.,* párr. 170.

199 Se habla de duda en *Herrera Ulloa*, párr. 170; *Apitz Barbera*, párr. 56; *Usón Ramírez*, párrs. 117, 118; *Atala Riffo*, párr. 189.

200 Se habla de temores o fundadas sospechas en *Apitz Barbera*, párr. 56; *Usón Ramírez C207/09*, párr. 117; *Atala Riffo*, párr. 189.

201 Corte IDH, *Caso Apitz Barbera y otros, cit.,* párr. 56; Corte IDH, *Caso Usón Ramírez, cit.,* párr. 117.

269. Para comprender mejor lo dicho, es pertinente traer de nuevo a colación la jurisprudencia europea, respecto de los aspectos subjetivo y objetivo de la imparcialidad, recogida en *Herrera Ulloa*, porque es el origen de esta posición de la jurisprudencia interamericana. Ese pasaje dice:

> *"Primero, el tribunal debe carecer, de una manera subjetiva, de prejuicio personal. Segundo, también debe ser imparcial desde un punto de vista objetivo, es decir, debe ofrecer garantías suficientes para que no haya duda legítima al respecto. Bajo el análisis objetivo, se debe determinar si, aparte del comportamiento personal de los jueces, hay hechos averiguables que podrán suscitar dudas respecto de su imparcialidad. En este sentido, hasta las apariencias podrán tener cierta importancia. Lo que está en juego es la confianza que deben inspirar los tribunales a los ciudadanos en una sociedad democrática y, sobre todo, en las partes del caso"*[202].

270. Como se puede apreciar, la Corte Europea explica el contenido de esos aspectos. El subjetivo hace referencia a la inexistencia de prejuicios personales de los integrantes del órgano. Éste es el que se presume salvo prueba en contrario; el objetivo hace referencia a la existencia de garantías que no den lugar a dudas legítimas.

271. Hay aquí un primer punto que debe destacarse. La Corte Europea entiende que el elemento objetivo de la imparcialidad existe cuando se dan las garantías que evitan la existencia de dudas legítimas.

272. La duda legítima o razonable surge del análisis de cualquiera de los dos elementos mencionados por la Corte Europea cuando habla los aspectos objetivos: el comportamiento del juez y los hechos averiguables. Se trata de datos externos: la conducta del juez o hechos constatables. Estos últimos no hacen referencia a la conducta del juez. De lo contrario, el Tribunal hubiese dicho: "se debe determinar hechos averiguables en el comportamiento personal de los jueces que podrán suscitar dudas."

273. Pero la Corte Europea, en ese pasaje recogido en *Herrera Ulloa*, dice más. Dice que "en este sentido", es decir, de cara a determinar si surge alguna de esas causas que susciten la duda, "hasta las apariencias podrían tener cierta importancia". Esto significa que para determinar si ha habido comportamientos del juez o hechos averiguables no referidos al juez que susciten duda, ha de tenerse muy en consideración las apariencias. Se diría que está afirmando que no es necesario que se den pruebas confesionales, testimoniales, documentales. Es más, aquello que *aparece*, que *aparenta ser*, podría -en un determinado supuesto- no responder a la realidad; pero para la Corte Europea, aún en este supuesto, la apariencia es relevante. Y esto es así porque

---

202 *Cfr. Eur. Court. H. R., Case of Pabla KY v. Finlad, Judgment of 26 June, 2004, para. 27; y Eur. Court. H. R., Case of Morris v. the United Kingdom, Judgment of 26 February, 2002, para. 58*, citado en *Herrera Ulloa*, párr. 170.

como el propio Tribunal dice después, "lo que está en juego es la confianza que deben inspirar los tribunales a los ciudadanos en una sociedad democrática y, sobre todo, en las partes del caso"[203]. Y eso se condice con lo que la misma Corte IDH agrega en el pasaje de Apitz arriba transcrito:

> *"Ello puesto que el juez debe aparecer como actuando sin estar sujeto a influencia, aliciente, presión, amenaza o intromisión, directa o indirecta, sino única y exclusivamente conforme a -y movido por- el Derecho"*[204].

274. Esa preeminencia que adquiere la confianza, que la convierte en la justificación de la relevancia de la apariencia y de la duda como criterios para calibrar la existencia de la imparcialidad, tiene su apoyo en la lógica del sistema jurídico, muy particularmente, en el ámbito penal. En efecto, la imparcialidad es necesaria no sólo para que dicten sentencias justas,[205] que sean la culminación de un proceso en el que se han respetado íntegramente las garantías establecidas en el art. 8 CADH, sino para inspirar confianza a las partes y a la sociedad, tal como lo dice el pasaje jurisprudencial arriba transcrito y recogido reiteradamente en sentencias de esa Corte.[206]

275. Además, no se entendería el respeto a la presunción de inocencia, si para poner en entredicho la imparcialidad objetiva sólo valiese la certeza. La certeza sólo es necesaria para tener por no probados los hechos o destruir la legitimidad o razonabilidad de la duda, temor o sospecha.

276. Debe advertirse que lo que se recoge en *Apitz*, respecto del diverso tratamiento probatorio de los aspectos subjetivo y objetivo de la imparcialidad, fue puesto en práctica por la misma Corte IDH *mucho antes*: en los casos iniciales que se han referido al inicio – *Castillo Petruzzi, Durand, La Cantuta*– (*Véase **supra**, ¶¶ 257, 259, 261*). Como se pudo observar, la Corte entonces señaló que la existencia de un hecho (en esos casos la dependencia orgánica de la jurisdicción militar) daba pie a considerar que era razonable dudar de la falta de imparcialidad y sobre la base de ese razonable duda, de esa duda legítima, declaró en esos casos la ausencia de imparcialidad.

277. También hay otro tema que conviene considerar en aras de un adecuado análisis del presente caso. Tal como la Corte misma lo consigna, lo

---

203 Esto ha sido recogido y reiterado por la Corte IDH: cfr. *Corte IDH*, Caso Herrera Ulloa, *cit.*, párr. 171; Corte IDH, *Caso Apitz Barbera y otros, cit.*, párr. 56; Corte IDH, *Caso Usón Ramírez, cit.*, párr. 117; Corte IDH, *Caso Atala Riffo y Niñas, cit.*, párr. 189.

204 Corte IDH, *Apitz Barbera, cit.*, párr. 56; Corte IDH, *Caso Atala Riffo, cit.*, párr. 189.

205 Como dice la Corte en Baena: "Es un derecho humano el obtener todas las garantías que permitan alcanzar decisiones justas". *Baena Ricardo y otros vs. Panamá*, Fondo, reparaciones y costas, 2-II-2001, Serie C 72, párr. 127.

206 Corte IDH, *Caso Herrera Ulloa, cit.*, párr. 171; Corte IDH, *Caso Apitz Barbera y otros, cit.*, párr. 56; Corte IDH, *Caso Usón Ramírez, cit.*, párr. 117; Corte IDH, *Caso Atala Riffo y Niñas, cit.*, párr. 189.

dicho en el párrafo de *Apitz Barbera* recién transcrito (***Véase supra ¶ 266, in fine***) está nutrido del segundo de los Principios Básicos Relativos a la Independencia de Judicatura, que dice:

> 2. *Los jueces resolverán los asuntos que conozcan con imparcialidad, basándose en los hechos y en consonancia con el derecho, sin restricción alguna y sin influencias, alicientes, presiones, amenazas o intromisiones indebidas, sean directas o indirectas, de cualesquiera sectores o por cualquier motivo.*

278. Es decir, para hablar de imparcialidad, la Corte acude a un texto referido a la independencia. Y, a la vez, lo que la Corte Europea ha dicho sobre la imparcialidad la Corte lo ha aplicado también para referirse a la independencia:

> "Adicionalmente, el Estado está en el deber de garantizar una apariencia de independencia de la magistratura que inspire legitimidad y confianza suficiente no sólo al justiciable, sino a los ciudadanos en una sociedad democrática[207]".

279. Esto pone de manifiesto lo que la Corte misma ha señalado, que la independencia y la imparcialidad están relacionadas, aunque cada uno de esos atributos esenciales del órgano tiene contenidos propios.[208]

280. Por eso, en este caso, es del todo atinente que la Corte aplique al examen sobre el elemento objetivo de la imparcialidad lo dicho respecto de la independencia. Así, por ejemplo, la Corte ha sostenido que la libre remoción fomenta la duda sobre la independencia del juez.

> "Ello es así toda vez que la libre remoción de jueces fomenta la duda objetiva del observador sobre la posibilidad efectiva de aquellos de decidir controversias concretas sin temor a represalias.[209]"

281. También ha dicho que la falta de estabilidad manifiesta falta de independencia y afecta al justiciable:

> Cuando un imputado es juzgado por *"un órgano excepcional que no tiene una estabilidad definida y cuyos miembros pueden ser nombrados o removidos sin procedimientos previamente establecidos y a la sola discreción del TSJ (...) el Tribunal concluye que (...) no existieron las debidas garantías para asegurar que las presiones que se realizaban sobre*

---

207 *Cfr. ibid.*, párr. 171. Ahí lo hace para referirse a imparcialidad. En Corte IDH, *Caso Reverón Trujillo, cit.*, párr. 67, lo hace para referirse a independencia.

208 *Cfr.* Corte IDH, *Caso Apitz Barbera y otros, cit.*, párr. 55.

209 *Ibíd.*, párr. 44. *Cfr.* Corte IDH, *Caso Reverón Trujillo, cit.*, párr. 78; Corte IDH, *Caso Chocrón Chocrón, cit.*, párr. 99.

la Corte Primera no influenciaran las decisiones del órgano disciplinario"[210].

282. Es claro que esos criterios pueden y deben ser aplicados también al hablar de imparcialidad. Se podría afirmar que, *de hecho, la dependencia orgánica de la jurisdicción militar tiene el mismo efecto que la inestabilidad de los jueces provisorios.* Tal inestabilidad no sólo incide en la independencia, sino en la imparcialidad. En el caso de Venezuela, la dependencia y sujeción de los jueces, por su provisionalidad, control político que sobre ellos ejerce el Tribunal Supremo, e inestabilidad son elementos más que razonables para dudar de la imparcialidad de los mismos. En otro orden de cosas, ha de advertirse que el comportamiento del juez o esos hechos averiguables, que podrían suscitar la duda respecto de la imparcialidad del juez, no tienen por qué necesariamente ser previos al inicio del proceso. Si fuera así, no tendría sentido el régimen disciplinario ni el control jurisdiccional que versara sobre el desempeño de un juez o un funcionario que interviene en un proceso.

283. Adicionalmente ha de tenerse presente que la Corte ha precisado que la imparcialidad es una exigencia no sólo de los jueces:

> *"Todas esas exigencias, así como criterios de independencia e imparcialidad, se extienden también a los órganos no judiciales a los que corresponda la investigación previa al proceso judicial, realizada para determinar las circunstancias de una muerte y la existencia de suficientes indicios para interponer una acción penal. Sin el cumplimiento de estas exigencias, el Estado no podrá posteriormente ejercer de manera efectiva y eficiente su facultad acusatoria y los tribunales no podrán llevar a cabo el proceso judicial que este tipo de violaciones requiere."*[211]

284. Respecto de la imparcialidad, la Corte en una recientísima sentencia ha dicho:

> *"La Corte Interamericana resalta que, si bien es cierto que en el presente caso se han declarado algunas violaciones a la Convención* (omissis), *una violación del artículo 8.1. por la presunta falta de imparcialidad judicial de los jueces debe establecerse a partir de elementos probatorios específicos y concretos que indiquen que se está efectivamente ante un caso en el que los jueces claramente se han dejado influenciar por aspectos o criterios ajenos a las normas legales."*[212]

285. En efecto, la imparcialidad debe establecerse a partir de elementos probatorios específicos y concretos; pero no ha de olvidarse que acto seguido,

210 Corte IDH, *Caso Apitz Barbera y otro, cit.,* párr. 147.

211 Corte IDH, *Caso Cantoral Huamaní y García Santa Cruz vs. Perú.* Sentencia de 10 de julio de 2007. Serie C N° 167, párr. 133.

212 Corte IDH, *Caso Atala Riffo y Niñas, cit.,* párr. 189.

la misma Corte aclara que esos elementos probatorios específicos son aquellos necesarios para destruir la presunción de la imparcialidad subjetiva:

"El Tribunal constata que ni la Comisión ni los representantes han aportado elementos probatorios específicos para desvirtuar la presunción de imparcialidad subjetiva de los jueces"[213].

286. Eso confirma que el tratamiento probatorio de los aspectos subjetivo y objetivo es diverso. Además, respecto del aspecto objetivo, la Corte señala:

"Tampoco se han aportado elementos convincentes que permitan cuestionar la imparcialidad objetiva de los jueces en la sentencia de la Corte Suprema. Una interpretación de las normas del Código Civil chileno en forma contraria a la Convención Americana en materia del ejercicio de la custodia de menores de edad por una persona homosexual no es suficiente, en sí misma, para declarar por este Tribunal una falta de la imparcialidad objetiva."[214]

287. Como se puede observar, la Corte considera que lo aducido por los representantes de la víctima no es suficiente en sí mismo para declarar la falta de imparcialidad objetiva. Pero lo que entonces los representantes habían alegado era que la interpretación del Código Civil chileno en forma contraria a la Convención Americana en materia del ejercicio de la custodia de menores por una persona homosexual era un hecho que mostraba la falta de esa imparcialidad. Y la Corte hace ver que la asunción, por parte de un órgano doméstico, de una decisión contraria a la jurisprudencia de la Corte en determinada materia, no es un "una conducta del juez o un hecho averiguable", "no es suficiente, en sí misma" para entender que existe una duda o temor legítimos o una sospecha fundada sobre la parcialidad del órgano. ***Pero la situación del presente caso, no es la misma (Véase infra ¶¶ 316-318).***

5. ***La persistencia del fenómeno durante todo el tiempo transcurrido desde que se inició el proceso penal contra el profesor Brewer Carías***

288. Ya en su *Informe Especial sobre Venezuela* de 2003[215], la Comisión tomó debida nota del inicio, a partir de agosto de 1999, de un proceso de reestructuración del Poder Judicial, el cual inicialmente se dejó en manos de una Comisión de Emergencia Judicial,[216] más tarde corrió a cargo de otra Comi-

---

213 *Ibid.*, párr. 190.

214 *Ibid.*, párr. 190.

215 *Informe sobre la Situación de los Derechos Humanos en Venezuela*, OEA/Ser.L/V/II.118, d.C. 4 rev. 2, 29 de Diciembre de 2003.

216 *Ibíd.*, párr. 164.

sión de Reestructuración del Poder Judicial,[217] posteriormente de la Dirección Ejecutiva de la Magistratura,[218] y continuó bajo la responsabilidad de la Comisión Judicial del Tribunal Supremo de Justicia. Este proceso indefinido de reestructuración perpetua del Poder Judicial tiene como contenido sustantivo fundamental la provisionalidad de los nombramientos en los cargos judiciales, el abandono del ingreso por concurso pautado por la Constitución y la total inestabilidad de los jueces, que terminan siendo de la libre designación y remoción por la Comisión de turno. La prórroga sucesiva de este régimen por más de diez años se traduce en un vicio estructural que priva de la necesaria independencia a los tribunales y cortes de justicia venezolanos. *Ese vicio estructural se instaló antes de que se iniciara el ilegítimo y paródico proceso contra el profesor Brewer Carías, ha estado vigente durante todos los actos procesales que han violado sus garantías judiciales según la Convención.*

289. La CIDH expresó desde temprana hora la preocupación que genera el establecimiento de jueces provisorios en Venezuela, considerando como tales los *"no gozan de la garantía de estabilidad en el cargo y pueden ser removidos o suspendidos libremente, lo que podría suponer un condicionamiento a la actuación de estos jueces, en el sentido de que no pueden sentirse protegidos frente a indebidas interferencias o presiones provenientes del interior o desde fuera del sistema judicial,"[219]* y ha concluido que el alto porcentaje de estos jueces altera el derecho de la ciudadanía a una adecuada administración de justicia.[220] En el mismo Informe, se expresó que, para aquel momento, *"la información proporcionada por las distintas fuentes indica que más del 80% de los jueces venezolanos son "provisionales".[221]* Más precisamente, la CIDH registró que, para aquella fecha, *"sólo 250 jueces han sido designados por concurso de oposición de conformidad a la normativa constitucional"* mientras que de *"un total de 1772 cargos de jueces en Venezuela, el Tribunal Supremo de Justicia reporta que solo 183 son titulares, 1331 son provisorios y 258 son temporales."[222]*

290. En sus *Informes Anuales*, la CIDH ha continuado, invariablemente, dando cuenta de este persistente mal, que estructural y conceptualmente destruye la independencia judicial venezolana. En el Informe correspondiente a 2005 (Cap. IV, se hace referencia a *"casos de destituciones, sustituciones y otro tipo de medidas que, en razón de la provisionalidad y los procesos de reforma, han generado dificultades para una plena vigencia de la indepen-*

---

217 *Ibíd.*, párr. 167.
218 *Ibíd.*, párr. 173.
219 *Ibíd.*, párr. 159.
220 *Ibíd.* Párr. 160.
221 *Ibíd.*, párr. 161.
222 *Ibíd.*, párr. 174.

dencia judicial en Venezuela. "[223]. Entre ellos, se destacan *"destituciones y sustituciones que son señaladas como represalias por la toma de decisiones contrarias al Gobierno".*[224] Asimismo se consigna que, para 2005, según cifras oficiales, *"el 18,30% de las juezas y jueces son titulares y 81,70% están en condiciones de provisionalidad."*[225] **Cabe destacar** que estas observaciones de la CIDH están referidas al año 2005, *que fue el período durante el cual se imputó el supuesto delito al profesor Brewer Carías, se construyó una investigación fiscal espuria contra él, denegándole las garantías judiciales dispuestas en la Convención, y se le acusó formalmente de haber conspirado para cambiar violentamente la Constitución. Fue ese también el año en que sus abogados solicitaron la nulidad por inconstitucionalidad de todas las actuaciones por la violación de las garantías judiciales que se le debían, nulidad cuyo trámite ni tan siquiera se ha iniciado para la fecha del presente escrito.*

291. En el *Informe* correspondiente a 2006, la CIDH registró como *"un avance importante"* la información recibida del Estado según la cual se habría regularizado la situación de provisionalidad en la mayoría de los tribunales, mediante concursos de oposición[226], aunque también habría recibido información relativa a irregularidades y falta de transparencia en los mismos.[227] *Durante el año 2006 se ordenó la privación de libertad del profesor Brewer Carías y se dictó orden captura, incluyendo la captura internacional a través de un recurso abusivo a la INTERPOL (Véase supra ¶¶ 175 ss.).*

292. El *Informe Anual* de la CIDH correspondiente a 2007 reflejó una información distinta, aunque siguió siendo valorada positivamente. El Estado habría informado sobre un *"Programa de Formación Inicial en agosto de 2007",* a través del cual *"3.916 aspirantes a jueces ser[ía]n evaluados para posteriormente ser sometidos a un concurso público de oposición."*[228] La CIDH, empero, manifestó que quedaría:

> ... atenta a la ejecución de esta iniciativa y espera que el Estado venezolano adopte las medidas necesarias para asegurar que todos los jueces de la República cuenten con garantías de independencia e imparcialidad, específicamente que se dé cumplimiento estricto a las normas que regulan el ingreso y ascenso de los jueces, y que se establezcan re-

---

223 *Informe Anual de la Comisión Interamericana de Derechos Humanos 2005* (OEA/Ser.L/V/II.124. Doc. 7. 27 febrero 2006); párr. 291.

224 *Ibíd.*, párrs. 295 y ss. Énfasis agregado.

225 *Ibíd.*, párr. 292.

226 *Informe Anual de la Comisión Interamericana de Derechos Humanos 2006* (OEA/Ser.L/V/II.127. Doc. 4 rev. 1. 3 marzo 2007); párr. 160.

227 *Ibíd.*, párr. 162.

228 *Informe Anual de la Comisión Interamericana de Derechos Humanos 2007* (OEA/Ser.L/V/II.130. Doc. 22 rev. 1. 29 diciembre 2007); párr. 285.

glas claras en cuanto a las categorías de jueces y las garantías de estabilidad con relación a cada una de ellas.[229]

293. Sin embargo, como ya se ha mostrado antes (***Véase supra*** ¶¶ *77 ss.*), este programa, como el Programa Especial de Regularización de Titularidad (PET), no es más que un *"procedimiento* [que] *otorga estabilidad laboral a quienes fueron inicialmente nombrados con absoluta discrecionalidad."* [230] El PET es un mero instrumento para consolidar la abolición de la independencia judicial en Venezuela en su dimensión institucional y en su dimensión individual; para institucionalizar la carencia de independencia de los jueces y para lograr que la sujeción del Poder Judicial como institución, encabezado por el Tribunal Supremo de Justicia, se extienda de manera sistémica a cada uno de los jueces que se integran en el mismo.

294. Esto ocurrió en 2007, durante en el que se produjo una insólita Aclaratoria judicial, dentro del cuadro de la persecución internacional contra el profesor Brewer Carías, que pretendió involucrarlo en un intento de magnicidio, y se desoyó igualmente la apelación que sus abogados interpusieron contra semejante despropósito (***Véase supra*** ¶ *185)*.

295. En su *Informe* correspondiente al 2008, la CIDH nuevamente verificó la persistencia de la provisionalidad judicial, de tal modo que se revelaba que *la información suministrada en años anteriores por el Estado no se correspondía con la realidad institucional*:

> *Durante el año 2008, la CIDH continuó recibiendo información sobre la situación de estabilidad de los llamados jueces temporales y provisorios.* **La persistencia de esta problemática <u>endémica</u>, se ha visto reflejada en los altos números de jueces que han sido designados en el año 2008 en calidad de temporales o provisorios.** *Conforme a la información recibida, entre el 1° de enero de 2008 y el 30 de septiembre de 2008 fueron nombrados aproximadamente 1407 jueces, de los cuales 919 son temporales, 322 son accidentales, 159 son provisorios, 4 son suplentes y 3 son integrantes. De los 919 jueces temporales, aproximadamente 854 fueron nombrados para cubrir vacaciones, permisos, licencias, inhibiciones y recusaciones de otros jueces y de los 159 provisorios aproximadamente 22 fueron nombrados para cubrir las plazas de los jueces retirados por jubilación. Conforme a la información aportada, estos nombramientos no se estarían llevando a cabo conforme a los pre-*

229 *Ibíd.*, párr. 286.

230 Corte IDH, *Caso Reverón Trujillo, cit.,* párr. 121; Corte IDH, *Caso Chocrón Chocrón, cit.,* párr.113. Igualmente, CIDH, *Democracia y Derechos Humanos en Venezuela, cit.,* párr. 214.

ceptos constitucionales que rigen esa materia.[231] (Énfasis y subrayado agregados).

296. *__Fue también durante 2008 cuando se excluyó discriminatoriamente al profesor Brewer Carías de la aplicación de un Decreto-Ley de Amnistía, que se aplicó en cambio a otros procesados que estaban en idénticas condiciones a las suyas__* (*Véase supra* ¶¶ *193 ss.).*

297. La Comisión indicó que las resoluciones para los nombramientos provisorios se han justificado en *"la urgencia de proveer las vacantes ocurridas en los distintos Tribunales de la nación"*,[232] pero también advirtió que se configura *"el establecimiento de un **estado permanente de 'urgencia'**, bajo el cual se amparan los nombramientos."*[233] (Énfasis agregado). En todo caso, este proceso de intervención había tenido por objeto la "**depuración del Poder Judicial**," tal como lo indicó expresamente la Sala Constitucional del Tribunal Supremo de Justicia en la sentencia No 1.939 de 18 de diciembre de 2008 (Caso *Procuraduría General de la República -Abogados Gustavo Álvarez Arias y otros*) **(Anexo 63)**, al declarar, a solicitud del propio gobierno, como *"inejecutable"* en Venezuela la decisión de la Corte de 5 de agosto de 2008 dictada en el caso *Apitz Barbera y otros ("Corte Primera de lo Contencioso Administrativo") vs. Venezuela*,[234] en la cual decidió que el Estado Venezolano había violado las garantías judiciales, establecidas en la Convención Americana, de los jueces de la Corte Primera de lo Contencioso Administrativo que habían sido destituidos. En esa sentencia, la Sala Constitucional del Tribunal Supremo dijo lo siguiente:

> En este caso, estima la Sala que la ejecución de la sentencia de la Corte Interamericana de Derechos Humanos del 5 de agosto de 2008, afectaría principios y valores esenciales del orden constitucional de la República Bolivariana de Venezuela y pudiera conllevar a un caos institucional en el marco del sistema de justicia, al pretender modificar la autonomía del Poder Judicial constitucionalmente previsto y el sistema disciplinario instaurado legislativamente, así como también pretende la reincorporación de los hoy ex jueces de la Corte Primera de lo Contencioso Administrativo por supuesta parcialidad de la Comisión de Funcionamiento y Reestructuración del Poder Judicial, cuando la misma ha actuado durante varios años en miles de casos, **procurando la depuración del Poder Judicial en el marco de la actividad disciplinaria** de los jueces. Igualmente, el fallo de la Corte Interamericana de Derechos Humanos pretende desconocer la firmeza de las decisiones de destitución

---

231 *Informe Anual de la Comisión Interamericana de Derechos Humanos 2008* (OEA/Ser.L/V/II.134. Doc. 5 rev. 1. 25 febrero 2009); párr. 391.

232 *Ibíd.*, párr.392.

233 *Ibíd.*

234 Corte IDH, *Caso Apitz Barbera y Otros ("Corte Primera de lo Contencioso Administrativo") vs. Venezuela.* Sentencia de 5 de agosto de 2008, Serie C N° 182.

446

que recayeron sobre los ex jueces de la Corte Primera de lo Contencioso Administrativo que se deriva de la falta de ejercicio de los recursos administrativos o judiciales, o de la declaratoria de improcedencia de los recursos ejercidos por parte de las autoridades administrativas y judiciales competentes." (Énfasis agregado).

6. Provisionalidad, inestabilidad y falta de independencia en el Ministerio Público

298. En el Ministerio Público el cuadro es idéntico (*Véase supra ¶¶ 83 ss.*). En su *Informe Anual* correspondiente a 2005[235] la CIDH registró *"que aproximadamente el noventa por ciento (90%) de los fiscales se encuentran en provisionalidad"* de tal modo que, *"esta situación puede tener consecuencias negativas frente a los derechos de las víctimas en el marco de procesos penales relacionados con violación a derechos humanos."*[236] (Énfasis agregados). La situación anormal así descrita se ha mantenido a lo largo de los años recientes, tal como lo pone de manifiesto el Informe Anual presentado por la CIDH a la Asamblea General de la OEA del año 2009:

> *La Comisión también fue informada de que **en el año 2008 continuaron los nombramientos de fiscales en calidad de provisionalidad**. Según la información recibida entre el 1° de enero de 2008 y el 23 de octubre de 2008 se nombraron aproximadamente 371 fiscales, de los cuales 201 son fiscales auxiliares interinos, 145 provisorios, 10 suplentes, 6 superiores provisorios, 6 superiores y 3 superiores encargados. La CIDH manifiesta su preocupación por la ausencia de titularidad en los nombramientos de fiscales y reitera lo señalado en su último informe respecto de la implementación adecuada de la carrera fiscal dado el rol fundamental que cumple el Ministerio Público en cuanto al impulso de las investigaciones penales. Así también la CIDH reitera la importancia de que los fiscales cuenten con la estabilidad necesaria a fin de garantizar la independencia, imparcialidad e idoneidad de los mismos y asegurar la efectividad de las averiguaciones a fin de eliminar la impunidad, especialmente en los casos de violaciones de derechos humanos.*[237] (Énfasis agregados).

299. La propia Fiscal General de la República ha reconocido que <u>la provisionalidad de los fiscales del Ministerio Público los coloca en una situación de vulnerabilidad frente al poder</u>. En efecto, en el mismo *Informe Anual*, la Comisión reflejó las palabras pronunciadas por dicha alta funcionaria en el acto de inauguración la Escuela Nacional de Fiscales, en las cuales reconoció que *"(l) a provisionalidad en el ejercicio de los cargos de fiscales, coloca a*

---

235   *Cfr.* **Petición**, párr. 51.
236   CIDH Informe Anual 2005, *cit.*, párr. 294.
237   CIDH *Informe Anual 2008, cit.*, párr. 398.

estos funcionarios en situación de vulnerabilidad ante la influencia que, sobre su actuación, podrían tener factores de poder, en detrimento de la constitucionalidad y de la legalidad de la justicia.[238] Sin embargo, para la fecha de este escrito la mencionada Escuela no ha sido útil para combatir la provisionalidad sino, en el mejor de los casos, para dictar ciertos cursos de mejoramiento para el personal del Ministerio Público.[239]

300. En el sistema procesal penal venezolano, el Ministerio Público es el titular de la acción penal[240] y le corresponde, además, la conducción de la primera fase del proceso penal, correspondiente a la *investigación* (COPP, Art. 283). Según el resultado de la investigación, el Ministerio Público debe dictar un *acto conclusivo*, mediante el cual, según el caso, orden el archivo del expediente (COPP, Art. 315), o presenta la acusación ante el tribunal de control (COPP, Art. 326). Por lo tanto, aunque no se trata de un órgano judicial en sentido estricto, cumple una función esencial en el proceso penal, función que impone que sus actuaciones estén investidas de las mismas características de ***competencia, independencia e imparcialidad*** que el debido proceso requiere para los jueces. Así lo ha entendido ya esa honorable Corte:

> *Todas esas exigencias, así como criterios de independencia e imparcialidad, **se extienden también a los órganos no judiciales a los que corresponda la investigación previa al proceso judicial**, realizada para determinar las circunstancias de una muerte y la existencia de suficientes indicios para interponer una acción penal. **Sin el cumplimiento de estas exigencias, el Estado no podrá posteriormente ejercer de manera efectiva y eficiente su facultad acusatoria y los tribunales no podrán***

---

238 *Ibíd.*, párr. 399.

239 En una nota de prensa del 16 de octubre de 2009, se informa que en *"un emotivo acto se celebró el I aniversario de la Escuela Nacional de Fiscales"*, la cual habría iniciado, con 123 estudiantes *"el programa de formación para el inicio de la carrera fiscal, incluso muchos de esos alumnos han sido incorporados al Ministerio Público"*, lo cual indica que se ha designado como fiscales provisorios a estudiantes que no han completado dicho curso. Adicionalmente, se da cuenta de que *"se prepararon 1.687 funcionarios sobre los actos de imputación"* y *de que "se han capacitado y formado 1.336 funcionarios policiales en lo relativo a las actas policiales."* No existe, pues, ningún progreso tangible en la indispensable erradicación de la provisionalidad en el Ministerio Público. **(Anexo 101)**. En otra nota de prensa de 13 de octube de 2011, se da cuenta de que *"han egresado q86 profesionales de la ENF, además a través de esa institución se han dictado más de 43 talleres en diversas áreas jurídicas, seis eventos académico científicos, dos cátedras abiertas, entre otras actividades."* **(Anexo 102)**. No se explica el destino de los egresados ni la naturaleza y duración de los estudios que realizaron; mucho menos se informe sobre la entidad de las demás actividades.

240 COPP, Art. 24: ***Artículo 24. Ejercicio.*** *La acción penal deberá ser ejercida de oficio por el Ministerio Público, salvo que sólo pueda ejercerse por la víctima o a su requerimiento.*

llevar a cabo el proceso judicial que este tipo de violaciones requiere.[241] (Énfasis añadido).

7. La violación del derecho del profesor Brewer Carías a un tribunal independiente e imparcial

301. En el presente caso, en efecto, se presentan, en su totalidad, las características descritas en la jurisprudencia interamericana como fuentes de vulneración de la independencia judicial. **La totalidad** de los jueces y fiscales que han actuado en la causa contra el profesor Brewer Carías, **son provisorios**. El temor a las represalias se origina, en primer lugar, en las numerosas manifestaciones de altos funcionarios del Estado, que incluyen las cabezas del Poder Judicial y del Ministerio Público, en las que afirman la culpabilidad del profesor Brewer Carías en los hechos que falazmente se le atribuyen. En la **Petición**, caracterizamos esas manifestaciones como otras tantas violaciones a la presunción de inocencia (que lo son, como lo afirmamos de nuevo en este escrito) y a la imparcialidad que debe observar el tribunal; sin embargo, es también evidente que ellas constituyen otros tantos mensajes para fiscales y jueces provisorios, que no podrán fallar de acuerdo a Derecho y con arreglo a su conciencia aquello que imaginen como desfavorable al gobierno, si es que desean continuar en sus cargos.

302. Particularmente, ya iniciado el procesamiento contra el profesor Brewer Carías, el entonces Fiscal General de la República (Dr. Julián Isaías Rodríguez, hoy día Embajador en Italia) publicó un libro de su autoría titulado *"Abril comienza en Octubre"* (Grabados Nacionales C.A., Caracas, septiembre 2005, Derechos Reservados por Julián Isaías Rodríguez D.; **Anexo 21**), en el cual afirmó que, durante la noche del 11 al 12 de abril de 2002, el profesor Brewer Carías, habría estado, junto con otras personas, *"redactando los documentos constitutivos del nuevo gobierno."* (Pág. 195). Asimismo, el Tribunal Supremo de Justicia se dirigió al Instituto Interamericano de Derechos Humanos y al Instituto Iberoamericano de Derecho Procesal Constitucional, señalado a *"Allan Brewer-Carías como uno de los autores del decreto en alusión."*[242] Como si ello no bastara, la Asamblea Nacional, adoptó por mayoría un informe de naturaleza política, sin oír al profesor Brewer Carías y sin que éste pudiera en modo alguno ejercer su derecho a la defensa (*Véase infra ¶¶ 392 ss.),* en el que halló responsable a *"Allan Brewer-Carías por estar demostrada su participación en la planificación y ejecución del golpe de Estado del 11, 12, 13 y 14 de abril."*[243] No es difícil concluir que, en un marco de absoluta falta de independencia del Poder Judicial y de inestabilidad estructural de los jueces, de los fiscales y demás funcionarios del sistema de

---

241 Corte IDH, *Cantoral Huamaní y García Santa Cruz vs. Perú*. Sentencia de 10 de julio de 2007. Serie C N° 167, párr. 133.

242 *Cfr.* **Petición**, párr. 78. y **Anexos 15 y 16**.

243 **Anexo 20**.

justicia, esos pronunciamientos no pueden ser desatendidos por los jueces y fiscales provisorios que tienen a su cargo el proceso en contra de Allan Brewer Carías.

303. A este respecto, la Corte ha advertido sobre el especial cuidado que deberían poner las altas autoridades del Estado a la hora de expresarse en términos que puedan afectar o constreñir la independencia judicial, cuidado que estuvo notoriamente ausente en las declaraciones referidas:

> ...*los funcionarios públicos, en especial las más altas autoridades de Gobierno, deben ser particularmente cuidadosos en orden a que sus declaraciones públicas no constituyan una forma de injerencia o presión lesiva de la independencia judicial o puedan inducir o sugerir acciones por parte de otras autoridades que vulneren la independencia o afecten la libertad del juzgador.*[244]

304. Tratándose, por una parte, de manifestaciones que emanaron de las más altas esferas del Estado, relativas a sucesos del más elevado nivel de politización y de importancia vital para la conducción del proceso político que se vive en Venezuela; y, por otra parte, que **todos los jueces y fiscales** que han actuado en el procesamiento del profesor Brewer Carías, han sido y son provisorios, se trata, evidentemente, del género de sucesos que, en palabras de la Corte, inciden determinantemente sobre *"la posibilidad efectiva de aquellos de decidir controversias concretas sin temor a represalias."*[245] Asimismo, como ya lo hemos recordado, en tiempos en los que ya se había iniciado la persecución contra el profesor Brewer Carías, ya la Comisión había registrado casos de jueces que habían sufrido *"destituciones y sustituciones que son señaladas como* **represalias por la toma de decisiones contrarias al Gobierno***".*[246] (Énfasis agregado).

305. *Este contexto anormal e ilegítimo configuró el escenario viciado en el que ha transcurrido la totalidad del paródico proceso instaurado contra el profesor Brewer Carías.* Es este el escenario *presente antes de enero de 2005*; *presente en enero de 2005* cuando se produjo la imputación contra el profesor Brewer Carías; *presente en octubre de 2005*, cuando se formalizó la acusación fiscal en su contra y cuando sus abogados solicitaron inútilmente que se garantizara su derecho a ser juzgado en libertad; *presente en noviembre de 2005*, cuando sus abogados demandaron la declaratoria de nulidad por inconstitucionalidad de todo lo actuado a causa de las violaciones masivas al

---

244 Corte IDH, *Caso Apitz Barbera y otros, cit.,* párr. 131.

245 Corte IDH, *Caso Apitz Barbera y Otros, cit.,* párr. 44. La Corte relacionó este *dictum* con los Principios 2, 3 y 4 de los *Principios Básicos de las Naciones Unidas, Unidas Relativos a la Independencia de la Judicatura.* La Corte repitió la misma formulación, nuevamente en otros dos casos relativos a destituciones de jueces en Venezuela: Corte IDH, *Caso Reverón Trujillo, cit.,* párr. 78; Corte IDH, *Caso Chocrón Chocrón, dit.,* párr. 99.

246 *Ibíd.*, párrs. 295 y ss.

debido proceso registradas hasta ese momento; *presente en junio de 2006*, cuando se dictó orden para su captura, incluyendo la captura internacional a través de un recurso abusivo a la INTERPOL; *presente en enero de 2007*, cuando introdujimos la **Petición**; *presente en setiembre de 2007*, cuando se produjo una insólita *Aclaratoria* judicial, dentro del cuadro de la persecución internacional contra el profesor Brewer Carías, que pretendió involucrarlo en un intento de magnicidio, y *en octubre de 2007*, cuando se desoyó igualmente la apelación que sus abogados interpusieron contra semejante despropósito; *presente en abril de 2008*, cuando se lo excluyó discriminatoriamente de la aplicación de un Decreto-Ley de Amnistía, que se aplicó en cambio a otros procesados que estaban en idénticas condiciones a las suyas; y presente en noviembre de 2009, cuando presentamos nuestras *Observaciones Adicionales* en el procedimiento ante la CIDH y cuando todavía ni siquiera se ha proveído su prenombrada solicitud de noviembre de 2005, demandando la nulidad de todas las actuaciones por el vicio inconstitucionalidad emanado de la violación de sus garantías judiciales. Ha sido esa la estructura fiscal y judicial que ha servido de asiento a la persecución contra el profesor Brewer Carías y al paródico proceso entablado contra él.

306. *No se trata, en este caso, de una especulación abstracta*, ni de la consideración sobre cómo un estado de cosas general (la provisionalidad de jueces y fiscales) pudo influir sobre la independencia de los funcionarios judiciales que han intervenido en el enjuiciamiento contra el profesor Brewer Carías. No se trata de especular sobre si algunas de las decisiones que se adoptaron contra el profesor Brewer Carías en el marco de este caso pudieron estar influenciadas en el *temor a las represalias, sino de poner una vez más en evidencia que efectivamente se tomaron represalias contra jueces que tomaron decisiones que podrían favorecer directa o indirectamente al profesor Brewer Carías o precaver a la mejor defensa de su causa*. Esta circunstancia, que se reitera con hechos concretos de inmediato en este escrito, afectó y afecta negativamente el debido proceso legal al que tenía derecho el profesor Brewer Carías.

307. En efecto, en el ordenamiento procesal penal venezolano, el Juez de Control cumple una función esencial para la garantía de los derechos de las personas que hayan sido objeto de imputación por el Ministerio Público. Según lo dispone el artículo 64 del Código Orgánico Procesal Penal, corresponde al tribunal de control, entre otras materias, *"hacer respetar las garantías procesales, decretar las medidas de coerción que fueren pertinentes, realizar la audiencia preliminar, y la aplicación del procedimiento por admisión de los hechos."* (Énfasis agregado). Por lo tanto, en casos como el presente, en los cuales el Ministerio Público actúa arbitrariamente (o así lo percibe el imputado), es vital contar con la independencia del Juez de Control para restablecer los derechos violados en la fase preparatoria del proceso penal. Por el contrario, si la independencia del Juez de Control es abatida, la efectividad del derecho a la defensa sucumbe y la indefensión del imputado es total. Pues bien, en el curso del juicio contra el profesor Brewer Carías, han sido sancionados los siguientes Jueces de Control, o en ejercicio de funciones de control, que han tomado decisiones contra el criterio de los perseguidores:

- El proceso en el cual está incluida la causa contra el profesor Brewer Carías comenzó a ser conocido por la **jueza Josefina Gómez Sosa** (jueza **temporal** Vigésimo Quinta de Control), a quien le fue presentado, detenido, el Sr. Pedro Carmona Estanga. En el curso del proceso, a solicitud de la Fiscal provisoria Sexta, la jueza provisoria Gómez Sosa decretó la prohibición de salida del país de varios ciudadanos investigados por su presunta participación en los hechos investigados. Estos ciudadanos apelaron de esa medida y la Sala 10 de la Corte de Apelaciones en fecha 31 de enero de 2005 la revocó por considerar que no había sido suficientemente motivada por la jueza provisoria que la dictó, aunque uno de los tres integrantes de dicha Sala salvó su voto considerando que la decisión apelada sí estaba suficientemente motivada. Pues bien, de inmediato, mediante Resolución N° 2005-0015 de fecha 3 de febrero de 2005 **(Anexo 69)**, la Comisión Judicial del Tribunal Supremo de Justicia *suspendió de sus cargos* a los dos jueces de la Corte de Apelaciones que votaron por la nulidad de la decisión apelada, así como a la jueza provisoria Gómez Sosa, autora de la decisión presuntamente inmotivada.[247]

- La jueza temporal Gómez Sosa, suspendida, fue sustituida por el **juez** temporal **Manuel Bognanno**. En una oportunidad, éste ordenó a la Fiscal Provisoria Sexta que expidiera a los defensores del profesor Brewer Carías copias de las actuaciones del expediente que habían solicitado, entre ellas, las de ciertos videos que contenían supuestas declaraciones de periodistas que incriminarían a la víctima *(infra,* párrs. 119-123*).* La Fiscal provisoria Sexta solicitó la nulidad de esa actuación **(Anexo 12)**. Más tarde, en otra incidencia, el juez

---

247 Resulta revelador que el miembro de la Corte de Apelaciones que disintió por considerar que la decisión apelada estaba motivada no haya sido afectado por la suspensión, mientras que la jueza que la dictó haya sido sancionada invocando en su contra precisamente el supuesto error de no haberla motivado. Una situación similar se presentó en el *Caso Apitz Barbera*, en el cual se verificó que la Corte Primera en lo Contencioso Administrativo de Venezuela adoptó, *por unanimidad*, una decisión que fue juzgada como "error judicial inexcusable" por el órgano disciplinario, el cual, empero, sólo destituyó a tres de los cinco Magistrados que votaron ese fallo. A manera de curiosidad agregamos que una de las Magistradas no sancionadas es actualmente la Presidenta del Tribunal Supremo de Justicia (y del Poder Judicial), mientras que la otra preside la Sala Político Administrativa del mismo Tribunal Supremo. En cuanto a la suerte final de las medidas de prohibición de salida del país, luego que destituyen a 2 de los integrantes de la Sala 10, se constituyó una Sala Accidental, la cual conoció de una solicitud de nulidad planteada por la Fiscal contra la decisión del 31-01-05 que anuló la medida cautelar; la ponente de esa sala accidental Belkis Cedeño presentó ponencia que fue aprobada, anulando la decisión del 31-01-05.

temporal Bognanno pidió a la Fiscal Sexta que le remitiera el expediente, y ésta, en lugar de acatar al juez provisorio, lo increpó solicitándole una explicación del por qué le pedía el expediente (**Anexo 13**). Ante esa situación, el juez temporal Bognanno ofició al Fiscal Superior para ponerlo en conocimiento de la irregularidad en la que estaba incurriendo la Fiscal provisoria Sexta (**Anexo 14**). Pues bien, a los pocos días *el juez temporal Bognanno fue removido de su cargo a través del ya señalado artificio de "dejar sin efecto su nombramiento en razón a las observaciones que fueron formuladas ante este Despacho"*[248]. La Fiscal Sexta nunca remitió al Tribunal el expediente solicitado y el nuevo juez se desentendió de tal requerimiento.

308. Es decir, en el curso del proceso, han sido destituidos dos jueces de primera instancia y dos miembros de una Corte de Apelaciones con ocasión, o inmediatamente después, de haber adoptado decisiones que podían considerarse favorables a los encausados, incluyendo al profesor Brewer Carías. Esas destituciones, desde luego, fueron decididas *discrecionalmente*, conforme lo ha pautado el Tribunal Supremo de Justicia. Sin debido proceso para los afectados y sin que se conozcan, al menos en el caso del Juez Bognano[249], las causas formales que pudieron servir de pretexto a la destitución encubierta por el cese de efectos de su nombramiento *"en razón a las observaciones que fueron formuladas ante este Despacho."*

309. Expresar tal motivo como causa de su destitución permite pensar que *"las observaciones que fueron formuladas ante este Despacho"* se refieren al mínimo esfuerzo que el juez Bognanno hizo para tratar de controlar la arbitrariedad con la que la Fiscal provisoria Ortega Díaz dirigía la investigación contra el profesor Brewer Carías, arbitrariedad que fue juzgada de tal modo meritoria por la alta dirección política, que la catapultó hasta el más alto rango del Ministerio Público: la Fiscalía General de la República. La inestabilidad del Juez temporal Bognanno, unida al sesgo manifiestamente político que en todo momento caracterizó las actuaciones de la entonces Fiscal provisoria Ortega Díaz (hoy premiada como Fiscal General de la República), ha sido un factor que ha conspirado permanentemente contra la independencia de los jueces y fiscales y que se ha traducido en manifiestas lesiones procesales e indefensión del profesor Brewer Carías. Esto ha ocurrido en dos direcciones:

- En primer lugar, se han frustrado los efectos de decisiones favorables a los encausados. En el caso particular de la destitución del Juez Bognano, *se desvaneció para siempre el requerimiento del expediente, como también se desvaneció toda tentativa de control*

---

248 **Anexo 69-B.** Ver párrafo 146 del Informe de la CIDH.

249 Una irregularidad adicional, en este caso, viene dada porque ni siquiera se incorporó al expediente el acto por el cual se suspendió al Juez provisorio Bognano.

de las actuaciones del Ministerio Público con respecto a las actuaciones procesales lesivas de las garantías debidas al profesor Brewer Carías.

- En segundo lugar, no pasará inadvertido a esa honorable Corte el *efecto demostración* que para sucesivos jueces provisorios a cargo de esta causa ejercen estas destituciones. No hubo proceso para los destituidos, ni se conoce qué falta cometieron. Lo que sí se sabe es que los afectados habían tomado decisiones incómodas para el Ministerio Público (y la causa política a la que ostensiblemente adhiere) y que de inmediato fueron destituidos. El mensaje, pues, es claro: no sólo se pueden tomar represalias. *Efectivamente, se toman represalias, consistentes en la destitución inmediata de todo juez provisorio que parezca haber tomado una decisión que favorezca a los encausados en el presente caso, y muy en particular al Dr. Allan Brewer Carías*.

310. Agreguemos a este cuadro, como factor que juega poderosamente en el *efecto demostración,*[250] que en contraste con el castigo a jueces provisorios que se consideren complacientes con los procesados en esta causa, se ha premiado la lealtad política de quien inició esta persecución, la entonces Fiscal Provisorias Sexta, Sra. Luisa Ortega Díaz. En efecto, la Sra. Ortega Díaz fue designada como "fiscal provisoria" por el Fiscal General de la República, Julián Isaías Rodríguez, según Resolución No. 539 de 28 de agosto de 2002 **(Anexo 8)**. Asumió con tal carácter la Fiscalía Sexta en noviembre de 2004 y, poco después inició el proceso de imputaciones masivas en diferentes casos con implicaciones políticas, incluido el relativo a los hechos en los cuales se ha pretendido involucrar al profesor Brewer Carías. Precisamente, como ya hemos expuesto en este escrito, el presente caso se origina con la infundada imputación formulada contra el profesor Brewer Carías, mediante escrito de fecha 27 de enero de 2005, **por la señora Luisa Ortega Díaz**, Fiscal Provisoria Sexta del Ministerio Público a Nivel Nacional con Competencia Plena, que atribuyó al profesor Brewer-Carías la comisión del delito de **conspiración para cambiar violentamente la Constitución**. También denunciamos **(Petición**, párr. 32) que el sesgo manifiestamente político de la Fiscal provisoria Ortega Díaz, ha sido un factor que ha conspirado permanentemente con-

---

250 Los abogados del profesor Brewer Carías, en verdad, nunca podieron lograr que el Juez de Control cumplera con su función de controlar en efecto los vicios en que incurrió, desde el primer momento, el Ministerio Público en la conducción de la investigación del presente caso. El profesor Brewer Carías acudió repetidamente al juez provisorio de Control y al Tribunal de Apelaciones para solicitar que se restablecieran sus derechos, conforme lo establecen la Constitución y las leyes de Venezuela y la Convención Americana. El Juez provisorio de control Bognanno decidió que carecía de atributos legales para ese fin y que no podía interferir, dado que la Fiscal provisoria es "autónoma" en la dirección de la investigación **(Anexos 43 y 44)**.

tra la independencia de los jueces y fiscales y que se ha traducido en manifiestas lesiones procesales e indefensión.

311. Ya para la fecha en que introdujimos la Petición original ante la CIDH, la Fiscal provisoria Ortega Díaz había sido ascendida al cargo de Directora General de Actuación Procesal en el Ministerio Público, lo cual ponía desde entonces en evidencia que sus actuaciones orientadas hacia la criminalización de la disidencia no sólo eran aprobadas, sino también premiadas por su superioridad. Más tarde se ganó el respaldo de la Asamblea Nacional, que la eligió, en diciembre de 2007, como Fiscal General de la República. Su elección para esa responsabilidad reveló el apoyo y aprobación del Presidente de la República, toda vez que la totalidad de los diputados que integraban dicha Asamblea para aquella fecha provenía de los partidos que apoyaron la reelección del Presidente Chávez en 2006. Ese fue un nuevo y categórico signo adverso respecto de la institucionalidad venezolana y una amenaza adicional sobre todos aquellos que, como el profesor Brewer Carías, han sido víctimas de las inicuas actuaciones y de la persecución política emprendida por la entonces apenas Fiscal provisoria Ortega Díaz.

312. Desde aquellas fechas hasta la de la introducción del presente escrito, el *efecto demostración* de las represalias contra jueces y fiscales que se aparten de la línea oficial se ha agravado considerablemente, con la suspensión y el encarcelamiento de la *Jueza María de Lourdes Afiuni*, a los pocos minutos de haber dictado una decisión que contrarió al Presidente Chávez, como ya se ha descrito antes y es del conocimiento de la opinión pública nacional e internacional (*Véase supra ¶¶ 73 ss.*). La arbitrariedad de las acciones contra Afiuni y el ensañamiento con el que se la castiga, además del sufrimiento que le infligen, desencadenan un efecto de congelamiento sobre la totalidad del personal de la judicatura, abrumado por el miedo a contrariar con sus decisiones a quien con una palabra puede privar a cualquier juez de su cargo y de su libertad.

313. Todas estas circunstancias hacen evidente la inexistencia de independencia y libertad espiritual en los funcionarios judiciales que han tenido a su cargo la causa a la que se refiere el presente caso, con la consiguiente vulneración masiva del debido proceso legal en el caso de Allan Brewer Carías. Está presentes de manera contundente un verdadero cúmulo de circunstancias que ponen *objetivamente* en cuestión *"la posibilidad efectiva de aquellos de decidir controversias concretas sin temor a represalias.*[251] Ese cúmulo de circunstancias, que hemos expuesto y que afectan tanto a la judicatura venezolana en general como a los jueces y funcionarios judiciales que han conocido de la arbitraria causa penal contra el profesor Brewer Carías, *demuestra que se le conculcó el derecho a ser oído por un juez o tribunal independiente, conforme al artículo 8(1) de la Convención.* Así pedimos sea declarado por esa honorable Corte Interamericana de Derechos Humanos.

---

251 *Ibíd.*, párr. 44. *Cfr.* Corte IDH, *Caso Reverón Trujillo, cit.*, párr. 78; Corte IDH, *Caso Chocrón Chocrón, cit.*, párr. 99.

314. En semejante contexto, no debe extrañar a esa honorable Corte que no presentemos otros casos de jueces provisorios destituidos por haber adoptado decisiones favorables al profesor Brewer Carías. La razón es simple: _**no ha habido otras decisiones objetivas e imparciales que reconozcan derechos del profesor Brewer Carías**_, sobre ninguno de los puntos que sus abogados han planteado a lo largo del proceso y que hemos acompañado como anexos al presente escrito. Las únicas decisiones que podrían tener componentes favorables a los encausados, y al profesor Brewer Carías en particular, son las que hemos descrito, y en ambos casos desembocaron en la destitución inmotivada y discrecional de los jueces que las adoptaron. ¿Puede albergarse razonablemente alguna esperanza de que algún juez temporal se atreva a decidir contra el Ministerio Público, más aún cuando la entonces Fiscal Provisoria Sexta, que acusó al profesor Brewer Carías, ha sido premiada con su ascenso nada menos que a Fiscal General de la República? Por el contrario, en el contexto actual venezolano y con los escarmientos particulares que ya ha sufrido jueces que no siguen al dedillo la línea oficial, y de manera dramática María de Lourdes Afiuni, nadie podría razonablemente esperar que el profesor Brewer Carías sea juzgado de manera independiente e imparcial, ni que habrá juez alguno que se atreva a adoptar una decisión que parezca favorecer la posición del profesor Brewer Carías, ni siquiera si esa decisión es meramente procedimental.

315. Tampoco podemos citar ahora nuevas decisiones que hayan acarreado la destitución de jueces o fiscales, porque, como se verá luego en este escrito (_**Véase infra ¶ 630**_), el proceso ha entrado en una suerte de limbo jurídico por obra de la caprichosa aplicación del Decreto-Ley de Amnistía del 31 de diciembre de 2007. Lo que sí puede citarse es una nueva actuación pública de la Fiscal General Ortega Díaz, coaccionando a la Fiscal (provisoria) que actuaba en el proceso contra el Dr. Allan Brewer Carías. En efecto, antes de que el Ministerio Público fijara ante el tribunal de la causa su posición con respecto a la aplicación del referido Decreto-Ley de Amnistía al profesor Brewer Carías (ver _infra_ párr. 96), la Fiscal General de la República declaró públicamente que sería a la Fiscal (provisoria, por supuesto) del caso a quien _"le corresponderá determinar si a él lo alcanza el decreto"_, pero a renglón seguido fijó claramente su posición y los argumentos para que no se aplicara dicha amnistía al profesor Brewer Carías.[252] Como era de esperarse, la opinión de la Fiscal (provisoria) del caso fue adversa a la aplicación de la amnistía al profesor Brewer Carías y así lo determinó también el tribunal. Esta circunstancia ha determinado una nueva violación al derecho al debido proceso del profesor Brewer Carías, pues la aplicación desigual del Decreto-Ley de Amnistía al que aludimos quebrantó el principio de igualdad ante la ley y _**"en razón a las observaciones que fueron formuladas ante este Des-**_

---

252 Véase la entrevista del periodista Eligio Rojas a la Sra. Luisa Ortega Díaz, en _Últimas Noticias_, Caracas, 8 de enero de 2008, p. 24. (**Anexo 71**).

pacho"[253] ante las cortes y tribunales de justicia, como lo mostraremos a más adelante en este escrito (*Véase infra ¶¶ 612 ss.*). En todo caso, adecuándose al mismo patrón de condena anticipada y pública, de mismo modo como ya se ha decidido de antemano que el profesor Brewer Carías es culpable, la Fiscal General Ortega Díaz se anticipó a decidir que a él no se le aplicaba el Decreto-Ley de Amnistía.

316. En cuanto al derecho a ser oído por un juez *imparcial*, sobre la base de las consideraciones de carácter jurídico que hemos hecho a partir de la jurisprudencia interamericana y europea, afirmamos que, en es presente caso, ha quedado vulnerada la imparcialidad judicial, tanto en su dimensión objetiva como en la subjetiva. Afirmamos que, en el presente caso, a diferencia de en *Atala*, los hechos que hemos referido desvirtúan y destruyen la presunción de imparcialidad del juez. En efecto, respecto del *aspecto subjetivo*, es posible destruir la presunción de imparcialidad de los jueces que han intervenido en este caso, conforme se ha argumentado, entre otros aspectos de la conducta específica del Juez de Control en este caso, al no decidir el recurso de nulidad intentado luego de formulada la acusación ante el juez, denunciando la violación de los derechos y garantías judiciales constitucionales del profesor Brewer Carías, por no decidir la petición formal que se le formuló de que la víctima fuera juzgada en libertad; por dictar una medida privativa de libertad por "peligro de fuga" cuando sabía que la víctima estaba en el exterior en funciones académicas, por pretender cambiar el objeto de la causa penal por el delito de rebelión, como delito político que es, para tratar de justificar ante Interpol que se trataba de un "magnicidio" todo con el objeto de que se lo persiguiese internacionalmente; y en fin, discriminar expresa, específica, y únicamente a la victima de la aplicación de la Ley de Amnistía en 2008 que despenalizaba los hechos ocurridos en abril de 2002.

317. Por otro lado, respecto del aspecto objetivo han de considerarse todos los hechos respecto del comportamiento de los jueces en el entorno de dependencia al cual están sometidos, y que se han explicado a lo largo de este escrito. En este aspecto, como queda patente, en el caso del profesor Brewer Carías, la conducta de la Fiscal y las remociones de jueces suscitan dudas legítimas sobre la imparcialidad que dichos funcionarios tenían, pues esos hechos no corresponden a la dinámica normal de un proceso penal ni a la de instituciones que están llamada a ejercer la función jurisdiccional o contribuir directamente en el ejercicio de ésta y cuyas decisiones afectan directamente al imputado en un proceso penal. Todos los hechos en sí mismos y en el conjunto suscitan fundadas y legítimas dudas sobre la imparcialidad de esos funcionarios. Por lo tanto, el profesor Brewer Carías también ha sido víctima de la violación de su derecho a un *juez imparcial*, en violación del artículo 8(1) de la Convención y así pedimos sea declarado por esa honorable Corte Interamericana de Derechos Humanos.

---

253 **Anexo 69-B.** Ver párrafo 146 del Informe de la CIDH.

318. Por último, como se argumentará luego, en el acápite correspondiente a violación del derecho a la protección judicial (CADH, Art. 25) (*Véase infra_¶ 456 ss.*), el profesor Brewer Carías tampoco pudo hacer efectivo su derecho a ser *oído en un plazo razonable*, puesto que la solicitud de nulidad por inconstitucionalidad de las actuaciones procesales que han violado sus derechos humanos, introducida el 8 de noviembre de 2005 no ha sido resuelta, para la fecha del presente escrito, sin que el Estado haya dado explicación razonable y veraz alguna para justificar su omisión.

III. VIOLACIÓN DE GARANTÍAS JUDICIALES MÍNIMAS ATINENTES AL DERECHO A LA DEFENSA DE DISPONER DEL TIEMPO Y DE LOS MEDIOS ADECUADOS PARA LA PREPARACIÓN DE SU DEFENSA (CADH, ART. 8.2.C) Y DE PROMOVER Y REPREGUNTAR TESTIGOS (CADH, ART. 8.2.F)

319. En los términos del artículo 8(2)(c) de la Convención,

> *[...] Durante el proceso, toda persona tiene derecho, en plena igualdad, a las siguientes garantías mínimas: [...]*
>
> *(b) comunicación previa y detallada al inculpado de la acusación formulada*
>
> *(c) concesión al inculpado del tiempo y de los medios adecuados para la preparación de su defensa;*
>
> *(f) derecho de la defensa de interrogar a los testigos presentes en el tribunal y de obtener la comparecencia, como testigos o peritos, de otras personas que puedan arrojar luz sobre los hechos*

1. *La negativa de suministrar copias y de brindar pleno acceso al expediente*

320. En el Informe de la CIDH (Párrafos 149-154) se aborda la violación de esta garantía judicial del profesor Brewer Carías desde una óptica bien evidente, como lo es la negativa de la Fiscal provisoria Sexta a suministrar copias de las actuaciones contra el profesor Brewer Carías, así como a dar pleno acceso al expediente, en particular en lo que toca al cotejo y la transcripción de los videos que eran invocados como pruebas contra él, muchos de los cuales habían sido alterados (*Véase supra ¶¶ 137 ss.*). Esta negativa pasó por la contumacia de la Fiscal a acatar la orden judicial emanada del Juez Manuel Bognanno, cuyo nombramiento fue dejado sin efecto inmotivadamente, pero con elocuente correlación con estos sucesos.

321. Recordamos que durante todo el proceso ante la Fiscal provisoria Sexta, ni el profesor Brewer Carías ni sus abogados defensores pudieron obtener copia de ninguna de las actuaciones. Lo único que se les permitió fue transcribir a mano y por sí mismos, las distintas piezas del expediente, que sumaron miles de páginas en XXVII piezas (*Véase supra ¶ 143; infra ¶ 322*).[254] El Estado ha reconocido esta irregularidad, de la cual no se ha defendido más que afirmando que el profesor Brewer Carías y sus abogados tuvieron acceso a revisar el expediente en la sede de la fiscalía, lo cual en nada desmiente que se hayan denegado las copias solicitadas. En efecto, el Estado, en su Contestación ante la Comisión, afirmó que "se *cuenta con diecisiete (17) actas firmadas por el abogado representante del Doctor Allan Brewer Carías durante el proceso llevado en el Ministerio Público por el Doctor Rafael Odreman, donde consta que revisó el expediente en todas y cada una de sus partes, incluso dichas audiencias donde constan tales revisiones fueron firmadas por él y sin ningún tipo de observación...*" (pág. 20).

322. Es cierto que el profesor Brewer Carías y sus abogados comparecieron reiteradamente ante el despacho de la Fiscal provisoria Sexta durante la fase de investigación. Es más, el mismo profesor Brewer Carías acudió *casi a diario a ese despacho durante nueve meses*, así fuera tan solo para copiar a mano las actuaciones cuya copia se le negó sistemáticamente. Pero esa comparecencia física, asidua y puntual, se reveló *inútil*, pues la Fiscal provisoria nada hizo para rectificar las irregularidades que se le hacían presentes en la formación del expediente y rechazaba arbitrariamente las solicitudes de la defensa y las pruebas que se promovían ante ella. Precisamente, la asiduidad del profesor Brewer Carías mostraba su voluntad inequívoca de hacer frente a la imputación que se le hizo y a usar todos los medios a su alcance para su defensa. Pero, al mismo tiempo, esa misma asiduidad le mostró vívidamente la *inutilidad del esfuerzo en defenderse, pues no enfrentaba verdaderamente un proceso sino una parodia judicial predeterminada para condenarlo y privarlo de su libertad, arguyera lo que arguyera en su defensa*. En todo caso, agradecemos al Estado que, en su Contestación ante la Comisión, haya dejado constancia de la reiterada y continua comparecencia del profesor Brewer Carías y de sus abogados ante la Fiscal provisoria Sexta, en lo que fue un gran (y vano) esfuerzo por ejercer su derecho a la defensa en esa instancia.

323. Sin embargo, esta alegación del Estado no contradice ni desmiente la negativa de la Fiscalía a suministrar copias, ni a transcribir videos y grabaciones con el apoyo de técnicos especializados (**Anexo 42**). Por el contrario, el Estado implícitamente acepta que tales copias fueron negadas, al considerar que la revisión del expediente que alega es suficiente para subsanar la violación del derecho del profesor Brewer Carías a tener *todas las copias razonablemente solicitadas para la adecuada preparación de su defensa*. Pedimos, por tanto, que este reconocimiento del Estado se añada a las pruebas que suministramos en los Anexos al presente escrito para demostrar la violación denunciada al artículo 8(2)(c) de la Convención.

---

254 En el escrito de los abogados defensores del profesor Brewer Carías de fecha 10-08-2005 (**Anexo 46**) se da cuenta de la negativa de la Fiscal provisoria Sexta de expedir las copias del expediente que le fueron solicitadas.

324. Recordamos además que el Juez temporal Manuel Bognanno intentó corregir estas irregularidades (*Véase supra ¶ 130; infra ¶ 320*). El 11 de mayo de 2005, el Juez Manuel Bognanno ordenó a la Fiscal Provisoria Sexta permitir a la defensa del profesor Brewer Carías *"el acceso total al expediente y los videos que guarden en relación con la causa..."* (**Anexo 44**). El 30 de mayo de 2005 la Fiscal provisoria Sexta, reafirmando de manera contumaz su negativa respetar las garantías judiciales debidas al profesor Brewer Carías, solicitó ante el Juez Vigésimo Quinto (**Anexo 12**) y ante la Sala Nueve de la Corte de Apelaciones (**Anexo 19**) la declaratoria de nulidad de la decisión del Juez Bognanno. El 10 de junio de 2005 el Juez Bognanno solicitó a la Fiscal provisoria Sexta que le remitiera el expediente, y ella le requirió el 27 de junio de 2005 que *"..., se sirva indicar a esta representación fiscal la norma en que fundamenta su solicitud, y que le imponga al Ministerio Público la obligación de informar y de remitir las actuaciones que cursan ante el mismo"* (**Anexo 13**). El mismo día el juez remitió una comunicación al Fiscal Superior del Ministerio Público del Área Metropolitana de Caracas informándole sobre presuntas acciones obstructoras por parte de la Fiscal provisoria Sexta que lleva la causa seguida al Dr. Carmona Estanga y otros, al no informar al Tribunal sobre el plazo fijado por el Ministerio Público para presentar -luego de pasados seis meses desde la individualización de los imputados- su acto conclusivo y solicitando al Ministerio que *"asuma una actitud objetiva, dirigida a colaborar y no ha* (sic) *obstaculizar la actuación del órgano jurisdiccional".* (**Anexo 14**). *Manuel Bognanno fue removido de su cargo el 29 de junio de 2005, al "dejarse sin efecto su designación"* (**Anexo 69-B**). El 6 de julio de 2005 la Corte de Apelaciones declaró nula la decisión del Juez Temporal Vigésimo Quinto y ordenó que otro juez de control se pronunciase respecto del escrito de la defensa (**Anexo 46**), lo cual nunca ocurrió. Culminó así una gran maniobra judicial, orquestada con las acciones precisas del ja Fiscal provisoria para denegar, como en efecto se denegó, al profesor Brewer Carías el acceso a medios necesarios para la decuada prparación de su defensa.

325. Como adecuadamente lo ha subrayado la CIDH en su Informe (párrafo 153), el Minsiterio Público nunca solicitó ni decretó la reserva del expediente, la cual, según el Derecho interno habría sido el *"único obstáculo establecido para la obtención de copias del expediente".* La CIDH apoya esa conclusión en la jurisprudencia doméstica que cita y que *damos por reproducida en el presente escrito*[255]. Consideramos que incluso en ese supuesto la negativa de las copias sería violatoria de la Convención, pero no nos detendremos *gratia arguendi* sobre este punto, puesto que, como lo subrayó la CIDH, jamás se impuso una "reserva" al expediente. Por lo demás, como le

---

255 Tribunal Supremo de Justicia. Sala de Casación Penal. Sentencia N° 298/2009 de 18 de junio de 2009. *Luis Antonio Blanco Guzmán.* http://www.tsj.gov.ve/decisiones/scp/junio/298-18609-2009-a09-105.html **Anexo 114.** Tribunal Supremo de Justicia. Sala Constitucional. Sentencia N° 1427/2006 de 26 de julio de 2006. *JOSEFA MARÍA CAMARGO RINCÓN y ABIGAÍL JOSÉ RODRÍGUEZ JIMÉNEZ* http://www.tsj.gov.ve/decisiones/scon/Julio/1427-260706-06-0760.htm **Anexo 115**

hemos expresado y lo decidió el Juez temporal Bognanno, la arbitrariedad no se limitó a la negativa de copias, sino que alcanzó la negativa de cotejar las grabaciones invocadas como pruebas contra el profesor Brewer Carías con las transcripciones hechas bajo el control exclusivo de la Fiscal provisoria Sexta, cuando se detectó que al menos una de ellas (relativa a una entrevista de televisión al Dr. Teodoro Petkoff), resultó falsa.

326. En todo caso, esa honorable Corte, en su jurisprudencia, ha puntualizado que el derecho a la defensa comprende el del inculpado a acceder a la expediente que supuestamente lo incrimina, sin sujeción a las restricciones y negativas impuestas al profesor Brewer Carías por la Fiscal provisoria Sexta:

> *Por otra parte, este Tribunal considera que una de las garantías inherentes al derecho de defensa es contar con el tiempo y los medios adecuados para preparar la defensa, lo cual obliga al Estado a **permitir el acceso del inculpado al conocimiento del expediente llevado en su contra**[256]. (Énfasis agregado).*

327. Igualmente, el artículo 8(2)(c) de la Convención, al igual que el artículo 14(3)(b) del Pacto Internacional de Derechos Civiles y Políticos, garantiza el derecho al *"acceso a los documentos y otras pruebas; ese acceso debe incluir **todos los materiales** que la acusación tenga previsto presentar ante el tribunal contra el acusado o que constituyan pruebas de descargo. Se considerarán materiales de descargo no sólo aquellos que establezcan la inocencia sino también otras pruebas que puedan asistir a la defensa".*[257] (Énfasis añadido).

328. Por lo tanto, los hechos que configuran el presente caso prueban que, mediante la negativa a suministrar las copias solicitadas para su defensa, el Estado violó en derecho del profesor Brewer Carías a disponer de los medios adecuados para su defensa, garantizado por el artículo 8(2)(c) de la Convención.

329. Sin embargo, allí no se agotan las violaciones al artículo 8(2)(c) de la Convención. De los hechos expuestos en el Informe de la Comisión se evidencian otras graves violaciones al derecho a la defensa.

2. *La negativa a admitir y evacuar pruebas promovidas por la defensa*

330. El artículo 8(2)(c) de la Convención es una manifestación del *derecho a la defensa* que asiste a todo procesado. Además, conforme a la Constitución venezolana, este derecho a la defensa se garantiza como "inviolable *en todo estado y grado del la investigación y del proceso"* (artículo 49.1). Ese derecho incluye, obviamente, el de promover u obtener que se practique o

---

256 Corte IDH, *Caso Cabrera García y Montiel Flores vs. México*. Sentencia de 26 de noviembre de 2010. Serie C N° 220, párr. 156.

257 CDH, *Observación General N° 32* (CCPR/C/GC/32, 27 de agosto de 2007), párr. 33.

evacúen, las pruebas de descargo. Ese derecho ha sido sistemáticamente vulnerado. En primer lugar, el Estado ha afirmado que, durante la fase de investigación, el imputado no tiene derecho a promover pruebas de descargo, lo cual. En segundo lugar, ocurrió una negativa sistemática a aceptar las pruebas promovidas por la defensa del profesor Brewer Carías y no sólo (aunque también) la des testigos a la que se contrae el artículo 8(2)(f) de la Convención.

A. *Negación general del derecho del imputado a promover pruebas durante la fase de investigación del proceso penal*

331. Ya nos hemos referido en este escrito a la posición general del Estado, según la cual las garantías procesales no se aplican a la fase de investigación del proceso penal (*Véase supra ¶¶ 214 ss.*). Esta posición tiene una curiosa y agraviante expresión particular en lo que se refiere al derecho a promover y producir pruebas de descargo, derecho que es negado al imputado. Esta posición del Estado, por cierto, obra también contra la presunción de inocencia, al pretender que la etapa de investigación se convierta en una suerte a almacén de pruebas contar el imputado, predestinado entonces a ser presumido y declarado culpable.

332. Para justificar este arbitrario quebrantamiento del derecho a la defensa en la etapa de investigación, el Estado alegó lo siguiente:

> Tal es la ignorancia de tan ilustres abogados, del Código Orgánico Procesal Penal que desde el párrafo 94 al 101 hablan del término de pruebas, pero todas presentadas ante la Fiscalía y no ante ningún Tribunal y *eso es así porque simplemente el caso para aquel momento se encontraba en investigación y en esa ETAPA DE INVESTIGACIÓN se habla es de ELEMENTOS DE CONVICCIÓN que pasarían a ser pruebas para evacuarlas una vez que se discuta la acusación en contra del ciudadano Brewer Carías, de ser el caso. (Contestación del Estado, pág. 36; énfasis y subrayado agregados).*

333. Llama la atención la curiosa y confusa distinción entre "pruebas" y "elementos de convicción" a la que aludió la Contestación del Estado formulada ante la Comisión. Prueba, según la doctrina más calificada, *es la convicción que con ella se produce en le mente de quien la aprecia*, sobre la realidad o verdad de los hechos que configuran el delito, el litigio o la cuestión no litigiosa, bien sea con cada medio en particular o con el conjunto de los aportados al proceso.[258] ¿Es que puede haber pruebas que no nazcan de elementos de convicción? ¿O puede haber elementos de convicción que no prueben aquello a lo que la convicción se refiere? La *prueba* se configura, precisamente, cuando el *medio de prueba* alcanza el umbral de *elemento de convicción*.

---

[258] *Cfr.* Francisco RICCI: *Tratado de las Pruebas*. Master Fer, Buenos Aires. 1971. Tomo 1, p. 13.; Hernando DEVIS ECHANDÍA: *Teoría General de la Prueba*. De Zavalía. Buenos Aires.1970. Tomo 1, p. 23.

¿O será que, para el Estado basta la convicción caprichosa de un o una Fiscal para acusar arbitrariamente, sin apreciar otros medios de prueba que los que le dicta su capricho y sin permitir al afectado controlar y contradecir las pruebas sobre las que dice fundar su convicción? Tales subjetividad y ausencia de control son una invitación a la arbitrariedad del Ministerio Público como, precisamente, ha ocurrido sistemáticamente en el caso del profesor Brewer Carías, que denunciamos ante esta honorable Corte Interamericana de Derechos Humanos.

334. Por lo demás, el COPP no hace semejante distinción, cuando, por ejemplo, en su artículo 197 dispone:

> **Artículo 197. Licitud de la prueba. Los elementos de convicción sólo tendrán valor** si han sido obtenidos por un medio lícito e incorporados al proceso conforme a las disposiciones de este Código. (Subrayados y énfasis agregados).

335. Las declaraciones del Estado en su Contestación ante la Comisión constituyen la admisión de los hechos que denunciamos ante esta Corte de que el profesor Allan Brewer Carías ha sido víctima de una masiva violación de las garantías judiciales que se le deben según la Convención. *El Estado no puede invocar el COPP como justificativo para violar la Constitución y la Convención.* El fundamento jurídico, en el Derecho internacional general y en el de los derechos humanos, en particular, es enteramente independiente de la interpretación que se haga del COPP: que la Contestación del Estado obedezca a una cabal interpretación del COPP o que, como creemos y sostenemos, el COPP no autoriza ni muchísimo menos a esas arbitrariedades, es irrelevante en esta instancia: *El Estado no puede invocar el COPP como justificativo para violar la Convención.* Mucho menos puede invocar violaciones a su Derecho interno, particularmente al artículo 49 de la Constitución (que explícitamente consagra la plenitud de las garantías judiciales en la etapa de investigación del proceso penal), para pretender eludir las consecuencias de la responsabilidad internacional en la que ha incurrido al infringir el artículo 8 de la Convención.

336. La Contestación del Estado formulada ante la Comisión, y que cursa en el expediente, contiene su reconocimiento del ilegítimo proceder que se ha reiterado en el proceso que se ha incoado contra el profesor Brewer Carías. El Estado afirma que garantías judiciales explícitas, como el "derecho de la defensa a interrogar a los testigos" (CADH, art. 8(2)(f), en Venezuela sólo existen en la etapa de juicio pero no en la etapa procesal de investigación. También reconoce que el inculpado sólo tiene derecho a promover testimonios o pruebas "que puedan arrojar luz sobre los hechos" (ídem) únicamente en la etapa de juicio, pues en la investigación no se barajan pruebas sino "elementos de convicción". El reconocimiento explícito por parte del Estado de ese ilegítimo proceder debería cerrar el debate sobre los hechos sobre estos puntos, por lo que pedimos a esta honorable Corte que tenga por probado que la víctima en el presente caso, Dr. Allan Brewer Carías, se vio conculcado su derecho de promover y evacuar las pruebas que constituyen "medios adecuados para la preparación de su defensa", garantizado por el artículo 8(2)(c) de la Convención Americana sobre Derechos Humanos, así como del "derecho de la defensa de interrogar a los testigos presentes en el tribunal y de obtener la comparecencia, como testigos o peritos, de otras personas que puedan arrojar luz sobre los hechos", garantizado por el artículo 8(2)(f) de la misma. Prueba igualmente que, en términos generales, una vez más, <u>el Estado ha actuado en este proceso en el entendimiento de que la fase de investigación en el proceso penal no está resguardada por las garantías judiciales del mismo artículo 8 de la Convención, todo lo cual explica y comprueba que el profesor Brewer Carías ha sido víctima de una violación masiva del derecho a un proceso regular.</u>

337. En efecto, en el vano intento por los abogados del profesor Brewer Carías, durante la fase de investigación, de desvirtuar la "presunción de culpabilidad" que ha pesado sobre él por obra del Ministerio Público (que no del COPP). En este escrito ya hemos denunciado cómo fueron rechazadas arbitrariamente pruebas de descargo, como lo eran los testimonios de Pedro Carmona Estanga, Nelson Mezerhane, Nelson Socorro, Yajaira Andueza, Guaicaipuro Lameda y Leopoldo Baptista, así como una prueba de informes sobre la migración del profesor Brewer Carías (*Véase infra ¶¶ 348).* Como si fuera poco, el Ministerio Público, por obra de la Fiscal provisoria Sexta, tergiversó de tal modo las pruebas, que varias de ellas que eran evidentemente de descargo para el imputado, fueron convertidas, como por obra de magia, en pruebas de cargo contra él.

B. *Rechazo arbitrario de testigo y otras pruebas relevantes promovidas por la defensa.*

a. *Testimonio de Pedro Carmona Estanga*

338. Los abogados del profesor Brewer Carías solicitaron que, en aplicación del artículo 307 del Código Orgánico Procesal Penal,[259] se tomara declaración como testigo al Sr. Pedro Carmona Estanga, la persona más apropiada para afirmar o negar la participación del profesor Brewer Carías en los hechos que se le imputan[260] **(Anexo 29).** El Juez provisorio de Control negó la solici-

---

259 **Artículo 307. Prueba anticipada.** Cuando sea necesario practicar un reconocimiento, inspección o experticia, que por su naturaleza y características deban ser consideradas como actos definitivos e irreproducibles, o cuando deba recibirse una declaración que, por algún obstáculo difícil de superar, se presuma que no podrá hacerse durante el juicio, el ministerio público o cualquiera de las partes podrá requerir al juez de control que lo realice. Si el obstáculo no existiera para la fecha del debate, la persona deberá concurrir a prestar su declaración.

260 Invocaron, para este propósito, la Convención Interamericana sobre Asistencia Mutua en Materia Penal, en virtud de que el Dr. Carmona se encontraba en Bogotá por haberle sido otorgado asilo político por la República de Colombia.

tud con el argumento de que la declaración del Dr. Carmona no tendría ningún valor porque él es imputado en la causa **(Anexo 30)**. Esta negativa de prueba es arbitraria porque según el derecho venezolano, la condición de imputado no representa ningún impedimento legal para prestar testimonio. Además, en primer lugar, un libro del Dr. Carmona (*Mi testimonio ante la historia*) **(Anexo 3)** fue retorcidamente apreciado como elemento inculpatorio contra el profesor Brewer Carías cuando del texto resulta lo contrario *(Véase infra ¶ 350)*; y en segundo lugar, las declaraciones de otros imputados fueron invocadas como fundamento de la imputación o acusación de otras personas en el mismo proceso **(Anexo 31)**.[261] *Se incurrió así, de nuevo, en una flagrante contradicción en perjuicio del profesor Brewer Carías, puesto que, según semejante razonamiento, las pruebas son válidas sólo cuando sirven para sustentar los cargos de la imputación y acusación pero no el descargo propio del derecho a la defensa.* En esta forma se violó de nuevo el principio de la igualdad de medios que es inherente al debido proceso, implícito en el artículo 8, párrafo 1 de la Convención al consagrar el derecho de toda persona a ser oída con las debidas garantías *(Véase supra ¶¶ 230 ss.)*.

339. Luego de la formalización de la acusación contra el profesor Brewer Carías el 21 de octubre de 2005 **(Anexo 48)**, el proceso pasó de la fase de investigación a la fase intermedia, en la cual sus abogados defensores la contestaron en todas sus partes mediante escrito de 8 de noviembre de 2005 **(Anexo 2)**[262], denunciando todas las violaciones ocurridas a sus garantías judiciales, solicitando la nulidad de todo lo actuado; y además, promovieron nuevamente la declaración del Dr. Carmona, como testigo **(Anexo 32)**; pero como se trataba del mismo Juez provisorio de Control que ya la había rechazado, se vieron obligados a recusarlo, por haber emitido opinión sobre el mismo punto. La Corte de Apelaciones declaró sin lugar la recusación considerando que la decisión previa del Juez provisorio de Control no significaba emisión de opinión porque en ella no había pronunciamiento sobre culpabilidad o inocencia del profesor Brewer Carías **(Anexo 33)**. Olvidó la Corte que la negativa de una prueba crucial como esa puede hacer cambiar el dispositivo del fallo que en definitiva se dicte.

340. En vista de esta situación, los abogados defensores obtuvieron la declaración notariada bajo juramento del Sr. Pedro Carmona, ofrecida el día 23 de febrero de 2006 en Bogotá, la cual debidamente legalizada fue consignada en el expediente, en la cual éste manifestó que el profesor Brewer Carías no fue el autor del decreto del 12 de abril, sino que la opinión jurídica, reque-

---

261 Por ejemplo, pocos días después de rechazar el testimonio del Dr. Carmona, el mismo Juez de Control decretó medida privativa de libertad contra el ciudadano Daniel Romero y utilizó como elemento de convicción en su contra la declaración del profesor Brewer Carías, quien también es imputado **(Anexo 31)**.

262 El texto íntegro de la contestación a la acusación formulada contra el profesor Brewer Carías se ha publicado en su libro *En mi propia defensa*, Caracas 2006 **(Anexo 2)**.

rida por el Dr. Carmona, fue contraria al contenido del mismo **(Anexo 4).** Esta declaración fue ignorada por el Juez provisorio de Control, quien dictó decisiones ulteriores, incluida nada menos que la de privar de su libertad al profesor Brewer Carías, sin consideración alguna de la misma, es decir, como si la declaración notariada del Dr. Carmona no existiera. En dicha declaración, entre otros aspectos, Carmona dijo:

> *Puedo afirmar por tanto, que el profesor Brewer Carías no estaba presente en Fuerte Tiuna en el momento en que yo llegué a ese sitio en la madrugada del 12 de abril de 2002, ni cuando se decidió iniciar el análisis de un borrador de documento para la formación un (sic) gobierno de transición, ante el inminente anuncio de la renuncia del Presidente de la República, comunicado por fuentes gubernamentales. De lo manifestado en mi libro, ratifico que decidí llamar Dr. Brewer Carías en la madrugada del día 12 de abril de 2002 a su casa de habitación, y le pedí que se trasladara a Fuerte Tiuna, a cuyo efecto lo mandé a buscar con mi automóvil y chofer, desde donde luego fue retornado a su domicilio (pág. 111).*

> *La llamada telefónica que le hice al Dr. Brewer Carías tuvo como propósito solicitar su criterio, en su condición de abogado en ejercicio, sobre el mencionado borrador de documento, el cual a su llegada a Fuerte Tiuna estaba redactado como tal, es decir, como un papel de trabajo. No había visto ni hablado con el Dr. Brewer Carías en las semanas anteriores al día 12 de abril de 2002. Por tanto, de mi libro no puede resultar elemento de prueba alguna de que el Dr. Brewer Carías hubiera conspirado ni participado en la redacción del mencionado borrador del decreto de gobierno de transición, más cuando, por el contrario, sobre el mismo me expresó luego una opinión discrepante"* (págs. 107 y 108).

341. En síntesis, el Ministerio Público y los jueces que han intervenido en el proceso contra el profesor Brewer Carías, se han rehusado arbitrariamente y en forma reiterada de aceptar un testimonio de la mayor relevancia para el descargo del profesor Brewer Carías.

b.   *Testimonio de Nelson Mezerhane*

342. La defensa promovió como testigo al Sr. Nelson Mezerhane, quien podía dejar constancia de que el profesor Brewer Carías estaba alejado de lo que ocurría en el Palacio de Miraflores el 12 de abril de 2002, porque estuvieron juntos toda la tarde de ese día, en su casa de habitación, donde, además, el profesor Brewer Carías le expresó su desacuerdo con el decreto de esa fecha. La Fiscal provisoria Sexta rechazó la prueba ofrecida en auto de 21 de abril de 2005 por considerarla innecesaria e impertinente **(Anexo 34).**

c. Testimonio de Nelson Socorro

343. Los abogados defensores promovieron como testigo al Dr. Nelson Socorro, mencionado en el expediente por el Sr. Rafael Octavio Arreaza Padilla, quien declaró como supuesto testigo de una no menos supuesta conversación telefónica que habría tenido lugar el 12 de abril de 2002, entre el Sr. Pedro Carmona y un cierto "Alan". Esa afirmación referencial no fue incluida por la Fiscal provisoria Sexta entre los fundamentos de la "imputación" del delito al profesor Brewer Carías, pero sus abogados promovieron, a todo evento, el testimonio del Dr. Socorro, para que éste ratificara ante el Ministerio Público si realmente dicha reunión se habría efectuado con su presencia en la cual se habría escuchado tal conversación telefónica del Dr. Carmona. La Fiscal provisoria Sexta rechazó la prueba ofrecida en auto de 21 de abril de 2005 por considerarla innecesaria e impertinente **(Anexo 34)**, pero en cambio, en el escrito de cargos de la acusación fiscal **(Anexo 48)**, *¡sí apreció la declaración referencial del Sr. Arreaza Padilla respecto de la supuesta reunión en la que habría estado el Dr. Socorro, no permitiéndose al imputado defenderse mediante la declaración de éste!*

344. El testimonio del Dr. Nelson Socorro, además, estaba destinado a dejar constancia de que el profesor Brewer Carías no estuvo en el Palacio de Miraflores en la tarde del 12 de abril de 2002, y que su opinión jurídica había sido contraria al decreto del 12 de abril, como se lo manifestó al Dr. Socorro en la mañana del día 13 de abril de 2002 durante la cual estuvieron reunidos en su casa de habitación. Como se dijo, la Fiscal provisoria Sexta rechazó la prueba ofrecida **(Anexo 34)**.

d. Testimonio de Yajaira Andueza

345. La defensa promovió como testigo a la periodista Yajaira (Yaya) Andueza, quien presenció la conversación telefónica que el profesor Brewer Carías sostuvo con la Sra. Patricia Poleo la noche del 13 de abril de 2002, reclamándole las afirmaciones falsas que ésta ya había comenzado a hacer en los medios de comunicación sobre la supuesta autoría del mencionado decreto. La Fiscal provisoria Sexta rechazó la prueba ofrecida en auto de 21 de abril de 2005, por considerarla innecesaria e impertinente **(Anexo 34)**.

e. Testimonio de Guaicaipuro Lameda

346. La defensa promovió como testigo al Sr. Guaicaipuro Lameda (general del ejército y ex presidente de PDVSA), pues fue señalado por el testigo Jorge Javier Parra Vega como supuestamente acompañando al profesor Brewer Carías en un sitio preciso del edificio del Ministerio de la Defensa la noche del 12 de abril, lugar donde nunca estuvieron ni se reunieron en forma alguna. La declaración del Sr. Lameda hubiera revelado el falso testimonio de Parra Vega. Nunca se aceptó este testigo.

f. Testimonio de Leopoldo Baptista

347. La defensa promovió el testimonio del Ing. Leopoldo Batista, quien, junto con su esposa estuvo de vacaciones con el profesor Brewer Carías y su esposa durante toda la semana anterior al día 12 de abril de 2006, en el Estado de Colorado, en Estados Unidos de América (*Véase supra ¶ 108)*, de modo que podía dar fe de que el profesor Brewer durante todos esos días previos a los acontecimientos de Caracas no estuvo en forma alguna conspirando para cambiar violentamente la Constitución. Esta prueba también fue rechazada, mediante auto de 21 de abril de 2005, por considerarla innecesaria e impertinente **(Anexo 34)**.

C. Prueba de informes sobre la migración del profesor Brewer Carías

348. Los abogados defensores promovieron como prueba la ficha migratoria del profesor Brewer Carías, en posesión de las autoridades competentes venezolanas, para demostrar que durante las semanas que precedieron al 12 de abril el profesor Brewer Carías no estuvo en Venezuela, de modo que no pudo estar conspirando para cambiar violentamente la Constitución. La Fiscal provisoria Sexta rechazó la prueba ofrecida en auto de 9 de mayo de 2005, por considerarla innecesaria **(Anexo 35)**.

3. La apreciación sesgada, aviesa y parcializada del acervo probatorio

349. El patrón de conducta persistente del Ministerio Público y de los jueces provisorios que han conocido de la causa ha sido la de apreciar las pruebas con manifiesto sesgo de parcialidad, valorando, en la misma prueba, lo que pueda contribuir a fundamentar una condena al profesor Brewer Carías y descartando arbitrariamente lo que comprueba su inocencia.

A. El libro "Mi testimonio ante la historia" del Sr. Pedro Carmona Estanga.

350. Entre los supuestos "elementos de convicción" de la imputación y de la acusación formuladas contra el profesor Brewer Carías **(Anexos 5 y 48)** figura el libro *"Mi testimonio ante la Historia"* (Editorial Aptun, Bogota, 2004), publicado por el Sr. Pedro Carmona **(Anexo 3)**. Para inculpar al profesor Brewer Carías,[263] el Ministerio Público invocó el siguiente párrafo de la página 95 de ese libro:

---

263 La misma cita fue utilizada para imputar del delito de conspiración a otros de los mencionados, como Carlos Ayala Corao, ex Presidente de la CIDH, y Cecilia Sosa Gómez, ex Presidenta de la Corte Suprema de Justicia.

*Fueron numerosas las opiniones recibidas. Se escuchó a juristas civiles y militares, entre ellos a los Doctores Allan Brewer Carías, Carlos Ayala Corao, Cecilia Sosa, Daniel Romero, Juan Raffalli, Gustavo Linares Benzo, José Gregorio Vásquez, al Coronel Julio Rodríguez Salas y a numerosos actores políticos, **pero no puede decirse que sus opiniones fueron plasmadas plenamente o que se les pueda imputar su redacción.*** (Énfasis añadidos).

351. Incluso, a pesar de lo terminante de esta afirmación del testigo "privilegiado" como fue calificado por Magistrados del Tribunal Supremo de Justicia (**Anexos 15, 16**) (*Véase supra ¶ 168)*, en el sentido de que no se puede imputar a ninguna de las personas que nombró por la redacción del decreto del 12 de abril, retorciendo la prueba, ese párrafo lo consideró la Fiscal provisoria como un "elemento de convicción" contra el profesor Brewer Carías.

352. Empero, la parcialización de la Fiscal provisoria Sexta fue de tal naturaleza, que al invocar dicho párrafo del libro del Dr. Carmona para acusar al profesor Brewer Carías, omitió sin embrago toda referencia a la siguiente cita de la página 108 del mismo libro:

*...**nunca he atribuido al profesor Brewer Carías la autoría del Decreto, pues sería irresponsable,** como lo hicieron luego representantes del oficialismo para inculparlo. **Respeto incluso las diferencias que el profesor Brewer expresara en relación con el camino elegido** y las constancias que dejó en las actas de la entrevista que le hiciese la Fiscalía General de la República, aun cuando **discrepo de algunas de sus interpretaciones.*** (Énfasis añadidos).

353. Así, pues, una alusión genérica y que en modo alguno incrimina al profesor Brewer Carías, en un libro del Dr. Carmona, es utilizada para acusarlo de cometer delito, pero otro pasaje del mismo libro, específicamente dirigido a él, que lo descarga de responsabilidad, es palmariamente ignorado. Por lo demás, tampoco se apreció la declaración del Dr. Carmona en la investigación adelantada por la Asamblea Nacional, de fecha 2 de mayo de 2002, *en la cual dijo que el profesor Brewer "**no tiene responsabilidad alguna, sino la de haber emitido profesionalmente algún criterio que, repito lo comprometa con ninguna acción de esas cortas horas de la provisionalidad, o transitoriedad de esos días"** (Véase supra ¶¶ 112, 150)*; ni se admitió al Dr. Carmona como testigo, para que aclarara estas menciones dentro del proceso, ni se hizo absolutamente ningún análisis ni mención de la declaración jurada de éste consignada en el expediente (**Anexo 4**), en la que manifiesta concretamente que el profesor Brewer no fue el redactor del decreto y que tuvo opinión contraria al mismo.

B. El testimonio de Jorge Olavarría

354. El Dr. Jorge Olavarría, hoy fallecido, fue un destacado periodista, intelectual y político venezolano, quien también fue electo como independiente para integrar la Asamblea Nacional Constituyente de 1999. El Dr. Olavarría compareció espontáneamente ante el Ministerio Público, donde declaró el 10 de julio de 2002, consignando una comunicación de fecha 9 de julio de 2002 (*Véase supra ¶ 134)* donde expresó:

> *Comparezco ante usted para rendir testimonio **bajo fe de juramento de la constancia que tengo de la injuriosa falsedad** que le atribuye al Dr. Allan Randolph Brewer Carías, de haber sido el autor del acta de constitución del llamado "Gobierno de transición y unidad nacional" instalado en el Palacio de Miraflores la tarde del 12 de abril pasado. **Me consta que el profesor Brewer no redactó ese documento. Considero mi deber testimoniarlo así.** (**Anexo 36**; énfasis añadido).*

355. Relató asimismo un episodio que compartió con el profesor Brewer Carías el 10 de abril de 2002:

> *... **pasadas las seis de la tarde del miércoles 10 de abril, llegaron a mi despacho los abogados Daniel Romero y José Gregorio Vásquez a quienes no conocía. El Dr. Romero leyó lo que pretendía ser un proyecto de instalación para un gobierno de transición.** Yo les hice algunas observaciones de carácter histórico y <u>el profesor Brewer llamó su atención acerca de la Carta Democrática Interamericana</u>, haciéndose evidente para ambos la ignorancia de los abogados en esos temas por lo cual no les dimos mayor importancia. Cuando se marcharon, el profesor Brewer y yo comentamos la ligereza y banalidad del documento, **del cual me dejaron una copia.** (**Anexo 36**). (Énfasis y subrayado añadidos).*

356. A pesar de que tan contundente declaración es ***una rotunda prueba de descargo*** a favor del profesor Brewer Carías, ella ha sido invocada por el Ministerio Público en la acusación (**Anexo 48**) como *¡prueba de que el profesor Brewer Carías sí redactó dicho decreto del 12 de abril!* Semejante argumentación revela el sesgo *parcializado e infringe las más elementales reglas de la lógica y de lo que es razonable. No es sólo que los vulnere, sino que constituye una burla de los derechos a la defensa y a la presunción de inocencia, que se explica por sí misma.*

4. *Absurda apreciación de supuestas pruebas sobrevenidas y referenciales*

357. Para evitar la excesiva e innecesaria extensión de este escrito, nos limitaremos a enunciar, para contribuir a enriquecer el contexto del presente caso, otros supuestos *"elementos de convicción"* incluidos por la Fiscal provisoria Sexta en el escrito de acusación mediante el cual ejerció la acción penal contra el profesor Brewer Carías (**Anexo 48***),* pero que no figuraban en el acto de imputación previo, de modo que, con respecto a ellos, no fue posible ejercer el control mínimo que requiere el derecho a la defensa (*Véase infra ¶¶*

379, 384).. Esa y todas las otras violaciones de las garantías judiciales del profesor Brewer Carías, fueron oportunamente denunciadas ante el juez de control en la contestación a la acusación consignada por sus abogados defensores el 8 de noviembre de 2005 *(Anexo 2),* solicitándose la nulidad de lo actuado, pero sobre la cual no se ha producido decisión judicial alguna.

358. Así, fueron escuchados, sin control alguno, las declaraciones del coronel José Gregorio Montilla Pantoja[264]; del Sr. Jorge Javier Parra Vega[265]; del Sr. José Rafael Revenga Gorrondona[266]; del Sr. Gustavo Linares Benzo[267]; del Sr. Freddy Alirio Bernal Reyes[268]. A esto se agregó también una vieja declaración del 28 de abril de 2002 del general Melvin José López Hidalgo.[269] Estas declaraciones sólo pudieron ser apreciadas como pruebas dentro de un contexto dirigido hacia la puesta en práctica de una condena previa y preconcebida al profesor Brewer Carías.

359. Lo mismo puede decirse de otros supuestos "elementos de convicción" usados por la Fiscal provisoria Sexta para fabricar una acusación contra el profesor Brewer Carías y llevarlo a la cárcel. Es el caso, del Informe de la *Comisión Parlamentaria Especial para Investigar los Sucesos de Abril de 2002* (**Anexo 20**), emitido, como antes se expresó *(Véase supra ¶ 120; infra ¶ 392),* en violación de la presunción de inocencia y del derecho a la defensa y que no es más que la declaración política, de un cuerpo político, a la que sólo puede atribuirse valor jurídico en una justicia partidizada, como la venezolana de estos años. Igual ocurre con un nuevo reportaje en la prensa[270]; con una supuesta declaración del general Francisco Usón (Anexo 37), que con-

---

264 Testigo referencial (funcionario de inteligencia militar) que "presume" que el profesor Brewer Carías revisó el borrador de renuncia del Presidente Chávez.

265 Testigo falso, quien afirmó haber visto al profesor Brewer Carías *"con el general Guaicaipuro Lameda, en un salón contiguo al salón de los espejos. Estaban con una laptop, donde escribía él y Guaicaipuro Lameda, redactaban un documento cuyo contenido desconozco."* El profesor Brewer Carías jamás estuvo en ese salón del edificio del Ministerio de la Defensa, ni se reunió con Guaicaipuro Lameda en momento alguno.

266 Quien se limitó a conjeturar que el profesor Brewer Carías pudo participar en la preparación del decreto del 12 de abril, pero que no lo elaboró.

267 Quien sólo dijo haber visto breves minutos al profesor Brewer Carías en el Palacio de Miraflores, entre centenares de personas, la mañana del 12 de abril de 2002.

268 Alcalde del Municipio Libertador de Caracas y dirigente del partido de gobierno MVR. Dijo que *"...es de conocimiento de la colectividad nacional e internacional que Allan Brewer Carías, Carlos Ayala Corao, Daniel Romero, José Gregorio Vásquez y otros juristas fueron los corredactores del decreto..."*

269 Quien se limitó a decir que el profesor Brewer Carías estuvo en el Fuerte Tiuna la noche del 11 al 12 de abril de 2002.

270 Firmado por el periodista L. J. Linares en el semanario *Quinto Día*. Afirma que dos militares le contaron que el profesor Brewer Carías había sido el autor del *"decreto de renuncia de Chávez"*. Es un testimonio referencial y falso pues ese "decreto" nunca se conoció.

signó la Fiscal provisoria ante el Juez provisorio de Control después de haber acusado al profesor Brewer **(Anexo 38)**, tergiversando incluso esa declaración, al afirmar falsamente que aquél supuestamente habría visto al profesor Brewer redactar el decreto del gobierno de transición **(Anexo 39)**, lo cual es falso pues no fue eso lo que dijo el general Usón en esa entrevista; y con las opiniones vertidas por el profesor Brewer Carías en programas de TV sobre la desobediencia civil **(Anexo 40)** y la interpretación de la Constitución a este respecto, que son tratadas por el Ministerio Público como delitos de opinión.

360. **En síntesis**, el derecho a la defensa del profesor Brewer Carías ha sido sistemática y masivamente violado. Sus abogados no pudieron estar presentes en las declaraciones de ninguno de los testigos, ni pudieron interrogarlos sino, en algunos casos, mediante cuestionarios que debían entregar a la Fiscal provisoria Sexta y que sólo ella manejaba, sin control alguno. Varios testigos emergieron en la supuesta investigación, sin informar a los abogados del profesor Brewer Carías sobre qué declararían, de modo que ni siquiera a través de esos precarios cuestionarios podía ejercerse derecho de defensa alguno ante sus declaraciones, por lo demás carentes de toda sustancia incriminatoria. Tampoco pudo la defensa obtener la comparecencia de testigos que arrojaran luz sobre los hechos, ni que se aceptaran otras pruebas relevantes. La apreciación de las pruebas fue determinada por el capricho y la supresión descarada de todas las que muestran que el profesor Brewer Carías es inocente de los hechos que se le imputan. *La indefensión misma, en fin.*

361. Todo ello se configura como una grave vulneración del artículo 8(2)(f) de la Convención, que reconoce el "derecho de la defensa de interrogar a los testigos presentes en el tribunal y de obtener la comparecencia, como testigos o peritos, de otras personas que puedan arrojar luz sobre los hechos." Esto debería haberse traducido, en los términos expresados por el Comité de Derechos Humanos, en que se "garantizar(a) al acusado *las mismas facultades jurídicas* para obligar a comparecer a testigos e interrogar y repreguntar a éstos de que dispone la acusación."[271] La conculcación de estos derechos redujo al profesor Brewer Carías a la indefensión frente a las actuaciones del Ministerio Público y convirtió a las actuaciones del Ministerio Público en una parodia procesal, cuyo desenlace forzoso habría de ser la condena y la privación de libertad del acusado. Las situaciones que así hemos denunciado constituyen otras tantas violaciones a derecho a la defensa y a ser oído, toda vez que le impidieron producir pruebas propias de descargo y controlar las supuestas pruebas (o "elementos de convicción") recabadas a hurtadillas por el Ministerio Público, en particular testigos militares sobrevenidos a última hora sobre los que la Fiscal provisoria Sexta no dio noticia al profesor Brewer Carías o sus abogados, de modo que no pudieron ser vistos por éstos ni mucho menos, repreguntados.

---

271 CDH, *Observación General N° 32…, cit.,* párr. 39.

362. En relación con todas estas violaciones, sin embargo, el Estado no niega los hechos que las originan, sino que *afirmó ante la Comisión que estas garantías judiciales de la Convención están reservadas para la fase de juicio y que no se aplican a la fase de investigación del proceso penal*, lo cual es una confesión ex parte que prueba y confirma que, en este caso, se violó la Convención, se desatendió la jurisprudencia reiterada y concordante de la Comisión y de la Corte y se violó también el artículo 49 de la Constitución venezolana. Se trata, una vez más, de violaciones a los derechos humanos reconocidas por el Estado y, por lo tanto, plenamente probadas en esta instancia. Estos hechos privaron a Allan Brewer Carías del debido proceso legal, en los términos estipulados por el artículo 8 de la Convención.

5. *Violación del derecho a la comunicación previa y detallada de la acusación formulada.*

363. En la infundada imputación contra el profesor Brewer Carías del 27 de enero de 2005 **(Anexo 5)**, se lo incriminó por "la comisión del delito de conspiración para cambiar violentamente la Constitución previsto y sancionado en el artículo 143, numeral 2 del Código Penal Vigente (artículo 144, numeral 2 para la fecha de la comisión de los hechos)", por haber supuestamente participado "en la discusión, elaboración, redacción y presentación" del decreto constitutivo del llamado gobierno de transición que anunció el ciudadano Pedro Carmona Estanga el 12 de abril de 2002.

364. Sin embargo, posteriormente han surgido nuevas y sorprendentes calificaciones o fundamentaciones sobre el supuesto delito. La primera es la que ya hemos mencionado en este escrito (*Véase supra ¶¶ 116; infra ¶ 596)*, sobre la cual abundó la Contestación del Estado, pero que hizo su primera aparición en el escrito de acusación fiscal: **"conociendo el contenido del decreto, no denunció el mismo"** cuando así debió hacerlo según el artículo 333 de la Constitución.[272] Ahora bien, aun para el caso (que no lo es) en que la "denuncia" aludida fuera obligatoria, haberse abstenido de formularla es, obviamente, algo distinto a "redactar un decreto" o a "conspirar", de manera que lo que se pretende es atribuir a otros hechos una naturaleza delictual que no tienen o a **cambiar los términos de la acusación según sea necesario para condenar al acusado, contra todo concepto de debido proceso penal.**

365. Además, como ya lo hemos expresado antes (*Véase supra ¶ 116; infra ¶ 596)*, el profesor Brewer Carías no tenía, en modo alguno, el deber jurídico de denunciar a nada ni a nadie, especialmente en las circunstancias en que leyó un borrador anónimo, aparentemente desprovisto de toda seriedad.

---

272 *Artículo 333. Esta Constitución no perderá su vigencia si dejare de observarse por acto de fuerza o porque fuere derogada por cualquier otro medio distinto al previsto en ella. En tal eventualidad, todo ciudadano investido o ciudadana investida o no de autoridad, tendrá el deber de colaborar en el restablecimiento de su efectiva vigencia.*

Adicionalmente, el profesor Brewer Carías nunca estuvo ante los supuestos pautados por el citado artículo 333 de la Constitución; pero en el supuesto negado de que lo hubiera estado, ninguna ley penal venezolana tipifica como delito el que una persona se abstenga de hacer algo en el sentido que pudiera indicar el artículo 333 de la Constitución, de manera que, conforme al principio de legalidad en materia penal no se le puede imputar un crimen por semejante abstención pues *"nadie puede ser condenado por acciones u omisiones que en el momento de cometerse no fueran delictivos según el derecho aplicable"* (CADH, Art. 9).

366. Adicionalmente, reiteramos en esta ocasión ante esa honorable Corte otro hecho, de la mayor gravedad, que obra en el expediente correspondiente al presente caso. Se trata de un suceso, formalmente ocurrido fuera del ámbito de la Fiscalía, pero dentro de la esfera de hechos imputables al Estado venezolano, que como tales comprometen su responsabilidad internacional. Como ya hemos referido en el presente escrito de *Solicitudes, Argumentos y Pruebas (Véase supra ¶ 175)*, la INTERPOL fue requerida por el gobierno venezolano para capturar al profesor Brewer Carías. Como este organismo policial internacional tiene vedado capturar a los perseguidos por delitos políticos, la INTERPOL decidió *"solicita(r) respetuosamente al Tribunal de Primera Instancia en Función de Control del Circuito Judicial del Área Metropolitana de Caracas que, a través de la OCN de Caracas, le facilite la información que demuestre el carácter de delito de derecho común del caso, en el sentido en que tal concepto se entiende en el estatuto y la normativa de INTERPOL."* (Subrayado agregado). De no recibirse esa información dentro del plazo que fijó la misma INTERPOL, ésta procedería a *"destruir toda la información relativa al Sr. BREWER CARIAS"*. **(Anexo 56)**.

367. El 17 de septiembre de 2007, el referido Juzgado produjo una decisión insólita, denominada por él como *"Aclaratoria"* **(Anexo 57)**, en la cual se consignó información falsa y se pretendió *cambiar de oficio la calificación del delito* a fin de justificar la persecución internacional del profesor Brewer Carías, todo lo cual redunda en nuevas violaciones al debido proceso y en la agudización de la indefensión con la que arbitrariamente se castiga a la víctima en el presente caso *(Véase supra ¶¶ 183 ss.)*.

368. En efecto, la referida *"Aclaratoria"* judicial ratificó, en primer término, que al profesor Brewer Carías se le acusó de haber cometido el delito tipificado en el artículo 143, numeral 2, del Código Penal, es decir el delito de rebelión, bajo la modalidad de conspiración para cambiar violentamente la Constitución. A renglón seguido se afirma sin más argumentación que "en la presente causa no puede atribuírsele los hechos imputados *(sic)* al ciudadano ALAN BREWER CARIAS, el carácter de Delito Político, pues se perdería el sentido de este compromiso internacional." Nada se argumentó sobre la naturaleza de "delito político puro" que tiene el que se imputa al profesor Brewer Carías. Esta respuesta en sí misma dista de llenar el requerimiento de INTERPOL de *"la información que demuestre el carácter de delito de derecho común del caso."*

369. El Tribunal requerido, no obstante, se atrevió a más. Faltando a todo sentido de responsabilidad institucional y tal vez para inventar argumentos para paralizar la decisión de INTERPOL de "destruir toda la información relativa al Sr. BREWER CARIAS" la *Aclaratoria* se atrevió a sugerir que el profesor Brewer Carías *¡estuvo envuelto en un complot para asesinar al Presidente de la República!* Esta absurda e inverosímil conclusión es la que se deduce del párrafo de la *Aclaratoria* en el cual afirma el Juez que contra el Presidente de la República *"al parecer,"* y *"según los elementos de convicción transcritos,* **se cometió un atentado frustrado, cuya autoría intelectual orientan (sic) al ciudadano imputado ALAN BREWER CARIAS,"** de lo cual el Juez pretendió concluir que quedaba *"desvirtuada," "la naturaleza de delito político de los hechos aquí reproducidos."* (Resaltado y subrayado agregados) (*Véase supra ¶ 185*).

370. Esa insólita afirmación representó, en primer término, una prueba adicional de la arbitraria determinación del gobierno venezolano de mantener a toda costa su persecución internacional contra el profesor Brewer Carías, hasta encarcelarlo. Al no encontrar cómo demostrar que la rebelión no es un delito político, irresponsablemente arrojó sobre la víctima en este caso la insinuación de que es un asesino y que *"al parecer"* es el autor intelectual de un atentado frustrado contra el Presidente de la República (*Véase supra ¶ 185*). Llegar hasta este extremo para acosar policialmente a un profesor universitario de intachable trayectoria, para tratar de hacerlo preso en cualquier parte del mundo, es una ignominia que debería hablar por sí sola.

371. Al margen del requerimiento de INTERPOL y del trámite de su respuesta, semejante aseveración en una decisión judicial de naturaleza incierta (¿qué cosa es procesalmente esta *Aclaratoria*?), ella porta en sí una notoria agravación de las violaciones de las garantías judiciales de las que es acreedor el profesor Brewer Carías. En efecto, la *Aclaratoria* de marras incurre, por lo menos, en los siguientes agravios al debido proceso garantizado por el artículo 8 de la Convención:

- Hace referencia a unos supuestos "elementos de convicción transcritos" que en ninguna parte de la *Aclaratoria* se transcribieron ni mencionaron, ni para demostrar el supuesto delito de magnicidio frustrado, ni para señalar como autor al profesor Brewer Carías; y que además no existen en pieza alguna del expediente ni en la acusación fiscal.

- Altera **los hechos** que supuestamente fundaron la ya de por sí arbitraria acusación, pues ésta se basó en una supuesta "conspiración para cambiar violentamente la Constitución" y la *Aclaratoria* se refirió a un supuesto e inexistente "atentado frustrado" contra el Presidente de la República.

- Incurrió en la temeridad de señalar que esos hechos fantasmas "al parecer" orientaban hacia la autoría intelectual del profesor Brewer Carías.

- Cambió de un plumazo la calificación jurídica del delito, que de rebelión o conspiración para cambiar violentamente la Constitución, que pasó a ser *¡magnicidio frustrado!*

- Entre los *"Fundamentos de Hecho"* de la *Aclaratoria*, se incluyó *"que no está prescrita la acción penal para perseguir el delito **por el cual se realizó la presente solicitud de extradición"*** (resaltado agregado). Esto es inexplicable puesto que no había, nunca ha habido ni hay "solicitud de extradición" alguna relacionada con el profesor Brewer Carías. Un nuevo supuesto falso e inexistente para distorsionar el caso frente a INTERPOL.

- Emite semejantes pronunciamientos en una *Aclaratoria*, que es un acto para el cual no tiene atribuida competencia y que fue dictada, además, en ausencia de todo procedimiento.

- Pone de manifiesto, una vez más, la falta de independencia e imparcialidad del Poder Judicial venezolano en este caso particular, al servir de instrumento para una persecución política.

372. Todo esto se tradujo en afirmaciones aventuradas y arbitrarias, que infringieron una vez más, en términos gravísimos, el derecho a la defensa, la presunción de inocencia y prácticamente todas las garantías judiciales contenidas en el artículo 8.1 y 8.2 (a-f) de la Convención. Cualquiera haya sido el origen y propósito de semejantes afirmaciones de la *Aclaratoria*, se trata de una materia de singular gravedad, como no escapará a esa honorable Corte. En todo caso, pone aún en mayor evidencia que las actuaciones judiciales contra el profesor Brewer Carías son una parodia judicial y un mero instrumento para perseguirlo y atentar contra su libertad, su seguridad y su integridad mediante lo que ya hemos calificado como una violación masiva de sus garantías judiciales.

373. Los abogados del profesor Brewer Carías apelaron y solicitaron que se anulara la llamada *Aclaratoria*. La apelación fue desestimada por decisión de la Sala 8 de la Corte de Apelaciones del Circuito Judicial Penal del Área Metropolitana de Caracas, de 29 de octubre de 2007 **(Anexo 58)**. La desestimación de la apelación se fundó exclusivamente en la ausencia del profesor Brewer Carías de Venezuela, lo cual ha sido considerado por la Corte Europea como *una carga desproporcionada,*[273] que no tiene en cuenta la *función primordial que los derechos de la defensa y el principio de preeminencia del derecho cumplen en una sociedad democrática.*[274]

---

273 CEDH, *Case of Guérin v. France (51/1997/835/1041)*. Judgment of 29 July 1998, párr. 43; CEDH, *Case of Omar v. France (43/1997/827/1033)*. Judgment of 29 July 1998, párr. 40.

274 CEDH, *Case of Poitrimol v. France (Application no. 14032/88)*. Judgment of 23 November 1993, párr. 38.

IV. VIOLACIÓN DE LA PRESUNCIÓN DE INOCENCIA (CADH, ART. 8.2)

374. De acuerdo con el artículo 8(2) de la Convención, *"toda persona inculpada de delito tiene derecho a que se presuma su inocencia mientras no se establezca legalmente su culpabilidad."* Esa fundamental garantía procesal ha sido sistemáticamente violada por el Estado en el presente caso, como se analiza exhaustivamente en particular sobre el tema de la presunción de inocencia y de la manipulación de las pruebas en el dictamen del destacado profesor de la Universidad Complutense de Madrid, Enrique Gimbernat (**Anexo 17**). Discrepamos por tanto respetuosamente de la apreciación de la Comisión Interamericana expresada en el **Informe 171/11**, donde se expresó que:

> *165. Finalmente, respecto de la supuesta violación del principio de non refouiement y la presunta violación del principio de presunción de inocencia la Comisión considera que no se presentaron elementos que requieran un análisis de fondo.*

375. Creemos haber presentado, junto con la Petición original y durante su trámite ante la CIDH, suficientes fundamentos de hecho y de derecho para sustentar la violación de la presunción de inocencia garantizada por la Convención y hubiéramos esperado, por lo tanto, que una conclusión tan lapidaria como la transcrita del párrafo 165 del Informe de la CIDH hubiera estado acompañada de una mínima motivación. Sin embargo, como varios de los fundamentos de hecho que invocamos ante la CIDH forman parte del marco fáctico fijado por la CIDH en su presentación del caso, de modo que haremos uso del derecho de replantear ante esa honorable Corte la violación de la presunción de inocencia del profesor Brewer Carías. Nos permitimos además solicitar de esa honorable Corte, en virtud de la inmotivación de la anterior conclusión de la Comisión, que tenga presente la *plena jurisdicción* que ejerce sobre los casos que le corresponde conocer, y que afirmó tempranamente, en sus primeras sentencias en casos contenciosos:

> *Los términos amplios en que está redactada la Convención indican que la Corte ejerce una jurisdicción plena sobre todas las cuestiones relativas a un caso. Ella es competente, por consiguiente, **para decidir si se ha producido una violación a alguno de los derechos y libertades reconocidos por la Convención y para adoptar las disposiciones apropiadas derivadas de semejante situación**; pero lo es igualmente para juzgar sobre los presupuestos procesales en que se fundamenta su posibilidad de conocer del caso y para verificar el cumplimiento de toda norma de procedimiento en la que esté envuelta la "interpretación o aplicación de (la) Convención". **En el ejercicio de esas atribuciones la Corte no está vinculada con lo que previamente haya decidido la Comisión, sino que está habilitada para sentenciar libremente, de acuerdo con su propia apreciación.** Obviamente la Corte no actúa, con respecto a la Comisión,*

*en un procedimiento de revisión, de apelación u otro semejante. Su jurisdicción plena para considerar y revisar **in toto** lo precedentemente actuado y decidido por la Comisión, **resulta de su carácter de único órgano jurisdiccional de la materia**. En este sentido, al tiempo que se asegura una más completa protección judicial de los derechos humanos reconocidos por la Convención, se garantiza a los Estados Partes que han aceptado la competencia de la Corte, el estricto respeto de sus normas.*[275]

376. Al contrario, de lo expresado por la CIDH, el absurdo proceso y la persecución contra el profesor Brewer Carías, se han caracterizado por una sistemática y constante violación de su derecho a la presunción de inocencia. Valiéndose de opiniones y especulaciones de algunos periodistas (no de noticias sobre supuestos hechos), todos los poderes del Estado han "declarado" culpable sin juicio al profesor Brewer Carías de un delito que, por lo demás, no cometió. Expondremos a continuación los fundamentos de esta aseveración.

1. ***La inculpación basada en un supuesto "hecho notorio comunicacional"***[276]

377. ***La imputación*** formulada contra el profesor Brewer Carías tuvo como fundamento esencial y primario un conjunto de versiones contenidas en opiniones periodísticas que lo vinculaban al profesor con la redacción del decreto del 12 de abril, formuladas por personas que no presenciaron hecho alguno ni fueron testigos de lo que opinaron, y cuyo fundamento aparentemente fue sólo la especulación sobre un hecho cierto, como fue la presencia del profesor Brewer Carías unas pocas horas en la madrugada del 12 de abril de 2002 en Fuerte Tiuna, y hacia mediodía de ese mismo día unos minutos en el Palacio de Miraflores, en las circunstancias que hemos referido antes (***Véase supra ¶ 111)***. El propio profesor Brewer Carías ha explicado públicamente su presencia en dichos lugares, tanto en en declaraciones a los medios de comunicación como en su declaración espontánea ante el Ministerio Público en junio de 2002. Amén de que dichas versiones periodísticas fueron inmediata y oportunamente desmentidas por el mismo profesor Brewer Carías (***Véase supra ¶ 113)***, lo cual bastaba para que no se configurara el "hecho notorio comunicacional" según el Derecho interno venezolano, valerse de las mismas para desvirtuar la presunción de inocencia es incompatible con la Convención.

---

275 Corte IDH, *Caso Velázquez Rodríguez. Excepciones preliminares.* Sentencia de 26 de junio de 1987. Serie C N° 1, párr. 29; Corte IDH, *Caso Fairén Garbi y Solís Corrales. Excepciones preliminares.* Sentencia de 26 de junio de 1987. Serie C N° 2, párr 34; Corte IDH, *Caso Godínez Cruz. Excepciones Preliminares.* Sentencia de 26 de junio de 1987, serie C N° 3, párr.. 32.

276 Este hecho está referido en el Informe de la CIDH, *Cf.*, entre otros, párr. 93.

378. El primer señalamiento del profesor Brewer Carías como presunto redactor del llamado Decreto Carmona partió de una denuncia, fundada en un "hecho notorio comunicacional", formulada por el coronel Ángel Bellorín *(Véase supra ¶ 126).* Los componentes "probatorios" sobre los que se fundamentó la denuncia del coronel Bellorín contra el profesor Brewer Carías fueron (**Anexo 6**):

1. Acta de Constitución del Gobierno de Transición Democrática y Unidad Nacional de 12 de abril de 2002; 2. Diario El Nacional, sábado 13 de abril de 2002, Laura Weffer Cifuentes, Artículo "Como se fraguó la renuncia de Hugo Chávez"; 3. Diario El Nacional, sábado 13 de abril de 2002, Edgar López, artículo "Carta Interamericana Democrática fundamenta gobierno de Transición" donde reseña una entrevista a Allan Brewer Carías; 4. Diario El Universal, sábado 13 de abril de 2002, Mariela León, Artículo "Primer Presidente Empresario"; 5. Diario El Nuevo País, martes 16 de abril de 2002, Patricia Poleo, Artículo "Factores de Poder."; 6. Diario El Nuevo País, miércoles 17 de abril de 2002, Patricia Poleo Artículo "Factores de Poder."; 7. Diario El Universal, jueves 18 de abril de 2002, Roberto Giusti, Artículo "Si me dejarán ir a Cuba renuncio."; 8. Diario El Reporte, jueves 18 de abril de 2002, Ricardo Peña, Columna "Círculo Íntimo."; 9. Opinión: "Supuestamente los asesores del decreto-adefesio jurídico de Carmona Estanga fueron los abogados Cecilia Sosa Gómez y Allan Brewer Carías"; 10. Diario El Nuevo País, jueves 25 de abril de 2002, Patricia Poleo, Artículo "Factores de Poder."; 11. Diario El Universal, viernes 26 de abril de 2002, Entrevista de Francisco Olivares a Daniel Romero, "Los militares manejaron todas las decisiones políticas."; 12. Diario El Nacional, Sábado 27 de abril de 2002, Entrevista de Milagros Socorro a Daniel Romero "Al país se le tendió una trampa."; 13. Diario El Universal, domingo 28 de abril de 2002 Francisco Olivares, Columna "Historia del Segundo Decreto."; 14. Vespertino El Mundo, Nitu Pérez Osuna, Columna "Desde las gradas."; 15. Programa "Dominio Público", transmitido por Venevisión, el día 12-04-02, con entrevista a los periodistas Rafael Poleo y a Patricia Poleo; 16. Programa "30 Minutos," transmitido por Televen, 12-3-02, con entrevista del periodista Cesar Miguel Rondón Teodoro Petkoff; 17. Programa "Primera Página," transmitido por Globovisión, el 15-04-02, con entrevista del periodista Domingo Blanco a la periodista Patricia Poleo; 18. Programa "30 Minutos," transmitido por Televen, el día 16-04-02, con entrevista de César Miguel Rondón a la periodista Patricia Poleo; 19. Programa "La Entrevista en el Observador," trasmitido por Radio Caracas Televisión el día 16-04-02, con entrevista de los periodistas Luisiana Ríos y Carlos Omobono a la periodista Patricia Poleo; 20. Programa "Triángulo," trasmitido por Televen el día 10-05-02 con entrevista del periodista Carlos Fernández, al diputado Tarek William Saab; 21. Programa Voces de un País" del Domingo 28 de mayo de 2002, transmitido por Globovisión; 22. Interpelación ante la Comisión Especial de la

Asamblea Nacional, transmitida en vivo por Venezolana de Televisión y Globovisión, a la periodista Patricia Poleo; 23. Programa Grado 33, de fecha 16-05-02 transmitido por Globovisión, donde se entrevista a Isaac Pérez Recao.

379. El proceso contra el profesor Brewer Carías, a su vez, comenzó con la imputación que se le formuló por el delito de conspiración para cambiar violentamente la Constitución. Nuevamente, los "elementos de convicción" para fundamentar la imputación estuvieron referidos a noticias de prensa, no verificadas, por demás, por el Ministerio Público. En efecto, la imputación tuvo por la base los siguientes elementos **(Anexo 5)**:

1. Contenido del "Acta de Constitución del gobierno de Transición Democrática y Unidad Nacional" la cual contiene a su vez el "Decreto de Constitución de un "gobierno de Transición Democrática y Unidad Nacional", de 12 de abril de 2002; 2. Denuncia formulada por el Coronel del Ejército Alberto Bellorín, ante el Ministerio Público en fecha 22 de mayo de 2002; 3. Artículo publicado en el diario El Nacional, el día sábado 13 de abril de 2002, por la periodista Laura Weffer Cifuentes, "Como se fraguó la renuncia de Hugo Chávez; 4. Artículo publicado en el diario El Nacional, el día sábado 13 de abril de 2002, por el periodista Edgar López, "Carta Interamericana Democrática fundamenta gobierno de Transición" con entrevista a Allan Brewer Carías; 5. Artículo publicado en El Universal el día 13 de abril de 2002, por la periodista Mariela León, "Primer Presidente Empresario"; 6. Artículo del diario El Nuevo País de fecha martes 16 de abril de 2002, por la periodista Patricia Poleo, "Factores de Poder"; 7. Artículo del diario El Nuevo País, del día miércoles 17 de abril de 2002, de la periodista Patricia Poleo "Factores de Poder"; 8. Artículo del diario El Universal de fecha jueves 18 de abril de 2002, del periodista Roberto Giusti, "si me dejarán ir a Cuba renunciaría"; 9. Artículo del diario El Reporte, del jueves 18 de abril de 2002, del periodista Ricardo Peña, "Círculo Íntimo"; 10. Artículo del diario El Nuevo País, del jueves 25 de abril de 2002, de la periodista Patricia Poleo, "Factores de Poder"; 11. Artículo del diario El Universal, de fecha viernes 26 de abril de 2002, donde el periodista Francisco Olivares entrevista al ciudadano Daniel Romero, "los militares manejaron todas las decisiones políticas"; 12. Artículo del diario El Nacional, Sábado 27 de abril de 2002, de la periodista Milagros Socorro, de "Al país se le tendió una trampa," con entrevista a Daniel Romero; 13. Artículo del diario El Universal del domingo 28 de abril de 2002 escrito por el periodista Francisco Olivares, "Historia del Segundo Decreto"; 14. Artículo del diario El Mundo de fecha viernes 3 de mayo de 2002, en la columna "Desde las gradas" de la periodista Nitu Pérez Osuna, "El video de Chávez retenido"; 15. Programa Dominio Público, transmitido por Venevisión, el día 12 de abril de 2002 en el cual entrevistaron al periodista Rafael Poleo y a la periodista Patricia Poleo; 16. Programa 30 Minutos, transmitido por Televen el 12 de Mayo de 2002, en el que el periodista Cesar Miguel

Rondón entrevistó a Teodoro Petkoff; 17. Programa Primera Página, transmitido por Globovisión el día 15 de abril de 2002, en el que el periodista Domingo Blanco entrevista a la periodista Patricia Poleo; 18. Programa 30 Minutos, transmitido por Televen, el día 16 de abril de 2002, en el que el periodista César Miguel Rondón entrevista a la periodista Patricia Poleo; 19. Programa La Entrevista, trasmitido por Radio Caracas Televisión el día 16 de abril de 2002, en el que los periodistas Luisiana Ríos y Carlos Omobono entrevistan a la periodista Patricia Poleo; 20. Programa Triángulo, trasmitido por Televen el día 10 de mayo de 2002 en el que el periodista Carlos Fernández, entrevista al diputado Tarek William Saab; 21. Programa Voces de un País, trasmitido por Globovisión, el día 28 de mayo de 2002; 22. Interpelación que le hiciera la Comisión Especial de la Asamblea Nacional, trasmitida en vivo por Venezolana de Televisión y Globovisión, a la periodista Patricia Poleo; 23. Entrevista rendida ante el Ministerio Público y relato en fecha 09 de julio de 2002, por Jorge Olavarría; 24. Cinta VHS, enviada al despacho del Fiscal por CONATEL, en fecha 16 de diciembre de 2004, donde se aprecia el desarrollo del acto del día 12 de abril de 2002, en el cual fue leída "Acta de Constitución del Gobierno de Transición Democrática y Unidad Nacional"; 25. Libro Mi Testimonio ante la Historia de Pedro Carmona Estanga, Editorial Actum, páginas 123, 124 y 125; 26. Entrevista rendida por Allan Brewer Carías en la Fiscalía, en fecha 03 de junio de 2002, ante el Ministerio Público.

380. Sobre esa base, el Ministerio Público, por medio de la Fiscal (provisoria) Sexta nacional hoy Fiscal General de la República, acudió a la inversión de la presunción de inocencia para formular imputación al profesor Brewer Carías por el delito de conspirar para cambiar violentamente la Constitución sobre la base del mismo llamado *"hecho notorio comunicacional"* invocado por el coronel Bellorín, sin atender siquiera a los supuestos que, según la jurisprudencia del Tribunal Supremo de Justicia de Venezuela, deben reunirse para que semejante "hecho notorio" se configure, que incluyen como ingrediente imprescindible que los rumores no hayan sido desmentidos por el interesado. [277]

381. Peor aún, en vista de que los periodistas que difundieron o se refirieron a esa errada versión no fueron llamados a declarar por la Fiscal provisoria Sexta, para ratificar sus aserciones o pareceres, la defensa del profesor Brewer Carías pidió su comparecencia como testigos ante el Ministerio Público.

---

277 De acuerdo con la jurisprudencia de la Sala Constitucional del Tribunal Supremo de Justicia venezolano, un *"hecho notorio comunicacional"* sólo se configura cuando existen noticias sobre hechos o sucesos difundidas por medios de comunicación social que no han sido desmentidas. *Cfr.* Sentencia N° 98 de 15 de marzo de 2000 (Caso *Oscar Silva Hernández*) (*Infra nota 315*).

Allí declararon, Patricia Poleo,[278] Rafael Poleo,[279] Francisco Olivares,[280] Ricardo Peña,[281] Edgard López,[282] Mariela León,[283] Roberto Giusti,[284] Milagros Socorro,[285] Nitu Pérez Osuna[286] y Teodoro Petkoff[287], y todos dijeron no haber sido testigos de los hechos sobre los cuales opinaron y comentaron pues no estuvieron en el Fuerte Tiuna.

382. Todos los periodistas que declararon ante la Fiscal provisoria Sexta, salvo dos, se limitaron a menciones circunstanciales sin sustento alguno y que en modo alguno involucran al aludido. Sólo los señores Rafael y Patricia Poleo dijeron haber recibido información de terceros (referencial) de los hechos

---

278 Autora de *ocho artículos o intervenciones por televisión*. Dijo en su testimonio que no estuvo presente ni tiene constancia directa de ninguna de las actividades que atribuyó al profesor Brewer Carías (en versiones contradictorias entre sí, por cierto). Afirma haber recibido información de personas que dijeron haber estado presentes en Fuerte Tiuna, pero no identificó a esos pretendidos testigos.

279 Editor y padre de la anterior. Hizo referencia, en un programa de TV, a una llamada telefónica que supuestamente habría recibido desde el Fuerte Tiuna, según la cual, el profesor Brewer Carías habría estado trabajando en la redacción del decreto del 12 de abril; pero en su declaración como testigo ante el Ministerio Público, el 6 de junio de 2005, no identificó al autor de esta supuesta llamada.

280 En un artículo de prensa, atribuyó al profesor Brewer Carías haber participado en la redacción del decreto el 12 de abril; pero, al comparecer como testigo ante la Fiscalía, dijo no haber presenciado ninguno de los eventos referidos en su artículo y tampoco identificó a quienes supuestamente le habrían suministrado la información que sirvió de base a su reportaje. Esta deposición no es tan siquiera mencionada en el escrito de acusación al profesor Brewer Carías, donde, en cambio, sí se consigna el artículo referido como sustento de los cargos.

281 Escribió en un diario que el profesor Brewer Carías había sido *"supuestamente"* uno de los asesores para la redacción de dicho decreto.

282 No atribuyó al profesor Brewer Carías la redacción del decreto del 12 de abril, sino que reseñó que se comentaba en medios judiciales que él era el "arquitecto jurídico" del nuevo gobierno. *Informó también que el profesor Brewer el mismo día de los hechos le manifestó su opinión contraria al contenido del decreto.*

283 Escribió un reportaje en el que no menciona siquiera al profesor Brewer Carías.

284 No atribuye al profesor Brewer Carías haber redactado el decreto del 12 de abril, sino haber dado una opinión sobre el valor jurídico de la declaración del Jefe del Alto Mando Militar anunciando que el Presidente Chávez había dimitido.

285 En una entrevista que realizó, el entrevistado afirma que en la redacción del decreto del 11 de abril "intervinieron los mejores constitucionalistas del país", pero ni el entrevistado ni la periodista atribuyeron el hecho al profesor Brewer Carías.

286 Comentó la presencia del profesor Brewer Carías en el Fuerte Tiuna en la madrugada del 12 de abril, pero negó, en su declaración como testigo, tener constancia alguna de su participación en la redacción del decreto mencionado.

287 En una entrevista en TV del 13 de abril, con el periodista César Miguel Rondón, hizo una alusión al profesor Brewer Carías, aunque sin afirmar su autoría de tal decreto. En su declaración como testigo dijo no tener ninguna constancia de vínculo alguno entre el profesor Brewer Carías y el decreto del 12 de abril y que la alusión que hizo a su nombre fue *"una inexcusable ligereza"* de su parte.

que difundieron en sus columnas periodísticas, pero dijeron haber recibido información de una fuente que se negaron a revelar.

383. Adicionalmente, en el escrito de *acusación fiscal* contra el profesor Brewer Carías **(Anexo 48)** se repitieron las mismas violaciones a la presunción de inocencia, presentando como "elementos de convicción" los mismos rumores y comentarios periodísticos (que el denunciante Coronel Bellorín había recolectado en "recortes de prensa") provenientes de supuestas fuentes referenciales anónimas, que son tolerables como difusión de opiniones pues gozan de la protección de la libertad de expresión, pero que en ningún caso pueden ser aceptadas como fuentes legítimas de incriminación, precisamente porque de aceptarse como tales se viola, como en el caso se violó, la presunción de inocencia. Sitúan al incriminado en la posición de desvirtuar rumores, mediante una prueba negativa imposible, es decir, *equivale a presumir que la persona afectada es culpable de lo que los rumores le atribuyen, a menos que pruebe lo contrario.*

384. Ese razonamiento no se redujo a la *imputación* del delito al profesor Brewer Carías, sino que estuvo igualmente presente en la *acusación fiscal.* Nuevamente, el solo enunciado de los "elementos de convicción" de la acusación muestra la calidad de opiniones o rumores de la casi totalidad de los mismos, amén de aquellos que fueron irregularmente obtenidos o retorcidamente manipulados (*Véase supra ¶¶ 133 ss.*):

1. Texto del Acta de Gobierno de Transición; 2. Denuncia de Ángel Bellorín y su entrevista ante la Fiscalía; 3. Entrevista de Ángel Bellorín en la Fiscalía; 4. Comunicación de Isaac Pérez Recao; 5. Entrevista de Allan R. Brewer Carías ante la Fiscalía en 3 de junio de 2002; 6. Artículo de la periodista Laura Weffer; 7. Declaración de la Periodista Laura Weffer; 8. Reseña periodística de Edgar López; 9. Declaración del periodista Edgar López; 10. Crónica de la periodista Patricia Poleo; 11. Crónica de la periodista Patricia Poleo; 12. Entrevista a la periodista Patricia Poleo; 13. Entrevista a la periodista Patricia Poleo; 14. Entrevista a la periodista Patricia Poleo; 15. Interpelación a la periodista Poleo en La Asamblea Nacional; 16. Entrevista de Patricia Poleo en la Fiscalía el 28-03-2005; 17. Crónica del periodista Roberto Giusti del 18-04-2002; 18. Afirmación del general Néstor González en crónica del periodista Roberto Giusti del 18-04-2002; 19. Nota del periodista Ricardo Peña; 20. Afirmación de Daniel Romero en la reseña del periodista Francisco Olivares; 21. Afirmación de Daniel Romero en la reseña de la periodista Milagros Socorro; 22. Crónica del periodista Francisco Olivares; 23. Comentario periodístico de la periodista Nitu Pérez Osuna; 24. Entrevista ante la fiscalía de la periodista Nitu Pérez Osuna; 25. Video del acto desarrollado en el Palacio de Miraflores la tarde del 12-04-2002; 26. Experticia sobre el video de Daysi Olimpia Virguez; 27. Extracto del libro de Pedro Carmona Mi Testimonio ante la Historia; 28. Escrito de Allan Brewer Carías ante la Fiscalía de 14-01-2005; 29. Escrito de Allan Brewer Carías ante la Fiscalía de 24-01-2005; 30. Declaración ante la Fisca-

lía de Rafael Arreaza Padilla el 27-09-2004; 31. Declaración y relato de Jorge Olavarría ante la Fiscalía el 09-07-2002; 32. Entrevista a los periodistas Rafael Poleo y a Patricia Poleo; 33. Texto de Rafael Poleo en su libro "Venezuela la crisis de abril"; 32. Declaración de Rafael Poleo ante la Fiscalía; 35. Entrevista de televisión a Teodoro Petkoff; 36. Declaración en la Fiscalía de Teodoro Petkoff; 37. Video de Globovisión, programa Voces de un País del 28-05-2002; 38. Interpelación en la Asamblea Nacional al militar José Gregorio Montilla; 38. Declaración en la Fiscalía del militar José Gregorio Montilla; 40. Declaración en la Fiscalía de Jorge Javier Parra Vega; 41. Declaración en la Fiscalía de José Rafael Revenga el 09-09-2005; 42. Declaración en la fiscalía de Gustavo Linares Benzo el 01-09-2005; 43. Denuncia ante la Fiscalía formulada por Darío Vivas Velasco, Carlos Delgado Silva, Juan Carlos Dugarte y Reinaldo García el 05-10-2004; 44. Declaración en la Fiscalía de Freddy Bernal de 24-05-2005; 45. Entrevista de televisión a Alan R. Brewer-Crías el 11-04-2002; 46. Declaración en la fiscalía a Melvin José López Hidalgo el 28-04-2002; 47. Una llamada telefónica a las 11.08 pm del día 12-04-2005; 48. Información del Semanario Quinto Día del 19/26-04-2002; 49. Informe de la Comisión Especial de la Asamblea Nacional; 50. Declaraciones de Allan R. Brewer Carías, Programa Triangulo de 16-04-2002; 51. Entrevista a Allan R. Brewer Carías en Televen el día 11-04-2002.

385. Los escasos elementos incriminatorios que no provienen de meras especulaciones y rumores recogidos en la prensa, se originan en funcionarios públicos, o militares, que declararon subrepticiamente ante la Fiscal, sin aviso a la defensa ni control alguno por su parte.

386. La imputación al profesor Brewer Carías, que marcó el inicio del proceso penal contra él (*Véase supra ¶ 163; infra ¶ 379*) tuvo, pues, como *base probatoria determinante* el llamado hecho notorio comunicacional. El conjunto de publicaciones de prensa fue suficiente para iniciar un proceso penal. Este proceder del Estado ignoró completamente la presunción de inocencia, pues la consideró desvirtuada por las solas vagas apariencias creadas por la opinión de periodistas que no habían sido testigos de ninguno de los hechos a los que aludieron en sus artículos. En términos prácticos, el resultado de ese razonamiento es el de presumir la exactitud y adecuación plena a la verdad de esas vagas opiniones, en lugar de presumir la inocencia de la persona contra quien se dirigen. Resulta entonces aún más inconcebible que esas publicaciones hayan sido sostenidas para imputar al profesor Brewer Carías un delito y para acusarlo penalmente por el mismo. Se presentan esas versiones de periodistas sin base cierta como una presunción que no admite prueba en contrario y que abate la presunción de inocencia (*Véase supra ¶ 163*). Peor aún, pese a haber fundado su persecución contra la víctima en tales testimonios referenciales, la misma Fiscal provisoria Sexta, en el mismo caso, rechazó las pruebas de testigos promovidas por los abogados defensores del profesor Brewer Carías (*Véase infra ¶¶ 338 ss.*) argumentando ante la Corte de Apelaciones, en escrito de 30 de julio de 2005, que los testigos referenciales no podían ser admitidos en el proceso penal venezolano[288] **(Anexo 19).** Según semejante contradicción, *para el Ministerio Público venezolano los testigos referenciales son válidas para acusar al profesor Brewer Carías de haber cometido delito, pero, en cambio, no sirven como medio de defensa frente a la imputación y acusación fiscales.*

387. Esta circunstancia constituye, adicionalmente, una nueva violación del principio de igualdad de medios, que es inherente al debido proceso, y que está implícito en el art. 8, párrafo 1, de la Convención, al consagrar el derecho de toda persona a ser oída "con las debidas garantías" (*Véase supra ¶¶ 230 ss.*).

2. *La formulación expresa de la Fiscal provisoria Sexta de la inversión de la presunción de inocencia.*

388. En el mismo proceso de imputación llevado a cabo por la Fiscal provisoria Sexta contra el profesor Brewer Carías, también fue arbitraria e injustamente imputado, por el mismo delito, el Dr. Carlos Ayala Corao, ex Presidente de la Comisión Interamericana (*Véase supra ¶ 166).* Con ocasión de oponerse a una apelación interpuesta por este último sobre una negativa de pruebas, la Fiscal provisoria Sexta hizo una manifestación ante el Juzgado Vigésimo Quinto de Control de Caracas en la cual de manera insólitamente ostensible invierte la presunción de inocencia y la carga de la prueba, no sólo en perjuicio del Dr. Ayala Corao, sino también del profesor Brewer Carías:

En criterio del Ministerio Público la imputación hecha al ciudadano Carlos Ayala Corao cumple con los requisitos de ley, por lo que en todo caso corresponde a la defensa del mismo desvirtuar *¿Porqué (sic) se supone que no conspiró? ¿Las razones por las cuales acompañó al ciudadano Allana (sic) Brewer Carías el día de los hechos? ¿Cuáles fueron sus objeciones y oposiciones a la redacción al decreto por medio del cual se suprimieron las instituciones democráticas? ¿Porqué (sic) no fue redactor del decreto? ¿Qué hacía en el Palacio de Miraflores en compañía del ciudadano Allan Brewer Carías horas antes de darse la*

---

288 La Fiscal argumentó así en dicho escrito: "De las innumerables pruebas solicitadas por los defensores, han sido acordadas casi en su totalidad, como consecuencia de lo cual es igualmente falso que se haya hecho caso omiso a la petición de evacuación de pruebas, salvo las declaraciones de los ciudadanos Nelson Mezerhane, Nelson Socorro, Yaya Andueza y Leopoldo Baptista que pretenden que el Ministerio Público entreviste a los fines de que tenga conocimiento de lo que el abogado Allan Brewer Carías les dijo a ellos, como si el solicitante ya no se lo haya hecho saber a la representante fiscal y pretendiendo incorporar pruebas de testigos referenciales que tenían valor legal en la vigencia del Código de Enjuiciamiento Criminal, por lo que a criterio del Ministerio Público los testimoniales no eran ni son necesarios para esclarecer los hechos y así les hizo saber por escrito en su oportunidad legal" (Folio 135, Pieza XXI del Expediente) (*Véase supra ¶¶ 338 ss.*).

lectura al decreto de gobierno de facto? *La falta de respuesta y **pruebas** **para desvirtuar las sospechas fundadas** que tiene el Ministerio Público, acerca de su participación en la redacción del decreto, son las razones por las cuales se considera innecesario hacer una ampliación de la imputación, por cuanto en criterio del Ministerio Público **no han demostrado que no participó**,* (sic.) sólo se han dedicado a plantear recursos temerarios que se traducen en dilaciones indebidas y a desplegar campaña a través de los medio de comunicación y de los organismos internacionales que protegen los derechos humanos, para tratar de crear una matriz de opinión que se le están (<u>sic</u>) violando derechos al ciudadano CARLOS AYALA CORAO, como si por el sólo hecho de haberse dedicado a la defensa de los derechos humanos a nivel nacional e internacional haya creado a su favor una patente de corso que lo exime de cometer delitos y que en virtud de ello no puede ningún organismo nacional investigarlo". (**Anexo 18**; énfasis añadidos).

389. Por lo tanto, en la investigación penal que adelantó el Ministerio Público contra todos los imputados en este caso, incluyendo al profesor Brewer Carías, fue criterio de la representación fiscal que *correspondía a la defensa del imputado desvirtuar la imputación que ella había hecho*, es decir, que correspondía al imputado desvirtuar la sospecha que ella tenía de que supuestamente habrían cometido algún delito. *¡Al punto de que la sola circunstancia de haber estado en compañía del profesor Brewer Carías convertía al Dr. Ayala Corao en presunto culpable del delito de conspiración!*

3. *Violación de la presunción de inocencia por otros órganos del Poder Público*

390. Otros órganos del poder público, de la más alta jerarquía del Estado, han emitido pronunciamientos que prejuzgan sobre la culpabilidad del profesor Brewer Carías, en abierta infracción a su derecho a la presunción de inocencia.

391. Contra estos principios han actuado la Asamblea Nacional, el Tribunal Supremo de Justicia, el Fiscal General de la República y ciertas Embajadas venezolanas. Esto, además de infringir el artículo 8(2) de la Convención, pone de manifiesto, en primer lugar, cómo el procesamiento, la orden de privación de libertad y la condena contra el profesor Brewer Carías han sido decisiones políticamente preconcebidas; y, en segundo lugar, cómo la totalidad del aparato del Estado ha actuado en concierto en la lesión sistemática de los derechos de la víctima.

A. Violación de la presunción de inocencia por la Asamblea Nacional[289]

392. La Asamblea Nacional designó una "Comisión Parlamentaria Especial para Investigar los sucesos de abril de 2002", cuyo Informe **(Anexo 20)**, emitido en agosto de 2002, fue el detonante formal de la violación por parte del Estado venezolano del derecho a la presunción de inocencia del profesor Brewer Carías, así como de su derecho a la defensa *(Véase supra ¶¶ 120 ss.)*.

393. En efecto, en las *Recomendaciones* de dicho Informe (páginas 272 y siguientes), sin que ello encuentre fundamento en parte alguna de la investigación parlamentaria o del texto mismo del Informe[290], y sin que se hubiera en forma alguna citado ni oído previamente al profesor Brewer, ni se le hubiera permitido previamente ejercer su defensa, entre otras cosas *(Véase supra ¶¶ 120)*, se acordó *"Exhortar al poder ciudadano para investigar y determinar responsabilidades del caso, a los siguientes ciudadanos* **quienes, sin estar investidos de funciones públicas, actuaron en forma activa y concordada en la conspiración y golpe de Estado"***(énfasis añadido), afirmando lo siguiente:

> *Cuarto:* **Allan Brewer Carías por estar demostrada su participación en la planificación y ejecución del golpe de Estado del 11, 12, 13 y 14 de abril;** *por haber actuado en contra de la instauración efectiva de la Constitución y del Estado de Derecho; por omitir las actuaciones necesarias para el restablecimiento pleno del orden constitucional; por haber sido corredactor del decreto de auto proclamación y disolución de todos los poderes públicos.* (Énfasis añadido).

394. El voto salvado de más del 40% de los diputados de la Asamblea Nacional a la aprobación del Informe indicó lo siguiente:

> *El informe oficialista inventa una nueva categoría de sanción inexistente en la legislación positiva venezolana, la cual denomina "Voto de Censura por reprochable conducta cívica" para tratar de establecer responsabilidades morales o éticas a ciudadanos que no ostentan ningún cargo como funcionarios públicos en abierta violación al principio de legalidad, incurriendo en el vicio de ausencia de norma, entre otros. Así*

---

289 Véase párrafo 92 del Informe de la Comisión

290 Ignorando incluso, la propia manifestación del Sr. Pedro Carmona quien en su declaración ante la Asamblea Nacional, se refirió al profesor Brewer Carías en los siguientes términos: *"El es una personalidad conocida por toda la nación, fue miembro de la Asamblea Constituyente y desde luego un reconocido jurista, investigador, autor, que no merece presentación alguna, salvo el nexo entonces de amistad el doctor Alan Brewer Carías,* **no tiene responsabilidad alguna, sino la de haber emitido profesionalmente algún criterio que, repito lo comprometa con ninguna acción de esas cortas horas de la provisionalidad, o transitoriedad de esos días."** (Folio 19 de 138, **Anexo 4**; énfasis añadido))

pretende sancionar con este inexistente tipo jurídico a los ciudadanos Carlos Ortega, Allan Brewer Carías, Ignacio Cardenal Velasco (Príncipe de la Iglesia Católica), Monseñor Baltasar Porras, y a Isaac Pérez Recao. Los mencionados ciudadanos no son funcionarios públicos por lo que sobre los mismos no pueden establecerse responsabilidades políticas y así lo reconoce el Informe oficialista (en abierta contradicción con otras responsabilidades políticas que si establece a otros ciudadanos que tampoco ocupan ningún cargo público). Pero en este caso se fabrica una sanción inexistente "voto de censura por reprochable conducta cívica" lo cual constituye una violación a los derechos constitucionales de los imputados y en franca violación también al principio general de derecho que determina "nulla crimen sine lege"(sic).

395. En todo caso, semejante resolución de la Asamblea Nacional, a más de arbitraria *per se*, que da "por demostrados" hechos que no se han demostrado en forma alguna, condenó de antemano al profesor Brewer Carías por un crimen del cual no pudo defenderse. Semejante condena, en las condiciones de composición política y control gubernamental de la Asamblea Nacional y, además, de sujeción política del Tribunal Supremo de Justicia, que es a la vez máxima instancia y cabeza jerárquica del sistema judicial, no es sólo una violación del derecho de la defensa sino también la construcción política de una presunción de culpabilidad, esencialmente violatoria de la de inocencia.

B. *Violación de la presunción de inocencia por el Tribunal Supremo de Justicia*[291]

396. El 31 de octubre de 2005, el Instituto Interamericano de Derechos Humanos dirigió una carta al Tribunal Supremo de Justicia de Venezuela, manifestado su *"preocupación por el proceso iniciado por la Fiscalía General de la República Bolivariana de Venezuela contra el doctor Allan Brewer Carías por el delito imputado de conspiración para cambiar violentamente la Constitución"*[292]. En fecha 8 de diciembre del mismo año 2005, el Instituto Iberoamericano de Derecho Procesal Constitucional dirigió al mismo Tribunal Supremo de Justicia una carta con similar propósito[293] (***Véase supra ¶ 168)***. En fechas 13 de diciembre de 2005 **(Anexo 15)** y 31 de enero de 2006 **(Anexo 16)**, dichas cartas fueron respectivamente respondidas por el Tribunal Supremo, mediante sendas comunicaciones suscritas por los Magistrados

---

291 Véase párrafo 111 del Informe de la CIDH.

292 Firmada por los destacados especialistas en derechos humanos, Sra. Sonia Picado, Presidenta del Instituto y Sres. Rodolfo Stavenhagen y María Elena Martínez, Vicepresidentes.

293 Firmada por los destacados constitucionalistas latinoamericanos: Néstor Pedro Sagües (Argentina), Rubén Hernández Valle (Costa Rica), Humberto Nogueira Alcalá (Chile) y Eloy Espinosa Saldaña Barrera (Perú).

Fernando Vegas Torrealba, Jesús Eduardo Cabrera Romero y Juan José Núñez Calderón, en las cuales se expresó lo siguiente:

> ... numerosos testimonios que son de conocimiento público señalan al doctor Allan Brewer Carías como uno de los autores del decreto en alusión y entre ellos hay uno privilegiado, consistente en la narración de los hechos que hace el propio Pedro Carmona Estanga en su libro "Mi testimonio ante la Historia". Editorial Aptun, Bogota, 2004.

397. Con estas respuestas ante dos prestigiosas instituciones, el Tribunal Supremo de Justicia de Venezuela tomó posición anticipada y adelantó su juicio, haciendo suyos supuestos "testimonios públicos que son del conocimiento público" y, además, uno que califican como supuestamente "privilegiado" del Sr. Pedro Carmona Estanga, que supuestamente "señalan al doctor Allan Brewer Carías como uno de los autores del decreto en alusión", lo cual además es falso, como al contrario resulta del mismo libro del Dr. Carmona *(Véase infra ¶ 352)* y lo ha testimoniado ante notario público el propio testigo "privilegiado", Dr. Carmona *(Véase supra ¶ 150).* Esta posición de Magistrados del Tribunal Supremo demuestra no sólo la falsa apreciación sobre lo dicho por Carmona y la ofensa al debido proceso por parte del mismo Tribunal Supremo, sino que, dada la absoluta dependencia de las instancias inferiores del aparato judicial con respecto al mismo Tribunal Supremo, en la práctica significa el despojo al profesor Brewer Carías de los efectos de la presunción de inocencia, y de toda posibilidad de defenderse y tener un juicio justo puesto que el mismo Tribunal Supremo de Justicia lo presume culpable. De ningún tribunal de la República, en esas circunstancias y ante la ausencia de autonomía e independencia de los jueces, podría esperarse una decisión que desvirtuase la opinión adelantada del Tribunal Supremo.

C. *Violación de la presunción de inocencia por el Fiscal General de la República*[294]

398. El Fiscal General de la República, abogado Julián Isaías Rodríguez, después de haber sido el Vicepresidente de la Asamblea Nacional Constituyente en 1999, una vez aprobada la Constitución que creó el cargo de Vicepresidente de la República, de libre nombramiento y remoción por el Presidente, fue nombrado para ese cargo, el cual luego dejó para ocupar inmediatamente el cargo de Fiscal General de la República; y como tal jefe del Ministerio Público, publicó un libro denominado *"Abril comienza en Octubre"* al que nos hemos referido (Grabados Nacionales C.A., Caracas, septiembre 2005, Derechos Reservados por Julio Isaías Rodríguez D.) **(Anexo 21)**, en el cual se permitió opinar sobre la culpabilidad del profesor Brewer Carías por hechos sometidos a una investigación del propio Ministerio Público y respecto de los cuales el profesor Brewer Carías debía presumirse inocente. Pero no,

---

294 Véase párrafo 26 del Informe de la CIDH.

el propio Jefe del Ministerio Público lo señala como redactor de "los documentos constitutivos del nuevo gobierno":

> "Poco después de la llamada de un amigo, Rafael Poleo supo que Carmona estaba encerrado en Fuerte Tiuna con el general Efraín Vásquez Velasco, Isaac Pérez Recao, Allan Brewer Carías y Daniel Romero, redactando los documentos constitutivos del nuevo gobierno." (Pág. 195).

399. El Fiscal General de la República, al difundir en una publicación con su firma y asumir como verdaderas aseveraciones periodísticas que estaban bajo la investigación de su despacho, que nunca fueron ratificadas como testimonios ni corroboradas en manera alguna, violó directamente la presunción de inocencia y condenó al profesor Brewer Carías antes de haberse siquiera intentado una acción penal en su contra. El profesor Brewer Carías denunció dichas violaciones al propio Fiscal General de la República, en carta que personalmente le envió el 28 de septiembre de 2005 **(Anexo 22)**[295]

D. *Violación de la presunción de inocencia por los Embajadores de Venezuela en la República Dominicana y en Costa Rica*

400. La acción arbitraria del Estado contra el profesor Brewer Carías se ha extendido a la escena internacional. En fecha 11 de julio de 2006, con motivo de la invitación que el profesor Brewer Carías recibió para dictar una conferencia en la sede del Senado de la República Dominicana sobre temas de reforma constitucional, el Embajador de Venezuela en ese país, general Belisario Landis, dirigió una comunicación a la Dirección de la INTERPOL de la Policía Nacional de ese país solicitando que se "capturara" al profesor Brewer Carías con motivo de la decisión judicial de privación preventiva de libertad **(Anexo 23)**. Además, desarrolló una campaña de prensa, originando titulares *como Embajador Venezuela denuncia presencia de "conspirador" en RD* (Listín Diario 13 de julio de 2006, p. 1), que fueron reproducidos en diarios de la República Dominicana, de Venezuela y de otros países **(Anexo 24)** *(Véase supra ¶¶ 174 ss.).*

401. Por su lado, con motivo de la invitación formulada al profesor Brewer Carías por el Instituto Interamericano de Derechos Humanos con sede en San José, Costa Rica, para dictar una conferencia en el *XXIV Curso Interdisciplinario de Derechos Humanos*, la Embajadora venezolana en Costa Rica, Sra. Nora Uribe Trujillo, dirigió una nota fechada el 29 de agosto de 2006 a la Presidenta del Instituto **(Anexo 25)** y otra igual al Gobierno de Costa Rica, en las cuales se refirió al profesor Brewer Carías como alguien que "según se conoce, participó como autor material e intelectual e instruyó para su corrección en la redacción del decreto mediante el cual se abolieron los poderes

---

295 Véase el texto de la carta en Allan R. Brewer Carías, *En mi propia defensa, cit.,* pp. 573 y ss. **(Anexo 2)**.

constituidos de la República Bolivariana de Venezuela"; y que "por eso huyó del país". Ello originó, por ejemplo la nota de *Associated Press* que salió publicada en el diario *La Nación* de San José, el 31 de Agosto 2006, que se acompaña **(Anexo 26)**.

402. Es decir, el Embajador de Venezuela en la República Dominicana se refirió públicamente al profesor Brewer Carías como "conspirador", que es el delito que se le imputa, sin pruebas ni condena judicial **(Anexo 24)**. Igualmente, la Embajadora de Venezuela en Costa Rica, lo señaló pública y privadamente como autor del decreto del 12 de abril **(Anexo 26)**, en idénticas circunstancias. Estos dos altos funcionarios del Estado han ignorado y violado de manera flagrante la presunción de inocencia de la víctima en el presente caso

4. *Fundamentos jurídicos de la denuncia que formulamos de violación de la presunción de inocencia (art. 8.2 de la convención) en perjuicio del profesor Brewer Carías*

A. *La fundamentación de la imputación y de la acusación sobre publicaciones en medios de comunicación y el llamado hecho notorio comunicacional*

403. El punto de partida del paródico proceso entablado contra el profesor Brewer Carías, fue la denuncia contra él y otros especialistas en derecho constitucional, introducida por el coronel del ejército venezolano Ángel Bellorín, quien les atribuía la redacción del tantas veces aludido "Decreto Carmona" sobre la base de un *hecho notorio comunicacional*, expresado en rumores y opiniones de algunos periodistas y otras personas, que no fueron testigos presenciales de ninguno de los hechos aludidos por ellos (***Véase supra ¶ 126; infra ¶ 378***).

404. *¿Qué se entiende en Venezuela por "hecho notorio comunicacional?* De acuerdo con la jurisprudencia de la Sala Constitucional del Tribunal Supremo de Justicia venezolano[296], un *"hecho notorio comunicacional"* sólo

---

296 De acuerdo con la jurisprudencia de la Sala Constitucional del Tribunal Supremo de Justicia venezolano, un *"hecho notorio comunicacional"* sólo se configura cuando existen noticias sobre hechos o sucesos difundidas por medios de comunicación social que no han sido desmentidas. Considera dicha Sala que *"los medios de comunicación social escritos, radiales o audiovisuales, publicitan un hecho como cierto, como sucedido, y esa situación de certeza se consolida **cuando el hecho no es desmentido** a pesar de que ocupa un espacio reiterado en los medios de comunicación social"* (énfasis agregado), sobre el mismo. Por ello, es *"necesario que el hecho no resulte sujeto a rectificaciones, a dudas sobre su existencia, a presunciones sobre la falsedad del mismo, que surjan de los mismos medios que lo comunican, o de otros"*. En ese contexto, la Sala Constitucional ha juzgado que sólo si no han sido desmentidos es legítimo que *"el sentenciador disponga como ciertos y los fije en autos, a los hechos comunicacionales que se publicitan hacia todo el colectivo y que en un momento dado se hacen notorios (así sea transitoriamente) para ese colectivo."* Cfr.

se configura cuando existen noticias sobre hechos o sucesos difundidas por medios de comunicación social que no han sido desmentidas. Consideró dicha Sala que *"los medios de comunicación social escritos, radiales o audiovisuales, publicitan un hecho como cierto, como sucedido, y esa situación de certeza se consolida cuando el hecho no es desmentido a pesar de que ocupa un espacio reiterado en los medios de comunicación social"* (énfasis añadido), sobre el mismo. Por ello, es *"necesario que el hecho no resulte sujeto a rectificaciones, a dudas sobre su existencia, a presunciones sobre la falsedad del mismo, que surjan de los mismos medios que lo comunican, o de otros"*. En ese contexto, la Sala Constitucional ha juzgado que sólo si no han sido desmentidos es legítimo que *"el sentenciador disponga como ciertos y los fije en autos, a los hechos comunicacionales que se publicitan hacia todo el colectivo y que en un momento dado se hacen notorios (así sea transitoriamente) para ese colectivo."*[297]

405. No es nuestro propósito entrar a discutir ante esta Corte el valor general del llamado "hecho notorio comunicacional". Lo que sí ha de resultar claro, empero, es que **semejante razonamiento no puede ser legítimamente aplicado para desvirtuar o invertir la presunción de inocencia**, menos aún si lo que se publicita no se refiere a hechos o acaecimientos, sino a opiniones o consejas, las cuales además han sido desmentidas. La presunción de inocencia protege al ser humano contra los linchamientos públicos y se opone, por eso mismo, que la sola atribución por los medios de comunicación de una determinada conducta punible a una persona pueda ser la base para condenarla penalmente o pueda, en cualquier modo, obrar como prueba de la autoría de un crimen. Esto equivaldría a destruir uno de los fundamentos de la presunción de inocencia: una persona no puede ser tenida como culpable sobre la base de meras opiniones, apariencias o rumores, o por acusaciones temerarias de raigambre discriminatoria, sino por pruebas inequívocas de hechos que establezcan su culpabilidad.

406. El llamado *"hecho notorio comunicacional"*, por sí solo, no puede admitirse como un concepto con la fuerza suficiente para desvirtuar o invertir la presunción de inocencia. Esa figura se conforma por la reiterada difusión **de un hecho** por los medios de comunicación, no desmentida por quien resul-

---

Sentencia N° 98 de 15 de marzo de 2000 (Caso: *Oscar Silva Hernández*). **Anexo 109.** Disponible en http://www.tsj.gov.ve/decisiones/scon/Marzo/98-150300-0146.htm.

297 La Sala ilustra su criterio en los siguiente términos: *"Resulta un despilfarro probatorio y un ritualismo excesivo, contrario a las previsiones de una justicia idónea, responsable, sin dilaciones indebidas y sin formalismos, que consagra el artículo 26 de la vigente Constitución, que se deba probar formalmente en un juicio, por ejemplo, que la Línea Aeropostal Venezolana es una línea aérea; que fulano es el Gobernador de un Estado;, o que existen bebidas gaseosas ligeras, o que el equipo Magallanes es un equipo de béisbol; o que José Luis Rodríguez es un cantante; o Rudy Rodríguez una actriz; o que una persona fue asesinada, y que su presunto victimario resultó absuelto; se trata de conocimientos de igual entidad que el difundido por la prensa en el sentido que un día y hora determinado hubo una gran congestión de tránsito en una avenida, o se cayó un puente en ella, etc."* **(Anexo 109)**

te afectado por esas noticias. Esto supone ir demasiado lejos en la apreciación de lo que se difunde por los medios de comunicación. La credibilidad de lo que se publica en los medios es un tema social y cultural, con cierta dimensión política, pero no puede atribuírsele el carácter de un hecho jurídico con la fuerza suficiente, por sí solo, para procesar penalmente a quien sea condenado por la prensa y los demás medios de comunicación social. Como lo hemos dicho anteriormente, sin entrar a discutir el valor general o conceptual del llamado *"hecho notorio comunicacional"*, debería ser bien claro para quien tiene como función aplicar la ley penal, que *semejante mecanismo no puede ser legítimamente aplicado para desvirtuar la presunción de inocencia*, menos aún si lo que se publicita **no se refiere a hechos o acaecimientos** sino, como ocurrió en el caso del profesor Brewer Carías, **a opiniones o consejas**, las cuales además han sido desmentidas, porque de lo contrario equivaldría precisamente a destruir uno de los fundamentos de la misma, como lo es que una persona no pueda ser tenida como culpable sobre la base de meras opiniones, apariencias o rumores, sino por pruebas inequívocas de hechos que establezcan su culpabilidad.

407. La presunción de inocencia es un medio para defender a toda persona contra las consecuencias adversas de supuestos "hechos comunicacionales" configurados por versiones u opiniones de periodistas que no encuentran sustento en pruebas controlables judicialmente. Las solas opiniones y apreciaciones de periodistas carecen de consistencia probatoria para desvirtuar la presunción de inocencia.

408. En todo caso, de acuerdo con la doctrina judicial venezolana referida al "hecho notorio comunicacional", para que éste exista, no sólo debe referirse a hechos, sucesos o acaecimientos, y nunca a opiniones o apreciaciones de periodistas, sino que debe tratarse de *una especie no desmentida*, lo cual además no se configuró en forma alguna en el presente caso, puesto que, como antes se ha expresado, el profesor Brewer Carías se apresuró a desmentir públicamente la versión periodística que lo vinculaba con la redacción del decreto del 12 de abril (*Véase supra ¶ 115*). Ese desmentido, que bastaba para desvirtuar el supuesto "hecho notorio comunicacional", no fue siquiera considerado por la Fiscal provisoria acusadora.

409. La Contestación del Estado a ante la Comisión en respuesta a la **Petición**, ayuda a comprender el razonamiento de la Fiscal acusadora al invertir la presunción de inocencia, al tiempo que constituye el reconocimiento del Estado al suministrar plena prueba de que, en efecto, en este caso, el Estado ha aplicado el COPP como si éste autorizara esa inversión de tan fundamental presunción. En efecto, el Estado invocó el derecho de la persona investigada y del imputado a hacer valer pruebas de descargo como fundamento para imponerle la carga de la prueba de su inocencia. En su Contestación a la **Petición**, el Estado citó el numeral 5 del artículo 125 del COPP, de acuerdo con el cual es un *derecho del imputado* el de *pedir al Ministerio Público la práctica de diligencias de investigación destinadas a desvirtuar las imputaciones que se le formulen*. Citó igualmente el artículo 305 del mismo COPP, según el cual el imputado tiene *derecho* a *solicitar al fiscal la práctica de diligencias* *para el esclarecimiento de los hechos.* Por último, acudió el Estado al artículo 131 del mismo Código, relativo a las advertencias que deben hacerse al imputado antes de tomarle declaración, para su protección, entre las cuales está al de instruirlo *"de que la declaración es un medio para su defensa y, por consiguiente, **tiene derecho** a explicar todo cuanto sirva para desvirtuar las sospechas que sobre él recaigan, y a solicitar la práctica de diligencias que considere necesarias para su protección."*

410. Esos artículos proclaman y consagran **derechos** del imputado, pero no le imponen **la carga** de probar su inocencia. Los abogados del profesor Brewer Carías, precisamente, tropezaron sistemáticamente con la tozuda determinación de la Fiscal acusadora de rechazar las diligencias que dichos abogados practicaron para hacer valer esos **derechos** del imputado según el COPP, pero arbitrariamente les fue negado de manera sistemática la posibilidad de producir medios de prueba (o elementos de convicción si así le resulta inteligible a la representación del Estado), tal como se ha denunciado anteriormente, y desde la formulación de la **Petición** (*cfr.* párrs. 85-113). Pero la Contestación del Estado presentada ante la Comisión concibe estos **derechos** como una **carga**, toda vez que si no se ejercen por el imputado, éste irremisiblemente sucumbe ante la acusación fiscal, esto es, se le tiene como culpable de los hechos imputados porque no ha demostrado lo contrario. *Se patentiza así la inversión de la presunción de inocencia.* En su Repuesta ante la Comisión, el Estado afirmó que según el COPP (generosamente al parecer) al imputado *"se le da la oportunidad de proponer diligencias, de solicitarlas para que los hechos que están siendo investigados sean esclarecidos"* (pág. 32). Pero si no "aprovecha" esa "oportunidad", se le tiene por culpable, según lo pretende la afirmación que hace el Estado en su Contestación: *"si no ejercen los derechos del imputado consagradas en las citadas normas procesales, el derecho de la defensa del peticionario se desvanecería por causa imputables a ellos y no al Estado".* En dos palabras, según le razonamiento del Estado, la defensa deja de ser un derecho y se convierte en una carga del imputado: *para evitar una sanción penal por un delito cuya autoría se prueba mediante un "hecho notorio comunicacional", el inculpado se ve forzado a demostrar su inocencia*; eso constituye una negación del derecho al debido proceso legal, con las garantías previstas en el Derecho penal democrático y en la propia Convención Americana sobre Derechos Humanos. Según semejante razonamiento, *la presunción de inocencia queda abolida.*

411. Esa honorable Corte ha afirmado en *Tibi "que el principio de presunción de inocencia constituye un fundamento de las garantías judiciales".*[298] El entonces Presidente de la Corte, Juez García Ramírez (también reconocido penalista), en su voto particular agregó, entre otras cosas que *"lo que pretende la presunción o el principio de inocencia es excluir el prejuicio – juicio anticipado, general y condenatorio, que se dirige en contra del incul-*

---

298 Corte IDH, *Caso Tibi vs Ecuador.* Sentencia de 07 de septiembre de 2004. Serie C, N° 114, párr. 182.

pado, sin miramiento sobre la prueba de los hechos y de la responsabilidad– y ahuyentar la sanción adelantada que se funda en vagas apariencias".[299] (Énfasis añadidos).

412. En su dimensión de técnica jurídica, la presunción de inocencia, como toda presunción jurídica, se resume en un dilema probatorio: ¿a quién corresponde la carga de la prueba? De la respuesta que se dé a esta pregunta depende la efectividad del derecho a la defensa y de las garantías judiciales todas enunciadas en el artículo 8 de la Convención. La respuesta no debería admitir duda alguna. La carga de la prueba corresponde a la acusación, que no puede valerse de meras apariencias, mucho menos si son construidas sobre especulaciones en los medios de comunicación que no se pueden sostener como testimonios ante la autoridad que conduce la investigación y no han sido ni siquiera escrutados por ésta antes de imputar un delito a una persona, como lo hizo la Fiscal provisoria Sexta contra el profesor Brewer Carías.

413. La Corte ha expresado este a este respecto

*... que el derecho a **la presunción de inocencia es un elemento esencial para la realización efectiva del derecho a la defensa** y acompaña al acusado durante toda la tramitación del proceso hasta que una sentencia condenatoria que determine su culpabilidad quede firme. Este derecho implica que **el acusado no debe demostrar que no ha cometido el delito que se le atribuye, ya que el onus probandi corresponde a quien acusa.***[300] (Énfasis agregado).

414. En el mismo sentido, la Corte Europea ha determinado que la presunción de inocencia impone *"no partir de la idea preconcebida de que el acusado ha cometido el acto incriminado; la carga de la prueba pesa sobre la acusación y cualquier duda beneficia al acusado."*[301]

415. El razonamiento del Estado que hemos expuesto explica y dota de congruencia (contra la Convención, por cierto, pero congruencia al fin) a la formulación contra la presunción de inocencia hecha por la fiscal Ortega Díaz, hoy Fiscal General de la República que hemos denunciado y que se reiteró en lo expresado en el expediente por la Fiscal respecto del Dr. Ayala

---

299 Corte IDH, *Caso Tibi vs Ecuador, cit.* Voto del Juez García Ramírez, párr. 32. El Juez García Ramírez también observó que*"difícilmente habría un principio que guardase mayor congruencia con la justicia penal democrática, que pone **a cargo del Estado acusador la comprobación de las imputaciones y del Estado juzgador la decisión sobre éstas."***

300 Corte IDH, *Caso Ricardo Canese, cit.,* párr. 154.

301 CEDH, *Case of Barberà, Messegué and Jabardo v. Spain. (Application no. 10590/83).* Judgment of 6 December 1988; párr. 77. Traducción nuestra: *"Paragraph 2 (art. 6-2) embodies the principle of the presumption of innocence. It requires, inter alia, that when carrying out their duties, the members of a court should not start with the preconceived idea that the accused has committed the offence charged; the burden of proof is on the prosecution, and any doubt should benefit the accused."*

Corao, quien también fue arbitraria e injustamente imputado por el mismo delito (aunque nunca acusado), con ocasión de oponerse a una apelación interpuesta por éste último sobre una negativa de pruebas; caso en el cual la Fiscal provisoria Sexta simplemente invirtió la presunción de inocencia y la carga de la prueba, no sólo en perjuicio del Dr. Ayala Corao, sino también del profesor Brewer Carías. Recordamos que en esa negativa de pruebas, la Fiscal tuvo expresiones como las siguientes: *¿Porqué (sic) se supone que no conspiró? ¿Las razones por las cuales acompañó al ciudadano Allana (sic) Brewer Carías el día de los hechos?* [...] *¿Porqué (sic) no fue redactor del decreto?* [...] *La falta de respuesta y* **pruebas para desvirtuar las sospechas fundadas** *que tiene el Ministerio Público, acerca de su participación en la redacción del decreto, son las razones por las cuales se considera innecesario hacer una ampliación de la imputación, por cuanto en criterio del Ministerio Público* **no han demostrado que no participó** *..." Es difícil imaginar mayor desprecio por la presunción de inocencia ni mayor prejuicio por parte del Ministerio Público*, llamado, como parte de buena fe, al mayor respeto por la presunción de inocencia, que impone.

416. La Contestación del Estado ante la Comisión en esta materia también es esclarecedora. Lo que en el COPP y en el procesalismo democrático son ***derechos*** del imputado a promover y presentar pruebas para su descargo, es considerado como una ***carga*** procesal por el Estado. Siguiendo el razonamiento que el Estado nos ha presentado, una vez que el Ministerio Público define a una persona como "sospechosa" porque así parece deducirse de algunos comentarios y opiniones de periodistas y le imputa un delito, *esa persona tiene la carga de desvirtuar las sospechas, de tal modo que si no lo hace se le tiene, esto es, se le presume, como responsable de los hechos imputados*. El reconocimiento de este razonamiento por parte del Estado sirve para esclarecer más aún el presente caso, puesto que el Estado, sin proponérselo seguramente, ha admitido que la práctica de la mecánica de la imputación y la fase de investigación del proceso penal incluyen la de considerar que debe procesarse a todo aquel o aquella que el Ministerio Público tenga como sospechosa o sospechoso y que no desvirtúe las sospechas, a juicio del mismo Ministerio Público.

417. Finalmente debemos recordar que los dos únicos periodistas (Patricia Poleo y su padre, Rafael Poleo (***Véase supra ¶¶ 114, 345, 378, 377, 381, 383, 384, 398; infra ¶ 577*** que afirmaron ante el Ministerio Público haber recibido información de testigos referenciales, se negaron Aunque la reserva de las fuentes periodísticas forma parte del derecho al secreto profesional, las reglas del debido proceso no autorizan a tomar en cuenta estas "referencias" de personas que no han presenciado personalmente los hechos para fundamentar una imputación y acusación, ya que se refieren a terceras personas no identificadas, cuyo supuesto testimonio no puede sujetarse al control judicial de la prueba, que sólo es posible mediante la declaración en presencia del juez de testigos que puedan ser repreguntados por la defensa. Como lo dijo la Corte Europea de Derechos Humanos en un caso similar,

Al desconocer su identidad, la defensa sufrió una desventaja casi insuperable: le faltaba la información necesaria para apreciar el crédito de los testigos o ponerlo en duda.[302]

B. Sobre la violación de la presunción de inocencia por altos funcionarios y órganos del Estado.

418. Denunciamos antes esta Corte la violación sistemática de la presunción de inocencia contra el profesor Brewer Carías mediante declaraciones públicas de incriminación a las que concurrieron todos los poderes públicos del Estado venezolano: la Asamblea Nacional, el Tribunal Supremo de Justicia, el Fiscal General de la República y hasta los Embajadores de Venezuela en la República Dominicana y Costa Rica. La concordancia de esos planteamientos y la jerarquía de los personeros que los han formulado, lesionan la presunción de inocencia, pues constituyen una condena informal, sin pasar por el debido proceso. Ese es un punto que ha sido aclarado por esa honorable Corte:

*El derecho a la presunción de inocencia, tal y como se desprende del artículo 8.2 de la Convención, exige que el Estado no condene informalmente a una persona o emita juicio ante la sociedad, **contribuyendo así a formar una opinión pública**, mientras no se acredite conforme a la ley la responsabilidad penal de aquella.*[303]

419. La presunción de inocencia se afirma frente a todos los órganos del Estado y no sólo frente al órgano judicial, puesto que es el Estado como tal quien está en el deber de respetar y garantizar dicha presunción. Por lo tanto, no está permitido a autoridades públicas ajenas al sistema judicial tratar a un ciudadano como si fuera culpable de un delito no habiendo sido condenado por el mismo, con las debidas garantías. Como lo ha afirmado el Comité de Derechos Humanos del PIDCP, *"todas las autoridades públicas tienen la obligación de no prejuzgar el resultado de un proceso."*[304] Sobre esa base, el Comité concluyó en un caso que *"declaraciones públicas muy difundidas de agentes superiores del orden público de que el firmante era culpable"* evi-

---

302 *"Being unaware of their identity, the defence was confronted with an almost insurmountable handicap: it was deprived of the necessary information permitting it to test the witnesses' reliability or cast doubt on their credibility"*. ECtHR: Case Windschid v. Austria. *(Application n° 12489/86)*. Judgment. 27 September 1990; párr. 28. En el caso, se trataba de la deposición de dos agentes de policía austriacos, quienes se refirieron a declaraciones obtenidas de personas a las que se negaron a identificar, por razones de secreto profesional. Los tribunales de Austria dieron valor a lo dicho por los agentes, pero la Corte Europea concluyó que esto violaba el derecho al debido proceso del inculpado por tales deposiciones y condenó a Austria.

303 Corte IDH, *Lori Berenson Mejía, cit.*, párr. 160.

304 *Observación General* N° 32, *cit.*, párr, 30.

denciaban *"que las autoridades no practicaron el comedimiento que exige el párrafo 2 del artículo 14, y que, así, fueron violados los derechos del firmante de la comunicación."[305]*

420. Refiriéndose a la presunción de inocencia garantizada en el artículo 6(2) de la Convención Europea de Derechos Humanos, la Corte Europea ha afirmado que,

> *...la Corte reitera que la Convención debe ser interpretada de manera que se garanticen derechos concretos y efectivos y no teóricos e ilusorios. [...] Esto también se aplica al derecho consagrado por el artículo 6(2).[306]*

> *La Corte considera que la presunción de inocencia puede ser violada no sólo por un juez o un tribunal, sino **también por cualquier autoridad pública**.[307]* (Énfasis agregado).

421. En el caso europeo aludido, la víctima había sido el objeto de declaraciones públicas de parte del Ministro del Interior y de altos funcionarios policiales de Francia, apuntando hacia su culpabilidad, algo semejante a lo ocurrido contra el profesor Brewer Carías por parte del entonces Fiscal General de la República. A esos efectos, la Corte Europea advirtió lo siguiente:

> *La libertad de expresión, garantizada por el artículo 10 de la Convención, comprende la de recibir y difundir información. El artículo 6(2) no puede, por lo tanto, impedir a las autoridades que informen al público sobre investigaciones en curso, pero él **requiere que lo hagan con toda la discreción y reserva que impone el respeto a la presunción de inocencia.**[308]*

---

305 CDH, *Gridin v. Russian Federation.* Comunicación N° 770/1997, U.N. Doc. CCPR/C/69/D/770/1997 (2000). Decisión de 18 de julio de 2000; párr. 8.3.

306 CEDH, *Case of Allenet de Ribemont v. France. Application no. 15175/89.* Judgment of 10 February 1995; párr. 35. Traducción nuestra: *"...the Court reiterates that the Convention must be interpreted in such a way as to guarantee rights which are practical and effective as opposed to theoretical and illusory [...]. That also applies to the right enshrined in Article 6 para. 2 (art. 6-2). " *** "Elle rappelle en outre que la Convention doit s'interpréter de façon à garantir des droits concrets et effectifs, et non théoriques et illusoires [...]. Cela vaut aussi pour le droit consacré par l'article 6 par. 2 (art. 6-2)."*

307 *Ibíd.*, párr. 36. Traducción nuestra: *The Court considers that the presumption of innocence may be infringed not only by a judge or court but also by other public authorities.*** Or la Cour estime qu'une atteinte à la présomption d'innocence peut émaner non seulement d'un juge ou d'un tribunal mais aussi d'autres autorités publiques.*

308 *Ibíd.*, párr. 38. Traducción nuestra: *"Freedom of expression, guaranteed by Article 10 (art. 10) of the Convention, includes the freedom to receive and impart information. Article 6 para. 2 (art. 6-2) cannot therefore prevent the authorities from informing the public about criminal investigations in progress, but it requires that they do so*

422. Esa honorable Corte Interamericana también se ha referido a la prudencia que deben mostrar las autoridades estatales en sus declaraciones públicas en función de sus obligaciones con los derechos humanos y el Estado de Derecho:

> ...no sólo es legítimo sino que en ciertas ocasiones es un deber de las autoridades estatales pronunciarse sobre cuestiones de interés público. Sin embargo, al hacerlo están sometidos a ciertas limitaciones en cuanto a constatar en forma razonable, aunque no necesariamente exhaustiva, los hechos en los que fundamentan sus opiniones, y **deberían hacerlo con una diligencia aún mayor a la empleada por los particulares, en atención al alto grado de credibilidad de la que gozan y en aras a evitar que los ciudadanos reciban una versión manipulada de los hechos.** Además, deben tener en cuenta que en tanto funcionarios públicos **tienen una posición de garante de los derechos fundamentales de las personas y, por tanto, sus declaraciones no pueden llegar a desconocer dichos derechos.** Del mismo modo, los funcionarios públicos, en especial las más altas autoridades de Gobierno, deben ser particularmente cuidadosos en orden a que sus declaraciones públicas **no constituyan una forma de injerencia o presión lesiva de la independencia judicial o puedan inducir o sugerir acciones por parte de otras autoridades que vulneren la independencia o afecten la libertad del juzgador.**[309] (Énfasis añadido).

423. Los mismos principios delineados por la Corte en *Apitz Barbera* son aplicables a las declaraciones de altos órganos y funcionarios en relación con la presunción de inocencia. En el presente caso, la circunstancia de que quienes han hecho afirmaciones prejuzgadas sobre el profesor Brewer Carías hayan incluido al Fiscal General de la República y al Tribunal Supremo de Justicia, quienes por excelencia *"tienen una posición de garante de [la presunción de inocencia] de las personas"* pone de manifiesto con mayor claridad cómo esas afirmaciones *llegaron a desconocer esa presunción.*

---

with all the discretion and circumspection necessary if the presumption of innocence is to be respected." *** "La liberté d'expression, garantie par l'article 10 (art. 10) de la Convention, comprend celle de recevoir ou de communiquer des informations. L'article 6 par. 2 (art. 6-2) ne saurait donc empêcher les autorités de renseigner le public sur des enquêtes pénales en cours, mais il requiert qu'elles le fassent avec toute la discrétion et toute la réserve que commande le respect de la présomption d'innocence." Ver también, con respecto a los límites que impone la independencia judicial, Corte IDH, *Caso Apitz Barbera y otros, cit.;* párr. 131. (*Supra* párr. 77, y nota 70).

309 Corte IDH, *Caso Apitz Barbera y otros, cit.,* párr. 131.

5. *Conclusión sobre la presunción de inocencia*

424. En concepto del Estado, corresponde al imputado *"desvirtuar la imputación en su contra"* (**Contestación del Estado**, pág. 33; **Anexo 108**), de manera tal que si no lo logra no puede evitar ser condenado. Esta afirmación es reveladora, porque en la misma Contestación del Estado, como se ha notado antes (*Véase supra* ¶¶ *214 ss.*), se afirma que el imputado no puede promover pruebas en la fase de investigación sino en la de juicio, con lo cual el Estado no explica cómo podría desvirtuar la imputación. Pero el tema no es ese.

425. Obviamente, si el imputado no hace nada para defenderse y se abstiene de aclarar lo que se le imputa, su defensa descansará sólo sobre la presunción de su inocencia, *que es lo que la acusación fiscal debe desvirtuar con pruebas concluyentes e inequívocas, porque el imputado tiene derecho a no ser tenido por culpable, mientras no exista en su contra un sentencia firme condenatoria.* Pero el concepto del Estado, al menos en este caso, no es ese. Para el Estado, el profesor Brewer Carías es culpable ya y sólo si regresa a Venezuela y ofrece a sus perseguidores el trofeo de verlo entre rejas, se le permitirá *"desvirtuar la imputación"*. Mientras no lo haga es tenido por culpable. Si no fueran bastante las violaciones a la presunción de inocencia que hemos denunciado, el Estado corrobora este muy errado concepto en su Contestación ante la Comisión, al punto de "dirigir advertencias" a la misma si admitía este caso, en términos respecto de los cuales huelgan comentarios, puesto que sólo se explican porque el Estado *no presume inocente al profesor Brewer Carías*:

> *El Estado venezolano advierte a la Comisión Interamericana, que admitir esta petición del Doctor Allan Brewer Carías **es convalidar nuevamente el golpe de Estado del 11 de abril de 2002.***" (Énfasis agregado).

426. En definitiva, reiteramos antes esa honorable Corte nuestra demanda sobre la violación masiva y sistemática de la presunción de inocencia a los largo del proceso contra el profesor Brewer Carías. En la práctica, desde la imputación de un delito sobre la sola base del llamado "hecho notorio comunicacional", pasando por la formulación expresa de la inversión de la presunción de inocencia por parte del Ministerio Público e incluyendo las manifestaciones públicas por parte de altas autoridades y órganos del Estado, incluyendo la Asamblea Nacional, magistrados del Tribunal Supremo de Justicia y Embajadores de Venezuela, *el profesor Brewer Carías fue presumido culpable y se puso a su cargo el peso de demostrar su inocencia.*

V. VIOLACIÓN DEL DERECHO A UN JUICIO EN LIBERTAD (ARTÍCULO 8(2), CADH)

427. *El profesor Brewer Carías tenía derecho a ser juzgado en libertad.* Este derecho es un corolario de la presunción de inocencia protegida por el artículo 8(2) de la Convención, tal como lo ha entendido la Corte Interamericana. Al expresar el sentido y los límites de la detención preventiva de un procesado:

> *De lo dispuesto en el artículo 8.2 de la Convención deriva la obligación estatal de no restringir la libertad del detenido más allá de los límites **estrictamente necesarios para asegurar que el no impedirá el desarrollo eficiente de las investigaciones ni eludirá la acción de la justicia.** En este sentido, la prisión preventiva es una medida cautelar, no punitiva.*[310] (Énfasis agregado).

428. El derecho a ser juzgado en libertad encuentra, además, otras sólidas bases en el Derecho interno venezolano y en el Derecho internacional. El artículo 44(1) de la Constitución venezolana consagra el derecho de toda persona a ser *"juzgada en libertad, excepto por las razones determinadas por la ley y apreciadas por el juez o jueza en cada caso."* En idéntica dirección, el artículo 102 del COPP establece que *"se evitará, en forma especial, solicitar la privación preventiva de libertad del imputado cuando ella no sea absolutamente necesaria para asegurar las finalidades del proceso."* En concordancia plena con esas normas, el artículo 125(8) del COPP reconoce explícitamente el derecho de la persona a quien se haya imputado la comisión de un delito a solicitar ante el juez que se declare anticipadamente su derecho a ser juzgado en libertad:

> *Artículo 125. Derechos. El imputado tendrá los siguientes **derechos**:*
>
> *....8. Pedir que se declare anticipadamente la improcedencia de la privación preventiva judicial de libertad.*

429. Estas disposiciones de Derecho interno, a su vez, determinan el marco de aplicación del artículo 7(2) de la Convención, según el cual,

> *Nadie puede ser privado de su libertad física, salvo por las causas y en las condiciones fijadas de antemano por las Constituciones Políticas de los Estados Partes o por las leyes dictadas conforme a ellas.*

430. Por lo tanto, desde que el artículo 7(2) de la Convención reenvía al Derecho interno, la violación de éste, en la medida en que establece un régimen razonable y adaptado a estándares internacionales reconocidos, como ocurre con la Constitución y el COOP venezolanos, entraña también una violación del Derecho internacional.

---

310 *Caso Tibi v. Ecuador, cit.,* párr. 180

431. Por su lado, el artículo 9.3 del Pacto Internacional de Derechos Civiles y Políticos establece que *"la prisión preventiva de las personas que hayan de ser juzgadas no debe ser la regla general"*, que es una norma integrada también a la Constitución venezolana por obra de su artículo 23.[311]

432. A todo evento, es un principio del Derecho internacional de los derechos humanos que, cuando a una misma situación resulten aplicables varias normas de derechos humanos, se dará aplicación preferente a la más favorable al ser humano, en lo que hace ya tiempo Karel VASAK denominó la *"cláusula del individuo más favorecido"*[312] y que ha sido refrendado por esa honorable Corte desde su más temprana jurisprudencia, según la cual, *"si a una misma situación son aplicables la Convención Americana y otro tratado internacional, debe prevalecer la norma más favorable a la persona humana."*[313]

433. Por consiguiente, en fecha 26 de octubre de 2005, es decir, cinco días después de haberse formalizada la acusación fiscal en su contra, los defensores del profesor Brewer Carías solicitaron ante el Juez provisorio de control, con base en el artículo 125.8 del Código Orgánico Procesal Penal, que se garantizara su derecho a ser juzgado en libertad y se declarara por anticipado la improcedencia de su privación de libertad durante el juicio, *__sobre lo cual el juez provisorio nunca se pronunció__ (Véase supra ¶¶ 10, 215)* **(Anexo 49).** Esa solicitud introducida por los abogados del profesor Brewer Carías de la declaratoria anticipada de la improcedencia de su privación de libertad durante el juicio, era enteramente pertinente. Además de ser una persona académicamente activa que mantenía y mantiene aún su arraigo en Venezuela, el profesor Brewer Carías, espontánea y voluntariamente, se presentó en dos ocasiones ante el Ministerio Público cuando se difundió por los medios de comunicación que se iniciaría una investigación contra él; y acudió casi a diario al despacho de la Fiscal provisoria Sexta, desde que fue imputado el 27 de enero de 2005 y durante todo el tiempo que se prolongó la sedicente "investigación" por parte de dicha Fiscal provisoria, hasta septiembre de 2005. Es obvio, además, que no se trata de un sujeto peligroso. *No podía encontrar el Juez justificación alguna para limitar o suprimir su derecho a ser juzgado en libertad ni para acceder a su legítima demanda de que se declarase anticipadamente la improcedencia de la privación preventiva judicial de libertad.*

---

311 *Artículo 23. Los tratados, pactos y convenciones relativos a derechos humanos, suscritos y ratificados por Venezuela, tienen jerarquía constitucional y prevalecen en el orden interno, en la medida en que contengan normas sobre su goce y ejercicio más favorables a las establecidas en esta Constitución y en las leyes de la República, y son de aplicación inmediata y directa por los tribunales y demás órganos del Poder Público.*

312 *Cfr.* VASAK, K., *Les dimensions internationales des droits de l'homme.* UNESCO, Paris 1978, p.. 710.

313 Corte I.D.H., *La colegiación obligatoria de periodistas (arts. 13 y 29 Convención Americana sobre Derechos Humanos)*, Opinión Consultiva OC-5/85 del 13 de noviembre de 1985. Serie A N° 5, párr.52.

434. Frente a la bien fundada solicitud de la defensa del profesor Brewer, hubo una deliberada e inconstitucional omisión judicial por parte del Juez provisorio de Control, quien no tomó la decisión que correspondía en este caso. Es decir, se negó al profesor Brewer Carías respuesta a su solicitud de que se declarara la improcedencia de su privación de libertad, dejándolo en la mayor indefensión, que deriva del *silencio del juez* a quien correspondía decidir, que simplemente se abstuvo de hacerlo. Esto era y es un serio indicio de que, no teniendo argumento alguno para sustentar la denegación de esa solicitud, el silencio era, al mismo tiempo, la única vía para rechazarla en la práctica y el presagio de que el profesor Brewer Carías no sería juzgado en libertad, sino que se le impondría una detención arbitraria, en violación impune del artículo 7(3) de la Convención: *"nadie puede ser sometido a detención o encarcelamiento arbitrarios."*

435. El derecho a ser juzgado en libertad es, como lo hemos mostrado, una garantía del debido proceso que debe considerarse incluida en el artículo 8 de la Convención y que está garantizado en el Derecho interno mediante el aludido artículo 125(8) del COPP, que reconoce al procesado el derecho de pedir que se declare anticipadamente la improcedencia de la privación preventiva judicial de libertad. El silencio del Juez constituyó un acto de denegación y violación de esa garantía del debido proceso. Como en otro caso relativo a Venezuela que conoció esa Corte, el *"total silencio"* fue el evento mediante el cual *"el Estado violó las 'debidas garantías' ordenadas en el artículo 8.1 de la Convención Americana"*[314].

436. El profesor Brewer Carías salió del país normalmente el 29 de septiembre de 2005, por razones personales y por lo que imaginaba un corto lapso, pasando por todos los controles migratorios habituales, pues no pesaba en su contra, en ese momento, prohibición de salida del país ni ninguna restricción a su libertad de circulación. Sin embargo, en vista de la ostensible omisión del Juez en decidir la solicitud anticipada de improcedencia de su privación de libertad, consideró, como lo habría hecho toda persona medianamente razonable en su caso, que su libertad personal corría un grave peligro dentro de la jurisdicción venezolana, que ya había desconocido y violado sus derechos judiciales. Brewer Carías *se vio así ante el imperativo de velar por sí mismo al resguardo de su libertad y seguridad, ante el fundado temor de que fuera el objeto de una orden judicial arbitraria de privación de libertad*, que podía presagiarse sobre la base de todas las irregularidades que viciaron la "investigación", de su condena anticipada por altos funcionarios e instituciones del Estado en ultraje a la presunción de inocencia y en la omisión judicial en acordar lo que era evidentemente procedente, como lo era la garantía de ser juzgado en libertad. Decidió entonces aceptar un cargo académico en la Universidad de Columbia y mantenerse alejado del territorio de Venezuela, lo cual, por cierto le ha impedido estar presente personalmente en el juicio que se sigue en su contra (en el cual, sin embargo estuvieron presentes sus defen-

---

314 Corte IDH, *Caso Apitz Barbera y otros, cit.,* párr. 94.

sores), lo que a la vez fue el pretexto para dictar la medida preventiva privativa de su libertad (Anexos 51, 52). Este cuadro se agravó con el hostigamiento y la amenaza a su libertad de las que ha sido víctima el profesor Brewer Carías por agentes diplomáticos venezolanos (Anexos 23 y 25. *Cfr.* párrs. 82-84).

437. Como se ha dicho, el 10 de mayo de 2006, los abogados del profesor Brewer Carías informaron mediante un escrito al Juez provisorio de Control que su defendido, después de haber permanecido en Venezuela durante toda la fase de investigación, en ejercicio legítimo de su actividad académica, había aceptado la designación que se le ha hecho de Profesor Adjunto en la Facultad de Derecho de la Universidad de Columbia, en Nueva York[315] (Anexo 50); escrito en el cual denunciaron los agravios cometidos contra las garantías judiciales durante la parodia judicial a la que se había visto sometido el profesor Brewer Carías.

438. La reacción inmediata frente a este escrito de la Fiscal provisoria Sexta fue la de solicitar, el 2 de junio de 2006 (Anexo 51). que dicho Juzgado dictase una medida privativa de libertad contra Brewer, "por peligro de fuga a lo que de inmediato accedió el Juez provisorio de Control (Anexo 52), quien ordenó en fecha 15 de junio de 2006 la privación de libertad. Esta tentativa de privar la libertad del profesor Brewer Carías, no sólo violó su derecho a la presunción de inocencia, sino que también le negó su derecho a un juicio en libertad y sin demora, puesto que el proceso penal ha quedado congelado en virtud de que nunca se realizó la audiencia preliminar en el mismo después de que la Fiscal presentara la acusación en su contra. Es decir, la audiencia preliminar, que, legalmente, debió tener lugar entre diez y veinte días después de presentada la acusación (21 de octubre de 2005),[316] *nunca tuvo lugar para ninguno de los acusados y su convocatoria, luego, ha quedado en el vacío por obra del Decreto-Ley de Amnistía del 31 de diciembre de 2007.*

439. Debe en todo caso precisarse que el profesor Brewer Carías, salió del país el 19 de septiembre de 2005 y que la medida privativa de libertad en su contra se dictó estando él fuera, el 15 de junio de 2006. Brewer Carías, por tanto no "se dio a la fuga" como sistemáticamente alegó el Estado ante la Comisión. He aquí, en síntesis la cronología de los hechos relevantes en torno a ello:

---

315 Donde dictó el Seminario sobre "The 'Amparo Suit': Judicial Protection of Human Rights in Latin America (A Comparative Law Study of the Suit for 'Amparo')", publicado como *Constitutional Protection of Human Rights in Latin America. A Comparative Study of the Amparo Proceedings*, Cambridge University Press, New York, 2008, 432 pp. Los documentos legislativos que sirvieron de base para dicho seminario se publicaron además, con el título: *Leyes de Amparo de América Latina*, Instituto de Administración Pública de Jalisco y sus Municipios, Instituto de Administración Pública del Estado de México, Poder Judicial del Estado de México, Academia de Derecho Constitucional de la Confederación de Colegios y Asociaciones de Abogados de México, Jalisco 2009, 2 Vols.

316 COPP, art. 327.

- *27 de enero de 2005: la Fiscal provisoria Sexta formalizó la imputación contra el profesor Brewer Carías.*

- *29 de septiembre de 2005: el profesor Brewer Carías salió de Venezuela libremente, pasando por todos los controles migratorios habituales.*

- *21 de octubre de 2005: la Fiscal provisoria Sexta formalizó la acusación penal contra el profesor Brewer Carías.*

- *26 de octubre de 2005: la defensa del profesor Brewer Carías solicitó al Juez 25 de Control de Caracas que "declare anticipadamente la improcedencia de la privación preventiva judicial de libertad", conforme al artículo 125(8) del COPP. **El juez se abstuvo de todo pronunciamiento.***

- *31 de octubre a 10 de noviembre de 2005: fechas entre las cuales, según el COPP, la audiencia preliminar debió ser convocada y celebrarse para todas las personas acusadas en ese juicio. **La audiencia preliminar jamás se realizó con respecto a <u>ninguna</u> de ellas.***

- *8 de noviembre de 2005: la defensa del profesor Brewer Carías presentó escrito de contestación y oposición a la acusación en el cual se demandó la declaratoria de nulidad de todo lo actuado a causa de las violaciones masivas al debido proceso en las que para esa fecha ya se había incurrido. La demanda de nulidad no ha sido tan siquiera proveída hasta la fecha de esta demanda.*

- *10 de mayo de 2006: los abogados del profesor Brewer Carías informaron al Juez mediante un escrito que su defendido había aceptado la designación que se le había hecho de Profesor Adjunto en la Facultad de Derecho de la Universidad de Columbia, en Nueva York y, asimismo, que había tomado la decisión de permanecer fuera de Venezuela hasta que se presentasen las condiciones idóneas para obtener un juicio imparcial.*

- *2 de junio de 2006: la Fiscal provisoria Sexta solicitó al Juez la detención preventiva del profesor Brewer Carías.*

- *15 de junio de 2005: el Juez provisorio 25 de Control ordenó la detención preventiva del profesor Brewer Carías y libró orden de captura, seguida de una persecución internacional, manipulando indebidamente a la INTERPOL.*

440. Por lo tanto, en primer lugar afirmamos rotundamente que es falso que Allan Brewer Carías se haya "dado a la fuga", como temerariamente lo afirmó el Estado en su Contestación ante la Comisión, pues nada había en su contra que restringiese su libertad de tránsito, sino que salió del país libremente sin que existiese restricción alguna que lo impidiera, un mes antes de que fuera acusado. Fue nueve meses más tarde cuando se dictó la medida privativa de libertad en su contra. Si el juicio contra Allan Brewer Carías y contra otros tres acusados (Cecilia M. Sosa Gómez, José Gregorio Vásquez López y Guaicaipuro Lameda) no pasó de la etapa intermedia, ello no se debió a que el profesor Brewer Carías se hubiera "dado a la fuga" como falsa y maliciosamente afirmó el Estado, ni porque hubiese permanecido en el exterior con posterioridad, sino porque en el juez no consiguió celebrar esa la audiencia preliminar en los lapsos dispuestos por el COPP, sin relación alguna con la no presencia del profesor Brewer Carías en el territorio venezolano.

441. Es oportuno reiterar adicionalmente que el profesor Brewer Carías salió lícitamente de Venezuela, pasando por los controles de inmigración y aduaneros del país, el 29 de septiembre de 2005 y no el 2 de junio de 2006 (fecha en que la Fiscal provisoria Sexta solicitó su privación de libertad) como lo afirmó la Contestación del Estado ante la CIDH, para presentarlo maliciosamente como un fugitivo. *La orden de privación de libertad fue entonces efectivamente dictada no para impedir que el profesor Brewer Carías saliera del país, sino para impedirle que regresara al país, pues si lo hacía lo privarían arbitrariamente de su libertad*. Es decir, fue una medida dictada que no tenía por objeto buscar que compareciera a un proceso judicial pues el mismo nunca comenzó, ni nunca iba a comenzar como efectivamente ocurrió, y no precisamente a causa de su ausencia del país.

442. Debemos acotar además, ante esta Corte, que la ausencia del profesor Brewer Carías no fue óbice para que la audiencia preliminar pudiera tener lugar, como se afirmó en el párrafo 87 del Informe de Admisión del caso por la Comisión. El proceso contra el profesor Brewer Carías comprendía a otros tres acusados (Cecilia M. Sosa Gómez, José Gregorio Vásquez López y Guaicaipuro Lameda). La audiencia preliminar era un solo acto para los cuatro acusados y ese acto jamás se celebró respecto de ninguno de ellos, por causas no imputables al profesor Brewer Carías o a su ausencia, como lo _estableció expresamente el Juez 25 de Control._, en su decisión de fecha 20 de julio de 2007 **(Anexo 55)** antes mencionada y comentada (*Véase supra ¶ 116)*. En esa misma decisión, el Juez además, hizo una detallada enumeración de las causas que, en su concepto, habían determinado el diferimiento de la audiencia preliminar, las cuales,

´…han sido producto de las innumerables solicitudes de diferimientos por (sic) la propia defensa. En ese orden de ideas, el auto impugnado no niega el requerimiento solicitado por los recurrentes, solo indica el momento procesal en el cual el tribunal resolverá el mismo, por cuanto el presente proceso se encuentra en fase intermedia o preliminar sin causar ningún gravamen irreparable al imputado. **Siendo diferida en las últimas cinco oportunidades** en las siguientes fechas **07/11/06** vista la incomparecencia de los abogados defensores del imputado Guaicaipuro Lameda y visto asimismo la solicitud de diferimiento por los ciudadanos defensores privados de la ciudadana Cecilia Sosa Gómez hasta tanto la Sala 10 de la Corte de Apelaciones dicte decisión en cuanto al recurso de apelación interpuesto en fecha 08/08/2006, **13/12/06** solicitud de diferimiento de los Defensores Privados de la Ciudadana Cecilia Sosa Gómez hasta tanto no (sic) se pronuncie la Sala 10 de la Corte de Apelaciones, **23/01/07** Solicitud de Diferimiento de los Defensores Privados de la Ciudadana Cecilia Sosa Gómez hasta tanto no (sic) se pronuncie la Sala 10 de la Corte de Apelaciones, **23/02/07** diferimiento en virtud a la solicitud de fecha 22/02/07 interpuesta por los ciudadanos Defensores Privados de la Ciudadana Cecilia Sosa Gómez hasta tanto se resuelva la acumulación de los expedientes signados con los números 2J-369-05 y 1183-02, **26/03/07** solicitud realizada por los Defensores Privados de la Ciudadana Cecilia Sosa Gómez hasta tanto haya pronunciamiento en cuanto al Conflicto de No Conocer, y en relación al recurso de apelación interpuesto el día 21 de marzo de 2007, causales no imputables a este Despacho ni del ciudadano JOSÉ GREGORIO VÁSQUEZ L". *(Anexo 55)*.

443. Después de esa fecha (20 de julio de 2007), la audiencia preliminar fue diferida varias veces, por razones análogas, *__sin que ninguna de ellas tuviera relación con la ausencia física del profesor Brewer Carías,__*[317] es decir, dicha audiencia preliminar, convocada en sinnúmero de ocasiones, *__nunca tuvo lugar,__* sin que la presencia o ausencia del profesor Brewer Carías tuviera significación alguna a esos efectos. Por tanto, la circunstancia de que el profesor Brewer Carías se hubiera encontrado fuera del país no es la causa de su incomparecencia a esa audiencia: *__nunca hubiera podido comparecer a una audiencia que nunca se realizó__*. *Su ausencia fue irrelevante*. Más aún, el Estado está impedido de invocar consecuencias desfavorables para el profesor Brewer Carías por no haber comparecido a una audiencia, que nunca tuvo lugar porque el aparato judicial no tuvo idoneidad para asegurar que la misma se celebrara en el tiempo y dentro de los plazos legalmente establecidos. *Nullus commodum capere de sua injuria propria*.

444. Por lo demás, en estricto derecho, esa audiencia no puede ya realizarse, toda vez que por obra del Decreto-Ley de Amnistía de 31 de diciembre de 2007 los hechos que se imputaron al profesor Brewer Carías y a otros fueron despenalizados, de tal modo que, de nuevo en estricto derecho, el proceso debió quedar extinguido para todos los procesados. El proceso se extinguió sin que la audiencia jamás se celebrara. El que se haya denegado la aplicación de esa amnistía al profesor Brewer Carías es una nueva injuria al debido proceso que denunciamos ante la Comisión y ahora lo hacemos ante esta Corte.

---

317 Hemos tratado de solicitar las copias de las actuaciones por las cuales se difirió la audiencia preliminar después del 20 de julio de 2007, pero no hemos podido ni tan siquiera hacer la solicitud de copias, porque el expediente *no está en la sede del Juzgado 25 de Control ni hay constancia en esa sede sobre dónde se encuentra*. Como se dijo *supra (*párr. 109), la defensa del profesor Brewer Carías ha solicitado antes ese Juzgado que ubique y recupere el expediente. *Nos reservamos el derecho de suministrar la la CIDH esas copias, una vez que se remuevan los obstáculos que tenemos para obtenerlas y que son imputables al Estado*.

445. Debemos adicionalmente recordar el agudo agravamiento de la situación del profesor Brewer Carías cuando el gobierno venezolano, abusivamente, pretendió manipular los mecanismos de INTERPOL para perseguir *urbi et orbi* a este distinguido profesor universitario. El gobernó solicitó una orden de captura internacional, en contravención con el artículo 3 del Estatuto de INTERPOL, que prohíbe a la Organización *"toda actividad o intervención en asuntos de carácter político, religioso o racial"*. El delito imputado al profesor Brewer Carías es un típico delito político puro,[318] por lo cual el requerimiento de captura a la INTERPOL era y es manifiestamente inconducente y abusivo. Esta solicitud dio pie a cierto grado de acoso internacional contra el profesor Brewer Carías, de lo que dimos cuenta ante la Comisión y hemos argumentado en esta demanda ante la Corte; y, adicionalmente a la arbitraria y desmedida *Aclaratoria* del Juez de Control (*Véase supra ¶¶ 296, 307, 367 ss.*), que llegó al extremo de afirmar que el profesor Brewer Carías estaría incurso en un complot para asesinar al Presidente de la República, lo que eleva tremendamente de grado la saña y la irresponsabilidad de sus perseguidores.

446. La orden judicial de detención preventiva tiene como origen la irresponsable omisión del mismo Juez de proveer a una solicitud, apegada a la Convención, a la Constitución y al COPP, de garantizar ser juzgado en libertad. La respuesta del Ministerio Público a la lista de quejas contenida en el escrito de 10 de mayo de 2006 (**Anexo 50** y *supra ¶¶ 170 ss.),* tuvo como respuesta la orden de privación de libertad de alguien que se encontraba cumpliendo compromisos académicos en la Universidad de Columbia desde meses antes y cuya actuación en ese caso había sido de asidua y voluntaria comparecencia. La medida de privación judicial preventiva de libertad discriminatoria y desproporcionada fue, además, dictada en respuesta a un alegato de denuncia de violaciones a sus derechos humanos. Se buscó detener, incluso a nivel internacional, a una persona que no ha sido declarada culpable de delito

---

318 El tema de los delitos de naturaleza política se plantea con frecuencia en materia de extradición, asilo y refugio. En el ámbito interamericano, por ejemplo, el artículo IV de la Convención sobre Asilo Territorial (de 1954) establece, que *"la extradición no es procedente cuando se trate de personas que, con arreglo a la calificación del Estado requerido, sean perseguidas por delitos políticos o por delitos comunes cometidos con fines políticos, ni cuando la extradición se solicita obedeciendo a móviles predominantemente políticos"*. El problema fundamental, con relación a la aplicación de este principio, radica en determinar lo que ha de entenderse por delito político. Al respecto la doctrina distingue entre los **delitos políticos puros** que constituyen una ofensa o un atentado, por si mismos, contra la forma de organización política del Estado, o contra el orden constitucional o, en general contra los fines políticos del Estado, que sería evidentemente el caso del delito arbitrariamente imputado al profesor Brewer Carías; los **delitos políticos relativos**, que serian delitos comunes cometidos con un fin político; y los **delitos conexos con los delitos políticos** que son delitos comunes cometidos en el curso de delitos políticos y vinculados, por tanto, circunstancialmente con éstos. *Cfr.* ARTEAGA SÁNCHEZ, A.: *Derecho Penal Venezolano*, Octava Edición, McGraw-Hill 1997; págs. 63-64.

alguno, para que permaneciera privada de su libertad durante el curso de un proceso que jamás se desarrolló por no haber tenido lugar la audiencia preliminar y no precisamente por haberse encontrado el profesor Brewer Carías en actividades académicas en el exterior.

447. Esto configura un nuevo ataque a la presunción de inocencia. La profesora Renée Koering-Joulin ha observado, con razón que *"un inculpado en libertad es sin duda considerado más inocente que un inculpado detenido."*[319] Parafraseándola, puede también afirmarse que un acusado en libertad es tenido como más inocente que un acusado contra el cual, en el mismo proceso, se ha dictado una medida privativa de libertad; y más aún si a ese acusado se le niega el beneficio de la amnistía que se ha concedido a otros acusados en un proceso. Todo converge, en fin, hacia la masiva violación de las garantías judiciales que denunciamos ante esta Corte Interamericana de Derechos Humanos.

448. Por todo ello, en las condiciones que ha debido encarar el profesor Brewer Carías la masiva, reiterada y sistemática violación de las garantías procesales que, en el caso concreto, son la salvaguarda última de su libertad, ***permanecer fuera del país y del alcance de sus perseguidores representa el ejercicio legítimo de un derecho***. El profesor Brewer Carías tenía y tiene razones objetivas bastantes para fundar su total desconfianza en el sistema judicial al que se sometió su caso y se entregó la decisión sobre su libertad. La investigación dirigida por la Fiscal provisoria Sexta (y luego Fiscal General de la República) fue manifiestamente sesgada, como lo hemos demostrado ante la Comisión y ante esta Corte. Dentro de un marco de inestabilidad, provisionalidad y falta de independencia de los jueces que conocieron de su causa, se puede constatar como los únicos cuatro jueces que participaron en la toma de decisiones interlocutorias que podían considerarse que dictaron medidas favorables a su causa, fueron inmediatamente removidos; la denuncia por inconstitucionalidad que hizo de todas esas actuaciones irregulares se plasmó en un recurso de nulidad que nunca fue siquiera abierto a trámite. A este respecto, le resulta plenamente aplicable el concepto emitido por la Corte Europea en el caso *Fey v. Austria*:

> ... *debe determinarse, puesta aparte la conducta personal del juez, si existen actos identificables que puedan suscitar dudas sobre su imparcialidad. A este respecto incluso las apariencias pueden tener cierta importancia. Lo que está en juego es la confianza que los tribunales en una sociedad democrática deben inspirar en el público y, **sobre todo, en la medida en que los procesos penales están involucrados, del acusado**. Esto implica que al decidir si un juez en particular carece de imparciali-*

---

319 Véase KOERING-JOULIN, Renée, "La présomption d'innocence, un droit fondamental? Rapport introductif", en el libro del Centre Français de Droit Comparé/ Ministère de la Justice, *La présomption d'innocence en droit comparé*, Société de Législation Comparée, Paris 1998, p. 26.

dad, el punto de vista del acusado es relevante pero no decisivo. Lo que es determinante es si ese temor puede sustentarse como objetivamente justificado.[320] (Énfasis agregado).

449. El profesor Brewer Carías tuvo y tiene sobradas razones objetivas para temer que no estaba siendo procesado imparcialmente, sino que estaba, como lo está, sometido más a una parodia judicial destinada desde el principio a condenarlo, que ante un proceso judicial donde las garantías que se deben al acusado son respetadas. Hallándose en entonces en estado de completa indefensión, era en definitiva *la única persona que podía velar por su propia seguridad y libertad personal*, manteniendo su alejamiento del territorio de Venezuela. No tendrá objeción ni reparo en comparecer ante autoridades fiscales y judiciales imparciales e independientes para esclarecer y contradecir rotundamente las absurdas acusaciones que se han hecho en su contra como por lo demás hizo, con entera asiduidad, durante la fase de investigación dirigida por Ortega Díaz; pero sería insensato e irrazonable que, en las circunstancias actuales, que son precisamente las que nos llevaron a elevar su caso a la Comisión y ahora a demandar al Estado venezolano ante esta Corte, se le imponga un agudo agravamiento de la violación de sus derechos humanos que ya padece, para someterse a los dictados de una justicia que actúa bajo la presión de un gobierno arbitrario y a la privación de su libertad en condiciones que pondrían en peligro no sólo su libertad, sino su integridad personal y hasta su vida misma.

450. Ahora, como se deduce de toda la actuación del Ministerio Público en este caso y como quedó explícitamente plasmado en la Contestación del Estado formulada ante la Comisión, sus garantías judiciales no serán reconocidas mientras no se entregue a sus perseguidores y éstos lo priven de su libertad. Invocamos a este respecto los estándares del Derecho internacional de los derechos humanos en relación con la no comparecencia personal al juicio de quien está procesado penalmente. Conforme a esos estándares, si bien es admisible un grado apropiado de coerción para que el procesado se presente ante el tribunal de la causa, es ilegítimo imponer sanciones desproporcionadas o irrazonables a quien no comparezca, particularmente si su comparecencia comporta su encarcelamiento. Por ejemplo, en relación con la denegación del recurso de casación en virtud de una ley interna (francesa) que prohibía

---

320 CEDH, *Case of Fey vs. Austria. (Application no. 14396/88).* Judgment of 24 February 1993; párr. 30. Traducción nuestra: *"...it must be determined whether, quite apart from the judge's personal conduct, there are ascertainable facts which may raise doubts as to his impartiality. In this respect even appearances may be of a certain importance. What is at stake is the confidence which the courts in a democratic society must inspire in the public and, above all, as far as criminal proceedings are concerned, in the accused. This implies that in deciding whether in a given case there is a legitimate reason to fear that a particular judge lacks impartiality, the standpoint of the accused is important but not decisive. What is determinant is whether this fear can be held to be objectively justified."*

oírlo a favor de un procesado al que pudiera considerarse fugitivo, la Corte Europea de Derechos Humanos determinó lo siguiente:

> *La Corte no puede sino constatar que la inadmisibilidad de un recurso de casación fundada únicamente, como en el presente caso, en **que el recurrente no se ha entregado como prisionero en ejecución de la decisión judicial impugnada mediante ese recurso, <u>constriñe al interesado a infligirse a sí mismo por anticipado la privación de libertad resultante de la decisión impugnada</u>, a pesar de que esa decisión no puede ser considerada como definitiva** hasta que el recurso no haya sido definido o hasta que no haya transcurrido el lapso para interponerlo.*

> ***<u>Se atenta sí contra la esencia misma del derecho a recurrir, imponiendo al recurrente una carga desproporcionada...</u>***[321] (Énfasis y subrayados agregados).

451. En un caso precedente, relativo a la misma ley interna, la Corte Europea había concluido que,

> *La Corte considera que la inadmisibilidad de un recurso de casación por razones vinculadas con la fuga del recurrente, también configura una **sanción desproporcionada**, teniendo presente la función primordial que **los derechos de la defensa y el principio de preeminencia del derecho cumplen en una sociedad democrática.**"*[322] (Énfasis agregado).

---

321 CEDH, *Case of Guérin v. France (51/1997/835/1041).* Judgment of 29 July 1998, párr. 43. Traducción nuestra: *"The Court can only note that, where an appeal on points of law is declared inadmissible solely because, as in the present case, the appellant has not surrendered to custody pursuant to the judicial decision challenged in the appeal, this ruling compels the appellant to subject himself in advance to the deprivation of liberty resulting from the impugned decision, although that decision cannot be considered final until the appeal has been decided or the time-limit for lodging an appeal has expired.[ ] This impairs the very essence of the right of appeal, by imposing a disproportionate burden on the appellant...*** *"La Cour ne peut que constater que l'irrecevabilité d'un pourvoi en cassation, fondée uniquement, comme en l'espèce, sur le fait que le demandeur ne s'est pas constitué prisonnier en exécution de la décision de justice faisant l'objet du pourvoi, contraint l'intéressé à s'infliger d'ores et déjà à lui-même la privation de liberté résultant de la décision attaquée, alors que cette décision ne peut être considérée comme définitive aussi longtemps qu'il n'a pas été statué sur le pourvoi ou que le délai de recours ne s'est pas écoulé.[ ] On porte ainsi atteinte à la substance même du droit de recours, en imposant au demandeur une charge disproportionnée..."* En idéntico sentido: CEDH, *Case of Omar v. France (43/1997/827/1033).* Judgment of 29 July 1998, párr. 40.

322 CEDH, *Case of Poitrimol v. France (Application no. 14032/88).* Judgment of 23 November 1993, párr. 38. Traducción nuestra: *"The Court considers that the inadmissibility of the appeal on points of law, on grounds connected with the applicant's having absconded, also amounted to a disproportionate sanction, having regard to the signal importance of the rights of the defence and of the principle of the rule of law in a democratic society."* *** *"La Cour estime que l'irrecevabilité du pourvoi, pour des raisons liées à la fuite du requérant, s'analysait elle aussi en une sanction*

452. Condicionar las garantías judiciales a la entrega del perseguido a sus perseguidores es ilegítimo: *"constreñir al interesado a infligirse a sí mismo por anticipado la privación de la libertad resultante de la decisión atacada, cuando esa decisión no puede considerarse como definitiva [...] impone una carga desproporcionada..."*[323]

453. Por lo demás, imponer a un perseguido que se entregue a sus perseguidores es, como cuestión de principio, contrario al Derecho internacional general y al de los derechos humanos en particular. Esto tiene manifestaciones en el Derecho internacional humanitario y en la institución del asilo, cuyo desarrollo y respeto absoluto deben mucho al aporte hecho por la reiterada práctica y elaboración en el Derecho internacional regional de la América Latina. El profesor Brewer Carías, es cierto, no tiene la condición técnica de refugiado o asilado, pero el principio es el mismo. Así lo revela el artículo 22(8) de la Convención, que no menciona como condición de aplicación ser asilado o refugiado, sino ser extranjero y estar amenazad en su país de origen (u otro) en su derecho a la vida o a su libertad personal, a causa, entre otras de sus *opiniones políticas*. Invocamos, en apoyo a toda nuestra argumentación anterior, el principio subyacente a la antes aludida disposición de la Convención:

> *En ningún caso el extranjero puede ser expulsado o devuelto a otro país, sea o no de origen, donde su derecho a la vida o a **la libertad personal** está en riesgo de violación a causa de raza, nacionalidad, religión, condición social o **de sus opiniones políticas**.* (Énfasis agregados).

454. En fin, fundamentamos nuestra demanda, entre otras razones, en la omisión de decisión por parte del Juez de Control a cargo de proceso contra el profesor Brewer Carías, de la solicitud de 26 de octubre de 2005 de los defensores del profesor Brewer Carías, con base en el articulo 125(8) del Código Orgánico Procesal Penal, de que se garantizara su derecho a ser juzgado en libertad y se declarara por anticipado la improcedencia de su privación de libertad durante el juicio, sobre lo cual el juez provisorio nunca se pronunció. Además, alegamos la arbitraria orden de privación de libertad que pesa contra el profesor Brewer Carías, dictada nueve meses después de haber salido legalmente del país para cumplir compromisos académicos, la cual no se ha ejecutado por la sola razón de que él ha permanecido fuera de Venezuela, en Nueva York, donde permanece exiliado. **Anexo 49.**

455. Pedimos, pues, a esa honorable Corte que declare que el Estado venezolano ha violado, en perjuicio del profesor Allan R. Brewer Carías el derecho a ser juzgado en libertad.

> *disproportionnée, eu égard à la place primordiale que les droits de la défense et le principe de la prééminence du droit occupent dans une société démocratique."*

323 CEDH, *Case of Guérin v. France, cit.,* párr. 43; CEDH, *Case of Omar v. France, cit.,* párr. 40.

VI. VIOLACIÓN DEL DERECHO A LA PROTECCIÓN JUDICIAL (CADH, ART. 25)

1. *El ejercicio de los recursos judiciales disponibles solicitando protección judicial incluyendo el recurso de nulidad de todo lo actuado*

456. El derecho a la protección judicial contenido en el artículo 25 de la Convención ha sido interpretado por la jurisprudencia interamericana de manera que no quede limitado a la mera existencia de recursos sino que incluya bajo su análisis la cuestión de la eficacia de los recursos judiciales existentes. En este sentido, la Comisión en el caso *Carranza vs. Argentina* ha dicho que *"la propia lógica interna de todo recurso judicial -también el del artículo 25- indica que el decisor debe establecer concretamente la verdad o el error de la alegación del reclamante."*[324] Continúa diciendo que de lo contrario el recurso *"devendría inconcluso."*[325] Además, *"*el recurso judicial sería abiertamente ineficaz, pues al no permitir el reconocimiento de la violación de derechos, en caso de que ésta se haya comprobado, no sería apto para amparar al individuo en su derecho afectado ni para proveerle una reparación adecuada.*"*[326]

457. En el presente caso, el profesor Brewer Carías acudió repetidamente al juez provisorio de Control y al Tribunal de Apelaciones para solicitar que se restablecieran sus derechos, conforme lo establecen la Constitución y las leyes de Venezuela y la Convención Americana. El Juez provisorio de Control Bognanno decidió que carecía de atributos legales para ese fin y que no podía interferir, dado que la Fiscal provisoria es "autónoma" en la dirección de la investigación **(Anexos 43 y 44)**.

458. En fecha 4 de mayo de 2005, los abogados del profesor Brewer Carías acudieron ante el Juez provisorio Vigésimo Quinto de Control, pidiendo que interviniera para corregir la irregular y arbitraria actuación del Ministerio Público al denegar las anteriores diligencias probatorias **(Anexo 43)** y restableciera el derecho a la defensa. El Tribunal de Control omitió pronunciarse sobre las violaciones del debido proceso denunciadas, limitándose a decir que no era la oportunidad adecuada para hacer esos planteamientos **(Anexo 44)**.

459. Los abogados del profesor Brewer Carías apelaron de dicha decisión. En fecha 6 de julio de 2005, la Sala 9 de la Corte de Apelaciones decidió dicha apelación **(Anexo 45)**, anulando el fallo del Juez provisorio de Control por razones formales (falta de notificación a la Fiscalía); pero, en cuanto al fondo, acogió los argumentos de la defensa y concluyó que ésta sí podía

---

324 CIDH. Informe 30/97 Caso 10.087, Gustavo Carranza, Argentina, 30 de septiembre de 1997, párr. 73.

325 *Ibíd.*

326 *Ibíd.;* párr. 74.

acudir ante el Juez de Control a reclamar sus derechos frente a violaciones al debido proceso por el Ministerio Público en la etapa de investigación, de modo que también ordenó que el Juez provisorio de Control decidiera nuevamente sobre las solicitudes que se le habían formulado en ese sentido. Los abogados del profesor Brewer Carías introdujeron de nuevo un escrito en fecha 10 de agosto de 2005 ante el Tribunal 25 de Control refrescando las solicitudes que ordenó decidir la Corte de Apelaciones **(Anexo 46)**. No obstante, en fecha 20 de octubre de 2005, el Juez provisorio de Control volvió a decidir que no podía inmiscuirse en la labor de investigación de la Fiscal provisoria **(Anexo 30)**, de lo cual los abogados defensores apelaron en fecha 28 de octubre de 2005 **(Anexo 47)**, siendo denegada la apelación en fecha 1º de diciembre de 2005. Llama la atención, además, que la Fiscal provisoria Sexta consignó la acusación contra el profesor Brewer Carías el 21 de octubre de 2005 **(Anexo 48)**, es decir, al día siguiente de esta última decisión del Juez provisorio de Control, el cual nada había decidido desde el mes de julio de 2005, no obstante las ratificaciones posteriores de la defensa, para proceder a decidirlas, negándolas todas, justo, el día antes de que el Ministerio Público introdujera la acusación. Dicha acusación fue contestada en todas sus partes, denunciándose la violación de las garantías judiciales del profesor Brewer Carías mediante escrito de 8 de noviembre de 2005 **(Anexo 2)**, en el cual se solicitó al juez la declaratoria de nulidad de todo lo actuado a causa de dichas violaciones.

460. Este recurso de nulidad, hasta la fecha *no ha sido resuelto*. Ni la víctima ni sus abogados cifran expectativa alguna en que se podrá obtener justicia de ésta ni de ninguna otra instancia interna, mientras no se resuelva la grave situación de falta de independencia judicial y de sometimiento a los lineamientos políticos emanados del Poder Ejecutivo. Más aún cuando se trata de un caso como el presente, en el cual es notorio el interés político de las más altas esferas del gobierno. Peor todavía es la posición de la víctima en el presente caso, en cualquier proceso en curso ante los tribunales venezolanos, toda vez que las diversas ramas del poder público, incluidos el Tribunal Supremo de Justicia y el Fiscal General de la República, han adelantado pronunciamientos que lo condenan, en flagrante violación de la presunción de inocencia. **Todos** los jueces y fiscales que han conocido de la causa han sido funcionarios con nombramientos provisionales y, en los pocos casos en que sus decisiones parecían favorecer a la víctima, fueron sustituidos. Esta circunstancia, unida al lapso transcurrido desde la fecha de su interposición sin que hasta el momento haya sido resuelto, hace imposible que la mencionada solicitud de nulidad pueda ser eficaz en el caso de nuestro representado.

461. Por lo tanto, la circunstancia de que los abogados del profesor Brewer hayan solicitado la nulidad de las actuaciones contra él en modo alguno significa que nos allanemos a las denuncias que hemos formulado en lo que respecta a la situación del sistema judicial y a la inaceptable conculcación de la presunción de inocencia de la víctima. Es de rigor haber solicitado la anulación de las actuaciones, pero no cabe cifrar esperanza alguna sobre la suerte de esa pretensión mientras perviva la sujeción del poder judicial a las consignas que emanan del ejecutivo.

462. Por otra parte, la ausencia del profesor Brewer Carías de Venezuela, en ningún caso impedía ni impide al juez de control resolver sobre la nulidad de lo actuado por la violación grosera de las garantías judiciales. Es cierto que el artículo 125(12) del Código Orgánico Procesal Penal venezolano consagra como un derecho del imputado *"[n]o ser juzgado en ausencia, salvo lo dispuesto en la Constitución de la República,"* lo que significa que de acuerdo con la vigente Constitución, con el COPP y también según el artículo 8(1) de la Convención, toda persona tiene derecho a ser oída en cualquier clase de proceso, con las debidas garantías y dentro del plazo razonable determinado legalmente por un tribunal competente, independiente e imparcial establecido con anterioridad, tal como lo dispone el artículo 49(3) de la Constitución. Se trata, por tanto, de un *derecho del imputado*, con respecto al cual el orden jurídico interno se ha adecuado plenamente a la Convención. Por lo tanto, las dos disposiciones (legal y constitucional) constituyen *una garantía procesal que debe ser entendida siempre a favor del imputado o acusado y nunca en su contra.*

463. Por ello, nunca podrá utilizarse la garantía procesal de prohibición de enjuiciamiento en ausencia, para perjudicar al imputado o acusado, a quien asisten, además, otras garantías de igual relevancia como la prevista en el artículo 49(1) de la Constitución vigente según el cual *"[l]a defensa y la asistencia jurídica son derechos inviolables en todo estado y grado de la investigación y del proceso"*; y la prevista en el 26, de la misma Constitución, que establece:

> *Toda persona tiene derecho de acceso a los órganos de administración de justicia para hacer valer sus derechos e intereses, incluso los colectivos o difusos, a la tutela efectiva de los mismos y a obtener con prontitud la decisión correspondiente. El Estado garantizará una justicia gratuita, accesible, imparcial, idónea, transparente, autónoma, independiente, responsable, equitativa y expedita, sin dilaciones indebidas, sin formalismos o reposiciones inútiles.*

464. Los anteriores derechos enunciados en la Constitución venezolana se corresponden con lo previsto en el artículo 8.2.d de la Convención, en cuyos términos se garantiza el *"derecho del inculpado de defenderse personalmente o de ser asistido por un defensor de su elección"*; así como con lo dispuesto por el artículo 8.1 de la misma Convención, que establece:

> *Toda persona tiene derecho a ser oída, con las debidas garantías y dentro de un plazo razonable, por un juez o tribunal competente, independiente e imparcial, establecido con anterioridad por la ley, en la sustanciación de cualquier acusación penal formulada contra ella, o para la determinación de sus derechos y obligaciones de orden civil, laboral, fiscal o de cualquier otro carácter.*

465. En ese contexto, los actos procesales que no se pueden realizar sin la presencia del profesor Brewer Carías son aquellos que impliquen su juzgamiento, entre los cuales se encuentran la audiencia preliminar y el juicio oral y público. Esto no obsta a que sí puedan cumplirse otras numerosas actuaciones judiciales que no implican su juzgamiento en ausencia. En particular, no impide que se pueda resolver la solicitud de nulidad de todo lo actuado, propuesta hace siete años.

466. Para determinar cuáles son los actos procesales que no pueden realizarse en ausencia del reo es útil tener presentes las disposiciones de los artículos 327 y siguientes del Código Orgánico Procesal Penal:

Artículo 327. Audiencia preliminar. Presentada la acusación el juez convocará a las partes a una audiencia oral, que deberá realizarse dentro de un plazo no menor de diez días ni mayor de veinte.

La víctima podrá, dentro del plazo de cinco días, contados desde la notificación de la convocatoria, adherir a la acusación del fiscal o presentar una acusación particular propia cumpliendo con los requisitos del artículo 326.

La admisión de la acusación particular propia de la víctima al término de la audiencia preliminar, le conferirá la cualidad de parte querellante en caso de no ostentarla con anterioridad por no haberse querellado previamente durante la fase preparatoria. De haberlo hecho, no podrá interponer acusación particular propia si la querella hubiere sido declarada desistida.

Artículo 328. Facultades y cargas de las partes. Hasta cinco días antes del vencimiento del plazo fijado para la celebración de la audiencia preliminar, el fiscal, la víctima, siempre que se haya querellado o haya presentado una acusación particular propia, y el imputado, podrán realizar por escrito los actos siguientes:

1.   Oponer las excepciones previstas en este Código, cuando no hayan sido planteadas con anterioridad o se funden en hechos nuevos;

2.   Pedir la imposición o revocación de una medida cautelar;

3.   Solicitar la aplicación del procedimiento por admisión de los hechos;

4.   Proponer acuerdos reparatorios;

5.   Solicitar la suspensión condicional del proceso;

6.   Proponer las pruebas que podrían ser objeto de estipulación entre las partes;

7.   Promover las pruebas que producirán en el juicio oral, con indicación de su pertinencia y necesidad;

8. *Ofrecer nuevas pruebas de las cuales hayan tenido conocimiento con posterioridad a la presentación de la acusación fiscal.*

Artículo 329. *Desarrollo de la Audiencia. El día señalado se realizará la audiencia en la cual las partes expondrán brevemente los fundamentos de sus peticiones.*

Durante la audiencia el imputado podrá solicitar que se le reciba su declaración, la cual será rendida con las formalidades previstas en este Código.

El juez informará a las partes sobre las medidas alternativas a la prosecución del proceso.

En ningún caso se permitirá que en la audiencia preliminar se planteen cuestiones que son propias del juicio oral y público.

Artículo 330. *Decisión. Finalizada la audiencia el juez resolverá, en presencia de las partes, sobre las cuestiones siguientes, según corresponda:*

1. *En caso de existir un defecto de forma en la acusación del fiscal o del querellante, estos podrán subsanarlo de inmediato o en la misma audiencia, pudiendo solicitar que ésta se suspenda, en caso necesario, para continuarla dentro del menor lapso posible;*

2. *Admitir, total o parcialmente, la acusación del Ministerio Público o del querellante y ordenar la apertura a juicio, pudiendo el Juez atribuirle a los hechos una calificación jurídica provisional distinta a la de la acusación fiscal o de la víctima;*

3. *Dictar el sobreseimiento, si considera que concurren algunas de las causales establecidas en la ley;*

4. *Resolver las excepciones opuestas;*

5. *Decidir acerca de medidas cautelares;*

6. *Sentenciar conforme al procedimiento por admisión de los hechos;*

7. *Aprobar los acuerdos reparatorios;*

8. *Acordar la suspensión condicional del proceso;*

9. *Decidir sobre la legalidad, licitud, pertinencia y necesidad de la prueba ofrecida para el juicio oral.*

467. Como se observa de la transcripción anterior, los puntos que se pueden tratar y decidir en la audiencia preliminar son exclusivamente los siguientes: 1) Defectos de forma de la acusación; 2) Admisión o no de la acusación; 3) Dictar sobreseimiento; 4) Resolver las excepciones opuestas; 5) Decidir sobre medidas cautelares; 6) Sentenciar en caso de admisión de los hechos; 7)

Aprobar acuerdos reparatorios; 8) Decidir sobre la suspensión condicional del proceso; y, 9) Admitir o no las pruebas promovidas.

468. Son exclusivamente los anteriores puntos los que se deben resolver en la audiencia preliminar, en la cual es imprescindible la presencia del acusado. Cualquier otro asunto distinto planteado por el acusado o sus abogados para proveer a su defensa, como lo es una solicitud de nulidad por violación de garantías constitucionales y legales, debe ser resuelto por el Tribunal sin necesidad de tener que celebrar dicha audiencia y, por lo tanto, sin que para ello se requiera la presencia física del imputado.

469. En cambio, la audiencia preliminar no puede realizarse en ausencia del imputado, por ser un acto de juzgamiento. El juicio oral no puede proseguir en ausencia del acusado, porque así lo prescriben disposiciones expresas relativas al ejercicio de sus garantías procesales, pautadas en el COPP, la Constitución de la República Bolivariana de Venezuela y la Convención. En el caso del proceso seguido contra el profesor Brewer Carías, por otra parte, la audiencia preliminar nunca se realizó por haber sido pospuesta o diferida por el juez, y no precisamente por ausencia del profesor Brewer Carías del país (*Véase supra ¶ 442*).

470. Por ello, es de interés recordar ante esa honorable Corte Interamericana las circunstancias en las que el profesor Brewer Carías se ausentó de Venezuela y, más tarde, debió tomar la decisión de permanecer en esa situación. Salió de Venezuela el 29 de septiembre de 2005, al día siguiente de enviar una carta al Fiscal General de la República (**Anexo 22**) en la cual le denunció que con motivo de la publicación de su libro "*Abril comienza en Octubre*," él, en su condición de Jefe del Ministerio Público, ya lo había condenado de antemano, en violación del derecho a la defensa, a la presunción de inocencia y, en suma, al debido proceso. En fecha 26 de octubre de 2005, los defensores del profesor Brewer Carías solicitaron ante el Juez provisorio de control, con base en el artículo 125.8 del COPP, que se garantizara su derecho a ser juzgado en libertad y se declarara por anticipado la improcedencia de su privación de libertad durante el juicio, sobre lo cual el juez provisorio nunca se pronunció (**Anexo 49**). Más tarde, el 10 de mayo de 2006, los abogados del profesor Brewer Carías informaron al Juez provisorio de Control que su defendido, después de haber permanecido en Venezuela durante toda la fase de investigación, en ejercicio legítimo de su actividad académica, aceptó la designación que se le ha hecho de Profesor Adjunto en la Facultad de Derecho de la Universidad de Columbia, en Nueva York (USA) y pidieron que continuara el juicio para no perjudicar a los otros procesados (**Anexo 50**). La reacción inmediata de la Fiscal provisoria Sexta, Sra. Luisa Ortega Díaz (designada hace pocos días como Fiscal General de la República), fue la de solicitar, el 2 de junio de 2006 (**Anexo 51**) que dicho Juzgado dictase una medida privativa de libertad contra Brewer, "por peligro de fuga", aún cuando sabía que estaba fuera de Venezuela, a lo que de inmediato accedió el Juez provisorio de Control, quien ordenó en fecha 15 de junio de 2006 la privación de libertad y la captura **(Anexo 52)** , la cual no ha sido ejecutada porque el profesor Brewer Carías permanece en la ciudad de Nueva York.

471. El profesor Brewer Carías adoptó la justa y legítima determinación de permanecer fuera de Venezuela, al abrigo de la inminente amenaza de privación ilegítima de su libertad por parte de autoridades que han actuado de manera sistemática al margen de reglas fundamentales del debido proceso, tal como hemos denunciado con los detalles y pruebas del caso en la Petición. Se trata de una medida de autoprotección, que constituye un notorio recurso al que tienen derecho a optar las víctimas de persecuciones de carácter político como la que se ha emprendido contra el profesor Brewer Carías. Su situación presente como lo señalamos en la Petición es que *no podrá regresar a Venezuela sino para ser encarcelado*, en un contexto dentro del cual, a la arbitrariedad y la conculcación de derechos fundamentales que comportaría su efectiva privación de libertad, de concretarse la amenaza existente al respecto, se uniría el riesgo de una reclusión en el sistema carcelario venezolano, notoriamente inhumano y despiadado para con los reclusos, como lo han podido verificar la CIDH así como la Corte Interamericana de Derechos Humanos (en adelante "la Corte") en casos y medidas provisionales que han sido sometidos a su jurisdicción.

472. Permanecer fuera del país y fuera del alcance de sus perseguidores, representa el ejercicio legítimo de un derecho. El profesor Brewer Carías, hallándose en estado de completa indefensión, era en definitiva la única persona que podía velar por su propia seguridad y libertad personal, alejándose del territorio de Venezuela e impidiéndole estar presente en el juicio que se sigue en su contra. No tendrá objeción ni reparo en hacer frente a las absurdas acusaciones que se han hecho en su contra, como lo hizo respecto de la imputación durante nueve meses, el día en que sea razonable esperar que los tribunales venezolanos tengan la independencia necesaria para garantizar el debido proceso; pero sería absurdo que, en las circunstancias actuales, que son precisamente las que nos han llevado a elevar su caso a esa honorable Comisión, se le imponga un agudo agravamiento de la violación de sus derechos humanos que ya padece, para someterse a los dictados de una justicia que actúa bajo la presión de un gobierno arbitrario y a la privación de su libertad en condiciones que pondrían en peligro no sólo su libertad, sino su integridad personal y su vida misma.

473. Por lo demás, como se explicará en seguida, la circunstancia de que el juicio contra el profesor Brewer Carías haya debido suspenderse a causa de su ausencia, no comportó en modo alguno su suspensión con respecto a los otros acusados en la misma causa, en conexión con los hechos que arbitrariamente se imputaron a la víctima, y menos aún justifica la notoria demora que dicho proceso ha sufrido.

474. Por otra parte, la audiencia preliminar, que debió haber tenido lugar entre diez (10) y veinte (20) días después de haberse presentado la acusación el día 21 de octubre de 2005,[327] nunca se realizó ni se ha realizado para esta fecha. Ello constituyó, para el momento de formulada la petición ante la Comisión en 2007, un retardo de más de dos años en el trámite del juicio que se seguía, no sólo contra el profesor Brewer Carías, sino contra otras figuras de la oposición democrática como la Dra. Cecilia Sosa, ex Presidenta de la antigua Corte Suprema de Justicia, también acusada por el mismo delito. Debe destacarse que para 2007, la justificación del retraso esbozada por el Juzgado 25 de Control a cargo de la causa, estuvo referida a recursos intentados por otros procesados, cuyo trámite habría redundado en demoras para la continuación del juicio. A todo evento, dicho Juzgado dejó **explícitamente claro que tales demoras <u>no tuvieron que ver ni encontraron su origen en la supuesta incomparecencia del profesor Brewer Carías</u>.** En efecto, en decisión de fecha 20 de julio de 2007 (**Anexo 55 del escrito ante la Comisión**), mediante la cual se resolvió una solicitud de otro acusado, el aludido Juzgado 25 de Control se refirió al tema, en los términos siguientes:

> En este sentido, en el caso de marras, el acto de la Audiencia Preliminar **no ha sido diferido por incomparecencia del ciudadano Alan (sic) R. Bruwer (sic) Carías**, al contrario los diversos diferimientos que cursan en las actas del presente expediente han sido en virtud de las numerosas solicitudes interpuestas por los distintos defensores de los imputados [...]

> *(...) De lo antes narrado se observa que en el caso de marras el Juez de Control **<u>Decretó Medida Privativa de Libertad</u>** en contra del imputado ALAN (sic) R. BREWER CARÍAS, como se ha dicho anteriormente y en consecuencia procedió a convocar a la audiencia preliminar de conformidad con lo dispuesto en el artículo 327 del Código Orgánico Procesal Penal. Los diversos diferimientos de la señalada audiencia **<u>no han sido por la ausencia contumaz del imputado antes mencionado</u>**, por el contrario, han sido producto de las innumerables solicitudes de diferimientos por (sic) la propia defensa.*

> *En ese orden de ideas, el auto impugnado no niega el requerimiento solicitado por los recurrentes, solo indica el momento procesal en el cual el tribunal resolverá el mismo, por cuanto el presente proceso se encuentra en fase intermedia o preliminar sin causar ningún gravamen irreparable al imputado. Siendo diferida en las últimas cinco oportunidades en las siguientes fechas <u>07/11/06</u> vista la incomparecencia de los abogados defensores del imputado Guaicaipuro Lameda y visto asimismo la solicitud de diferimiento por los ciudadanos defensores privados de la ciudadana Cecilia Sosa Gómez hasta tanto la Sala 10 de la Corte de Apelaciones dicte decisión en cuanto al recurso de apelación interpuesto en fecha 08/08/2006, <u>13/12/06</u> solicitud de diferimiento de los*

---

327 Código Orgánico Procesal Penal, art. 327.

Defensores Privados de la Ciudadana Cecilia Sosa Gómez hasta tanto no (sic) se pronuncie la Sala 10 de la Corte de Apelaciones, 23/01/07 Solicitud de Diferimiento de los Defensores Privados de la Ciudadana Cecilia Sosa Gómez hasta tanto no (sic) se pronuncie la Sala 10 de la Corte de Apelaciones, 23/02/07 diferimiento en virtud a la solicitud de fecha 22/02/07 interpuesta por los ciudadanos Defensores Privados de la Ciudadana Cecilia Sosa Gómez hasta tanto se resuelva la acumulación de los expedientes signados con los números 2J-369-05 y 1183-02, 26/03/07 solicitud realizada por los Defensores Privados de la Ciudadana Cecilia Sosa Gómez hasta tanto haya pronunciamiento en cuanto al Conflicto de No Conocer, y en relación al recurso de apelación interpuesto el día 21 de marzo de 2007, causales no imputables a este Despacho ni del ciudadano JOSÉ GREGORIO VÁSQUEZ L. **(Anexo 55.** Subrayados y resaltados añadidos).

475. En todo caso, en el proceso seguido contra el profesor Brewer Carías, luego de que la Fiscal sexta presentó la acusación en su contra, *__el único recurso judicial disponible contra la masiva violación del derecho al debido proceso garantizado por la Constitución y la Convención, era y es el de nulidad absoluta por inconstitucionalidad de las actuaciones judiciales así viciadas__*, con base en el artículo 191 del COPP:

> *Artículo 191. Nulidades absolutas. Serán consideradas nulidades absolutas aquellas concernientes a la intervención, asistencia y representación del imputado, en los casos y formas que este Código establezca, o las que impliquen inobservancia o **violación de derechos y garantías fundamentales previstos en este Código, la Constitución de la República, las leyes y los tratados, convenios o acuerdos internacionales suscritos por la República**. (Énfasis agregado).*

476. Por ello, en el escrito de contestación y oposición a la acusación de 8 de noviembre de 2005 **(Anexo 2**, capítulo II, pp. 21-112**)**, los abogados del profesor Brewer Carías solicitaron al juez la declaratoria de nulidad de todo lo actuado a causa de dichas violaciones a sus derechos y garantías judiciales, concluyendo con el siguiente *petitum*:

> *En razón de las consideraciones anteriores solicitamos respetuosamente se decrete la nulidad absoluta de todas las actuaciones que conforman el presente proceso, por la violación sistemática y masiva de los derechos y garantías constitucionales del Dr. Allan Brewer Carías, como ha quedado reflejado a lo largo del presente capítulo, ordenando la devolución del expediente a la Fiscalía Superior del Área Metropolitana de Caracas para que designe un Fiscal imparcial que inicie las investigaciones que considere pertinentes, respetando las garantías constitucionales de los investigados."*

477. De conformidad con el artículo 195 del COPP, dicha solicitud debió ser tramitada y decidida en los términos siguientes:

*Artículo 195. **Declaración de nulidad.** Cuando no sea posible sanear un acto, ni se trate de casos de convalidación, **el juez deberá declarar su nulidad por auto razonado** o señalará expresamente la nulidad en la resolución respectiva, de oficio o a petición de parte. El auto que acuerde la nulidad deberá individualizar plenamente el acto viciado u omitido, determinará concreta y específicamente, cuáles son los actos anteriores o contemporáneos a los que la nulidad se extiende por su conexión con el acto anulado, cuáles derechos y garantías del interesado afecta, cómo los afecta, y, siendo posible, ordenará que se ratifiquen, rectifiquen o renueven.*

478. El COPP no dispone explícitamente un lapso para decidir sobre una solicitud de nulidad por *"violación de derechos y garantías fundamentales"*, como lo fue la demandada por la defensa del profesor Brewer Carías. Por tal razón, semejante solicitud debería ser tramitada de inmediato conforme a la disposición general contenida en el artículo 177 del mismo COPP, para las actuaciones escritas que no tengan fijado otro plazo:

*Artículo 177. **Plazos para decidir.** El juez dictará las decisiones de mero trámite en el acto.*

*Los autos y las sentencias definitivas que sucedan a una audiencia oral serán pronunciados inmediatamente después de concluida la audiencia. **En las actuaciones escritas las decisiones se dictarán dentro de los tres días siguientes**.*

479. Conforme a esta regla, general y supletoria, la solicitud de nulidad debió quedar decidida dentro de los tres días siguientes al 8 de noviembre de 2005, lo cual no ha ocurrido para la fecha de esta fecha, es decir, para este día la decisión sobre nulidad exhibe *¡casi siete años de retardo injustificado!*

480. El Estado pretende que el recurso no se ha resuelto porque debe decidirse en la audiencia preliminar. Esa audiencia *¡nunca se ha celebrado!* Pudo realizarse con respecto a los otros coacusados, hasta el 25 de enero de 2008, día en el cual se sobreseyó la causa de éstos (***Véase supra ¶ 200)***. Transcurrieron ¡más de tres años! sin que la audiencia preliminar se celebrara, por razones que, según el mismo Juez de la causa, no podían imputarse a la ausencia del profesor Brewer Carías. Es decir, tiempo de más de tres años de espera por la audiencia preliminar hubiera transcurrido igual si él hubiera estado en el país. Es obvio que más de tres años es un lapso que, de acuerdo con cualquier estándar que se aplique, *demora injustificada* en la decisión del recurso interpuesto

481. Por lo demás, la regla general contenida en el artículo 177 del COPP es enteramente congruente con el principio de preeminencia de los derechos humanos tanto en el sistema constitucional venezolano como en el establecido en la Convención y, más en general en el Derecho internacional de los derechos humanos. Uno de los principios fundamentales establecidos en la Constitución es precisamente el de la preeminencia de los derechos humanos, lo que impone a todos los jueces la obligación ineludible de pronunciarse sobre las peticiones relativas a los mismos, sin dilación y con prevalencia sobre cualquier otro asunto. Es decir, en el Estado Constitucional o Estado de Derecho y de Justicia, la dignidad humana y de los derechos de la persona tienen una posición preferente, lo que implica la obligación del Estado y de todos sus órganos a respetarlos y garantizarlos como objetivo y finalidad primordial de su acción pública. Así lo establecen sin ambigüedades los artículos 2° y 3° de la Constitución:

> *Artículo 2. Venezuela se constituye en un Estado democrático y social de Derecho y de Justicia, que propugna como valores superiores de su ordenamiento jurídico y de su actuación, la vida, la libertad, la justicia, la igualdad, la solidaridad, la democracia, la responsabilidad social y, en general, **la preeminencia de los derechos humanos**, la ética y el pluralismo político. (Énfasis agregado).*

> *Artículo 3. **El Estado tiene como fines esenciales la defensa y el desarrollo de la persona y el respeto a su dignidad**, el ejercicio democrático de la voluntad popular, la construcción de una sociedad justa y amante de la paz, la promoción de la prosperidad y bienestar del pueblo **y la garantía del cumplimiento de los principios, derechos y deberes reconocidos y consagrados en esta Constitución**. (Énfasis agregados).*

482. Estos principios han sido desarrollados por la jurisprudencia del Tribunal Supremo de Justicia. Por ejemplo, en sentencia N° 224 del 24 de febrero de 2000 de su Sala Político Administrativa al referirse a "la transformación del orden jurídico-político por la preeminencia de la dignidad y los derechos de la persona", el Tribunal Supremo asentó:

> *La entrada en vigencia de la Constitución de la República Bolivariana de Venezuela, constituye un escalafón fundamental en el proceso de cambios y transformaciones jurídico-políticas iniciadas en Venezuela. En este contexto, el artículo 2 de la vigente Constitución, al definir el modelo del Estado venezolano, adopta la forma Democrática y Social de Derecho y de Justicia, consagrando la preeminencia de la dignidad y del respeto de los derechos humanos, **estos últimos, establecen el sistema de principios y valores que legitiman la Constitución y, por consiguiente, garantizarán la existencia misma del Estado.** (Énfasis agregado).[…]*

> *Este sistema de valores y principios constitucionales tienen un carácter y fuerza normativa, establecida expresamente en el artículo 7 de la Constitución, conlleva la sujeción y vinculatoriedad **de todos los órganos que ejercen el Poder Público impregnando la vida del Estado** (en sus aspectos jurídico, político, económico y social). Por consiguiente, este orden axiológico anterior o preexistente a la Constitución, afecta todo el funcionamiento del sistema jurídico y constituye "un núcleo de principios inderogables incluso para las mayorías que pudieran reformar la Constitución: este núcleo inviolable comprendería **tanto los prin-***

cipios fundamentales del ordenamiento constitucional como los derechos inalienables de la persona humana." (Énfasis agregado).

*Es así, que este núcleo material axiológico, recogido y desarrollado ampliamente por el Constituyente de 1999, dada su posición preferente, representa la base ideológica que sustenta el orden dogmático de la vigente Constitución, imponiéndose al ejercicio del Poder Público y estableciendo un sistema de garantías efectivo y confiable. **De allí que todo Estado Constitucional o Estado de Derecho y de Justicia, <u>lleva consigo la posición preferente de la dignidad humana y de los derechos de la persona, la obligación del Estado y de todos sus órganos a respetarlos y garantizarlos como objetivo y finalidad primordial de su acción pública</u>.** (Énfasis agregado). [...]*

*La Constitución venezolana de 1999 consagra **la preeminencia de los derechos de la persona como uno de los valores superiores de su ordenamiento jurídico y también refiere que su defensa y desarrollo <u>son uno de los fines esenciales del Estado</u>.** (Énfasis del original, subrayado agregado). [...]*

*En efecto, expresamente, el Constituyente ha puesto en manos de este Máximo Tribunal la labor de garantizar la efectividad o justiciabilidad del sistema de garantías (Artículo 335 eiusdem) bajo el entendido de que **sólo la función jurisdiccional asegura la vigencia y efectividad de los derechos humanos y, en consecuencia, del Estado Democrático, Social de Derecho y de Justicia. En este sentido, la doctrina constitucional comparada asegura que "La piedra angular de la defensa de los derechos esenciales <u>se encuentra en el control jurisdiccional, sólo cuando existe tal control puede sostenerse la existencia de una protección de los derechos"</u>.** [328]* (Énfasis del original, subrayado agregado).*

483. El plazo de tres días contemplado en el COPP como el término dentro del cual deben resolverse las actuaciones escritas que no tengan fijado otro diferente, también se conforma con la disposición genera del artículo 26 de la Constitución:

*Toda persona tiene derecho de acceso a los órganos de administración de justicia para hacer valer sus derechos e intereses, incluso los colectivos o difusos, **a la tutela efectiva de los mismos y a obtener <u>con prontitud</u> la decisión correspondiente**. El Estado garantizará una justicia gratuita, accesible, imparcial, idónea, transparente, autónoma, independiente, responsable, equitativa y expedita, sin dilaciones indebidas, sin formalismos o reposiciones inútiles.* (Énfasis y subrayado agregados).

---

328 TSJ/SPA, sentencia N° 224 del 24 de febrero de 2000. (**Anexo 77**). También publicada en *Revista de Derecho Público*, N° 81, EJV, Caracas 2000, pp. 131 y ss.

484. En su oportunidad, anexamos al escrito de **Observaciones Adicionales** presentado ante la Comisión, el dictamen sobre este punto que se solicitó al profesor Rafael J. Chavero Gazdik, de la Facultad de Ciencias Jurídicas y Políticas de la Universidad Central de Venezuela **(Anexo 78)**, cuyas conclusiones transcribimos a continuación:

- *De acuerdo con la normativa procesal penal vigente, las solicitudes de nulidades procesales presentadas por escrito, antes de la audiencia preliminar, deben resolverse dentro de los tres (3) días a que hace referencia el artículo 177 del COPP, sobre todo cuando los vicios se refieren a violaciones de derechos fundamentales y existen razones concretas suficientes para precipitar la decisión judicial.*

- *La jurisprudencia de la Sala Constitucional ha considerado que para determinar la oportunidad razonable para tomar una decisión (interlocutoria o definitiva) deben considerarse y ponderarse las circunstancias concretas de cada caso, teniendo muy en cuenta el tipo de vicios alegados. Razón por la cual, los vicios relacionados con la vulneración de derechos constitucionales deben atenderse y resolverse en forma perentoria, más aún cuando existen otras consideraciones que avalan la necesidad de un pronunciamiento urgente, tal y como en efecto sucede en el caso del proceso penal seguido en contra del profesor Brewer Carías.*

- *Nuestra Constitución y legislación exigen que la defensa de los derechos fundamentales se atienda en forma preferente, para lo cual no sólo existe un procedimiento especial, sumario y urgente (amparo), sino también se consagra una incidencia especial y urgente que debe utilizarse en los procedimientos ordinarios, cuando no existan incidencias particulares que permitan la resolución oportuna y tempestiva de conflictos relacionados con derechos constitucionales.*

- *De acuerdo a todos estos factores y argumentos, no nos cabe la menor duda de que en el caso del profesor Brewer Carías la solicitud de nulidades procesales fundadas en vicios de inconstitucionalidad, realizada antes de la audiencia preliminar, tenía que atenderse en forma urgente y preferente, dando estricto cumplimiento a lo dispuesto en el artículo 177 del COPP, lo que implicaba (e implica) la necesidad de decidir esas nulidades dentro de los tres (3) días siguientes al término de la oportunidad disponible para el resto de la partes para hacer valer sus argumentos y consideraciones.*

485. En todo caso, el trámite y decisión del recurso judicial que se interpuso deben adecuarse a los requerimientos del artículo 25 de la Convención, que reconoce el *"derecho a un recurso sencillo y rápido o a cualquier otro recurso efectivo ante los jueces o tribunales competentes, que la ampare con-*

tra actos que violen sus derechos fundamentales reconocidos por la Constitución, la ley o la presente Convención. " Los requisitos pautados para la protección judicial garantizada en el citado artículo, han de entenderse, como lo ha hecho la Corte, de manera *copulativa*,[329] esto es, para satisfacer los requerimientos del artículo 25, el recurso judicial ha de ser *sencillo, rápido y efectivo.* Este recurso comprende la institución latinoamericana del amparo, pero la desborda, pues incluye *"cualquier otro recurso efectivo ante los jueces o tribunales competentes".*[330] Como lo estableció la Corte desde temprana hora,

> *...la inexistencia de un recurso efectivo contra las violaciones a los derechos reconocidos por la Convención constituye una transgresión de la misma por el Estado Parte en el cual semejante situación tenga lugar. En ese sentido debe subrayarse que, **para que tal recurso exista, no basta con que esté previsto por la Constitución o la ley** o con que sea formalmente admisible, sino que **se requiere que sea realmente idóneo** para establecer si se ha incurrido en una violación a los derechos humanos y proveer lo necesario para remediarla. **No pueden considerarse efectivos aquellos recursos que, por las condiciones generales del país o incluso por las circunstancias particulares de un caso dado, resulten ilusorios.** Ello puede ocurrir, por ejemplo, cuando su inutilidad haya quedado demostrada por la práctica, **porque el Poder Judicial carezca de la independencia necesaria para decidir con imparcialidad** o porque falten los medios para ejecutar sus decisiones; por **cualquier otra situación que configure un cuadro de denegación de justicia, como sucede <u>cuando se incurre en retardo injustificado en la decisión</u>;** o, por cualquier causa, no se permita al presunto lesionado el acceso al recurso judicial.* "[331] (Énfasis y subrayado añadidos).

486. La Corte ha reiterado sistemáticamente este *dictum* a lo largo de su jurisprudencia y ha agregado que "(l)a existencia de esta garantía constituye uno de los pilares básicos, no sólo de la Convención Americana, sino del propio Estado de Derecho en una sociedad democrática, en el sentido de la Convención."[332]

---

329   *Cfr.* C. MEDINA: *La Convención Americana: Teoría y Jurisprudencia.* Universidad de Chile/Centro de Derechos Humanos de la Universidad de Chile. Santiago, 2003; pp. 369 y 370.

330   Corte IDH, *Garantías Judiciales en Estados de Emergencia (Arts. 27.2, 25 y 8) Convención Americana sobre Derechos Humanos.* Opinión Consultiva OC-9/87 del 6 de octubre de 1987. Serie A N° 9; párr. 41(1).

331   *Ibíd.*, párr. 24.

332   Corte IDH. *Caso Acosta Calderón v. Ecuador.* Sentencia de 24 de junio de 2005. Serie C N° 129, párr 93; Corte IDH, *Caso Palamara Iribarne. cit.,* párr. 184; Corte IDH. *Caso López Álvarez v. Honduras.* Sentencia de 1 de febrero de 2006. Serie C N° 141, párr. 138; Corte IDH. *Caso Baldeón García v. Perú.* Fondo, Reparaciones y Costas. Sentencia de 6 de abril de 2006. Serie C N° 147, párr. 144.

487. El recurso de nulidad absoluta de todas las actuaciones judiciales violatorias de los derechos humanos reconocido en la Constitución y en la Convención, como se dijo es el **único recurso** previsto en el COPP para ese propósito. Es, teóricamente, un recurso sencillo, efectivo y rápido, pues debería resolverse dentro de los tres días siguientes, al tenor del artículo 177 del mismo COPP. Sin embargo, como lo observó bien la Corte, no basta con que este recurso esté previsto en el COPP. En las circunstancias particulares de este caso y dentro del marco de un Poder Judicial que carece de la imparcialidad para decidir, se ha configurado un cuadro de abierta **denegación de justicia**, al haber transcurrido más de siete años de su interposición sin que tan siquiera se haya proveído a su trámite.

488. En efecto, a pesar de la primacía constitucional de los derechos humanos y de la obligación de tramitar con rapidez el recurso de nulidad, que surge también del artículo 25 de la Convención, el Juez de la causa no ha proveído absolutamente nada para su trámite, ni ha abierto articulación alguna, ni ha requerido la contestación del Ministerio Público, ni el recurso ha sido tan siquiera contestado por éste. *En siete años NO HA PASADO NADA.* Como si el recurso de nulidad no se hubiera interpuesto. Ha sido el objeto de la más total ignorancia por parte de la autoridad judicial competente, que ha prolongado de ese modo las violaciones preexistentes de las garantías judiciales, ha agregado una nueva violación al artículo 8.1 de la Convención, al no resolver dentro de *un plazo razonable* (o *con prontitud*, como lo pauta el artículo 26 de la Constitución venezolana) y ha conculcado rotundamente el derecho a la protección judicial consagrado en el artículo 25 de la misma Convención.

489. Los siete años transcurridos sin que siquiera se haya proveído a tan solo un acto de trámite de la nulidad demandada son suficientemente elocuentes sobre la violación del artículo 25 de la Convención. Cualesquiera sean las reglas procesales de Derecho interno para procesar y decidir esa nulidad, es evidente por sí mismo que semejante retardo de siete años, no sólo para decidir sino incluso para iniciar el trámite de ese recurso rompe cualquier estándar internacional para la razonabilidad de una demora en ese trámite. *La violación del artículo 25 de la Convención en perjuicio del profesor Brewer Carías es rotunda y evidente.*

490. Por lo demás, antes de demandar la nulidad de todas las actuaciones, como se ha argumentado y explicado, la defensa del profesor Brewer Carías utilizó todos los medios procesales a su alcance para denunciar, impugnar y corregir las irregularidades y violaciones al debido proceso que se fueron produciendo a todo lo largo del paródico proceso en su contra (*Véase supra ¶ 18*). Fue, como se sintetiza a continuación:

a. *En fecha 4 de mayo de 2005, los abogados del profesor Brewer Carías acudieron ante el Juez provisorio Vigésimo Quinto de Control, pidiendo que interviniera para corregir la irregular y arbitraria actuación de la Fiscal provisoria Sexta, Luisa Ortega Díaz, hoy*

*Fiscal General de la República, al denegar las anteriores diligencias probatorias (**Anexo 43**) y restableciera el derecho a la defensa. **Resultado:** El Tribunal de Control omitió pronunciarse sobre las violaciones del debido proceso denunciadas, limitándose a decir que no era la oportunidad adecuada para hacer esos planteamientos (**Anexo 44**).*

b. *Los abogados del profesor Brewer Carías apelaron de dicha decisión. **Resultado:** En fecha 6 de julio de 2005, la Sala 9 de la Corte de Apelaciones decidió dicha apelación (**Anexo 45**) , anulando el fallo del Juez provisorio de Control por razones formales (falta de notificación a la Fiscalía); pero, <u>en cuanto al fondo, acogió los argumentos de la defensa</u> y concluyó que ésta sí podía acudir ante el Juez de Control a reclamar sus derechos frente a violaciones al debido proceso por el ministerio público en la etapa de investigación, de modo que también ordenó que el Juez provisorio de Control decidiera nuevamente sobre las solicitudes que se le habían formulado en ese sentido. **<u>Esta decisión de la Corte de Apelaciones fue burlada.</u>***

c. *Sobre esta base, los abogados del profesor Brewer Carías introdujeron de nuevo un escrito en fecha 10 de agosto de 2005 ante el Tribunal 25 de Control refrescando las solicitudes que ordenó decidir la Corte de Apelaciones (**Anexo 46**). **Resultado:** No obstante la previa decisión de la Corte de Apelaciones, en fecha <u>20 de octubre de 2005</u>, el Juez provisorio de Control **<u>volvió a decidir que no podía inmiscuirse en la labor de investigación de la Fiscal provisoria</u>** (**Anexo 30**) .*

d. *Los abogados defensores apelaron nuevamente de la anterior decisión, en fecha 28 de octubre de 2005 (**Anexo 47**) . **Resultado: Ninguno:** La apelación fue denegada en fecha 1° de diciembre de 2005. Llama la atención, además, que la Fiscal provisoria Sexta Luisa Ortega Díaz, recién nombrada Fiscal General de la República, consignó la acusación contra el profesor Brewer Carías el 21 de octubre de 2005 (**Anexo 48**) , es decir, al día siguiente de la última decisión del Juez provisorio de Control, el cual nada había decidido desde el mes de julio de 2005, no obstante las ratificaciones posteriores de la defensa, para proceder a decidirlas, negándolas todas, justo, el día antes de que el Ministerio Público introdujera la acusación.*

e. *La acusación fue contestada en todas sus partes, denunciándose la violación de las garantías judiciales del profesor Brewer Carías mediante escrito de 8 de noviembre de 2005 (**Anexo 2**) , en el cual se solicitó al juez la declaratoria de nulidad de todo lo actuado a causa de dichas violaciones. **Resultado: Ninguno.***

f.   *El 26 de octubre de 2005, los abogados defensores del profesor Brewer Carías solicitaron que se garantizara su derecho a ser juzgado en libertad.* **Resultado: Ninguno:** *Nunca se proveyó dicha solicitud y, el 15 de junio de 2006, se dispuso la privación judicial preventiva de libertad y se dictó orden de aprehensión contra el profesor Brewer Carías.*

g.   *Los abogados del profesor Brewer Carías introdujeron una apelación contra la insólita Aclaratoria con la que se pretendió dar respuesta a la solicitud de información de INTERPOL sobre el caso.* **Resultado: Ninguno:** *La Corte de Apelaciones de Caracas desestimó la apelación por decisión de 29 de octubre de 2007 (supra párr. 154).*

2.   La posición asumida por la comisión en relación con las violaciones denunciadas del derecho a la protección judicial (plazo razonable) del profesor Brewer Carías.

491. A pesar de todos los argumentos formulados ante la Comisión demostrando la violación del derecho del profesor Brewer Carías a la protección judicial (plazo razonable) que le garantiza el artículo 25 de la Convención, la Comisión en su informe N° 171/11 que acompañó al sometimiento del caso ante la Corte, expresó lo siguiente:

155. Seguidamente, la Comisión analizará los alegatos relacionados con la demora en la respuesta de la solicitud de nulidad. Al respecto, la Comisión ha dado por probado que el 8 de noviembre de 2005 la defensa interpuso una solicitud de nulidad de todo lo actuado con fundamento en violaciones a las garantías judiciales. Dicha solicitud de nulidad se presentó en el escrito de contestación y oposición a la acusación. Al respecto, los peticionarios alegan que a la fecha dicha solicitud de nulidad no ha sido resuelta y por lo tanto el proceso continuaría en fase intermedia. Por su parte, el Estado alega que dicha solicitud de nulidad debe ser resuelta en la audiencia preliminar, la cual no ha podido ser realizada por la ausencia del imputado.

156. Al respecto, el artículo 191 del COPP establece que

Serán consideradas nulidades absolutas aquellas concernientes a la intervención, asistencia y representación del imputado, en los casos y formas que este Código establezca, o las que impliquen inobservancia o violación de derechos y garantías fundamentales previstos en este Código, la Constitución de la República, las leyes y los tratados, convenios o acuerdos internacionales suscritos por la República (126).

Nota al pié 126. COPP de 4 de diciembre de 2009.

157. La jurisprudencia del Tribunal Supremo de Justicia ha estableci-do de manera reiterada, sobre el momento procesal en el cual de-ben ser resueltas las nulidades que

[...] [p]ara el proceso penal, el juez de control durante la fase preparatoria e intermedia hará respetar las garantías procesales, pero el Código Orgánico Procesal Penal no señala una oportuni-dad procesal para que se pida y se resuelvan las infracciones a ta-les garantías, lo que incluye las transgresiones constitucionales, sin que exista para el proceso penal una disposición semejante al artí-culo 10 del Código de Procedimiento Civil, ni remisión alguna a dicho Código por parte del Código Orgánico Procesal Penal.

[...] A juicio de esta Sala, depende de la etapa procesal en que se haga, y si ella se interpone en la fase intermedia, el juez puede re-solverla bien antes de la audiencia preliminar o bien como resulta-do de dicha audiencia, variando de acuerdo a la lesión constitucio-nal alegada, ya que hay lesiones cuya decisión no tienen la urgen-cia de otras, al no infringir en forma irreparable e inmediata la si-tuación jurídica de una de las partes.

No señala el artículo 328 del Código Orgánico Procesal Penal entre las actuaciones que pueden realizar las partes en la fase in-termedia, la petición de nulidades, pero ello lo considera la Sala posible como emanación del derecho de defensa. De ocurrir tal pe-tición de nulidad, el juez de control -conforme a la urgencia debido a la calidad de la lesión y ante el silencio de la ley- podrá antes de abrir la causa a juicio y en cualquier momento antes de dicho acto de apertura resolverla, aunque lo preferible es que sea en la au-diencia preliminar, con prioridad a la decisión de los puntos a que se refiere el artículo 330 del Código Orgánico Procesal Penal, a fin de garantizar el contradictorio a las partes, ya que éste es un prin-cipio que rige el proceso penal (artículo 18 del Código Orgánico Procesal Penal). Sin embargo, cuando la nulidad coincide con el objeto de las cuestiones previas, la resolución de las mismas debe ser en la misma oportunidad de las cuestiones previas; es decir, en la audiencia preliminar lo que de paso garantiza el derecho de de-fensa de todas las partes del proceso y cumple con el principio del contradictorio (127).

Nota al pié 127. Sala Constitucional del Tribunal Supremo de Justicia. Exp. Nº 07-0827. Decisión de 20 de julio de 2007

158. Ya en 2001 el Tribunal había observado que:

la convocatoria de la audiencia preliminar no presupone la existencia de una violación del derecho a la seguridad personal y a la defensa del demandante, pues es en la audiencia preliminar cuando el juez de control determina la viabilidad procesal de la acusación fiscal, de la cual dependerá la existencia o no del juicio oral. Es decir, durante la celebración de la audiencia preliminar se determina -a través del examen del material aportado por el ministerio Público- el objeto del juicio y si es 'probable' la participación del imputado en los hechos que se le atribuyen; de modo que la celebración de dicha audiencia no causó perjuicio alguno al imputado de la causa principal [...] (128).

> Nota al pié 128. Sala Constitucional del Tribunal Supremo de Justicia Exp. Nº 01-2304 decisión de 16 de noviembre de 2001: Escrito del Ministerio del Poder Popular para las Relaciones Exteriores AGEV/000530 del 17 de noviembre de 2009, págs. 43 y 44

159. Asimismo, el Tribunal en su jurisprudencia general ha reiterado que

[...] el pronunciamiento requerido por el hoy accionante referido a la declaratoria de nulidad de la acusación fiscal, sólo puede realizarse en el acto de audiencia preliminar, acto que no ha sido realizado por la inasistencia del imputado [...] En relación a la falta de pronunciamiento sobre las solicitudes de '...acumulaciones, nulidades y despacho saneador...', a juicio de la Sala, éstas deben ser resueltas en la audiencia preliminar tal como lo dispone el artículo 330 del Código Orgánico Procesal Penal, motivo por el cual la supuesta amenaza o violación de los derechos constitucionales alegados por el accionante, no es de posible realización por parte del referido Juzgado Cuarto de Control [...], toda vez que éste sólo podría pronunciarse sobre la solicitud del acusado en el acto de audiencia preliminar [...] (129).

> Nota al pié 129. Sala Constitucional del Tribunal Supremo de Justicia Exp. Nº 09-0173 decisión de 19 de octubre de 2009. Ver también Sentencia de la Sala Accidental de la Corte de Apelaciones del Circuito Judicial Penal del Estado Sucre de 19 de octubre de 2008

160. Así, la Comisión observa que la solicitud de nulidad debe ser resuelta en la audiencia preliminar, la cual no se ha realizado por la falta de comparecencia del imputado. En ese sentido, aunque el artículo 327 del COPP de 2005 no establecía explícitamente la presencia del imputado en la audiencia preliminar, la jurisprudencia lo había requerido. La reforma al COPP del año 2009, por su parte, recoge la jurisprudencia y establece que si la audiencia preliminar se hubiere diferido por más de dos ocasiones por incomparecencia de los imputados, el proceso debe continuar con respecto de los demás imputados y el juez deberá realizar la audiencia con los comparecientes, separando de la causa a quien no compareció.

161. En vista de lo anterior, y dado el hecho de que las reformas del COPP entraron en vigencia en el año 2009 para todos los procesos que se hallaren en curso (130), la Comisión considera que la presencia del imputado es requerida en la audiencia preliminar a modo de que dicho acto se pueda realizar y durante su celebración el juez resuelva la solicitud de nulidad planteada por la defensa del acusado. Por lo tanto, la Comisión considera que no se configura una violación al artículo 25.1 en conexión con el artículo 1.1 de la Convención Americana en perjuicio de Allan Brewer Carías.

> Nota al pié 130. Primera Disposición Final de la Ley de Reforma Parcial del Código Orgánico Procesal Penal, Gaceta Oficial N° 5.930 de 4 de septiembre de 2009 "[e]ste código se aplicara desde su entrada en vigencia, aún para los procesos que se hallaren en curso y para los hechos punibles cometidos con anterioridad, siempre que sean más favorable al imputado o imputada, o acusado o acusada."

3.   *La violación del derecho a la protección judicial (plazo razonable) en el presente caso*

492.   Respetuosamente discrepamos de lo expuesto por la Comisión sobre la violación denunciada del derecho a la protección judicial (plazo razonable), pues una cosa es la decisión del recurso de nulidad interpuesto que no tiene que ser necesariamente cuando se realice la audiencia preliminar; otra cosa es que el imputado deba estar presente en dicha audiencia preliminar; y otra cosa es que en este caso la audiencia preliminar no se realizó, y no precisamente por la falta de comparecencia del imputado, como lo expresó el mismo Juez de Control (*Véase supra ¶¶ 442, 469*).

493.   Tratándose en este caso de violaciones a los derechos humanos del profesor Brewer Carías, en particular, de sus garantías judiciales, que fue lo que motivó su solicitud de nulidad de todo lo actuado formulada conforme al artículo 192 del COPP, el juez penal competente, aun en ausencia de una norma legal que indique un plazo y oportunidad expresas para decidir, e independientemente de la realización de la audiencia preliminar, debió hacerlo de inmediato conforme al artículo 177 del COPP, y conforme al principio constitucional de la primacía que tienen los derechos humanos en el ordenamiento constitucional venezolano, lo que le impone la obligación a los jueces de decidir "de inmediato" evaluando las circunstancias del caso, y en todo caso, evitando que para decidir se lesionen otros derechos del imputado.

494.   Poner de lado la primacía de los derechos humanos y su protección, y argumentar que en este caso, la decisión del recurso de nulidad intentado debía ocurrir en una audiencia preliminar que, por la falta de independencia y autonomía de los tribunales, en este caso nunca se realizó ni se llegará a realizar, obligando al imputado, contra quien pesa una orden de detención arbitraria, a que vaya a Venezuela a someterse a una detención *sine die*, es propugnar la violación de los derechos de nuestro representado, lo cual es completamente inadmisible.

495. En este caso, cualquiera que sea la situación, el plazo trascurrido para obtener protección judicial desde que se denunció la violación de las garantías judiciales del profesor Brewer Carías en octubre de 2005, ya en ningún caso podrá ser un plazo razonable, y menos aún si la medida de la razonabilidad pasa por que la libertad individual del profesor Brewer Carías tenga que ser afectada. El "aliciente" ofrecido por el Estado ante la Comisión en la **Respuesta formulada al Informe de Admisión** de la Comisión, de que si Brewer regresaba a Venezuela podía "beneficiarse" del hecho de ser privado de libertad en arresto domiciliario, es completamente inaceptable en cualquier estándar de protección de derechos, y contrario al derecho que nuestro representado tiene a ser juzgado en libertad.

496. A continuación, formulamos ante esta Corte argumentos adicionales sobre el tema del **recurso de nulidad** intentado y la obligación que tenía el Juez de decidirlo de inmediato si relación alguna con la realización o no de audiencia preliminar, y menos aún con que la misma no se haya realizado por falta de comparecencia de Brewer lo cual no es cierto, y el propio Juez de Control lo declaró (*Véase supra ¶¶ 442, 469*).

A. *Consideraciones sobre el "recurso de nulidad," único disponible en el Derecho interna*

497. Como se ha dicho, el Ministerio Público formuló contra el profesor Brewer Carías la acusación penal el 21 de octubre de 2005, y 18 días después, el día 8 de noviembre del mismo año, los apoderados del profesor Brewer Carías presentaron ante el Juez de Control un "recurso de nulidad" de todo lo actuado en el proceso hasta el momento, previsto en los artículos 190 y siguientes del Código Orgánico Procesal Penal, por violación de sus derechos y garantías constitucionales. En la fecha en la cual el recurso de nulidad se introdujo, el Juez de Control no había aun dado por recibida la acusación, ni había adoptado ninguna decisión; más aún, todavía no había sido convocada audiencia preliminar alguna, que por lo demás, nunca tuvo lugar en el proceso.

498. En el estado en el cual se encontraba el proceso en ese momento (finalización de la etapa preliminar e inicio de la fase intermedia), luego de intentada la infundada acusación fiscal, el recurso de nulidad era el único recurso del cual disponía el imputado para ejercer su derecho a la tutela judicial efectiva, y el mismo debía decidirse conforme al artículo 177 del Código Orgánico Procesal Penal dentro de los tres (3) días siguientes a su presentación. El recurso de nulidad intentado no fue sólo un escrito de contestación de la acusación, tal como en forma inapropiada se afirma en el **Escrito del Estado** de 7 de febrero de 2012 (pp. 10-17).

499. Como para el 8 de noviembre de 2005, no se había iniciado actuación judicial concreta ni se había dictado decisión judicial alguna, no había posibilidad de intentar recurso ordinario alguno distinto al de nulidad. No se podía intentar, por tanto, ni el recurso de revocación, ni el de apelación, ni el de casación, ni el de revisión que son los que se comentan en el **Escrito del Estado** (pp. 19-24).

> **B. Características del recurso de nulidad por violación de derechos y garantías constitucionales establecido en los artículos 190 y siguientes del Código Orgánico Procesal Penal**

500. De acuerdo con lo establecido en el artículo 19 de la Constitución[333], es "obligación del Estado," garantizar "a toda persona, conforme al principio de progresividad y sin discriminación alguna, el goce y ejercicio irrenunciable, indivisible e interdependiente de los derechos humanos;" lo que implica, por supuesto, que ello es también una obligación de todos los jueces, incluyendo los jueces penales. Por ello, la misma norma constitucional dispone que el "respeto y garantía" de los derechos humanos "son obligatorios para los órganos del Poder Público," incluyendo los jueces penales, "de conformidad con esta Constitución, con los tratados sobre derechos humanos suscritos y ratificados por la República y con las leyes que los desarrollen."

501. Una consecuencia relevante, para los órganos del Estado, incluyendo a los jueces penales, de las aludidas previsiones constitucionales relativas a su obligación de respetar y garantizar los derechos humanos, es la declaratoria contenida el artículo 25 de la propia Constitución[334], en el sentido de que "todo acto dictado en ejercicio del Poder Público" incluidos los jueces, "que viole o menoscabe los derechos garantizados por esta Constitución y la ley es nulo," es decir, que está viciado de nulidad absoluta; y de que "los funcionarios públicos y funcionarias públicas que lo ordenen o ejecuten," incluyendo por supuesto a los jueces penales, "incurren en responsabilidad penal, civil y administrativa, según los casos, sin que les sirvan de excusa órdenes superiores."

502. Para garantizar la efectividad de estas previsiones, el artículo 26 de la Constitución[335] prevé además el derecho constitucional de toda persona "de

---

333 **Artículo 19.** *El Estado garantizará a toda persona, conforme al principio de progresividad y sin discriminación alguna, el goce y ejercicio irrenunciable, indivisible e interdependiente de los derechos humanos. Su respeto y garantía son obligatorios para los órganos del Poder Público, de conformidad con esta Constitución, con los tratados sobre derechos humanos suscritos y ratificados por la República y con las leyes que los desarrollen.*

334 **Artículo 25.** *Todo acto dictado en ejercicio del Poder Público que viole o menoscabe los derechos garantizados por esta Constitución y la ley es nulo; y los funcionarios públicos y funcionarias públicas que lo ordenen o ejecuten incurren en responsabilidad penal, civil y administrativa, según los casos, sin que les sirvan de excusa órdenes superiores.*

335 **Artículo 26.** *Toda persona tiene derecho de acceso a los órganos de administración de justicia para hacer valer sus derechos e intereses, incluso los colectivos o difusos;*

acceso a los órganos de administración de justicia" incluyendo los jueces penales, "para hacer valer sus derechos e intereses;" y además, el derecho de toda persona "a *la tutela efectiva* de los mismos y a *obtener con prontitud la decisión correspondiente.*" No se trata de meras formulaciones de principios, sino de la consagración concreta y precisa de derechos y garantías constitucionales.

503. Por ello, si se trata de exigir judicialmente el goce y ejercicio de derechos y garantías constitucionales que puedan haber sido lesionados, aparte de la nulidad absoluta de los actos lesivos conforme a la declaración de la Constitución, esta asegura en general en su artículo 27, a todo persona, el "derecho a ser amparada por los tribunales en el goce y ejercicio" de los mencionados derechos y garantías constitucionales. Para ello, además, la norma del artículo 26 impone al Estado el deber de garantizar la existencia de "una justicia gratuita, accesible, imparcial, idónea, transparente, autónoma, independiente, responsable, equitativa y expedita, sin dilaciones indebidas, sin formalismos."

504. Este es el marco constitucional en materia de protección de derechos y garantías constitucionales, dentro del cual se ha desarrollado el proceso penal en el Código Orgánico Procesal Penal, al atribuirse en general a los jueces de control la obligación de "hacer respetar las garantías procesales (art. 64); a los jueces de la fase preliminar, la obligación de "controlar el cumplimiento de los principios y garantías establecidos en este Código, en la Constitución de la República, tratados, convenios o acuerdos internacionales suscritos por la República" (Art. 282); y también en general, a los jueces "de control, durante las fases preparatoria e intermedia, "la obligación de "respetar las garantías procesales" (art. 531). En esta materia, además, conforme al artículo 6 del mismo Código,[336] los jueces en caso alguno *"podrán abstenerse de decidir so pretexto de silencio, contradicción, deficiencia, oscuridad o ambigüedad en los términos de las leyes, ni retardar indebidamente alguna decisión,"* particularmente cuando se trata de ejercer el control sobre las violaciones a los derechos y garantías constitucionales denunciados, de manera que *"si lo hicieren, incurrirán en denegación de justicia."*

505. A los efectos de lograr el ejercicio del control judicial efectivo respecto de la observancia de los derechos y garantías constitucionales, el Código Orgánico Procesal Penal ha establecido un remedio judicial de nulidad, que ha sido calificado como "**recurso de nulidad**" por la Sala de Casación

---

a la tutela efectiva de los mismos y a obtener con prontitud la decisión correspondiente. El Estado garantizará una justicia gratuita, accesible, imparcial, idónea, transparente, autónoma, independiente, responsable, equitativa y expedita, sin dilaciones indebidas, sin formalismos o reposiciones inútiles.

336 **Artículo 6°. Obligación de decidir.** Los jueces no podrán abstenerse de decidir so pretexto de silencio, contradicción, deficiencia, oscuridad o ambigüedad en los términos de las leyes, ni retardar indebidamente alguna decisión. Si lo hicieren, incurrirán en denegación de justicia.

Penal[337] y la Sala Constitucional[338] del Tribunal Supremo de Justicia, y que se encuentra regulado en el Capítulo II ("De las nulidades") del Título VI ("De los Actos Procesales y las Nulidades"). Dicho "recurso" se puede ejercer por cualquiera de las partes respecto de los actos y actuaciones fiscales y judiciales que puedan haber violado los derechos y garantías constitucionales; se puede formular en cualquier estado y grado del proceso siempre que sea antes de dictarse sentencia definitiva; y el juez está obligado a decidir de inmediato, es decir, perentoriamente, en el lapso de 3 día siguientes como lo dispone el artículo 177 del Código Orgánico, sin que se establezca oportunidad preclusiva única para ser decidido.[339]

506. En efecto, el artículo 190 del COPP[340] establece el principio general de que "**los actos cumplidos en contravención o con inobservancia de las formas y condiciones previstas en este Código, la Constitución de la República, las leyes, tratados, convenios y acuerdos internacionales suscritos por la República**" cuando **estén viciados de nulidad absoluta, en ningún caso pueden ser apreciados "para fundar una decisión judicial, ni utilizados como presupuestos de ella;" considerándose como "nulidades absolutas**" en el artículo 191,[341] precisamente aquellas "**que impliquen in-**

---

337 Sentencia Tribunal Supremo de Justicia. Sala de Casación Penal N° 003 de 11/01/2002. *Edwin Exequiel Acosta Rubio y otros.* http://www.tsj.gov.ve/decisiones/scp/Enero/003-110102-010578.htm **Anexo 116.**

338 Véase por ejemplo, Sentencia N° 1453 de la Sala Constitucional de 10-08-2001. *PEDRO EMANUEL DA ROCHA ALMEIDA, y otros.* http://www.tsj.gov.ve/decisiones/scon/Agosto/1453-100801-01-0458.htm **Anexo 117**

339 Sentencia n° 205 de la Sala de Casación Penal del Tribunal Supremo de 14/05/2009. *Manuel Antonio Sánchez Guerrero y otros).* http://www.tsj.gov.ve/decisiones/scp/Mayo/205-14509-2009-C09-121.html, donde se indicó que las "solicitudes relativas a una nulidad no convalidable, como la alegada por el solicitante, en principio, **pueden ser planteadas en cualquier oportunidad, por ser denunciables en cualquier estado y grado del proceso y en virtud de la gravedad, así como la trascendencia del defecto que vicia el acto.**" Anexo 118. Igualmente, sobre que la solicitud de nulidad puede formularse en "cualquier estado y grado del proceso," "por la gravedad del vicio que afecta el acto objeto de la misma, se pronunció la Sala Constitucional del Tribunal Supremo en sentencia N° 2061 (Caso: Edgar Brito Guedes), de 05/11/2007. **Anexo 119.** Véase en http://www.tsj.gov.ve/decisiones/scon/No-viembre/2061-051107-07-1322.htm

340 **Artículo 190. Principio.** No podrán ser apreciados para fundar una decisión judicial, ni utilizados como presupuestos de ella, los actos cumplidos en contravención o con inobservancia de las formas y condiciones previstas en este Código, la Constitución de la República, las leyes, tratados, convenios y acuerdos internacionales suscritos por la República, salvo que el defecto haya sido subsanado o convalidado.

341 **Artículo 191. Nulidades absolutas.** Serán consideradas nulidades absolutas aquellas concernientes a la intervención, asistencia y representación del imputado, en los casos y formas que este Código establezca, o las que impliquen inobservancia o violación de derechos y garantías fundamentales previstos en este Código, la Constitución de la República, las leyes y los tratados, convenios o acuerdos internacionales suscritos por la República.

observancia o violación de derechos y garantías fundamentales previstos en este Código, la Constitución de la República, las leyes y los tratados, convenios o acuerdos internacionales suscritos por la República" incluyendo por supuesto la Convención Americana. Los actos o actuaciones viciadas de nulidad absoluta no pueden siquiera ser saneadas (art. 193), ni ser convalidadas (art. 194), siendo no sólo una competencia sino obligación del juez penal, conforme al artículo 195 ("el juez deberá"), "declarar su nulidad por auto razonado o señalará expresamente la nulidad en la resolución respectiva, de oficio o a petición de parte."

507. Dejando aparte la actuación de oficio, consagra así el Código Orgánico Procesal Penal, un recurso formal en cabeza de las partes en el proceso penal para requerir del juez penal ("a petición de parte"), que cumpla con su obligación de declarar la nulidad absoluta de las actuaciones fiscales o judiciales que sean violatorias de los "derechos y garantías fundamentales previstos en este Código, la Constitución de la República, las leyes y los tratados, convenios o acuerdos internacionales suscritos por la República" como la Convención Americana, que el propio Código declara como viciadas de nulidad absoluta, y por tanto, no subsanables ni convalidables. Por ello, precisa, el Código que "tal declaratoria" no procede "por defectos insustanciales en la forma," por lo que sólo pueden "anularse las actuaciones fiscales o diligencias judiciales del procedimiento que ocasionaren a los intervinientes un perjuicio reparable únicamente con la declaratoria de nulidad" (art. 195).

508. Sobre este "recurso de nulidad," además, la Sala Constitucional del Tribunal Supremo, también precisó que en el actual proceso penal, "ha sido considerada como una verdadera sanción procesal -la cual puede ser declarada de oficio o a instancia de parte-, dirigida a privar de efectos jurídicos a todo acto procesal que se celebra en violación del ordenamiento jurídico-constitucional," señalando que "la referida sanción conlleva suprimir los efectos legales del acto írrito."[342]

509. Por su parte, también sobre este "recurso de nulidad," la Sala de Casación Penal del Tribunal Supremo, en sentencia de N° 003 de fecha 11 de enero de 2002,[343] fijó sus características en el sistema jurídico venezolano, como "un principio que va a regir durante todas las etapas del proceso," destacando la estrecha vinculación entre el artículo 190 del Código Orgánico Procesal Penal y el artículo 48.8 de la Constitución "donde se advierte la posibilidad de solicitar del Estado el restablecimiento o reparación de la si-

---

342 Sentencia N° 880 del Tribunal Supremo de Justicia en Sala Constitucional del 29 de mayo de 2001. *William Alfonso Ascanio.* **Anexo 120** Véase en http://www.tsj.gov.ve/decisiones/scon/Mayo/880-290501-01-0756%20.htm .En igual sentido la sentencia de la Sala de Casación Penal del Tribunal Supremo de Justicia en sentencia N° 32 de 10 de febrero de 2011 (Caso: *Juan Efraín Chacón*) **Anexo 121** en http://www.tsj.gov.ve/decisiones/scp/Febrero/032-10211-2011-N10-189.html

343 Véase (Caso: *Edwin Exequiel Acosta Rubio y otros*), **Anexo 116** en http://www.tsj.gov.ve/decisiones/scp/Enero/003-110102-010578.htm

tuación viciada por error judicial, retardo u omisión justificada. Lo cual significa que aquellos actos de fuerza, usurpación, así como los ejercidos en franca contrariedad a la ley, acarrean ineficacia, nulidad de lo actuado y responsabilidad individual del funcionario." La Sala explicó así, en dicha sentencia N° 003 de fecha 11 de enero de 2002, lo siguiente:

> *El sistema acusatorio contemplado en el Código Orgánico Procesal Penal es de corte principista y no reglamentario, establece una serie de principios fundamentales que van a servir como norte a las normas que regulan los distintos institutos procesales. La anunciabilidad de un principio es suficiente para que sistemáticamente en la misma ley procesal penal se le busque la **solución procedimental para salvaguardar el principio** anunciado. **Jamás podría concluirse que algunos de los principios que constituyen reglas del debido proceso dejen de aplicarse por carecer de procedimiento expreso que los conduzca al conocimiento del tribunal.***

> *Este **principio de nulidad**, expresamente establecido en el Código Orgánico Procesal Penal, forma parte de las **reglas mínimas que sustentan el debido proceso**, concebido en un régimen democrático como un conjunto de reglas para la adopción de procedimientos y la toma de decisiones, tendentes a garantizar la igualdad entre las partes y la más amplia participación posible de los interesados en la solución del conflicto respectivo, es decir: el Estado, la sociedad, la víctima y el procesado.*

> *El ius puniendi o derecho de castigar que tiene el Estado marcha correlativamente con el deber de regular su proceder dirigido a obtener la verdad y a declarar la respectiva consecuencia. [...]*

> *[...] Nuestro sistema no acoge la clásica distinción entre nulidades absolutas y relativas; pero si parte del concepto de la nulidad absoluta sin entrar a considerar lo referente a las posibles nulidades relativas. Es decir, nuestro sistema establece la distinción de nulidades no convalidables (absolutas) y nulidades saneables, las cuales son aquellas renovables y que permiten su convalidación, pero no las llega a denominar nulidades relativas.*

> *En cuanto a las **nulidades absolutas**, nuestro sistema procesal vigente acoge la doctrina italiana, manifestada en la opinión del tratadista Giovanni Leone, para quien existen una serie de aspectos que deben seguirse plenamente y que de no ser así producen nulidades, las cuales son **denunciables en cualquier estado y grado del proceso, pues afectan la relación jurídica procesal. Por lo tanto las partes y el Juez deben producir la denuncia de la falta cometida a objeto de imponer el correctivo.***

> *Señala Leone que las nulidades absolutas pueden **invocarse en cualquier momento** y a las mismas pueden atribuírseles tres condiciones:*

*1. La deducibilidad: **las partes pueden invocar la nulidad en cualquier instante del juicio.** 2. El juez **tiene igualmente la iniciativa** de establecerlas del mismo modo que lo pudieren hacer las partes. 3. La insanabilidad, es decir, que **no se puede afectar o convalidar lo realizado.***

El Código Orgánico Procesal Penal si bien habla de las nulidades absolutas, sin embargo, se adhiere al mundo de las nulidades implícitas, cuya idea se adapta a los lineamientos más actuales, puesto que difícilmente se pueden acoplar todos los casos como tantas transgresiones sean imaginables.

Lo que establece nuestro sistema procesal es que cuando las nulidades sean absolutas: todo aquello que tiene que ver con la nulidad de la actividad judicial donde esté presente la intervención, asistencia y representación del imputado, la forma en que se establezca, la inobservancia y violación de derechos y garantías en general, en estos casos las nulidades se hacen valer ex officio y de pleno derecho; mientras que en los otros tipos de nulidades se requieren la instancia de parte y son normalmente saneables.

*Pero lo más importante es establecer que cuando el **artículo 190 del Código Procesal Penal reformado establece el principio de que no podrá fundarse una decisión judicial ni utilizar como presupuesto de ella los actos cumplidos en contravención a la forma que prevé el Código, la Constitución, las leyes y los tratados y convenios internacionales suscritos por la República, se está estableciendo el tema de las nulidades de manera abierta, sólo atendiendo a la infracción de garantías constitucionales y aquellas que se encontraren planteadas por la normativa internacional de los derechos humanos, en cuyo caso se procederá a la nulidad de los actos procesales,** con lo cual se está consagrando un sistema de nulidades implícitas o virtuales. […]"*[344] (Énfasis añadido)

510. Por tanto, conforme a la doctrina de la Sala de Casación Penal sentada en la misma_sentencia, además de los "recursos de: revocación, apelación, casación y del recurso de revisión;" en el ordenamiento procesal penal está este "recurso de anulación," conforme al cual "el Tribunal que haya tenido conocimiento del acto viciado cuya nulidad se está pidiendo deberá acordarla por aplicación del principio establecido en el artículo 190 del COPP en concordancia con el artículo 191 eiusdem cuando se trate de nulidades absolutas."

511. Ahora bien, sobre el sistema de nulidades establecido en el Código Orgánico Procesal Penal, la Sala de Casación Penal en la misma sentencia

---

344 Sentencia de la Sala de Casación Penal del Tribunal Supremo, N° 003 de fecha 11 de enero de 2002. Véase Caso: *Edwin Exequiel Acosta Rubio y otros*, **Anexo 116** en http://www.tsj.gov.ve/decisiones/scp/Enero/003-110102-010578.htm

precisó que se establece "de manera abierta, atendiendo las infracciones de garantías constitucionales o aquellas que se encontraren planteadas por la normativa internacional de derechos humanos, lo cual revela una inclinación por consagrar un sistema de nulidades implícitas o virtuales" [...]; razón por la cual "la nulidad bajo éste régimen abierto que contempla el Código Orgánico Procesal Penal puede ser planteada a instancia de partes o aplicadas de oficio **en cualquier etapa o grado del proceso por quien conozca de la causa" [...].**[345]

C. El recurso ejercido por los defensores del profesor Brewer Carías ante el Juez de Control el 8 de noviembre de 2005 fue el recurso de nulidad establecido en los artículos 190 y 191 del Código Orgánico Procesal Penal.

512. El escrito presentado por los defensores del profesor Brewer Carías ante el Juez Vigésimo Quinto de Primera Instancia en funciones de Control del Circuito Judicial Penal del Área Metropolitana de Caracas con fecha 8 de noviembre de 2005, tuvo por objeto formular ante el juez el "recurso de nulidad" establecido en los artículos 190 y 191 del Código Orgánico Procesal Penal, lo cual se puede apreciarse de la PARTE II del escrito, la cual se destinó a formular la "SOLICITUD DE NULIDAD DE TODAS LAS ACTUACIONES POR VIOLACIÓN SISTEMÁTICA Y MASIVA DE LAS GARANTÍAS CONSTITUCIONALES Y LEGALES DEL DR. ALLAN R. BREWER-CARÍAS,"[346] a cuyo efecto se formuló, no una vez, sino múltiples veces, el fundamento legal del mismo precisamente en los artículos 190 y 192 del Código Orgánico Procesal Penal.

513. Ello puede apreciarse en dicho escrito, cuando se argumentó:

- *Sobre: "1. La nulidad por la negativa de diligencias de defensa," en relación con "A. La negativa de testimoniales" ("En consecuencia solicitamos que sea declarada la nulidad de la investigación y consecuencialmente de su acto conclusivo, conforme a los artículos 190 y 191 del COPP");* [347] *y en relación con "B. La negativa de acceder a videos, así como de su transcripción" ("... todo lo cual da lugar a la nulidad absoluta de toda la investigación y su acto conclusivo conforme lo establecen los artículos 190 y 191 del COPP, lo cual solicitamos se declare").* [348]

---

345 *Idem.*

346 Véase el texto del escrito en Allan R. Brewer Carías, *En mi propia defensa*, **(Anexo 2)**, pp. 53 a 135. Para una consulta más rápida al texto de este escrito, haremos referencia a las páginas del libro.

347 Pág. 64

348 Pág. 77.

- *Sobre: "2. La nulidad por violación del derecho a la defensa y del principio de presunción de inocencia al invertir la carga de la prueba y al utilizar testimonios referenciales" ("... la que la única manera de restablecer la situación jurídica infringida a nuestro representado es decretar la nulidad de la investigación y de su auto conclusivo conforme a los artículos 190 y 191 del COPP por violentar los artículos 1, 8 y 12 del mismo Código y 49, ordinales 1° y 2° de la Constitución, lo cual solicitamos formalmente").[349]*

- *Sobre: "3. La nulidad por violación del derecho a la defensa y del principio de contradicción relacionados con la práctica mediatizada de diligencias de investigación" (" ...razones que producen la nulidad absoluta de la investigación y su acto conclusivo conforme a los artículos 190 y 191 del COPP, lo cual formalmente solicitamos ").[350]*

- *Sobre: "4. La nulidad por falta de decisión oportuna" (...razón por la que solicitamos así sea decretado conforme a los artículos 190 y 191 del COPP y 49, ordinal 8° de la Constitución").[351]*

- *Sobre: "5. La nulidad por violación de la garantía del juez natural" (... lo que conlleva necesariamente la nulidad de las decisiones que han sido tomadas en su contra y la nulidad del proceso en sí, lo cual pedimos sea declarado conforme a lo establecido en los artículos 190 y 191 del COPP").[352]*

- *Sobre los argumentos comunes a las anteriores denuncias de nulidad absoluta ("...Las violaciones en que incurrieron tanto la Fiscal Sexta y su superior, el Fiscal General de la República, así como los Jueces que han actuado en la presente causa acarrean la nulidad absoluta de todas las actuaciones, pues se violaron las garantías constitucionales del debido proceso; de la defensa, por no haber tenido acceso a las pruebas y a los medios adecuados para ejercer la defensa; de la igualdad de las partes; de la tutela judicial efectiva y del derecho a la justicia expedita; de la presunción de inocencia; y del Juez Natural, todo ello de conformidad con lo establecido en los artículos 190 y 191 del COPP"); [353] ("...En consecuencia, estando viciado de NULIDAD ABSOLUTA el presente proceso, se hace procedente la APLICACIÓN INMEDIATA de las normas constitucionales y legales que han sido transcritas, es decir, los artículos*

---

349 Pág. 99
350 Pág. 107
351 Pág. 116, 117, 122
352 Pág. 132
353 Pág. 134

190 y 191 del COPP y 25 de la Constitución Nacional y así respetuo-samente pedimos sea declarado").[354]

- *Y en el Petitorio Final del "recurso de nulidad' intentado ("En razón de las consideraciones anteriores solicitamos de ese honorable Tribunal: PRIMERO: Se declare la nulidad de todas las actuaciones que conforman la investigación adelantada por el Ministerio Público, así como del acto conclusivo de acusación formulada contra nuestro defendido el doctor Allan R. Brewer Carías en virtud de la violación sistemática y masiva de sus derechos y garantías constitucionales y legales denunciadas en el presente escrito").*[355]

514. El recurso ejercido por los apoderados del profesor Allan R. Brewer Carías fue, por tanto, el recurso de nulidad consagrado en los artículos 190 y siguientes del Código Penal. En el escrito de dicho recurso de nulidad, además, y en la Parte III del mismo, los defensores del profesor Brewer Carías formularon ante el juez de control una serie de excepciones conforme al artículo 28 del Código Orgánico,[356] por supuesto en forma subsidiaria, pues de decretarse la nulidad como se solicitó, nada tenía el juez que considerar sobre otras materias. Así se expresó formalmente en el petitorio Final del recuso de nulidad ("SEGUNDO: Subsidiariamente solicitamos se declaren con lugar las excepciones opuestas contra la acusación formulada contra nuestro defendido, declarándose el sobreseimiento de la causa."). [357]

515. Es errada, por tanto, la apreciación del Estado en su **Informe ante la Comisión** de 7 de febrero de 2012 (págs. 29, 30) de desconocer el recurso de nulidad interpuesto por los defensores del profesor Brewer Carías, que debe ser resuelto de inmediato por el juez, limitándose a hacer referencia, pura y simplemente, a los aspectos de "contestación a la acusación" formulada conforme al artículo 329 del Código Orgánico (págs. 29, 30); aspectos estos que considera el Estado que sólo pueden ser resueltos en la audiencia preliminar.

D. *Sobre la oportunidad para la decisión del "recurso de nulidad"*

516. Por otra parte, el Código Orgánico Procesal Penal además, establece en su artículo 195[358] que "el auto que acuerde la nulidad" en los casos de nu-

---

354 Pág. 135

355 Pág. 569

356 Págs. 139

357 Pág. 569

358 **Artículo 195. Declaración de nulidad.** Cuando no sea posible sanear un acto, ni se trate de casos de convalidación, el juez deberá declarar su nulidad por auto razonado o señalará expresamente la nulidad en la resolución respectiva, de oficio o a petición de parte. El auto que acuerde la nulidad deberá individualizar plenamente el acto viciado u omitido, determinará concreta y específicamente, cuáles son los actos ante-

lidad absoluta, debe ser un auto razonado en el cual se señale "expresamente la nulidad en la resolución respectiva," y en el mismo, se debe "individualizar plenamente el acto viciado u omitido," y se debe determinar "concreta y específicamente, cuáles son los actos anteriores o contemporáneos a los que la nulidad se extiende por su conexión con el acto anulado," así como "cuáles derechos y garantías del interesado afecta, cómo los afecta."

517. El Código, igualmente regula los efectos del auto judicial mediante el cual se decida el "recurso de nulidad," indicando que "la nulidad de un acto, cuando fuere declarada, conlleva la de los actos consecutivos que del mismo emanaren o dependieren." Además, precisa el Código que "la declaración de nulidad no podrá retrotraer el proceso a etapas anteriores, con grave perjuicio para el imputado, salvo cuando la nulidad se funde en la violación de una garantía establecida en su favor" (art. 196).[359]

518. La decisión del juez a los efectos de declarar la nulidad de actos fiscales o judiciales violatorios de derechos y garantías constitucionales, de acuerdo con lo dispuesto en los artículos 190 a 196 del Código Orgánico Procesal Penal, puede ser adoptada en todo estado y grado del proceso, cuando la denuncia de nulidad se formule, en el lapso general de tres (3) días siguientes a la formulación de la petición conforme al artículo 177 del Código Orgánico Procesal Penal, y la misma no está restringida legalmente a que sólo pueda ser dictada exclusivamente en alguna oportunidad procesal precisa y determinada, como sería por ejemplo, en la audiencia preliminar. Y no podría ser así, pues como se ha dicho, la petición de nulidad se puede intentar en cualquier etapa y grado del proceso.

---

riores o contemporáneos a los que la nulidad se extiende por su conexión con el acto anulado, cuáles derechos y garantías del interesado afecta, cómo los afecta, y, siendo posible, ordenará que se ratifiquen, rectifiquen o renueven. En todo caso, no procederá tal declaratoria por defectos insustanciales en la forma. En consecuencia, sólo podrán anularse las actuaciones fiscales o diligencias judiciales del procedimiento que ocasionaren a los intervinientes un perjuicio reparable únicamente con la declaratoria de nulidad. Existe perjuicio cuando la inobservancia de las formas procesales atenta contra las posibilidades de actuación de cualquiera de los intervinientes en el procedimiento. El Juez procurará sanear el acto antes de declarar la nulidad de las actuaciones.

359 ***Artículo 196. Efectos.*** *La nulidad de un acto, cuando fuere declarada, conlleva la de los actos consecutivos que del mismo emanaren o dependieren. Sin embargo, la declaración de nulidad no podrá retrotraer el proceso a etapas anteriores, con grave perjuicio para el imputado, salvo cuando la nulidad se funde en la violación de una garantía establecida en su favor. De este modo, si durante la audiencia preliminar se declarare la nulidad de actuaciones judiciales realizadas durante la fase de investigación, el tribunal no retrotraerá el procedimiento a ésta fase. Asimismo, las nulidades declaradas durante el desarrollo de la audiencia del juicio oral no retrotraerán el procedimiento a la etapa de investigación o a la de la audiencia preliminar. / Contra el auto que declare la nulidad, las partes podrán interponer recurso de apelación, dentro de los cinco días siguientes a su notificación. / Este recurso no procederá si la solicitud es denegada.*

519. La Sala de Casación Penal del Tribunal Supremo de Justicia en sentencia N° 32 de 10 de febrero de 2011,[360] luego de considerar que "la institución de la nulidad es considerada en el proceso penal actual" como una sanción procesal que se fundamenta en el artículo 190 del Código Orgánico destinada a "de dejar sin efecto jurídico cualquier acto procesal que se realice en detrimento del orden constitucional y jurídico," ha decidido que las nulidades absolutas "**se pueden reclamar siempre y antes de que la sentencia adquiera el carácter de firme.**" La Sala agregó que al contrario de las nulidades relativas cuya solicitud de "saneamiento" "está sujeta a lapsos preclusivos y únicamente cuando se trate de aquellas nulidades susceptibles de ser convalidadas, es decir, las nulidades relativas;" en el caso de las nulidades absolutas, el "recurso de nulidad" "**sí se pueden plantear en cualquier estado y grado del proceso, debido a la gravedad o trascendencia del defecto mismo, pues vicia al acto en su esencia.** Es decir, de acuerdo a lo estipulado en el artículo 190 del Código Orgánico Procesal Penal, los actos realizados en desacato o con inobservancia de las formas y condiciones previstas en la Constitución, en el Código Orgánico Procesal Penal, las leyes, tratados, convenios y acuerdos internacionales suscritos por el Estado, no pueden apreciarse como fundamento de una decisión judicial, ni como presupuestos de ella." La Sala de Casación Penal, sin embargo, precisó que "aún y cuando la solicitud de nulidad absoluta de un acto no esté sujeta a lapsos preclusivos, la naturaleza misma de las nulidades, exige que tal **pedimento se formule con anterioridad al pronunciamiento de la decisión definitiva.**"

520. Se trata, por tanto, de la única limitante para intentar el recurso de nulidad, tal como se resolvió por la Sala Constitucional en sentencia N° 201 del 19 de febrero de 2004 al realizar una *" interpretación acorde con el derecho al debido proceso y el principio non bis in idem," el recurso de nulidad se admite únicamente para que sea decidido por "el sentenciador antes de dictar el fallo definitivo; y, por lo tanto, con la decisión judicial precluye la oportunidad para solicitar una declaratoria de tal índole, pedimento que sería intempestivo…"* (Negrillas de la Sala Penal).[361]

360 Véase sentencia de la Sala de Casación Penal del Tribunal Supremo de Justicia en sentencia N° 32 de 10 de febrero de 2011, *Juan Efraín Chacón* **Anexo 121** en http://www.tsj.gov.ve/decisiones/scp/Febrero/032-10211-2011-N10-189.html

361 Citada por la misma sentencia de Sala de Casación Penal del Tribunal Supremo de Justicia en sentencia N° 32 de 10-02-2011. **Anexo. 122.** Véase en http://www.tsj.gov.ve/decisiones/scp/Febrero/032-10211-2011-N10-189.html

E. *El Juez de Control estaba obligado a decidir de inmediato, en forma perentoria, el "recurso de nulidad" ejercido por los defensores de Allan R. Brewer Carías por violaciones de sus derechos y garantías constitucionales, sin que fuera obligatorio que lo hiciera sólo en la "audiencia preliminar"*

521. De todo lo anteriormente expuesto, resulta, por tanto, que conforme al Código Orgánico, intentado un recurso de nulidad por violación de derechos y garantías constitucionales o de las consagradas en los tratados internacionales sobre derechos humanos, no se exige en forma alguna que el auto declarativo de nulidad absoluta de actuaciones fiscales o judiciales, sólo pueda dictarse en alguna audiencia judicial y menos en la audiencia preliminar.

522. Al contrario, la decisión puede dictarse de oficio o a solicitud de parte en cualquier momento del proceso, pues la naturaleza constitucional de la violación denunciada y la nulidad absoluta que conlleva, obligan al juez a decidir cuando la misma se formule mediante un recurso de nulidad interpuesto por parte interesada, o cuando el propio juez la aprecie de oficio. Por tanto, conforme a los artículos 177 y 190 y siguientes del Código Orgánico, el juez no tiene que esperar una oportunidad procesal específica para adoptar su decisión, y está obligado a decidir de inmediato, perentoriamente, en el lapso de los tres (3) días siguientes que prescribe el artículo 177 del Código Orgánico y además, por la obligación que tiene de darle primacía a los derechos humanos.

523. La referencia que hace el artículo 196 del Código Orgánico a la "audiencia preliminar," o a la "audiencia del juicio oral" es sólo de carácter adjetivo a los efectos de determinar los posibles efectos *ex tunc* al auto de nulidad **para cuando se adopte en el curso de una audiencia judicial**, en el sentido de que si es "durante la audiencia preliminar" que se decreta "la nulidad de actuaciones judiciales realizadas durante la fase de investigación," entonces "el tribunal no retrotraerá el procedimiento a ésta fase;" y si la nulidad es declarada "durante el desarrollo de la audiencia del juicio oral" entonces "no retrotraerán el procedimiento a la etapa de investigación o a la de la audiencia preliminar." Pero ello no implica previsión alguna que imponga la limitante de que los "recursos de nulidad" interpuestos por las partes deban sólo decidirse en alguna audiencia preliminar o de juicio oral, como en forma errada lo observó la Comisión en su *Informe 171/11* (Par. 160), respecto de lo cual, muy respetuosamente discrepamos.

524. Otra mención a la "audiencia preliminar," aunque incorporada en el artículo 193 que se refiere al saneamiento de actos procesales lo que por supuesto no procede en casos de nulidad absoluta, es que no puede "reclamarse la nulidad de actuaciones verificadas durante la fase de investigación después de la audiencia preliminar," es decir, que sólo pueden reclamarse antes de efectuarse la audiencia preliminar. Pero ello, aparte de que sólo se refiere a temas de nulidad relativa, tampoco implica previsión alguna que imponga la limitante de que los "recursos de nulidad" sólo puedan y deban decidirse en la audiencia preliminar.

525. Consideramos errada, por tanto, la apreciación que hizo la Comisión Interamericana de Derechos Humanos en su *Informe 171/11 del Artículo 50* al indicar que "la Comisión observa que la solicitud de nulidad debe ser resuelta en la audiencia preliminar, la cual no se ha realizado por la falta de comparecencia del imputado" (Párr. 160).

526. Aparte de que en el caso del profesor Brewer Carías no es cierto que la audiencia preliminar no se hubiera realizado en el juicio por "falta de comparecencia del imputado" como se pronunció en contra el mismo Juez de Control a cargo de convocar la misma (*Véase supra ¶ 442*), lo cierto es que la jurisprudencia que la propia Comisión cita en su *Informe* contradice su apreciación sobre la oportunidad de decidir el recurso de nulidad. En efecto, la sentencia de la Sala Constitucional del Tribunal Supremo de fecha 20 de julio de 2007[362] que la *Comisión cita en el Párr. 157 del Informe*, que en realidad, no es dicha sentencia, sino que en la misma se cita la sentencia N°. 256/2002, caso*: "Juan Calvo y Bernardo Priwin,"* que se transcribe en ella, y que es la que transcribe –aún cuando con ciertos cortes- la Comisión Interamericana. En esa sentencia N° 256 de 2002, en efecto, se afirma:

> "Para el proceso penal, el juez de control durante la fase preparatoria e intermedia hará respetar las garantías procesales, pero el Código Orgánico Procesal Penal no señala una oportunidad procesal para que se pida y se resuelvan las infracciones a tales garantías, lo que incluye las transgresiones constitucionales, sin que exista para el proceso penal una disposición semejante al artículo 10 del Código de Procedimiento Civil, ni remisión alguna a dicho Código por parte del Código Orgánico Procesal Penal.
>
> Ante tal silencio de la ley, ¿cómo maneja el juez de control una petición de nulidad?. **A juicio de esta Sala, depende de la etapa procesal en que se haga, y si ella se interpone en la fase intermedia, el juez puede resolverla bien antes de la audiencia preliminar o bien como resultado de dicha audiencia, variando de acuerdo a la lesión constitucional alegada,** ya que hay lesiones cuya decisión no tienen la urgencia de otras, al no infringir en forma irreparable e inmediata la situación jurídica de una de las partes.
>
> No señala el artículo 328 del Código Orgánico Procesal Penal entre las actuaciones que pueden realizar las partes en la fase intermedia, la petición de nulidades, pero ello lo considera la Sala posible como emanación del derecho de defensa. De ocurrir tal petición de nulidad, el juez de

---

362 Véase sentencia N° 1520 de la Sala Constitucional de 20-07-2007 (Caso *Luis Alberto Martínez González*) **Anexo 123** en http://www.tsj.gov.ve/decisiones/scon/Julio/1520-200707-07-0827.htm

control -conforme a la urgencia debido a la calidad de la lesión y ante el silencio de la ley- podrá antes de abrir la causa a juicio y en cualquier momento antes de dicho acto de apertura resolverla, aunque lo preferible es que sea en la audiencia preliminar, con prioridad a la decisión de los puntos a que se refiere el artículo 330 del Código Orgánico Procesal Penal, a fin de garantizar el contradictorio a las partes, ya que éste es un principio que rige el proceso penal (artículo 18 del Código Orgánico Procesal Penal).

Sin embargo, **cuando la nulidad coincide con el objeto de las cuestiones previas, la resolución de las mismas debe ser en la misma oportunidad de las cuestiones previas; es decir, en la audiencia preliminar** lo que de paso garantiza el derecho de defensa de todas las partes del proceso y cumple con el principio del contradictorio" (Negritas de este fallo)."[363]

527. En dicha sentencia de 2002, citada en la sentencia de 2007, por tanto, la Sala fue clara en disponer que si el recurso de nulidad se interponía en la fase intermedia, "el juez debe resolverla **bien antes de la audiencia preliminar, o bien como resultado de dicha audiencia, variando de acuerdo a la lesión constitucional alegada,**" y solo se refirió a que la decisión del recurso de nulidad formulado en la etapa intermedia podría ser "**preferible**" que se adoptase en la audiencia preliminar, pero ello sólo dependiendo de los vicios de nulidad alegados, que cuando son de violación de derechos y garantías constitucionales deben ser apreciados de inmediato, independientemente de dicha audiencia. La Sala Constitucional, por lo demás, en la misma sentencia citada en el Parr. 157 del *Informe de la Comisión* solo apreció que el recurso de nulidad debía resolverse en la audiencia preliminar, sólo "**cuando la nulidad coincide con el objeto de las cuestiones previas,**" que no es el caso del recurso de nulidad intentado por los defensores del profesor Brewer Carías.

528. La otra sentencia de la Sala Constitucional N° 1358 de 19 de octubre de 2009, citada en el *Informe de la Comisión* (párr. 159) y en el *Informe del Estado* (págs. 34-35),[364] se refiere a una situación totalmente distinta y específica relativa al ejercicio de una acción de amparo intentada contra un juez de control el cual a pesar de que se había intentado antes un recurso de nulidad, procedió a convocar la audiencia preliminar sin decidir previamente dicho recurso; acción de amparo que la respectiva Corte de Apelaciones declaró sin lugar. Fue en ese contexto, y sólo en ese contexto, que la Sala Constitu-

---

363 Véase sentencia de la Sala Constitucional N° 256 (caso *Juan Calvo y Bernardo Priwin*) de 14-02-2002 **Anexo 124** en http://www.tsj.gov.ve/decisiones/scon/Febrero/256-140202-01-2181%20.htm

364 Véase sentencia de la Sala de Casación Penal N° 1358 de fecha 19/10/2009 (Caso: *Isidro José Fuentes Núñez*), **Anexo 125** en http://www.tsj.gov.ve/decisiones/scon/Octubre/1358-191009-2009-09-0173.html

cional, como tribunal de apelación en el juicio de amparo, confirmó la declaratoria sin lugar de la acción de amparo intentada, argumentando que cuando el juez de control toma esa decisión, no se puede aducir violación del debido proceso, debiendo el recurso de nulidad inicial resolverse "en la audiencia preliminar" considerando que "la supuesta amenaza o violación de los derechos constitucionales alegados por el accionante, no es de posible realización por parte del referido Juzgado Cuarto de Control del Circuito Judicial Penal del Estado Sucre, toda vez que éste solo podía pronunciarse sobre la solicitud del acusado en el acto de audiencia preliminar, lo que, en consecuencia, conduce a la **inadmisibilidad respecto a estas denuncias, de la acción de amparo constitucional**, de conformidad con lo dispuesto en el cardinal 2 del artículo 6 de la Ley Orgánica de Amparo sobre Derechos y Garantías Constitucionales,"[365] que dispone la inadmisibilidad "Cuando la amenaza contra el derecho o la garantía constitucionales, no sea inmediata, posible y realizable por el imputado."

529. No se puede deducir de esta sentencia, dictada en ese preciso contexto de un juicio de amparo, y sólo a los efectos de declarar inadmisible la acción de amparo, un cambio de doctrina en materia de la oportunidad para decidir el recurso de nulidad, y pretender que de ella pueda haber surgido una "doctrina" en el sentido de que sólo y únicamente en la audiencia preliminar es cuando juez de control puede y debe resolver los recursos de nulidad. Ello no es cierto, y la Sala Constitucional más bien ha dispuesto en la sentencia de 20 de julio de 2007, antes citada, que como "**el Código Orgánico Procesal Penal no señala una oportunidad procesal para que se [...] resuelvan las infracciones a tales garantías, lo que incluye las trasgresiones constitucionales [...], si el recurso de nulidad "se interpone en la fase intermedia, el juez debe resolverla bien *antes de la audiencia preliminar*, o bien como resultado de dicha audiencia, variando de acuerdo a la lesión constitucional alegada.**"[366]

530. En caso de denuncias de violación de derechos y garantías constitucionales, el juez penal en Venezuela, por sobre todo, está en la obligación de darle **preeminencia a los derechos humanos**, y privilegiar la decisión sobre las denuncias de nulidades absolutas por violación de los derechos y garantías constitucionales, decidiendo de inmediato los recursos de nulidad fundados en dichas violaciones, sin dilaciones y con prevalencia sobre cualquier otro asunto.

531. Ello, por lo demás, deriva de las previsiones de la propia Constitución, conforme a la doctrina sentada por las diversas Salas del Tribunal Supremo de Justicia, según la cual, en Estado Constitucional o Estado de Derecho y de Justicia, la dignidad humana y los derechos de la persona tienen una

---

365 *Idem*

366 Véase sentencia N° 1520 de la Sala Constitucional de 20-07-2007 (Caso *Luis Alberto Martínez González*) en http://www.tsj.gov.ve/decisiones/scon/Julio/1520-200707-07-0827.htm **Anexo 123**.

posición preferente, lo que implica la obligación del Estado y de todos sus órganos a respetarlos y garantizarlos como objetivo y finalidad primordial de su acción pública. Ello ha sido decidido así, por ejemplo, en sentencia N° 224 del 24 de febrero de 2000 de la Sala Política Administrativa del Tribunal Supremo de Justicia (Ponente: *Carlos Escarrá Malaver*), al afirmarse sobre "la preeminencia de la dignidad y los derechos humanos" constituyendo estos últimos, "el sistema de principios y valores que legitiman la Constitución," que garantizar "a existencia misma del Estado," y que "tienen un carácter y fuerza normativa, establecida expresamente en el artículo 7 de la Constitución," lo que "conlleva la sujeción y vinculatoriedad de todos los órganos que ejercen el Poder Público impregnando la vida del Estado (en sus aspectos jurídico, político, económico y social)." De acuerdo con la Sala, ese "núcleo material axiológico, recogido y desarrollado ampliamente por el Constituyente de 1999, dada su posición preferente, representa la base ideológico que sustenta el orden dogmático de la vigente Constitución, imponiéndose al ejercicio del Poder Público y estableciendo un sistema de garantías efectivo y confiable," de lo que concluyó la Sala afirmando que "todo Estado Constitucional o Estado de Derecho y de Justicia, lleva consigo la posición preferente de la dignidad humana y de los derechos de la persona, la obligación del Estado y de todos sus órganos a respetarlos y garantizarlos como objetivo y finalidad primordial de su acción pública;" agregando que "la Constitución venezolana de 1999 consagra la preeminencia de los derechos de la persona como uno de los valores superiores de su ordenamiento jurídico y también refiere que su defensa y desarrollo son uno de los fines esenciales del Estado."[367]

532. Tal preeminencia de los derechos humanos, llevó incluso al Tribunal Supremo en dicha sentencia a afirmar que conforme a "la filosofía político-social inserta en la nueva Constitución," ha quedado superada "la teoría de que los derechos constitucionales sólo valían el ámbito de la Ley, por el contrario, hoy las leyes sólo valen en el ámbito de los derechos humanos;" de manera que en definitiva, "la piedra angular de la defensa de los derechos esenciales se encuentra en el control jurisdiccional, sólo cuando existe tal control puede sostenerse la existencia de una protección de los derechos." En este caso, precisamente, el control que todo juez penal está en la obligación de realizar cuando se denuncia la nulidad absoluta de actos fiscales o procesales por violación a los derechos y garantías constitucionales.

533. Esta doctrina se ha sostenido, además, en otras sentencias. Por ejemplo, en la sentencia N° 2442 de 1° de septiembre de 2003 de la Sala Constitucional del Tribunal Supremo de Justicia, en la cual se expresó que "la mera existencia del hombre le atribuye a éste el derecho a exigir y a obtener la vigencia de todas las garantías necesarias para asegurar su vida digna, es decir, su existencia adecuada, proporcional y racional al reconocimiento de su esencia como un ser racional. Al mismo tiempo que le impone al Estado él deber de adoptar las medidas de protección indispensables para salvaguardar

---

367 **Anexo 77**

los bienes jurídicos que definen al hombre como persona, es decir, la vida, la integridad, la libertad, la autonomía, etc."[368]

534. En otra sentencia de la misma Sala Constitucional N° 3215 de 15 de junio de 2004 (Magistrado Ponente: José Manuel Delgado Ocando), al referirse a la "Interpretación Extensiva y Derechos Fundamentales," y hacer referencia al "aforismo romano *favorabilia amplianda, odiosa restringenda*, según el cual las disposiciones de carácter prohibitivo deben ser interpretadas restrictivamente y aquéllas favorables a las libertades consagradas en el ordenamiento deben serlo extensivamente," y considerar que "la argumentación jurídica debe hacerse *favor libertatis* y acorde con los principios y derechos recogidos en el Texto Constitucional," sostuvo que la Constitución, en su artículo 2, "propugna la preeminencia de los derechos humanos como principio superior del ordenamiento jurídico de la República." De ello, y de analizar además, los artículos 22 y 23 de la Constitución, la Sala Constitucional concluyó señalando que en Venezuela, "la interpretación constitucional debe siempre hacerse conforme al principio de preeminencia de los derechos humanos, el cual, junto con los pactos internacionales suscritos y ratificados por Venezuela relativos a la materia, forma parte del bloque de la constitucionalidad."[369]

535. Igualmente, en sentencia de la misma Sala Constitucional N° 2025 de 9 de septiembre de 2004 (Magistrado Ponente: José Manuel Delgado Ocando), ha señalado que el respeto a los derechos y garantías constitucionales, "le impone a las autoridades públicas el deber de velar por la protección y salvaguarda de la vida, la libertad y la autonomía de los seres humanos por el mero hecho de existir, con independencia de consideraciones de naturaleza o de alcance iuspositivista;" agregando que ello "se encuentra consagrado constitucionalmente como uno de los valores superiores sobre los cuales se fundamenta el Estado Social de Derecho y de Justicia y en torno al cual debe girar todo el ordenamiento jurídico, y, por ende, todas las actuaciones de los órganos que ejercen el Poder Público, los cuales tiene así la obligación también constitucional (artículos 19 y 25) de adoptar las medidas legislativas, administrativas y judiciales de protección indispensables para salvaguardar los bienes jurídicos que definen al hombre como persona, es decir, la vida, la integridad, la libertad, la autonomía, etc."[370]

---

368 Sentencia N° 2442 de 1° de septiembre de 2003 de la Sala Constitucional del Tribunal Supremo de Justicia. http://www.tsj.gov.ve/decisiones/scon/Septiembre/2442-010903-03-1963.htm. **Anexo 126**

369 Sentencia N° 3215 de la Sala Constitucional de 15 de junio de 2004 Interpretación del artículo 72 de la Constitución de la República Bolivariana de Venezuela, http://www.tsj.gov.ve/decisiones/scon/Junio/1173-150604-02-3215.htm. **Anexo 127**

370 Sentencia de la misma Sala Constitucional N° 2025 de 9 de septiembre de 2004 Aníbal V. Silva M., http://www.tsj.gov.ve/decisiones/scon/Septiembre/2025-090904-03-2366%20.htm. **Anexo 128.**

536. Precisamente por esta primacía y preeminencia de los derechos humanos, el juez penal, al conocer del recurso de nulidad, actúa como juez constitucional para controlar la constitucionalidad de las actuaciones fiscales y judiciales. Como lo ha dicho la Sala Constitucional del Tribunal Supremo, "El recurso de nulidad en materia adjetiva penal, se interpone cuando en un proceso penal, las partes observah que existen actos que contraríen las formas y condiciones previstas en dicho Código Adjetivo, la Constitución de la República Bolivariana de Venezuela, las leyes y los tratados, convenios o acuerdos internacionales, suscritos por la República, *en donde el Juez Penal, una vez analizada la solicitud, o bien de oficio, procederá a decretar la nulidad absoluta o subsanará el acto objeto del recurso;*"[371] concluyendo, en sentencia No. 256 de 14 de febrero de 2002 (*Caso Juan Calvo y Bernardo Priwin*) que "*la inconstitucionalidad de un acto procesal –por ejemplo- no requiere necesariamente de un amparo, ni de un juicio especial para que se declare, ya que dentro del proceso donde ocurre, el juez, quien es a su vez un tutor de la Constitución, y por lo tanto en ese sentido es Juez Constitucional, puede declarar la nulidad pedida.*"[372] "Esto lo repitió la Sala Constitucional en sentencia N° 1520 de 20 de julio de 2007 al señalar:

> Por otra parte, en sentencia de esta Sala N° 256/2002, caso: "Juan Calvo y Bernardo Priwin", se indicó que las nulidades por motivos de inconstitucionalidad (como lo sería el desconocimiento de derechos de rango constitucional) que hayan de ser planteadas en los diferentes procesos judiciales, no necesariamente deben ser presentadas a través de la vía del amparo constitucional, pues en las respectivas leyes procesales existen las vías específicas e idóneas para la formulación de las mismas, y que en el caso del proceso penal dicha vía procesal está prevista en los artículos 190 y 191 eiusdem."[373]

537. Y precisamente, el juez penal, actuando como juez constitucional, para decidir un recurso de nulidad formulado contra las actuaciones fiscales por los defensores del imputado, no tiene que tener en su presencia al recurrente, pues no está obligado a esperar la audiencia preliminar para decidirlo. Su obligación es restablecer de inmediato la situación constitucional infringida, de manera que no es nada "insólito" que "el juez pueda resolver la solici-

---

371 Sentencia del Tribunal Supremo de Justicia en Sala Constitucional del 10 de agosto de 2001, con ponencia del Magistrado Antonio José García García, en el expediente N° 01-0458, sentencia N° 1453, tomada de Jurisprudencia del Tribunal Supremo de Justicia, Oscar R. Pierre Tapia, N° 8, Año II, Agosto 2001. **Anexo 117.**

372 Sentencia N° 256 del Tribunal Supremo de Justicia en Sala Constitucional del 14/02/02, exp N° 01-2181, en **Anexo 124.** http://www.tsj.gov.ve/decisiones/scon/Febrero/256-140202-01-2181%20.htm.

373 Sentencia N° 1520 de 20 de julio de 2007 en http://www.tsj.gov.ve/decisiones/scon/Julio/1520-200707-07-0827.htm **Anexo 123.**

tud de nulidad sin presencia del imputado" como sin fundamento lo afirma el *Estado en su Informe* (Pág. 30).

538. Por tanto, en este caso, se violó el derecho a la protección judicial de Allan R. Brewer Carías por falta de decisión del recurso de nulidad en un plazo razonable. Se insiste, el recurso de nulidad, que era el único del cual disponía el profesor Brewer Carías y que fue intentado el 8 de noviembre de 2005, nunca fue decidido, estando el juez obligado a hacerlo en plazo perentorio por la protección constitucional requerida. No es cierto que en el ordenamiento jurídico venezolano, el recurso de nulidad deba ser decidido sólo en la "audiencia preliminar" como se argumenta en el *Informe del Estado* ante la Comisión (págs. 25-37) y además, como se observa erradamente en el *Informe 171/11* de la CIDH (Parr. 160). Ello no tiene asidero alguno ni en la ley ni en la jurisprudencia.

539. Lo contrario a lo afirmado, tanto por la Comisión Interamericana como por el Estado en su Informe, resulta de la **interpretación vinculante** establecida por la Sala Constitucional conforme al artículo 335 de la Constitución en sentencia N° 221 de 4 de marzo de 2011,[374] "sobre el contenido y alcance de la naturaleza jurídica del instituto procesal de la nulidad," dictada en virtud del "empleo confuso que a menudo se observa por parte de los sujetos procesales en cuanto a la nulidad de los actos procesales cumplidos en contravención o con inobservancia de las formas y condiciones previstas en la ley." En dicha sentencia la Sala Constitucional del Tribunal Supremo resolvió en la siguiente forma:

> *"En tal sentido, esta Sala en sentencia Nro: 1228 de fecha 16 de junio de 2005, caso: "Radamés Arturo Graterol Arriechi", estableció el criterio que atiende al tema de la nulidad en materia procesal penal, respecto del cual, dado su contenido explicativo, estima oportuno reproducir una parte considerable del mismo, tal y como de seguida se hace:*
>
> *Ahora bien, estima la Sala propicia la oportunidad a fin de fijar criterio respecto del instituto procesal de la nulidad en el proceso penal.*
>
> *En tal sentido, acota la Sala, que el proceso se desenvuelve mediante las actuaciones de los distintos sujetos intervinientes en el mismo, en lo que respecta a los particulares, sea como parte o como tercero incidental. Dichas actuaciones deben realizarse bajo el cumplimiento de ciertas formas esenciales para que las mismas sean válidas, no sólo para cumplir con el esquema legal propuesto, sino para que las garantías procesales, de raíz constitucional (debido proceso, derecho de defensa), sean cumplidas.*

---

374 (Caso: *Francisco Javier González Urbina y otros*) **Anexo 122** en http://www.tsj.gov.ve/decisiones/scon/Marzo/221-4311-2011-11-0098.html

Así, la constitución del acto para que tenga eficacia y vigencia debe estar integrado por la voluntad, el objeto, la causa y la forma, satisfaciendo los tres primeros aspectos los requisitos intrínsecos y el último los extrínsecos.

De allí que, toda actividad procesal o judicial necesita para su validez llenar una serie de exigencias que le permitan cumplir con los objetivos básicos esperados, esto es, las estrictamente formales y las que se refieren al núcleo de dicha actividad. Sin embargo, independientemente de cuáles sean los variados tipos de requisitos, ciertamente ellos dan la posibilidad de conocer cuándo se está cumpliendo con lo preceptuado por la norma, circunstancia que permite entonces conocer hasta donde se puede hablar de nulidad o validez de los actos procesales.

La teoría de las nulidades constituye uno de los temas de mayor importancia para el mundo procesal, debido a que mediante ella se establece lo relevante en la constitución, desarrollo y formalidad de los actos procesales, ésta última la más trascendente puesto que a través de ella puede garantizarse la efectividad del acto. Así, si se da un acto con vicios en aspectos sustanciales relativos al trámite –única manera de concebir el fundamento del acto- esto es, los correspondientes a la formación de la actividad, entonces nace forzosamente la nulidad.

La importancia para el proceso es que las reglas básicas sobre el cumplimiento de los actos y los actos mismos estén adecuadamente realizados, ya que el principio rector de todos los principios que debe gobernar a la justicia es el efectivo cumplimiento del debido proceso, es decir, que la idea de un juicio justo es tan importante como la propia justicia, razón por la cual las reglas, principios y razones del proceso, a la par de las formas, deben estar lo suficientemente claras y establecidas para que no quede la duda respecto de que se ha materializado un juicio con vicios en la actividad del proceso.

En síntesis, los defectos esenciales o trascendentes de un acto procesal que afectan su eficacia y validez, el cumplimiento de los presupuestos procesales o el error en la conformación que afecta algún interés fundamental de las partes o de la regularidad del juicio en el cumplimiento de normas de cardinal observancia, comportan la nulidad.

En nuestro sistema procesal penal, como en cualquier otro sistema procesal, la nulidad es considerada como una verdadera sanción procesal –la cual puede ser declarada de oficio o a instancia de parte por el juez de la causa- dirigida a privar de efectos jurídicos a todo acto procesal que se celebra en violación del ordenamiento jurídico-procesal penal. Dicha sanción comporta la eliminación de los efectos legales del acto írrito, regresando el proceso a la etapa anterior en la que nació dicho acto.

De allí, que la nulidad, aunque pueda ser solicitada por las partes y para éstas constituya un medio de impugnación, no está concebida por el legislador dentro del Código Orgánico Procesal Penal como un medio recursivo ordinario, toda vez que va dirigida fundamentalmente a sanear los actos procesales cumplidos en contravención con la ley, durante las distintas fases del proceso –artículos 190 al 196 del Código Orgánico Procesal Penal- y, por ello, es que el propio juez que se encuentre conociendo de la causa, debe declararla de oficio.

Mientras que, los recursos tienen por objeto el que se revise una determinada decisión por un órgano superior al que la dictó. Revisar, de por sí, presupone una función que debe realizar un órgano de mayor gradación de aquel que dictó la decisión. Al ser una sentencia, interlocutoria o definitiva, un acto que produce los más importantes efectos jurídicos, debe ser controlada o revisada a través de un mecanismo de control real sobre el fallo –la actividad recursiva-.

La actividad recursiva en el contexto del nuevo proceso penal es limitada, ya que no todas las decisiones pueden ser sometidas al control de la doble instancia y, si bien, el recurso de apelación y el de casación pertenecen a dicha actividad; no obstante, es innegable que estos dos medios de impugnación generan actos procesales que tienen incidencia importante en el proceso, ya que por efecto de su ejercicio podría declararse la nulidad del juicio o de la decisión defectuosa y ello comporta que se realice de nuevo la actividad anulada"(Subrayado y negritas de la Sala)."

*Conforme la doctrina anteriormente reproducida, esta Sala reitera que **la nulidad no constituye un recurso ordinario propiamente dicho,** que permita someter un acto cumplido en contravención con la ley al control de la doble instancia, ya que **la nulidad constituye un remedio procesal para sanear actos defectuosos por la omisión de ciertas formalidades procesales o para revocarlos cuando dichos actos fueron cumplidos en contravención con la ley.** Tan es así lo aquí afirmado que la normativa adjetiva penal venezolana vigente permite que la nulidad pueda ser declarada de oficio por el juez cuando no sea posible el saneamiento del acto viciado, ni se trate de casos de convalidación. De allí que **la nulidad se solicita al juez que esté conociendo de la causa para el momento en el cual se produce el acto irrito, salvo que se trate de un acto viciado de nulidad absoluta, en cuyo caso podrá solicitarse en todo estado y grado del proceso** (Vid. sentencia Nro. 206 del 05 de noviembre de 2007, caso:"Edgar Brito Guedes"). Lo contrario sería desconocer la competencia que legalmente le es atribuida al juez para asegurar la efectiva aplicación de los principios y garantías que informan el proceso penal.*

En todo caso, la Sala no desconoce el derecho de las partes de someter a la revisión de la alzada algún acto que se encuentre viciado de nu-

lidad, pero, esto solo es posible una vez que se dicte la decisión que resuelva la declaratoria con o sin lugar de la nulidad que se solicitó, pues contra dicho pronunciamiento es que procede el recurso de apelación conforme lo establecido en el artículo 196 del Código Orgánico Procesal Penal, salvo –se insiste- que se trate del supuesto de una nulidad absoluta, la cual puede ser solicitada ante dicha alzada.

En tal sentido, esta Sala estima oportuno citar la opinión del ilustre jurista Arminio Borjas (1928), quien para la época, en su obra "Exposición del Código de Enjuiciamiento Criminal Venezolano", al tratar el tema de las nulidades en el proceso penal a la letra señaló lo siguiente:

Importa advertir que no debe confundirse la nulidad considerada como sanción del quebrantamiento o de la omisión de ciertas formalidades procesales, con la revocación o anulación de los fallos por el Juez o Tribunal que conoce de ellos en grado, porque, aunque resultan invalidados por igual el acto irrito y lo dispositivo de la sentencia revocada, casi siempre los motivos de la nulidad son del todo extraños a los errores de hecho o de derecho que motivan la revocación de los fallos, y el remedio o subsanamiento de los vicios de nulidad son `por lo común diferentes de los de la nulidad de alguna actuación en lo criminal, y se los pronuncia o declara por el propio juzgador de la alzada.

A la par, lo anteriormente señalado también se sustenta desde el punto de vista legislativo en el orden estructural del contenido normativo del Código Orgánico Procesal Penal, para el cual el legislador venezolano aplicó la técnica legislativa similar al del instrumento sustantivo penal, relativo a un orden por Libros, Títulos y Capítulos.

De esta manera, en relación a la distinción que debe existir entre las nulidades y los recursos, el Código Orgánico Procesal Penal trata las nulidades en un Título exclusivo del Libro Primero relativo a las Disposiciones Generales, específicamente en el Título VI "DE LOS ACTOS PROCESALES Y LAS NULIDADES", mientras que el tema de los recursos lo prevé tres Libros posteriores, a saber: Libro Cuarto "DE LOS RECURSOS".

*Establecido el anterior criterio de manera **vinculante**, esta Sala Constitucional ordena la publicación en Gaceta Oficial del presente fallo, y hacer mención del mismo en el portal de la Página Web de este Supremo Tribunal. Así se declara."*[375]

540. En dicha interpretación vinculante, por tanto, no se estableció en forma alguna que la petición o recurso de nulidad absoluta deba decidirse sólo en alguna oportunidad procesal determinada, debiendo ser decidido, de

---

[375] (Caso: *Francisco Javier González Urbina y otros*) **Anexo 122** en (http://www.tsj.gov.ve/decisiones/scon/Marzo/221-4311-2011-11-0098.html

acuerdo con los vicios denunciados, de inmediato, es decir, en forma perentoria, antes incluso de la audiencia preliminar si fue en ese estado de la causa que se formuló, y en todo caso dentro de los tres (3) días a que hace referencia el artículo 177 del Código Orgánico Procesal Penal, sobre todo cuando los vicios se refieren a violaciones de derechos y garantías constitucionales y existen razones concretas suficientes para precipitar la decisión judicial.

541. Por último, debe indicarse que conforme lo decidió la misma Sala Constitucional del Tribunal Supremo en sentencia No. 2061 de fecha 05/11/2007,[376] "una vez solicitada la nulidad y declarada sin lugar, ésta no puede intentarse nuevamente, ello por cuanto dicho fallo alcanza el carácter definitivo," de manera que como lo explicó la Sala Constitucional, como en el Código Orgánico Procesal Penal vigente en 2005 se establecía que si la solicitud de nulidad fuese negada no se podía ejercer recurso alguno ("artículo 196 del Código Orgánico Procesal Penal, en su último aparte, que señalaba: que *"Contra el auto que declare la nulidad, las partes podrán interponer recurso de apelación, dentro de los cinco días siguientes a su notificación. Este recurso no procederá si la solicitud es denegada"*. (Subrayado de la Sala),"[377] entonces "la única vía dable de la cual disponía el accionante para atacar la negativa de su solicitud de nulidad, era la acción de amparo constitucional, pues no se trata de pedir nuevamente la nulidad denunciada en la causa principal -la cual sí podría solicitar en cualquier estado y grado del proceso- sino de la decisión que negó la solicitud de nulidad absoluta formulada por el accionante, la cual, tal como se señaló precedentemente, no tiene apelación (ver, en ese sentido, las sentencias N° 1520, del 6 de junio de 2003, caso: *José Pérez Fernández* y N° 1798, del 20 de octubre de 2006, Caso: *Carlos Alfonso Ortega Carvajal*)."[378]

542. Esa era precisamente la situación en el caso del profesor Brewer Carías: el único "recurso" del cual disponía en el ámbito interno frente a las violaciones masivas a sus derechos y garantías constitucionales durante la fase de preliminar del proceso penal era el recurso de nulidad establecido en los artículos 190 y siguientes del Código Orgánico, que intentaron sus defensores ante el Juez de Control el día 8 de noviembre de 2005, 18 días después de que el ministerio Público formuló la acusación ante el Juez de Control fiscal que fue el día 21 de octubre de 2005, antes, por supuesto, de que el Juez

---

376 (Caso: *Edgar Brito Guedes)*, **Anexo 119** en http://www.tsj.gov.ve/decisiones/scon/Noviembre/2061-051107-07-1322.htm

377 Debe indicarse que en la reforma del Código Orgánico Procesal Penal sancionada en septiembre de 2009 (*Gaceta Oficial* N° 5930 Extra de 04-09-2009), el artículo 196 fue reformado, sustituyéndose la última frase de la norma que rezaba: "Este recurso no procederá si la solicitud es denegada", por la frase "La apelación interpuesta contra el auto que declara sin lugar la nulidad, sólo tendrá efecto devolutivo," con lo cual se comenzó a admitir la apelación contra el acto que de denegación de la solicitud de nulidad.

378 Caso: *Edgar Brito Guedes*, **Anexo 119** en http://www.tsj.gov.ve/decisiones/scon/Noviembre/2061-051107-07-1322.htm

siquiera convocara a audiencia preliminar alguna. El Juez de control estaba obligado a decidir la petición de nulidad en forma perentoria, y no lo hizo, dejando al profesor Brewer Carías, sin posibilidad de intentar ningún otro recurso, ni siquiera el de amparo constitucional que como lo resolvió la Sala Constitucional en las sentencias citadas, sólo hubiera sido posible intentar contra la negativa de la petición de nulidad.

543. Por lo demás, tratándose de un recurso para la protección de derechos constitucionales y establecidos en los tratados sobre derechos humanos, ninguna lógica o razón podría tener en el ordenamiento jurídico venezolano y en el marco de la Convención, sostener que el recurso de nulidad, es decir, la protección judicial de derechos humanos que exigen el restablecimiento inmediato de las situaciones jurídicas infringidas, no deba resolverse de inmediato, y deba sólo resolverse en una audiencia preliminar que puede ocurrir que nunca tenga lugar en un juicio. Ello sería la negación, no sólo de la primacía y prevalencia que tienen los derechos humanos, sino de la necesidad de su protección inmediata, sin la cual no hay en definitiva garantía judicial de los mismos.

4. *La audiencia preliminar en el proceso seguido el profesor Brewer Carías nunca se realizó por causas que le son ajenas*

544. En el *Informe del Estado* ante la Comisión, por otra parte, después de repetirse hasta la saciedad que el profesor Allan R. Brewer Carías se habría "fugado" (Págs. 6, 9,11, 16, 24, 33, 56, 74) –lo cual es falso de toda falsedad – pues salió legalmente de Venezuela el 29 de septiembre de 2005, antes incluso de que se formulara acusación alguna en su contra, la cual se presentó el 21 de octubre de 2005; se argumenta igualmente en forma repetitiva y falsa, sobre "la incomparecencia del ciudadano Allan Brewer Carías para la celebración de la audiencia preliminar" (pág. 9); que su ausencia "ha imposibilitado la realización de la audiencia preliminar" (pág. 10); que la audiencia preliminar del juicio "no se ha podido llevar a cabo en virtud de la falta de comparecencia del imputado" (Pág. 31), que "su ausencia del país no ha permitido la realización de los actos requeridos para la tramitación del mismo" (p. 49), y de "la audiencia oral" (pág. 56). Todo ello es falso. No hay en el expediente de la causa decisión o auto judicial alguno mediante el cual el Juez de Control haya expresado la imposibilidad de realizar la audiencia preliminar por la ausencia del profesor Brewer Carías del país. Simplemente, la convocatoria que el juez hizo para realizar la audiencia, oportunidad en la cual comparecieron siempre sus defensores, terminó siempre con su defierimiento por parte del Juez, por diversas causas, pero nunca porque hubiera expresado que la misma no se pudo realizar por la ausencia de Brewer Carías del país o por su no comparecencia.

545. En efecto, la audiencia preliminar en el proceso seguido al profesor Brewer Carías fue diferida sucesivamente por el juez a requerimiento de otros imputados y sus defensores, hasta que se dictó la Ley de amnistía que se les aplicó. De ello dejó constancia **explícita el Juzgado de Control al decidir que les demoras en la realización de la audiencia preliminar nada tenían que ver ni encontraban su origen en alguna supuesta incomparecencia de Allan R. Brewer Carías.** Se recuerda en efecto, la decisión del Juez de control de fecha 20 de julio de 2007 (**Anexo 55**) (*Véase supra ¶ 442*), mediante la cual se resolvió una solicitud de otro acusado, en la cual el Juez expresó que "el acto de la Audiencia Preliminar **no ha sido diferido por incomparecencia del ciudadano Alan (sic) R. Bruwer (sic) Carías**, al contrario los diversos diferimientos que cursan en las actas del presente expediente han sido en virtud de las numerosas solicitudes interpuestas por los distintos defensores de los imputados" (distintos a los defensores de Brewer), agregando que "los diversos diferimientos de la señalada audiencia **no han sido por la ausencia contumaz del imputado antes mencionado [Allan R. Brewer Carías]**, por el contrario, han sido producto de las innumerables solicitudes de diferimientos por (sic) la propia defensa" de otros imputados.

5. *El condicionamiento de la decisión de la nulidad de todas las actuaciones demandada por el profesor Brewer Carías a la celebración de la audiencia preliminar del proceso penal en su contra, es una violación del artículo 25 de la convención*

546. El artículo 25 de la Convención estipula que toda persona tiene derecho a un recurso sencillo y rápido o a cualquier otro recurso efectivo que la ampare contra actos que violen sus derechos fundamentales reconocidos por la Constitución, la ley o la presente Convención. En el caso del profesor Brewer Carías, como ya hemos demostrado (*Véase supra ¶ 538)*, el recurso de nulidad por inconstitucionalidad de todas las actuaciones cumplidas bajo la dirección del Ministerio Público era y es el **único recurso disponible para proteger los derechos humanos de la víctima en el presente caso**.

547. Luego de siete años de haberse intentado, dicho recurso no ha sido ni tan siquiera proveído por el Tribunal de Control ante el que fue interpuesto. Semejante retardo, *prima facie*, bastaría para decir que no se trata de un recurso efectivo ni rápido y que, en consecuencia, el profesor Brewer Carías no ha dispuesto del medio de defensa de sus derechos humanos que le garantiza el artículo 25.

548. El Estado ha alegado que ese recurso, por haberse propuesto con la contestación de la acusación forma parte de ésta y que, por lo tanto, debe ser resuelto necesariamente en la audiencia preliminar, la cual no se habría celebrado por la incomparecencia del acusado. Cita, en su respaldo, jurisprudencia venezolana que, en su opinión, sustenta esa conclusión.

549. La Comisión, en su **Informe**, como hemos constatado, parece haber aceptado la posición del Estado, considerando "que la presencia del imputado es requerida en la audiencia preliminar a modo de que dicho acto se pueda realizar y durante su celebración el juez resuelva la solicitud de nulidad planteada por la defensa del acusado."

550. Hemos argumentado y esperamos haber demostrado que el Derecho interno venezolano no se conforma con esa conclusión y que una solicitud de nulidad absoluta por inconstitucionalidad debe resolverse sin demora y con toda prioridad, siendo aplicable el plazo de tres días que contempla el artículo 177 del COPP. Nuestra conclusión divergente de la expuesta en el Informe 171/11 de la CIDH, indicaría que el Derecho interno venezolano se ajusta virtualmente al artículo 25 de la Convención, en cuanto ese recurso sería en teoría "sencillo y rápido;" sin embargo, demostraría igualmente que la demora de siete años en decidir la nulidad viola tanto el orden jurídico interno como la Convención.

551. Consideramos, desde luego, que la conclusión de la CIDH está fundada, como la posición del Estado, en una interpretación errónea del COPP y de la Constitución venezolana, pero también observamos que esa interpretación del Derecho interno, en el supuesto negado que fuera acertada, lo que demostraría es que *el orden jurídico interno estaría en contradicción con las obligaciones de Venezuela según la Convención y el Derecho internacional.*

552. En efecto, si tenemos presente que, "para que tal recurso exista, **no basta con que esté previsto por la Constitución o la ley** o con que sea formalmente admisible, sino que **se requiere que sea realmente idóneo** para establecer si se ha incurrido en una violación a los derechos humanos y proveer lo necesario para remediarla," [379] no será difícil concluir que, incluso si se aceptara la posición del Estado sobre la oportunidad en que el recurso de nulidad interpuesto por el profesor Brewer Carías debe resolverse, el Estado habría violado, en este caso concreto, su obligación de proporcionar a la víctima un recurso judicial efectivo para la protección de sus derechos humanos.

553. En primer lugar, según el artículo 25 de la Convención, el recurso de protección judicial debe se *sencillo y rápido.* Ambos requisitos están orientados hacia la perentoriedad debida a la protección judicial a los derechos humanos, que no debe sujetarse a formas engorrosas que la dificulten ni sujetarse a plazos o condiciones que la demoren injustificadamente. Sujetar, como lo pretende el Estado, la decisión sobre la nulidad de los actuado en violación de los derechos humanos del profesor Brewer Carías a la celebración de la audiencia constitucional, desprovee a ese recurso de nulidad de los requisitos de ser *sencillo y rápido* conforme lo requiere el artículo 25 de la Convención.

554. *No es un recurso sencillo*, porque se condiciona a un acto de mayor complejidad, como lo es la audiencia preliminar del proceso penal, previo al cual deben cumplirse numerosos requisitos, especialmente en un caso como el del profesor Brewer Carías, donde había varios procesados, cada quien con su propia estrategia procesal, y en el cual deben decidirse diversas cuestiones de naturaleza heterogénea. Ese condicionamiento, visto desde el ángulo de la

---

379 Corte IDH, *Garantías Judiciales en Estados de Emergencia, cit.,* párr. 24.

razón de ser de la protección judicial de los derechos humanos, *no es razonable ni proporcionado al propósito de esa protección.* La única razón invocada para sujetar, en el presente caso, la decisión de la nulidad junto con la audiencia preliminar, es que el recurso de nulidad se propuso junto con el escrito de contestación a la acusación, es decir, una razón formal. La demanda de nulidad no contesta a la acusación sino que propone una nueva pretensión, derivada no necesariamente de los términos de la acusación, sino de las violaciones al debido proceso previas a la acusación.

555. No existe un vínculo material, de fondo, que imponga que las nulidades no puedan resolverse antes de la audiencia preliminar. Por el contrario, más bien la lógica apunta a que la nulidad se resuelva antes de la audiencia puesto que, de ser declarada con lugar, la audiencia no tiene por qué celebrarse. Por consiguiente, imponer, como lo pretende el Estado, que la nulidad debe resolverse en la audiencia preliminar, equivale a someter al recurso para la protección judicial de los derechos humanos a complejidades formales que se apartan del requisito de *sencillez* impuesto por el artículo 25.

556. *Tampoco es un recurso rápido.* Las circunstancias del presente caso bastan para evidenciarlo. Se afirma falazmente que la audiencia preliminar no ha podido tener lugar porque el profesor Brewer Carías no ha asistido a dicha audiencia, porque está "prófugo". Esto es *falso y mendaz.* Es cierto que el profesor Brewer Carías no ha estado presente en ninguna oportunidad convocada para la audiencia preliminar (si lo estuvieron sus defensores), pero si no ha estado presente en ninguna audiencia preliminar, no es porque esté prófugo (que no lo está, como hemos repetido y demostrado a la saciedad), sino porque esa audiencia *¡nunca se ha celebrado!* El juez de la causa, en su momento, dejó constancia en el expediente que la audiencia no había podido tener lugar por numerosas causas, *todas ellas ajenas a la ausencia del profesor Brewer Carías*, vinculadas con diversos recursos interpuestos por otros acusados en el mismo proceso. La solicitud de nulidad de todas las actuaciones procesales relativas al profesor Brewer Carías, fue introducida, junto con la contestación a la acusación, 8 de noviembre de 2005. La audiencia preliminar pudo haberse realizarse con respecto a los otros coacusados hasta el 25 de enero de 2008, día en el cual el Juzgado Vigésimo Quinto de Primera Instancia en Función de Control del Circuito Judicial Penal del Área Metropolitana de Caracas, decretó el sobreseimiento de la causa seguida contra la ciudadana Cecilia Margarita Sosa Gómez y José Gregorio Vásquez López. Transcurrieron ¡más de tres años! sin que la audiencia preliminar se celebrara, por razones que, según el mismo Juez de la causa, no podían imputarse a la ausencia del profesor Brewer Carías. Es decir, tiempo de más de tres años de espera por la audiencia preliminar hubiera transcurrido igual si él hubiera estado en el país. Es obvio que más de tres años (y no se sabe cuánto más) no es un lapso que cumple con el requisito de rapidez que exige el artículo 25 de la Convención y que, ese sólo lapso es más que suficiente para invocar la *demora injustificada* en la decisión del recurso interpuesto.

557. Según el COPP (art. 327), la audiencia preliminar debería celebrarse entre diez y veinte días después de la presentación de la acusación; pero ese es un plazo teórico, como lo demuestra el presente caso, en el cual la acusación (contra el profesor Brewer Carías y los demás coacusados) fue presentada el 21 de octubre de 2005 y aún no se ha celebrado, ni se había celebrado para el 25 de enero de 2008, cuando se sobreseyó la causa para los demás coacusados (*Véase supra ¶¶ 200, 480*).

558. Por lo tanto, en el supuesto negado de que, según el Derecho interno venezolano, el recurso de nulidad propuesto por el profesor Brewer Carías debiera necesariamente resolverse en la audiencia preliminar, se trataría de un recurso que, por no ser *sencillo y rápido*, no reuniría los extremos del artículo 25 de la Convención, de manera que la protección judicial que la misma Convención garantiza no lo estaría siendo en el Derecho interno, de modo que Venezuela estaría violando no sólo el artículo 25 sino también el artículo 2 de la Convención, por la inadecuación de su orden jurídico a este instrumento.

559. Igualmente, si se toma como término de comparación el lapso establecido por el COPP (diez a veinte días), habría que concluir que, *en el caso concreto*, el Estado habría violado, no sólo la Convención, sino su propio orden jurídico, al constatarse una demora de más de tres años (ahora *sine die*) en el trámite de la nulidad demandada por el profesor Brewer Carías. *No existe pues, supuesto ni interpretación posible para exonerar al Estado de la violación del artículo 25 de la Convención, según el Derecho internacional*.

560. Por otra parte, debemos subrayar que, en el caso concreto, tampoco se trataría de un recurso *efectivo*, pues se lo estaría sometiendo a la ilegítima condición de que el profesor Brewer Carías, un perseguido por razones políticas, enjuiciado por un delito político, se entregue en las manos de sus perseguidores. Contra todo principio de Derecho humanitario y de Derecho de los derechos humanos, se estaría condicionando el derecho de la víctima a obtener protección judicial a entregarse en las manos de aquéllos de quienes busca protegerse.

561. En efecto, como se deduce de toda la actuación del Ministerio Público en este caso y como quedó explícitamente plasmado en la posición del Estado ante la CIDH, lo que el gobierno venezolano pretende es que las garantías judiciales que se deben al profesor Brewer Carías como persona humana no serán ni tan siquiera consideradas mientras no se entregue a sus perseguidores. Esperamos y demandamos de esta Corte Interamericana de Derechos Humanos que declare y censure la inadmisibilidad de semejante despropósito a la luz del Derecho internacional de los derechos humanos y, desde luego, de la Convención.

562. Invocamos a este respecto los estándares del Derecho internacional de los derechos humanos en relación con la no comparecencia personal al juicio de quien está procesado penalmente. Conforme a esos estándares, si bien es admisible un grado apropiado de coerción para que el procesado se presente ante el tribunal de la causa, es ilegítimo imponer sanciones desproporcionadas o irrazonables a quien no comparezca, particularmente si su comparecencia comporta la privación de su libertad. Por ejemplo, en relación con la denegación del recurso de casación en virtud de una ley interna (francesa) que prohibía oírlo a favor de un procesado al que pudiera considerarse fugitivo, la Corte Europea de Derechos Humanos determinó lo siguiente:

> *La Corte no puede sino constatar que la inadmisibilidad de un recurso de casación fundada únicamente, como en el presente caso, en* **que el recurrente no se ha entregado como prisionero en ejecución de la decisión judicial impugnada mediante ese recurso,** <u>**constriñe al interesado a infligirse a sí mismo por anticipado la privación de libertad resultante de la decisión impugnada**</u>**,** *a pesar de que esa decisión no puede ser* **considerada como definitiva** *hasta que el recurso no haya sido definido o hasta que no haya transcurrido el lapso para interponerlo.*

> <u>**Se atenta sí contra la esencia misma del derecho a recurrir, imponiendo al recurrente una carga desproporcionada**</u>*...*[380] (Énfasis y subrayados agregados).

563. En un caso precedente, relativo a la misma ley interna, la Corte Europea había concluido que,

> *La Corte considera que la inadmisibilidad de un recurso de casación por razones vinculadas con la fuga del recurrente, también configura una* **sanción desproporcionada,** *teniendo presente la función primordial que* **los derechos de la defensa y el principio de preeminencia del derecho cumplen en una sociedad democrática.**[381] (Énfasis agregado).

---

380 CEDH, *Case of Guérin v. France (51/1997/835/1041)*. Judgment of 29 July 1998, párr. 43. Traducción nuestra: *"The Court can only note that, where an appeal on points of law is declared inadmissible solely because, as in the present case, the appellant has not surrendered to custody pursuant to the judicial decision challenged in the appeal, this ruling compels the appellant to subject himself in advance to the deprivation of liberty resulting from the impugned decision, although that decision cannot be considered final until the appeal has been decided or the time-limit for lodging an appeal has expired.[ ] This impairs the very essence of the right of appeal, by imposing a disproportionate burden on the appellant...*** *"La Cour ne peut que constater que l'irrecevabilité d'un pourvoi en cassation, fondée uniquement, comme en l'espèce, sur le fait que le demandeur ne s'est pas constitué prisonnier en exécution de la décision de justice faisant l'objet du pourvoi, contraint l'intéressé à s'infliger d'ores et déjà à lui-même la privation de liberté résultant de la décision attaquée, alors que cette décision ne peut être considérée comme définitive aussi longtemps qu'il n'a pas été statué sur le pourvoi ou que le délai de recours ne s'est pas écoulé.[ ] On porte ainsi atteinte à la substance même du droit de recours, en imposant au demandeur une charge disproportionnée..."* En idéntico sentido: CEDH, *Case of Omar v. France (43/1997/827/1033)*. Judgment of 29 July 1998, párr. 40.

381 CEDH, *Case of Poitrimol v. France (Application no. 14032/88)*. Judgment of 23 November 1993, párr. 38. Traducción nuestra: *"The Court considers that the inadmissibility of the appeal on points of law, on grounds connected with the applicant's having absconded, also amounted to a disproportionate sanction, having regard to*

564. Condicionar las garantías judiciales a la entrega del perseguido a sus perseguidores es ilegítimo: *"constreñir al interesado a infligirse a sí mismo por anticipado la privación de la libertad resultante de la decisión atacada, cuando esa decisión no puede considerarse como definitiva […] impone una carga desproporcionada..."*[382]

565. En conexión con este tema, reiteramos nuestra invocación al principio que subyace al artículo 22(8) de la Convención *(véase supra ¶ 453)*:

> *En ningún caso el extranjero puede ser expulsado o devuelto a otro país, sea o no de origen, donde su derecho a la vida o a **la libertad personal** está en riesgo de violación a causa de raza, nacionalidad, religión, condición social o **de sus opiniones políticas.** (Énfasis agregados).*

566. Esta disposición, expresa que es contrario al Derecho internacional entregar a un perseguido político a sus perseguidores[383]. El profesor Brewer Carías es un perseguido político, según esperamos haber convencido a esa honorable Corte. En todo caso, está siendo perseguido por un delito de naturaleza esencialmente política, al punto que INTERPOL decidió excluirlo de sus registros. Consideramos, por tanto, que es igualmente ilegítimo y contrario a los fundamentos de ese principio de Derecho internacional que se impusiera al profesor Brewer Carías entregarse a sus perseguidores como condición para tener una esperanza (falsa e ilusoria por demás) de acceder a un proceso penal con las garantías propias de una sociedad democrática. Por esa razón adicional, si la obtención una decisión de la inconstitucionalidad que demandó por haberse violado sus derechos humanos requiere que se entregue en manos de sus perseguidores, el recurso judicial interpuesto estaría sometido a una condición ilegítima y sería, también por esa razón, un recurso *no efectivo.*

567. Por lo demás, reiteramos que, en el caso del profesor Brewer Carías, se cumplen todas las condiciones del recurso inefectivo al que ha aludido la

---

the signal importance of the rights of the defence and of the principle of the rule of law in a democratic society." *** *"La Cour estime que l'irrecevabilité du pourvoi, pour des raisons liées à la fuite du requérant, s'analysait elle aussi en une sanction disproportionnée, eu égard à la place primordiale que les droits de la défense et le principe de la prééminence du droit occupent dans une société démocratique."*

382   CEDH, *Case of Guérin v. France, cit.,* párr. 43; CEDH, *Case of Omar v. France, cit.,* párr. 40.

383   Mencionamos, en la instancia ante la Comisión, el principio de *non refoulemnt.* La CIDH señaló que *"respecto de la supuesta violación del principio de non refoulement* […] *la Comisión considera que no se presentaron elementos que requieran un análisis de fondo".*(Párr. 165). En realidad no denunciamos tal violación, sino que invocamos el *non refoulement* como mera referencia para nuestra argumentación, como ahora lo hacemos ante la Corte, en la que, en atención a la observación de la CIDH, hemos omitido la alsuión al *non refoulement,* por ser innecesaria para la construcción del argumento que sostenemos en el presnte escrito.

Corte reiteradamente en su jurisprudencia, delineados inicialmente en su opinión consultiva N° 9:

- *Dadas "las condiciones generales del país", que hemos descrito en la en el presente escrito, así como "las circunstancias particulares de este caso" caracterizado por el ensañamiento de consuno de todas las ramas del poder público contra la víctima y que también hemos descrito en ambas presentaciones ante esa honorable Comisión, el recurso de nulidad ha resultado "ilusorio".*

- *La "inutilidad" de los recursos judiciales en casos como el presente ha "quedado demostrada por la práctica, porque el Poder Judicial carece de la independencia necesaria para decidir con imparcialidad", al punto que cuatro jueces que adoptaron decisiones que tímidamente favorecían a la víctima en el presente caso y a otros procesados, fueron removidos de inmediato y sin fórmula de juicio.*

- *Se ha "configurado un cuadro de denegación de justicia" como consecuencia del retardo injustificado en la decisión" sobre la nulidad de los actos que han violado masivamente las garantías judiciales de la víctima.*

568. En consecuencia, demandamos de esa honorable Corte que declare que el Estado venezolano ha violado, en perjuicio del profesor Allan R. Brewer Carías, el artículo 25 (Protección Judicial) de la Convención Americana sobre Derechos Humanos:

- Porque habiéndose introducido el único recurso disponible el 8 de noviembre de 2005, para la fecha del presente escrito aún no ha sido resuelto, en contravención del estándar de *plazo razonable* para resolverlo.

- Porque si la resolución de tal recurso, según le Derecho venezolano, requiriera la celebración de la audiencia preliminar en el proceso incoado contra el profesor Brewer Carías, tal recurso no tendría, en el presente caso, la condición de **sencillo y rápido**, prescrita por el artículo 25 de la Convención.

- Porque si el Estado condiciona la resolución de tal recurso a que el profesor Brewer Carías se entregue a las autoridades venezolanas para que ejecuten la orden de privación de libertad que pesa contra él, se estaría en presencia de una condición ilegítima según el Derecho internacional que privaría a dicho recurso de la efectividad prescrita por el artículo 25 de la Convención.

VII. VIOLACIÓN DEL DERECHO A LA HONRA (ART. 11, CADH)

569. De acuerdo con el artículo 11 de la Convención, "toda persona tiene *derecho al respeto de su honra y al reconocimiento de su dignidad.*" En contravención de este derecho, las afirmaciones a las que ya nos hemos referido, emanadas de la Asamblea Nacional, del Tribunal Supremo de Justicia, del Fiscal General de la República y de los Embajadores de Venezuela en la República Dominicana y en Costa Rica constituyen violaciones a la honra y dignidad de la víctima, el profesor Brewer Carías, y demuestran que la investigación en su conjunto constituye en sí misma una violación a este derecho.

570. Ya hemos descrito como esos órganos del Estado han emitido pronunciamientos prejuzgados que, además de violentar la presunción de inocencia, constituyen otras tantas violaciones al artículo 11 de la Convención por órganos y funcionarios que comprometen la responsabilidad del Estado (*Véase supra ¶¶ 116 ss.; 374 ss.*).

571. La Comisión ya ha dicho en diversos casos que las declaraciones hechas por representantes gubernamentales respecto de hechos o actos delictivos no probados aun en sede judicial representan una violación a la honra del afectado y una amenaza al principio de independencia de la judicatura.[384] En el presente caso, las sistemáticas acusaciones de "golpista" dirigidas en contra de nuestro representado, así como la irresponsable atribución que se le hace de la autoría del texto de un documento estrafalario y absurdo, que objetó como incompatible con los pilares de una sociedad democrática, lesionan su reputación y su prestigio como constitucionalista y como profesor universitario.

VIII. VIOLACIÓN DE LA LIBERTAD DE EXPRESIÓN (ART. 13, CADH)

572. Según el artículo 13 de la Convención, la libertad de expresión "comprende la libertad de buscar, recibir y difundir informaciones e ideas de toda índole" y las limitaciones legítimas a ese derecho deben contraerse a "responsabilidades ulteriores, las que deben estar expresamente fijadas por la ley y ser necesarias para asegurar: a) el respeto a los derechos o a la reputación de los demás, o b) la protección de la seguridad nacional, el orden público o la salud o la moral públicas." Por su parte, el artículo 19 de la Declaración Universal de los Derechos Humanos expresamente estipula que el derecho de libertad de expresión "incluye el de no ser molestado a causa de sus opiniones"; y el artículo 19(1) del Pacto Internacional de Derechos Civiles y Políticos determina igualmente que "(n)adie podrá ser molestado a causa de sus opiniones." Estas estipulaciones explícitas son claramente complementa-

---

384 CIDH, *Gallardo Rodríguez v. México*, Caso 11430, OEA/Ser.L/V/II.95 Doc. 7 rev; p. 485, párr. 76 (1997).

rias del artículo 13 de la Convención y sirven para su interpretación conforme a los párrafos b) y d) del artículo 27 de la Misma Convención.

573. El proceso penal desarrollado contra el profesor Brewer Carías, sin fundamento probatorio, y sin garantizarle sus derechos fundamentales a un proceso justo, no es gratuito ni obedece a simples errores cometidos de buena fe por el Estado. Como se señaló más arriba y es conocido por su obra escrita, el profesor Brewer Carías ha sido disidente visible y creíble desde el inicio de la política autoritaria del gobierno actual de Venezuela. Ha ejercido su libertad de expresión garantizada por el artículo 13 de la Convención Americana, de manera pública y reiterada, en contra de tales políticas. Fue opositor a las propuestas que formuló Hugo Chávez en su campaña presidencial en 1998, y en 1999 fue tan sólo uno de los cuatro miembros de la oposición que lograron ser elegidos a la Asamblea Nacional Constituyente (1999-2000). En este cargo, en los términos del artículo 23.1.a de la Convención Americana, Brewer ejerció su derecho *de participar en la dirección de los asunto públicos, directamente..."* En tal cargo, él votó en contra del proyecto constitucional del gobierno, y luego hizo campaña pública en contra de su aprobación por referéndum popular.

574. El profesor Brewer Carías también ejerció su derecho a expresarse libremente, como ciudadano y como abogado, al manifestar su opinión crítica en enero de 2002 sobre las violaciones por el gobierno al sistema democrático y a la Carta Democrática Interamericana, y sobre el decreto del 12 de abril (adversa por demás), a la consulta que le formuló el Sr. Pedro Carmona, auto declarado jefe del llamado "gobierno de transición" de abril de 2002, para lo cual se le trasladó a la Comandancia General del Ejército, en el Fuerte Tiuna de Caracas, en la noche del 11 al 12 de abril de 2002, a pedido del Dr. Carmona y en el vehículo de éste (*Véase supra ¶ 109).*

575. Fue precisamente el ejercicio de este derecho lo que fue utilizado para acusar al profesor Brewer Carías de conspirar violentamente en contra de la Constitución. Algunos periodistas especularon la presencia del profesor Brewer Carías en esos lugares y publicaron su opinión vinculándolo erróneamente con la concepción de aquellos acontecimientos, como autor o coautor del nombrado decreto del llamado gobierno de transición democrática. Pero no tomaron en cuenta su compromiso profundo y por vida con el constitucionalismo y con el Estado de Derecho. Una cosa es oponerse de manera legítima y democrática a una Constitución y un gobierno; otra cosa es intentar destruirla por la fuerza. El profesor Brewer Carías respeta la primera; se opone desde lo hondo de su ser a la segunda.

576. El profesor Brewer Carías, como persona de figuración pública y ex constituyente, se apresuró a desmentir esos rumores y opiniones (*Véase supra ¶ 115).* Fue entrevistado asimismo en aquellos días por varios medios de comunicación, entrevistas en las que expresó sus críticas al gobierno del Presidente Chávez, el cual, en su opinión, había cometido también graves abusos contra la Constitución y las instituciones democráticas venezolanas. ***Todo***

dentro de los cánones y estándares de la libertad de expresión, dentro de una sociedad democrática.

577. Por otra parte, con su presunción equivocada o parcializada, los periodistas no se fijaron en la ausencia del profesor Brewer Carías del acto de declaración del nuevo "gobierno" en la tarde del día 12 de abril (*Véase supra ¶ 111)*. Habiendo tenido información sobre la presencia del profesor Brewer Carías en el Fuerte Tiuna en la madrugada de aquel día, no sabían la razón de esa presencia, que no era otra que la de atender una consulta profesional, ni tampoco sabían, ni no podían saber en el momento de los hechos, que en su única oportunidad de comunicarse con el Dr. Carmona, el profesor Brewer Carías le dio su opinión adversa al decreto de constitución del supuesto "gobierno de transición y unidad nacional" *(Véase supra ¶¶ 111, 112))*. Algunos de ellos, en especial los periodistas Patricia y Rafael Poleo, especularon sobre la participación del profesor Brewer Carías en la redacción de aquel documento, especulación que fue aclarada y desmentida de inmediato, de conformidad con los patrones propios del debate democrático.

578. Al Gobierno no le interesaba el esclarecimiento de la verdad, expuesta sin demora en ese desmentido y corroborada por todos los demás testigos competentes *(Véase supra ¶ 134)*, incluso el mismo Dr. Carmona *(Véase supra ¶¶ 150, 351)*. El Gobierno y sus dependencias en la fiscalía y los tribunales querían aprovecharse de la mera presencia del profesor Brewer Carías en el edificio donde estuvo el Dr. Carmona, como pretexto suficiente para, por fin, silenciar la voz de un opositor importante, acusándolo de golpista.

579. Todo este conjunto de circunstancias explican que el proceso penal viciado en contra del profesor Brewer Carías es una respuesta estatal al ejercicio de su disidencia, que ha pretendido coaccionar su libertad de expresión, garantizada por la Convención Americana, una respuesta cuyo objetivo es imposibilitar que él siguiera en ejercicio de tal libertad, que tanto molesta al Gobierno actual. Por todo lo expuesto, sólo quien estuviera motivado políticamente podría desvincular el proceso penal en contra del profesor Brewer Carías, con el intento de negar al profesor Brewer Carías el ejercicio de sus derechos políticos en contra del Gobierno actual de Venezuela.

580. La opinión profesional del abogado es una forma de expresión. Criminalizarla, como ha pretendido el Estado no atenta sólo contra la independencia de los abogados como componentes que son del sistema de justicia de un país, sino también contra su libertad de expresar libremente sus ideas. No tiene que ser masiva la difusión de las ideas propias para ser ejercicio de la libertad de expresarlas, "por cualquier medio de su elección", en los términos del artículo 13 de la Convención. El profesor Brewer Carías acudió a emitir una opinión que le había sido solicitada y que constituía su idea como jurista sobre lo que se le estaba sometiendo y ha sido objeto de persecución criminal por el solo hecho de haber opinado.

581. En el escrito de Acusación Fiscal (**Anexo 48**), el Ministerio Público fue mucho más lejos, pues se valió de declaraciones públicas del profesor Brewer Carías, críticas respecto de los numerosos abusos de poder del gobierno venezolano, para construir supuestos "elementos de convicción" de su participación en una conspiración para cambiar violentamente la Constitución, lo que constituye un castigo por sus ideas u opiniones, prohibido por la Convención y por los estándares de la libertad de expresión en una sociedad democrática.

582. En efecto, como lo acabamos de indicar, el profesor Brewer Carías concedió varias entrevistas durante los días 11, 12 y 13 de abril de 2002, entre ellas las realizadas por el diario *El Nacional* de Caracas y las estaciones de televisión *Televen* y *CMT*. En dichas entrevistas se analizaron los acontecimientos del momento y el profesor Brewer Carías manifestó su opinión sobre lo que había sido, a lo largo del mandato del Presidente Hugo Chávez Frías, una práctica reiterada de abusos de poder y de militarización del Estado, incluidas las violaciones a la libertad de expresión. Igualmente, destacó las violaciones a los artículos 3 y 4 de la Carta Democrática Interamericana, y aludió al derecho de todo ciudadano a la desobediencia civil, dentro de los términos pautados y autorizados por el artículo 350 de la Constitución de la República Bolivariana de Venezuela.[385]

583. Por Ejemplo, el día 12 de abril de 2002, en un programa de opinión de la televisora *CMT*, de Caracas, el profesor Brewer Carías se expresó en los siguientes términos, transcritos en la Acusación Fiscal:

> *... en una fase de desobediencia civil, que es lo que está garantizado en el artículo 350, de manera que no hay nada ilegítimo, ni nada inconstitucional, ni en un paro de 24 horas, ni 48 horas, ni en una huelga general indefinida, es una manifestación general que garantiza la Constitución, es una manifestación general que garantiza la Constitución ...(omissis) ... todo esto es una manifestación pacífica que es lo más importante, que es la característica de la desobediencia civil, que es un acto cívico, del pueblo en general, es colectivo, es no violenta, es pacífica, de protesta y de desconocimiento, de hecho, por eso es un paro o una huelga general a un régimen que está al margen del sistema democrático ..."*[386]

584. A renglón seguido, en la Acusación Fiscal se afirma:

> *... con certeza es lo mismo que transcribió y expresó al periodista* **EDGAR LÓPEZ**, *en la entrevista publicada en el diario El Nacional, el día sábado 13 de abril de 2002,* **"Carta Interamericana Democrática fundamenta el gobierno de Transición"**, *y exactamente igual al conte-*

---

385 ***Artículo 350.*** *El pueblo de Venezuela, fiel a su tradición republicana, a su lucha por la independencia, la paz y la libertad, desconocerá cualquier régimen, legislación o autoridad que contraríe los valores, principios y garantías democráticos o menoscabe los derechos humanos.*

386 Transcripción del escrito de acusación fiscal **(Anexo 48)**, p. 8.

nido del decreto de facto puesto en vigencia el 12 de abril de 2.002.[387] (Énfasis del original, subrayado agregado).

585. En una entrevista con el periodista Edgard López, publicada en el diario *El Nacional* de Caracas, el profesor Brewer Carías expresamente declaró que *"su intervención se limitó a dar opiniones sobre aspectos estrictamente jurídicos del proceso de transición que se ha iniciado"*, y opinó nuevamente sobre la desobediencia civil prevista en el artículo 350 de la Constitución. En ese reportaje se incluyó una afirmación según la cual *"la disolución de los poderes constituidos es una manifestación de ese derecho a la desobediencia civil...* [388]

586. Maliciosamente, la Fiscal acusadora omitió toda valoración a la aclaración de esa expresión suministrada por el mismo periodista López en su declaración ante la Fiscalía:

> *8) ¿Diga Usted si la frase "la legitimidad del Ejecutivo provisional proviene del ejercicio del derecho a la desobediencia civil que generó la defenestración de Chávez" provino de una expresión del Dr. Allan Brewer Carías o más bien es autoría del periodista como parte del título de su reseña?*
>
> ***Contestó: Es autoría del periodista** como parte del título de su reseña.*"[389] (Énfasis y subrayado añadidos).

587. Por tanto, no sólo se utilizó lo que opinó el profesor Brewer Carías para castigarlo, sino que se lo castigó por expresiones de las cuales la Fiscalía tenía conocimiento pleno de que no era él el autor, sino que provenían del periodista que firmaba el reportaje.

588. Porque de esas expresiones y opiniones por los medios de comunicación social, la acusadora concluyó lo que sigue:

> *Es prueba de que el ciudadano **ALAN RANDOLPH BREWER CARIAS**, justifica y fundamenta la elaboración y vigencia del decreto referido con base al artículo 350 de la Constitución de la República Bolivariana de Venezuela, como es la Desobediencia Civil, y que era un hecho notorio comunicacional que es el arquitecto jurídico del nuevo régimen de facto que se fundamentó en el decreto. Es prueba que es uno de los co*

---

387 *Ibíd.*

388 *Ibíd.*, p. 32.

389 *DECLARACION DE EDGAR LOPEZ.* Folio 259. 21.04.05 *Entrevista a Edgar López.* También se omitió toda valoración, por ejemplo, al particular 11 de ese interrogatorio: *"11) ¿Diga Usted si en esa llamada Allan Brewer Carías **le manifestó que no estaba de acuerdo** con la disolución de la Asamblea Nacional, ni con la destitución de los Magistrados del Tribunal Supremo, **ni con ninguna otra decisión que significara la ruptura del hilo constitucional?** Contestó: Si."* (Énfasis y subrayado añadidos). Es una muestra más de la palpable manipulación del acervo probatorio por la Fiscal Ortega Díaz.

redactores del *"Decreto de Constitución de un Gobierno de Transición Democrática y Unidad Nacional"*, *de su acuerdo de los postulados plasmados en el decreto al señalar que la disolución de los poderes legítimamente constituidos, lo que se traduce en una conspiración para cambiar violentamente la constitución. Y sobre todo,* **ES PRUEBA QUE LO EXPRESADO POR EL IMPUTADO, CIUDADANO ALAN RANDOLPH BREWER CARIAS,** **ES EXACTAMENTE IGUAL AL CONTENIDO DEL DECRETO DE CONSTITUCIÓN DE UN GOBIERNO DE TRANSICIÓN Y UNIDAD NACIONAL.**[390] (Énfasis y mayúsculas del original, subrayados añadidos).

589. Por lo tanto que expresar por los medios de comunicación social una opinión crítica al gobierno, afirmar que el gobierno había violado la Carta Democrática Interamericana y comentar sobre el contenido de la norma constitucional que regula la desobediencia civil, era y es para la Fiscal acusadora, hoy Fiscal General de la República, un delito.

590. Debe mencionarse además, que en una entrevista en la televisora *Televen*, de Caracas, el 11 de abril de 2002, al referirse a los paros convocados por el sector laboral y el sector empresarial en aquella fecha, el profesor Brewer Carías manifestó que esto *"ya es una manifestación de desobediencia civil"*,[391] y de ello, el Ministerio Público concluyó que:

> *La afirmaciones* son prueba *de que el imputado conspiró para cambiar violentamente la Constitución, que es co redactores (sic) del decreto, que las afirmaciones hechas por el imputado en el programa televisivo hace referencia precisamente al contenido del decreto por él redactado.*[392] (Subrayado agregado).

591. Esto prueba que, para la Fiscal acusadora, hoy Fiscal General de la República, el simple hecho de expresar una opinión es "prueba" de la comisión de un delito. Por ello en el mismo escrito de Acusación Fiscal se reitera luego varias veces que esas opiniones "prueban" que el profesor Brewer Carías fue redactor o co redactor del aludido decreto, pues lo allí expresado por él, *"es igual a lo explanado en el decreto de facto antes mencionado."*[393]

592. La lectura de la Fiscal provisoria Sexta es falaz y sesgada, pues no es cierto que exista la plena coincidencia que ella afirma, ni puede haberla toda vez que tampoco es cierto que todo lo publicado haya sido expresado por el profesor Brewer Carías, sino que resultó de la autoría del periodista, que la acusación maliciosamente omitió señalar. En todo caso, esos aspectos entran a lo que es materia de interpretación de las opiniones del profesor Brewer

---

390 *Ibíd.*

391 *Ibíd.*, p. 82.

392 *Ibíd.*

393 *Ibíd.*, pp. 142 y 150.

Carías, de modo que termina siendo enteramente irrelevante a la luz de la dinámica de la opinión pública en una sociedad democrática. ¿Qué significaría esa coincidencia si existiera? En las opiniones vertidas después de conocido el nombrado decreto, es normal que haya coincidencia al referirse a un texto difundido y, en lo que se refiere a opiniones vertidas con anterioridad al 12 de abril, en el peor de los casos, fue quien redactó ese documento, quien quiera haya sido, el que pudo considerar útil para el indebido fin que perseguía, utilizar las opiniones que difundió el profesor Brewer Carías por los medios de comunicación, en pleno ejercicio de la libertad de expresión, entre las que se encuentran las vertidas en su estudio sobre *La democracia venezolana a la luz de la Carta Democrática Interamericana y el principio de la desobediencia civil*, enero 2002 **(Anexo 40)**.

593. ¿Es legítimo criminalizar al profesor Brewer Carías por esas opiniones? De acuerdo con la Convención, es obvio que tal criminalización es ilegítima, pues no cabe en ninguna de las limitaciones a la libertad de expresión autorizadas por el artículo 13. En Venezuela no existe una ley que haya establecido responsabilidades ulteriores para quien opina por el uso que hagan terceros de sus opiniones, y de haberla sería ilegítima. Pero el hecho es que semejante castigo por el uso que pueda darse a las opiniones no está establecido en ninguna ley que determine *"responsabilidades ulteriores"* para el opinante.

594. El Informe presentado por el Estado con respecto al rendido por la CIDH con base en el artículo 50 de la Convención, contiene aseveraciones todavía más sorprendentes. Es claro que la libertad de expresión, como tal libertad, comporta, como primera opción, la de hablar o callar, la de expresarse o no, la de opinar o no. Pues bien, en los términos de las afirmaciones del Estado, el profesor Brewer Carías es punible no sólo por lo que opinó y dijo, sino por lo que no opinó y no dijo.

595. En efecto, el castigo que ha infligido el Ministerio Público al profesor Brewer, no sólo se refiere a las opiniones que expuso conforme a su libertad de expresión y a su oficio como jurista, sino también en la *omisión en que habría incurrido al no expresar una opinión a gusto del gobierno en relación con los hechos que dieron origen al proceso penal*. En efecto, en el Capítulo II del Informe del Estado presentado ante la Comisión (págs. 51-57), si bien se admite como cierto que a Allan R. Brewer Carías se le requirió el 11 de abril de 2002 una opinión jurídica sobre el llamado Decreto Carmona, se afirma que "extraña al Estado venezolano" que Brewer Carías "no reconociera en estos actos el Golpe de Estado que se gestaba; siendo éste un afamado constitucionalista y además miembro de la Asamblea Nacional Constituyente" (pág. 54); y se apreció sin fundamento alguno, que "resulta cuestionable" que el profesor Brewer Carías haya indicado que "no estaba de acuerdo con el contenido del decreto, como si el mismo hubiera podido llegar a ser constitucional si su contenido hubiera sido distinto" (pág. 54). Todo ello para afirmar el Estado, que a pesar de que Allan R. Brewer Carías "se declara como 'disidente de las políticas autoritarias,'" sin embargo, se afirma en el Informe, "no denunció un acto de constitución de un gobierno de facto [...]. No se opuso al presidencialismo extremo [...], no defendió la Constitución, ni la democracia [...]," y sólo "se tomó la molestia de trasladarse al palacio de Miraflores para manifestarle al Dr. Carmona su 'opinión' sobre el texto" (pág. 55), considerándose que "todos estos hechos constituyen indicios que comprometen la participación del profesor Brewer Carías en la redacción del decreto [...]" (pág. 56).

596. El artículo 289.1 del Código Orgánico Procesal Penal al regular el *"Derecho a no denunciar por motivos profesionales" precisa que "n*o están obligados a formular la denuncia a la que se refiere el artículo 285: 1. Los abogados, respecto de las instrucciones y explicaciones que reciban de sus clientes." El profesor Brewer Carías fue llamado como abogado a expresar una opinión jurídica sobre aquel decreto. Su actividad fue expresar una opinión jurídica, que además fue contraria a lo que se estaba planteado en el documento que se le presentó. Esta actuación es absolutamente legítima y ajustada a la ley. Sus opiniones sobre el asunto que le fue planteado, constituyen la expresión legítima del ejercicio de un derecho y, específicamente, del ejercicio de la profesión de abogado y consultor en materia de Derecho Público, especialidad que ostenta el profesor Brewer Carías. Es absurda la pretensión de sancionar a quien emite un dictamen o expresa una opinión jurídica, actuación conforme a derecho, de la cual no puede derivar ninguna consecuencia penal y que, sencillamente, es ajena totalmente a las conductas descritas en los tipos aludidos del Código Penal que antes han sido mencionados. Mas absurdo es, por lo demás, pretender sancionar a una persona por no haber expresado una opinión en el sentido y forma como el Estado o sus representantes hubiesen querido.

597. Como lo ha expuesto el profesor Alberto Arteaga, al comentar el artículo 65.1 del Código Penal venezolano, *"cuando el derecho autoriza o faculta, impone o exige un determinado comportamiento, éste no puede considerarse penalmente ilícito; de esta manera, si en virtud de cualquier norma jurídica, sea de derecho publico o privado, una conducta es lícita, no puede a la vez ser considerada como ilícita en el ámbito penal."*[394]. A propósito de la actuación profesional de Brewer Carías en relación con los hechos ocurridos el 11 de Abril del 2002 y en los días anteriores y posteriores a esa fecha, el propio Dr. Arteaga en Dictamen evacuado el 26-07-2002, expresó lo siguiente:

3.4. Ahora bien, en este contexto, cabe ahora hacer referencia a la actuación del Allan R. Brewer Carías.

Como es verificable, el profesor Brewer Carías llegó a Venezuela, de regreso de compromisos internacionales, el día 8 de Abril de 2002 y su relación con los acontecimientos, se limitó a emitir su opinión profesio-

---

394 ARTEAGA SÁNCHEZ, A.: *Derecho Penal Venezolano.* Séptima edición aumentada y corregida. Paredes Editores. Caracas 1994, p. 190

nal sobre materias de su competencia, sobre un documento o proyecto de decreto de un sedicente Gobierno de transición.

Esta actuación es absolutamente legítima y ajustada a la ley. En ella no pueden identificarse elementos objetivos ni subjetivos de autoría o participación en una rebelión o conspiración, que no existió en la realidad y que, si se hubiese dado o alguna autoridad pudiese llegar a considerar que tuvo lugar, tampoco pueden identificarse tales elementos; y sus opiniones sobre el asunto que le fue planteado, constituyen la expresión legítima del ejercicio de un derecho y, específicamente, del ejercicio de la profesión de abogado y consultor en materia de Derecho Público, especialidad que ostenta el profesor Brewer Carías.

Resulta absurda la simple pretensión de sancionar a quien emite un dictamen o expresa una opinión jurídica, actuación conforme a derecho, de la cual no puede derivar ninguna consecuencia penal y que, sencillamente, es ajena totalmente a las conductas descritas en los tipos aludidos del Código Penal que antes han sido mencionados.

La autoría en materia penal o la coautoría, demanda la adecuación a la conducta descrita en la ley, que no es otra que la realización de actos de rebelión o alzamiento violento contra el Gobierno, o la conspiración con el fin de cambiar violentamente la Constitución; y la participación, a cualquier título, como cooperador, cómplice o auxiliador, exige, no solo la contribución material al hecho incriminado, sino la convergencia en la culpabilidad, por lo cual resulta imprescindible que quede acreditado que el partícipe tenía conciencia de lo que se proponía el autor o los coautores y dirigió su voluntad hacia el hecho objeto del conocimiento.

En el presente caso, no me cabe la menor duda de que no se da elemento alguno que pueda ser calificado como de típico, ilícito o reprochable, por lo que respecta a la conducta del Dr. Allan R. Brewer Carías, en relación a los sucesos del 11-A y antes o después de esos hechos; y no ha sido desvirtuada, en forma alguna, su versión, confirmada por su retiro de Miraflores, antes de la lectura del cuestionado decreto del sedicente Gobierno de transición, ante su manifiesta opinión contraria al contenido del documento, a la luz de exigencias constitucionales y de la Carta Democrática Interamericana.

El Dr. Allan R. Brewer Carías, por lo tanto, simplemente se limitó a una actuación estrictamente profesional, de la cual, como lo expresé antes, no puede derivarse consecuencia alguna de naturaleza penal que pueda ser utilizada para su pretendida incriminación, no configurándose la exigencia fundamental de elementos inequívocos de tipicidad en su comportamiento y ajustándose su conducta a sus derechos y deberes como abogado, de cuyo ejercicio legítimo no puede inferirse ninguna consecuencia ilícita generadora de responsabilidad, según el aforismo, *"qui iure suo utitur neminem laedit"* (**Anexo 72**).

598. En el Octavo Congreso de las Naciones Unidas sobre Prevención del Delito y Tratamiento del Delincuente, celebrado en la Habana, Cuba, del 27 de agosto al 7 de septiembre de 1990, se aprobaron los Principios Básicos sobre la función de los Abogados, documento cuyo espíritu y propósito es la protección adecuada de los derechos humanos y las libertades fundamentales de toda persona, protegiendo el derecho a tener acceso efectivo a los servicios jurídicos de un abogado independiente, y lo que es fundamental, protegiendo a los abogados contra persecuciones, restricciones o ingerencias indebidas.

599. Los principios son las reglas por medio de las cuales la ONU tiende a conseguir sus propósitos, son una ampliación o desarrollo de principios consagrados en Tratados de Derecho internacional debidamente ratificados por Venezuela, y por lo tanto son de vinculante cumplimiento.

600. Los considerandos de dicho documento de las Naciones Unidas señalan que los "Principios Básicos Sobre la Función de los Abogados, están formulados para ayudar a los Estados Miembros en su tarea de promover y garantizar la función adecuada de los abogados y que deben ser tenidos en cuenta y respetados por los gobiernos en el marco de su legislación y práctica nacionales, y deben señalarse a la atención de los juristas así como de otras personas como los jueces, fiscales, miembros de los poderes ejecutivo y legislativo y el publico en general."

601. En el Capítulo referido a las Garantías para el ejercicio de la profesión, se establece:

16.   Los gobiernos garantizarán que los abogados a) puedan desempeñar todas sus funciones profesionales sin intimidaciones, obstáculos, acosos o interferencias indebidas; b) puedan viajar y comunicarse libremente con sus clientes tanto dentro de su país como en el exterior; y c) no sufran ni estén expuestos a persecuciones o sanciones administrativas, económicas o de otra índole a raíz de cualquier medida que hayan adoptado de conformidad con las obligaciones, reglas y normas éticas que se reconocen a su profesión.

17.   Cuando la seguridad de los abogados sea amenazada a raíz del ejercicio de sus funciones, recibirán de las autoridades protección adecuada.

18.   Los abogados no serán identificados con sus clientes ni con las causas de sus clientes como consecuencia del desempeño de sus funciones. (…)

20.   *Los abogados gozarán de inmunidad civil y penal por las declaraciones que hagan de buena fe, por escrito o en los alegatos orales, o bien al comparecer como profesionales ante un tribunal judicial, otro tribunal u órgano jurídico o administrativo. (…)*

22. Los gobiernos reconocerán y respetarán la confidencialidad de todas las comunicaciones y consultas entre los abogados y sus clientes, en el marco de su relación profesional.

602. El abogado, por tanto, en el ejercicio legítimo de su profesión no puede ser imputado, si no ha traspasado los límites legales. En Venezuela, la Ley de Abogados le impone a los abogados el "deber de ofrecer el concurso de su cultura y técnica jurídica" (art. 15) cuando se les solicite. Por ello, nuestro defendido consideró su deber atender el llamado que le hizo el Dr. Carmona a su casa, en la madrugada del 12 de abril de 2002, requiriendo su criterio jurídico sobre un asunto. El Código de Ética profesional de la Abogacía, además, prescribe que el abogado debe aceptar o rechazar los asuntos sin exponer las razones que tuviere para ello (art. 13). En consonancia con esto, el profesor Brewer Carías se retiró del Palacio de Miraflores pasado el mediodía del día 12 de abril, sin dar explicaciones a nadie, cuando no pudo entrevistarse con el Dr. Carmona Estanga para expresarle su criterio jurídico sobre el asunto que se le había consultado.

603. El caso del profesor Brewer Carías es paradigmático en el castigo a la libertad de opinión, protegida por el artículo 13 de la Convención, pero tratada separadamente el la Declaración Universal de los Derechos Humanos y en el Pacto Internacional de Derechos Civiles y Políticos (*"(n)adie podrá ser molestado a causa de sus opiniones"*), texto con respecto al cual el Comité de Derechos Humanos ha subrayado que *"(s)e trata de un derecho para el que el Pacto no admite excepciones ni restricciones."* [395]

604. La intolerancia por la opinión ajena ha sido una característica de marca el actual régimen político venezolano. Esta honorable Corte ha conocido varios casos (*Gabriela Perozo y Otros, Luisiana Ríos y Otros y Usón Ramírez*) en los que Venezuela ha recibido una condena por violación del artículo 13 de la Convención. Actualmente, en Venezuela se califica a la disidencia de conspiración, los adversarios del régimen son tratados como enemigos del Estado y hasta "traidores a la patria". Se sataniza la opinión adversa. Un cuadro que invita a una breve digresión literaria para evocar el *dictum* que Antonio Machado puso en boca de uno de los discípulos de Juan de Mairena, su maestro imaginario:

-Continúe usted, señor Rodríguez, desarrollando el tema.

*-En una república cristiana -habla Rodríguez en clase de oratoria- democrática y liberal conviene otorgar al Demonio carta de naturaleza y de ciudadanía, obligarle a vivir dentro de la ley, prescribirle deberes a cambio de concederle sus derechos, sobre todo el específicamente demoníaco: el derecho a la emisión del pensamiento. Que como tal Demonio nos hable, que ponga cátedra, señores. No os asustéis. **El Demonio**,*

---

395 CDH, *Observación General* N° 10, párr.1.

a última hora no tiene razón; pero tiene razones. Hay que escucharlas todas.[396] (Énfasis y subrayado agregados).

605. Las razones que expresó el profesor Brewer Carías, en su crítica a un régimen político que considera (con muy buenos argumentos, sea dicho de paso) como apartado de los valores democráticos universalmente reconocidos y recogidos en los artículos 3 y 4 de la Carta Democrática Interamericana, sólo fueron escuchadas para criminalizarlas. Hablaba un profesor universitario, un reconocido constitucionalista, no el Demonio de Machado. Pero sus opiniones sí fueron demonizadas para perseguirlo como un delincuente e imponerle el exilio forzoso que padece desde más de seis años. Pedimos a la Corte Interamericana la justicia que se le ha denegado en el sumiso sistema judicial nacional.

606. Con la persecución contra el profesor Brewer Carías, y la orden de detención dictada en su contra estando fuera del país, efectivamente lo que se buscó fue poner una barrera para que no pudiera regresar al país, y así callar su voz dentro del mismo. El exilio y la lejanía le permiten expresar su opinión política fuera del país, pero no dentro del mismo efectivamente. Y ese ha sido el propósito de todo el proceso: violarle su derecho a la libre expresión del pensamiento en su propio país. Sostenemos y demandamos al Estado, porque el proceso penal seguido contra el profesor Brewer Carías es un castigo que se le ha infligido a causa de sus opiniones. Primero, porque se ha utilizado la opinión (adversa por demás) que el emitió como abogado a solicitud del Sr. Pedro Carmona Estanga, con respecto al decreto constitutivo del llamado gobierno de transición democrática que éste anunció el 12 de abril de 2002. Segundo, porque en la acusación se utilizaron varias opiniones críticas del profesor Brewer Carías con respecto al gobierno venezolano y a los hechos ocurridos ese día como pretendidas pruebas de que había sido el redactor del aludido decreto. Y tercero, porque se lo ha acusado de no haber expresado públicamente determinadas opiniones, en un sentido en las cuales no estaba en ningún modo obligado a expresar.

607. Por consiguiente, demandamos de esa honorable Corte que declare que el Estado ah violado el artículo 13 de la Convención Americana sobre Derechos Humanos en perjuicio del profesor Allan R. Brewer Carías

IX. VIOLACIÓN DEL DERECHO A LA SEGURIDAD PERSONAL Y DE LA LIBERTAD DE CIRCULACIÓN (ARTS. 7 Y 22, CADH)

608. Si bien es cierto que el profesor Brewer Carías no ha sido detenido, como ha quedado explicado y demostrado, es objeto de una persecución internacional (*Véase supra ¶¶ 174 ss.)* que restringe su libertad de movimiento,

---

396 Machado, A: "Juan de Mairena. Sentencias, donaires, apuntes y recuerdos de un profesor apócrifo," en *Obras Poesía y Prosa,* Edición reunida por Aurora de Albornoz y Guillermo de Torre. Editorial Losada. Buenos Aires, 1964, p. 353

que le impide regresar a su país sin el riesgo de ser detenido (*Véase supra ¶ 171*) para enfrentar un proceso en el que no cuenta con las debidas garantías judiciales y cuyo resultado está decidido de antemano, y que, mientras se encuentre en el extranjero, lo expone a ser privado de su libertad personal, por tiempo indefinido, mientras dura un proceso que ya se ha demorado indebidamente y al que las autoridades no tienen la menor intención de ponerle término.

609. El artículo 7 de la Convención consagra "el derecho a la libertad y a la seguridad personales", el cual también se ha violado en el presente caso. La seguridad personal es un complemento indispensable de la libertad personal, y está íntimamente asociada a ésta.[397] En consecuencia, el derecho a la seguridad de la persona comprende no solamente la garantía de que nadie será privado de su libertad sino por las causas y de acuerdo al procedimiento establecido por la ley, sino la garantía de que esa ley no se aplicará en forma arbitraria, con el torcido propósito de silenciar y castigar a un disidente político.

610. El resultado de la orden de captura en contra del profesor Brewer Carías, en sí misma violatoria del artículo 8.2 de la Convención, implica también la violación de su libertad de circulación garantizada por el artículo 22 de la Convención. Actualmente residente de New York donde ha ejercido un cargo académico en Columbia University, ya no puede regresar a su país sin someterse a detención preventiva violatoria de su derecho a la presunción de inocencia. Hasta sus viajes internacionales son impedidos por el riesgo de que los diplomáticos venezolanos convenzan a otro gobierno detenerle (*Véase supra ¶¶ 174 ss.*).

611. La protección de los derechos humanos, y en particular de la libertad y seguridad personales, no sólo procede cuando se ha materializado una violación definitiva mediante la detención de la persona, sino que también procede contra las amenazas de violación de los derechos, en este caso, materializada en el acoso y amenaza permanente de funcionarios del Estado, no sólo ante Interpol, como se ha explicado (ver supra --), sino también directamente mediante gestión ante otros gobiernos, que le ha impedido al profesor Brewer Viajar libremente. La última de las amenazas la sufrió con motivo de la invitación recibida de la Universidad Lomas de Zamora, en Buenos Aires, Argentina, para dictar un curso sobre derecho procesal constitucional y justicia constitucional en la primera semana de julio de 2012, habiendo sido aconsejado de no viajar en virtud de que a requerimiento del gobierno venezolano, en los registros de inmigración de ese país aún estaba inserta el requerimiento del Estado venezolano de detenerlo. La Convención en su artículo 7.6, garantiza la protección del derecho a la libertad personal de toda persona "que se viera amenazada de ser privada de su libertad," particularmente en los países

---

397 Según James Fawcett, "si la libertad personal significa la libertad de movimiento efectiva de la persona, la seguridad es la condición de que esa libertad se encuentre protegida por la ley." *The application of the European Convention on Human Rights,* Clarendon Press, Oxford 1969, p. 58.

como Venezuela, donde la Ley Orgánica de Amparo sobre Derechos y garantía Constitucionales prevé la protección de los derechos humanos en general, no sólo contra violaciones sino contra amenazas de violación.

X. VIOLACIÓN DEL DERECHO A LA IGUALDAD Y NO DISCRIMINACIÓN (ART.S 1.1 Y 24, CADH)

612. El artículo 1(1) de la Convención recoge el principio universal de *ius cogens*[398] según el cual los derechos humanos deben ser espetados y garantizados *"sin discriminación alguna por motivos de raza, color, sexo, idioma, religión, **opiniones políticas** o de cualquier otra índole, origen nacional o social, posición económica, **nacimiento o cualquier otra condición social.**"* De igual manera, el artículo 24 de la Convención garantiza la igualdad de toda persona ante la ley. Más aún, el artículo 14(1) del Pacto Internacional de Derechos Civiles y Políticos subraya especialmente la importancia de este principio con respecto al debido proceso, al proclamar que *"todas las personas son iguales ante los tribunales y cortes de justicia."* Pues bien, honorables Jueces de esta Corte Interamericana, en el caso emprendido contra el profesor Brewer Carías y contra otras personas[399], sólo han sido imputados y acusados civiles. Es decir, que en un presunto delito de conspirar para cambiar violentamente la Constitución y con hechos que comprendieron un anuncio del máximo jefe militar del país según el cual el Presidente de la República había renunciado a petición de Alto Mando Militar *(supra, párr. 21)*, **no ha habido militares procesados sino sólo civiles.**

613. En efecto, un grupo de militares que fue inicialmente señalado por el Ministerio Público como participantes en aquellos hechos de abril de 2002 quedaron exentos inicialmente de ser juzgados gracias al privilegio constitucional,[400] en sí misma discriminatorio, que otorga a todos los generales y al-

---

398 Corte IDH, *Condición Jurídica y Derechos de los Migrantes Indocumentados*, *Opinión Consultiva* OC-18/03 de 17 de septiembre de 2003, Serie A. N° 18, párr. 101.

399 Entre las cuales está la Dra. Cecilia Sosa Gómez, ex Presidenta de la Corte Suprema de Justicia (ya acusada formalmente por el delito de conspiración) y el Dr. Carlos Ayala Corao, ex Presidente de la Comisión (imputado que no ha sido formalmente acusado, pero cuya causa tampoco ha sido sobreseída, en nueva violación de su derecho al debido proceso).

400 "**Artículo 266.-** Son atribuciones del Tribunal Supremo de Justicia: [...]

3. *Declarar si hay o no mérito para el enjuiciamiento del Vicepresidente Ejecutivo o Vicepresidenta Ejecutiva, de los o las integrantes de la Asamblea Nacional o del propio Tribunal Supremo de Justicia, de los Ministros o Ministras, del Procurador o Procuradora General, del Fiscal o la Fiscal General, del Contralor o Contralora General de la República, del Defensor o Defensora del Pueblo, los Gobernadores o Gobernadoras, **oficiales, generales y almirantes de la Fuerza Armada Nacional** y de los jefes o jefas de misiones diplomáticas de la República y, en caso afirmativo, remitir los autos al Fiscal o la Fiscal General de la República o a quien haga sus veces, si fuere el caso; y si el delito*

mirantes el derecho a un "antejuicio" por ante el Tribunal Supremo de Justicia, que establezca si hay méritos para juzgarlos, antes de toda acusación penal contra ellos. El Tribunal Supremo decidió inicialmente que no había lugar a tal enjuiciamiento puesto que lo ocurrido en abril de 2002 no había sido un golpe de estado sino un *"vacío de poder"* (**Anexo 53**). Aunque más tarde la Sala Constitucional anuló esa decisión, exclusivamente por razones de forma (**Anexo 54 de la petición**) y esos militares han sido posteriormente citados para ser imputados, ninguno de ellos ha comparecido, con el resultado de que, por causas imputables al Estado no hay militares encausados sino sólo civiles, entre ellos el profesor Brewer Carías. Ese resultado discriminatorio a favor de los militares es imputable al Estado, porque es nada menos que su Constitución la que establece el privilegio del antejuicio de mérito para generales y almirantes, y porque fue una decisión de su Tribunal Supremo la que inicialmente exoneró de responsabilidad a esos militares, pues sólo ellos y no los civiles tenían el privilegio de tal antejuicio.

614. No menos sorprendente es que el general en jefe del ejército Lucas Rincón Gutiérrez, el militar de más alta jerarquía en abril de 2002, y quien anunció en la noche del 11 al 12 de abril por televisión y junto con el Alto Mando Militar, que la cúpula militar había pedido la renuncia del Presidente de la República *"la cual aceptó"* (*Véase supra* ¶ *109*), no ha sido sometido ni siquiera a una investigación. Por el contrario, fue posteriormente promovido a Ministro de la Defensa y luego a Ministro del Interior y **Justicia** y se desempeña desde hace años y actualmente como Embajador en Portugal. Es inconcebible que, pese a tal grado de protagonismo y de haber sido aquella declaración la que desencadenó la crisis de gobierno creando la certeza de la acefalía de la Presidencia de la República, que el general Rincón no haya sido objeto de investigación alguna. Esto comprueba, una vez más, el carácter sesgado y la discriminación política que están presentes en todo el proceso viciado contra el profesor Brewer Carías.

615. Adicionalmente, con ocasión del Decreto Ley N° 5.790 de 31 de diciembre de 2007, dictado por el Presidente de la República como Ley Especial de Amnistía (*Véase supra* ¶¶ *193 ss;* **Anexo 70**) mediante la cual se concedió amnistía *"a favor de todas aquellas personas que enfrentadas al orden general establecido, y que a la presente fecha se encuentren a derecho y se hayan sometido a los procesos penales, que hayan sido procesadas o condenadas"* por la comisión de delitos, entre otros, por los siguientes hechos: *"**Por la redacción del Decreto del Gobierno de facto del doce (12) de abril de 2.002.**"* (art. 1.A). Por lo tanto, el aludido Decreto-Ley de Amnistía debería habérsele aplicado al profesor Brewer Carías sin más condicionamientos, pues era ese el hecho punible por el que se lo había enjuiciado.

616. En efecto, por su naturaleza, una ley de amnistía es una *ley penal*, que constituye la remisión, el olvido o la abolición de ciertos delitos y de sus

---

fuere común, continuará conociendo de la causa hasta la sentencia definitiva."
(Énfasis añadido).

penas en relación con ciertos hechos enumerados en la misma, respecto de los cuales el Estado renuncia a la persecución penal y al castigo que pudiera haberse originado en los mismos, de suerte que el delito queda borrado con todas sus huellas. En el sistema jurídico venezolano, este concepto se plasma en el artículo 104 del Código Penal, conforme al cual la amnistía *"extingue la acción penal y hace cesar la ejecución de la condena y todas las consecuencias penales de la misma"*. La ley de amnistía despenaliza los hechos a los que se refiere, de modo que los mismos quedan fuera del campo de aplicación de la ley penal. En esto se diferencia de la gracia o indulto, que condona total o parcialmente la pena, sin destruir el delito cuya pena se perdona, respecto del cual el mismo artículo 104 del Código Penal dispone que *"el indulto o gracia que condona la pena la hace cesar con todas sus accesorias."* La amnistía se refiere al delito y a la ley penal, mientras que el indulto está dirigido a la persona del delincuente y a la pena que le ha sido impuesta. Esos han sido los conceptos expresados en la jurisprudencia de la Sala Constitucional Tribunal Supremo de Justica[401], así como la expresada en el dictamen que se anexa del profesor Alberto Arteaga Sánchez **(Anexo 72)**.

617. El Decreto-Ley Especial de Amnistía estableció directamente en sus normas los efectos jurídicos de la misma conforme a los principios que rigen dicha institución, disponiendo en su artículo 2 que respecto de las personas y de los hechos a los cuales se aplica, que:

---

401 Tribunal Supremo de Justicia (Sala Constitucional), Sentencia N° 3167, de fecha 9/12/2002, Expediente 02-2154; p. 22 **(Anexo 74)**. La Sala Constitucional razonó como sigue:

… el **indulto**, tanto general como particular, no actúa sobre la realidad jurídica de un acto calificado como delito, ni afecta a la ilicitud en cuanto tal, sino que opera sobre su sanción, sea para excluirla sea para mitigarla. Por tanto, presupone siempre un hecho punible que, a diferencia de lo que puede suceder con la amnistía, permanece incólume. Con él no se censura la norma calificadora de un acto como ilícito penal; simplemente se excepciona su aplicación en un caso concreto (indulto particular) o para una pluralidad de personas o de supuestos (indulto general).

*Por el contrario, la **amnistía** suele definirse como una derogación retroactiva que puede afectar bien a la norma que califica a un acto como ilícito penal, bien a la que dispone -como consecuencia de la verificación de un acto así calificado- la imposición de una sanción. En su grado máximo, y en honor a la etimología de la expresión, comporta la inexistencia en derecho de actos jurídicamente ciertos, una suerte de **amnesia** del ordenamiento respecto de conductas ya realizadas y perfectamente calificadas (o calificables) –tipicidad objetiva- por sus órganos de garantía. Efectos tan radicales han llevado siempre a sostener que sólo puede actuarla el poder legislativo, aunque es común adscribirla a la órbita de la gracia, incluso cuando ésta viene atribuida al Jefe del Estado. Esa adscripción se explica, sin duda, por causa del componente exculpatorio de la amnistía -común al que es propio del indulto en sus dos variantes-; en propiedad, la amnistía no sólo exculpa, sino que, más aún, puede eliminar de raíz el acto sobre el que se proyecta la inculpación o la norma resultante de ésta.*

... se extinguen de pleno derecho las acciones penales, judiciales, militares y policiales instruidas por cualquiera de los órganos del Estado, tribunales penales ordinarios o penales militares, que se correspondan exclusivamente con los hechos a que se refiere el artículo anterior.

618. Por lo tanto, a partir de la publicación de la Ley (31 de diciembre de 2007), quedaron extinguidas de pleno derecho todas las acciones penales, judiciales, militares y policiales instruidas por cualquier órgano del Estado, tribunales penales ordinarios o penales militares siempre que se correspondan exclusivamente con los hechos enumerados en el artículo 1 de la Ley. La consecuencia de todo ello, es que la Ley de Amnistía creó derechos en cabeza de los beneficiados de la misma, por lo cual debió producir inmediatamente sus efectos desde la fecha de su publicación. Por consiguiente, a partir de esa fecha (31 de diciembre de 2007), el profesor Brewer Carías, procesado hasta esa fecha, debió dejar de ser procesado y debió tener derecho a dejar de serlo al desaparecer el delito, pues el Decreto-Ley de Amnistía suprimió el delito y, con su supresión, los efectos de los actos judiciales que decretaron las medidas preventivas. Sin embargo, el profesor Brewer Carías fue objeto de aplicación desigual de esa Ley Especial y víctima de discriminación de iure y de facto con respecto a ella.

619. El Decreto-Ley de Amnistía aludido agregó un requisito que, por su naturaleza, no se corresponde conceptualmente con la amnistía, según el sistema jurídico venezolano, puesto que sus beneficios se restringirían sólo a las personas que "se encuentren a derecho y se hayan sometido a los procesos penales, que hayan sido procesadas o condenadas".[402]

---

402 Decimos que este requisito no se corresponde con la naturaleza de la amnistía, al menos en el sistema jurídico venezolano, por lo menos por las siguientes razones:

-Porque la expresión *"estar a derecho"* carece de definición legal explícita en el derecho procesal penal venezolano y es un término que se origina en usos más bien de los periodistas que cubren la fuente relativa a los procesos penales, para referirse a las personas que se someten a un proceso penal. Esta expresión ha sido objeto de cierta precisión jurisprudencial, que no la priva de indefinición formal legal. Aunque la expresión del Decreto-Ley de Amnistía referida a quienes *"se hayan sometido a los procesos penales"*, puede contribuir a aclarar el sentido de *"encontrarse a derecho"*, se trata de un enunciado y de una condición de significado ambiguo que, como tal, repugna a la precisión que han de tener las leyes penales en virtud del principio de legalidad. En todo caso, los abogados del profesor Brewer Carías ante la jurisdicción penal doméstica, han demostrado que, incluso dentro de las señaladas limitaciones, su defendido cumple con este requisito, en los términos en que esa expresión es concebida en el foro venezolano y su periferia periodística.

-Porque establece distinciones que nada tienen que ver con los elementos objetivos que configuran el tipo penal de los delitos que se despenalizan a través de la amnistía. En la práctica, negar el efecto de la amnistía con base en determinada conducta procesal del afectado, equivale a dejar sin efecto el delito imputado, y penalizarlo de nuevo como castigo a una conducta procesal, lo cual es un contrasentido e implica, en la práctica, atribuir efectos penales a la conducta procesal, con manifiesto aparta-

620. El día 11 de enero de 2008, los abogados del profesor Brewer Carías, presentaron al Juez de la causa una solicitud de sobreseimiento con base en la aludida amnistía **(Anexo N° 75)**. En dicha solicitud se expuso, en primer lugar, que el profesor Brewer Carías se encontraba acusado y procesado por atribuírsele un delito despenalizado por el Decreto-Ley de Amnistía, como es la conspiración para cambiar violentamente la Constitución, supuestamente configurado por su no menos supuesta participación en *la redacción del Decreto del Gobierno de facto del doce (12) de abril de 2.002.* Por lo tanto, al despenalizarse esa conducta, la persecución penal contra él debía cesar de inmediato. A pesar de la anómala introducción en la amnistía del requisito de *"encontrarse a derecho"*, los abogados del profesor Brewer Carías demostraron que su defendido cumplía con este requisito, como puede leerse en la aludida solicitud de sobreseimiento.

621. En ese contexto, es relevante destacar que, también en relación con la aplicabilidad de la amnistía al profesor Brewer Carías, se produjo una nueva manifestación de los altos órganos del Estado venezolano, de utilizar los medios de comunicación para condenarlo públicamente y condicionar la autonomía de los funcionarios judiciales competentes para decidir sobre sus derechos. Se configuró de nuevo una rotunda violación de la independencia judicial y el debido proceso, la Fiscal General Ortega Díaz, coaccionando a la Fiscal (provisoria) que actuaba en el proceso contra el profesor Allan Brewer Carías. En efecto, antes de que el Ministerio Público fijara ante el tribunal de la causa su posición con respecto a la aplicación del referido Decreto-Ley de Amnistía al profesor Brewer Carías *(Véase supra ¶ 199)*, el día 8 de enero de 2008, la Fiscal General de la República declaró públicamente que sería a la Fiscal (provisoria, por supuesto) del caso a quien *"le corresponderá determinar si a él lo alcanza el decreto"*, pero a renglón seguido expresó: *"cuando conduje esa investigación, el abogado Brewer Carías, ya siendo acusado, fue convocado para la audiencia preliminar, y a través de sus abogados envió una comunicación donde decía que no creía en la justicia venezolana, que la justicia venezolana no le daba garantía a ningún ciudadano incluso a él, que por eso optaba por irse del país y que no regresaría hasta tanto no cambiara el Gobierno."*[403] Esta afirmación, además de deformar el contenido de lo expresado en su momento por los abogados del profesor Brewer Carías, implicaba una clara fijación de posición por parte de la Fiscal General de la República, quien avanzó argumentos para que no se le aplicara dicha amnistía.

---

miento del principio de legalidad y de la obligatoria tipicidad que informan el derecho penal.

-Porque el rango legal de la amnistía debe ser un obstáculo insalvable para establecer distinciones, que no estén relacionadas objetivamente con el delito de que se trate, entre aquellos a quienes va dirigida, como consecuencia del principio fundamental de igualdad ante la ley.

403 Véase la entrevista del periodista Eligio Rojas a la Sra. Luisa Ortega Díaz, en *Últimas Noticias*, Caracas, 8 de enero de 2008, p. 24. **(Anexo 71)**.

Frente a semejante declaración, habría sido inconcebible que la Fiscal (provisoria) a cargo del caso y el Juez (provisorio) encargado de resolver la solicitud de sobreseimiento basada en la amnistía resolvieran algo distinto a denegar esa solicitud. Por tanto, como era de esperarse, la opinión de la Fiscal (provisoria) del caso fue adversa a la aplicación de la amnistía al profesor Brewer Carías y así lo determinó también el tribunal.

622. En efecto no obstante la fundamentada argumentación de la solicitud de sobreseimiento, ésta fue negada por decisión del 25 de enero de 2008 del Juzgado Vigésimo Quinto de Primera Instancia en función de control del Circuito Judicial Penal de la Circunscripción Judicial del Área Metropolitana de Caracas **(Anexo Nº 60)**. Los abogados del profesor Brewer Carías apelaron dicha decisión mediante escrito de 7 de febrero de 2008 **(Anexo 76)**, denunciando en el mismo los vicios de la sentencia de primera instancia, y donde invocaron además el derecho a la igualdad y a la no discriminación, puesto que el ex Gobernador (del Estado Miranda) Enrique Mendoza D'Ascoli, conjuntamente con la Sra. Milagros del Carmen Durán López, acusados de los delitos de rebelión civil, violencia o amenaza contra el funcionamiento de los órganos del poder público, con ocasión de los sucesos de abril de 2002 y sobre quienes pesaba igualmente una medida de privación de libertad y una orden de aprehensión, es decir, encontrándose en idéntica situación procesal al profesor Brewer Carías, fueron beneficiarios de la amnistía por haberlo así solicitado el Ministerio Público.

623. Ello no obstante, la Sala Quinta de la Corte de Apelaciones del Circuito Judicial Penal del Área Metropolitana de Caracas, mediante sentencia adoptada por dos votos contra uno el día 3 de abril de 2008 **(Anexo 61)**, declaró sin lugar la apelación interpuesta, por considerar que el profesor Brewer Carías no estaba "a derecho", que la sentencia apelada estaba suficientemente motivada y que la situación del los señores Mendoza D'Ascoli y Durán López era diferente, puesto que el tribunal penal que conocía de su causa no era el mismo que conocía de la del profesor Brewer Carías y porque, en el caso de los señores Mendoza y Durán, el Fiscal había opinado que la medida de privación de libertad dictada en su contra había sido "prematura" (*Véase supra* ¶ *201)*.

624. La aplicación conjunta de los artículos 8 y 1(1) de la Convención, en el contexto señalado, recoge el principio de *igualdad ante las cortes y tribunales de justicia*. El artículo 14.1 del Pacto Internacional de Derechos Civiles y Políticos, en el cual Venezuela es Parte) proclama explícitamente este principio general sobre el derecho al debido proceso: *Todas las personas son iguales ante las cortes y tribunales de justicia*. Esta expresión no se encuentra en la Convención Americana ni en ningún otro tratado general sobre derechos humanos;[404] pero, como principio general, es aplicable dentro del marco de la

---

404 *Cfr.* M. Nowak: *U.N. Covenant on Civil and Political Rights. CCPR Commentary.* N.P. Engel, Publisher, 2nd revised edition. Kehl, Strasbourg, Arlington Va., 2005: pp. 207 y ss. La inclusión de esta frase obedeció a una iniciativa del Bloque Soviético

Convención Americana, especialmente en casos relativos a países que, como Venezuela, incorporan las convenciones internacionales a su Derecho interno por medio de leyes especiales aprobatorias de dichas Convenciones. Su aplicación, en general, en el ámbito del Sistema Interamericano de Derechos Humanos, y, en particular, al presente caso, se funda en las siguientes razones:

a. *Como cuestión de principio, el artículo 8 de la Convención está cubierto por la garantía general de no discriminación contenida en el artículo 1.1 de la misma Convención. Como consecuencia de esta cobertura, en el Sistema Interamericano es plenamente aplicable el principio según el cual t*odas las personas son iguales ante las cortes y tribunales de justicia.

b. *De acuerdo con el artículo 29(b) de la Convención, ninguna de sus disposiciones puede ser interpretada en el sentido de* "limitar el goce y ejercicio de cualquier derecho o libertad que pueda estar reconocido de acuerdo con las leyes de cualquiera de los Estados Partes o de acuerdo con otra convención en que sea parte uno de dichos Estados." *Sobre esa base, la Corte concluyó que,*

... si a una misma situación son aplicables la Convención Americana y otro tratado internacional, debe prevalecer la norma más favorable a la persona humana.[405]

c) *El Pacto Internacional de Derechos Civiles y Políticos está integrado al Derecho interno venezolano a través de la ley aprobatoria prevista en su ordenamiento constitucional como mecanismo de aprobación de los tratados. Más aún, según lo determina el artículo 23 de la Constitución,*[406] *dicho Pacto, como todo otro tratado sobre derechos humanos en el que Venezuela es parte, tiene rango constitucional.*

625. El Decreto Ley de amnistía de 2007 incurre en discriminación *de jure*[407] dentro del concepto de amnistía en el sistema jurídico venezolano pues

---

y apuntaba a los fueros especiales arbitrarios, especialmente los fundados en razones raciales. El concepto ha sido aplicado al sometimiento a civiles a la jurisdicción militar, especialmente en casos relativos a Uruguay durante la última dictadura militar, así como también a los llamados *jueces sin rostro* en el Perú, en el marco de la política antiterrorista contra *Sendero Luminoso.*

405 Corte IDH, *La colegiación obligatoria de periodistas, cit.,* párr. 52.

406 *Los tratados, pactos y convenciones relativos a derechos humanos, suscritos y ratificados por Venezuela, tienen jerarquía constitucional y prevalecen en el orden interno, en la medida en que contengan normas sobre su goce y ejercicio más favorables a las establecidas en esta Constitución y en las leyes de la República, y son de aplicación inmediata y directa por los tribunales y demás órganos del Poder Público.*

407 Caracterizamos como discriminación *de jure* a aquella que emana de ley misma, cuando contiene distinciones en su aplicación, con respecto a los sujetos, que son arbitrarias, irrazonables o desproporcionadas.

la propia ley que la decretó contiene, en sí misma, un principio discriminatorio, al restringir su aplicación a quienes "se encuentren a derecho" y se hayan sometido a los procesos penales.[408]

626. Más allá de la discriminación *de jure* con respecto al Derecho interno que se impuso contra el profesor Brewer Carías, lo que fuera de toda duda ofende las garantías judiciales internacionalmente reconocidas es la discriminación *de facto*[409] en la que incurrió el Estado en la aplicación del Decreto Ley de Amnistía. La discriminación de facto violenta el principio de igualdad ante cortes y tribunales de justicia, plenamente reconocido en el Derecho internacional de los derechos humanos. En efecto, la amnistía de 31 de diciembre de 2007 se aplicó a personas que se encontraban en el mismo supuesto de del profesor Brewer Carías, es decir, con medida de privación de libertad y orden de aprehensión por hechos relacionados con el golpe de estado de 2002. Este punto también fue presentado inútilmente ante la jurisdicción interna (supra párr. 98). Se trata del caso del ex Gobernador (del Estado Miranda) Enrique Mendoza D'Ascoli y de la Sra. Milagros Durán López, quienes fueron acusados por los delitos de rebelión civil, violencia o amenaza contra el funcionamiento de los órganos del poder público, con ocasión de los sucesos de abril de 2002, por ante el Juzgado Cuadragésimo Quinto de Primera Instancia en funciones de Control del Circuito Judicial Penal del Área Metropolitana de Caracas. Sobre ellos pesaba igualmente una medida judicial de privación de libertad y una orden de aprehensión, es decir, encontrándose en idéntica situación procesal al profesor Brewer Carías. Sin embargo, esas dos personas se beneficiaron de la amnistía y su causa se sobreseyó por haberlo así solicitado el Ministerio Público.

627. La sentencia de la Sala Quinta de la Corte de Apelaciones del Circuito Judicial Penal del Área Metropolitana de Caracas, de 3 de abril de 2008

---

408 El concepto de amnistía en el sistema jurídico venezolano es objetivo y no admite distinciones por los sujetos:

a. La amnistía tiene por efecto hacer desaparecer el hecho punible como tal. Es la abolición retroactiva del delito. No puede entonces existir el mismo delito para unos mientras que para otros no.

b. Condicionar la amnistía en los términos que lo hizo el Decreto-Ley de 2007 equivale a dejar sin efecto el delito imputado, y penalizarlo de nuevo como castigo a una conducta procesal, lo cual es un contrasentido e implica, en la práctica, como ya lo hemos dicho y hecho valer inútilmente en la jurisdicción interna, atribuir efectos penales a la conducta procesal, con manifiesto apartamiento del principio de legalidad y de la obligatoria tipicidad que informan el derecho penal.

c. El rango legal de la amnistía debe ser un obstáculo insalvable para establecer distinciones, que no estén relacionadas objetivamente con el delito de que se trate, entre aquellos a quienes va dirigida, como consecuencia del principio fundamental de igualdad ante la ley.

409 Caracterizamos como discriminación *de facto* a aquella que resulta de la aplicación desigual de la ley a dos o más sujetos, de manera arbitraria, irrazonable o desproporcionada.

(Anexo 61 de la Petición), concluyó que no se trataba de un caso de discriminación, invocando artificiosos y sorprendentes puntos de diferenciación que habría tenido el caso Mendoza D'Ascoli-Durán López con respecto al del profesor Brewer Carías. En primer lugar, los casos serían diferentes porque el tribunal que conocía de la causa Mendoza D'Ascoli-Durán López no era el mismo que conocía de la del profesor Brewer Carías, es decir, textualmente, porque "no es el Tribunal Vigésimo Quinto de Control quien conoció de la causa contra el ciudadano Enrique Mendoza sino otro Tribunal, en este caso el Juzgado Cuadragésimo Quinto de Primera Instancia en funciones de Control del Circuito Judicial Penal del Área Metropolitana de Caracas." Y, en segundo lugar, porque, en el caso de los señores Mendoza y Durán, el Fiscal había opinado que la medida de privación de libertad dictada en su contra había sido "prematura", es decir, textualmente, porque el Fiscal afirmó que "fue un pronunciamiento prematuro al haberse decretado sin que se fijara la Audiencia Preliminar, oportunidad ésta para pronunciarse sobre dicha solicitud al haber sido formulada conjuntamente con el escrito de acusación."

628. *Esa motivación carece de sentido, es banal y manifiestamente arbitraria por irrazonable*, de tal modo que no hace más que confirmar la discriminación procesal *de facto* contra el profesor Brewer Carías. Primero, porque los dos tribunales, aunque materialmente eran diferentes, eran idénticos en el plano jurídico procesal: tribunales de primera instancia en lo penal con funciones de control en el Área Metropolitana de Caracas. Brewer Carías, por un lado, y Mendoza D'Ascoli-Durán López, por el otro, tenían pleno derecho a ser tratados de manera igual, por tribunales iguales y por hechos sometidos por igual a la misma norma jurídica (el Decreto-Ley de Amnistía). *Una diferenciación de trato basada en que tribunales de idéntica competencia, rango y ámbito territorial son diferentes es manifiestamente irrazonable, caprichosa y arbitraria*. Segundo, porque la opinión del Ministerio Público de que una medida de privación de libertad contra Mendoza D'Ascoli-Durán López había sido prematura, en nada desprovee de efectos a dicha medida, que *sólo puede ser revocada por un juez, lo cual no ocurrió*. Se trataba, pues, en ambos casos (Brewer Carías, por un lado, y Mendoza y Durán, por el otro), de personas sometidas a un proceso penal en Caracas por supuestos delitos cometidos en los sucesos de abril de 2002, con medida judicial de privación de libertad, dictada en un proceso donde *igualmente* nunca se realizó la audiencia preliminar, y además *igualmente* no ejecutada e *igualmente* con orden de captura.

629. Esos hechos no sólo comportan discriminación en la aplicación del derecho sustantivo sino que configuran un supuesto de discriminación procesal, que viola principio de igualdad ante las cortes y tribunales de justicia, y por lo tanto el derecho al debido proceso, puesto que al acordar un trato diferenciado a los procesados sobre las bases señaladas, aplicando la amnistía en un caso y rehusando su aplicación en el otro, se incurrió en una diferenciación discriminatoria que surge de la extinción del proceso en unos casos y su mantenimiento en el caso del profesor Brewer Carías.

630. Adicionalmente, más allá del tema de la discriminación procesal, la aplicación del Decreto-Ley de Amnistía ha comportado una nueva violación del debido proceso, puesto que ha colocado la situación procesal del profesor Brewer Carías en una suerte de limbo jurídico. El delito que se le imputó y por el cual se lo acusó debería considerarse suprimido, olvidado y extinguido como efecto normal de la amnistía, como institución jurídica, y como resultado de la aplicación del citado artículo 104 del Código Penal. Consecuencialmente, el proceso penal, también debió darse por extinguido, por obra de la amnistía, para los cuatro acusados en esa causa, a saber Cecilia M. Sosa Gómez, José Gregorio Vásquez López, Guaicaipuro Lameda y Allan R. Brewer Carías. El estado de aquella causa era anómalo, pues la audiencia preliminar, que debió celebrarse conforme al artículo 330 del Código Orgánico Procesal Penal, entre los días 31 de octubre y 10 de noviembre de 2005, fue diferida sucesivamente en sinnúmero de ocasiones, al punto que **jamás llegó a realizarse.** Cuando se sobreseyó la causa contra Cecilia M. Sosa Gómez, José Gregorio Vásquez López y Guaicaipuro Lameda por aplicación de la Ley de Amnistía, la fase intermedia del juicio aún no había comenzado, pues el tribunal nunca consiguió realizar la audiencia preliminar por distintas razones, entre las cuales, por lo demás, *__jamás estuvo que el profesor Brewer Carías permaneciese fuera del país__*, como lo determinó expresamente el Juez (provisorio) 25 de Control.[410] No habiéndose celebrado la audiencia preliminar de ese juicio tampoco podría jamás convocarse, puesto que el efecto normal de la amnistía es la extinción de ese proceso. Sin embargo, por el principio discriminatorio contenido en el mismo Decreto-Ley de Amnistía y por el sentido no menos discriminatorio en que la misma amnistía fue aplicada desigualmente, el profesor Brewer Carías parece seguir *de facto* procesado por un delito inexistente mediante un proceso que *de jure* debió extinguirse. Semejante embrollo *__creado exclusivamente por el Estado__*, por deberse exclusivamente a la actuación arbitraria de sus órganos, ha arrojado como resultado el estancamiento de esa causa, sin que haya funcionario alguno que se haga cargo de ella en el presente.

631. En esta situación fáctica de incongruencia y discriminación, de un "proceso" extinguido en general por la amnistía pero supuestamente no extinguido respecto del profesor Brewer Carías, se presenta para esta fecha una verdaderamente absurda situación, puesto que desde hace cuatro años nadie sabe de dicho supuesto "proceso" en la "parte" que pueda haber sobrevivido, pues en el mismo - si existiese-, ni el Ministerio Público, ni el Juez han tenido iniciativa procesal alguna, no se ha fijado fecha para la realización de acto procesal alguno y menos para la audiencia preliminar. Más aún, los abogados del profesor Brewer Carías han tratado de ver ese expediente, incluso para obtener copias, y se han encontrado con la información de que el mismo no

---

410   *...la Audiencia Preliminar **no ha sido diferido por incomparecencia del ciudadano Alan (sic) R. Bruwer (sic) Carías...**, Cfr.* **Escrito de Respuestas** de 27 de diciembre de 2007, párr. 26; e *infra*, párr. 193.

está físicamente en el Juzgado 25 de Control, sin que haya registro de su salida, de modo que, aparentemente se trata de un "proceso" en el cual se desconoce dónde está el expediente, y por tanto, la identidad del juez que efectivamente pueda tener el control del mismo (**Anexo 77**). Por la misma razón, los defensores del acusado no tienen acceso a dicho expediente, en lo que configura una nueva violación de las garantías judiciales prescritas por el artículo 8 de la Convención. El único acusado que no fue sobreseído fue el profesor Brewer Carías, quien ha devenido así en *la única persona que permanece acusada* por el intento de golpe de estado de abril de 2002, lo cual habla por sí solo sobre la magnitud de la parodia procesal con la que se lo persigue.

632. Al dejar este "proceso" en el vacío", como el Estado lo ha dejado en efecto, se reiteran las violaciones al debido proceso y la determinación de mantenerlo abierto *sine die* para poder así prolongar *sine die* la persecución contra el profesor Brewer Carías. Se trata de un "proceso" que nunca avanzó más allá de la fase de investigación, que tuvo lugar con la masa de irregularidades que hemos denunciado ante la Comisión y ahora ante esta Corte Interamericana; por consiguiente, la fase intermedia *nunca comenzó*, ni presumiblemente va a comenzar nunca, con el perverso efecto, entre otros, de mantener arbitraria y discriminatoriamente vigente una medida preventiva de privación de libertad que lo que es, en definitiva, es una medida que impide que el profesor Brewer Carías pueda regresar a su país.

633. En todo caso, en la aplicación de la amnistía, lo mismo que en su procesamiento, el profesor Brewer Carías ha también sido objeto de discriminación y de trato desigual ante la ley, en los términos expuesto. Pedimos a esa honorable Corte que así lo declare.

REPARACIONES Y COSTAS

I. OBLIGACIÓN DE REPARAR

634. Con fundamento en el artículo 63.1[411] de la Convención, la Corte Interamericana ha desarrollado el principio internacional sobre la responsabilidad internacional del Estado por la violación de las obligaciones internacionales de derechos humanos y el consecuente deber de reparar integralmente a las víctimas.[412] Este principio internacional sobre la responsabilidad del Esta-

---

411 Cuando decida que hubo violación de un derecho o libertad protegidos en [la] Convención, la Corte dispondrá que se garantice al lesionado en el goce de su derecho o libertad conculcados. Dispondrá asimismo, si ello fuera procedente, que se reparen las consecuencias de la medida o situación que ha configurado la vulneración de esos derechos y el pago de una justa indemnización a la parte lesionada. Art. 63.1 de la Convención.

do que comprende la obligación de reparar, contenido en la Convención es vinculante para los Estados partes, incluida, desde luego, la República Bolivariana de Venezuela:

> ...es un principio de Derecho Internacional que toda violación de una obligación internacional que haya producido daño comporta el deber de repararlo adecuadamente... el artículo 63.1 de la Convención Americana acoge una norma consuetudinaria que constituye uno de los principios fundamentales del Derecho Internacional contemporáneo sobre la responsabilidad de los Estados. Al producirse un hecho internacionalmente ilícito imputable a un Estado, surge la responsabilidad internacional de éste, con el consecuente deber de reparar y hacer cesar las consecuencias de la violación[413].

635. En ese sentido, los Estados tienen la obligación de adoptar medidas para garantizar los derechos conculcados,[414] evitar nuevas violaciones de derechos, reparar y hacer cesar las consecuencias de las violaciones de derechos humanos[415]. Esta obligación de reparar "se regula por el Derecho Internacional, y no puede ser modificada o incumplida por el Estado invocando para ello disposiciones de su derecho interno"[416]

636. . Todos los daños derivados de la violación de cualquier obligación internacional asumida por los Estados, requieren siempre que sea posible el restablecimiento de la situación anterior a la violación *(restitutio in integrum),* y cuando no lo es, los Estados deben adoptar medidas de compensación y satisfacción para reparar las consecuencias del incumplimiento de sus obligaciones, así como medidas de carácter positivo para "asegurar que no se repitan hechos lesivos como los ocurridos"[417]. Las medidas de reparación

---

412 **Corte IDH,** *Caso Velásquez Rodríguez ss. Honduras. Reparaciones y Costas.* Sentencia de 21 de julio de 1989. Serie C N° 7, párr. 25; *Corte IDH,* **Caso Mejía Idrovo.** Sentencia de 5 de julio de 2011 Serie C N° 228, párr. 126, y **Caso Chocrón Chocrón,** *cit.,* párr. 143.

413 Corte IDH, *Caso Masacre Plan de Sánchez vs. Guatemala. Reparaciones y costas.* Sentencia de 19 de noviembre de 2004. Serie C N° 116, párr. 52.

414 Corte IDH, *Caso Acevedo Jaramillo y otros vs. Perú.* Sentencia de 7 de febrero de 2006. Serie C N° 144, párr. 296.

415 Corte IDH, *Caso Masacre Plan de Sánchez, cit.,* párr. 52 y 53.

416 Corte IDH *Caso Barreto Leiva, cit.,* párr. 131; *Corte IDH, Caso Goiburú y otros vs. Paraguay.* Sentencia de 22 de septiembre de 2006. Serie C N° 153, párr. 141; Corte IDH, *Caso Montero Aranguren y otros (Retén de Catia) vs. Venezuela.* Sentencia de 5 de julio de 2006. Serie C N° 150, párr. 117; Corte IDH, *Caso Ximenes Lopes Vs. Brasil. Fondo, Reparaciones y Costas.* Sentencia de 4 de julio de 2006. Serie C N° 149, párr. 209; Corte IDH, *Caso Trabajadores Cesados del Congreso (Aguado Alfaro y otros) vs. Perú.* Sentencia de 24 de noviembre de 2006. Serie C N° 158, párr. 143.

417 Corte IDH, *Caso La Cantuta, cit.,* párr. 201; Corte IDH, *Caso Raxcacó Reyes vs. Guatemala.* Sentencia de 15 de septiembre de 2005. Serie C N° 133, párr. 115.

buscan que desaparezcan los efectos de las violaciones cometidas y su "naturaleza y su monto dependen de las características de la violación y del daño ocasionado en los planos material e inmaterial"[418].

637. En suma, en cumplimiento de la obligación de reparación, los Estados deben adoptar medidas para asegurar que cese la violación, garantizar los derechos vulnerados, evitar nuevas violaciones de derechos humanos y medidas de restitución, compensación, satisfacción y garantías de no repetición de las violaciones de derechos humanos ocurridas, con el fin de revertir sus consecuencias[419].

638. Cada una de las violaciones de los derechos humanos del profesor Brewer Carías (*Véase supra 204 ss.*) comporta el incumplimiento de las obligaciones internacionales y la responsabilidad internacional del Estado. Por consiguiente reclamamos la reparación íntegra de los daños causados al profesor Allan R. Brewer Carías.

II. BENEFICIARIOS DE LAS REPARACIONES

639. La Convención Americana establece que las personas afectadas con las violaciones de derechos humanos deben ser objeto de reparación integral. La identificación de los beneficiarios depende de la relación entre los derechos vulnerados y los hechos del caso. Según la Corte IDH la parte lesionada es "toda persona en cuyo perjuicio se haya violado un derecho o libertad consagrado en la Convención" [420]. En el presente, todo el entorno familiar del profesor Brewer Carías ha sido afectado moralmente, especialmente en el caso de su esposa, Sra. Beatriz Leal de Brewer; sin embargo, tanto el profesor Brewer Carías como su familia han preferido evitar una reclamación de indemnización pecuniaria por esos conceptos, para poner aún más de relieve que la razón que los ha traído ante el Sistema Interamericano de Derechos Humanos, y esta honorable Corte es la reivindicación frente a los abusos de poder, la manipulación de las herramientas del Estado de Derecho para anonadar el Estado de Derecho, desmantelar el sistema de garantías fundamentales y violar los derechos humanos de los disidentes venezolanos. Por eso no se han presentado reclamaciones en nombre de los familiares del profesor Brewer Carías, quienes se sentirán resarcidos con el fallo favorable de esta Corte a la demanda contenida en el presente escrito. Conforme a esos criterios, limitamos la consideración como víctima al profesor Allan R. Brewer Carías.

---

418 Corte IDH, *Caso Trabajadores Cesados del Congreso, cit.,* párr. 144.

419 Corte IDH, *Caso Masacre Plan de Sánchez, cit.,* párrs. 52 a 54.

420 Corte IDH, *Caso de la Masacre de La Rochela vs. Colombia.* Sentencia de 11 de mayo de 2007. Serie C N°163, párr. 233.

III. MEDIDAS DE REPARACIÓN

1. *Medidas de restitución*

640. El Estado debe restablecer de inmediato el pleno disfrute de los derechos humanos del profesor Brewer Carías que han sido violados y las libertades que le han sido conculcadas. En consecuencia pedimos a esa honorable Corte que declare y disponga:

1°) Que el proceso penal incoado contra el profesor Allan R. Brewer Carías carece de efectos jurídicos y que por lo tanto debe cesar de inmediato.

2°) Que, en consecuencia, deben dejarse sin efecto de inmediato el acto de imputación de 27 de enero de 2005, la Acusación Fiscal de 21 de octubre de 2005, la medida de privación de libertad de 15 de junio de 2006, así como cualquier otro efecto producido o por producirse de dicho proceso penal, particularmente aquellos que estén destinados a capturar o privar de su libertad al profesor Brewer Carías y que le impidan regresar a Venezuela, su lugar de residencia hasta 2006, sin ver expuesta su libertad personal.

2. *Medidas de cesación y satisfacción*

641. Que el la Corte ordene al Estado las siguientes medidas:

3°) Que adopte todas las medidas necesarias para que cesen de inmediato todos los actos del Estado y de sus funcionarios de cualesquiera ramas del poder público de hostigamiento y de señalamiento del profesor Brewer Carías como autor de delitos, en particular del delito al que se refiere el proceso penal arbitrariamente incoado contra él, así como de cualquier otra disposición, de hecho o de derecho, discriminatoria contra su persona.

4°) Que adopte las medidas necesarias a fin de que se lleve a cabo una investigación seria, exhaustiva y completa para identificar a los responsables de las violaciones objeto del presente procedimiento, y que una vez identificados los presuntos responsables se les someta a un debido proceso para establecer sus responsabilidades legales.

5°) Que el resultado de las investigaciones referidas en el numeral anterior sea hecho público, mediante su publicación en un diario de circulación nacional.

6°) Que el Estado y sus altas autoridades realicen un acto de disculpa pública y reconocimiento de su responsabilidad internacional por medio de la publicación de la sentencia que se dicte en el presente caso en la Gaceta Oficial de la República Bolivariana de Venezuela y en un diario de circulación nacional.

7°) *Que el adopte las medidas necesarias para la creación una cátedra permanente, que llevará el nombre de Allan R. Brewer Carías, para la enseñanza e investigación del siguiente tema jurídico: "El debido proceso como vehículo para la justiciabilidad de todos los derechos humanos y el fortalecimiento del Estado de Derecho". Dicha cátedra deberá crearse en la Facultad de Ciencias Jurídicas y Políticas de la Universidad Central de Venezuela, de acuerdo con sus autoridades y el profesor Brewer Carías o, si por cualquier razón ello no fuere posible, en otra institución académica de América Latina, a juicio de esa honorable Corte.*

3. Medidas de no repetición

642. En orden a prevenir la repetición de las violaciones a los derechos humanos de las que ha sido víctima el profesor Brewer Carías para garantizar el cumplimiento de su sentencia en el presente caso, pedimos a esa honorable Corte que su condena al Estado incluya las siguientes medidas

8°) Que el Estado cumpla sin demora lo ordenado por esa honorable Corte en el sentido de adecuar en un plazo razonable su legislación interna a la Convención Americana a través de la modificación de las normas y prácticas que consideran de libre remoción a los jueces temporales y provisorios.[421]

9°) Que el Estado adapte su Derecho interno de modo que se suprima toda norma de y toda práctica[422] que condicione o de cualquier modo demore injustificadamente la decisión sobre las solicitudes o demandas de nulidad o amparo relativas a la violación de las garantías judiciales en el proceso penal, todo ello de conformidad con los estándares internacionales relativos al debido proceso y a la protección judicial efectiva

10°) Que el Estado garantice a los abogados el ejercicio libre e independiente de su profesión, conforme a los *Principios Básicos sobre la función de los Abogados*, aprobados en el Octavo Congreso de las Naciones Unidas sobre Prevención del Delito y Tratamiento del Delincuente, celebrado en la Habana, Cuba, del 27 de agosto al 7 de septiembre de 1990, y que deje sin efecto toda

---

421 Corte IDH, *Caso Chocrón Chocrón, cit.,* párr. 205(8); también, Corte IDH, *Caso Reverón Trujillo, cit.,* párr. 209(9).

422 Corte IDH, *Caso Castillo Petruzzi y otros, cit.,* párr. 207; Corte I.D.H.: *Caso Baena Ricardo y otros (270 trabajadores vs. Panamá), cit.,* párr. 180; Corte I.D.H. *Caso Durand y Ugarte, cit.,* párr. 137.

norma de Derecho interno y toda práctica incompatibles con dichos Principio Básicos.

11°) Que el Estado establezca como una asignatura obligatoria en el pénsum de estudios de la Educación Media, destinada al estudio de los derechos humanos y sus sistemas de protección tanto en la Constitución de la República Bolivariana de Venezuela como en la Convención Americana sobre Derechos Humanos y los demás tratados sobre derechos humanos en los que Venezuela es parte para la fecha de este escrito y los que ratifique en el futuro.

12°) Que el Estado garantice plena y efectivamente el cumplimiento de su obligación bajo la Convención Americana consistente en darle la ejecución en el país a las sentencias de la Corte Interamericana de Derechos Humanos.

13°) Que se adopten las modificaciones necesarias en el ordenamiento jurídico venezolano a fin de que se incorporen y garanticen efectivamente las disposiciones de la Convención Americana sobre debido proceso y protección judicial en el orden interno de Venezuela, con el objeto de asegurar la existencia de un poder judicial independiente e imparcial que dé pleno cumplimiento a las garantías del debido proceso establecidas en dicho tratado y, en adición a lo dispuesto anteriormente por sentencias de la Corte, se ponga igualmente en practica las conclusiones contenidas en el Informe de la Comisión Interamericana de Derechos Humanos *"Democracia y Derechos Humanos en Venezuela"* (2009), en particular en el párrafo 339[423]:

---

423 Invocamos adicionalmente, a estos efectos, el parágrafo 23 de los *Principios y directrices sobre el derecho de las víctimas de las violaciones manifiestas de las normas internacionales de derechos humanos y de violaciones graves del derecho internacional humanitario a interponer recursos y obtener reparaciones* establecidos por la Asamblea General de las Naciones Unidas (AG-ONU, 60/147, 16/12/2005):

23. Las garantías de no repetición han de incluir, según proceda, la totalidad o parte de las medidas siguientes, que también contribuirán a la prevención: (...)

b) La garantía de que todos los procedimientos civiles y militares se ajustan a las normas internacionales relativas a las garantías procesales, la equidad y la imparcialidad;

c) El fortalecimiento de la independencia del poder judicial;

d) La protección de los profesionales del derecho, la salud y la asistencia sanitaria, la información y otros sectores conexos, así como de los defensores de los derechos humanos; (...)

h) La revisión y reforma de las leyes que contribuyan a las violaciones manifiestas de las normas internacionales de derechos humanos y a las violaciones graves del derecho humanitario o las permitan.

1. *Adecuar el derecho interno a los parámetros de la Convención y adoptar todas las medidas necesarias para garantizar la autonomía e independencia de los distintos poderes estatales, y en particular para asegurar que todos los jueces cuenten con garantías de independencia e imparcialidad.*

2. *Respetar los mecanismos constitucionales establecidos como garantías de independencia e imparcialidad para el nombramiento de jueces y fiscales.*

3. *Asegurar que todas las designaciones de jueces y fiscales se realicen en virtud de concursos públicos, conforme a lo establecido en las Normas de Evaluación y Concurso de la Oposición para el Ingreso y Ascenso a la Carrera Judicial.*

4. *Dar estricto cumplimiento a las normas que regulan el ingreso y ascenso de los jueces y fiscales, y garantizar su estabilidad en el cargo con miras a asegurar su independencia frente a los cambios políticos o de gobierno.*

5. *Adecuar en un plazo razonable la legislación interna a la Convención Americana a través de la modificación de las normas y prácticas que consideran de libre remoción a los jueces provisorios y además adoptar medidas inmediatas para eliminar la situación de provisionalidad de la mayoría de los jueces y fiscales en Venezuela, otorgando a los funcionarios judiciales provisorios todas las garantías de estabilidad, hasta que cese la condición que originó su provisionalidad.*

6. *Implementar un sistema de carrera judicial y fiscal efectivo de forma tal que el ingreso y ascenso en dichas carreras se efectúe mediante concursos públicos de oposición y selección sobre la base de criterios exclusivamente técnicos.*

7. *Adoptar medidas inmediatas para que finalice el funcionamiento excepcional de la jurisdicción disciplinaria respecto a los jueces, asegurando que dicha jurisdicción sea conforme con la Convención Americana y permita garantizar la independencia e imparcialidad del poder judicial.*

8. *Adoptar las medidas necesarias para implementar evaluaciones y otros mecanismos legales de control interno y externo tanto de la gestión como de la idoneidad de las autoridades judiciales y del Ministerio Público.*

9. *Eliminar de las disposiciones del Código de Ética del Juez Venezolano y Jueza Venezolana las normas que contienen causales de destitución o suspensión demasiado amplias o que permiten un alto grado de subjetividad y adoptar, a la mayor brevedad, las me-*

didas para que se constituyan los órganos disciplinarios a los que se refiere dicho Código.

10. *Modificar las disposiciones de la Ley Orgánica del Tribunal Supremo de Justicia en las que se compromete la independencia e imparcialidad del poder judicial.*

11. *Modificar las disposiciones de la Ley Orgánica del Tribunal Supremo de Justicia en las que se establecen causales altamente subjetivas para la destitución y suspensión de Magistrados.*

12. *Modificar la definición de "faltas graves" incluida en la Ley Orgánica del Poder Ciudadano para excluir de dicha definición las categorías demasiado genéricas o que permiten un alto grado de subjetividad.*

13. *Modificar el artículo 203 de la Constitución, en tanto permite la delegación de facultades legislativas al Presidente de la República sin establecer límites definidos ni determinados al contenido de la delegación.*

14. *Incrementar el presupuesto asignado al poder judicial con miras a atacar el retraso procesal.*

4. *Indemnización*

643. Esa honorable Corte ha clasificado los daños indemnizables en dos grandes categorías: la indemnización del daño material y la indemnización del daño inmaterial. Ateniéndonos a ella, procederemos a solicitar la indemnización debida al Profesor Brewer Carías, en virtud de los daños que ha sufrido con motivo de la violación de sus derechos humanos, en los términos del presente escrito.

644. De acuerdo con lo que ha establecido esa honorable Corte, el daño material supone *"la pérdida o detrimento de los ingresos de las víctimas, los gastos efectuados con motivo de los hechos y las consecuencias de carácter pecuniario que tengan un nexo causal con los hechos del caso"*.[424]

645. La víctima, el profesor Brewer Carías, ha venido sufriendo daños en su patrimonio con motivo de la violación de sus derechos humanos, en especial de las garantías judiciales y de su derecho a la protección judicial, en virtud de los cuales se ha visto forzado a vivir en el *exilio* desde hace más de seis (6) años. Ha sufrido, en efecto, disminución patrimonial y también ha *dejado de ganar*.

---

424 Corte IDH. *Caso Bámaca Velásquez Vs. Guatemala. Reparaciones y Costas.* Sentencia de 22 de febrero de 2002. Serie C N° 91, párr. 43; Corte IDH. *Caso Garibaldi v. Brasil.* Excepciones preliminares, fondo, reparaciones y costas. Sentencia del 23 de septiembre de 2009. Párr. 182, y *Caso Anzualdo Castro* vs. Perú. Excepción preliminar, fondo, reparaciones y costas. Sentencia de 22 de septiembre de 2009. Párr. 204.

646. No obstante el daño cierto que ha sufrido en su patrimonio, no es intención del Profesor Brewer Carías obtener una indemnización pecuniaria a ese respecto.

647. En cuanto al *daño inmaterial*, esa honorable Corte ha señalado que éste *"puede comprender tanto los sufrimientos y las aflicciones causados a las víctimas directas y a sus allegados, como el menoscabo de valores muy significativos para las personas, y otras perturbaciones que no son susceptibles de medición pecuniaria"*.[425]

648. Sobre esa base, el Profesor Brewer Carías pide la reparación del daño inmaterial que ha derivado para él de la violación de las garantías judiciales recogidas en el artículo 8 de la CADH, de su derecho a la protección judicial (artículo 25 CADH), de su derecho a la protección de la honra y dignidad (artículo 11 CADH), de su derecho a la libertad de expresión (artículo 13 CADH) y de su derecho de circulación y residencia (artículo 22 CADH), en los siguientes términos:

14°) Por el sufrimiento derivado de las violaciones a los derechos humanos referidas en el presente escrito por las que esa honorable Corte condene al Estado venezolano, la víctima pide una indemnización de UN BOLÍVAR (BsF 1,00).

5. *Costos y gastos*

649. El Estado debe pagar por las costas y gastos que haya implicado la búsqueda de justicia, que están comprendidos dentro del concepto de reparación consagrado en el artículo 63.1 de la Convención Americana.

650. Los abogados que hemos asistido la profesor Brewer Carías en el Sistema Interamericano de Derechos Humanos lo hemos hecho *pro bono*, en homenaje a su trayectoria y en entera solidaridad con él, frente a los abusos de que ha sido víctima de los que se ha dado cuenta en el presente escrito. Nos limitaremos, por lo tanto, a reclamar del Estado el reembolso de algunos de los gastos en los que hemos incurrido.

651. Los gastos por concepto de costos de pasaje, impuestos, per-diem y transportes internos que resulten con ocasión de los viajes que a partir de esta fecha realicen los abogados representantes, al igual los testigos viajen a San José de Costa Rica para la audiencia o audiencias que la Corte tenga a bien disponer. En consecuencia, nos reservamos la oportunidad para presentar la relación de gastos en que se incurrieren en el futuro.

---

425 Corte IDH, *Caso de los "Niños de la Calle" (Villagrán Morales y otros) vs. Guatemala*. Reparaciones y costas. Sentencia de 26 de mayo de 2001. Serie C N° 77, párr. 84; *Caso Garibaldi vs. Brasil*. Sentencia de23 de septiembre de 2009. Serie C N° 203, párr. 157, y *Caso Escher y otros vs. Brasil*. Sentencia de 6 de julio de 2009. Serie C N° 308, párr. 229.

PRUEBA

652. De acuerdo con lo establecido en el artículo 40 del Reglamento de la Corte Interamericana de Derechos Humanos, el escrito de solicitudes, argumentos y pruebas debe contener, entre otros aspectos, *"las pruebas ofrecidas debidamente ordenadas, con indicación de los hechos y argumentos sobre los cuales versan"*. En el caso de la prueba testimonial y de la expertita, la norma requiere, además *"la individualización de declarantes y el objeto de su declaración"*, debiendo remitirse la hoja de vida y los datos de contacto en el caso de los peritos.

653. En el presente caso, se ofrecen como medios de prueba un cúmulo de documentos; diversos testimonios y; varias experticias. Seguidamente se especifica cada medio probatorio, según los requerimientos reglamentarios.

I.   PRUEBA TESTIMONIAL OFRECIDA

654. Se ofrece la prueba de los siguientes testigos:

a)   **Allan Randolph Brewer Carías**, víctima en el presente caso. Será interrogado sobre las violaciones los derechos humanos que ha sufrido dentro del marco del presente caso y sobre sus consecuencias sobre su vida profesional, personal y familiar, en particular sobre los daños que esas violaciones le han infligido a su integridad física, psíquica y moral.

b)   **León Henrique Cottin**. Abogado venezolano, cédula de identidad N° 2.940.917, pasaporte 016291771. Dirección Multicentro Los Palos Grandes, P.H., av. Andrés Bello con Primera Transversal, Los Palos Grandes, Caracas, Venezuela. El abogado Cottin es uno de los defensores del profesor Brewer Carías en el proceso al que se refiere el presente caso, en el ámbito del derecho interno venezolano. Ofrecerá su testimonio sobre las violaciones al debido proceso que sufrió el profesor Brewer Carías durante el mismo.

c)   **José Rafael Odreman Lezama**. Abogado venezolano, cédula de identidad N° 5.149.054. Av. Francisco de Miranda, Centro Seguros La Paz, piso 5, of, E52A, La California, Caracas. El abogado Odreman es uno de los defensores del profesor Brewer Carías en el proceso al que se refiere el presente caso, en el ámbito del derecho interno venezolano. Ofrecerá su testimonio sobre las violaciones al debido proceso que sufrió el profesor Brewer Carías durante el mismo. *Ofrecemos este testimonio de manera alternativa, para el evento en que el abogado León Henrique Cottin no pueda comparecer a la audiencia correspondiente a presente caso.*

II. PRUEBA PERICIAL OFRECIDA

655. Se ofrece la prueba de los siguientes expertos, cuyas hojas de vida se acompañan como **Anexos 0.a, 0.b, 0.c, 0.d, 0.e** e incluyen sus datos de contacto:

a) **Profesor ENRIQUE GIMBERNAT**, destacado Profesor de Derecho penal de la Universidad Complutense de Madrid, España, para que a la luz de los principios universales que rigen el proceso penal y las garantías judiciales del mismo, analice el acta de imputación formulada contra el profesor Allan R. Brewer Carías por el Ministerio Público venezolano el 27 de enero de 2005, cuyo contenido se recogió fundamentalmente en el acta de acusación fiscal formulada contra el mismo profesor Brewer Carías el 21 de octubre de 2005, en las que se le inculpó por el delito de conspiración para cambiar violentamente la Constitución, previsto en el art. 144.2 CP, por haber participado "en la redacción y elaboración" del "Acta de Constitución del Gobierno de Transición Democrática y Unidad Nacional". Se solicitará del experto que explique al Tribunal si ese proceso, vulnera alguno o algunos de los derechos fundamentales de la persona humana reconocidos en el Derecho internacional de los derechos humanos, con particular referencia a los derechos a la presunción de inocencia y a la defensa, como condiciones del debido proceso legal. También se pedirá al experto su opinión sobre la apreciación de las pruebas por parte del Ministerio Público para haber imputado, primero, al profesor Brewer Carías el delito mencionado y para haberlo acusado, después, por el mismo delito.

b) **Profesor ALBERTO ARTEAGA SÁNCHEZ**, reconocido profesor de Derecho Penal, ex Director del Instituto de Ciencias Penales y Criminológicas de la Universidad Central de Venezuela y ex Decano de la Facultad de Ciencias Jurídicas y Políticas de la misma Universidad, para que ofrezca a la Corte su opinión como experto sobre las distintas fases del proceso penal en Venezuela y sobre sus lapsos teóricos, según el Código Orgánico Procesal Penal, y reales, según la práctica forense, particularmente en lo que hace al lapso entre la presentación de la acusación y la celebración de la audiencia preliminar; sobre si, de acuerdo con el ordenamiento jurídico venezolano, las garantías del debido proceso plasmadas en la Constitución venezolana y la Convención Americana sobre Derechos Humanos son exigibles durante las diversas fases de dicho proceso, en particular la de investigación. Asimismo se preguntará al experto sobre la función del Ministerio Público y la del Juez de Control en ese proceso. Se pedirá asimismo su opinión al experto, desde la óptica del desarrollo del proceso penal, sobre la oportunidad en que el Juez debe decidir sobre las solicitudes o demandas de nulidad absoluta de actos de dicho proceso, por violación de los derechos humanos de un procesado. Finalmente, se pedirá opinión al perito sobre la naturaleza y efectos de la amnistía en Venezuela, de acuerdo con su régimen jurídico general y su relación con el Decreto 5790, con Rango, Valor y Fuerza de Ley Especial de Amnistía (*Gaceta Oficial* N° 5.870 Extra. del 31-12-2007 **Anexo 70**), así como sobre otras materias del ámbito de su experticia.

c) **Profesor CARLOS TIFFER**, reconocido profesor de Derecho penal de la Universidad de Costa Rica y de Criminología en la Universidad Estatal de Estudios a Distancia (UNED) de Costa Rica, para que ofrezca a la Corte su opinión sobre las garantías debidas al procesado durante las diversas fases del proceso penal en el sistema acusatorio, particularmente en la fase de investigación de ese proceso. Igualmente se preguntará al experto sobre los estándares universales del juez independiente e imparcial y su aplicación concreta en el proceso incoado contra el profesor Allan R. Brewer Carías. Igualmente se preguntará al experto sobre la naturaleza jurídica de la amnistía, con particular referencia al principio de legalidad penal y al principio de igualdad ante la ley. Finalmente se preguntará al experto sobre la protección del abogado en la relación con su cliente, en especial por las opiniones que emita en el marco de una relación profesional. En conexión con el mismo tema está el de la emisión de una opinión jurídica por un abogado como ejercicio de la libertad de expresión, así como las denunciadas violaciones a la libertad de expresión del profesor Brewer Carías, así como sobre otras materias del ámbito de su experticia.

d) **Profesor RAFAEL CHAVERO**, distinguido profesor de Derecho constitucional de la Universidad Central de Venezuela y la Universidad Católica Andrés Bello, de Caracas, a quien se preguntará sobre la provisionalidad judicial en Venezuela y sus efectos sobre la independencia judicial en casos que ofrezcan interés político para el gobierno; sobre la situación y régimen de la provisionalidad judicial durante el tiempo entre 2002 y 2005 y su evolución hasta la actualidad, con énfasis en cualesquiera modificaciones relevantes; y sobre la provisionalidad en el Ministerio Público venezolano y su relevancia en el proceso penal contra el profesor Brewer Carías, así como sobre otras materias del ámbito de su experticia.

e) **Profesor ANTONIO CANOVA GONZÁLEZ**, distinguido profesor de Derecho constitucional y Derecho administrativo de la Universidad Central de Venezuela y la Universidad Católica Andrés Bello, de Caracas, a quien se preguntará sobre el régimen jurídico de la carrera judicial en Venezuela, en particular sobre el régimen Constitucional, el régimen legal, el régimen resultante de la emergencia judicial y el régimen jurídico actual y su adecuación a la Constitución y a los requisitos de suficiencia profesional, independencia e imparcialidad conforme a los estándares de una sociedad democrática y su relevancia en el proceso penal contra el profesor Brewer Carías, así como sobre otras materias del ámbito de su experticia.

III. PRUEBA DOCUMENTAL[426]

656. Ante todo, hacemos valer el principio de la comunidad de la prueba, en todo cuanto está contenido y señalado como hecho cierto en el Informe de fondo de la Comisión N° 171/11 de 3 de noviembre de 2011, en su escrito de sometimiento del presente caso a esa honorable Corte y, en general, todos los medios probatorios que los acompañan. Reproducimos igualmente el valor probatorio del expediente del caso ante la Comisión Interamericana de Derechos Humanos.

657. Del mismo modo, hacemos valer las constataciones de hechos vertidas en los diversos Informes de la Comisión Interamericana de Derechos Humanos, en los cuales se hace referencia a la situación de los derechos humanos en Venezuela, en particular de los que luego se enumeran, citados todos en contexto a lo largo del presente escrito.

658. Los documentos que se ofrecen como medio de prueba tienen por objeto, en su conjunto y desde un punto de vista general, demostrar ante esa Corte: **I)** los hechos de los cuales se desprende el cumplimiento de las condiciones para que opere la excepción al requisito de agotar los recursos internos; **II)** el perfil de la víctima; **III)** la situación general y sistemática respecto de falta de independencia judicial y situaciones que afectan la institucionalidad y las investigaciones penales independientes; **IV)** hechos que se configuran como antecedentes relevantes con respecto a la violación de los derechos humanos del profesor Brewer Carías; **V)** los diversos actos del Estado que violan la Convención Americana sobre Derechos Humanos en perjuicio del Profesor Allan Brewer Carías.

659. Seguidamente el detalle de las documentales que se ofrecen como medio de prueba, no sin antes aclarar que: 1) a los efectos de tener una numeración única de los anexos que hemos presentado ante la CIDH y ante esta Corte, se numeran los nuevos anexos distintos a los que ya están en el Expediente remitido por la CIDH y que acompañaron la **Petición ante la CIDH**, el **Escrito de Respuestas a preguntas de la CIDH**, el **Escrito Complementario sobre la Ley de Amnistía**, y el **Escrito de Observaciones Adicionales ante la CIDH** (todos los cuales llegaron hasta el N° 78), a partir del N° 79; 2) cuando con posterioridad a la consignación de los escritos y anexos antes señalados han ocurrido o hemos tenido noticia de nuevos hechos o actos indiso-

---

426 Además de los documentos que se individualizan en este capítulo, a lo largo del presente escrito se citan otros a título referencial, o bien como soporte de afirmaciones o alegatos. Se anexa marcada "0" (cero) el listado general de anexos.

lublemente vinculados a documentos ya consignados, hemos optado por retomar el número del documento ya consignado ante la CIDH, agregándole una letra.

1. **Documentales que tienen por objeto demostrar que no era necesario agotar los recursos internos**

660. Con el objeto de demostrar, en términos generales, que en el presente caso se no era necesario agotar los recursos internos antes de acudir a la protección de los derechos humanos del profesor Allan Brewer Carías ante el Sistema Interamericano y que, en todo caso, se agotaron los medios que tenía a su alcance, se ofrecen las documentales que seguidamente se identifican, identificadas con el número de anexo correspondiente. Cada documento ofrecido tiene un contenido preciso, que damos por reproducido, y que, a los efectos justifican y fundamentan los alegatos específicos contenidos en este Escrito. A continuación, las documentales ofrecidas:

1. Escrito de los abogados defensores de **04-05-2005** ante Juez provisorio de Control solicitando su intervención para corregir las arbitrarias actuaciones del Ministerio Público al denegar diligencias probatorias. En particular, solicitaron: 1) que ordenara a la Fiscalía Sexta ordenar la transcripción por técnicos especializados de la totalidad de los videos cuyo contenido fue utilizado para la imputación del profesor Brewer Carías; 2) que ordenara a la Fiscalía Sexta recabar los testimonios de Nelson Mehzerane, Nelson Socorro, Yajaira Andueza y Leopoldo Baptista; 3) que solicite a la Fiscalía Sexta "copia de las resoluciones mediante las cuales negó los pedimentos de transcripción de videos y de entrevista a los ciudadanos (…), formulados por los defensores de ALLAN BREWER-CARÍAS". **Anexo 43.**

2. Decisión del Tribunal de Control de fecha **11-05-2005** omitiendo pronunciarse sobre las violaciones alegadas, limitándose a señalar al respecto: 1) que corresponde al Ministerio Público recibir y practicar las diligencias probatorias que requiera el imputado; 2) que no corresponde al tribunal, en esa etapa del proceso, pronunciarse sobre la pertinencia o utilidad de los medios de prueba ofrecidos por la defensa. No obstante, en esa decisión se ordena a la Fiscalía Sexta "permita al ciudadano ALLAN R. BREWER-CARÍAS, así como también a sus defensores el acceso total al expediente y los videos que guarden relación con la causa (…), para lo cual deberá instruir lo conducente con el objeto de que el investigado y sus representantes tengan su acceso inmediato otorgándole las copias del expediente o videos que así le sean requeridos (sic)". **Anexo 44.**

3. Decisión de **06-07-2005** de la Sala 9 de la Corte de Apelaciones resolviendo la apelación contra la decisión del Juez provisorio de Control, de fecha 11-05-2005 (anexo 44). Señaló entonces la Corte de Apelaciones que "es elemental que de la negativa del Fiscal y de la inconformidad del imputado y su defensa con la misma, se plantea una incidencia entre partes a ser decidida por el Juez de Control a cuyo conocimiento somete la parte que se con-

sidera afectada el asunto, siendo que para su decisión es fundamental que el órgano jurisdiccional pondere las razones esgrimidas por el Ministerio Público en su opinión contraria, de lo cual debió dejar constancia". **Anexo 45.**

4.　　Escrito de los abogados defensores de **10-08-2005** ante el Tribunal 25 de Control pidiendo que se dé cumplimiento a la decisión dictada por la Corte de Apelaciones el 06-07-2005 (anexo 45). **Anexo 46.**

5.　　Decisión del Juez provisorio 25 de Control de **20-10-2005**, mediante el cual se pronuncia con respecto a los pedimentos formulados por la defensa el 10-08-2005 (anexo 46), el 30-09-2005 (anexo 29) y el 18-10-2005 (anexo 32). En ese sentido, contrariando la sentencia dictada por la Corte de Apelaciones el 06-07-2005 (anexo 45), declaró improcedente la solicitud de control formulada por la defensa, considerando que "la negativa del Ministerio Público a practicar dichas diligencias como actos de investigación forman parte de su fuero de competencia discrecional" –esto con referencia a la solicitud de transcripción de videos y a la entrevista de cuatro testigos. Luego, con relación a la declaración del ciudadano Pedro Carmona Estanga, después de afirmar que "el vigente régimen adjetivo penal consagrado en el Código Orgánico Procesal Penal acoge el principio de la libre convicción y de la sana crítica, [abandonando la clasificación de testigos como hábiles e inhábiles del Código de Enjuiciamiento Criminal]", señaló que esa testimonial sería ilegal, toda vez que "los imputados de un mismo hecho punible no podrán ser al mismo tiempo testigos del propio hecho que se le (sic) imputan, **ni tampoco asumir el rol de testigos con relación a hechos que puedan afectar a otros**". **Anexo 30.**

6.　　Escrito de apelación presentado el **28-10-2005**, contra la decisión del Juez provisorio de Control de fecha 20-10-2005 (anexo 30). Se requirió entonces la anulación de la decisión apelada y que, por una parte, se dé cumplimiento al fallo del 06-07-2005 (anexo 45) y la práctica de la prueba anticipada, consistente en la declaración del ciudadano Pedro Carmona Estanga. **Anexo 47.**

7.　　Escrito de acusación fiscal contra Allan R. Brewer-Carías, de **21-10-2005**, en el cual se afirma que "en el conocimiento que tiene como profesor venezolano, abogado y constituyente del deber en que estaba de acuerdo a lo establecido en el artículo 333 de nuestra Carta Magna de colaborar en el reestablecimiento de la efectiva vigencia de la Constitución, y en vez de cumplir con su deber ciudadano por mandato expreso del artículo 131 de la Constitución de la República Bolivariana de Venezuela, conspiró participando en la elaboración y discusión del **"Decreto de Constitución de un Gobierno de Transición Democrática y Unidad Nacional"**, que el día 12 de abril de 2.002, entró en vigencia cambiando violentamente la Constitución del pueblo venezolano 30 de diciembre de 1.999 (sic)", en el cual no se tomó en consideración ninguno de los alegatos y "elementos de convicción" señalados por la defensa. **Anexo 48.**

8.   Libro Allan R. Brewer-Carías, *En mi propia Defensa. Respuesta preparada con la asistencia de mis defensores Rafael Odremán y León Enrique Cottin, contra la infundada acusación fiscal por el supuesto delito de conspiración, Editorial Jurídica Venezolana, Caracas 2006.* Contiene el escrito de respuesta a la acusación fiscal, consignado el **08-11-2005. Anexo 2.** Ver en particular el capítulo relativo a la solicitud de nulidad de todo lo actuado, pp. 53.135.

9.   Escrito de los abogados defensores de fecha 26-10-2005 solicitando declaración judicial anticipada de la improcedencia de privación de libertad del Dr. Brewer-Carías. **Anexo 49.**

10.   Decisión del Juez provisorio de control de fecha **15-06-2006** dictando medida preventiva de privación de libertad contra el Dr. Brewer-Carías. **Anexo 52.**

11.   Comunicación de la Secretaría General de Interpol N° ola/34990-3/STA/36-E/EM/sm del 07 de Agosto de 2007, solicitando al Juzgado Vigésimo Quinto de Control información sobre el caso del Dr. Allan Brewer Carías. **Anexo 56.**

12.   Auto de fecha **17-09-2007** del Juzgado Vigésimo Quinto de Control mediante el cual da respuesta a la solicitud de información de la Secretaría General de Interpol, tergiversando los hechos, para afirmar sin fundamento que el delito imputado al profesor Brewer Carías es ordinario y no político. **Anexo 57.**

13.   Decisión de la Sala 8 de la Corte de Apelaciones del **29-10-2007**, mediante la cual declara inadmisible la apelación contra el auto del 17-09-2007 del Juzgado Vigésimo Quinto de Control (anexo 57), consistente en una "aclaratoria", derivada de la solicitud de información presentada por la Secretaría General de INTERPOL, de acuerdo con la cual el profesor Brewer Carías no estaría siendo juzgado por delitos políticos, sino por la presunta comisión de un delito ordinario, como lo es el intento de magnicidio en la persona del Presidente de la República. Se fundamenta la inadmisibilidad en que el profesor Brewer Carías no se ha presentado al Juzgado correspondiente, a pesar de la orden de aprehensión dictada en su contra y "ratificada" en la decisión objeto de apelación. **Anexo 58.**

14.   Solicitud de sobreseimiento formulada en fecha **11-01-2008** por la defensa del profesor Brewer, fundamentada en la Ley de Amnistía del 31-12-07 (anexo 70). **Anexo 74.**

15.   Sentencia del Juzgado Vigésimo Quinto de Control de **25-01-2008**, por la cual niega la aplicación del Decreto-Ley de Amnistía de 31-12-2007 al profesor Brewer Carías, por cuanto "no se encuentra a derecho". **Anexo 60.**

16.   Escrito de apelación de **08-02-2008**, ejercida contra la sentencia de Juzgado de Control, de fecha 25-01-2008 (anexo 60). Se alegó, entre otras

cosas, que el profesor Brewer Carías está a derecho; que no se ha presentado al tribunal. **Anexo 75.**

17. Sentencia de la Sala Quinta de la Corte de Apelaciones de **03-04-2008** por la cual declara sin lugar el recurso de apelación y se ratifica la negativa de aplicar el Decreto-Ley de Amnistía a Allan Brewer Carías, en virtud de que no está a derecho. Al respecto, se afirma en la sentencia que el encausado "no acudió a las convocatorias realizadas por el Tribunal de la causa ni para la primera oportunidad fijada de la Audiencia Preliminar [que califica de "acto personalísimo"] ni tampoco acudió a los diferimientos sucesivos". **Anexo 61.**

2. *Documentales que demuestran el perfil de la víctima, profesor Allan Brewer Carías*

18. Currículum Vitae del Dr. Allan R. Brewer-Carías. Se puede consultar adicionalmente el portal www.allanbrewercarias.com, en el cual está publicada buena parte de la obra escrita del profesor Brewer Carías, en particular la obra citada en el presente escrito. **Anexo 1.**

3. *Situación general y sistemática respecto de la falta de independencia judicial y otras situaciones que afectan la institucionalidad y las investigaciones penales independientes*

661. Con el objeto de demostrar la ocurrencia de hechos generales relevantes, que permitirán a esa Corte conocer la situación general y sistemática de falta de independencia judicial y otras situaciones que afectan la institucionalidad y las investigaciones penales independientes en Venezuela, se ofrecen las documentales que seguidamente se identifican, primero según los elementos de contexto que corresponda y, luego, con el número de anexo correspondiente. Cada documento ofrecido tiene un contenido preciso, que se da por reproducido, y que, a los efectos de la admisibilidad del presente caso, justifican y fundamentan los alegatos específicos contenidos en el capítulo III de la primera parte.

662. Los hechos generales cuya demostración se pretende mediante las documentales que se presentan son los siguientes: **(A)** la sujeción política y jerárquica del Poder Judicial y el Ministerio Público al Poder Ejecutivo en Venezuela: la falta de independencia del Tribunal Supremo de Justicia; **(B)** la provisionalidad de los jueces, la reestructuración permanente del Poder Judicial, el PET y, la nueva jurisdicción disciplinaria judicial; **(C)** la provisionalidad en el Ministerio Público; **(D)** el Poder Judicial, como el Legislativo y el Ministerio Público, está al servicio del Poder Ejecutivo, en un marco de ausencia de separación de poderes: "Historias secretas de un juez en Venezuela". A continuación, las documentales ofrecidas, clasificadas según los hechos generales señalados:

A. La sujeción política y jerárquica del Poder Judicial y del Ministerio Público al Poder Ejecutivo en Venezuela: la falta de independencia del Tribunal Supremo de Justicia

19. Artículo de Juan Francisco Alonso, *"La división de poderes debilita al estado. La presidenta del TSJ [Luisa Estela Morales] afirma que la Constitución hay que reformarla,"* El Universal, Caracas 05-12-2009, en http://www.eluniversal.com/2009/12/05/pol_art_morales:-la-divisio_1683109.shtml. **Anexo 79**

20. Sentencia de la Sala Plena Accidental del Tribunal Supremo de Justicia de 14-08-2002 (publicada el 19-09-2002), dictada con ponencia de **Franklin Arrieche**, por la cual se decidió el antejuicio de mérito a los generales que actuaron el 12 de abril de 2002, declarando que no había mérito para enjuiciarlos porque en esa ocasión no había ocurrido un golpe militar sino un vacío de poder. Ver en http://www.tsj.gov.ve/decisiones/tplen/Septiembre/SENTENCIA%20DE%20LOS%20MILITARES.htm. Hacemos valer el texto íntegro de la sentencia, es particular la afirmación de acuerdo con la cual *"una vez que se anunció por el General en Jefe la renuncia del Presidente y del Alto Mando Militar, **todo el país** tenía el derecho y la obligación de creer, tal y como sucedió con la OEA, que en Venezuela existía crisis en el poder ejecutivo por carencia de titular de la Presidencia./ Fue en esas condiciones cuando los militares anunciaron el nombramiento del Presidente provisorio"*. **Anexo 53**

21. Con motivo de la sentencia del 14-08-2002, el Presidente de la República pronunció el 17-08-2002 estas palabras inolvidables: "Ellos pusieron la plasta y se fueron de vacaciones", refiriéndose a los 11 magistrados (de 20), que aprobaron dicha sentencia. Ver video en http://www.marthacolmenares.com/2009/04/16/sentencia-tsj-desvirtuo-tesis-de-golpe-de-estado-el-11-a-chavez-la-catalogo-de-plasta-video/ **Anexo 53-A.**

22. Acuerdo de la Asamblea Nacional por el cual se declaró la nulidad de la designación de **Franklin Arrieche** como Magistrado, publicado en la Gaceta Oficial N° 37.584 de 04-12-2002, *"en razón de haber suministrado falsa información para el momento de la aceptación de su postulación para ser ratificado en ese cargo, y por no cumplir con los extremos que le exige el artículo 263, numeral 3, de la Constitución de la República Bolivariana de Venezuela"; es decir, por no "ser jurista de reconocida competencia, gozar de buena reputación, haber ejercido la abogacía durante un mínimo de quince años y tener título universitario de postgrado en materia jurídica; o haber sido profesor universitario o profesora universitaria en ciencia jurídica durante un mínimo de quince años y tener la categoría de profesor o profesora titular; o ser o haber sido juez o jueza superior en la especialidad para la cual se postula, con un mínimo de quince años en el ejercicio de la carrera judicial, y reconocido prestigio en el desempeño de sus funciones"*. **Anexo 80.**

23. Sentencia de la Sala Constitucional del Tribunal Supremo de Justicia N° 3168 de 10-12-2002, mediante la cual se admite la acción de amparo constitucional y se declara con lugar la medida cautelar de suspensión de efectos dirigidas contra el acuerdo de la Asamblea Nacional por el cual se reconoció la nulidad absoluta de la designación de **Franklin Arrieche** como Magistrado, publicado en la Gaceta Oficial N° 37.584 de 4-12-2002. Ver en http://www.tsj.gov.ve/decisiones/scon/Diciembre/3168-101202-02-3053.htm. Hacemos valer el texto íntegro de la sentencia, en especial la afirmación de acuerdo con la cual *"[n]o puede dejarse pasar por alto que esta Sala Constitucional se aboca a conocer este amparo dentro de un clima alarmante de conflicto político con alto riesgo para la institucionalización democrática, y dentro del cual cabe destacar que el ejercicio de los derechos que preceptúa la Constitución constituye la vía adecuada para mantener el Estado de Derecho; así como también para despejar el conflicto planteado y situarlo en el marco de la institucionalización. Tal circunstancia surge de la acción intentada y justifica que se acuerde la medida cautelar solicitada mientras se decide la pretensión que fue requerida"*. **Anexo 81.**

24. Ley Orgánica del Tribunal Supremo de Justicia, publicada a en la Gaceta Oficial N° 37.942 de 20-05-2004. Hacemos valer en particular el artículo 23, numeral 4, que faculta a la Asamblea Nacional para que, "por mayoría simple", anule la designación de los magistrados del Tribunal Supremo de Justicia cuando hubieren suministrado datos falsos con motivo de su postulación", entre otros supuestos francamente ininteligibles. También el número de magistrados, conforme al artículo 2, parágrafo primero. **Anexo 82.**

25. Acuerdo de la Asamblea Nacional, de fecha 15 de junio de 2004, mediante el cual se anula el acto mediante el cual se designó al Magistrado **Franklin Arrieche**, publicado en Gaceta Oficial N° 37.961 de 16-06-2004, "en razón de haber suministrado falsa información para el momento de la aceptación de su postulación para ser ratificado en ese cargo, y por no cumplir con los extremos que le exige el artículo 263, numeral 3, de la Constitución de la República Bolivariana de Venezuela"; es decir, por no *"ser jurista de reconocida competencia, gozar de buena reputación, haber ejercido la abogacía durante un mínimo de quince años y tener título universitario de postgrado en materia jurídica; o haber sido profesor universitario o profesora universitaria en ciencia jurídica durante un mínimo de quince años y tener la categoría de profesor o profesora titular; o ser o haber sido juez o jueza superior en la especialidad para la cual se postula, con un mínimo de quince años en el ejercicio de la carrera judicial, y reconocido prestigio en el desempeño de sus funciones"*. **Anexo 83.**

26. Sentencia de la Sala Constitucional del Tribunal Supremo de Justicia N° 1205 de 22-06-2004, por la cual se declara "inaccedible" (sic) la extensión de los efectos de la medida cautelar acordada el año 2002 a favor de Franklin Arrieche al acuerdo de la Asamblea Nacional del 15-06-2004, e inadmisible sobrevenidamente la acción de amparo constitucional intentada contra el

acuerdo de diciembre de 2010. Ver en http://www.tsj.gov.ve/decisiones/scon/Junio/1205-220604-02-3053.htm. En el voto salvado se lee, al respecto, que *"[l]a decisión de la que se disiente se apartó de la doctrina vinculante que, en interpretación de la Constitución de la República Bolivariana de Venezuela, sentó la Sala Constitucional con ocasión de la decisión de admisión de la demanda de nulidad que interpuso el diputado Alejandro Armas y otros contra el mismo acto que el quejoso de autos señaló como lesivo en su demanda (Exp. 02-3049)"*. **Anexo 84.**

27. Acuerdo de la Asamblea Nacional, de fecha 13-12-2004, publicado en la Gaceta Oficial N° 38.086 de 14-12-2004, por el cual se designan 19 magistrados principales, para "completar" e número en razón del aumento de conformidad con la nueva ley y, para suplir las faltas absolutas, como la de **Franklin Arrieche** en la Sala de Casación Civil. **Anexo 85.**

28. Declaración del diputado Pedro Carreño en El Nacional, *Chavismo designará hoy a 49 nuevos magistrados, Javier Pereira.* Caracas, Lunes 13-12-2004. El diputado Carreño declara que en la lista de magistrados postulados no hay nadie vinculado a la oposición ya que no piensan "meter autogoles". **Anexo 7.**

29. Sentencia N° 233, de fecha 11-03-2005, mediante la cual la Sala Constitucional del Tribunal Supremo de Justicia anuló la sentencia de la Sala Plena Accidental del Tribunal Supremo de Justicia de 14-08-2002 (publicada el 19-09-2002), dictada con ponencia de **Franklin Arrieche**, por la cual se decidió el antejuicio de mérito a los generales que actuaron el 12 de abril de 2002. Ver en http://www.tsj.gov.ve/decisiones/scon/Marzo/233-110305-04-3227.htm . La nulidad de basó en la violación del derecho de dos magistrados recusados a ser juzgados por su juez natural, en tanto que la recusación no fue resuelta por el Presidente del Tribunal; lo cual implicó la "ilegal" constitución de la "Sala" Plena accidental y, por ende, la nulidad de la sentencia. **Anexo 54.**

30. Sentencia N° 656, dictada por la Sala Constitucional del Tribunal Supremo de Justicia en fecha 28-04-2005, mediante la cual declara sin lugar la recusación de tres magistrados designados conforme a la nueva ley, en el juicio de nulidad de la Ley Orgánica de la Corte Suprema de Justicia (2004), por considerar, entre otras cosas, que *"hasta prueba en contrario, los Magistrados se presumen honorables, y tal honorabilidad no puede quedar en tela de juicio porque deban juzgar sobre la nulidad de una ley, que indirectamente pudiera afectarlos, sin que exista un alegato fáctico diferente al expresado por el recusante, que permita, al menos, asumir la posibilidad de que la imparcialidad de los Magistrados recusados se encuentre comprometida"*. http://www.tsj.gov.ve/decisiones/scon/Abril/656-280405-04-1385.htm. En esta causa se declaró la perención de la instancia mediante sentencia N° 1325 de 27/06/2007. Ver en http://www.tsj.gov.ve/decisiones/scon/Junio/1325-270607-04-1385.htm **Anexo 86.**

31. Ley Orgánica del Tribunal Supremo de Justicia publicada originalmente en la Gaceta Oficial N° Extr. 5.991 de 29-07-2010, reimpresa por error material en la Gaceta Oficial N° 39.483 de 09-08-2010; y reimpresa nuevamente por *"error material"* en la Gaceta Oficial N° 39.522 de 01/10/2010. Con estos documentos se pretende demostrar la reforma inconstitucional del artículo 70, reduciéndose el plazo para la presentación de postulaciones de manera tal de impedir que la Asamblea Nacional electa en septiembre de 2010 –con representación casi paritaria de la oposición- designara a los magistrados del Tribunal Supremo de Justicia. **Anexo 87.**

32. Acuerdo de designación de los nuevos magistrados del Tribunal Supremo de Justicia, publicado en la Gaceta Oficial N° 39.569 del 08-12-2010. **Anexo 88.**

33. Hildegard Rondón de Sansó, Obiter Dicta"/"Comité de postulaciones judiciales, LA VOCE D'ITALIA, 8 de febrero de 2011, en www.voce.com.ve. En este artículo, la autora –ex magistrada de la Corte Suprema de Justicia y conocida simpatizante del oficialismo, la doctora Hildegard Rondón de Sansó, señaló que la designación de los magistrados en diciembre de 2010 fue política, en virtud de *que "se ha violado el sacrosanto principio de separación de los poderes ya que, tendremos como jueces a unos señores que provienen del campo político y que en lugar de justicia verán en cada decisión, la razón del partido o grupo, y no la que derive del Derecho y de la Equidad. Es decir, las decisiones estarán en manos de quienes no son jueces, no conocen la técnica para desempeñar ese cargo, y son, por el contrario, políticos de profesión".* **Anexo 89.**

34. *Mayoría del PSUV llevó a cinco de sus colegas y a la procuradora al TSJ,* EL UNIVERSAL, 8 de diciembre de 2010, disponible en: http://politica.eluniversal.com/2010/12/08/pol_art_an-excluyo-a-isaias_08A4828333.shtml. Esto, para demostrar que, conforme a las informaciones, de los magistrados designados en diciembre de 2010, al menos cinco (5) eran Diputados del partido oficial de gobierno (PSUV) a la AN; una (1) de las magistradas era diputada de ese partido de gobierno al Parlamento Andino y en ese momento era embajadora ante Canadá designada por el Presidente de la República; y otra magistrada era la Procuradora General de la República designada por el Presidente de la República, es decir, de su entera confianza. **Anexo 90.**

35. Nota de Prensa oficial difundida por el Tribunal Supremo, donde se cita parcialmente el discurso de apertura del Año Judicial del 5 de febrero de 2011 pronunciado, como Orador de Orden, por Magistrado Fernando Vegas, en el cual destacó, entre otras cosas, que *"el Poder Judicial venezolano está en el deber de dar su aporte para la eficaz ejecución, en el ámbito de su competencia, de la Política de Estado que adelanta el gobierno nacional"* en el sentido de desarrollar *"una acción deliberada y planificada para conducir un socialismo bolivariano y democrático,"* y que *"la materialización del aporte que debe dar el Poder Judicial para colaborar con el desarrollo de*

una política socialista, conforme a la Constitución y la leyes, viene dado por la conducta profesional de jueces, secretarios, alguaciles y personal auxiliar," (subrayado añadido) Véase en http://www.tsj.gov.ve/informacion/notasdeprensa/notasdeprensa.asp?codigo=8239. **Anexo 91.**

B. **La provisionalidad de los jueces, la reestructuración permanente y el PET. La nueva jurisdicción disciplinaria judicial**

36. Sentencia N° 02221 de la SPA-TSJ, 28 de noviembre de 2000, en la que, entre otras cosas, se afirma que, refiriéndose a los jueces, *"... quienes ocupen un cargo para el cual no hubieren concursado, carecen del derecho bajo análisis y, en consecuencia, podrán ser removidos del cargo en cuestión en las mismas condiciones en que el mismo fue obtenido, es decir, sin que exista para la Administración competente la obligación de fundamentar dicha separación en las disposiciones que componen el <u>régimen disciplinario aplicable</u> –se insiste– <u>sólo a los jueces de carrera</u>, esto es, a aquellos (sic) que ocupan un cargo previo concurso de oposición".* Ver en http://www.tsj.gov.ve/decisiones/spa/Noviembre/02221-281100-16499.htm **Anexo 65**.

37. Sentencia de la Sala Constitucional del Tribunal Supremo de Justicia, N° 1413 de 10 de julio de 2007, en la que, entre otras cosas con respecto a los jueces, se afirma que *"...los cargos desempeñados con carácter temporal éstos no confieren a los funcionarios –sean judiciales o administrativos– la cualidad de personal fijo o titular y, por ende, tampoco gozan de los derechos inherentes a la carrera como, por ejemplo, la estabilidad en el cargo, por lo que muy bien pueden ser suspendidos o removidos del cargo conforme a las atribuciones que competen a la autoridad judicial o administrativa correspondiente".* Ver en http://www.tsj.gov.ve/decisiones/scon/Julio/1413-100707-06-1055.htm **Anexo 66**.

38. Sentencia de la Sala Constitucional del Tribunal Supremo de Justicia, N° 2414 de 20 de diciembre de 2007, en la que, entre otras cosas, se afirma que *"Los jueces y juezas provisorios [...] ocupan cargos judiciales, pero no ostentan la condición de jueces de carrera, al no haber ingresado por concurso público en el que, tras diversas pruebas (escrita, práctica, oral), se les haya evaluado. Su designación la realiza la Comisión Judicial, por delegación que hace la Sala Plena del Tribunal Supremo de Justicia, en razón de la necesidad de ocupar los cargos judiciales mientras culmina el mencionado proceso de reestructuración y reorganización del Poder Judicial. [...] Sin duda, hay una distinción entre jueces de carrera y jueces provisorios: Los primeros adquieren la titularidad luego de la aprobación del concurso; en cambio, <u>los jueces y juezas provisorios se designan de manera discrecional</u>, previo análisis de credenciales. Los jueces y juezas de carrera gozan de estabilidad y sólo pueden ser sancionados o destituidos de sus cargos si se demuestra, en el curso de una audiencia oral y pública con garantías de defensa [...] que han resultado incursos en faltas disciplinarias previstas en la Ley*

Orgánica del Consejo de la Judicatura y la Ley de Carrera Judicial, no <u>así</u> <u>*los jueces y juezas provisorios, que son susceptibles de ser separados del*</u> <u>*cargo de la misma manera como fueron designados: discrecionalmente*</u>". Ver en http://www.tsj.gov.ve/decisiones/scon/Diciembre/2414-201207-07-1417.htm **Anexo 67.**

39. Palabras de apertura del año judicial 2012, a cargo de la Magistrada Luisa Estella Morales Lamuño, Presidente del Tribunal Supremo de Justicia. Allí se apuntó, entre otras cosas, que "*...la Comisión Judicial del Tribunal Supremo de Justicia, designó un total de veinte (20) inspectores de tribunales y mil trescientos noventa y dos (1392) jueces, es importante señalar que no son nuevos jueces ni nuevos tribunales que se han creado, sino que la sustitución en la mayoría de los casos obedece permisos, licencias, ausencias por vacaciones, entre otras*". Ver en http://www.tsj.gov.ve/informacion/miscelaneas/apertura2112-Presidenta.pdf. Estas palabras completan la apreciación de la CIDH con respecto a la situación del Poder Judicial en Venezuela, en su Informe de 2011. **Anexo 92.**

40. Cuadro sintético de las designaciones de jueces entre enero y junio de 2012, con sus soportes, a partir de la información publicada en www.tsj.gov.ve. Según este cuadro y sus soportes, igualmente anexos, se han producido aproximadamente 570 nombramientos de jueces, de los cuales 291 (51%) son temporales, 137 (24%) son accidentales, 128 (22,5%) son provisorios, 14 (2,5%) son itinerantes y ***<u>ninguno</u>* (0%) es titular. Anexo 93.**

41. Observaciones finales del Comité de Derechos Humanos: Venezuela, GENERAL CCPR/CO/71/VEN, 26 de abril de 2001. Importa destacar especialmente que el Comité, ya en 2001, manifestó que "*está particularmente preocupado por la situación del poder judicial en Venezuela, que se encuentra todavía en reorganización. Un proceso de reorganización prolongado pone en riesgo la independencia de dicho poder, por la posibilidad de que los jueces sean removidos como consecuencia del ejercicio de la función judicial, infringiendo así el párrafo 3 del artículo 2 y el artículo 14 del Pacto. Otro motivo de preocupación es la falta de información sobre las consecuencias que dicho proceso ha tenido hasta ahora y la falta de una fecha de término del mismo. El proceso de reorganización del poder judicial no debe continuar. Además, el Estado Parte deberá proporcionar información sobre el número de jueces que han sido removidos durante este proceso, las causas de la remoción, así como el procedimiento seguido en el mismo.*" Ver en http://www.unhchr.ch/tbs/doc.nsf/(Symbol)/CCPR.CO.71.VEN.Sp?Opendocument **Anexo 94.**

42. Resultado del ***Examen Periódico Universal*** de 7 de octubre de 2011, correspondiente a Venezuela, realizado dentro del marco del Consejo de Derechos Humanos de las Naciones Unidas, cuyo Informe fue aprobado por ese Consejo el 15 de marzo de 2012 (ver en http://daccess-dds-ny.un.org/doc/RESOLUTION/GEN/G12/129/18/PDF/G1212918.pdf?OpenElement). Las Respuestas a las Recomendaciones formuladas dentro del marco

del Grupo de Trabajo cuyo Informe fue aprobado por ese Consejo el 15 de marzo de 2012 pone en evidencia que *la totalidad de las Recomendaciones formuladas a Venezuela relativas a la independencia del Poder Judicial fue rechazada por el gobierno.* Ver en http://daccess-dds-ny.un.org/doc/UNDOC/GEN/G12/104/63/PDF/G1210463.pdf?OpenElement **Anexo 95.**

43. Informe del Grupo de Trabajo de las Naciones Unidas sobre Detenciones Arbitrarias sobre la detención arbitraria de la Juez Afiuni http://www2.ohchr.org/english/issues/detention/index.htm. **Anexo 96.**

44. Artículo de el diario El Universal, en el cual se informa sobre la solicitud del Grupo de Trabajo sobre Detenciones Arbitrarias de la ONU al gobierno de Venezuela, en cuanto a la liberación de la Juez María Lourdes Afiuni. http://www.eluniversal.com/2010/10/14/pol_ava_instancia-de-la-onu_14A-4608051.shtml **Anexo 97.**

45. Rafael J. Chavero Gazdik, *La Justicia Revolucionaria. Una década de Reestructuración (o Involución) Judicial en Venezuela,* Editorial Aequitas, Caracas 2011, pp. 199 ss.; 241 ss.p. 304. Se hace valer el contenido las páginas señaladas, especialmente de las citas correspondientes. **Anexo 98.**

46. "Normas de Evaluación y Concurso de oposición para el ingreso y ascenso de la carrera judicial" dictadas por el Tribunal Supremo de Justicia mediante Acuerdo de 6 de julio de 2005 (*Gaceta Oficial* N° 38282 de 29-09-2005), en las cuales, luego de regular muy detalladamente los concursos públicos para el nombramiento de jueces, suspende su aplicación durante un año (2005-2006) en unas Disposiciones Finales y Transitorias, en cuyo artículo 46 estableció una llamada "Regularización de la Titularidad de los Jueces Provisorios", a los efectos "de regular la situación de los Jueces no titulares". Para ello, incluso antes de dictarse estas normas, la Sala Plena del Tribunal Supremo de Justicia en fecha 6 de abril de 2005, había aprobado "el proyecto de normas presentado por la Escuela Nacional de la Magistratura que incluía el *Programa Especial para la Regularización de la Titularidad (PET)*, conformado por un Programa Académico de Capacitación, evaluación médica y psicológica, evaluación de desempeño, y el correspondiente examen de conocimiento, todo de acuerdo con lo previsto en la presente normativa". Importan también especialmente los artículos 46 y 47. Esta irregularidad ya fue recogida tanto por esa honorable Corte, como por la CIDH: Corte IDH, *Caso Reverón Trujillo*, cit.; párr. 121; Corte IDH, *Caso Chocrón Chocrón*, cit., párr.113. Igualmente, CIDH, *Democracia y Derechos Humanos en Venezuela*, cit., párr. 214. **Anexo 99.**

47. Reseña de la periodista Giuliana Chiappe, "Expediente, Justicia Maisanta", sobre el recurso de amparo por discriminación política intentado por el ex juez provisorio Henry Jaspe contra la Dirección Ejecutiva de la Magistratura, en *El Universal. Digital,* domingo 19-11-2006. La acción de amparo fue declarada inadmisible, mediante sentencia N° 1955 de 22-10-2007. Ver en

http://www.tsj.gov.ve/decisiones/scon/Octubre/1955-221007-06-1531.htm
Anexo 68.

48. Sentencia de la Sala Constitucional del Tribunal Supremo de Justicia Nº 1955 de 22-10-2007. Ver en http://www.tsj.gov.ve/decisiones/scon/Octubre/1955-221007-06-1531.htm. En la sentencia se señala que la acción de amparo es inadmisible *"al no ser el amparo la vía idónea, y dado que no fueron alegadas las razones de urgencia o las que motivaron la interposición previa de esta acción sin que fuese agotada la vía ordinaria"*, partiéndose erróneamente de que el accionante pidió que se le realizara de nuevo un "examen psicológico", cuando en realidad lo que pidió fue que se lo incorporara a un curso, dado que los resultados de tal examen no fueron aplicados para seleccionar a los candidatos correspondientes. **Anexo 68-A**.

49. Código de Ética del Juez Venezolano. Gaceta Oficial Nº 39.236 de 06-08-2010 y su reforma parcial, publicada en Gaceta Oficial Nº 39.943 de 23-08-2010. Importa destacar aquí la creación de una "jurisdicción disciplinaria judicial," a cargo de un "Tribunal Disciplinario Judicial" y una "Corte Disciplinaria Judicial," y de un complejo y detallado procedimiento para designar los jueces que integrarían ambas instancias; que en realidad desdobla en dos a la "Comisión de Funcionamiento y Reestructuración del Sistema Judicial", en dos órganos que, por obra de una nueva disposición transitoria, están integrados por verdaderos jueces -que conforme a la Constitución sólo pueden ser designados por el Tribunal Supremo de Justicia- sino por unos llamados "jueces disciplinarios" nombrados libre y directamente por la Asamblea Nacional, sin concurso público alguno y sin participación ciudadana alguna, violándose, por tanto, todas las disposiciones constitucionales relativas al Poder Judicial. **Anexo 100**.

C. *La provisionalidad en el Ministerio Público*

50. Nota de prensa del Ministerio Público de 16-10-2009, en la que se reseña el primer aniversario de la Escuela Nacional de Fiscales. Allí se informa que en *"un emotivo acto se celebró el I aniversario de la Escuela Nacional de Fiscales"*, la cual habría iniciado, con 123 estudiantes *"el programa de formación para el inicio de la carrera fiscal, incluso muchos de esos alumnos han sido incorporados al Ministerio Público"*, lo cual indica que se ha designado como fiscales provisorios a estudiantes que no han completado dicho curso. Adicionalmente, se da cuenta de que *"se prepararon 1.687 funcionarios sobre los actos de imputación"* y de que *"se han capacitado y formado 1.336 funcionarios policiales en lo relativo a las actas policiales."* No existe, pues, ningún progreso tangible en la indispensable erradicación de la provisionalidad en el Ministerio Público. Ver en http://www.ministeriopublico.gob.ve/web/guest/buscador/-/journal_content/56/10136/31191 **Anexo 101**.

51. Nota de prensa del Ministerio Público de 13-10-2011, en la que se reseña el tercer aniversario de la Escuela Nacional de Fiscales. Allí se informa que *"han egresado 186 profesionales de la ENF, además a través de esa institución se han dictado más de 43 talleres en diversas áreas jurídicas, seis eventos académico científicos, dos cátedras abiertas, entre otras actividades.* No se explica el destino de los egresados ni la naturaleza y duración de los estudios que realizaron; mucho menos se informe sobre la entidad de las demás actividades. Ver en http://www.ministeriopublico.gob.ve/web/guest/buscador/-/journal_content/56/10136/581063 **Anexo 102.**

    D. ***El Poder Judicial, como el Legislativo y el Ministerio Público, están al servicio del Poder Ejecutivo en un marco de ausencia de separación de poderes. "Historias secretas de un juez en Venezuela"***

52. Transcripción de las declaraciones del ex magistrado y ex Presidente de la Sala de Casación Penal del Tribunal Supremo de Justicia a SOiTV, Eladio Aponte Aponte, publicada en *El Universal*, Caracas 18-4-2012, disponible en: http://www.eluniversal.com/nacional-y-politica/120418/historias-secretas-de-un-juez-en-venezuela. Se puede obtener el video en http://www.youtube.com/watch?v=uYIbEEGZZ6s. De esas declaraciones se desprenden, en lo que nos interesa, confesiones públicas de irregularidades e incluso delitos que cometió el declarante, relativas a sus propias conductas y actuaciones en relación con el funcionamiento del Poder Judicial; que involucran al Presidente de la República. Se transcriben en esta demanda varios pasajes relevantes, pero en general se hace valer el contenido íntegro del documento. **Anexo 103.**

53. Acuerdo de la Asamblea Nacional (actuando como "vocera del pueblo soberano") de fecha 24-04-2012, *"en desagravio a la dignidad del pueblo venezolano por las infames declaraciones emitidas por el ex Magistrado del Tribunal Supremo de Justicia Eladio Ramón Aponte Aponte"*, publicado en la Gaceta Oficial N° 39.909 de 25-04-2012. Como muestra de la sumisión de la Asamblea Nacional al Presidente de la República, en el tercer considerando se afirma lo siguiente: *"el día 18 de abril del presente año, el ex Magistrado Eladio Ramón Aponte Aponte, emitió unas declaraciones en la televisora SoiTV, propiedad del prófugo de la justicia venezolana Eligio Cedeño y transmitido por el canal opositor Globovisión, en el cual hizo señalamientos sin pruebas a hombres y mujeres **que luchan y trabajan por la consolidación del Proyecto Bolivariano** enmarcado en el Plan de desarrollo Económico y Social de la Nación – Proyecto Nacional Simón Bolívar, intentando por esta vía someter al escarnio público al Estado venezolano y a sus instituciones democráticas"*. Luego, "exhortó" al Ministerio Público para que abriera una averiguación contra el Sr. Aponte Aponte por conspirar, de acuerdo con enemigos exteriores, contra la integridad del territorio de la patria o contra sus instituciones republicanas. **Anexo 104.**

54. Nota de prensa del Ministerio Público, en la cual se da cuenta de las declaraciones de la Fiscal General de la República –Luisa Ortega Díaz-, rendidas el 26 de abril de 2012, en cuanto a las afirmaciones de Eladio Aponte Aponte. Afirma la Fiscal General, entre otras cosas que *"las declaraciones ofrecidas fuera del país por Eladio Aponte no son suficientes para iniciar una investigación en Venezuela, porque existe un procedimiento establecido en el Código Orgánico Procesal Penal (COPP) para la formulación de denuncias"*; que *"Aponte tiene que venir a Venezuela a formular las denuncias de acuerdo con el procedimiento establecido en las leyes venezolanas, además recordó que él tuvo la oportunidad de formular estos señalamientos antes de sustraerse de la justicia venezolana y, sin embargo, no lo hizo"*; que ***"en cualquier Estado todas las instituciones pueden reunirse para fijar estrategias y políticas"***, con lo cual confirmó las reuniones señaladas por el ex Magistrado, que son prueba del desvanecimiento de la separación de poderes en Venezuela (ver en http://www.ministeriopublico.gob.ve/web/guest/buscador/-/journal_content/56/10136/1043264). **Anexo 105.**

4. ***Documentales que tienen por objeto demostrar los antecedentes relevantes de la violación de los derechos humanos del profesor Brewer Carías***

55. Con el objeto de demostrar los antecedentes relevantes de la violación de los derechos humanos del profesor Brewer Carías, se ofrecen las documentales que seguidamente se identifican, primero según el antecedente de que se trate y, luego, con el número de anexo correspondiente. Cada documento ofrecido tiene un contenido preciso, que se da por reproducido, y que, a los efectos de la admisibilidad del presente caso, justifica y fundamenta los alegatos específicos contenidos en el capítulo IV de la primera parte.

56. Los antecedentes relevantes cuya demostración se pretende mediante las documentales que luego se especifican, son los siguientes: **(1)** la movilización popular y anuncio de la renuncia del Presidente; **(2)** la atención del profesor Brewer Carías al requerimiento de asistencia jurídica formulado por el señor Pedro Carmona; **(3)** la vinculación mediática del profesor Brewer Carías con la redacción del decreto mediante informaciones referenciales de periodistas, y desmentido del profesor Brewer Carías en relación con las informaciones referenciales de prensa. A continuación, las documentales ofrecidas, clasificadas según los hechos generales señalados:

A. ***La movilización popular y el anuncio de la renuncia del Presidente***

57. Documento de Allan R. Brewer-Carías, sobre *La democracia venezolana a la luz de la Carta Democrática Interamericana y el principio de la desobediencia civil*, Enero-2002, que circuló en la Internet. Esto, para demostrar que para principios del año 2002, la víctima había levantado un catálogo

completo de violaciones por parte del gobierno a los principios que recién se habían incorporado en la Carta Democrática Interamericana. **Anexo 40**.

58. Informe N° 96-06 de la CIDH. Petición 4348-02. Admisibilidad. Caso *Jesús Mohamad Capote; Andrés Trujillo y otros*. La CIDH admitió la petición de víctimas y familiares de los sucesos del 11 de abril de 2002, por la omisión del Estado en investigar la verdad de lo ocurrido en esa cruenta jornada. Ver en http://www.cidh.oas.org/annualrep/2006sp/Venezuela4348.02sp.htm. **Anexo 106**.

59. Albor Rodríguez (ed), *Verdades, mentiras y Videos. Lo más relevante de las interpelaciones en la Asamblea Nacional sobre los sucesos de abril*, Libros El Nacional, Caracas 2002, pp. 13-14. Allí se recogen, entre otros testimonios, las palabras del jefe militar de mayor jerarquía en el país, general en jefe Lucas Rincón, a la sazón Inspector General de la Fuerza Armada, transmitidas por televisión en la madrugada del 12 de abril, acompañado del Alto Mando Militar, quien informó que esa cúpula castrense había solicitado la renuncia al Presidente de la República y que éste así lo había aceptado. **Anexo 107**.

B. **La atención del profesor Brewer Carías al requerimiento de asistencia jurídica formulado por el Señor Pedro Carmona**

60. Libro Pedro Carmona, **Mi Testimonio ante la Historia**, Caracas 2004. Entre otras cosas, con esta documental se pretende demostrar que fue en el carácter de abogado de Brewer Carías, que el Señor Carmona legítimamente le requirió una opinión jurídica sobre un documento que ya estaba redactado y que tenía en su poder. Brewer, también legítimamente, en ejercicio libre de su profesión de abogado, evacuó la consulta jurídica que se le requirió e informó sobre la opinión jurídica que le merecía el documento, a la persona quien le había solicitado la opinión. **Anexo 3**

61. Declaración notariada de Pedro Carmona en Bogotá, de 23-02-2006, en la que se afirma, entre otras cosas, "que el Dr. Allan R. Brewer Carías no estaba presente en Fuerte Tiuna en el momento en que yo llegué a ese sitio en la madrugada del 12 de abril de 2002, ni cuando se decidió iniciar el análisis de un borrador de documento para la formación un (sic) gobierno de transición, ante el inminente anuncio de la renuncia del Presidente de la República, comunicado por fuentes gubernamentales". **Anexo 4**

C. **Vinculación mediática del profesor Brewer Carías con la redacción del decreto mediante informaciones referenciales de periodistas, y desmentido del profesor Brewer en relación con las informaciones referenciales de prensa**

62. Libro Allan R. Brewer-Carías, *En mi propia Defensa. Respuesta preparada con la asistencia de mis defensores Rafael Odremán y León Enrique*

Cottin, contra la infundada acusación fiscal por el supuesto delito de conspiración, Editorial Jurídica Venezolana, Caracas 2006. Contiene el escrito de respuesta a la acusación fiscal, consignado el **08-11-2005**. En cuanto al objeto de prueba de este acápite, ver especialmente la reproducción de las siguientes noticias: "Allan Brewer Carías responde a las acusaciones: No redacté el Decreto de Carmona Estanga" reseña por Ana Damelis Guzmán, *El Globo*, Caracas, 17/04/02, p. 4: "El abogado desmiente haber redactado acta constitutiva de gobierno transitorio; Brewer Carías se desmarca de Pedro Carmona Estanga", reseña por Felipe González Roa *Notitarde*, Valencia, 17/04/02, p. 13; "Brewer Carías: No sé quien redactó el decreto de Carmona", reseña por Jaime Granda, *El Nuevo País*, Caracas, 17/04/02, p. 2; "Señaló Brewer Carías; Carta Democrática Interamericana podría ser aplicada a Chávez Frías", <reseña> *El Siglo*, Maracay, 17/04/02, p. A-10; "Brewer Carías niega haber redactado el decreto", reseña por Juan Francisco Alonso, *El Universal*, Caracas, 17/04/02, p. 1-4; y "Constituyente Allan Brewer Carías: Carta democrática paradójicamente se aplica a los opositores de Chávez y no a su gestión", reseña de Eucaris Perdomo, diario *2001*, Caracas, 17/04/02, p. 9. Ver páginas 184 y ss. **Anexo 2**.

63. Libro Pedro Carmona, ***Testimonio ante la Historia***, Editorial Biblioteca Jurídica, Caracas 2004. Contienen una serie de referencias al Dr. Brewer, donde se indica *"nunca –ha- atribuido al Dr. Brewer-Carías la autoría del Decreto"* y que respeta *"las diferencias que el Dr. Brewer expresara en relación con el camino elegido"*. **Anexo 3**

64. Declaración rendida por el ciudadano Pedro Carmona Estanga ante el Notario 46 del Círculo de Bogotá el **23-02-2006**. En esta declaración se afirma que el Dr. Brewer acudió al llamado profesional del señor Carmona Estanga y que no redactó el llamado "decreto Carmona". **Anexo 4.**

65. Escrito de imputación fiscal contra Allan R. Brewer-Carías, de 27-01-2005. Nótese la fundamentación de la imputación en artículos de prensa, cuyo contenido no fue corroborado. **Anexo 5**.

66. Denuncia formulada por Ángel Bellorín el 22-05-2002. Nótese la fundamentación de la denuncia en artículos de prensa, cuyo contenido no fue corroborado. **Anexo 6**.

67. Escrito de la Fiscal provisoria de fecha 06-06-2006 ante el juez provisorio de Control consignando entrevista del General Usón, en la cual el general Usón habría afirmado: *"observé a Allan Brewer trabajar afanosamente en uno de los cubículos de la Ayudantía General del Ejército. Minutos después, en mi presencia, él mismo le dijo a una persona que me acompañaba: '...con este decreto volveremos a la Constitución de 1961'"*. Nótese que el general Usón en ningún momento afirmó que vio al profesor Brewer Carías redactando en borrador de decreto, sino que lo vio "trabajar afanosamente". **Anexo 38**.

68. Contestación a la Petición P-84-07 del 25 de agosto de 2009 ("la Contestación del Estado"), en la que Venezuela admite que el profesor Brewer Carías no redactó el mencionado decreto, pidiendo que en cambio se le impute que, en cumplimiento del artículo 333 de la Constitución, que *"conociendo el contenido del decreto, no denunció el mismo y que, además, se tomo* (sic) *la molestia de trasladarse al Palacio de Miraflores para manifestarle al Sr. Carmona su 'opinión' sobre el texto"* o que *"en lugar de denunciar abiertamente su propósito, no denunció como correspondía a cualquier defensor de la constitucionalidad democrática, sino que además pretendió una reunión con el dirigente de la ofensiva golpista"* (pág. 13 de la Contestación del Estado). **Anexo 10.**

5. *Actos del Estado que violan la Convención Americana sobre Derechos Humanos con relación al profesor Allan Brewer Carías*

69. Con el objeto de demostrar la ocurrencia de los actos del Estado venezolano que violan la Convención Americana sobre Derechos Humanos con relación al profesor Brewer Carías, se ofrecen las documentales que seguidamente se identifican, primero según el acto o conjunto de actos de que se trate y, luego, con el número de anexo correspondiente. Cada documento ofrecido tiene un contenido preciso, que se da por reproducido, y que, a los efectos de la admisibilidad del presente caso, justifica y fundamenta los alegatos específicos contenidos en el capítulo V de la primera parte.

70. Los hechos generales cuya demostración se pretende mediante las documentales que luego se especifican, son los siguientes: **(1)** el Informe de la Comisión Parlamentaria Especial; **(2)** hechos relacionados con el proceso judicial incoado contra el profesor Brewer Carías; **(3)** la vulneración de la presunción de inocencia del profesor Brewer Carías; **(4)** la persecución política del profesor Brewer Carías; **(5)** sobre la amnistía. A continuación, las documentales ofrecidas, clasificadas según los hechos generales señalados:

A. *El Informe de la Comisión Parlamentaria Especial de 2002*

71. Informe de la Comisión Especial de la Asamblea Nacional sobre los sucesos de los días 11, 12 y 13 de abril de 2002. De acuerdo con este informe, luego de haber citado y oído a muchas personas en múltiples audiencias, entre las cuales no estuvo el profesor Brewer Carías, la Asamblea Nacional terminó declarando formalmente que Allan R. Brewer Carías habría actuado "en forma activa y concordada en la conspiración y golpe de Estado", solicitando al Ministerio Público que lo investigara "por estar demostrada su participación en la planificación y ejecución del Golpe de Estado". **Anexo 20.**

72. Albor Rodríguez (ed), *Verdades, mentiras y Videos. Lo más relevante de las interpelaciones en la Asamblea Nacional sobre los sucesos de abril,* Libros El Nacional, Caracas 2002, pp. 13-14. Allí no aparece ninguna decla-

ración del profesor Brewer Carías, quien no fue interpelado por la Comisión. **Anexo 107.**

B. *El proceso judicial incoado contra el profesor Brewer Carías*

73. Con el objeto de traer a juicio los actos inherentes al proceso incoado contra el profesor Brewer Carías, se ofrecen las siguientes documentales, en el orden siguiente: **(a)** inicio del proceso de imputación contra el profesor Brewer Carías; **(b)** los jueces temporales que intervinieron en la causa contra el profesor Brewer Carías; **(c)** fiscales provisorios que han intervenido en el caso; **(d)** rechazo, adulteración y apreciación inexcusablemente sesgada de las pruebas; negativa fiscal a permitir el control de pruebas por la defensa y a acordar copias del expediente; **(e)** salida del profesor Brewer Carías de Venezuela en septiembre de 2005 y su permanencia en Nueva York **(f)** acusación fiscal contra el profesor Brewer y su contestación solicitando la nulidad de todo lo actuado; **(g)** decisión del juez reconociendo que la falta de realización de la audiencia preliminar no es imputable a la permanencia de Brewer en el extranjero.

a. *Inicio del proceso de imputación del profesor Brewer Carías*

74. Denuncia formulada por Ángel Bellorín el **22-05-2002.** Esta denuncia se fundamentó exclusivamente en artículos periodísticos que configurarían un "hecho notorio comunicacional". Textualmente afirmó ante el Ministerio Público venezolano que "*es un **hecho notorio comunicacional reiterado y por todos conocidos a través de los diversos medios de comunicación que los autores de dicho decreto son los ciudadanos Allan Brewer Carías, Carlos Ayala Corao, Cecilia Sosa y Daniel Romero,** conocidos los tres primeros como expertos en materia constitucional, tal como se desprende de los artículos periodísticos que de seguida referimos...* **Anexo 6.**

75. Libro Allan R. Brewer-Carías, *En mi propia Defensa. Respuesta preparada con la asistencia de mis defensores Rafael Odremán y León Enrique Cottin, contra la infundada acusación fiscal por el supuesto delito de conspiración,* Editorial Jurídica Venezolana, Caracas 2006. En las pp. 37 y ss. se recoge que, al tener noticia de que los rumores periodísticos estarían siendo tomados en cuenta por el Ministerio Público en la investigación de los hechos de abril de 2002, el día **3 de julio de 2002** el profesor Brewer Carías se presentó voluntariamente a declarar ante el Fiscal (provisorio) José Benigno Rojas, a cuyo cargo estaba dicha investigación. **Anexo 2.**

76. Escrito de imputación fiscal contra Allan R. Brewer-Carías, de **27-01-2005,** por "la comisión del delito de conspiración para cambiar violentamente la Constitución", por haber supuestamente participado "*en la discusión, elaboración, redacción y presentación*" del llamado *Decreto Carmona.* Esta actuación tuvo como punto de partida y fundamento la denuncia formulada el

22 de mayo de 2002, por un militar en servicio activo, Coronel del Ejército y abogado Ángel Bellorín (Anexo 6, *supra*). También se invocó el libro del Sr. Pedro Carmona (*Mi testimonio ante la historia*, Anexo 3), a pesar de que en el mismo su autor aclara que el profesor Brewer Carías no fue el redactor del decreto de transición. **Anexo 5.**

b. *Los jueces temporales que intervinieron en la causa contra el profesor Brewer Carías y sus destituciones*

77. Resolución N° 2005-0015 de fecha **3 de febrero de 2005** de la Comisión Judicial del Tribunal Supremo de Justicia, suspendiendo de sus cargos a la Juez Provisoria Vigésima Quinta de Control (Josefina Gómez Sosa) y a dos jueces de la Sala 10 de la Corte de Apelaciones; la primera fue sustituida por el juez temporal José Bognanno. Ver Párrafos 101 y 126 del Informe de la CIDH. Además de demostrar estos hechos, el documento revela que el miembro de la Corte de Apelaciones que disintió por considerar que la decisión apelada estaba motivada no fue afectado por la suspensión, mientras que la jueza que la dictó sí fue sancionada invocando en su contra precisamente el supuesto error de no haberla motivado. **Anexo 69.**

78. Resolución N° 2005-0118 del 31 de mayo de 2005, por la cual se ratificó al ciudadano Manuel Bognanno como Juez temporal. **Anexo 69-A.**

79. Resolución N° 2005-0145 de 29-06-2005 de la Comisión Judicial del Tribunal Supremo de Justicia, mediante la cual se dejó "sin efecto" *el nombramiento del Juez temporal Bognanno, "en razón a las observaciones que fueron formuladas ante este Despacho".* **Anexo 69-B.**

80. Es posible vincular la "remoción" de los dos jueces de la Corte de Apelaciones y del Juez Bognanno, con decisiones adoptadas para garantizar el derecho al debido proceso del profesor Brewer Carías. Volveremos sobre esto en la letra **D.**

c. *Fiscales provisorios que han intervenido en el caso*

81. Resolución N° 539 de 28-08-2002 del Fiscal General de la República nombrando a la Sra. Luisa Ortega Díaz como Fiscal (provisoria) Sexta. **Anexo 8.**

82. Declaración del *Foro Penal Venezolano, El Nacional*, Caracas 07-6-05; Declaración de miembros del *Foro Penal Venezolano, El Universal*, Caracas 07-6-05; Declaración de la ex Juez Mónica Fernández, miembro del *Foro Penal Venezolano, El Universal*, Caracas 12-6-05. Como se afirma en estos documentos, sólo un reducido grupo de fiscales, todos provisorios, tenía a su cargo los casos de juicios políticos o que involucran a disidentes políticos del actual régimen venezolano. **Anexos 9, 10 y 11.**

d. Rechazo, adulteración y apreciación inexcusablemente sesgada de las pruebas. Negativa control de las pruebas. Negativa a emitir copias del expediente

83. Escrito del Dr. Jorge Olavarría ante la Fiscalía de fecha **09-07-2002**. En este escrito, el autor declara entre otras cosas que el profesor Brewer Carías *"no redactó ese documento"*. **Anexo 36**.

84. Decisión de la Fiscal provisoria Sexta de fecha **21-04-2004** negando varias pruebas solicitadas por los abogados defensores del Dr. Brewer Carías mediante escritos de 31-03-2004, 04/04/2005 y 06/04/2005. Específicamente se niega, entre otras, la solicitud de interrogatorio al ciudadano Nelson Socorro "por ser impertinente e innecesaria"; y la solicitud de interrogatorio al ciudadano Leopoldo Baptista "por no ser pertinente ni necesario, ya que las actividades desplegadas por el ciudadano ALLAN BREWER CARIAS, antes del día 10 de abril de 2.002, no forman parte de los hechos imputados". **Anexo 34**

85. Auto de la Fiscal provisoria de fecha **21-04-2004** negando la solicitud de transcripción de los videos presentados como indicios probatorios contra el Dr. Brewer Carías. Esto, pues con la "sola presentación" de los videos "el imputado tendrá derecho a desvirtuar lo que se pruebe con los mismos", entre otros motivos igualmente absurdos. **Anexo 42**.

86. Escrito de imputación fiscal contra Allan R. Brewer-Carías, de **27-01-2005**. Ver especialmente cargo 23, en el cual aparece como fundamento de la imputación la declaración del Dr. Jorge Olavarría (anexo 36). **Anexo 5**.

87. Escrito de los abogados defensores de **04-05-2005** ante Juez provisorio de Control solicitando su intervención para corregir las arbitrarias actuaciones del Ministerio Público al denegar diligencias probatorias. En particular, solicitaron: 1) que ordenara a la Fiscalía Sexta ordenar la transcripción por técnicos especializados de la totalidad de los videos cuyo contenido fue utilizado para la imputación del profesor Brewer Carías; 2) que ordenara a la Fiscalía Sexta recabar los testimonios de Nelson Mehzerane, Nelson Socorro, Yajaira Andueza y Leopoldo Baptista; 3) que solicite a la Fiscalía Sexta "copia de las resoluciones mediante las cuales negó los pedimentos de transcripción de videos y de entrevista a los ciudadanos (…), formulados por los defensores de ALLAN BREWER-CARÍAS". **Anexo 43**.

88. Decisión de la Fiscal provisoria Sexta de fecha **09-05-2005** negando la prueba de informe sobre movimiento migratorio del Dr. Brewer Carías, entre marzo de 2001 y mayo de 2002, ya que, supuestamente, "en la solicitud no señalan que (sic) pretenden probar, cuales (sic) son los hechos imputados que van a desvirtuar con la diligencia". **Anexo 35**.

89. Decisión del Tribunal de Control de fecha **11-05-2005** omitiendo pronunciarse sobre las violaciones alegadas, limitándose a señalar al respecto: 1) que corresponde al Ministerio Público recibir y practicar las diligencias pro-

batorias que requiera el imputado; 2) que no corresponde al tribunal, en esa etapa del proceso, pronunciarse sobre la pertinencia o utilidad de los medios de prueba ofrecidos por la defensa. No obstante, en esa decisión se ordena a la Fiscalía Sexta "permita al ciudadano ALLAN R. BREWER-CARÍAS, así como también a sus defensores el acceso total al expediente y los videos que guarden relación con la causa (…), para lo cual deberá instruir lo conducente con el objeto de que el investigado y sus representantes tengan su acceso inmediato otorgándole las copias del expediente o videos que así le sean requeridos (sic)". **Anexo 44**.

90. Solicitud de la Fiscal provisoria de fecha **30-05-2005** ante el Juez provisorio de Control requiriendo la declaratoria de nulidad de la decisión del Juez provisorio ordenando la expedición de copias de actuaciones, dictada el 11-05-2005. Fundamenta el Ministerio Público la solicitud de nulidad en que la decisión cuestionada violaría "las formas o condiciones previstas en el artículo 179 del Código Orgánico Procesal Penal. Que en resumen se traducen en violación del debido proceso [no dice de quién] (…) por lo que se solicita el restablecimiento o reparación de la situación jurídica lesionada por error judicial conforme a las previsiones del artículo 49, numeral 8 de la Constitución". Señala, además, que "como consecuencia del quebrantamiento de las normas constitucionales y procesales antes descritas, se violó el debido proceso al no fijarse una audiencia (…) a los fines de constatar que eran ciertas las graves violaciones del derecho a la defensa imputadas al Ministerio Público por los abogados defensores, (…) y como corolario de su actuación invade la esfera de acción del ciudadano Fiscal General de la República al pretender que los Fiscales del Ministerio Público desacatemos las directrices generales que en ejercicio del cargo se han impartido, pretendiendo que al imputado y sus abogados defensores se les provea de especiales condiciones de las que ni siquiera los jueces y fiscales gozamos". En la solicitud, además, se "impugna" el escrito presentado por la defensa del profesor Brewer Carías advirtiendo que se ha permitido la revisión del expediente durante 67 días laborables, que se han acordado "las innumerables pruebas solicitadas por los defensores" –sin decir cuáles, ya que son innumerables- y que las entrevistas solicitadas se negaron pues lo que se pretende es que "testigos referenciales" declaren sobre lo que el imputado "les dijo a ellos, como si el solicitando (sic) ya no se lo haya (sic) hechos (sic) saber a la representación fiscal", por lo cual declara que esas "testimoniales no eran ni son necesarias para esclarecer los hechos". **Anexo 12**.

91. Escrito de la Fiscal provisoria ante la Corte de Apelaciones de fecha **30-05-2005**, con ocasión del recurso de apelación ejercido por la defensa del profesor Brewer Carías contra el auto del Juzgado Vigésimo Quinto de Control el 11-05-2005, requiriendo la nulidad de dicho auto, de acuerdo con los mismos alegatos formulados ente dicho tribunal en la misma fecha (anexo 12). **Anexo 19**.

92. Escrito de fecha **03-06-2005** de la Fiscal provisoria ante el Juez provisorio de Control en el cual sienta su criterio de inversión de la carga de la prueba. Refiriéndose al entonces co-imputado Carlos Ayala Corao afirma abiertamente que "en todo caso corresponde a la defensa del mismo demostrar ¿Porqué (sic) se supone que no conspiró?, ¿Las (sic) razones por las cuáles (sic) acompañó al ciudadano Allan Brewer Carías el día de los hechos? ¿Cuáles fueron sus objeciones y oposiciones en relación al decreto (…)? ¿Porqué (sic) no fue redactor del decreto?". Más allá, se afirma lo siguiente: "la falta de respuestas y pruebas para desvirtuar las sospechas fundadas que tiene el Ministerio Público, acerca de su participación en la redacción del decreto, son las razones por las cuales se considera innecesario hacer una ampliación de la imputación, porque en criterio del Ministerio Público, *no han demostrado que no participó*, sólo se han dedicado a plantear recursos temerarios que se traducen en dilaciones indebidas y a desplegar una campaña a través de los medios de comunicación y de los organismos internacionales que protegen los derechos humanos, para tratar de crear una matriz de opinión que se le están violando derechos al ciudadano CARLOS AYALA CORAO, como si por el solo hecho de haberse dedicado a la defensa de los derechos humanos a nivel nacional e internacional haya creado a su favor una patente de corso que lo exime de cometer delitos y que en virtud de ello no puede ningún organismo nacional investigarlo". **Anexo 18**.

93. Escrito de la Fiscal provisoria ante el Juez provisorio de Control de fecha **27-06-2005**, contradiciendo su decisión de solicitarle *"informe por escrito del estado actual de la causa signada con el N° (…) seguida al ciudadano PEDRO CARMONA ESTANGA y Otros; así como las actuaciones relativas a la presente causa la cual cursa por ante esa Fiscalía"*. Específicamente dijo la Fiscal: "requiero se sirva indicar a esta representación fiscal la norma en que fundamenta su solicitud, y que le imponga al Ministerio Público la obligación de informar y de remitir las actuaciones que cursen ante el mismo". **Anexo 13**.

94. Oficio N° 632-05 del Juez provisorio 25 de Control de fecha **27-06-2005** dirigido a la Fiscalía Superior del Ministerio Público del Área Metropolitana de Caracas, mediante el cual denuncia la irregular actuación de la Fiscal Sexta contenida en su escrito de la misma fecha (anexo 13), pidiéndole que tome "las medidas que considere necesarias para que esta grave situación sea realmente corregida, y que la Fiscalía Nacional Sexta Nacional del Ministerio Público, asuma su rol con objetividad y bajo los parámetros que la norma adjetiva penal impone dentro de un proceso". **Anexo 14**.

95. Resolución N° 2005-0145 de 29-06-2005 de la Comisión Judicial del Tribunal Supremo de Justicia, mediante la cual se dejó "sin efecto" *el nombramiento del Juez temporal Bognanno, "en razón a las observaciones que fueron formuladas ante este Despacho"*. **Anexo 69-B**.

96. Decisión de **06-07-2005** de la Sala 9 de la Corte de Apelaciones resolviendo la apelación contra la decisión del Juez provisorio de Control, de fecha

11-05-2005 (anexo 44). Señaló entonces la Corte de Apelaciones que "es elemental que de la negativa del Fiscal y de la inconformidad del imputado y su defensa con la misma, se plantea una incidencia entre partes a ser decidida por el Juez de Control a cuyo conocimiento somete la parte que se considera afectada el asunto, siendo que para su decisión es fundamental que el órgano jurisdiccional pondere las razones esgrimidas por el Ministerio Público en su opinión contraria, de lo cual debió dejar constancia". **Anexo 45**.

97. Escrito de los abogados defensores de **10-08-2005** ante el Tribunal 25 de Control pidiendo que se dé cumplimiento a la decisión dictada por la Corte de Apelaciones el 06-07-2005 (anexo 45). **Anexo 46**.

98. Escrito de los abogados defensores de fecha **28-09-2005** a la Fiscal provisoria, solicitando la citación e interrogatorio del General Lucas Rincón, por cuanto fue él quien, en la madrugada del 12 de abril de 2002, anunció que el Alto mando Militar había pedido la renuncia de Hugo Chávez Frías y que éste la había aceptado. También anunció que el Vicepresidente Ejecutivo (Diosdado Cabello a la sazón) abandonó su cargo, con lo cual, según afirmó entonces, se había configurado un "vacío de poder". **Anexo 27**.

99. Escrito de los abogados defensores ante el Juez provisorio de Control de fecha **30-09-2005**, solicitando se tomara declaración al Sr. Pedro Carmona, por medio del procedimiento de prueba anticipada. **Anexo 29**.

100. Acta de entrevista de fecha **05-10-2005** con el interrogatorio y declaración del general Lucas Rincón ante la Fiscalía. De allí se desprende que la entrevista se acordó por solicitud de la defensa del ciudadano Ignacio Salvatierra, co-imputado, pero ninguno de sus abogados estuvo presnete para repreguntar, ante lo obvio de la FALSEDAD de las declaraciones del general, quien afirmó no ente la Fiscalía Sexta no haber anunciado la renuncia del Presidente de la República. **Anexo 28**.

101. Escrito de los abogados defensores de fecha **18-10-2005** ante el Juez provisorio de Control ratificando lo requerido mediante escrito del 30-09-2005 (anexo 29), solicitando de nuevo la declaración del Sr. Pedro Carmona como testigo. **Anexo 32**.

101. Decisión del Juez provisorio 25 de Control de **20-10-2005**, mediante el cual se pronuncia con respecto a los pedimentos formulados por la defensa el 10-08-2005 (anexo 46), el 30-09-2005 (anexo 29) y el 18-10-2005 (anexo 32). En ese sentido, contrariando la sentencia dictada por la Corte de Apelaciones el 06-07-2005 (anexo 45), declaró improcedente la solicitud de control formulada por la defensa, considerando que "la negativa del Ministerio Público a practicar dichas diligencias como actos de investigación forman parte de su fuero de competencia discrecional" –esto con referencia a la solicitud de transcripción de videos y a la entrevista de cuatro testigos. Luego, con relación a la declaración del ciudadano Pedro Carmona Estanga, después de afirmar que "el vigente régimen adjetivo penal consagrado en el Código Orgánico Procesal Penal acoge el principio de la libre convicción y de la sana crítica,

[abandonando la clasificación de testigos como hábiles e inhábiles del Código de Enjuiciamiento Criminal]", señaló que esa testimonial sería ilegal, toda vez que "los imputados de un mismo hecho punible no podrán ser al mismo tiempo testigos del propio hecho que se le (sic) imputan, **ni tampoco asumir el rol de testigos con relación a hechos que puedan afectar a otros**". **Anexo 30.**

103. Decisión del Tribunal de Control de fecha **01-11-2005**, dictando medida privativa de libertad contra el abogado Daniel Romero. Esto, sobre la base de "declaraciones" de Pedro Carmona Estanga, Allan Brewer Carías y de Isaac Pérez Recao, todos co-imputados en la misma causa y, por lo tanto, contradiciendo lo afirmado en la decisión del 20-10-2005 (anexo 30). **Anexo 31.**

104. Escrito de apelación presentado el **28-10-2005**, contra la decisión del Juez provisorio de Control de fecha 20-10-2005 (anexo 30). Se requirió entonces la anulación de la decisión apelada y que, por una parte, se dé cumplimiento al fallo del 06-07-2005 (anexo 45) y la práctica de la prueba anticipada, consistente en la declaración del ciudadano Pedro Carmona Estanga. **Anexo 47.**

105. Decisión de la Corte de Apelaciones de fecha **30-01-2006** declarando sin lugar la recusación contra el Juez provisorio de Control. Esta recusación se formuló por cuanto, al haber negado la prueba anticipada consistente en el testimonio de Pedro Carmona Estanga por considerarla "ilegal", el Juez recusado emitió un pronunciamiento que necesariamente incidirá en el fondo del asunto, dado que la "ilegalidad" no recae en la anticipación de la prueba en sí, sino en el eventual testimonio (exculpatorio) del ciudadano antes mencionado. La recusación fue rechazada, pues a decir de la alzada, "emitir un pronunciamiento en virtud de una solicitud de las partes no conduce a afirmar que haya emitido una opinión en el sentido estricto de la palabra, por cuanto el dictamen sobre la procedencia o no de un apruoba anticipada no conlleva a prejuzgar sobre la culpabilidad o inocencia de una persona". **Anexo 33.**

106. Escrito de acusación fiscal contra Allan R. Brewer-Carías, de **21-10-2005**, en el cual se afirma que "en el conocimiento que tiene como profesor venezolano, abogado y constituyente del deber en que estaba de acuerdo a lo establecido en el artículo 333 de nuestra Carta Magna de colaborar en el reestablecimiento de la efectiva vigencia de la Constitución, y en vez de cumplir con su deber ciudadano por mandato expreso del artículo 131 de la Constitución de la República Bolivariana de Venezuela, conspiró participando en la elaboración y discusión del **"Decreto de Constitución de un Gobierno de Transición Democrática y Unidad Nacional"**, que el día 12 de abril de 2.002, entró en vigencia cambiando violentamente la Constitución del pueblo venezolano 30 de diciembre de 1.999 (sic)", en el cual no se tomó en consideración ninguno de los alegatos y "elementos de convicción" señalados por la defensa. Por otra parte, se tergiversó lo expuesto por los señores Pedro Car-

mona Estanga (anexo 3) y Jorge Olavarría (anexo 36), ya fallecido entonces. **Anexo 48**.

107. Libro Allan R. Brewer-Carías, *En mi propia Defensa. Respuesta preparada con la asistencia de mis defensores Rafael Odremán y León Enrique Cottin, contra la infundada acusación fiscal por el supuesto delito de conspiración*, Editorial Jurídica Venezolana, Caracas 2006. Este libro no es más que la publicación del escrito de respuesta a la imputación fiscal (anexo 48), presentado el **08-11-2005**. En el ámbito estrictamente probatorio –excluyendo ahora las propias declaraciones del profesor Brewer-: 1) se alegó la inexistencia de algún "hecho notorio comunicacional" que, como tal, no requiere prueba y que consistiría en la supuesta participación del profesor Brewer en la redacción del llamado "decreto Carmona", sobre la base de la doctrina de la Sala Constitucional (ver anexo 109); 2) se procedió al análisis para su posterior contradicción o impugnación, de los "elementos de convicción" que fundamentaron la acusación; 3) se promovieron siguientes pruebas. **Anexo 2**.

108. Escrito de la Fiscal provisoria de fecha **06-06-2006** ante el juez provisorio de Control solicitando la incorporación de nuevas pruebas en la causa que se sigue contra el profesor Brewer Carías; específicamente una "declaración periodística" del General Francisco Usón, publicada en el semanario La Razón del 04-06-2006, p. A-7, según la cual lo vio "trabajar afanosamente" en la madrugada del 12 de abril de 2002 y que, minutos después y en su presencia, dijo el profesor Brewer "… con este decreto volvemos a la Constitución de 1961". Según la Fiscal provisoria esas afirmaciones "evidentemente comprometen la responsabilidad del imputado". **Anexo 38**.

109. Declaraciones de la Fiscal provisoria Ortega Díaz en el diario Últimas Noticias, del **06-06-2006**, atribuyéndole al general Francisco Usón afirmaciones que no hizo; en particular, señalando al profesor Brewer como "autor" del "decreto Carmona". **Anexo 39**.

110. Declaraciones del general Francisco Usón al diario *La Razón*, de fecha **04-06-2006**, p. A-8. **Anexo 37**.

e. ***Salida del profesor Brewer Carías de Venezuela en septiembre de 2005 y su permanencia en Nueva York.***

111. Libro del Fiscal General de la República, Isaías Rodríguez, *Abril comienza en Octubre*, Caracas, **2005**; en el cual se señala, entre otras cosas, que Allan Brewer Carías y otros se encontraban encerrados en Fuerte Tiuna con Carmona Estanga, redactando "los documentos constitutivos del nuevo gobierno" (pág. 195). **Anexo 21**.

112. Carta de fecha 28-09-2005 dirigida por el Dr. Brewer Carías al Fiscal General de la República, Isaías Rodríguez. En el documento expone que el libro del Fiscal General de la República *"Abril comienza en Octubre"* consti-

tuye una clara y flagrante violación de su derecho a la presunción de inocencia. **Anexo 22**.

113. Escrito de los abogados defensores de fecha **10-05-2006** informando al Juez provisorio de Control sobre la no comparecencia a la audiencia preliminar del Dr. Brewer-Carías por su designación como profesor de la Universidad de Columbia, solicitando la continuación del procedimiento respecto de los otros imputados. En el escrito se expresa igualmente que el profesor Brewer ha manifestado ser víctima de persecución política, que su derecho al debido proceso ha sido violado "sistemática y masivamente". Que el propio Fiscal General lo condenó públicamente de antemano en su libro *Abril comienza en Octubre* (anexo 21); que *"ha tomado la decisión de esperar a que se presenten las condiciones idóneas para obtener un juicio imparcial y con respeto de sus garantías"*. **Anexo 50**.

f. *Acusación fiscal contra el profesor Brewer Carías y su contestación solicitando la nulidad de todo lo actuado*

114. Escrito de acusación fiscal contra Allan R. Brewer-Carías, de **21-10-2005**, en el cual se afirma que "en el conocimiento que tiene como profesor venezolano, abogado y constituyente del deber en que estaba de acuerdo a lo establecido en el artículo 333 de nuestra Carta Magna de colaborar en el restablecimiento de la efectiva vigencia de la Constitución, y en vez de cumplir con su deber ciudadano por mandato expreso del artículo 131 de la Constitución de la República Bolivariana de Venezuela, conspiró participando en la elaboración y discusión del **"Decreto de Constitución de un Gobierno de Transición Democrática y Unidad Nacional"**, que el día 12 de abril de 2.002, entró en vigencia cambiando violentamente la Constitución del pueblo venezolano 30 de diciembre de 1.999 (sic)", en el cual no se tomó en consideración ninguno de los alegatos y "elementos de convicción" señalados por la defensa. Por otra parte, se tergiversó lo expuesto por los señores Pedro Carmona Estanga (anexo 3) y Jorge Olavarría (anexo 36), ya fallecido entonces. **Anexo 48**.

115. Libro Allan R. Brewer-Carías, *En mi propia Defensa. Respuesta preparada con la asistencia de mis defensores Rafael Odremán y León Enrique Cottin, contra la infundada acusación fiscal por el supuesto delito de conspiración*, Editorial Jurídica Venezolana, Caracas 2006. Este libro no es más que la publicación del escrito de respuesta a la imputación fiscal (anexo 48), presentado el **08-11-2005**. En este escrito se pidió, entre otras cosas, que se declarara la nulidad de todo lo actuado, fundamentalmente por la violación del derecho al debido proceso o garantías judiciales, especialmente en materia probatoria y de presunción de inocencia (pp. 53-135). **Anexo 2**.

116. Dictamen del profesor Rafael Chavero G. del 20-11-2009 en el cual concluye que en el caso del Dr. Brewer-Carías la solicitud de nulidades procesales fundada en vicios de inconstitucionalidad, realizada antes de la au-

diencia preliminar, tenían que atenderse conforme a los dispuestos al artículo 177 del COPP vigente para la fecha, dentro de los tres (3) días siguiente al término de la oportunidad disponible para el resto de las partes para hacer valer sus argumentos y consideraciones. **Anexo 78**.

> **g. Decisión del Juez 25 de Control reconociendo que la falta de realización de la audiencia preliminar no es imputable a la permanencia del profesor Brewer en el extranjero**

117. Decisión del Juzgado Vigésimo Quinto de Control de 20 de julio de 2007, mediante la cual niega separar la causa de Allan Brewer Carías de la de los demás co-imputados. En ese sentencia, el tribunal señala que *[...] en el caso de marras, **el acto de la Audiencia Preliminar no ha sido diferido por incomparecencia del Ciudadano ALLAN R. BREWER CARÍAS**, al contrario los diversos diferimientos que cursan el (sic) las actas del presente expediente han sido en virtud de las numerosas solicitudes interpuestas por los distintos defensores de los Imputados. No han sido por la ausencia contumaz del imputado antes emocionado, por el contrario, han sido producto de las innumerables solicitudes de diferimientos de la propia defensa.* **Anexo 55**. (Énfasis añadido).

C. Vulneración de la presunción de inocencia

118. La vulneración de la presunción de inocencia del profesor Brewer Carías ha venido produciéndose de manera sistemática desde el mismo 12 de abril de 2002; y no sólo en el ámbito del proceso que sigue en su contra, sino que ha sido desconocido por diversas autoridades, incluso por la Asamblea Nacional, el Fiscal General de la República y el Tribunal Supremo de Justicia. Todo, sobre la base de la construcción de un "hecho notorio comunicacional" que no es tal, conforme a la definición de la Sala Constitucional del tribunal Supremo de Justicia en sentencia N° 98 de 15 de marzo de 2000 (Caso Oscar Silva Hernández). Disponible en http://www.tsj.gov.ve/decisiones/scon/Marzo/98-150300-0146.htm. En esta sentencia la Sala Constitucional define el "hecho notorio comunicacional", advirtiendo que el mismo sólo se configura cuando existen noticias sobre hechos o sucesos difundidas por medios de comunicación social que no han sido desmentidas. Considera dicha Sala que *"los medios de comunicación social escritos, radiales o audiovisuales, publicitan un hecho como cierto, como sucedido, y esa situación de certeza se consolida **cuando el hecho no es desmentido** a pesar de que ocupa un espacio reiterado en los medios de comunicación social"* (énfasis añadido), sobre el mismo. Por ello, es *"necesario que el hecho no resulte sujeto a rectificaciones, a dudas sobre su existencia, a presunciones sobre la falsedad del mismo, que surjan de los mismos medios que lo comunican, o de otros"*. En ese contexto, la Sala Constitucional ha juzgado que sólo si no han sido desmentidos es legítimo que *"el sentenciador disponga como ciertos y los fije en autos, a los hechos*

comunicacionales que se publicitan hacia todo el colectivo y que en un momento dado se hacen notorios (así sea transitoriamente) para ese colectivo." **Anexo 109.**

119. Informe de la Comisión Especial de la Asamblea Nacional sobre los sucesos de los días 11, 12 y 13 de abril de 2002, donde se exhorta al Poder Ciudadano en su recomendación cuarta, sin haberlo citado a comparecer ni escuchado, a investigar la responsabilidad civil y penal de *"Allan Brewer* Carías *por estar demostrada su participación en la planificación y ejecución del golpe de Estado del 11, 12, 13 y 14 de abril; por haber actuado en contra de la instauración efectiva de la Constitución y del Estado de Derecho; por omitir las actuaciones necesarias para el restablecimiento pleno del orden constitucional; por haber sido corredactor del decreto de auto proclamación y disolución de todos los poderes públicos".* **Anexo 20.**

120. Escrito de la Fiscal provisoria ante la Corte de Apelaciones de fecha **30-05-2005**, en el cual se invierte de manera insólita la presunción de inocencia y la carga de la prueba, con el fin de que el profesor Brewer Carías y otros imputados tuvieran la obligación imposible de demostrar hechos que no cometieron (hechos negativos), como textualmente *"¿Por qué se supone que no conspiró?";* se les conmina a lo imposible cuando el Ministerio Público les requiere demostrar que ellos no conspiraron o que demuestren que ellos no redactaron el *decreto de auto proclamación y disolución de todos los poderes públicos.* **Anexo 19.**

121. Libro del Fiscal General de la República, Isaías Rodríguez, *Abril comienza en Octubre*, Caracas, 2005. En el cual se señala que Allan Brewer Carías y otros se encontraban encerrados en Fuerte Tiuna con Carmona Estanga, redactando "los documentos constitutivos del nuevo gobierno" (pág. 195). **Anexo 21.**

122. Carta del **28-09-2005**, dirigida por el Dr. Brewer Carías al Fiscal General de la República, Isaías Rodríguez, en la cual expone que constituye una clara y flagrante violación de su derecho a la presunción de inocencia la publicación y atribución de hechos inciertos a su persona, en el libro del Fiscal General de la República *"Abril comienza en Octubre".* **Anexo 22.**

123. Comunicación de fecha **13-12-2005** del Tribunal Supremo de Justicia dirigida al Instituto Interamericano de Derechos Humanos en respuesta a la preocupación de este último por el proceso iniciado en contra del Dr. Brewer-Carías. La comisión de Asuntos Internacionales del Tribunal Supremo de Justicia señala que numerosos testimonios que son del conocimiento público entre ellos el libro "Mi Testimonio ante la historia" de Pedro Carmona Estanga, señalan al Dr. Brewer como uno de los autores del decreto que abolió los poderes nacionales y estadales y que por ello el asunto debe ventilarse ante un juez venezolano. **Anexo 15.**

124. Comunicación de fecha **31-01-2006** del Tribunal Supremo de Justicia dirigida al Instituto Iberoamericano de Derecho Procesal Constitucional en respuesta a la comunicación del 08-12-05 de este último en la cual solicita el

máximo respeto de los derechos y garantías del Dr. Brewer-Carías. La comisión de Asuntos Internacionales del Tribunal Supremo de Justicia señala que numerosos testimonios que son del conocimiento público entre ellos el libro "Mi Testimonio ante la historia" de Pedro Carmona Estanga, señalan al Dr. Brewer como <u>uno de los autores</u> del decreto que abolió los poderes nacionales y estadales y que por ello el asunto debe ventilarse ante un juez venezolano. **Anexo 16**.

125. Escrito de **11-07-2006** del Embajador Belisario Landis, dirigidos a la Dirección de INTERPOL de la Policía Nacional de la República Dominicana, anunciando la posibilidad de que Allan Brewer-Carías arribe a ese país, así mismo informa que el ciudadano tiene una Medida de Privación Judicial Preventiva de Libertad y solicita la cooperación internacional para la aprehensión. **Anexo 23**.

126. Recortes de periódicos con las noticias generadas con motivo de las declaraciones del Embajador Belisario Landis: **Anexo 24**.

- "Allan Brewer Carías abandona con urgencia República Dominicana". ElObservador.rctv.net, viernes 14 de julio de 2006.

- "Allan Brewer Carías evita detención en Dominicana. Eluniversal.com, jueves 13 de julio de 2006.

- "Allan Brewer: la reforma Constitucional debe ser un instrumento para la inclusión y el consenso". Elnuevodiario.com, viernes 14 de julio de 2006.

- "Brewer abandona Dominicana tras pedido venezolano de arresto". ElNuevoHerald.com, jueves 13 de julio de 2006.

- "Brewer dice Interpol no puede detenerlo". DiarioLibre.com, viernes 14 de julio de 2006.

- "Brewer evita detención en Santo Domingo". Eluniversal.com, viernes 14 de julio de 2006.

- "Brewer se fue del país tras reclamo de Landís. Eldía.com.do, viernes 14 de julio de 2006.

- "Instan a Interpol aprehender a Allan Brewer en Dominicana. Eluniversal.com, jueves 13 de julio de 2006.

- "Venezuela pide detener abogado acusado conspirar". DiarioLibre.com, miércoles 12 de julio de 2006.

- Germosen, Pedro. "Venezolano dice es perseguido". Hoy.com.do, viernes 14 de julio de 2006.

- Monegro, José. "Embajador de Venezuela en Dominicana pide arresto de Brewer". ElnuevoHerald.com, miércoles 12 de julio de 2006.

- Reyes, Arístides. "Embajador Venezuela denuncia presencia conspirador en RD". El Nacional, miércoles 12 de julio de 2006, página 5.

- Reyes, Arístides. "Ignoran si Gobierno responde petición embajador de Venezuela". El Nacional, jueves 13 de julio de 2006, página 5.

- 127. Comunicación de la Embajadora de Venezuela en Costa Rica de fecha 29-08-2006 al Instituto Interamericano de Derechos Humanos manifestando la perplejidad y asombro causado al Estado venezolano por auspiciar la presencia de Brewer-Carías en una charla a celebrarse en la sede del Instituto Interamericano de Derechos Humanos. **Anexo 25**.

128. Recortes de periódicos con motivo de las gestiones de la Embajadora Uribe: **Anexo 26**.

- "Venezuela alerta a Costa Rica sobre posible llegada de Brewer Carías". Eluniversal.com, 29 de agosto de 2006.

- "Venezuela protesta por presencia de prófugo en Costa Rica"

- "Venezuela se queja por invitación a Costa Rica". Unionradio.net, jueves 30 de agosto de 2006.

- Aragón, Israel. "País prohíbe entrada a prófugo venezolano. La Nación, jueves 31 de agosto de 2006, página 12A.

- Valverde, Luis. "Venezuela reclama por invitación de abogado. La República, jueves 31 de agosto de 2006, página 10 Nacional.

129. Dictamen del Profesor Enrique Gimbernat de la Universidad Complutense de Madrid, de fecha **21-09-2005**, mediante la cual expone los motivos por los cuales considera que el acta de imputación contra Don Allan Brewer-Carías, constituye una violación masiva de sus derechos humanos fundamentales a la presunción de inocencia y a la defensa. **Anexo 17**.

D. *La persecución política del profesor Brewer Carías*

130. Para demostrar la persecución política de la que ha sido objeto el profesor Brewer Carías, hacemos valer todas las documentales ofrecidas para demostrar la violación de su derecho a que se le presuma inocente mientras no se demuestre lo contrario (**anexos 15, 16, 17, 19, 20, 21, 22, 23, 24, 25, 25, 110**) y, además:

131. Escrito –sin respuesta– de los abogados defensores de fecha **26-10-2005** solicitando declaración judicial anticipada de la improcedencia de privación de libertad del Dr. Brewer-Carías. **Anexo 49**.

131. Escrito de los abogados defensores de fecha **10-05-2006** informando al Juez provisorio de Control sobre la no comparecencia a la audiencia preliminar del Dr. Brewer-Carías por su designación como profesor de la Universidad de Columbia, solicitando la continuación del procedimiento respecto de los otros imputados. En el escrito se expresa igualmente que el profesor Brewer ha manifestado ser víctima de persecución política, que su derecho al debido proceso ha sido violado "sistemática y masivamente". Que el propio Fiscal General lo condenó públicamente de antemano en su libro *Abril comienza en Octubre* (anexo 21); que *"ha tomado la decisión de esperar a que se presenten las condiciones idóneas para obtener un juicio imparcial y con respeto de sus garantías"*. **Anexo 50**.

132. Escrito de la Fiscal provisoria de **02-06-2006** ante el Juez provisorio de Control solicitando dictar medida de privación de libertad del Dr. Brewer-Carías. **Anexo 51**.

133. Decisión del Juez provisorio de control de fecha **15-06-2006** dictando medida preventiva de privación de libertad contra el Dr. Brewer-Carías. **Anexo 52**.

134. Decisión del Juzgado Vigésimo Quinto de Control de **20 de julio de 2007**, mediante la cual niega separar la causa de Allan Brewer Carías de la de los demás co-imputados. En ese sentencia, el tribunal señala que *[...] en el caso de marras, **el acto de la Audiencia Preliminar no ha sido diferido por incomparecencia del Ciudadano ALLAN R. BREWER CARÍAS**, al contrario los diversos diferimientos que cursan el (sic) las actas del presente expediente han sido en virtud de las numerosas solicitudes interpuestas por los distintos defensores de los Imputados. No han sido por la ausencia contumaz del imputado antes emocionado, por el contrario, han sido producto de las innumerables solicitudes de diferimientos de la propia defensa.* **Anexo 55**. (Énfasis añadido).

135. Comunicación de la Secretaría General de Interpol N° ola/34990-3/STA/36-E/EM/sm del 07 de Agosto de 2007, solicitando al Juzgado Vigésimo Quinto de Control información sobre el caso del Dr. Allan Brewer Carías. **Anexo 56**.

136. Auto de fecha **17-09-2007** del Juzgado Vigésimo Quinto de Control mediante el cual da respuesta a la solicitud de información de la Secretaría General de Interpol, tergiversando los hechos, para afirmar sin fundamento que el delito imputado al profesor Brewer Carías es ordinario y no político. **Anexo 57**.

137. El "criterio" vertido en el auto del 17-09-2007 recoge lo expuesto en sentencia N° 153, dictada por la Sala de Casación Penal del Tribunal Supremo

de Justicia le 16-04-2007, con **ponencia de Eladio Aponte Aponte**, mediante la cual se acuerda la solicitud de extradición del ciudadano **Pedro Carmona**, asilado en la ciudad de Bogotá Colombia. Ver en http://www.tsj.gov.ve/decisiones/scp/Abril/153-16407-2007-E06-0211.html. En esta sentencia, se afirma, sin ningún fundamento en lo expuesto en la narrativa, que a juicio de la Sala, *"en la presente causa no puede atribuírsele a los hechos imputados al ciudadano Pedro Francisco Carmona Estanga, el carácter de delito político, pues se perdería el sentido de este compromiso internacional"*. Sigue diciendo la sentencia que *"en Venezuela ocurrió: el alzamiento hostil en contra de un gobierno legítimamente constituido, el atentado contra el sistema económico y social de una nación, la coacción y amenaza a la vida del jefe del Estado para deponerlo, la disolución de los Poderes Públicos, la ejecución y consentimiento en el transcurso del 'gobierno de facto' de las violaciones de los derechos humanos, en contra de la población venezolana que exigía la restitución del hilo constitucional"*. Para luego afirmarse, sin ningún prurito, que *"contra el Presidente de la República Bolivariana de Venezuela, ciudadano Hugo Rafael Chávez Frías, al parecer, según los elementos de convicción transcritos, se cometió un atentado frustrado, cuya autoría intelectual, orientan al ciudadano imputado Pedro Francisco Carmona Estanga, quedando desvirtuada, como antes se indicó, la naturaleza del delito político de los hechos aquí reproducidos. Tal atentado constituye la excepción contenida en el artículo 4 del precitado Tratado de Extradición"* (subrayado añadido). **Anexo 110.**

138. Decisión de la Sala 8 de la Corte de Apelaciones del **29-10-2007**, mediante la cual declara inadmisible la apelación contra el auto del 17-09-2007 del Juzgado Vigésimo Quinto de Control (anexo 57), consistente en una "aclaratoria", derivada de la solicitud de información presentada por la Secretaría General de INTERPOL, de acuerdo con la cual el profesor Brewer Carías no estaría siendo juzgado por delitos políticos, sino por la presunta comisión de un delito ordinario, como lo es el intento de magnicidio en la persona del Presidente de la República. Se fundamenta la inadmisibilidad en que el profesor Brewer Carías no se ha presentado al Juzgado correspondiente, a pesar de la orden de aprehensión dictada en su contra y "ratificada" en la decisión objeto de apelación. **Anexo 58.**

139. Eventos académicos a los cuales el Prof. Brewer Carías no pudo asistir durante 2006 y 2007, por el hostigamiento y persecución política universal al que lo ha sometido el gobierno venezolano. **Anexo 59.**

6. *Sobre la amnistía*

139. Decreto Ley de Amnistía, publicado en la Gaceta oficial N° 5.870 Extr. de 31-12-2007. **Anexo 70**

140. Entrevista del periodista Eligio Rojas a la Sra. Luisa Ortega Díaz, en *Últimas Noticias,* Caracas, 8 de enero de 2008. La Fiscal General recién de-

signada declaró públicamente que sería a la Fiscal (provisoria, por supuesto) del caso a quien *"le corresponderá determinar si a él lo alcanza el decreto,"* pero a renglón seguido expresó: *"cuando conduje esa investigación, el abogado Brewer Carías, ya siendo acusado, fue convocado para la audiencia preliminar, y a través de sus abogados envió una comunicación donde decía que no creía en la justicia venezolana, que la justicia venezolana no le daba garantía a ningún ciudadano incluso a él, que por eso optaba por irse del país y que no regresaría hasta tanto no cambiara el Gobierno."* Esta afirmación, que deforma el contenido de lo expresado en su momento por los abogados del profesor Brewer Carías, implicó una clara fijación de posición, quien avanzó argumentos para que no se le aplicara dicha amnistía. Frente a semejante declaración, habría sido inconcebible que la Fiscal (provisoria) a cargo del caso y el Juez (provisorio) encargado de resolver la solicitud de sobreseimiento basada en la amnistía, resolvieran algo distinto a denegar esa solicitud. Por tanto, como era de esperarse, la opinión de la Fiscal (provisoria) del caso fue adversa a la aplicación de la amnistía al profesor Brewer Carías y así lo determinó también el tribunal. **Anexo 71.**

141. Solicitud de sobreseimiento formulada en fecha **11-01-2008** por la defensa del profesor Brewer, fundamentada en la Ley de Amnistía del 31-12-07 (anexo 70). **Anexo 74.**

142. Sentencia del Juzgado Vigésimo Quinto de Control de **25-01-2008**, por la cual niega la aplicación del Decreto-Ley de Amnistía de 31-12-2007 al profesor Brewer Carías, por cuanto "no se encuentra a derecho". **Anexo 60.**

143. Escrito de apelación de **08-02-2008**, ejercida contra la sentencia de Juzgado de Control, de fecha 25-01-2008 (anexo 60). Se alegó, entre otras cosas, que el profesor Brewer Carías está a derecho; que no se ha presentado al tribunal. **Anexo 75.**

144. Sentencia de la Sala Quinta de la Corte de Apelaciones de **03-04-2008** por la cual declara sin lugar el recurso de apelación y se ratifica la negativa de aplicar el Decreto-Ley de Amnistía a Allan Brewer Carías, en virtud de que no está a derecho. Al respecto, se afirma en la sentencia que el encausado "no acudió a las convocatorias realizadas por el Tribunal de la causa ni para la primera oportunidad fijada de la Audiencia Preliminar [que califica de "acto personalísimo"] ni tampoco acudió a los diferimientos sucesivos". **Anexo 61.**

145. Dictamen del profesor Alberto Arteaga Sánchez de 18-11-2009. En el cual determina el alcance de la Ley de Amnistía y señala que el hecho que se le imputa al Dr. Brewer-Carías queda abarcado por este, por lo cual deja sin efecto cualquier consecuencia penal del hecho imputado. **Anexo 72.**

PETITORIO

663. Por lo tanto, con base en los fundamentos de hecho y de Derecho contenidos en el presente Escrito de Solicitudes Argumentos y Pruebas, respetuosamente solicitamos a esa honorable Corte Interamericana de Derechos Humanos que, continúe la tramitación y sustanciación de los procedimientos escrito y oral del presente caso, y que:

1. *Declare, en su sentencia de fondo, la responsabilidad internacional del Estado venezolano* por serle imputables los hechos aquí expuestos en incumplimiento de sus obligaciones internacionales, derivadas de la violación de los derechos a ser oído en un tiempo razonable por un tribunal independiente e imparcial, a la presunción de inocencia, al debido proceso legal y a la defensa (art. 8); del derecho a la protección judicial (art. 25); del derecho a la libertad y a la seguridad personal (art.7); de la libertad de expresión (art. 13); del derecho a la protección de la honra y la dignidad (art. 11); del derecho de circulación (art. 22); y del derecho a la igualdad ante la ley (art. 24); todos en relación con el incumplimiento por parte del Estado venezolano de sus deberes generales de respetar y de garantizar el pleno goce de estos derechos, sin discriminación alguna, garantizados en la Convención Americana, en relación con la obligación de respetar los derechos (art. 1.1) y con el deber de adoptar disposiciones de Derecho interno para hacerlos efectivos (art. 2), todo ello en perjuicio de la víctima, profesor Allan R. Brewer Carías.

2. *Condene al Estado venezolano a la reparación integral de las consecuencias de dicha responsabilidad internacional*, de conformidad con el artículo 63(1) de la Convención Americana sobre Derechos Humanos y el Derecho internacional general, en los términos en que lo hemos demandado en el capítulo correspondiente del presente escrito de Solicitudes, Argumentos y Pruebas **(supra ¶¶ 234-250)**.

ES JUSTICIA.

Pedro Nikken

San José, 07 de julio de 2012

SEXTA PARTE

ESCRITO DE OBSERVACIONES PRESENTADAS POR LOS REPRESENTANTES DE ALLAN R. BREWER-CARÍAS DE 6 DE MARZO DE 2013 A LA EXCEPCIÓN PRELIMINAR FORMULADA POR EL ESTADO EN EL ESCRITO DE CONTESTACIÓN (DE 12 DE NOVIEMBRE DE 2012)

INTRODUCCIÓN

1.   Quienes suscriben, abogados Pedro Nikken, Claudio Grossman, Juan E. Méndez, Douglass Cassel, Helio Bicudo y Héctor Faúndez Ledezma, actuando en calidad de Representantes de la víctima, Allan R. Brewer Carías (en adelante "los Representantes"), respetuosamente comparecemos ante esa honorable Corte Interamericana de Derechos Humanos (en adelante "Corte Interamericana," "Corte", Corte IDH", o "el Tribunal"), conforme lo prescribe el artículo 42.4 del Reglamento de la Corte (en adelante, "el Reglamento") para presentar nuestro Escrito de Observaciones a las excepciones preliminares formuladas por el Estado en su Escrito de Contestación de 12 de noviembre de 2012, al Escrito de Solicitudes, Argumentos y Pruebas que hemos presentado ante esta Corte, en el caso *"Allan Brewer Carías vs. República Bolivariana de Venezuela"*, demandando a la misma que condene al Estado por violaciones graves a los derechos de la víctima consagrados en los artículos 1.1, 2, 7, 8.1, 8.2, 8.2.c, 8.2.f, 11, 13, 22, 24 y 25 de la Convención Americana sobre Derechos Humanos (en adelante la "Convención" o la "Convención Americana"), que le han sido infligidas por la República Bolivariana de Venezuela ("Venezuela" o "el Estado venezolano" o "el Estado") en el marco de la persecución política que ha desatado en su contra desde 2005. Por razones de carácter práctico exclusivamente, el presente escrito lleva únicamente la firma del abogado Pedro Nikken, con el pleno acuerdo de los demás Representantes quienes así lo han autorizado.

RESUMEN EJECUTIVO

Por medio del presente escrito se rechazan las así llamadas excepciones preliminares interpuestas por el Estado con base en los siguientes criterios indicados en el artículo 46.2 de la Convención Americana sobre Derechos Humanos y la jurisprudencia interamericana:

- *Por invocación errónea como excepción preliminar de la recusación de jueces de la Corte y de su Secretario y por haberse resuelto previamente dicha incidencia por parte de la Corte Interamericana, al igual que la excusa del honorable Juez Eduardo Vío Grossi.*

- *Por extemporaneidad de invocación de la excepción preliminar en el primer momento procesal oportuno ante la Comisión Interamericana de Derechos Humanos.*

- *Por falta de cumplimiento de las reglas de distribución de la carga de la prueba que imponían al Estado, al momento de invocar la excepción preliminar de falta de agotamiento de los recursos internos, indicar: a) los recursos internos que debían haberse agotado y, b) la eficacia de esos recursos.*

- *Por haber intentado el profesor Brewer Carías todos los recursos a su alcance para proteger sus derechos, inútilmente.*

2.   Conforme al artículo 42 del Reglamento las excepciones sólo pueden ser opuestas por el Estado en el Escrito de Contestación regulado en el artículo 41 del mismo Reglamento, para lo cual, conforme al artículo 42.2 *"se deberán exponer los hechos referentes a las mismas, los fundamentos de derecho, las conclusiones y los documentos que las apoyen, así como el ofrecimiento de pruebas"*. El presente Escrito de Observaciones está referido a dicho Escrito de Contestación del Estado, de conformidad con el artículo 42.4 del Reglamento.

I.   APRECIACIÓN GENERAL SOBRE EL ESCRITO DE CONTESTACIÓN DEL ESTADO A LA LUZ DE LAS EXIGENCIAS DEL ARTÍCULO 41 DEL REGLAMENTO DE LA CORTE

3.   Como el Estado ha formulado las excepciones en su Escrito de Contestación a nuestro Escrito de Solicitudes, Argumentos y Pruebas, antes de analizarlas específicamente consideramos necesario formular un comentario general sobre dicho "Escrito de Contestación", a la luz de lo dispuesto en el antes mencionado artículo 41 del Reglamento; en particular, en cuanto a la exigencia de que en el mismo el Estado debe exponer tanto "su posición sobre el caso sometido a la Corte" como "su posición ante el escrito de solicitudes, argumentos y pruebas". El Reglamento le impone al Estado, en primer lugar, la obligación de indicar "si acepta los hechos y las pretensiones o si los contradice", lo cual no ha cumplido en este caso, pues en su Escrito el Estado

636

no ha dicho si acepta los hechos que hemos denunciado como violaciones a los derechos humanos protegidos por la Convención en perjuicio del profesor Allan Brewer Carías, ni tampoco los ha contradicho específicamente.

4. En segundo lugar, el Estado está obligado en su Escrito de Contestación a indicar *"las pruebas ofrecidas debidamente ordenadas, con indicación de los hechos y argumentos sobre los cuales versan"*. En este caso, las *"pruebas"* ofrecidas han sido presentadas completamente desordenadas, violándose lo exigido en el artículo 28.3 del Reglamento ("Los anexos y sus copias deberán presentarse debidamente individualizados e identificados"), habiendo incluso la Secretaría de la Corte procedido a "ordenar" algunas de ellas, identificándolas y numerándolas[1]. Además, en cuanto al ofrecimiento de las pruebas, en el Escrito de Contestación, al describirse, enumerarse y consignarse las mismas, el Estado no ha indicado cuáles son *"los hechos y argumentos sobre los cuales versan"*. Por una parte, en la identificación y listado de las pruebas, nada se indica sobre qué hechos o argumentos versan; y por la otra, si se identifican los hechos examinados y los argumentos contenidos en el Informe de Fondo de la Comisión Interamericana de Derechos Humanos ("la Comisión" o "la CIDH") y en nuestro Escrito de Solicitudes, Argumentos y Pruebas, resulta evidente que la mayoría de las "pruebas" que se enuncian nada tienen que ver con los mismos, es decir, no se refieren a los hechos y argumentos que conforman el caso ante la Corte.

5. En tercer lugar, el Escrito de Contestación debe contener "la propuesta e identificación de los declarantes y el objeto de su declaración". En este caso, en cuanto a algunos de los declarantes o testigos propuestos en el Escrito de Contestación del Estado, se indica con toda precisión que el "objeto" de las declaraciones es "sus testimonios sobre los sucesos que ocasionaron el Golpe de Estado del 11 de abril de 2002 y la redacción del "Decreto de Transición Democrática y Unidad Nacional" (Julián Isaías Rodríguez); "su testimonio sobre los hechos ocurridos durante los días 11, 12 y 13 de abril de 2002" y su "participación en los medios comunitarios alternativos" (Gonzalo Gómez Freite); y "su testimonio sobre los hechos del 11, 12 y 13 de abril de 2002" (Ángel Palacios). Esos hechos nada tienen que ver con las denuncias de violaciones de derechos de la víctima que conforman el objeto del proceso.

6. Ponemos de relieve, que este es un caso que versa sobre las denuncias que hemos formulado por ante el Sistema Interamericano de Derechos Humanos, que fueron conocidas en su fase inicial por la CIDH, la cual, conforme a sus facultades y competencia, admitió formalmente el caso que posteriormente elevó ante esa honorable Corte. Se trata de denuncias sobre violaciones a la Convención Americana sobre Derechos Humanos y a los derechos

---

1 Así lo expresa el Secretario de la Corte, Sr. Pablo Saavedra Alessandri, al Agente del Estado, Sr. Germán Saltrón Negretti, en la comunicación N° 12.724/029, que le dirigió el día 19 de diciembre de 2012 (**Anexo 129**). Se advierte que la numeración de los anexos en este Escrito de Observaciones continúa la secuencia de la numeración de nuestro precedente Escrito de Solicitudes, Argumentos y Pruebas.

humanos del profesor Allan Brewer Carías con ocasión de un proceso penal que comenzó en enero de 2005, de manera que, por lo tanto, la litis ha de trabarse sobre los fundamentos de hecho y de derecho de esas denuncias. No debería preocuparnos que el Estado se empeñe en someter hechos y argumentos que no versan sobre nuestras denuncias, pues esa conducta implica la aceptación tácita de nuestras afirmaciones. No obstante, sí nos preocupa seriamente que el gobierno venezolano pretenda nuevamente usar los estrados de esa honorable Corte como un escenario donde se repitan varias de las violaciones a los derechos humanos del Profesor Brewer Carías que hemos denunciado, particularmente en lo que toca a la violación de la presunción de inocencia.[2]

7. Debemos referirnos al desorden probatorio del Estado, que no señala sobre qué particulares versan las pruebas ofrecidas, particularmente las documentales. Con respecto a lo último, expresamos que nos oponemos a que la Corte reciba como prueba documental aquellas que no hayan sido precisamente identificadas como tales, a los fines de poder ejercer el control sobre ellas: la presentación de legajos desordenados, enormes y sin numerar por parte de la representación del Estado pretende arrojar sobre la víctima que representamos, sobre la Comisión y sobre la misma Corte una carga que es de

---

2   Basta mencionar aquí la Nota N° 125 de 6 de septiembre de 2012 y su Anexo (**Anexo 130**), mediante la cual el entonces Ministro de Relaciones Exteriores de Venezuela y hoy Vicepresidente de la República, **Sr. Nicolás Maduro**, comunicó al Secretario General de la OEA *"la decisión soberana de la República Bolivariana de Venezuela de denunciar la Convención Americana sobre Derechos Humanos"* En esa Nota, paladinamente se afirma que el profesor Brewer Carías *"participó en la autoría* del texto del decreto de destitución de los poderes públicos, que fuera proclamado por las autoridades de recato que asaltaron el poder tras el golpe de Estado de 11 de abril de 2002 en Venezuela" (p. 6); agregando a ello, en el Anexo a dicha Denuncia denominado "Fundamentación que sustenta la denuncia de la República Bolivariana de Venezuela de la Convención Americana sobre Derechos Humanos presentada a la Secretaría General de la OEA" la afirmación de que al profesor Brewer Carías "se le sigue juicio en Venezuela por su participación en el golpe de Estado de a Abril de 2002, *por ser redactor del decreto* mediante el cual se instalaba un Presidente de facto, se abolía la Constitución nacional, se cambiaba el nombre de la república, se desconocían todas las instituciones del Estado, se destituían a todos los miembros y representantes de los poderes Públicos, entre otros elementos." (p. 8, Anexo). Digna de mención es, asimismo, la opinión del Agente del Estado **Sr. Germán Saltrón Negretti**, expresada en agosto de 2012, al referirse en un artículo de opinión a la denuncia de la Convención Americana de Derechos Humanos por Venezuela, y mencionar el "Acta de Constitución del Gobierno de Transición Democrática y Unidad Nacional" leído 12/04/2002, en el Palacio de Miraflores de Caracas", que **"Ese decreto fue redactado por Allan Brewer Carías y Carlos Ayala, el Ministerio Público lo imputó por "conspiración para cambiar la constitución". Allan Brewer huyo del país y el juicio está paralizado. Sin embargo, acudieron a la Comisión y admitió el caso el 24/01/2007 y solicita al Estado venezolano adoptar medidas para asegurar la independencia del Poder judicial".** (Negritas añadidas). Véase Germán Saltrón Negretti, "Por qué denunciar la Convención Americana de los Derechos Humanos" (**Anexo 131**).

la exclusiva incumbencia del Estado, cual es la de presentar *"las pruebas ofrecidas debidamente ordenadas, con indicación de los hechos y argumentos sobre los cuales versan"* conforme lo ordena el Reglamento para todas las partes en el presente proceso ante la Corte. La presentación de los anexos documentales y pruebas que sustentan una pretensión, es una ***carga que pesa sobre la parte que pretende valerse en juicio de esos anexos***. Al fallar en satisfacer esa carga, la parte interesada debe quedar jurídicamente impedida de hacer valer aquello que no presentó debidamente al Tribunal y a las otras partes en el proceso. Por lo demás, es contrario a la buena fe procesal y a la igualdad entre las partes que un de ellas pretenda someter a la otra a la carga de descifrar los anexos o medios de prueba que presentó de manera incompleta, desordenada o confusa, sin atenerse a los inequívocos términos de la norma reglamentaria que hemos citado. La consecuencia de semejante proceder por una cualquiera de las partes no puede ser otra que la impedirle hacer valer en juicio pretensiones fundadas en semejantes instrumentos incompletos o confusos, ignorando el artículo 42(1)(b) del Reglamento, así como el análisis de anexos realizado por la Secretaría de la Corte, que ofreció al Estado la posibilidad de enmendar esos errores, cosa que no hizo, a pesar de habérsele concedido una prórroga extraordinaria para ese propósito, que también desaprovechó. Esta oposición está referida a los anexos numerados 1 a 27, 34 y 35, y 37 a 39

8. Por último, es manifiestamente impertinente que el Estado promueva pruebas exclusivamente relativas a los sucesos del 11 de abril de 2002, como son las testimoniales de Julián Isaías Rodríguez, Gonzalo Gómez Freites, y Ángel Palacios, y las documentales que aparecen en el Escrito de Contestación numeradas: 28 a 33 y 26. Nos oponemos a que la Corte admita estas últimas y, en cuanto a las testimoniales, reservamos nuestra posición para la oportunidad señalada en el artículo 47(1) del Reglamento.

9. Mucho desearíamos que esa honorable Corte fuera competente para pronunciarse sobre la inocencia del profesor Brewer Carías frente a los maliciosos cargos de conspirador contra la Constitución venezolana que se han inventado en su contra, para así tener fuera de toda duda un tribunal independiente e imparcial que pusiera fin a esta insensata persecución en su contra. Lamentablemente no es así. Como la misma Corte lo ha reiterado en numerosas ocasiones, ella no está facultada para sustituir al sistema de justicia interno de los Estados Partes en la Convención, ni puede erigirse en una instancia de alzada de los tribunales domésticos. Su competencia en este caso, como en todos aquellos en los que ejerce su jurisdicción contenciosa, está referida a la interpretación o aplicación de la Convención, como lo estipula el artículo 62(1) de la Convención. Lo que está *sub judice* ante esa honorable Corte es el caso *Allan Brewer Carías vs. República Bolivariana de Venezuela*, que le fue sometido por la CIDH el 7 de marzo de 2012, una vez emitido el Informe previsto por el artículo 50 de la Convención (Informe 171/11), que aprobó el 11 de marzo de 2011. La crisis política que vivió Venezuela en abril de 2002 y que condujo al inconstitucional, aunque breve, derrocamiento del Presidente Hugo Chávez Frías, si bien constituye el contexto que ha servido de pretexto para la ilegítima violación de los derechos del Profesor Brewer Carías, no es lo que está en causa. No discutimos la gravedad de aquellos sucesos, pero los estrados de la Corte, al menos en el presente caso, no son el escenario apropiado para ese debate.

10. Contrariamente a lo señalado, dadas las características de ciertas pruebas promovidas por el Estado, podemos deducir que pretende convertir este caso en un eslabón más de la abusiva y falsa imputación al profesor Brewer Carías de haber redactado el decreto constitutivo del breve gobierno de facto que pretendió sustituir al gobierno constitucional, lo que se traduciría en una nueva violación de la presunción de inocencia, perpetrada en los estrados de esa honorable Corte. Fundamos esa preocupación en la reiterada postura de la representación gubernamental ante los organismos internacionales de protección y promoción de los derechos humanos, que parece conformarse con un patrón estratégico errado e irrespetuoso de la dignidad de la víctima, consistente en la descalificación personal de ésta, imputándole la condición de delincuente, de conspiradora con oscuros intereses internacionales contrarrevolucionarios, de antinacionales y otros semejantes, que los señores Jueces que han oído casos venezolanos han tenido la oportunidad de conocer personalmente. Muy respetosamente, urgimos a la honorable Presidencia de la Corte a que no permita que la representación del Estado acuda una vez más a este tipo de conducta, tal como ya lo ha hecho en el pasado.

II. LA RECUSACIÓN DE LOS MAGISTRADOS Y SECRETARIO DE LA CORTE PLANTEADA COMO SUPUESTA "EXCEPCIÓN PRELIMINAR" EN EL ESCRITO DE CONTESTACIÓN DEL ESTADO

11. En el Escrito de Contestación, los representantes del Estado han formulado como supuesta "excepción preliminar" la recusación de los Honorables magistrados García-Sayán, Franco, Ventura, Macaulay y Abreu Blondet y del Secretario Saavedra, a cuyo efecto dan "por reproducido todo lo expuesto en el escrito de contestación de la demanda en el caso Mercedes Chocrón" (p. 2), el cual ratifican (p. 13); escrito que –sin embargo- no se acompañó y que como representantes de la víctima no conocemos, y que no puede tener efecto jurídico alguno en este proceso. Pretenden fundamentarse en hechos supuestamente ocurridos en el contexto del caso *Usón vs. Venezuela*, de los que no tenemos conocimiento directo. No encontramos necesario argumentar sobre la manifiesta impertinencia de ese confuso planteamiento, por lo demás irrespetuoso de esa honorable Corte y sus Jueces. Primero, porque no se trata de una excepción preliminar sino de una temeraria recusación; y, segundo, porque el asunto quedó claramente resuelto por la Resolución del Presidente en funciones de la Corte, Juez Alberto Pérez Pérez, de 23 de noviembre de 2012, que rechazó *in toto* semejante pretensión y rechazó las expresiones injuriosas de la representación del Estado.

12. Igualmente impertinente es el pretendido rechazo del Estado de la excusa para conocer del presente caso por parte del Juez Eduardo Vío Grossi (pp. 30 y ss.), la cual ya había sido aceptada por el Presidente de la Corte, de conformidad con el Reglamento. La representación de Estado afirmó que el Juez Vío Grossi se había excusado por "presiones" a las que se lo habría sometido. Además de ser un planteamiento ofensivo contra el Juez Vío Grossi se trata de una materia decidida definitivamente y por tanto carece de todo sentido forense presentar semejante cosa como una "excepción preliminar". Tampoco en este punto tenemos nada que añadir a lo decidido en su momento por el Presidente de la Corte, ni a la respuesta que el mismo Juez Vío Grossi dio a ese planteamiento del Estado en carta dirigida a la Corte el 23 de noviembre de 2012.

III. PRECISIONES SOBRE HECHOS MALICIOSAMENTE TERGIVERSADOS

13. Antes de entrar a analizar el tema del supuesto no agotamiento de los recursos internos planteado por el Estado, formularemos ciertas precisiones relativas a los hechos del presente caso, que vienen siendo presentados sistemática y reiteradamente deformados y ajenos a la verdad por parte de la representación del Estado y que procedemos a refutar *in limine*.

1. *El profesor Brewer Carías es un exiliado y no huyó de Venezuela*

14. **El profesor Allan Brewer Carías no huyó de Venezuela sino que permanece fuera del país como exiliado para reguardar su libertad y su integridad física y moral, frente al justificado temor de que esos derechos pudieran ser gravemente violados, vistas las masivas irregularidades del paródico proceso en su contra.** En sus diversas presentaciones a lo largo del trámite de este caso ante la CIDH y ahora en su Escrito de Contestación ante la Corte, la representación del Estado se ha empeñado en descalificar al profesor Brewer Carías como un "prófugo de la justicia" (p. 56), como alguien que se "ha fugado de la justicia venezolana" (pp. 32, 41, 44, 46, 50, 62 y 221) y otras similares. Además de descalificar a la víctima, la representación gubernamental pretende encontrar en esa presunta fuga un justificativo para denegarle el derecho a la protección de sus derechos, particularmente sus derechos humanos, que se le debe según el artículo 25 de la Convención.

15. Se trata, ante todo, de una afirmación mendaz. "Fuga" en español, significa "huida apresurada" y "fugar", "escaparse, huir". El profesor Brewer Carías no se ha fugado, no ha huido ni se ha escapado de Venezuela ni de ningún otro país. El profesor Brewer Carías salió de Venezuela normalmente el 29 de septiembre de 2005, por razones personales[3] y por lo que imaginaba

---

3   La razón personal de la salida de Venezuela del profesor Brewer Carías de Venezuela el 29 de septiembre de 2005 fue viajar para asistir a reuniones que tenía programadas

un corto lapso, pasando por todos los controles migratorios habituales, pues no pesaba en su contra, en ese momento, prohibición de salida del país ni ninguna restricción a su libertad de circulación. Salió del país como viajero y en las mismas condiciones en que habitualmente lo ha hecho a lo largo de su vida. No se trataba, pues, de ningún fugitivo, sino de una persona que viajaba y sujeta a deber jurídico alguno de permanecer en Venezuela, cuya libertad de circulación y cuyo derecho de salir de su propio país no se encontraban suspendidos o coartados, ni legítima ni ilegítimamente.

16. Nuevos hechos que se sucedieron, una vez el Profesor Brewer en el exterior, introdujeron serias amenazas contra su libertad y su seguridad. Poco más de tres semanas *después* de su salida de Venezuela, el 21 de octubre de 2005, la Fiscal (Provisoria) Sexta del Área Metropolitana de Caracas interpuso acusación penal contra él (*y contra otras personas*) (**Anexo 48**), cuyo texto transcribieron los representantes del Estado en su Escrito de Contestación (pp. 77 a 128), por un delito que no había cometido y penado con 12 a 24 años de presidio (**conspiración para cambiar violentamente la Constitución**, artículo 143(2) del Código Penal), en cuyo petitorio se incluyó expresamente (párrafo tercero) *"que se decrete la **PRIVACIÓN JUDICIAL PREVENTIVA DE LIBERTAD** de [...] ALAN RANDOLPH BREWER CARIAS..."* (negritas y mayúsculas del original). Ante tal amenaza contra su libertad, los abogados defensores del profesor Brewer Carías invocaron de inmediato el artículo 125(8) del Código Orgánico Procesal Penal[4] y, en fecha 26 de octubre de 2005, es decir, cinco días después de haberse formalizado la acusación fiscal en su contra, solicitaron ante el Juez provisorio de control que se garantizara su derecho a ser juzgado en libertad y se declarara por anticipado la improcedencia de su privación de libertad durante el juicio, *sobre lo cual el juez provisorio nunca se pronunció* (**Anexo 49; ver ¶¶ 215, 433 del Escrito de Solicitudes, Argumentos y Pruebas**).

---

en la Facultad de Arquitectura y Urbanismo y en la Facultad de Derecho de la Universidad de Columbia en Nueva York, para luego proseguir para Europa para participar en Alemania en dos eventos académicos a los cuales había sido invitado: La conferencia sobre *La reforma constitucional en America Latina*, en la **Escuela Superior Alemana de Ciencias Administrativas, Instituto de Investigación para la Administración Pública**, (Forschungsinsitut fuer Oeffentliche Verwaltung bei der Deutschen Hochschule für Verwaltungswissenschaften), Speyer, el 28 de octubre 2005 (**Anexo 132**); y la conferencia sobre *The question of Legitimacy: How to choose the Supreme Court Juges*, en el **6th International European Constitutional Law Network-Colloquium / International Association of Constitutional Law Round Table, sobre The Future of the European Judicial System. The Constitutional role of European Courts**, en la Universidad Humboldt, Berlin, entre el 2 y el 4 de noviembre de 2005 (**Anexo 133**). Los textos de sus intervenciones y conferencias en ambos eventos se pueden consultar en la página web del profesor Brewer Carías: http://allanbrewercarias.com/.

4   ***Artículo 125. Derechos.*** *El imputado tendrá los siguientes **derechos**:....8. Pedir que se declare anticipadamente la improcedencia de la privación preventiva judicial de libertad.*

17. En aquellas circunstancias, el profesor Brewer Carías tenía ante sí un cuadro verdaderamente alarmante. Se le había imputado la comisión de ese delito, a partir de la denuncia de un coronel en actividad del Ejército, fundado a su vez en meras especulaciones de unos pocos periodistas cuyas fuentes se ignoraban e ignoran. Había comparecido asiduamente a la fase procesal de investigación por el Ministerio Público, copiando a mano, diariamente, las actuaciones cuya copia el Ministerio Público le denegaba (por eso comparecía a diario). Sus abogados habían aportado lo necesario para desvirtuar esa falsa acusación, pero, dentro del cuadro de violación reiterada y masiva de sus garantías procesales, se fueron añadiendo nuevos supuestos "testigos" militares, sin informar a su defensa ni, por lo tanto, permitirles la repregunta sobre hechos con respecto a los cuales a todas luces mentían y que emergieron en el escrito de acusación fiscal. No pudo obtener el control judicial sobre los actos abusivos del Ministerio Público y los pocos jueces que parecieron proclives a brindárselo fueron separados de sus cargos de inmediato. Todo presagiaba que, dentro de un sistema judicial caracterizado por la inestabilidad de jueces y fiscales, el paródico proceso penal iba continuar enrumbado hacia la conculcación de sus derechos, tal como ocurrió desde su inicio y que su condena estaba escrita de antemano, fabricada sobre un cúmulo de falacias y de violaciones al debido proceso. Su regreso a Venezuela, en aquellas circunstancias, equivalía a ingresar voluntariamente en una trampa muy bien armada por el Estado, en abierto desconocimiento de las obligaciones que le imponían la Constitución, la Convención Americana sobre Derechos Humanos, el Pacto Internacional de Derechos Civiles y Políticos, la Declaración Universal de los Derechos Humanos y otros instrumentos internacionales que obligan a Venezuela.

18. Era entonces, más que razonable, imperativo y apremiante que el profesor Brewer Carías meditara sobre su retorno inmediato al país. Hizo entonces una pausa. Fue cuando aceptó el nombramiento para incorporarse a Columbia University, en Nueva York. En el entre tiempo, la audiencia preliminar, en Caracas, fue convocada varias veces sin que la misma pudiera celebrarse, no debiéndose **en ningún caso** su diferimiento a la falta de comparecencia del profesor Brewer Carías (ver ¶¶ 161 y 443, **Escrito de Solicitudes, Argumentos y Pruebas** y también, *infra* ¶ 30). Voluntariamente comunicó al Juez de la causa que se encontraba enseñando en la Universidad de Columbia y que no pensaba regresar de inmediato al país, con el solo propósito de no perturbar el futuro desarrollo del proceso, para los demás encausados. Esa noticia, transmitida de buena fe, tuvo como respuesta una orden de aprehensión nacional e internacional, en los términos que se han descrito en nuestro Escrito de Solicitudes, Argumentos y Pruebas (**ver** ¶¶ 170-173; 191-192).

19. El viciado proceso penal contra el profesor Brewer Carías, en lo que hace a su comparecencia, consta de los siguientes hechos:

- 27 de enero de 2005: la Fiscal provisoria Sexta formalizó la imputación contra el profesor Brewer Carías.

- Durante los ocho meses siguientes, el profesor Brewer Carías asistió prácticamente a diario a la sede de la Fiscalía Sexta de Caracas y permaneció en sus instalaciones el tiempo necesario para copiar a mano el expediente, cuyas copias se le negaron

- El 29 de septiembre de 2005: el profesor Brewer Carías salió de Venezuela libremente, pasando por todos los controles migratorios habituales.

- de octubre de 2005: la Fiscal provisoria Sexta formalizó la acusación penal contra el profesor Brewer Carías y pidió su prisión preventiva.

- 26 de octubre de 2005: la defensa del profesor Brewer Carías solicitó al Juez 25 de Control de Caracas que "declare anticipadamente la improcedencia de la privación preventiva judicial de libertad", conforme al artículo 125(8) del COPP. **El juez se abstuvo de todo pronunciamiento**.

- 31 de octubre a 10 de noviembre de 2005: fechas entre las cuales, según el COPP, la audiencia preliminar debió ser convocada y celebrarse para todas las personas acusadas en ese juicio. **La audiencia preliminar jamás se realizó con respecto a <u>ninguna</u> de ellas**.

- 8 de noviembre de 2005: la defensa del profesor Brewer Carías presentó escrito de contestación y oposición a la acusación en el cual se demandó la declaratoria de nulidad de todo lo actuado a causa de las violaciones masivas al debido proceso en las que para esa fecha ya se había incurrido. **La demanda de nulidad no ha sido tan siquiera proveída hasta la fecha de estas Observaciones**.

- 10 de mayo de 2006: los abogados del profesor Brewer Carías informaron al Juez mediante un escrito que su defendido había aceptado la designación que se le había hecho de Profesor Adjunto en la Facultad de Derecho de la Universidad de Columbia, en Nueva York y, asimismo, que había tomado la decisión de permanecer fuera de Venezuela hasta que se presentasen las condiciones idóneas para obtener un juicio imparcial.

- 2 de junio de 2006: la Fiscal provisoria Sexta solicitó al Juez la detención preventiva del profesor Brewer Carías.

- 15 de junio de 2005: el Juez provisorio 25 de Control ordenó la detención preventiva del profesor Brewer Carías y libró orden de captura, seguida de una persecución internacional, manipulando indebidamente a la INTERPOL.

20. Por lo tanto, en primer lugar afirmamos rotundamente que es falso que Allan Brewer Carías se haya "dado a la fuga", como temerariamente lo afirmó el Estado en su Contestación, pues nada había que restringiese su libertad de tránsito, sino que salió del país libremente para participar en eventos académicos a los cuales había sido invitado, sin que existiese restricción alguna que lo impidiera, un mes antes de que fuera acusado. Fue nueve meses más tarde cuando se dictó la medida privativa de libertad en su contra. Si el juicio contra Allan Brewer Carías y contra otros tres acusados (Cecilia M. Sosa Gómez, José Gregorio Vásquez López y Guaicaipuro Lameda) no pasó de la etapa intermedia, ello no se debió a que el profesor Brewer Carías se hubiera "dado a la fuga" como falsa y maliciosamente afirmó el Estado, ni porque hubiese permanecido en el exterior con posterioridad, sino porque el juez no consiguió celebrar esa la audiencia preliminar en los lapsos dispuestos por el COPP, sin que ello tuviera relación alguna con la no presencia del profesor Brewer Carías en el territorio venezolano. Como ya lo hemos señalado anteriormente en nuestro Escrito de Solicitudes, Argumentos y Pruebas y ratificamos en el presente (**ver** *infra* ¶ **30**) el mismo Juez de la causa dejó constancia explícita de esa circunstancia en el expediente.

21. Es también oportuno reiterar adicionalmente que el profesor Brewer Carías salió lícitamente de Venezuela, pasando por los controles de inmigración y aduaneros del país, el 29 de septiembre de 2005 y no el 2 de junio de 2006 (fecha en que la Fiscal provisoria Sexta solicitó su privación de libertad) como lo afirmó la Contestación del Estado ante la CIDH, para presentarlo maliciosamente como un fugitivo. *La orden de privación de libertad expedida nueve meses después permanecer en el exterior fue entonces efectivamente dictada, no para impedir que el profesor Brewer Carías saliera del país, sino para que no regresara a Venezuela, pues si lo hacía lo privarían arbitrariamente de su libertad*. Es decir, fue una medida dictada que no tenía por objeto buscar que compareciera a un proceso judicial que nunca comenzó, ni nunca iba a comenzar como efectivamente ocurrió, y no precisamente a causa de su ausencia del país.

22. Ya hemos expresado en nuestro Escrito de Solicitudes, Argumentos y Pruebas (**ver** ¶ **452**) que, de acuerdo con el Derecho internacional de los derechos humanos, condicionar las garantías judiciales a la entrega del perseguido a sus perseguidores es ilegítimo: *"constreñir al interesado a infligirse a sí mismo por anticipado la privación de la libertad resultante de la decisión atacada, cuando esa decisión no puede considerarse como definitiva [...] impone una carga desproporcionada..."*[5]

23. Más aún, en el supuesto negado de que existieran recursos internos para la protección del profesor Brewer Carías, éste estaría exonerado de agotarlos si para hacerlo debe exponer su libertad o su integridad. Ese es el prin-

---

5   Eur. Court H.R., *Case of Guérin v. France (51/1997/835/1041)*. Judgment of 29 July 1998, ¶ 43; Eur. Court H.R., *Case of Omar v. France (43/1997/827/1033)*. Judgment of 29 July 1998, ¶ 40.

cipio subyacente en varias decisiones de esa honorable Corte. En los Casos Hondureños con los que se inauguró su competencia contenciosa, la Corte advirtió que un recurso *"puede volverse ineficaz si se le subordina a exigencias procesales que lo hagan inaplicable, si, de hecho, carece de virtualidad para obligar a las autoridades, resulta peligroso para los interesados intentarlo o no se aplica imparcialmente"*. [6 (Énfasis añadido).]

24.   El profesor Brewer Carías es objeto de un paródico proceso penal donde las violaciones a sus garantías se han multiplicado, han sido reiteradas y masivas. El proceso penal, que es la institución jurídica donde debían tomar cuerpo todas las garantías previstas tanto en la Constitución como en la Convención, se pervirtió al ser convertido en el vehículo fundamental para la conculcación de esas garantías. El Estado se valió de la herramienta para defender al ciudadano contra la arbitrariedad para convertirla en la herramienta de la arbitrariedad contra el ciudadano. *¿Cómo puede pretender el Estado ante esa honorable Corte que no se le debe protección internacional por haberse protegido a sí mismo pagando el precio del exilio, que es en sí mismo una pena? ¿Cómo puede sugerirse ante una instancia internacional de derechos humanos que, para obtener protección, la víctima debe auto infligirse el castigo de entregarse a sus verdugos?*

25.   Recientemente, el Comité de Derechos Humanos de las Naciones Unidas, conociendo un caso relativo a Venezuela, precisamente sobre violación del artículo 14 del Pacto Internacional de Derechos Civiles y Políticos (debido proceso), consideró legítimo que una persona que había sido víctima de graves violaciones a las garantías judiciales se ausentase del país, estando el proceso en curso y pendiente de realización la audiencia preliminar, precisamente para ponerse a salvo de esas violaciones, a pesar de que, en el momento en que se ausentó, pesaba contra ella una orden judicial de aprehensión (lo que no ocurría respecto del el profesor Brewer Carías para cuando salió de Venezuela):

> *Si bien es cierto que, finalmente, el autor (peticionario) **abandonó el país a pesar de la orden de aprehensión** dictada por el Juzgado 31° el 18 de diciembre de 2009, **el Comité observa que este hecho estuvo motivado por las irregularidades que afectaron el proceso, como dan cuenta los párrafos anteriores.***[7] (Énfasis añadido).

26.   El profesor Brewer Carías sabe que si regresa a Venezuela será privado de su libertad y sometido a un proceso que es una farsa y una parodia, bajo la acusación de la actual Fiscal General de la República, Luisa Ortega Díaz, la misma que como Fiscal (provisoria) Sexta forjó la imputación y la acusación contra él, con desenfadado desprecio por el derecho a la defensa, la

---

6   Corte I.D.H.: *Caso Velásquez Rodríguez Vs. Honduras. Fondo*; *cit.,* ¶ 66; Corte I.D.H.: *Caso Godínez Cruz Vs. Honduras. Fondo*; *cit.,* ¶ 69.

7   CDH, Comunicación 1940/2010. *Eligio Cedeño c. República Bolivariana de Venezuela*. Dictamen de 29 de octubre de 2012, ¶ 7.10. (**Anexo 134**).

presunción de inocencia y las demás garantías procesales cuya violación hemos denunciado; y bajo la dirección del mismo sistema judicial minado por su falta de independencia y de estabilidad, con la consiguiente sujeción al gobierno y su tendencia política. El profesor Brewer Carías sabe que del Estado puede esperar toda la arbitrariedad y ninguna protección, conforme se la acuerdan teóricamente la Constitución y la Convención. En esas circunstancias, desde el punto de vista moral y desde el punto de vista jurídico, tiene el derecho de proveer a su propia defensa. La **defensa propia** forma parte, como institución jurídica, de los principios generales del Derecho y faculta a quien está en peligro grave e inminente de perder su vida o sus derechos fundamentales y no puede obtenerla del Estado, a tomar las acciones que, de manera razonable y proporcionada, provean a defenderse por sí mismo. Esta es una expresión primaria de la naturaleza humana. De ella se nutren numerosas instituciones jurídicas, como la legítima defensa, en el campo penal, civil e internacional, el derecho de asilo, el Derecho de los refugiados y no pocas reglas de Derecho humanitario.

27.   Claro está, este recurso último sólo es útil para precaver el daño mayor que resultaría de su reinserción en el proceso viciado que se le sigue y de la pérdida de su libertad personal. En nada restablece los derechos que se le han conculcado, ni garantiza el debido proceso, ni resarce el exilio del profesor Brewer Carías. Es para ese fin, precisamente, que hemos acudido a esta honorable Corte. Ante ella, el Estado se limita a señalar una lista de supuestos recursos cuyo ejercicio pasa necesariamente por que el profesor Brewer Carías se entregue a sus perseguidores y abdique de la defensa que lo protege de ellos. Se trata, cuando menos, de una ironía de mal gusto, sobre todo cuando se pretende obtener la bendición del Sistema Interamericano de Derechos Humanos para tan abyecto fin.

2.   *La no celebración de la audiencia preliminar en el paródico proceso incoado contra el profesor Brewer Carías no obedeció a su ausencia sino a otras razones identificadas por el juez de la causa.*

28.   De manera errónea se ha afirmado ante esa honorable Corte que la audiencia preliminar correspondiente al paródico proceso contra el profesor Brewer Carías no ha tenido lugar a causa de su ausencia del país, *__lo cual no es cierto__*. Aunque ya mencionamos este punto en nuestro Escrito de Solicitudes, Argumentos y Pruebas, y hemos hecho una breve referencia al mismo en líneas anteriores, es tal la insistencia del Estado sobre el mismo en el Escrito de Contestación (pp. 44, 61, 220 y 221), que reiteraremos nuestros comentarios en las presentes Observaciones a las Excepciones Preliminares.

29.   Debemos recordar, ante todo, que el profesor Brewer Carías estaba encausado junto con otras personas a las que se ha atribuido participación criminal en el golpe de estado de abril de 2002. Algunas de ellas salieron del país inmediatamente después de esos sucesos, otras permanecieron en él y el profesor Brewer Carías permaneció en Venezuela hasta septiembre de 2005 y

tuvo la posición que hemos descrito en los párrafos precedentes. La audiencia preliminar fue convocada para todos los coencausados, sin que existiera razón alguna para que no se celebrara. Los abogados del profesor Brewer Carías comparecieron a todas las convocatorias, con el objeto de formular la posición de su defendido una vez que la audiencia comenzara, pero no pudieron hacerlo, porque dicha audiencia *siempre fue suspendida y diferida para otra oportunidad, sin que jamás la causa de la suspensión y diferimiento fuera la no presencia del profesor Brewer Carías*. Esto significa que, *si el profesor Brewer Carías se hubiera presentado, la audiencia de todos modos habría quedado suspendida y diferida*. Falta por tanto a la verdad la representación del Estado cuando afirma que la audiencia no se celebró por la ausencia del profesor Brewer Carías. A esos efectos citan reiteradamente las disposiciones del Código Orgánico Procesal Penal que hacen imperativa la presencia del reo en dicha audiencia preliminar, como si esa norma hubiera tenido aplicación y la audiencia preliminar relativa al profesor Brewer Carías hubiera sido diferida por su incomparecencia, cuando la verdad es que esa audiencia fue suspendida y diferida *para todos los coencausados, incluido el profesor Brewer Carías, por razones que nada tuvieron que ver con su incomparecencia*. Ese es *un incontrovertible hecho cierto con respecto al diferimiento de la audiencia preliminar*.

30. En efecto, el proceso contra el profesor Brewer Carías comprendía a otros tres acusados (Cecilia M. Sosa Gómez, José Gregorio Vásquez López y Guaicaipuro Lameda). La audiencia preliminar era un solo acto para los cuatro acusados y ese acto jamás se celebró respecto de ninguno de ellos, por causas no imputables al profesor Brewer Carías o a su ausencia, como lo *estableció expresamente el Juez 25 de Control.*, en su decisión de fecha 20 de julio de 2007 **(Anexo 55)**, en la cual expresó que *"en el caso de marras, el acto de la Audiencia Preliminar no ha sido diferido por incomparecencia del Ciudadano ALLAN R. BREWER CARÍAS, al contrario los diversos diferimientos que cursan el (sic) las actas del presente expediente han sido en virtud de las numerosas solicitudes interpuestas por los distintos defensores de los Imputados"*. En esa misma decisión, el Juez además, hizo una detallada enumeración de las causas que, en su concepto, habían determinado el diferimiento de la audiencia preliminar, las cuales,

> *...han sido producto de las innumerables solicitudes de diferimientos por (sic) la propia defensa. En ese orden de ideas, el auto impugnado no niega el requerimiento solicitado por los recurrentes, solo indica el momento procesal en el cual el tribunal resolverá el mismo, por cuanto el presente proceso se encuentra en fase intermedia o preliminar sin causar ningún gravamen irreparable al imputado. **Siendo diferida en las últimas cinco oportunidades** en las siguientes fechas 07/11/06 vista la incomparecencia de los abogados defensores del imputado Guaicaipuro Lameda y visto asimismo la solicitud de diferimiento por los ciudadanos defensores privados de la ciudadana Cecilia Sosa Gómez hasta tanto la Sala 10 de la Corte de Apelaciones dicte decisión en cuanto al recurso*

*de apelación interpuesto en fecha 08/08/2006, **13/12/06** solicitud de diferimiento de los Defensores Privados de la Ciudadana Cecilia Sosa Gómez hasta tanto no (sic) se pronuncie la Sala 10 de la Corte de Apelaciones, **23/01/07** Solicitud de Diferimiento de los Defensores Privados de la Ciudadana Cecilia Sosa Gómez hasta tanto no (sic) se pronuncie la Sala 10 de la Corte de Apelaciones, **23/02/07** diferimiento en virtud a la solicitud de fecha 22/02/07 interpuesta por los ciudadanos Defensores Privados de la Ciudadana Cecilia Sosa Gómez hasta tanto se resuelva la acumulación de los expedientes signados con los números 2J-369-05 y 1183-02, **26/03/07** solicitud realizada por los Defensores Privados de la Ciudadana Cecilia Sosa Gómez hasta tanto haya pronunciamiento en cuanto al Conflicto de No Conocer, y en relación al recurso de apelación interpuesto el día 21 de marzo de 2007, causales no imputables a este Despacho ni del ciudadano JOSÉ GREGORIO VÁSQUEZ L".* **(Anexo 55).**

31. El auto transcrito data del 20 de julio de 2007; después de esa fecha, la audiencia preliminar fue diferida varias veces, por razones análogas, *__sin que ninguna de ellas tuviera relación con la ausencia física del profesor Brewer Carías,__* es decir, dicha audiencia preliminar, convocada en sinnúmero de ocasiones, *__nunca tuvo lugar__*, sin que la presencia o ausencia del profesor Brewer Carías tuviera significación alguna a esos efectos.[8] Por tanto, la circunstancia de que el profesor Brewer Carías se hubiera encontrado fuera del país no es la causa de su incomparecencia a esa audiencia: *__nunca hubiera podido comparecer a una audiencia que jamás se realizó. Su ausencia fue irrelevante.__* Más aún, el Estado está impedido de invocar consecuencias desfavorables para el Profesor Brewer Carías por no haber comparecido a una audiencia, que nunca tuvo lugar porque el aparato judicial no tuvo idoneidad para asegurar que la misma se celebrara en el tiempo y dentro de los plazos legalmente establecidos. *Nullus commodum capere de sua injuria propria.*

32. Por lo demás, en estricto Derecho, esa audiencia no puede ya realizarse, toda vez que por obra del Decreto-Ley de Amnistía de 31 de diciembre de 2007 los hechos que se imputaron al profesor Brewer Carías y a otros fueron despenalizados, de tal modo que, en estricto Derecho, el proceso se extin-

---

8   El único caso en el cual el Juez de la causa en alguna forma se refirió a la situación migratoria del profesor Brewer Carías, fue el día 9 de mayo de 2006, cuando mediante un auto judicial ordenó solicitar de las autoridades administrativas competentes enviaran al tribunal la ficha migratoria del mismo, decidiendo en ese mismo auto dejar pendiente la realización de la audiencia preliminar que estaba fijada para el día siguiente, y fijó su realización para el día 20 de junio de 2006. El tribunal recibió dicha ficha migratoria, y el día 20 de junio de 2006, difirió de nuevo la audiencia por decisión del propio tribunal, que tenía un titular recién encargado, sin que la situación del profesor Brewer Carías hubiese sido mencionada. Finalmente, en decisión del mismo tribunal en auto de 20 de julio de 2006 como antes se ha indicado, el Juez de la causa resolvió que en ningún caso los diferimientos de las audiencias preliminares se debieron a supuesta incomparecencia del profesor Brewer Carías (ver ***supra*** ¶ **30**).

guió para todos los procesados, sin que la audiencia jamás se celebrara. El que se haya denegado la aplicación de esa amnistía al profesor Brewer Carías es una nueva injuria al debido proceso, al principio de legalidad y a la no discriminación, que denunciamos ante esta Corte como lo hicimos en su oportunidad ante la Comisión, pero ese es otro asunto.

33. Por lo tanto, se apartan de la verdad las afirmaciones hechas por la representación del Estado en su Contestación, según las cuales: a) en el proceso penal "la incomparecencia de los acusados obliga al juez a diferir la audiencia y fijar su celebración para otro día" (p. 44), porque en el proceso penal seguido al profesor Brewer Carías nunca se difirió la audiencia preliminar por incomparecencia de éste, como el Juez de Control lo decidió expresamente; b) que supuestamente "resulta evidente que la incomparecencia de Allan Brewer Carías para la celebración de la audiencia preliminar, toda vez que se fugó del país, ha impedido la continuación del proceso penal seguido en su contra", siendo supuestamente la víctima "el único responsable del retardo procesal en la causa seguida en su contra" (p. 44); c) que "la ausencia de Allan Brewer Carías ha imposibilitado la realización de la audiencia preliminar" lo que habría "impedido el ejercicio de las acciones que establece el COPP para que las partes intervinientes en el proceso puedan hacer valer sus derechos" (p. 44).

34. Aparte de que Allan Brewer Carías no se fugó del país, no es cierto que su ausencia haya imposibilitado la realización de la audiencia preliminar. La representación del Estado no ha presentado prueba alguna que desmienta las que hemos presentado. No hay decisión judicial alguna en el juicio que hubiera resuelto que la incomparecencia de Allan Brewer Carías a alguna audiencia hubiera impedido la continuación del proceso, sino todo lo contrario, como lo expresa la que hemos citado, adoptada expresamente por el Juez 25 de Control el 20 de julio de 2007 **(Anexo 55)**. El proceso continuó para todos los acusados hasta que se produjeron los sobreseimientos derivados de la aplicación de la Ley de Amnistía a todos, menos a la víctima, sin que el juez haya realizado nunca la audiencia preliminar, la cual siempre fue diferida por el Juez sin que ello hubiese sido por causa de la supuesta ausencia de Allan Brewer Carías.

35. En conclusión, las precisiones que hemos formulado para desmentir la maliciosa presentación de la representación del Estado sobre la persona del profesor Brewer Carías y su status actual, dejan en evidencia ante esa honorable Corte:

a) Que la ausencia del profesor Brewer Carías no fue la causa del sucesivo diferimiento de la audiencia preliminar del proceso incoado contra él y otras personas entre el mes de noviembre de 2005 y el mes de enero de 2008, fecha del sobreseimiento de la causa por aplicación de la Ley de Amnistía de diciembre de 2007 para todos los demás procesados.

b)   Que no es cierto que el profesor Brewer Carías se haya fugado del país, sino que es un exiliado que no puede ser menoscabado en sus derechos según la Convención por ponerse a salvo, al precio del exilio, de un proceso penal donde se han violado de manera sistemática y masiva sus derechos humanos y que constituía una amenaza grave e inminente contra su libertad y su seguridad.

IV. LA EXCEPCIÓN DE FALTA DE AGOTAMIENTO DE LOS RECURSOS INTERNOS. CONSIDERACIÓN PRELIMINAR

36.   El Estado alega que el presente caso no debió ser admitido a trámite porque los peticionarios ante la CIDH no habríamos cumplido con el requisito de haber agotado previamente los recursos de la jurisdicción interna conforme al Derecho internacional. Rechazamos esa excepción, en primer lugar y ante todo, porque ella ha sido formulada de manera extemporánea e inapropiada, de manera que debería ser desestimada sin más por esa honorable Corte.

37.   De acuerdo con la reiterada jurisprudencia de ese Tribunal y de la CIDH, el no agotamiento de los recursos internos, conforme a los principios de Derecho internacional generalmente reconocidos, es un medio de defensa del Estado, de naturaleza procesal y no sustantiva. El hecho ilícito internacional se consuma desde el momento mismo en que tiene lugar una violación de la Convención en perjuicio de una persona bajo la jurisdicción de un Estado obligado a respetar y garantizar los derechos que ella enuncia. El agotamiento de los recursos internos es sólo un mero requisito de admisibilidad para la exigibilidad de esa responsabilidad ante los órganos de protección interamericanos.

38.   No basta, por otra parte, con la existencia formal de recursos internos. Tales recursos, según los principios de Derecho internacional generalmente reconocidos, deben ser efectivos, tanto en la práctica como en el Derecho[9]. Como lo expresó esa honorable Corte desde su jurisprudencia más temprana, *"esos principios no se refieren sólo a la existencia formal de tales recursos, sino también a que éstos sean adecuados y efectivos"*.[10] Que sean adecuados *"significa que la función de esos recursos, dentro del sistema del derecho interno, sea idónea para proteger la situación jurídica infringida"*.[11]

---

9   Eur. Court H.R., *Case of Ilhan v Turkey.* Application n° 22277/93. Judgment of 27 June 2000, para. 97

10   Corte I.D.H.: *Caso Velásquez Rodríguez Vs. Honduras.* Fondo. Sentencia de 29 de julio de 1988. Serie C. N° 4, ¶ 63; Corte I.D.H.: *Caso Godínez Cruz Vs. Honduras.* Fondo. Sentencia de 20 de enero de 1989, serie C. N° 5, ¶ 66.

11   *Ibíd.*, ¶¶ 64 y 67, respectivamente.

Para ser efectivo, a su vez, un recurso debe ser *"capaz de producir el resultado para el que ha sido concebido".*[12]

39. Por ser un medio de defensa del Estado, quien tiene el derecho de hacerlo valer, según el Derecho internacional general, éste puede también renunciar a invocarlo, sea de manera expresa, sea de manera tácita. La renuncia tácita ocurre cuando el Estado no formula la alegación correspondiente en la primera oportunidad durante la fase de admisibilidad de la petición ante la Comisión. Asimismo, a la hora de oponer la excepción de inadmisibilidad por no agotamiento de los recursos internos, especialmente en casos como el presente, en el que el peticionario denunciante ha alegado en la petición la imposibilidad de agotar los recursos internos, de conformidad con el artículo 31(3) del Reglamento de la Comisión y la jurisprudencia de la Corte, *"el Estado que alega el no agotamiento tiene a su cargo el señalamiento de los recursos internos que deben agotarse y de su efectividad"* [13], también en la primera oportunidad durante la fase de admisibilidad de la petición ante la Comisión, todo ello de conformidad con los principios de Derecho internacional generalmente reconocidos. En suma, la oportunidad procesal adecuada para oponer la excepción de agotamiento de recursos internos es la respuesta del Estado denunciado a la petición, que debe darse dentro de la fase de admisibilidad de la misma (art. 30(3) del Reglamento de la CIDH). En esa ocasión, el Estado denunciado debe, pues, expresar inequívocamente que opone dicha excepción y, si el peticionario ha invocado la imposibilidad de agotar los recursos internos conforme al artículo 46(2) de la Convención y 31(2) del Reglamento de la CIDH, tiene el Estado a su cargo el señalamiento de los recursos internos que deben agotarse y de su efectividad. De no hacerlo así, debe entenderse que renuncia de manera tácita a hacerla valer la excepción de no agotamiento de los recursos internos y la aceptación de la imposibilidad de agotarlos, que pasa a ser un hecho no controvertido afirmado por el peticionario.

40. Mas aún, en repetidas ocasiones esa honorable Corte ha afirmado *"que el no agotamiento de recursos es una cuestión de pura admisibilidad y que el Estado que lo alega está obligado a indicar los recursos internos que deben agotarse, así como a probar que los mismos son efectivos"*[14]. Siendo

---

12 *Ibíd.,* ¶¶ 66 y 69, respectivamente.

13 Corte IDH, *Caso Velázquez Rodríguez Vs. Honduras. Excepciones preliminares.* Sentencia de 26 de junio de 1987. Serie C N° 1, ¶ 88; Corte IDH, *Caso Fairén Garbi y Solís Corrales Vs. Honduras. Excepciones preliminares.* Sentencia de 26 de junio de 1987. Serie C N° 2, ¶ 87; Corte IDH, *Caso Godínez Cruz Vs. Honduras. Excepciones Preliminares.* Sentencia de 26 de junio de 1987, serie C N° 3, ¶ 90; Corte IDH, *Caso Cantoral Benavides. Excepciones Preliminares.* Sentencia de 3 de septiembre de 1998. Serie C N° 40, párr. 31.

14 Corte IDH, *Caso Durand y Ugarte Vs. Perú, Excepciones preliminares.* Sentencia de 28 de mayo de 1999. Serie C. N° 50, ¶ 33; Corte IDH, *Caso de la Comunidad Mayagna (Sumo) Awas Tigni. Excepciones preliminares.* Sentencia de 1 de febrero de 2000. Serie C N° 66, ¶ 53; Corte IDH, *Caso Herrera Ulloa Vs. Costa Rica.* Sentencia del 2 de julio de 2004. Serie C N° 107, ¶ 81; Corte IDH, *Caso Tibi Vs. Ecuador.* Sen-

una cuestión de pura admisibilidad que debe plantearse ante la CIDH, no debe admitirse que el Estado que no opuso adecuada y oportunamente esa excepción en aquella instancia, pretenda enmendar sus deficiencias ante la Corte para obtener una nueva oportunidad de invocar el asunto. Esto lo planteamos porque envuelve una cuestión de principio: un procedimiento que permite reexaminar la admisibilidad de una petición parece incompatible con el fin último de la Convención, que es la protección de la persona humana; además, tampoco es una exageración afirmar que la reapertura y reconsideración por la Corte de una cuestión de pura admisibilidad, ya examinada y decidida por la Comisión, acarrea una división del proceso en una suerte de *"compartimentos estancos"* que le restan agilidad y transparencia. Adicionalmente, con ello se estaría confiriendo al Estado una ventaja inaceptable, al proporcionarle una segunda oportunidad para obtener que se revise la decisión de la Comisión en materia de agotamiento de los recursos internos, oportunidad que no tendría el peticionario si la petición ha sido declarada inadmisible, quedando en una posición de desigualdad procesal frente al Estado.

41. Según la Corte Europea de Derechos Humanos, cuando el Estado alega que hay recursos pendientes de agotar, debe señalar precisamente cuáles son esos recursos, y no hacerlo en forma vaga e indeterminada.[15] De acuerdo con el mencionado tribunal, no corresponde a los órganos de protección de los derechos humanos suplir de oficio la imprecisión o las lagunas de las tesis de los Estados demandados.[16] En opinión de la Corte Europea, cuando el Estado afirma que no se han agotado los recursos internos, le corresponde a éste probar la existencia de un recurso efectivo, disponible y accesible en el momento oportuno, en la teoría y en la práctica, capaz de proporcionar al reclamante un remedio para su queja, y que ese recurso ofrecía una perspectiva razonable de éxito.

42. En el presente caso, la respuesta del Estado a nuestra Petición ante la CIDH, de fecha 25 de agosto de 2009 (**Anexo 136**), se limitó a transcribir el artículo 46 de la Convención y luego, a renglón seguido, a afirmar lo siguiente: *"Los peticionarios reconocen que no han agotado los recursos internos. Como dice el adagio jurídico "A confesión de parte relevo de prueba". Es evidente que esta petición es Inadmisible".* (p. 16 de la Respuesta del Estado a la Petición ante la CIDH. **Anexo 137**). Más adelante afirman (pp. 17 y 18):

---

tencia de 7 de septiembre de 2004. Serie C N° 114, ¶ 49; Corte IDH, *Caso de Las Hermanas Serrano Cruz Vs. El Salvador Excepciones preliminares*. Sentencia del 23 de noviembre de 2004. Serie C N° 118, ¶ 135.

15   Eur. Court H.R., *Case of Foti and Others vs Italy. (Application n° 7604/76; 7719/76; 7781/77; 7913/77)*. Judgment of 10 December 1982, ¶ 48.

16   Eur. Court H.R., *Case of Bozano vs France. (Application n° 9990/82)*. Judgment of 18 December 1986, ¶ 46.

Lo que supone que es menester demostrar primero, por qué no hay necesidad de agotar los recursos internos, y como consecuencia se declararía la admisión del caso; los ilustres juristas (peticionarios) lo hacen al revés, inquiriendo la admisión del caso y luego la declaratoria vinculada con el agotamiento de los recursos internos cuando éste es consecuencia de aquel. Así tiene que ser, porque demostrado cuando se agotaron los recursos internos, comienzan a contarse el plazo de seis meses para presentar la denuncia ante la Comisión, que establece el literal b, del artículo 46, de la Convención Americana

43. La representación del Estado ignoró así las conocidas reglas relativas a la carga de la prueba cuando está en litigio el tema del agotamiento de los recursos internos, según las cuales *"el Estado que alega el no agotamiento tiene a su cargo el señalamiento de los recursos internos que deben agotarse y de su efectividad"*. El Estado ignoró el Reglamento de la CIDH y la jurisprudencia de la Corte. También omitió rebatir o controvertir nuestra reiterada alegación en la Petición de que en el presente caso son aplicables las tres excepciones a la regla de no agotamiento de los recursos internos enunciadas en el artículo 46(2) de la Convención, porque los recursos internos o bien se demoran indebidamente, o bien no son accesibles o se impide su ejercicio, o bien no cumplen con los requisitos del debido proceso de ley (**ver ¶¶** 11, 154, 156 y 161 de la Petición ante la CIDH, **Anexo 137**).

44. *El Estado no contradijo ninguna de esas alegaciones*, sino que se limitó a consideraciones de carácter general sobre la legislación procesal penal venezolana, sin referirse a ninguno de los hechos que denunciamos como violaciones a los derechos humanos ni a las excepciones a la aplicación en este caso de la regla del no agotamiento de los recursos internos. Por lo tanto, la representación del Estado se apartó palmariamente de la verdad cuando afirmó sin sonrojo, en su escrito ante la CIDH de que 8 de febrero de 2010 (en respuesta a nuestras *Observaciones Adicionales al Informe de Admisión de la CIDH*), que *"(en) el primer escrito presentado por el Estado venezolano en fecha 25 de agosto de 2009, se explicaron detalladamente cuales son los recursos que faltan por agotar por parte de los peticionarios y que los mismos son efectivos para proteger al ciudadano Allan Brewer Carías de las presuntas violaciones de derechos humanos que el denuncia"* (sic). **Esto no es cierto**. Ese escrito no contiene tal explicación detallada (ni no detallada), ni mucho menos alusión alguna a la efectividad de los supuestos recursos internos disponibles. Se trató de enmendar, falseando el contenido del escrito del 25 de agosto de 2009 y después de que al caso había sido admitido por la CIDH, lo que de conformidad con la normativa aplicable debió alegarse antes de la admisión, en la primera oportunidad, que fue la oportunidad fallida del escrito aludido de 25 de agosto de 2009[17].

---

17 El Estado pretendió ir más allá en sus escritos de Observaciones Adicionales al Informe de Admisibilidad de la CIDH, de 17 de noviembre de 2009, así como en su respuesta al Informe de Fondo emitido por la CIDH de conformidad con el artículo

45. En verdad, como lo hemos señalado ante la CIDH y ante esa honorable Corte, entre los hechos del presente caso está la presencia de las tres excepciones previstas en el artículo 46(2) de la Convención a la regla del previo agotamiento de los recursos de la jurisdicción interna, incluida la ausencia manifiesta de recursos internos accesibles, adecuados y eficaces para proveer a la protección del profesor Brewer Carías. Todas nuestras presentaciones ante el Sistema Interamericano de Derechos Humanos han detallado y probado esas violaciones a los derechos humanos de la víctima y a las obligaciones internacionales del Estado. La representación de éste en ningún momento ha respondido a los hechos denunciados que comprueban la violación de la Convención y *a fortiori* la total inutilidad de los recursos internos para proteger efectivamente al profesor Brewer Carías. Por lo tanto, *la omisión del Estado en responder adecuadamente a esas denuncias implícitamente reconoce lo bien fundado de las mismas, toda vez que deben tenerse por admitidos los hechos que el Estado no ha controvertido en ninguna instancia interamericana, pues no lo hizo ante la CIDH ni tampoco ante esta honorable Corte.* En todo caso, la omisión en oponer de manera adecuada y oportuna la excepción de no agotamiento de los recursos internos implica, según los principios de Derecho internacional generalmente reconocidos y la reiterada jurisprudencia de la Corte, la renuncia tácita a ese medio de defensa y precluye la posibilidad de invocarla posteriormente, tal como ha sucedido en el presente caso y solicitamos sea declarado por esa honorable Corte.

46. A todo evento, si por cualquier razón esa honorable Corte concluyera que la renuncia tácita no operó ante la CIDH, de todos modos la excepción de no agotamiento de los recursos internos debe ser desechada por haber sido formulada sin atenerse a las reglas relativas a la distribución de la carga de la prueba, particularmente con relación a lo que corresponde establecer y probar el Estado que invoca dicha excepción. *El Estado no indicó nunca, ni menos aún probó*, por qué son adecuados y efectivos los supuestos recursos internos que, según el Escrito de Contestación, el profesor Brewer Carías debió agotar antes de acudir a la protección internacional. Esa omisión es suficiente para que la Corte desestime la defensa basada en el agotamiento de unos recursos cuya idoneidad y eficiencia no ha sido establecida por el Estado.

47. El Estado, en su contestación, formuló un enunciado confuso de presuntos recursos, algunos de los cuales no son tales, sino garantías o incidentes procesales[18], y luego a señalar como recursos a ser agotados la revoca-

---

50 de la Convención, pero no pasó de un mero enunciado de supuestos recursos (revocación, apelación, casación y revisión) y de la transcripción de los artículos correspondientes del Código Orgánico Procesal Penal, sin mención alguna a la adecuación y eficacia de esos supuestos recursos para proteger al profesor Brewer Carías contra las infracciones que hemos denunciado. Esas presentaciones fueron manifiestamente extemporáneas, pues se formularon *después de haberse admitido el caso por la CIDH y no en la primera oportunidad para invocar la excepción en cuestión.*

18 El Estado se refirió, textualmente a *"la inmediación, publicidad, concentración, continuidad, oralidad, declarar todas las veces que considere oportuno, no declarar si*

ción, la apelación, la casación y la revisión, limitándose a transcribir los artículos del Código Orgánico Procesal Penal donde se regulan esos institutos. El Estado omitió toda indicación sobre por qué esos recursos son adecuados y efectivos para proteger al profesor Brewer Carías de las violaciones a los derechos humanos en un proceso en curso, caracterizado por la ruptura masiva, consecutiva y sistemática de las garantías procesales que se le deben según la Convención Americana sobre Derechos Humanos. Esa omisión desconoce las reglas interamericanas y de Derecho internacional relativas a la excepción de no agotamiento de los recursos internos. Como defensa que es del Estado demandado, éste tiene la carga de la prueba *de los recursos internos que deben agotarse y de su efectividad"*. Esa condición no se satisface con un mero enunciado del Derecho interno venezolano. Por lo tanto, habiendo fallado el Estado en la formulación de la señalada excepción, ella carece de sustento y debe ser desestimada.

48. Adicionalmente, debemos subrayar que todos los presuntos recursos enunciados forman parte del proceso penal, que es precisamente la fuente de las violaciones a los derechos humanos del profesor Brewer Carías. La pretensión del Estado de que la protección de sus derechos está condicionada a su comparecencia a la audiencia preliminar y al referido proceso, supone condicionar la protección que se le debe a someterse a las violaciones por las que busca protección. El Estado pretende que el precio que debe pagar el profesor Brewer Carías para obtener la protección que le debe esta honorable Corte sea el de someterse al proceso viciado donde ya se han violado masiva y sistemáticamente sus derechos al debido proceso y al acceso a la justicia. Esas violaciones que hemos denunciado corrompen el proceso como un todo y lo caracterizan por su falta de idoneidad para garantizar a la víctima el efectivo goce de sus derechos. No se trata de recursos adecuados ni de recursos a los que, en la práctica, el profesor Brewer Carías pudiera tener acceso, porque lo que en la realidad es el vehículo para la violación de sus derechos, no puede pretenderse que al mismo tiempo sea el vehículo para garantizarlos. Imponer al profesor Brewer Carías que se someta al proceso penal en Venezuela significaría confiar sus derechos a sus verdugos y entregarlo en sus manos, coronando así la violación de su derecho a un juicio justo y de todos los demás cuya lesión hemos denunciado ante el Sistema Interamericano de Derechos Humanos.

49. Por tanto pedimos a esa honorable Corte que desestime la excepción de no agotamiento de los recursos internos, en primer lugar, por haber sido planteado de modo extemporáneo ante la CIDH y, en segundo lugar, por no haber indicado el Estado cuáles serían los recursos internos que el profesor

---

así lo considera, tal como lo establece el artículo 349 de la Norma Adjetiva Penal, presentar nuevas pruebas, interrogar a los testigos, expertos, peritos, siendo éste y no otro el momento procesal para hacerlo y no como señalaban los representantes de la supuesta víctima en su escrito de fecha 24 de enero de 2007, en el cual confunden las etapas del proceso penal venezolano" (p. 51).

Brewer Carías debió agotar y cuál su idoneidad y efectividad para protegerlo contra los actos del Estado que han conculcado su derecho al debido proceso, su derecho a la defensa, su derecho a la presunción de inocencia, su derecho a la protección judicial, su derecho a la libertad de expresión, su derecho a la honra, y su derecho a la igualdad y a la no discriminación.

50. Las anteriores consideraciones ponen en evidencia, *en conclusión*:

a) Que no hay nada que decidir con respecto al errado planteamiento de la recusación de varios Jueces de la Corte y de impugnación de la excusa del Juez Vío Grossi, pues no se trata de excepciones preliminares y los puntos en cuestión fueron resueltos de manera oportuna y definitiva por la Corte.

b) Que la excepción de no agotamiento de los recursos internos debe ser desestimada *in limine* por esa honorable Corte, por no haber sido opuesta de manera oportuna y porque, incluso, su invocación extemporánea, no cumplió con el requisito inexcusable de indicar el Estado cuáles eran los recursos que la víctima no agotó y por qué esos recursos son adecuados y eficientes para la defensa de las violaciones denunciadas ante la Comisión y ante la Corte.

51. Dichas conclusiones bastan para que esa honorable Corte desestime sin más la excepción preliminar de no agotamiento de los recursos de la jurisdicción interna. Sin embargo, *gratia arguendi* y para el supuesto negado en el que la Corte fuera de otro criterio, queremos dar por reproducidos los argumentos que presentamos ante la CIDH con ocasión de la admisibilidad de la Petición que dio origen al presente caso y de las *Observaciones Adicionales sobre el Fondo* que presentamos luego de que aquélla aprobó el Informe de Admisibilidad, así como las contenidas en nuestro Escrito de Solicitudes, Argumentos y Pruebas. Sintetizamos a continuación lo que ya hemos expresado y ratificamos.

V. LAS EXCEPCIONES A LA REGLA DEL PREVIO AGOTAMIENTO DE LOS RECURSOS INTERNOS SE APLICAN AL PRESENTE CASO (ART. 46(2) CADH)

52. El paródico proceso incoado contra el profesor Brewer Carías ha incurrido en la violación masiva, consecutiva y sistemática de sus derechos según los artículos 8 y 25 la Convención, en los términos que han quedado evidenciados en nuestro Escrito de Solicitudes, Argumentos y Pruebas, que no han sido desvirtuados por el Estado. Aunque se trata de una materia de fondo, abordada en su totalidad en dicho Escrito, la proximidad de la violación de las garantías procesales con la imposibilidad de agotar los recursos internos y con las excepciones enunciadas en el artículo 46(2) de la Convención, nos señalan la

conveniencia de sintetizar apretadamente nuestras denuncias en el siguiente cuadro[19]:

DERECHOS VIOLADOS	HECHOS CONSTITUTIVOS DE LA VIOLACIÓN
Derecho a la defensa, a ser oído y a la presunción de inocencia	Declaración de la Asamblea Nacional de que la víctima era culpable de haber participado en conspiración y golpe de Estado de abril de 2002, sin que se la hubiera oído previamente (¶¶ 120-121, 350, 395 ss.)
Derecho a un juez imparcial e independiente	Ausencia de garantía de estabilidad o permanencia de los jueces y fiscales que intervinieron en el proceso penal, siendo todos temporales o provisorios (¶¶ 129-132, 230, 242, 245, 256, 301, 304 y ss.) y de libre nombramiento y remoción (¶¶ 256 y ss; 288 y ss., 298, 301 y ss., 304, 306), habiendo sido algunos removidos de sus cargos cuando dictaron alguna medida que beneficiara a los encausados (¶¶ 306-308).
Derecho a un proceso penal con las debidas garantías, controlado por a un juez imparcial e independiente y derecho a la defensa	Rechazo, adulteración y apreciación sesgada de las pruebas por parte de la Fiscalía (¶¶ 136 y ss.); en particular: apreciación como prueba de cargo de un testimonio de descargo (¶¶ 136, 215, 354-356), adulteración de transcripciones de entrevistas televisadas para derivar conclusiones falsas y contrarias a su real contenido (¶¶ 137-140), negación de transcripción técnica de videos de entrevistas de televisión para establecer su real contenido (¶¶ 142), negación de copias del expediente (¶¶ 143 y 145), negación de pruebas exculpatorias promovidas por la defensa (¶¶ 147, 330 y ss., 342 y ss., 337,148, 338, 150, 340, 152, 348), negación del control de pruebas por la defensa (¶ 153) y por el juez de control (¶¶ 146, 154-156), apreciación acusatoria de prueba exculpatoria (¶¶ 350- 353, 357 y ss.)
Derecho a un proceso penal con las debidas garantías, controlado por a un juez imparcial e independiente y derecho a la defensa	Interferencia en la decisión -que debían adoptar el Fiscal competente y Juez de control- sobre la aplicabilidad de Ley de Amnistía que despenalizó los hechos políticos ocurridos en abril de 2002, por parte de la Fiscal General de la República (quien antes había sido la Fiscal acusadora de la víctima) mediante declaración pública de su criterio negativo al respecto (¶¶ 199, 315).

---

19 Dicho cuadro no pretende más que ser una *síntesis* de nuestras denuncias, pero no las sustituye ni significa renuncia o disminución de ninguna de ellas.

Derecho a la defensa y a la presunción de inocencia	Imputación fiscal con fundamento en un "hecho notorio comunicacional" que carecía de ese carácter, pues su base no eran en noticias sobre hechos, sino publicaciones relativas a versiones, rumores y opiniones de algunos periodistas sobre hechos que no presenciaron (¶¶ 126 y ss.; 163 y ss; 374 ss., 377-387; 403 y ss, 403-417).
Derecho a la defensa y a la presunción de inocencia	Inversión de la carga de la prueba en la investigación fiscal, exigiéndose a la víctima "demostrar su inocencia" desvirtuando lo que la Fiscal consideró un "hecho notorio comunicacional" (¶¶ 166, 388-389).
Derecho a la defensa y a la presunción de inocencia	Declaraciones de culpabilidad de la víctima por parte de organismos y funcionarios públicos sin que el poder judicial la hubiese establecido legalmente (¶¶ 167; 390 y ss.); en particular la Asamblea Nacional (¶¶ 392-395), el Fiscal General de la República ¶¶ 398-399), algunos Magistrados del Tribunal Supremo de Justicia (¶¶168, 302, 396-397) y sendos Embajadores (¶¶. 174, 400-402), y más recientemente, el Ministro de Relaciones Exteriores (Anexo 130) y el Agente del Estado (Anexo 131).
Derecho a la defensa y al debido proceso	Modificación de la calificación del delito por el cual la víctima fue acusada, durante el curso del proceso penal, por el juez de control, para justificar la persecución política internacional de la víctima (¶¶ 175, 183 y ss., 294, 366-377)
Derecho a la defensa	Negativa del Ministerio Público de suministrar copias del expediente a la víctima y a sus defensores, y no haber tenido pleno acceso al mismo (¶¶ 319 y ss.)
Derecho a un juicio en libertad	Adopción de medida privativa de libertad estando pendiente solicitud de la víctima de ser juzgado en libertad y ausencia total de decisión respecto de esa solicitud (¶¶ 427 y ss., 433, 434 y 438).
Derecho a la protección judicial	Retardo injustificado en la decisión del recurso de nulidad de todo lo actuado en el proceso por violación de los derechos y garantías constitucionales de la victima intentado ante el juez de control en noviembre de 2005 y que nunca fue resuelto (¶¶ 485 y ss.).
Derecho al libre ejercicio de la libertad de expresión del pensamiento	Acusar a la víctima penalmente por haber expresado públicamente su opinión crítica al gobierno, por afirmar que el gobierno había violado la Carta Democrática Interamericana, por expresar su opinión legal como abogado, y por comentar sobre el contenido de la norma constitucional que regula la desobediencia civil en Venezuela (¶¶. 567 y ss.; 587)

Derecho a la seguridad personal y a la libertad de circulación	Sometimiento de la víctima a persecución internacional a través de Interpol a pesar de que el delito por el cual se la acusó era un delito político puro que prohibía la intervención de ese organismo de cooperación policial internacional (¶¶ 608 y ss).
Derecho a la igualdad y a la no discriminación	Interpretación de la Ley de Amnistía de 2007 por parte de los fiscales y jueces que la ejecutaron, en seguimiento del criterio anunciado públicamente por la Fiscal General de la República (¶¶. 625, 629), de manera que resultara inaplicable a la víctima.

1. *La inutilidad de los recursos internos intentados y la aplicación del artículo 46(2) de la convención*

53.   La entidad de las violaciones a los artículos 8 y 25 de la Convención implica que se ha negado al profesor Brewer Carías acceso a la justicia conforme al debido proceso legal y sin demora indebida. La violación de la presunción de inocencia pretende colocarlo en la situación de probar que no conspiró y que no redactó el decreto del 12 de abril, es decir, de suministrar una prueba negativa indefinida. *Es decir, se impuso al profesor Brewer Carías probar algo que no está obligado a demostrar, pero cuando pese a todo, intentó hacerlo, se le negaron los medios apropiados para ello.* El mismo patrón de conducta ha sido seguido por los tribunales y por los órganos del poder público que han intervenido en el proceso. Como si ello no bastara, se han rechazado arbitrariamente o se ha ignorado de manera palmaria pruebas relevantes ofrecidas por los abogados defensores del profesor Brewer Carías *(ver ¶¶ 330 y ss., Escrito de Solicitudes, Argumentos y Pruebas)*, mientras que otras se han apreciado de manera a todas luces distorsionada y sesgada *(ver ¶¶ 350 y ss, Escrito de Solicitudes, Argumentos y Pruebas)*, lo que pone en evidencia que la causa criminal emprendida en su contra ha tenido como característica persistente la de considerarlo culpable de antemano, y dejarlo en estado de indefensión por manifiesta falta de imparcialidad de los fiscales y jueces provisorios que han intervenido en el caso *(ver ¶¶ 248 a 318, Escrito de Solicitudes, Argumentos y Pruebas)*. Todo ello pone de manifiesto que el profesor Brewer Carías no podía ni puede esperar razonablemente un juicio justo y no dispone de recursos internos eficaces para su defensa.

A. *El abatimiento de los recursos internos intentados por la defensa*

54.   Los abogados del profesor Brewer Carías intentaron todos los limitados recursos a su alcance para protegerlo de un proceso arbitrario y viciado en su esencia, con el resultado de que esos recursos, en lugar de cumplir su propósito, desembocaron en nuevas violaciones a las garantías procesales.

a)   En la fase de investigación del proceso penal

55. En particular, *en la fase de investigación adelantada en y por el Ministerio Público, la víctima empleó todos los recursos internos a su alcance, que teóricamente debieron servir para su defensa y que revelaron persistentemente su inutilidad a la luz de las arbitrariedades y manipulaciones sistemáticas del Ministerio Público y de los jueces que han conocido del caso:*

- En fecha 4 de mayo de 2005, los abogados del profesor Brewer Carías acudieron ante el Juez provisorio Vigésimo Quinto de Control, pidiendo que interviniera para corregir la irregular actuación de la entonces Fiscal provisoria Sexta, Luisa Ortega Díaz (hoy Fiscal General de la República), al denegar arbitrariamente diligencias probatorias **(Anexo 43)** y restableciera el derecho a la defensa. **Resultado:** El Tribunal de Control omitió pronunciarse sobre las violaciones del debido proceso denunciadas, limitándose a decir que no era la oportunidad adecuada para hacer esos planteamientos **(Anexo 44).**

- Los abogados del profesor Brewer Carías apelaron de dicha decisión. **Resultado:** En fecha 6 de julio de 2005, la Sala 9 de la Corte de Apelaciones decidió dicha apelación **(Anexo 45)**, anulando el fallo del Juez provisorio de Control por razones formales (falta de notificación a la Fiscalía); y además, en cuanto al fondo, acogió los argumentos de la defensa y concluyó que ésta sí podía acudir ante el Juez de Control a reclamar sus derechos frente a violaciones al debido proceso por el Ministerio Público en la etapa de investigación, de modo que también ordenó que el Juez provisorio de Control decidiera nuevamente sobre las solicitudes que se le habían formulado en ese sentido. **Esta decisión de la Corte de Apelaciones fue burlada.**

- Sobre esta base, los abogados del profesor Brewer Carías introdujeron de nuevo un escrito en fecha 10 de agosto de 2005 ante el Tribunal 25 de Control refrescando las solicitudes que había ordenado decidir la Corte de Apelaciones **(Anexo 46). Resultado:** No obstante la previa decisión de la Corte de Apelaciones, en fecha 20 de octubre de 2005, el Juez provisorio de Control **volvió a decidir que no podía inmiscuirse en la labor de investigación de la Fiscal provisoria** (Anexo 30).

- El proceso en el cual está incluida la causa contra el profesor Brewer Carías comenzó a ser conocido por la **jueza Josefina Gómez Sosa** (jueza **temporal** Vigésimo Quinta de Control), a quien le fue presentado, detenido, el Sr. Pedro Carmona Estanga. En el curso del proceso, a solicitud de la Fiscal provisoria Sexta, la jueza temporal decretó la prohibición de salida del país de varios ciudadanos investigados por su presunta participación en los hechos investigados. Estos ciudadanos apelaron de esa medida y la Sala 10 de la Corte de Apelaciones de Caracas, en fecha 31 de enero de 2005, la revocó por considerar que no había sido suficientemente motivada por la jueza provisoria que la dictó, con el voto salvado de uno de los tres integrantes de dicha Sala, quien consideró que la decisión apelada sí estaba suficientemente motivada. **Resultado:** mediante Resolución N° 2005-0015 de fecha 3 de febrero de 2005 **(Anexo 69)**, la Comisión Judicial del Tribunal Supremo de Justicia *suspendió de sus cargos* a los dos jueces de la Corte de Apelaciones que votaron por la nulidad de la decisión apelada, así como a la jueza temporal Gómez Sosa, autora de la decisión presuntamente inmotivada.[20]

- La jueza temporal Gómez Sosa, suspendida, fue sustituida por el juez **temporal Manuel Bognanno**, en los términos de la misma Resolución N° 2005-0015 de 3 de febrero de 2005 **(Anexo 69)**[21]. En una oportunidad, éste ordenó a la Fiscal Provisoria Sexta que expidiera a los defensores del profesor Brewer Carías copias de las actuaciones del expediente que habían solicitado, entre ellas, las de ciertos videos que supuestamente contenían declaraciones de periodistas que incriminarían a la víctima **(ver ¶¶ *320 ss del escrito de solicitudes, argumentos y pruebas.*).** La Fiscal provisoria Sexta solicitó la nulidad de esa actuación **(Anexo 12)**. Más tarde, en otra incidencia, el juez temporal Bognanno pidió a la Fiscal Sexta que le remitiera el expediente, y ésta, en lugar de acatar al Juez provisorio Bognanno, lo increpó solicitándole una explicación del por qué le pedía el expediente **(Anexo 13)**. Ante esa situación, el juez temporal

---

20 Ver ¶¶ 101 y 126 del Informe de la CIDH. Resulta revelador que el miembro de la Corte de Apelaciones que disintió por considerar que la decisión apelada estaba motivada no haya sido afectado por la suspensión, mientras que la jueza que la dictó haya sido sancionada invocando en su contra precisamente el supuesto error de no haberla motivado. Una situación similar se presentó en el *Caso Apitz Barbera*, en el cual se verificó que la Corte Primera en lo Contencioso Administrativo de Venezuela adoptó, *por unanimidad*, una decisión que fue juzgada como "error judicial inexcusable" por el órgano disciplinario, el cual, empero, sólo destituyó a tres de los cinco Magistrados que votaron ese fallo. A manera de curiosidad agregamos que una de las Magistradas no sancionadas es actualmente la Presidenta del Tribunal Supremo de Justicia (y del Poder Judicial), mientras que la otra preside la Sala Político Administrativa del mismo Tribunal Supremo. En cuanto a la suerte final de las medidas de prohibición de salida del país, luego que destituyera a 2 de los integrantes de la Sala 10, se constituyó una Sala Accidental, la cual conoció de una solicitud de nulidad planteada por la Fiscal contra la decisión del 31-01-05 que anuló la medida cautelar; la ponente de esa sala accidental Belkis Cedeño presentó ponencia que fue aprobada, anulando la decisión del 31-01-05.

21 El nombramiento del señor Manuel Bognanno como Juez temporal en ese tribunal fue posteriormente confirmado mediante Resolución N° 2005-0118 del 31 de mayo de 2005. **Anexo 69-A.**

Bognanno ofició al Fiscal Superior, en fecha 27 de junio de 2005, para ponerlo en conocimiento de la irregularidad en la que estaba incurriendo la Fiscal provisoria Sexta, hoy Fiscal General de la República **(Anexo 14)**. **Resultado:** dos días más tarde, el 29 de junio de 2005 *el nombramiento del Juez temporal Bognanno fue "dejado sin efecto"* mediante Resolución 2005-0145 de la Comisión Judicial del Tribunal Supremo de Justicia *"en razón a las observaciones que fueron formuladas ante este Despacho",*[22] *es decir, sin motivación alguna.* La Fiscal Sexta nunca remitió al Tribunal el expediente solicitado y el nuevo juez se desentendió de tal requerimiento.

56. Además, con ocasión de ciertos incidentes ocurridos mientras se difería indefinidamente la audiencia preliminar, los abogados del profesor Brewer Carías también intentaron todos los limitados recursos a su alcance para protegerlo de el mismo proceso arbitrario y viciado en su esencia, con el resultado de que también esos recursos, en lugar de cumplir su propósito, desembocaron en nuevas violaciones a las garantías procesales. Así sucedió en los siguientes casos:

    b)   En un incidente generado por una solicitud de la INTERPOL

57. *La apelación contra la "Aclaratoria" del Juzgado Vigésimo Quinto de Primera Instancia en función de Control del Circuito Judicial Penal del Área Metropolitana de Caracas (Anexo N° 56).* Con motivo de la solicitud de información al Estado por para de la INTERPOL sobre la naturaleza política o común del delito por el que se acusó al profesor Brewer Carías, la respuesta ofrecida a través del aludido Juzgado Vigésimo Quinto fue a través de un auto que el Juez denominó "Aclaratoria", al tenor del cual se afirmó, en primer lugar, que *"en la presente causa no puede atribuírsele los hechos imputados (sic) al ciudadano ALAN BREWER CARIAS, el carácter de Delito Político, pues se perdería el sentido de este compromiso internacional".* **(ver ¶ 367del Escrito de Solicitudes, Argumentos y Pruebas).** El Juzgado, con todo, no se contentó con negar el carácter político a un delito que a todas luces lo es, sino que agregó:

> *[...] contra el Presidente de la República Bolivariana de Venezuela, ciudadano Hugo Chávez Frías,* **_al parecer,_** *según los elementos de convicción transcritos, se cometió un atentado frustrado, cuya autoría intelectual orientan (sic) al ciudadano imputado ALAN BREWER CARIAS, quedando desvirtuada, como antes se indicó, la naturaleza del delito político de los hechos aquí reproducidos.* (**Anexo 57.** Énfasis y subrayado añadidos).

---

22   **Anexo 69-B.** Ver ¶ 146 del Informe de la CIDH.

58. Sin ninguna base distinta a la arbitrariedad, pues, el referido Juzgado señaló al profesor Brewer Carías como autor intelectual de un complot para asesinar al Presidente de la República, ante lo cual, abogados del profesor Brewer Carías apelaron y solicitaron que se anulara la llamada *Aclaratoria*. La apelación fue inadmitida por decisión de la Sala 8 de la Corte de Apelaciones del Circuito Judicial Penal del Área Metropolitana de Caracas, de 29 de octubre de 2007, en virtud de que el profesor Brewer Carías no se había presentado al Juzgado correspondiente, a pesar de la orden de aprehensión librada en su contra (**Anexo 58**).

c) En incidente sobre la aplicación del Decreto-Ley de Amnistía

59. *La negativa del Fiscal General de la República y del Juez de Control de aceptar la aplicación de la Ley de Amnistía al profesor Brewer Carías.* Tal como lo indicamos en nuestro Escrito de Solicitudes, Argumentos y Pruebas (**ver ¶¶** 193 y ss.; 615 **y ss.**), el 31 de diciembre de 2007, el Presidente de la República dictó un Decreto-Ley de Amnistía, que cubría los hechos que habrían configurado el delito que se imputaba al profesor Brewer Carías. La Fiscal General de la República se apresuró a emitir públicamente su opinión en el sentido de que no se le aplicara. Los abogados del profesor Brewer Carías solicitaron al Juez Vigésimo Quinto de Primera Instancia en Funciones de Control de la Circunscripción Judicial del Área Metropolitana de Caracas el día 11 de enero de 2008, el sobreseimiento de la causa con base en la aludida amnistía (**Anexo No. 74**). **Resultado:** Como cabía esperar, ese pedido fue denegado.

60. Los abogados del profesor Brewer Carías apelaron dicha decisión, mediante escrito de 7 de febrero de 2008 (**Anexo 75**), denunciando en el mismo los vicios de la sentencia de primera instancia, e *invocando además el derecho a la igualdad y a la no discriminación*, puesto que el ex Gobernador (del Estado Miranda) Enrique Mendoza D'Ascoli, conjuntamente con la Sra. Milagros del Carmen Durán López, acusados de los delitos de rebelión civil, violencia o amenaza contra el funcionamiento de los órganos del poder público, con ocasión de los sucesos de abril de 2002 y sobre quienes pesaba igualmente una medida de privación de libertad y una orden de aprehensión, es decir, *encontrándose en idéntica situación procesal al profesor Brewer Carías, fueron beneficiarios de la amnistía por haberlo así solicitado el Ministerio Público.* **Resultado:** la Sala Quinta de la Corte de Apelaciones del Circuito Judicial Penal del Área Metropolitana de Caracas, mediante sentencia adoptada por dos votos contra uno el día 3 de abril de 2008 (**Anexo 61**), declaró sin lugar la apelación interpuesta, por considerar que el profesor Brewer Carías no estaba "a derecho", que la sentencia apelada estaba suficientemente motivada, y que la situación del los señores Mendoza D'Ascoli y Durán López era diferente, *puesto que el tribunal penal que conocía de su causa no era el mismo que conocía de la del profesor Brewer Carías y porque, en el caso de los señores Mendoza y Durán, el Fiscal había opinado* *que la medida de privación de libertad dictada en su contra había sido "prematura".* Los criterios establecidos para justificar el trato desigual a situaciones idénticas son de tal modo insustanciales y frívolos que ponen por sí mismos de relieve la discriminación.

      d)   En la solicitud de nulidad introducida junto con la contestación de la acusación

61. *El 8 de noviembre de 2005 la defensa del profesor Brewer Carías presentó escrito de contestación y oposición a la acusación en el cual se demandó la declaratoria de nulidad de todo lo actuado a causa de las violaciones masivas al debido proceso en las que para esa fecha ya se había incurrido.* **La demanda de nulidad no ha sido tan siquiera proveída hasta la fecha de estas Observaciones.**

62.   Ninguno de los hechos que hemos señalado y que ya estaban en nuestro Escrito de Solicitudes, Argumentos y Pruebas, ha sido desmentidos ni controvertidos por el Estado, de manera que se trata de hechos probados ante esa honorable Corte y que ponen de relieve que los recursos internos que se intentaron no sólo fueron inútiles e inefectivos, sino que fueron la ocasión para nuevas violaciones a los derechos de la víctima. Estos hechos evidencian, *en síntesis*, que el profesor Brewer Carías *efectivamente intentó todos los recursos a su alcance, que eran muy limitados, para defender sus derechos* durante el paródico proceso incoado en su contra. De todos modos, el profesor Brewer Carías estaba exceptuado de agotar los recursos internos, a la luz del artículo 46(2) de la Convención.

      B.   *Las excepciones a la regla del previo agotamiento de los recursos internos*

63.   *La regla del previo agotamiento de los recursos internos no es aplicable al presente caso, por no existir el debido proceso legal, por no tener acceso a un recurso efectivo y por la demora injustificada de resolver la nulidad solicitada.* El profesor Brewer Carías no sólo ha sido condenado de antemano, sino que se ve impedido de utilizar los recursos que normalmente deberían proveer a su defensa dentro del proceso penal, los cuales son arbitrariamente desconocidos por el Ministerio Público y el sistema judicial. Como lo ha dicho la Corte Interamericana, en semejante situación *"acudir a esos recursos se convierte en una formalidad que carece de sentido. Las excepciones del artículo 46.2 serían plenamente aplicables en estas situaciones y eximirían de la necesidad de agotar recursos internos que, en la práctica, no pueden alcanzar su objeto".*[23]

---

23   Corte IDH, *Caso Velázquez Rodríguez. Fondo*; *cit.,* ¶ 68; Corte IDH, *Caso Godínez Cruz. Fondo*; *cit.,* ¶ 71.

64. En el presente caso, y tratándose de violaciones al debido proceso legal en el marco del hostigamiento a un conocido disidente y crítico del régimen político imperante en Venezuela, por parte del Ministerio Público y del Poder Judicial, integrados por funcionarios interinos, con nombramientos provisionales, y enteramente desprovistos de independencia *(ver ¶¶ 298 y ss.,* **Escrito de Solicitudes, Argumentos y Pruebas)**, las instancias domésticas han demostrado su absoluta inutilidad a causa de la persistente y arbitraria negativa del Ministerio Público y de los diversos jueces que han conocido de una causa criminal incoada contra el profesor Brewer Carías, de admitir y dar curso a los medios de prueba y recursos promovidos por los abogados de la víctima para proveer a su adecuada defensa en los términos del artículo 8 de la Convención *(ver ¶¶ 129 y ss.; 308, **Escrito de Solicitudes, Argumentos y Pruebas)** y porque, además, el paródico proceso contra la víctima y los otros acusados nunca avanzó desde octubre de 2005, pues aún en dicho proceso no se ha verificado siquiera la audiencia preliminar, por causas ajenas al profesor Brewer Carías, como ya se ha mostrado. Peor aún, esa parálisis es invocada por el Estado como justificación para no resolver la nulidad de las actuaciones del Minsiterio Público, demandada Todo ello configura el supuesto de aplicación de las tres excepciones al requisito del previo agotamiento de los recursos internos, contempladas en los artículos 46(2) de la Convención y 31(2) del Reglamento: la falta de debido proceso de ley, le negación de acceso a la justicia y el retardo indebido.

65. También invocamos el reconocido principio de la jurisprudencia interamericana de que no hay que agotar recursos ineficaces. Este principio ha sido elaborado por la Corte Interamericana, según la cual *"la salvaguarda de la persona frente al ejercicio arbitrario del poder público es el objetivo primordial de la protección internacional de los derechos humanos"*. Esto explica que el fundamento de las excepciones a la exigencia del previo agotamiento de los recursos internos en el presente caso coincide en buena medida con las violaciones a la Convención que hemos denunciado. A este respecto, nos permitimos recordar que esa honorable Corte Interamericana de Derechos Humanos ya ha observado que,

> *...la fundamentación de la protección internacional de los derechos humanos radica en la necesidad de salvaguardar a la víctima del ejercicio arbitrario del poder público.* ***La inexistencia de recursos internos efectivos coloca a la víctima en estado de indefensión y explica la protección internacional.*** *Por ello, cuando quien denuncia una violación de los derechos humanos aduce que no existen dichos recursos o que son ilusorios, la puesta en marcha de tal protección puede **no sólo estar justificada sino ser urgente**. En esos casos no solamente es aplicable el artículo 37.3 del Reglamento de la Comisión, a propósito de la carga de la prueba, sino que la oportunidad para decidir sobre los recursos inter-*

nos debe adecuarse a los fines del régimen de protección internacional.[24] (Énfasis añadidos).

66. En ese contexto, también ha interpretado la Corte que:

> *... para que tal recurso exista, no basta con que esté previsto por la Constitución o la ley o con que sea formalmente admisible, sino que se requiere que sea realmente idóneo para establecer si se ha incurrido en una violación a los derechos humanos y proveer lo necesario para remediarla.* **No pueden considerarse efectivos aquellos recursos que, por las condiciones generales del país o incluso por las circunstancias particulares de un caso dado, resulten ilusorios.** *Ello puede ocurrir, por ejemplo, cuando su inutilidad haya quedado demostrada por la práctica,* **porque el Poder Judicial carezca de la independencia necesaria para decidir con imparcialidad** *o porque falten los medios para ejecutar sus decisiones;* **por cualquier otra situación que configure un cuadro de denegación de justicia,** *como sucede cuando se incurre en retardo injustificado en la decisión; o, por cualquier causa, no se permita al presunto lesionado el acceso al recurso judicial.*[25]

67. Por su parte, también Comisión ha dicho que la víctima no dispone de recursos internos en un cuadro de *"inoperancia del sistema judicial para resolver su situación"*[26], lo cual ocurre, entre otras situaciones, cuando está establecida su corrupción o su *"falta de independencia"*.[27] Ya nos hemos referido en nuestro Escrito de Solicitudes, Argumentos y Pruebas a las consecuencias adversas a la independencia judicial de que la mayoría de los jueces y juezas de Venezuela tenga un estatus provisorio o temporal, inclusive todos

---

24 Corte IDH: *Caso Velásquez Rodríguez. Excepciones Preliminares*; cit. ¶ 93; Corte IDH, *Caso Godínez Cruz. Excepciones preliminares*; cit. ¶ 95.

25 Corte IDH: *Garantías judiciales en estados de emergencia* (arts. 27.2, 25 y 8 Convención Americana sobre Derechos Humanos). Opinión Consultiva OC-9/87 del 6 de octubre de 1987. Serie A N° 9; ¶ 24. Igualmente, Corte IDH, *Caso Bámaca Velásquez Vs. Guatemala*. Fondo. Sentencia de 25 de noviembre de 2000. Serie C N° 70; ¶ 191; Corte IDH, *Caso Tribunal Constitucional Vs. Perú. Fondo, Reparaciones y Costas*. Sentencia de 31 de enero de 2001. Serie C N° 71, ¶ 90; Corte IDH, *Caso Bayarri Vs. Argentina*. Excepción Preliminar, Fondo, Reparaciones y Costas. Sentencia de 30 de octubre de 2008. Serie C N° 187, ¶ 102; Corte IDH, *Caso Reverón Trujillo Vs. Venezuela*. Excepción Preliminar, Fondo, Reparaciones y Costas. Sentencia de 30 de junio de 2009. Serie C N° 198, ¶ 61; Corte IDH, *Caso Usón Ramírez Vs. Venezuela*. Excepción Preliminar, Fondo, Reparaciones y Costas. Sentencia de 20 de noviembre de 2009. Serie C N° 207, ¶ 129; Corte IDH. *Caso Abrill Alosilla y otros Vs. Perú*. Fondo Reparaciones y Costas. Sentencia de 4 de Marzo de 2011. Serie C N° 223, ¶ 75.

26 CIDH: Caso *Elvis Gustavo Lovato Rivera*. Informe N° 5/94. Informe Anual de la Comisión Interamericana de Derechos Humanos 1993; *Consideración N° 5*, párrs. f y h; pp. 187 y ss.

27 *Ibíd.*

los jueces que han conocido del caso concreto del profesor Brewer Carías *(ver ¶¶ 129 y ss.; 306 y ss., Escrito de Solicitudes, Argumentos y Pruebas).*

68.   En el presente caso concurren todas las circunstancias descritas en la citada jurisprudencia de la Corte. Las *"condiciones generales del país"* revelan la existencia de un Sistema Judicial y de un Ministerio Público carentes ambos de independencia y sujetos a la voluntad política del régimen del Presidente Chávez. No tienen, pues, ni por asomo, *"la independencia necesaria para decidir con imparcialidad".* Asimismo, *"las circunstancias particulares"* del presente caso muestran que los recursos internos, por inútiles e inefectivos *"resultan ilusorios",* entre otras razones, porque la actuación arbitraria y hostil del Ministerio Público y de los jueces provisorios que han conocido de la causa criminal contra el profesor Brewer Carías configuran *"un cuadro de denegación de justicia".* Todo ello comporta que el sistema judicial venezolano actual es *inoperante* para *resolver la situación* de las graves violaciones al debido proceso de las que es víctima el profesor Brewer Carías, puesto que es el sistema judicial mismo, con los vicios de que padece, la fuente de las violaciones de los derechos humanos a las que se refiere el presente caso.

69.   Esta honorable Corte ya ha tenido la ocasión de formarse un juicio sobre la situación de falta de independencia del Sistema Judicial venezolano, en el examen de varios casos venezolanos que se han sometido a su jurisdicción, referidos a hechos que ocurrieron en la misma época y bajo parecidas circunstancias a las que han acompañado a la parodia judicial escenificada contra el profesor Brewer Carías. Un hecho que ha subrayado la Corte ha sido el régimen de libre remoción de los Jueces, que mina la independencia judicial. En sentencia del año 2009, cuyos hechos abarcan la totalidad del tiempo durante el cual se han venido configurando que los hechos lesivos contra los derechos humanos del profesor Brewer Carías, la Corte verificó que

> *...desde agosto de 1999 hasta la actualidad, los jueces provisorios no tienen estabilidad en el cargo, son nombrados discrecionalmente y **pueden ser removidos sin sujeción a ningún procedimiento preestablecido**. Asimismo, en la época de los hechos del presente caso, el porcentaje de jueces provisorios en el país alcanzaba aproximadamente el 80%. En los años 2005 y 2006 se llevó a cabo un programa por medio del cual los mismos jueces provisorios nombrados discrecionalmente lograron su titularización. La cifra de jueces provisorios se redujo a aproximadamente 44% a finales del año 2008.*[28] (Énfasis agregado).

70.   Un año más tarde, la Corte confirmó sus conclusiones: En una sentencia de 2010, la Corte confirmó sus conclusiones:

---

28   Corte IDH, *Caso Reverón Trujillo vs. Venezuela.* Sentencia de 30 de junio de 2009. Serie C N° 198. ¶ 106.

... en el 2010 el Poder Judicial tenía un porcentaje de jueces proviso-rios y temporales de aproximadamente el 56%, conforme a lo señalado en el discurso de la Presidenta del TSJ, porcentaje que en la época de los hechos del presente caso alcanzó el 80% (...). Esto, además de gene-rar obstáculos a la independencia judicial (...), resulta particularmente relevante por el hecho de que Venezuela no ofrece a dichos jueces la ga-rantía de inamovilidad que exige el principio de independencia judicial.[29]

71. En su detenido análisis sobre la provisionalidad judicial en Vene-zuela, en los casos *Apitz Barbera, Reverón Trujillo* y *Chocrón Chocrón*, la Corte destacó que los nombramientos provisionales, en virtud de la extensión en el tiempo de la provisionalidad de los jueces *y* del *"hecho de que la ma-yoría de los jueces se encuentren en dicha situación, generan importantes obstáculos para la independencia judicial."*[30] Dicha obstaculización a la in-dependencia judicial, agregó la Corte, *"resulta particularmente relevante por el hecho de que Venezuela no ofrece a dichos jueces la garantía de inamovi-lidad."*[31] Desde ese cuadro, la Corte extraído conclusiones que resultan ple-namente aplicables al presente caso:

*... algunas de las normas y prácticas asociadas al proceso de rees-tructuración judicial que se viene implementando en Venezuela, por las consecuencias específicas que tuvo en el caso concreto, **provoca una afectación muy alta a la independencia judicial.***[32] (Énfasis agregado).

*... la libre remoción de jueces fomenta la duda objetiva del observa-dor sobre la posibilidad efectiva de aquellos **de decidir controversias concretas sin temor a represalias.***[33] (Énfasis agregado).

72. El Estado, en su Contestación, no solamente no ha desmentido los hechos sobre los que fundamos, a la luz de la jurisprudencia interamericana, la falta de independencia del Sistema Judicial y el Ministerio Público de Ve-nezuela, sino que, por el contrario, los ha confirmado. En efecto, la represen-tación del Estado intenta formular un largo alegato sobre la independencia del

---

29 Corte IDH, *Caso Chocrón Chocrón Vs. Venezuela. Excepción Preliminar, Fondo, Reparaciones y Costas.* Sentencia de 1 de julio de 2011. Serie C N° 227, ¶110.

30 Corte IDH, *Caso Apitz Barbera y otros, cit.*; párr. 43; Corte IDH, *Caso Reverón Tru-jillo, cit.*; ¶ 118; Corte IDH, *Caso Chocrón Chocrón, cit.*, ¶ 107.

31 Corte IDH, *Caso Reverón Trujillo, cit.*; ¶ 121; Corte IDH, *Caso Chocrón Chocrón, cit.*, ¶ 110.

32 Corte IDH, *Caso Reverón Trujillo, cit.*; párr. 127.

33 Corte IDH, *Caso Apitz Barbera y Otros, cit.,* párr. 44. La Corte relacionó este *dictum* con los Principios 2, 3 y 4 de los *Principios Básicos de las Naciones Unidas, Unidas Relativos a la Independencia de la Judicatura.* La Corte repitió la misma formula-ción, nuevamente en un caso relativo a Venezuela, en Corte IDH, *Caso Reverón Tru-jillo, cit.,* párr. 78; Corte IDH, *Caso Chocrón Chocrón, cit.,* párr. 99.

Sistema Judicial venezolano, trascribiendo largamente diversas disposiciones de Derecho interno (pp. 120 a 139; 148 a 191), sin aportar, sin embargo, ningún hecho que muestre su aplicación en la práctica. Lo mismo puede decirse del régimen de concursos para el ingreso a la carrera judicial, dispuesto por la Constitución, con respecto al cual se hace una prolija descripción de requisitos y pruebas que deben aprobar los aspirantes (pp. 140 a 148), pero en nada se informa cuántos de los jueces titulares han ingresado por concurso, ni la fecha de su celebración, y se omite además *el hecho de que en realidad dichos concursos hasta el presente nunca se desarrollaron sistemáticamente en el país.*

73. Por el contrario, los pocos hechos concretos que aporta no hacen más que reconocer y confirmar nuestras denuncias sobre la inestabilidad total de los jueces provisorios y temporales, sometidos a un régimen de libre designación y remoción, *sin que medie un procedimiento administrativo que preceda su remoción,* y que no les permite tan siquiera conocer la causa por la que son removidos (pp. 157 a 162; 191). Destacamos específicamente dos de esos hechos, *que pedimos a esa honorable Corte que tenga por probados*:

- La jurisprudencia que citan de la Sala Constitucional y la Sala Político Administrativa del Tribunal Supremo de Justicia (pp. 158-160), que complementa y confirma la que ya citamos en los párrafos 250 y 251 de nuestro Escrito de Solicitudes, Argumentos y Pruebas y de la que concluyen, que *"(l)a ausencia de garantía de estabilidad y permanencia de los jueces y juezas provisorios, se encuentra plena y legítimamente justificada.* (p. 160, negritas y subrayado del original).

- La existencia en Venezuela de 1949 jueces: 1028 provisorios; 57 especiales; 191 temporales; 673 titulares (p. 191). En palabras del propio Estado, esto significaría que *"(l)a cantidad de Jueces y Juezas titulares corresponde al 31%[34] por ciento del universo de jueces y juezas en Venezuela"* (p. 192). Es decir, ese es el porcentaje de los jueces venezolanos que goza de estabilidad, mientras que los demás pueden ser libremente removidos.

74. Algo similar ocurre con la exposición de la representación del Estado con respecto a la independencia del Ministerio Público. Luego de una minuciosa transcripción de normas jurídicas y del programa de formación de fiscales (pp. 192 a 209), no se aporta nada concreto sobre cómo todo ello ha influido en la estabilidad de los fiscales del Ministerio Público. Por el contrario, sin contradecir lo que a este respecto denunciamos en nuestro Escrito de Solicitudes, Argumentos y Pruebas y luego de admitir *"para subsanar la au-*

---

34 En realidad el porcentaje es más bien el 34.53%, pero ese error aritmético en nada cambia el resultante volumen desproporcionado e irrazonable de jueces y juezas sometidos a un régimen de libre remoción.

sencia de Fiscales de Carrera y cumplir con las demandas de la población en cuanto al ejercicio de las atribuciones del Ministerio Público, el o la Fiscal General de la República solamente puede designar de forma provisoria o interina a dichos funcionarios" (p. 193), la Contestación del Estado concluye que *"(d)urante los meses de octubre 2011 y marzo de 2012, se llevó a cabo el "Primer Concurso Público de Oposición Para el Ingreso a la Carrera Fiscal",* **siendo designadas las *dos primeras* Fiscales de carrera del Ministerio Público**, *a saber las Fiscales Trigésima Séptima (37) y Cuadragésima Segunda (42) del Ministerio Público de la Circunscripción Judicial del Área Metropolitana de Caracas"* (pp. 203 y 204, énfasis y subrayado añadidos). Es decir, que la representación del Estado **confiesa ante esa honorable Corte que en Venezuela sólo existen ¡dos fiscales de carrera!** La situación parece superar lo que denunciamos en nuestro Escrito de Solicitudes, Argumentos y Pruebas (**ver ¶¶** 298 y ss.), y así pedimos que lo tenga por probado esa honorable Corte.

75.　　La debilidad institucional intrínseca de la independencia del juez venezolano se presta a que el sistema de justicia sea desvirtuado y utilizado por los factores de poder que tiene en sus manos la destitución discrecional de jueces y fiscales. Esa perversión ha estado presente en la arbitraria y enconada persecución contra el profesor Brewer Carías, un destacado intelectual venezolano, crítico severo del actual gobierno. La magnitud de la descomposición del Sistema Judicial Venezolano, por esas mismas razones, se ha puesto crudamente al descubierto con su reconocimiento público por uno de los cabecillas de la sombría maquinaria que recibía y transmitía "ordenes superiores" para criminalizar a ciudadanos mal vistos por el régimen.

76.　　Se trata de las declaraciones públicas del ex Magistrado del Tribunal Supremo de Justicia, Eladio Aponte Aponte. El señor Aponte es un general de un cuerpo de la Fuerza Armada venezolana conocido como Guardia Nacional Bolivariana, quien se desempeñó como Fiscal Militar y luego, durante varios años como Presidente de las Sala Penal del Tribunal Supremo de Justicia. El Magistrado general Aponte Aponte era una conspicua pieza del sistema de control judicial y de criminalización de la disidencia por parte del Gobierno venezolano. Dicho magistrado fue destituido por la Asamblea Nacional, tras lo cual se trasladó a los Estados Unidos, donde confesó públicamente con sorprendente desfachatez,[35] diversas facetas de su conducta como juez, las cuales además de ser en sí mismas repulsivas, revelan con extraordinaria crudeza la trágica situación del Poder Judicial en Venezuela, y la demolición, y más que eso, la pulverización del principio de la separación de poderes que se

---

35　En una entrevista dada a la periodista Verioska Velasco para una emisora de televisión de Miami, USA (SoiTV). El texto de las declaraciones ha sido tomado de la transcripción hecha por la estación de SoiTV, publicada en *El Universal*, Caracas 18-4-2012, disponible en: http://www.eluniversal.com/nacional-y-politica/120418/historias-secretas-de-un-juez-en-venezuela. Copia de la transcripción está en el **Anexo 103**. Se puede obtener el video en http://www.youtube.com/watch?v=uYIbEEGZZ6s.

ha producido en el país bajo la vigencia de la Constitución de 1999, confesada por uno de sus artífices. Esas gravísimas y reveladoras declaraciones ponen al descubierto la profunda corrupción política del Sistema Judicial y la vulnerabilidad de los jueces a las presiones de las altas esferas del gobierno, bajo pena de destitución. Las hemos transcrito y comentado en nuestro Escrito de Solicitudes, Argumentos y Pruebas (**ver ¶¶ 88 ss.**)

77. Semejante marco institucional basta para establecer la vulneración general al debido proceso. Como lo ha reiterado en numerosas ocasiones esa honorable Corte, *"uno de los objetivos principales que tiene la separación de los poderes públicos es la garantía de la independencia de los jueces"*,[36] lo que viene a subrayar una vez más el vínculo entre la independencia judicial y el Estado de Derecho. No se trata, sin embargo, de una mera separación de una rama del Poder Público, sino de alcanzar y proteger la plena independencia de la conciencia del juez para decidir su recta interpretación del derecho y conocimiento de lo alegado y probado ante su autoridad. En un caso relativo a la destitución de una jueza provisoria en Venezuela, la Corte ha recordado que *"(e)l **principio de independencia judicial constituye uno de los pilares básicos de las garantías del debido proceso**, motivo por el cual debe ser respetado en todas las áreas del procedimiento y ante todas las instancias procesales en que se decide sobre los derechos de la persona"*.[37] (Énfasis añadido).

78. La jurisprudencia reiterada de la Corte ha sido clara sobre la función crucial que cumple la idoneidad del juez o tribunal para la existencia del debido proceso y, en general, del Estado de Derecho mismo. La independencia, ha afirmado categóricamente la Corte, es *"esencial para el ejercicio de la función judicial"*.[38] La independencia es, en efecto, ***esencial*** para que un tribunal encargado de dirigir el proceso al que se refiere el artículo 8 de la Convención pueda ser tenido como tal, como ***esenciales*** son también su competencia y su imparcialidad. En realidad, el tribunal ***competente, independiente e imparcial al que se alude el artículo 8, es el único tribunal concebible para hacer valer el debido proceso del artículo 8, el recurso judicial efectivo del artículo 25 de la Convención***, y toda instancia procesal en la que las garantías judiciales deben respetarse.

79. En una dirección similar, de nuevo en un caso relativo a Venezuela, la Corte llegó a la conclusión de que la falta de competencia e imparcialidad

---

36   Corte IDH, *Caso del Tribunal Constitucional Vs. Perú*. Sentencia de 31 de enero de 2001. Serie C N° 71, ¶ 73; Corte IDH, *Caso Apitz Barbera y otros, cit.*, ¶ 55; Corte IDH, *Caso Reverón Trujillo, cit.*, ¶ 67; Corte IDH, *Caso Chocrón Chocrón, cit.*, ¶ 97.

37   Corte IDH, *Caso Reverón Trujillo Vs. Venezuela, cit.*, ¶ 68.

38   Corte IDH, *Caso Herrera Ulloa Vs. Costa Rica*. Sentencia de 2 de julio de 2004. Serie C N° 107, ¶ 171; Corte IDH, *Caso Palamara Iribarne, cit.*, ¶ 145; Corte IDH, Caso Reverón Trujillo Vs. Venezuela, *supra* nota 12, ¶ 67; Corte IDH, *Caso Chocrón Chocrón, cit.*, ¶ 973.

vulneran la esencia de un tribunal, al punto que los actos y decisiones que adopte quedan radicalmente privados de efectos jurídicos:

> *...el Tribunal considera que al haber declarado ya que el señor Usón Ramírez fue juzgado y condenado por tribunales que carecen de competencia e imparcialidad para ello (**ommissis**), se está ante **un procedimiento viciado desde su origen**, lo cual implica que el señor Usón Ramírez **no tuvo acceso a las garantías judiciales**, por lo que el Tribunal considera innecesario referirse a las otras violaciones alegadas en relación con dichas garantías establecidas en el artículo 8.2 de la Convención".*[39]

80. En nuestro Escrito de Solicitudes, Argumentos y Pruebas (**ver** ¶¶ 234 y ss.; 287, 289, 301 304) hemos argumentado y aportado pruebas sobre la dependencia endémica del Sistema Judicial venezolano, particularmente a causa de su vulnerabilidad respecto de otras esferas de poder de donde depende su permanencia en el cargo. En el caso ante esta honorable Corte, hemos subrayado que **la totalidad** de los jueces y fiscales que han actuado en la causa contra el profesor Brewer Carías, **son provisorios**. El temor a las represalias contra ellos se origina, en primer lugar, en las numerosas manifestaciones de altos funcionarios del Estado, que incluyen las cabezas del Poder Judicial y del Ministerio Público, en las que afirman la culpabilidad del profesor Brewer Carías en los hechos que falazmente se le atribuyen. Hemos caracterizado esas manifestaciones como otras tantas violaciones a la presunción de inocencia y a la imparcialidad que deben observar esos funcionarios; sin embargo, es también evidente que ellas constituyen otros tantos mensajes para fiscales y jueces provisorios, que no podrán fallar de acuerdo a Derecho y con arreglo a su conciencia aquello que imaginen como desfavorable al gobierno, si es que desean continuar en sus cargos.

81. *No nos referimos a una especulación abstracta*, ni a la consideración sobre cómo un estado de cosas general (la provisionalidad de jueces y fiscales) pudo influir sobre la independencia de los funcionarios judiciales que han intervenido en el enjuiciamiento contra el profesor Brewer Carías. *Efectivamente se tomaron represalias contra jueces que adoptaron decisiones que podrían favorecer directa o indirectamente al profesor Brewer Carías o proveer a la mejor defensa de su causa*:

- El proceso en el cual está incluida la causa contra el profesor Brewer Carías comenzó a ser conocido por la **jueza Josefina Gómez Sosa** (jueza **temporal** Vigésimo Quinta de Control), a quien le fue presentado, detenido, el Sr. Pedro Carmona Estanga. En el curso del proceso, a solicitud de la Fiscal provisoria Sexta, la jueza provisoria Gómez Sosa decretó la prohibición de salida del país de varios ciu-

---

39 *Usón C207/09*, ¶ 124. Esto tiene un antecedente similar en Corte IDH, *Cantoral Benavides Vs. Perú*, Fondo, 18-VIII-2000, Serie C 69, ¶ 115.

dadanos investigados por su presunta participación en los hechos investigados. Estos ciudadanos apelaron de esa medida y la Sala 10 de la Corte de Apelaciones en fecha 31 de enero de 2005 la revocó por considerar que no había sido suficientemente motivada por la jueza provisoria que la dictó, aunque uno de los tres integrantes de dicha Sala salvó su voto considerando que la decisión apelada sí estaba suficientemente motivada. Pues bien, de inmediato, mediante Resolución N° 2005-0015 de fecha 3 de febrero de 2005 **(Anexo 69)**, la Comisión Judicial del Tribunal Supremo de Justicia *suspendió de sus cargos* a los dos jueces de la Corte de Apelaciones que votaron por la nulidad de la decisión apelada, así como a la jueza provisoria Gómez Sosa, autora de la decisión presuntamente inmotivada.[40]

- La jueza temporal Gómez Sosa, suspendida, fue sustituida por el **juez** temporal **Manuel Bognanno**. En una oportunidad, éste ordenó a la Fiscal Provisoria Sexta que expidiera a los defensores del profesor Brewer Carías copias de las actuaciones del expediente que habían solicitado, entre ellas, las de ciertos videos que contenían supuestas declaraciones de periodistas que incriminarían a la víctima *(infra,* párrs. 119-123*)*. La Fiscal provisoria Sexta solicitó la nulidad de esa actuación **(Anexo 12)**. Más tarde, en otra incidencia, el juez temporal Bognanno pidió a la Fiscal Sexta que le remitiera el expediente, y ésta, en lugar de acatar al juez provisorio, lo increpó solicitándole una explicación del por qué le pedía el expediente **(Anexo 13)**. Ante esa situación, el juez temporal Bognanno ofició al Fiscal Superior para ponerlo en conocimiento de la irregularidad en la que estaba incurriendo la Fiscal provisoria Sexta **(Anexo 14)**. Pues bien, a los pocos días *el juez temporal Bognanno fue removido de su cargo a través del ya señalado artificio de "dejar sin efecto su nombramiento en razón a las observaciones que fueron formuladas ante este Despacho"*[41]. La Fiscal Sexta nunca remitió al Tribunal el expediente solicitado y el nuevo juez se desentendió de tal requerimiento.

82. Es así como, *__en el curso del proceso, han sido destituidos dos jueces de primera instancia y dos miembros de una Corte de Apelaciones__* con ocasión, o inmediatamente después, de haber adoptado decisiones que podían considerarse favorables a los encausados, incluyendo al profesor Brewer Carías. Esas destituciones, desde luego, fueron decididas *__discrecionalmente__*, conforme lo ha pautado el Tribunal Supremo de Justicia, sin el debido proceso para los afectados y sin que se conozcan, al menos en el caso del Juez

---

40 Remitimos a nuestro comentario plasmado en la nota al pie número 19 del presente escrito.

41 **Anexo 69-B.** Ver ¶ 146 del Informe de la CIDH.

Bognano[42], las causas formales que pudieron servir de pretexto a la destitución encubierta por el cese de efectos de su nombramiento *"en razón a las observaciones que fueron formuladas ante este Despacho"*. Sobre las consecuencias de estos hechos, nos remitimos a lo expuesto en nuestro Escrito de Solicitudes, Argumentos y Pruebas (**ver** ¶¶ 306 y ss.). Las destituciones en sí mismas, sumadas al efecto demostración que ellas generan hacia otros jueces, en virtud del **temor a represalias** ya aludido por esa honorable Corte, privaron al profesor Brewer Carías, para cualquier recurso que propusiera, de una condición esencial para el debido proceso, como lo es la existencia de un juez independiente e imparcial. De no haberlo, el debido proceso queda vulnerado ontológicamente, porque la independencia es *"esencial para el ejercicio de la función judicial"*.[43] Como lo ha dicho la Corte, precisamente en un caso relativo a la destitución de una jueza provisoria en Venezuela, *"(e)l principio de independencia judicial constituye uno de los pilares básicos de las garantías del debido proceso, motivo por el cual debe ser respetado en todas las áreas del procedimiento y ante todas las instancias procesales en que se decide sobre los derechos de la persona"*.[44]

83. Las circunstancias anteriores redundan de manera contundente en la posibilidad real del profesor Brewer Carías de obtener que la acusación penal dirigida en su contra sea tramitada conforme al debido proceso, lo cual se corresponde con todo lo expuesto como denuncia de masivas violaciones del artículo 8 (párrafos 8 (1); 8 (2); 8 (2) [c] y [f]) de la Convención. Sin embargo, la futilidad de los recursos internos no se agota allí, pues de ninguna manera cabría esperar respuesta positiva alguna en la jurisdicción doméstica si se trata de encontrar en ella remedio para las violaciones a los artículos 1.1, 2, 7, 11, 13, 22 24 y 25 de la Convención, que se han denunciado en nuestro Escrito de Solicitudes, Argumentos y Pruebas. Se trata de infracciones indisociablemente conectadas con la violación del derecho al debido proceso de modo que las mismas razones por las cuales no se debe exigir al profesor Brewer Carías que agote los recursos domésticos para remediar esta última, tampoco cabe hacerle semejante exigencia para obtener protección estatal contra las primeras.

84. En síntesis, todos los componentes del artículo 46(2) de la Convención han estado presentes en este caso. La violación sistemática de las garantías que le acuerda la Convención Americana sobre Derechos Humanos; violación que justifica, como se expuso oportunamente, la aplicación de las tres excepciones a la regla del previo agotamiento de los recursos internos, previstas en el artículo 46.2 de la referida Convención. De hecho, como se advirtió,

---

42 Una irregularidad adicional, en este caso, viene dada porque ni siquiera se incorporó al expediente el acto por el cual se suspendió al Juez provisorio Bognano.

43 Corte IDH, *Caso Herrera Ulloa; cit.,* ¶ 171; Corte IDH, *Caso Reverón Trujillo; cit.,*¶ 67; Corte IDH, *Caso Chocrón Chocrón; cit.,* ¶ 73.

44 Corte IDH, *Caso Reverón Trujillo vs. Venezuela, cit.,* párr. 68.

en el presente caso se aplica enteramente el acertado *dictum* de esa Corte, según el cual,

> *...cuando se invocan ciertas excepciones a la regla de no agotamiento de los recursos internos, como son* **la inefectividad de tales recursos o la inexistencia del debido proceso legal**, *no sólo se está alegando que el agraviado no está obligado a interponer tales recursos, sino que indirectamente se está imputando al Estado involucrado una nueva violación a las obligaciones contraídas por la Convención.* **En tales circunstancias la cuestión de los recursos internos se aproxima sensiblemente a la materia de fondo.**[45] *(Énfasis añadidos).*

85. En conclusión:

a) La reiterada y persistente violación del derecho a un juez independiente e imparcial en el proceso contra el profesor Brewer Carías, no controvertida tampoco por el Estado, comprueba que se negó a la víctima el debido proceso legal, con lo que se configura la primera excepción a la exigencia del agotamiento de los recursos internos antes de acudir a la protección internacional de los derechos humanos (art. 46(2)(a), CADH).

b) La persistente y arbitraria negativa del Ministerio Público y de los diversos jueces que han conocido de una causa criminal incoada contra el Dr. Brewer Carías, de admitir y dar curso a los medios de prueba y recursos promovidos por los abogados de la víctima para proveer a su adecuada defensa en los términos del artículo 8 de la Convención, configura la segunda excepción a la exigencia del agotamiento de los recursos internos antes de acudir a la protección internacional de los derechos humanos (art. 46(2)(b), CADH).

c) La circunstancia de que el recurso de nulidad de todo lo actuado en el proceso, introducida el 8 de noviembre de 2005, no se haya resuelto para esta fecha, configura el supuesto de retardo indebido y configura la tercera excepción a la exigencia del agotamiento de los recursos internos antes de acudir a la protección internacional de los derechos humanos (art. 46(2)(c), CADH). Nos referiremos a este punto en las consideraciones siguientes.

---

45 Corte IDH: *Caso Velázquez Rodríguez. Excepciones preliminares*; cit., ¶ 91; Corte IDH, *Caso Godínez Cruz. Excepciones preliminares*; cit., ¶ 93.

2. *La demora injustificada en la decisión de la solicitud de nulidad de las actuaciones del Ministerio Público relativas a la fase de investigación del proceso penal*

86. Nos referiremos ahora a una materia que, en nuestro parecer, toca más al fondo que a la excepción preliminar, pero sobre la cual el Estado parece haber hecho un punto central, como lo es el de la demora injustificada en la decisión de la solicitud de nulidad de todo lo actuado, introducida por la defensa del profesor Brewer Carías ante el Juez Vigésimo Quinto de Primera Instancia en Funciones de Control del Circuito Judicial Penal del Área Metropolitana de Caracas, conjuntamente con la contestación a la acusación el día 8 de noviembre de 2005.

A. *La demora en decidir el recurso de nulidad es injustificada según el Derecho interno venezolano*

87. El Estado afirma que, según el Derecho interno venezolano, ese recurso no puede ser resuelto sino en la audiencia preliminar y que, como quiera que ésta no ha podido tener lugar supuestamente a causa de la ausencia del profesor Brewer Carías, es un recurso que queda por agotar y cuya demora en ser decidido no puede considerarse como imputable al Estado y está justificada. La posición del Estado parte, en primer lugar, de un falso supuesto de hecho, al que ya nos hemos referido en nuestro Escrito de Solicitudes, Argumentos y Pruebas y en estas *Observaciones*. La audiencia preliminar en el proceso contra el profesor Brewer Carías y otros, fue suspendida y diferida en numerosas ocasiones desde noviembre de 2005, ***sin que ello se haya debido, en ningún caso, a un hecho imputable al profesor Brewer Carías*** (**ver** *supra* ¶¶ 40-46; y ¶¶ 160 y ss. y 443 del Escrito de Solicitudes, Argumentos y Pruebas) .

88. Por otra parte, tampoco es cierto que, según el ordenamiento jurídico venezolano, la solicitud de nulidad en cuestión debe ser necesariamente resuelta en la audiencia preliminar, como lo pretende el Estado. Esa posición del Estado ***no se adecúa a la Constitución venezolana, ni al Código Orgánico Procesal Penal (COPP), ni a la jurisprudencia aplicable al caso, es decir, no se adecúa al Derecho interno venezolano***. En síntesis, fundamos esta conclusión sobre las siguientes consideraciones de hecho y de Derecho:

    a) El COPP no establece una oportunidad específica para la petición de nulidades, ni tampoco determina un término específico para que las mismas sean resueltas. En virtud de esta falta de regulación específica, deben aplicarse las reglas generales contenidas en la Constitución y el mismo COPP.

b)　El artículo 26 de la Constitución[46] reconoce el derecho de toda persona "de acceso a los órganos de administración de justicia" incluyendo los jueces penales, "para hacer valer sus derechos e intereses;" y además, el derecho de toda persona "a *la tutela efectiva* de los mismos y a **obtener con prontitud la decisión correspondiente**...*sin dilaciones indebidas"*. Ese derecho, claro está, cubre lo que prevé el artículo 25 de la propia Constitución[47], en el sentido de que "todo acto dictado en ejercicio del Poder Público" incluidos los jueces, "que viole o menoscabe los derechos garantizados por esta Constitución y la ley es nulo", es decir, que está viciado de nulidad absoluta. El principio constitucional es, pues, *la justicia rápida* (al igual que el art. 25 de la Convención). En cuanto al COPP, la nulidad se puede pedir en cualquier estado y grado del proceso siempre que sea antes de dictarse sentencia definitiva[48]. En cuanto a la *oportunidad para decidir*, a falta de otra previsión distinta al principio de la justicia rápida, y en consonancia con el mismo, debe aplicarse el lapso general de tres (3) días siguientes a la formulación de la petición conforme al artículo 177 del Código Orgánico Procesal Penal, no estando dicha decisión restringida legalmente a que sólo pueda ser dictada en alguna oportunidad procesal precisa y determinada, como sería por ejemplo, en la audiencia preliminar. Y no podría ser así, pues como se ha dicho, la petición de nulidad se puede intentar en cualquier etapa y grado del proceso.

46　Según la Constitución venezolana: *Artículo 26.Toda persona tiene derecho de acceso a los órganos de administración de justicia para hacer valer sus derechos e intereses, incluso los colectivos o difusos; a la tutela efectiva de los mismos y a obtener con prontitud la decisión correspondiente.*

El Estado garantizará una justicia gratuita, accesible, imparcial, idónea, transparente, autónoma, independiente, responsable, equitativa y expedita, sin dilaciones indebidas, sin formalismos o reposiciones inútiles.

47　Según la Constitución venezolana: *Artículo 25.Todo acto dictado en ejercicio del Poder Público que viole o menoscabe los derechos garantizados por esta Constitución y la ley es nulo; y los funcionarios públicos y funcionarias públicas que lo ordenen o ejecuten incurren en responsabilidad penal, civil y administrativa, según los casos, sin que les sirvan de excusa órdenes superiores.*

48　Sentencia n° 205 de la Sala de Casación Penal del Tribunal Supremo de 14/05/2009. *Manuel Antonio Sánchez Guerrero y otros).* http://www.tsj.gov.ve/decisiones/scp/Mayo/205-14509-2009-C09-121.html, donde se indicó que las *"solicitudes relativas a una nulidad no convalidable, como la alegada por el solicitante, en principio, **pueden ser planteadas en cualquier oportunidad, por ser denunciables en cualquier estado y grado del proceso y en virtud de la gravedad, así como con la trascendencia del defecto que vicia el acto"*. **Anexo 118.** Igualmente, sobre que la solicitud de nulidad puede formularse en *"cualquier estado y grado del proceso"*, *"por la gravedad del vicio que afecta el acto objeto de la misma"*, se pronunció la Sala Constitucional del Tribunal Supremo en sentencia N° 2061 (Caso: *Edgar Brito Guedes*), de 05/11/2007. **Anexo 119.** Véase en http://www.tsj.gov.ve/decisiones/scon/Noviembre/2061-051107-07-1322.htm

c) En cuanto a la forma de la petición de nulidad, el COPP no dispone ninguna, ni tampoco que deba ejercerse separadamente de otra petición o escrito.

d) En ese contexto, la defensa del profesor Brewer Carías concluyó que la primera oportunidad que tenía para invocar el artículo 190 del COPP para demandar *in toto* las actuaciones del Ministerio Público en la investigación, era inmediatamente después de que se formulara la acusación fiscal. Esa oportunidad era la contestación de la acusación, no porque la nulidad formara parte de ella (puesto que las causas de nulidad eran diferentes de las cuestiones previas planteadas en la contestación a la acusación), sino porque era *la primera oportunidad procesal para demandar la nulidad de todo lo actuado por el Ministerio Público.* De hecho, en la fecha en la cual el recurso de nulidad se introdujo, el Juez de Control no había dado por recibida la acusación, ni había adoptado decisión alguna; más aún, todavía no había sido convocada audiencia preliminar alguna, que por lo demás, nunca tuvo lugar en el proceso.

e) Por lo tanto, la solicitud de nulidad de todo lo actuado, aunque se intentó junto con la contestación a la acusación, no forma parte conceptual de esa contestación, destinada a oponer las excepciones a los fundamentos específicos de la acusación. El Estado ha insistido que al demandar la nulidad se habría *"utilizado y accionado el artículo 328 COPP"*... *"invocando las facultades del artículo 328 COPP"* (p. 46 de la Contestación del Estado). *Esto es falso. En ninguna parte del escrito en lo relativo a la petición de nulidad de todo lo actuado por violación de las garantías judiciales, se mencionó el artículo 328 COPP. Fue una **omisión deliberada para diferenciar la nulidad de la oposición de las cuestiones previas, propia de la contestación en sentido estricto.** Esa afirmación de la Contestación del Estado no es más que **una deducción interesada, sin base alguna en la solicitud de nulidad interpuesta en la jurisdicción venezolana**.*

89. Las conclusiones de Derecho anteriormente expuestas encuentran asidero en la jurisprudencia del Tribunal Supremo de Justicia, contemporánea con la fecha en que la nulidad fue demandada (8 de noviembre de 2005) y con la pendencia de su decisión. En una decisión que ya citamos en nuestro Escrito de Solicitudes, Argumentos y Pruebas (**ver** ¶ 526), la sentencia No. 256/2002, caso*: "Juan Calvo y Bernardo Priwin"*, que se transcribe en ella, que se transcribe de nuevo, se afirma:

> *Para el proceso penal, el juez de control durante la fase preparatoria e intermedia hará respetar las garantías procesales, pero el Código Orgánico Procesal Penal no señala una oportunidad procesal para que se pida y se resuelvan las infracciones a tales garantías, lo que incluye las transgresiones constitucionales, sin que exista para el proceso penal*

una disposición semejante al artículo 10 del Código de Procedimiento Civil, ni remisión alguna a dicho Código por parte del Código Orgánico Procesal Penal.

Ante tal silencio de la ley, ¿cómo maneja el juez de control una petición de nulidad?. **A juicio de esta Sala, depende de la etapa procesal en que se haga, y si ella se interpone en la fase intermedia, el juez puede resolverla bien antes de la audiencia preliminar o bien como resultado de dicha audiencia, variando de acuerdo a la lesión constitucional alegada,** *ya que hay lesiones cuya decisión no tienen la urgencia de otras, al no infringir en forma irreparable e inmediata la situación jurídica de una de las partes.*

No señala el artículo 328 del Código Orgánico Procesal Penal entre las actuaciones que pueden realizar las partes en la fase intermedia, la petición de nulidades, pero ello lo considera la Sala posible como emanación del derecho de defensa. De ocurrir tal petición de nulidad, el juez de control -conforme a la urgencia debido a la calidad de la lesión y ante el silencio de la ley- podrá antes de abrir la causa a juicio y en cualquier momento antes de dicho acto de apertura resolverla, aunque lo preferible es que sea en la audiencia preliminar, con prioridad a la decisión de los puntos a que se refiere el artículo 330 del Código Orgánico Procesal Penal, a fin de garantizar el contradictorio a las partes, ya que éste es un principio que rige el proceso penal (artículo 18 del Código Orgánico Procesal Penal).

Sin embargo, **cuando la nulidad coincide con el objeto de las cuestiones previas, la resolución de las mismas debe ser en la misma oportunidad de las cuestiones previas; es decir, en la audiencia preliminar** *lo que de paso garantiza el derecho de defensa de todas las partes del proceso y cumple con el principio del contradictorio"* (Énfasis del original).[49]

90. En dicha sentencia de 2002, citada en la sentencia de 2007, por tanto, la Sala fue clara en disponer que si el recurso de nulidad se interponía en la fase intermedia, "el juez debe resolverla **bien antes de la audiencia preliminar, o bien como resultado de dicha audiencia, variando de acuerdo a la lesión constitucional alegada**", y solo se refirió a que la decisión del recurso de nulidad formulado en la etapa intermedia podría ser "**preferible**" que se adoptase en la audiencia preliminar, pero ello sólo dependiendo de los vicios de nulidad alegados, pues cuando son de violación de derechos y garantías constitucionales deben ser apreciados de inmediato, independientemente de dicha audiencia. La Sala Constitucional, por lo demás, solo apreció

---

49   Véase sentencia de la Sala Constitucional N° 256 (caso *Juan Calvo y Bernardo Priwin*) de 14-02-2002 **Anexo 124** en http://www.tsj.gov.ve/decisiones/scon/Febrero/256-140202-01-2181%20.htm

que el recurso de nulidad debía resolverse en la audiencia preliminar, sólo **"cuando la nulidad coincide con el objeto de las cuestiones previas"**, que no es el caso del recurso de nulidad intentado por los defensores del profesor Brewer Carías.

91. La representación del Estado en el Escrito de Contestación afirma que "la mala fe" de los peticionarios y de la Comisión deriva del análisis de la jurisprudencia, citando una sentencia de la Sala Constitucional del Tribunal Supremo de Justicia de 16-11-2001 que lo que en realidad resolvió fue que la convocatoria a la ausencia preliminar no presume la existencia de una violación al derecho a la seguridad personal y a la defensa que es lo que se aducía en el juicio en el cual se dictó (pp. 63 a 65). También citan la sentencia de la misma Sala Constitucional de 19-10-2009 la cual se refirió al caso del ejercicio de una acción de amparo constitucional, por denegación de justicia, contra un juez penal por haber fijado la audiencia preliminar sin antes haberse pronunciado sobre la solicitud de nulidad formulada contra el escrito de acusación (p. 65). Casos, ambos, que nada tienen que ver con el caso del recurso de nulidad intentado por los defensores de la víctima, y que luego de más de siete años no se ha resuelto. En particular en la sentencia últimamente mencionada No. 1358 de 19-10-2009, que citan los representantes del Estado, que hemos consultado,[50] se refiere a un supuesto totalmente distinto, en el cual la Sala declaró inadmisible la acción de amparo contra la inacción de un tribunal penal, en virtud de que cuando se intentó la acción de amparo ya se había convocado a la audiencia preliminar en el caso, que fue la razón por la cual la Sala consideró que las solicitudes de nulidad pendiente debían resolverse entonces en dicha audiencia preliminar.

92. Nos remitimos adicionalmente a toda la jurisprudencia que hemos citado en nuestro Escrito de Solicitudes, Argumentos y Pruebas (**ver ¶¶ 528 ss.**), para fundamentar nuestra conclusión de que, en el ordenamiento jurídico venezolano, la decisión sobre la nulidad de los actos procesales por violación de los derechos humanos no tiene necesariamente que referirse a la audiencia preliminar como oportunidad legal para su adopción. Por el contrario, en virtud del principio de justicia rápida en esa materia, más bien debería ser adoptada dentro de los tres días siguientes a su solicitud, conforme al artículo 177 del COPP.

    B.   *La demora en decidir el recurso de nulidad es injustificada según la Convención Americana sobre Derechos Humanos y el Derecho internacional*

93. Hemos formulado la argumentación anterior exclusivamente para dar respuesta a las ofensivas afirmaciones del Estado, que nos acusa de mala fe en la invocación del Derecho venezolano aplicable. Sin embargo, ***no pedi-***

---

50   En http://www.tsj.gov.ve/decisiones/scon/Octubre/1358-191009-2009-09-0173.html) **Anexo 138**.

*mos, ni corresponde pedir, a esa honorable Corte, como tribunal interna-
cional que es, que zanje un debate sobre la interpretación a aplicación del
Derecho interno,* más allá de cuanto sea necesario para determinar si se adapta a las obligaciones internacionales del Estado según la Convención. Consideramos, en cambio, que un *análisis a la luz de los hechos relevantes del
caso, por una parte, y de las normas de la Convención y estándares del Derecho internacional, por la otra,* proporciona criterios claros e indubitables
para ilustrar la posición de esa honorable Corte.

94. Son hechos probados ante la Corte e internacionalmente relevantes:

a) Que la defensa del profesor Brewer Carías solicitó, el 8 de noviembre de 2005, la nulidad de todas las actuaciones del Ministerio
Público durante la fase de investigación del proceso contra su defendido, por violación de las garantías procesales y, en general, sus
derechos humanos, reconocidos en la Constitución y en la Convención.

b) Que a la fecha de la introducción de la Petición ante la Comisión Interamericana de Derechos Humanos por violación de los derechos
humanos reconocidos en la Convención durante ese proceso, dicha
solicitud de nulidad no ha sido resuelta, como tampoco lo ha sido en
la fecha de estas *Observaciones.*

c) Que a la fecha de la introducción de la Petición ante la Comisión Interamericana de Derechos Humanos por violación de los derechos
humanos reconocidos en la Convención durante ese proceso, la audiencia preliminar correspondiente a dicho proceso, no se había celebrado, como tampoco se ha celebrado en la fecha de estas *Observaciones.*

d) Que la suspensión y diferimiento sucesivo de la audiencia preliminar, en los términos concretos definidos por el Juez de la causa, no
tuvieron su origen en la no comparecencia del profesor Brewer Carías, ni en ningún otro hecho que le sea imputable.

e) Que, por lo tanto, cualquiera sea la interpretación del Derecho interno sobre la oportunidad de la decisión del recurso de nulidad, el
hecho de que no se haya decidido no puede considerarse imputable
al profesor Brewer Carías, en el marco factual preciso que configura
el presente caso.

95. Con respecto al Derecho internacional aplicable, cabe hacer una distinción, en lo que se refiere a la oportunidad para decidir un recurso como el
intentado. En lo que toca *al fondo,* que es la materia que hemos sometido a
esa honorable Corte en nuestro Escrito de Solicitudes, Argumentos y Pruebas,
es aplicable el artículo 25 de la Convención, que impone al Estado la obligación de suministrar un recurso *sencillo y rápido* para la defensa de los derechos humanos. Para cumplir con esa obligación, el Estado debió decidir ese

recurso de nulidad dentro de los tres días que pauta el artículo 177 del COPP. Si el juez decidió no hacerlo y pospuso indefinidamente la decisión de esa nulidad, no puede excusarse en que le Derecho interno le ordenaba esperar la realización de la audiencia preliminar (como lo pretende la Contestación del Estado), que el mismo juez pospuso sin que la posposición, según él mismo, fuera imputable al profesor Brewer Carías. Según una conocida regla de Derecho internacional consuetudinario, codificada en el artículo 27 de la Convención de Viena sobre el Derecho de los Tratados, *"una parte no podrá invocar las disposiciones de su derecho interno como justificación del incumplimiento de un tratado"*. Por lo tanto, si el ordenamiento jurídico venezolano dispusiera (que no es cierto que lo disponga), que la decisión sobre la nulidad por violación de las garantías procesales protegidas por la Convención puede posponerse indefinidamente, la única conclusión posible sería que el Derecho interno no se ha adecuado a la Convención y que, además de los artículos 8 y 25, se han violado también los artículos 1(1) y 2 de la Convención. No debe olvidarse, por lo demás, que al tenor de sus obligaciones generales de respeto y garantía de los derechos humanos, es el Estado el obligado a crear las condiciones necesarias para que cualquier recurso pueda tener resultados efectivos[51].

96. La otra vertiente con respecto a la cual debe valorarse el tema de la oportunidad para la decisión de un recurso tiene que ver con la ***admisibilidad*** de una petición ante la CIDH, puesto que el requisito de previo agotamiento de los recursos internos queda eximido si se establece que hay *"retardo injustificado en la decisión sobre los mencionados recursos"* (art. 46(2)(c) de la Convención). Nuevamente acá, la posición que se adopte con respecto a la interpretación del Derecho interno carece de relevancia para determinar que se configura el supuesto de retardo injustificado en la decisión de la nulidad demandada por el profesor Brewer Carías .Porque, si la decisión debía esperar la audiencia preliminar, como sostiene el Estado, la demora en celebrarla obedeció a la organización del proceso penal en Venezuela, lo cual es imputable al Estado; y si podía resolverse antes de dicha audiencia, como sostenemos nosotros, es obvio que el recurso aún no se ha resuelto y han trascurrido ocho años desde que se intentó.

97. No se trata, pues, de elucubrar sobre interpretaciones in abstracto, sino de analizar los hechos concretos del presente caso a la luz de los derechos del profesor Brewer Carías y de las obligaciones de Venezuela según la Convención y el Derecho internacional, análisis que no deja margen de duda con respecto al retardo injustificado del recurso de nulidad interpuesto por el profesor Brewer Carías ante la jurisdicción venezolana, que lo exceptuó de continuar esperando a que se decidiera para acudir a la CIDH (y más tarde a la Corte) en procura de la protección internacional a los derechos humanos que la Convención le garantiza.

---

51   Corte IDH, *Caso Bulacio Vs. Argentina.* Fondo, Reparaciones y Costas. Sentencia de 18 de Septiembre de 2003. Serie C N° 100, párr. 127.

98. Por lo demás, reiteramos una vez más que la pretensión del Estado de que, para obtener la protección que le debe esta honorable Corte, el profesor Brewer Carías debe pagar el precio de someterse al proceso viciado donde ya se han violado masiva y sistemáticamente sus derechos al debido proceso y al acceso a la justicia, significa, ni más ni menos, la pretensión de valerse de estos sagrados estrados para coronar la violación de su derecho a un juicio justo.

99. Por tanto, respetuosamente pedimos a esa honorable Corte Interamericana de Derechos Humanos:

99.1 *Que se desestime de la recusación de jueces de la Corte y de su Secretario, al igual que la impugnación de la excusa del honorable Juez Eduardo Vío Grossi, por invocarse erróneamente como excepciones preliminar y por haberse resuelto previamente dichas incidencias por parte de la Corte Interamericana*

99.2 *Que se desestime la excepción de no agotamiento de los recursos internos, por las siguientes razones:*

99.2.1 Por ser extemporánea al no haberse invocado adecuadamente en el primer momento procesal oportuno ante la Comisión Interamericana de Derechos Humanos.

99.2.2 Adicional y subsidiariamente, por incumplimiento de las reglas de distribución de la carga de la prueba que imponen al Estado, al momento de invocar la excepción preliminar de falta de agotamiento de los recursos internos, indicar: a) los recursos internos que debían haberse agotado y, b) la eficacia de esos recursos.

99.2.3 Adicional y subsidiariamente, por no estar obligado el profesor Brewer Carías a agotar los recursos internos en virtud del artículo 46(2) de la Convención Americana sobre Derechos Humanos, según se expone en los párrafos 61 a 95 del las presentes Observaciones.

99.2.4 En subsidio de todo lo anterior, por haber agotado el profesor Brewer Carías todos los recursos efectivamente disponibles para su defensa, descritos en los párrafos 52 a 60 del las presentes Observaciones.

Es justicia. Caracas, 5 de marzo de 2013

Pedro Nikken
Representante de Allan Randolph Brewer Carías

SÉPTIMA PARTE

ESCRITO DE

ALEGATOS Y OBSERVACIONES FINALES PRESENTADO POR LOS REPRESENTANTES DE ALLAN R. BREWER CARÍAS ANTE LA CORTE INTERAMERICANA DE DERECHOS HUMANOS DE 4 DE OCTUBRE DE 2013

INTRODUCCIÓN

1. Quienes suscriben, abogados Pedro Nikken, Claudio Grossman, Juan E. Méndez, Douglas Cassel, Helio Bicudo y Héctor Faúndez Ledezma, actuando en calidad de Representantes de la víctima, Allan R. Brewer Carías (en adelante "los Representantes"), respetuosamente comparecemos ante esa honorable Corte Interamericana de Derechos Humanos (en adelante "Corte Interamericana," "Corte", Corte IDH", o "el Tribunal"), conforme a lo dispuesto en el parágrafo 101 y en el Punto resolutivo N° 12 de la Resolución del Presidente de esta Corte de fecha 31 de julio de 2013, que nos fue notificada mediante Nota N° 128 del secretario de esta Corte de la misma fecha, para presentar nuestro Escrito de alegatos y observaciones finales en el caso *"Allan Brewer Carías vs. República Bolivariana de Venezuela"*, demandando a la misma que desestime la excepción preliminar formulada por el Estado en su *Escrito de Contestación* de fecha 12 de noviembre de 2012; y condene al Estado por violaciones graves a los derechos de la víctima consagrados en los artículos 1.1, 2, 7, 8.1, 8.2, 8.2.c, 8.2.f, 11, 13, 22, 24 y 25 de la Convención Americana sobre Derechos Humanos (en adelante la "Convención" o la "Convención Americana"), que le han sido infligidas por la República Bolivariana de Venezuela ("Venezuela" o "el Estado venezolano" o "el Estado") como se ha explicitado en nuestro *Escrito de Solicitudes, Argumentos y Pruebas*, (en lo adelante **EASAP**) en el marco de la persecución política que ha desatado en su contra desde 2005. Por razones de carácter práctico exclusivamente, el presente escrito lleva únicamente la firma del abogado Pedro Nikken, con el pleno acuerdo de los demás Representantes quienes así lo han autorizado.

2. Ratificamos, en todas sus partes, todos los alegatos y argumentaciones que hemos formulado ante esta Corte, tanto en el *Escrito Autónomo de Solicitudes, Argumentos y Pruebas* de fecha 7 de julio de 2012, como en el *Escrito de Observaciones a la Excepción Preliminar formulada por el Estado en su Escrito de Contestación,* de fecha 6 de marzo de 2013; cuyo contenido damos íntegramente por reproducido en el presente Escrito.

3. El presente caso es un caso extraño, con una víctima inesperada. El profesor Allan Brewer Carías es el más prominente ius publicista de Venezuela, el jurista más prolífico de nuestra historia, el más emblemático portavoz del constitucionalismo democrático en Venezuela. Como para demostrar que los derechos humanos nos igualan, no sólo por la unidad, indivisibilidad y universalidad de la dignidad humana, sino también porque no hay nadie que escape al abuso de poder del Estado, especialmente cuando éste abandona conceptos básicos del Estado de Derecho.

4. El profesor Brewer Carías ha sido víctima de un proceso penal cuyas características de arbitrariedad y saña que hemos expuesto y probado ante esta honorable Corte, sólo se explican en que ha sido fraguado para condenarlo por el delito que más puede ofender su trayectoria y su compromiso ético e intelectual, el que más lo expone al escarnio público y afecta su reputación como jurista y como hombre de bien (*Infra ¶¶ 603 ss.*): el de conspirar con militares rebeldes para destruir la Constitución por la vía armada. Ha sido víctima de una persecución que lo ha forzado al exilio, a vivir alejado de su patria, de sus intereses intelectuales y profesionales, de sus hijos, de sus nietos, de su madre de más de 90 años, de quien hemos escuchado en la audiencia de sus propios labios que no se quiere morir sin volver a verlo.

5. Este caso nos recuerda que los derechos humanos imponen un permanente ejercicio de humildad y de igualdad. Los mas débiles los más pobres, los más desvalidos son, en general, los más vulnerables, pero los más destacados e influyentes pueden ser, y a menudo son, los más perseguidos, especialmente cuando se dedican a criticar y a enfrentar el poder, al poder ejercido con la arrogancia de quien se cree en la posesión absoluta de la verdad y que considera toda crítica y toda forma de disentir como un acto antinacional; de quien confunde el reclamo de que se respeten y garanticen los límites que al poder impone la dignidad humana y su expresión en la democracia, con un atentado a la soberanía del Estado.

6. Por eso tenemos al profesor Brewer Carías ante esta Honorable Corte pidiéndole humildemente la justicia que su propio Estado le ha arrebatado en un proceso concebido y ejecutado para condenarlo y descalificarlo. Vino ante esta Corte a pedir que le restauren sus derechos violados por el Estado venezolano y que se reivindique su derecho a un juicio justo, que le devuelva la posibilidad de vivir como un ciudadano libre en su propia patria.

Un disidente acosado y perseguido por el Estado

7. Allan Brewer Carías es, ante todo, un intelectual. Un intelectual cuyas raíces están en las ciencias jurídicas. Es un especialista en Derecho público, la rama de la disciplina jurídica que toca con mayor amplitud normas, valores e instituciones más directamente relacionadas con las normas, valores e instituciones con las que debe lidiar esta Corte Interamericana de Derechos Humanos. En ella se resuelven las relaciones del Estado y del poder público en general con las personas sujetas a su jurisdicción; donde se plasman, entre otros, los mecanismos para que se haga efectivo el respeto, la garantía, la protección y la satisfacción que el Estado debe a los derechos humanos.

8. Su compromiso intelectual condujo así al profesor Brewer Carías a desplegar una destacada actividad pública la cual, aunque sin ser miembro activo de ningún partido, lo convirtió también en un actor político de significativa y creciente relevancia. Fue primero, senador y desde esa curul promovió leyes, como la de amparo, que tuvieron significativo impacto en el fortalecimiento del Estado de Derecho. Más tarde (1993-94) fue Ministro de Estado para la Descentralización, encabezando el más amplio y efectivo proceso de descentralización de la historia de Venezuela. En 1999, luego de haber sido impulsor por más de cinco años de un proceso constituyente, presentó su candidatura como independiente y por iniciativa propia, a la Asamblea Nacional Constituyente convocada por el entonces Presidente Hugo Chávez Frías. Ganó esa elección y fue uno de los apenas cuatro Constituyentistas (sobre 131) que integró aquella Asamblea sin haber sido postulado ni apoyado por los partidos que formaron la coalición de gobierno del Presidente de la República.

9. Desde ese momento, se destacó como un notorio crítico al régimen emanado de la llamada Revolución Bolivariana, no por su proclamado contenido social, sino por su manifiesta tendencia al centralismo, al autoritarismo, al militarismo, a la concentración del poder del Estado en una persona y al culto a la personalidad. Esa crítica la manifestó en frecuentes apariciones en los medios de comunicación y en la publicación de numerosos libros, de cuyo listado ya hemos dado cuenta a esa honorable Corte en nuestro *Escrito Autónomo de Solicitudes, Argumentos y Pruebas*.

10. Con esos antecedentes, no pudo extrañarle que, durante la crisis política de abril de 2002 (cuyo estallido y desarrollo fue ajeno por encontrarse por más de dos meses fuera del país, hasta el 9 de aquel mes) uno de los líderes civiles de las protestas contra el gobierno, el señor Pedro Carmona Estanga (quien todavía no se había presentado como presidente de facto), lo llamara para una consulta, por lo que acudió al Fuerte Tiuna en la madrugada del 12 de abril de 2002. Esa consulta se tradujo en presentarle un borrador de decreto que atentaba contra la Constitución, razón por la cual el profesor Brewer Carías procuró expresarle de inmediato su desacuerdo con el mismo, en términos que constan en el expediente del presente caso y que el propio profesor Brewer Carías explicó ante esa honorable Corte en la audiencia del 3 de septiembre de 2013 (*Infra ¶¶ 78 ss.*).

11.   El desarrollo de los acontecimientos fue, como es conocido, desastroso para la democracia venezolana. Lo ocurrido se prestó a numerosas versiones, especulaciones y opiniones, la mayor parte de las cuales se fundaban en interpretaciones de los hechos y no en noticias ciertas. Una de las primeras especulaciones en aparecer atribuyó al profesor Brewer Carías la redacción del borrador que él mismo había rechazado por inconstitucional. Ese tipo de especulaciones, aunque nocivas, no puede considerarse como anormal en el ambiente venezolano de esos días, de modo que el profesor Brewer Carías hizo lo que tendría que hacer una personalidad pública en esas circunstancias: desmentirlas en rueda de prensa (*Infra ¶¶ 81 ss.*).

12.   De allí no debieron pasar las cosas. Sin embargo, muy pronto se desplegó una acción de innegable inspiración gubernamental para acusar al profesor Brewer Carías de conspirador contra la Constitución y de golpista. Un coronel en actividad del Ejército de Venezuela, presentó una denuncia contra él basada exclusivamente en recortes de esas especulaciones periodísticas (*Infra ¶¶ 87 ss.*), denuncia que, como testigo ante esa honorable Corte, admitió que fue hecha con precipitación y, según él, sin pretender inculpar a nadie, con el único propósito de involucrar a civiles en aquella asonada militar (*Infra ¶¶ 92 ss.*).

13.   A partir del momento en que la Fiscal (provisoria) Sexta decidió imputarlo, basada en esa precaria denuncia, se desplegó un inusitado volumen de violaciones al debido proceso, que son parte medular del presente caso. Fue tal el desenfado del Ministerio Público, que el profesor Brewer Carías no albergó dudas que el propósito real del Estado era el de condenarlo por un delito que no había cometido, valiéndose para ello de un proceso ontológicamente viciado, pues era conducido por una fiscal evidentemente parcializada e incumplidora de los deberes de su cargo, y teóricamente controlado por jueces dóciles, sujetos a ser destituidos si rompían el guión condenatorio diseñado por el Ministerio Público. Sobre los distintos episodios de estas felonías hemos suministrado un sólido acervo probatorio, al cual nos remitimos (*Infra ¶¶ 100 ss.; Infra ¶¶ 438 ss.; Infra ¶¶ 478 ss.*).

Un caso de debido proceso que el Estado trata de convertir en un caso de agotamiento de sus recursos internos: un dilema para la Corte Interamericana de Derechos Humanos

14.   En nuestros escritos ante esta honorable Corte y ante a CIDH y en los documentos y testimonios que se produjeron en la audiencia, hemos mostrado las numerosas violaciones al debido proceso, al derecho a la justicia, al derecho a la igualdad y a la no discriminación, a la libertad de expresión, a la honra y a la independencia de los abogados, que han afectado los derechos del Prof. Brewer Carías. Sin embargo, este es ante todo, un caso de ***debido proceso***. El Estado ha utilizado el proceso penal para acosar y perseguir al profesor Brewer Carías. Lo que debería ser un instrumento de garantía de los derechos humanos, ha sido convertido en una herramienta para su violación sistemática. No repetiremos ahora las violaciones que hemos denunciado, que quedaron comprobadas en la audiencia y que están de nuevo referidas en el presente Escrito (*Infra ¶¶ 438 ss.*). Sólo recordamos ahora que esas violaciones constituyen el núcleo y el origen del presente caso.

15. En los escritos del Estado en sus presentaciones ante esta Corte no se ha contradicho ninguna de las denuncias que hemos formulado en cuanto a las violaciones de los derechos humanos del profesor Brewer Carías. Nada ha sido desmentido en relación con las violaciones a su derecho a un juez competente, independiente e imparcial, ni con relación a su derecho a la defensa, ni a la presunción de inocencia, ni la discriminación en materia de amnistía, al falso y temerario infundio de haberle atribuido arbitrariamente la condición de magnicida frustrado, nada de eso ha sido contradicho. La posición del Estado quedó explícitamente expuesta en su escrito de *Contestación y Excepciones Preliminares* (p. 220), en los términos siguientes:

> "El Estado venezolano, reitera que el juicio contradictorio contra Allan Brewer Carias no ha comenzado, por cuanto el ciudadano Allan Brewer Carias no se presentó a la audiencia preliminar, motivo por el **cual el Estado venezolano, se abstiene de responder las supuestas violaciones alegadas por el peticionario, sobre las garantías judiciales artículo 8 de la Convención.**" (Enfasis y subrayado añadidos).

16. Lo primero que el Estado afirma es que el proceso no comienza sino con la audiencia preliminar, de modo que la fase precedente de investigación no es proceso penal y que no está sujeto a las garantías judiciales (*Infra ¶¶ 479 ss.*). Que en la investigación no hay propiamente interrogatorios de testigos sino "entrevistas"; que no hay pruebas sino elementos de convicción; que no hay contradictorio. Esto significa, en concepto del Estado, que el imputado, en definitiva, está en manos del fiscal y sometido a su arbitrio como en la era de la inquisición. Es asombroso que semejantes cosas se digan y que al mismo tiempo se reconozca que el Código Orgánico Procesal penal (COPP) es un código garantista, que requiere el control del juez y sobre todo la limitación y la autolimitación del poder del fiscal según los imperativos de los derechos y garantías constitucionales y de los derechos humanos reconocidos por la Convención Americana y otros instrumentos internacionales. Esto es inadmisible, esta Corte ha sido clara en que las garantías procesales se deben durante todo el proceso, entre otros, en el caso *Barreto Leiva vs. Venezuela*[1], como es clara la Constitución venezolana cuando afirma que *"la defensa y la asistencia jurídica son derechos inviolables en todo estado y grado de la investigación y del proceso"* (Art. 49.1) (*Infra ¶¶ 479 ss.*).

---

1 Corte IDH. *Caso Barreto Leiva vs. Venezuela.* Sentencia de 17 de nooviembre de 2009. Serie C N° 206, ¶ 29.

17. En el fondo, la estrategia procesal del Estado en el presente caso ha consistido en no molestarse en debatir el fondo, con lo que implícitamente lo admite, y en atrincherarse en un supuesto no agotamiento de los recursos internos, aduciendo que se trata de un proceso que está en la fase intermedia, porque el profesor Brewer Carías supuestamente "no se presentó" en la audiencia preliminar y porque es un "prófugo de la justicia." Todas esa defensas del Estado las hemos respondido en nuestros escritos precedentes, en la audiencia y a todo lo largo del presente Alegato final. Como hemos dicho, el profesor Brewer Carías intentó todos los recursos internos potencialmente adecuados y efectivos para remediar las violaciones a derechos humanos en la jurisdicción venezolana (*Infra ¶¶ 313 ss.*); además, el Estado interpuso ese medio de defensa de manera extemporánea y defectuosa, en términos que se traducen en la renuncia implícita a valerse del mismo (*Infra ¶¶ 337 ss.*); por, último, si todo ello no bastara, en el presente caso son aplicables todas las excepciones a la regla del previo agotamiento de los recursos internos (*Infra ¶¶ 350 ss.*). No entraremos ahora en el detalle de esos argumentos que se desarrollan ampliamente luego.

18. Sí queremos, en cambio, invitar a esa honorable Corte a examinar el comportamiento del Estado en este proceso con una mirada de conjunto, a la luz de los conceptos fundamentales y la razón de ser de la protección internacional de los derechos humanos. Hemos presentado ante el Sistema Interamericano de Derechos Humanos y, por su intermedio, al mismo Estado un volumen apreciable de denuncias sobre masivas violaciones al debido proceso perpetradas contra el profesor Brewer Carías. El Estado se abstiene de considerar y responder a esas denuncias, en sus propias palabras, y se refugia, en verdad, en un único medio de defensa: el demandante no ha agotado los recursos de la jurisdicción interna. Esto, sin defender siquiera que ha sido, precisamente, en ejercicio de esos recursos como se ha producido la violación a sus derechos, que lo ha traído ante esta Corte. Se invita así a esta Corte a que responda a las denuncias del profesor Brewer Carías indicándole que no puede escucharlas y que tiene que regresar al escenario donde se violaron sus derechos antes de obtener protección internacional para los que ya se violaron. Se trata de convertir por esta vía a la instancia internacional no sólo en una inutilidad, sino en un medio de legitimación de la conducta indebida del Estado con respecto al profesor Brewer Carías. Se trata de privar de sentido a la protección internacional como medio de salvaguarda de la víctima indefensa del ejercicio arbitrario del poder público, para lograr que la instancia internacional, no sólo niegue esa salvaguarda sino que sugiera a la víctima que tiene que padecer aún más a sus verdugos antes de obtener la protección que contra ellos pide.

19. Estamos seguros de que esa honorable Corte no caerá en ese perverso planteamiento, pero lo destacamos porque el mismo revela una conducta del Estado incompatible con la buena fe que debería presidir el cumplimiento de sus obligaciones en materia de derechos humanos. No molestarse en responder las denuncias de fondo y atrincherarse en que la víctima debe regresar a las instancias nacionales a continuar padeciendo los ultrajes que ya ha padecido, es una actitud arrogante que implica muy poco aprecio por la dignidad del ser humano.

20.   Recordamos que la razón de ser de la exigencia de agotar los recursos internos antes de acudir a la protección internacional de los derechos humanos, es la de ofrecer al Estado la oportunidad de resolver las violaciones a los derechos de la víctima, antes de ser demandado en una instancia internacional. El Estado tuvo esa oportunidad, no una sino muchas veces. La puso de lado invocando formalismos inútiles, y sin base legal en el sistema de Derecho interno ni en la Convención. Cabe entonces preguntarse, honorable Corte, ¿por qué insiste el Estado en que el profesor Brewer Carías debe regresar a Venezuela, entregarse, perder su libertad? ¿Hay algo, un gesto siquiera en la conducta del Estado ante esa Corte que sugiera que existe la menor posibilidad de que el profesor Brewer Carías tenga un juicio justo un Venezuela?

21.   El Estado afirma que el profesor Brewer Carías no ha podido ejercer sus derechos porque huyó del país y no se presentó en la audiencia preliminar. Aparte de que es falso que el profesor Brewer Carías sea un fugitivo, como pretende estigmatizarlo el Estado, pues es en verdad un *perseguido* de un Estado que quiere doblegarlo sin piedad, *¿a qué audiencia preliminar se refiere el Estado?* Ni el Agente del Estado, ni siquiera uno de los testigos y peritos que éste promovió han podido señalar y menos probar ni tan siquiera un caso donde esa audiencia se haya frustrado o pospuesto a causa de la incomparecencia del profesor Brewer Carías. Nosotros, en cambio, hemos suministrado una decisión del Juez de Control de la causa, del 20 de julio de 2007 (**Anexo 55**) donde se deja clara constancia de que las suspensiones no se han debido a Allan Brewer Carías, sino a otras razones (*Infra ¶¶ 142 ss.; 430*). De ese auto, de fecha se concluye:

1) Que la audiencia preliminar nunca fue diferida a causa de la incomparecencia del profesor Brewer Carías.

2) Que el 7 de noviembre de 2006, dicha audiencia preliminar fue diferida por incomparecencia de los abogados del Sr. Guaicaipuro Lameda y por solicitud de los abogados del la Sra. Cecilia Sosa Gómez (ambos, co acusados en el mismo proceso penal del profesor Brewer Carías).

3) Que el 13 de diciembre de 2006, dicha audiencia preliminar fue diferida por solicitud de los abogados del la Sra. Cecilia Sosa Gómez (co acusada en el mismo proceso penal del profesor Brewer Carías).

4) Que el 23 de enero de 2007, dicha audiencia preliminar fue diferida por solicitud de los abogados del la Sra. Cecilia Sosa Gómez (co acusada en el mismo proceso penal del profesor Brewer Carías).

5) Que el 23 de febrero de 2007, dicha audiencia preliminar fue diferida por solicitud de los abogados del la Sra. Cecilia Sosa Gómez (co acusada en el mismo proceso penal del profesor Brewer Carías).

6) Que el 26 de marzo de 2007, dicha audiencia preliminar fue diferida por solicitud de los abogados del la Sra. Cecilia Sosa Gómez (co acusada en el mismo proceso penal del profesor Brewer Carías).

22. ¿Qué pasó entonces con la audiencia preliminar? La respuesta es que nunca se celebró ni ha vuelto a ser convocada. Recordamos que el 31 de diciembre de 2007 se sancionó un Decreto-Ley de Amnistía y que el mismo fue aplicado a los otros tres coacusados por la Fiscal Ortega Díaz junto con el profesor Brewer Carías, es decir, a los señores Guaicaipuro Lameda, Cecilia Sosa Gómez y José Gregorio Vásquez. Como se vio con detenimiento en la audiencia y se expone de nuevo en el presente Escrito, el profesor Brewer Carías solicitó que se le aplicara la amnistía, pero esa solicitud fue denegada arbitrariamente, violando adicionalmente su derecho a la igualdad ante la ley, aduciendo razones frívolas y baladíes (***Infra ¶¶ 568 ss.***). ***Por lo tanto, no hubo audiencia preliminar***. No la hubo, primero, porque el Juez de Control no pudo celebrarla, sin que jamás ello se debiera a ninguna acción u omisión del profesor Brewer Carías; y luego, en rigor, porque la amnistía extinguió la acción penal y el proceso.

23. Sin embargo, el Estado continúa insistiendo ante esa honorable Corte que el profesor Brewer Carías no ha agotado los recursos internos, sin poder señalar cuál sería el recurso adecuado y efectivo para remediar la situación de la víctima en la maraña de arbitrariedades que se han cometido en su contra. El reclamo del Estado basado en el alegado no agotamiento de los recursos internos es insustentable según la Convención, el Derecho internacional general y la jurisprudencia de la Corte fundada sobre esos dos cuerpos jurídicos y así lo hemos demostrado y lo ratificamos en el presente Escrito (***Infra ¶¶295 ss.***). Pero en el presente caso la pretensión del Estado desborda los límites del mero análisis jurídico de los recursos intentados, de la extemporaneidad e impropiedad de la excepción invocada y de las excepciones a su aplicación. Los recursos internos no fueron ya, en este caso, un remedio adecuado y efectivo, sino el vehículo de las violaciones a los derechos humanos del profesor Brewer Carías. El Estado no pide en realidad una oportunidad para remediar esas violaciones, sino para agravarlas, ejecutando una orden de captura y una medida privativa de libertad, para continuar un proceso que se extinguió para todos los acusados menos para profesor Brewer Carías.

24. Las violaciones al debido proceso que hemos probado y que el Estado no ha contradicho, evidencian que el profesor Brewer Carías no ha tenido ni puede esperar un juicio justo en Venezuela. La negativa arbitraria de aplicarle la amnistía de 2007, indica que ni siquiera han considerado hacer lugar a la clemencia. En el presente caso, además de las graves y masivas violaciones a los derechos humanos del profesor Brewer Carías, ha quedado también meridianamente claro que no puede esperar justicia ni clemencia de un gobierno que lo trata como un enemigo interno, al que se acosa y persigue sin cuartel.

25. Esperamos entonces **JUSTICIA,** impartida por esa Alta Instancia Internacional, interpretando y aplicando la Convención Americana sobre Derechos Humanos, un instrumento concebido, precisamente, para hacer justicia a las víctimas indefensas de la arbitrariedad del Estado bajo cuya jurisdicción han estado.

PRIMERA PARTE
LOS HECHOS

26. Los hechos probados durante el presente juicio, y de los cuales derivan las violaciones de los derechos humanos del Profesor Brewer Carías que hemos denunciado, pueden agruparse en tres grandes categorías:

1) **Los que revelan la situación general y sistemática respecto de la falta de independencia del poder judicial y situaciones que afectan la institucionalidad y las investigaciones penales independientes (la sujeción política y jerárquica del Sistema Judicial y del Ministerio Público al Poder Ejecutivo en Venezuela**: falta de independencia del Tribunal Supremo de Justicia; la provisionalidad de jueces y fiscales: observaciones de organismos internacionales de derechos humanos; la creación en 2011 de una "Jurisdicción Disciplinaria Judicial" políticamente sometida, con jueces disciplinarios nombrados libremente por la Asamblea Nacional sin tener competencia constitucional para ello; el Programa de Regularización de la Titularidad (PET): un nuevo fraude a la Constitución y a la independencia judicial; la provisionalidad en el Ministerio Público; un Poder Judicial al servicio del Poder Ejecutivo en un marco de ausencia de separación de poderes, y su confirmación por declaraciones públicas de un ex Magistrado del Tribunal Supremo en abril de 2012).

2) **Los antecedentes relevantes de la violación de los derechos humanos del Profesor Brewer Carías.** Los sucesos de abril de 2002 (movilización popular y anuncio de la renuncia del Presidente; atención del profesor Brewer Carías al requerimiento de asistencia jurídica formulado por el Dr. Pedro Carmona Estanga; vinculación mediática del profesor Brewer Carías con la redacción del decreto mediante dichos referenciales de periodistas, y desmentido del profesor Brewer Carías en relación con las referencias de prensa).

3) **Los actos del Estado que violan la Convención Americana sobre Derechos Humanos en perjuicio del Profesor Allan Brewer-Carías** (el Informe de la Comisión Parlamentaria Especial de 2002; múltiples hechos relacionados con la violación de las garantías judiciales en el proceso judicial incoado contra el profesor Brewer Ca-

rías; vulneración de la presunción de inocencia; hechos en relación con la persecución política contra el Profesor Brewer-Carías; la negativa de la Fiscal General de la República y del Juez de Control de aceptar la aplicación de la Ley de Amnistía al profesor Brewer Carías).

I. SITUACIÓN GENERAL Y SISTEMÁTICA RESPECTO DE FALTA DE INDEPENDENCIA DEL PODER JUDICIAL Y SITUACIONES QUE AFECTAN LA INSTITUCIONALIDAD Y LAS INVESTIGACIONES PENALES INDEPENDIENTES

27. La situación de persecución y de violaciones de derechos humanos en contra del profesor Brewer Carías es sólo una muestra de un patrón de conducta dirigido en contra de quienes levantan su voz para criticar el actual régimen político venezolano, incluyendo los defensores de derechos humanos en ese país. Un elemento fundamental de ese patrón es la utilización del sistema penal con el objeto de amedrentar y silenciar a quienes critican al gobierno actual de Venezuela.

1. *La sujeción política y jerárquica del sistema judicial y del Ministerio Público al Poder Ejecutivo en Venezuela: falta de independencia del Tribunal Supremo de Justicia*

28. La sujeción política y jerárquica del sistema judicial y del Ministerio Público al Poder Ejecutivo, en Venezuela, y particularmente durante el gobierno de Hugo Chávez, es un hecho probado y no controvertido en el presente juicio. De acuerdo con lo que hemos alegado y probado, esa sujeción se constata de los siguientes elementos:

1. *Informe Anual de 2009* de la Comisión Interamericana de Derechos Humanos, destacando que hay *"condiciones que evidencian la falta de una efectiva separación e independencia entre los poderes públicos en Venezuela."*[2]

2. Declaración a la prensa de la entonces Presidente del Tribunal Supremo de Venezuela y de su Sala Constitucional afirmando en diciembre de 2009 que "la división de poderes debilita al Estado," y que "hay que reformarla"[3].

---

2   CIDH, *Informe Anual 2009*, Cap. IV, ¶ 472.

3   Véase en Juan Francisco Alonso, "La división de poderes debilita al estado. La presidenta del TSJ [Luisa Estela Morales] afirma que la Constitución hay que reformarla," *El Universal*, Caracas 5 de diciembre de 2009, en http://www.eluniversal.com/2009/12/05/pol_art_morales:-la-divisio_1683109.shtml. (**Anexo 79).** En su oportunidad, nos permitimos invocar esta declaración como un hecho sobrevenido que ayuda a esclarecer el contexto del presente caso.

3.	Falta de sujeción a la Constitución de 1999, inmediatamente después de sancionada, en la designación de los Magistrados del Tribunal Supremo de Justicia, de modo que como lo apuntó la Comisión *"las reformas constitucionales introducidas en la forma de elección de estas autoridades establecidas como garantías de independencia e imparcialidad no fueron utilizadas en este caso".*[4]

4.	Aprobación de reforma a Ley Orgánica del Tribunal Supremo de Justicia (publicada en *Gaceta Oficial* N° 37.942 de 20/5/2004), sin la mayoría calificada que se requería por la Constitución, por tratarse de una ley orgánica; en la cual se aumentó el número de Magistrados de 20 a 32, elegidos los nuevos por mayoría simple de la misma Asamblea Nacional. De acuerdo con la Comisión dicha Ley *"no toma en consideración las preocupaciones expresadas por la CIDH en su informe en cuanto a posibles amenazas a la independencia del Poder Judicial."* concluyendo que *"estas normas de la Ley Orgánica del Tribunal Supremo de Justicia habrían facilitado que el Poder Ejecutivo manipulara el proceso de elección de magistrados llevado a cabo durante 2004."*[5]

5.	Destitución o "jubilación" de los Magistrados que no siguieron la línea gubernamental[6] y dominación del proceso de selección final de los nuevos Magistrados por la sumisión al Presidente de la República según declaró públicamente *el entonces* Presidente de la Comisión parlamentaria encargada de escoger los candidatos a Magistrados del Tribunal Supremo, Sr. Pedro Carreño, quien luego fue nombrado en enero de 2007 Ministro del Interior y de Justicia, *"Si bien los diputados tenemos la potestad de esta escogencia, el Presidente de la República fue consultado **y su opinión fue tenida muy en cuenta.***"*(Resaltado añadido).* Agregó: *"**Vamos a estar claros, nosotros no nos vamos a meter autogoles**. En la lista había gente de*

4	CIDH, *Informe sobre la Situación de los Derechos Humanos en Venezuela*, OEA/Ser.L/V/II.118, d.C. 4 rev. 2, 29 de Diciembre de 2003, ¶ 186.

5	CIDH, *Informe Anual 2004* (OEA/Ser.L/V/II.122 Doc. 5 rev. 1 23 febrero 2005), ¶ 174 y ¶ 180.

6	Fue el caso del Magistrado Franklin Arrieche, Vice Presidente del Tribunal Supremo de Justicia, quien fue Ponente de la sentencia de la Sala Plena Accidental de 14-08-2002 que decidió el antejuicio de mérito a los generales que actuaron el 12 de abril de 2002 (**Anexo 53**), declarando que no había mérito para enjuiciarlos porque en esa ocasión no había ocurrido un golpe militar sino un vacío de poder; y de los Magistrados Alberto Martini Urdaneta, Presidente de la Sala Electoral y Rafael Hernández y Orlando Gravina, Magistrados de la misma Sala, quienes suscribieron la sentencia de fecha sentencia N° 24 del 15-03-2004 (Caso: *Julio Borges, César Pérez Vivas, Henry Ramos Allup, Jorge Sucre Castillo, Ramón José Medina y Gerardo Blyde vs. Consejo Nacional Electoral*), que suspendió los efectos de la Resolución N° 040302-131 de 02-03-2004, del Consejo Nacional Electoral que en su momento impidió la realización del referendo revocatorio presidencial.

*la oposición que cumple con todos los requisitos. La oposición hubiera podido usarlos para llegar a un acuerdo en las últimas sesiones, pero no quisieron. Así que nosotros no lo vamos a hacer por ellos. **En el grupo de los postulados no hay nadie que vaya a actuar contra nosotros** y, así sea en una sesión de 10 horas, lo aprobaremos."* (Resaltados y subrayado añadidos) **(Anexo 7)**.

6. Modificación fraudulenta de una limitación legal temporal, relacionada con la oportunidad de elección de los Magistrados del Tribunal Supremo de Justicia, para proceder a la designación irregular, *__en diciembre de 2010__, de 9 magistrados principales y 32 suplentes;* designación ésta que fue calificada por la ex magistrada de la Corte Suprema de Justicia y conocida simpatizante del oficialismo, Hildegard Rondón de Sansó, como una designación política[7] pues de los magistrados designados, al menos cinco (5) eran Diputados del partido oficial de gobierno (PSUV) a la Asamblea Nacional, una (1) era diputada de ese partido de gobierno al Parlamento Andino y en ese momento era embajadora ante Canadá designada por el Presidente de la República y otra era la Procuradora General de la República designada por el Presidente de la República[8].

7. Manifestación pronunciada por el Magistrado Fernando Vegas Torrealba en el discurso de apertura del Año Judicial el 5 de febrero de 2011 pronunciado, como Orador de Orden, **dirigiéndose a todos los jueces y operarios de justicia del país**, en el cual destacó –entre otras cosas- que *"**el Poder Judicial venezolano está en el deber** de dar su aporte para la eficaz ejecución, en el ámbito de su competencia, de **la Política de Estado que adelanta el gobierno nacional"** en el sentido de desarrollar **"una acción deliberada y planificada para conducir un socialismo bolivariano y democrático"** y que "la materialización del **aporte que debe dar el Poder Judicial para colaborar con el desarrollo de una política socialista**, conforme a la*

---

7   Hildegard Rondón de Sansó, *Obiter Dicta"/"Comité de postulaciones judiciales,* LA VOCE D'ITALIA, 8 de febrero de 2011, en www.voce.com.ve **(Anexo 89)**.

8   1. Jhannet Madriz, Diputada al Parlamento Andino por el PSUV y Embajadora en Canadá (Sala Electoral, magistrada principal); 2. Malaquías Gil, Diputado PSUV (Sala Electoral, principal). Madriz y Gil fueron de inmediato designados Presidente y Vicepresidente de la Sala Electoral del Tribunal Supremo. 3. Juan José Mendoza, Diputado PSUV (Sala Constitucional, magistrado principal); 4. Roberto Quintero, Diputado PSUV (Sala Electoral, magistrado suplente); 5. Carmen Alvarez, Diputado PSUV (Sala Electoral, magistrada suplente); 6. Libes González, Diputado PSUV (Sala Casación Civil, magistrada suplente); y 7. Gladis Gutiérrez, Procuradora General de la República (Sala Constitucional, magistrada principal). Ver, entre otros, *Mayoría del PSUV llevó a cinco de sus colegas y a la procuradora al TSJ,* EL UNIVERSAL, 8 de diciembre de 2010, disponible en: http://politica.eluniversal.com/2010/12/08/pol_art_an-excluyo-a-isaias_08A4828333.shtml **(Anexo 90)**.

Constitución y la leyes, viene dado por la conducta profesional de jueces, secretarios, alguaciles y personal auxiliar" [9].

29. Vale decir, para terminar con los hechos originalmente expuestos, que el Tribunal Supremo de Justicia domina enteramente el sistema judicial venezolano, en particular el nombramiento y remoción de los jueces, cuya inestabilidad avalada y promovida por dicho Tribunal, y el nombramiento de los jueces sin el concurso público que exige la Constitución, es otro componente de la carencia de independencia de los jueces y tribunales venezolanos, como ya lo ha señalado la Comisión y la Corte Interamericanas, en los términos que a continuación se exponen.

30. Todo lo anterior se expresa con absoluta claridad en la declaración del perito **Antonio Canova González**, propuesto por quienes suscribimos, en particular en sus páginas 6 a 14.

31. Cabe agregar, como hecho nuevo que corrobora la sujeción política del sistema de justicia al Poder Ejecutivo, que como lo confirmó el perito ofrecido por el Estado, *Magistrado* **Octavio Sisco Ricciardi**, en la actualidad el titular de la Dirección Ejecutiva de la Magistratura del Tribunal Supremo de Justicia (órgano de gobierno y administración del Poder Judicial), está a cargo del <u>Ingeniero</u> Argenis Chávez Frías, hermano del fallecido Presidente Hugo Chávez Frías[10].

32. Por lo demás, ninguno de los hechos antes señalados, fundados en documentos que cursan en el expediente y que han sido identificados en cada caso, ha sido contradicho específicamente por la representación del Estado, ni se impugnó ninguno de los documentos mencionados en el Escrito de Contestación y Excepciones Preliminares, por lo cual debe entenderse que se trata de

---

9   Véase la Nota de Prensa oficial difundida por el Tribunal Supremo. Véase en http://www.tsj.gov.ve/informacion/notasdeprensa/notasdeprensa.asp?codigo=8239 **(Anexo 91)**.

10   El día 4 de septiembre de 2013, mientras se celebraba la audiencia del caso en la Corte, circuló en Venezuela por medios alternativos que el Ing. Chávez se habría presentado en el Palacio de Justicia del Estado Aragua y, luego de ejecutar una "especie" de allanamiento al despacho del Presidente del Circuito Judicial Penal de dicho Estado, abogado Francisco Coggiola Medina, supuestamente lo habría destituido para sustituirlo por la juez Marjorie Calderón (quien condenó al ex Secretario de Seguridad de la Alcaldía Metropolitana de Caracas y a dos comisarios de la Policía Metropolitana -todos conocidos como "los comisarios"- por algunos sucesos del 11 de abril de 2002). Esta información no está confirmada en medios ordinarios ni oficiales y, al contrario, aparece una nota desmintiendo el hecho y aclarando que el juez Coggiola habría salido de vacaciones y la juez Calderón habría sido designada para suplirlo temporalmente. También encontramos, todo del 26 de septiembre pasado, una nota del TSJ, un periódico local ("El Aragüeño) y un periódico de circulación nacional (2001), en los cuales se señala que la juez Calderón si fue efectivamente designada como Presidente del Circuito Judicial Penal del Estado Aragua y presenta sus planes de gestión. No encontramos el nombramiento en la *Gaceta Oficial*. Consignamos marcado como **Anexo 139** legajo contentivo de documentos informativos al respecto.

hechos no controvertidos que, por ser tales, en principio no requieren prueba. No obstante, insistimos, esos hechos han sido suficientemente probados y así solicitamos sea declarado por esa Honorable Corte.

2. *La provisionalidad de jueces y fiscales.*

33. La provisionalidad de los jueces y fiscales, así como las observaciones que al respecto han formulado organismos internacionales, son también hechos no controvertidos en el presente juicio, los cuales en cualquier caso no sólo han sido probados con los elementos que aportó la víctima, sino especialmente con los aportados por el Estado.

34. Con relación a ello, por la contundencia de las pruebas aportadas por el Estado, nos permitimos adelantar la referencia a tales medios así:

35. Nada más en el *Escrito de Contestación y Excepciones Preliminares*, se hacen las siguientes afirmaciones:

1. Sólo los jueces seleccionados mediante concurso de oposición gozan de estabilidad, lo cual incluso se fundamenta en jurisprudencia de la Sala Constitucional y la Sala Político-Administrativa, ambas del Tribunal Supremo de Justicia, que allí se cita.

2. Dada la obligación constitucional de garantizar la continuidad de la justicia y el derecho de acceso a la justicia, el Estado procedió a la designación temporal y excepcional de jueces no titulares, para cubrir las vacantes que se fueron produciendo con motivo de la aplicación del Decreto de Reorganización del Poder Judicial, que consignan como anexo "7". Se advierte en el escrito que esto jueces fueron designados por la Comisión de Emergencia Judicial de la Comisión Judicial del Tribunal Supremo de Justicia, o por el Pleno de este último, sin que mediara concurso público de oposición. Todo para concluir que estos jueces **"no están sujetos a la carrera judicial y por tanto se encuentran excluidos de los beneficios de estabilidad y permanencia que de esta dimanan"** (las negrillas y el subrayado son del original). De nuevo se citan diversas sentencias tanto de la Sala Constitucional, como de la Sala Político-Administrativa del Tribunal Supremo de Justicia. Esto se justifica, según se dice en el mismo escrito, pues los jueces provisorios ingresan al Poder Judicial **"sin haber aprobado el concurso público de oposición, por lo que sus condiciones y aptitud para el ejercicio el cargo no han sido demostradas, con las garantías de transparencia que imponen los concursos"** (aquí también, las negrillas y el subrayado son del original).

3. El Estado afirma luego, como venimos diciéndolo también nosotros, que "[l]a credibilidad y legitimidad del sistema de justicia requiere que se garantice la idoneidad ética, moral y profesional de los jue-

ces, lo que sólo puede alcanzarse por medio de mecanismos objetivos e imparciales de selección de los mejores".

4. Según información aportada por el Estado en sus anexos "24" y "25" (de ser admitidos por esa Corte), resulta que del total general de jueces (1949), sólo el 34,53% son jueces titulares, por lo que el 65,47% de los jueces en Venezuela carecen de estabilidad. En el ámbito penal, la situación es más grave: de los 822 jueces penales que habría en Venezuela, sólo el 31, 51% serían titulares y, por lo tanto, el 68,49% de los jueces penales en Venezuela carecen de estabilidad.

36. Adicionalmente, encontramos el supuesto testimonio del señor **Luis Fernando Damiani Bustillos**, rendido ante fedatario público, quien afirmó lo siguiente:

1. En el año 2002, 1228 jueces eran provisorios, lo cual representaba el 81% de los jueces. El año 2003 se incrementó a 1773 el número de jueces provisorios.

2. En los años 2005-2006 obtuvieron una supuesta titularidad 834 jueces de un total de 1390 que habrían participado en el Programa Especial de Capacitación para la regularización de la Titularidad (PET).

3. Para agosto de 2013, de un total de 1997 jueces, sólo 657 son titulares, es decir, el 32,9%. El 67,1% restante son jueces provisorios (1095 – 54,83%), temporales (183), suplentes especiales (50). Hay 12 cargos vacantes.

37. Luego, en el peritaje ofrecido por el Estado del *Magistrado* **Octavio Sisco Ricciardi**, se afirma que en Venezuela hay un universo aproximado de 2000 jueces (1998 o 1997), de los cuales el 33% son titulares, siendo el resto jueces provisorios o interinos. Dio fe el perito, además, pero sólo en respuesta a una pregunta formulada por el representante de la víctima, de que mediante sentencia de fecha 7 de mayo de 2003, la Sala Constitucional suspendió cautelarmente la aplicación de varias normas del Código de Ética del Juez Venezolano y de la Jueza Venezolana que sometían a los jueces no titulares al régimen disciplinario general para darles así cierta estabilidad, so pretexto de que dicho régimen "es una garantía de la inamovilidad ínsita a la carrera judicial; y se obtiene con la condición de juez o jueza de carrera si se gana el concurso de oposición público"[11].

38. Dicho lo anterior, no hay duda de que la mayoría de los jueces en Venezuela carece estabilidad en el cargo, cual es una de las condiciones –más

---

11 Ver sentencia N° 983 de fecha 7 de mayo de 2013, la cual se anexa al presente escrito marcada como **Anexo 140**, y puede revisarse en http://www.tsj.gov.ve/decisiones/scon/mayo/516-7513-2013-09-1038.HTML.

que una garantía- de su imparcialidad e independencia, adoleciendo además de otras condiciones para ello: una sólida formación profesional y ética.

39. Dicho esto, ratificamos y damos por reproducido lo expuesto en nuestro *Escrito Autónomo de Solicitudes, Argumentos y Pruebas*, con relación a la provisionalidad de los jueces y fiscales en Venezuela y las observaciones al respecto de organismos internacionales (*Infra* ¶¶ *41 ss.*). En cuanto a ello, y especialmente para establecer los estándares internacionales con relación a las condiciones para la autonomía e independencia de los jueces, así como la posición del Tribunal Supremo de Justicia venezolano al respecto, hacemos valer los siguientes instrumentos mencionados o consignados en dicho escrito:

40. Los Instrumentos de la ONU:

1. *Principios Básicos Relativos a la Independencia de la Judicatura*, adoptados por el Séptimo Congreso de las Naciones Unidas en Milán, del 26 de agosto al 6 de septiembre de 1985 y confirmados por la Asamblea General en sus resoluciones 40/32 de noviembre de 1985 y 40/146 del 13 de diciembre de 1985.

2. Observaciones finales del Comité de Derechos Humanos: Venezuela, GENERAL CCPR/CO/71/VEN, 26 de abril de 2001 **(Anexo 94).**

3. *Examen Periódico Universal* de 7 de octubre de 2011, correspondiente a Venezuela, realizado dentro del marco del Consejo de Derechos Humanos de las Naciones Unidas. Las Respuestas a las Recomendaciones formuladas dentro del marco del Grupo de Trabajo cuyo *Informe* fue aprobado por ese Consejo el 15 de marzo de 2012, pone en evidencia que *la totalidad de las Recomendaciones formuladas a Venezuela relativas a la independencia del Poder Judicial fue rechazada por el gobierno*. (A/HRC/DEC/19/110. 4 de abril de 2012. **Anexo 95**).

41. Los Informes de la Comisión Interamericana de Derechos Humanos:

1. CIDH, *Informe sobre la Situación de los Derechos Humanos en Venezuela 2003*, ¶¶ 11, 12, 159, 161, y demás pertinentes.

2. CIDH, *Democracia y Derechos Humanos en Venezuela*, diciembre 2009, ¶¶ 10-15, 95, 275 y demás pertinentes.

3. CIDH. *Informe Anual 2011*, ¶¶ 394, 395, y demás pertinentes.

4. CIDH, *Carranza vs. Argentina*, caso 10.087, Informe N° 30/97, 30 de Diciembre de 1997; ¶ 41.

42. La jurisprudencia de esa honorable Corte Interamericana de Derechos Humanos:

1. Corte IDH, Caso: *Ivcher Bronstein vs. Perú*, Sentencia de 6 de febrero de 1991, Serie C, N° 74, ¶ 112, y demás pertinentes.

2. Corte IDH, *Caso del Tribunal Constitucional vs. Perú*, Sentencia de 31 de enero de 2001. Serie C N° 71, ¶ 74, Corte IDH.

3. *Caso Apitz Barbera y Otros ("Corte Primera de lo Contencioso Administrativo") vs. Venezuela.* Sentencia de 5 de agosto de 2008. Serie C No. 182, ¶¶ 43, 44, 78, y demás pertinentes.

4. Corte IDH, *Caso Reverón Trujillo vs. Venezuela.* Sentencia de 30 de junio de 2009. Serie C N° 198; ¶¶ 70, 78, 106, 118, 121, 127, y demás pertinentes.

5. Corte IDH, *Caso Chocrón Chocrón vs. Venezuela*, http://corteidh.or.cr/docs/casos/articulos/seriec_227_esp.pdf, ¶¶ 71, 123, 106, 107, 110, 164, y demás pertinentes

43. Las <u>actuaciones y jurisprudencia del Tribunal Supremo de Justicia</u> <u>venezolano:</u>

1. Palabras de Apertura del Año Judicial 2012 por la Presidenta del Tribunal Supremo de Justica, Magistrada Luisa Estella Morales Lamuño, pp. 24 y 25. **(Anexo 92)**. También en http://www.tsj.gov.ve/informacion/miscelaneas/apertura2112-Presidenta.pdf.

2. TSJ/SPA, Sentencia N° 02221 de la SPA, 28 de noviembre de 2000 **(Anexo 65)**, p. 13.

3. TSJ/SC, Sentencia N° 1413 de 10 de julio de 2007 **(Anexo 66)**, p. 9.

4. TSJ/SC, Sentencia N° 2414 de 20 de diciembre de 2007 **(Anexo 67)**, p. 26.

3. *Una nueva faz de la reorganización judicial permanente y de la inestabilidad de los jueces: la creación de una "Jurisdicción Disciplinaria Judicial" políticamente sometida, con jueces disciplinarios nombrados libremente por la Asamblea Nacional sin tener competencia constitucional para ello*

44. Que la reorganización del Poder Judicial en Venezuela ha sido hasta ahora permanente, y la creación de una "Jurisdicción Disciplinaria Judicial" políticamente sometida, con jueces disciplinarios nombrados libremente por la Asamblea Nacional sin tener competencia constitucional para ello, <u>son</u> <u>hechos no controvertidos en este juicio y, por lo mismo, no requieren en prin-</u><u>cipio prueba.</u>

45. No obstante, como en casos anteriores, la ocurrencia de esos hechos está suficientemente acreditada en los autos según ponemos de manifiesto a continuación, haciendo referencia a los elementos de los cuales así se evidencia.

1. Continuación de la práctica crónica de provi sionalidad de los cargos judiciales y su no provisión por concurso conforme a la Constitución al auxilio de la declaratoria, una vez más, de *"la reestructuración integral de todo el Poder judicial Venezolano"* (Art. 1°) mediante Resolución N° 2009-0008 de la Sala Plena del Tribunal Supremo de Justicia (Gaceta Oficial N° 5.915 Extr. de 2 de abril de 2009. **Anexo 64**), disponiéndose que todos los jueces *"serán sometidos a un proceso obligatorio de evaluación institucional"* (Art. 2°) y *"(s)e autoriza a la Comisión Judicial del Tribunal Supremo de Justicia a suspender con o sin goce de sueldo"* a quienes no aprueben la evaluación (Art. 3°) estableciéndose también que *"(l)os cargos vacantes como consecuencia del proceso de reestructuración, serán cubiertos por la Comisión Judicial"*, sujetos a la ratificación ulterior por el mismo Tribunal Supremo de Justicia (Art. 4°).

2. Establecimiento de un sistema disciplinario judicial, a través de la "Ley del Código de Ética del Juez Venezolano y la Jueza Venezolana" que prevé la existencia de una jurisdicción disciplinaria [12] a cargo de un "Tribunal Disciplinario Judicial" y una "Corte Disciplinaria Judicial" que por obra de una nueva disposición transitoria, no están integrados por verdaderos jueces -que conforme a la Constitución sólo pueden ser designados por el Tribunal Supremo de Justicia- sino por unos llamados "jueces disciplinarios" nombrados libre y directamente por la Asamblea Nacional, sin concurso público alguno y sin participación ciudadana alguna, violándose, por tanto, todas las disposiciones constitucionales relativas al Poder Judicial.[13] Por consiguiente, de un órgano inconstitucional como la mencionada Comisión *ad hoc* se pasó a otro órgano inconstitucionalmente constituido, controlado directamente por el poder político representado por la Asamblea Nacional.

3. Suspensión cautelar, vía sentencia de la Sala Constitucional del Tribunal Supremo de Justicia, de la aplicación de varias normas del Código del Ética del Juez Venezolano y de la Jueza Venezolana, que otorgaban garantías de estabilidad a los jueces no titulares, so-

---

12 *Gaceta Oficial* N° 39.493 de fecha 23-8-2010.

13 Para ello, en la referida Ley del Código de Ética del juez, de nuevo, se incorporó una nueva "Disposición Transitoria Tercera" en la cual se dispuso que: *"Tercera.* Hasta tanto se conformen los Colegios Electorales Judiciales para la elección de los jueces y juezas de la competencia disciplinaria judicial, la Asamblea Nacional procederá a designar los jueces y juezas y los respectivos suplentes del Tribunal Disciplinario Judicial y la Corte Disciplinaria Judicial, previa asesoría del Comité de Postulaciones Judiciales."

metiéndolos a la jurisdicción disciplinaria judicial y, además, dotando de "legalidad" las causas de su destitución[14].

4. En conexión con todo ello, el perito y Magistrado del Tribunal Supremo de Justicia Sisco Ricciardi aclaró en su declaración en la audiencia que *"el proceso constituyente no ha culminado, o sea en realidad se inicio al día siguiente de la aprobación de la Constitución"*. Dicho proceso empezó en 1999 con la convocatoria a un referéndum al que se sometió la posible convocatoria a una Asamblea Nacional Constituyente

46. Lo anterior se ve corroborado no sólo en la declaración escrita del perito **Antonio Canova González** (pp. 22-31), propuesto por quienes suscribimos, sino también por lo dicho por el supuesto testigo **Luis Fernando Damiani Bustillos** y por el perito *Magistrado* **Octavio Sisco Ricciardi**, ambos propuestos por el Estado.

47. En efecto, de los dichos de éstos quedó confirmado el sistema disciplinario plasmado en el Código de Ética que data de 2009 no tiene aplicación respecto de aproximadamente el 70% de los jueces venezolanos.

48. Según declaró el *Magistrado* **Sisco Ricciardi** solamente "…el 33% son jueces titulares el resto son provisorios o interinos…" y es justamente a ese *resto* el que está *fuera* del sistema disciplinario y , según también declaró,

> "…es cierto que la comisión judicial para esa categoría de jueces es la que designa este tipo de jueces o los remueve dado que no tiene esa estabilidad que estamos hablando…"

49. Por su parte, Damiani Bustillos reconoció que hay más de 300 casos *anuales* en los cuales se deja sin efecto el nombramiento de jueces provisorios sin procedimiento previo ni causa legal invocada, explicando que

> "…dada su naturaleza de jueces interinos no hay una estabilidad desde el punto de vista de la carrera…"

50. También quedó en evidencia, con declaración de **Sisco Ricciardi**, que bajo la vigencia de ese *nuevo* sistema disciplinario no han sido celebrados concursos para la designación de jueces titulares y, lo que es aún más significativo, el mismo se encuentra suspendido para el 70% de los jueces venezolanos.

51. Se comprobó también que la imparcialidad del sistema ofrece serias dudas, cuando quienes se encargarían de su aplicación han sido representantes del partido de gobierno ante la Asamblea Nacional. En efecto, nos permitimos recordar a esa honorable Corte que según admitió el abogado **Sisco Ric-**

---

14 Ver sentencia N° 983 de fecha 7 de mayo de 2013, la cual se anexa al presente escrito marcado como **Anexo 140**, y puede revisarse en http://www.tsj.gov.ve/decisiones/scon/mayo/516-7513-2013-09-1038.HTML

ciardi, 2 magistrados de 3 que componen el Tribunal Disciplinario eran diputados a la Asamblea Nacional por el Partido Socialista Unido de Venezuela antes de ser designados para tal cargo. También lo era el Presidente de la Corte Disciplinaria.

52. El Código de Ética y la jurisdicción disciplinaria son letra muerta. Nada en el fondo ha mejorado desde 1999 en esta materia, de manera que la estabilidad de los jueces, como garantía de su independencia y autonomía, sigue ausente de Venezuela.

53. Y es que no puede negarse que ha quedado demostrado en el presente juicio que *la reestructuración judicial venezolana es perpetua y la provisionalidad de los jueces lo único verdaderamente estable y permanente en ese sistema judicial.*

4. *El Programa de Regularización de la Titularidad (PET): un nuevo fraude a la Constitución y a la independencia judicial*

54. La existencia, en Venezuela, del llamado Programa de Regularización de la Titularidad (PET) es un hecho no controvertido que, por lo mismo no requiere prueba. En cuanto al *hecho* de que su instauración se configuró como un fraude a la Constitución y a la independencia judicial, tampoco ha sido controvertido. En otros términos, el Estado no ha negado –y mucho menos demostrado- que el PET haya sido concebido y aplicado como un mecanismo para "regularizar" a los jueces provisorios y temporales, designados sin el concurso de oposición que exige la Constitución y a través de un mecanismo que dista de satisfacer los requerimientos constitucionales y, menos aún, los de la independencia judicial.

55. Ya esa honorable Corte Interamericana ha tenido ocasión de observar esa anormalidad en otros casos a los cuales nos hemos referido[15]

56. El supuesto testigo propuesto por el Estado **Luis Fernando Damiani Bustillos**, en su declaración rendida ante fedatario público, también se refirió al PET sin negar o contradecir nuestras afirmaciones. Por el contrario, aunque sin una fuente formal, aportó varios datos:

1. En los años 2005-2006, participaron 1390 jueces provisorios en el PET, de los cuales aproximadamente la mitad, *sólo la mitad*, aprobó las evaluaciones.

2. El año 2005 fueron "titularizados" 498 jueces y en el año 2006, 336; para un total de 834 jueces "titularizados" a través del PET.

---

15   Corte IDH, *Caso Reverón Trujillo*, cit.; ¶ 121; Corte IDH, *Caso Chocrón Chocrón, cit.,* ¶ 113. Igualmente, CIDH, *Democracia y Derechos Humanos en Venezuela, cit.,* ¶ 214.

57. Las falta de concordancia de las cifras señaladas no nos permite determinar exactamente cuántos jueces participaron en el PET, ni cuántos lo aprobaron en aras de su "titularización". Además, la cifra de jueces titularizados que nos suministra el "testigo" **Damiani Bustillos (834)** no concuerda con el número de jueces titulares que habría en Venezuela de acuerdo con el anexo "24" aportado por el Estado es el *Escrito de Contestación* (**673**); salvo a considerar que la última cifra se refiere únicamente a jueces que ingresaron a la carrera judicial según el concurso de oposición previsto en la Constitución, con lo cual el PET tampoco habría servido para que juez alguno alcanzara la condición de titular[16].

58. Es pues obvio que se trató de un proceso fraudulento para la supuesta reconversión de jueces, que en realidad buscaba "...otorgar titularidad a aquellos jueces que demostraron seguir las directrices de los órganos de gobierno del poder judicial"[17] y eliminar aquellos que no lo habían hecho, como el (ex) juez provisorio Henry Jaspe, a quien el PET negó la posibilidad de concursar, y que denunció mediante una acción de amparo haber sido excluido por discriminación política[18]. La acción de amparo fue declarada inadmisible, mediante sentencia de la Sala Constitucional del Tribunal Supremo de Justicia N° 1955 de 22-10-2007[19].

59. En consecuencia, queda demostrado que el PET fue un mero instrumento para institucionalizar la carencia de independencia de los jueces y para lograr que la sujeción del Poder Judicial como institución, encabezado por el Tribunal Supremo de Justicia, se extienda de manera sistémica a cada uno de los jueces que se integran en el mismo.

---

16 En la declaración del supuesto testigo Damiani Bustillos, luego de que se señala y se explica cómo 834 jueces provisorios habrían sido titularizados a través del PET, se afirma que el año 2007 hubo 3916 aspirantes a la carrera judicial, incorporados a un "Programa de Formación Inicial de Jueces", que les permitiría participar en un "concurso público para la selección de jueces". No obstante, luego solo habla de la designación de jueces no titulares durante los años 2008 y 2009, para terminar mostrando un cuadro estadístico de la supuesta situación actual de la judicatura en Venezuela. Claro que no se explica qué pasó con los jueces que ya eran titulares antes del PET, ni qué pasó en general para que de al menos 834 jueces titulares haya bajado hoy la cifra a 657.

17 Véase Rafael J. Chavero Gazdik, *La Justicia Revolucionaria. Una década de Reestructuración (o Involución) Judicial en Venezuela,* Editorial Aequitas, Caracas 2011, p. 304. **(Anexo 98)**

18 Véase la información sobre el recurso de amparo por discriminación política intentado por el ex juez provisorio Henry Jaspe contra la Dirección Ejecutiva de la Magistratura, en *El Universal. Digital,* "Expediente, Justicia Maisanta", reseña de la periodista Giuliana Chiappe, domingo 19-11-2006. **(Anexo 68)**.

19 Ver en http://www.tsj.gov.ve/decisiones/scon/Octubre/1955-221007-06-1531.htm. **(Anexo 68-A)**

5. *La provisionalidad en el Ministerio Público y su falta de independencia e imparcialidad*

60. La provisionalidad del Ministerio Público es un <u>hecho no controvertido</u>, que de todas maneras está suficientemente probado en el expediente. Su falta de independencia e imparcialidad es consecuencia de lo anterior, a pesar de que el Estado insista en lo contrario, sobre la base de que "existen mecanismos idóneos para objetar y aducir su falta de imparcialidad" (recusación, "planteamiento en la Dirección de Inspección y Disciplina del Ministerio Público").

61. La prueba más contundente en relación con este hecho es la declaración del Agente del Estado, quien afirmó en el *Escrito de Contestación y Excepciones Preliminares* que salvo **dos**, todos los fiscales del Ministerio Público son provisorios, o al menos no son titulares de sus cargos.

62. El Estado ha referido que para poder concursar al cargo de fiscal del Ministerio Público, es necesario haber aprobado el Programa de Formación para el Ingreso a la Carrera Fiscal, que imparte la Escuela Nacional de Fiscales, órgano integrado al Ministerio Público y, como tal, dirigido por el o la Fiscal General de la República, pero dicha Escuela fue formalmente creada apenas en el año <u>2008</u>.

63. De su parte, la testigo propuesta por el Estado, **Santa Palella Stracuzzi**, Directora de esa Escuela Nacional de Fiscales, afirmó que, hasta la fecha de su declaración, se habían realizado seis (6) convocatorias al proceso de selección para cursar el Programa de Formación para el Ingreso a la Carrera Fiscal, el cual tiene una duración de dos años. Según los datos aportados por la testigo, han egresado del Programa, 272 abogados.

64. También según la misma testigo propuesta por el Estado, desde que se creó la Escuela Nacional de Fiscales sólo ha habido dos convocatorias a concurso para ingresar a la carrera fiscal. Según afirma, el 10 de abril de 2012 se juramentaron las dos primeras fiscales de carrera con que cuenta el Ministerio Público. El segundo concurso habría culminado el 31 de julio de 2013, al cabo del cual ingresaron dos nuevas fiscales de carrera al Ministerio Público, para un gran total de **<u>cuatro (4).</u>**

65. Es de destacar que, según el mismo testimonio, en este segundo concurso participaron 34 egresados del Programa de Formación para el Ingreso a la Carrera Fiscal, para proveer 5 cargos fiscales. <u>Sólo 2 personas de las 34 que participaron obtuvieron las calificaciones necesarias para ser fiscal.</u>

66. Es evidente que la Escuela Nacional de Fiscales no está cumpliendo su cometido y, por supuesto, no hay manera de vislumbrar en el corto plazo que cese la provisionalidad en el Ministerio Público. Lo que es también evidente es que los fiscales del Ministerio Público carecen de la formación necesaria para ocupar los cargos que ejercen.

67. Por su parte, la Comisión ha verificado reiteradamente esta situación, señalando en su informe sobre la situación de los derechos humanos en

Venezuela (Capítulo IV de su *Informe Anual a la Asamblea General de la OEA* correspondiente a 2005), con base en datos oficiales (erróneos) *"que aproximadamente **el noventa por ciento (90%) de los fiscales se encuentran en provisionalidad.***" La CIDH observó, además, que estos fiscales, precisamente en el tiempo del proceso penal seguido contra el profesor Brewer Carías, eran:

> *"**designados arbitrariamente por el Fiscal General de la República** sin ninguna preparación previa, ni selección objetiva de conformidad con la Ley que rige sus funciones. Como consecuencia de ello, estos fiscales son de libre nombramiento y remoción por parte del Fiscal General de la República, **quien se desempeñó como Vicepresidente Ejecutivo del actual gobierno de Venezuela** antes de ser designado en tan alta responsabilidad."*[20] (Énfasis añadidos*).*

68. En su Informe sobre *Democracia y Derechos Humanos en Venezuela* de 2009, la Comisión determinó que **la totalidad de los fiscales designados durante 2008 y 2009 eran de libre nombramiento y remoción.**[21] La situación permanece invariable en el *Informe Anual* de la CIDH correspondiente a 2011, donde se da cuenta que la totalidad de los 230 fiscales designados han sido libremente escogidos y designados en resoluciones *"sin ninguna motivación."*[22] Se trata de fiscales provisorios, interinos y suplentes. Todos éstos, claro está, son también de libre remoción.

69. A mayor abundamiento, la supuesta testigo ofrecida por el Estado **Mercedes Prieto Serra**, Directora General de Asuntos Jurídicos del Ministerio Público, señaló en su declaración que, si bien es cierto que las causas se asignan a los fiscales según un procedimiento más o menos objetivo de "distribución", el fiscal puede ser removido del caso por su superior o por el Fiscal General, si no están de acuerdo con la manera como se lleva el caso. De hecho, a pesar de que la misma testigo afirmó varias veces que los fiscales del Ministerio Público son autónomos ("total autonomía" fueron sus términos) en el ejercicio de sus funciones, de acuerdo con el artículo 8 de la Ley Orgánica del Ministerio Público[23] eso no es así: *"[s]in perjuicio de formular las observaciones que consideren convenientes, los o las fiscales estarán obligados a acatar las instrucciones y directrices que imparta el Fiscal o la Fiscal General de la República, o quien haga sus veces, o mediante los funcionarios o funcionarias jerárquicamente correspondientes para la realización de la in-*

---

20 CIDH Informe Anual 2005; ¶ 294.

21 CIDH, *Democracia y Derechos Humanos en Venezuela, cit.,* ¶¶ 225 y 226.

22 CIDH, *Informe Anual* 2011, *cit.,* ¶ 459.

23 En la audiencia se consignó copia de la *Gaceta Oficial* N° 38.647 de fecha 19 de marzo de 2007, en la cual se publicó la aludida Ley Orgánica del Ministerio Público. Hemos consignado una nueva copia del documento para efectos prácticos, la cual se identifica como **Anexo 141**.

vestigación penal o para el ejercicio de la representación del Ministerio Público ante los tribunales, sean éstos de competencia ordinaria o especial".

70. De modo que está suficientemente demostrado que el Ministerio Público, durante todo el tiempo desde que se imputó delito al profesor Brewer Carías hasta el presente, está también minado por la provisionalidad y temporalidad de los fiscales y demás funcionarios, que son del libre nombramiento y remoción del Fiscal General de la República. Los fiscales provisorios en general, y en particular todos a los que ha correspondido y pueda corresponder actuar en el proceso contra el profesor Brewer Carías, han tenido y tienen cercenada su independencia, y han sido expuestos a represalias cuando se han apartado de la línea de actuación impuesta por sus superiores.

6. *Un Poder Judicial al servicio del Poder Ejecutivo en un marco de ausencia de separación de poderes, y su confirmación por declaraciones públicas de un ex Magistrado del Tribunal Supremo en abril de 2012*

71. Las denuncias que hemos hecho a todo lo largo del trámite de este caso ante la CIDH, en el sentido de la sujeción política del sistema de justicia venezolano a los designios políticos del Presidente de la República y sobre la utilización de los tribunales penales y el Ministerio Público fueron objeto de confirmación por un hecho superveniente al sometimiento del caso a esa Corte por la CIDH: las declaraciones públicas del ex Magistrado del Tribunal Supremo de Justicia, **Eladio Aponte Aponte**.

72. Ratificamos lo expuesto en cuanto a esto en el *Escrito Autónomo de Solicitudes, Argumentos y Pruebas*, así como los documentos aportados como prueba, tanto de los dichos de **Aponte Aponte**[24], como de las "actitudes" adoptadas al respecto tanto por la Asamblea Nacional[25], como por el Ministe-

---

24 El texto de las declaraciones ha sido tomado de la transcripción hecha por la estación de SoiTV, publicada en *El Universal*, Caracas 18-4-2012, disponible en: http://www.eluniversal.com/nacional-y-politica/120418/historias-secretas-de-un-juez-en-venezuela. Copia de la transcripción está en el **Anexo 103**. Se puede obtener el video en http://www.youtube.com/watch?v=uYIbEEGZZ6s.

25 Acuerdo de la Asamblea Nacional (actuando como "vocera del pueblo soberano") de fecha 24-04-2012, *"en desagravio a la dignidad del pueblo venezolano por las infames declaraciones emitidas por el ex Magistrado del Tribunal Supremo de Justicia Eladio Ramón Aponte Aponte"*, publicado en la Gaceta Oficial N° 39.909 de 25-04-2012. Como muestra de la sumisión de la Asamblea Nacional al Presidente de la República, en el tercer considerando se afirma lo siguiente: *"el día 18 de abril del presente año, el ex Magistrado Eladio Ramón Aponte Aponte, emitió unas declaraciones en la televisora SoiTV, propiedad del prófugo de la justicia venezolana Eligio Cedeño y transmitido por el canal opositor Globovisión, en el cual hizo señalamientos sin pruebas a hombres y mujeres **que luchan y trabajan por la consolidación del Proyecto Bolivariano** enmarcado en el Plan de desarrollo Económico y Social de la Nación – Proyecto Nacional Simón Bolívar, intentando por esta vía someter al escarnio público al Estado venezolano y a sus instituciones democráticas"*. Luego, "exhortó"

rio Público[26]; ninguno de los cuales fue impugnado en el Escrito de Contestación de Excepciones Preliminares del Estado, como tampoco fueron contradichos los hechos, y que por tanto no son controvertidos a efectos del presente caso.

73.   En cualquier caso, la sumisión del Tribunal Supremo de Justicia y el Poder Judicial y, en general de todos los poderes públicos, al Ejecutivo Nacional (en vida de Hugo Chávez y aún ahora) queda demostrada también a través de hechos concretos evidenciados a través del testimonio experto del Profesor **Antonio Canova González**, cuyo contenido íntegro hacemos valer a esos efectos.

II.   ANTECEDENTES RELEVANTES DE LA VIOLACIÓN DE LOS DERECHOS HUMANOS DEL PROFESOR BREWER CARÍAS. LOS SUCESOS DE ABRIL DE 2002

74.   También son hechos no controvertidos y no obstante probados en el presente juicio los señalados en el *Escrito Autónomo de Solicitudes, Argumentos y Pruebas* como antecedentes relevantes de la violación de los derechos humanos del Profesor Brewer Carías, relacionados con los sucesos de abril de 2002: la movilización popular y el anuncio de la renuncia del Presidente; la atención del profesor Brewer Carías al requerimiento de asistencia jurídica formulado por el Dr. Pedro Carmona Estanga; la vinculación mediática del profesor Brewer Carías con la redacción del decreto mediante dichos referenciales de periodistas, y el desmentido del profesor Brewer Carías en relación con esas referencias de prensa.

---

al Ministerio Público para que abriera una averiguación contra el Sr. Aponte Aponte por conspirar, de acuerdo con enemigos exteriores, contra la integridad del territorio de la patria o contra sus instituciones republicanas. **(Anexo 104)**.

26   Nota de prensa del Ministerio Público, en la cual se da cuenta de las declaraciones de la Fiscal General de la República –Luisa Ortega Díaz-, rendidas el 26 de abril de 2012, en cuanto a las afirmaciones de Eladio Aponte Aponte. Afirma la Fiscal General, entre otras cosas que *"las declaraciones ofrecidas fuera del país por Eladio Aponte no son suficientes para iniciar una investigación en Venezuela, porque existe un procedimiento establecido en el Código Orgánico Procesal Penal (COPP) para la formulación de denuncias"*; que *"Aponte tiene que venir a Venezuela a formular las denuncias de acuerdo con el procedimiento establecido en las leyes venezolanas, además recordó que él tuvo la oportunidad de formular estos señalamientos antes de sustraerse de la justicia venezolana y, sin embargo, no lo hizo"*; que ***"en cualquier Estado todas las instituciones pueden reunirse para fijar estrategias y políticas"***, con lo cual confirmó las reuniones señaladas por el ex Magistrado, que son prueba del desvanecimiento de la separación de poderes en Venezuela (ver en http://www.ministeriopublico.gob.ve/web/guest/buscador/-/journal_content/56/10136/1043264). **Anexo 105**.

1. Movilización popular y anuncio de la renuncia del Presidente

75. Es de conocimiento público que hacia fines de 2001 y principios de 2002, se produjeron en Venezuela masivas protestas contra el gobierno del Presidente Chávez, que desembocaron en el transitorio derrocamiento de éste el 11 de abril de 2002.[27] Hubo una intensa movilización social de protesta contra diversas políticas del gobierno del Presidente Chávez, quien había promulgado un grueso conjunto de decretos leyes de cuestionable constitucionalidad, criticadas, por cierto, por el profesor Brewer Carías.[28]

76. El volumen de la protesta pública fue creciendo en el primer trimestre de 2002, de lo cual se enteró el profesor Brewer Carías en el exterior, pues durante las dos semanas precedentes estuvo fuera del país, a donde regresó el día 9 de abril de 2011 en la noche.

77. El 11 de abril de 2002, una gran manifestación pública que se dirigía al Palacio de Miraflores, sede de la Presidencia de la República en Caracas, terminó en un ataque armado contra civiles indefensos.[29] Tras esos eventos se desencadenó una grave crisis política, configurada por sucesivas declaraciones públicas de los comandantes de las distintas ramas de las Fuerzas Armadas, que desconocían la autoridad del Presidente de la República. Durante la madrugada del día 12 de abril, el jefe militar de mayor jerarquía en el país, general en jefe Lucas Rincón, a la sazón Inspector General de la Fuerza Armada, se dirigió al país por televisión, acompañado del Alto Mando Militar, e informó que esa cúpula castrense había solicitado la renuncia al Presidente de la República y que éste así lo había aceptado,[30] todo lo cual configuró una

---

27   *Cfr.* ¶ 85 del *Informe* de la CIDH.

28   Véase Allan R. Brewer Carías, *«Apreciación general sobre los vicios de inconstitucionalidad que afectan los Decretos Leyes Habilitados»* en *Ley Habilitante del 13-11-2000 y sus Decretos Leyes*, Academia de Ciencias Políticas y Sociales, Serie Eventos N° 17, Caracas 2002, pp. 63-103; *«El régimen constitucional de los Decretos Leyes y de los actos de gobierno»* en *Bases y Principios del Sistema Constitucional Venezolano (Ponencias del VII Congreso Venezolano de Derecho Constitucional realizado en San Cristóbal del 21 al 23 de noviembre de 2001)*, Asociación Venezolana de Derecho Constitucional, Universidad Católica del Táchira, San Cristóbal, 2002, pp. 25-74.

29   La CIDH admitió la petición de víctimas y familiares de esos sucesos, por la omisión del Estado en investigar la verdad de lo ocurrido en esa cruenta jornada. Informe 96-06. Petición 4348-02. ADMISIBILIDAD. *Jesús Mohamad Capote, Andrés Trujillo y otros v. Venezuela*. 23 de octubre de 2006. (**Anexo 106**).

30   Las palabras textuales del General Rincón fueron las siguientes: "Pueblo venezolano, muy buenos días, los miembros del Alto Mando Militar de la Fuerza Armada Nacional de la República Bolivariana de Venezuela deploran los lamentables acontecimientos sucedidos en la ciudad capital el día de ayer. **Ante tales hechos se le solicitó al señor Presidente de la República la renuncia a su cargo, la cual aceptó.** Los miembros del Alto Mando Militar ponemos, a partir de este momento, nuestros cargos a la orden, los cuales entregaremos a los oficiales que sean designados por las nuevas autoridades".(Énfasis añadido). Véase Albor Rodríguez (ed), *Verdades, men-*

grave crisis y transmitió a la opinión pública nacional e internacional que el Presidente Chávez, en efecto, se había separado de su cargo. Como es sabido, el día 12 de abril, el Dr. Pedro Carmona Estanga, uno de los líderes de las protestas civiles precedentes, anunció el establecimiento de un "gobierno de transición democrática", presidido por él, así como la disolución de los poderes públicos y otras medidas extremas.

2. Atención del profesor Brewer Carías al requerimiento de asistencia jurídica formulado por el Dr. Pedro Carmona Estanga

78. En medio de una situación que aún era confusa para la inmensa mayoría del país, el Dr. Carmona Estanga solicitó una opinión jurídica al profesor Brewer Carías, como abogado especialista en Derecho Constitucional, en las circunstancias que se explicaron en el *Informe* de la CIDH, en el Escrito Autónomo de Solicitudes, Argumentos y Pruebas y en la exposición que hizo la víctima durante la celebración de la audiencia al presente caso[31], a saber:

1. En la madrugada del 12 de abril de 2001, el profesor Brewer Carías recibió en su casa de habitación una llamada telefónica del Dr. Pedro Carmona Estanga, requiriendo urgentemente su presencia, como abogado, para solicitarle una opinión jurídica.

2. El profesor Brewer Carías fue trasladado desde su casa a la mayor instalación militar de Caracas, conocida como "Fuerte Tiuna", donde tienen su sede el Ministerio de la Defensa y la Comandancia General del Ejército. En esta última se encontraba el Dr. Carmona Estanga, en reuniones a las que el Dr. Brewer Carías no tuvo acceso. Allí le fue mostrado el texto de un borrador de decreto cuya autoría el profesor Brewer Carías desconocía y desconoce, y que básicamente fue el mismo texto que en horas de la tarde de ese mismo día, 12 de abril de 2002, configuraría el decreto del así autodenominado gobierno de transición democrática.

3. La reacción inmediata del profesor Brewer Carías fue la de notar que dicho texto se apartaba del constitucionalismo democrático y violaba la Carta democrática Interamericana.

4. El profesor Brewer Carías trató de inmediato de manifestar privada y personalmente al Dr. Carmona Estanga su posición jurídica, pero le fue imposible tener una <u>reunión privada</u> con él en el Fuerte Tiuna.

5. Luego de que pudo salir de dicha instalación militar (donde permaneció breves horas pues no disponía de vehículo propio para movili-

---

tiras y Videos. Lo más relevante de las interpelaciones en la Asamblea Nacional sobre los sucesos de abril, Libros El Nacional, Caracas 2002, pp. 13-14. (**Anexo 107**).

31   El *Informe* de la CIDH da cuenta de este hecho en sus ¶¶ 86-88.

zarse libremente), hacia mediodía de ese mismo día 12 de abril se trasladó al Palacio de Miraflores para transmitir al Dr. Carmona la opinión jurídica que le había sido requerida, pero nuevamente le fue imposible entrevistarse con el Dr. Carmona, por lo que se retiró a los pocos minutos de ese lugar.

6. El profesor Brewer Carías sólo pudo tener contacto personal y directo con el Dr. Carmona vía telefónica, cuando éste lo llamó por teléfono, en la tarde de ese mismo día 12 de abril, a su casa de habitación, ocasión en la cual le manifestó su opinión jurídica en el sentido de rechazo absoluto al aludido decreto. Dicha comunicación telefónica tuvo lugar antes de que se diera lectura pública al decreto desde el Palacio de Miraflores, en un acto que el profesor Brewer Carías vio por televisión desde su casa.

7. El profesor Brewer Carías no estuvo presente en la tarde de ese día en el Palacio de Miraflores ni participó en ese acto, ni firmó su adhesión a dicho acto.

79. La actuación del profesor Brewer Carías en relación con los hechos antes mencionados, fue la de un abogado en ejercicio profesional, especialista en Derecho público, que fue llamado de urgencia por una persona con la cual había tenido previamente relación de índole profesional, para solicitarle una opinión jurídica sobre un texto ya redactado para la instauración de un denominado gobierno de transición. Es obvio que la consulta misma prueba que el profesor Brewer Carías no redactó el documento sobre el cual dicha consulta versaba.

80. Sobre ese carácter de la actuación del profesor Brewer Carías en el caso de los sucesos de abril de 2002, el propio Dr. Carmona en su libro *Mi Testimonio ante la Historia* (*Anexo 3,* pp. 107 y 108), explicó que fue en el carácter de abogado que le requirió una opinión jurídica sobre un documento que ya estaba redactado.

3. *Vinculación mediática del profesor Brewer Carías con la redacción del decreto mediante dichos referenciales de periodistas, y desmentido del profesor Brewer Carías en relación con las referencias de prensa*

81. En los días que siguieron a aquellos sucesos de abril de 2002, algunos periodistas especularon sobre la breve presencia del profesor Brewer Carías en el Fuerte Tiuna la madrugada del 12 de abril, atribuyéndole sin más la redacción del decreto que pretendió constituir el gobierno presidido por el Dr.

Carmona Estanga, lo cual fue inmediata y repetidamente desmentido por el profesor Brewer Carías.[32]

82. El profesor Brewer Carías no redactó tal decreto ni propuso borrador alguno, pues el texto que se le presentó para que emitiera una opinión jurídica ya estaba redactado. En autos está plenamente probado que:

1. Ha reiterado ese desmentido en numerosas declaraciones posteriores y en libros que ha escrito conectados con esa desafortunada especie, entre ellos, el titulado *La crisis de la Democracia Venezolana*[33], y el titulado *En mi propia Defensa* **(Anexo 2)**.[34]

2. Así lo ha aclarado el propio Dr. Carmona en su libro titulado *Mi Testimonio ante la Historia*, Caracas 2004 **(Anexo 3)**, y en declaración auténtica formulada ante Notario Público el día 23 de febrero de 2006 en Bogotá[35] **(Anexo 4)**.

3. También lo han reiterado testigos, cuya declaración no fue atendida por el Ministerio Público y los tribunales venezolanos, o cuya promoción como tales testigos fue rechazada, con grave perjuicio para la defensa del profesor Brewer Carías.

4. Tampoco pudo hacer valer otros elementos contundentes de convicción por haberlo impedido arbitrariamente el Ministerio Público y el sistema judicial venezolanos.

83. La conexión del profesor Brewer Carías con esos eventos del 11 y 12 de abril fue puramente circunstancial, al requerírsele una opinión como abogado. De hecho, la última posición asumida por el Estado en el procedimiento ante la CIDH, contenida en su *Contestación a la Petición* **P-84-07** del 29 de agosto de 2009 (Anexo 108), admite que el profesor Brewer Carías no redactó el mencionado decreto, pero que en cambio se le imputa que, en cum-

---

32 Tanto las imputaciones erróneas de esos periodistas como los desmentidos del profesor Brewer Carías están relacionados en los párrafos 90 y 91 del Informe de la CIDH.

33 Véase Allan R. Brewer Carías, *La crisis de la democracia venezolana. La Carta Democrática Interamericana y los sucesos de abril de 2002,* Los Libros de El Nacional, Colección Ares, Caracas 2002, 263 pp.

34 Allan R. Brewer Carías, *En mi propia defensa. Respuesta preparada con la asistencia de mis defensores Rafael Odremán y León Henrique Cottin contra la infundada acusación fiscal por el supuesto delito de conspiración,* Editorial Jurídica Venezolana, Caracas 2006, 606 pp. Este libro contiene el escrito de 08-11-2005 de contestación a la acusación penal formulada contra el profesor Brewer Carías, en el cual se denuncian todas las violaciones a sus derechos y garantías judiciales cometidas durante el proceso de imputación y en la acusación.

35 Véase el texto en Allan R. Brewer Carías, *En mi propia defensa*, Caracas 2005, pp. 591-598 **(Anexo 2)**.

plimiento del artículo 333 de la Constitución,[36] que *"conociendo el contenido del decreto, no denunció el mismo y que, además, se tomo (sic) la molestia de trasladarse al Palacio de Miraflores para manifestarle al Dr. Carmona su 'opinión' sobre el texto"* o que *"en lugar de denunciar abiertamente su propósito, no denunció como correspondía a cualquier defensor de la constitucionalidad democrática, sino que además pretendió una reunión con el dirigente de la ofensiva golpista"* (pág. 13 de la *Contestación del Estado a la Petición*).

84. Esa afirmación reconoce lo que repetidamente hemos señalado, es decir, que al profesor Brewer Carías se le presentó un documento ya redactado sobre el cual se le pidió una opinión jurídica como profesional del derecho, que emitió en las circunstancias que ya se ha relatado. Según lo afirmado por el Estado, lo que se le imputaría no sería ya la redacción del señalado decreto, sino no haber delatado su existencia.

85. La más clara demostración de la vinculación mediática del Profesor Brewer Carías con la redacción de decreto aparece de dos testimoniales rendidas a requerimiento del Estado ante esa Corte el día 3 de septiembre de 2013: la de **Julián Isaías Rodríguez**, ex Fiscal General de la República y la de **Ángel Alberto Bellorín**, denunciante del Profesor Brewer Carías.

86. El testigo **Julián Isaías Rodríguez** declaró que siendo Fiscal General de la República, escribió y publicó en septiembre de 2005 un libro de memorias (*"Abril comienza en Octubre"*), un "cuento" (nuestro **Anexo 21**), en el cual relata varios episodios de su vida personal, entre los cuales algunos relacionados con los sucesos de abril de 2002.[37] Entre los "cuentos", el enton-

---

36   *Artículo 333. Esta Constitución no perderá su vigencia si dejare de observarse por acto de fuerza o porque fuere derogada por cualquier otro medio distinto al previsto en ella.*

   En tal eventualidad, todo ciudadano investido o ciudadana investida o no de autoridad, tendrá el deber de colaborar en el restablecimiento de su efectiva vigencia.

37   Dijo por ejemplo, el testigo Isaías Rodríguez en la audiencia del 3 de septiembre de 2013 al responder diversas preguntas que le formuló el profesor **Claudio Grossman**, entre otras cosas que: *"Este es un libro de un cuento,* aquí yo no estoy haciendo imputaciones a nadie. Ni siquiera con esto estoy haciendo un señalamiento expreso contra el Dr. Brewer, simplemente estoy diciendo Carmona lo contó. *Esto es un cuento.*" […] "Y *quien lea el libro se va a dar cuenta de que es un cuento. Aquí cuento cosas íntimas mías, muy personales.* Esto no es un libro para acusar a nadie." […] "Recuerden de nuevo esto *es un libro de memoria,* esto no es un diario que yo llevaba, sino que se me ocurrió realmente *colocar mis emociones aquí.*" […] "Ya hemos hablado suficientemente de los periodistas, usted lo refirió en su momento, y el Dr. Brewer lo ha afirmado en varias oportunidades, *los periodistas dicen una cosa y uno puede decir otra cosa.*" Finalmente ante la pregunta del profesor Grossman si estaba "enterado que la acusación fue posterior a la publicación de su libro en septiembre del año 2005 no anterior?, respondió: *"No tengo idea, yo no le he hecho seguimiento a estas cosas, quien lea este libro se va a dar cuenta de que yo soy poeta, muy poco hay aquí de abogado, muy poco hay aquí de político, aquí hay un hombre*

ces Fiscal afirmó que Allan Brewer Carías estaba en el Fuerte Tiuna redactando el decreto de transición democrática junto a Pedro Carmona Estanga, sin señalar cómo obtuvo la información y refiriéndose únicamente a un dicho del periodista Rafael Poleo, según el cual *"un amigo le había dicho que..."* (*Infra ¶¶ 529 ss.; 536*). No en balde el Estado ha promovido varios videos en los cuales aparecen Rafael Poleo y/o su hija Patricia, primero señalando a Brewer Carías como autor del decreto y, luego, afirmando que él no lo redactó, pero que dejó que otros lo hicieran (ver anexos del Estado marcados "34" y "37").

87. El testigo **Ángel Alberto Bellorín**, por otra parte, reconoció que a pesar de haber denunciado ante el Ministerio Público personalmente, entre otras personas, al Profesor Brewer Carías, lo había hecho bajo el calor de las circunstancias y atendiendo a lo publicado por los medios *Infra ¶¶ 514 ss.*). Reconoció también que, a pesar de haber afirmado que su denuncia se basaba en todo lo que se había publicado en cuanto a la autoría del llamado "decreto Carmona", la verdad es que eso no había sido así, a comenzar por haber obviado que en la contracara de uno de los artículos que consignó (*El Nuevo País* del 17/4/2013), había sido publicado uno de los desmentidos de Allan Brewer Carías (**Anexo 142**).

88. Por lo demás, la imputación del Profesor Brewer Carías es prácticamente una copia de la denuncia, de modo que si algo está demostrado es que su vinculación con la redacción del "decreto Carmona" fue fundamentalmente mediática y no el producto de una investigación penal seria y con la garantía del debido proceso.

III. ACTOS DEL ESTADO QUE VIOLAN LA CONVENCION AMERICANA SOBRE DERECHOS HUMANOS EN PERJUICIO DEL PROFESOR ALLAN BREWER CARÍAS

89. La violación del derecho al debido proceso, a la defensa y la presunción de inocencia del Profesor Brewer Carías por parte de los poderes públicos venezolanos durante el gobierno de Hugo Chávez, es un <u>hecho probado y no controvertido</u> en el presente juicio. De acuerdo con lo que hemos alegado y probado, esas violaciones se constatan de los siguientes elementos:

1. *El Informe de la Comisión Parlamentaria Especial de 2002*

90. El Informe de la Comisión Parlamentaria de 2002 de la Asamblea Nacional pone en evidencia la primera *violación formal y documentada del derecho a la defensa y a ser oído, y del derecho a la presunción de inocencia del profesor Allan Brewer Carías por parte del Estado venezolano*, pues en ese documento, sin haberlo citado ni oído, la Asamblea Nacional concluyó

---

conmovido con unas emociones que no conocía y que las encontró en ese momento, hay que leer todo el libro...".

que se había "demostrado" que el profesor Brewer Carías había actuado "en forma activa y concordada en la conspiración y golpe de Estado", por lo que solicitó al Ministerio Público que lo investigara "por estar demostrada su participación en la planificación y ejecución del Golpe de Estado"[38], condenándolo políticamente sin que hubiera tenido ocasión de defenderse.

2. *Hechos relacionados con el proceso judicial incoado contra el profesor Brewer Carías*

A. Inicio del proceso e imputación contra el profesor Brewer Carías

91. Ha quedado demostrado que desde el inicio del proceso que se le siguió al profesor Brewer Carías, el Estado incurrió en actos violatorios de sus derechos.

92. Quedó en evidencia que la denuncia en la que un oficial activo del Ejército, el coronel **Ángel Bellorín**, acusó al profesor Brewer Carías de haber sido uno de los redactores del "Decreto Carmona" (**Anexo 6**) y que activó la investigación penal, tuvo como fundamento publicaciones de versiones, rumores y meras opiniones de algunos periodistas, ninguno de los cuales fue testigo presencial de los hechos, por lo que tales publicaciones no debían haber sido consideradas por parte del Ministerio Publico como *"un hecho notorio comunicacional"*[39] .

93. En efecto, como también quedó demostrado, el Profesor Brewer Carías desmintió públicamente lo que recogían tales publicaciones, de modo que en virtud de esa objeción pública suya debía habérseles sustraído el carácter de *"hecho notorio comunicacional"* que el denunciante les había dado.

94. Sentencia N° 98 de 15 de marzo de 2000 .Caso Oscar Silva Hernández. (Disponible en http://www.tsj.gov.ve/decisiones/scon/Marzo/98-150300-0146.htm. (**Anexo 109**), según la cual la Sala Constitucional del Tribunal Supremo de Justicia venezolano aclaró que un *"hecho notorio comunicacional"* sólo se configura cuando existen **noticias sobre hechos o sucesos** difundidas por medios de comunicación social que **no han sido desmentidas.**

95. Lo cierto es que el único fundamento de la denuncia eran las opiniones de los periodistas que habían salido en la prensa a raíz de los eventos del 12 y 13 de abril, y que fueron desmentidas por el profesor Brewer Carías en rueda de prensa del 16 de abril de 2002.

---

38 *Informe* de la Comisión Parlamentaria Especial para Investigar los Sucesos de Abril de 2002. (**Anexo 20**).

39 *Informe* de la CIDH, ¶ *93.*

96. En tal sentido, afirmó el Coronel **Bellorín** en audiencia ante esa Corte que: *"Lamentablemente la prensa decía así, y allí están, la prensa unos acusaban decían que era el Dr. Brewer, no tengo nada en contra de el Dr. Brewer Carias, la Dra. Cecilia Sosa, este el Dr. Ayala Corao a ninguno los conozco pero solamente reproduje lo que estaba en la prensa. En ese momento, posiblemente, por la ligereza en ese momento, la poca experiencia que tenía, es posible que la denuncia no era lo mejor sustentado pero lo que si estaba bien explicado, era el delito que se había cometido que era un delito de cambio de constitución. Por lo tanto correspondía al Ministerio Publico establecer y determinar las diferentes responsabilidades".* A pesar de ello, y de que la denuncia no aportaba elementos que permitieran presumir que el Profesor Brewer Carías había redactado el Decreto Carmona, el 27 de enero de 2005 la Fiscal provisoria Sexta imputó al profesor Allan R. Brewer Carías "la comisión del delito de **conspiración para cambiar violentamente la Constitución** previsto y sancionado en el artículo 143, numeral 2 del Código Penal Vigente (artículo 144, numeral 2 para la fecha de la comisión de los hechos)", por haber supuestamente participado "en la discusión, elaboración, redacción y presentación" del llamado Decreto Carmona, lo cual es completamente falso **(Anexo 5)**, reproduciendo de manera casi exacta los términos de la denuncia.

97. Durante la investigación penal la Fiscal Sexta utilizó pruebas de forma maliciosa, tomando como elemento "probatorio" en contra del profesor Brewer Carías el libro del Sr. Pedro Carmona (*Mi testimonio ante la historia*, **Anexo 3**) como si del mismo se hubiera desprendido su participación en la redacción del Decreto, cuando su autor más bien aclaraba lo contrario.

98. Quedó demostrado también que quien fue Fiscal General de la República desde enero del 2001 hasta septiembre de 2007, un mes antes de que se acusara al Dr. Brewer Carías (en septiembre de 2005), publicó un libro titulado *"Abril comienza en octubre"*, en donde afirmó que la víctima había sido uno de los redactores del "Decreto Carmona".

99. No obstante con ocasión de su declaración ante esa Corte durante la audiencia, el ex Fiscal General de la República negó la gravedad de su afirmación anterior aclarando que el libro de su autoría no debía asumirse como una investigación sino más bien como un *cuento*, unas confesiones íntimas y personales que pretendían expresar la conmoción sentida por él como consecuencia del golpe de Estado de abril de 2002:

> "... quien lea el libro se va a dar cuenta de que es uncuento. Aquí cuento cosas íntimas mías, muy personales. Esto no es un libro para acusar a nadie. Ni es un reportaje político. Estas son las impresiones de alguien que se sintió totalmente conmovido en todo su interior con una gran angustia por lo que estaba pasando en Venezuela."

B. Vulneración del derecho a un juez o tribunal independiente e imparcial

a. Los jueces temporales que intervinieron en la causa contra el profesor Brewer Carías y sus destituciones

100. También ha quedado demostrada la violación al derecho a un juez imparcial o tribunal independiente. Es un hecho probado y no controvertido que todos los jueces que han sido asignados a la causa del profesor Brewer Carías, como jueces de control o de apelación, han sido jueces provisorios.

101. También está demostrado que cuatro fueron los jueces suspendidos en el juicio penal contra el Profesor Brewer Carías:

102. La jueza **Josefina Gómez Sosa** (jueza **temporal** Vigésimo Quinta de Control), había decretado la prohibición de salida del país de varios ciudadanos investigados, lo cuales apelaron de esa medida. La Sala 10 de la Corte de Apelaciones de Caracas, en fecha 31 de enero de 2005, revocó la medida por considerar que no había sido suficientemente motivada.

103. Pues bien, de inmediato, mediante Resolución N° 2005-0015 de fecha 3 de febrero de 2005 (**Anexo 69**), la Comisión Judicial del Tribunal Supremo de Justicia *suspendió de sus cargos* a los dos jueces de la Corte de Apelaciones que votaron por la nulidad de la decisión apelada, así como a la jueza temporal **Gómez Sosa**, autora de la decisión presuntamente inmotivada.[40]

104. Posteriormente, se *dejó sin efecto* sin motivación alguna el nombramiento del juez temporal **Manuel Bognanno**, quien había sido nombrado para sustituir a la Jueza **Josefina Gómez Sosa**; cuando interpuso un reclamo formal ante el superior de la entonces fiscal de la causa (hoy Fiscal General de la República) por haber desconocido su autoridad y negarse a enviarle el expediente para ejercer el control judicial penal que le correspondía, lo cual habría resultado en una garantía del debido proceso en el juicio seguido contra el profesor Brewer Carías (las circunstancias particulares en las que se produjo la situación se evidencian de los Anexos 12, 13 y 14 mientras que el Anexo 69-B demuestra la remoción del Juez).

---

40 Ver *Informe* de la CIDH, ¶¶ 101, 126. Resulta revelador que el miembro de la Corte de Apelaciones que disintió por considerar que la decisión apelada estaba motivada no haya sido afectado por la suspensión, mientras que la jueza que la dictó haya sido sancionada invocando en su contra precisamente el supuesto error de no haberla motivado. En cuanto a la suerte final de las medidas de prohibición de salida del país, luego que destituyeran a 2 de los integrantes de la Sala 10, se constituyó una Sala Accidental, la cual conoció de una solicitud de nulidad planteada por la Fiscal contra la decisión del 31-01-05 que anuló la medida cautelar; la ponente de esa sala accidental Belkis Cedeño presentó ponencia que fue aprobada, anulando la decisión del 31-01-05.

b. Fiscales provisorios que intervinieron en el caso

105. Ha quedado suficientemente demostrado que todos los fiscales que han actuado en el proceso contra el profesor Brewer Carías han sido "provisorios," es decir, de libre designación y remoción.[41]

106. Comenzó a conocer el **Fiscal José Benigno Rojas**, fiscal **provisorio** ante quien acudió el profesor Brewer Carías voluntariamente a declarar el día 3 de julio de 2002, y quien tuvo a su cargo la investigación por más de dos años sin haber imputado delito a persona alguna. Lo sustituyó el Fiscal **Danilo Anderson**, también **provisorio**, quien tampoco imputó a nadie y fue ulteriormente asesinado, en circunstancias no esclarecidas. Se encargó en sustitución de éste la Fiscal **Luisa Ortega Díaz**, también fiscal **provisoria**[42]. Una vez designada Fiscal General de la República, se encargó del caso la Fiscal **María Alejandra Pérez**, también **provisoria**.

107. Al respecto la supuesta testigo promovida por el Estado, **Mercedes Prieto** torció el sentido y significado de derecho y de la realidad negando que hubiera habido cuatro fiscales provisorios, al afirmar en su declaración que:

> "Quiero aclarar, allí la investigación se inició 15 de abril de 2002 el ciudadano Allan Brewer Carías fue individualizado (sic) en esa investigación en el año 2005. **Es falso, que durante la investigación seguida, al ciudadano Allan Brewer Carías, hayan conocido varios fiscales provisorios.** Conoció la Fiscal Sexta Nacional, quien realizó el acto de imputación del mencionado ciudadano en fecha 13 de enero de 2005, e inclusive, fue la fiscal que presentó la acusación en contra de dicho ciudadano tiempo después. Hasta fase intermedia conoció dicha fiscal que actualmente no conoce por razones obvias que desempeña el cargo de Fiscal General de la República".

108. Y es que la investigación penal, contrariamente a lo que pretendió hacer ver la supuesta testigo, y según establece el Código Orgánico Procesal Penal, incluye *todas* las diligencias investigativas que se llevan a cabo con anterioridad a la acusación (para el caso de que la hubiera), conformando la fase preparatoria del proceso que, tal como indicó el también supuesto *testigo* del Estado, Néstor Castellanos, está a cargo del Ministerio Público:

> "La fase de investigación o la fase preparatoria del proceso penal reviste de una importancia capital, pues en ella, en donde el titular de la acción penal, a saber, el Ministerio Publico, recabará todos aquellos elementos de convicción que sirvan tanto para fundamentar un proceso de imputación como también debe recabar, como parte de buena fe, todos

---

41 *Cfr. Informe* de la CIDH, ¶. 125.

42 Designada por el Fiscal General de la República, Julián Isaías Rodríguez, según Resolución Nº 539 de 28 de agosto de 2002 (**Anexo 8**)

aquellos elementos de convicción que obren en favor de él o los imputados o los eventuales imputados."

C. Rechazo, adulteración y apreciación sesgada de las pruebas

109. El rechazo, la adulteración y apreciación sesgada de pruebas constituyen hechos probados y no controvertidos en el presente juicio pero, a todo evento vale la pena hacer una breve mención a los casos más significativos.

110. El testimonio espontáneo que realizó el Dr. **Jorge Olavarría ante el Fiscal José Benigno Rojas**, en fecha 9 de julio de 2002, sobre los hechos que se le atribuían al Dr. Brewer Carías, exculpándolo enfáticamente de los mismos, fue tomado por la Fiscal provisoria Sexta como fundamento para imputar al profesor Brewer Carías (**Anexo 36**).

111. Sin embargo, en ese testimonio **Olavarría** afirmó que era una "injuriosa falsedad" que el profesor Brewer Carías hubiera "sido el autor del acta de constitución del llamado 'Gobierno de transición y unidad nacional;'" que le "consta que el profesor Brewer no redactó ese documento;" que sólo "la envidia y la mezquindad" han podido imputarle "la autoría [del documento];" que dicho documento hizo evidente para el profesor Brewer Carías "la ignorancia, ligereza y banalidad" de quienes lo habían redactado; que "[el Dr. Olavarría] mejor que nadie sabe demasiado bien que ello no era cierto [que el profesor Brewer 'había tenido algo que ver con el acta de constitución']," y que "[Jorge Olavarría] exime totalmente al profesor Allan R. Brewer Carías de toda injerencia en el lamentable episodio del gobierno de facto de Carmona Estanga".

112. Pues bien **todas esas tajantes afirmaciones _testimoniales_** del Dr. Olavarría, por activa y por pasiva, **de que el profesor Brewer Carías no era el autor** del "Acta de Constitución del Gobierno de Transición Democrática y de Unidad Nacional," fueron ignoradas por la fiscal provisoria Sexta[43].

113. De manera similar, la transcripción de sendas entrevistas realizadas al Dr. **Teodoro Petkoff**, fue inexacta y se utilizó como "prueba" inculpatoria en contra del profesor Brewer Carías; cuando la verificación de las mismas por el propio entrevistado, en declaración rendida ante la Fiscal provisoria Sexta, puso en evidencia que el extracto de las entrevistas no se compadecía lo que verdaderamente había dicho[44]. _Este proceder de la Fiscal provisoria Sexta contrarió, por lo demás_ el deber que le imponía el artículo 281 del Código Orgánico Procesal Penal aplicable para ese momento, de hacer constar no sólo los hechos y circunstancias útiles para inculpar al imputado, sino también aquellos que sirvan para exculparle, _de la misma manera que la ne-_

---

43   Ver, Escrito de Acusación (**Anexo 48**), "elemento de convicción" N° 31.
44   Acusación Fiscal (**Anexo 48**). El Informe de la CIDH da cuenta de estos hechos, ¶¶ 97-99.

gativa respecto de la evacuación de pruebas a que nos referimos a continuación.

D. La negativa fiscal a evacuar pruebas promovidas por la defensa y a suministrar copias del expediente.

a. Copias y transcripciones[45]

114. Durante la fase de investigación fiscal se negó al profesor Brewer Carías y a sus abogados obtener copia de las actas del expediente; observar la totalidad de los videos en los cuales se fundamentó su imputación y; por último, la transcripción profesional de lo expresado en los mencionados videos.

115. En cuanto a las copias del expediente, está suficientemente acreditado en autos que durante todo el proceso ante la Fiscal provisoria Sexta, ni el profesor Brewer Carías ni sus abogados defensores pudieron obtener copia de ninguna de las actuaciones. Lo único que se les permitió fue transcribir a mano y por sí mismos, las distintas piezas del expediente, que sumaron miles de páginas en XXVII piezas. En el escrito de los abogados defensores del Dr. Brewer Carías de fecha 10-08-2005 **(Anexo 46)** se da cuenta de la negativa de la Fiscal provisoria Sexta de expedir las copias del expediente que le fueron solicitadas. Como lo expresó en la audiencia del 3 de septiembre de 2013 ante esa Corte tanto la víctima como el testigo **León Henrique Cottin**, quien fue uno de sus defensores en el proceso penal, la primera vez que ellos tuvieron oportunidad de ver completas las actas del expediente del proceso penal, fue precisamente en esta Corte, al analizar la copia del expediente enviada por el Estado en su *Escrito de Contestación*.

116. El Estado ha reconocido esta irregularidad, de la cual no se ha defendido más que afirmando que el profesor Brewer Carías y sus abogados tuvieron acceso a revisar el expediente en la sede de la fiscalía, y en soporte de ello la abogado **Mercedes Prieto Serra**, testigo promovida por el Estado, confirmó que existía una instrucción escrita del Fiscal General de la República que prohibía la emisión de fotocopias de las actas contentivas de investigaciones penales, de fecha 10 de julio de 2001, la cual consignó; siendo que en la actualidad, contrariamente a esa práctica, sí puede otorgarse a los imputados copia simple de las actas, según circular de fecha 12 de junio de 2006, también consignada por la testigo durante la audiencia **(Anexo 143)**.

117. Es por tanto un hecho probado que el Ministerio Público se negó a emitir copia del expediente al profesor Brewer Carías y sus abogados, dificultando así en el ejercicio de su derecho a la defensa.

---

45 El Informe de la CIDH hace referencia a este punto, ¶¶ 102 y 149-154.

118. Con la misma consecuencia se le impidió al profesor Brewer Carías observar la totalidad de los videos en los cuales se fundamentó la imputación en su contra, mostrándose solamente el contenido de algunos de ellos.

119. En efecto, como puede corroborarse en las piezas XV y XVI del expediente penal, el 16-02-05 los defensores del Dr. Brewer Carías solicitaron por escrito ver los videos Nos. 15, 16, 17, 18, 19, 20, 21 señalados en el acta de imputación; el 18-02-05 solicitaron nuevamente por escrito ver los videos Nos. 15, 16, 17, 18, 19, 20, 21 del acta de imputación; el 22-02-05 la Fiscal negó por escrito la solicitud de observar los videos 15, 16, 17, 18 y 19 "porque el imputado observó el contenido de los videos el 11-2-05". El 25-02-05 solicitaron de nuevo por escrito se fijara día para observar los videos. El 08-03-05 se permitió al Dr. Brewer con su defensor, **Dr. Cottin**, observar los videos señalados con los Nos. 20 y 21 en el acta de imputación, no así el resto de los videos. Ese mismo día se pidió por escrito la fijación de una oportunidad para la observación de la totalidad de los videos faltantes, lo cual tampoco fue atendido.

120. De otra parte, se demostró también que la defensa solicitó la práctica de una diligencia consistente en que técnicos especializados efectuaran la transcripción íntegra de todos los videos que cursaban en el expediente, con entrevistas a periodistas que pretendieran ser considerados como supuestos elementos probatorios de la imputación fiscal.[46] *Esta solicitud también fue negada arbitrariamente, en auto de 21-04-2005, aduciendo que ello no agregaría nada para la investigación* (**Anexo 42**).

121. La testigo **Mercedes Prieto Serra**, con relación a este hecho, afirmó que "el acta de investigación ya acordaba varias transcripciones, hay experticias de coherencia técnica de videos, no le puedo señalar con detenimiento qué videos eran, yo no vi los videos pero sé que si hay, fueron acordadas experticias de coherencia técnica y transcripción de videos. Recuerdo". Cuando se le pidió mostrar las actas dijo no tenerlas y que probablemente "las puede tener la Comisión", afirmando tener una anotación de acuerdo con la cual en la pieza 15 del expediente "consta una experticia de coherencia técnica recibida en el despacho de la Fiscal Sexta Nacional y que está en actas", aunque no pudo identificar el video al cual se refiere.

122. Lo único que consta en la pieza XV del expediente penal es un peritaje de dos folios (228 y 229) solicitado el 21 de diciembre de 2004 antes siquiera de que el profesor Brewer Carías hubiese sido imputado, sobre sendos videos relativos, según se dice, a la juramentación de Pedro Carmona Estanga como Presidente de la República de Venezuela, a efectos de determinar "signos de Edición y/o Montaje al contenido magnetofónico grabado en el material suministrado".

---

46 Diligencia de 18-3-2005. No obstante, se continuó en varias oportunidades solicitando ver los videos, con resultados negativos. Así ocurrió los días 31-03-05 y 20-04-05. Por falta de decisión oportuna, el 31-03-05 de nuevo por escrito se solicitó de la Fiscal proveyera sobre ésta y otras solicitudes.

b. Negativa fiscal a admitir pruebas promovidas por la defensa

123. También es un hecho probado que la defensa del profesor Brewer Carías promovió varias pruebas durante la investigación que fueron rechazadas o ignoradas.

124. En primer lugar, varios testigos que promovió fueron rechazados por la Fiscal provisoria Sexta sin sustento razonable. Fue el caso de señores **Nelson Mezherane, Guaicaipuro Lameda, Yajaira Andueza, Nelson Socorro y Leopoldo Batista**[47]. Estas personas habían sido *testigos presenciales* de hechos que aceptados por la Fiscal Sexta de fuentes puramente *referenciales,* son falsos o, cuando menos, muy inexactos.

125. Adicionalmente, la defensa del profesor Brewer Carías solicitó que, en aplicación del artículo 307 del Código Orgánico Procesal Penal (*prueba anticipada*) se tomara declaración como testigo al Sr. Pedro Carmona Estanga, la persona más apropiada para afirmar o negar la participación del profesor Brewer Carías en los hechos que se le imputaron[48] (**Anexo 29**). El Juez provisorio de Control negó la solicitud con el argumento de que la declaración del Dr. Carmona no tendría ningún valor porque él era imputado en la causa (**Anexo 30**).

126. Los abogados defensores obtuvieron la declaración notariada bajo juramento del Sr. Pedro Carmona, ofrecida el día 23 de febrero de 2006 en Bogotá, la cual debidamente legalizada fue consignada en el expediente, en la cual éste manifestó que el profesor Brewer Carías no fue el autor del decreto del 12 de abril, sino que la opinión jurídica que le había expresado, requerida por el Dr. Carmona, había sido contraria al contenido del mismo (**Anexo 4**). Esta declaración fue ignorada por el Juez provisorio de Control, quien dictó decisiones ulteriores, incluida la de privar de su libertad al profesor Brewer Carías, sin consideración alguna de la misma, es decir, como si la declaración notariada del Dr. Carmona no existiera.

127. La defensa del profesor Brewer Carías también promovió como prueba la ficha migratoria de éste, en posesión de las autoridades competentes venezolanas, para demostrar que durante las semanas que precedieron al 12 de abril el profesor Brewer Carías no estuvo en Venezuela, de modo que no podía haber estado conspirando para cambiar violentamente la Constitución. La Fiscal provisoria Sexta rechazó la prueba ofrecida en auto de 9 de mayo de 2005, por considerarla innecesaria (**Anexo 35**).

128. En síntesis, el Ministerio Público y los jueces que intervinieron en el proceso contra el Dr. Brewer Carías, se han rehusado en forma reiterada y sin

---

47 *Cfr. Informe* de la CIDH, ¶ 100.

48 Invocaron, para este propósito, la Convención Interamericana sobre Asistencia Mutua en Materia Penal, en virtud de que el Dr. Carmona se encontraba en Bogotá por haberle sido otorgado asilo político por la República de Colombia.

fundamento en derecho a aceptar un testimonio de la mayor relevancia para el descargo del Dr. Brewer Carías. El Estado no demostró lo contrario.

129. También es un hecho probado que los abogados defensores del profesor Brewer Carías pidieron la comparecencia como testigo del General Lucas Rincón, jefe militar que anunció a la nación la renuncia del Presidente Chávez a instancia del Alto Mando Militar que él mismo encabezaba; para lo cual introdujeron un interrogatorio mediante escrito de fecha 29 de septiembre de 2005 (**Anexo 27**).

130. En el expediente aparece un acta según la cual la Fiscal provisoria "recibió" el testimonio del General Rincón quien habría prestado declaración el 5 de octubre de 2005, sin que para ello se hubiera fijado previamente una oportunidad ni se hubiera convocado o notificado a la defensa, de modo que no pudieron comparecer ni repreguntar al testigo. Según el acta, la declaración se habría prestado a las 3:30 p.m., es decir, habría durado media hora, toda vez que la Fiscalía despacha estrictamente hasta las 4 p.m.; sin expresar dónde se le habría tomado esa declaración. Aparece igualmente que respondió sesenta preguntas, lo que promedia **28 segundos** en la formulación, meditación, respuesta y transcripción **de cada pregunta** (**Anexo 28**).

131. El Agente del Estado confirmó este hecho, afirmando en su Escrito de Contestación y Excepciones Preliminares lo siguiente:

> "Sobre las peticiones del imputado de asistir a los actos de investigación, debemos de (sic) aclararles a los Magistrados, que de conformidad con el artículo 306 del COPP, la presencia de alguna de las partes a un acto de la investigación. (sic) Como fue la solicitud de los peticionarios de estar presente en las entrevistas realizadas por el Ministerio Publico, está supeditada a que "su presencia fuere útil para el esclarecimiento de los hechos y no perjudique el éxito de la investigación".

F. Los intentos del juez de control provisorio por controlar el expediente, la negativa de la Fiscal a ser controlada, negativa de pruebas y la destitución del juez[49]

132. Está comprobado que los intentos de control judicial sobre las actuaciones fiscales fueron infructuosos, así como las consecuencias sufridas por quienes trataron de ejercerlo, para lo cual nos remitimos a lo ya expuesto en el (*supra ¶¶ 100 ss.*) en la parte relativa a la destitución de los jueces temporales, que damos aquí por reproducido.

---

49   El Informe de la CIDH se refiere a este tema, ¶ 103-106 y 127.

G. Salida del profesor Brewer Carías de Venezuela en septiembre de 2005 y su permanencia en Nueva York[50]

133. Está también suficientemente probado en autos que **el profesor Allan Brewer Carías salió de Venezuela el 29 de septiembre de 2005 sin que existiera impedimento alguno para ello, y que permanece fuera del país como exiliado para reguardar su libertad y su integridad física y moral.**

134. En sus diversas presentaciones a lo largo del trámite de este caso ante la CIDH y luego en su Escrito de Contestación ante la Corte, la representación del Estado se ha empeñado en descalificar al profesor Brewer Carías como un "prófugo de la justicia" (p. 56), como alguien que se "ha fugado de la justicia venezolana" (pp. 32, 41, 44, 46, 50, 62 y 221).

135. La razón personal de la salida de Venezuela del profesor Brewer Carías de Venezuela el 29 de septiembre de 2005 fue viajar para asistir a reuniones que tenía programadas en la Facultad de Arquitectura y Urbanismo y en la Facultad de Derecho de la Universidad de Columbia en Nueva York, para luego proseguir para Europa para participar en Alemania en dos eventos académicos a los cuales había sido invitado: La conferencia sobre *La reforma constitucional en America Latina*, en la **Escuela Superior Alemana de Ciencias Administrativas, Instituto de Investigación para la Administración Pública,** (Forschungsinsitut fuer Oeffentliche Verwaltung bei der Deutschen Hochschule für Verwaltungswissenschaften), Speyer, el 28 de octubre 2005 (anexo 132); y la conferencia sobre *The question of Legitimacy: How to choose the Supreme Court Juges*, en el **6th International European Constitutional Law Network-Colloquium / International Association of Constitutional Law Round Table, sobre The Future of the European Judicial System. The Constitutional role of European Courts**, en la Universidad Humboldt, Berlin, entre el 2 y el 4 de noviembre de 2005 (anexo 133).

136. Está también comprobado que, ante las declaraciones sobre su culpabilidad en relación con el delito que se le imputaba que realizó **Isaías Rodríguez** que para ese momento era Fiscal General de la República en el libro de su autoría titulado *"Abril comienza en Octubre"* (editado por Grabados Nacionales C.A., Caracas, septiembre 2005) (**Anexo 21**), el profesor Brewer Carías procedió a enviarle a dicho funcionario una comunicación en la que denunció la violación a sus derechos constitucionales (**Anexos 22 y 22A**). Por cierto que en su declaración ante la Corte, el Sr. Isaías Rodríguez afirmó nunca haber recibido la carta, no obstante haber sido entregada en su despacho, como se evidencia del sello húmedo estampado en señal de recepción.

137. También está demostrado que poco más de tres semanas ***después**_ de su salida de Venezuela, el 21 de octubre de 2005, la Fiscal (Provisoria) Sexta

---

50   El Informe de la CIDH se refiere a este tema, ¶ 107.

del Área Metropolitana de Caracas interpuso acusación penal contra el profesor Brewer Carías (*y contra otras personas*) (**Anexo 48**), solicitando expresamente (párrafo tercero) *"que se decrete la **PRIVACIÓN JUDICIAL PREVENTIVA DE LIBERTAD** de [...] ALAN RANDOLPH BREWER CARIAS..."* (negritas y mayúsculas del original).

138. Ha sido puesto en evidencia también que ante ello los abogados defensores del profesor Brewer Carías invocaron de inmediato el artículo 125(8) del Código Orgánico Procesal Penal[51] y, en fecha 26 de octubre de 2005, solicitaron que se declarara por anticipado la improcedencia de su privación de libertad durante el juicio, *sobre lo cual el juez provisorio nunca se pronunció* (**Anexo 49**).

139. Igualmente quedó suficientemente acreditado que el profesor Brewer Carías aceptó la invitación para incorporarse a Columbia University, en Nueva York, lo cual comunicó al Juez de la causa para que por esa circunstancia no se perturbase el futuro desarrollo del proceso, para los demás encausados. Esa información, transmitida de buena fe, tuvo como respuesta una orden de aprehensión nacional e internacional, en los términos que ya han sido descritos.

H. Acusación fiscal contra el profesor Brewer Carías y su contestación solicitando nulidad de todo lo actuado.

140. Es también un hecho no controvertido que a todo evento está plenamente demostrado, que la Fiscal provisoria Sexta, después de las afirmaciones públicas hechas por el Fiscal General de la República en su libro, pasó a formalizar la acusación contra el profesor Brewer Carías el 21 de octubre de 2005 (**Anexo 48**), y el proceso pasó de la fase de investigación a la fase intermedia, en la cual sus abogados defensores no sólo la contestaron en todas sus partes mediante escrito de 8 de noviembre de 2005, sino que ejercieron el recurso de nulidad de todo lo actuado por violación de sus derechos y garantías judiciales constitucionales (**Anexo 2**).[52] También está demostrado que a pesar de que los defensores del profesor Brewer Carías solicitaron ante el Juez provisorio de control que se garantizara su derecho a ser juzgado en libertad y se declarara por anticipado la improcedencia de su privación de libertad durante el juicio, en fecha 15 de junio de 2006 el Juez de Control ordenó su privación de libertad.

---

51 **Artículo 125. Derechos.** El imputado tendrá los siguientes **derechos**:....8. Pedir que se declare anticipadamente la improcedencia de la privación preventiva judicial de libertad.

52 El texto íntegro de la contestación a la acusación formulada contra el Dr. Brewer Carías se ha publicado en su libro *En mi propia defensa*, Caracas 2006 (**Anexo 2**).

I. Decisión del juez de control reconociendo que la falta de realización de la audiencia preliminar no es imputable a la permanencia de Brewer en el exterior

141. También es un hecho probado que el juicio contra el profesor Brewer Carías se paralizó completamente y que la audiencia preliminar no se ha realizado, pero que *la falta de realización de esa audiencia preliminar no era imputable al profesor Brewer Carías ni se debía a su ausencia del país*[53].

142. Por el contrario, según sostuvo el 20 de julio de 2007 el Juez Temporal Vigésimo Quinto de Primera Instancia, con ocasión de una solicitud de separación de la causa interpuesta por un co-acusado **(Anexo 55)**:

> *[...] en el caso de marras, **el acto de la Audiencia Preliminar no ha sido diferido por incomparecencia del Ciudadano ALLAN R. BREWER CARÍAS**, al contrario los diversos diferimientos que cursan el (sic) las actas del presente expediente han sido en virtud de las numerosas solicitudes interpuestas por los distintos defensores de los Imputados. No han sido por la ausencia contumaz del imputado antes emocionado, por el contrario, han sido producto de las innumerables solicitudes de diferimientos de la propia defensa.* (Énfasis añadido).

> *[...] el presente proceso se encuentra en fase intermedia o preliminar sin causar ningún gravamen irreparable al Imputado. Siendo diferida en las últimas cinco oportunidades en las siguientes fechas <u>07/11/06 Vista la Incomparecencia de los Abogados Defensores del Imputado Guaicaipuro Lameda y visto asimismo la Solicitud de diferimiento por los ciudadanos defensores de la ciudadana Cecilia Sosa Gómez</u> hasta tanto la Sala 10 de la Corte de Apelaciones dicte decisión en cuanto al recurso de apelación interpuesto en fecha 08/08/2006, <u>13/12/06 Solicitud de Diferimiento de los Defensores Privados de la ciudadana Cecilia Sosa Gómez</u> hasta tanto no se pronuncie la Sala 10 de la Corte de Apelaciones, <u>23/01/07 Solicitud de Diferimiento de los Defensores Privados de la Ciudadana Cecilia Sosa Gómez</u> hasta tanto no se pronuncie la Sala 10 de la Corte de Apelaciones, <u>23/02/07 diferimiento en virtud a la solicitud de fecha 22/02/07 interpuesta por los ciudadanos Defensores Privados de la Ciudadana Cecilia Sosa Gómez</u> hasta tanto no se resuelva la acumulación de los expedientes signados con los números 2J-369-05 Y 1183-02, <u>26/03/07 solicitud realizada por los Defensores Privados de la Ciudadana Cecilia Sosa Gómez</u> hasta tanto haya pronunciamiento en cuanto al Conflicto de No Conocer, y en relación al Recurso de Apelación interpuesto el día 21 de Marzo de 2007"*. (Subrayado añadido)

---

53   El Informe de la CIDH se refiere a estos hechos en su ¶ 115.

143. El auto transcrito prueba:

1. Que la audiencia preliminar nunca fue diferida a causa de la incomparecencia del profesor Brewer Carías.

2. Que el 7 de noviembre de 2006, dicha audiencia preliminar fue diferida por incomparecencia de los abogados del Sr. Guaicaipuro Lameda y por solicitud de los abogados del la Sra. Cecilia Sosa Gómez (ambos, co acusados en el mismo proceso penal del profesor Brewer Carías).

3. Que el 13 de diciembre de 2006, dicha audiencia preliminar fue diferida por solicitud de los abogados del la Sra. Cecilia Sosa Gómez (co acusada en el mismo proceso penal del profesor Brewer Carías).

4. Que el 23 de enero de 2007, dicha audiencia preliminar fue diferida por solicitud de los abogados del la Sra. Cecilia Sosa Gómez (co acusada en el mismo proceso penal del profesor Brewer Carías).

5. Que el 23 de febrero de 2007, dicha audiencia preliminar fue diferida por solicitud de los abogados del la Sra. Cecilia Sosa Gómez (co acusada en el mismo proceso penal del profesor Brewer Carías).

6. Que el 26 de marzo de 2007, dicha audiencia preliminar fue diferida por solicitud de los abogados del la Sra. Cecilia Sosa Gómez (co acusada en el mismo proceso penal del profesor Brewer Carías).

144. El Estado no ha contradicho ni objetado esos hechos. Más aún, El Estado no ha suministrado prueba de ni tan siquiera un caso en que la audiencia preliminar no se haya celebrado por incomparecencia del profesor Brewer Carías Es por tanto falaz su reiterada afirmación de que esa audiencia no ha podido tener lugar a causa de lo que despectivamente llaman la "fuga" de la víctima.

145. El auto transcrito también prueba que la audiencia preliminar, en la práctica, no se realiza en fecha fija, sino que está dispuesta a múltiples causas de diferimiento.

3. *Hechos relacionados con la vulneración de la presunción de inocencia*

146. El adelanto de opinión sobre la culpabilidad del profesor Brewer Carías también se encuentra demostrado.

147. En tal sentido, hicimos referencia al contenido en las cartas que el Tribunal Supremo de Justicia le dirigió a la Presidenta del Instituto Interamericano de Derechos Humanos el 13 de diciembre de 2005 (**Anexo 15**) y al Presidente del Instituto Iberoamericano de Derecho Procesal Constitucional el 31 de enero de 2006 (**Anexo 16**), las cuales, por la jerarquía del órgano de donde emanaron -el cual además de ser la última y suprema instancia, controla todo el sistema judicial-, ponían en evidencia que la víctima no tenía posibilidad de ser juzgada por un juez independiente e imparcial, como lo prescribe la Convención y todo estándar internacional relativo al debido proceso. A ello se añadieron órganos que conocieron de la investigación y otros de carácter político, a saber, la Fiscalía General, el Tribunal Supremo de Justicia, la Asamblea Nacional y hasta Embajadores de Venezuela en República Dominicana y Costa Rica, que condenaron sin previo juicio, y en violación clara del principio de presunción de inocencia, derechos humanos fundamentales del profesor Brewer Carías como indicamos en el escrito de alegatos y a continuación insistimos.

A. Fundamentación de la imputación en un "hecho notorio comunicacional" que no era tal

148. Que la imputación del delito del cual se acusa al profesor Brewer Carías tuvo como fundamento esencial un conjunto de versiones periodísticas que supuestamente vinculaban al profesor Brewer Carías con la redacción del decreto del 12 de abril, formuladas por personas que no presenciaron hecho alguno ni fueron testigos de lo que opinaron, es un hecho no controvertido.

149. Esas versiones habrían configurado un "hecho notorio comunicacional" según calificó el otrora denunciante y posteriormente la Fiscalía al reproducir la denuncia en la imputación fiscal de la víctima. Sin embargo, tal como quedó suficientemente acreditado, ese "hecho notorio comunicacional" no podía configurarse en presencia del inmediato y oportuno desmentido del mismo profesor Brewer Carías, de acuerdo con la jurisprudencia de la Sala Constitucional del Tribunal Supremo de Justicia venezolano,[54] según la cual un "hecho notorio comunicacional" sólo se configura cuando existen noticias sobre hechos o sucesos difundidas por medios de comunicación social que no han sido desmentidas.

B. Improcedente inversión de la carga de la prueba por formulación expresa de la Fiscal provisoria Sexta

150. En el proceso de imputación llevado a cabo por la Fiscal provisoria Sexta (hoy Fiscal general de la República) contra el profesor Brewer Carías, se invirtió la presunción de inocencia y la carga de la prueba, con el fin de que él, y otros imputados, tuvieran la obligación imposible de demostrar hechos que no cometieron (hechos negativos), como textualmente expresó dicha funcionaria: *"¿Por qué se supone que no conspiró?"* (**Anexo 19**). Se les conminó a lo imposible cuando el Ministerio Público les requirió demostrar que ellos no habían conspirado o que demostraran que no habían redactado el decreto de auto proclamación y disolución de todos los poderes públicos, cuando era precisamente ese ente acusador el que debía tener pruebas fehacientes de lo opuesto para pro-

---

54 Sentencia N° 98 de 15 de marzo de 2000 (Caso Oscar Silva Hernández). Disponible en http://www.tsj.gov.ve/decisiones/scon/Marzo/98-150300-0146.htm. **Anexo 109**

ceder como lo hizo, es decir, pruebas de que si habían sido los imputados los que habían conspirado y los que habían redactado el decreto, lo cual, por lo demás, resultaba imposible en el caso del profesor Brewer Carías precisamente por no haberlo hecho.

C. Declaraciones sobre la culpabilidad del profesor Brewer Carías por otros órganos del Poder Público

151. Una vez más debemos hacer referencia a los pronunciamientos emitidos por otros órganos del poder público, prejuzgando y violando el principio de inocencia que debía resguardarse en favor del profesor Brewer Carías en todo momento, no sólo en el ámbito penal, sino en el administrativo y civil. Tanto la Asamblea Nacional que designó una "Comisión Parlamentaria Especial para Investigar los sucesos de abril de 2002" en el Informe emitido al respecto, como el Tribunal Supremo de Justicia en sendas comunicaciones oficiales, el Fiscal General de la República en el libro de su autoría "Abril comienza en octubre" y los Embajadores de Venezuela en Costa Rica y en República Dominicana en declaraciones ofrecidas por ellos.

4. *Hechos en relación con la persecución política contra el profesor Brewer Carías*

A. La Carta de Magistrados del Tribunal Supremo al Instituto Interamericano de Derechos Humanos y al Instituto Iberoamericano de Derecho Procesal Constitucional

152. Con la venia de esa Corte, nos permitimos recordar que con anterioridad el Tribunal Supremo de Justicia envió sendas comunicaciones al Instituto Interamericano de Derechos Humanos y al Instituto Iberoamericano de Derecho Procesal Constitucional[55], en las cuales, al calificar como testigo "privilegiado" al Dr. Carmona, (**Anexos 15 y 16**) se afirmó que la víctima era uno de los autores del Decreto.

153. Semejante afirmación la hicieron los Magistrados del máximo Tribunal de la República firmantes de dichas comunicaciones incluso a pesar de la afirmación en contrario proferida por el Dr. Carmona en su libro, condenando *a priori* y sin juicio al profesor Brewer Carías; con base en las mismas opiniones referenciales de periodistas utilizadas para imputarle un delito tan grave como el de conspirar para cambiar violentamente la Constitución.

---

55 Estas cartas son aludidas en el ¶ 111 del *Informe* de la Comisión

B. Información suministrada por la defensa al juez de control sobre la permanencia de Brewer Carías en Nueva York, y la solicitud de la Fiscal al juez de que dictase medida privativa de libertad en su contra, e inicio de la persecución en su contra incluso apelando a Interpol.

154. Como ya lo hemos referido, el 10 de mayo de 2006 los abogados defensores de la víctima en el presente caso, informaron al Juez de Control sobre las actividades académicas que se encontraba realizando en Nueva York, solicitando que se continuara el proceso con respecto a otros acusados en el mismo expediente (**Anexo 50**).

155. La respuesta a dicha comunicación, como ha reconocido el Estado e incluso algunos de los declarantes que ha ofrecido, fue la solicitud de la Fiscal provisoria Sexta para que el Juez de control dictase una medida privativa de libertad (**Anexo 51**) "por peligro de fuga", aun cuando sabía que el profesor Brewer Carías estaba fuera de Venezuela, por razones académicas y profesionales que en modo alguno podían conceptuarse como "fuga." A dicha solicitud, de inmediato accedió el Juez provisorio de Control, acordando medida de privación de libertad contra el profesor Brewer el 15 de junio de 2006 (**Anexo 52**). La orden de aprehensión fue remitida tanto al Director del Cuerpo de investigaciones Científicas, Penales y Criminalísticas *como a la Dirección de INTERPOL* (**Anexo 23**). Como ya lo hemos expuesto, esa orden no ha sido ejecutada porque el Dr. Brewer Carías permaneció en Nueva York.

156. Durante su permanencia en el exterior, tal como tuvo ocasión de exponer directamente ante esa Corte, y según relató también el abogado Cottin, el estado Venezolano continuó con su persecución agregando ulteriores violaciones a sus derechos. Por instrucciones del Ministerio Público venezolano el Consulado de Venezuela en Nueva York le negó la expedición de su pasaporte (**Anexos 111 y 112**) negándose también, expresamente, su derecho a inscribirse en el registro electoral permanente de Venezuela en la ciudad donde reside (**Anexo 113**).

C. Persecución a escala internacional. Actuación del Embajador en República Dominicana, nueva solicitud de intervención de INTERPOL, e intento de conversión del delito imputado en otro delito de frustrado magnicidio

157. Los hechos acaecidos con ocasión del viaje del Profesor Brewer Carías a Santo Domingo, República Dominicana en 2006 ya han sido suficientemente relatados, poniéndose en evidencia la campaña de prensa en contra de la víctima (**Anexo 24**) emprendida por el Embajador de Venezuela en ese país, general Francisco Belisario Landis (quien previamente fue director de un cuerpo policial venezolano) así como los esfuerzos que realizó para "capturar" al profesor Brewer Carías, pretendiendo darle un ámbito internacional a la orden de detención judicial preventiva dictada por el Tribunal Penal de Caracas **(Anexo 23)**[56] contando para ello con la participación en colaboración de la Fiscal provisoria Sexta, quien cursó una solicitud de *cooperación a la INTERPOL para la búsqueda y localización del profesor Brewer Carías, con miras a su detención preventiva y a su posible extradición (Anexo 57).*

158. *La solicitud a INTERPOL, así como el recuento del manejo de las gestiones realizadas por el Estado al auxilio de ese mecanismo para continuar con la persecución del profesor Brewer Carías, ha sido ya abundantemente expuesta con detalle por esta representación. Baste ahora con destacar, a manera de recordatorio que al respecto:*

159. A pesar de que las autoridades venezolanas solicitaron *directamente* a INTERPOL la aprehensión internacional del profesor Brewer Carías en contra del Estatuto de esa organización policial en fecha 12 de julio de 2007, sus abogados sólo tuvieron noticia formal de este requerimiento en agosto de 2007, que fue cuando se incorporó al expediente judicial del Juez de Control la nota Ref. OLA/34990-3/STA/36-E/EM/sm, de 27 de julio de 2007, dirigida por la Secretaría General y la Oficina de Asuntos Jurídicos de INTERPOL en Lyon, Francia, al Juzgado Vigésimo Quinto de Primera Instancia en función de Control del Circuito Judicial Penal del Área Metropolitana de Caracas **(Anexo 56)**.

160. INTERPOL consideró *prima facie* que el delito imputado al profesor Brewer Carías entraba en la categoría de "delitos políticos puros", por lo que resolvió someter a estudio jurídico el requerimiento venezolano solicitando información complementaria a las autoridades judiciales venezolanas, acordando como medida cautelar la inserción de una advertencia en la información relativa al profesor Brewer Carías, indicándose que la solicitud estaba siendo objeto de un examen jurídico.

161. La Comisión de Control de INTERPOL, al no haber recibido las aclaraciones solicitadas de las autoridades venezolanas, recomendó que la información difundida sobre el profesor Brewer Carías por INTERPOL-Caracas *fuera retirada de la base de datos de INTERPOL*. A solicitud de la Oficina de Caracas se prorrogó la fase consultiva, insistiéndose en la solicitud de información con la advertencia de que al cabo de un mes, sin que se recibiera respuesta la Secretaría General "estará obligada a destruir toda la información relativa al Sr. BREWER CARIAS."

162. A pesar de que el plazo de un mes transcurrió sin que se produjera respuesta alguna por parte del tribunal requerido, y de que INTERPOL (confiando en la buena fe en la seguridad de los servicios de correo en Venezuela) enviara al abogado del profesor Allan R. Brewer Carías en Caracas, Dr. León Henrique Cottín, una comunicación informándole que se había ordenado eliminar la información de los archivos y terminales de INTERPOL (correspondencia que, así como las subsiguientes, nunca llegaron a su destinatario, pues el correo nunca las entregó) el Juzgado de Control requerido produjo una de-

---

56   Este hecho se encuentra referido en el *Informe* de la CIDH, ¶ 116

cisión denominada por el juez como *"Aclaratoria"* (**Anexo 57**), en la cual se consignó información falsa y hasta se pretendió cambiar -de oficio- la calificación del delito a fin de justificar la persecución internacional contra el profesor Brewer Carías.

163. La referida *"Aclaratoria"* ratificó que al profesor Brewer Carías se le había acusado de haber cometido el delito de rebelión, bajo la modalidad de conspiración para cambiar violentamente la Constitución, afirmando sin embargo que *"no puede atribuírsele los hechos imputados* (sic) *al ciudadano ALAN BREWER CARIAS, el carácter de Delito Político, pues se perdería el sentido de este compromiso internacional"*. En esa misma decisión se llegó a sugerir que el profesor Brewer Carías había estado envuelto en un complot para asesinar al Presidente de la República ("al parecer" es el "autor intelectual" de un atentado frustrado contra el Presidente de la República).

164. Los abogados del profesor Brewer Carías apelaron y solicitaron que se anulara la llamada *Aclaratoria*. La apelación fue desestimada por decisión de la Sala 8 de la Corte de Apelaciones del Circuito Judicial Penal del Área Metropolitana de Caracas, de 29 de octubre de 2007 (**Anexo 58**).

165. El cuadro de hostigamiento contra el profesor Brewer Carías no ha cesado, pues a pesar de que se ordenó la destrucción de la información sobre el profesor Brewer Carías transmitida a INTERPOL por las autoridades venezolanas, la nota referida a la solicitud de captura en varios países no se eliminó de los registros e migración.

166. Ello ocurrió, según noticias fidedignas que el profesor Brewer Carías recibió, en países como Perú y España, y más recientemente en Colombia, Argentina y Chile, donde las autoridades y profesores que lo invitaron para participar en actividades académicas, debieron aclarar previamente con las autoridades de policía la decisión de INTERPOL de borrar la referida información que aún estaba en los terminales de información de esos países.

167. Como consecuencia de esta situación, el profesor Brewer Carías se vio compelido a mantenerse en su domicilio durante mucho tiempo, lo cual demostramos con la lista de diez y siete eventos académicos a los que se vio compelido a dejar de asistir (**Anexo 59**).

D. Afirmación de la Fiscal sobre la percepción del profesor Brewer Carías sobre la justicia en el país

168. Como hemos referido en varias ocasiones, los defensores del profesor Brewer Carías informaron al Juez provisorio de Control que después de haber permanecido en Venezuela durante toda la fase de investigación entre enero y septiembre de 2005, su defendido había aceptado la designación que se le había hecho de Profesor Adjunto en la Facultad de Derecho de la Uni-

versidad de Columbia, en Nueva York[57] **(Anexo 50)**, ciudad en la que permanece en esta fecha, en la que se hizo referencia a los agravios a las garantías judiciales que ya se habían cometido en su contra hasta ese momento.

169. Al respecto, la hoy Fiscal General de la República, Luisa Ortega Díaz (ex Fiscal provisoria Sexta), declaró a la prensa tergiversando los términos de la posición expresada al Tribunal de Control por los abogados del profesor Brewer Carías, afirmando que: *"cuando conduje esa investigación el abogado BC, ya siendo acusado, fue convocado para la audiencia preliminar, y a través de sus abogados envió una comunicación donde decía que no creía en la justicia venezolana, que la justicia venezolana no le daba garantía a ningún ciudadano incluso a él, que por eso optaba por irse del país y que no regresaría hasta tanto no cambiara el Gobierno."*[58] **(Anexo 71)**.

> **E. La negativa de la Fiscal General de la República y del Juez de Control de aceptar la aplicación de la Ley de Amnistía al profesor Brewer Carías.**[59]

170. Hemos explicado cómo, a partir de la publicación del Decreto 5790, "con Rango, Valor y Fuerza de Ley Especial de Amnistía"[60] (*Gaceta Oficial* Nº 5.870 Extra. del 31-12-2007 **(Anexo 70)**, *quedaron extinguidas de pleno derecho todas las acciones penales, judiciales, militares y policiales instruidas por cualquier órgano del Estado, tribunales penales ordinarios o penales militares* que se correspondieran con los hechos enumerados en su artículo 1; y que esa Ley de Amnistía creó derechos en cabeza de los beneficiados de la misma, por lo cual debió producir inmediatamente sus efectos desde la fecha de su publicación.

171. En el caso del profesor Brewer Carías, procesado para esa fecha, *debió dejar de serlo* al desaparecer el delito, pues el Decreto-Ley de Amnistía *suprimió el delito*. Incluso las personas que hubieran sido objeto de medidas preventivas o preliminares (prohibición de salida del país o detención por pe-

---

57 Donde dictó el Seminario sobre "The 'Amparo Suit': Judicial Protection of Human Rights in Latin America (A Comparative Law Study of the Suit for 'Amparo')", publicado como *Constitutional Protection of Human Rights in Latin America. A Comparative Study of the Amparo Proceedings*, Cambridge University Press, New York, 2008, 432 pp. Los documentos legislativos que sirvieron de base para dicho seminario se publicaron además, con el título: *Leyes de Amparo de América Latina*, Instituto de Administración Pública de Jalisco y sus Municipios, Instituto de Administración Pública del Estado de México, Poder Judicial del Estado de México, Academia de Derecho Constitucional de la Confederación de Colegios y Asociaciones de Abogados de México, Jalisco 2009, 2 Vols.

58 Este hecho se encuentra referido en el *Informe* de la CIDH, ¶ 117.

59 Este hecho se encuentra referido en el *Informe* de la CIDH, ¶ 118.

60 Dictado con fundamento en la Ley que autoriza al Presidente de la República para dictar Decretos con Rango, Valor y Fuerza de Ley en las materias que se delegan (*Gaceta Oficial* Nº 38.617 de 01-02-2007).

ligro de fuga) debían recuperar *ipso jure* su derecho a salir del país, a ser liberados y a que no se los persiguiera más: la amnistía extirpó el delito y, por lo tanto, también el proceso y los efectos de los actos judiciales que decretaron las medidas preventivas.

172. El 11 de enero de 2008 los abogados defensores del profesor Brewer Carías solicitaron al Juez Vigésimo Quinto de Primera Instancia en Funciones de Control de la Circunscripción Judicial del Área Metropolitana de Caracas que fuera sobreseída la causa con base en la aludida amnistía (**Anexo Nº 74**); demostrando la aplicabilidad de la ley, así como poniendo en evidencia la satisfacción de un requisito que, a pesar de no corresponderse conceptualmente con la naturaleza de la amnistía, estaba incorporado en dicha Ley: que sus beneficios se restringirían sólo a las personas que *"se encuentren a derecho y se hayan sometido a los procesos penales, que hayan sido procesadas o condenadas"*.[61]

173. Lo cierto es que el profesor Brewer Carías cumplía con este requisito pues siempre estuvo o se encontró a derecho, no habiendo dejado de asistir a ninguna de las actuaciones judiciales en las que se había requerido su presencia, y en cuanto a la audiencia preliminar, como la misma nunca se realizó, y no por causas que le fueran imputables, nunca podía decirse que no estuvo a derecho. En relación con este particular aspecto resultaron esclarecedoras las explicaciones que derivan de las declaraciones formuladas por el abogado **Cottin** y por el perito **Ollarves**, al haber ilustrado a esa Honorable Corte al respecto: un procesado está a derecho en una causa penal en Venezuela desde el momento en que nombra a sus abogados defensores y éstos se juramentan.

174. A pesar de ello, la solicitud fue negada (**Anexo Nº 60**), **aun cuando fue acordada respecto de otros coacusados**, invocándose que el profesor Brewer Carías supuestamente no estaba "a derecho". Contra esa decisión se interpuso apelación (**Anexo 75**), señalándose los vicios de que adolecía la decisión e invocándose el derecho a la igualdad y a la no discriminación, puesto que el ex Gobernador (del Estado Miranda) **Enrique Mendoza D'Ascoli** y la **Sra. Milagros del Carmen Durán López**, acusados de los delitos de rebelión civil, violencia o amenaza contra el funcionamiento de los órganos del poder público, con ocasión de los sucesos de abril de 2002 y quienes se encontraban en una situación procesal idéntica a la del profesor Brewer Carías, habían sido beneficiarios de la amnistía a solicitud, incluso, del Ministerio Público.

175. Sin embargo, la apelación interpuesta fue declarada sin lugar insistiéndose en que el profesor Brewer Carías no estaba "a derecho," que la sentencia apelada estaba suficientemente motivada, y que la situación del los se-

---

61 En nuestro escrito de alegatos explicamos las razones por las cuales este requisito no se corresponde con la naturaleza de la amnistía, al menos en el sistema jurídico venezolano, por lo que no las volveremos a enumerar, dándolas aquí por reproducidas.

ñores **Mendoza D'Ascoli** y **Durán López** era diferente, puesto que el tribunal penal que conocía de su causa no era el mismo que conocía de la del profesor Brewer Carías y porque, en el caso de los señores Mendoza y Durán, el Fiscal había opinado que la medida de privación de libertad dictada en su contra había sido "prematura."

176. En relación con la aplicabilidad de la Ley de Amnistía a la víctima, además, resulta pertinente recordar que *antes* de que la Fiscal encargada del caso fijara ante el tribunal de la causa su posición con respecto a la aplicación del referido Decreto-Ley de Amnistía al profesor Brewer Carías, la Fiscal General de la República declaró públicamente que sería a la Fiscal (provisoria, por supuesto) del caso a quien *"le corresponderá determinar si a él lo alcanza el decreto,"* pero expresando a renglón seguido que: *"cuando conduje esa investigación, el abogado Brewer Carías, ya siendo acusado, fue convocado para la audiencia preliminar, y a través de sus abogados envió una comunicación donde decía que no creía en la justicia venezolana, que la justicia venezolana no le daba garantía a ningún ciudadano incluso a él, que por eso optaba por irse del país y que no regresaría hasta tanto no cambiara el Gobierno."*[62] Mediante esa afirmación, la Fiscal General de la República claramente fijaba una posición y avanzaba argumentos para que no se aplicara a la víctima la amnistía de ley. Y es que mal puede pensarse que frente a semejante declaración, la Fiscal (provisoria) a cargo del caso y el Juez (provisorio) encargado de resolver la solicitud de sobreseimiento basada en la amnistía, resolverían algo distinto a denegar esa solicitud. Por tanto, como era de esperarse, la opinión de la Fiscal (provisoria) del caso fue adversa a la aplicación de la amnistía al profesor Brewer Carías y así lo determinó también el tribunal.

177. La revisión del expediente consignado por el Estado, especialmente las piezas 49 y 50, permite establecer además los siguientes hechos:

1. El 7 de enero de 2008, la Fiscal provisoria Sexta solicitó al Juzgado 25° de control el sobreseimiento de la causa seguida contra los ciudadanos Cecilia Margarita Sosa Gómez, José Gregorio Vásquez López, Guaicaipuro Lameda y Carlos Manuel Ayala Corao, todos sindicados de haber participado en la redacción del llamado "decreto Carmona", con motivo de la amnistía decretada y a la cual ya se hizo referencia (p. 49, folios 254-262).

2. El 10 de enero de 2008, la misma Fiscal se dirigió al mismo tribunal a fin de solicitar el sobreseimiento de la causa penal seguida contra los ciudadanos señalados en el escrito, sindicados de haber suscrito el llamado "decreto Carmona", también con motivo de la amnistía que nos ocupa (p. 49, folios 216-238).

---

62   Véase la entrevista del periodista Eligio Rojas a la Sra. Luisa Ortega Díaz, en *Últimas Noticias*, Caracas, 8 de enero de 2008, p. 24. (**Anexo 71**).

3. El 10 de enero de 2008 se libraron sendas boletas de notificación, dirigidas a los ciudadanos Cecilia Margarita Sosa Gómez, José Gregorio Vásquez López, Guaicaipuro Lameda y Carlos Manuel Ayala Corao, para que comparecieran al Juzgado 25° de Control el 14 de enero de 2008 a las 10:00, oportunidad en la cual se llevaría a cabo una audiencia oral de conformidad con lo establecido en el artículo 323 del COOP (p. 49, folios 206-215).

4. El 11 de enero de 2008, la misma Fiscal se dirigió al mismo Juzgado 25° de Control a fin de solicitar el sobreseimiento de la causa penal seguida contra los ciudadanos señalados en el escrito, sindicados de haber suscrito el llamado "decreto Carmona", también con motivo de la amnistía que nos ocupa (p. 49, folios 184-205).

5. El 14 de enero de 2008, según estaba previsto, se celebró una audiencia oral y pública, en presencia de los señores Cecilia Margarita Sosa Gómez, José Gregorio Vásquez López, Guaicaipuro Lameda y Carlos Manuel Ayala Corao y sus abogados, con el objeto de decretar el sobreseimiento de la causa seguida en su contra, con la advertencia de que el fallo se publicaría dentro de los 10 días hábiles siguientes (p. 49, folios 129-134)

6. El 17 de enero de 2008 el Juzgado 25° de Control dejó sin efecto la convocatoria para la audiencia preliminar convocada para ese día, por haber decretado el sobreseimiento de la causa seguida contra los señores Cecilia Margarita Sosa Gómez, José Gregorio Vásquez López, Guaicaipuro Lameda y Carlos Manuel Ayala Corao.

7. El 25 de enero de 2008 se publicó la sentencia mediante la cual se sobreseyó la causa seguida contra los señores Cecilia Margarita Sosa Gómez, José Gregorio Vásquez López y Guaicaipuro Lameda (p. 49, folio 121).

8. El mismo 25 de enero de 2008, el Juzgado 25° de Control negó la solicitud de sobreseimiento presentada el 11 de enero por los abogados del profesor Brewer Carías (p. 49, folios 68-151).

9. Sin que mediara audiencia pública alguna, el 6 de febrero de 2008, el mismo tribunal decretó el sobreseimiento de la causa seguida contra los ciudadanos identificados en el escrito del 10 de enero de ese año presentado por la Fiscal sexta (p. 49, folios 33-37).

10. Lo mismo ocurrió el 20 de febrero de 2008 con relación al sobreseimiento de la causa seguida contra los ciudadanos identificados en el escrito consignado por la Fiscal sexta el 11 de enero de 2008 (p. 50, folios 88-123).

178. En otros términos e independientemente de otras conclusiones que derivan evidentemente de los hechos narrados, el Juez 25° de Control sólo requirió la presencia personal de los coimputados del profesor Brewer Carías para decretar el sobreseimiento de la causa seguida contra ellos, con motivo del decreto-ley de amnistía, asumiendo que no se presentaría y no le aplicaría tal sobreseimiento. El tribunal no se molestó en verificar si las demás personas a favor de las cuales dictó el sobreseimiento se encontraban en el país.

SEGUNDA PARTE
DE LAS PRUEBAS

179. En esta segunda parte procederemos a establecer el acervo probatorio que nos permite demostrar los hechos denunciados ante esa Corte, de los cuales derivan la violación de los derechos humanos del profesor Allan Brewer Carías. Estableceremos, en ese sentido, las pruebas de la CIDH, las de la víctima y, por último, se analizarán las pruebas del Estado.

I. LAS PRUEBAS DE LA COMISIÓN INTERAMERICANA DE DERECHOS HUMANOS

180. La CIDH ofreció pruebas documentales y testimonios expertos. Seguidamente nos referiremos de manera breve a dichas pruebas.

1. *Los documentos promovidos*

181. En su Informe N° 171/11 de 3 de noviembre de 2011, referido al fondo del caso 12.724 *(Allan R. Brewer Carías vs. Venezuela)*, la CIDH ofreció y consignó como prueba 49 documentos. De esos 49 documentos, 42 fueron consignados por quienes suscribimos durante el trámite del caso ante la Comisión. Los 7 documentos restantes fueron directamente aportados por dicho órgano.

2. *Testimonios expertos*

182. En escrito del 7 de marzo de 2012, mediante el cual la CIDH sometió a esa Corte el caso 12.724 *(Allan R. Brewer Carías vs. Venezuela)*, remitiendo su Informe N° 171/11 de 3 de noviembre de 2011, la Comisión ofreció el peritaje directo del Sr. José Zeitune y, adicionalmente, requirió a esa Corte el traslado al presente juicio del testimonio de cuatro expertos, rendido en otros dos casos seguidos contra Venezuela, ya sentenciados.

183. En cuanto a los últimos, ciertamente esa Corte entendió que tales *testimonios* se consideran como prueba documental, pues "no son evacuados bajo los principios de contradictorio y derecho a la defensa toda vez que la contraparte no puede formular preguntas"[63]. Es nuestro entender, no obstante, que ese tratamiento obedece a la necesidad de distinguir el trámite procesal de

---

63   Resolución del Presidente de la Corte IDH de fecha 31 de julio de 2013.

los peritajes ofrecidos de manera originaria, de aquellos que se trasladan de otras causas[64], pues ese traslado se hace conforme a la norma reglamentaria inherente a los peritajes que puede proponer la CIDH, esto es, el artículo 35.1.f de su Reglamento. Por lo demás, de acordarse el traslado de estas pruebas, se indicó que se otorgaría al Estado y a la víctima la oportunidad de formular las observaciones que consideren pertinentes[65].

184. Seguidamente, por tanto, nuestras consideraciones con relación a los peritajes ofrecidos por la CIDH.

A. Sr. José Zeitune

185. Sobre el testimonio experto del Sr. José Zeitune, que fue ofrecido para que se pronunciara sobre "estándares internacionales aplicables al impacto de la provisionalidad de jueces y fiscales en relación con el principio de independencia judicial, el debido proceso y las garantías judiciales de las personas sometidas a proceso penal, en particular en el contexto de una acusación penal donde se debaten cuestiones con contenido político", no tenemos observaciones que formular.

B. Testimonios expertos rendidos en otros casos, cuyo traslado se solicitó

186. En escrito del 12 de marzo de 2012 ya señalado, la CIDH, "de conformidad con el artículo 35.1.f) del Reglamento de la Corte Interamericana, (…) se [permitió] solicitar el traslado, en lo pertinente, de las declaraciones de Antonio Canova González, en el caso *Chocrón Chocrón vs. Venezuela,* José Luis Tamayo Rodríguez y Alberto Arteaga Sánchez, en el caso *Reverón Trujillo vs. Venezuela*, y Param Cumaraswamy y Jesús María Casal Hernández, en el caso *Apitz Barbera y otros ("Corte Primera de lo Contencioso Administrativo) vs. Venezuela,* quienes se refirieron a los temas de orden público [interamericano] referidos"; relacionados con el principio de independencia judicial consagrado en el artículo 8.1 de la Convención Americana.

187. En Resolución del Presidente de la Corte IDH de fecha 31 de julio de 2013 (párr. 95), se consideró "adecuado determinar posteriormente, una vez recibidos los peritajes ordenados en la presente Resolución, si resulta útil y necesario el traslado de alguna o varias de las referidas declaraciones rendidas en otros casos contra Venezuela, otorgando a las partes la debida oportunidad para presentar observaciones"; con excepción del peritaje de Antonio Canova González, por haber sido admitida su declaración en el presente caso.

---

64 Esto se evidencia de la misma Resolución del 31 de julio de 2013, en la cual se hace la salvedad para desestimar la solicitud del Estado en cuanto a inadmitir el traslado de tales testimonios por no haber sido ratificados en la lista definitiva de declarantes presentada por la CIDH, ¶ 94.

65 Resolución del Presidente de la Corte IDH de fecha 31 de julio de 2013, ¶ 95.

II. LAS PRUEBAS DE LA VÍCTIMA

188. La víctima, además de su declaración, produjo durante el proceso pruebas documentales, testimoniales y experticias. Veremos seguidamente el objeto de estas pruebas.

1. *La declaración de la víctima*

189. La víctima en este caso, el profesor Allan Brewer Carías, intervino en el presente juicio el día 3 de septiembre de 2013, en el curso de la audiencia pública celebrada en la sede de la Corte en San José de Costa Rica.

190. Fue interrogado el profesor Brewer Carías por uno de sus representantes sobre las alegadas violaciones a los derechos humanos que ha sufrido dentro del marco del presente caso, las consecuencias sobre su vida profesional, personal y familiar, en particular, los daños que esas alegadas violaciones le han infringido a su integridad física, síquica y moral.

191. El Agente del Estado le interrogó sobre cuestiones procesales de derecho interno y también de derecho internacional, relacionadas con la admisibilidad del caso ante el Sistema Interamericano de Protección de los Derechos Humanos.

192. Los jueces Sierra Porto, Caldas y García Sayán formularon preguntas relacionadas con la no aplicación del decreto-ley de amnistía al profesor Brewer Carías, con lapso para decidir el recurso de nulidad, con el estatus de la víctima en los Estados Unidos, entre otras.

193. Esta Corte ha dicho, con relación a la declaración de la víctima, que la misma no puede ser valorada aisladamente sino dentro del conjunto de las pruebas del proceso, ya que es útil en la medida en que puede proporcionar mayor información sobre las violaciones denunciadas y sus consecuencias[66].

194. Se verá que, con el cúmulo probatorio contenido en el expediente de la presente causa, está plenamente demostrada la ocurrencia de los hechos de los cuales deriva la violación de los derechos humanos de Allan Brewer Carías.

2. *Los documentos promovidos*

A. Documentos anexos al Escrito Autónomo de Solicitudes, Argumentos y Pruebas

195. Junto con el Escrito Autónomo de Solicitudes, Argumentos y Pruebas presentado por la víctima, se presentaron como prueba documental 128 anexos, debidamente identificados.

---

66   *Cfr. Caso Loayza Tamayo Vs. Perú. Fondo.* Sentencia de 17 de septiembre de 1997. Serie C N° 22, ¶ 43, y *Caso García y Familiares Vs. Guatemala. Fondo, Reparaciones y Costas.* Sentencia de 29 de noviembre de 2012. Serie C N° 258, ¶ 46.

196. Ninguno de estos documentos fue impugnado por el Estado en su Escrito de Contestación y Excepciones Preliminares, ni lo ha sido hasta el presente. En tal virtud, solicitamos su valoración y análisis, en aras de probar plenamente el acaecimiento de los hechos denunciados en este juicio como causa de la violación de los derechos humanos del profesor Brewer Carías en particular para demostrar los hechos sobe los cuales versan.

B. Documentos anexos al Escrito de Observaciones a las Excepciones preliminares

197. Anexos al Escrito de Observaciones a las Excepciones Preliminares opuestas por el Estado, consignamos 5 documentos adicionales, los cuales solicitamos sean admitidos y valorados por esa Corte para demostrar los siguientes hechos:

198. **Para demostrar el irregular ofrecimiento de sus pruebas por el Estado y que el Estado pretende emplear la tribuna de esa Corte para juzgar y descalificar al profesor Brewer Carías:**

1) **Anexo 129**: Comunicación N° 12.724/029, dirigida por el Sr. Pablo Saavedra Alessandri al Sr. Germán Saltrón Negretti, con relación a las pruebas por ellos promovidas el día 19 de diciembre de 2012.

2) **Anexo 130**: Nota N° 125 de 6 de septiembre de 2012 y su Anexo, mediante la cual el entonces Ministro de Relaciones Exteriores de Venezuela y hoy Presidente de la República, Sr. Nicolás Maduro, comunicó al Secretario General de la OEA "la decisión soberana de la República Bolivariana de Venezuela de denunciar la Convención Americana sobre Derechos Humanos". En esa Nota, paladinamente se afirma que el profesor Brewer Carías "participó en la autoría del texto del decreto de destitución de los poderes públicos, que fuera proclamado por las autoridades de recato que asaltaron el poder tras el golpe de Estado de 11 de abril de 2002 en Venezuela" (p. 6); agregando a ello, en el Anexo a dicha Denuncia denominado "Fundamentación que sustenta la denuncia de la República Bolivariana de Venezuela de la Convención Americana sobre Derechos Humanos presentada a la Secretaría General de la OEA" la afirmación de que al profesor Brewer Carías "se le sigue juicio en Venezuela por su participación en el golpe de Estado de Abril de 2002, por ser redactor del decreto mediante el cual se instalaba un Presidente de facto, se abolía la Constitución nacional, se cambiaba el nombre de la república, se desconocían todas las instituciones del Estado, se destituían a todos los miembros y representantes de los poderes Públicos, entre otros elementos." (p. 8, Anexo).

3) **Anexo 131**: opinión del Agente del Estado Sr. Germán Saltrón Negretti, expresada en agosto de 2012, al referirse en un artículo de opinión a la denuncia de la Convención Americana de Derechos

Humanos por Venezuela, y mencionar el "Acta de Constitución del Gobierno de Transición Democrática y Unidad Nacional" leído 12/04/ 2002, en el Palacio de Miraflores de Caracas," que "Ese decreto fue redactado por Allan Brewer Carias y Carlos Ayala, el Ministerio Público lo imputó por "conspiración para cambiar la constitución". Allan Brewer huyo del país y el juicio está paralizado. Sin embargo, acudieron a la Comisión y admitió el caso el 24/01/2007 y solicita al Estado venezolano adoptar medidas para asegurar la independencia del Poder judicial". Véase Germán Saltrón Negretti, "Por qué denunciar la Convención Americana de los Derechos Humanos".

199. Para contradecir la afirmación del Estado de acuerdo con la cual el profesor Brewer Carías se habría fugado del país y abundar en las razones que tuvo para salir del país en septiembre de 2005:

1) **Anexo 132:** Conferencia del profesor Brewer Carías en torno a la reforma constitucional en América Latina, en la Escuela Superior Alemana de Ciencias Administrativas, Instituto de Investigación para la Administración Pública, (Forschungsinsitut fuer Oeffentliche Verwaltung bei der Deutschen Hochschule fur Verwaltungswissenschaften), Speyer, del 28 de octubre 2005.

2) **Anexo 133:** Conferencia sobre *The question of Legitimacy: How to choose the Supreme Court Juges, en el 6th International European Constitutional Law Network-Colloquium / International Association of Constitutional Law Round Tabl*e, sobre The Future of the European Judicial System. The Constitutional role of European Courts, en la Universidad Humboldt, Berlín, entre el 2 y el 4 de noviembre de 2005.

3) **Anexo 134:** CDH, Comunicación 1940/2010. Eligio Cedeño c. República Bolivariana de Venezuela. Dictamen de 29 de octubre de 2012.

B.   Documentos consignados en la Audiencia Pública

200. En la audiencia pública, quienes suscribimos, en representación de la víctima consignamos los siguientes documentos:

1) Copia de la Ley Orgánica del Ministerio Público, publicada en la Gaceta oficial N° 38.647 de 19 de marzo de 2007. Este documento se agregó al acervo probatorio, para demostrar que, en la actualidad y desde el año 2007, los fiscales están sujetos a las instrucciones del Fiscal General de la República en cuanto se refiere a la investigación penal (artículo 8); contrariamente a lo que expusieron dos de los testigos presentados por el Estado, como se señalará en su opor-

tunidad. A efectos prácticos, nos referiremos a este documento como."

2) Sentencia de la Sala Constitucional del Tribunal Supremo de Justicia de fecha 14 de febrero de 2002 (erróneamente se señaló en la nota de entrega que la sentencia es del 16 de noviembre de 2001). Esta sentencia es nuestro **Anexo 124.**

3) Sentencia de la Sala Constitucional del Tribunal Supremo de Justicia de fecha 4 de marzo de 2011. Esta sentencia es nuestro **Anexo 122.**

4) Nota de prensa "El Plan Cayapa y la sociedad del futuro", publicada en el diario El Universal, el día 16 de julio de 2013, la cual puede verse en http://www.eluniversal.com/opinion/130716/el-plan-cayapa-y-la-sociedad-del-futuro. Este documento se agregó al acervo probatorio, con el objeto señalar a esta Corte que la Ministra de Asuntos Penitenciarios de Venezuela ha señalado que "los presos que quieran ser atendidos dentro del Plan Cayapa, deben revocar el nombramiento de sus abogados privados para garantizarles justicia a través de los defensores públicos, pues sino (sic) se le estaría haciendo el trabajo a los abogados privados y eso 'sería corrupción'". Este "Plan Cayapa" supone la evaluación psicológica o médica del reo para que le sea aplicado algún beneficio. Para el profesor Brewer Carías, esto implicaría que, de volver a Venezuela, si quisiera acogerse a la amnistía de 2007, tendría que, obligatoriamente, revocar a sus defensores privados, constituyéndose así una nueva violación de su derecho al debido proceso. A efectos prácticos, nos referiremos a este documento como **Anexo 144.**

C. Otros documentos

201. En el curso del trámite del presente juicio fueron consignados diversos documentos adicionales, no para demostrar hechos objeto del proceso, sino como complementos de información, por ejemplo, de la impugnación de testigos y peritos ofrecidos por el Estado, entre otros. Hacemos valer tales documentos para demostrar los hechos sobe los cuales versan.

3. *La prueba testimonial*

202. Se ofreció el testimonio de los dos abogados del profesor Allan Brewer Carías, designados y juramentados para representarlo y defenderlo en el proceso penal instaurado en su contra en Venezuela: León Henrique Cottin y José Rafael Odremán Lezama.

A. León Henrique Cottin

203. León Henrique Cottin es uno de los defensores del profesor Brewer Carías en el proceso al que se refiere el presente caso, en el ámbito del derecho interno venezolano. Se ofreció para que atestiguara sobre las violaciones al debido proceso que sufrió el profesor Brewer Carías durante el mismo.

204. El testimonio fue admitido mediante auto del Presidente de la Corte del 31 de julio de 2013, para que fuera rendido en audiencia pública; lo cual ocurrió el 3 de septiembre de 2013.

205. Este testigo fue interrogado por uno de los Representantes de la víctima, por el Agente del Estado y por los Jueces Sierra Porto y Caldas.

B. José Rafael Odremán Lezama

206. José Rafael Odremán Lezama es uno de los defensores del profesor Brewer Carías en el proceso al que se refiere el presente caso, en el ámbito del derecho interno venezolano. Se ofreció su testimonio sobre las violaciones al debido proceso que sufrió el profesor Brewer Carías durante el mismo.

207. El testimonio fue admitido mediante auto del Presidente de la Corte del 31 de julio de 2013, para que fuera rendido ante fedatario público. La declaración, acompañada de las respuestas a las preguntas formuladas por el Estado, fue remitida a esa Corte el 22 de agosto de 2013.

4. *Experticias*

208. En Escrito Autónomo de Solicitudes, Argumentos y Pruebas, ofrecimos el testimonio experto de los señores Enrique Gimbernat, Alberto Arteaga Sánchez, Carlos Tiffer Sotomayor, Rafael Chavero Gazdik y Antonio Canova González. Posteriormente, solicitamos se admitiera la sustitución de los señores Alberto Arteaga Sánchez y Rafael Chavero Gazdik, por Jesús Ollarves Irazábal y Domingo García-Belaúnde, respectivamente.

209. Mediante Resolución del Presidente de la Corte de fecha 31 de julio de 2013, oídas las consideraciones del Estado y la Comisión, se inadmitió el testimonio experto del señor Enrique Gimbernat, así como la sustitución como experto del señor Rafael Chavero Gazdik por el señor Domingo García-Belaúnde.

210. En la misma resolución se estableció que los señores Carlos Tiffer Sotomayor y Antonio Canova González debían rendir testimonio ante fedatario público, mientras que el señor Jesús Ollarves Irazábal lo haría en la audiencia pública. Seguidamente un brevísimo comentario sobre las experticias rendidas.

A. Caros Tiffer Sotomayor

211. Carlos Tiffer Sotomayor, reconocido profesor de Derecho penal de la Universidad de Costa Rica y de Criminología en la Universidad Estatal de Estudios a Distancia (UNED) de Costa Rica, fue promovido para que ofreciera a la Corte su opinión sobre las garantías debidas al procesado durante las diversas fases del proceso penal en el sistema acusatorio, particularmente en la fase de investigación de ese proceso; sobre los estándares universales del juez independiente e imparcial y su aplicación concreta en el proceso incoado contra el profesor Allan R. Brewer Carías; sobre la naturaleza jurídica de la amnistía, con particular referencia al principio de legalidad penal y al principio de igualdad ante la ley; y sobre la protección del abogado en la relación con su cliente, en especial por las opiniones que emita en el marco de una relación profesional. En conexión con el mismo tema está el de la emisión de una opinión jurídica por un abogado como ejercicio de la libertad de expresión, así como las denunciadas violaciones a la libertad de expresión del profesor Brewer Carías, y sobre otras materias del ámbito de su expertitia.

212. El 29 de agosto de 2013 el señor Carlos Tiffer Sotomayor remitió su informe pericial a la Corte, el cual nos fue transmitido mediante nota No. CDH-12.724/189, de fecha 30 de agosto de 2013.

213. El dictamen versa sobre los aspectos antes señalados y, además, en él se responde una serie de preguntas formuladas por el Estado.

B. Antonio Canova González

214. Antonio Canova González, distinguido profesor de Derecho constitucional y Derecho administrativo de la Universidad Central de Venezuela y la Universidad Católica Andrés Bello, de Caracas, cuya expertitia versaría sobre el régimen jurídico de la carrera judicial en Venezuela, en particular sobre el régimen constitucional, el régimen legal, el régimen resultante de la emergencia judicial y el régimen jurídico actual y su adecuación a la Constitución y a los requisitos de suficiencia profesional, independencia e imparcialidad conforme a los estándares de una sociedad democrática y su relevancia en el proceso penal contra el profesor Brewer Carías, así como sobre otras materias del ámbito de su expertitia.

215. El 29 de agosto de 2013 el señor Antonio Canova González remitió su informe pericial a la Corte, el cual nos fue transmitido mediante nota No. CDH-12.724/189, de fecha 30 de agosto de 2013.

216. El dictamen versa sobre los aspectos antes señalados y, además, en él se responde una serie de preguntas formuladas por el Estado.

C. Jesús Ollarves Irazábal

217. Se ofreció la declaración de Jesús Ollarves Irazábal, para que expusiera a la Corte su opinión como experto sobre las distintas fases del proceso penal en Venezuela y sobre sus lapsos teóricos, según el Código Orgánico Procesal Penal, y reales, según la práctica forense, particularmente en lo que hace al lapso entre la presentación de la acusación y la celebración de la audiencia preliminar; sobre si, de acuerdo con el ordenamiento jurídico venezolano, las garantías del debido proceso plasmadas en la Constitución venezolana y en la Convención Americana sobre Derechos Humanos son exigibles durante las diversas fases de dicho proceso, en particular la de investigación. Asimismo, se preguntó al experto en torno a la función del Ministerio Público y a la del Juez de Control en ese proceso. Se pidió también su opinión, desde la óptica del desarrollo del proceso penal, sobre la oportunidad en que el Juez debe decidir sobre las solicitudes o demandas de nulidad absoluta de actos de dicho proceso, por violación de los derechos humanos de un procesado. Finalmente, se pidió opinión al perito sobre la naturaleza y efectos de la amnistía en Venezuela, de acuerdo con su régimen jurídico general y su relación con el Decreto 5790, con Rango, Valor y Fuerza de Ley Especial de Amnistía (*Gaceta Oficial* N° 5.870 Extra. del 31-12-2007 **Anexo 70**), así como sobre otras materias del ámbito de su experticia.

218. El perito declaró ante la Corte el día 4 de septiembre de 2013; fue repreguntado por el Agente del Estado y por los jueces Ferrer-MacGregor, Sierra Porto, Caldas, Ventura Robles.

219. Este perito consignó en la audiencia un legajo con diversas sentencias del Tribunal Supremo de Justicia.

II. LAS PRUEBAS DEL ESTADO: REFERENCIA A LOS MEDIOS OFRECIDOS Y PRODUCIDOS Y NUESTRAS OBSERVACIONES

220. De acuerdo con lo establecido en el artículo 41 del Reglamento de la Corte, en su escrito de contestación, el Estado debe indicar si acepta los hechos y las pretensiones o si los contradice; debe señalar las pruebas que ofrece, debidamente ordenadas y con indicación de los hechos y argumentos sobre los cuales versan; la propuesta e indicación de los declarantes y el objeto de su declaración; los fundamentos de derecho, las observaciones a las reparaciones y costas solicitadas, así como las conclusiones pertinentes.

221. En cuanto se refiere a los declarantes –testigos y peritos–, el Reglamento ofrece la oportunidad de formular objeciones a los testigos (artículo 47) y de recusar a los peritos (artículo 48). Es en la fase de conclusiones, en todo caso, cuando corresponde hacer todas las observaciones que quepan en derecho contra las pruebas promovidas en juicio.

222. Con relación a la admisibilidad de las pruebas, esa Corte ha sostenido reiteradamente lo siguiente:

    1)   Con base en lo establecido en los artículos 46, 50, 57 y 58 del Reglamento, así como en su jurisprudencia respecto de la prueba y su apreciación, la Corte examina y valora los elementos probatorios documentales remitidos en diversas oportunidades procesales, las

declaraciones de las presuntas víctimas, así como los dictámenes periciales rendidos mediante declaración jurada ante fedatario público (*affidávit*) y en la audiencia pública ante la Corte. Para ello, se atiene a los principios de la sana crítica, dentro del marco normativo correspondiente[67].

2)   Se admiten los documentos remitidos por las partes en la debida oportunidad procesal que hayan sido controvertidos ni objetados, ni cuya autenticidad haya sido puesta en duda, en la medida en que son pertinentes y útiles para la determinación de los hechos y eventuales consecuencias jurídicas[68].

3)   La Corte estima pertinentes las declaraciones de las presuntas víctimas y los dictámenes periciales rendidos mediante *affidávit* y durante la audiencia pública sólo en cuanto se ajuste al objeto que fue definido por el Presidente del Tribunal en la Resolución mediante la cual ordenó recibirlos. Éstos serán valorados en conjunto con los demás elementos del acervo probatorio[69].

4)   En cuanto a las notas de prensa, esa Corte ha considerado que pueden ser apreciadas cuando recogen hechos públicos y notorios o declaraciones de funcionarios del Estado o cuando corroboran aspectos relacionados con el caso[70]. Se admiten los documentos que se encuentren completos o que, como mínimo, permitan constatar su fuente y fecha de publicación, y se valoran tomando en cuenta el conjunto del acervo probatorio, las observaciones de las partes y las reglas de la sana crítica.

5)   En cuanto a los videos, se aprecia su contenido dentro del contexto del acervo probatorio y aplicando las reglas de la sana crítica[71].

---

67   *Cfr. Caso de la "Panel Blanca" (Paniagua Morales y otros) Vs. Guatemala. Fondo.* Sentencia de 8 de marzo de 1998. Serie C N°37, párr. 76, y *Caso Masacres Masacre de Santo Domingo Vs. Colombia*, ¶ 41.

68   *Cfr. Caso Velásquez Rodríguez Vs. Honduras. Fondo.* Sentencia de 29 de julio de 1988. Serie C N° 4, ¶. 140, y *Caso Masacre de Santo Domingo Vs. Colombia*, ¶ 43.

69   *Cfr. Caso Loayza Tamayo Vs. Perú. Fondo.* Sentencia de 17 de septiembre de 1997. Serie C N° 22, ¶ 43, y *Caso García y Familiares Vs. Guatemala. Fondo, Reparaciones y Costas.* Sentencia de 29 de noviembre de 2012. Serie C N° 258, ¶ 46.

70   *Cfr. Caso Velásquez Rodríguez Vs. Honduras. Fondo*, ¶ 146 y, *Caso Masacre de Santo Domingo Vs. Colombia. Excepciones Preliminares, Fondo y Reparaciones*, ¶ 44.

71   *Cfr. Caso Ríos y otros Vs. Venezuela. Excepciones Preliminares, Fondo, Reparaciones y Costas.* Sentencia de 28 de enero de 2009. Serie C N° 194, ¶ 93, y *Caso Vélez Restrepo y Familiares Vs. Colombia. Excepción Preliminar, Fondo, Reparaciones y Costas.* Sentencia de 3 de septiembre de 2012 Serie C N° 248, ¶ 64.

223. Sobre la base de lo anterior, seguidamente haremos referencia a los medios de prueba ofrecidos y, en su caso, producidos por el Estado durante este juicio, según se trate de documentos, testimoniales o experticias, al tiempo que formularemos las observaciones correspondientes.

1. *Los documentos promovidos*

224. Los documentos promovidos y producidos por el Estado lo fueron en el Escrito de Contestación y Excepciones Preliminares. En el mismo, el Estado ofreció y produjo una serie de documentos escritos y audiovisuales, pretendiendo que los mismos fueran considerados como "prueba" en el presente caso.

225. Como se advirtió en escrito de fecha 5 de marzo de 2013, mediante el cual presentamos Observaciones a la Excepción Preliminar formulada por el Estado, en el Escrito de Contestación y Excepciones Preliminares, a pesar de lo expresamente previsto al respecto en el artículo 41.1 del Reglamento de esa Corte, el Estado no indicó si aceptaba todos o algunos de los hechos y pretensiones de la víctima que representamos, pero tampoco los contradijo específicamente.

226. En segundo lugar, y como también se dijo en el escrito de fecha 5 de marzo de 2013, el Estado está obligado en su Escrito de Contestación a indicar *"las pruebas ofrecidas debidamente ordenadas, con indicación de los hechos y argumentos sobre los cuales versan"*. En este caso, las *"pruebas"* ofrecidas fueron presentadas completamente desordenadas, violándose lo exigido en el artículo 28.3 del Reglamento ("Los anexos y sus copias deberán presentarse debidamente individualizados e identificados"), habiendo incluso la Secretaría de la Corte procedido a "ordenar" algunas de ellas, identificándolas y numerándolas[72]. Además, en cuanto al ofrecimiento de las pruebas, en el Escrito de Contestación, al describirse, enumerarse y consignarse las mismas, el Estado no indicó cuáles son *"los hechos y argumentos sobre los cuales versan"*. Por una parte, en la identificación y listado de las pruebas, nada se indica sobre qué hechos o argumentos tratan de probar; y por la otra, cuando se identifican los hechos examinados y los argumentos contenidos en el Informe de Fondo de la Comisión Interamericana de Derechos Humanos ("la Comisión" o "la CIDH") y en nuestro Escrito de Solicitudes, Argumentos y Pruebas, resulta evidente que la mayoría de las "pruebas" que se enuncian nada tienen que ver con los mismos, es decir, no se refieren a los hechos y argumentos que conforman el caso ante la Corte.

227. Al respecto, como se hizo en el mencionado escrito de fecha 5 de marzo de 2013, nos oponemos a que la Corte reciba como prueba documental aquellas que no hayan sido precisamente identificadas como tales, a los fines

---

72 Así lo expresa el Secretario de la Corte, Sr. Pablo Saavedra Alessandri, al Agente del Estado, Sr. Germán Saltrón Negretti, en la comunicación N° 12.724/029, que le dirigió el día 19 de diciembre de 2012 (**Anexo 129**).

de poder ejercer el control sobre ellas: la presentación de legajos desordenados, enormes y sin numerar por parte de la representación del Estado, como ya se advirtió y aquí se ratifica, pretende arrojar sobre la víctima que representamos, sobre la Comisión y sobre la misma Corte una carga que es de la exclusiva incumbencia del Estado, cual es la de presentar *"las pruebas ofrecidas debidamente ordenadas, con indicación de los hechos y argumentos sobre los cuales versan"* conforme lo ordena el Reglamento para todas las partes en el presente proceso ante la Corte.

228. La presentación de los anexos documentales y pruebas que sustentan una pretensión, es una *carga que pesa sobre la parte que pretende valerse en juicio de esos anexos*. Al fallar en satisfacer esa carga, la parte interesada debe quedar jurídicamente impedida de hacer valer aquello que no presentó debidamente al Tribunal y a las otras partes en el proceso. Por lo demás, es contrario a la buena fe procesal y a la igualdad entre las partes que una de ellas pretenda someter a la otra a la carga de descifrar los anexos o medios de prueba que presentó de manera incompleta, desordenada o confusa, sin atenerse a los inequívocos términos de la norma reglamentaria que hemos citado. La consecuencia de semejante proceder por una cualquiera de las partes no puede ser otra que la de impedirle hacer valer en juicio pretensiones fundadas en semejantes instrumentos incompletos o confusos, ignorando el artículo 42.1.b del Reglamento, así como el análisis de anexos realizado por la Secretaría de la Corte, que ofreció al Estado la posibilidad de enmendar esos errores, cosa que no hizo, a pesar de habérsele concedido una prórroga extraordinaria para ese propósito, que también desaprovechó. **Esta oposición está referida a los anexos numerados 1 a 27, 34 y 35, y 37 a 39**, así como a todos los documentos escritos y audiovisuales remitidos como anexos por el Estado, que no son señalados en el escrito ni están identificados en modo alguno por el Estado, según nota No. 12.724/029 de fecha 19 de diciembre de 2012 (**Anexo 129**). Es de hacer notar, adicionalmente, que de acuerdo con esa nota, el Estado no presentó los anexos 10, 31, 32, 33 y 35, por lo cual no pueden ser valorados.

229. En tercer lugar, ponemos de relieve nuevamente que este es un caso que versa sobre las denuncias que hemos formulado por ante el Sistema Interamericano de Derechos Humanos, que fueron conocidas en su fase inicial por la CIDH, la cual, conforme a sus facultades y competencia, admitió formalmente el caso que posteriormente elevó ante esa honorable Corte. Se trata de denuncias sobre violaciones a la Convención Americana sobre Derechos Humanos y a los derechos humanos del profesor Allan Brewer Carías con ocasión de un proceso penal que comenzó en enero de 2005, de manera que, por lo tanto, la litis ha de trabarse sobre los fundamentos de hecho y de derecho de esas denuncias. No debería preocuparnos que el Estado se empeñe en someter hechos y argumentos que no versan sobre nuestras denuncias, pues esa conducta implica la aceptación tácita de nuestras afirmaciones. No obstante, como ya se ha señalado en reiteradas oportunidades, sí nos preocupa seriamente que el gobierno venezolano se sirva de los estrados de esa honorable Corte como un escenario donde se repitan varias de las violaciones a los derechos humanos del profesor Brewer Carías que hemos denunciado, particularmente en lo que toca a la violación de la presunción de inocencia[73].

230. <u>Por lo expuesto, es manifiestamente impertinente que el Estado promueva pruebas exclusivamente relativas a los sucesos del 11 de abril de 2002,</u> como son las documentales que aparecen en el Escrito de Contestación numeradas: **13 a 15, 28 a 32 y 36.** Nos oponemos a que la Corte las admita, aprecie y valore.

231. Seguidamente presentamos un cuadro descriptivo de los anexos consignados por el Estado en su Escrito de Contestación y Excepciones Preliminares, con el cuidado de identificarlos según el número que nos fue comunicado, señalando el documento de que se trata, su referencia en el escrito en cuestión, las causas para su inadmisibilidad y, a todo evento, en el supuesto negado de que fueran admitidos, el mérito probatorio que hacemos valer a favor de nuestras pretensiones y alegatos.

---

73 Basta mencionar aquí, de nuevo, la Nota N° 125 de 6 de septiembre de 2012 y su Anexo (**Anexo 130**), mediante la cual el entonces Ministro de Relaciones Exteriores de Venezuela y hoy Presidente de la República, **Sr. Nicolás Maduro**, comunicó al Secretario General de la OEA *"la decisión soberana de la República Bolivariana de Venezuela de denunciar la Convención Americana sobre Derechos Humanos".* En esa Nota, paladinamente se afirma que el profesor Brewer Carías *"participó en la autoría* del texto del decreto de destitución de los poderes públicos, que fuera proclamado por las autoridades de facto que asaltaron el poder tras el golpe de Estado de 11 de abril de 2002 en Venezuela" (p. 6); agregando a ello, en el Anexo a dicha Denuncia denominado "Fundamentación que sustenta la denuncia de la República Bolivariana de Venezuela de la Convención Americana sobre Derechos Humanos presentada a la Secretaría General de la OEA" la afirmación de que al profesor Brewer Carías "se le sigue juicio en Venezuela por su participación en el golpe de Estado de Abril de 2002, *por ser redactor del decreto* mediante el cual se instalaba un Presidente de facto, se abolía la Constitución nacional, se cambiaba el nombre de la República, se desconocían todas las instituciones del Estado, se destituían a todos los miembros y representantes de los poderes Públicos, entre otros elementos." (p. 8, Anexo). Digna de mención es, asimismo, la opinión del Agente del Estado **Sr. Germán Saltrón Negretti**, expresada en agosto de 2012, al referirse en un artículo de opinión a la denuncia de la Convención Americana de Derechos Humanos por Venezuela, y mencionar el "Acta de Constitución del Gobierno de Transición Democrática y Unidad Nacional" leído 12/04/2002, en el Palacio de Miraflores de Caracas," que **"Ese decreto fue redactado por Allan Brewer Carias y Carlos Ayala, el Ministerio Público lo imputó por "conspiración para cambiar la constitución". Allan Brewer huyo del país y el juicio está paralizado. Sin embargo, acudieron a la Comisión y admitió el caso el 24/01/2007 y solicita al Estado venezolano adoptar medidas para asegurar la independencia del Poder judicial".** (Negritas añadidas). Véase Germán Saltrón Negretti, "Por qué denunciar la Convención Americana de los Derechos Humanos" (**Anexo 131**).

NÚM. ANEXO	DOCUMENTO	REFERENCIA EN EL ESCRITO DE CONTESTACIÓN Y EXCEPCIONES	OBSERVACIONES Y/O CAUSALES DE INADMISIBILIDAD	LO QUE A TODO EVENTO HACEMOS VALER A FAVOR DE LA VÍCTIMA
1	Todo el expediente penal de ARBC - 50 piezas	Capítulo V	El expediente fue promovido sin que se indicaran específicamente los hechos y argumentos sobre los cuales versa; salvo a considerar la mención de ciertos folios del expediente en el Capítulo V del Escrito de Contestación y Excepciones Preliminares del Estado.	Hacemos valer el contenido íntegro del expediente consignado por el Estado, en particular las actas que ya hemos producido como anexos (anexos 4, 5, 6, 12, 13, 14, 18, 19, 27, 28, 29, 30, 31, 32, 33, 34, 35, 36, 38, 42, 43, 44, 45, 46, 47, 48, 49, 50, 51, 52, 55, 56, 57, 58, 60, 61, 74, 75, 76), así como las que se individualizan en este Escrito.
Pieza 9	Folio 9	CV (f. 9)		
Pieza 13	Folios 9, 5	CV (f. 9, 5)		
Pieza 14	Folios 146, 132, 114, 82, 60, 7	CV (f. 146, 132, 114, 82, 60, 7)		
Pieza 15	Folios 222, 173, 160, 150, 59, 56, 223, 177, 162, 151, 60, 57, 19 Video juramentación Pedro Carmona Estanga	CV (f. 222, 173, 160, 150, 59, 56, 223, 177, 162, 151, 60, 57, 19 Juramentación Pedro Carmona Estanga)		
Pieza 16	Folios 162-166, 161, 166, 159, 236, 229, 207, 189, 167, 68, 24, 15	C V (f, 162-166, 161, 166, 159, 236, 229, 207, 189, 167, 68, 24, 15)		
Pieza 17	Folios 81, 136, 23, 221, 178, 162, 137, 117, 97, 95, 94, 63, 62, 27	CV (f. 81, 136, 23, 221, 178, 162, 137, 117, 97, 95, 94, 63, 62, 27)		
Pieza 18	Folios 246-250, 161, 163, 164, 166, 251-254, 201, 22, 4, 152, 64, 45, 256, 225, 242, 197, 189, 177, 174, 179, 148, 65, 39, 32	C V (f. 246-250, 161, 163, 164, 166, 251-254, 201, 22, 4, 152, 64, 45, 256, 225, 242, 197, 189, 177, 174, 179, 148, 65, 39, 32)		
Pieza 19	Folios 163, 162, 216, 17, acta 9/5/2005, 321, acta 24/5/2005	CV (f. 163, 162, 216, 17, acta 9/5/2005, 321, acta 24/5/2005)		
Pieza 20	Folio 226	CV (f. 226)		
Pieza 21	Folios 157, 116, 115, 110, 104, 95, 93, 34	CV (f. 157, 116, 115, 110, 104, 95, 93, 34)		
Pieza 22	Folios 75, 152, 157	CV (f. 175, 152, 157,		
Pieza 23	Folio 259	CV (F. 259)		
Pieza 24	Folio 228	CV (f. 228)		
Pieza 25	Folio 48	CV (f. 48)		
Pieza 26	Folios 195, 181, 98, 90, 87, 73,	CV (f. 195, 181, 98, 90, 87, 73)		
Pieza 27	Folios 90	(CV f. 90)		
Pieza 35	Folios 39, 30	CV (f. 39, 30)		
Pieza 36	(Folio 13)	(CV f. 13		

2	Programa de formación para el ingreso a la carrera fiscal.	Capítulo IV	1) El programa fue promovido sin que se indicaran específicamente los hechos y argumentos sobre los cuales versa. 2) No se aportó su publicación en la Gaceta Oficial ni copia del documento original, suscrito por su o sus autores. 3) La formación para el ingreso a la carrera fiscal no es objeto del presente juicio.	
3	Constitución venezolana (G.O. Nº 5.908 de 19/2/2009).	Capítulo II.a (Preámbulo, TIII). Capítulo III, arts. 26, 254, 255. Capítulo V (art. 49)	La Constitución fue promovida sin que se indicaran específicamente los hechos y argumentos sobre los cuales versa como prueba, salvo la mención de algunos de sus artículos en los capítulos II y III del Escrito de Contestación del Estado.	De cualquier manera, hacemos valer el contenido íntegro de la Constitución venezolana.
4	COPP vigente "para el momento de los hechos contra ARBC" (G.O. Nº 5.558 de 14/11/2001)	Capítulo I, en cuanto a la falta de agotamiento de los recursos internos (arts. 327, 328, 330, 28, 29, 30, 33, 332, 349). Capítulo V (arts. 304, 305,306)	El COPP de 2001 fue promovido sin que se indicaran específicamente los hechos y argumentos sobre los cuales versa como prueba, salvo la mención de algunos de sus artículos en los capítulos II y V del Escrito de Contestación del Estado.	De cualquier manera, hacemos valer el contenido íntegro del COPP de 2001.
5	COPP "actualmente vigente" (G.O. Nº 6.078 de 15/6/2012)	Capítulo I, en cuanto a la falta de agotamiento de los recursos internos (arts. 327, 328, 444, 447, 448, 453, 459, 470, 477). Capítulo V (arts. 305 y 125.3.9.	El COPP de 2012 fue promovido sin que se indicaran específicamente los hechos y argumentos sobre los cuales versa como prueba, salvo la mención de algunos de sus artículos en los capítulos II y V del Escrito de Contestación del Estado.	De cualquier manera, hacemos valer el contenido íntegro del COPP de 2012.

6	Decreto de Reorganización de los Poderes Públicos (G.O. Nº 36.764 de 13/8/1999)	Capítulo III.b	Este decreto fue promovido sin que se indicaran específicamente los hechos y argumentos sobre los cuales versa como prueba, salvo su mención en el capítulo III.b del Escrito de Contestación del Estado.	Hacemos valer el contenido del decreto, como prueba del tenor de la reorganización de los poderes públicos durante el proceso constituyente de 1999.
7	Decreto de Reorganización del Poder Judicial (G.O. Nº 36.782 de 8/9/1999)	Capítulo III.b	Este decreto fue promovido sin que se indicaran específicamente los hechos y argumentos sobre los cuales versa como prueba, salvo su mención en el capítulo III.b del Escrito de Contestación del Estado.	Hacemos valer el contenido del decreto, como prueba del tenor de la reorganización del poder judicial durante el proceso constituyente de 1999.
8	Decreto del Régimen de Transición del Poder Público (G.O. Nº 36.859 de 29/12/1999)	Capítulo III.b	Este decreto fue promovido sin que se indicaran específicamente los hechos y argumentos sobre los cuales versa como prueba, salvo su mención en el capítulo III.b del Escrito de Contestación del Estado.	Hacemos valer el contenido del decreto, como prueba del tenor del régimen de transición instaurado luego de la sanción de la Constitución de 1999.
9	Normativa sobre la dirección, gobierno y administración del Poder Judicial (G.O. Nº 37.014 de 15/8/2000)	Capítulo III.b	Esta normativa fue promovida sin que se indicaran específicamente los hechos y argumentos sobre los cuales versa como prueba, salvo su mención en el capítulo III.b del Escrito de Contestación del Estado.	Hacemos valer el contenido de las normas, como prueba del tenor del régimen de dirección, gobierno y administración del poder judicial establecido en agosto de 2000.

10	Reglamento Orgánico de la Escuela Nacional de la Magistratura. Res. Nº 2004-0012 de 18/8/2004	Capítulo III.b	1) **El documento no fue consignado.** En todo caso: **2)** Este reglamento fue promovido sin que se indicaran específicamente los hechos y argumentos sobre los cuales versa como prueba, salvo su mención en el capítulo III.b del Escrito de Contestación del Estado. **3)** No se aportó publicación en gaceta oficial, ni copia del documento original. En la nota 43 se hace referencia a su ubicación web (http://enm.tsj.gov.ve/institucionales/reglamento.asp), pero no existe el documento. **4)** La organización de la Escuela Nacional de la Magistratura no es objeto del presente juicio.	
11	Normas de evaluación y concurso de oposición para el ingreso y ascenso a la carrera judicial (G.O. Nº 38.282 de 28/9/2005)	Capítulo III.b.1 (arts. 14,18,22,46, 48, 51, 53, 55, 57, 10, 4)	Esta normativa fue promovida sin que se indicaran específicamente los hechos y argumentos sobre los cuales versa como prueba, salvo su mención el capítulo III.b.1 del Escrito de Contestación del Estado.	Hacemos valer el contenido de las normas, como prueba del tenor del régimen de evaluación y concurso de oposición para el ingreso y ascenso de la carrera judicial. De hecho, es nuestro **anexo 99.**
12	Plan estratégico 2008-2014 del Ministerio Público	No hay referencia en el Escrito de Contestación ni en ningún otro	**1)** Este plan fue promovido sin que se indicaran específicamente los hechos y argumentos sobre los cuales versa como prueba. **2)** No se aportó publicación en gaceta oficial, ni copia del documento original. **3)** El plan estratégico del Ministerio Público 2008-2014 no es objeto del presente juicio.	

13	Libro. Ernesto Villegas Poljak, *Golpe Adentro*, Editorial Galac, 2009	No hay referencia en el Escrito de Contestación ni en ningún otro	**1)** Este libro fue promovido sin que se indicaran específicamente los hechos sobre los cuales versa como prueba. **2)** Los hechos sobre los cuales versa el libro no son objeto del presente juicio.	No obstante su impertinencia, hacemos valer de este libro su contenido íntegro, desarrollado en torno a la declaración rendida ante el Ministerio Público por Rafael Arreaza, en fecha 27/9/2007, la cual está reservada (por no haberse iniciado aún la fase de juicio) y por lo mismo no podía ser legítimamente conocida y menos publicada por un tercero ajeno al juicio. Hacemos valer que el autor del libro, periodista y ancla de Venezolana de Televisión, fue Ministro del Poder Popular para la Comunicación e información, como puede verse en http://www.ultimasnotic ias.com.ve/noticias/actu alidad/politica/ernesto-villegas-nuevo-ministro-de-comunicacion.aspx (**Anexo 145**), y es hoy candidato por el PSUV a la Alcaldía del Área Metropolitana de Caracas, como puede verse en http://www.eluniversal.c om/nacional-y-politica/130803/ernesto-villegas-es-el-candidato-chavista-a-la-alcaldia-mayor-de-carac (**Anexo 146**). El libro, de distribución gratuita y coeditado por el Gobierno del Distrito Capital, la Alcaldía de Caracas y el Correo del Orinoco, es una prueba más de la persecución política a Allan Brewer Carías y de la violación de sus derechos a ser juzgado con las debidas garantías y a la presunción de inocencia.

755

14	Libro. Fundación Jesús Vives Suria, *Los documentos del golpe*, Defensoría del Pueblo. 1ª ed.	No hay referencia en el Escrito de Contestación ni en ningún otro	**1)** Este libro fue promovido sin que se indicaran específicamente los hechos y argumentos sobre los cuales versa como prueba. **2)** Los hechos sobre los cuales versa el libro no son objeto del presente juicio.	Hacemos valer de este libro, primero, que fue publicado por la Defensoría del Pueblo; luego, que su prólogo y epílogo fueron escritos por Luis Britto García, representante del Estado en este caso; por último, que sin juicio, se asignan responsabilidades penales a numerosas personas, con relación a los diversos hechos de abril de 2002. El libro es una prueba más de la sumisión de las instituciones al Ejecutivo Nacional.
15	Libro. Fundación Jesús Vives Suria, *Los documentos del golpe*, Defensoría del Pueblo. 5ª ed. 2007. Versión digital	No hay referencia en el Escrito de Contestación ni en ningún otro	**1)** Este libro fue promovido sin que se indicaran específicamente los hechos y argumentos sobre los cuales versa como prueba. **2)** Los hechos sobre los cuales versa el libro no son objeto del presente juicio. **3)** Varios folios ilegibles, señalados en Nota No. 12.754/029 de 19/12/2012.	Hacemos valer de este libro, primero, que fue publicado por la Defensoría del Pueblo; luego, que su prólogo y epílogo fueron escritos por Luis Britto García, representante del Estado en este caso; por último, que sin juicio, se asignan responsabilidades penales a numerosas personas, con relación a los diversos hechos de abril de 2002. El libro es una prueba más de la sumisión de las instituciones al Ejecutivo Nacional.
16	Libro. Pedro Carmona Estanga, *Mi testimonio ante la historia*, 2ª ed., Biblioteca Jurídica Dike, 2005. Ver págs. 120-121.	No hay referencia en el Escrito de Contestación ni en ningún otro	Este libro fue promovido sin que se indicaran específicamente los hechos y argumentos sobre los cuales versa como prueba.	La víctima aportó el libro como prueba (anexo 3), especialmente donde se dice que nunca se atribuyó la autoría del decreto a Allan Brewer Carías (pp. 120-121). Se hace notar que la edición consignada por el Estado es la misma consignada por la víctima.

17	Revista de la Jurisdicción Disciplinaria Judicial AD LITTERAM Al pie de la letra. Año 1, Nº 1, junio 2012	Capítulo III. Sobre la jurisdicción disciplinaria judicial. Declaración Hernán Pacheco, Pdte. Jurisdicción Disciplinaria Judicial. Nota 81.	Esta revista fue promovida sin que se indicaran específicamente los hechos y argumentos sobre los cuales versa como prueba, salvo la mención, en el capítulo II del Escrito de Contestación, a la declaración de Hernán Pacheco, Pdte. Jurisdicción Disciplinaria Judicial. Nota 81.	Llamamos la atención de esa Corte sobre el artículo publicado en la revista (pp. 10.12) por la Sra. Ana Cecilia Zulueta Rodríguez, Jueza de la Corte Disciplinaria Judicial, titulado "Ética y Revolución Bolivariana en la Jurisdicción Disciplinaria en Venezuela". Allí se afirma, entre otras cosas, que "[p]ara nosotros la civilización es el socialismo". Ver también el artículo de la Dra. Jacqueline Sosa Mariño. Jueza del Tribunal Disciplinario Judicial (pp. 15-17), titulado "Nuevo Instrumento de Justicia Popular". Prueba de la militancia político-partidista de la jurisdicción disciplinaria judicial y del poder judicial.
18	Revista de la Jurisdicción Disciplinaria Judicial AD LITTERAM Al pie de la letra. Año 1, Nº 2. Versión digital	No hay referencia en el Escrito de Contestación ni en ningún otro	Esta revista fue promovida sin que se indicaran específicamente los hechos y argumentos sobre los cuales versa como prueba.	
19	Normativa sobre la dirección, gobierno y administración del Poder Judicial (G.O. Nº 37.014 de 15/8/2000)	Es el mismo anexo 9	Esta normativa fue promovida sin que se indicaran específicamente los hechos y argumentos sobre los cuales versa como prueba, salvo su mención en el capítulo III.b del Escrito de Contestación del Estado.	Hacemos valer el contenido de las normas, como prueba del tenor del régimen de dirección, gobierno y administración del poder judicial establecido en agosto de 2000.
20	Reglamento Orgánico y Funcional de la Jurisdicción Disciplinaria Judicial (G.O. Nº 39.750 de 5/11/2011)	No hay referencia en el Escrito de Contestación ni en ningún otro	Este reglamento fue promovido sin que se indicaran específicamente los hechos sobre los cuales versa como prueba.	Hacemos valer el contenido del Reglamento, como prueba del tenor del régimen de la Jurisdicción Disciplinaria Judicial.
21	Informe del Ministerio Público 1991: "En Venezuela el ciudadano es un desvalido"	No hay referencia en el Escrito de Contestación ni en ningún otro	1) Este informe fue promovido sin que se indicaran específicamente los hechos y argumentos sobre los cuales versa como prueba. 2) Si en 1991 y en Venezuela el ciudadano era o no un desvalido no es objeto del presente juicio.	

22	Estadísticas de la jurisdicción disciplinaria judicial al 9/11/2012 (www.jdj.gob.ve)	No hay referencia en el Escrito de Contestación ni en ningún otro	1) Estas estadísticas fueron promovidas sin que se indicaran específicamente los hechos y argumentos sobre los cuales versa como prueba. 2) Es falso que en la dirección web señalada aparezcan estadísticas al 9/11/2012, pues sólo están publicados, incluso hoy, los datos del segundo trimestre de 2012, como se constata en http://jdj.gob.ve/estadisticas.html (Anexo 152).	
23	Esquema de presentación de denuncias en la jurisdicción disciplinaria judicial al 9/11/2012 (www.jdj.gob.ve)	No hay referencia en el Escrito de Contestación ni en ningún otro	Este documento fue promovido sin que se indicaran específicamente los hechos y argumentos sobre los cuales versa como prueba.	
24	Total general de jueces, clasificados por su condición	Nota 84	1) Este documento fue promovido sin que se indicaran específicamente los hechos y argumentos sobre los cuales versa como prueba. 2) Se trata de una hoja de Excel que no establece ni siquiera la autoría del documento. 3) En el soporte electrónico tampoco se establece la autoría del documento.	Según la información de la tabla, solo el 34,53% de los jueces en Venezuela son titulares. El resto, el 65,47%, son provisorios, temporales o suplentes especiales.
25	Tablas impresas contentivas del total general de jueces penales	Nota 84	1) Este documento fue promovido sin que se indicaran específicamente los hechos y argumentos sobre los cuales versa como prueba. 2) Se trata de una hoja de Excel que no establece ni siquiera la autoría del documento. 3) En el soporte electrónico tampoco se establece la autoría del documento.	Según la información que aparece en el cuadro, la cual en caso de ser admitido hacemos valer, existen en Venezuela 822 jueces penales, de los cuales sólo 259 (31,51%) son titulares. El resto, 563 jueces, es decir, el 68,49%, son provisorios (483 - 58,76%), suplentes especiales (22 - 2,67%) o temporales (58 - 7,05%).

26	Sentencia del 17/9/2007. Juzgado 25 de Control. Los delitos que se impu-tan a ARBC son de orden público	No hay referen-cia en el Escrito de Contestación ni en ningún otro	Esta sentencia fue promovi-da sin que se indicaran es-pecíficamente los hechos y argumentos sobre los cuales versa como prueba.	Es esta la sentencia dictada con motivo de una solicitud de la IN-TERPOL, mediante la cual se "imputó" al profesor Brewer Carías el haber sido, "al parecer", autor intelectual de un atenta-do frustrado contra Hugo Chávez Frías, para justifi-car su aprehensión internacional. Esta sen-tencia es nuestro **anexo 57.**
27	TSJ-SC, 15/3/2000, Nº 98, Exp. 00-0146	Capítulo V	Esta sentencia fue promovi-da sin que se indicaran es-pecíficamente los hechos y argumentos sobre los cuales versa como prueba.	Promovimos también esta sentencia, siendo nuestro **anexo 109**, con el objeto de demostrar cómo definió la Sala Constitucional del Tribu-nal Supremo de Justicia el "hecho notorio comu-nicacional", dado que es supuestamente sobre esa base que se cons-truyó la causa penal contra el profesor Bre-wer Carías.
28	Documental. Puente Llaguno, claves de una masacre	No hay referen-cia en el Escrito de Contestación ni en ningún otro	Este documental fue promo-vido sin que se indicaran específicamente los hechos y argumentos sobre los cuales versa como prueba.	No aparece en imágenes o mencionado el profe-sor Brewer Carías.
29	Documental. Asedio a una embajada	No hay referen-cia en el Escrito de Contestación ni en ningún otro	Este documental fue promo-vido sin que se indicaran específicamente los hechos y argumentos sobre los cuales versa como prueba.	No aparece en imágenes o mencionado el profe-sor Brewer Carías.
30	Documental. La revo-lución no será trans-mitida	No hay referen-cia en el Escrito de Contestación ni en ningún otro	Este documental fue promo-vido sin que se indicaran específicamente los hechos y argumentos sobre los cuales versa como prueba.	No aparece en imágenes o mencionado el profe-sor Brewer Carías.
31	Documental. Jorge Recio, Testigo y Pro-tagonista	No hay referen-cia en el Escrito de Contestación ni en ningún otro	**No se aportó**. En cualquier caso, este documental fue promovido sin que se indica-ran específicamente los hechos y argumentos sobre los cuales versa como prue-ba.	

32	Documental. El golpe y una carta	No hay referencia en el Escrito de Contestación ni en ningún otro	**No se aportó.** En cualquier caso, este documental fue promovido sin que se indicaran específicamente los hechos y argumentos sobre los cuales versa como prueba.	
33	Documental. Crónicas de un golpe	No hay referencia en el Escrito de Contestación ni en ningún otro	**No se aportó.** En cualquier caso, este documental fue promovido sin que se indicaran específicamente los hechos y argumentos sobre los cuales versa como prueba.	
34	Afirmaciones de Patricia Poleo: Televen 30 minutos 17/4/2002 - GBV Primera página 18/4/2002	No hay referencia en el Escrito de Contestación ni en ningún otro	**1)** Este video fue promovido sin que se indicaran específicamente los hechos y argumentos sobre los cuales versa como prueba. **2)** No hay mecanismos que permitan establecer la autenticidad de la copia.**3)** El DVD contiene otros dos programas, no ofrecidos, de declaraciones de la periodista Patricia Poleo.	Es de destacar que la periodista Patricia Poleo reconoce que el profesor Brewer Carías advirtió que el decreto de transición era ilegítimo y lo acusa de haber "dejado hacer" a Daniel Romero e Isaac Pérez Recao. Este video fue base de la denuncia, imputación y acusación contra el profesor Brewer Carías.
35	Entrevista a Patricia Poleo: RCTV La Entrevista 17/4/2002	No hay referencia en el Escrito de Contestación ni en ningún otro	**1) Este video no fue aportado.** En todo caso: **2)** Fue promovido sin que se indicaran específicamente los hechos y argumentos sobre los cuales versa como prueba. **3)** No hay mecanismos que permitan establecer la autenticidad de la copia. El programa descrito está en el anexo 34.	
36	Juramentación Pedro Carmona Estanga	No hay referencia en el Escrito de Contestación ni en ningún otro. Fue remitido por la Comisión Nacional de Comunicaciones (CONATEL) al Ministerio Público. Está incorporado en el expediente penal (pieza 15).	Este video fue promovido sin que se indicaran específicamente los hechos y argumentos sobre los cuales versa como prueba.	No aparece en imágenes o mencionado el profesor Brewer Carías. Este video fue base de la denuncia, imputación y acusación contra el profesor Brewer Carías.

760

37	Afirmación de Rafael Poleo y Patricia Poleo: VV Dominio Público 22/4/2002	No hay referencia en el Escrito de Contestación ni en ningún otro	**1)** Este video fue promovido sin que se indicaran específicamente los hechos y argumentos sobre los cuales versa como prueba. **2)** El disco consignado como anexo 37 contiene un programa no ofrecido como prueba (Triángulo - Televen - 18/4/2002); también contiene el video promovido. **3)** No hay mecanismos que permitan establecer la autenticidad de la copia.	En el video promovido como **anexo 37**, la periodista Patricia Poleo afirma que el profesor Brewer Carías estaba redactando un decreto de transición, el cual le fue "arrebatado" por Daniel Romero e Isaac Pérez Recao, quienes son los autores del decreto leído. Según dice, Brewer Carías afirmó que no era posible cumplir el decreto, que era antidemocrático, pero a decir de Poleo no fue suficientemente enfático, a diferencia de Cecilia Sosa. IMPORTANTE: Rafael Poleo sobre los artículos de Patricia: "eso fue hecho a vuelapluma", luego de explicar que habría que corregir y complementar informaciones. Este video fue base de la denuncia, imputación y acusación contra el profesor Brewer Carías.
38	Entrevista Teodoro Petkoff: Televen 30 minutos 12/4/2002	No hay referencia en el Escrito de Contestación ni en ningún otro	**1)** Este video fue promovido sin que se indicaran específicamente los hechos y argumentos sobre los cuales versa como prueba. **2)** No hay mecanismos que permitan establecer la autenticidad de la copia.	Este video fue base de la denuncia, imputación y acusación contra el profesor Brewer Carías. Teodoro Petkoff calificó de inexacta la transcripción de lo que se atribuye dijo.
39	Programa Voces de un país. GBV 28/5/2002	No hay referencia en el Escrito de Contestación ni en ningún otro	**1)** Este video fue promovido sin que se indicaran específicamente los hechos y argumentos sobre los cuales versa como prueba. **2)** No hay mecanismos que permitan establecer la autenticidad de la copia, incluso en la mayoría de las imágenes hay aparentemente una banda negra en la parte baja, que ocultaría información.	Este video fue base de la denuncia, imputación y acusación contra el profesor Brewer Carías. Sólo se le ve durante unos segundos, a ojos vistas en el Fuerte Tiuna, escuchando a un oficial de la marina que se dirigía a Pedro Carmona.

232. En suma, toda la prueba documental ofrecida por el Estado es inadmisible, conforme a lo que dispone el Reglamento de la Corte. No obstante,

761

en los casos identificados se señala lo que hacemos valer en defensa de los derechos del profesor Allan Brewer Carías para el caso de que su incorporación al acervo probatorio fuera admitida.

2. *Las testimoniales*

233. El Estado ofreció el testimonio de Julián Isaías Rodríguez, Ángel Alberto Bellorín, Arcadio Delgado Rosales, luego sustituido por Luis Fernando Damiani Bustillos, Santa Palella Stracuzzi, Néstor Castellanos y Mercedes Prieto Serra. Seguidamente haremos referencia a dichos testimonios y formularemos las observaciones correspondientes.

234. Antes, no obstante, queremos hacer breve referencia al hecho de que, adicionalmente, el Estado ofreció el testimonio de los señores Ángel Palacios y Gonzalo Gómez Freire, ambos admitidos por Resolución del Presidente de la Corte de 31 de julio de 2013, para que rindieran declaración ante fedatario público.

235. Según escrito del Estado de fecha 28 de agosto de 2013, remitido por Nota Nº CDH 12.724/185, "no serán transmitidas" "las declaraciones de los [t]estigos Ángel Palacios y Gonzalo Gómez Freire".

236. Ahora bien, en tanto que las testimoniales señaladas fueron admitidas por esa Corte no obstante nuestra oposición, el Agente del Estado debió encargarse de remitirlas de acuerdo con lo establecido en el artículo 49.4 del Reglamento de la Corte, o de ser el caso de explicar las razones por las cuales no se rindió el testimonio o no pudo remitirse a la Corte dentro de los lapsos reglamentarios.

237. No habiéndose señalado las razones por las cuales no se remitieron las declaraciones de los señores Ángel Palacios y Gonzalo Gómez Freire, con base en el artículo 54 del Reglamento de la Corte, pedimos que se ponga al Estado en conocimiento de esa circunstancia, para los fines previstos en la legislación venezolana.

238. Dicho lo anterior, pasamos a expresar nuestras consideraciones en cuanto a las testimoniales ofrecidas por el Estado que sí fueron rendidas.

A. Julián Isaías Rodríguez

239. El Estado promovió el testimonio del señor Julián Isaías Rodríguez, para que expresara "sus testimonios sobre los sucesos que ocasionaron el Golpe de Estado del 11 de abril de 2002 y la redacción del "Decreto de Transición Democrática y Unidad Nacional". Julián Isaías Rodríguez, vale enfatizarlo, era el Fiscal General de la República en abril de 2002 –y desde enero de 2002-, y también el año 2005, cuando se imputó y acusó al profesor Brewer Carías.

240. Nos opusimos a la admisión de ese testimonio, primero, porque consideramos que el señor Rodríguez no había sido testigo de los hechos descritos y, además, porque la prueba versaba en todo caso sobre hechos que no son objeto del presente juicio.

241. No obstante, mediante Resolución del 31 de julio de 2013, el Presidente de la Corte consideró que no le correspondía "...tomar la decisión de excluir (la) prueba utilizada por el Estado para contextualizar o calificar los hechos y las pretensiones expuestas por la Comisión y los representantes" (pp. 21, párr.. 63), de modo que se ordenó su recepción porque "...en principio podría ser pertinente en atención a lo que las partes alegan y pretenden probar..." con la advertencia de que tanto esa prueba como los alegatos del Estado serían valorados por el Tribunal en su debida oportunidad. En tal sentido, se admitió para que declarara sobre "...los sucesos que (supuestamente) ocasionaron el Golpe de Estado del 11 de Abril del 2002, y la (alegada) redacción del "Decreto de Transición Democrática y de Unidad Nacional"..." con la advertencia de que la CorteIDH no es un tribunal penal, siendo el fondo del asunto sobre el que se ha solicitado su pronunciamiento, si el Estado es responsable o no de violaciones a los derechos humanos del profesor Allan Brewer Carías.

242. El señor Julián Isaías Rodríguez compareció ante esa Corte el 3 de septiembre de 2013 a rendir declaración. Fue interrogado por el Dr. Germán Saltrón Negretti, Agente del Estado; por el Dr. Claudio Grossman, Representante de la víctima; y por el Juez Pérez Pérez.

243. Queremos poner de manifiesto que la veracidad del testimonio del Sr. Rodríguez es objetable, puesto que puede constatar ese Tribunal cómo tergiversó hechos respecto de los cuales declaró.

244. Así, por ejemplo, en **_primer lugar_**, mintió el testigo sobre el contenido de la declaración rendida por el profesor Brewer Carías, de manera espontánea, ante el Fiscal José Benigno Rojas, al afirmar lo siguiente (**_Infra_ ¶¶ _538 ss._**):

> "En su declaración el Dr. Brewer señala también, **que fue llamado en una segunda oportunidad por Carmona Estanga al Palacio de Miraflores,** ya estamos hablando del día 12, del día 12 antes de la proclamación, **y que el Dr. Carmona Estanga lo consulta de nuevo sobre este Decreto.** El Dr. Brewer en su declaración dice que le señaló al Dr. Carmona Estanga, que ese decreto era inconstitucional; que era inconstitucional porque planteaba la disolución de los poderes y que eso no se podía hacer por Decreto. **Señala el Dr. Brewer que hubo una discusión entre él y Carmona, porque Carmona tenía una opinión distinta y entonces al final él sintió que su ética profesional le impedía quedarse allí porque se le llamaba para consultar estaba dando una opinión jurídica y no se le había tomado en cuenta y entonces se retiró molesto, hasta el punto, es su declaración, no estoy señalando que eso sea lo que ocurrió, se retiró molesto, y se fue, como pensando que el Dr. Carmona tenía además de él otros asesores."**

245. Semejante afirmación es falsa, y puede constatarlo esa CorteIDH al verificar el contenido de la declaración rendida por el profesor Allan Brewer Carías ante el Fiscal José Benigno Rojas; la cual consta en nuestro anexo 2, páginas 37 a 47, y también en el expediente enviado por el Estado como anexo 1, en particular desde el Folio 287 a 290 de la Pieza 5; y donde no se lee que el profesor Brewer haya dicho, en ningún momento, que haya sido llamado en una segunda ocasión por el Dr. Carmona Estanga, ni que se hubiera planteado una discusión entre ambos, ni mucho menos que se hubiera retirado en las circunstancias indicadas por el ciudadano Isaías Rodríguez en su declaración.

246. El ciudadano Isaías Rodríguez, no pudiendo declarar sobre los movimientos del profesor Brewer Carias durante el 12 de abril de 2002 porque no estaba con él en esa fecha, falseó el contenido de una declaración realizada por el profesor Brewer Carías bajo fe de juramento, y así puede constatarlo esa Corte de la simple lectura de la declaración en cuestión; de lo que se afecta la credibilidad del resto de los dichos formulados por el deponente en cuestión.

247. En *segundo lugar*, el señor Rodríguez mintió en cuanto al contenido de la declaración, también falaz, que rindiera el señor Rafael Arreaza en fecha 27 de septiembre de 2004, ante el Ministerio Público (*Infra ¶¶ 541 ss.*). Dijo el señor Rodríguez que en esa declaración consta que el señor Arreaza escuchó al Profesor Brewer Carías decir a Carmona que se convenciera del Decreto y que no lo echara para atrás.

248. Puede constatar esa Corte, que del contenido de la declaración del señor Arreaza no se desprende que éste haya escuchado al Profesor Brewer Carías. Tal declaración está incorporada en el Escrito Formal de Acusación del profesor Brewer Carías del 21 de octubre de 2005 página 56 (anexo 48); y también está contenida en el Escrito de Contestación y Excepciones Preliminares presentada por el Estado.

249. Para insistir en la prueba de la falsedad de ambas deposiciones, especialmente ante esa Corte de la declaración del señor Rodríguez, consignamos en este acto la declaración rendida en fecha 17 de septiembre de 2013 por el señor Nelson Socorro (**Anexo 147**) (*Infra ¶ 546.*), y la declaración rendida el 13 de septiembre de 2013 por el señor Gustavo Linares Benzo (**Anexo 148**) (*Infra ¶¶ 545).*[74] Ambos pudieron escuchar directamente al señor Rodríguez mentir sobre sus propios actos y dichos y no dudaron en hacer llegar a esta Corte, bajo fe de juramento, las mencionadas declaraciones.

---

74 Por cierto que, como se verá más adelante (*Supra ¶ 124, Infra ¶ 493*), el Dr. Socorro fue promovido para declarar ante la fiscalía, entre otros aspectos, sobre los hechos que le imputa el Sr. Arreaza en esa entrevista, pero su testimonio no fue admitido. El Dr. Linares Benzo sí declaró y, como se verá, nada tienen que ver sus dichos con lo que se le imputa.

250. En *tercer lugar*, mintió el señor Julián Isaías Rodríguez al afirmar que no sabía que el profesor Brewer Carías le mandó una carta protestando por la publicación y el contenido de su libro "*Abril comienza en octubre*" (nuestro anexo 21), en el cual, sin prueba ni juicio, lo señala como responsable de la redacción del llamado "decreto Carmona".

251. En la oportunidad correspondiente consignamos como anexo 22 ante la CIDH y ante esa Corte copia de la carta remitida por el profesor Brewer Carías al entonces Fiscal General de la República (*Infra ¶¶ 537 ss.*). El documento no ha sido impugnado ni desconocido por el Estado en ningún momento, por lo cual lo hacemos valer como prueba de todo lo que él contiene. En este acto consignamos como anexo 22-A copia de la carta recibida en el Ministerio Público, lo cual se evidencia del sello húmedo estampado en ella.

252. Por último y en *cuarto lugar*, tenemos que el señor Julián Isaías Rodríguez mintió ante esa Corte, a pesar de declarar bajo fe de juramento, al afirmar que

> "cuando se produce la imputación me lo informa la fiscal que llevaba el caso, y cuando se produce la acusación también me lo informa la fiscal que llevaba el caso. Yo no vi la acusación, yo no la revisé. Insisto los fiscales tenían toda la autonomía para actuar".

253. Es dudoso, como se dejó entrever en la misma audiencia, que en un caso tan grave el Fiscal General de la República se limite a recibir información y que deje a los fiscales del caso total autonomía para actuar. Esa duda se va disipando con la lectura paralela del expediente y del libro *Abril comienza en octubre* en cuanto atañe a los sucesos de abril de 2002: aunque no hay citas, es evidente que el "cuento" narrado por el ex Fiscal General de la República se basa en diversas actas de investigación (*Supra ¶ 86, nota 37*).

254. La mentira aparece en el artículo publicado en http://www.aporrea.org/actualidad/n65908.html, de fecha 12 de septiembre de 2005, titulado "Isaías Rodríguez dice que acusarán a quienes elaboraron el decreto Carmona". Según el articulista (Ludovico Quiñones) "entre los señalados e imputados por ese caso están Allan Brewer Carías, Cecilia Sosa Gómez, Carlos Ayala Corao y otros." Consignamos como **Anexo 149** el artículo citado.

255. Aunque lo anterior permite poner en tela de juicio, no sólo los dichos del señor Rodríguez antes identificados, sino toda su declaración, hacemos valer todo aquello que resulta favorable para la defensa de los derechos humanos del profesor Brewer Carías. Solicitamos que así sea tomado en cuenta por esa Corte al momento de valorar esta testimonial.

B. Ángel Alberto Bellorín

256. El Estado promovió el testimonio del señor (coronel retirado y abogado) Ángel Alberto Bellorín, por haber sido quien denunció ante el Ministerio Público, entre otras personas, al profesor Brewer Carías por el delito de conspiración para derogar violentamente la Constitución.

257. Este testimonio fue admitido por Resolución del Presidente de la Corte de fecha 31 de julio de 2013, para que fuera rendido en la audiencia pública.

258. La comparecencia y testimonio del señor Bellorín tuvieron lugar el día 3 de septiembre de 2013.

C. Luis Fernando Damiani Bustillos

259. El Estado promovió el testimonio del señor Luis Fernando Damiani Bustillos, para que declarara sobre el "Sistema de Selección, Clasificación y Capacitación de las juezas y jueces venezolanos. Concursos de Credenciales y de Oposición para el Ingreso a la Carrera Judicial".

260. El testimonio fue admitido mediante Resolución del Presidente de la Corte de fecha 31 de julio de 2013, para que fuera expresado ante fedatario público.

261. Según nota N° CDH-12.724/185 de fecha 29 de agosto de 2013, la declaración del señor Damiani Bustillos se recibió en esa Corte el día 28 de agosto, y nos fue debidamente remitida el día 29 señalado.

262. Esa declaración testimonial, a nuestro juicio, debe ser desechada íntegramente por la Corte, por la siguientes razones:

1) Es evidente que el señor Damiani Bustillos no rindió testimonio alguno. En tanto no acreditó que ejerce o ejerció alguna función que le permita conocer directamente los hechos sobre los cuales debía versar su testimonio, en lugar de limitarse a declarar sobre lo que "sabía" de los hechos objeto de prueba, emitió conceptos sobre hechos que si bien podía conocer de primera mano, si los conocía, los estudió de nuevo para emitir sus conclusiones. El supuesto testigo no emitió, pues, una simple declaración reconstructiva y representativa de hechos, sino que emitió opiniones o conceptos subjetivos, fundados en juicios de valor o en su experiencia. Incluye una bibliografía este testimonio, que por cierto nada tiene que ver con el objeto de la prueba.

2) Los datos aportados por el testigo en cuanto al número de jueces que hay en Venezuela y sus categorías, concursos, formación, etc., no están sustentados en modo alguno y, en ciertos casos, lucen contradictorios. Más adelante se verá que, incluso, algunos son incompatibles con otras "pruebas" aportadas por el Estado.

3) El declarante pretendió traer a juicio hechos que no son objeto del mismo, ni de su testimonio, por supuesto.

4)	Llama la atención la similitud de la estructura y contenido de esta declaración testimonial, con relación al testimonio experto del *Magistrado* Octavio Sisco Ricciardi, rendido en audiencia pública el 4 de septiembre de 2013.

263.	Con base en las consideraciones que anteceden, solicitamos de esa Corte desestime íntegramente el supuesto testimonio del señor Luis Fernando Damiani Bustillos. En el supuesto negado de no desestimarla, hacemos valer todo cuanto resulta favorable para la defensa de los derechos humanos del profesor Brewer Carías.

### D.	Santa Palella Stracuzzi

264.	La señora Santa Palella Stracuzzi fue ofrecida como testigo por el Estado venezolano, para probar el *"sistema de selección, capacitación y formación de los Fiscales en la República Bolivariana de Venezuela. Concurso de Oposición para el Ingreso a la Carrera Fiscal. Programa de Formación Continua de los Fiscales del Ministerio Público"*. Esto, en su condición de Directora de la Escuela Nacional de Fiscales.

265.	El 31 de julio de 2013, mediante Resolución del Presidente de esa Corte, se admitió el testimonio para que fuera rendido ante fedatario público. Según nota N° CDH-12.724/185 de fecha 29 de agosto de 2013, la declaración de la señora Palella Stracuzzi se recibió en esa Corte el día 28 de agosto, y nos fue debidamente remitida el día 29 señalado.

266.	Al margen de algunas afirmaciones no sustentadas que aparecen en el testimonio, particularmente en respuesta a las preguntas que formulamos en la oportunidad debida[75], la señora Santa Palella Stracuzzi rindió testimonio sobre los hechos que le fueron planteados y a ello nos referiremos más adelante, al establecer los hechos probados en el presente juicio, sobre la base del principio de la comunidad de la prueba.

75	Por ejemplo, al preguntarle si gozaba de estabilidad en el cargo (de Directora de la Escuela Nacional de Fiscales), respondió que sí, cuando la verdad es que ese es un cargo de libre nombramiento y remoción que, como tal, carece de estabilidad (artículo 3 del *Estatuto de Personal del Ministerio Público*, Resolución N° 60 de fecha 04 de marzo de 1999 publicado en la *Gaceta Oficial* N° 36.654 de fecha 04 de marzo de 1999, **Anexo 146**). Cuando se le preguntó si había recibido instrucciones de la Fiscal General de la República respondió fehacientemente que no, pero el artículo 101 del Reglamento Interno de la Fiscalía General de la República establece que, "[s]in perjuicio de lo establecido en la Ley Orgánica del Ministerio Público, se prohíbe a sus fiscales, funcionarios y empleados:

	...omissis...

	4.	Suministrar informaciones relacionadas con el funcionamiento del Ministerio Público o con los asuntos que en él se ventilen, sin la previa autorización del Fiscal General de la República"

E. Néstor Castellanos

267. El Estado promovió el testimonio del señor Néstor Castellanos –en su condición de fiscal y ex funcionario judicial, para referirse a las etapas del proceso penal en Venezuela y a los recursos con los que cuentan los procesados para ejercer su defensa.

268. Mediante Resolución del Presidente de la Corte de fecha 31 de julio de 2013 se admitió el testimonio, para que fuera rendido en la audiencia pública; lo cual ocurrió el día 4 de septiembre de 2013.

269. La declaración del señor Castellanos es, si se quiere, un testimonio sobre su interpretación especialmente del COOP en materia de recursos judiciales, así como del plazo en el cual debe resolverse el recurso de nulidad. Un testimonio sobre el "contenido" del derecho interno, el cual a nuestro juicio debió probarse a través de un peritaje y no de un testimonio, como se señaló en su oportunidad.

270. No obstante, el "testigo" no es veraz para establecer el derecho interno en las materias objeto de su declaración.

271. Así, por ejemplo, el abogado Néstor Castellanos afirmó ante esa Corte, bajo fe de juramento, que la Sala de Casación Penal y la Sala Constitucional del Tribunal Supremo de Justicia habían establecido reiteradamente – sin señalar ninguna sentencia, claro está- que estaba vedado al Ministerio Público emitir copias de las actas de la investigación al imputado. Contrariamente a ello, además de las sentencias que ya consignamos como prueba de lo contrario, nos permitimos ofrecer a esa Corte, sentencia de la Sala Constitucional N° 2768 del 12 de noviembre de 2002, que anexamos marcada como **Anexo 151** y que puede verse en http://www.tsj.gov.ve/decisiones/scon/noviembre/2768-121102-01-1566.HTM, se dice claramente lo siguiente:

> "…, examinada la normativa aplicable, la Sala se aparta del criterio sostenido por la mencionada Corte de Apelaciones. El artículo 94 de la Ley Orgánica del Ministerio Público dispone obligación de secreto de las actuaciones, y el artículo 95 aclara que las copias certificadas serán otorgadas por el Ministerio Público, bien que sean solicitadas por los particulares o por las autoridades. Sin embargo, ello no impide afirmar que la víctima pueda recibir copia simple de las actuaciones, *para la mejor elaboración de las peticiones o recursos que deseare intentar.* De hecho, el artículo 97 de la Ley Orgánica del Ministerio Público dispone que *"podrá acordarse judicialmente la copia, exhibición o inspección de determinado documento, expediente, libro o registro que corresponda al archivo"*, y que *ello sólo podrá ser negado por el Fiscal General de la República cuando considere que dicho documento, libro, expediente o registro tuviere carácter reservado o confidencial.*
>
> Es más, *considera la Sala que cualquier interpretación que se disponga de la normativa citada ut supra, tiene siempre que tener por*

norte garantizar el acceso a la justicia por parte de la víctima, su mejor defensa, *el debido proceso y la igualdad de las partes*, derechos constitucionales todos en juego en lo que se refiere a la protección de la víctima, todo de conformidad con los artículos 26 y 49 del Texto Constitucional.

Por lo tanto, considera la Sala que el primer problema, señalado *ut supra*, tiene, en el presente caso efectiva solución de conformidad con la normativa citada, y consiste en que, por regla general, la víctima tiene derecho, para la mejor preparación de sus alegatos, durante la etapa de investigación, y salvo que se haya decretado el carácter reservado de las actuaciones, a solicitar copia simple de los recaudos de la investigación. Esta solución general puede aplicarse, sin inconvenientes, en caso que la víctima desee dichos documentos para impugnar la decisión de archivo de la causa que estime el Ministerio Público. *Se entiende igualmente que tal solicitud debe presentarse ante el Juzgado competente de la causa, que ordenará expedir las copias, salvo que, a tenor del artículo 97 de la Ley que rige las funciones del Ministerio Público, el documento específico tenga carácter reservado o confidencial, caso en el cual sólo por decisión del Fiscal General de la República, se podría negar a otorgarlo.*

(…)

De igual manera, los argumentos explanados permiten resolver la segunda cuestión señalada *ut supra*, es decir, *¿está facultado el Juzgado de Control para ordenar al Ministerio Público que expida las copias en cuestión a la víctima solicitante?*

Por supuesto que sí está facultado pues, tal y como ya ha sido expuesto, ello se infiere del contenido del artículo 97 de la Ley Orgánica del Ministerio Público vigente y, además, *ante la ausencia de normativa expresa, siempre deben atender a que la interpretación de las normas se extienda a favor de los justiciables, lo que incluye* evidentemente a la víctima, tal y como fue reconocido expresamente por la aludida sentencia N° 69 del 9 de marzo de 2000, y luego por la reciente reforma del Código Orgánico Procesal Penal, en el artículo 23 del Código Orgánico Procesal Penal. De acuerdo con esa tónica, *una interpretación que restringiera los derechos del Juez de Control a una enumeración taxativa que no existe*, no sólo atenta, en el presente caso, contra la protección a la víctima, sino que además *desconoce el rol garantista que tiene ese Tribunal en el proceso penal en todas sus etapas*, de lo que es fiel reflejo el artículo 101 del precitado Código Orgánico (actual artículo 104) que establece que los jueces *"velarán por la regularidad del proceso, el ejercicio correcto de las facultades procesales y la buena fe"*. (Énfasis añadido)

272. Cierto que la sentencia se refiere al debido proceso de la víctima, pero *con relación al imputado, al procesado.*

273. Por otra parte, ante preguntas relacionadas con el caso concreto, quedó evidenciado que el declarante no fue testigo de ellos. Tal como lo reconoció, el conocimiento que tuvo de dicho proceso fue un conocimiento referencial, adquirido -por lo demás- con ocasión del ofrecimiento de su declaración ante esta instancia internacional. Así, admitió al responder a cuestionamientos que le fueran formulados por el Dr. Nikken, representante de la víctima, que:

> "...el conocimiento que se tiene, es por el pronunciamiento, en primer lugar, que hace la Comisión; y en segundo lugar, pues porque ha sido un caso que ha sido sumamente ventilado y Usted también lo debe conocer, no solamente por los medios de comunicación, sino en los propios pasillos judiciales que son del vulgo de la gente y por los cuales aun trajino."

274. Señalando, a mayor abundamiento que tenía conocimiento del asunto

> "De oídas y como lo dije, de leídas también, porque me impuse completamente, para poder venir acá, de todo ese proceso investigativo que hizo la Comisión, y cuáles fueron las argumentaciones que ustedes mismos enervaron y cuáles fueron las proposiciones que ha hecho el estado venezolano."

275. Pedimos que las declaraciones del testigo en este sentido sean desestimadas.

276. Por último queremos asentar que, según la propia declaración del testigo, en la actualidad ostenta un cargo de dirección en el Ministerio Público que, por ende, es un funcionario de confianza de la Fiscal General de la República y de libre nombramiento y remoción. Por lo demás, está sujeto a lo dispuesto en la Ley Orgánica del Ministerio Público (*Gaceta Oficial* de la República de Venezuela N° 38.647 de 19 de marzo de 2007 (**Anexo 141**) y del Estatuto de Personal del Ministerio Público (*Gaceta Oficial* de la República de Venezuela N° 36.654 de 4 de marzo de 1999 (**Anexo 150**) que regula sus funciones.

277. Al respecto, el artículo 8 de la Ley dispone a la letra lo siguiente:

> "*Órgano jerarquizado* Artículo 8. El Ministerio Público es un órgano jerarquizado. El Fiscal o la Fiscal General de la República, o quien haga sus veces, ejerce la representación, dirección, control y disciplina; su autoridad se extiende a todos los funcionarios y funcionarias del Ministerio Público. Sin embargo, la representación, dirección y control podrán ser ejercidas por intermedio de los funcionarios o funcionarias que sean nombrados según el diseño organizacional del Ministerio Público.

Sin perjuicio de formular las observaciones que consideren convenientes, los o las fiscales estarán obligados a acatar las instrucciones y directrices que imparta el Fiscal o la Fiscal General de la República, o quien haga sus veces, o mediante los funcionarios o funcionarias jerárquicamente correspondientes para la realización de la investigación penal o para el ejercicio de la representación del Ministerio Público ante los tribunales, sean éstos de competencia ordinaria o especial, y deberán informar a éste o ésta, o a los funcionarios o funcionarias designados o designadas según la jerarquía, sobre el estado en que se encuentren todos los procesos cuando sean requeridos. En todo caso, el Ministerio Público dispondrá de un sistema de información para el seguimiento de las causas.

278. Por su parte el artículo 101 del Estatuto del Personal del Ministerio establece:

"Artículo 101. Sin perjuicio de lo establecido en la Ley Orgánica del Ministerio Público, se prohíbe a sus fiscales, funcionarios y empleados:

...*omissis*...

4. Suministrar informaciones relacionadas con el funcionamiento del Ministerio Público o con los asuntos que en él se ventilen, sin la previa autorización del Fiscal General de la República"

279. Mientras que el artículo 117 referido a las faltas, refiere respecto de los actos de indisciplina reprochables lo que a continuación se copia:

"Artículo 117

...*omissis*...

Parágrafo Único:

Se considerarán actos de indisciplina, entre otros, los siguientes:

...*omissis*...

    c.   Inasistencia injustificada al trabajo.

    d.   Revelación de asuntos reservados, confidenciales o secretos, de los cuales se tenga conocimiento por su condición de fiscal, funcionario o empleado.

    e.   El incumplimiento de las instrucciones que dicte el Fiscal General de la República o su respectivo superior jerárquico."

280. Con ello queremos significar, honorables Magistrados, que los funcionarios del Ministerio Público que han comparecido a rendir declaración ante esa honorable Corte solamente pueden haberlo hecho en atención a una instrucción formalmente recibida al respecto, con el añadido de que no participaron en el proceso penal que se siguió al profesor Brewer Carías, lo cual, pone en entredicho la imparcialidad con la que puedan haberse expresado al respecto en este proceso.

F. Mercedes Prieto Serra

281. El Estado promovió también el testimonio de la abogado Mercedes Prieto Serra, abogada y Directora General de Apoyo Jurídico del Ministerio Público, el cual fue ofrecido señalándose que había sido "designada por la Fiscal General de la República para el conocimiento de la causa del señor Allan Brewer Carías", a efectos de que declarase sobre "el proceso penal venezolano, seguido en contra del abogado Allan Brewer Carías la situación actual de la causa, así como aquellos recursos internos que ejerció ante el Ministerio Público y los que puede ejercer ante los tribunales penales"; habiéndose admitido el testimonio, limitado a los hechos y circunstancias que les constaran y conociera en su carácter de testigo.

282. Ahora bien, de la declaración de la abogado Prieto Serra quedó establecido que ella no tenía ni tuvo vinculación alguna con el proceso penal seguido al profesor Brewer, y que no pudo haber tenido conocimiento de hechos relacionados con esa causa, por tal circunstancia.

283. En efecto, Mercedes Prieto afirmó que no había sido Fiscal en la causa seguida contra el profesor Brewer Carías, que el conocimiento que tenía del mismo obedecía a la información que le había requerido a los Fiscales actuales de la causa, que no había sido testigo presencial del acceso que hubieran tenido el profesor Brewer Carías y sus abogados a las actas procesales. A mayor abundamiento, en la oportunidad de su deposición el Juez Sierra Porto le preguntó sobre su relación con el caso, haciendo referencia a su condición de "designada por el Fiscal General, la Fiscal General, para el conocimiento de la causa del Sr. Brewer Carías", a lo cual respondió:

> "No. Corrijo. Yo actualmente… Yo he sido fiscal del Ministerio Publico mas no intervine en esa causa, yo fui designada como Directora General de apoyo jurídico del Ministerio Público en fecha 19 de febrero de 2010, no?, publicado en Gaceta Oficial del 1ro. de marzo de 2010. Efectivamente en virtud de que se realizaba esta audiencia, fui ofrecida como testigo, y entonces, el expediente está en tribunales, está en los tribunales porque está pendiente de la audiencia preliminar y vista la solicitud que se le hizo el agente del estado venezolano a la Fiscal General de la República me designó a mí."

284. Es decir, Mercedes Prieto fue instruida por la Fiscal General de la República para ser testigo de un caso en el que no participó y del cual sólo tuvo conocimiento con ocasión de su ofrecimiento como testigo dentro del ámbito del procedimiento seguido ante esta Corte, no estando dentro del ámbito de sus competencias ni el conocimiento de esa causa, o cualquier otra, ni el análisis de los aspectos señalados como objeto de su testimonio.

285. Esta representación considera que es necesario y conveniente de que esa honorable Corte recabe la mayor cantidad de información posible en relación con los asuntos contenciosos que se ventilan ante ella, pero estima también que la naturaleza jurídica de las pruebas que son aportadas ante su seno ha de respetar los parámetros impuestos por ella misma a través de su Reglamento. En tal sentido, hacemos valer los argumentos que oportunamente expusimos en relación con el carácter de "perito encubierto de testigo" de la abogada Mercedes Prieto, quien –según declaró- fue designada por el Ministerio Público para acudir ante ese Tribunal a expresar la opinión que le merece, con base en sus conocimientos y experiencia, el proceso judicial adelantado contra el profesor Brewer Carías, y en modo alguno hechos o circunstancias cuya ocurrencia hubiera apreciado, o participado, de manera directa; y que ponen de manifiesto que su recusación habría resultado procedente, de haber sido ofrecido su testimonio con el carácter que realmente ostentaba.

286. Por lo anterior, solicitamos que la Corte desestime el pretendido "testimonio" de la señora Prieto Serra en cuanto al desarrollo del proceso seguido contra el profesor Brewer Carías, en especial cuando hace aseveraciones de hecho que no le constan, como la libertad para revisar los videos, entre otros.

3.   *El peritaje del magistrado Octavio Sisco Ricciardi*

287. El Estado, por último, ofreció el peritaje del *Magistrado* Octavio Sisco Ricciardi en cuanto al régimen disciplinario que se aplica a los jueces en Venezuela, con particular referencia al Código de Ética del Juez Venezolano y de la Jueza Venezolana, del cual se afirmó corredactor.

288. El testimonio experto se admitió también el 31 de julio de 2013, para que fuera rendido en la audiencia pública; lo que ocurrió el día 4 de septiembre de 2013.

289. Fuera de referencias a hechos que no son objeto del presente juicio o que nada tenían que ver con el objeto del peritaje, la declaración pericial del señor Sisco Ricciardi es particularmente esclarecedora de algunos de los hechos denunciados como violatorios de los derechos humanos del profesor Brewer Carías.

TERCERA PARTE

LA IMPROCEDENCIA DE LA EXCEPCIÓN PRELIMINAR DE FALTA DE AGOTAMIENTO DE LOS RECURSOS INTERNOS INVOCADA POR EL ESTADO

290. El Estado ha alegado que el presente caso no debió ser admitido a trámite porque los peticionarios ante la Comisión Interamericana de Derechos Humanos no habríamos cumplido con el requisito de haber agotado previamente los recursos de la jurisdicción interna conforme al Derecho internacional. Rechazamos esa excepción. Ella no fue opuesta de manera oportuna ni adecuada a los requerimientos impuestos por el Derecho internacional y la jurisprudencia de esa honorable Corte a propósito de la distribución de la carga de la prueba sobre la existencia y efectividad de los recursos internos. El Estado se limitó a enunciar extemporáneamente una lista de incidencias procesales y de supuestos recursos que de nada sirven para remediar la situación del profesor Brewer Carías.

291. Ante todo, como una cuestión de concepto del presente caso, subrayamos que el Estado, en sus diversas presentaciones, enfocó la situación del profesor Brewer Carías de manera inadecuada, omitiendo el hecho de que nuestras denuncias están referidas a un *proceso en curso y que no por ello dejan de ser violaciones consumadas a derechos humanos garantizados por la Convención.* El Estado pretende que, para poder llegar a esta instancia internacional, debemos esperar a que concluya íntegramente el proceso penal iniciado en contra del profesor Brewer. Pero aquí no estamos quejándonos de una sentencia definitiva que no se ha dictado, ni de violaciones de derechos humanos surgidas de esa futura sentencia y que, obviamente, aún no han ocurrido, como parece sugerir el Estado. En este caso, el hecho que genera la responsabilidad del Estado es la imputación y acusación penal contra el profesor Brewer Carías sin una investigación independiente e imparcial, que invirtió el peso de la prueba, que no le permitió defenderse y presentar pruebas que hubieran esclarecido la situación, y que hubieran exculpado al profesor Brewer; y que intentado el único recurso disponible para la protección constitucional de sus derechos y garantías, éste no ha sido decidido.

292. Aquí lo que se objeta es una investigación y una acusación penal absolutamente infundada, que es parte de un linchamiento moral y político, que no se sostiene por ningún lado, y que se formuló en violación de sus garantías judiciales. Por lo tanto, no tiene sentido especular en torno a un eventual recurso de apelación o incluso de casación; esos recursos son adecuados para otra cosa. Aquí se trata de las violaciones constitucionales cometidas en la fase de investigación, que lesionan el derecho a la defensa y al debido proceso, y que inciden en las fases posteriores del proceso; y a la ausencia de decisión de su petición de nulidad, que viola su derecho a la protección judicial.

293. Las violaciones a los derechos humanos sufridas por el profesor Brewer Carías durante el proceso en su contra tienen un remedio específico, que es la solicitud de nulidad por inconstitucionalidad de las actuaciones lesivas a los derechos humanos de la víctima, que es, en el sistema jurídico venezolano, el amparo en materia procesal penal. En nuestros escritos de *Solicitudes, Argumentos y Pruebas* y de *Observaciones a la Excepción Preliminar*, así como en la audiencia, hemos alegado y demostrado que el profesor Brewer Carías intentó ese recurso, infructuosamente, pues el juez ha omitido durante ocho años decidir sobre el mismo, a pesar de estar obligado a hacerlo en el lapso perentorio de tres días. Asimismo, el profesor Brewer Carías intentó todos los (pocos) recursos específicos que cabían para impugnar algunas decisiones que violaron sus derechos durante la etapa de investigación. Nos referiremos de nuevo a esos recursos (*Infra¶¶ 313 ss.*), pero antes abordaremos otras razones por las cuales la Corte también debe rechazar la excepción opuesta por el Estado, basados en que la misma ha sido formulada en tiempo y forma que no se adecuan a la Convención, a los principios de Derecho internacional generalmente reconocidos, ni a la jurisprudencia constante de la Corte. En concreto, esa excepción fue formulada por el Estado de manera extemporánea e inapropiada, de manera que debería ser desestimada sin más por esa honorable Corte.

294. Nos referiremos, en primer lugar, a ciertos aspectos generales de la regla del agotamiento de los recursos internos, de conformidad con la Convención, los principios generales de Derecho internacional generalmente reconocidos y la jurisprudencia de la Corte, que son relevantes para la decisión que ella debe adoptar en el presente caso. En segundo lugar, ofreceremos las razones por las cuales la defensa opuesta por el Estado debe ser desestimada. Por último, demostraremos nuevamente que, a todo evento, en el presente caso son aplicables todas las excepciones que eximen a la víctima de agotar los recursos internos, de conformidad con la Convención, el Derecho internacional general y la jurisprudencia.

I. LA REGLA DE NO AGOTAMIENTO DE LOS RECURSOS INTERNOS. CONSIDERACIONES GENERALES

1. *Una regla con raíces en el Derecho internacional general*

295. De acuerdo con el artículo 46.1.a) de la Convención, para que una petición o comunicación presentada conforme a los artículos 44 ó 45 sea admitida por la Comisión, es necesario que se hayan interpuesto y agotado los recursos de la jurisdicción interna, *"conforme a los principios del Derecho Internacional generalmente reconocidos."*

296. *"Conforme a los principios del Derecho Internacional generalmente reconocidos"* no es una cláusula innecesaria o redundante, que no cumple ninguna función en la estructura de la Convención. Muy por el contrario, ella apunta a las características de los recursos internos que hay que agotar y a las circunstancias en las que se puede exigir su agotamiento; de lo contrario, la regla del agotamiento de los recursos de la jurisdicción interna sería una barrera infranqueable, que haría de la protección internacional una quimera inalcanzable.

297. De acuerdo con los principios del Derecho internacional generalmente reconocidos, la regla del agotamiento de los recursos jurisdiccionales internos tiene el propósito de permitir al Estado que pueda resolver una controversia por sus propios medios, antes de que ella sea sometida a instancias internacionales[76]. Es en ese sentido que la protección internacional de los de-

---

76 Así lo ha observado la jurisprudencia internacional. *Cfr.* ICJ, *Interhandel case (Switzerland v. United States of America)*. Preliminary Objections. I.C.J. Reports 1959, p.

rechos humanos tiene un carácter subsidiario de la que le corresponde brindar a los propios Estados. Si el Estado no puede, o no quiere resolver la situación jurídica infringida, el particular afectado puede someter su reclamo ante instancias internacionales; pero el Estado tiene el derecho de alegar que había recursos pendientes, o que había recursos disponibles. Asimismo, según dichos principios generales, corresponde al Estado alegar, *en la primera oportunidad posible*, antes del pronunciamiento sobre la admisibilidad de la petición, la falta de agotamiento de los recursos internos, *indicando precisamente* cuáles eran los recursos disponibles adecuados y efectivos; pero no puede hacerlo como un mero ritual desprovisto de todo contenido, en forma vaga e indeterminada, esperando que sea esta honorable Corte quien rellene los huecos y asuma una carga que le corresponde al Estado.

298. De acuerdo con la reiterada jurisprudencia de ese Tribunal y de la Comisión Interamericana, el no agotamiento de los recursos internos, conforme a los principios de Derecho internacional generalmente reconocidos, es un medio de defensa del Estado, de naturaleza procesal y no sustantiva. El hecho ilícito internacional se consuma desde el momento mismo en que tiene lugar una violación de la Convención en perjuicio de una persona bajo la jurisdicción de un Estado obligado a respetar y garantizar los derechos que ella enuncia. El agotamiento de los recursos internos es sólo un mero requisito de admisibilidad para la exigibilidad de esa responsabilidad ante los órganos de protección interamericanos.

299. En su más temprana jurisprudencia, esa honorable Corte determinó que este requisito está establecido ***en interés del Estado y que puede renunciarse***, caso en el cual la renuncia es irrevocable:

> "...según los principios del Derecho Internacional generalmente reconocidos y la práctica internacional, la regla que exige el previo agotamiento de los recursos internos está concebida en interés del Estado, pues busca dispensarlo de responder ante un órgano internacional por actos que se le imputen, antes de haber tenido la ocasión de remediarlos con sus propios medios. Se le ha considerado así como un medio de defensa y como tal, renunciable, aun de modo tácito. Dicha renuncia, una vez producida, es irrevocable".[77]

300. Por ser un medio de defensa del Estado, quien tiene el derecho de hacerlo valer, según el Derecho internacional general, éste puede, pues, también renunciar a invocarlo, sea de manera expresa, sea de manera tácita. La renuncia tácita ocurre cuando el Estado no formula, de manera expresa, clara e inequívoca, la alegación correspondiente en la primera oportunidad durante

---

6, especialmente, p. 27.

77   Corte IDH, *Asunto de Viviana Gallardo y Otras.* Decisión del 13 de noviembre de 1981. Serie A N° G101/81; ¶ 26.

"las primera etapas del procedimiento"[78], que tienen lugar en la fase de admisibilidad de la petición ante la Comisión. En efecto, en el tiempo cuando se dictaron la mayor parte de las sentencias que aluden a *"las primeras etapas del procedimiento"*, el Reglamento de la CIDH aún no había incluido explícitamente una etapa procesal de admisibilidad de las peticiones introducidas ante ella. Obviamente, a la luz de la reglamentación actual de la Comisión, la expresión *"primeras etapas del procedimiento"* debe entenderse referida a la etapa de admisibilidad, expresamente prevista en dicha reglamentación.

301. Asimismo, a la hora de oponer la excepción de inadmisibilidad por no agotamiento de los recursos internos, especialmente en casos como el presente, en el que el peticionario denunciante ha alegado que ha agotado el único recurso disponible al formularse la acusación en su contra, que era la petición de nulidad absoluta o amparo, y que en todo caso, como también se ha alegado en la petición, existía la imposibilidad de agotar otros recursos internos; de conformidad con el artículo 31(3) del Reglamento de la Comisión y la jurisprudencia de la Corte, *"el Estado que alega el no agotamiento tiene a su cargo el señalamiento de los recursos internos que deben agotarse y de su efectividad"*[79], también en la primera oportunidad durante la fase de admisibilidad de la petición ante la Comisión, todo ello de conformidad con los principios de Derecho internacional generalmente reconocidos. En suma, la oportunidad procesal adecuada para oponer la excepción de agotamiento de recursos internos es la respuesta del Estado denunciado a la petición, que debe darse dentro de la fase de admisibilidad de la misma (art. 30(3) del Reglamento de la Comisión Interamericana). En esa ocasión, el Estado denunciado debe, pues, expresar inequívocamente que opone dicha excepción y, si el peticionario ha invocado la imposibilidad de agotar los recursos internos conforme al artículo 46(2) de la Convención y 31(2) del Reglamento de la Comisión, tiene el Estado a su cargo el señalamiento de los recursos internos que deben agotarse y de su efectividad. De no hacerlo así, debe entenderse que renuncia de

---

78   Corte IDH, *Caso Velásquez Rodríguez, Excepciones Preliminares*, Sentencia de 26 de junio de 1987. Serie C N° 1, ¶ 88; Corte IDH, *Caso Fairén Garbi y Solís Corrales, Excepciones Preliminares*, Sentencia de 26 de junio de 1987. Serie C N° 2, ¶ 87; Corte IDH, *Caso Godínez Cruz, Excepciones Preliminares*, Sentencia de 26 de junio de 1987. Serie C N° 3, ¶ 90; Corte IDH, *Caso Neira Alegría,* Sentencia de 11 de noviembre de 1991. Serie C N° 13, ¶ 30; Corte IDH, *Caso Castillo Páez. Excepciones Preliminares*. Sentencia de 30 de enero de 1996. Serie C N° 24, 41-44; Corte IDH, *Caso Loayza Tamayo. Excepciones Preliminares*. Sentencia de 31 de enero de 1996. Serie C N° 25, ¶¶ 41-44; Corte IDH, *Caso Castillo Petruzzi y otros. Excepciones Preliminares*. Sentencia de 4 de septiembre de 1998. Serie C N° 41, ¶ 30.

79   Corte IDH, *Caso Velázquez Rodríguez Vs. Honduras. Excepciones preliminares*. Sentencia de 26 de junio de 1987. Serie C N° 1, ¶ 88; Corte IDH, *Caso Fairén Garbi y Solís Corrales Vs. Honduras. Excepciones preliminares*. Sentencia de 26 de junio de 1987. Serie C N° 2, ¶ 87; Corte IDH, *Caso Godínez Cruz Vs. Honduras. Excepciones Preliminares*. Sentencia de 26 de junio de 1987, serie C N° 3, ¶ 90; Corte IDH, *Caso Cantoral Benavides. Excepciones Preliminares*. Sentencia de 3 de septiembre de 1998. Serie C N° 40, ¶ 31.

manera tácita a hacer valer la excepción de no agotamiento de los recursos internos y que acepta la imposibilidad de agotarlos, que pasa a ser un hecho no controvertido afirmado por el peticionario.

302. Mas aún, en repetidas ocasiones esa honorable Corte ha afirmado "que el no agotamiento de recursos es una cuestión de pura admisibilidad y que **el Estado que lo alega está obligado a indicar los recursos internos que deben agotarse, así como a probar que los mismos son efectivos**"[80] (Énfasis añadido). Siendo una cuestión de pura admisibilidad que debe plantearse ante la Comisión, no debe admitirse que el Estado que no opuso adecuada y oportunamente esa excepción en aquella instancia, pretenda enmendar sus deficiencias ante la Corte para obtener una nueva oportunidad de invocar el asunto. Esto lo planteamos nuevamente porque envuelve una cuestión de principio: un procedimiento que permite reexaminar la admisibilidad de una petición parece incompatible con el fin último de la Convención, que es la protección de la persona humana; además, tampoco es una exageración afirmar que la reapertura y reconsideración por la Corte de una cuestión de pura admisibilidad, ya examinada y decidida por la Comisión, acarrea una división del proceso en una suerte de "compartimentos estancos" que le restan agilidad y transparencia. Adicionalmente, con ello se estaría confiriendo al Estado **una ventaja inaceptable**, al proporcionarle una segunda oportunidad para obtener que se revise la decisión de la Comisión en materia de agotamiento de los recursos internos, oportunidad que no tendría el peticionario si la petición ha sido declarada inadmisible, quedando en una posición de desigualdad procesal frente al Estado.

303. No basta, por otra parte, con la existencia formal de recursos internos. Tales recursos, según los principios de Derecho internacional generalmente reconocidos, deben ser efectivos, tanto en la práctica como en el Derecho.[81] Como lo expresó esa honorable Corte desde su jurisprudencia más temprana, *"esos principios no se refieren sólo a la existencia formal de tales recursos, sino también a que éstos sean adecuados y efectivos".*[82] Que sean adecuados *"significa que la función de esos recursos, dentro del sistema del*

---

80   Corte IDH, *Caso Durand y Ugarte Vs. Perú, Excepciones preliminares*. Sentencia de 28 de mayo de 1999. Serie C. N° 50, ¶33; Corte IDH, *Caso de la Comunidad Mayagna (Sumo) Awas Tigni. Excepciones preliminares*. Sentencia de 1 de febrero de 2000. Serie C N° 66, ¶ 53; Corte IDH, *Caso Herrera Ulloa Vs. Costa Rica*. Sentencia del 2 de julio de 2004. Serie C N° 107, ¶81; Corte IDH, *Caso Tibi Vs. Ecuador*. Sentencia de 7 de septiembre de 2004. Serie C N° 114, ¶ 49; Corte IDH, *Caso de Las Hermanas Serrano Cruz Vs. El Salvador Excepciones preliminares*. Sentencia del 23 de noviembre de 2004. Serie C N° 118¶ 135.

81   Eur. Court H.R., *Case of Ilhan v Turkey*. Application n° 22277/93. Judgment of 27 June 2000, para. 97.

82   Corte I.D.H.: *Caso Velásquez Rodríguez Vs. Honduras*. Fondo. Sentencia de 29 de julio de 1988. Serie C. N° 4, ¶ 63; Corte I.D.H.: *Caso Godínez Cruz Vs. Honduras*. Fondo. Sentencia de 20 de enero de 1989, serie C. N° 5, ¶ 66.

derecho interno, sea idónea para proteger la situación jurídica infringida".[83]
Para ser efectivo, a su vez, un recurso debe ser *"capaz de producir el resultado para el que ha sido concebido"*.[84]

304. Según la Corte Europea de Derechos Humanos, cuando el Estado alega que hay recursos pendientes de agotar, debe señalar precisamente cuáles son esos recursos, y no hacerlo en forma vaga e indeterminada.[85] De acuerdo con el mencionado tribunal, no corresponde a los órganos de protección de los derechos humanos suplir de oficio la imprecisión o las lagunas de las tesis de los Estados demandados.[86] En opinión de la Corte Europea, cuando el Estado afirma que no se han agotado los recursos internos, le corresponde a éste probar la existencia de un recurso efectivo, disponible y accesible en el momento oportuno, en la teoría y en la práctica, capaz de proporcionar al reclamante un remedio para su queja, y que ese recurso ofrecía una perspectiva razonable de éxito. La Corte Europea, en el tiempo en que el Sistema Europeo de Derechos Humanos incluía, como el Interamericano, la instancia inicial de la Comisión Europea de Derechos Humanos, aclaró que la renuncia del Estado a oponer el no agotamiento de los recursos internos es irrevocable ante la Corte[87].

305. Los principios generales de Derecho internacional también indican que la regla del previo agotamiento de los recursos internos no es aplicable, cuando éstos sólo son teóricos pero no proporcionan, en el caso concreto, ninguna posibilidad a la víctima de obtener remedio en la jurisdicción interna o, lo que es lo mismo, cuando el Estado, lejos de aprovechar la oportunidad de resolver el litigio con sus propios medios jurisdiccionales, más bien agrava la situación de la víctima al no proporcionarle recursos internos adecuado y eficaces. A este respecto, en el artículo 15 del *Proyecto de artículos sobre la protección diplomática* elaborado por la Comisión de Derecho Internacional de la ONU[88], se establecen, entre otras excepciones, que este requisito no será

---

83 *Ibíd.*, ¶¶ 64 y 67, respectivamente.

84 *Ibíd.,* ¶¶ 66 y 69, respectivamente.

85 Eur. Court H.R., *Case of Foti and Others vs Italy. (Application no. 7604/76; 7719/76; 7781/77; 7913/77).* Judgment of 10 December 1982, ¶ 48.

86 Eur. Court H.R., *Case of Bozano vs France. (Application no. 9990/82).* Judgment of 18 December 1986, ¶ 46.

87 Eur. Court H.R., *Case of De Wilde, Ooms and Versyp ("Vagrancy") v. Belgium (Merits). (Application no. 2832/66; 2835/66; 2899/66).* Court Plenary. Judgment of 18 June 1971, ¶ 55.

88 En *"Informe de la Comisión de Derecho Internacional 58° Período de Sesiones (1° de mayo a 9 de junio y 3 de julio a 11 de agosto de 2006)".* A/61/10. pp. 24-114. El interés de dichos artículos obedece a que la regla del no agotamiento de los recursos internos surgió, dentro del Derecho internacional consuetudinario, en el ámbito de la protección diplomática. Desde luego, ese articulado está condicionado por las características de la protección diplomática, que son bien diferentes a la protección de los derechos humanos, pero son el más inmediato referente de los principios generales de Derecho internacional sobre la materia. Por lo demás, en su elaboración, la Comisión

exigible cuando a) no haya razonablemente disponibles recursos internos que provean una reparación efectiva o los recursos internos no ofrezcan ninguna posibilidad razonable de obtener esa reparación; b) exista dilación indebida en el trámite del recurso de que se trate; y, c) la víctima esté impedida de ejercer dichos recursos. Esos principios se encuentran recogidos y debidamente adaptados a la protección internacional de los derechos humanos en el artículo 64(2) de la Convención, que será objeto de nuestro análisis más abajo (*Infra¶¶ 350 ss.*).

2. Una excepción indisociable del objeto y fin de la Convención.

306. Si bien la regla del agotamiento de los recursos internos se origina en el Derecho internacional consuetudinario que rige la protección diplomática, ella ha de adaptarse a las características y finalidades de la protección internacional de los derechos humanos. La Corte ha subrayado

> "*La regla del previo agotamiento de los recursos internos en la esfera del derecho internacional de los derechos humanos, tiene ciertas implicaciones que están presentes en la Convención. En efecto, según ella, los Estados Partes se obligan a suministrar recursos judiciales efectivos a las víctimas de violación de los derechos humanos (art. 25), recursos que **deben ser sustanciados de conformidad con las reglas del debido proceso legal** (art. 8.1), todo **ello dentro de la obligación general a cargo de los mismos Estados, de garantizar el libre y pleno ejercicio de los derechos reconocidos por la Convención a toda persona que se encuentre bajo su jurisdicción (art. 1).*"*[89] (Énfasis añadidos).

307. Observamos que el Estado, en sus excepciones preliminares, ha citado la anterior jurisprudencia, aunque no ha indicado en qué sentido sustenta su pretensión. Compartimos esta alusión del Estado, pero asumiendo todos sus extremos. Los Estados deben suministrar recursos judiciales efectivos, que deben ser sustanciados de acuerdo con las reglas del debido proceso, y garantizando el libre y pleno ejercicio de los derechos reconocidos por la Convención. No sólo nos atenemos a las consecuencias de la aplicación de lo dicho por la Corte en esa sentencia, sino que demandamos que así se considere en el presente caso.

308. Los tres elementos centrales de ese *dictum* de la Corte y también citado por el Estado son relevantes en este caso; sin embargo, teniendo en cuenta lo alegado por el Estado, queremos subrayar el último de ellos. De acuerdo con lo dicho por la Corte, en el trámite de los recursos disponibles, el Estado

---

de Derecho Internacional ha tenido bien presenta la jurisprudencia ce la Corte Interamericana de Derechos Humanos, pues cita en sus comentarios al proyectado artículo 15 el díctum antes aludido del *Asunto de Viviana Gallardo y Otras* (cfr., Informe, p. 94).

89   Corte IDH, *Caso Velásquez Rodríguez. Excepciones Preliminares..., cit.*

debe *"garantizar el libre y pleno ejercicio de los derechos reconocidos por la Convención"*. Es evidente que, en un sistema de protección de los derechos humanos, el acceso a los recursos internos no puede condicionar la obligación del Estado de garantizar los derechos reconocidos por la Convención, ni el derecho de los individuos a ejercer esos derechos. Sin embargo, en sus excepciones preliminares, refiriéndose a la falta de comparecencia de la víctima a una audiencia preliminar que se pudo haber convocado, pero que nunca se realizó, por causas que no son imputables al profesor Brewer Carías, el Estado afirma que no hemos agotado los recursos internos porque el ciudadano Allan Brewer Carías "se encuentra prófugo de la justicia." ¡Como si, en este caso, el agotamiento de los recursos internos eximiera al Estado de su obligación de *"garantizar el libre y pleno ejercicio de los derechos reconocidos por la Convención"* al profesor Brewer Carías!

309. La existencia de recursos adecuados y efectivos no es un tema exclusivamente al interés del Estado en resolver una controversia dentro de su jurisdicción interna, sino un aspecto esencial de la garantía de los derechos humanos debida a la víctima y, por eso mismo, vinculado con el objeto y fin de la Convención, que es la plena protección de los derechos humanos. Por lo tanto, el objeto y fin de la Convención también ha de imbuir, junto con los principios generales de Derecho internacional, el análisis de toda alegación relativa al agotamiento de los recursos internos.

310. En ese contexto, la Corte ha observado que, "cuando quien denuncia una violación de los derechos humanos aduce que no existen dichos recursos o que son ilusorios, la puesta en marcha de tal protección puede no sólo estar justificada sino ser urgente" y "que la oportunidad para decidir sobre los recursos internos debe adecuarse a los fines del régimen de protección internacional".[90] En efecto, cuando la víctima denuncia, como en el presente caso, que sus derechos al debido proceso legal y a la justicia han sido violados por el Estado, el recurso por parte de éste a la excepción de agotamiento de los recursos internos debe ser vista con especial cautela por la Comisión y por la Corte, pues, de estar bien fundada esa denuncia, los recursos internos no sólo son inútiles sino que son el vehículo a través del cual se consuma la violación de la Convención. En ese contexto, exigir a la víctima que agrave su situación hasta agotar todos los recursos contra las violaciones a sus derechos dentro de la jurisdicción interna, sería flagrantemente contrario al objeto y fin del tratado, y al principio de adecuación y efectividad de los recursos internos, como condición para exigir su previo agotamiento.

311. En semejantes circunstancias, el examen del agotamiento de los recursos internos debe hacerse con un cuidadoso discernimiento sobre las denuncias de fondo. A este respecto, esa honorable Corte ha apuntado que

> *"...cuando se invocan ciertas excepciones a la regla de no agotamiento de los recursos internos, como son **la inefectividad de tales re-***

---

90 Corte IDH: *Caso Velásquez Rodríguez. Excepciones Preliminares*; cit., ¶ 93.

cursos o la inexistencia del debido proceso legal, no sólo se está ale-gando que el agraviado no está obligado a interponer tales recursos, si-no que indirectamente se está imputando al Estado involucrado una nueva violación a las obligaciones contraídas por la Convención. **En ta-les circunstancias la cuestión de los recursos internos se aproxima sen-siblemente a la materia de fondo.** "[91] *(Énfasis añadidos).*

II. LA EXCEPCIÓN DEL ESTADO FUNDADA EN EL ALEGADO NO AGOTAMIENTO DE LOS RECURSOS INTERNOS DEBE SER DESESTIMADA POR LA CORTE.

312. Ratificamos, a la luz de lo expuesto y probado en la audiencia, que la Corte debe rechazar la defensa opuesta por el Estado, según la cual el pro-fesor Brewer Carías no habría interpuesto los recursos internos adecuados y efectivos para la garantía de sus derechos humanos dentro del ordenamiento jurídico venezolano. Este pedido de desestimación se funda, en primer lugar, en que el profesor Brewer Carías *sí intentó, infructuosamente, los recursos que, teóricamente, hubieran podido proteger sus derechos en la jurisdicción interna.* En segundo lugar, en que el Estado interpuso dicha excepción ex-temporáneamente, lo que acarrea la *renuncia tácita a hacerla valer*, según la jurisprudencia constante de esa honorable Corte y los principios de Derecho Internacional generalmente reconocidos. En tercer lugar, en que, a todo even-to, el Estado no satisfizo la carga que pesaba sobre él de *indicar los recursos internos disponibles y su efectividad.* Por último, en que, de todos modos, en el presente caso serían aplicables *todas las excepciones a la regla del previo agotamiento de los recursos internos contempladas en el artículo 46(2) de la Convención*, en conformidad con los principios generales de Derecho in-ternacional generalmente reconocidos.

1. *El profesor Brewer Carías intentó todos los recursos internos dis-ponibles para subsanar en la jurisdicción interna las violaciones a sus derechos humanos perpetradas en el proceso penal instaurado en su contra.*

A. La nulidad por inconstitucionalidad de todas las actuacio-nes fiscales

313. Como quedó establecido en la audiencia, el único recurso idóneo para remediar las masivas violaciones al debido proceso durante la fase de investigación del proceso penal es la nulidad por inconstitucionalidad prevista en el artículo 190 del Código Orgánico Procesal Penal. La nulidad debe ser solicitada por ante el Juez de Control, quien actúa como juez constitucional, en la primera oportunidad posible, y debe resolver en el lapso perentorio de

---

91   Corte IDH: *Caso velázquez Rodríguez. Excepciones Preliminares*; ¶ 91.

tres días. En el sistema jurídico venezolano, esta solicitud de nulidad es la expresión del derecho de amparo en el proceso penal. Es un punto relevante en el presente caso, al cual nos referiremos también con mayor detalle a propósito de las excepciones a la regla del previo agotamiento de los recursos internos (*Infra¶¶ 350 ss.*), así como en las consideraciones de fondo del presente caso, al abordar la violación del artículo 25 de la Convención (*Infra¶¶ 552 ss.*). Ahora nos limitamos a exponer ante esta Corte que se trata de un recurso efectivo y que fue consecuentemente intentado por el profesor Brewer Carías, sin resultado alguno a causa de la arbitraria omisión judicial en decidirlo.

314. El 8 de noviembre de 2005 la defensa del profesor Brewer Carías presentó escrito solicitando la declaratoria de nulidad absoluta de todo lo actuado a causa de las violaciones masivas de sus derechos y garantías constitucionales, protegidos también explícitamente por la Convención, en especial al debido proceso, en las que para esa fecha ya se había incurrido, conjuntamente con la contestación y oposición a la acusación.

315. Cabe destacar que la única razón por la cual dicha nulidad se solicitó dentro del escrito de contestación a la acusación y conjuntamente con ésta, es que esa fue *la primera oportunidad procesal para solicitar la nulidad de todo lo actuado durante la investigación dirigida por la Fiscal Sexta*. En efecto, la acusación introducida por ésta fue el acto que consolidó la masiva violación de los derechos del profesor Brewer Carías. Frente a numerosas violaciones singulares se intentaron los recursos que más adelante se expresan (*Infra¶¶ 326 ss.*), y que resultaron infructuosos, pero cuyos efectos se habrían desvanecido si la Fiscal Sexta hubiera decidido no acusar al profesor Brewer Carías. Una vez introducida la acusación, debía procederse sin demora a solicitar que el Juez de Control sancionara con la nulidad absoluta prevista en el artículo 190 del COPP, por inconstitucionalidad, las masivas violaciones a los derechos del profesor Brewer Carías en las que incurrió el Ministerio Público en la fase de investigación.

316. La circunstancia de que esa nulidad fuera solicitada en el escrito de contestación a la acusación, por la razón expuesta, no afecta su autonomía ni su discernibilidad como pretensión procesal, ni la convierte por mera yuxtaposición en una parte de dicha contestación, sujeta al mismo trámite que ésta en el proceso. De hecho, en la fecha en la cual la solicitud de nulidad se introdujo, el Juez de Control no había ni siquiera dado por recibida la acusación, ni había adoptado decisión alguna que pudiera ser objeto de recurso. La solicitud de nulidad, que tiene la naturaleza de pretensión de amparo en el sentido del artículo 25 de la Convención y en conformidad con el COPP y el régimen venezolano de amparo constitucional, tiene su propio trámite, prioritario y perentorio, y debe ser resuelta en tres días de conformidad con el artículo 177 del mismo COPP, mientras que la contestación a la acusación debe ser considerada dentro del trámite ordinario del juicio penal.

317. Por otra parte, la pretensión de nulidad, de ser resuelta favorablemente, como correspondía hacerlo, habría ocasionado la reposición de la causa y la consecuente inutilidad de toda consideración inmediata de todas las excepciones y defensas de fondo y forma que componían la contestación de la acusación. La reposición debería haber tenido como consecuencia que la etapa de investigación, una vez subsanadas todas las omisiones y violaciones a las garantías procesales en las que incurrió el Ministerio Público, condujera a un acto conclusivo de exoneración de la responsabilidad penal del profesor Brewer Carías y al sobreseimiento de la causa. Ese desenlace hubiera privado de toda razón de ser a la contestación de una acusación que se habría desvanecido al reconducirse la investigación pulcramente y con pleno respeto del derecho a la defensa y al debido proceso en general. Por razones de lógica jurídica y de economía procesal no cabe, por lo tanto, considerar ni tratar la solicitud de nulidad como una parte conceptual de la contestación de la acusación.

318. La posición del Estado de considerar que la yuxtaposición entre la solicitud de nulidad y la contestación al fondo de la acusación como razón para considerarlas como una unidad y como una sola e indivisible pretensión no resiste análisis alguno desde el punto de vista procesal ni desde el punto de vista sustantivo. Se trata de un argumento destinado, por una parte, a invitar a esta honorable Corte a no considerar el fondo de este caso y las graves violaciones que han sufrido los derechos humanos de la víctima (y que el Estado no se ha molestado en contradecir); y, por la otra, a dar nueva expresión a su insistente posición, según la cual el Derecho interno venezolano ordena que la víctima no puede obtener el amparo que la Constitución y la Convención le garantice sin antes abandonar su derecho a la libertad personal y entregarse en manos de sus perseguidores, que ejecutarían de inmediato la ilegal orden de captura que pesa en su contra. Se trata, pues, de un argumento simplista, *basado en la mera yuxtaposición de dos pretensiones claramente distintas y diferenciables, destinado a agravar aún más la violación de los derechos humanos del profesor Brewer Carías y a negarle su derecho a la protección internacional. Pedimos, pues, a esa honorable Corte que desestime semejante argumentación de la representación del Estado venezolano.*

319. La solicitud de nulidad, como se debatió ampliamente en la audiencia ante esta Corte celebrada los días 3 y 4 de septiembre de 2013, a la fecha no ha sido proveída, a pesar de que el juez de la causa, tratándose de una pretensión nulidad absoluta por inconstitucionalidad que es una forma de amparo constitucional en materia penal, con respecto a todo lo actuado durante la investigación fiscal, por violación de los derechos y garantías constitucionales, estaba obligado a resolverla en el lapso perentorio de tres días, cónsono con la protección constitucional y con los requerimientos del artículo 25 de la Convención, conforme al artículo 177 del COPP, y según lo ha decidido la Sala Constitucional del Tribunal Supremo de Justicia, sin que el juez pueda excusarse que para ello debe realizarse la audiencia preliminar, lo que le está vedado.[92] (*Infra¶¶ 408 ss.*).

320. El Estado ha pretendido también que la decisión sobre la nulidad debe ventilarse en la audiencia preliminar y que ésta no ha podido celebrarse por la incomparecencia del profesor Brewer Carías. Ambas cosas son inciertas. Nos referimos en otra parte a los diferimientos sucesivos de la audiencia preliminar, causados, según lo decidió expresamente el tribunal de la causa, en solicitudes y actuaciones de otros procesados, sin que ninguna de ellas fuera motivada por la supuesta incomparecencia del profesor Brewer Carías (**Anexo 55**) (*Infra¶¶ 21, 142, 143)*. Más aún, el Juez no podía válidamente celebrar la audiencia preliminar ni dar trámite a la contestación de la acusación sin resolver antes sobre la nulidad por inconstitucionalidad solicitada por la defensa.

321. No es cierto que una solicitud de nulidad por inconstitucionalidad como la planteada por el profesor Brewer Carías deba esperar para su decisión a la audiencia preliminar. El COPP no establece un plazo específico para la adopción de dicha decisión, razón por la cual la misma debe ser tramitada de inmediato conforme a la disposición general contenida en el artículo 177 del mismo COPP, para las actuaciones escritas que no tengan fijado otro plazo:

> *Artículo 177. Plazos para decidir. El juez dictará las decisiones de mero trámite en el acto.*
>
> *Los autos y las sentencias definitivas que sucedan a una audiencia oral serán pronunciados inmediatamente después de concluida la audiencia.* ***En las actuaciones escritas las decisiones se dictarán dentro de los tres días siguientes.***

322. ***El Estado no ha señalado ninguna disposición legal que establezca una excepción a esta regla en los casos de las solicitudes escritas de nulidad de las actuaciones por inconstitucionalidad.*** Se ha limitado a invocar una sentencia según la cual la nulidad de ***la acusación*** debe resolverse en la audiencia preliminar, lo cual puede tener cierta lógica pero ***no es aplicable al presente caso, donde no se ha demandado la nulidad de la acusación sino de las actuaciones fiscales previas a la misma***.

323. No existe tal disposición legal. Por el contrario, la regla general contenida en el artículo 177 del COPP es enteramente congruente con el principio de preeminencia de los derechos humanos tanto en el sistema constitucio-

---

92   De hecho, puede decirse que el caso ha sido "abandonado" por el Juez. Como puede verse en el folio tres (03) de la pieza 50 del expediente consignado como anexo 1 por el Estado, "por cuanto se cuenta con poco espacio" en el tribunal de la causa, "se acuerda en consecuencia remitir el … expediente a la Oficina 415 de Resguardo y Custodia de Expedientes, donde permanecerá en custodia a la orden de este Juzgado".

nal venezolano como en el establecido en la Convención y, más en general en el Derecho internacional de los derechos humanos. Uno de los principios fundamentales establecidos en la Constitución es precisamente el de la preeminencia de los derechos humanos, lo que impone a todos los jueces la obligación ineludible de pronunciarse sobre las peticiones relativas a los mismos, sin dilación y con prevalencia sobre cualquier otro asunto.

324. En el mismo sentido, el artículo 25 de la Convención dispone que, frente a "actos que violen sus derechos fundamentales reconocidos por la Constitución, la ley o la presente Convención" toda persona tiene derecho a que se la **ampare** mediante "un recurso **sencillo y rápido** o a cualquier otro **recurso efectivo** ante los jueces o tribunales competentes". Si el recurso de amparo debe esperar, para su resolución a la celebración de una audiencia preliminar que puede diferirse indefinidamente, como ha ocurrido en este caso, por iniciativas de otros coprocesados como lo verificó el Juez de Control (quien además subrayó que esos diferimientos no se pueden imputar en forma alguna al profesor Brewer **(Anexo 55)**, el recurso no sería en modo alguno sencillo y rápido; y si su decisión estuviera condicionada a que el profesor Brewer Carías **se entregue a sus perseguidores y sea privado de su libertad**, el Derecho internacional de los derechos humanos y la Convención en particular no permitirían considerarlo un recurso efectivo. Por consiguiente, aun en el supuesto negado de que lo invocado ante esta Corte por el Estado fuera cierto y que el Derecho interno sólo autorizara al juez para decidir la nulidad solicitada en presencia del acusado, se trataría de un concepto incompatible con la Convención, por lo que el mismo juez, en ejercicio del **control de convencionalidad** al que está obligado según lo decidido por esta Corte, estaría obligado a inaplicar esa normativa doméstica y atenerse a lo que resulta de las obligaciones internacionales de Venezuela según la Convención y el Derecho internacional de los derechos humanos.

325. Como quiera que sea, es un hecho cierto y probado ante esa honorable Corte que el profesor Brewer Carías intentó el único recurso idóneo para restaurar los derechos violados por las actuaciones fiscales, que es la nulidad de dichas actuaciones, y que dicho recurso no ha sido decidido, sin que el Juez de la causa haya ni tan siquiera proveído dicha solicitud o dictado una decisión que fundamente su omisión, en ausencia de toda norma de Derecho interno que la justifique. Se trata, pues, de un recurso efectivamente interpuesto de manera oportuna y fundamentada, sin resultado alguno por obra de la arbitraria omisión judicial en resolverlo.

B. Recursos interpuestos dentro de la investigación fiscal

326. Como lo corroboraron los testigos **León Henrique Cottín** en la audiencia del 3 de septiembre de 2013 y **Rafael Odremán** en su declaración testimonial firmada ante fedatario el día 27 de agosto de 2013, y remitido a esta Corte, *en la fase de investigación adelantada en y por el Ministerio Público, la víctima empleó todos los recursos internos a su alcance, que*

teóricamente debieron servir para su defensa y que revelaron persistente-
mente su inutilidad a la luz de las arbitrariedades y manipulaciones sis-
temáticas del Ministerio Público y de los jueces que han conocido del caso:

1) En fecha 4 de mayo de 2005, los abogados del profesor Brewer Carías, los mismos testigos ante esta Corte, **León Henrique Cottin y
Rafael Odreman**, acudieron ante el Juez provisorio Vigésimo
Quinto de Control, pidiendo que interviniera para corregir la irregular actuación de la entonces Fiscal provisoria Sexta, Luisa Ortega
Díaz (hoy Fiscal General de la República), al denegar arbitrariamente diligencias probatorias **(Anexo 43)** y restableciera el derecho a la
defensa. <u>Resultado:</u> El Tribunal de Control omitió pronunciarse sobre las violaciones del debido proceso denunciadas, limitándose a
decir que no era la oportunidad adecuada para hacer esos planteamientos **(Anexo 44)**.

2) Los defensores del profesor Brewer Carías, señores **Cottin** y
Odreman, apelaron de dicha decisión. <u>Resultado</u>: En fecha 6 de julio de 2005, la Sala 9 de la Corte de Apelaciones decidió dicha apelación **(Anexo 45)**, anulando el fallo del Juez provisorio de Control
por razones formales (falta de notificación a la Fiscalía); y además,
<u>en cuanto al fondo, acogió los argumentos de la defensa</u> y concluyó
que ésta sí podía acudir ante el Juez de Control a reclamar sus derechos frente a violaciones al debido proceso por el Ministerio Público
en la etapa de investigación, de modo que también ordenó que el
Juez provisorio de Control decidiera nuevamente sobre las solicitudes que se le habían formulado en ese sentido. **<u>Esta decisión de la
Corte de Apelaciones fue burlada, porque nunca fue aplicada ni
ejecutada</u>**.

3) Sobre la base de la anterior decisión de la Corte de Apelaciones, los
abogados del profesor Brewer Carías, señores **Cottin** y **Odreman**,
introdujeron de nuevo un escrito en fecha 10 de agosto de 2005 ante
el Tribunal 25 de Control refrescando las solicitudes que había ordenado decidir la Corte de Apelaciones **(Anexo 46)**. <u>Resultado:</u> No
obstante la previa decisión de la Corte de Apelaciones, en fecha <u>20
de octubre de 2005</u>, el Juez provisorio de Control **volvió a decidir
que no podía inmiscuirse en la labor de investigación de la Fiscal provisoria** (Anexo 30).

4) Los abogados defensores, señores **Cottin** y **Odremán** apelaron
nuevamente de la anterior decisión, en fecha 28 de octubre de 2005
(Anexo 47). <u>Resultado: Ninguno:</u> La apelación fue denegada en
fecha 1° de diciembre de 2005. Llama la atención, además, que la
Fiscal provisoria Sexta Luisa Ortega Díaz (actualmente, y desde el 3
de enero de 2008, Fiscal General de la República), como encargada
del caso consignó la acusación contra el profesor Brewer Carías el
21 de octubre de 2005 **(Anexo 48)**, es decir, al día siguiente de la

última decisión del Juez provisorio de Control, el cual nada había decidido desde el mes de julio de 2005, no obstante las ratificaciones posteriores de la defensa, para proceder a decidirlas, negándolas todas, justo, el día antes de que el Ministerio Público introdujera la acusación.

5) El 26 de octubre de 2005, los abogados defensores del profesor Brewer Carías solicitaron que se garantizara su derecho a ser juzgado en libertad **(anexo 49)**. **Resultado: Ninguno:** Nunca se proveyó dicha solicitud y, el 15 de junio de 2006, en cambio, se dispuso la privación judicial preventiva de libertad y se dictó orden de aprehensión contra el profesor Brewer Carías **(anexo 52)**.

6) El juez **temporal Manuel Bognanno** asumió el Tribunal 25 de Control en sustitución de la destituida Jueza Josefina Gómez Sosa[93], en los términos de la misma Resolución N° 2005-0015 de 3 de febrero de 2005, mediante la cual se produjo dicha destitución **(Anexo**

---

93 El proceso en el cual está incluida la causa contra el profesor Brewer Carías comenzó a ser conocido por la **jueza Josefina Gómez Sosa** (jueza **temporal** Vigésimo Quinta de Control), a quien le fue presentado, detenido, el Sr. Pedro Carmona Estanga. En el curso del proceso, a solicitud de la Fiscal provisoria Sexta, la jueza temporal decretó la prohibición de salida del país de varios ciudadanos investigados por su presunta participación en los hechos investigados. Estos ciudadanos apelaron de esa medida y la Sala 10 de la Corte de Apelaciones de Caracas, en fecha 31 de enero de 2005, la revocó por considerar que no había sido suficientemente motivada por la jueza provisoria que la dictó, con el voto salvado de uno de los tres integrantes de dicha Sala, quien consideró que la decisión apelada sí estaba suficientemente motivada. Tres días más tarde, mediante Resolución N° 2005-0015 de fecha 3 de febrero de 2005 **(Anexo 69)**, la Comisión Judicial del Tribunal Supremo de Justicia *suspendió de sus cargos* a los dos jueces de la Corte de Apelaciones que votaron por la nulidad de la decisión apelada, así como a la jueza temporal Gómez Sosa, autora de la decisión presuntamente inmotivada. (Ver ¶¶ 101 y 126 del *Informe* de la CIDH). Resulta revelador que el miembro de la Corte de Apelaciones que disintió por considerar que la decisión apelada estaba motivada no haya sido afectado por la suspensión, mientras que la jueza que la dictó haya sido sancionada invocando en su contra precisamente el supuesto error de no haberla motivado. Una situación similar se presentó en el *Caso Apitz Barbera*, en el cual se verificó que la Corte Primera en lo Contencioso Administrativo de Venezuela adoptó, *por unanimidad*, una decisión que fue juzgada como "error judicial inexcusable" por el órgano disciplinario, el cual, empero, sólo destituyó a tres de los cinco Magistrados que votaron ese fallo. A manera de curiosidad agregamos que una de las Magistradas no sancionadas es actualmente la Presidenta del Tribunal Supremo de Justicia (y del Poder Judicial), mientras que la otra preside la Sala Político Administrativa del mismo Tribunal Supremo. En cuanto a la suerte final de las medidas de prohibición de salida del país, luego que destituyen a 2 de los integrantes de la Sala 10, se constituyó una Sala Accidental, la cual conoció de una solicitud de nulidad planteada por la Fiscal contra la decisión del 31-01-05 que anuló la medida cautelar; la ponente de esa sala accidental Belkis Cedeño presentó ponencia que fue aprobada, anulando la decisión del 31-01-05.

69)[94]. En una oportunidad, éste ordenó a la Fiscal Provisoria Sexta que expidiera a los defensores del profesor Brewer Carías, como lo corroboraron los mismos testigos **León Henrique Cottin y Rafael Odreman**, copias de las actuaciones del expediente que habían solicitado, entre ellas, las de ciertos videos que supuestamente contenían declaraciones de periodistas que incriminarían a la víctima **(ver ¶¶ *320 ss del escrito de solicitudes, argumentos y pruebas.).* La Fiscal provisoria Sexta solicitó la nulidad de esa actuación (Anexo 12).** Más tarde, en otra incidencia, el juez temporal Bognanno pidió a la Fiscal Sexta que le remitiera el expediente, y ésta, en lugar de acatar al Juez provisorio Bognanno, lo increpó solicitándole una explicación del por qué le pedía el expediente **(Anexo 13).** Ante esa situación, el juez temporal Bognanno ofició al Fiscal Superior, en fecha 27 de junio de 2005, para ponerlo en conocimiento de la irregularidad en la que estaba incurriendo la Fiscal provisoria Sexta, hoy Fiscal General de la República **(Anexo 14).** **Resultado:** dos días más tarde, el 29 de junio de 2005 *el nombramiento del Juez temporal Bognanno fue "dejado sin efecto"* mediante Resolución 2005-0145 de la Comisión Judicial del Tribunal Supremo de Justicia *"en razón a las observaciones que fueron formuladas ante este Despacho",*[95] *es decir, sin motivación alguna.* La Fiscal Sexta nunca remitió al Tribunal el expediente solicitado y el nuevo juez se desentendió de tal requerimiento.

327. Además, con ocasión de ciertos incidentes ocurridos mientras se difería indefinidamente la audiencia preliminar, los abogados del profesor Brewer Carías y testigos ante esta honorable Corte, señores **Cottin** y **Odreman**, también intentaron todos los limitados recursos a su alcance para protegerlo de el mismo proceso arbitrario y viciado en su esencia, con el resultado de que también esos recursos, en lugar de cumplir su propósito, desembocaron en nuevas violaciones a las garantías procesales. Así sucedió en los casos que se abordan a continuación.

C. Recursos con ocasión de un incidente generado por una solicitud de la INTERPOL

328. Con motivo de la solicitud de información formulada al Estado por parte de la INTERPOL sobre la naturaleza política o común del delito por el que se acusó al profesor Brewer Carías, dado que la documentación que se le había remitido evidenciaba que se trataba de un delito político puro como era el de rebelión, la respuesta ofrecida a través del aludido Juzgado Vigésimo

---

94 El nombramiento del señor Manuel Bognanno como Juez temporal en ese tribunal fue posteriormente confirmado mediante Resolución N° 2005-0118 del 31 de mayo de 2005. **Anexo 69-A**

95 **Anexo 69-B.** Ver ¶ 146 del Informe de la CIDH.

Quinto fue dada mediante un auto que el Juez denominó "**Aclaratoria**", en el cual se llegó a afirmar, que *"en la presente causa no puede atribuírsele los hechos imputados* (sic) *al ciudadano ALAN BREWER CARIAS, el carácter de Delito Político, pues se perdería el sentido de este compromiso internacional") (Infra¶¶ 162 ss.).* O sea un juez penal, quien ante un delito de rebelión (conspiración para cambiar violentamente la Constitución), arbitrariamente, para justificar precisamente una **persecución política**, le negaba al mismo, el carácter de "delito político." El Juzgado, con todo, no se contentó con negar ese carácter político a un delito que a todas luces lo es, sino que agregó:

> *[...] contra el Presidente de la República Bolivariana de Venezuela, ciudadano Hugo Chávez Frías, al parecer, según los elementos de convicción transcritos, se cometió un atentado frustrado, cuya autoría intelectual orientan (sic) al ciudadano imputado ALAN BREWER CARIAS, quedando desvirtuada, como antes se indicó, la naturaleza del delito político de los hechos aquí reproducidos. (Anexo 57. Énfasis y subrayado añadidos).*

329. Sin ninguna base distinta a la arbitrariedad, pues ni siquiera en el "auto" había elemento alguno de convicción que hubiera sido "transcrito", el referido Juzgado señaló al profesor Brewer Carías como "autor intelectual" nada menos que de un complot para asesinar al Presidente de la República, ante lo cual, abogados del profesor Brewer Carías, testigos ante esta Corte, señores **León Henrique Cottin y Rafael Odremán**, apelaron contra la llamada *Aclaratoria* del Juzgado Vigésimo Quinto de Primera Instancia en función de Control del Circuito Judicial Penal del Área Metropolitana de Caracas (**Anexo Nº 56**), y solicitaron que se anulara la llamada *Aclaratoria*. La apelación fue inadmitida por decisión de la Sala 8 de la Corte de Apelaciones del Circuito Judicial Penal del Área Metropolitana de Caracas, de 29 de octubre de 2007, como lo han corroborado los testigos **León Henrique Cottin y Rafael Odremán**, porque, *supuestamente, ¡los jueces no sabían si el profesor Brewer Carías, por estar ausente, estaba de acuerdo con lo que sus defensores habían dicho en la apelación*!! (**Anexo 58**). Quedó así demostrada la inutilidad de los recursos internos, que se tradujeron en dejar firme, con un argumento de una trivialidad extrema, la imputación del delito de magnicidio, como autor intelectual, al profesor Brewer Carías.

D. Recursos interpuestos en relación con la aplicación del Decreto-Ley de Amnistía

330. Tal como lo indicamos en nuestro Escrito de Solicitudes, Argumentos y Pruebas (**ver ¶¶** 193 y ss.; **615 y ss.**), el 31 de diciembre de 2007, el Presidente de la República dictó un Decreto-Ley de Amnistía, que cubría los hechos que habrían configurado el delito que se imputaba al profesor Brewer Carías. La Fiscal General de la República se apresuró a emitir públicamente su opinión en el sentido de que no se le aplicara. Los abogados del profesor Brewer Carías, los testigos **León Henrique Cottin y Rafael Odremán**, como lo han ratificado ante esta Corte, solicitaron al Juez Vigésimo Quinto de Primera Instancia en Funciones de Control de la Circunscripción Judicial del Área Metropolitana de Caracas el día 11 de enero de 2008, el sobreseimiento de la causa con base en la aludida amnistía **(Anexo No. 74)**. **Resultado:** Ese pedido fue denegado.

331. Los abogados del profesor Brewer Carías, apelaron dicha decisión, mediante escrito de 7 de febrero de 2008 **(Anexo 75)**, denunciando en el mismo los vicios de la sentencia de primera instancia, e *invocando además el derecho a la igualdad y a la no discriminación*, puesto que el ex Gobernador (del Estado Miranda) Enrique Mendoza D'Ascoli, conjuntamente con la Sra. Milagros del Carmen Durán López, acusados de los delitos de rebelión civil, violencia o amenaza contra el funcionamiento de los órganos del poder público, con ocasión de los sucesos de abril de 2002 y sobre quienes pesaba igualmente una medida de privación de libertad y una orden de aprehensión no ejecutadas, es decir, *encontrándose en situación procesal similar a la del profesor Brewer Carías, fueron beneficiarios de la amnistía por haberlo así solicitado el Ministerio Público*. **Resultado:** La Sala Quinta de la Corte de Apelaciones del Circuito Judicial Penal del Área Metropolitana de Caracas, mediante sentencia adoptada por dos votos contra uno el día 3 de abril de 2008 **(Anexo 61)**, declaró sin lugar la apelación interpuesta, por considerar que el profesor Brewer Carías no estaba "a derecho", que la sentencia apelada estaba suficientemente motivada, y que la situación del los señores Mendoza D'Ascoli y Durán López era diferente, *puesto que el tribunal penal que conocía de su causa no era el mismo que conocía de la del profesor Brewer Carías y porque, en el caso de los señores Mendoza y Durán, el Fiscal había opinado que la medida de privación de libertad dictada en su contra había sido "prematura".* Los criterios establecidos para justificar el trato desigual a situaciones idénticas son de tal modo insustanciales y frívolos, que ponen por sí mismos de relieve la discriminación y el ensañamiento del Estado contra el profesor Brewer Carías.

332. Como lo expresó con meridiana claridad el perito **Jesús Ollarves Irazábal** en la audiencia ante esta Corte del día 4 de septiembre de 2013, el sentido jurisprudencial de la expresión "estar a derecho" se refiere a la condición del procesado que luego de ser imputado en un proceso penal, ha nombrado a sus defensores ante el Juez de control. Dijo el perito que *"estar a derecho es una expresión que debe entenderse como un apéndice al derecho que tienen las persona a tener una asistencia técnica, así lo contempla la Constitución venezolana y el Código Orgánico Procesal Penal, estar a derecho significa que el imputado o la persona sometida a alguna consideración fiscal o judicial nombre a sus abogados, estos seguramente, y cumplan con los derechos y deberes previstos en el ordenamiento positivo así lo señala el artículo 139 del Código Orgánico Procesal Penal y resulta particularmente relevante dos sentencias de la Sala Constitucional del Tribunal Supremo de Justicia una referida al asunto del Sr. Pedro Torres Ciliberto que reafirma lo que acabamos de decir y la del asunto del Sr. Eduardo Manuit Carpio."* Ese era el caso, precisamente, del profesor Brewer Carías, quien el 14 de febrero de 2005 nombró como sus defensores a los abogados **León Henrique Cottin y Rafael Odremán**, testigos en esta causa, con lo que estuvo a derecho, directamente o a través de ellos, habiéndose sometido al proceso penal, atendiendo todas las incidencias de la fase de investigación hasta que salió del país en septiembre de 2005, y se inició la fase intermedia en la cual sus defensores actuaron en todas las incidencias del proceso. El profesor Brewer Carías, en consecuencia, para enero de 2008 cuando se comenzó a aplicar la Ley de Amnistía, se encontraba a derecho y sometido al proceso penal, siendo una discriminación palmaria que se le haya negado la aplicación de la Ley de Amnistía. En todo caso, sus abogados intentaron todos los recursos disponibles, los cuales fueron negados, nuevamente por motivos fútiles y reveladores de la arbitraria persecución contra el profesor Brewer Carías.

333. *En conclusión*, el profesor Brewer Carías intentó todos los recursos a su alcance para defender sus derechos, pero ninguno de ellos prosperó. En un caso, por la omisión del Juez, que después de ocho años aún no ha decidido lo que estaba supuesto a decidir en tres días; en otro, se han ignorado decisiones judiciales, que han sido burladas mediante su inejecución; en otro se han destituido jueces; en otro, no sólo se negó una apelación con el increíble "razonamiento" de que tal vez el profesor Brewer Carías no estaba de acuerdo con sus abogados, y se dejó con ellos firme la atribución del delito de magnicidio en grado de autoría intelectual; en otro, en fin, se decidió arbitrariamente no aplicar al profesor Brewer Carías una amnistía que expresamente abarca el delito por el que se lo ha enjuiciado. **TODO HA SIDO INÚTIL.**

334. El profesor Brewer Carías intentó todos los recursos posibles para poner fin al proceso y a la injusta persecución en su contra. También estaba en su interés obtener reparación en las instancias internas y no verse forzado al exilio que hoy sufre. Los recursos internos que intentó fueron otras tantas oportunidades de solventar su caso, pero todas se perdieron.

335. También el Estado pudo remediar esta situación por sus propios medios, decidiendo el recurso de nulidad intentado por la víctima. Pero no lo hizo, y prefirió dictar una orden de prisión preventiva en contra de quien, desde un comienzo, por propia iniciativa, había colaborado con la investigación y, no obstante haber salido del país durante la misma en numerosas oportunidades, siempre había regresado, porque no había hecho nada contrario a la ley y no tenía nada que temer.

336. Ha quedado demostrado que la víctima, en este caso, interpuso los recursos que tenía a su disposición, correspondiendo al Estado pronunciarse sobre los mismos. Por lo tanto, en este caso no procede alegar la falta de agotamiento de los recursos internos. Adicionalmente, como ya lo hemos dicho y analizaremos a continuación, dicha excepción es inadmisible por haber sido formulada inoportuna y defectuosamente por el Estado y porque, además, en el presente casos son aplicables, a todo evento, todas las excepciones a la regla del previo agotamiento de los recursos internos.

2. *El Estado interpuso la excepción relativa al agotamiento previo de los recursos internos de manera extemporánea y defectuosa, en términos que comportan la renuncia tácita a oponerla.*

337. En el presente caso, la respuesta del Estado a nuestra Petición ante la Comisión Interamericana de fecha 25 de agosto de 2009 (**Anexo 136**), se limitó a transcribir el artículo 46 de la Convención y a citar alguna jurisprudencia, como el conocido *dictum* de esa honorable Corte, según el cual *"el Estado que alega el no agotamiento tiene a su cargo el señalamiento de los recursos internos que deben agotarse y de su efectividad.* Luego, a renglón seguido, se limitó a afirmar lo siguiente: ***"Los peticionarios reconocen que no han agotado los recursos internos. Como dice el adagio jurídico "A confesión de parte relevo de prueba". Es evidente que esta petición es Inadmisible".*** (p. 16 de la *Respuesta del Estado a la Petición* ante la CIDH. **Anexo 137**). Más adelante afirmaron (pp. 17 y 18):

> "Lo que supone que es menester demostrar primero, por qué no hay necesidad de agotar los recursos internos, y como consecuencia se declararía la admisión del caso; los ilustres juristas (peticionarios) lo hacen al revés, inquiriendo la admisión del caso y luego la declaratoria vinculada con el agotamiento de los recursos internos cuando éste es consecuencia de aquel. Así tiene que ser, porque demostrado cuando se agotaron los recursos internos, comienzan a contarse el plazo de seis meses para presentar la denuncia ante la Comisión, que establece el literal b, del artículo 46, de la Convención Americana."

338. Eso es todo lo que dijo el Estado. *¡Nada más!* No se indicó cuáles eran los recursos disponibles, ni por qué ellos resultaban adecuados y eran efectivos para subsanar la situación jurídica infringida. Pero es justo reconocer que fue el propio Estado quien recordó en su Contestación que *"el Estado que alega el no agotamiento tiene a su cargo el señalamiento de los recursos internos que deben agotarse y de su efectividad."* La representación del Estado ignoró así las conocidas reglas relativas a la carga de la prueba contenidas en ese *dictum* de la Corte, cuando está en litigio el tema del agotamiento de los recursos internos. De nuevo: *"el Estado que alega el no agotamiento tiene a su cargo el señalamiento de los recursos internos que deben agotarse y de su efectividad"*. El Estado ignoró el Reglamento de la CIDH y la jurisprudencia de la Corte. También omitió rebatir o controvertir nuestra reiterada alegación en la Petición, así como en el Escrito de Solicitudes, Argumentos y Pruebas, de que el profesor Brewer Carías interpuso todos los recursos a su alcance, potencial o teóricamente idóneos para garantizar sus derechos y que, además, en el presente caso son aplicables todas las excepciones a la regla de no agotamiento de los recursos internos enunciadas en el artículo 46(2) de la Convención, porque los recursos internos o bien se demoran indebidamente, o bien no son accesibles o se impide su ejercicio, o bien no cumplen con los requisitos del debido proceso de ley (**ver ¶¶** 11, 154, 156 y 161 de la *Petición* ante la CIDH; *Escrito de Solicitudes, Argumentos y Pruebas* ¶¶ 18-19; *Escrito de Observaciones a la Excepción Preliminar*, ¶¶ 64-85).

339. *El Estado no contradijo ninguna de esas alegaciones*, sino que se limitó en el *Escrito de Contestación* ante esta Corte a consideraciones de carácter general sobre la legislación procesal penal venezolana, lo que ha reiterado en la audiencia del 4 de septiembre de 2013, donde el Agente del Estado se contentó con leer el mencionado *Escrito de Contestación,* como sus alegatos finales, sin referirse, entonces ni ahora, a nuestros argumentos sobre los recursos potencialmente efectivos que fueron ejercido por la víctima ni a las invocadas excepciones a la aplicación en este caso de la regla del no agotamiento de los recursos internos. Mucho menos indicó el Estado en ninguno de sus escritos ni en la audiencia, cuáles son con precisión los recursos que podrían remediar, en la jurisdicción interna, la violación a sus derechos humanos denunciada por el profesor Brewer Carías y que éste no haya intentado. Es decir, no indicó el Estado cuáles eran esos recursos y dónde radica su efectividad, no para recurrir contra una sentencia definitiva que notoriamente no se ha producido, sino *para dar cauce a las denuncias y reclamos concretos y específicos de la víctima en el presente caso*.

340. Por lo tanto, la representación del Estado se apartó palmariamente de la verdad cuando afirmó sin sonrojo, en su escrito ante la CIDH de 8 de febrero de 2010 (en respuesta a nuestras *Observaciones Adicionales al Informe de Admisión de la CIDH*), que *"(en) el primer escrito presentado por el Estado venezolano en fecha 25 de agosto de 2009, se explicaron detalladamente cuales (sic) son los recursos que faltan por agotar por parte de los peticionarios y que los mismos son efectivos para proteger al ciudadano Allan Brewer Carías de las presuntas violaciones de derechos humanos que el denuncia"* **(sic)**. **Esto no es cierto**. Ese escrito no contiene tal explicación detallada (ni no detallada), ni mucho menos alusión alguna a la efectividad de los supuestos recursos internos disponibles. Se trató de enmendar, falseando el contenido del escrito del 25 de agosto de 2009 y después de que al caso había sido admitido por la CIDH, lo que de conformidad con la normativa aplicable debió alegarse antes de la admisión, en la primera oportunidad, que fue la oportunidad fallida del escrito aludido de 25 de agosto de 2009[96].

---

96 El Estado pretendió ir más allá en sus escritos de Observaciones Adicionales al Informe de Admisibilidad de la CIDH, de 17 de noviembre de 2009, así como en su respuesta al Informe de Fondo emitido por la CIDH de conformidad con el artículo 50 de la Convención, pero no pasó de un mero enunciado de supuestos recursos (revocación, apelación, casación y revisión) y de la transcripción de los artículos correspondientes del Código Orgánico Procesal Penal, sin mención alguna a la adecuación y eficacia de esos supuestos recursos para proteger al profesor Brewer Carías contra las infracciones que hemos denunciado. Esas presentaciones, por lo demás, fueron manifiestamente extemporáneas, pues se formularon *después de haberse admitido el caso por la CIDH y no en la primera oportunidad para invocar la excepción en cuestión.*

341. En verdad, como lo hemos señalado ante la CIDH y ante esa honorable Corte, entre los hechos del presente caso está la presencia de las tres excepciones previstas en el artículo 46(2) de la Convención a la regla del previo agotamiento de los recursos de la jurisdicción interna. Todas nuestras presentaciones ante el Sistema Interamericano de Derechos Humanos han detallado y probado esas violaciones a los derechos humanos de la víctima y a las obligaciones internacionales del Estado. La representación de éste en ningún momento ha respondido a los hechos denunciados que comprueban la violación de la Convención y *a fortiori* la total inutilidad de los recursos internos para proteger efectivamente al profesor Brewer Carías. Por lo tanto, *la omisión del Estado en responder adecuadamente a esas denuncias implícitamente reconoce lo bien fundado de las mismas, toda vez que deben tenerse por admitidos los hechos que el Estado no ha controvertido en ninguna instancia interamericana, pues no lo hizo ante la CIDH ni tampoco ante esta honorable Corte*. En todo caso, la omisión en oponer de manera adecuada y oportuna la excepción de no agotamiento de los recursos internos implica, según los principios de Derecho internacional generalmente reconocidos y la reiterada jurisprudencia de la Corte, la renuncia tácita a ese medio de defensa y precluye la posibilidad de invocarla posteriormente, tal como ha sucedido en el presente caso y solicitamos sea declarado por esa honorable Corte.

342. A todo evento, si por cualquier razón esa honorable Corte concluyera que no operó la renuncia tácita a la excepción de agotamiento de los recursos internos ante la CIDH, de todos modos dicha excepción debe ser desechada por haber sido formulada sin atenerse a las reglas relativas a la distribución de la carga de la prueba, particularmente con relación a lo que corresponde establecer y probar el Estado que invoca dicha excepción. *El Estado no indicó nunca, ni menos aún probó*, por qué serían adecuados y efectivos los supuestos recursos internos que, según el *Escrito de Contestación* y lo expuesto por el representante del Estado en su alegato final en la audiencia del 4 de septiembre de 2013, el profesor Brewer Carías debió agotar antes de acudir a la protección internacional. Esa omisión es suficiente para que la Corte desestime la defensa basada en el agotamiento de unos recursos cuya idoneidad y eficiencia no ha sido establecida por el Estado.

343. El Estado, en su *Escrito de Contestación* de 12 de noviembre de 2012, cuyo contenido leyó de nuevo el representante del Estado en la Audiencia del 4 de septiembre de 2013, formuló un enunciado confuso de presuntos recursos, algunos de los cuales no son tales, sino garantías o incidentes procesales[97], para luego pasar a señalar como supuestos recursos a ser agota-

---

97 El Estado se refirió, textualmente a *"la inmediación, publicidad, concentración, continuidad, oralidad, declarar todas las veces que considere oportuno, no declarar si así lo considera, tal como lo establece el artículo 349 de la Norma Adjetiva Penal, presentar nuevas pruebas, interrogar a los testigos, expertos, peritos, siendo éste y no otro el momento procesal para hacerlo y no como señalaban los representantes de la supuesta víctima en su escrito de fecha 24 de enero de 2007, en el cual confunden las etapas del proceso penal venezolano"* (p. 51). Este estoraque en modo alguno

dos, la revocación, la apelación, la casación y la revisión, todos los cuales requieren de un auto, una sentencia o una decisión judicial para poder ser ejercidos, limitándose a transcribir los artículos del Código Orgánico Procesal Penal donde se regulan esos institutos. El Estado omitió toda indicación sobre cómo y por qué esos recursos podrían ser adecuados y efectivos para proteger al profesor Brewer Carías de las violaciones a los derechos humanos en un proceso en curso, en el cual luego de presentada la acusación, nunca se dictó la decisión judicial pendiente sobre la nulidad absoluta o amparo constitucional penal que había sido solicitada respecto de todas las actuaciones fiscales por violación de los derechos y garantías constitucionales del acusado, y que se caracterizó por la ruptura masiva, consecutiva y sistemática de las garantías procesales que se le deben según la Convención Americana sobre Derechos Humanos. Esa omisión desconoce las reglas interamericanas y de Derecho internacional relativas a la carga de la prueba relativa a la excepción de no agotamiento de los recursos internos. Como medio de defensa que es del Estado demandado, éste tenía la carga de la prueba *de los recursos internos que deben agotarse y de su efectividad"*.

344. Los recursos a agotar eran aquellos que eran idóneos para subsanar esas irregularidades y para restablecer los derechos conculcados en el procedimiento seguido en contra del profesor Brewer, anulando los actos viciados y retrotrayendo el procedimiento a la fase de investigación. Como ya lo hemos dicho y probado, esos recursos fueron todos intentados infructuosamente por la víctima. Correspondía al Estado contradecir y desmentir ese hecho, *cosa que no hizo ni podía hacer*. Alternativamente, podría haber señalado qué recursos idóneos, es decir, *adecuados y eficaces*, podría haber intentado adicionalmente el profesor Brewer Carías, cosa que *tampoco hizo*. Esa condición no se satisface con un mero enunciado del Derecho interno venezolano sobre el proceso penal ordinario. Por lo tanto, habiendo fallado el Estado en la formulación de la señalada excepción, ella carece de sustento y debe ser desestimada.

345. Lo que el Estado no puede hacer es aspirar a que esta honorable Corte supla al Estado y determine, analizando un enunciado general, confuso y vago, si en el mismo hay recursos idóneos no intentados por la víctima, asumiendo como suya una carga que le corresponde al Estado y comportándose como abogado defensor de éste. Es decir, el Estado pretende subsanar su propia torpeza al no atender a una carga que pesa sobre él, limitándose a reproducir disposiciones de su Derecho interno, con la esperanza de que este Tribunal adivine cuáles eran los recursos disponibles, y cuál de esos recursos era el idóneo en este caso particular. Esa es una pretensión inadmisible que

---

indica cómo semejante enunciado podría proteger a la víctima de la inexistencia de jueces imparciales en el proceso en su contra, por ejemplo, ni contra ninguna de las violaciones que hemos denunciado ante el Sistema Interamericano de Derechos Humanos.

debería bastar, por sí sola, para desestimar la excepción basada el supuesto no agotamiento de unos recursos internos que no se han identificado.

346. Adicionalmente, debemos subrayar que todos los presuntos recursos enunciados forman parte del proceso penal, que es precisamente la fuente de las violaciones a los derechos humanos del profesor Brewer Carías. La pretensión del Estado de que la protección de sus derechos está condicionada a su comparecencia a la audiencia preliminar y al referido proceso, aparte de que no se compadece con el ordenamiento "garantista" del COPP, supone condicionar la protección que se le debe, a someterse a las violaciones por las que busca protección judicial ante esta honorable Corte. El Estado pretende que el precio que debe pagar el profesor Brewer Carías para obtener la protección que le debe esta honorable Corte, sea el de someterse al proceso viciado donde ya se han violado masiva y sistemáticamente sus derechos al debido proceso y al acceso a la justicia. Esas violaciones que hemos denunciado han corrompido el proceso como un todo y lo caracterizan por su falta de idoneidad para garantizar a la víctima el efectivo goce de sus derechos. No se trata de recursos adecuados ni de recursos a los que, en la práctica, el profesor Brewer Carías pudiera tener acceso; porque lo que en la realidad, el vehículo para la violación de sus derechos, no puede pretenderse que al mismo tiempo sea el vehículo para garantizarlos. Imponer al profesor Brewer Carías que se someta al proceso penal en Venezuela que está paralizado por un hecho imputable al juez de la causa, que no ha decidido la solicitud de nulidad absoluta de lo actuado que debía resolver en un lapso de tres días (que es un amparo constitucional en el proceso penal), y que en ocho años no lo ha hecho, significaría confiar sus derechos a sus verdugos y entregarlo en sus manos, coronando así la violación de su derecho a un juicio justo y de todos los demás cuya lesión hemos denunciado ante el Sistema Interamericano de Derechos Humanos. En todo caso, *__un recurso que esté condicionado a que la víctima pierda su libertad personal y agrave dramáticamente su situación, no puede considerarse un recurso efectivo según del Derecho internacional de los derechos humanos.__*

347. Las anteriores consideraciones ponen en evidencia, *__en conclusión__* que la excepción de no agotamiento de los recursos internos debe ser desestimada *in limine* por esa honorable Corte, por no haber sido opuesta de manera oportuna y porque, incluso, su invocación extemporánea no cumplió con el requisito inexcusable de indicar el Estado cuáles eran los recursos que la víctima no agotó y por qué esos recursos serían adecuados y eficientes para la defensa de las violaciones denunciadas ante la Comisión y ante la Corte.

348. Por tanto pedimos a esa honorable Corte que desestime la excepción de no agotamiento de los recursos internos, por dos razones adicionales al hecho de que efectivamente el profesor Brewer Carías ejerció infructuosamente todos los recursos idóneos disponibles (*__Supra__* ¶¶ *326*). En primer lugar, por haber sido planteada dicha excepción de modo extemporáneo; y, en segundo lugar, por no haber indicado el Estado cuáles serían los recursos internos que el profesor Brewer Carías debió agotar, y cuál su idoneidad y efectividad para protegerlo contra los actos del Estado que han conculcado su derecho al debido proceso, su derecho a la defensa, su derecho a la presunción de inocencia, su derecho a la protección judicial, su derecho a la libertad de expresión, su derecho a la honra, y su derecho a la igualdad y a la no discriminación.

349. Adicionalmente, reiteramos que, a todo evento, al presente caso resultan aplicables todas las excepciones que la Convención y los principios de Derecho internacional generalmente reconocidos establecen para la regla del previo agotamiento de los recursos internos.

III. TODAS LAS EXCEPCIONES A LA REGLA DEL PREVIO AGOTAMIENTO DE LOS RECURSOS INTERNOS SE APLICAN AL PRESENTE CASO

350. Las anteriores conclusiones bastan para que esa honorable Corte desestime sin más la excepción preliminar de no agotamiento de los recursos de la jurisdicción interna, lo que solicitamos así sea decidido expresamente. Sin embargo, *gratia arguendi* y para el supuesto negado en el que la Corte fuera de otro criterio, ratificamos y damos por reproducidos los argumentos que presentamos en todo el procedimiento ante la CIDH, así como las contenidas en nuestro *Escrito de Solicitudes, Argumentos y Pruebas* y en las *Observaciones a la Excepción Preliminar* opuesta por el Estado ante esta Corte.

351. La regla del previo agotamiento de los recursos internos no es aplicable al presente caso, por no existir el debido proceso legal, por no tener el profesor Brewer Carías acceso real a un recurso efectivo, y por la demora injustificada de resolver la nulidad solicitada. El profesor Brewer Carías no sólo ha sido condenado de antemano, sino que se ve impedido de utilizar los recursos que normalmente deberían proveer a su defensa dentro del proceso penal, los cuales son arbitrariamente desconocidos por el Ministerio Público y el sistema judicial, por la paralización del proceso por obra exclusiva de la inacción del juez de la causa en resolver la solicitud de nulidad de las actuaciones fiscales, como estaba obligado a hacerlo en el lapso perentorio de tres días. Como lo ha dicho la Corte Interamericana, en semejante situación "acudir a esos recursos se convierte en una formalidad que carece de sentido. Las excepciones del artículo 46.2 serían plenamente aplicables en estas situaciones y eximirían de la necesidad de agotar recursos internos que, en la práctica, no pueden alcanzar su objeto".[98]

352. Invocamos asimismo el reconocido principio de la jurisprudencia interamericana y del Derecho internacional general según el cual no hay que agotar recursos ineficaces. En ese contexto, la Corte ha interpretado que:

---

98 Corte IDH, *Caso Velázquez Rodríguez. Fondo*; *cit.*, ¶ 68; Corte IDH, *Caso Godínez Cruz. Fondo*; *cit.*, ¶ 71.

"... para que tal recurso exista, no basta con que esté previsto por la Constitución o la ley o con que sea formalmente admisible, sino que se requiere que sea realmente idóneo para establecer si se ha incurrido en una violación a los derechos humanos y proveer lo necesario para remediarla. No pueden considerarse efectivos aquellos recursos que, por las condiciones generales del país o incluso por las circunstancias particulares de un caso dado, resulten ilusorios. Ello puede ocurrir, por ejemplo, cuando su inutilidad haya quedado demostrada por la práctica, porque el Poder Judicial carezca de la independencia necesaria para decidir con imparcialidad o porque falten los medios para ejecutar sus decisiones; por cualquier otra situación que configure un cuadro de denegación de justicia, como sucede cuando se incurre en retardo injustificado en la decisión; o, por cualquier causa, no se permita al presunto lesionado el acceso al recurso judicial."[99] (Énfasis añadidos).*

353. Por su parte, también Comisión Interamericana ha dicho que la víctima no dispone de recursos internos en un cuadro de *"inoperancia del sistema judicial para resolver su situación"*[100], lo cual ocurre, entre otras situaciones, cuando está establecida su corrupción o su *"falta de independencia"*.[101] Ya nos hemos referido en nuestro *Escrito de Solicitudes, Argumentos y Pruebas* a las consecuencias adversas a la independencia judicial de que la mayoría de los jueces y juezas de Venezuela tenga un estatus provisorio o temporal, inclusive todos los jueces que han conocido del caso concreto del profesor Brewer Carías (*EASAP* ¶¶ 129 y ss.; 306 y ss.).

354. En el presente caso concurren todas las circunstancias descritas en la citada jurisprudencia de la Corte. Las *"condiciones generales del país"* revelan la existencia de un Sistema Judicial y de un Ministerio Público carentes ambos de independencia y sujetos a la voluntad política del régimen del Presidente Chávez. No tienen, pues, ni por asomo, *"la independencia necesaria*

---

99   Corte IDH: *Garantías judiciales en estados de emergencia* (arts. 27.2, 25 y 8 Convención Americana sobre Derechos Humanos). Opinión Consultiva OC-9/87 del 6 de octubre de 1987. Serie A N°9; ¶ 24. Igualmente, Corte IDH, *Caso Bámaca Velásquez Vs. Guatemala*. Fondo. Sentencia de 25 de noviembre de 2000. Serie C N° 70; ¶ 191; Corte IDH, *Caso Tribunal Constitucional Vs. Perú. Fondo, Reparaciones y Costas.* Sentencia de 31 de enero de 2001. Serie C N° 71, ¶ 90; Corte IDH, *Caso Bayarri Vs. Argentina.* Excepción Preliminar, Fondo, Reparaciones y Costas. Sentencia de 30 de octubre de 2008. Serie C N° 187, ¶ 102; Corte IDH, *Caso Reverón Trujillo Vs. Venezuela.* Excepción Preliminar, Fondo, Reparaciones y Costas. Sentencia de 30 de junio de 2009. Serie C N° 198, ¶ 61; Corte IDH, *Caso Usón Ramírez Vs. Venezuela.* Excepción Preliminar, Fondo, Reparaciones y Costas. Sentencia de 20 de noviembre de 2009. Serie C N° 207, ¶ 129; Corte IDH. *Caso Abrill Alosilla y otros Vs. Perú.* Fondo Reparaciones y Costas. Sentencia de 4 de Marzo de 2011. Serie C N° 223, ¶ 75.

100 CIDH: Caso *Elvis Gustavo Lovato Rivera.* Informe N° 5/94. Informe Anual de la Comisión Interamericana de Derechos Humanos 1993; *Consideración N° 5,* párrs. f y h; pp. 187 y ss.

101 *Ibíd.*

para decidir con imparcialidad". Asimismo, *"las circunstancias particula-res"* del presente caso muestran que los recursos internos, por inútiles e inefectivos *"resultan ilusorios"*, entre otras razones, porque la actuación arbitraria y hostil del Ministerio Público y de los jueces provisorios que han conocido de la causa criminal contra el profesor Brewer Carías configuran *"un cuadro de denegación de justicia"*. Todo ello comporta que el sistema judicial venezolano actual es *inoperante* para *resolver la situación* de las graves violaciones al debido proceso de las que es víctima el profesor Brewer Carías, puesto que es el sistema judicial mismo, con los vicios de que padece, la fuente de las violaciones de los derechos humanos a las que se refiere el presente caso.

355. Y esta fue precisamente, la conclusión a la cual llegó la Comisión Interamericana de Derechos Humanos en este caso, expresada en las Observaciones Finales formuladas por el Comisionado y Relator de la CIDH para Venezuela, profesor Felipe González en la audiencia del día 4 de septiembre de 2013 ante esta Corte, al señalar:

"un cúmulo de información disponible actualmente que indica deficiencias estructurales en el debido proceso y su afectación a este caso, a este respecto en caso de que la honorable Corte decida analizar la excepción de falta de agotamiento de recursos internos a la luz de la información disponible a la fecha, la Comisión subraya que tras haber conocido el fondo del asunto se encuentra firmemente posesionada para señalar la ausencia de garantías mínimas al debido proceso en el caso seguido al Sr. Brewer Carías.

Son tres los principios fundamentales en que los descasan todas las reglas al debido proceso, la independencia e imparcialidad, la oportunidad de ejercer la defensa y la presunción de inocencia. Como explicará la Comisión más adelante ninguno de estos tres principios se encuentran presentes, ni aun prima facie, en el proceso que la Corte esta llamada a conocer. Esta situación por si misma exime al Sr. Brewer Carías de esperar la culminación del proceso penal interno para acceder a los órganos del sistema interamericano, especialmente cuando a intentado alegar las falencias al debido proceso a través de todos los recursos disponibles en las diferentes etapas a las que se ha llegado hasta ahora en la investigación penal en Venezuela.

Para concluir con este aspecto la Comisión destaca que a lo largo del trámite interamericano el Estado de Venezuela no ha logrado satisfacer la carga argumentativa y probatoria que le corresponde según la jurisprudencia reiterada de esta Corte y el Reglamento de la Comisión. El Estado ha mencionado en abstracto las etapas procesales y los respectivos recursos regulados en el Código Procesal Penal. Esto sería relevante si los alegatos de los representantes se limitaran a la inexistencia de recursos, sin embargo el problema planteado tiene un carácter estructural que obedece a una situación de hecho del poder judicial que va mucho mas allá de la regulación abstracta del proceso penal. Al día de hoy el Estado no ha aportado argumento tendiente a desvirtuar los elementos estructurarles de esta situación de hecho que ha estado vigente desde el inicio del proceso penal que continua hasta la fecha y que ha tenido implicancias muy específicas en la persecución penal del Sr. Brewer Carías.

La Comisión concluye entonces de este respecto que: primero, las determinaciones del Informe de admisibilidad se basaron en la información disponible en dicha etapa y bajo un estándar de apreciación prima facie, y segundo, que la información disponible a la fecha actual, confirma que las deficiencias estructurales del poder judicial venezolano no han sido efectuadas por el Estado y que las mismas han tenido claras implicaciones en el proceso penal del Sr. Brewer Carías, así la aplicación de las excepciones al agotamiento de los recursos internos se encuentra aun mas justificada.” (Nuestra transcripción de la audiencia; énfasis añadidos).[102]

---

102 En esta apreciación, coincide, por ejemplo, la Dra. **Amira Esquivel**, ex Directora de la Oficina de Derechos Humanos de la Cancillería de Chile en el *Amicus curiae* que ha presentado ante esta honorable Corte en fecha 19 de agosto de 2013, en el cual indica:

"5.2- En el caso en análisis, los representantes del Profesor Brewer han alegado que los fiscales y jueces que han actuado en su imputación y acusación, son funcionarios **"provisorios"** y que han sido sustituidos toda vez que sus decisiones no fueron del agrado de los perseguidores.

Al respecto, denuncian que la investigación del proceso en el cual está incluida la causa contra el Profesor Allan Brewer Carías estuvo en primer término a cargo del fiscal **"provisorio" José Benigno Rojas**, quien no formuló imputaciones. Ante este Fiscal, con fecha 9 de julio 2002, el testigo don Jorge Olavarría presentó un escrito de testimonio señalando que Brewer Carías no redactó el "Decreto Carmona". Un mes y días después el Fiscal Benigno fue sustituido por el fiscal **"provisorio" Danilo Anderson** quien tampoco formuló imputaciones y quien fue asesinado, crimen cuyos autores intelectuales aún no se conocen. El Fiscal Anderson fue reemplazado por la también fiscal **"provisoria" Luisa Ortega Díaz**, hoy Fiscal General de la República.

En cuanto al órgano jurisdiccional, originariamente el caso le fue asignado a **Josefina Gómez Sosa**, Jueza **"temporal"** Vigésimo Quinta de Control, la que fue sustituida por el Juez de control **Manuel Bognano**, también **"temporal"**, el cual fue suspendido el 29 de junio de 2005 por haber oficiado al Fiscal Superior informando irregularidades en la investigación conducida por la Fiscal que tenía el caso en esa época **Luisa Ortega Díaz**. Asimismo fueron destituidos **dos miembros de la Corte de Apelaciones que votaron a favor de la decisión apelada respecto a la revocatoria de las órdenes de prohibición de salida del país.** Lo que se resalta por los abogados defensores es la coincidencia de las destituciones citadas con las resoluciones favorables a los imputados.

5.3.- **Los hechos relatados se encuentran probados en el** *caso "Brewer Carias vs Venezuela"*, **según da cuenta el informe de fondo de la Comisión y demues-**

1. **Primera excepción: que no exista en la legislación interna del Estado de que se trata el debido proceso legal para la protección del derecho o derechos que se alega han sido violados. CADH, Art. 46(2)(a).**

356. El ordenamiento constitucional y legal venezolano proclama, como cuestión de principio, el debido proceso con todas sus garantías. Esta proclamación teórica es desvirtuada por la realidad, incluidas ciertas normas contrarias a la Constitución y a la Convención, las cuales son efectivamente aplicadas, y que anonadan el debido proceso.

357. En el presente caso, se han violado todas las garantías judiciales de que goza una persona acusada de un delito. En un país en donde los fiscales y los jueces son provisorios, y en donde aquellos que deciden en forma independiente e imparcial son destituidos, por no acatar directrices superiores, la víctima en este caso no podía esperar un juicio equitativo. La víctima en este caso no ha gozado de un debido proceso, sino que ha sido sometida a una farsa que tiene la mera apariencia de un proceso, pero en la que no tiene ninguna posibilidad de defenderse. No contó con las facilidades necesarias para revisar el expediente, sus abogados no pudieron contrainterrogar a los testigos de cargo, y no se les permitió presentar testigos de descargo. No hay ningún motivo para creer que, en una fase posterior del procedimiento penal seguido en su contra, las mismas razones esgrimidas por el Ministerio Público con la anuencia omisiva del Juez de Control para negarle el derecho a presentar pruebas que consideró irrelevantes vayan a ser sustituidas por un criterio diferente.

358. En ese cuadro general destaca especialmente la persistente vigencia de una normativa interna que priva de toda garantía de estabilidad a los jueces llamados provisorios o temporales, que suman no menos de los dos tercios del total de jueces venezolanos. Este es un hecho que ha quedado plenamente comprobado en el presente caso y que, por lo demás, ha sido ya verificado en varios casos anteriores relativos a Venezuela conocidos por esa honorable Corte.

359. En el presente caso, el Estado a reconocido este hecho y su magnitud. En el *Escrito de Contestación*, el Estado ha reconocido que de 1949 jueces, en venezuela existen: 1028 provisorios; 57 especiales; 191 temporales; 673 titulares (p. 191). En palabras del propio Estado, esto significaría que *"(l)a cantidad de Jueces y Juezas titulares corresponde al 31%[103] por ciento*

---

tran la violación flagrante de la garantía de independencia e imparcialidad del tribunal contenida en el art.8.1 de la Convención Americana de Derechos Humanos, hechos no fueron desvirtuados por el estado venezolano." (Énfasis agregados).

103 En realidad el porcentaje es más bien el 34.53%, pero ese error aritmético en nada cambia el resultante volumen desproporcionado e irrazonable de jueces y juezas sometidos a un régimen de libre remoción.

del universo de jueces y juezas en Venezuela" (ESCRITO DE CONTESTACIÓN DEL ESTADO, p. 192). Es decir, ese es el porcentaje de los jueces venezolanos que goza de estabilidad, mientras que los demás pueden ser libremente removidos. El perito Octavio Sisco Ricciardi, promovido por el Estado, afirmó en la audiencia que aproximadamente las dos terceras partes de los jueces venezolanos son provisorios o temporales y que, por ende, carecen de titularidad y de estabilidad (***Supra ¶¶ 47 ss.***). ***Pedimos expresamente a esa honorable Corte que tenga por probados esos hechos.***

360. La independencia judicial requiere de un estatuto profesional que garantice al Juez que podrá ejercer sus funciones y adoptar sus decisiones *"con imparcialidad, basándose en los hechos y en consonancia con el derecho, sin restricción alguna y sin influencias, alicientes, presiones, amenazas o intromisiones indebidas, sean directas o indirectas, de cualesquiera sectores o por cualquier motivo"*, tal como lo proclaman los Principios Básicos sobre la Independencia de la Judicatura de las Naciones Unidas (Principio 2). Una condición para esa independencia es la garantía de *"la inamovilidad de los jueces, tanto de los nombrados mediante decisión administrativa como de los elegidos"* (Principio 12). El artículo 255 de la Constitución venezolana recoge estos principios, pues dispone que el ingreso a la carrera judicial se hará mediante *"concursos de oposición públicos"* y que *"Los jueces o juezas sólo podrán ser removidos o removidas o suspendidos o suspendidas de sus cargos mediante los procedimientos expresamente previstos en la ley"*.

361. Sin embargo, el régimen transitorio aplicado para la entrada en vigencia de la Constitución de 1999 ha dado al traste con esos principios. Como puede verse en el dictamen del perito y profesor **Antonio Canova** (pp. 8-14), la misma Asamblea Nacional Constituyente dispuso la cesación en sus cargos de los antiguos magistrado de la Corte Suprema de Justicia y designó libre y discrecionalmente, sin atenerse a los requisitos personales y al procedimiento previstos en la Constitución recién sancionada, a la totalidad de los magistrados y magistradas del nuevo Tribunal Supremo de Justicia. Este vicio original condujo a la partidización del más alto tribunal del país que, como se ve claramente en dicho dictamen del profesor Canova, persiste en el presente. Esa característica se contagia al resto del sistema judicial, pues el nombramiento de los jueces depende del Tribunal Supremo de Justicia y, como resultado de la Declaración de Reorganización del Poder Judicial, la inmensa mayoría de los jueces pasaron a estar sometidos a un régimen de libre designación y remoción.

362. En Venezuela se ha declarado la reorganización judicial, que dura desde 1999 y que ha puesto de lado el régimen constitucional de la carrera judicial. La Comisión Judicial del Tribunal Supremo de Justicia, actuando por delegación de éste, ha nombrado y removido libremente centenares de jueces[104] Son muy pocos los concursos de oposición públicos y la inmensa ma-

---

104 La competencia para estas decisiones de la Comisión Judicial es formalmente dudosa. Sin embargo, esas atribuciones han sido bendecidas como legítimas por el propio

yoría de los jueces ostentan nombramientos provisorios o temporales, lo que supone que son de la libre designación y remoción por parte de la Comisión Judicial del Tribunal Supremo de Justicia. Sólo en el año 2013, por esta vía se han designado 835 jueces, entre provisorios, accidentales y temporales, todos ellos sujetos a un régimen de libre remoción, según se evidencia del dictamen del perito **Canova** (p. 19) y puede verse en la página web del Tribunal Supremo de Justicia (http://goo.gl/Q7GtFC).

363.   El Estado, en su *Escrito de Contestación*, y en las intervenciones de sus representantes, testigos y peritos ante esta Corte, no solamente no ha desmentido los hechos sobre los que fundamos, a la luz de la jurisprudencia interamericana, la falta de independencia del Sistema Judicial y el Ministerio Público de Venezuela, sino que, por el contrario, los ha confirmado. La representación del Estado ha formulado un largo alegato sobre la independencia del Sistema Judicial venezolano, trascribiendo largamente diversas disposiciones de Derecho interno (pp. 120 a 139; 148 a 191), sin aportar, sin embargo, ningún hecho que muestre su aplicación en la práctica. Lo mismo puede decirse del régimen de concursos para el ingreso a la carrera judicial, dispuesto por la Constitución, con respecto al cual se hace una prolija descripción de requisitos y pruebas que deben aprobar los aspirantes (pp. 140 a 148), pero en nada se informa cuántos de los jueces titulares han ingresado por concurso, ni la fecha de su celebración, y se omite además *el hecho de que en realidad dichos concursos hasta el presente nunca se desarrollaron sistemáticamente en el país (Supra ¶ 50)*.

364.   Hemos abundado sobre este régimen en nuestro *Escrito de Solicitudes, Argumentos y Pruebas* (¶¶ 41 ss.) y nos referimos también al mismo en nuestra denuncia a la violación del derecho a un juez independiente e imparcial en perjuicio del profesor Brewer Carías (*Supra ¶¶ 60 ss.*). Ahora sólo recordamos que la jurisprudencia del Tribunal Supremo de Justicia se ha encargado de determinar que "*Los jueces y juezas provisorios [...] ocupan cargos judiciales, pero no ostentan la condición de jueces de carrera [...] los jueces y juezas provisorios se designan de manera discrecional [...] los jueces y juezas provisorios son susceptibles de ser separados del cargo de la misma manera como fueron designados: discrecionalmente.*"[105] (Énfasis y subrayado agregados).

365.   Ese era (y sigue siendo) el régimen jurídico vigente durante todo el proceso penal contra el profesor Brewer Carías. Se trata, en el sentido del artículo 46(2)(a) de la Convención, de "*la legislación interna del Estado*" referente a un aspecto nuclear de la independencia judicial. El Estado, por lo demás, así lo ha reconocido en su *Escrito de Contestación*, donde citan jurisprudencia de la Sala Constitucional y la Sala Político Administrativa del Tri-

---

Tribunal Supremo de Justicia, como se evidencia, por ejemplo, de la sentencia de su Sala Político Administrativa N° 01140, de 11 de noviembre de 2010 (*José Atilano Campos Carvajal*), citada en el dictamen del perito Antonio Canova (pp. 18.19).

105   TSJ/SC, Sentencia N° 2414 de 20 de diciembre de 2007 **(Anexo 67)**, p. 26.

bunal Supremo de Justicia (pp. 158-160), que complementa y confirma la que hemos citado y de la que concluyen, que *"(l)a ausencia de garantía de estabilidad y permanencia de los jueces y juezas provisorios, se encuentra plena y legítimamente justificada"*. *(Escrito de Contestación del Estado, p. 160, negritas y subrayado del original)*. *Pedimos expresamente a esa honorable Corte que tenga por probados esos hechos, relativos al Derecho interno venezolano sobre la materia.*

366.   La promulgación del Código de Ética del Juez Venezolano (*Gaceta Oficial* N° 39.236 de 06-08-2010 y su reforma parcial, publicada en *Gaceta Oficial* N° 39.943 de 23-08-2010) pareció introducir ciertos correctivos a dicho régimen. Sin embargo, la competencia disciplinaria judicial fue confiada a un Tribunal Disciplinario y a una Corte Disciplinaria Judiciales integrados por funcionarios elegidos libremente por la Asamblea Nacional y no por jueces profesionales (*Supra ¶¶ 44 ss.*). El resultado concreto, según quedó probado en la audiencia con la declaración del perito Sisco Ricciardi, promovido por el Estado, fue que dos de los tres miembros del Tribunal Disciplinario y el presidente de la Corte Disciplinaria habían sido, inmediatamente antes de su designación, diputados del partido de gobierno (Partido Socialista Unido de Venezuela o PSUV), que habían participado en el debate y sanción del Código de Ética. Dejar en manos de dirigentes políticos la función disciplinaria judicial es una verdadera aberración y un atentado permanente contra la independencia judicial. *Pedimos expresamente a esa honorable Corte que tenga por probados esos hechos.*

367.   Adicionalmente, según lo ha admitido el perito Sisco Ricciardi, al frente de la Dirección Ejecutiva de la Magistratura se ha nombrado al Ingeniero Argenis Chávez Frías, hermano del finado Presidente Hugo Chávez Frías, considerado como el "Jefe Supremo y Eterno de la Revolución Bolivariana". Salvo esa relación de parentesco (y las consecuencias políticas que ella entraña) nada explica la designación para ese cargo, que es la cabeza administrativa del poder Judicial, de un ingeniero, quien como tal carece enteramente de experiencia judicial y de títulos académicos y profesionales para desempañar semejante función (*Infra ¶¶ 461*). *También pedimos a la Corte que tenga por probado este hecho*, que se suma a todos los demás signos externos de amedrentamiento y presión político partidista sobre los jueces y juezas de Venezuela.

368.   Por lo demás, según sentencia N° 516 del 7 de mayo de 2013[106] (*Infra ¶¶ 453 ss.*), la Sala Constitucional del Tribunal Supremo de Justicia, decidió una medida cautelar mediante la cual,

> *"SUSPENDE de oficio, como medida cautelar innominada y hasta tanto se dicte sentencia definitiva en la presente causa, la referencia que hace el artículo 2 del Código de Ética del Juez Venezolano y la Jueza*

---

106   Caso: *Nancy Castro de Várvaro*. Exp. 09-1038. Véase en http://www.tsj.gov.ve/decisiones/scon/Mayo/516-7513-2013-09-1038.html (**Anexo 140**).

Venezolana a los jueces y juezas temporales, ocasionales, accidentales o provisorios y que permite la extensión a esta categoría de jueces y juezas del procedimiento disciplinario contemplado en los artículos 51 y siguientes del mencionado Código, por no tratarse de jueces o juezas que hayan ingresado a la carrera judicial, correspondiéndole a la Comisión Judicial la competencia para sancionarlos y excluirlos de la función jurisdiccional." (Subrayados añadidos, negrita del original).

369. Esto significa que, actuando de oficio, la Sala Constitucional suspendió por tiempo indefinido la vigencia de los *efectos de las normas de la Ley del Código de Ética del Juez de 2010, mediante las cuales se había extendido a los jueces provisorios cierto grado de estabilidad.* Con esa decisión, los jueces temporales y provisorios quedaron reinsertados en el régimen de libre designación y remoción a cargo de la Comisión Judicial del Tribunal Supremo de Justicia, que es el régimen legal vigente desde 1999 hasta la presente fecha.

370. La Corte Interamericana ya ha tenido la ocasión de formarse un juicio sobre la situación de falta de independencia del Sistema Judicial venezolano, en el examen de varios casos venezolanos que se han sometido a su jurisdicción, referidos a hechos que ocurrieron en la misma época y bajo parecidas circunstancias a las que han acompañado a la parodia judicial escenificada contra el profesor Brewer Carías. Un hecho que ha subrayado la Corte ha sido el régimen de libre remoción de los Jueces, que mina la independencia judicial. En sentencia del año 2009, cuyos hechos abarcan la totalidad del tiempo durante el cual se han venido configurando que los hechos lesivos contra los derechos humanos del profesor Brewer Carías, la Corte verificó que

"...desde agosto de 1999 hasta la actualidad, los jueces provisorios no tienen estabilidad en el cargo, son nombrados discrecionalmente y pueden ser removidos sin sujeción a ningún procedimiento preestablecido. Asimismo, en la época de los hechos del presente caso, el porcentaje de jueces provisorios en el país alcanzaba aproximadamente el 80%. En los años 2005 y 2006 se llevó a cabo un programa por medio del cual los mismos jueces provisorios nombrados discrecionalmente lograron su titularización. La cifra de jueces provisorios se redujo a aproximadamente 44% a finales del año 2008."[107] (Énfasis agregado).

371. Un año más tarde, la Corte confirmó sus conclusiones: En una sentencia de 2010, la Corte confirmó sus conclusiones:

"... en el 2010 el Poder Judicial tenía un porcentaje de jueces provisorios y temporales de aproximadamente el 56%, conforme a lo señala-

---

107 Corte IDH, *Caso Reverón Trujillo vs. Venezuela*. Sentencia de 30 de junio de 2009. Serie C N° 198. ¶ 106.

do en el discurso de la Presidenta del TSJ, porcentaje que en la época de los hechos del presente caso alcanzó el 80% (...). Esto, además de generar obstáculos a la independencia judicial (...), resulta particularmente relevante por el hecho de que Venezuela no ofrece a dichos jueces la garantía de inamovilidad que exige el principio de independencia judicial." [108]

372. En su detenido análisis sobre la provisionalidad judicial en Venezuela, en los casos *Apitz Barbera, Reverón Trujillo y Chocrón Chocrón*, la Corte destacó que los nombramientos provisionales, en virtud de la extensión en el tiempo de la provisionalidad de los jueces y del *"hecho de que la mayoría de los jueces se encuentren en dicha situación, generan importantes obstáculos para la independencia judicial."* [109] Dicha obstaculización a la independencia judicial, agregó la Corte, *"resulta particularmente relevante por el hecho de que Venezuela no ofrece a dichos jueces la garantía de inamovilidad."* [110] Desde ese cuadro, la Corte extraído conclusiones que resultan plenamente aplicables al presente caso:

"... algunas de las normas y prácticas asociadas al proceso de reestructuración judicial que se viene implementando en Venezuela, por las consecuencias específicas que tuvo en el caso concreto, provoca una afectación muy alta a la independencia judicial. [111] *(Énfasis agregado).*

... la libre remoción de jueces fomenta la duda objetiva del observador sobre la posibilidad efectiva de aquellos de decidir controversias concretas sin temor a represalias." [112] *(Énfasis agregado).*

373. Algo similar ocurre con respecto a la independencia del Ministerio Público como resulta de la exposición de la representación del Estado. Luego de una minuciosa transcripción, en el *Escrito de Contestación* del Estado, de normas jurídicas y del programa de formación de fiscales (pp. 192 a 209), no se aporta nada concreto sobre cómo todo ello ha influido en la estabilidad de los fiscales del Ministerio Público. Por el contrario, sin contradecir lo que a este respecto denunciamos en nuestro *Escrito de Solicitudes, Argumentos y*

---

108 Corte IDH, *Caso Chocrón Chocrón Vs. Venezuela. Excepción Preliminar, Fondo, Reparaciones y Costas.* Sentencia de 1 de julio de 2011. Serie C N° 227, ¶110.

109 Corte IDH, *Caso Apitz Barbera y otros,* cit.; párr. 43; Corte IDH, *Caso Reverón Trujillo,* cit.; ¶ 118; Corte IDH, *Caso Chocrón Chocrón, cit.,* ¶ 107.

110 Corte IDH, *Caso Reverón Trujillo,* cit.; ¶ 121; Corte IDH, *Caso Chocrón Chocrón, cit.,* ¶ 110.

111 Corte IDH, *Caso Reverón Trujillo,* cit.; párr. 127.

112 Corte IDH, *Caso Apitz Barbera y Otros, cit.,* párr. 44. La Corte relacionó este *dictum* con los Principios 2, 3 y 4 de los *Principios Básicos de las Naciones Unidas, Unidas Relativos a la Independencia de la Judicatura.* La Corte repitió la misma formulación, nuevamente en un caso relativo a Venezuela, en Corte IDH, *Caso Reverón Trujillo, cit.,* ¶ 78; Corte IDH, *Caso Chocrón Chocrón, cit.,* ¶ 99.

Pruebas, y luego de admitir *"para subsanar la ausencia de Fiscales de Carrera y cumplir con las demandas de la población en cuanto al ejercicio de las atribuciones del Ministerio Público, el o la Fiscal General de la República solamente puede designar de forma provisoria o interina a dichos funcionarios"* (p. 193), la *Contestación del Estado* concluye que *"(d)urante los meses de octubre 2011 y marzo de 2012, se llevó a cabo el "Primer Concurso Público de Oposición Para el Ingreso a la Carrera Fiscal", **siendo designadas las dos primeras Fiscales de carrera del Ministerio Público,** a saber las Fiscales Trigésima Séptima (37) y Cuadragésima Segunda (42) del Ministerio Público de la Circunscripción Judicial del Área Metropolitana de Caracas"* (pp. 203 y 204, énfasis y subrayado añadidos) (***Supra ¶¶ 65 ss.***). Es decir, que la representación del Estado ***confesó ante esa honorable Corte que en Venezuela sólo existían ¡dos fiscales de carrera!*** Toda esta situación ha sido corroborada formalmente ante esta honorable Corte en el escrito presentado por la Dra. **Santa Palella Stracuzzi**, testigo presentada por el Estado contentivo de su declaración testimonial de fecha 26 de agosto de 2013, en el cual se confirma, en resumen lo siguiente: a. Que fue en la Ley del Ministerio Público de 2007 cuando se creó la carrera del funcionario del Ministerio Público y se estableció la necesidad de que para ser fiscal de carrera se debían aprobar concursos de credenciales y de oposición. b. Que sólo fue en 2008 cuando se creó la Escuela de Fiscales del Ministerio Público; c. Que hasta 2013 se han realizado seis (6) convocatorias a programas de selección para el ingreso a los programas de formación para ingresar a la carrera fiscal, lo cual sólo se puede realizar por concurso público. d. Que en 2011 se realizó el primer concurso público para el ingreso a la carrera fiscal, *habiendo ingresado dos fiscales de carrera*; e. Que en 2013 se realizó el segundo concurso e ingresaron *dos fiscales de carrera*. Esta realidad, por lo demás, también ha sido corroborado ante esta honorable Corte por el testigo **Néstor Castellanos**, en su declaración en la audiencia, al referir que sólo existen *cuatro fiscales de carrera*. La situación parece superar lo que denunciamos en nuestro *Escrito de Solicitudes, Argumentos y Pruebas* (¶¶ 298 y ss.), *y así pedimos que lo tenga por probado esa honorable Corte.*

374. La debilidad institucional intrínseca de la independencia del juez venezolano y de los fiscales del Ministerio Público se presta a que el sistema de justicia sea desvirtuado y utilizado por los factores de poder que tiene en sus manos la destitución discrecional de jueces y fiscales. Esa perversión ha estado presente en la arbitraria y enconada persecución contra el profesor Brewer Carías, un destacado intelectual venezolano, crítico severo del actual gobierno. La magnitud de la descomposición del Sistema Judicial Venezolano, por esas mismas razones, se ha puesto crudamente al descubierto con su reconocimiento público por uno de los cabecillas de la sombría maquinaria que recibía y transmitía "ordenes superiores" para criminalizar a ciudadanos mal vistos por el régimen.

375. Se trata de las declaraciones públicas del ex Magistrado del Tribunal Supremo de Justicia, **Eladio Aponte Aponte** (*Supra ¶¶ 71 ss*). El señor

Aponte es un general de un cuerpo de la Fuerza Armada venezolana conocido como Guardia Nacional Bolivariana, quien se desempeñó como Fiscal Militar y luego, durante varios años como Presidente de las Sala Penal del Tribunal Supremo de Justicia. El Magistrado general Aponte Aponte era una conspicua pieza del sistema de control judicial y de criminalización de la disidencia por parte del Gobierno venezolano. Dicho magistrado fue destituido por la Asamblea Nacional, tras lo cual se trasladó a los Estados Unidos, donde confesó públicamente con sorprendente desfachatez,[113] diversas facetas de su conducta como juez, las cuales además de ser en sí mismas repulsivas, revelan con extraordinaria crudeza la trágica situación del Poder Judicial en Venezuela, y la demolición, y más que eso, la pulverización del principio de la separación de poderes que se ha producido en el país bajo la vigencia de la Constitución de 1999, confesada por uno de sus artífices. Esas gravísimas y reveladoras declaraciones ponen al descubierto la profunda corrupción política del Sistema Judicial y la vulnerabilidad de los jueces a las presiones de las altas esferas del gobierno, bajo pena de destitución. Las hemos transcrito y comentado en nuestro *Escrito de Solicitudes, Argumentos y Pruebas* (**ver ¶¶ 88 ss.**) Sobre esas denuncias, el testigo-perito **Néstor Castellanos**, con veinte años de experiencia en el poder judicial, en su declaración ante esta Corte a una pregunta del profesor Pedro Nikken sobre el tema de la ausencia de independencia del Poder Judicial, se limitó a decir que era una cuestión "muy subjetiva," y que sólo podía referirse a su experiencia.

376. En todo caso, semejante marco institucional del deterioro del poder judicial basta para establecer la vulneración general al debido proceso. Como lo ha reiterado en numerosas ocasiones esa honorable Corte, *"uno de los objetivos principales que tiene la separación de los poderes públicos es la garantía de la independencia de los jueces"*,[114] lo que viene a subrayar una vez más el vínculo entre la independencia judicial y el Estado de Derecho. No se trata, sin embargo, de una mera separación de una rama del Poder Público, sino de alcanzar y proteger la plena independencia de la conciencia del juez para decidir su recta interpretación del derecho y conocimiento de lo alegado y probado ante su autoridad. En un caso relativo a la destitución de una jueza provisoria en Venezuela, esa honorable Corte ha recordado que *"(e)l principio de independencia judicial constituye uno de los pilares básicos de las garantías del debido proceso, motivo por el cual debe ser respetado en todas*

---

113 En una entrevista dada a la periodista Verioska Velasco para una emisora de televisión de Miami, USA (SoiTV). El texto de las declaraciones ha sido tomado de la transcripción hecha por la estación de SoiTV, publicada en *El Universal*, Caracas 18-4-2012, disponible en: http://www.eluniversal.com/nacional-y-politica/120418/historias-secretas-de-un-juez-en-venezuela. Copia de la transcripción está en el **Anexo 103**. Se puede obtener el video en http://www.youtube.com/watch?v=uYIbEEGZZ6s.

114 Corte IDH, *Caso del Tribunal Constitucional Vs. Perú*. Sentencia de 31 de enero de 2001. Serie C N° 71, ¶ 73; Corte IDH, *Caso Apitz Barbera y otros, cit.,* ¶ 55; Corte IDH, *Caso Reverón Trujillo, cit.,* ¶ 67; Corte IDH, *Caso Chocrón Chocrón, cit.,* ¶ 97.

las áreas del procedimiento y ante todas las instancias procesales en que se decide sobre los derechos de la persona".[115] (Énfasis añadido).

377. La jurisprudencia reiterada de la Corte ha sido clara sobre la función crucial que cumple la idoneidad del juez o tribunal para la existencia del debido proceso y, en general, del Estado de Derecho mismo. La independencia, ha afirmado categóricamente esa Corte, es *"esencial para el ejercicio de la función judicial"*.[116] La independencia es, en efecto, *esencial* para que un tribunal encargado de dirigir el proceso al que se refiere el artículo 8 de la Convención pueda ser tenido como tal, como *esenciales* son también su competencia y su imparcialidad. En realidad, el tribunal *competente, independiente e imparcial al que se alude el artículo 8, es el único tribunal concebible para hacer valer el debido proceso del artículo 8, el recurso judicial efectivo del artículo 25 de la Convención*, y toda instancia procesal en la que las garantías judiciales deben respetarse.

378. En una dirección similar, de nuevo en un caso relativo a Venezuela, la Corte llegó a la conclusión de que la falta de competencia e imparcialidad vulneran la esencia de un tribunal, al punto que los actos y decisiones que adopte quedan radicalmente privados de efectos jurídicos:

> *"...el Tribunal considera que al haber declarado ya que el señor Usón Ramírez fue juzgado y condenado por tribunales que carecen de competencia e imparcialidad para ello (ommissis), se está ante un procedimiento viciado desde su origen, lo cual implica que el señor Usón Ramírez no tuvo acceso a las garantías judiciales, por lo que el Tribunal considera innecesario referirse a las otras violaciones alegadas en relación con dichas garantías establecidas en el artículo 8.2 de la Convención"*.[117]

379. En nuestro *Escrito de Solicitudes, Argumentos y Pruebas* (**ver ¶¶** 234 y ss.; 287, 289, 301 304) hemos argumentado y aportado pruebas sobre la dependencia endémica del Sistema Judicial venezolano, particularmente a causa de su vulnerabilidad respecto de otras esferas de poder de donde depende su permanencia en el cargo. En el caso ante esta honorable Corte, hemos subrayado que **la totalidad** de los jueces y fiscales que han actuado en la causa contra el profesor Brewer Carías, **son provisorios**. El temor a las represalias contra ellos se origina, en primer lugar, en las numerosas manifestaciones de altos funcionarios del Estado, que incluyen las cabezas del Poder Judicial y del Ministerio Público, en las que afirman la culpabilidad del pro-

---

115   Corte IDH, *Caso Reverón Trujillo Vs. Venezuela, cit.,* ¶ 68.

116   Corte IDH, *Caso Herrera Ulloa Vs. Costa Rica.* Sentencia de 2 de julio de 2004. Serie C N° 107, ¶ 171; Corte IDH, *Caso Palamara Iribarne, cit.,* ¶ 145; Corte IDH, Caso Reverón Trujillo Vs. Venezuela, *supra* nota 12, ¶ 67; Corte IDH, *Caso Chocrón Chocrón, cit.,* ¶ 973.

117   *Usón C207/09,* ¶ 124. Esto tiene un antecedente similar en Corte IDH, *Cantoral Benavides Vs. Perú,* Fondo, 18-VIII-2000, Serie C 69, ¶ 115.

fesor Brewer Carías en los hechos que falazmente se le atribuyen. Hemos caracterizado esas manifestaciones como otras tantas violaciones a la presunción de inocencia y a la imparcialidad que deben observar esos funcionarios; sin embargo, es también evidente que ellas constituyen otros tantos mensajes para fiscales y jueces provisorios, que no podrán fallar de acuerdo a Derecho y con arreglo a su conciencia aquello que imaginen como desfavorable al gobierno, si es que desean continuar en sus cargos (*Véase, además, Infra ¶¶ 468 ss.*).

380. *No nos referimos a una especulación abstracta,* ni a la consideración sobre cómo un estado de cosas general (la provisionalidad de jueces y fiscales) pudo influir sobre la independencia de los funcionarios judiciales que han intervenido en el enjuiciamiento contra el profesor Brewer Carías. *Efectivamente se tomaron represalias contra jueces que adoptaron decisiones que podrían favorecer directa o indirectamente al profesor Brewer Carías o proveer a la mejor defensa de su causa (Supra ¶¶ 100 ss)*:

1) El proceso en el cual está incluida la causa contra el profesor Brewer Carías comenzó a ser conocido por la **jueza Josefina Gómez Sosa** (jueza **temporal** Vigésimo Quinta de Control), a quien le fue presentado, detenido, el Sr. Pedro Carmona Estanga. En el curso del proceso, a solicitud de la Fiscal provisoria Sexta, la jueza provisoria Gómez Sosa decretó la prohibición de salida del país de varios ciudadanos investigados por su presunta participación en los hechos investigados. Estos ciudadanos apelaron de esa medida y la Sala 10 de la Corte de Apelaciones en fecha 31 de enero de 2005 la revocó por considerar que no había sido suficientemente motivada por la jueza provisoria que la dictó, aunque uno de los tres integrantes de dicha Sala salvó su voto considerando que la decisión apelada sí estaba suficientemente motivada. Pues bien, de inmediato, mediante Resolución N° 2005-0015 de fecha 3 de febrero de 2005 (**Anexo 69**), la Comisión Judicial del Tribunal Supremo de Justicia *suspendió de sus cargos* a los dos jueces de la Corte de Apelaciones que votaron por la nulidad de la decisión apelada, así como a la jueza provisoria Gómez Sosa, autora de la decisión presuntamente inmotivada.[118]

2) La jueza temporal Gómez Sosa, suspendida, fue sustituida por el **juez** temporal **Manuel Bognanno**. En una oportunidad, éste ordenó a la Fiscal Provisoria Sexta que expidiera a los defensores del profesor Brewer Carías copias de las actuaciones del expediente que habían solicitado, entre ellas, las de ciertos videos que contenían supuestas declaraciones de periodistas que incriminarían a la víctima *(infra,* párrs. 119-123*)*. La Fiscal provisoria Sexta solicitó la nulidad

---

118 Remitimos a nuestro comentario plasmado en la nota al pie número 19 del presente escrito.

de esa actuación **(Anexo 12)**. Más tarde, en otra incidencia, el juez temporal Bognanno pidió a la Fiscal Sexta que le remitiera el expediente, y ésta, en lugar de acatar al juez provisorio, lo increpó solicitándole una explicación del por qué le pedía el expediente **(Anexo 13)**. Ante esa situación, el juez temporal Bognanno ofició al Fiscal Superior para ponerlo en conocimiento de la irregularidad en la que estaba incurriendo la Fiscal provisoria Sexta **(Anexo 14)**. Pues bien, a los pocos días *el juez temporal Bognanno fue removido de su cargo a través del ya señalado artificio de "dejar sin efecto su nombramiento en razón a las observaciones que fueron formuladas ante este Despacho"*[119]. La Fiscal Sexta nunca remitió al Tribunal el expediente solicitado y el nuevo juez se desentendió de tal requerimiento.

381. Es así como, ***en el curso del proceso, se destituyeron dos jueces de primera instancia y dos miembros de una Corte de Apelaciones*** con ocasión, o inmediatamente después, de haber adoptado decisiones que podían considerarse favorables a los encausados, incluyendo al profesor Brewer Carías. Esas destituciones, desde luego, fueron decididas ***discrecionalmente***, conforme lo ha pautado el Tribunal Supremo de Justicia, sin el debido proceso para los afectados y sin que se conozcan, al menos en el caso del Juez Bognano[120], las causas formales que pudieron servir de pretexto a la destitución encubierta por el cese de efectos de su nombramiento *"en razón a las observaciones que fueron formuladas ante este Despacho"*. Sobre las consecuencias de estos hechos, nos remitimos a lo expuesto en nuestro *Escrito de Solicitudes, Argumentos y Pruebas* (¶¶ 306 y ss.). Las destituciones en sí mismas, sumadas al efecto demostración que ellas generan hacia otros jueces, en virtud del *temor a represalias* ya aludido por esa honorable Corte, privaron al profesor Brewer Carías, para cualquier recurso que propusiera, de una condición esencial para el debido proceso, como lo es la existencia de un juez independiente e imparcial. Sin un juez semejante, el debido proceso queda vulnerado ontológicamente, porque la independencia es *"esencial para el ejercicio de la función judicial"*.[121] Como lo ha dicho la Corte, precisamente en un caso relativo a la destitución de una jueza provisoria en Venezuela, *"(e)l principio de independencia judicial constituye uno de los pilares básicos de las garantías del debido proceso, motivo por el cual debe ser respetado en todas las áreas del procedimiento y ante todas las instancias procesales en que se decide sobre los derechos de la persona".*[122]

---

119 **Anexo 69-B.** Ver ¶ 146 del *Informe* de la CIDH.
120 Una irregularidad adicional, en este caso, viene dada porque ni siquiera se incorporó al expediente el acto por el cual se suspendió al Juez provisorio Bognano.
121 Corte IDH, *Caso Herrera Ulloa; cit.,* ¶ 171; Corte IDH, *Caso Reverón Trujillo; cit.,*¶ 67; Corte IDH, *Caso Chocrón Chocrón; cit.,* ¶ 73.
122 Corte IDH, *Caso Reverón Trujillo vs. Venezuela, cit.,* párr. 68.

382. Las circunstancias anteriores redundan de manera contundente en la posibilidad real del profesor Brewer Carías de obtener que la acusación penal dirigida en su contra sea tramitada conforme al debido proceso, lo cual se corresponde con todo lo expuesto como denuncia de masivas violaciones del artículo 8 (párrafos 8 (1); 8 (2); 8 (2) [c] y [f]) de la Convención. Sin embargo, la futilidad de los recursos internos no se agota allí, pues de ninguna manera cabría esperar respuesta positiva alguna en la jurisdicción doméstica si se trata de encontrar en ella remedio para las violaciones a los artículos 1.1, 2, 7, 11, 13, 22 24 y 25 de la Convención, que se han denunciado en nuestro *Escrito de Solicitudes, Argumentos y Pruebas,* y en las cuales insistimos en la Cuarta Parte y siguientes de este *Escrito de Alegatos y Observaciones Finales.* Se trata de infracciones indisociablemente conectadas con la violación del derecho al debido proceso de modo que las mismas razones por las cuales no se debe exigir al profesor Brewer Carías que agote los recursos domésticos para remediar esta última, que por lo demás no existen disponibles, tampoco cabe hacerle semejante exigencia para obtener protección estatal contra las primeras.

383. A pesar de que el supuesto de aplicación de la excepción contenida en el artículo 46(2)(a) de la Convención se origina en una violación al debido proceso y que ello lo aproxima a las cuestiones de fondo, no debe confundirse con el conjunto de las violaciones al artículo 8 de la Convención que conforman los méritos del presente caso. El artículo 46(2)(a) de la convención se refiere a un tema de admisibilidad referido a una violación específica del debido proceso, como lo es que *"no exista en la legislación interna del Estado de que se trata el debido proceso para la protección del derecho o derechos que se alega han sido violados".* Ese supuesto específico se configura en el presente caso:

1) La independencia judicial es uno de los pilares básicos del debido proceso, por lo que el régimen legal de designación y remoción de los jueces debe garantizar y nunca debilitar esa independencia. Los jueces no deben sentirse llamados a pagar favores por su designación ni a temer represalias por sus decisiones.

2) A pesar de que el artículo 255 de la Constitución garantiza la estabilidad judicial en Venezuela, *__la legislación secundaria efectivamente vigente desde 1999__* ha favorecido la provisionalidad y temporalidad de los cargos judiciales, al punto que el Agente del Estado y el perito Octavio Sisco Ricciardi promovido por éste, han admitido que aproximadamente las dos terceras partes de los jueces venezolanos son provisorios o temporales.

3) El Tribunal Supremo de Justicia ha interpretado reiteradamente que el régimen legal vigente en Venezuela con relación al ingreso y la estabilidad a los jueces provisorios y temporales es el de *libre nombramiento y remoción.* La representación ha admitido y justificado este hecho.

4) Por consiguiente, al menos los dos tercios de los jueces de Venezuela pueden legalmente ser removidos de sus cargos libremente por el Estado, sin expresar motivación alguna.

5) Todos los jueces que han intervenido en el proceso del profesor Brewer Carías son provisorios y temporales. Durante el proceso, han sido removidos discrecional y arbitrariamente dos jueces de control y dos miembros de una Corte de Apelaciones, justo luego de adoptar decisiones que enojaron al Ministerio Público y contrariaron la posición del Gobierno en ese proceso.

384. Por lo tanto:

1) La "legislación interna" vigente en Venezuela contempla la libre designación y remoción de los jueces provisorios y temporales, que son por lo menos los dos tercios de los jueces venezolanos. Este hecho *lesiona gravemente la independencia judicial,* al menos en los procesos donde intervienen dichos funcionarios judiciales, y *es incompatible con el concepto de debido proceso plasmado en la Convención*.

2) Esa "legislación interna" no sólo está vigente y lo ha estado durante todo el proceso al profesor Brewer Carías, sino que ha sido aplicada varias veces con respecto a jueces que han actuado dentro de ese proceso.

385. En síntesis, todos los componentes del artículo 46(2)(a) de la Convención han estado presentes en este caso. Es claro que el régimen legal de inestabilidad de los jueces provisorios y la consecuencial afectación de su independencia, por la magnitud de sus efectos generales y por su aplicación al proceso del profesor Brewer Carías, significa que *no existe en la legislación interna del Estado de que se trata el debido proceso legal para la protección del derecho o derechos que se alega han sido violados.* A esto se agregan las numerosas violaciones al debido proceso que denunciamos como cuestión de fondo del presente caso, que no encuentran necesariamente asidero en la "legislación interna" sino en la arbitrariedad de los funcionarios del Estado que las han cometido.

2. *Segunda excepción: que no se haya permitido al presunto lesionado en sus derechos el acceso a los recursos de la jurisdicción interna, o haya sido impedido de agotarlos. CADH, Art. 46(2)(b)*

386. En el presente caso, el Estado ha insistido en sus presentaciones ante esta honorable Corte en que el trámite del único recurso potencialmente efectivo para remediar las violaciones al debido proceso denunciadas por el profesor Brewer Carías, como lo es la solicitud de nulidad por inconstitucionalidad de las actuaciones fiscales, estaría condicionado a que él regrese al país para presentarse a una audiencia preliminar que nunca ha podido celebrarse por razones imputables al Juez de la causa y en ningún caso a él. Esto supondría, si el profesor Brewer Carías se sometiera a una absurda agravación de las violaciones que ya ha sufrido a sus derechos, que se lo privaría de inmediato de su libertad, por tiempo indefinido, según es práctica común en Venezuela.

387. Esta posición del Estado ante esta honorable Corte no tiene sustento en ninguna disposición procesal ni sustantiva del ordenamiento jurídico venezolano. Por el contrario, como ya le hemos argumentado antes (***Supra ¶¶ 313***) y lo veremos de nuevo a propósito de la tercera excepción a la regla del previo agotamiento de los recursos internos (***Infra ¶ 393***) y del examen del fondo del presente caso (***Infra ¶¶ 552 ss.***), por mandato de la Constitución y de la misma Convención, las pretensiones judiciales fundadas en la violación de los derechos humanos constitucionales deben ser atendida de manera efectiva, sencilla y rápida, lo que implica que no han de someterse a condiciones ni plazos irrazonables. En consonancia con ello, como ha quedado establecido en la audiencia, resulta aplicable el artículo 177 del COPP, que establece un plazo de tres días para toda actuación escrita que no tenga establecido otro plazo. Ese término perentorio es enteramente congruente con la naturaleza de la pretensión en causa, que es el ejercicio especialísimo del derecho de amparo previsto en la Constitución y en el artículo 25 de la Convención a las denuncias de violaciones a los derechos humanos ocurridas dentro del proceso penal. La afirmación del Estado ante esta Corte, además de carecer de fundamento legal, es irrazonable y arbitraria.

388. Al condicionar arbitraria e ilegalmente el trámite de un recurso de nulidad a la comparecencia personal de la víctima a la audiencia preliminar, en la cual iba a ser detenida en virtud de una orden judicial incompatible con disposiciones constitucionales y convencionales, se impidió a la víctima el acceso físico a los recursos jurisdiccionales. En un sistema de protección de los derechos humanos, es ilegítimo condicionar el acceso a los recursos internos a la renuncia a la protección de otros derechos humanos, como lo son, entre otros, la libertad personal y la seguridad de la persona. Es difícil imaginar una circunstancia en la que tal exigencia pudiera ser proporcional el bien jurídico protegido, pero en todo caso esa no es la situación del profesor Brewer Carías, pues no hay razón legal ni lógica alguna para que se condicione una decisión sobre si sus derechos humanos han sido violados por el Ministerio Público a que se someta a una orden, por demás ilegal, de privación de su libertad. Los derechos humanos son irrenunciables e indisponibles, de modo que la condición ilegal que pretende imponer el Estado constituye un caso de negación a la víctima el acceso a los recursos de la jurisdicción interna y un impedimento arbitrario de agotarlos.

389. El Estado pretende que una persona que es perseguida por razones políticas, acusada de un delito político, como es el delito de conspirar para cambiar violentamente la Constitución, para tener acceso efectivo los recursos disponibles, deba someterse a la persecución de que es objeto, y a los agravios y violaciones de derechos humanos que está denunciando. El Estado pretende que, como precio para poder agotar los recursos internos, el profesor Brewer sacrifique su libertad personal, sometiéndose al arbitrio de tribunales que carecen de independencia e imparcialidad, y al trato inhumano y degradante que implica el encierro en prisiones *sin luz natural y sin ventilación*, como ya ha tenido oportunidad de constatar este Alto Tribunal[123].

390. El Estado afirma que, para obtener una providencia jurisdiccional sobre su solicitud de nulidad por violación de sus derechos humanos, el profesor Brewer Carías debe entregarse a sus perseguidores y después esperar justicia en una audiencia constitucional de fecha incierta. Este razonamiento es repugnante y no se corresponde con el orden jurídico venezolano, que más bien ordena al Juez de Control resolver en tres días la denuncia de violación a los derechos constitucionales del procesado y le prohíbe postergar tal decisión para la audiencia preliminar. Por lo demás, presentar al profesor Brewer Carías como un prófugo cuyos derechos no merecen protección es otra falacia y una nueva aberración. Brewer Carías asistió con asiduidad a la sede de la Fiscalía Sexta, sólo para ver de cerca cómo se violaban sus derechos y garantías procesales. Ante la solicitud de privarlo de su libertad introducida por el Ministerio Público ante el Juez, junto con la acusación, ejerció su derecho y solicitó al mismo Juez de Control que le garantizara un juicio en libertad, lo que fue ignorado por dicho Juez. En esa circunstancia la amenaza contra su libertad era un hecho cierto y no puede reprochársele que estando fuera del país, protegiera esa libertad por sí mismo, demorando su regreso, puesto que el Estado le negaba esa protección y lo amenazaba. Por un principio elemental de buena fe, un Estado que ha orquestado una violación persistente y masiva de las garantías procesales está impedido de acudir a un tribunal internacional como lo es esa honorable Corte, a afirmar que la víctima de esas violaciones no tiene derecho a acceder a la protección internacional de los derechos humanos si no se somete antes a la consumación de las violaciones a sus derechos, enfrentando ese mismo proceso penal abyecto estando privado de su libertad. Eso significa que el Estado pretende ofrecer las garantías que ha violado siempre que la víctima renuncie a sus derechos.

391. Por lo demás, esta honorable Corte ha sostenido que no puede exigirse el agotamiento de los recursos internos a quien, como en este caso, siente un fundado temor de que el ejercicio de los recursos jurisdiccionales pueda poner en peligro el ejercicio de sus derechos humanos, pues en ese caso se configura el supuesto de aplicación de la excepción contenida en el artículo 46(2)(b) de la Convención[124]. Si la Corte ha reconocido ese "temor fundado" o "miedo" respecto de abogados que, debido a la situación imperante en un país, no se atreven a intentar un recurso, la relevancia de esta excepción es

---

123 *Cfr.* Corte IDH, *Caso Díaz Peña Vs. Venezuela. Excepción preliminar, fondo. reparaciones y costas.* Sentencia de 26 de junio de 2012. Serie C N° 244, ¶ 140.

124 Corte IDH, *Excepciones al Agotamiento de los Recursos Internos (arts. 46.1, 46.2.a y 46.2.b, Convención Americana sobre Derechos Humanos).* Opinión Consultiva OC-11/90 del 10 de agosto de 1990. Serie A N° 11, ¶ 35.

aún más pertinente cuando es la propia víctima quien, por miedo o temor a agravar su situación dramáticamente, está impedida de agotar los recursos teóricamente disponibles.

392. En conclusión, por las razones expuestas, condicionar la posibilidad de ejercer efectivamente los recursos internos para proteger sus derechos y de obtener una providencia judicial adecuada y oportuna sobre los mismos, a que el profesor Brewer Carías se presente en Venezuela y sea privado de inmediato de su libertad, significa la negación a la víctima el acceso a los recursos de la jurisdicción interna y un impedimento arbitrario de agotarlos, con lo cual se configura la segunda excepción a la regla del previo agotamiento de los recursos internos, conforme al artículo 46(2)(b) de la Convención Americana sobre Derechos Humanos.

3. ***Tercera excepción: que haya retardo injustificado en la decisión sobre los mencionados recursos. CADH, Art. 46(2)(c).***

393. La circunstancia de que la solicitud de nulidad absoluta o amparo constitucional en materia penal respecto de todo lo actuado en el proceso, habiendo pasado ocho años de su introducción ante el Juez de la causa, no se haya resuelto para esta fecha, configura el supuesto de retardo indebido y configura la tercera excepción a la exigencia del agotamiento de los recursos internos antes de acudir a la protección internacional de los derechos humanos, prevista en el artículo 46(2)(c) de la Convención.

394. Nos referiremos ahora a esta materia, que está estrechamente vinculada con el fondo del presente caso, pero sobre la cual el Estado parece haber hecho un punto central. Se trata de la demora injustificada en la decisión de la solicitud de nulidad absoluta de todo lo actuado, por violación masiva a sus derechos y garantías constitucionales, e introducida por los abogados defensores del profesor Brewer Carías, ante el Juez Vigésimo Quinto de Primera Instancia en Funciones de Control del Circuito Judicial Penal del Área Metropolitana de Caracas, conjuntamente con la contestación a la acusación el día 8 de noviembre de 2005. La demora de ocho años en decidir esa solicitud de nulidad ***es injustificada, tanto a la luz del Derecho interno venezolano como según la Convención y el Derecho internacional de los derechos humanos***. Nos referiremos a ambos aspectos de inmediato.

A. La demora en decidir el recurso de nulidad es injustificada según el Derecho interno venezolano

395. Como ya lo hemos expresado repetidamente ante esa honorable Corte, la solicitud de nulidad, como se debatió ampliamente en la audiencia ante esta Corte celebrada los días 3 y 4 de septiembre de 2013, a la fecha no ha sido proveída, a pesar de que el juez de la causa, tratándose de una pretensión nulidad absoluta por inconstitucionalidad que es una forma de amparo constitucional en materia penal, con respecto a todo lo actuado durante la investigación fiscal, por violación de los derechos y garantías constitucionales, estaba obligado a resolverla en el lapso perentorio de tres días, cónsono con la protección constitucional y con los requerimientos del artículo 25 de la Convención, conforme al artículo 177 del COPP, y según lo ha decidido la Sala Constitucional del Tribunal Supremo de Justicia, sin que el juez pueda excusarse que para ello debe realizarse la audiencia preliminar, lo que le está vedado. (*Supra ¶ 319, Infra, ¶ 408*).

396. No existe razón alguna el ordenamiento jurídico venezolano para exceptuar la pretensión de nulidad del lapso de tres días dispuesto por el artículo 177 del COPP, que representa una *solución legal dotada de <u>plena certeza</u> en cuanto al tiempo que tiene el juez para decidir. <u>No existe norma jurídica alguna que introduzca tal excepción</u>*. Como antes se ha expresado, es simplista y arbitrario sostener, como lo hace el Estado, que esa pretensión está inseparablemente unida a la contestación a la acusación, *basado en la mera yuxtaposición de dos pretensiones claramente distintas y diferenciables, lo que agravaría aún más la violación de los derechos humanos del profesor Brewer Carías y le negaría su derecho a la protección internacional.*

397. En cambio, el lapso de tres días previsto por el COPP se adecua al principio de preeminencia de los derechos humanos pautado en la Constitución venezolana. En el constitucionalismo democrático, el respeto, la protección y la garantía de los derechos humanos han de ser norte de la organización y actuación del Estado. Como lo ha dictaminado esa Corte desde sus primeras sentencias, que los Estados partes en la Convención tienen la obligación de:

> *"...organizar todo el aparato gubernamental y en general, todas las estructuras a través de las cuales se manifiesta el ejercicio del poder público, de manera tal que sean capaces de asegurar jurídicamente el libre y pleno ejercicio de los derechos humanos."*[125]

398. La Constitución venezolana se adecúa a esas exigencias. En el Estado Constitucional, denominado en la Constitución venezolana "Estado democrático y social de Derecho y de Justicia", la dignidad humana y de los derechos de la persona tienen una posición preferente, lo que implica la obligación del Estado y de todos sus órganos a respetarlos y garantizarlos en todas sus actuaciones, como un fin fundamental del Estado. Así lo establecen sin ambigüedades los artículos 2° y 3° de la Constitución:

> *"Artículo 2. Venezuela se constituye en un Estado democrático y social de Derecho y de Justicia, que propugna como valores superiores de su ordenamiento jurídico y de su actuación, la vida, la libertad, la justi-*

---

125 Corte I.D.H., *Caso Velásquez Rodríguez*, Sentencia de 29 de julio de 1988. Serie C. N° 4, párr. 166; también ¶¶ 164-177; Corte I.D.H., *Caso Godínez Cruz*, Sentencia de 20 de enero de 1989, serie C. N° 5, ¶ *71 ss* 175; también ¶¶ 173-188.

cia, la igualdad, la solidaridad, la democracia, la responsabilidad social y, en general, la preeminencia de los derechos humanos, la ética y el pluralismo político. (Énfasis agregado).

Artículo 3. El Estado tiene como fines esenciales la defensa y el desarrollo de la persona y el respeto a su dignidad, el ejercicio democrático de la voluntad popular, la construcción de una sociedad justa y amante de la paz, la promoción de la prosperidad y bienestar del pueblo y la garantía del cumplimiento de los principios, derechos y deberes reconocidos y consagrados en esta Constitución." (Énfasis agregados).

399. El plazo de tres días contemplado en el COPP como el término dentro del cual deben resolverse las actuaciones escritas que no tengan fijado otro diferente, también se conforma con las disposiciones generales de los artículo 26 y 28 de la Constitución:

"Toda persona tiene derecho de acceso a los órganos de administración de justicia para hacer valer sus derechos e intereses, incluso los colectivos o difusos, a la tutela efectiva de los mismos y a obtener con prontitud la decisión correspondiente. El Estado garantizará una justicia gratuita, accesible, imparcial, idónea, transparente, autónoma, independiente, responsable, equitativa y expedita, sin dilaciones indebidas, sin formalismos o reposiciones inútiles." (Énfasis y subrayado agregados).

Artículo 257. *El proceso constituye un instrumento fundamental para la realización de la justicia. Las leyes procesales establecerán* **la simplificación, uniformidad y eficacia de los trámites y adoptarán un procedimiento breve, oral y público. No se sacrificará la justicia por la omisión de formalidades no esenciales**. (Énfasis y subrayado añadidos).

400. El COPP distingue dos tipos de nulidades, según sean o no subsanables. Las nulidades no subsanables, por violación de derechos y garantías constitucionales, que afectan de muerte el proceso, son las llamadas *nulidades absolutas*. Para ninguna de ellas, el COPP establece una oportunidad específica para la formulación de la petición de nulidad, pudiendo plantearse en cualquier estado de la causa. Tampoco determina el COPP un término específico para que las solicitudes de nulidad deban ser resueltas. Si se plantean ante el juez antes de la audiencia preliminar, si se trata de *nulidades subsanables*, la jurisprudencia ha admitido que el juez podría diferir su decisión al momento de la audiencia preliminar, ya que las mismas no afectan de gravedad el proceso. *Si se trata de nulidades absolutas, en cambio, la Sala Constitucional ha impuesto que las mismas deben resolverse de inmediato, y conforme al artículo 177 del COPP, en un lapso de tres días, estándole vedado al juez diferir su decisión para el momento de la audiencia preliminar, la cual en estricto derecho, tratándose de nulidades absolutas, no podría realizarse sino después de que se resuelva la solicitud de nulidad absoluta.*

401. Formulada una acusación en un proceso penal, si en la fase de investigación se han cometido violaciones a derechos y garantías constitucionales, es precisamente al presentarse la acusación, cuando el acusado puede y debe, siendo ella la primera oportunidad para plantearlo, solicitar la nulidad absoluta de todo lo actuado. Y eso lo debe formular por escrito en forma de solicitud de nulidad absoluta, independientemente de que se plantee o no conjuntamente con la contestación a la acusación. Siendo una pretensión independiente de amparo penal o protección constitucional, dicha solicitud de nulidad tiene que resolverse conforme lo establece el artículo 177 del COPP, que dispone que *"en las actuaciones escritas las decisiones se dictarán dentro de los tres días siguientes;"* estando el juez en la *obligación de decidir* conforme al artículo 6 del mismo Código que dispone que "Los jueces no podrán abstenerse de decidir so pretexto de silencio, contradicción, deficiencia, oscuridad o ambigüedad en los términos de las leyes, **ni retardar indebidamente alguna decisión**. Si lo hicieren, incurrirán en denegación de justicia."

402. El artículo 26 de la Constitución[126] reconoce el derecho de toda persona "de acceso a los órganos de administración de justicia" incluyendo los jueces penales, "para hacer valer sus derechos e intereses;" y además, el derecho de toda persona "a *la tutela efectiva* de los mismos y a *obtener con prontitud la decisión correspondiente"...sin dilaciones indebidas"*; y el artículo 27 de la Constitución *reconoce el derecho de toda persona a ser amparada por los tribunales en sus derechos y garantías constitucionales*.[127] Ese derecho, claro está, cubre lo que prevé el artículo 25 de la propia Constitución[128], en el sentido de que *"todo acto dictado en ejercicio del Poder Público"* incluidos los jueces, *"que viole o menoscabe los derechos garantizados por esta Constitución y la ley es nulo"*, es decir, que está viciado de nulidad absoluta y quien haya sido lesionado por el mismo tiene derecho a ser amparado por los tribunales.

---

126 Según la Constitución venezolana: *Artículo 26. Toda persona tiene derecho de acceso a los órganos de administración de justicia para hacer valer sus derechos e intereses, incluso los colectivos o difusos; a la tutela efectiva de los mismos y a obtener con prontitud la decisión correspondiente.// El Estado garantizará una justicia gratuita, accesible, imparcial, idónea, transparente, autónoma, independiente, responsable, equitativa y expedita, sin dilaciones indebidas, sin formalismos o reposiciones inútiles.*

127 Según la Constitución venezolana: *Artículo 27.. Toda persona tiene derecho a ser amparada por los tribunales en el goce y ejercicio de los derechos y garantías constitucionales, aun de aquellos inherentes a la persona que no figuren expresamente en esta Constitución o en los instrumentos internacionales sobre derechos humanos.*

128 Según la Constitución venezolana: *Artículo 25. Todo acto dictado en ejercicio del Poder Público que viole o menoscabe los derechos garantizados por esta Constitución y la ley es nulo; y los funcionarios públicos y funcionarias públicas que lo ordenen o ejecuten incurren en responsabilidad penal, civil y administrativa, según los casos, sin que les sirvan de excusa órdenes superiores.*

403. El principio constitucional es, pues, *la justicia rápida* (al igual que el art. 25 de la Convención). En cuanto al COPP, como hemos dicho, la nulidad se puede pedir en cualquier estado y grado del proceso siempre que sea antes de dictarse sentencia definitiva[129]. En cuanto a la *oportunidad para decidir*, a falta de otra previsión distinta al principio de la justicia rápida, y en consonancia con el mismo, particularmente tratándose de nulidades absolutas, no subsanables, por violación de derechos y garantías judiciales, debe aplicarse el lapso general de tres (3) días siguientes a la formulación de la petición de nulidad conforme al artículo 177 del Código Orgánico Procesal Penal, no estando dicha decisión restringida legalmente a que sólo pueda ser dictada en alguna oportunidad procesal precisa y determinada, como sería por ejemplo, en la audiencia preliminar. Al contrario, la audiencia preliminar en un proceso penal donde se haya formulado la pretensión de amparo o nulidad absoluta por violación de derechos y garantías judiciales, no podría legítimamente ser convocada sino después de que se depure el proceso, y se decida la petición de nulidad. Resuelta la petición de nulidad, si ella se declara con lugar, por tanto, no cabe convocar a ninguna audiencia preliminar; y si se declara sin lugar, entonces es cuando el acusado tendía acceso por primera vez a un recurso como sería el de apelación contra la decisión que niegue la nulidad solicitada, y el juez podría convocar a la audiencia preliminar.

404. En cuanto a la forma de formulación de la solicitud o petición de nulidad absoluta, el COPP no dispone ninguna, ni tampoco que deba ejercerse separadamente de otra petición o escrito. Se trata, conceptualmente, de una pretensión de amparo constitucional fundada en la violación de los derechos y garantías constitucionales y que se formula por la vía especialísima de la solicitud de nulidad en materia penal, como lo autoriza la Ley Orgánica de Amparo. Erró por tanto el Testigo-Perito **Néstor Castellanos**, quizás atribuido a su desconocimiento de la institución del amparo en Venezuela, cuando a la pregunta del Juez Ferrer Mac-Gregor Poisot sobre si *"se puede considerar una especie de amparo penal, es decir protege garantías constitucionales,"* negó el carácter de la petición de nulidad como un amparo afirmando: "No no no, porque el amparo tiene otra naturaleza totalmente distinta a la nulidad. Mediante el recurso de amparo, no se puede obtener una declaración de derechos; por parte de la nulidad, sí se puede obtener la declaración de derechos;

---

129 Sentencia n° 205 de la Sala de Casación Penal del Tribunal Supremo de 14/05/2009. *Manuel Antonio Sánchez Guerrero y otros).* http://www.tsj.gov.ve/decisiones/scp/Mayo/205-14509-2009-C09-121.html, donde se indicó que las *"solicitudes relativas a una nulidad no convalidable, como la alegada por el solicitante, en principio, **pueden ser planteadas en cualquier oportunidad, por ser denunciables en cualquier estado y grado del proceso y en virtud de la gravedad, así como la trascendencia del defecto que vicia el acto"*. **Anexo 118.** Igualmente, sobre que la solicitud de nulidad puede formularse en *"cualquier estado y grado del proceso", "por la gravedad del vicio que afecta el acto objeto de la misma"*, se pronunció la Sala Constitucional del Tribunal Supremo en sentencia N° 2061 (Caso: Edgar Brito Guedes), de 05/11/2007.**Anexo 119.** Véase en http://www.tsj.gov.ve/decisiones/scon/Noviembre/2061-051107-07-1322.htm

por eso no es igual a una acción, sí es una acción que viene a reparar, porque, porque cuando, por ejemplo, lo que se denuncia en nulidad es la violación del derecho a la defensa, el tribunal, en este caso, pasa a verificar si hubo la conculcación de este derecho, y la única forma, de reparar este derecho es anulando lo actuado, por eso se llama nulidad anulado lo actuado retrotrayendo al estado de donde nació de donde se origino esa nulidad." Aparte de la confusión conceptual que evidencia el Testigo-Perito Castellano en su declaración, por ejemplo al afirmar que *"mediante el recurso de amparo, no se puede obtener una declaración de derechos,"* es evidente de su deposición ante esta Corte, que desconoce totalmente la institución del amparo en Venezuela, que como se ha dicho, está concebida constitucionalmente como un derecho, el "derecho a ser amparado" (art 27) el cual se puede ejercer, además de a través de un "recurso" o "acción" autónoma de amparo, mediante una pretensión formulada junto con las vías ordinarias o extraordinarias previstas en el ordenamiento jurídico para la protección constitucional, como es precisamente la solicitud de nulidad absoluta en materia penal, en cuyo caso, el juez de la causa, al decidirla, declara y restablece el derecho constitucional violado y, por supuesto, anula las actuaciones inconstitucionales.

405. En ese contexto, los abogados defensores del profesor Brewer Carías concluyeron, con razón, que la primera oportunidad que tenían en el proceso penal contra el profesor Brewer Carías para invocar y solicitar la nulidad absoluta de todo lo actuado en la etapa de investigación por la violación masiva de sus derechos y garantías constitucionales, es decir, para solicitar amparo constitucional, conforme a lo previsto en el artículo 190 del COPP demandando *in toto* la nulidad absoluta de las actuaciones del Ministerio Público en la investigación, era inmediatamente después de que se formulara la acusación fiscal. Debe tenerse en cuenta que en el proceso penal, el Fiscal puede decidir no acusar, cuando el resultado de investigación resulte insuficiente para acusar, y dictar como acto conclusivo el Archivo Fiscal (art. 315 COPP) o solicitar el sobreseimiento al Juez de control (art. 320 COPP) cuando, terminado el procedimiento preparatorio estime que proceden una o varias de las causales que lo hagan procedente. Solo cuando el Ministerio Público estime que la investigación proporciona fundamento serio para el enjuiciamiento del imputado presentará acusación ante el tribunal de control. Es decir, no se sabe, antes del acto conclusivo, si el fiscal va a archivar, va a pedir el sobreseimiento o va a acusar. Por tanto, esa oportunidad era la contestación de la acusación, no porque la nulidad formara parte de ella (puesto que las causas de nulidad eran diferentes de las cuestiones previas planteadas en la contestación a la acusación), sino porque era ***la primera oportunidad procesal para formular la pretensión de nulidad absoluta de todo lo actuado por el Ministerio Público.*** De hecho, en la fecha en la cual la solicitud de nulidad se introdujo, el Juez de Control no había ni siquiera dado por recibida la acusación, ni había adoptado decisión alguna que pudiera ser objeto de recurso.

406. Por lo tanto, la solicitud de nulidad absoluta contra todo lo actuado, como medio de amparar a la víctima, aunque se intentó junto con la contestación a la acusación, no forma parte conceptual de esa contestación, destinada a oponer las excepciones a los fundamentos específicos de la acusación (*Supra ¶¶ 317*). El Estado ha insistido que al demandar la nulidad se habría *"utilizado y accionado el artículo 328 COPP" "invocando las facultades del artículo 328 COPP"* (p. 46 de la Escrito de Contestación del Estado), *lo que es completamente falso*. En ninguna parte del escrito presentado por los defensores del profesor Brewer Carías en el proceso, luego de formulada la acusación, en lo relativo a la petición de nulidad de todo lo actuado por violación de las garantías judiciales, se mencionó el artículo 328 COPP. Fue, precisamente, una *omisión deliberada para diferenciar la nulidad de la oposición de las cuestiones previas, propia de la contestación en sentido estricto*. La afirmación de la *Contestación del Estado* no es más que *una deducción interesada, sin base alguna en la solicitud de nulidad interpuesta en la jurisdicción venezolana*.

407. También es erróneo lo argumentado por el perito-testigo **Nelson Castellanos** al afirmar ante esta honorable Corte a una pregunta del Juez Ferrer Mac-Gregor Poisot que "Interpuesta, la solicitud de nulidad, en la fase intermedia, y tomo, no lo digo yo, tomo las palabras y el análisis que sabiamente hizo la *Comisión*, para determinar que no existió, por parte del Estado venezolano alguna vulneración de derecho, en cuanto a una de las denuncias interpuestas por la victima. *Interpuesta la nulidad dentro de la fase intermedia, pero además, dentro del contexto del escrito de excepciones y de promoción de pruebas, que tienen, como forma esencial de descarga, esa nulidad, conjuntamente con las demás pretensiones, debe resolverse en la audiencia preliminar*. Así lo ha dicho la Sala Penal, en forma reiterada. Y este criterio ha sido también sostenido hasta el día de hoy inclusive por la Sala Constitucional." Por supuesto, al hacer esta afirmación el "testigo-Perito" **Castellanos** *no se apoyó ni citó en sentencia alguna de la Sala Penal o de la Sala Constitucional*, para sostener esta afirmación. Lo cierto es que aparte de que la propia Comisión Interamericana se apartó de ese criterio al presentar sus argumentos finales ante esta honorable Corte en la audiencia del 4 de septiembre de 2013, es falso que ese sea el criterio de la Sala Penal y de la Sala Constitucional, y el "testigo-perito" **Castellanos** fantaseó ante esta honorable Corte al afirmar que "Todo pronunciamiento que haya sido solicitado anterior y sea resuelto anterior a la audiencia preliminar es extemporáneo." Al contrario, como quedó evidenciado de las decisiones de la Sala Constitucional consignadas ante esta honorable Corte por el Perito **Jesús Ollarves** (*Infra ¶¶ 408*), al juez de la causa *tiene que resolver la petición de nulidad absoluta, como fue el caso en el proceso penal contra el profesor Brewer Carías, en el lapso de tres días previsto en el artículo 177 del COPP, antes de la audiencia preliminar*, y más bien como sí lo ha resuelto la Sala Constitucional, le está vedado diferir para la audiencia preliminar la petición de nulidad.

408. Reiterada jurisprudencia del Tribunal Supremo de Justicia concuerda tanto con la jerarquía de la nulidad por inconstitucionalidad como medio de salvaguarda de las garantías procesales y los derechos humanos, en general, como con el plazo perentorio de tres días. El perito **Ollarves Irazábal** proporcionó abundante jurisprudencia al respecto, de la cual nos permitimos destacar, por ejemplo:

1) Sentencia N° 100 de 6 de febrero de 2003 (Caso *Leonardo Rodríguez Carabali*), la Sala Constitucional concluyó señalando que en el caso: *"el accionante contaba con **un medio procesal preexistente, tanto o más idóneo,** expedito, abreviado y desembarazado que la misma acción de amparo, como era, conforme al artículo 212 del antedicho Código, **la solicitud de nulidad** de la misma decisión contra la cual ha ejercido la presente acción tutelar; **pretensión esta que debía ser decidida, incluso, como una cuestión de mero derecho, mediante auto que debía ser dictado dentro del lapso de tres días que establecía el artículo 194 (ahora, 177) de la ley adjetiva; vale decir, en términos temporales, esta incidencia de nulidad absoluta tendría que haber sido sustanciada y decidida en un lapso ostensiblemente menor que el que prevé la ley, en relación con el procedimiento de amparo...* "[130] Énfasis y subrayado añadidos).

2) Sentencia N° 632 de 11 de mayo de 2011 (Caso *Wilmer José Lopez Guette*), donde la Sala Constitucional resolvió que no debía*: "pasar por alto el hecho referido a que el Juzgado Primero de Control del Circuito Judicial Penal del Estado Falcón **tardó más de dos (2) meses para resolver la petición de nulidad absoluta que realizó la parte actora en el proceso penal que motivó el presente amparo, contrariando así lo señalado en el artículo 177 del Código Orgánico Procesal Penal, que establece que esa clase de pronunciamiento debe ser proveído dentro del lapso de tres (3) días contados a partir de la respectiva solicitud.** Por tal motivo, esta Sala exhorta al mencionado Tribunal de Control que, en futuras oportunidades y en casos análogos, cumpla con lo señalado en la mencionada disposición normativa, todo ello en aras de **evitar una dilación indebida en las causas sometidas a su conocimiento.** Así se declara.* "[131] Énfasis y subrayado añadidos).

3) Sentencia N° 1198 de 6 de febrero de 2003 (Caso *Luis Enrique Guevara Medina*), donde la Sala Constitucional resolvió: *Los artículos 26 y 51 de la Constitución de la República establecen que toda persona tiene derecho de acceso a los órganos de justicia para hacer valer sus derechos e intereses y obtener de ellos oportuna y adecuada respuesta. Asimismo, **el artículo 177 del Código Orgánico Procesal Penal establece los plazos que tiene el juez penal para***

---

130 Véase en http://www.tsj.gov.ve/decisiones/scon/febrero/100-060203-01-1908..HTM

131 Véase en http://www.tsj.gov.ve/decisiones/scon/mayo/632-11511-2011-10-1272.HTML

decidir respecto de las peticiones que sean hechas por las partes. De allí que, cuando el juez de la causa decidió postergar su decisión respecto de las solicitudes hechas por la defensa hasta la celebración de una audiencia preliminar que ha sido diferida en varias oportunidades, lesionó los derechos constitucionales del imputado...[132] (Énfasis y subrayado añadidos).

4) Sentencia N° 1392 de 22 de julio de 2004 (Caso *José Luis Navas y Richard Oviedo Romero Espinoza*), donde la Sala Constitucional resolvió: "el Juzgado de Control ... *vulneró el derecho al debido proceso de los justiciables cuando postergó hasta la oportunidad de la celebración de la audiencia preliminar* -que ha sido pospuesta varias veces-, el pronunciamiento respecto de la solicitud que realizó su defensora, *en contravención a lo que establece el artículo 177 del Código Orgánico Procesal Penal, que ordena a los jueces pronunciarse, respecto de las actuaciones escritas, "dentro de los tres días siguientes".*[133] (Énfasis y subrayado añadidos).

5) Sentencia N° 2161 de 5 de septiembre de 2002 (Caso *Gustavo Enrique Gómez Loaiza*), en la cual la Sala Constitucional expresó que "De la regulación de la *nulidad contenida en los artículos 190 al 196 del Código Orgánico Procesal Penal*, se colige que los actos procesales pueden adolecer de defectos en su conformación, por lo que las partes *pueden atacarlos lo más inmediatamente posible* –mientras se realiza el acto o, dentro de los tres días después de realizado o veinticuatro horas después de conocerla, si era imposible advertirlos antes- de conformidad con lo dispuesto en los artículos 192 y 193 eiusdem, *precisamente, mediante una solicitud escrita y un procedimiento, breve, expedito, donde incluso se pueden promover pruebas, sino fuere evidente la constatación de los defectos esenciales, a fin de dejar sin efecto alguna actuación por inobservancia e irregularidad formal en la conformación de misma, que afecte el orden constitucional, siendo ésta la hipótesis contemplada en el artículo 4 de la Ley Orgánica de Amparo sobre Derechos y Garantías Constitucionales, cuando prevé que podrá intentarse la acción de amparo si algún órgano jurisdiccional dicte u ordene una resolución, sentencia o acto que lesione un derecho fundamental*; esto es, que *con tal disposición se busca la nulidad de un acto procesal, pero ya como consecuencia jurídica de la infracción, configurándose entonces una nulidad declarada mediante el amparo como sanción procesal a la cual refiere la doctrina supra citada.*"[…]

---

132 Véase http://www.tsj.gov.ve/decisiones/scon/Mayo/1198-160503-03-0588.htm
133 Véase http://www.tsj.gov.ve/decisiones/scon/julio/1392-220704-03-0690.HTM

Observamos así, que la *nulidad solicitada de manera auténtica puede tener la misma finalidad del amparo accionado con fundamento en el artículo 4 de la Ley Orgánica de Amparo sobre Derechos y Garantías Constitucionales, es decir para proteger la garantías, no sólo constitucionales, sino las previstas en los acuerdos y convenios internacionales,* lo que concluyentemente nos lleva a determinar su carácter de recurso ordinario que debe normalmente agotarse antes de recurrir a la solicitud de tutela de derechos fundamentales. De no ser así, se correría el riesgo de reconducirse el proceso ordinario sustituyendo sus recursos con procedimientos de amparo constitucional."[134]

6) Sentencia N° 349 de 26 de febrero de 2002 (Caso *Miguel Ángel Pérez Hernández y otros*) en la cual la Sala Constitucional reso9lvió que: "La solicitud de nulidad es "un medio que, *además de preexistente, es indiscutiblemente idóneo para la actuación procesal, en favor de los intereses jurídicos cuya protección se pretende en esta causa; más eficaz, incluso, en términos temporales y de menor complejidad procesal que el mismo amparo,* habida cuenta de que la nulidad es decidida conforme a las sencillas reglas de los artículos 212 y 194 del Código Orgánico Procesal Penal."[135]

409. Las disposiciones constitucionales y legales venezolanas así como la jurisprudencia nacional que hemos citado, concuerdan con la lógica de la Convención y, en general, de la garantía debida a los derechos humanos. Toda denuncia de lesión a esos derechos fundamentales debe atenderse con prontitud y no quedar sometida a demoras irrazonables, como lo sería la postergación de la decisión en espera de una audiencia preliminar que puede quedar diferida en múltiples ocasiones, como precisamente ocurrió en el presente caso. Esa es también la consecuencia evidente de lo dispuesto por el artículo 25 de la Convención (que está plenamente incorporado al orden jurídico interno venezolano), cuando estipula que *"toda persona tiene derecho a un recurso **sencillo y rápido** o cualquier otro **recurso efectivo** que la ampare contra actos que violen sus derechos fundamentales..."* En el caso de ofensas a los derechos humanos cometidas dentro del proceso penal venezolano ese recurso, *sencillo, rápido y efectivo* es la nulidad absoluta por inconstitucionalidad de los actos procesales.

410. Para que el juez adopte su decisión sobre la solicitud de nulidad absoluta por violaciones constitucionales, que también puede ser declarada de oficio, en forma alguna se requiere de la presencia del acusado, por tratarse de un asunto de mero derecho que puede ser resuelto por el juez sin audiencia de las partes. El acusado, sin duda, como cuestión de principio debe estar presente en la audiencia preliminar; pero esa audiencia no tiene como finalidad

---

134 Véase en http://www.tsj.gov.ve/decisiones/scon/septiembre/2161-050902-01-0623.HTM

135 Véase http://www.tsj.gov.ve/decisiones/scon/febrero/349-260202-01-0696.HTM

la consideración de esas nulidades, de modo que el juez debe más bien depurar el proceso, cuando la nulidad sea solicitada antes de que se realice la audiencia preliminar, por lo que no puede diferir dicha decisión a la oportunidad de que la audiencia preliminar se realice, sino que como cuestión de mero derecho, debe proceder a dictarla en forma perentoria dentro de un lapso procesal de tres días, sin que sea para ello requerida la presencia de las partes.

411. En el presente caso, como se dijo, el profesor Brewer Carías solicitó, con amplia fundamentación dentro del escrito de contestación a la acusación, la nulidad de todas las actuaciones fiscales por las masivas violaciones a sus derechos por la Fiscal Sexta, que tuvo a su cargo la fase de investigación del proceso penal. Dicha solicitud de nulidad ni siquiera ha sido proveída. El Juez de Control competente para decidirla no ha expresado razón alguna para su omisión. El Estado ha afirmado ante esta Corte que dicha nulidad no ha sido decidida porque corresponde hacerlo en la audiencia preliminar, que supuestamente no se ha celebrado por la ausencia del profesor Brewer Carías, todo lo cual es totalmente inexacto. Pero además, *eso jamás lo ha decidido el Juez de la causa,* pues de haberlo hecho, la defensa habría apelado dicha decisión. El Juez de la causa se ha limitado a ignorar la solicitud de nulidad, lo cual constituye un nuevo agravio a los derechos de la víctima, del que nos ocuparemos más adelante en el presente escrito (*Infra ¶¶ 552 s.*).

412. Los recursos a agotar eran aquellos que eran idóneos para subsanar esas irregularidades y para restablecer los derechos conculcados en el procedimiento seguido en contra del profesor Brewer, anulando los actos viciados y retrotrayendo el procedimiento a la fase de investigación. Eso es lo que se intentaba atacar con la solicitud de nulidad por inconstitucionalidad que se intentó en contra de las actuaciones viciadas en la investigación penal iniciada en su contra. Pero, aunque la Constitución de Venezuela y la Convención Americana disponen que la prisión preventiva es la excepción y no la regla, sin haber decidido ese recurso de nulidad, accediendo a una solicitud de la Fiscalía, el Juez de Control ordenó la detención preventiva del profesor Brewer Carías y dictó orden de captura en su contra.

413. En casos de violación de garantías constitucionales, la Sala Constitucional del Tribunal Supremo de Justicia ha sostenido que "la inconstitucionalidad de un acto procesal… no requiere necesariamente de un amparo, ni de un juicio especial para que se declare, ya que dentro del proceso donde ocurre, el juez, quien es a su vez un tutor de la Constitución, y por lo tanto… Juez Constitucional, puede declarar la nulidad pedida."[136] Esto es así porque, en materia penal, y en esta fase del procedimiento, la solicitud de nulidad es el amparo constitucional.

414. El Estado afirma y pretende que la propia víctima en este caso impidió que se agotaran los recursos jurisdiccionales intentados por él pues, para

---

136 Sentencia N° 256 del Tribunal Supremo de Justicia en Sala Constitucional del 14/02/02, exp N° 01-2181.

que se decidiera el recurso de nulidad, debía comparecer a la audiencia preliminar en el procedimiento penal iniciado en su contra. Esta posición, a más de no tener fundamento legal, es meridianamente contraria a la lógica jurídica. ¿Qué es lo que haría imprescindible la presencia de la víctima para decidir un recurso de mero Derecho, que podría poner fin al proceso, y que el juez puede decidir incluso de oficio? ¿Qué podía decir la víctima que no pudieran decir sus abogados? ¿Por qué la decisión del juez sobre un punto de mero Derecho debía ser dictada en presencia de las partes? ¿Por qué, en este caso, los tribunales venezolanos debían apartarse de la jurisprudencia constante del Tribunal Supremo de Justicia y negarse a decidir un recurso de nulidad dentro de los tres días siguientes y antes de la audiencia preliminar?

415. La falta de respuesta a estas preguntas confirma que el profesor Brewer Carías es un perseguido y que el proceso penal ha sido y es un instrumento de persecución arbitraria contra él, que sólo se explica por su activa disidencia frente al actual régimen político en Venezuela. Se le imputa un delito político y se lo juzga políticamente, considerándolo, como él mismo lo expresó en la audiencia, como un *enemigo interno*, a quien hay que perseguir, desmoralizar, amedrentar y destruir.

416. El Presidente de esta honorable Corte, Juez Diego García-Sayán formuló al profesor Brewer Carías una pregunta sobre el Derecho interno venezolano, al final de su deposición en la audiencia de este juicio del 3 de septiembre de 2013, no ya en su condición de víctima, sino en su condición de profesor de Derecho público y conocedor del Derecho venezolano,[137] "una sola pregunta" "para tener claridad" – dijo- "*sobre el requisito, o no requisito, de que el imputado esté presente para que se resuelva el recurso de nulidad, preguntando: "es indispensable la presencia del imputado?*"; a lo cual el profesor Brewer Carías respondió, con toda precisión, lo siguiente:

> "*Para resolver el recurso de nulidad, absolutamente NO. Si me permite le explico: En Venezuela, como sabemos, la protección constitucional, el amparo, la tutela, está prevista como un derecho: el derecho a ser amparado, y no sólo como una acción individual. La protección constitucional se otorga por la acción autónoma de amparo, pero además, por las vías ordinarias cuando el ordenamiento las establece como vías de*

---

137 Recordamos a esta Corte, que efectivamente, el profesor Brewer Carías fue uno de los co-redactores de la Ley Orgánica de Amparo, y quizás el autor que más ha escrito sobre la institución del amparo constitucional en Venezuela. Véase sobre su participación en la redacción del Proyecto de Ley Orgánica de Amparo, sus trabajos: "Observaciones críticas al Proyecto de Ley de la Acción de Amparo de los Derechos Fundamentales (1985)"; "Proyecto de Ley Orgánica sobre el Derecho de Amparo (1987)"; y "Propuestas de reforma al Proyecto de Ley Orgánica de Amparo sobre Derechos y Garantías Constitucionales (1987)", en su libro: *Estudios de Derecho Público, Tomo III, (Labor en el Senado 1985-1987)*, Ediciones del Congreso de la República, Caracas 1989, pp. 71-186; pp. 187-204; y pp. 205-229, respectivamente.

amparo. Este es precisamente el caso del artículo 190 del COPP, que prevé la llamada solicitud de nulidad.

Esta solicitud de nulidad es por razones de nulidad absoluta, por razones de violación de derechos y garantías constitucionales, es un amparo en el ámbito penal, y se introduce ante el juez de control o de garantías contra los vicios de violaciones de derechos cometidos en la investigación penal, particularmente por la Fiscalía.

Ese recurso, esa solicitud de nulidad, el juez está obligado a resolverlo en tres días. Esa nulidad incluso puede decretarse de oficio. No requiere ni siquiera de instancia de parte y está obligado a resolverlo en tres días, sin audiencia alguna con las partes. Es el juez de control, llamado en otras partes juez de garantías, el llamado a resolverlo de inmediato; no tiene que resolverlo con las partes presente. Es más, la Sala Constitucional de Venezuela ha dicho reiteradamente que introducida una solicitud de nulidad por violación de derechos y garantías, el juez está obligado a resolverlo de inmediato y le está vedado posponer o traspasarla a la audiencia preliminar, donde si tiene que estar el imputado o el acusado.

En esta caso, el juez está obligado a resolverla sin diferirla a la audiencia preliminar; [está obligado a resolverla] antes de la audiencia preliminar; porque justamente la solicitud de nulidad es para limpiar el proceso de vicios de inconstitucionalidad, y sólo cuando se declara sin lugar la solicitud de nulidad, es que entonces se puede convocar a la audiencia, donde tiene que estar el imputado. Pero para resolver el recurso de nulidad, definitivamente no tiene que estar el imputado presente. El juez debe resolverlo solo."

417. Lo dicho por el profesor Brewer Carías, por lo demás, es la doctrina vinculante sentada en la materia por la Sala Constitucional, en las sentencias antes citadas En apoyo de lo expresado, además, el perito **Jesús Ollarves Irazábal**, en este mismo sentido, en su declaración oral ante esta Corte en la audiencia del día 3 de septiembre de 2013, como se ha dicho, consignó ante esta Corte una serie de sentencias de la Sala Constitucional del Tribunal Supremo de Justicia, algunas de las cuales antes hemos glosado (*Supra ¶ 408-*), en las cuales se reafirma y corrobora lo afirmado por el profesor Brewer Carías al responder la pregunta del Juez Presidente García Sayán; sentencias en las cuales se confirma que *la petición de nulidad absoluta por violación de derechos y garantías judiciales, es en sí misma una pretensión de amparo, especialísima en el campo penal, que el juez está obligado a decidir en el lapso brevísimo de tres días como lo exige el artículo 177 del COPP, sin necesidad de que las partes o el acusado estén presentes y aun de oficio, estándole además al juez vedado diferir la decisión del amparo constitucional o nulidad absoluta por violaciones constitucionales para la oportunidad de celebración de la audiencia preliminar.* Si lo hace, la Sala Constitucional ha considerado que ello constituye una violación indebida al debido proceso por parte del juez.[138]

418. La **Comisión Interamericana de Derechos Humanos**, en su Argumento Final expuesto por el Comisionado **Felipe González** ante esta honorable Corte al final de la audiencia del día 4 de septiembre de 2013, después de analizar "el conjunto de la prueba aportada ante la Corte que no necesariamente coincide con la que la que Comisión tuvo a su disposición para su análisis durante la tramitación," ofreció sus observaciones finales" considerando "los elementos adicionales de análisis que recibió del Tribunal y en su caso las posibles implicaciones frente a las conclusiones de la CIDH," concluyendo, que en cuanto al debate sobre "si el derecho interno realmente exige que el recurso de nulidad sea resuelto en la audiencia preliminar:"

> *"... la Comisión observa que la Corte cuenta con la siguiente información: primero, la distinción entre las diferentes nulidades según el Código Procesal Penal venezolano. Así la nulidad presentada por el Sr. Brewer Carías no es una nulidad contra la acusación sino contra todo lo actuado y por razones de derechos fundamentales. Segundo un grupo de sentencias de la Sala Constitucional del Tribunal Supremo de Justicia*

---

138 Ello por lo demás se ratifica en el *Amicus curiae* presentado ante esta Honorable Corte por el **Grupo de Profesores de Derecho Público de Venezuela**, al afirmar en el párrafo 192 de ese escrito: *A los efectos de lograr el ejercicio del control judicial respecto del cumplimiento de los derechos y garantías constitucionales, el Código Orgánico Procesal Penal venezolano ha establecido un remedio judicial de nulidad, sencillo y efectivo que ha sido calificado como "**recurso de nulidad**," por la Sala de Casación Penal138 y la Sala Constitucional del Tribunal Supremo de Justicia, y que se encuentra regulado en el Capítulo II ("De las nulidades") del Título VI ("De los Actos Procesales y las Nulidades"). Dicho "recurso" que es precisamente uno de los recursos sencillos y rápidos para asegurar el derecho a la protección judicial prevista en el artículo 25 de la Convención Americana, se puede ejercer por cualquiera de las partes en el proceso respecto de los actos y actuaciones fiscales y judiciales que puedan haber violado los derechos y garantías constitucionales; y se puede formular en cualquier estado y grado del proceso siempre que sea antes de dictarse sentencia definitiva; y que el juez está obligado a decidir de inmediato, es decir, perentoriamente, en el lapso de 3 día siguientes como lo dispone el artículo 177 del Código Orgánico, sin que se establezca oportunidad preclusiva única para ser decidido.*

Nota al pie: Tribunal Supremo de Justicia Sala de Casación Penal Caso: *Manuel Antonio Sánchez Guerrero y otros*, sentencia n° 205 de 14 de mayo de 2009, donde se indicó que las "solicitudes relativas a una nulidad no convalidable, como la alegada por el solicitante, en principio, **pueden ser planteadas en cualquier oportunidad, por ser denunciables en cualquier estado y grado del proceso y en virtud de la gravedad, así como la trascendencia del defecto que vicia el acto.**" en http://www.tsj.gov.ve/decisiones/scp/Mayo/205-14509-2009-C09-121.html. Igualmente, sobre que la solicitud de nulidad puede formularse en "cualquier estado y grado del proceso," "por la gravedad del vicio que afecta el acto objeto de la misma, se pronunció la Sala Constitucional Caso: *Edgar Brito Guedes*, 5 de noviembre de 2007 en http://www.tsj.gov.ve/decisiones/scon/Noviembre/2061-051107-07-1322.htm.

explicadas esta mañana por el Dr. Ollarves que indican que la posición sobre cuándo deben resolverse las nulidades dependen de la etapa procesal en que se presenta y especialmente, de la naturaleza de las mismas. Es de destacar la sentencia de la Sala Constitucional que indican que las solicitudes de nulidad en la etapa intermedia, como la del caso concreto, pueden resolverse o bien antes de la audiencia preliminar, o bien después de la misma dependiendo de su naturaleza, es decir, no sería obligatorio esperar a la audiencia preliminar para resolver la solicitud de nulidad."

419. Ahora bien, en contra lo dispuesto en el propio ordenamiento legal venezolano y en la jurisprudencia de la Sala Constitucional del Tribunal Supremo de Justicia, el propio Estado ha argumentado que supuestamente, conforme al derecho interno venezolano, la petición de nulidad absoluta o amparo constitucional penal contra las violaciones a los derechos y garantías constitucionales formulada conforme al artículo 190 del COPP, no podría ser resuelto sino en la audiencia preliminar y que, como quiera que ésta no ha podido tener lugar supuestamente a causa de la ausencia del profesor Brewer Carías, es un recurso que queda por agotar y cuya demora en ser decidido no puede considerarse como imputable al Estado y está justificada. La posición del Estado, que ha sostenido el "testigo-perito" **Néstor Castellanos** en su declaración en la audiencia celebrada ante esta Corte el 4 de septiembre de 2013, es errada, pues al contrario, conforme a la doctrina jurisprudencial que hemos mencionado y cursa en las actas de este proceso, planteada la solicitud de nulidad absoluta ante el juez de la causa antes de que se desarrolle la audiencia preliminar, el juez debe decidir dicho amparo, de inmediato, en el lapso de tres días, sin presencia de las partes, estándole vedado o prohibido, al juez diferir para el momento de la realización de la audiencia preliminar la decisión de la nulidad absoluta solicitada. Además, en este caso, el planteamiento del Estado parte en todo caso de un falso supuesto de hecho, al que ya nos hemos referido en nuestro *Escrito de Solicitudes, Argumentos y Pruebas* (¶¶ 40-46; y ¶¶ 160 y ss. y 443) y en las *Observaciones a la Excepción Preliminar*, así como en el presente Escrito (*Infra ¶ 541*), porque la audiencia preliminar en el proceso contra el profesor Brewer Carías y otros, fue suspendida y diferida por el juez de la causa en numerosas ocasiones desde noviembre de 2005, *sin que ello se haya debido, en ningún caso, a un hecho imputable al profesor Brewer Carías*.

420. Por otra parte, tampoco es cierto que, según el ordenamiento jurídico venezolano, la solicitud de nulidad absoluta o amparo penal en cuestión debe ser necesariamente resuelta en la audiencia preliminar, como lo pretende el Estado, y erradamente y contradictoriamente lo ha dijo ante esta Corte el testigo-perito **Néstor Castellanos** en la audiencia del 4 de septiembre de 2013. Esa posición del Estado *no sólo no se adecua a la Constitución venezolana, ni al Código Orgánico Procesal Penal (COPP), sino que tampoco se adecúa a la jurisprudencia aplicable al caso, es decir, no se adecua al Derecho interno venezolano*. En síntesis, fundamos esta conclusión sobre las siguientes consideraciones de hecho y de Derecho, que añadimos a lo dicho anteriormente sobre la materia (*Supra ¶ 313; Infra ¶ 555)*):

421. Las conclusiones de Derecho anteriormente expuestas encuentran asidero en la abundante jurisprudencia del Tribunal Supremo de Justicia, contemporánea con la fecha en que la nulidad fue demandada, que citamos en nuestro *Escrito de Solicitudes, Argumentos y Pruebas* (**ver ¶¶** 526 ss.), la cual hemos complementado con otras sentencias que hemos citados en párrafos anteriores de este *Escrito de la Alegatos y Observaciones Finales* (*Supra ¶ 408*), traídas a los autos por el Perito abogado **Jesús Ollarves Irazábal**; todo la cual aquí invocamos de nuevo.

422. Debe reiterarse, además, que en la sentencia No. 256 de 14 de febrero de 2002 (caso*: Juan Calvo y Bernardo Priwin)*,[139] citada en la sentencia No. 2061 (Caso: *Edgar Brito Guedes*), de 5 de noviembre de 2007,[140] la Sala Constitucional fue clara en disponer que dependiendo del vicio de nulidad aducido, si el recurso de nulidad se interponía en la fase intermedia, "el juez debe resolverla **bien antes de la audiencia preliminar, o bien como resultado de dicha audiencia,** *variando de acuerdo a la lesión constitucional alegada*", indicando solo que la decisión del recurso de nulidad formulado en la etapa intermedia podría ser "**preferible**" que se adoptase en la audiencia preliminar lo cual sólo y únicamente podría ocurrir si los vicios de nulidades denunciados en la petición de nulidad *son subsanables* por el juez para continuar el proceso; por lo que, por el contrario, como resulta del cúmulo de sentencias antes citadas (*Supra ¶ 408*), si los vicios de nulidad alegados en la petición de nulidad, son vicios de **nulidad absoluta, no subsanables,** por violación de derechos y garantías constitucionales, los mismos deben ser apreciados y resueltos, necesaria y obligatoriamente de inmediato por el juez, en un lapso de tres días, independientemente de dicha audiencia preliminar. La Sala Constitucional, ha considerado, además, como resulta de la jurisprudencia citada anteriormente (*Supra ¶ 408*), que en estos casos le está vedado al juez de la causa diferir la decisión de dicha petición de nulidad absoluta (nulidades no subsanables) a la audiencia preliminar, de manera que si lo hace y demora la decisión incurre en una nueva violación al debido proceso. Además, en la sentencia citada del caso *Juan Calvo y Bernardo Priwin de 2002,* la Sala Constitucional lo que resolvió fue que la solicitud de nulidad debía resolverse en la audiencia preliminar, sólo cuando se tratase de nulidades subsanables o "**cuando la nulidad coincide con el objeto de las cuestiones previas**", que es precisamente el caso de nulidades subsanables, y que no es el caso de la solicitud de nulidad absoluta intentado por los defensores del

---

139 Véase la sentencia Nº 256 de 14 de febrero de 2002 (caso*: Juan Calvo y Bernardo Priwin),* en http://www.tsj.gov.ve/decisiones/scon/Febrero/256-140202-01-2181%20.htm

140 Véase sentencia Nº 2061 (Caso: Edgar Brito Guedes), de 05/11/2007.**Anexo 119.** Véase en http://www.tsj.gov.ve/decisiones/scon/Noviembre/2061-051107-07-1322.htm

profesor Brewer Carías, que fue por la violación masiva y sistemática de sus derechos y garantías constitucionales durante la etapa de investigación.

423. La representación del Estado en el *Escrito de Contestación*, como ya lo hemos argumentado en nuestro *Escrito de Observaciones a la Excepción Preliminar* (¶ **91**) afirma que "la mala fe" de los peticionarios y de la Comisión derivaría del análisis de la jurisprudencia, citando una sentencia de la Sala Constitucional del Tribunal Supremo de Justicia de 16 de noviembre de 2001 que lo que en realidad resolvió fue que la convocatoria a la audiencia preliminar no presume la existencia de una violación al derecho a la seguridad personal y a la defensa que es lo que se aducía en el juicio en el cual se dictó (pp. 63 a 65). También citan la sentencia N° 1358 de la misma Sala Constitucional de 19 de octubre de 2009 la cual se refirió al caso del ejercicio de una acción de amparo constitucional, por denegación de justicia, contra un juez penal por haber fijado la audiencia preliminar sin antes haberse pronunciado sobre la solicitud de nulidad formulada contra el escrito de acusación (p. 65). Casos, ambos, que nada tienen que ver con el caso del recurso de nulidad absoluta intentado por los defensores de la víctima, y que no es contra omisión alguna del juez, sino solicitando amparo contra las violaciones masivas a sus derechos constitucionales en la etapa preliminar, el cual luego de ocho años aún no ha sido resuelto. En particular, en la sentencia últimamente mencionada No. 1358 de 19 de octubre de 2009, que citaron los representantes del Estado, que consultamos y comentamos en nuestro *Escrito de Observaciones a la Excepción Preliminar* (¶ **91**),[141] se refiere a un supuesto totalmente distinto, en el cual la Sala declaró inadmisible la acción de amparo contra la inacción de un tribunal penal en decidir una nulidad, en virtud de que la acción de amparo se intentó para impedir la realización de la audiencia preliminar en el caso, que fue la razón por la cual la Sala consideró que una vez convocada la audiencia preliminar, no podía impedirse su realización mediante una acción de amparo, en cuyo caso, las solicitudes de nulidad pendientes en ese caso específico en el cual ya se había convocado esa audiencia preliminar, debían entonces resolverse en la misma.

424. Nos permitimos, ***en conclusión***, resumir las anteriores consideraciones sobre el carácter injustificado del retardo de ocho años la solicitud de nulidad por inconstitucionalidad de la totalidad de las actuaciones fiscales, introducida por la defensa del profesor Brewer Carías el 8 de noviembre de 2005, en los términos siguientes:

1. En Venezuela están vigentes los principios de preeminencia de los derechos humanos y de justicia rápida, en especial cuando se trata de subsanar las violaciones a estos derechos.

---

141 En http://www.tsj.gov.ve/decisiones/scon/Octubre/1358-191009-2009-09-0173.html) **Anexo 138**.

2. En el sistema del Código Orgánico Procesal Penal, las violaciones a los derechos humanos constitucionales se remedian a través de la nulidad absoluta, no subsanable (Arts. 190 y 191).

3. El COPP no establece un plazo especial para resolver las solicitudes de nulidad absoluta, de modo que resulta aplicable la disposición general del artículo 177 del mismo Código, según el cual *en las actuaciones escritas las decisiones se dictarán dentro de los tres días siguientes.*

4. El plazo de tres días para decidir, tratándose de nulidades violaciones a los derechos humanos, se adecua perfectamente a los principios constitucionales del preeminencia de los derechos humanos y de justicia rápida.

5. El Juez de Control conoce de estas solicitudes de nulidad actuando como juez constitucional de garantía, y puede decidirla de oficio. La nulidad es una expresión especialísima del amparo en materia procesal penal, que encuentra fundamento en el artículo 27 de la Constitución y 25 de la Convención, que reconocen el ***derecho humano de amparo jurisdiccional.***

6. Según el COPP, las solicitudes de nulidad absoluta deben proponerse dentro de un lapso perentorio. En acatamiento a esa disposición, la defensa del profesor Brewer Carías solicitó la nulidad de todas las actuaciones fiscales por violaciones a los derechos humanos de éste en la primera oportunidad legal posterior al momento en que dichas actuaciones se consolidaron en el acto jurídico de acusarlo del delito de conspirar para cambiar violentamente la Constitución. Esa primera oportunidad legal era la de la contestación a dicha acusación.

7. La solicitud no pierde su autonomía por el hecho de haberse formulado junto con la contestación a la acusación, pues se trata de dos pretensiones distintas, sometidas a trámites y plazos también distintos.

8. No existe norma jurídica alguna que disponga que las solicitudes de nulidad absoluta por violación de los derechos humanos constitucionales deban resolverse en la audiencia preliminar del juicio penal, ni en presencia de las partes. Por el contrario, la jurisprudencia de la Sala Constitucional del Tribunal Supremo de Justicia ha sido clara en prohibir al juez la postergación de la decisión de tales solicitudes hasta la audiencia preliminar.

9. La pretensión de nulidad, de ser resuelta favorablemente, ocasiona la reposición de la causa y la consecuente inutilidad de toda consideración inmediata de todas las excepciones y defensas de fondo y forma que componían la contestación de la acusación. La reposición, por su parte, al subsanar todas las omisiones y violaciones a

las garantías procesales en las que incurrió el Ministerio Público, debe conducir a un acto conclusivo de exoneración de la responsabilidad penal del profesor Brewer Carías y al sobreseimiento de la causa. Ese desenlace hubiera privado de toda razón de ser a la contestación de una acusación que se habría desvanecido al reconducirse la investigación pulcramente y con pleno respeto del derecho a la defensa y al debido proceso en general. Por razones de lógica jurídica y de economía procesal no cabe, por lo tanto, considerar ni tratar la solicitud de nulidad como una parte conceptual de la contestación de la acusación, ni mucho menos que deba ser resuelta en la audiencia preliminar como lo pretende el Estado.

10. La posición del Estado según la cual, por el hecho de haber sido formulada dentro del escrito de contestación de la acusación, la solicitud de nulidad introducida por el profesor Brewer Carías tiene que resolverse en la audiencia preliminar carece de sentido lógico, de fundamento jurídico y de base legal, tanto desde el punto de vista procesal como desde el punto de vista sustantivo. Se trata de un argumento destinado, por una parte, a invitar a esta honorable Corte a no considerar el fondo de este caso y las graves violaciones que han sufrido los derechos humanos de la víctima (y que el Estado no se ha molestado en contradecir); y, por la otra, a dar nueva expresión a su insistente posición, según la cual el Derecho interno venezolano ordena que la víctima no puede obtener el amparo que la Constitución y la Convención le garantice sin antes abandonar su derecho a la libertad personal y entregarse en manos de sus perseguidores, que ejecutarían de inmediato la ilegal orden de captura que pesa en su contra, lo que es inaceptable, especialmente ante una instancia internacional de protección de los derechos humanos.

11. En consecuencia, el retardo del Juez de Control de más de ocho años en decidir la solicitud de nulidad de las actuaciones fiscales introducida el 8 de noviembre de 2005 es, según el Derecho interno venezolano, un caso de *retardo injustificado en la decisión del recurso interpuesto*, al tenor del artículo 46(2)(c) de la Convención.

B. La demora en decidir el recurso de nulidad es injustificada según la Convención Americana sobre Derechos Humanos y el Derecho internacional

425. De lo anterior resulta que en el proceso penal seguido contra el profesor Brewer Carías, sus abogados defensores formularon, conforme a lo expresamente previsto en el artículo 190 del COPP, una solicitud de nulidad absoluta de todo lo actuado en la fase de investigación del proceso penal, por la violación masiva de sus derechos y garantías constitucionales. El Juez de Control competente, desde noviembre de 2005 hasta la presente fecha se ha abstenido injustificadamente de decidir la petición de nulidad absoluta formulada (*Infra ¶ 553 ss.*).

426. Se trata de una demora en decidir el recurso de nulidad que es completamente injustificada según la Convención Americana sobre Derechos Humanos y el Derecho internacional. que un análisis a la luz de los hechos relevantes del caso, por una parte, y de las normas de la Convención y estándares del Derecho internacional, por la otra, proporciona criterios claros e indubitables para ilustrar la posición de esa honorable Corte. En tal sentido, son hechos probados ante la Corte e internacionalmente relevantes:

1. Que los abogados defensores del profesor Brewer Carías, solicitaron al juez de la causa, el 8 de noviembre de 2005, la declaratoria de la nulidad absoluta de todas las actuaciones del Ministerio Público durante la fase de investigación del proceso realizadas en violación de los derechos y garantías constitucionales de su defendido, reconocidos en la Constitución y en la Convención.

2. Que a la fecha de la introducción de la Petición ante la Comisión Interamericana de Derechos Humanos por violación de los derechos humanos reconocidos en la Convención durante ese proceso, dicha solicitud de nulidad no había sido resuelta, como tampoco lo había sido en la presente fecha.

3. Que a la fecha de la introducción de la Petición ante la Comisión Interamericana de Derechos Humanos por violación de los derechos humanos reconocidos en la Convención durante ese proceso, la audiencia preliminar correspondiente, no se había celebrado, como tampoco se ha celebrado en la presente fecha.

4. Que en todo caso, la suspensión y diferimiento sucesivo de la audiencia preliminar en la causa, en los términos concretos definidos por el propio Juez de la causa, en ningún caso tuvieron su origen en la no comparecencia del profesor Brewer Carías, ni en ningún otro hecho que le fuera imputable (**Anexo 55**).

5. Que, por lo tanto, cualquiera sea la interpretación del Derecho interno sobre la oportunidad de la decisión de la petición o recurso de nulidad, el hecho de que no se haya decidido no puede considerarse imputable al profesor Brewer Carías, en el marco factual preciso que configura el presente caso.

427. Con respecto al Derecho internacional aplicable, debe tenerse presente que la solicitud de nulidad de las actuaciones fiscales tiene por objeto amparar al profesor Brewer Carías frente a las violaciones a sus derechos humanos cometidos por el Ministerio Público en la fase de investigación del proceso penal, por lo que se corresponde, como hemos dicho antes, con el derecho contenido en el artículo 25 de la Convención. Este es un punto que toca *al fondo*, a la materia que hemos sometido a esa honorable Corte en nuestro *Escrito de Solicitudes, Argumentos y Pruebas*, y que resumimos en la Séptima Parte de este *Escrito de Alegatos y Observaciones Finales*. Según el artículo 25 de la Convención, el Estado está obligado a suministrar un recurso *efectivo, sencillo y rápido* para la defensa de los derechos humanos. Para cumplir con esa obligación, el Estado debió decidir ese recurso de nulidad absoluta dentro de los tres días siguientes a su introducción que pauta el artículo 177 del COPP. Si el juez decidió no hacerlo, y pospuso indefinidamente la decisión de esa nulidad absoluta, no puede excusarse en que le Derecho interno le ordenaba esperar la realización de la audiencia preliminar (como lo pretende erradamente el Estado). En todo caso, el hecho de que el mismo juez haya pospuesto y diferido la realización de la audiencia preliminar, ello, según él mismo, nunca fue imputable al profesor Brewer Carías. Según una conocida regla de Derecho internacional consuetudinario, codificada en el artículo 27 de la Convención de Viena sobre el Derecho de los Tratados, *"una parte no podrá invocar las disposiciones de su derecho interno como justificación del incumplimiento de un tratado"*. Por lo tanto, si el ordenamiento jurídico venezolano dispusiera (que no es cierto que lo disponga), que la decisión sobre la nulidad absoluta por violación de las garantías procesales protegidas por la Convención puede posponerse indefinidamente hasta tanto la audiencia preliminar se realice efectivamente, la única conclusión posible sería que *el Derecho interno no se ha adecuado a la Convención y que, además de los artículos 8 y 25, se han violado también los artículos 1(1) y 2 de la Convención. No debe olvidarse, por lo demás, que al tenor de sus obligaciones generales de respeto y garantía de los derechos humanos, es el Estado el obligado a crear las condiciones necesarias para que cualquier recurso pueda tener resultados efectivos*[142].

428. La otra vertiente con respecto a la cual debe valorarse el tema de la oportunidad para la decisión de un recurso tiene que ver con la *admisibilidad* de una petición ante la CIDH, puesto que el requisito de previo agotamiento de los recursos internos queda eximido si se establece que hay *"retardo injustificado en la decisión sobre los mencionados recursos"* (art. 46(2)(c) de la Convención). Para determinar si la demora en la decisión de un recurso es injustificada a la luz del artículo 46(2)(c) de la Convención, esa honorable Corte ha acudido al estándar de *razonabilidad* contenido en el artículo 8 de la Convención y ha apreciado que un lapso de cinco años sin que se haya dictado sentencia *"rebasa los límites de la razonabilidad prevista por el artículo 8.1 de la Convención"*[143].

429. Un lapso de ocho años de demora para resolver una denuncia de violación de los derechos humanos en un proceso penal no puede ser conside-

---

142 Corte IDH, *Caso Bulacio Vs. Argentina*. Fondo, Reparaciones y Costas. Sentencia de 18 de Septiembre de 2003. Serie C N° 100, ¶ 127.

143 Corte IDH, *Caso Genie Lacayo*. Sentencia de 29 de enero de 1997. Serie C N° 23, ¶ 81. También, Corte IDH, *Caso Suárez Rosero*. Sentencia de 12 de noviembre de 1997. Serie C N° 35, ¶ 73

rado en modo alguno razonable ni justificado. El Estado alega que el Derecho interno venezolano impone que la decisión sea adoptada en la audiencia preliminar y que ésta no puede celebrarse porque el profesor Brewer Carías se ausentó del país y no ha comparecido a la audiencia. Ya hemos demostrado que no es cierto que el Derecho interno venezolano paute semejante cosa. El Estado no ha conseguido señalar norma jurídica alguna que excluya las nulidades absolutas penales del ámbito de aplicación del artículo 177 del COPP, que dispone un lapso general de tres días para decidir las nulidades en las actuaciones escritas. Tampoco ha desmentido la jurisprudencia que hemos presentado, en el mismo sentido de nuestra argumentación.

430. Tampoco ha podido presentar el Estado prueba alguna de tan siquiera un caso en que la audiencia preliminar haya sido diferida a causa de la incomparecencia del profesor Brewer Carías. Por el contrario, lo que consta en autos es una decisión judicial (**Anexo 55**) (*Supra ¶ 142*), donde explícitamente se da cuenta de numerosas postergaciones de esa audiencia, a causa de iniciativas de la defensa de otros coacusados en el mismo proceso, particularmente la Sra. Cecilia Sosa Gómez y el Sr. Guaicaipuro Lameda (*Supra ¶¶ 21, 143*). *Esa decisión, en cambio sí prueba que la audiencia preliminar, en la práctica, no se realiza en fecha fija, sino que está sujeta a múltiples causas de diferimiento*. Este último concepto no se compadece con los principios de preeminencia de los derechos humanos, de justicia rápida y de recursos sencillos, rápidos y efectivos para remediar sus violaciones, recogidos en la Constitución venezolana y en la Convención.

431. De todos modos, *gratia arguendi*, cabe preguntarse, ¿es razonable que se esperen ocho años para decidir un asunto sencillo y que toca la protección de los derechos humanos, que es de toda prioridad según la Constitución y la Convención? ¿Dónde estaría la razonabilidad de una normativa (que no existe, por cierto) que condicionara la protección debida a los derechos humanos de un procesado a la celebración de una audiencia preliminar, que podría contaminarse con la nulidad pendiente de decisión? ¿No es más razonable decidir de inmediato lo relativo a la violación de los derechos humanos, antes de continuar con un proceso cuestionado? ¿Qué es lo que haría imprescindible la presencia de la víctima para decidir un recurso de mero Derecho, que podría poner fin al proceso, y que además podría ser planteado de oficio por el juez? ¿Qué podía decir la víctima que no pudieran decir sus abogados? ¿Por qué la decisión del juez sobre un punto de mero Derecho debía ser dictada en presencia de las partes? ¿Por qué una solicitud de nulidad destinada a amparar un procesado cuyos derechos se denuncia que han sido violados, debe esperar para su decisión a la celebración de un acto procesal formal y determinado, como lo es la audiencia preliminar, y no resolverse sin apego a formas y solemnidades inútiles, de manera sencilla e inmediata, o por lo menos, rápida?

432. La Sala Constitucional del Tribunal Supremo de Justicia, como lo hemos mostrado antes, ya ha concluido que es irrazonable sujetar la decisión sobre estas nulidades a un acto procesal, como lo es la audiencia preliminar.

Le corresponde ahora a esta honorable Corte pronunciarse al respecto. Recordamos que ella misma ha definido en su jurisprudencia *"el sentido de la protección otorgada por el artículo 25 de la Convención,"* consistente en:

> *"la posibilidad real de acceder a un recurso judicial para que la autoridad competente y capaz de emitir una decisión vinculante determine si ha habido o no una violación a algún derecho que la persona que reclama estima tener y que, en caso de ser encontrada una violación, el recurso sea útil para restituir al interesado en el goce de su derecho y repararlo."*[144] *(Énfasis agregado).*

433. La interpretación que trae el Estado ante esta Corte, para tratar de impedir que ella oiga el fondo del presente caso, no sólo carece de base legal, sino que está reñida con la lógica procesal y sustantiva. Según la primera, lo lógico es depurar el proceso de las nulidades que puedan afectar etapas previas antes de entrar en las sucesivas. Según la segunda, las cuestiones atinentes a la protección de los derechos humanos deben atenderse con la mayor prioridad y sin formalismos que no sean estrictamente necesarios.

434. La posición que ha sostenido la representación del Estado en el presente caso, a más de no sustentarse en el Derecho interno aplicable, es irrazonable. Tan irrazonable que, en el supuesto en que sí existiera (que no existe) una norma jurídica que ordenara resolver las nulidades por inconstitucionalidad en la audiencia preliminar, se trataría de una norma interna contraria a la naturaleza y características del recurso contemplado en el artículo 25 de la Convención, pues no se trataría de un recurso sencillo, ni rápido ni efectivo.

435. Por otra parte, si semejante disposición existiera dentro del orden jurídico venezolano (que no existe), el Juez debería inaplicarla y fundamentar su decisión directamente en el artículo 25 de la Convención, para adoptarla de forma sencilla y rápida. El juez venezolano está obligado, en los términos que ha definido reiteradamente esta Corte. A *"ejercer una especie de "**control de convencionalidad**" entre las normas jurídicas internas que aplican en los casos concretos y la Convención Americana sobre Derechos Humanos...*[145].

---

144 Corte IDH Caso *Jorge Castañeda Gutman vs. México* de 6 de agosto de 2008. ¶ 100 en http://www.Corte IDH.or.cr/docs/casos/articulos/seriec_184_esp.pdf.

145 Corte IDH, *Caso Almonacid Arellano.* Sentencia del 26 de septiembre de 2006. Serie C N° 154; párr. 124. Desde entonces, la Corte ha acudido reiteradamente al mismo concepto para enfatizar la función del juez interno en la aplicación de la CADH y como agente del Estado para ese propósito: Corte IDH, *Caso Trabajadores Cesados del Congreso (Aguado Alfaro y otros).* Sentencia de 24 de noviembre de 2006. Serie C N° 158, ¶ 128; Corte IDH, *Caso La Cantuta.* Sentencia de 29 de noviembre de 2006. Serie C N° 162, ¶ 173; Corte IDH, *Caso Boyce y otros.* Sentencia de 20 de noviembre de 2007. Serie C N° 169, ¶ 78; Corte IDH, *Caso Heliodoro Portugal.* Sentencia de 12 de agosto de 2008. Serie C N° 186, ¶ 180; Corte IDH, *Caso Radilla Pacheco.* Sentencia de 23 de noviembre de 2009. Serie C N° 209, ¶ 339; Corte IDH, *Caso Rosendo Cantú.* Sentencia de 31 de agosto de 2010. Serie C N° 216, ¶ 219; Corte IDH, *Caso Ibsen Cárdenas e Ibsen Peña.* Sentencia 1 de septiembre de 2010.

La Corte, sin embargo, también se ha cuidado de aclarar que ese control deben hacerlo los jueces nacionales *"en el marco de sus respectivas competencias y de las regulaciones procesales correspondientes."*[146] Este último requerimiento se cumple plenamente en Venezuela, donde los jueces no sólo están facultados sino obligados a aplicar la disposición más favorable al ser humano proveniente del Derecho internacional, por encima incluso de la Constitución. Así lo determina el artículo 23 de la Constitución venezolana:

> *"Artículo 23. Los tratados, pactos y convenciones relativos a derechos humanos, suscritos y ratificados por Venezuela, tienen jerarquía constitucional y prevalecen en el orden interno, en la medida en que contengan normas sobre su goce y ejercicio más favorables a las establecidas en esta Constitución y en las leyes de la República, y son de aplicación inmediata y directa por los tribunales y demás órganos del Poder Público." (Énfasis y subrayado añadidos).*

436. Por consiguiente, cualquiera sea la posición que se adopte con respecto al plazo que tiene la juez `para decidir una solicitud de nulidad de las actuaciones fiscales por inconstitucionalidad, la conclusión es la misma, pues todas las posibilidades condicen a que un plazo de ocho años sin decidir, es irrazonable y por lo tanto, configura un caso de ***retardo injustificado.***. Nuevamente acá, la posición que se adopte con respecto a la interpretación del Derecho interno no tiene mayor influencia para determinar que se configura el supuesto de retardo injustificado en la decisión de la nulidad absoluta demandada por el profesor Brewer Carías. Porque caben básicamente dos posibilidades:

1. Que nuestra interpretación del Derecho interno venezolano, por las razones que ya hemos expuesto y que, como lo sostenemos, el Juez de Control debió decidir la solicitud de nulidad que le fue interpuesta dentro de los tres días siguientes. En esta hipótesis, como un lapso de tres días sin duda cumple con el estándar internacional de razonabilidad, una demora de ocho años en decidir no sería únicamente una violación del Derecho interno, sino también una transgresión de

Serie C Nº 217, ¶ 202; Corte IDH, *Caso Gomes Lund y otros ("Guerrilha do Araguaia")*. Sentencia de 24 de noviembre de 2010. Serie C Nº 219, ¶176; Corte IDH, *Caso Chocrón Chocrón*. Sentencia de 1 de julio de 2011. Serie C Nº 227, ¶ 164; Corte IDH, *Caso Attala Riffo y Niñas*, Sentencia de 24 de febrero de 2012. Serie C Nº 239, ¶ 282; y Corte IDH, *Caso Furlan y Familiares*. Sentencia de 31 de agosto de 2012. Serie C Nº 246, ¶ 303; Corte IDH, *Caso Masacres de Río Negro*. Sentencia de 4 de septiembre de 2012. Serie C Nº 250, ¶ 262.

146 Así lo ha expresado la Corte en alguna jurisprudencia. Cf. Corte IDH, *Caso Trabajadores Cesados del Congreso...*, *cit.*, ¶ 128; Corte IDH, *Caso Radilla Pacheco...*, *cit.*, ¶ 339; Corte IDH, *Caso Furlan y Familiares...*, *cit.*, ¶ 303; Corte IDH, *Caso Masacres de Río Negro...*, *cit.*, ¶ 262.

la Convención. En este supuesto, es obvio que el retardo de ocho es más que injustificado.

2. Que la interpretación del Estado sobre el Derecho interno sea la acertada (que no lo es), de modo que la decisión de la nulidad absoluta debería esperar la audiencia preliminar, como sostiene el Estado. Es obvio que someter una decisión sobre denuncias de graves violaciones al debido proceso al término incierto de la realización de un acto procesal que no tiene como objeto legal el conocimiento y decisión de esas denuncias, es *irrazonable* y lesiona el derecho a que tales violaciones sean resueltas mediante un recurso *sencillo, rápido y efectivo*, según lo pauta el artículo 8 de la Convención. En ese supuesto, la demora en celebrarla sería, por lo tanto, igualmente injustificada según el Derecho internacional y obedecería a la organización procesal penal en Venezuela, es decir, a un defecto del orden jurídico venezolano imputable como tal al Estado.

437. No se trata, pues, de elucubrar sobre interpretaciones *in abstracto*, sino de analizar los hechos concretos del presente caso a la luz de los derechos del profesor Brewer Carías y de las obligaciones de Venezuela según la Convención y el Derecho internacional, análisis que no deja margen de duda con respecto al retardo injustificado en la decisión de la petición, solicitud o recurso de nulidad interpuesto por el profesor Brewer Carías ante la jurisdicción venezolana, en amparo de sus derechos y garantías constitucionales y convencionales, que lo exceptuó de continuar esperando a que se decidiera para acudir a la CIDH (y más tarde a esta Corte) en procura de la protección internacional a los derechos humanos que la Convención le garantiza, y que el Estado le ha negado sistemáticamente. Por lo demás, reiteramos una vez más que la pretensión del Estado de que, para obtener la protección que le debe esta honorable Corte, el profesor Brewer Carías debe pagar el precio de someterse al proceso viciado donde ya se han violado masiva y sistemáticamente sus derechos al debido proceso y al acceso a la justicia, significa, ni más ni menos, la pretensión de valerse de estos sagrados estrados para coronar la violación de su derecho a un juicio justo.

CUARTA PARTE
VIOLACIÓN AL DERECHO A UN JUEZ IMPARCIAL E INDEPENDIENTE (ARTÍCULO 8.1, CADH)

438. Hemos denunciado también en el *Escrito Autónomo de Solicitudes, Alegatos y Pruebas,* (¶¶ 129- 132, 230, 242, 245, 256, 301, 304 ss.), cuyo texto damos aquí también por reproducido, como una flagrante violación al derecho del profesor Brewer Carías a un juez imparcial e independiente que le garantiza la Convención Americana, y que ha ocurrido durante todo el proceso penal en su contra, que desde su inicio estuvo *siempre y únicamente a cargo de jueces de control y de fiscales temporales o provisorios* (*EASAP* ¶¶ *129-132, 230, 242, 245, 256, 301, 304 ss.*) que carecían de independencia e imparcialidad pues no tenían garantía alguna de estabilidad, ni de permanencia, y eran de libre nombramiento y remoción discrecional por parte de la Comisión especial creada en el seno del Poder Judicial en ausencia de Jurisdicción Disciplinaria Judicial (*EASAP ¶¶ 256 ss; 288 y ss., 298, 301 ss., 304, 306*). Hechos todos éstos que están probados en este proceso (*Supra ¶¶ 27 ss.*).

439. Sobre el derecho a un juez imparcial e independiente, es decir, sobre "la imparcialidad y la independencia de los jueces" como "requisito fundamental para la vigencia de las garantías del debido proceso" consideramos de primera importancia el contenido del *Informe pericial* presentado ante esta honorable Corte por el perito designado por la *Comisión Interamericana de Derechos Humanos*, el Dr. **José Jonathan Zeitune**, de fecha 26 de agosto de 2013, en el cual en forma muy precisa analizó los *estándares internacionales aplicables a los jueces en relación con el ingreso y permanencia en el Poder Judicial; la autonomía e independencia del Poder Judicial; y el impacto en la defensa de los derechos humanos.* Igualmente consideramos importante recoger aquí lo expresado ante esta honorable Corte por el perito, profesor **Carlos Tiffer** en su *Informe Pericial*, en el cual reafirmó que "el derecho de cualquier ciudadano a ser juzgado por un tribunal imparcial e independiente constituye el núcleo del debido proceso"[147].

440. Por tanto, como lo informó el perito **Carlos Tiffer**, "si no se cuenta con un juez imparcial y objetivo, no es posible proteger y garantizar los derechos y garantías de una persona acusada en un proceso penal." Para garantizar que un juzgamiento, como lo indica el perito **Carlos Tiffer**, "sea una decisión libre, sin ningún tipo de intromisiones, sin favorecer a ninguna de las partes y únicamente limitarse a su competencia que ha sido definida previamente por ley," es indispensable "**que los nombramientos de los jueces se hagan por medio de un adecuado proceso de selección, así como que se garantice la inamovilidad del cargo, lo mismo de que existan controles efectivos que garanticen a los jueces la ausencia de presiones externas o internas en la toma de sus decisiones.**"

441. Y precisamente ello es lo que no se le garantizó al profesor Brewer en el proceso penal en Venezuela, en una situación donde el poder judicial

---

147 Sobre este punto también se insistió en el *Amicus curiae* de la **Comisión de Derechos Humanos de la Federación de Colegios de Abogados de Venezuela** (Humberto Prado), de 30 de agosto de 2013, al indicar que "la independencia e imparcialidad de los jueces y fiscales que procesan a las personas es una de las garantías fundamentales más importantes para la existencia de un debido proceso legal." En sentido coincidente también se pronunció el profesor **Olivo Rodríguez**, en representación de la **Asociación Dominicana de Derecho Administrativo**, en el *Amicus curiae* que presentó el día 12 de agosto de 2013; así como los diversos profesores del **Foro Iberoamericano de Derecho Administrativo** que presentaron Amicus curiae (Jaime Rodríguez Arana et al) y de la **Asociación Internacional de Derecho Administrativo** (Libardo Rodríguez et al) en sendos *Amicus curiae* que presentaron ante esta honorable Corte Interamericana durante el mes de agosto de 2013.

contrasta con lo que se ha definido como los *"estándares desarrollados por los órganos del Sistema Interamericano y el Sistema Universal de Protección de los derechos humanos."*[148].

442. En efecto, al contrario de lo que se establece en esos estándares, tal como la ha afirmado el profesor Antonio Canova en el *Informe Pericial* presentado ante esta honorable Corte Interamericana de fecha 29 de agosto de 2013, es claro:

> *"que el Poder Judicial venezolano no es independiente ni autónomo y que responde a intereses del Gobierno, por lo que no es una garantía de juicio justo e imparcial contra el profesor Brewer Carías, quien ha tenido una postura pública de denuncia y crítica fundamentada contra el gobierno venezolano desde la llegada a la Presidencia de la República en 1998 de Hugo Chávez"*

443. La **situación general de provisionalidad de la mayoría de los jueces** en el poder judicial venezolano, que está probada en autos (*Supra* ¶¶ *33 ss.*), y está corroborada por lo expuesto por el Perito profesor **Antonio Canova** en su exhaustivo informe pericial rendido ante es honorable Corte. El Estado no ha contradicho esa situación, la cual además, a todo evento se corrobora de lo expresado en la *declaración testimonial* presentada por el supuesto testigo presentado por el Estado, Dr. **Luis Fernando Damiani Bustillos** de fecha 21 de agosto de 2013, en la cual señaló ante esta honorable Corte, en síntesis:

a) Que "en Venezuela, el Poder Judicial nunca ha sido independiente de los demás poderes públicos tampoco en la democracia representativa burguesa que empezó a funcionar desde 1958 [...]."

b) Que "la dependencia política de los jueces ha sido un rasgo fundamental del sistema judicial venezolano, muy vinculado con el funcionamiento del sistema político institucional."

c) Que la evaluación y la reorganización del Poder Judicial a partir de 1999 "ocasionó vacíos en diversos tribunales del país, como consecuencia de la destitución de sus ocupantes."

---

148 Estas mismas inquietudes se han explicitado ante esta Corte Interamericana en muchos de los *Amicus curiae* que se le han sometido, en particular, por las **Comisiones de Derechos Humanos de los Colegios de Abogados de Venezuela (Humberto Prado)**, por la **Asociación Dominicana de Derecho Administrativo (Olivo Rodríguez, Eduardo Jorge Prats)**, por diversos profesores de derecho administrativo de España y Latino América, miembros del **Foro Iberoamericano de Derecho Administrativo (Jaime Rodríguez Arana et al.)**, por diversos profesores de derecho administrativo, miembros de la **Asociación Internacional de Derecho Administrativo (Libardo Rodríguez et al.)**.

d) Que para asegurar el funcionamiento del poder judicial, la Comisión Judicial "nombró jueces provisorios en virtud de proveer las vacantes ocurridas."

e) Que el resultado de ese proceso fue que en 2002 el 81% de la totalidad de los jueces eran provisorios; desde 2003 "se incrementó y se elevó la proporción de los jueces provisorios de 1512 en 2002 a 1773 en el 2003"; en 2007 se designaron 1451 jueces de los cuales 12% eran provisorios, 63% temporales y 24% accidentales; que en 2009 se nombró 359 jueces de los cuales 136 eran temporales, 138 accidentales 59 provisorios y sólo dos titulares.

f) Que frente a esa realidad, el Tribunal Supremo buscó establecer un sistema de "regularización" de la titularidad de los jueces, con el "objetivo de convertir a los jueces provisorios en jueces titulares."

g) Que para agosto de 2013, la situación del Poder Judicial es que de un total de 1997 jueces, 1095 son provisorios, 183 temporales y 657 titulares.

444. Al responder la pregunta 4 que le formulamos como representantes de la víctima, sobre la situación en el ámbito de la justicia penal, el Dr. Damiani fue preciso en informar que "*actualmente en Venezuela contamos con 518 jueces provisorios, que constituyen el 61 % de la población de los jueces penales; 20 jueces suplentes especiales que representan 2 % del universo total de jueces penales; 61 jueces temporales que expresan el 7 % de la integridad de los jueces penales* y 253 jueces titulares que connotan el 30 % de la totalidad de los jueces penales." Vale decir, que el <u>70% de los jueces penales venezolanos carece de estabilidad y está sujeto a ser removido sin proceso, causa legal ni motivación alguna</u>.

445. Esta declaración del Dr. Damiani se asemeja (aunque no coincide) con la información suministrada por el Estado en su *Contestación*, (contenida en sus anexos "24" y "25"), y de la cual resulta que del total general de jueces (1949), sólo el 34,53% son jueces titulares, por lo que el 65,47% de los jueces en Venezuela carecen de estabilidad. En el ámbito penal, la situación es más grave: de los 822 jueces penales que habría en Venezuela, sólo el 31, 51% serían titulares y, por lo tanto, el 68,49% de los jueces penales en Venezuela carecen de estabilidad[149].

---

149 Precisamente por todas las violaciones denunciadas en este caso al derecho del profesor Brewer Carías a un juez independiente e imparcial, la **Federación Interamericana de Abogados** en el *Amicus curiae* presentado ante esta Honorable Corte firmado por su Presidente abogado **José Alberto Álvarez**, por el Presidente de su Comité de Derecho Constitucional, abogado **Fernando Saenger**, por su ex presidentes abogado **Renaldy Gutiérrez** y por su ex Secretario General, abogado **Dante Figueroa** con fecha 23 de agosto de 2013, ha considerado que este caso es una ocasión importante para que esta Corte Interamericana, en su sentencia, desarrolle los estándares sobre la garantía de la independencia e imparcialidad de los jueces y fiscales: "La

446. Todo lo anterior no hace sino confirmar la situación general del Poder Judicial, sobre la provisionalidad de los jueces, y que en el caso del proceso penal seguido contra el profesor Brewer Carías, se puso de manifiesto en

---

sentencia de la Corte tendrá importantes repercusiones para las garantías judiciales y la independencia de los sistemas legales en la región," razón por la cual presentaron ante esta honorable Corte "algunas consideraciones jurídicas sobre la materia del proceso que cursa ante esta Corte, en particular [...] sobre el derecho de las personas a ser juzgadas por jueces imparciales, autónomos e independientes; todos éstos derechos que han sido denunciados como violados por el Estado venezolano en perjuicio del profesor Brewer-Carías, en el proceso penal seguido en Venezuela en su contra desde 2005" (¶ 2).

La misma **Federación Interamericana de Abogados (FIA)**, en dicho *Amicus curiae*, al hacer su análisis de la situación del Poder Judicial en Venezuela, partió de las premisas sentadas por esta honorable Corte "en sus importantes y recientes sentencias dictadas en los Casos *Tribunal Constitución vs. Perú, Apitz y otros vs. Venezuela, Reverón Trujillo vs. Venezuela, y Chocrón Chocrón vs. Venezuela*, en relación precisamente con procesos seguidos contra Venezuela," en las cuales se refirió "al principio de independencia judicial indicando que "constituye uno de los pilares básicos de las garantías del debido proceso", "indispensable para la protección de los derechos fundamentales", que por ello "debe ser respetado en todas las áreas del procedimiento y ante todas las instancias procesales en que se decide sobre los derechos de la persona"; precisando además entre sus elementos constitutivos: "*un adecuado proceso de nombramiento, la inamovilidad en el cargo y la garantía contra presiones externas*" (¶ 48). Observó la **Federación Interamericana de Abogados** que formalmente el sistema constitucional y legal venezolano previó todos estos principios, los cuales sin embargo, como lo viene observando la Comisión Interamericana no se han implementado adecuadamente en el país "dejándose constancia de que los concursos públicos para los jueces en general no se han realizado, y las remoción de los mismos durante la década pasada ha sido discrecional" (¶¶ 53, 55), destacando la **FIA** la preocupación expresada por la Comisión Interamericana de Derechos Humanos (*Informe Anual de 2009*) de que en muchos casos, "los jueces son removidos inmediatamente después de adoptar decisiones judiciales en casos con impactos políticos importantes," concluyendo con la afirmación de la Comisión Interamericana de que "la falta de independencia judicial y de autonomía en relación con el poder político es, en opinión de la Comisión el punto más débil de la democracia venezolana." (¶ 56), concluyendo la FIA, con lo siguiente:

"**60.B.** En cuanto a las consideraciones jurídicas expuestas sobre *el derecho de las personas a ser juzgados por jueces imparciales, autónomos e independientes* garantizado en el artículo 8 de la Convención Americana sobre Derechos Humanos, el mismo obliga a los Estados a asegurar que los jueces gocen de las debidas garantías de estabilidad en el ejercicio de sus cargos, por lo que dicho derecho resultaría violado si un proceso penal resulta conducido por jueces *provisorios* los cuales no garantizan el derecho a ser juzgado por jueces independientes e imparciales, pues que no gozan de estabilidad y son particularmente susceptibles a presiones externas, conviniendo los estándares internacionales que regulan la materia, interpretados a la luz de dicho artículo 8 de la Convención Americana. En consecuencia, partiendo de la doctrina establecida por esta honorable Corte Interamericana, habiendo sido el proceso penal seguido contra el profesor Brewer Carías en Venezuela conducido por jueces y fiscales provisorios, se debe concluir que dicho juzgamiento constituye una violación al mencionado artículo 8 de la Convención Americana."

el hecho de que todos los jueces que intervinieron en el mismo fueron jueces provisorios.

447. Por ello la Comisión Interamericana de Derechos Humanos, en sus Alegatos finales expresados por el Dr. **Felipe González** ante esta honorable Corte en la audiencia del día 4 de septiembre de 2013, dejó claro su criterio expresando que:

> *"En cuanto a la falta de independencia institucional, desde hace más de una década la Comisión ha identificado diversas amenazas al principio de separación de poderes en Venezuela, un ejemplo significativo, entre diversos otros, fue el nombramiento de magistrados del Tribunal Supremo de Justicia en el año 2000, que aun tiene efecto, sin que se cumplieran las salvaguardas constitucionales respectivas para asegurar la independencia a la cabeza del poder judicial, respecto a los poderes legislativo y ejecutivo. En cuanto a la falta de independencia personal su más clara manifestación la constituye la endémica situación de temporalidad y provisionalidad en que se encuentran las autoridades judiciales y el Ministerio Público en Venezuela como ya ha podido conocerlo esta Corte en varios casos.*
>
> *En la investigación y proceso penal del Sr. Brewer Carías, la totalidad de las autoridades judiciales que han tenido conocimiento han sido provisorias. Los riesgos de dicha provisionalidad se han visto claramente materializados en este caso, señalo dos ejemplos centrales al respecto: primero, después de que una Sala declaró la nulidad de la prohibición de salida del país por considerarla inmotivada, dos de sus miembros fueron separados de sus cargos, y segundo el juez de control de garantías que solicitó a la fiscalía el expediente, y que ante la negativa de la fiscalía ofició a su superior jerárquico, fue removido sin proceso disciplinario ni motivación alguna."*[150] (Énfasis nuestro)

448. En sentido similar se pronunció el profesor el profesor **Canova** quien al analizar la situación de la Judicatura y para verificar el incumplimiento de las garantías de independencia e imparcialidad de la justicia, estudió los aspectos que han guiado al manejo del Poder Judicial en Venezuela desde 1999, y que se refieren a *"la ausencia de condiciones objetivas y predefinidas en el nombramiento de los jueces; las limitaciones al acceso a la carrera judicial de los jueces; y el alcance del régimen de las destituciones*

---

150 En ese sentido, el *Amicus curiae* presentado ante esta Corte suscrito por las **Comisiones de Derechos Humanos de Dieciocho Colegios de Abogados de Venezuela**, destaca que el presente caso *"permite a esta Corte IDH desarrollar su jurisprudencia sobre la garantía a ser juzgado por un juez y acusado por un fiscal imparcial e independiente, no desde la óptica del juez como víctima, como ya lo ha hecho este tribunal en otras oportunidades, sino desde la dimensión de la persona acusada como sujeto y la consecuencia de la violación al derecho a ser juzgado por un juez que no cumple con dichos requisitos"*

disciplinarias y la discrecionalidad absoluta o arbitrariedad para la remoción, sin motivos, explicaciones ni procedimiento previo, de la mayoría de los jueces en Venezuela." *Para llegar a estas conclusiones partió de la constatación de que siendo el propio Tribunal Supremo "el que ejerce la dirección y administración del Poder Judicial, puede explicarse el régimen de nombramiento y remoción de los demás jueces aplicado en la práctica, bastante distante al previsto constitucionalmente," desarrollado a través de una "emergencia judicial" transitoria e interminable a cargo de diversas "Comisiones" con facultades discrecionales para nombrar y destituir jueces. Sobre los nombramientos de jueces, explicó el perito profesor **Canova**, los únicos escasos concursos de oposición públicos que se realizaron en Venezuela fueron en el año 2000, de manera que posteriormente, "el resto del Poder Judicial ha sido designado por la Comisión Judicial y, por tanto, se trata de jueces, temporales, provisorios o accidentales, sin estabilidad ni carrera judicial." El análisis pormenorizado de la situación del poder judicial en la práctica, es lo que llevó al profesor **Canova** a concluir que incluso ante la carencia de cifras oficiales, "todo indica que la enorme mayoría de los jueces venezolanos carecen de estabilidad, no han entrado en la carrera judicial, y pueden ser removidos libre y arbitrariamente por la Comisión Judicial del TSJ."*

449. *Sobre este régimen de remoción, en el Informe Pericial del profesor **Canova** éste hizo mención, de nuevo, al régimen de transición vigente hasta que se sancionó la Ley del Código de Ética de los Jueces en 2009, observando sin embargo que el avance que podía significar la previsión de que dicho Código de Ética "se aplicaría a todos los jueces de la República, sin importar si son titulares, provisorios, temporales o accidentales, e incluso a los propios magistrados del TSJ (artículos 1 y 2)," otorgando "a los jueces provisorios, temporales o accidentales, la estabilidad propia de la carrera judicial, limitando el poder discrecional de la Comisión Judicial del TSJ para removerlos sin que medien razones o procedimiento previo", fue truncada por la Sala Constitucional del Tribunal Supremo de Justicia No. 516 de 7 de mayo de 2013 mediante la cual, como medida cautelar en un juicio de control de constitucionalidad, suspendió la aplicación de dichas normas. A esta sentencia precisamente se refirió específicamente la **Federación Interamericana de Abogados** en el Amicus curiae presentado ante esta honorable* Corte, luego de destacar, como lo dijo la Comisión Interamericana de Derechos Humanos (Informe 2009) que *"en Venezuela los jueces y fiscales no gozan de la garantía de permanencia en su cargo necesaria para asegurar su independencia en relación con los cambios de políticas gubernamentales"*, habiendo sido el resultado de todo ello *"que se efectuó una "depuración" o "purga" del Poder Judicial, mediante la destitución y suspensión discrecional de jueces, con precaria garantía al derecho a la defensa, para sustituirlos por jueces suplentes e interinos, sin el sistema de selección por concurso público que exige la Constitución."*

450. A esta "depuración" del poder judicial se refirió, precisamente el perito designado por el Estado y Magistrado del Tribunal Supremo de Justicia, **Octavio José Sisco Ricciardi** en su exposición ante esta honorable Corte en la audiencia del día 4 de septiembre de 2013, en la cual afirmó que al declararse el poder judicial en emergencia a partir de 1999, "la comisión de emergencia judicial que debía evaluar el funcionamiento y desempeño tanto de la Corte Suprema de Justicia como del Consejo de la Judicatura que ***asumió la depuración de un cuerpo de jueces***, la instauración de concursos de oposición para las nuevas designaciones de estos cargos. Esta comisión de emergencia judicial dio paso a la comisión de funcionamiento y reestructuración del sistema judicial" que debía "ejercer únicamente funciones disciplinarias hasta tanto fuese dictada la legislación especial en la materia y se creasen los tribunales disciplinarios", lo que como también en su declaración el perito **Sisco Ricciardi** admitió, supuestamente no se logró sino en 2010, cuando se dictó la Ley del Código de Ética del Juez. Admitió el perito **Sisco Ricciardi** que los concursos de oposición nunca se realizaron, diciendo, al responder una pregunta del Agente del Estado, Sr. Saltrón, sobre "¿por qué no ha habido concurso de oposición para el ingreso de la carrera judicial en los últimos 5 años?", señaló que ello se debía a que "*el proceso constituyente no ha culminado*, o sea en realidad se inicio al día siguiente de la aprobación de la Constitución." La consecuencia de ello fue que, como señaló el profesor **Canova** y referimos *supra*, los jueces fueron nombrados a discreción por la Comisión Judicial del Tribunal Supremo, y además, que los mismos, dado que en su gran mayoría eran provisionales (en una respuesta a una pregunta del representante del Estado habló del "33% son jueces titulares el resto son provisorios o interinos) admitió que fueron removidos también discrecionalmente por la Comisión de Funcionamiento, la cual, dijo, "equivalía a los tribunales disciplinarios y ejercían sus funciones hasta la culminación de la transición por ausencia legislativa." La "transición" permanente, debía haber acabado con la aprobación de dicho Código con el cual, dijo el perito **Sisco Ricciardi**, "el órgano administrativo fue sustituido por tribunales desde el punto de vista formal y material, se garantiza la doble instancia mediante el ejercicio de un recurso ordinario de apelación."

451. Por otra parte, el Magistrado del Tribunal Supremo, perito **Sisco Ricciardi** designado por el Estado, al responder a la pregunta que le formulamos sobre si "el régimen de estabilidad o particular para los jueces provisorios accidentales establecido por el Código de Ética está vigente", afirmó que "sí", omitiendo mencionar que como ya señalamos, mediante sentencia No. 516 de la Sala Constitucional del Tribunal Supremo de Justicia de 7 de mayo de 2013 (***Supra ¶¶ 368, 449***), dicho régimen se había suspendido en su aplicación. Fue luego de que el Dr. Nikken le preguntara si conocía dicha sentencia, que el perito **Sisco Ricciardi** dijo que "si" la conocía. Como lo destacó y leyó el Dr. Nikken en la audiencia, en dicha sentencia se decidió

> "La suspensión de la referencia que se hace en el artículo 2 del Código de Ética a los jueces y juezas provisorios, temporales, accidentales y

ocasionales y que permite la extensión a esta categoría de jueces del procedimiento disciplinario contemplado en los artículos 51 y siguientes del mencionado Código correspondiéndole a la comisión judicial la competencia para sancionarlos y excluirlos de la función jurisdiccional" de manera que los sacó del ámbito del tribunal disciplinario y de la corte disciplinaria de manera que por eso le preguntaba si está vigente".

452. Frente a este texto, el perito **Sisco Ricciardi** finalmente admitió que el régimen está suspendido, y que con esa decisión, lo que se está es "tratando de ordenar una situación puesto que se prestaba a que los jueces interinos gozaran una estabilidad igual que los titulares y eso luce contrariamente desproporcionado." Se trata de una sentencia *que afecta el 66% de los jueces en Venezuela y al 70 % de los jueces penales*, por lo menos, que han quedado nuevamente reinsertados un su invariable régimen de libre remoción, sin proceso, sin causa legal y sin motivación alguna, afectando gravemente su libertad para decidir libremente *sin temor a represalias*, como atinadamente lo observó esa honorable Corte.

453. *Es esta, precisamente la sentencia respecto de la cual esta honorable Corte ha solicitado al Estado que informe a la Corte -en sus observaciones finales- sobre su alcance y significado, según se informó en la Nota 238 de 11 de septiembre de 2013*[151] *(Supra ¶¶ 368 ss.), cuya copia de todas ma-*

---

151 Sobre los efectos de esta sentencia de la sala Constitucional del Tribunal Supremo de Justicia que suspendió los efectos de las previsiones de la Ley del Código de Ética del Juez de 2010 que extendía a los jueces temporales las regulaciones garantistas que se aplican a los jueces de carrera, la *Federación Interamericana de Abogados en el Amicus curiae presentado ante esta honorable Corte, advirtió a la misma* que:

"*el intento que se hizo en la mencionada Ley del Código de Ética del Juez Venezolano de 2010 para el alguna forma garantizar la situación de los jueces temporales y provisorios, extendiéndoles a los mismos la aplicación del régimen jurídico de los jueces de carrera, la Sala Constitucional del Tribunal Supremo de Justicia, mediante sentencia No 516 de fecha 7 de mayo de 2013, suspendió de oficio los efectos de dichas normas del referido Código de Ética del Juez Venezolano "por no tratarse de jueces o juezas que hayan ingresado a la carrera judicial, correspondiéndole a la Comisión Judicial la competencia para sancionarlos y excluirlos de la función jurisdiccional*" (¶ 55)

En otro de los Amicus curiae presentados ante esta honorable Corte, por los profesores venezolanos miembros del Grupo de profesores de Derecho Público de Venezuela (Rafael Chavero et al.) en fecha 26 de agosto de 2013, al comentar lo que denominaron "un último obstáculo para todo intento de garantizar la independencia de los jueces: la suspensión judicial en 2013 de la aplicación a los jueces temporales y provisorios de las garantías de ingreso y remoción establecidas en el código de ética de los jueces" expusieron que:

"149. En cuanto se refiere a las normas sustantivas de la Ley del Código de Ética del Juez, a pesar de que en definitiva su aplicación esté en manos de "jueces disciplinarios" sometidos al control político de la Asamblea Nacional, el mismo contiene una serie de normas relativas al nombramiento de los jueces y a su estabilidad, tendientes a ejecutar en algo el espíritu de las normas constitucionales sobre ingreso y estabilidad de los jueces, que en virtud de que la mayoría de los mismos eran temporales y provisionales, se consideró que debían igualmente ser aplicables a los mismos. A tal efecto, el artículo 2 del Código de Ética estableció que:

"Artículo 2. El presente Código se aplicará a todos los jueces y todas las juezas dentro del territorio de la República Bolivariana de Venezuela. *Se entenderá por juez o jueza todo aquel ciudadano o ciudadana que haya sido investido o investida conforme a la ley, para actuar en nombre de la República en ejercicio de la jurisdicción de manera permanente, temporal, ocasional, accidental o provisoria.*"

150. Ahora bien, con ocasión de la impugnación de la Ley del Código de Ética del Juez mediante un recurso de nulidad por inconstitucionalidad interpuesto ante la Sala Constitucional del Tribunal Supremo en 2009, ésta, luego de desechar la solicitud de la recurrente de que suspendieran totalmente los efectos de todas las normas del Código, mediante sentencia N° 516 de 7 de mayo de 2013,151 procedió a suspender *de oficio* algunas de dichas normas, y en particular, el mencionado artículo 2 del Código, en cuanto a la extensión que hizo de la aplicación de sus previsiones garantistas a los jueces temporales y provisionales.

151. Para fundamentar la decisión, la Sala Constitucional indicó, respecto de dicha norma que fija el ámbito subjetivo del Código, que la misma, a pesar de que:

"Sin ninguna consideración adicional guarda consonancia con el orden constitucional; sin embargo, cuando se considera que el Código de Ética del Juez Venezolano y la Jueza Venezolana, además de fijar los referentes éticos con base en los cuales se ha de determinar la idoneidad y excelencia de un juez o una jueza para la función jurisdiccional, estatuye un régimen de inamovilidad propio de la carrera judicial; la extensión de este proceso disciplinario judicial a los jueces temporales, ocasionales, accidentales o provisorios para poder excluirlos de la función jurisdiccional, pese a que formalmente no han ingresado a la carrera judicial, pareciera colidir con el texto Constitucional."

152. Consideró por tanto, la Sala Constitucional del Tribunal Supremo, conforme a su propia doctrina, que los jueces temporales y provisorios son esencialmente de libre nombramiento y remoción, por lo que constató que conforme al artículo 255 de la Constitución, el ingreso a la carrera judicial y el ascenso de los jueces "se debe hacer por concursos de oposición públicos que aseguren la idoneidad y excelencia de los participantes"; y que además, los jueces sólo pueden "ser removidos o suspendidos de sus cargos mediante los procedimientos expresamente previstos en la ley;" agregando que cuando dicha norma constitucional se refiere a que "*los*" jueces sólo podrán ser removidos o suspendidos mediante los procedimientos previstos en la ley," ello sólo:

"Alude a aquellos jueces que han ingresado a la carrera judicial por haber realizado y ganado el concurso de oposición público, como lo exige el encabezado del artículo; pues es dicho mecanismo el que hace presumir (de forma *iuris tantum*) la idoneidad y excelencia del juez o jueza; una presunción que es, efectivamente, desvirtuable mediante el proceso disciplinario judicial como parte de la validación constante y permanente de la idoneidad y excelencia; pero que se erige a su vez como una garantía de la inamovilidad propia de la carrera judicial." 151

153. De ello dedujo la Sala Constitucional que aun cuando efectivamente el Código de Ética del Juez Venezolano "le es efectivamente aplicable a todos los jueces - indistintamente de su condición- como parámetro ético de la función jurisdiccional"; sin embargo, en cuanto al:

"(…) procedimiento para la sanción que dicho Código contempla pareciera, salvo mejor apreciación en la definitiva, *no ser extensible a los Jueces y juezas temporales, ocasionales, accidentales o provisorios*, ya que dicho proceso es una garantía de la inamovilidad ínsita a la carrera judicial; y se obtiene la condición de juez o jueza de carrera si se gana el concurso de oposición público."

154. Y por ello, supuestamente para "no contradecir el contenido normativo del artículo 255 de la Constitución," la Sala procedió a suspender cautelarmente, de oficio, mientras dure el presente juicio de nulidad de dicho Código,

"La referencia que hace el artículo 2 del Código de Ética del Juez Venezolano y la Jueza Venezolana a los *jueces y juezas temporales, ocasionales, accidentales o provisorios* y que permite la extensión, a esta categoría de jueces y juezas, del procedimiento disciplinario contemplado en los artículos 51 y siguientes del mencionado Código, por no tratarse de jueces o juezas que hayan ingresado a la carrera judicial, correspondiéndole a la Comisión Judicial la competencia para sancionarlos y excluirlos de la función jurisdiccional, visto que se trata de un órgano permanente, colegiado y delegado de la Sala Plena de este Tribunal Supremo de Justicia, al que compete coordinar las políticas, actividades y desempeño de la Dirección Ejecutiva de la Magistratura, la Escuela Nacional de la Magistratura y la Inspectoría General de Tribunal (*ex*: artículo 73 del Reglamento Interno del Tribunal Supremo de Justicia), así como someter a la consideración de la Sala Plena las políticas de reorganización del Poder Judicial y su normativa (artículo 79 *eiusdem*). Así se declara."

155. *Se eliminó así, en cuanto a la remoción de los jueces, cualquier tipo de intento de establecer alguna garantía para asegurar la estabilidad de los jueces temporales y provisionales. Pero también en cuanto al ingreso a la judicatura, respecto de jueces temporales o provisionales, la misma Sala Constitucional, en la sentencia, dispuso que en virtud de que el único aparte del artículo 16 del Código de Ética del Juez contempla que "Antes de proceder a la designación o ingreso de cualquier funcionario o funcionaria se consultará en el Registro de Información Disciplinaria Judicial" y "que cualquier ingreso o designación realizada al margen de dicha norma será nula"; considerando, "que es competencia de la Comisión Judicial, como órgano delegado de la Sala Plena del Tribunal Supremo de Justicia, la designación de los jueces y las juezas temporales, ocasionales, accidentales o provisorios; y tomando en cuenta que, al no desarrollar los términos en que se ha de verificar la consulta del Registro de Información Disciplinaria ni la naturaleza pública o privada de dicho Registro," entonces en virtud de que la norma de dicho artículo 16 "restringe la aludida competencia de la Comisión Judicial," la Sala Constitucional procedió también a suspender cautelarmente, hasta tanto se dicte sentencia en el presente juicio, "el único aparte del artículo 16 del Código de Ética del Juez Venezolano y la Jueza Venezolana. Así se decide." Con ello, quedaron incólumes los poderes de la Comisión Judicial del Tribunal Supremo para designar sin restricción de cualquier clase, a los jueces temporales y provisorios, sin garantía alguna de idoneidad, y por supuesto, sin concurso y consecuente estabilidad y garantía de autonomía e independencia en ejercicio de la función jurisdiccional."*

En sentido similar, sobre el alcance y efectos nocivos de la sentencia de la Sala Constitucional que acabó con un último y fugaz intento en 2010 de garantizar la independencia de los jueces, también se expresan el profesor Víctor Hernández Mendible en el Amicus curiae que presentó ante esta honorable Corte en fecha 28 de agosto de 2013 (¶¶ 137-143) y el profesor Luis Enrique Chase Plate, en los Amicus curiae que ha presentado ante esta honorable Corte en agosto de 2013 (¶¶ 137-143.

neras acompañamos al presente escrito marcada como **Anexo 140.** *De modo que, como lo afirmó el perito* **profesor Antonio Canova** *en su Informe pericial, "los efectos del Código de Ética quedaron reducidos a su mínima expresión, ya que solamente será aplicable el régimen disciplinario allí previsto, por causas taxativas y tras un proceso contradictorio, a los jueces titulares, y no al resto que, como se ha dicho, son jueces provisorios, temporales o accidentales, que siguen a merced de las medidas de remoción discrecionales aplicadas por la Comisión Judicial." Dichos jueces provisorios o temporales, como lo afirmó el mismo perito profesor* **Canova,** *"son considerados en Venezuela, para todas las instancias,* **como funcionarios de libre nombramiento y remoción, es decir, que pueden ser separados de sus cargos sin razón particular, sin procedimiento ni motivación, del mismo modo en que fueron designados** *por la Comisión Judicial", siendo éste, además, el criterio sistemáticamente establecido por la jurisprudencia de la Sala Político-Administrativa del Tribunal Supremo de Justicia que el profesor* **Canova** *analizó en forma exhaustiva en su Informe pericial. Igualmente, fue la doctrina sentada por la Sala Constitucional en una sentencia de 20 de diciembre de 2007[152], en la cual definitivamente se estableció, como también lo destacó el perito* **Canova,** *que "los jueces provisorios o temporales, que sin duda son la mayoría de los jueces venezolanos, son removidos de modo "discrecional", es decir, sin que medien razones ni procedimiento, por la Comisión Judicial, del mismo modo, con la misma libertad, que fueron designados para tales cargos."*

454. *Esta situación analizada con todo detenimiento y debidamente documentada por el perito profesor* **Canova** *lo llevan a la conclusión de que con ello, en Venezuela, desde 1999 a esta fecha* **"han sido desconocidos todos los principios de una sociedad democrática que aseguran la independencia e imparcialidad del Poder Judicial,"** *de manera que "a pesar de las declaraciones formales de la Constitución, el sistema de justicia adolece de serias deficiencias que impiden calificarlo como independiente e imparcial."[153]*

455. Para apoyar su estudio y conclusiones, el profesor Canova hizo referencia muy pormenorizada en su Informe pericial a las diversas "declaraciones de funcionarios del alto gobierno en los últimos 14 años acerca de la

---

152 *Que también se analiza detalladamente en el Amicus curiae presentado por las* **Comisiones de Derechos Humanos de los Colegios de Abogados de Venezuela (Humberto Prado)** *(pp. 7 y ss.).*

153 En sentido coincidente también se pronunció el profesor **Olivo Rodríguez**, en representación de la **Asociación Dominicana de Derecho Administrativo** en el *Amicus curiae* que presentó en agosto de 2013; así como los profesores del **Foro Iberoamericano de Derecho Administrativo y de la Asociación Internacional de Derecho Administrativo** en sendos *Amicus curiae* presentados ante esta honorable Corte Interamericana durante el mes de agosto de 2013. Igualmente se pronunció en sentido similar el profesor de derecho constitucional de la República Dominicana, **Eduardo Jorge Prats**, en el *Amicus curiae* que presentó ante esta Corte en agosto de 2013.

intención y necesidad de someter al Poder Judicial venezolano y convertirlo en un aliado para alcanzar sus fines políticos concretos; así como de discursos, comunicados e intervenciones públicas de varios magistrados del TSJ, quienes han demostrado abiertamente su identificación con el gobierno nacional", revelando que "*el proceso de toma de control político del TSJ y del Poder Judicial no ha sido llevado a cabo subrepticiamente.*" Destacan, del *Informe pericial, todas las declaraciones públicas dadas por Hugo Chávez "en torno la necesidad de que el Poder Judicial respondiera a sus intereses," así como las diversas declaraciones de Magistrados del Tribunal Supremo,* "manifestado claramente, en más de una oportunidad y por diferentes vías, su lealtad al entonces Presidente de la República, Hugo Chávez, y a sus intereses políticos."

456. Tomando en cuenta lo anterior concluyó el perito profesor **Canova** su *Informe pericial* haciendo mención pormenorizada y exhaustiva de un grupo de "casos en los que claramente *ha habido una relación directa entre los intereses políticos del gobierno o del partido oficialista*, manifestados públicamente por diversos voceros, y la subsiguiente actuación del sistema de justicia venezolano," lo que a juicio del perito, corrobora "la conclusión de *que el Poder Judicial venezolano no es independiente ni imparcial.*" Entre los casos analizados por el **profesor Canova** están los relativos al reconocimiento de poderes exorbitantes a la Asamblea Constituyente en 2000; a la extensión del mandato presidencial en 2000; a las leyes habilitantes en 2001; el referendo revocatorio en 2003-2004; al sistema electoral de diputados en 2005; a la reelección presidencial en 2006; a la eliminación y expropiación de RCTV en 2007; a la reforma constitucional en 2007; a la inhabilitación política de funcionarios opositores (Leopoldo López) en 2008; a la reelección presidencial en 2009, y los diversos casos de perseguidos políticos y expropiaciones ocurridos en los últimos años, incluyendo el conocido caso de la Juez Afiuni en 2009. Concluyó su análisis el **profesor Canova** con referencia a las sentencias sobre la "continuidad administrativa" ante la falta del Presidente Hugo Chávez en enero de 2013. De todo esto su conclusión es que:

"Desde la vigencia de la CRBV hasta la actualidad no ha habido una sola ocasión en que los intereses políticos, económicos y electorales del gobierno o los del partido oficialista hayan sido controvertidos por alguna decisión del TSJ o del Poder Judicial; por lo que de ningún modo alguna sentencia ha obstaculizado o limitado la actuación en que abiertamente el gobierno o el partido oficialista ha expresado tener intereses. Siempre ha habido, desde 2000, una identidad entre los intereses del gobierno y las sentencias y decisiones del Poder Judicial. Ello, más que una coincidencia, es un indicar contundente del control político sobre el Poder Judicial, y de la ausencia de las garantías de independencia e imparcialidad."

457. El perito profesor **Antonio Canova**, por ello, concluyó señalando en su *Informe pericial* que "*El Poder Judicial venezolano, en las condiciones* *actuales de sometimiento a los intereses políticos del gobierno nacional, no garantiza una garantía de juicio justo, independiente e imparcial, al profesor Brewer Carías, en el proceso penal iniciado en su contra.*" [154]

458. En efecto, no se trata exclusivamente de la situación general del país, sino también de las particulares de proceso al que el presente caso se refiere. Es un hecho que ha quedado demostrado ante esta Corte, que todos los jueces que intervinieron en el proceso penal que se ha seguido en contra del profesor Brewer Carías fueron jueces provisionales o temporales, nombrados libremente, sin concurso de ningún tipo, que pudieran asegurar mínimamente su imparcialidad e independencia. Como lo ha afirmado el profesor **Carlos Tiffer** en su *Informe pericial* ante esta Corte,

---

154 La *Association of the Bar of the City of New York*, expresó, en idéntico sentido, en el *Amicus curiae* sometido ante esta honorable Corte de fecha 30 de agosto de 2013, expresando conceptos, como los siguientes, que reflejan la lamentable realidad del poder judicial en el país:

"Las características de provisionalidad del sistema de justicia venezolano dejan a los miembros del poder judicial indebidamente expuestos a intolerables presiones externas, que incluye especialmente presión de parte de la rama ejecutiva del gobierno. Esta dominación ejecutiva del poder judicial amenaza seriamente los derechos humanos y civiles de todos los venezolanos. [...]

Sin embargo, hasta la fecha no se ha realizado ningún concurso de oposición formal abierto. En cambio, la falta de estabilidad de los jueces temporales y provisionales ha sido usada como causal de remoción, sin proceso legal o causa justificada, a menudo después de que estos jueces dictaminan en contra del gobierno en casos de alto perfil político. Entretanto, los jueces temporales que demuestran su aparente lealtad al régimen dictando decisiones favorables al gobierno han sido promovidos a puestos fijos sin pasar por el proceso de concurso de oposición abierto obligatorio El resultado final es un poder judicial dependiente que sirve a discreción de la rama ejecutiva y un gobierno que puede violar los más básicos derechos humanos y civiles sin la preocupación de tener que rendir cuentas a la rama judicial. [...]

La gran dependencia de Venezuela de jueces y fiscales provisionales y la falta de procesos adecuados de nombramiento y permanencia en el cargo de los jueces, junto con su vergonzosa y descarada política de remoción de cualquier juez que se atreva a aplicar la ley cuando no beneficia la posición del gobierno, ha dado lugar a un poder judicial que claramente no tiene ni la más mínima característica de independencia y es altamente susceptible a las presiones externas. Estas características han servido para privar al Sr. Brewer-Carías de su derecho a ser juzgado por un tribunal independiente e imparcial, como lo exige el derecho internacional y el Artículo 8 de la Convención. [...]

En resumen, los hechos demuestran que la amenaza planteada por los jueces y fiscales internos a la independencia de poder judicial venezolano se ha puesto plenamente de manifiesto en el caso del Sr Brewer-Carias, que ha sido manipulado desde sus comienzos por la incorrecta influencia del gobierno. Por consiguiente, esta Corte debería determinar que el hecho de que Venezuela no protege el derecho del Sr. Brewer-Carías a ser juzgado por un poder judicial imparcial e independiente constituye una violación del Artículo 8 de la Convención."

"el libre nombramiento de los jueces por otro lado, afecta su imparcialidad y su independencia al existir presiones internas y externas que afectan su labor. Los sistemas de libre nombramiento conllevan necesariamente una rendición de cuentas completamente subjetiva y antojadiza por parte del funcionario. Lo cual constituye una intromisión en la labor del juez, quien basará sus decisiones y sus actuaciones en satisfacer los intereses externos e internos que pueden o no perjudicar su permanencia en el puesto. Además, la elección de jueces de manera subjetiva significa que solo serán nombrados miembros de la judicatura, aquellos aspirantes que cumplan los antojadizos gustos o preferencias de las personas que los eligen, sin poseer las cualidades o destrezas necesarias para cumplir con las tareas que conlleva el cargo de juez."

459. Por lo demás, esta situación general del sistema judicial venezolano ha sido ya suficientemente conocida por la Corte en numerosos casos venezolanos que le ha correspondido decidir, como el de la *Corte Primera de lo Contencioso Administrativo, Reverón Trujillo, Chocrón Chocrón y Usón Ramírez*, que hemos citado suficientemente en dicho Escrito, al cual nos remitimos de nuevo. La audiencia ha mostrado que se trata de una situación que pervive y que, en algunos aspectos se ha agravado. En los últimos tiempos, a más de mantenerse la provisionalidad y precariedad del estatuto judicial, se ha partidizado abiertamente la jurisdicción disciplinaria judicial y la Dirección Ejecutiva de la Magistratura, por no citar sino dos ejemplos que surgen de la declaración del perito **Sisco Ricciardi.**

460. En efecto, la audiencia sirvió para poner en evidencia ante esa honorable Corte cómo la situación estructural del Poder Judicial venezolano continúa agravándose por la contaminación partidista que mina sin freno la independencia de la justicia y la libertad espiritual de los jueces para decidir sin presiones los casos bajo su conocimiento. Esas nuevas falencias también se pusieron de manifiesto en la repregunta realizada al perito promovido por el Estado y Magistrado del Tribunal Supremo de Justicia **Octavio Sisco Ricciardi.**

461. El Magistrado **Sisco Ricciardi** realizó una amplia exposición sobre la estructura judicial venezolana, pero la misma adoleció de ciertas omisiones relevantes y por demás significativas sobre la partidización de la justicia venezolana. En efecto, omitió mencionar un órgano de notoria relevancia en el gobierno judicial, como lo es la Dirección Ejecutiva de la Magistratura. Al interrogársele sobre la persona a cargo de dicha institución, respondió que la misma está por el señor **Argenis Chávez Frías**, hermano del finado Presidente de la República (Hugo Chávez Frías), a quien le asignan los títulos de "Comandante Supremo y Eterno de la Revolución Bolivariana"[155]. El señor

---

155 Ver, por ejemplo, http://www.chavez.org.ve/mensajes/hugo-rafael-chavez-frias-padre-eterno-y-comandante-supremo-de-nuestra-revolucion/; http://www.vtv.gob.ve/articulos/2013/07/16/pueblo-venezolano-con-amor-revolucionario-rinde-homenaje-al-comandante-supremo-hugo-chavez-931.html;

Argenis Chávez Frías, además, es <u>ingeniero</u>, según es del conocimiento público y lo expresó el Magistrado **Sisco Ricciardi**, de modo que no pudo haber exhibido credenciales profesionales ni experiencia particular alguna que justificara su designación, lo que pone de manifiesto que la misma tuvo una finalidad política: el control del aparato judicial por el partido de gobierno (PSUV), del que el Sr. Argenis Chávez Frías es connotado dirigente (*Supra ¶¶ 367 ss.*). Es imposible explicar cómo semejante nombramiento apunta hacia la profesionalización y despolitización del sistema judicial, como inquirimos al perito ante la Corte, a lo cual, lo único que respondió fue que "la Dirección Ejecutiva (de la magistratura) tiene que ver única y exclusivamente, como le dije, con la administración."[156] Sin embargo, para sólo citar la Constitución, en su el artículo 267, en sus partes pertinentes, dispone:

> *Artículo 267.* Corresponde al Tribunal Supremo de Justicia *la dirección, el gobierno y la administración del Poder Judicial, la inspección y vigilancia de los tribunales de la República y de las Defensorías*

---

http://www.mpps.gob.ve/index.php?option=com_content&view=article&id=4439:escuela-de-cuadros-comandante-eterno-y-supremo-hugo-chavez-frias-certifica-a-18-camaradas&catid=1:ultimas-noticas&Itemid=18;

http://www.psuv.org.ve/portada/comandante-eterno-hoy-nuestro-pueblo-esta-calle-cumpliendo-tu-orden-¡comuna-o-nada/;

https://www.mindefensa.gob.ve/index.php/using-joomla/extensions/components/content-component/article-categories/80-noticias-anteriores/249-cinco-meses-de-la-siembra-del-comandante-supremo-conmemoraron-en-el-cuartel-de-la-montana

156 La parte pertinente del interrogatorio en la audiencia se realizó así: **Pedro Nikken:** "Me extrañó en su intervención tan amplia y tan completa no escuchar, a lo mejor fue que me distraje, ninguna mención a la Dirección Ejecutiva de la Magistratura, a su función Podría…, ¿fue que yo no lo escuché o fue que no lo mencionó?" **Sisco Ricciardi:** "No, no. No lo mencioné dado siempre el tiempo comprimido que tenemos para la exposición. Claro voy a aclarar a la Corte que la Dirección Ejecutiva de la Magistratura esta creada también por la Constitución es justamente el órgano administrativo pero que depende del Tribunal Supremo de Justicia, pero sin embargo se trata de administrar el presupuesto y todo lo que implica todos los tribunales a excepción del Tribunal Supremo de Justicia, pero quizás para abonar a su inquietud la Dirección Ejecutiva de la Magistratura no tiene incidencia en la designación ni remoción." **Pedro Nikken:** *"Puede decirnos quién ocupa la Dirección Ejecutiva de la Magistratura en el presente?* **Sisco Ricciardi:** "Sí, el ingeniero Argenis Chávez." **Pedro Nikken** "Argenis Chávez Frías? **Sisco Ricciardi:** "Sí correcto." **Pedro Nikken:** "Y él es ingeniero?" **Sisco Ricciarrdi:** "Sí." **Pedro Nikken:** "De manera que eso apunta hacia la profesionalización y despolitización del sistema judicial, un ingeniero hermano del Presidente de la República, ¿lo cree usted así? **Sisco Ricciardi:** "Mire yo estoy aquí para dar un peritaje, esta opinión en todo caso fíjese, la Dirección Ejecutiva tiene que ver única y exclusivamente como le dije con la administración el tema de la formación está a cargo de la Escuela de Magistratura que la dirige y la coordina el magistrado de la Sala Constitucional el Dr. Arcadio Delgado Rosales."

Públicas. Igualmente, le corresponde la elaboración y ejecución de su propio presupuesto y del presupuesto del Poder Judicial [...]

Para el ejercicio de estas atribuciones, el Tribunal Supremo en pleno creará una Dirección Ejecutiva de la Magistratura, con sus oficinas regionales."

462. Ante esta previsión, desarrollada en la Ley Orgánica del Tribunal Supremo de Justicia, es difícil de imaginar, como lo afirmó el perito **Sisco Ricciardi** que "la Dirección Ejecutiva de la Magistratura no tiene incidencia en la designación ni remoción" cuando de acuerdo con el artículo 77 de dicha Ley, entre sus múltiples atribuciones, tiene la de: "1. Ejecutar y velar por el cumplimiento con los lineamientos sobre la política, planes, programas y proyectos que sean dictados por la Sala Plena del Tribunal Supremo de Justicia, que deban seguir la Dirección Ejecutiva de la Magistratura y sus oficinas regionales; "y "2. Decidir, dirigir y evaluar los planes de acción, programas y proyectos institucionales según los planes estratégicos y operativos y el presupuesto asignado, de conformidad con la política, lineamientos y actos que emanen de la Sala Plena del Tribunal Supremo de Justicia."[157]

463. No se trata, pues, de un órgano secundario. Maneja algo más que la administración y el presupuesto de los tribunales, de modo que la designación de un dirigente político de nombre tan sonoro y que ni siquiera es abogado para dirigirlo es, por lo menos, un mensaje claro a todos los jueces del país y al país mismo, incluidos los justiciables, claro está, sobre la determinación del gobierno de controlar sin piedad el sistema judicial venezolano. El efecto demostración paralizante sobre quienes tengan ante sí un caso de interés político para el gobierno es notorio, especialmente si se une con la falta de estabilidad y el régimen disciplinario *sui generis* al que está sometida la mayoría de los jueces venezolanos.

464. Adicionalmente y como quedó demostrado en el presente juicio, en Venezuela emergió nueva faz de la reorganización judicial permanente para la inestabilidad de los jueces: la creación en 2011 de una "Jurisdicción Disciplinaria Judicial" políticamente sometida, con jueces disciplinarios que no son tales nombrados libremente por la Asamblea Nacional sin tener competencia constitucional para ello[158]. Como lo reconoció el mismo perito **Sisco**

---

157 Dijimos en la audiencia del 4 de septiembre que, en esa misma fecha y momento, se estaba produciendo la intervención del Despacho de un Juez Rector en el Estado Aragua, encabezada por el mismo ingeniero Chávez Frías, lo que fue desmentido por el Estado. Fue una noticia que circuló por redes sociales mientras se desarrollaba la audiencia y que no hemos podido confirmar, de modo que retiramos esa denuncia. Véase lo indicado en la *Nota 10 supra*, y los documentos consignados en el **Anexo 139**.

158 *Como lo han expresado el **Grupo de profesores de Derecho Público de Venezuela*** en el *Amicus curiae* antes mencionado, presentado ante esta honorable Corte de 26 de agosto de 2013:

Ricciardi, los titulares de dichos "tribunales disciplinarios" no fueron designados por el Tribunal Supremo de Justicia, que tiene conforme a la Constitución el monopolio de la designación de los jueces (art 255: [...] "El nombramiento y juramento de los jueces o juezas corresponde al Tribunal Supremo de Justicia" [...]), sino "de manera transitoria, esta designación fue realizada por la Asamblea Nacional como depositaria de la voluntad popular". Con ello, como lo hemos afirmado, se acentuó el control político sobre la supuesta jurisdicción disciplinaria, la cual contra todas las normas constitucionales en la materia quedó fuera del ámbito del Poder Judicial, tal y como lo reconoció el perito **Sisco Ricciardi** al responder una pregunta del representante del Estado, Sr. Saltrón, cuando expresó que la misma es "una jurisdicción de jueces exclusivamente **que no dependen del Tribunal Supremo de Justicia o del Poder Judicial en sí mismo**". Peor aún, en la repregunta que le formulamos, en vista de que dicho perito había omitido toda mención sobre quiénes integran los "tribunales" disciplinarios designados por la Asamblea Nacional, el perito **Sisco Ricciardi** admitió que en los mismos se designó a los señores Hernán Pacheco, Carlos Medina y Tulio Jiménez quienes, hasta la fecha en que fueron nombrados como jueces disciplinarios habían sido diputados por el PSUV ante la misma Asamblea Nacional que los designó. Se trata de personas absolutamente ajenas a la función judicial, que han recibido el mandato de imponer disciplina a los jueces del país y de sancionarlos. Es un hecho que se prueba por sí mismo que, semejante designación, sin recato alguno, indica que se trata de una jurisdicción con más aires de comisariato político que de órgano de disciplina profesional. Llamamos la atención de esa honorable Corte que *¡se trata de jueces sometidos a la disciplina impuesta desfachatadamente por dirigentes políticos! ¿Pueden estos jueces decidir sobre casos que tengan trascendencia política sin sentir el peso de esta presión? ¿Qué esperanza le cabe a un reo que sea adversario del gobierno revolucionario (o simplemente sea percibido como tal) de tener confianza en un juez imparcial? ¿De qué material heroico tiene que estar un hecho un juez que se*

"142. En realidad, a pesar de que con la reforma de la Ley Orgánica del Tribunal Supremo de Justicia de 2010 se había eliminado la Disposición Transitoria que disponía la sobrevivencia de la Comisión de Funcionamiento y Reestructuración del Sistema Judicial; con la sanción subsiguiente por la Asamblea Nacional de la Ley del Código de Ética del Juez Venezolano y la Jueza Venezolana, lo que se hizo, en la práctica, fue cambiarle el nombre a la "Comisión de Funcionamiento y Reestructuración del Sistema Judicial" desdoblándola en dos, al crearse un "Tribunal Disciplinario Judicial" y una "Corte Disciplinaria Judicial" pero no integrada por jueces - que conforme a la Constitución sólo pueden ser designados por el Tribunal Supremo de Justicia (artículo 255) - sino por unos llamados "jueces disciplinarios" nombrados directamente en forma totalmente inconstitucional por la Asamblea Nacional, sin concurso público alguno y sin participación ciudadana alguna, violándose, por tanto, todas las disposiciones constitucionales relativas al Poder Judicial. Por tanto, de un órgano inconstitucional como la mencionada Comisión ad hoc se pasó a otro órgano también inconstitucionalmente constituido, controlado directamente por el poder político representado por la Asamblea Nacional."

atreva a ser imparcial en semejante contexto? Esa honorable Corte ya advirtió, como lo hemos recordado que *"la libre remoción de jueces fomenta la duda objetiva del observador sobre la posibilidad efectiva de aquellos de decidir controversias concretas sin temor a represalias"*[159]. La partidización desvergonzada de la mal llamada jurisdicción disciplinaria no hace ni hará más que multiplicar ese temor y construir un sistema de lealtades judiciales fundado en el miedo.

465. Mayor ratificación por el propio perito del Estado, Magistrado **Sisco Ricciardi** de la dependencia de la "jurisdicción disciplinara" del poder político es difícil encontrar, llegando a responder a la pregunta que le formulamos de si conocía el discurso del magistrado Fernando Vegas pronunciado el 5 de febrero de 2011 en nombre del Tribunal Supremo de Justicia en el cual afirmó que "El poder judicial venezolano está en el deber de dar su aporte a la eficaz ejecución en el ámbito de sus competencias de la política de Estado que adelante el gobierno nacional en el sentido de desarrollar **una acción deliberada y planificada para conducir a un socialismo bolivariano y democrático y que la materialización del aporte que debe dar el poder judicial para colaborar con el desarrollo de la política socialista** conforme a la Constitución y a las leyes viene dado por la conducta profesional de jueces, secretarios, alguaciles y personal auxiliar" respecto de lo cual se limitó a decir que "No tuve oportunidad de asistir a ese acto de apertura."

466. En nuestro *Escrito Autónomo de Solicitudes, Argumentos y Pruebas*, lo mismo que en la audiencia y en el presente escrito, hemos mostrado cómo esta patología institucional ha sido la atmósfera dentro de la cual se ha desarrollado el proceso al profesor Brewer Carías, y que la misma ha sido el escenario para destituciones arbitrarias de jueces que conocían de dicho proceso y que se atrevieron a adoptar decisiones que contrariaron al Ministerio Público y a la posición del gobierno con respecto al juicio y los procesados.

467. En el proceso penal seguido contra el profesor Brewer Carías, la independencia e imparcialidad de los **jueces** temporales que actuaron estaba minada por su falta de estabilidad, sujetos como estaban a ser removidos libremente. Como lo ha afirmado el perito profesor **Carlos Tiffer**, "Solamente si se cuenta con un sistema objetivo de nombramiento y remoción de los jueces y si se les puede otorgar cierto grado de estabilidad en su cargo, se podrá asegurar que el juez efectuará su labor sin intromisiones o presiones externas o internas, que puedan afectar su desempeño y su proceso de toma de decisiones. Garantizándose la imparcialidad, objetividad e independencia de las decisiones del juez." Y precisamente, como ha quedado probado ante esta

---

159 Corte IDH, *Caso Apitz Barbera y Otros, cit.*, párr. 44. La Corte relacionó este *dictum* con los Principios 2, 3 y 4 de los *Principios Básicos de las Naciones Unidas, Unidas Relativos a la Independencia de la Judicatura*. La Corte repitió la misma formulación, nuevamente en un caso relativo a Venezuela, en Corte IDH, *Caso Reverón Trujillo, cit.*, párr. 78; Corte IDH, *Caso Chocrón Chocrón, cit.*, párr. 99.

Corte, ello no existió respecto de ninguno de los jueces de control que intervinieron el en proceso penal contra el profesor Brewer.

468. Por ello el testigo **Rafael Odremán,** en su declaración testimonial, ante la Pregunta 10 que se le formuló el representante de la víctima, de si "*¿Tiene conocimiento de la destitución de jueces con competencia para conocer, como jueces de control, de juicio o de apelación, en la causa en la cual está incluido el caso del profesor Brewer Carías?* De ser afirmativa la respuesta, *¿Podría identificarlos y explicar a la Corte en qué circunstancias y por qué motivos fueron destituidos?*" respondió": "Sí tengo conocimiento. Fueron destituidos los Jueces Josefina Gómez Sosa, Pedro Troconis Da Silva, Hertzen Vilela Sibada y Manuel Bognanno," dando de seguidas relación en detalle de cada una de dichas remociones de jueces que intervinieron en el proceso contra el profesor Brewer Carías (*Respuesta a Pregunta 10, Representantes Víctima*). Sobre esto, por otra parte, en la audiencia oral desarrollada el día 3 de septiembre de 2013, los señores Jueces de esta honorable Corte pudieron oír el testimonio del profesor **León Henrique Cottin**, como testigo ofrecido por los representantes de la víctima, en el cual -en resumen- afirmó lo siguiente, sobre los cuatro jueces que conocieron como jueces de control del proceso contra el profesor Brewer Carías:

- Josefina Gomez Sosa, a ella la sustituyó el Dr. Manuel Bognanno; a éste el Dr. José Alonso Dugarte y a éste Máximo Guevara Rísquez. Todos eran Jueces Provisorios.

- En el curso del proceso, a solicitud de la Fiscal Provisoria Sexta, La Juez GOMEZ SOSA decretó la prohibición de salida del País de varios ciudadanos investigados por su presunta participación en los hechos investigados. Estos ciudadanos apelaron de esa medida y la Sala 10 de la Corte de Apelaciones el 31 de enero de 2005 la revocó por considerar que no había sido suficientemente motivada por la Jueza Provisoria que la había dictado, aunque uno de los tres (3) Jueces integrantes de dicha Sala salvó su voto considerando que la decisión apelada si estaba suficientemente motivada. Tres (3) días después la Comisión Judicial del Tribunal Supremo de Justicia suspendió de sus cargos a los dos (2) Jueces de la Corte de Apelaciones que votaron por la nulidad de la decisión apelada, así como de la Jueza Provisoria Gómez Sosa, autora de la decisión presuntamente inmotivada. En esa misma decisión en Comisión Judicial del Tribunal Supremo de Justicia nombró al Dr. Manuel Bonagnno encargado del Tribunal 25 de Control (Provisorio).

- Ante el Juez Bonagnno solicitaron que se corrigieran las arbitrariedades e irregularidades que atentaban contra el debido proceso por parte de la Fiscal Sexta. Que permitiera la declaración de los testigos, tener copia del expediente y de los videos que contenían supuestas declaraciones de periodistas que incriminarían al profesor Brewer.

- El Juez Bognanno siguiendo jurisprudencia de la Sala Constitucional ordenó a la Fiscal que expidiera las copias que fueran solicitadas del expediente y dieran acceso a los videos; pero la Fiscal solicitó la nulidad de esa decisión alegando que no había sido notificada antes de haberse ordenado expedir las copias. La Sala 9° de Apelaciones afirmó en la motiva de su decisión que ciertamente el imputado podía acudir ante el Juez de Control cuando se le violentaban sus derechos y garantías, pero sentenció anulando la decisión del Juez de Control porque no oyó a la Fiscal antes de dictarla.

- En otra incidencia, con ocasión de una solicitud del procesado Guaicaipuro Lameda de que se fijara un plazo a la Fiscalía para culminar la investigación, el mismo Juez Bonagnno le solicitó a la Fiscal Sexta la remisión del expediente. Esta, en lugar de acatar la solicitud del Juez Provisorio lo increpó por oficio, solicitándole una explicación del por qué le pedía el expediente. Ante esa situación el Juez Bognanno ofició al Fiscal Superior para ponerlo en conocimiento del desacato y rebeldía en que estaba incurriendo la Fiscal. A los pocos días el Juez Temporal Bognanno fue removido de su cargo al auxilio de la figura de "dejar sin efecto su nombramiento".

- El 10 de agosto de 2005 se introdujo una segunda solicitud de control judicial de la investigación ante el mismo Juzgado de Control, a cargo -en esta ocasión- del Dr. Dugarte, en la cual se plantearon violaciones que ya habían sido denunciadas antes y agregándose la violación a la garantía de presunción de inocencia.

- Dos meses y diez días más tarde sostuvo en su decisión "que no puede inmiscuirse en la investigación". Esa decisión fue apelada en la Sala 6 de la Corte de Apelaciones que declaró sin lugar la apelación. Justamente al día siguiente de que se produjo esta decisión, la Fiscal acusó al profesor Brewer Carías, pidiendo medida privativa de su libertad.

- Ante ese mismo Juez se plantó, el 11 de noviembre de 2005, la solicitud de que se declarara la nulidad de todas las actuaciones de la Fiscalía por violación a las garantías del debido proceso y violación sistemática y masiva del derecho a la defensa. Esa solicitud NUNCA fue decidida.

469. En el caso del Juez Bognanno, la Comisión Judicial procedió escuetamente: el 29 de junio de 2005 se dejó *"sin efecto su nombramiento"*, ***"en razón a las observaciones que fueron formuladas ante este Despacho"*** (**Anexo 69-B**), y esto apenas ***dos días más tarde*** de haber el Juez Bognanno Bognanno oficiado al Fiscal Superior, en fecha 27 de junio de 2005, para ponerlo en conocimiento de irregularidades en la que estaba incurriendo la Fiscal provisoria Sexta, Sra. Luisa Ortega Díaz (**EASAP ¶ 130**), quien era la misma que había violado masivamente las garantías debidas al profesor Brewer Carías y que, a diferencia del Juez Bognanno, ha sido premiada y ascendida, hasta el punto de que es hoy la Fiscal General de la República.

470. Demás está decir que *el Estado nunca ha publicado cuáles fueron las "observaciones" que dieron pábulo a la destitución del Juez Bognanno*, lo cual confirma la inevitable conjetura de que fue castigado por poner una queja contra la Fiscal Ortega Díaz y sus arbitrarios manejos. En todo caso, la representación del Estado en el presente caso no ha objetado nuestra denuncia sobre la inmotivada destitución del Juez Bognanno ni sobre las sospechosas circunstancias que la rodearon, ni mucho menos ha aclarado ante la Corte cuáles fueron las "observaciones" que motivaron la destitución. Esa circunstancia no sólo da por probado lo que hemos sostenido, sino que agrega un nuevo elemento al cúmulo indiciario sobre las verdaderas razones de su destitución: *el castigo a unas embrionarias muestras de independencia*.[160]

---

160 Sobre esta misma situación de ausencia de garantías que puedan proteger la remoción de los jueces en Venezuela, y refiriéndose en particular a lo que sucedió en el proceso penal desarrollado contra el profesor Brewer Carías, es de destacar lo expresado por por **Leo Zwaak, Diana Contreras-Garduño, Lubomira Kostova Tomas Königs y Annick Pijnenburg**, en en *Amicus curiae* presentado ante esta honorable Corte en agosto de agosto de 2013 en nombre del **Instituto Holandés de Derechos Humanos (SIM)**, donde resumieron esa misma situación a la que antes se ha hecho referencia, así:

70. Las causas para la destitución de los jueces de la Corte de Apelaciones y del Juez Bognanno no han sido revelados por el gobierno venezolano [...]..

71. El que Venezuela no haya indicado las causas para destituir al Juez Bognanno y los jueces de la Corte de Apelaciones constituye claramente una violación del Artículo 8 de la CADH, ya que, aparentemente, no se ha llevado a cabo ningún proceso disciplinario o acto administrativo debidamente motivado.

72. La destitución de la Juez Sosa fue respaldada por la causal antes indicada, pero resulta altamente cuestionable respecto a si efectivamente configura o no un proceso disciplinario o un acto administrativo debidamente motivado.

73. Debido a esta falta de un proceso disciplinario o acto administrativo debidamente motivado, la destitución de los jueces se deriva de una decisión arbitraria por parte de la Comisión Judicial. En consecuencia, la independencia del poder judicial no está garantizada.

74. Resulta claro que la destitución de los jueces no fue precedida por un proceso disciplinario o acto administrativo debidamente motivado, lo que, a su vez, pone en peligro la independencia del poder judicial. A continuación se presenta una visión general sobre los hechos que llevaron a la destitución de estos jueces.

75. Josefina Gómez Sosa fue la primera Juez Temporal Vigésimo Quinta de Control en el caso de Allan Brewer Carías. A solicitud de la Fiscal Provisoria Sexta, el día 17 de diciembre de 2004, la Juez Sosa dicta prohibición de salida del país a 27 personas indiciadas en conexión con los eventos de abril de 2002, incluyendo a Brewer Carías. Luego que la defensa interpone una apelación, la Corte de Apelaciones declara nula la decisión, el 31 de enero de 2005. El 3 de febrero, la Juez Sosa fue destituida de su cargo, aduciendo que no había logrado establecer fundamentos suficientes para su decisión del 17 de diciembre de 2004.

76. La destitución de la Juez Sosa se convierte en un hecho interesante cuando uno considera el momento en que ocurre. Dicta su decisión el día 17 de diciembre y aproximadamente mes y medio después la Corte de Apelaciones declara nula esta decisión. En ese momento, en apenas tres días, la Comisión Judicial destituye a la Juez Sosa, cuando había tenido más de un mes para evaluarla y los fundamentos que sirvieron de base para justificarla. Sin embargo, sólo cuando su razonamiento resultó ser ineficiente para mantener la prohibición de salida del país a Allan Brewer Carías, es que se decide que la Juez Sosa ya no es apta para su cargo como Juez Temporal Vigésimo Quinta de Control.

77. El 3 de febrero de 2005, se destituye de su cargo a una serie de jueces de la Sala Diez de la Corte de Apelaciones, después de votar a favor de revocar la decisión de la Juez Sosa dictada el 17 de diciembre 2004. Resulta sorprendente que sólo los jueces que votaron en favor de revocar la decisión de la Juez Sosa fuesen destituidos. En teoría, puede ser una coincidencia que los jueces cuyo voto fue en favor de la causa de Allan Brewer Carías fuesen los únicos que la Comisión Judicial destituye de su cargo. Sin embargo, en la práctica, especialmente si lo consideramos en el contexto de este caso, pareciera que fueron destituidos porque votaron en contra de los intereses del gobierno venezolano.

78. El Juez Manuel Bognanno fue suspendido el día 29 de junio de 2005, después de remitir una comunicación al Fiscal Superior del Ministerio Público informándole sobre presuntas acciones obstructoras por parte de la Fiscal Provisoria Sexta. En esta carta, el Juez Bognanno solicita al Ministerio que 'asuma una actitud objetiva, dirigida a colaborar y no ha (sic) obstaculizar la actuación del tribunal'. Dos días después de enviar esta comunicación, es destituido de su cargo y reemplazado por José Alonso Dugarte Ramos.

79. [El juez de control Dugarte fue sustituido por el juez Máximo Guevara]. Desde su nombramiento, entre otras cosas, nunca se pronunció sobre el escrito presentado por la defensa solicitando que se garantizara el derecho a ser juzgado en libertad, de fecha 26 de octubre de 2005; el día 15 de junio de 2006, dictó una medida de privación judicial preventiva de libertad contra Allan Brewer Carías, a solicitud de la fiscal; y el día 25 de enero de 2008 negó la solicitud de sobreseimiento presentada por el equipo de la defensa, en base al Decreto 5790 con Rango, Valor y Fuerza de Ley Especial de Amnistía, dictado el 31 de diciembre de 2007 por el Presidente Hugo Chávez.

80. De lo anterior se desprende que todos los jueces que fueron destituidos de su cargo durante el proceso de esta causa actuaron de una manera que podía socavar la declaración de culpabilidad de Allan Brewer Carías, mientras que el actual Juez Temporal Vigésimo Quinto consecuentemente ha dictado una serie de decisiones con efecto negativo para la causa del Sr. Carías.

81. En una sección anterior, los amici hacen énfasis en la importancia que le asignan las diversas cortes y organismos internacionales a las medidas que protegen contra la destitución arbitraria de los jueces. Dichas medidas de protección tienen por objeto evitar que el poder judicial pueda quedar bajo la influencia de actores externos, incluyendo el poder ejecutivo. El caso en curso confirma la validez de estas ideas e ilustra los peligros de no contar con medidas de protección suficientes contra estas destituciones arbitrarias.

82. En suma, los jueces provisorios o temporales involucrados en este caso, que fueron destituidos de su cargo, no disfrutaron de una protección suficiente contra la suspensión arbitraria. Además, su destitución no se produce como resultado de un proceso disciplinario o acto administrativo debidamente motivado.

471. En cuanto a los **fiscales** del Ministerio Público, debe precisarse que intervinieron en la fase de investigación contra el profesor Brewer Carías, *tres Fiscales provisorios*, como antes se ha mencionado, pues la denuncia del Coronel Bellorín se formuló en mayo de 2002, y la primera declaración espontánea del profesor Brewer Carías tuvo lugar en julio de 2002. La testigo **Mercedes Prieto** inició su declaración como testigo ante esa honorable Corte en la audiencia del 4 de septiembre de 2013, afirmando que el "proceso penal se

---

> Además, los eventos que llevan a su destitución sugieren de una manera muy especial que la Comisión Judicial destituye a estos jueces debido a las decisiones que tomaron, ya que afectaban negativamente los intereses del gobierno venezolano."

De lo anterior, los mismos representantes del Instituto Holandés de Derechos Humanos (SIM), concluyeron en su *Amicus curiae* sobre la falta de independencia e imparcialidad que afectó el proceso penal contra el profesor Brewer, que:

"109. En el presente caso, algunos miembros del poder judicial fueron destituidos después de emitir un fallo a favor de Allan Brewer Carías, generando así un 'efecto ejemplarizante'. En contraste, algunos empleados del sector público como la Fiscal Provisoria Sexta, han sido ascendidos después de dictar una imputación contra Allan Brewer Carías160. Lamentablemente no se puede decir lo mismo de otros empleados públicos que no imputaron a Allan Brewer Carías y fueron destituidos en circunstancias poco claras. Tal como establece la Comisión Interamericana:

> Al inicio la investigación estuvo a cargo del Fiscal provisorio José Benigno Rojas. El 9 de julio de 2002 el testigo Jorge Olavarría presentó ante este Fiscal un escrito de testimonio donde señala que le consta que Brewer Carías no redactó el "Decreto Carmona". José Benigno Rojas fue sustituido por el Fiscal Provisorio Danilo Anderson. Subsiguientemente, el 28 de agosto de 2002, el despacho de la Fiscal Provisoria Sexta asumió la investigación.

110. Este es un ejemplo del carácter de la motivación política que tiene el ministerio público en Venezuela. Según se indicó anteriormente, para poder garantizar un juicio justo para el acusado, el poder judicial debe ser tanto independiente como imparcial a fin de asegurar que las decisiones adoptadas por la Fiscalía, que se ajusten al significado autónomo de "acusación penal" de conformidad con la Convención Europea sobre Derechos Humanos, cumplan las garantías consagradas por el Artículo 6 de la CEDH."

111. De lo anterior, resulta claro que la situación general en el entorno de la judicatura y los fiscales venezolanos es tanto ambigua como motivada políticamente. En circunstancias ambiguas, como lo es el temor de emitir un fallo en contra de la voluntad política, lo más probable es que tanto los jueces como los fiscales dicten las sentencias que complazcan a quienes están en el poder. No obstante, hay un elemento adicional que genera también los fallos motivados políticamente, el estatus provisorio de los jueces y los fiscales. Si los fiscales y los jueces consideran que se les puede destituir fácilmente, son más proclives a acatar la voluntad política. Por consiguiente, se hace patente que Venezuela mantiene un sistema judicial donde tanto la mayoría de los jueces, como la mayoría de los fiscales, carecen de independencia e imparcialidad. A su vez, esta situación pone en peligro y compromete el derecho a un juicio justo ante un tribunal independiente e imparcial que tienen las personas, como Allan Brewer Carías, violando así el Artículo 8 de la Convención.

inició el 15 de abril del año 2002," pero luego se contradijo afirmado en la misma audiencia, que en el proceso penal respecto del profesor Brewer Carías sólo había intervenido una sola fiscal provisoria, la abogado Luisa Ortega Díaz, actual Fiscal General de la República, quien dijo, había sido nombrada en noviembre de 2004 y que fue la que imputó al profesor Brewer Carías sólo dos meses después, en enero de 2005, al haberlo supuestamente "individualizado." Si el inicio de la investigación fue en 2002, año en el cual la Fiscalía recibió la denuncia del coronel Bellorín y la declaración espontánea del profesor Brewer Carías, no se entiende cómo puede afirmarse que en el proceso penal sólo participó una fiscal nombrada en noviembre de 2004[161].

472. En todo caso, todos los fiscales que actuaron en la etapa de investigación y la etapa intermedia del proceso penal contra el profesor Brewer Carías (José Benigno Rojas, Danilo Anderson, Luisa Ortega Díaz), fueron fiscales provisorios sin estabilidad alguna. Ello lo confirmó, en todo caso, el "testigo-perito" **Néstor Castellanos** al afirmar que sólo recientemente, "luego de fundada la Escuela Nacional de Fiscales se nos ha dado una serie de inducciones para poder optar a concursar como Fiscal de Carrera. Actualmente como se verá en otras exposiciones *se han hecho cuatro concursos y ya Venezuela cuenta con los primero cuatro fiscales titulares de la Republica.*" ¡Cuatro fiscales titulares trece años después de haber entrado en vigencia la Constitución!!!![162].

---

161 Lo cierto es que como indicamos en el Capítulo referente a los hechos, según establece el Código Orgánico Procesal Penal la fase preparatoria o primera fase del proceso penal incluye todas las diligencias que se llevan a cabo con anterioridad a la acusación (para el caso de que la hubiera).

162 En todo caso, sobre el proceso de deterioro del Poder Judicial en Venezuela, desde 1999 hasta la fecha, mediante su intervención por el Poder Ejecutivo, dentro del cuadro de desmantelamiento del principio de la separación de poderes, esa honorable Corte Interamericana recibió un enjundioso estudio presentado como *Amicus curiae* por el **Grupo de Profesores de Derecho Público de Venezuela**, documento en el cual se analiza con todo detalle lo que ocurrió en Venezuela en los últimos catorce años, concluyéndose, en contraste con las previsiones constitucionales sobre independencia y autonomía del Poder Judicial, que "*la realidad lamentablemente, es que casi catorce años después de aprobada la Constitución, podría decirse que ninguno de estos principios ha sido implementado en su totalidad en Venezuela y que pareciera que las previsiones constitucionales sancionadas simplemente no se cumplen, pues materialmente todos los órganos del Estado han contribuido a no cumplirlas, y a evitar que las mismas hayan podido haber llegado a tener, en algún momento, plena vigencia*" (¶ 38).
Agrega además dicho *Amicus curiae*, al hacer referencia a la permanente transitoriedad del régimen del poder judicial, que de la misma "lo que ha resultado es un proceso también permanente y sistemático de déficit o carencia de plena autonomía e independencia del Poder Judicial, que ha sido llevado a cabo por los diversos órganos del Estado, incluido el propio Tribunal Supremo de Justicia, con lo cual los valores de la Constitución en materia de justicia, no han pasado de ser sólo simples enunciados." (¶ 46). En igual sentido, se expresa el *Amicus curiae* presentado por el profesor

473. En todo caso, el Estado ignoró totalmente esta denuncia de violación del derecho a un juez independiente e imparcial del profesor Brewer Carías durante el proceso penal en su contra desarrollado en Venezuela. No contradijo los hechos ni los alegatos, de manera que la Corte debe tenerlos como aceptados. Al contrario, en el *Escrito de Contestación*, los representantes del Estado admitieron expresamente que los jueces temporales y provisorios no gozan de estabilidad alguna, y que son de libre nombramiento y discrecional remoción (pág. 156, 159); y además, admitieron expresamente que la gran mayoría de los jueces en Venezuela son provisionales (pág. 190). El Estado, en general sobre las violaciones alegadas respecto de las garantías judiciales previstas en el artículo 8 de la Convención, se limitó única y exclusivamente a decir que "*se abstiene de responder las supuestas violaciones alegadas*" porque el juicio contradictorio supuestamente "no ha comenzado," y la víctima "no se presentó a la audiencia preliminar."

474. Para concluir esta sección, no podemos dejar de señalar que la grave vulneración del Estado de Derecho que se manifiesta de la denuncia que hemos realizado, como consecuencia de la destrucción en la práctica de la autonomía e independencia del Poder Judicial, ha sido puesta en evidencia de manera por demás cruda, por un "arrepentido", General de la Fuerza Armada Bolivariana, quien fue Presidente de la Sala de Casación Penal del Tribunal Supremo de Justicia y hombre fuerte de la justicia penal revolucionaria, el Sr. Aponte Aponte.

475. Lo dicho por el Sr. Aponte Aponte ha sido parcialmente confirmado en la audiencia. En efecto, el perito y Magistrado. **Octavio Sisco Ricciardi** se refirió a una ley del sistema de justicia de 2009 *"si mal no recuerdo"*, donde "se establecen reuniones de coordinación con todos los actores que forman parte del sistema; el ejecutivo lo preside, a través del vicepresidente, los ministros del ramo en materia penitenciaria y en materia de interior y justicia, pero también está el Tribunal Supremo de Justicia, está también el Ministerio Público, la defensa pública y otros actores, los cuerpos policiales, por qué? para trabajar de una manera coordinada. Esas eran las famosas reuniones que descontextualizó el ex magistrado Aponte Aponte ...".

476. Finalmente alguien del sector oficial venezolano confirmó, y ante la elevada jerarquía de la Corte Interamericana de Derechos Humanos, la declaración del ex Magistrado Aponte Aponte sobre reuniones inéditas en una sociedad democrática entre los más altos jueces y el alto gobierno para poner en práctica lineamientos políticos inconfesables. [163].

Víctor Hernández Mendible (¶ 27- 35); al igual que el profesor **Luis Enrique Chase Plate** en el *Amicus curiae* que también presentó ante esta Corte (¶ 27-35).

163 De particular importancia es la referencia que en el *Amicus curiae* del **Grupo de profesores de Derecho Público de Venezuela** se hace sobre las afirmaciones hizo públicamente, en 2012, el ex Magistrado Presidente de la Sala Penal del Tribunal Supremo de Justicia, coronel Eladio Aponte Aponte, a lo cual nos referimos en nuestro *Escrito Autónomo de Soliciudes, Argumentos y Pruebas* (¶¶ 87 ss.), como manifesta-

477. Como quiera que sea, declaraciones públicas del coronel y ex Magistrado Aponte Aponte, no desmentidas ni contradichas, sino más bien confirmadas parcialmente en la audiencia, y que hemos vertido en nuestro *Escrito de Solicitudes, Argumentos y Pruebas* (¶¶ 187-207), exhiben sin pudor que los procesados por un delito político o con implicaciones políticas están a la merced del régimen, y que tal vez algunos puedan negociar o esperar clemencia, pero no justicia.

QUINTA PARTE
VIOLACIÓN DE LAS GARANTÍAS JUDICIALES MÍNIMAS ATINENTES AL DERECHO A LA DEFENSA DE DISPONER DEL TIEMPO Y DE LOS MEDIOS ADECUADOS PARA LA PREPARACIÓN DE SU DEFENSA (CADH, ART. 8.2.C) Y DE PROMOVER Y REPREGUNTAR TESTIGOS (CADH, ART. 8.2.F)

478. Hemos denunciado en el *Escrito Autónomo de Solicitudes, Alegatos y Pruebas* (¶¶ **136 ss.**), texto que damos aquí por reproducido, que al llevarse el proceso penal contra el profesor Brewer Carías particularmente durante la etapa de investigación, por fiscales que no fueron objetivos ni imparciales y por jueces que carecieron de independencia e imparcialidad, el mismo se desarrolló también sin las debidas garantías *mínimas atinentes a asegurar el derecho a la defensa, en particular para disponer del tiempo y de los medios adecuados para la preparación de su defensa,* produciéndose en la Fiscalía un rechazo, adulteración y apreciación inexorablemente sesgada de las pruebas (*Supra ¶¶ 109 ss.*).

---

ción inequívoca de la falta de independencia e imparcialidad de los jueces en Venezuela, y del control sobre el sistema de justicia que ejerce el Poder Ejecutivo; particularmente respecto a la reunión que semanalmente se efectuaba en la Vicepresidencia de la República para resolver el curso o la desviación de la justicia. En dicho *Amicus curiae* se refiere que:

"sobre *la autonomía e independencia del poder judicial*, el ex Magistrado llegó a responder la pregunta de la periodista, diciendo simplemente, que "**eso es una falacia**" y explicó claramente por qué. Dijo:"**Y te voy a decir por qué. Todos los fines de semana principalmente los viernes en la mañana, hay una reunión en la Vice Presidencia Ejecutiva del país, donde se reúne el Vicepresidente, que es el que maneja la justicia en Venezuela, con la Presidenta del Tribunal Supremo, con la Fiscal General de la República, con el Presidente de la Asamblea Nacional, con la Procuradora General de la República, con la Contadora General de la República, y unas que otras veces va uno de los jefes de los cuerpos policiales. De ahí es donde sale la directriz de lo que va a ser la justicia. O sea, salen las líneas conductoras de la justicia en Venezuela.**" Luego de este detalle de las reuniones con el Poder Ejecutivo para manejar la justicia, en las cuales se analizaban "**los casos que están pendientes, qué es lo que se va a hacer. O sea se daban la directrices de acuerdo al panorama político,**" precisó que él había acudido varias veces a las mismas, **afirmando frente a la pregunta de que** "*cómo queda la independencia de los poderes en Venezuela?,* con la respuesta de "**Yo creo que no hay tanta independencia.**" (¶ 129).

479. El Estado, en sus escritos ante la Comisión Interamericana trató de justificar estos atropellos a las garantías judiciales, argumentando que las mismas en Venezuela, supuestamente no se aplican en la fase de investigación del proceso penal, sino en las fases subsiguientes. En su oportunidad, en nuestros escritos ante la Comisión, contradijimos con toda firmeza esta línea de argumentación, que no encuentra asidero ni en la Convención Americana, ni en la Constitución venezolana, ni en el Derecho penal democrático y garantista, línea argumentativa que, por lo demás, ha sido censurada explícitamente por la jurisprudencia de la Corte, precisamente en un caso relativo a Venezuela:

> "Ahora bien, el derecho a la defensa debe necesariamente poder ejercerse **desde que se señala a una persona como posible autor o partícipe de un hecho punible y sólo culmina cuando finaliza el proceso**, incluyendo, en su caso, la etapa de ejecución de la pena. Sostener lo opuesto implicaría supeditar las garantías convencionales que protegen el derecho a la defensa, entre ellas el artículo 8.2.b, a que el investigado encuentre en determinada fase procesal, dejando abierta la posibilidad de que con anterioridad se afecte un ámbito de sus derechos a través de actos de autoridad que desconoce o a los que no puede controlar u oponerse con eficacia, lo cual es **evidentemente contrario a la Convención.** En efecto, **impedir que la persona ejerza su derecho de defensa desde que se inicia la investigación en su contra y la autoridad dispone o ejecuta actos que implican afectación de derechos es potenciar los poderes investigativos del Estado en desmedro de derechos fundamentales de la persona investiga**da. El derecho a la defensa obliga al Estado a tratar al individuo en todo momento como un verdadero sujeto del proceso, en el más amplio sentido de este concepto, y no simplemente como objeto del mismo"[164]. (Énfasis agregados).

480. Esa posición del Estado ante la CIDH nos movió a solicitar del perito **Carlos Tiffer**, que explicara ante esa Corte, en el marco de los principios universales del proceso penal en una sociedad democrática, el tema de las etapas del proceso penal en relación con las garantías judiciales. Dicho perito, al preguntársele sobre las *garantías debidas al procesado durante las diversas fases del proceso penal en el sistema acusatorio, particularmente en la fase de investigación de ese proceso,* fue terminante al indicar que *todas las garantías del debido proceso "tienen plena vigencia durante todo el proceso penal y desde que una persona es identificada como sospechoso o presunto responsable o autor de un hecho delictivo,"* de manera que *"debe ser respetada por parte del ente acusador estatal y de la autoridad jurisdiccional, desde el momento que se le identifica como sospechoso o presunto respon-*

---

164 Corte IDH. *Caso Barreto Leiva vs. Venezuela.* Sentencia de 17 de nooviembre de 2009. Serie C N° 206, párr. 29; Corte IDH, *Caso Cabrera García y Montiel Flores vs. México.* Sentencia de 26 de noviembre de 2010. Serie C N° 220, párr. 154.

sable del hecho." Agregó además, que *"la división del proceso penal en eta-pas no significa de forma alguna, que la vigencia de las garantías de la persona investigada o acusada, dependa de la etapa en que se encuentre el proceso penal."* Es decir, *"las garantías del debido proceso deben respetarse en la etapa de investigación de todo proceso penal."*

481. Con ello coincidió el perito Dr. **Jesús Ollarves Irazábal** en su exposición oral inicial en la audiencia del día 4 de septiembre de 2013 ante esa honorable Corte, cuando afirmó que en Venezuela, *"en las cuatro fases, en la fase inicial, en la fase de investigación, en la fase intermedia, en la fase de juicio y en la fase de ejecución, todos los sujetos procesales involucrados incluyendo al Ministerio Público tienen la obligación de respetar los derechos y garantías constitucionales plasmados en la Carta Fundamental, la Constitución de la República Bolivariana de Venezuela, y también en los tratados internacionales en materia de derecho humanos."*

482. Consideró además, el perito **profesor Tiffer**, que tan importante es el "respeto a las garantías en la fase de investigación, que el ente acusador debe de investigar, no solamente los hechos que incriminan y obtener la prueba que los demuestra, sino todos aquellos hechos y circunstancias que sirvan para eximir de responsabilidad al imputado."

483. Como también lo puntualizó el perito **profesor Jesús Ollarves Irazábal**, en su exposición ante esa honorable Corte en la audiencia, que en la fase preparatoria o de investigación *"el Ministerio Público tiene la función de identificar a los autores, en ese plazo tiene la obligación de practicar diligencias para inculparlo, pero también para exculparlo de la comisión de un hecho punible."* Es decir, el Ministerio Público está obligado a facilitar al imputado todos los datos que lo favorezcan, correspondiendo, como lo afirmó el mismo perito **Ollarves**, al juez de garantía *"la función importantísima de hacer cumplir los derechos y garantías fundamentales previstos en el artículo 1 del Código Orgánico Procesal Penal en concordancia con el artículo 23 de Carta fundamental y también el 49, es decir, el juez de garantía es un sujeto procesal que tiene la encomiable labor de ponerle limites al desenfreno ilegitimo muchas veces del Ministerio Público."*

484. Ello no ocurrió en el caso del proceso penal que se le siguió al profesor Brewer Carías, donde se pervirtió el modelo acusatorio, considerándose al imputado como un enemigo que se debía aniquilar, irrespetándole sus derechos. El rol de buena fe que serviría para demostrar la inocencia del imputado nunca fue ejercido por el Ministerio Público. Por ello, en el proceso penal que se le siguió, como ha quedado demostrado ante esa Corte Interamericana, no sólo se violaron masivamente sus garantías judiciales durante la etapa de investigación penal, sino que la Fiscal Provisoria Sexta no actuó con la "con objetividad e imparcialidad" que le imponía la ley procesal penal, habiendo soslayado sistemáticamente en la investigación que adelantó todos los hechos y circunstancias de los que tuvo conocimiento y que servían para eximir de responsabilidad al imputado, mostrando así que el objetivo del paródico pro-

ceso en contra del profesor Brewer Carías era el de condenarlo, aniquilando para ello la efectividad de su derecho a la defensa.

485. En todo caso, las pretensiones expresadas por el Estado y algunos de sus testigos en este proceso, en el sentido de que en todo caso, a pesar de las arbitrariedades cometidas por la Fiscalía, el imputado supuestamente tenía para defenderse la posibilidad de hacer alegatos ante el juez de la causa, una vez concluida la etapa de investigación e iniciada la etapa intermedia luego de que se formulara la acusación en su contra, es, en palabras de esa honorable Corte *"evidentemente contrario a la Convención"*, por negar la existencia de garantías en la fase de investigación, y contradice el sentido y esencia del derecho a la defensa. Por ello, con razón, el **Comisionado Felipe González**, en sus *Observaciones Finales* expresadas ante la Corte en nombre de la Comisión Interamericana de Derechos Humanos en la audiencia del día 4 de septiembre de 2013, expresó lo siguiente en cuanto a:

> *"las pruebas propiamente tales, se dice por el Estado serán producidas en el juicio y por lo tanto no se exige el derecho de defensa en la etapa de investigación, este argumento contradice el vasto desarrollo jurisprudencial de la Corte sobre el momento en el cual debe ser asegurado el derecho de defensa, y esta es una oportunidad para que la Corte establezca claramente que una persona investigada, imputada por un delito tiene el derecho a defenderse frente a la posibilidad de una acusación y eventual juicio."*

486. Por otra parte, como también ha quedado demostrado, los jueces de control se apartaron de su deber institucional de ser garante de la ley y de los derechos humanos de los ciudadanos, particularmente en la fase de investigación, de manera que en el proceso penal contra el profesor Brewer Carías, éste no tuvo un juez penal de manera cónsona con sus derechos que controlara y supervisara las labores, gestiones y actuaciones del Ministerio Público. Como lo afirmó el perito **Tiffer**, debido a la posición preponderante del Ministerio Público durante esta fase de investigación, es precisamente el juez de garantías o de control, quien *"debe velar porque se respeten durante la misma, las garantías constitucionales, así como las garantías judiciales reconocidas tanto en los convenios firmados por el Estado, como en la legislación interna de cada país, a favor de la persona objeto de la investigación penal."* El profesor Brewer Carías y sus abogados defensores, al contrario, como ha quedado probado en este juicio, no contaron con un juez que respondiera en forma pronta, oportuna y fundamentada las múltiples denuncias, reclamos y peticiones formuladas para tratar de corregir los abusos del Ministerio Público. Más aún, quienes intentaron controlar los abusos del Ministerio Publico en ese proceso, fueron removidos de sus cargos, como también ha quedado probado.

487. Esa ausencia de garantías que afectó el derecho a la defensa se evidenció particularmente en la conducta de la Fiscalía al negarle a la defensa del profesor Brewer Carías las copias de las actas del expediente, que tuvieron que copiar a mano, como está probado en autos (*Supra ¶¶ 114 ss.*),[165] siendo ello el motivo fundamental de las múltiples visitas a la Fiscalía; [166] al rechazar, adulterar y apreciar en forma inexorablemente sesgada de las pruebas, y de obstaculizar en todo momento la posibilidad de construir una estrategia de defensa del imputado. En particular, por ejemplo, *primero*, el testimonio de **Jorge Olavarría**, que exculpa claramente al profesor Brewer Carías, se apreció como una prueba para condenarlo (**EASAP ¶¶** 136; 215, 354-356) (*Supra ¶¶ 111 ss.*). Sobre ello, el Testigo **Rafael Odremán**, en su declaración testimonial ante esa honorable Corte señaló que la Fiscal:

> "igualmente tergiversó la declaración del ciudadano Jorge Olavarría entresacando a su conveniencia partes del testimonio para imputar y acusar al profesor Brewer como co-redactor del decreto de constitución del gobierno de transición, omitiendo intencionalmente las partes en las que

---

165 Sobre esto, el "testigo-perito" **Néstor Castellanos** en las respuestas a la serie de preguntas que le formuló el Juez Ventura Robles en la audiencia expuso lo siguiente: A la pregunta del Juez: "*los abogados del Dr. Brewer tuvieron que ir 296 días al juzgado o al ministerio publico a tomar a copiar el expediente porque no se le facilitaban las copias. Le parece a Ud. que eso no vulnera el derecho de defensa?*" respondió "Tuvieron acceso 296 veces. Para mi Dr. de verdad ahí no hay violación al derecho, hay acceso al expediente. Ahí, no hubo." A la pregunta del Juez: " *"No tuvieron acceso al expediente. no les dieron copias. tuvieron que ir copiando el expediente mano a mano, a retazos?*", respondió: "¿Y eso vulnera el derecho a la defensa? Ante la pregunta del Juez: "*Le pregunto yo a Ud*", respondió: "Pero a mi modo de ver no." De allí la conclusión del honorable Juez Ventura Robles: "No.? Muchas gracias."

166 En el *Escrito de Contestación* del Estado, luego de afirmar que "los peticionarios invocan que durante la fase de investigación no pudieron obtener copias de las actuaciones, pero reconocen que se les permitió transcribir a mano las mismas" (p. 208), para responder a nuestra denuncia de violación del derecho a la defensa por no haberse asegurado el acceso pleno al expediente, se afirmó falsamente que se le "permitió la revisión minuciosa" del mismo, haciendo referencia sólo a las múltiples visitas que hubo que hacer a la sede de la Fiscalía, precisamente para copiar a mano el expediente. A tal efecto en dicho Escrito (pp. 211 a 219) se hace una relación a partir del 16 de febrero de 2005 hasta el 31 de marzo de 2005, indicándose por ejemplo, ocho solicitudes para ver los videos referidos en la imputación. Es decir, se pidió 8 veces porque no se dejaba que la victima o sus abogados los vieran, hasta que finalmente la Fiscal Sexta negó su transcripción. Mas adelante el Estado afirma que al imputado Allan Brewer supuestamente se le permitió acceso al expediente, indicándose que entre el 31 de enero y el 18 de febrero de 2005 fueron o la victima con sus abogados o solo la victima 8 veces o días a "revisar" la pieza 14 del expediente. Entre el 18 de febrero y el 4 de marzo fueron 10 veces o días a "revisar la pieza 15. Entre los días 1 de marzo y 29 de marzo de 2005 fueron 14 veces a "revisar" la pieza 16. Entre el 16 de marzo y el 5 de abril de 2005 fueron 15 veces a "revisar" la pieza 17. Entre el 31 de marzo y el 9 de mayo fueron 15 veces a "revisar" la pieza 18. Entre el 24 de mayo y el 7 de junio fueron 10 veces a "revisar" la pieza 21. Desde el día 8 de agosto al día 7 de octubre 9 fueron diez veces a "revisar" la pieza 24. No es posible sostener que haber ido 81 veces o días a "revisar" sólo 6 de las piezas de un muy voluminoso expediente no es entorpecer el ejercicio del derecho a la defensa, máxime si la "revisión" era para copiar a mano las actas.

el declarante afirma categóricamente que el profesor Brewer expresó su opinión contraria al mismo, a los jóvenes que se presentaron con el borrador de éste en la oficina del Sr. Olavarría."*(Respuesta a Pregunta 7, Representantes Víctima).*

488. Por su parte, el Dr. **León Henrique Cottín**, en su declaración oral ante esta Corte Interamericana destacó, entre los elementos de convicción que Fiscal no tomó en cuenta, como era su deber, "elementos que constan en el expediente que benefician a Brewer, el más emblemático es la declaración de Jorge Olavarría referente a la imposibilidad de que Brewer hubiese redactado el decreto. Olavarría declaró y fundamentó su declaración en forma clara y enfática de que Brewer no redactó el llamado Decreto de Carmona. La declaración de Olavarría sin embargo fue usada para imputar y acusar a Brewer."

489. *Segundo*, muchas de las transcripciones de la entrevistas televisadas fueron adulteradas en la Fiscalía, como por ejemplo la realizada al periodista Teodoro Petkoff, sacándose conclusiones falsas y contrarias a su real contenido (**EASAP ¶¶** 137-140), así como las realizadas a la periodista Patricia Poleo, cuyos "cuentos periodísticos" habían servido de base para la imputación fiscal, todo lo cual precisa con toda exactitud el testigo **Rafael Odremán** en su declaración testimonial ante esta Corte (*Respuesta a pregunta 4,F, de los representantes de la víctima*). En ella explica, por ejemplo, en relación con lo que la Fiscal atribuyó que decía Patricia Poleo, cómo en realidad, muy contrariamente a lo que afirmó la Fiscal para imputar, lo que "dice la periodista es que nuestro defendido tenía una *opinión jurídica contraria a lo que se pretendía con el mencionado decreto del gobierno de transición*, cuando señaló con razón, que "**por supuesto que Brewer no estuvo de acuerdo en disolver la Asamblea Nacional y se los dijo; por supuesto que no estuvo de acuerdo en cambiar inmediatamente el nombre a Venezuela, ni en eliminar los poderes públicos…**" Concluyó el Dr. **Odremán** indicando que: "Por otra parte, al leer la trascripción verídica de *lo que la periodista Poleo dijo en esta entrevista con Domingo Blanco, queda en evidencia que se contradice con otras informaciones referenciales dadas por ella misma*, sobre el mismo asunto, lo que demuestra la *inconsistencia de sus opiniones*, las cuales no pueden servir de elemento de prueba de nada" (*Respuesta a Pregunta 4,F*).

490. El testigo Dr. **Odremán** dio cuenta también, en su declaración testimonial dada bajo juramento, cómo se negó el acceso a muchos otros videos contentivos de declaraciones, y cómo la Fiscalía negó la solicitud de transcripción técnica de los mismos para verificar su exactitud, pues el mismo Brewer había constatado que lo que había "transcrito" en la imputación la Fiscal era falso (*Respuesta a Pregunta 4,F, Representantes Víctima*).(**EASAP, ¶** 142) (*Supra ¶¶ 118 ss.*). El testigo **Rafael Odremán**, defensor del profesor Brewer Carías, en efecto hizo un recuento detallado de todas estas actuaciones indicando las razones por las cuales:

"el acceso a esos videos era de primordial importancia para la defensa, en virtud de que: 1) Aún cuando el imputado había visto algunos de los videos que pretendían ser usados en su contra, no había podido presenciar la totalidad de ellos; 2) Los abogados que conformamos la defensa y quienes somos los encargados de preparar y dirigir la defensa en el proceso, como derecho del procesado, tampoco habíamos podido observar dichos videos en su totalidad y ni siquiera habíamos podido revisar la mayoría de los que fueron mostrados al imputado; 3) No se encontraron en el expediente algunos de los videos cuyo supuesto texto se cita en la imputación; 4) El texto citado por la Fiscal en el acto de imputación no se corresponde con el verdadero contenido de algunos de los videos; y, 5) El despacho fiscal refirió en el acta que los elementos de convicción que allí cita son los "iniciales", lo que significaba que parecía tener la intención de utilizar otros que hasta ese momento no había mencionado…"

491. Es falso, por tanto, lo que indicó la testigo **Mercedes Prieto**, que en realidad no fue testigo presencial de ello, como lo dijo, pues sólo de oídas fue que conoció del expediente, como también lo dijo ante esa honorable Corte, que los defensores del profesor Brewer Carías "pasaron horas viendo videos en la oficina de la Fiscal Sexta." Al contrario, la vista de los videos fue restringida o limitada como antes se explicó, lo que afectó la defensa porque como lo explicó el Dr. **Rafael Odremán** en su testimonio ante esta honorable Corte, "Lo importante de todo esto es que la Fiscal en la imputación *realizó intencionalmente una transcripción maliciosa* de los videos que pretende presentar como prueba en contra de nuestro defendido, y que **ante nuestra solicitud de transcripción de los mismos por expertos en la materia, se negó a acordarlo de manera arbitraria"** (*Respuesta a Pregunta 4,F, Representantes Víctima*) (*Infra ¶¶ 501*).

492. De todo ello también resulta completamente falso, por tanto, lo que afirmó la testigo **Mercedes Prieto** ante esta honorable Corte en la audiencia del 4 de septiembre de 2013, al responder la pregunta del Dr. Nikken, sobre si *"Sabe usted que le fue negada a la defensa la petición de transcribir profesionalmente todos los videos que incriminaban al Dr. Brewer y que eso fue negado?,* al afirmar que "Recuerdo el acta de investigación que ya acordaba varias transcripciones, hay experticias de coherencia técnica de videos, no le puedo señalar con detenimiento qué videos eran, yo no vi los videos pero sé que si hay, fueron acordadas experticias de coherencia técnica y transcripción de videos. Recuerdo." Ello, en relación con la pregunta es totalmente falso, y precisamente por ello el profesor Nikken le recordó que *"Usted está declarando esto bajo fe de juramento y está diciendo algo que es falso"*. Ante la insistencia del Dr. Nikken en que mostrara dónde constaba ello, la testigo terminó indicando que tenía una anotación de que "en la pieza XV consta una experticia de coherencia técnica recibida en el despacho de la Fiscal Sexta Nacional y que está en las actas, " de un solo video, referido dijo: "No sé, es uno relacionado con… con… no sé si fue con lo que ocurrió en Miraflores pero tiene que ver con toda esta situación." Es decir, con un acto en el cual no estuvo presente el profesor Brewer Carías, y dicho video no fue de los que la defensa del profesor Brewer solicitaron su transcripción (*Supra* ¶¶ *121, 122*), *las cuales fueron todas negadas*. Por tanto, es falsa la declaración de la testigo **Mercedes Prieto** por cuanto la Fiscal Sexta, el 21 de abril de 2005, negó la transcripción de los videos que usó para la imputación y, en lo que por lo demás, los testigos profesor León Henrique Cottin y Dr. Rafael Odremán son contestes.

493.   *Tercero*, la Fiscal se negó arbitrariamente a admitir pruebas promovidas por la defensa en su descargo, para poder defenderse, como fueron las testimoniales de Nelson Socorro, Leopoldo Baptista, Nelson Mezerhane, Guaicaipuro Lameda, y Yajaira Andueza (**EASAP** ¶¶ 147, 148, 150, 330 ss., 337, 338, , 340, 342 ss., 337, 338) (*Supra* ¶¶ *124 ss.*). En su testimonio otorgado ante fedatario bajo juramento, y consignado ante esta Corte, el testigo **Rafael Odremán**, hizo un recuento detallado de todas esas pruebas de testigos promovidas, su importancia para la defensa, ya que quienes se pedía fueran citados habían sido testigos presenciales de dónde estaba el profesor Brewer durante los días previos al 11 y 12 de abril de 2002, y durante esos mismos días, así como sobre su posición y opinión respecto de los hechos que se le imputaban, y de cómo fueron arbitraria y sistemáticamente negadas por la Fiscalía, sin respeto alguno a las garantías judiciales del imputado (*Respuesta a pregunta 4,A,B,C,D, Representantes Víctima*). La declaración oral de testigo **León Henrique Cottin** en la audiencia del 3 de setiembre de 2013, además, es conteste con el dicho del testigo **Rafael Odremán**.

494.   *Cuarto*, la solicitud de declaración que como prueba anticipada solicitaron los abogados defensores del profesor Brewer, del Dr. Pedro Carmona, que fue negada (**EASAP** ¶¶ 148, 338); y luego de obtenerse notariada en Bogotá, la misma, en la cual se exculpa totalmente al profesor Brewer Carías de los hechos que se le imputaron fue ignorada por el juez (**EASAP** ¶¶ 150, 340) (*Supra* ¶¶ *125 ss.*). Además, la Fiscalía apreció en forma sesgada el libro de Pedro Carmona, *Mi testimonio ante la Historia*, omitiendo los párrafos en los cuales se afirma que Brewer no fue el redactor del decreto de transición (**EASAP** ¶ 350- 353). En efecto, tal como lo expresó el testigo **Rafael Odremán** en su declaración testimonial ante esa Corte, la razón de la solicitud de la declaración del Dr. Carmona se basó en que "en el acto de imputación hecha al profesor Brewer por la Fiscal 6ª Nacional utilizó como elemento de convicción en su contra el contenido del libro "*Mi Testimonio ante la Historia*", páginas 79, 81, 107, 108, 111, 119, 123, 124 y 125 cuyo autor es el ciudadano Pedro Carmona Estanga" *(Respuesta a pregunta 4J, Representantes Víctima);* libro en el cual, al contrario, Carmona exculpaba a Brewer y había dicho (y a ello se refería la declaración que se había solicitado) que:

> *"Hablé telefónicamente con doctor Allan Brewer- Carías, con quien me unía una respetuosa relación profesional. A él le pedí que se trasladara a Fuerte Tiuna, pues deseaba conocer su criterio. Envié a mi conductor a buscarlo a su residencia y al llegar al lugar, le solicité analizar el papel de trabajo en el cual se encontraban plasmadas varias ideas al*

respecto. Pero es justo puntualizar, como lo hice ante la Asamblea Nacional, que nunca he atribuido al doctor Allan Brewer-Carías la autoría del decreto, pues sería irresponsable, como lo hicieron luego representantes del oficialismo para inculparlo. Respeto incluso la diferencia que el doctor Allan Brewer-Carías expresara con relación con el camino elegido y la constancia que dejó en la acta de entrevista que le hiciera la Fiscalía General de la República, aún cuando discrepo de algunas de sus interpretaciones pero él mismo dijo que se alegró con la rectificación posterior del decreto pues atendía a la esencia de su preocupaciones, principalmente respecto a la carta Democrática Interamericana" (páginas 107-108) (Respuesta a pregunta 4J, Representantes Víctima).

495. Como lo indicó el Testigo Dr. **Odremán** respecto de, la declaración que se había solicitado del señor Carmona, se "trataba de una prueba determinante para el esclarecimiento de la verdad sobre la participación del profesor Brewer Carías en los hechos" pues se trataba de la persona que encabezó el "Gobierno de Transición" y que suscribió como presidente de facto dicho Decreto, agregando: "Ello no obstante, el Juez 25 de Control la negó aduciendo que nuestra solicitud violentaba el principio de licitud de la prueba; que es ilegal la prueba derivada de otra ilegal; y, que los imputados no pueden ser al mismo tiempo testigos con relación a los hechos que pueden afectar a otro." El testigo-perito **Néstor Castellanos** en su declaración ante esa honorable Corte, respondiendo preguntas del abogado Saltrón, también se refirió al supuesto a "desacierto y desatino jurídico"[167] de haberse solicitado el testimonio dado anticipadamente de lo que llamó un "coimputado," ignorando que el señor Carmona no podía concurrir a ninguna audiencia, porque precisamente estaba asilado en Colombia. Lo insólito de todo este paródico proceso, como lo destacó el mismo testigo Dr. **Odremán** fue que "cuando la Fiscal Sexta presentó su escrito de acusación contra el profesor Brewer, constatamos que utilizó de nuevo como elemento de convicción, al igual que en la imputación, concretamente en el N° 27, el contenido del libro *"Mi Testimonio Ante La Historia"* cuyo autor era Pedro Carmona. Es decir, según el criterio de la Fiscal, el testimonio de otros imputados sí es una prueba válida en el proceso penal" *(Respuesta a pregunta 4J, Representantes Víctima)*. En fin, señaló el testigo Dr. **Rafael Odremán** ante esta honorable Corte, que "era un contrasentido y una contradicción del Estado en evidente perjuicio de la persona *sub judice* que la Fiscal Sexta pudiera utilizar selectivamente en contra del profesor Brewer el libro de Pedro Carmona Estanga y el testimonio de otros inves-

---

167 El testigo-perito **Néstor Castellanos** llegó a afirmar en la audiencia, sin fundamento alguno, que: "bajo la modalidad de la prueba anticipada, tal y como está planteada en los términos en el Código Orgánico Procesal Penal es un abrupto jurídico pensar, es improponible en derecho, la solicitud de que un imputado declare bajo la modalidad de prueba anticipada y mas aun en contra de otra persona que también aparece coimputada." Al contrario, nada, en derecho, permite sostener lo afirmado por el testigo-perito **Castellanos**, siendo ello una manifestación más de la violación al derecho a la defensa por parte del Ministerio Público.

tigados, y a la vez se le negara a él la posibilidad de solicitar y utilizar en su defensa el testimonio de cualquiera de los investigados como lo era el del mismo Pedro Carmona Estanga" *Respuesta a pregunta 4J, Representantes Víctima).* Del caso, el juez de control nada controló, y luego de que los abogados defensores del profesor Brewer Carías obtuvieron la declaración notariada del Dr. Carmona en Bogotá, que consignaron en autos, simplemente fue ignorada. En ella, como lo destaca el Dr. **Odremán** en su declaración testimonial, el señor Carmona expresó:

> *"Puedo afirmar por tanto, que el Dr. Allan R. Brewer-Carías no estaba presente en Fuerte Tiuna en el momento en que yo llegué a ese sitio en la madrugada del 12 de abril de 2002, ni cuando se decidió iniciar el análisis de un borrador de documento para la formación un gobierno de transición, ante el inminente anuncio de la renuncia del Presidente de la República, comunicado por fuentes gubernamentales. De lo manifestado en mi libro, ratifico que decidí llamar al Dr. Brewer-Carías en la madrugada del día 12 de abril de 2002 a su casa de habitación, y le pedí que se trasladara a Fuerte Tiuna, a cuyo efecto lo mandé a buscar con mi automóvil y chofer, desde donde luego fue retornado a su domicilio (pág. 111).*

> *La llamada telefónica que le hice al Dr. Brewer-Carías tuvo como propósito solicitar su criterio, en su condición de abogado en ejercicio, sobre el mencionado borrador de documento, el cual a su llegada a Fuerte Tiuna estaba redactado como tal, es decir, como un papel de trabajo. No había visto ni hablado con el Dr. Brewer-Carías en las semanas anteriores al día 12 de abril de 2002. Por tanto, de mi libro no puede resultar elemento de prueba alguna de que el Dr. Brewer-Carías hubiera conspirado ni participado en la redacción del mencionado borrador del decreto de gobierno de transición, más cuando, por el contrario, sobre el mismo me expresó luego una opinión discrepante. (págs. 107 y 108)"(Respuesta a pregunta 4J, Representantes Víctima).*[168]

---

[168] Coincidiendo con los planteamientos anteriores, la Dra **Amira Esquivel**, ex-Directora de Derechos Humanos de la Cancillería de Chile en el *Amicus curiae* presentado ante esta Corte, advirtió cómo:

"tanto la fiscalía como el tribunal señalado, impidieron presentar como prueba anticipada, el testimonio del Sr. Pedro Carmona Estanga, en el cual, el llamado "testigo privilegiado" por el Tribunal Supremo de Justicia de Venezuela en la carta de respuesta que enviara al Instituto de Derechos Humanos a la que me he referido precedentemente, confirma los argumentos esgrimidos por la defensa del imputado desvirtuando su "supuesta" autoría del decreto en cuestión.

En efecto, en dicho testimonio el Sr. Carmona, afirma que el Prof. Brewer no estaba presente cuando él llegó a Fuerte Tiuna en la madrugada del día 12 de abril de 2002 ni tampoco cuando se inició el análisis de un borrador de documento para la formación de un gobierno de transición, es decir, el borrador del decreto cuya autoría se le imputa al Prof. Brewer."(Parte V,4,2).

496. *Quinto*, la Fiscal se negó a admitir la prueba del movimiento migratorio del imputado (**EASAP** ¶¶ 152, 348), con lo que se buscaba probar no sólo cuándo había estado fuera de Venezuela, y por cuánto tiempo, antes de los sucesos de abril de 2002, sino con posterioridad, durante el proceso penal, y cómo había siempre regresado al país. Ello consta en autos, y también del testimonio oral del profesor **León Henrique Cottin** quien es conteste con la declaración de **Rafael Odremán**.

497. *Sexto*, la Fiscalía se negó a permitir el control de pruebas por la defensa, como ocurrió con testigos promovidos por la Fiscalía a espaldas de la defensa (**EASAP** ¶ 153). El testigo **Rafael Odremán**, en su declaración testimonial ante esa honorable Corte, ante la Pregunta 9, que se le formuló sobre *"su participación en el control de las pruebas"* y si *¿Tuvo usted, como abogado defensor del profesor Brewer Carías, posibilidad de controlar las pruebas recolectadas por el Ministerio Público? ¿Pudo observar los interrogatorios a los testigos y repreguntarlos?*," respondió: "No, la Fiscal 6ª Nacional ***nunca nos permitió estar presentes en los interrogatorios y menos aún repreguntar a los testigos***." El testigo Dr. **Odremán**, además, se refirió en particular, a las "particularidades" que tuvo el testimonio del General Lucas Rincón, quien como Jefe del Alto Mando Militar fue el que anunció al mundo que los militares le habían solicitado la renuncia al Presidente de la República "la cual aceptó." El testigo Dr. **Odremán** refirió cómo no se resolvió sobre su necesaria presencia en el testimonio, que se recibió sin haberse fijado fecha previa, "completamente a espaldas de los promoventes" y con serias dudas de que efectivamente se haya producido en la sede de la Fiscalía, afirmando sobre "la imposibilidad material de que el General Rincón haya rendido esa declaración, en la sede del Ministerio Público, dentro del horario de trabajo de la Fiscalía"(*Respuesta a Pregunta 4G, Representantes Víctima*) (***Supra*** ¶¶ *130 ss.*). De ello, el Testigo Rafael **Odremán** concluyó:

> "Lo ocurrido con la declaración del General Lucas Rincón es representativo del patrón de conducta exhibida por la Fiscal Sexta a lo largo de la investigación contra el profesor Brewer Carías. Se trataba de armar un expediente de supuestas pruebas de cargo, a través de la interpretación falaz y muchas veces falseada de declaraciones que atribuían falsamente al declarante lo que no había dicho o silenciaban u omitían lo que sí había dicho en descargo del profesor Brewer Carías. Se rechazaba, al mismo tiempo, las pruebas que descargaban al imputado de haber cometido el delito por el que se lo incriminaba, e incluso se manipularon hechos para convertir pruebas de descargo en pruebas de cargo.

> Infringió igualmente la Fiscal Sexta Nacional el artículo 4 de la Ley Orgánica que la rige pues no desarrolló sus funciones con estrictos criterios de objetividad al negarse a investigar los hechos y las circunstancias que atenúan, eximen o extinguen la responsabilidad penal."

Lamentablemente el acto de declaración del General Lucas Rincón fue una manipulación de la investigación pues se acordó recabar el testimonio sólo pro forma, para aparentar el cumplimiento de obligaciones que impone la Ley y simular que se respetó el derecho a la defensa. Con su conducta omisiva, el Ministerio Público perdió la oportunidad de conocer de primera mano lo realmente sucedido aquella madrugada del 12 de abril de 2002, lo cual, por demás, habría confirmado plenamente que Allan Brewer Carías no había participado en conspiración alguna contra la Constitución ni había redactado ningún documento que hubiera sido utilizado por quienes trataron de constituir un nuevo gobierno en el país. Lamentablemente, lo que demostró el Ministerio Público no fue interés por establecer la verdad, sino para construir un expediente contra quienes se consideraba conveniente responsabilizar por aquellos sucesos, quienes estaban condenados de antemano." (*Respuesta a Pregunta 4G, Representantes Víctima*).

498. De la declaración que se tomó al general Lucas Rincón, si la presencia de los defensores del profesor Brewer Carías, el testigo **Rafael Odremán**, en su *Declaración testimonial* ante esta honorable Corte destacó que:

"Es extraño que el militar de más alto rango de la Fuerza Armada de Venezuela haya aparecido en cadena nacional de radio y televisión, anunciando que se le había pedido la renuncia al Presidente, con la aceptación de éste, y que ponían sus cargos a disposición de la nuevas autoridades (es decir, las de facto), y que el Ministerio Público no hubiera querido investigar a fondo ese hecho. En cambio, de una manera claramente desigual y desproporcionada, el profesor Brewer Carías fue acusado criminalmente de conspiración sobre la base de rumores publicados como opiniones de unos pocos periodistas, quienes no habían sido ni siquiera testigos presenciales de los hechos y alegaron el secreto profesional para no identificar a sus supuestas fuentes." (Respuesta 6, Representantes Víctima).

499. *Séptimo*, la Fiscalía se negó a ser controlada por el juez de control, y los intentos en contrario (**EASAP** ¶ 146) condujeron a la remoción del juez de control (**EASAP** ¶¶ 154-156) (*Supra* ¶¶ *132 ss.*). Lamentablemente eso es lo que deriva de la ausencia de autonomía e independencia del poder judicial, como lo advirtió el perito **Jesús Ollarves Irazabal** en la exposición oral que hizo ante esta honorable Corte en la audiencia del día 4 de septiembre de 2013, diciendo: "para nadie es un secreto las declaraciones que hizo un ex magistrado de la Sala de Casación Penal que yo señalé en esta Sala en una oportunidad al poner en entredicho al visibilizar de forma muy lamentable la carencia de autonomía e independencia que hay el poder judicial venezolano," refiriendo en otra respuesta a la pregunta si *"Usted no conoce el caso de la jueza Afiuni?* respondió: "Por supuesto. El caso de la jueza Afiuni es un caso terrible, es un caso en donde a través del terror de la sanción disciplinaria y de la sanción penal a los jueces, a todos los jueces de la República lo pusieron en un paredón de fusilamiento para secuestrarle la autonomía, la independencia y la imparcialidad."

500. En el caso del proceso penal seguido contra el profesor Brewer Carías, incluso, como lo indicó el testigo Dr. **Rafael Odremán**, en su *Declaración Testimonial*, fue el juez de control el que se negó a controlar las actuaciones de la Fiscal, de manera que apelada la decisión, la Corte de Apelaciones si bien argumentó que "sí teníamos derecho a ocurrir ante el tribunal de control cuando el Ministerio Público nos negara arbitrariamente una diligencia de investigación," estimó que las pruebas negadas podían ser de nuevo promovidas "ante el juez de control en la audiencia preliminar y que si eran negadas, podíamos apelar de nuevo." Concluyó de ello el Dr. **Odremán**:

> *"Se olvidó la Sala de que sin la transcripción de los videos no habíamos podido ejercer cabalmente la defensa del Dr. Brewer y le cercenó además el derecho a que se le sobreseyera la causa en la etapa intermedia si hubieran constado en autos para ese momento las declaraciones de todas las personas que habíamos promovido. Nos dio la razón teóricamente, pero en la práctica esa Sala de Apelaciones nada hizo para remediar **la indefensión en la que se había colocado al profesor Brewer Carías, por el reiterado y sistemático irrespeto al debido proceso por parte de la Fiscalía. Constatamos así de nuevo que el Poder Judicial parecía congelado e incapacitado para decidir autónoma e imparcialmente.***
>
> ***Lo ocurrido da cuenta de que los vicios denunciados no fueron oportunamente corregidos y el daño se hizo realidad, pues el profesor Brewer fue acusado con base a los resultados de una investigación mediatizada, practicada en forma clandestina, a sus espaldas y con violación de las más elementales garantías constitucionales, en un marco en el que los jueces habían abdicado de su competencia para controlar las arbitrariedades de la Fiscal Sexta y para hacer respetar sus propias decisiones"*** (*Respuesta a Pregunta 4H, Representantes Víctima*).

501. Toda esta gravísima violación del derecho a la defensa con ocasión al manejo de los videos, la corroboró el profesor **León Henrique Cottin** en la declaración oral ante esta honorable Corte en la audiencia del día 3 de septiembre de 2013, cuando a la pregunta que le formuló el Dr. Pedro Nikken, Representante de la víctima, *en resumen* y en líneas generales expresó:

> "Con los videos el asunto se complicó de sobremanera. Solicitamos se fijara oportunidad para ver los videos, y nos dijeron que en la Fiscalía no hay televisión, no hay aparatos de VHS y no hay aparatos para ver videos digitales. Ofrecimos a nuestro costo que nos los facilitaran, que nosotros poníamos los aparatos para poder examinar los videos. Apareció en la fiscalía una televisión muy pequeña y se le permitió al profesor Brewer, se le señaló, una caja de cartón que tenía más de 60 videos, sin identificación, no decía: este el N° 1 fue el que le sirvió para la imputación N° 1, el N° 3 es el N° 3, el N° 9 es el N° 9. No. Había que adivinar viendo los videos en el poco tiempo que daban, y por otra parte esa tele-

visión no tenía control remoto, no era posible poner pausa y retroceder para copiar a mano los videos. Nosotros insistimos el día 18 de marzo de 2005 ante la Fiscalía que ya que no podíamos ver los videos se designaran unos peritos oficiales para que hicieran transcripción de los videos que sirvieron de fundamento para la imputación. Esa petición fue negada el 21 de abril del año 2005 con el fundamento de que nada aportaría a la averiguación, y que los expertos perderían su tiempo..".

502. Y *Octavo,* la Fiscalía igualmente, apreció sesgadamente y en forma, sobrevenida, presuntas pruebas meramente referenciales, básicamente dichos de periodistas (**EASAP** ¶ 357 ss.).

503. Con base en los hechos antes narrados, todos probados, se ha denunciado ante esa Corte que el derecho a la defensa del profesor Brewer Carías fue sistemática y masivamente violado, de manera que sus abogados defensores no pudieron estar presentes en las declaraciones de ninguno de los testigos, ni pudieron interrogarlos sino, en algunos casos, indirectamente mediante cuestionarios que debían entregar con antelación a la Fiscal, y que sólo ella manejaba, sin control alguno. Varios testigos emergieron en la supuesta investigación, sin informar a los abogados defensores del profesor Brewer Carías sobre qué declararían, como fue el caso mencionado del General Lucas Rincón, quien anunció la remoción militar del Presidente Chávez en la madrugada del día 12 de abril de 2002, y actualmente es Embajador de Venezuela en Portugal, después haber sido ascendido a Ministro de la Defensa al concluir la asonada militar de la cual fue portavoz. Tampoco pudieron los abogados defensores del profesor Brewer Carías, **León Henrique Cottin** y **Rafael Odremán**, testigos en este proceso ante esa honorable Corte, obtener la comparecencia de testigos que arrojaran luz sobre los hechos, ni que se aceptaran otras pruebas relevantes. La apreciación de las pruebas fue determinada por el capricho y la supresión descarada de todas las que muestran que el profesor Brewer Carías es inocente de los hechos que se le imputan (**EASAP** ¶ 260). El juez de control además, como se ha dicho, negó la prueba anticipada de declaración notariada del Sr. Carmona, que exculpaba al profesor Brewer Carías de lo que se acusaba, y en el proceso se ignoró la declaración notariada que dio en Bogotá, y que fue consignada en el expediente (**EASAP** ¶ 150) (*Supra* ¶¶ *6, 137, 340.*).; todo en violación de la Constitución, el COPP y además del artículo 8.2.f de la Convención.

504. El Estado ignoró totalmente esta denuncia de violación. No contradijo los hechos ni los alegatos, de manera que la Corte debe tenerlos como aceptados. El Estado, en general sobre las violaciones alegadas respecto de las garantías judiciales previstas en el artículo 8 de la Convención, se limitó única y exclusivamente a decir que "*se abstiene de responder las supuestas violaciones alegadas*" porque el juicio contradictorio supuestamente "no ha comenzado," y la víctima "no se presentó a la audiencia preliminar."

SEXTA PARTE
VIOLACIÓN DEL DERECHO A LA PRESUNCIÓN DE
INOCENCIA Y A LA DEFENSA (ART. 8.1 CONVENCIÓN)

505. La presunción de inocencia implica, entre otras cosas que, estando en curso un proceso penal en su contra, los diversos órganos del Estado están obligados a considerar inocente al imputado mientras algún tribunal competente, independiente e imparcial no lo haya declarado culpable como resultado de un proceso donde se respeten todos sus derechos y garantías, estando siempre la carga de la prueba de la culpabilidad en cabeza del Ministerio Público, como parte acusadora.

506. Esa honorable Corte ha afirmado *"que el principio de presunción de inocencia constituye un fundamento de las garantías judiciales"*. [169] El entonces Presidente de la Corte, Juez García Ramírez (también reconocido penalista), en su voto particular agregó, entre otras cosas que *"**lo que pretende la presunción o el principio de inocencia es excluir el prejuicio** –juicio anticipado, general y condenatorio, que se dirige en contra del inculpado, sin miramiento sobre la prueba de los hechos y de la responsabilidad– **y ahuyentar la sanción adelantada que se funda en vagas apariencias"**.*[170] (Énfasis añadidos).

507. En su dimensión de técnica jurídica, la presunción de inocencia, como toda presunción jurídica, se resume en un dilema probatorio: ¿a quién corresponde la carga de la prueba? De la respuesta que se dé a esta pregunta depende la efectividad del derecho a la defensa y de las garantías judiciales todas enunciadas en.el artículo 8 de la Convención. Sin embargo, la respuesta no debería admitir duda alguna. La carga de la prueba corresponde a la acusación, que no puede valerse de meras apariencias, mucho menos si son construidas sobre especulaciones en los medios de comunicación que no se pueden sostener como testimonios ante la autoridad que conduce la investigación, y no han sido ni siquiera escrutados por ésta antes de imputar un delito a una persona, como lo hizo la Fiscal provisoria Sexta contra el profesor Brewer Carías.

508. La Corte ha expresado a este respecto:

> ... *que el derecho a **la presunción de inocencia es un elemento esencial para la realización efectiva del derecho a la defensa** y acompaña al acusado durante toda la tramitación del proceso hasta que una senten-*

---

169 Corte IDH, *Caso Tibi vs Ecuador*. Sentencia de 07 de septiembre de 2004. Serie C, N° 114, párr. 182.

170 Corte IDH, *Caso Tibi vs Ecuador*, cit. Voto del Juez García Ramírez, párr. 32. El Juez García Ramírez también observó que *"difícilmente habría un principio que guardase mayor congruencia con la justicia penal democrática, que pone **a cargo del Estado acusador la comprobación de las imputaciones y del Estado juzgador la decisión sobre éstas.**"*

*cia condenatoria que determine su culpabilidad quede firme. Este dere-cho implica que **el acusado no debe demostrar que no ha cometido el delito que se le atribuye, ya que el onus probandi corresponde a quien acusa.*** [171] (Énfasis agregado).

509. En el mismo sentido, la Corte Europea ha determinado que la presunción de inocencia impone *"no partir de la idea preconcebida de que el acusado ha cometido el acto incriminado; la carga de la prueba pesa sobre la acusación y cualquier duda beneficia al acusado."*[172]

510. Tal como lo hemos señalado en nuestro *Escrito de Solicitudes, Argumentos y Pruebas*, las violaciones a la presunción de inocencia del profesor Brewer Carías han tenido numerosas fuentes y manifestaciones, que allí hemos consignado (**EAASP ¶¶ 162-167 y 374-426**). En términos generales, el Estado no rebatió, en su contestación ni en la audiencia lo que allí expusimos. Como el Estado no contradijo los hechos ni los alegatos, la Corte debe tenerlos como aceptados. Ello no obstante, teniendo presente las pruebas producidas durante el juicio, pasaremos revista a algunos puntos relevantes que quedaron aun más manifiestamente probados ante esa honorable Corte, sin que ello disminuya el vigor de lo que invocamos en el *Escrito de Solicitudes, Argumentos y Pruebas*, que damos aquí por reproducido y que no repetimos por ser innecesario.

I. VIOLACIÓN A LA PRESUNCIÓN DE INOCENCIA POR LA IN-CULPACIÓN BASADA EN UN SUPUESTO HECHO NOTORIO COMUNICACIONAL

511. Tanto *la imputación* como *la acusación* del delito atribuido al profesor Brewer Carías tuvieron como fundamento primordial un conjunto de versiones periodísticas que supuestamente vinculaban al profesor Brewer Carías con la redacción del decreto del 12 de abril, formuladas por personas **que no presenciaron hecho alguno ni fueron testigos de lo que opinaron**. Esas versiones según el denunciante Coronel Bellorín, y la Fiscal Sexta acusadora, habrían configurado un *"hecho notorio comunicacional" (**Supra ¶¶ 93 ss.; 148 ss.**).* Amén de que tal "hecho notorio comunicacional" no podía configurarse en presencia del inmediato y oportuno desmentido del mismo profesor Brewer Carías, valerse de semejantes versiones para desvirtuar e invertir la presunción de inocencia es incompatible con la Convención.

---

171 Corte IDH, *Caso Ricardo Canese vs. Paraguay*. Sentencia del 31 de agosto 2004. Serie C N° 111, ¶ 154.

172 CEDH, *Case of Barberà, Messegué and Jabardo v. Spain. (Application no. 10590/83).* Judgment of 6 December 1988; párr. 77. Traducción nuestra: *"Paragraph 2 (art. 6-2) embodies the principle of the presumption of innocence. It requires, inter alia, that when carrying out their duties, the members of a court should not start with the preconceived idea that the accused has committed the offence charged; the burden of proof is on the prosecution, and any doubt should benefit the accused."*

512. De acuerdo con la jurisprudencia de la Sala Constitucional del Tribunal Supremo de Justicia venezolano,[173] un *"hecho notorio comunicacional"* sólo se configura cuando existen **noticias sobre hechos o sucesos** difundidas por medios de comunicación social **que no han sido desmentidas**. Considera dicha Sala que *"los medios de comunicación social escritos, radiales o audiovisuales, publicitan un hecho como cierto, como sucedido, y esa situación de certeza se consolida **cuando el hecho no es desmentido** a pesar de que ocupa un espacio reiterado en los medios de comunicación social"* (énfasis añadido), sobre el mismo. Por ello, es *"necesario que el hecho no resulte sujeto a rectificaciones, a dudas sobre su existencia, a presunciones sobre la falsedad del mismo, que surjan de los mismos medios que lo comunican, o de otros"*. En ese contexto, la Sala Constitucional ha juzgado que sólo si no han sido desmentidos es legítimo que *"el sentenciador disponga como ciertos y los fije en autos, a los hechos comunicacionales que se publicitan hacia todo el colectivo y que en un momento dado se hacen notorios (así sea transitoriamente) para ese colectivo."*[174]

513. Sin embargo, en el caso del profesor Brewer Carías, como está probado en autos, la imputación y la acusación fiscal en su contra por el delito de conspirar para cambiar violentamente la Constitución, se formuló basada en un supuesto ***"hecho notorio comunicacional"*** como se expresó en la denuncia del coronel Bellorín, supuestamente derivado de recortes de prensa con publicaciones de versiones, rumores, especulaciones y meras opiniones de algunos periodistas, ninguno de los cuales se pretendió testigo presencial de los hechos, incorporados como "elementos probatorios" o "de convicción," con el propósito deliberado de invertir la carga de la prueba dado el principio de que conforme al COOPP, los "hechos notorios" no requieren prueba, violándose así el derecho a la presunción de inocencia y a la defensa de la víctima (**EASAP** ¶ 403-417); comentarios y especulaciones de periodistas, que en todo caso fueron ampliamente desmentidos por el profesor Brewer Carías, incluso en rueda de prensa dada el 16 de abril de 2002, que tuvo completa cobertura en los medios de comunicación. La Fiscal, al formular la imputación, ignoró totalmente los desmentidos del profesor Brewer y sólo la

---

173 Sentencia N° 98 de 15 de marzo de 2000 (Caso Oscar Silva Hernández). Disponible en http://www.tsj.gov.ve/decisiones/scon/Marzo/98-150300-0146.htm. **Anexo 109**

174 La Sala ilustra su criterio en los siguiente términos: *"Resulta un despilfarro probatorio y un ritualismo excesivo, contrario a las previsiones de una justicia idónea, responsable, sin dilaciones indebidas y sin formalismos, que consagra el artículo 26 de la vigente Constitución, que se deba probar formalmente en un juicio, por ejemplo, que la Línea Aeropostal Venezolana es una línea aérea; que fulano es el Gobernador de un Estado;, o que existen bebidas gaseosas ligeras, o que el equipo Magallanes es un equipo de béisbol; o que José Luis Rodríguez es un cantante; o Rudy Rodríguez una actriz; o que una persona fue asesinada, y que su presunto victimario resultó absuelto; se trata de conocimientos de igual entidad que el difundido por la prensa en el sentido que un día y hora determinado hubo una gran congestión de transito en una avenida, o se cayó un puente en ella, etc."* **Anexo 109.**

basó en los recortes de los comentarios y opiniones de periodistas, a pesar de que habían sido desmentidos, con lo cual, conforme a lo que definió sobre "hecho público comunicacional" la Sala Constitucional en la sentencia a la cual hizo referencia en su imputación, los dichos y cuentos periodísticos ya no podían ser "hechos notorios comunicacionales."[175]

514. En efecto, como se ha dicho repetidamente y lo ha oído esa honorable Corte en la audiencia del 3 de septiembre de 2013, el origen de la imputación contra el profesor Brewer Carías estuvo en una *denuncia formulada por un coronel del Ejército, entonces en actividad, y también abogado y doctor en Derecho, Ángel Bellorín*, quien declaró como testigo ante su seno. En escrito presentado ante la Fiscalía el 22 de mayo de 2002, el coronel Bellorín formalmente "denunció" a varios abogados y profesores, entre ellos "Allan Brewer Carías, Carlos Ayala Corao, Cecilia Margarita Sosa" para que fueran investigados por su participación en los hechos de conspirar o alzarse para cambiar violentamente la Constitución" por su "presunta participación en la redacción, elaboración y aprobación del decreto dictado en el efímero gobierno de hecho del ciudadano Pedro Carmona Estanga." Para su denuncia el oficial Bellorín se basó en el aserto de que "*Es un hecho notorio comunicacional reiterado y por todos conocido a través de los diversos medios de comunicación que los autores de dicho decreto son los ciudadanos Allan Brewer Carías, Carlos Ayala Corao, Cecilia Sosa y Daniel Romero, conocidos los tres primeros como expertos en materia constitucional, tal como se desprende de los artículos periodísticos que de seguida referimos ....*", reseñando efectivamente artículos con opiniones o apreciaciones de periodistas, que no eran "noticias" sobre hechos (**Pieza IV, Expediente, Folios 116 ss.**). No acompañó, sin embargo, el coronel Bellorín a su "denuncia," los múltiples recortes de periódicos contentivos de los desmentidos frente a esas opiniones de periodistas que el profesor Brewer Carías había hecho, incluso en los mismos periódicos (**Anexo 142**) donde recortó los "artículos periodísticos" que acompañó; desmentidos que por si solos hacían inoperante el llamado "hecho público comunicacional" conforme a la sentencia de la Sala Constitucional a que se ha hecho referencia.

---

175 El profesor **Rubén Hernández**, en el *Amicus curiae* presentado en representación de la **Asociación Costarricense de Derecho Constitucional** ante esta Corte el día 15 de julio de 2013, estimó, basando su apreciación en derecho,

"que al haber fundamentado la Fiscal acusadora la imputación y acusación realizada en el proceso penal contra el profesor Brewer Carías, fundamentalmente en recortes de prensa contentivos de apreciaciones de periodistas, y no de noticias sobre hechos, como si ello se tratara de un "hecho notorio" que no requería pruebas, a pesar incluso de que fueron desmentidos por el profesor Brewer Carías, constituye una desviación de la propia doctrina jurisprudencial sentada por la Sala Constitucional del Tribunal Supremo en la cual se pretendió fundamentar y constituye una violación directa a la presunción de inocencia del profesor Brewer Carías, garantizado en el artículo 8.2 de la Convención Americana sobre Derechos Humanos" (¶ 21)

515. Sin embargo, ya en la declaración de dicho militar rendida ante la Fiscalía el día 11 de julio de 2002, supuestamente con la finalidad de ratificar su denuncia, el coronel Bellorín, se retractó, y declaró que él había consignado dichos recortes de artículos periodísticos, *"no imputando a nadie"* sino sólo porque había observado "que para el mes de mayo *sólo se hacían imputaciones y se investigaba a oficiales de la Fuerzas Armadas,*" por lo que tomó la decisión de también **involucrar a civiles,** para lo cual formuló la denuncia, *"no imputando a nadie en particular sino con la convicción de la existencia de un hecho punible y las múltiples evidencias de la concurrencia el dicho delito de muchas personas con diferente grado de participación los cuales deben ser objeto de una investigación"*. Y a la pregunta del Fiscal: *"¿Diga ud., por qué motivo señala en su denuncia de forma específica a los ciudadanos Allan Brewer Carías, Carlos Ayala Corao, Cecilia Sosa Gómez y Daniel Romero, como las personas autoras del decreto cuestionado?"*: Respondió: "En realidad *quise colocar en primer lugar a las personas que de las lecturas de todos las evidencias se desprenden como los supuestos autores intelectuales. Yo no los estoy acusando a ellos, yo denuncio lo que se desprende de toda la información disponible pública y notoria.* Si se observa el documento de la denuncia también solicito que se investigue a todas las demás personas con sus diferentes grados de participación en la comisión del delito" (**Pieza XV, folio 61**).

516. El coronel **Bellorín** fue uno de los testigos presentados por el Estado ante esa Corte Interamericana, quien en la audiencia del día 3 de septiembre de 2013, ratificó que la consignación en la Fiscalía de los "recortes de prensa" con opiniones y cuentos de periodistas, *no había pretendido ser una denuncia contra nadie en particular, sino que obedeció al propósito de involucrar a civiles en un hecho punible en el cual sólo se mencionaba a militares,* consciente de que los recortes eran sólo publicaciones relativas a versiones, cuentos, rumores, especulaciones y opiniones de algunos periodistas sobre hechos que no presenciaron. El coronel Bellorín, en efecto, en su deposición como testigo ante esta honorable Corte dijo lo siguiente sobre lo comentado, en respuesta a preguntas del Agente del Estado, señor Saltrón: "yo interpuse la denuncia el 22 de mayo de 2002, pero la vía que estaba llevando ya la investigación *estaban culpando únicamente a los militares,* y yo pensaba que el problema era mucho más allá de una rebelión militar"; "los grandes abogados, nadie mencionaba eso, sino que estaba orientado a una rebelión y **estaban culpando únicamente a cuatro militares** cuando yo sabía que el problema era mucho más allá de los militares, por lo tanto decidí hacer esa denuncia pública"; "en ese momento veía que **le estaban echando toda la culpa únicamente a cuatro militares**". En la repregunta formulada por el Dr. Pedro Nikken repitió lo mismo: *"Estaban orientados a sancionar a cuatro militares y yo me opuse a todo eso* y traté de hacer lo que hace cualquier ciudadano".

517. En la audiencia ante esa Corte, además, el coronel **Bellorín,** como testigo bajo juramento, en su empeño de involucrar civiles porque sólo se mencionaba a militares, justificó que no había acudido a la Fiscalía a acusar a nadie. Dijo al responder preguntas del abogado Saltrón: "Realmente mi escrito, tal como lo he dicho, lo he mantenido, lo dije ante la propia Fiscalía, *yo denuncié la comisión de un delito, yo no acusaba a nadie.*" Sin embargo, a la contradicción que significó para el coronel Bellorín decir ante esa honorable Corte, que no denunció a nadie, pero formalmente "denunció" a varios abogados, ante una pregunta del Dr. Nikken, lo único que dijo como justificación fue que "*a la hora de ese escrito, que lo hice con mucha rapidez como les dije esa forma que está ahí, podría interpretarse como usted lo está diciendo*, pero en mi primera invitación que me hizo el Ministerio Público a ratificar eso, eso quedo claro y está […] En ese momento, posiblemente, *por la ligereza en ese momento, la poca experiencia que tenía*, es posible que la denuncia no era lo mejor sustentado, pero lo que si estaba bien explicado, era el delito que se había cometido que era un delito de cambio de Constitución."

518. Por otra parte, el coronel Bellorín afirmó erróneamente ante esa honorable Corte que los recortes periodísticos que había recopilado eran *todos* los que existían. Dijo al responder preguntas: "En esa denuncia, solamente hice un trabajo de investigación y *aportaba todos los medios que en ese momento existían*;" y en otra ocasión dijo: "En esa denuncia, por supuesto, *estaban los anexos de todo lo que salía en la prensa, en la televisión* y toda aquella persona que de una u otra manera se acusaban entre ellos o se jactaban de haber hecho eso." Llegó a decir, incluso, en respuesta a una pregunta formulada por el Dr. Nikken, que: "Lamentablemente la prensa decía así, y allí están, la prensa unos acusaban decían que era el Dr. Brewer, no tengo nada en contra de el Dr. Brewer Carias, la Dra. Cecilia Sosa, este el Dr. Ayala Corao; a ninguno los conozco, pero *solamente reproduje lo que estaba en la prensa*." Sin embargo, el coronel Bellorín se cuidó de no acompañar a su denuncia, cuyo texto se copió en la imputación, y luego, en la acusación fiscal, todos los reportajes de la rueda de prensa dada por el profesor Brewer Carías el 16 de abril de 2002, desmintiendo eso que decían los periodistas. Siendo que el coronel Bellorín es también abogado y doctor en Derecho, no podía ignorar respecto de un supuesto "hecho público comunicacional," que si el mismo es desmentido, nunca adquiere tal connotación procesal en la doctrina sentada por la Sala Constitucional en la sentencia a que hemos hecho referencia. Sobre esto, ante las preguntas del Dr. Nikken, el coronel Bellorín comenzó indicando que "el hecho del delito cometido fue notorio y comunicacional" y luego ante la pregunta de si sabía que "*en el concepto de hecho notorio y comunicacional que usted denunció está incluido que ese hecho notorio no se configura en presencia de desmentidos de esas noticias,*" lo que respondió fue: "Yo hago una denuncia de un delito, lo que tengo yo que hacer, **si está mal formulada, si tiene errores yo los acepto** como ser humano. La denuncia no fue hecha de mala fe **ni contra nadie en particular**. Se cometió un delito y yo, como ciudadano, denuncié en su momento el delito. Estamos hablando del año 2002; mucha agua corrió debajo del puente de allá para acá."; y ante la nueva pregunta del Dr. Nikken de que "*Ud. fue a denunciar un hecho notorio y comunicacional y no incluyó en su denuncia un desmenti-*

do sabiendo como abogado- que el hecho notorio y comunicacional, no se configura, si hay desmentido, "lo que respondió fue: "Yo lo que le puedo responder es que como ciudadano en ese momento yo interpuse una denuncia ante un delito. El delito que se cometió, los errores que pudieran haber surgido en el escrito que yo hice, en su momento, *luego que se analizan con toda la calma que ha pasado en los años, es posible que existan errores, pero en ese momento, mi interés no era atacar a ninguna persona*, lo he dejado bien claro." Finalmente, ante la pregunta del profesor Nikken de si "*sabe usted que en la publicación de* El Nuevo País *que usted consignó del 17 de abril de 2002 donde aparece una noticia contra el Dr. Brewer Carías, en ese mismo periódico* El Nuevo País *está en una página entera el desmentido del profesor Brewer Carías en rueda de prensa, a la participación que se le atribuía en esos hechos*," respondió": "No, no lo sabía, pero me imagino que el Ministerio Publico tenía que investigar eso." Se acompaña como **Anexo 130** el mencionado periódico. Esta declaración del testigo Bellorín pone en tela de juicio la buena fe de la denuncia o, por lo menos, su absoluta ligereza, que sí era verdaderamente notoria y que debió, como lo dijo el mismo declarante, ser investigada por el Ministerio Público en cumplimiento del deber que le impone el Código Orgánico Procesal Penal, en particular el artículo 281 del vigente para 2005[176], lo cual, claro está, no ocurrió.

519. En todo caso, después de la denuncia formulada por el coronel Bellorín, como quedó evidenciado de lo expuesto y argumentado por el testigo **León Henrique Cottin** en la misma audiencia del día 3 de septiembre de 2013, la Fiscal Sexta provisoria, ***copiando la denuncia del coronel Bellorín***, imputó al profesor Brewer Carías del delito de rebelión (conspiración para cambiar violentamente la Constitución) con base en los mismos recortes de prensa con opiniones o cuentos de periodistas, y dos elementos de convicción adicionales utilizados de manera sesgada, puesto que en realidad eran exculpatorios, sin haber acompañado tampoco ninguna de las aclaratorias y desmentidos que el profesor Brewer Carías hizo por la prensa y que constan del Expediente; alegando también que se trataba de "*un hecho público comunicacional*" con el objeto de iniciar la investigación penal invirtiendo la carga de la prueba, "presumiendo culpable" al profesor Brewer Carías, porque así lo decían algunos periodistas comentaristas que no habían sido testigo de nada de lo que dijeron.

520. El coronel Bellorín, como se dijo, corrigió hasta cierto punto su denuncia original al "ratificarla" ante la Fiscalía Sexta el 11 de julio de 2002, afirmando que no había sido "denuncia." Adicionalmente, como lo relatamos en detalle en nuestro *Escrito de Solicitudes, Argumentos y Pruebas*, (¶¶ **381-383**), todos los periodistas señalados en esa denuncia que declararon ante la

---

176 Esa norma establece a la letra lo que sigue: "El Ministerio Público en el curso de la investigación hará constar no sólo los hechos y circunstancias útiles para fundar la inculpación del imputado, sino también aquellos que sirvan para exculparle. En este último caso, está obligado a facilitar al imputado los datos que lo favorezcan."

Fiscal provisoria Sexta, salvo dos, se limitaron a menciones circunstanciales sin sustento alguno y que en modo alguno involucran al aludido. Sólo los señores Rafael y Patricia Poleo dijeron haber recibido información de terceros (referencial) de los hechos que difundieron en sus columnas periodísticas, respecto de los cuales incluso llegaron a retractarse, pero dijeron haber recibido información de una fuente que se negaron a revelar, lo cual nada añade al carácter referencial de sus asertos.

521. Ello no obstante, la Fiscal Sexta ignoró totalmente todas esas declaraciones y, en la acusación que interpuso contra el profesor Brewer Carías el 21 de octubre de 2005, en la cual la Fiscal de nuevo en las partes pertinentes *copió textualmente* el texto de la "denuncia" que según declaró el coronel Bellorín no fue "denuncia", con los mismos errores que se habían reproducido en la imputación, basando la acusación en el mismo supuesto "*hecho público comunicacional*," que en modo alguno era tal por los desmentidos publicitados del profesor Brewer, lo que implicaba que la Fiscal daba por probado lo que los periodistas decían, sin probarlo, para que el acusado fuera el que tuviera que probar su inocencia, en violación abierta y flagrante del artículo 8.2.d de la Convención Americana.[177]

---

177 Sobre este tema del "hecho notorio comunicacional" y la violación a la presunción de inocencia y del derecho a la defensa, la profesora **Ana Giacometto**, distinguida procesalista colombiana, en el *Amicus curiae* que presentó ante esta honorable Corte en de agosto de 2013, al referirse a la persecución judicial contra el profesor Brewer Carías, destacó cómo "se vio envuelto en un proceso judicial que con *múltiples violaciones al debido proceso, ha seguido adelante con el impulso claro de funcionarios judiciales y políticos, que dando por sentada la culpabilidad* del Dr. Brewer Carías han manifestado públicamente sus opiniones, afectando el curso adecuado y a derecho del proceso penal que se sigue en su contra. Estos hechos, aunados a que el Dr. Brewer Carías se había distinguido como un ciudadano opositor de las políticas del extinto Presidente de la República, tejen un manto de serias dudas sobre la legitimidad del proceso," agregando:.

"Sumado a lo anterior, en el caso particular del proceso del Dr. Brewer Carías el sustento probatorio de la imputación y la acusación en su contra es bastante discutible, ya que el Ministerio Público insistió en fundarlas en la figura de "hechos notorios comunicacionales", figura que no es aplicable al caso bajo estudio y que se adoptó de tal manera que el apoyo de las actuaciones del Ministerio Público se reduce a vinculaciones mediáticas que se consideraron de tan alta importancia por el ente acusador que en la práctica invirtieron la carga de la prueba y obligaron al profesor Brewer a probar su inocencia, en contradicción con la esencia misma del debido proceso, y perjudicando seriamente las garantías judiciales del ciudadano mencionado. Así las cosas, el profesor Brewer Carías ha debido permanecer fuera de su país natal a espera de las condiciones adecuadas para tener un juicio justo que le permita la adecuada contradicción de las pruebas esgrimidas por el Ministerio Público en su contra."

La profesora **Giacometto** puntualizó que, de acuerdo con dicha jurisprudencia, no sólo que el "hecho notorio comunicacional" debe derivar de *noticias de hechos o acaecimientos, y no de opiniones periodísticas*, sino que "el *simple hecho de que el procesado rectifique los hechos*, o de que haya alguna duda sobre su existencia **impide que se configure la eximente de prueba llamada "hecho notorio comunica-**

cional", por lo que no podrá utilizarse la misma para liberar al Ministerio Público de su obligación de probar los hechos que considera criminales, con fundamento en los artículos 11 y 24 del Código Orgánico Procesal Penal."

Partiendo de estas premisas, el estudio hecho por la profesora **Giacometto** en su *Amicus curiae* la llevó al análisis del caso particular resaltando lo que consideró "los hechos procesales relacionados directamente con la violación del debido proceso del ciudadano Dr. Allan Brewer Carías en su relación con los llamados "hechos notorios comunicacionales":

1. El 27 de enero de 2005 la Fiscal Sexta del Ministerio Público imputó al profesor Allan R. Brewer Carías el delito de conspiración para cambiar violentamente la Constitución. Dicha fecha no ha sido reconocida por el Informe 171/11 de la Comisión Parlamentaria Especial para investigar los hechos de abril del 2002, que insiste en que la investigación penal inició el 12 de abril de 2002. En realidad, lo único que se presentó ese año fue la denuncia instaurada en contra del Dr. Brewer por un oficial activo del Ejército, coronel Ángel Bellorín, basado en los "hechos notorios comunicacionales" según los cuales el profesor Allan Brewer Carías junto con tres personas más redactó en su momento el *Acta de constitución del Gobierno de Transición Democrática y Unidad Nacional o Decreto Carmona*, que fue el documento que constituyó el Gobierno de facto conducido por el ciudadano Pedro Carmona Estanga, que asumió la Presidencia de la República de manera abiertamente ilegal e inconstitucional, tal como lo advirtió en su momento el profesor Brewer Carías, quien fue consultado en ejercicio de su profesión de abogado, por el ciudadano Pedro Carmona Estanga.
2. Al conocer dicha situación, el profesor Brewer Carías se presentó voluntariamente ante el Fiscal Provisorio José Benigno Rojas. No obstante, no fue sino dos años y medio después cuando fue llamado por la Fiscal Provisoria Luisa Ortega Díaz, hoy Fiscal General de la República, para responder por la supuesta "discusión, elaboración, redacción y presentación" del decreto constitutivo del llamado gobierno de transición. Desde ese momento el profesor Brewer Carías manifestó la falsedad de los hechos que se le inculpaban según los reportes de prensa. Este es el primer momento donde la Fiscal provisoria Sexta tiene en cuenta "el hecho notorio comunicacional reiterado y por todos conocido" según el cual el profesor Brewer Carías había sido uno de los coautores del *Acta de constitución del Gobierno de Transición Democrática y Unidad Nacional o Decreto Carmona*.
3. Aunado al irregular comienzo del proceso, la inestabilidad de los jueces y fiscales temporales que intervinieron en el caso agravó mucho más la situación del ciudadano Allan R. Brewer Carías, toda vez que los funcionarios judiciales que se atrevían a actuar con base en la ley eran removidos de sus cargos por cuanto que, ocupaban los mismos de manera provisional. Tan grave es la situación que la totalidad de los fiscales y de los jueces que han actuado en el proceso penal bajo estudio han tenido este carácter de ostentar cargos de libre nombramiento y remoción.
4. El proceso penal siguió adelante, y en este se evidenció en diversas oportunidades la indebida apreciación de las pruebas, así como su rechazo y adulteración:
    a). El testimonio de Jorge Olavarría en el año en 2002, quien fue un viejo amigo y reconocido periodista, escritor y político hasta su fallecimiento en el año 2005, declaró que estando reunido con el profesor Brewer Carías el 10 de abril de 2002, dos jóvenes abogados llegaron a presentarles un borrador del Decreto constitutivo del nuevo Gobierno, pero que dado que el papel era anónimo y que circulaban muchos rumores en esos días, no le

dieron mayor trascendencia al mismo. Es decir, el señor Jorge Olavarría es testigo de cómo el Decreto le fue presentado al profesor Brewer Carías ya redactado. Este testimonio, a pesar de su claridad fue utilizado por la Fiscal provisional Sexta para sustentar en parte la imputación por cambiar violentamente la Constitución.

b) **Las transcripciones adulteradas de las entrevistas televisadas, a pesar de las manifestaciones de la defensa del profesor Brewer Carías, fueron tenidas en cuenta a pesar de sus irregularidades. La entrevista hecha al Dr. Teodoro Petkoff, a pesar del manto de duda que rodeaba la trascripción, fue tenida en cuenta en la imputación como prueba. Incluso, dicho dirigente manifestó, más adelante, que como no estuvo en el lugar de los hechos, no podía evidenciar de primera mano que el profesor Brewer Carías había redactado el Decreto constitutivo del nuevo Gobierno.**

c) Adicionalmente, a medida que avanzaba el proceso, el profesor Brewer Carías **en múltiples oportunidades solicitó a la Fiscalía la exhibición de los vídeos en los cuales estaban plasmadas los hechos notorios comunicacionales con base en los cuales la Fiscalía fundamentaba sus acusaciones, pero en ningún momento se le permitió ver más que una parte de ellos.** Al no poder verificar su validez o falsedad, el profesor Brewer Carías fue violentado en su derecho de contradecir las pruebas que la Fiscalía Sexta provisional esgrimía en su contra en la acusación.

d) Así, y siendo evidentes las negativas de la Fiscalía de exhibir los vídeos, la defensa del profesor Brewer Carías pidió la transcripción de los vídeos para verificar que efectivamente la transcripción hecha por la Fiscal Sexta provisional en la imputación fuera veraz, pero al final dicha solicitud fue rechazada, sosteniendo que no aportaba nada a la investigación.

e) umado a lo anterior, **no se le permitió ni al profesor Brewer Carías ni a su defensa, obtener copias del expediente y las actuaciones.** Tan sólo se les permitió la dispendiosa tarea de transcribir a mano 28 piezas de miles de páginas, a lo que el Estado manifiesta que la lectura de los expedientes se permite solamente en la sede de la Fiscalía.

f) Paralelamente, el Ministerio Público rechazó varias de las pruebas promovidas por la defensa, en especial los testimonios de Nelson Mezherane, Guaicaipuro Lameda, Yajaira Andueza, Nelson Socorro y Leopoldo Batista. Además, se negó la práctica de prueba anticipada para que se tomara declaración al ciudadano Pedro Carmona, ya que él mejor que nadie era testigo de los hechos. No obstante, dicha declaración no fue permitida al estar el involucrado en un proceso penal, lo cual carece de sustento jurídico visto que en ninguna parte del ordenamiento venezolano se indica que el hecho de estar imputado sea impedimento para rendir testimonio.

g) 21 de octubre de 2005 se formalizó la acusación en contra del profesor Brewer Carías, con base en los mismos hechos notorios comunicacionales, basados en los mismos recortes de prensa que mencionaron en la denuncia y en la misma imputación fiscal, por lo que al pasar el proceso de fase de investigación a fase intermedia, la defensa hizo una adecuada exposición de las múltiples violaciones al debido proceso de las que había sido objeto el ciudadano Brewer Carías, y en consecuencia pidió la nulidad de todo lo actuado. Esta solicitud nunca fue decidida violándose con ello el derecho de protección judicial del acusado.

h) en la ciudad de Bogotá no fue tenida en cuenta por el señor Juez provisorio de Control, a pesar de la firmeza de las declaraciones del señor Carmona manifestando que el profesor Brewer Carías no tenía nada que ver con la redacción del Acta constitutiva del Gobierno de Transición Democrática y Unidad Nacional, toda vez que relata como el día 12 de abril de 2002 solicitó la presencia del profesor Brewer Carías en el Fuerte Tiuna con el fin de contar con su opinión como abogado sobre el Decreto en cuestión, a la vez que sostiene que el mismo le envió un vehículo para recogerlo dicha madrugada.

i) Respecto de otros testimonios, no se permitió la presencia de la defensa, realizando las mismas sin la presencia de los abogados del profesor Brewer Carías. Ejemplo claro es el del testimonio que rindió el general Lucas Rincón, jefe del mando militar y quien anunció la renuncia del señor Presidente de la República durante el golpe de Estado.

Es evidente en los hechos, tal como lo indica el *Escrito de Solicitudes, Argumentos y Pruebas* en su numeral 163, que la imputación hecha al ciudadano Allan Brewer Carías se basó fundamentalmente en *"un conjunto de versiones periodísticas que supuestamente vinculaban al profesor Brewer Carías con la redacción del decreto del 12 de abril, formuladas por personas que no presenciaron hecho alguno ni fueron testigos de lo que opinaron"*. De lo anterior es posible colegir varios errores jurídicos que llevaron a la violación del debido proceso de Allan Brewer Carías. En primer lugar, las versiones periodísticas que se utilizaron por la Fiscalía Sexta provisoria para la imputación son en su totalidad opiniones y versiones de periodistas, ninguno de los cuales fue testigo presencial de los hechos, lo cual no entra dentro de los hechos susceptibles de ser hechos notorios comunicacionales, ya que tal como se argumentó al inicio de este *amicus curiae*, de acuerdo a la jurisprudencia del Tribunal Supremo de Venezuela – Sala Constitucional -deben ser noticias sobre hechos ampliamente difundidas las que sirvan de eximentes de prueba al ser masivas y hacer parte del conocimiento colectivo así sea de manera transitoria y temporal. Adicionalmente, el "hecho notorio comunicacional" sólo existe si no ha sido objeto de **rectificaciones**, a dudas sobre su existencia, a presunciones sobre la falsedad del mismo. El profesor Brewer Carías oportunamente desmintió públicamente las afirmaciones irresponsables que algunos periodistas esgrimieron en su contra, por lo que tampoco es posible que se tengan estas versiones desmentidas como hechos notorios comunicacionales, y mucho menos invertir la carga de la prueba y desvirtuar la presunción de inocencia de la cual goza el ciudadano Brewer Carías.

Es así notable, que el Ministerio Público utilizó la figura de los hechos notorios comunicacionales como elemento fundamental de su imputación y acusación, a pesar de que los mismos constituyen eximentes de prueba que en ningún caso pueden invertir la carga de la prueba, al punto de considerar las versiones periodísticas como ciertas hasta que no se demuestre lo contrario."

De lo anterior, la profesora **Giacometto** concluyó que:

"El profesor Brewer Carías debió enfrentar un proceso criminal en el cual la certeza que se le dio a los rumores esgrimidos en su contra, sumada a la falta de independencia de la justicia en la República Bolivariana de Venezuela, evitó que pudiese acceder a las pruebas, contradecirlas, interrogar a los testigos, o siquiera obtener copia de los expedientes para preparar adecuadamente su defensa en el proceso penal.

La indebida utilización de la figura de los hechos notorios debilitó seriamente las garantías procesales del acusado provocando entre otras: 1. La violación de las garantías judiciales (Artículo 8 Convención ADH); 2. La violación de las garantías judiciales mínimas atinentes al derecho a la defensa de disponer de tiempo y de los medios adecuados para la preparación de su defensa (Convención ADH, Artículo 8.2.C) y de

522. Uno de los fundamentos y de los efectos de la presunción de inocencia es evitar que una persona sea condenada ante la opinión pública, precisamente por opiniones, especulaciones, rumores o cuentos publicados en los medios de comunicación, frente a los cuales esa persona no tiene garantizada la posibilidad de defenderse. Por eso una acusación basada en un llamado "hecho notorio comunicacional," por demás desmentido por el afectado, corregido por el denunciante y reconocido como referencial por los periodistas, *viola y destruye la presunción de inocencia*. Al profesor Brewer Carías se lo colocó en la situación de tener por irrefragables dichos referenciales de periodistas, que ni ellos mismos sostenían como de su propia constancia. Sólo el Ministerio Público, de manera arbitraria y caprichosa, sin otra explicación que su determinación en perseguir políticamente a la víctima, le dio seriedad a esos rumores al punto de invocarlos para imputar al profesor Brewer Carías, a quien se colocó en la posición de desvirtuar rumores, mediante una prueba negativa imposible, es decir, *presumiendo que era culpable de lo que los rumores le atribuyeron, a menos que probara lo contrario*.

523. En todo caso, también en este supuesto, el Estado ignoró totalmente esta denuncia de violación a los derechos de la víctima que formulamos en nuestro *Escrito Autónomo de Solicitudes, Argumentos y Pruebas*. El Estado, en general sobre las violaciones alegadas respecto de las garantías judiciales previstas en el artículo 8 de la Convención, se limitó única y exclusivamente a decir que "*se abstiene de responder las supuestas violaciones alegadas*" porque el juicio contradictorio supuestamente "no ha comenzado," y la víctima "no se presentó a la audiencia preliminar" (pág. 220). Y en particular, sobre la violación del derecho a la presunción de inocencia y a la defensa que hemos alegado, no contradijo los hechos ni los alegatos, de manera que la Corte debe tenerlos como aceptados, limitándose el Estado sin embargo a decir que "en lo que se refiere a la inculpación presunta basada en un hecho notorio comunicacional se anexa a la presente la solicitud jurisprudencia del Tribunal Supremo de Justicia, de Sala Constitucional, con ponencia del Magistrado Jesús Eduardo Cabrera de 15 de marzo de 2000." (p. 220-221). Por ello, en este caso, más bien se trató de una confesión por parte del Estado de que lo que buscaba la Fiscal era invertir la carga de la prueba, dando por probados como "hecho notorio" que conforme al COPP no requieren prueba, los dichos y cuentos de periodistas que el denunciante (que según él mismo, en verdad no denunció) Ángel Bellorín, había recortado cuidadosamente *para involucrar civiles en un hecho exclusivamente militar*, y que el profesor Brewer Carías desmintió inequívocamente. Con ello se produjo una flagrante violación del derecho a la presunción de inocencia y a la defensa del profesor Brewer Carías, al exigirle que él fuera quien probara su inocencia, desvir-

---

promover y repreguntar testigos (Convención ADH Artículo 8.2.F); la violación de la presunción de inocencia (Convención ADH Artículo 8.2); la violación del derecho a la honra (Convención ADH Artículo 11) y el derecho a la libertad de expresión (Convención ADH Artículo 13).c."

tuando publicaciones de prensa, por demás desmentidas, que operaron, así, como una presunción de culpabilidad en su contra.

II. LA INVERSIÓN EXPLÍCITA DE LA PRESUNCIÓN DE INO-CENCIA POR LA FISCAL

524. En el mismo proceso de imputación llevado a cabo por la Fiscal provisoria Sexta contra el profesor Brewer Carías, también fue arbitraria e injustamente imputado, por el mismo delito, el Dr. Carlos Ayala Corao, ex Presidente de la Comisión Interamericana de Derechos Humanos. Con ocasión de oponerse a una apelación interpuesta por este último sobre una negativa de pruebas, la Fiscal provisoria Sexta hizo una manifestación ante el Juzgado Vigésimo Quinto de Control de Caracas en la cual de manera insólitamente ostensible *invirtió la presunción de inocencia y la carga de la prueba, no sólo en perjuicio del Dr. Ayala Corao, sino también del profesor Brewer Carías (Supra ¶¶ 150 ss.):*

> *"En criterio del Ministerio Público la imputación hecha al ciudadano Carlos Ayala Corao cumple con los requisitos de ley, por lo que en todo caso corresponde a la defensa del mismo desvirtuar ¿Porqué (sic) se supone que no conspiró? ¿Las razones por las cuales acompañó al ciudadano Allana (sic) Brewer Carías el día de los hechos? ¿Cuáles fueron sus objeciones y oposiciones a la redacción al decreto por medio del cual se suprimieron las instituciones democráticas? ¿Porqué (sic) no fue redactor del decreto? ¿Qué hacía en el Palacio de Miraflores en compañía del ciudadano Allan Brewer Carías horas antes de darse la lectura al decreto de gobierno de facto? La falta de respuesta y pruebas para desvirtuar las sospechas fundadas que tiene el Ministerio Público, acerca de su participación en la redacción del decreto, son las razones por las cuales se considera innecesario hacer una ampliación de la imputación, por cuanto en criterio del Ministerio Público no han demostrado que no participó, (sic) sólo se han dedicado a plantear recursos temerarios que se traducen en dilaciones indebidas y a desplegar campaña a través de los medio de comunicación y de los organismos internacionales que protegen los derechos humanos, para tratar de crear una matriz de opinión que se le están (sic) violando derechos al ciudadano CARLOS AYALA CORAO, como si por el sólo hecho de haberse dedicado a la defensa de los derechos humanos a nivel nacional e internacional haya creado a su favor una patente de corso que lo exime de cometer delitos y que en virtud de ello no puede ningún organismo nacional investigarlo".* (**Anexo 18**; énfasis añadidos).

525. El acto transcrito del Ministerio Público es de una elocuencia y de una gravedad palmarias, que revela el desprecio por las garantías procesales que impregnó la actuación de ese despacho en la sedicente investigación contra varios distinguidos profesores venezolanos de Derecho Público. Se les conminó a lo imposible cuando el Ministerio Público les requirió demostrar que ellos no conspiraron o que demostraran que ellos no habían redactado el *decreto de auto proclamación y disolución de todos los poderes públicos*, cuando era precisamente ese ente acusador el que debía demostrar lo opuesto, es decir, que si habían sido los imputados los que habían conspirado y los redactado el decreto. Aunque se trata de un acto procesal directamente relacionado con el entonces imputado, profesor Carlos Ayala Corao[178], el mismo afecta, sin duda alguna, al profesor Brewer Carías. Primero, porque se trata conceptualmente del mismo proceso y la Fiscal Sexta puso de manifiesto cómo se aplicaba en el mismo la presunción de inocencia; y, segundo, porque es precisamente su relación con el profesor Brewer lo que hace gravitar la presunción de culpabilidad contra el profesor Ayala.

526. Esta decisión de la Fiscal Sexta pone, pues, en evidencia el concepto de presunción de inocencia que presidió la investigación en el proceso del profesor Brewer Carías. En la investigación penal que adelantó el Ministerio Público contra todos los imputados en este caso, incluyendo al profesor Brewer Carías, fue criterio de la representación fiscal que *correspondía a la defensa del imputado desvirtuar la imputación que ella había hecho*, es decir, que correspondía al imputado desvirtuar la sospecha que ella tenía de que supuestamente habrían cometido algún delito. *¡Al punto de que la sola circunstancia de haber estado en compañía del profesor Brewer Carías convertía al Dr. Ayala Corao en presunto culpable del delito de conspiración! Por consiguiente, la presunción de culpabilidad que se hacía pesar sobre Brewer Carías era tan poderosa que se contagiaba a Ayala Corao.*

527. En este caso, de nuevo, como se dijo, el Estado ignoró totalmente esta denuncia de violación; no contradijo los hechos ni los alegatos, de manera que la Corte debe tenerlos como aceptados, tanto en su formulación como en su alcance.

III. VIOLACIÓN DE LA PRESUNCIÓN DE INOCENCIA POR EL FISCAL GENERAL DE LA REPÚBLICA, ISAÍAS RODRÍGUEZ

528. Hemos denunciado en el *Escrito Autónomo de Solicitudes, Alegatos y Pruebas* (¶¶ **157, 302**), texto que damos aquí por reproducido, la violación al derecho a la presunción de inocencia y a la defensa del profesor Brewer Carías que resulta del hecho de que *el Fiscal General de la República en funciones en septiembre de 2005, Sr. Isaías Rodríguez, publicó un libro de su autoría, titulado "Abril comienza en Octubre"*, en el cual asumió una versión de un periodista (Rafael Poleo), aun cuando copiándola mal, que atribuía

---

178 El profesor Ayala Corao finalmente no fue acusado, pero tampoco se dictó con respecto a él un acto conclusivo de sobreseimiento, sino que se lo dejó en una suerte de "limbo" que hubiera permitido reiniciar arbitrariamente el proceso en su contra. Más tarde, contra su voluntad, se le aplicó el Decreto Ley de Amnistía del 31/12/2007, decisión de la cual apeló, requiriendo un acto conclusivo de sobreseimiento. La apelación fue desoída.

al profesor Brewer Carías haber estado el 11 y 12 de abril de 2002, junto con otras personas, *"redactando los documentos constitutivos del nuevo gobierno"* (***Supra ¶¶ 151 ss.***).. Este libro fue publicado en septiembre de 2005, es decir, antes de que la Fiscal Sexta concluyera las supuestas diligencias de investigación e introdujera la acusación contra el profesor Brewer Carías, lo que no ocurrió sino el 21 de octubre de 2005. Siendo una publicación firmada por el Fiscal General, es decir, el Jefe del Ministerio Público, no podía legítimamente atribuir conductas punibles a personas que, como el profesor Brewer Carías, se encontraban *sub judice*, y menos aún, si la dependencia fiscal a cargo de la investigación aún no había expedido el acto conclusivo de la misma, que podría acusar, pero que también podía solicitar el sobreseimiento de la causa. Semejante publicación del Fiscal General de la República no puede considerarse como inocua, ni sin influencia en la Fiscal Sexta (provisoria) para que ésta la usara en la acusación, como en efecto la usó, al copiar el mismo texto del periodista Poleo endosado por Julián Isaías Rodríguez en su libro, al formular la acusación que le hizo a Brewer Carías un mes después, en octubre de 2005. **El Estado, en todo caso, ha ignorado totalmente esta denuncia de violación; no contradijo los hechos ni los alegatos, de manera que la Corte debe tenerlos como aceptados.**

529. Sobre esta conducta impropia del Fiscal General de la República, el Testigo **Rafael Odremán**, en su *Declaración testimonial* ante esa honorable Corte destacó lo grave que fue que el Fiscal General de la República de entonces, Isaías Rodríguez, hubiera incluido "en su libro editado en septiembre de 2005, como si fuera un hecho cierto, la opinión del periodista Rafael Poleo," agregando que:

"Lo grave es que dicho funcionario, quien era miembro del Consejo Moral Republicano, garante del cumplimiento de las garantías constitucionales del proceso, diera por cierto los dichos falsos de Rafael Poleo, al punto de que convirtiera tales dichos en palabras suyas propias. Es decir, al describir eso el Fiscal General dio por cierta –desde el momento en que lo incluyó en su libro como "recientes acontecimientos históricos del país"– la falsedad dicha o escrita por Rafael Poleo. Eso es una conducta impropia de un Fiscal General de la República, Jefe del Ministerio Público, quien, quizás por la vanidad de convertirse en paladín de la revolución, *violó repugnantemente los deberes de su cargo, convirtiéndose en paladín del irrespeto a la Constitución, a la Ley y los ciudadanos*.

Nuestro defendido, desde el mismo día de los acontecimientos, se ha dedicado a responder la infamia que pusieron a correr Rafael Poleo y su hija Patricia Poleo, sobre unos hechos que nunca fueron como ellos y los medios dirigidos por ellos o a los que ellos acudieron, contaron; y, en cambio, el ciudadano Fiscal General de la República que debería ser imparcial, "lo que implica -como él mismo lo afirmó en su propio libro- "que no debo sacrificar la justicia frente a mis convicciones personales y debo ser objetivo y equitativo ante los asuntos que me competen por las atribuciones que la Constitución y la ley me confieren" (página 131); pues, en vez de ser imparcial se parcializó con la infamia que se puso a correr y que nuestro representado ha desmentido una y otra vez en declaraciones de prensa y en libros; e hizo suya la infamia. ¿Por qué el ciudadano Fiscal General de la República, historiador, no consultó las otras fuentes de información y el desmentido de nuestro defendido, y se parcializó por la infamia" (*Respuesta a Pregunta 4,I, Representantes Víctima*)

530. Concluyó el testigo **Odremán**, con razón, afirmando que **"**la publicación y referencia a Allan Brewer-Carías -a un caso en el cual la Fiscalía lo ha imputado-, que hizo el ciudadano Fiscal General de la República en su libro *"Abril comienza en Octubre"* constituye una *clara y flagrante violación del derecho a la presunción de inocencia de nuestro defendido, así como de todos los principios del proceso penal acusatorio"* (*Respuesta a Pregunta 4,I, Representantes Víctima*), agregando que:

"Lo escrito por dicho Fiscal General de la República en su libro, en efecto, violentó el derecho y garantía a la presunción de inocencia de nuestro defendido. El ciudadano Fiscal, simplemente se olvidó de sus obligaciones constitucionales y legales, *violando abierta y groseramente el derecho constitucional a la presunción de inocencia que garantiza a todas las personas el artículo 49.2 de la Constitución y el artículo 8 del Código Orgánico Procesal Penal, y ello es imperdonable, pues la violación a la Constitución que implican las actuaciones de la representación fiscal, hace que todas las actuaciones que se han realizado en relación con nuestro defendido en el Expediente C-43 estén viciadas de nulidad absoluta conforme a lo que dispone el artículo 25 de la propia Constitución, no pudiendo ser convalidadas.*" (*Respuesta a Pregunta 4,I, Representantes Víctima*)

531. En todo caso, sobre esos dichos de periodistas cuyos artículos y opiniones sirvieron de base para imputar y acusar al profesor Brewer y que el Fiscal General de la República de entonces hizo suyos en su libro, el propio abogado **Isaías Rodríguez**, actual Embajador de Venezuela en Italia, fue llamado y compareció en la audiencia del 3 de septiembre de 2013 ante esa Corte Interamericana en calidad de testigo ofrecido por el Estado, habiendo reconocido pública y abiertamente, que su libro era sólo un "cuento" (***Supra ¶ 86, Nota 37***), escrito mientras era Fiscal General, jefe del Ministerio Público de Venezuela, para lo cual había partido de un "cuento" narrado por el periodista Rafael Poleo, sobre la supuesta y falsa participación del profesor Brewer Carías en la redacción de documentos del "nuevo gobierno," que era lo que nada menos había servido para la *denuncia* formulada por el coronel Bellorín en su contra, para la *imputación* que le hiciera la Fiscal sexta, y para la *acusación* posterior que también le hiciera la misma Fiscal; para él mismo, el testigo Isaías Rodríguez, hacerlo suyo y aceptarlo como cierto ("el cuento" dicho por Poleo), considerando públicamente como culpable al profesor Brewer Carías, de lo que sus subalternos lo habían imputado, violándole así su derecho a ser presumido como inocente y a la defensa.

532. La participación del testigo **Isaías Rodríguez** ante esa Corte, en la audiencia del 4 de septiembre de 2013, quien para abril de 2002 era el Fiscal General de la República, puso en evidencia no sólo que Rodríguez no fue "testigo" de nada de lo que narró ante esta honorable Corte, siendo todo lo que dijo basado única y exclusivamente en dichos, cuentos o apreciaciones de periodistas, como expresamente lo dijo; sino que materialmente confesó que lo que motivó la imputación fiscal y la acusación formulada por el Ministerio Público contra el profesor Brewer Carías, fue todo basado en "un cuento." (*Supra ¶ 86, Nota 37*). Dijo ante esa Corte, simplemente, que "todos los medios de comunicación [...] dieron la información de que el decreto lo hizo el Dr. Brewer Carías," lo que por lo visto bastaba para él; y además dijo que la prensa supuestamente señalaba que ello lo ratificaba "también un sector importante del cuerpo democrático acreditado en el país de los diplomáticos del país, de distintos países europeos y americanos, todos ellos sostenían que fue el Dr. Brewer el redactor, estoy hablando de una referencia." Como testigo no presentó evidencia alguna que apoyara los dichos de periodistas, y a la pregunta del profesor **Claudio Grossman**, representante de la víctima, inquiriéndole que indicara "un solo" país extranjero cuyo representante hubiera atribuido al profesor Brewer Carías los hechos narrados en el "cuento" del Sr. Poleo, no fue capaz siquiera dar el nombre de un solo país cuyo diplomático hubiera llegado a decir a la prensa semejante mentira, limitándose a indicar que "fue una información de prensa en donde habían varios representantes diplomáticos;" y que "Los nombres lo tenían los periodistas no los tenía yo. Fueron los periodistas quienes hicieron la referencia de que el Dr. Brewer había redactado el decreto y que diplomáticos y periodistas estaban absolutamente conscientes de que él había sido el redactor.." En fin, dijo, que eran "cosas de periodistas," eran simplemente "aseveraciones periodísticas," y que bien se sabe que "los periodistas dicen una cosa....". Y así y todo, habiendo sido informado previamente por la Fiscal sexta como lo confesó ante esa honorable Corte, de la imputación y la acusación, aceptó que el Ministerio Público a su cargo imputara y acusara a Brewer Carías, con base en "cuentos" de periodistas; mintiendo ante esa Corte al declarar bajo juramento que no conocía del curso de la investigación fiscal que se llevaba contra Brewer Carías en su despacho por sus subalternos, y que ellos eran autónomos. Tan falso es ello, que basta leer la crónica oficial de la Agencia Bolivariana de Noticias (ABN) redactada por el periodista Ludovico Quiñones el día 12 de septiembre de 2005, en los días en que salía a la luz su libro *Abril comienza en Octubre*, y antes de la acusación formulada contra Brewer, en la cual se indica:

> "Caracas, 12 Sep. ABN (Ludovico Quiñones).- La fiscal del Ministerio Público Luisa Ortega Díaz elabora en los actuales momentos la acusación contra tres o cuatro personas relacionadas con la redacción del decreto mediante el cual Pedro Carmona Estanga desconoció los poderes públicos en abril de 2002.

La afirmación fue hecha este lunes por el fiscal general de la República, Isaías Rodríguez, al referirse a quienes redactaron la proclama leída por Carmona Estanga, principal ejecutor del golpe de Estado en esa fecha.

La imputación contra estas personas la inició el extinto fiscal del Ministerio Público Danilo Anderson. Hoy la continúa Luisa Ortega Díaz.

Entre los señalados e imputados por ese caso están Allan Brewer Carías, Cecilia Sosa Gómez, Carlos Ayala Corao y otros.

El titular del Ministerio Público insistió en decir que de los siete imputados por el caso sólo tres o cuatro serán acusados por la elaboración del Decreto Carmona."[179] **(Anexo 149)**.

533. Como lo destacó el testigo Dr. **Rafael Odremán** en su declaración testimonial ante esa honorable Corte, "corresponde al Ministerio Público probar la culpabilidad del imputado, de manera que incluso éste no está obligado legalmente a probar su inocencia. Ésta se presume, por lo que la carga de la prueba en el proceso penal corresponde íntegramente al Ministerio Público, quien debe probar sus imputaciones y para ello tiene necesariamente que aportar las pruebas pertinentes, agregando:

"El Fiscal General de la República, en cambio, dio por sentado en su libro que nuestro representado estuvo en alguna forma "redactando" el decreto de Gobierno de Transición, lo cual es completamente falso. Pero fue el Fiscal General de la República quien lo afirmó, lo que implica que *declaró culpable a nuestro defendido, violando abiertamente su derecho a que se le considere inocente.*" […]

Al escribir el Fiscal General de la República de entonces en su libro, que nuestro defendido estaba supuestamente encerrado redactando con otros el decreto de constitución de un Gobierno de Transición, lo cual es completamente falso, **fue el propio Jefe del Ministerio Público venezolano el que pretendió** *trasladar a nuestro defendido y a su defensa, la carga de probar que es inocente y que no estuvo en forma alguna reunido con las personas que dice el Fiscal General ni estuvo redactando documento alguno de Gobierno de Transición; cuando es al Estado, a través del Ministerio Público, al que le corresponde probar que nuestro defendido es culpable de acuerdo con el principio del debido proceso.*

En consecuencia, en vista *de la confesión del ciudadano Fiscal General de la República de la época en el sentido de que no había res-*

---

179 Véase Ludovico Quiñones, "Isaías Rodríguez dice que acusarán a quienes elaboraron decreto Carmona," Por: Agencia Bolivariana de Noticias (ABN), Lunes 12/09/2005, en *Aporrea* ,disponible en http://www.aporrea.org/actualidad/n65908.html

petado ni respetaría el derecho a la presunción de inocencia de nuestro defendido imputado, lo cual implicó la violación flagrante del artículo 49,2 constitucional, procedimos a solicitar del Juez de Control la nulidad de todas las actuaciones de investigación adelantadas por el Ministerio Público en el proceso, por estar viciadas de nulidad absoluta ya que, conforme al citado artículo 190 del Código Orgánico Procesal Penal no podrán ser apreciadas para fundar una decisión judicial en contra de ningún imputado, ni utilizadas como presupuestos de ella, por haber sido cumplidas en contravención o con inobservancia de los principios previstos en dicho Código, la Constitución de la República y los tratados suscritos por la República, defectos éstos que son inconvalidables" (*Respuesta a Pregunta 4.I, Representantes Víctima*)

534. En todo caso, lo grave de todo esto es que el ahora testigo ante esa Honorable Corte Interamericana, **Isaías Rodríguez**, en la audiencia del 3 de septiembre de 2013, justificó sólo como "un cuento" lo que él mismo había escrito en el libro de su autoría titulado "*Abril comienza en octubre*" publicado en el mes de septiembre de 2005, meses después de que se formulara la imputación fiscal contra Brewer Carías, que se basó en los mismos dichos y opiniones de periodistas que no fueron testigos presenciales de lo que comentaron; formulada por una de sus fiscales subalternas en enero de 2005 (la Fiscal provisoria Sexta), pero antes de la acusación fiscal que la misma formulada contra Brewer Carías en octubre 2005; llegando a afirmar falsamente en la audiencia ante esa Corte, que el libro había salido editado después que el profesor Brewer Carías salió del país, lo cual es completamente falso, pues el profesor Brewer salió del país el día 29 de septiembre de 2005. El testigo Isaías Rodríguez afirmó públicamente ante esa honorable Corte, en efecto, que la publicación de su libro: "nadie lo puede entender como una acusación contra él, porque *fue posterior incluso al momento en que el Dr. Brewer se ausentó del país.*" Esto, por supuesto, es falso de toda falsedad, pues el profesor Brewer Carías, como se dijo y consta en el expediente, salió libremente del país el 29 de septiembre de 2005, a cumplir compromisos personales y académicos, después de que el Fiscal General hubiera editado su libro, lo cual lo impulsó a escribirle al propio Fiscal General una carta *reclamándole vehementemente la violación masiva de su derecho al debido proceso, a la defensa y a la presunción de inocencia, fundamentalmente por el hecho de que el Fiscal General de la República en su libro lo diera por culpable de hechos que no cometió, copiando erradamente un dicho o "cuento" del periodista Rafael Poleo, sin tomar en cuenta el desmentido público y múltiple que había hecho en la prensa, e ignorando, entre otras cosas, el nocivo efecto intimidatorio que ello podía tener hacia sus subalternos.* Dijo incluso el ex Fiscal General Isaías Rodríguez ante esa honorable Corte en su declaración en la audiencia del día 3 de septiembre de 2013, al responder una pregunta del profesor Claudio Grossman, simplemente que "*Poleo refirió toda esta historia en un programa de televisión venezolano. Yo lo oí. Yo no hice la acusación.* Si yo hubiese hecho la acusación hubiese colocado las cosas de otra manera." Estas aseveraciones hechas por el Fiscal General de la República como Jefe del Ministerio Público, en un libro de su autoría, así fuera cierto que sólo contenía "un cuento" y que no era para acusar a nadie, como lo dijo repetidamente ante esa honorable Corte; sin la menor duda que tuvieron un *efecto intimidatorio devastador* ante sus subalternos, máxime que, como se ha dicho, es falso que no tuviera conocimiento exacto de lo que sus subalternos estaban haciendo como resulta de lo narrado por el periodista Quiñones antes mencionado, y de lo confesado por el mismo Rodríguez en su declaración como testigo ante esa Corte, contradiciéndose. Sin embargo, llegó a decir ante esa Corte, ignorando su propio carácter de Jefe del Ministerio Público ante la pregunta del profesor Grossman sobre si estaba *"enterado de las posibilidades de efecto intimidatorio"* respecto de sus subalternos de sus afirmaciones contra el profesor Brewer Carías en el libro de su autoría publicado antes de la acusación fiscal, simplemente "…puedo decirle exactamente que no."

535. Precisamente por todo lo anterior, por lo que se pudo oír en la audiencia celebrada ante esta honorable Corte el día 3 de septiembre de 2013, el Dr. **Felipe González**, al presentar los Alegatos Finales por parte de la Comisión Interamericana de Derechos Humanos al final de la audiencia del día 4 de septiembre de 2013, dijo ante esa honorable Corte que:

"Un hecho destacado constituye también *la participación del Ministerio Público, por una parte el entonces Fiscal General de la Republica a quien la Corte escuchó el día de ayer en pleno proceso de imputación y posible formalización de la acusación por parte de su inferior jerárquica atribuyó responsabilidad penal al Sr. Brewer Carías en un libro al que aquí se ha hecho referencia y en ese contexto la Fiscal provisoria sexta imputó y posteriormente formalizó la acusación en contra del Sr. Brewer Carías.*

Además de *esta clara imposibilidad de actuar con autonomía frente a su superior jerárquico y en condiciones de provisionalidad existen varios elementos adicionales que permiten inferir la existencia de un perjuicio o un sesgo de dicha fiscal.*

Se destaca *la fuerte credibilidad de que la fiscal otorgó a la denuncia inicial presentada por el testigo Bellorin. El día de ayer dicho testigo explicó que la denuncia que presentó pretendía únicamente informar la comisión de un delito y no acusar a nadie, agregó que la referencia de personas específicas se basó únicamente en notas periodísticas y que podía contener errores, en esto coincidió el Fiscal General Julián Isaías Rodríguez en su declaración. Tres años después la fiscal imputó el delito con base en los mismos elementos presentados de manera no corroborada en la denuncia y formalizó la acusación […]"*

536. Por lo demás, debe destacarse que la imputación formulada contra el profesor Brewer con el mismo dicho o "cuento" del periodista Rafael Poleo (referido también por otros periodistas) que hizo suyo como verdad el entonces Fiscal General de la República, se realizó en enero de 2005, y que la acusación contra él, se realizó en octubre de 2005, precisamente luego de la publicación del libro del Fiscal General, donde dio por verídicos esos dichos que recogió irresponsablemente en su libro, sin haberlos siquiera verificado, sin atender a los múltiples desmentidos hechos por la prensa por el profesor Brewer e, incluso, cambiando el texto de lo que efectivamente escribió Poleo. En la declaración dada ante esa honorable Corte Interamericana, el testigo **Isaías Rodríguez**, sin embargo, a pesar de que se basó en lo dicho o en el "cuento" de Poleo para considerar culpable al profesor Brewer *(Supra ¶¶ 86, Nota 37)*, admitió la poca credibilidad que el "sagaz" periodista Rafael Poleo podía tener, a pesar de que lo citó en su libro, afirmando ante la lectura de la declaración del propio Rafael Poleo que le hizo el representante de la víctima, profesor Claudio Grossman, que *"Es posible que Rafael Poleo haya dicho posteriormente que no lo dijo, primero; segundo afirmar lo contrario o afirmar lo verdadero en un caso con Rafael Poleo es bien complejo. El se ha desdicho en muchas oportunidades."*

537. En todo caso, el testigo **Isaías Rodríguez**, en sus respuestas a las preguntas del profesor Claudio Grossman, señaló que no había recibido la carta que le envió el profesor Brewer Carías denunciándole todas las violaciones a la garantía del debido proceso a raíz de la publicación del mencionado libro *"Abril comienza en octubre"*. El testigo dijo: "El Dr. Brewer, si me envió la carta - aquí está el Dr. Brewer, lo conozco- no la recibí nunca, si me la hubiera enviado, lo más seguro es que la hubiera contestado. Y que la hubiera contestado respetuosamente. Yo no soy enemigo del Dr. Brewer. Yo tengo por el Dr. Brewer como jurista una admiración que yo no se si el la sabe o no la sabe, lo cite muchísimas veces, es un extraordinario académico, y en mi opinión uno de los iniciadores del derecho administrativo en Venezuela." La carta no sólo cursa en el expediente que lleva esa Corte Interamericana (**Anexo 22**), sino que por su importancia por las denuncias que contiene sobre la violación de los derechos y garantías judiciales del profesor Brewer Carías, *y a efectos de que se evidencie el sello húmedo que acredita la recepción de la misma,* la anexamos a las presentes Conclusiones marcada como **Anexo 22-A** *(Supra ¶ 251)*. Es asombroso por tanto que él, sin embargo, afirme ante esta Corte Interamericana, que nunca recibió dicha carta.

538. Por otra parte, sobre lo declarado por el testigo del Estado, **Julián Isaías Rodríguez**, merecen consideración específica otras tres afirmaciones hechas por él que no se ajustan a la verdad, a pesar de ser formuladas bajo juramento *(Supra ¶ 244)*. *Primero,* haber afirmado sin fundamento de ninguna especie, que Allan Brewer Carías, luego de ser llamado por teléfono por Pedro Carmona en la madrugada del 12 de abril de 2005 pues quería hacerle una consulta legal como abogado, al ser trasladado a Fuerte Tiuna estuvo "conversando con Pedro Carmona". Ello es falso, ya que al llegar a ese lugar precisamente nunca pudo conversar con el Sr. Carmona, a quien sólo pudo saludar, pidiéndole de inmediato a Brewer que como abogado revisara un proyecto de decreto de gobierno de transición que le habían mostrado a Carmona, y que tenían otras personas. Con posterioridad, el profesor Brewer Carías no tuvo más ocasión de conversar privadamente con el Sr. Carmona para darle la opinión jurídica solicitada sobre el decreto, por cierto contraria a su texto, la cual sólo le pudo expresar por teléfono el mismo día 12 de abril de 2002 en horas de la tarde. Después del breve encuentro de recepción y saludo en la madrugada en Fuerte Tiuna, el profesor Brewer nunca más tuvo ocasión de ver personal y privadamente al Sr. Carmona en el país.

539. *Segunda falta a la verdad:* haber afirmado el testigo **Julián Isaías Rodríguez**, que supuestamente Pedro Carmona habría "llamado en una segunda oportunidad" al profesor Brewer Carías para que se trasladase al Palacio de Miraflores hacia mediodía del día 12 de abril de 2002, para supuestamente consultar de nuevo su opinión jurídica sobre el proyecto de decreto de gobierno de transición, y afirmar que Brewer se habría reunido con Carmona, con quien habría discutido el tema. Ello también es completamente falso. El profesor Brewer Carías, efectivamente se trasladó espontáneamente a dicho Palacio de Miraflores para tratar de hablar Pedro Carmona para expresarle sus objeciones jurídicas respecto del texto del decreto que había analizado a su requerimiento, y no pudo hablar con él. Sin embargo el testigo **Isaías Rodríguez**, en su testimonio ante esta honorable Corte, a pesar de declarar que no conocía el expediente, hizo referencia a la declaración del profesor Brewer Carías dada ante la Fiscalía en junio de 2002, en la siguiente forma:

> "El Dr. Brewer en su declaración dice que le señaló al Dr. Carmona Estanga, que ese decreto era inconstitucional; que era inconstitucional porque planteaba la disolución de los poderes y que eso no se podía hacer por Decreto. Señala el Dr. Brewer que hubo una discusión entre él y Carmona, porque Carmona tenía una opinión distinta y entonces al final él sintió que su ética profesional le impedía quedarse allí porque se le llamaba para consultar, estaba dando una opinión jurídica, y no se le había tomado en cuenta, y entonces se retiró molesto, hasta el punto, es su declaración, no estoy señalando que eso sea lo que ocurrió, se retiro molesto, y se fue, como pensando que el Dr. Carmona tenía además de él otros asesores."

540. De lo declarado por **Isaías Rodríguez** sobre esto, lo único cierto fue que efectivamente Brewer estuvo en el Palacio de Miraflores en horas del mediodía del 12 de abril, de donde se retiró al poco tiempo, molesto, precisamente por no haber podido hablar con Carmona, que era la persona que le había solicitado en la madrugada su opinión jurídica, y con quien no había podido reunirse y hablar. Es falso, en todo caso, que esa visita al Palacio presidencial hubiera sido a requerimiento de Carmona.

541. *Tercera falsedad:* hizo mención a lo que calificó como una "referencia" respecto del contenido de una declaración que estaba en el expediente (¡expediente que según él mismo no conocía!) de fecha 27 de septiembre de 2004, dada por el Sr. Rafael O. Arreaza Padilla, "primo hermano de Pedro

Carmona" a quien éste había designado el 12 de abril de 2002 como su Ministro de Sanidad. En dicha declaración, según el testigo **Isaías Rodríguez**, el Sr. Arreaza habría hecho referencia a una supuesta reunión, en la cual Arreaza habría estado presente, y que supuestamente se habría efectuado en el Palacio de Miraflores el mismo día 12 de abril de 2002, según **Isaías Rodríguez** "después de la lectura del decreto de gobierno de transición" y en la cual Pedro Carmona supuestamente habría estado con los destacados abogados y profesores Nelson Socorro, Gustavo Linares Benzo, y Cecilia Sosa. Esa supuesta reunión habría arrojado el episodio siguiente, que el testigo **Julián Isaías Rodríguez** relató ante la Corte con sorprendente desparpajo:

> "al Palacio de Miraflores después que se lee el decreto, que lo lee Daniel Romero, [...], se presentan al Palacio de Miraflores, tres ilustres abogados de Venezuela, Nelson Socorro, Cecilia Sosa y un constitucionalista Linares Benzo, y le dicen a Carmona, que ese Decreto es inconstitucional, y que ellos vienen a hablar con él, porque eso hay que revocarlo pues, a pesar de haber sido leído y aprobado y como fuera que es inconstitucional. Entonces Carmona le dice, pero es que yo no he hecho el Decreto. El Decreto lo hizo Brewer. Y él me ha dicho que si yo no disuelvo la Asamblea, la Asamblea me va a disolver a mí. Si el Parlamento no, si yo no lo disuelvo el Parlamento me va a disolver a mí. Ellos insisten y dicen, mira lo puede haber dicho Papa Dios, pero nosotros somos tres personas que estamos contigo y somos tres constitucionalistas. Cecilia Sosa era ex presidente del Tribunal Supremo. Entonces Cecilia insiste, y cuando insiste, él le dice vamos a resolver el problema, y llama a Brewer y pone el teléfono en fono, y le dice, mira Brewer, aquí tenemos tres personas y le dice quienes son, y le dice que el decreto es inconstitucional porque no se puede disolver el estado y Brewer contesta Carmona chico, incluso utiliza esa expresión que no es usual en el Dr. Brewer, porque él es muy académico, Carmona, chico, convéncete ese es el Decreto, no eches pa'trás. Carmona dudó, en ese momento, pero se lo esta diciendo una persona de su confianza y ejecuta todo de la manera como se fue desarrollando."

542. Lo dicho por el testigo **Isaías Rodríguez**, por supuesto, es total y absolutamente falso, y por lo demás, ni siquiera coincide con lo que efectivamente declaró el Sr. Arreaza ante la Fiscalía (*Supra ¶ 247*)., con respecto a una reunión de los antes mencionados abogados con el Sr. Carmona, que nunca ocurrió ni tuvo lugar.[180]

---

180 El 27 de septiembre de 2004, el Sr. Arreaza formuló una declaración sobre hechos que, hasta donde tenemos noticia, nunca ocurrieron. Dijo Arreaza: *[...] A partir de las 2:00 p.m., se acercan al Despacho Presidencial, la Doctora Cecilia Sosa Gómez, el Dr. Nelson Socorro, el Dr. Gustavo Linares Benzo y me solicitan a mí hablar con Carmona, cuando les pregunto de que se trataba para informarle a Carmona, me dicen que tienen serios cuestionamientos al decreto y que si yo lo había leído; yo le contesté que yo no sabía de Decreto, y ellos me lo enseñan; cuando lo leo, inmedia-*

tamente comento que eso era una barbaridad jurídica, porque no podías disolver funcionarios electos a través del voto con un decreto; y le pedí que me prestaran el decreto para preguntarle a Carmona si ese era el decreto, quien al verlo me dijo inmediatamente, sí ese es el decreto; entonces le dije , mira aquí afuera están estos magistrados y abogados, que tienen serios cuestionamientos al igual que yo de ese proyecto de decreto; y me dice bueno pásalos al despacho; cuando comienza Cecilia Sosa a comentar, la inconstitucionalidad del decreto, yo hago el siguiente comentario; no se puede disolver la Asamblea porque sus integrantes fueron electos mediante votación, y que era un error político para un Gobierno de Transición, pelear con todos los partidos políticos representados en la Asamblea, y contra todos los Gobernadores; inmediatamente Carmona comenta, lo que pasa es que Allan dice (refiriéndose a Allan Brewer Carías) que si no "se disuelve inmediatamente esa Asamblea mas temprano que tarde esa Asamblea me va a disolver a mí; siguieron los comentarios, alguien dijo allí que podía disolver sin problemas al Tribunal Supremo de Justicia, al Fiscal General, al Procurador y Defensor del Pueblo, porque estos podían ser designados temporalmente, mientras una nueva asamblea, los designar en forma legal; finalmente Carmona concluye diciendo, vamos a llamar a Allan, en ese momento entran al despacho el Coronel Julio Rodríguez Salas y el General Romel Fuenmayor y se incorporan a la reunión, en ese momento Carmona saca su libreta de teléfonos y pude ver en ella Brewer Allan, con un teléfono de Movilnet al cual llama Carmona, y le dice Allan aquí estamos un grupo de abogados, quienes cuestionan la disolución de la Asamblea y de Gobernadores y Alcaldes a través de un Decreto, entonces le contesta Allan, con la misma versión, lo que pasa chico Carmona, es que si tu no disuelves esa asamblea mas temprano que tarde esa Asamblea te va a disolver a ti, todos los que estamos presentes, replicamos que eso no era así, Carmona le hizo los comentarios a Allan Brewer Carías, quien de acuerdo a Carmona concluye diciendo, convéncete Carmona que ese es el decreto, ni un paso atrás; allí todos nos dimos cuenta que a partir de ese momento, Carmona que había entrado en duda con respecto al decreto, se convenció plenamente de que tenía que hacer lo que le estaba recomendando Allan Brewer Carías, los presentes militares dicen, lo dice Julio Rodríguez Salas, bueno Presidente tenemos el poder en las manos de él con ese decreto y en el camino lo enmendamos; a partir de ese momento se retiran los abogados [...]" (**Pieza XI**, **Folios 6/14**). Precisamente para desmentir esa versión, la defensa del profesor Brewer Carías pidió la comparecencia del Dr. Nelson Socorro, como testigo de descargo, *pero fue rechazado por la Fiscal Sexta*.

Por ello, luego de haber tomado conocimiento de esa declaración del Sr. Arreaza por las informaciones que el Ministerio Público dio a los medios de comunicación, el propio Brewer Carías acudió espontáneamente ante la el despacho de la Fiscal Sexta del Ministerio Público, en la Fiscalía General de la República, antes incluso de ser imputado, y consignó un escrito de fecha 24 de enero de 2005, expresando lo siguiente:

"**I.** Por los medios de comunicación del país, en octubre del año pasado (2004), se dio amplia cobertura a la entrevista que se le habría hecho en la Fiscalía General de la República al ciudadano RAFAEL ARREAZA PADILLA, el día 27 de septiembre de 2004, en la cual habría afirmado entre muchos otros aspectos públicamente cuestionados en dichas notas de prensa, que entre las 2.00 PM y las 3.15 PM del día 12 de abril de 2002, habría tenido lugar una reunión en Miraflores, en la que habrían estado presentes, además del mismo Arreaza y de Pedro Carmona, los abogados Cecilia Sosa Gómez, Nelson Socorro y Gustavo Linares Benzo, en la cual se habrían discutido cuestionamientos sobre un proyecto de decreto en el que se proyectaba disolver a la Asamblea Nacional.

En esa reunión, si es que se realizó, obviamente que quien suscribe (Allan R. Brewer-Carías) no estaba, ya que no estuve en Miraflores en horas de la tarde de ese día 12 de abril cuando se habrían tomado las decisiones políticas que culminaron con la emisión del referido decreto de un gobierno de transición. Sin embargo, Arreaza habría referido en su declaración ante esa Fiscalía, que en esa supuesta reunión, Carmona habría dicho que Allan Brewer Carías opinaba que debía disolverse la Asamblea Nacional.

Esta afirmación, si es que la hizo Arreaza, es completamente falsa.

Para ese momento del día 12 de abril yo ni siquiera había tenido ocasión ni oportunidad alguna de hablar con Carmona sobre el tema, ni personalmente ni por teléfono, por lo que no le habría podido haber expresado opinión alguna, por lo que mal podría saber Carmona qué era lo que supuestamente yo podía opinar. Ignoro si Carmona hizo la afirmación a que se refiere Arreaza, pero lo cierto es que era imposible que dijera cuál podía ser mi opinión, si no había tenido aún oportunidad de dársela.

Además, la opinión que Arreaza dice que Carmona expresó yo no se la había dado a nadie, y menos a personas que pudieran, incluso, habérsela trasmitido.

II. En la referida declaración, Arreaza habría agregado que a la antes mencionada reunión con los abogados indicados, se habrían incorporado el Coronel Julio Rodríguez Salas y el General Rommel Fuenmayor; y que entonces, en ese momento, Carmona me habría llamado telefónicamente (a Allan Brewer Carías), a un teléfono Movilnet, informándome que allí estaba con un grupo de abogados discutiendo sobre el contenido del decreto de disolución de la Asamblea Nacional y que, supuestamente, quien suscribe (Allan Brewer Carías) habría contestado con la misma supuesta versión de la disolución de la Asamblea Nacional, a lo cual habrían replicado negativamente todos los presentes, pero que Carmona se habría convencido plenamente de lo que supuestamente le estaba recomendando Allan Brewer Carías. A partir de ese momento, afirmó Arreaza en su declaración, se habrían retirado los abogados.

Esta afirmación, si es que la hizo Arreaza ante esta Fiscalía, también es completamente falsa.

Yo no hable telefónicamente con Carmona sobre el proyecto de decreto en esas horas de la tarde, ni con él solo ni estando él reunido con abogados, ni le expresé lo que se afirma en esa declaración.

Ignoro, además, si esa reunión tuvo lugar en esas circunstancias de lugar y tiempo, con los abogados participantes que allí se indica. Creo que bastaría con preguntarles a dichos abogados si dicha reunión ocurrió en esa forma, para constatar la veracidad o falsedad de la declaración.

Por lo demás, de haberse dado esa supuesta conversación telefónica conmigo, la que no ocurrió, hubiera sido imposible que no hubiera habido alguna fortísima discusión con dichos abogados, todos profesores de derecho público, quienes por lo demás conocen bien mi pensamiento jurídico y con quienes a lo largo de las décadas pasadas he tenido el privilegio de haber trabajado conjuntamente en muchos proyectos académicos y profesionales.

III. Durante todo el día 12 de abril sólo pude hablar con Pedro Carmona sobre el asunto del proyecto de decreto, cuando efectivamente sí me llamó por teléfono cerca de las 6.00 PM., para pedirme mi opinión sobre el mismo.

Yo me encontraba en mi casa de habitación, y tuvimos una conversación absolutamente breve, en la cual estimé que sólo estábamos participando los dos sin que me hubiera indicado que estaba con otras personas que pudieran haber estado oyendo. En

543. Esa supuesta reunión, en realidad, nunca se efectuó, y la supuesta conversación por teléfono entre Pedro Carmona y el profesor Brewer Carías, que habrían oído varias personas, tampoco se efectuó ni tuvo lugar. Lo expresado en la declaración por el Dr. Isaías Rodríguez (y por el Sr. Arreaza) es completamente falso.

544. En todo caso, la falsedad sobre la referida reunión quedó corroborada por lo expresado ante la Fiscalía General de la República por el Dr. **Gustavo Linares Benzo**, uno de los supuestos participantes en la misma, quien en una entrevista efectuada en fecha 01 de septiembre de 2003, incluso sin posibilidad de que el mismo fuera repreguntado por los defensores del profesor Brewer, señaló ante las preguntas que le formuló la Fiscal, lo siguiente:

"5. *Diga usted si cuando entró a hablar con el Dr. Pedro Carmona había otras personas?* Contestó: Había varias personas de las cuales sólo recuerdo al Vicealmirante Ramírez Pérez, alrededor de las 4 pm.

6. *Diga usted que personas entraron con usted a hablar con el D. Carmona?* Contestó: Sólo Gustavo García. [...]

---

dicha conversación sólo le expresé opiniones jurídicas, indicándole mis objeciones al proyecto de decreto particularmente por la proyectada disolución de la Asamblea Nacional que lesionaba el principio democrático constitucional representativo, advirtiéndole que además violaba la Carta Democrática Interamericana, lo cual podía ocasionar graves reacciones internacionales.

Al finalizar la conversación telefónica, en vista de mis objeciones Carmona me dijo que pensaría más el asunto y que pospondría el acto que tenían proyectado realizar, lo cual me tranquilizó. Sin embargo, según pude presenciar por la televisión desde mi casa de habitación, donde me encontraba, a los pocos minutos de dicha conversación telefónica se dio inicio a dicho acto, y pude constatar de lo que oí y vi, que lamentablemente no se había hecho caso a mi recomendación jurídica.

IV. En definitiva, mi criterio profesional expresado a Carmona fue contrario a las decisiones políticas que estaban incorporadas en el documento; por eso en su libro *Mi Testimonio ante la Historia*, el mismo Carmona señaló que "nunca he atribuido al Dr. Brewer-Carías la autoría del Decreto, pues sería irresponsable", agregando que:

"Respeto incluso las diferencias que el Dr. Brewer expresara en relación con el camino elegido y las constancias que dejó en las actas de la entrevista que le hiciese la Fiscalía General de la República, aun cuando discrepo de algunas de sus interpretaciones. Pero él mismo dijo que se alegró con la rectificación posterior del Decreto, pues atendía la esencia de sus preocupaciones, principalmente respecto a la Carta Democrática Interamericana" (p. 107-108).

Ello confirma la falsedad de lo que habría declarado Arreaza ante esa Fiscalía.

Estimé efectivamente, como lo he expresado repetidamente, que lo que se proponía como decisiones en el documento era contrario a la Carta Democrática Interamericana, que es el instrumento internacional sobre doctrina democrática más completo en el Continente, y por ende, contrario al orden constitucional." (Pieza XI del Expediente, folios 214/217).

8. *Diga usted cuándo vio a la Dra. Cecilia Sosa, qué estaba haciendo y donde se encontraba la misma?* Contestó: En el camino hacia el despacho pequeño de Carmona, me parece haberla encontrado en el despacho oficial del presidente de la República, ella estaba parada y la saludé, estaba con un grupo de 3 o 4 personas a quienes no conocía. Sería como a las 3.00 de la tarde" **(Pieza XXV, folio 76)**.

545. El profesor Linares Benzo, conocido administrativista, en su declaración ante la Fiscalía no hizo referencia alguna a esa supuesta reunión junto con los profesores Nelson Socorro y Cecilia Sosa con el Dr. Carmona en presencia del Ministro de Sanidad nombrado por Carmona, ni tampoco sobre la supuesta conversación telefónica que todos habrían tenido con el profesor Brewer Carías, lo que por supuesto también era falso. En todo caso, el Dr. **Gustavo Linares Benzo**, ante la falsa afirmación que ahora ha formulado el testigo **Isaías Rodríguez** ante esta honorable Corte Interamericana, para desvirtuar lo que éste último afirmó falsa y erradamente en la audiencia del 3 de septiembre de 2013, con fecha 18 de septiembre de 2013 formuló ante el Cónsul General de Costa Rica en Caracas, una declaración jurada cuyo texto se anexa **(Anexo 148)**, en la cual sobre la supuesta e inexistente reunión y conversación telefónica que habría presenciado el Sr. Arreaza, indicó:

"Son completamente falsos los hechos referidos por el Dr. Isaías Rodríguez Díaz en su testimonio ante la Corte Interamericana de los Derechos Humanos con motivo del caso Allan Brewer Carias contra Venezuela, el día tres (3) de septiembre de 2013 [...] Al respecto debo decir que nunca estuve en una reunión en la que se encontraran presentes los mencionados señores Pedro Carmona Estanga, Padilla Arreaza y los doctores Cecilia Sosa y Nelson Socorro, ni presencié nunca que el señor Carmona Estanga u otra persona hablara por teléfono con el Dr. Brewer Carías o de alguna otra forma conversara con él, ni en el palacio de Miraflores ni en ningún otro lugar, ni el 12 de abril de 2002 ni en ningún otro momento.

Presento esta exposición en virtud de que, como dije, fui mencionado en una audiencia pública ante un tribunal internacional que tuvo gran difusión en los medios de comunicación venezolanos e internacionales. En esa mención se me puso por testigo de hechos que nunca presencié, lo que me exige la presente declaración."

546. Por su parte, el Dr. Nelson Socorro, destacado profesor de la Universidad Central de Venezuela y ex Procurador General de la República, también formuló ante el Cónsul General de la República de Costa Rica en Caracas, con fecha 18 de septiembre de 2013, la declaración que se anexa **(Anexo 147)**, en la cual sobre la supuesta e inexistente reunión y conversación telefónica que habría presenciado el Sr. Arreaza, y que refirió – mal referida – el testigo Rodríguez; en su conclusión el Dr. **Socorro** indicó:

"a) Nunca se produjo una reunión de los tres abogados a los que hace mención el testigo Julián Isaías Rodríguez, ni entre ellos tres, ni con ninguno de ellos en la que yo haya participado con el Sr. Pedro Carmona, ni antes de la lectura del Decreto, y mucho menos después, ya que como lo he dicho en el punto #4, de esta declaración, abandoné el Palacio de Miraflores, apenas terminada la lectura del Decreto.

b) Nunca tuve acceso, ni siquiera después de publicado, al decreto que leyó el ciudadano Carmona Estanga.

c) Es falso de toda falsedad, lo expresado por el ciudadano Rafael Arreaza, si es que alguna vez lo hizo, que nosotros tres Cecilia Sosa, Gustavo Linares y quien suscribe, sostuviésemos una reunión. Por otra parte, es la segunda vez que oigo acerca de estas aseveraciones, y no sé ante que instancia o autoridad se han producido, y estimo, como abogado, que para que una aseveración de esta envergadura tenga valor de testimonio como para ser apreciada o citada por un Ex Fiscal General de la Republica, en un juicio en defensa de la Republica, tiene que ser citada y verificada su fuente.

d) Nunca le expresé al ciudadano Carmona, que el Decreto era inconstitucional, ya que nunca lo tuve en mis manos. Como lo expresé, lo que me llevo a ir a Miraflores, era la conducta inconstitucional de agredir a diputados a la Asamblea Nacional, sin protección, ni actuación alguna de los cuerpos policiales y de seguridad del Estado. Enfáticamente quiero expresar ante esta honorable Corte, que de haber tenido conocimiento del Decreto antes de su lectura por ante los medios, ni siquiera hubiese bajado las escaleras hacia el Salón donde se realizó su difusión a la ciudadanía.

e) Obviamente, tampoco estuve presente ni escuché, jamás, una conversación telefónica entre el Dr. Brewer Carías y el ciudadano Carmona Estanga, ni mucho menos expresiones como las que el testigo. Julián Isaías Rodríguez, le imputa al Dr. Brewer. Ese episodio nunca tuvo lugar frente a mi, y esa declaración no se ajusta a la verdad."

547. El testigo **Julián Isaías Rodríguez** ha pretendido restar importancia ante esa honorable Corte de sus dichos con respecto al profesor Brewer Carías, en ese libro de su autoría. Ha pretendido escudarse tras su autoproclamada condición de "poeta" y bajo el pretexto de que su libro sólo expresaba "emociones" ((*Supra ¶¶ 86, Nota 37; 536*). No se trata de hacer acá un ejercicio de crítica literaria, que bien habría podido ahorrarnos si se hubiera abstenido de publicar semejante libro. El Dr. Rodríguez había sido electo senador en 1998, por el partido del entonces candidato presidencial Hugo Chávez

Frías; más tarde, fue vicepresidente de la Asamblea Nacional Constituyente[181] y luego Vicepresidente Ejecutivo de la República designado inmediatamente después de entrar en vigor la Constitución de 1999. De este último cargo, pasó a ocupar la máxima jefatura de la Fiscalía General de la República. No ocupó esos cargos precisamente por ingenuidad poética o por desahogo de pasiones, sino por *un estrecho compromiso político con la llamada Revolución Bolivariana*. No puede ignorar el Dr. Rodríguez, que la presunción de inocencia del profesor Brewer Carías le prohibía escribir, siendo Fiscal General de la República, un libro en el que paladinamente le atribuía la comisión de un delito, por el que, como si fuera poco, estaba siendo investigado por el Ministerio Público. Ese libro y la frívola deposición del Dr. Julián Isaías Rodríguez ante esa honorable Corte hacen plena prueba de que *como Fiscal General de la República, violó la presunción de inocencia que protege al profesor Brewer Carías por mandato del artículo 8(2) de la Convención y pedimos que así se declare.*

IV. VIOLACIÓN DE LA PRESUNCIÓN DE INOCENCIA POR ÓRGANOS DEL ESTADO

548. Hemos denunciado en nuestro *Escrito de Solicitudes, Alegatos y Pruebas* (¶¶ **167, 390 ss.**), cuyo texto damos aquí por reproducido, la violación del derecho a la presunción de inocencia y del derecho a la defensa del profesor Brewer Carías que resulta del hecho de que estando en curso un proceso penal en su contra, diversos órganos del Estado, que están obligados a considerarlo inocente mientras ningún tribunal competente, independiente e imparcial no lo haya declarado culpable como resultado de un proceso donde se respeten todos sus derechos y garantías. Además del Fiscal General de la República, Isaías Rodríguez (2005) (**EASAP,**¶¶ 398-399), a lo cual se ha hecho referencia anteriormente, en esa violación también incurrió como lo hemos expresado detalladamente en nuestro Escrito de Solicitudes, Argumentos y Pruebas, y que aquí damos por reproducido, la Comisión Especial de la Asamblea Nacional que investigó los hechos de abril de 2002 (2002) (**EASAP**, ¶¶ 392-395) (*Supra ¶ 90*), la Sala Plena del Tribunal Supremo en comunicación que firmaron tres magistrados del Tribunal Supremo de Justicia (**EASAP**, ¶¶ 168, 396-397) en carta enviada al Instituto Interamericano de Derechos Humanos y al Instituto Interamericano de Derecho Procesal Constitucional (**EASAP**, ¶¶ 168-169, 302) (*Supra ¶ 152.*, y los Embajadores de Venezuela ante la República Dominicana y Costa Rica (**EASAP**, ¶¶ 174, 400-402) (*Supra ¶ 157*). *El Estado ignoró totalmente esta denuncia de violación.*

---

181 Puesto desde el cual intentó por primera vez de sancionar la disidencia del profesor Brewer Carías como miembro de esa Asamblea con su suspensión como tal, según quedó evidenciado del interrogatorio al que lo sometió el Decano Claudio Grossman, en la audiencia.

No contradijo los hechos ni los alegatos, de manera que la Corte debe te-
nerlos como aceptados.[182]

549. Pero debe destacarse que dichas violaciones a la presunción de inocencia no se quedaron allí sino que se han reiterado en el curso del proceso
judicial ante esta honorable Corte Interamericana, con motivo de la Nota No.
125 de 6 de septiembre de 2012 y su Anexo (**Anexo 130**), a la cual hemos
hecho referencia en nuestro *Escrito de Observaciones a la Excepción Preli-*
minar (¶ 6, Nota 2), mediante la cual el entonces Ministro de Relaciones Exteriores de Venezuela y hoy Presidente de la República, **Sr. Nicolás Maduro**,
comunicó al Secretario General de la OEA *"la decisión soberana de la Re-*
pública Bolivariana de Venezuela de denunciar la Convención Americana
sobre Derechos Humanos," afirmando paladinamente que el profesor Brewer Carías ***"participó en la autoría*** del texto del decreto de destitución de los
poderes públicos, que fuera proclamado por las autoridades de recato que
asaltaron el poder tras el golpe de Estado de 11 de abril de 2002 en Venezuela" (p. 6); agregando a ello, en el Anexo a dicha Denuncia denominado
"Fundamentación que sustenta la denuncia de la República Bolivariana de
Venezuela de la Convención Americana sobre Derechos Humanos presenta-
da a la Secretaría General de la OEA," la afirmación de que al profesor
Brewer Carías *"se le sigue juicio en Venezuela por su participación en el*
*golpe de Estado de a Abril de 2002, **por ser redactor del decreto** mediante el*
cual se instalaba un Presidente de facto, se abolía la Constitución nacional,
se cambiaba el nombre de la República, se desconocían todas las institucio-
nes del Estado, se destituían a todos los miembros y representantes de los
poderes Públicos, entre otros elementos." (p. 8, Anexo). Se trata de una manifestación explícita e inequívoca de culpabilidad del profesor Brewer Carías,
proveniente del órgano de las relaciones internacionales de Venezuela y proferida ante la comunidad internacional, en la ocasión solemne de ejecutar la
lamentable decisión del gobierno venezolano de denunciar la Convención
Americana sobre Derechos Humanos. Los estándares internacionales relativos a este tema impiden a todo alto funcionario emitir expresiones de este
género, en respeto a la presunción de inocencia, que es un derecho que debe
ser respetado y protegido por todos los órganos del Estado.

550. También debe mencionarse, como otra paladina violación a la presunción de inocencia de la víctima, la opinión del Agente del Estado, **Sr.**
Germán Saltrón Negretti, expresada en agosto de 2012, al referirse en un
artículo de opinión (Germán Saltrón Negretti, "Por qué denunciar la Convención Americana de los Derechos Humanos") (**Anexo 131**), a la denuncia de la
Convención Americana de Derechos Humanos por Venezuela, y mencionar el
"Acta de Constitución del Gobierno de Transición Democrática y Unidad Nacional" leído 12/04/2002, en el Palacio de Miraflores de Caracas", afirmando

---

182 Este punto lo examina con todo detalle el profesor **Rubén Hernández** en el *Amicus*
curiae que, en representación de la **Asociación Costarricense de Derecho Consti-**
tucional, presentó ante esta honorable Corte

que "**Ese decreto fue redactado por Allan Brewer Carias y Carlos Ayala, el Ministerio Público lo imputó por "conspiración para cambiar la constitución". Allan Brewer huyó del país y el juicio está paralizado. Sin embargo, acudieron a la Comisión y admitió el caso el 24/01/2007 y solicita al Estado venezolano adoptar medidas para asegurar la independencia del Poder judicial.**". (Negritas añadidas). (**Anexo 131**).

551. No han quedado allí las violaciones a la presunción de inocencia del profesor Brewer Carías, sino que han continuado por parte de los agentes del Estado, de manera que después de la celebración de la audiencia de este caso ante esta honorable Corte, el mismo Agente del Estado, Sr. Saltrón en otro artículo de su autoría titulado "Venezuela y sus verdades en Caso Brewer Carías", publicado en el *diario Vea*, Caracas 11 de septiembre de 2013, expresó: "Como es público y comunicacional *el abogado Allan Brewer Carías, fue uno de los redactores del Decreto* de "Transición y Unidad Nacional" leído por Pedro Carmona Estanga, en el Palacio de Miraflores el 12 de abril de 2002, donde se derogaron todos los poderes públicos del país."[183] (**Anexo 153**). Y por su parte, ahora como Presidente de la República, el Sr. Nicolás Maduro, el mismo día 11 de septiembre de 2013, arremetió de nuevo contra la Comisión Interamericana y la Corte Interamericana con ocasión de la denuncia de Venezuela de la Convención Americana (**Anexo 154**).[184]

SÉPTIMA PARTE
VIOLACIÓN DEL DERECHO A LA PROTECCIÓN JUDICIAL (ARTÍCULO 25, CONVENCIÓN) POR EL RETARDO INJUSTIFICADO EN DECISIÓN DEL RECURSO DE NULIDAD QUE ERA EL ÚNICO DISPONIBLE LUEGO DE LA ACUSACIÓN

552. Hemos denunciado en el *Escrito Autónomo de Solicitudes, Alegatos y Pruebas* (¶¶ 85 ss.), cuyo texto damos aquí también por reproducido, la violación del derecho a ser a la protección judicial (artículo 25, Convención) por el retardo injustificado en la decisión de la petición o recurso de nulidad absoluta por violación de los derechos y garantías constitucionales, que como se ha indicado es el amparo en el proceso penal, y que era el único disponible luego de intentada la acusación, para la defensa de los derechos del profesor Brewer Carías. Así, después de ejercerse todos los recursos disponibles en la etapa de investigación para buscar se controlara judicialmente a la Fiscal (*EASAP*, ¶¶ 457 ss.), una vez presentada la acusación por la misma ante el

---

183 Germán Saltrón, "Venezuela y sus verdades en caso Brewer Carías," en *diario Vea*, caracas 11 de septiembre de 2013, en http://diariovea.com.ve/columnas/editorial/venezuela-y-sus-verdades-en-caso-brewer-carias/

184 Véase "Nicolás maduro: la CIDH reconoció al gobierno golpista de Maduro y no se retractó,", en *Noticias 24*, Caracas 11 de septiembre de 2013, en http://www.noticias24.com/venezuela/noticia/192682/maduro-la-cidh-fue-el-unico-organismo-que-reconocio-el-gobierno-golpista-de-carmona-y-no-se-retracto/

Juez de control, el único recurso que podía ejercerse para denunciar las violaciones a los derechos y garantías constitucionales de la víctima, era la solicitud de nulidad absoluta prevista en el artículo 190 del COPP (*EASAP*, ¶ 512), con las características de sencillo, rápido y en todo caso, efectivo, en los términos del artículo 25 de la Convención (*EASAP*, ¶ 485), a lo cual ya nos hemos referido *in extenso* al abordar el tema del agotamiento de los recursos internos (*Supra ¶¶ 314-326; 394-437*). Ejercida dicha solicitud de nulidad absoluta, conjuntamente con la contestación de la acusación, la misma nunca fue resuelta por el Juez de control, cuando éste estaba obligado a hacerlo de inmediato, en el breve plazo de tres días conforme al artículo 177 del COPP, antes de convocar a la audiencia preliminar, y sin que necesariamente tuviera que estar presente el acusado, ya que la nulidad puede declararla de oficio como cuestión de mero derecho; estándole prohibido diferir la decisión de esa nulidad absoluta por vicios de inconstitucionalidad no subsanables, para el momento de la audiencia preliminar. En todo caso, en el cuadro del sistema judicial y de la violación de la presunción de inocencia de la víctima por todos los poderes públicos, el mismo resulta totalmente ineficaz[185].

553. La solicitud de nulidad, como se ha dicho anteriormente en este Escrito (*Supra ¶¶ 425*), debió resolverse de inmediato, en el lapso de tres días, por disposición explícita del artículo 177 del COPP y por ser, además, un imperativo de la naturaleza de una reclamación por la violación de derechos humanos constitucionales y garantías judiciales, que ameritaba que el Juez diera preeminencia a los derechos humanos. Sin embargo, han trascurrido ocho años de retardo en la decisión del mismo (*EASAP*, ¶¶ 479, 488), y con

---

185 Sobre esto han insistido el **Grupo de Profesores de Derecho Público de Venezuela**, en el *Amicus curiae* que han presentado ante esta Corte, en el cual como conclusión han expuesto su criterio jurídico de que:

225. […] el único "recurso" del cual disponía en el ámbito interno frente a las violaciones masivas a sus derechos y garantías constitucionales durante la fase de intermedia del proceso penal, al intentarse la acusación en su contra, era el recurso de nulidad establecido en los artículos 190 y siguientes del Código Orgánico, que intentaron sus defensores ante el Juez de Control el día 8 de noviembre de 2005, 18 días después de que el Ministerio Público formuló la acusación ante el Juez de Control fiscal que fue el día 21 de octubre de 2005, antes, por supuesto, de que el Juez siquiera convocara a audiencia preliminar alguna.

226. El Juez de control estaba obligado a decidir la petición de nulidad en forma perentoria, y no lo hizo, dejando al Dr. Allan R. Brewer-Carías, sin posibilidad alguna de poder intentar ningún otro recurso, ni siquiera el de amparo constitucional que como lo resolvió la Sala Constitucional en la sentencia antes citada, el cual sólo hubiera podido ser intentado contra la sentencia que se dictase precisamente si se hubiese negado la petición de nulidad.

227. La falta de decisión por el juez penal en el proceso seguido contra el profesor Brewer-Carías, mucho más allá de lo que puede racionalmente considerarse como un plazo razonable para decidir, sin duda violó su derecho a la protección judicial que le garantiza el artículo 25.1 de la Convención Americana de Derechos Humanos."

ello denegación de justicia (*EASAP*, ¶ 487), y violación del derecho a la protección judicial (art. 25, Convención) *EASAP*, (¶ 488).

554. Sobre la denuncia de violación del derecho a la protección judicial prevista en el artículo 25 de la Convención, en la *Contestación del Estado* sólo se indica que la "representación del Estado reitera que no hay violación de derechos humanos en un juicio que nunca se inició, pues el peticionario se ausentó del país" (p. 221), lo cual es falso pues el proceso penal se inició en la fase de investigación, desde 2002.

555. Por otra parte, en cuanto a la decisión de la solicitud o recurso de nulidad absoluta interpuesto, los representantes del Estado en su *Escrito de Contestación* han argumentado (pág. 62-83), en contra de lo dispuesto en el ordenamiento procesal penal y de amparo a los derechos y garantías constitucionales en materia penal, delineado por la jurisprudencia de la Sala Constitucional del Tribunal Supremo de Justicia (*Supra ¶ 408*), lo que reiteró contradiciéndose, en la audiencia oral ante esta honorable Corte el testigo-perito **Néstor Castellanos** el día 3 de septiembre de 2013, que el mismo sólo puede ser decidido en la audiencia preliminar y que esta no se habría realizado porque la víctima no ha comparecido. Como se ha argumentado suficientemente en anteriores secciones del presente escrito (*Supra ¶¶ 414 ss.*), ello es completamente falso y errado: *primero*, porque la petición de nulidad absoluta, es materia de justicia constitucional impartida por el Juez de Control, quien debe resolverla conforme a esa naturaleza especialísima para depurar el proceso, de inmediato, en un lapso de tres días conforme lo establece el artículo 177 del COPP; *segundo*, porque interpuesta una solicitud o petición de nulidad absoluta por violaciones constitucionales, el juez está obligado a decidirla antes de convocar la audiencia preliminar, precisamente para depurar el proceso de inconstitucionalidades; *tercero*, porque por lo anterior, como lo ha resuelto la Sala Constitucional del Tribunal Supremo de Justicia (*Supra ¶ 408*), al juez penal le está vedado diferir para resolver la petición de nulidad al momento de la audiencia preliminar, de manera que si lo hace viola el debido proceso; *cuarto*, porque tratándose de cuestiones de nulidades no subsanables o absolutas, la decisión de la materia incluso puede adoptarse por el juez de oficio, como cuestión de mero derecho; *quinto*, por ello, el juez para decidir, no tiene que tener a las partes en su presencia; *sexto*, porque nada en el ordenamiento jurídico dispone que la decisión de la petición de nulidad absoluta deba adoptarse en la audiencia preliminar, pues es una petición o solicitud de amparo, totalmente autónoma respecto de las excepciones; *séptimo*, porque la primacía de los derechos humanos y la gravedad de las violaciones denunciadas imponen su decisión de inmediato (*EASAP*, ¶ 521); y *octavo*, porque a todo evento, en el paródico proceso contra el profesor Brewer Carías, la audiencia preliminar nunca se realizó para ninguno de los acusados, pero por diferimiento del propio juez, quien en la última ocasión la dejó sin efecto en virtud de los sobreseimientos declarados, y nunca por culpa de la permanencia en el exterior del profesor Brewer, o de su incomparecencia (*EASAP*, ¶ 544, como el mismo juez de la causa lo decidió en sentencia de 20 de julio de 2007 (*Su-*

pra ¶¶ *21, 142, 143*). En consecuencia el Estado violó el artículo 25 que garantiza el derecho a la Protección Judicial de la Convención Americana (*EA-SAP*, ¶ 568)[186].

556. Sobre esta violación del derecho a la protección judicial, por otra parte, la Comisión Interamericana de Derechos Humanos, en las Observaciones Finales expresadas por el Comisionado Felipe González en la audiencia del día 4 de septiembre de 2013, fue particularmente concluyente al considerar que en este caso del proceso al profesor Brewer Carías se había violado dicho derecho, a cuyo efecto concluyó expresando lo siguiente al referirse al "debate en torno al derecho a la protección judicial":

---

186   Ello lo refuerza en la argumentación que ha formulado ante esta honorable Corte Interamericana el **Grupo de Profesores de Derecho Público de Venezuela (Rafael Chavero et al.)**, en el *Amicus curiae* que han presentado ante la Corte en agosto 2013, al señalar que:

"219.   Precisamente por esta primacía y preeminencia de los derechos humanos, el juez penal, al conocer del recurso de nulidad *actúa como juez constitucional para controlar la constitucionalidad de las actuaciones fiscales y judiciales.* Como lo ha dicho la Sala Constitucional del Tribunal Supremo, "El recurso de nulidad en materia adjetiva penal, se interpone cuando en un proceso penal, las partes observan que existen actos que contraríen las formas y condiciones previstas en dicho Código Adjetivo, la Constitución de la República Bolivariana de Venezuela, las leyes y los tratados, convenios o acuerdos internacionales, suscritos por la República, *en donde el Juez Penal, una vez analizada la solicitud, o bien de oficio, procederá a decretar la nulidad absoluta o subsanará el acto objeto del recurso;*" lo que debe hacer de inmediato acorde con la protección constitucional.

220.   Por ello, se insiste, *el juez penal, actuando como juez constitucional, para decidir un recurso de nulidad formulado contra las actuaciones fiscales por los defensores del imputado, no tiene que tener en su presencia al recurrente, pues no está obligado a esperar la audiencia preliminar para decidirlo.* Su obligación es restablecer de inmediato la situación constitucional infringida.

221.   En el caso del proceso penal en contra del profesor Brewer-Carías, el recurso de nulidad para la protección de derechos y garantías constitucionales violadas, intentado por sus defensores el 8 de noviembre de 2005, como se ha denunciado en este caso, nunca fue considerado ni decidido por el juez, violándose abiertamente su derecho a la protección judicial por falta de decisión del recurso de nulidad en un plazo razonable. Se insiste, el recurso de nulidad, que era el único del cual disponía Allan R. Brewer-Carías y que fue intentado por sus defensores el 8 de noviembre de 2005, nunca fue decidido, a pesar de haber estado el juez obligado a hacerlo en plazo perentorio por la protección constitucional requerida, y en todo caso, dentro del plazo de tres días establecido en el artículo 177 del Código Orgánico Procesal Penal; no estando obligado el juez conforme a las normas de dicho Código a decidir el recurso de nulidad sólo en la "audiencia preliminar."

"El argumento central del Estado es que no es posible resolver la nulidad interpuesta hasta tanto no se realice la audiencia preliminar para lo cual se requiere la presencia del imputado.

La pregunta a responder es si resulta compatible con el derecho a la protección judicial, específicamente con el derecho a un recurso sencillo y rápido, que un Estado condicione o se niega a resolver un recurso en el que se alegan violaciones de los derechos humanos al avance del mismo proceso penal en el que se alegan tuvieron lugar dichas violaciones.

En su informe de fondo la Comisión consideró que la información disponible en ese momento no permitía establecer esta violación y por lo tanto considero en principio que el argumento estatal podría ser razonado; sin embargo, la Comisión considera que la prueba documental, pericial y testimonial producía durante el trámite ante la Corte Interamericana ofrece elementos adicionales a los que tenia para resolver este punto, con base de estos elementos adicionales la Comisión encuentra dos debates: en de si el derecho interno realmente exige que el recurso de nulidad sea resuelto en la audiencia preliminar, y el de si aun aceptando que dicha exigencia exista en el derecho interno, la misma es o no compatible con la Convención Americana."

557. De lo anterior, concluyó la Comisión que:

"Para resolver el segundo debate esto es el condicionamiento que se ha impuesto en el caso concreto, es o no compatible con la Convención, la Comisión observa *que se ha logrado comprobar ante la Corte que en la etapa intermedia no existe otro recurso para alegar violaciones a las garantías mínimas al debido proceso, la misma Sala Constitucional ha calificado la nulidad por razones constitucionales, mismas que presentó la defensa del Sr. Brewer Carías como la vía de amparo de derechos constitucionales cuando estos se violan en el proceso penal, es decir, este recurso es el llamado a satisfacer el derecho a la protección judicial de los derechos establecidos en la Convención y por lo tanto debe ser sencillo, rápido, y no sujeto a condicionamiento que lo tornen ilusorio.*"

558. Se trata de *una demora en decidir el recurso de nulidad que es completamente injustificada según la Convención Americana sobre Derechos Humanos y el Derecho internacional.* que un *análisis a la luz de los hechos relevantes del caso, por una parte, y de las normas de la Convención y estándares del Derecho internacional, por la otra*, proporciona criterios claros e indubitables para ilustrar la posición de esa honorable Corte. En tal sentido, son hechos probados ante la Corte e internacionalmente relevantes:

1) Que los abogados defensores del profesor Brewer Carías, solicitaron al juez de la causa, el 8 de noviembre de 2005, la declaratoria de la nulidad absoluta de todas las actuaciones del Ministerio Público durante la fase de investigación del proceso realizadas en violación de los derechos y garantías constitucionales de su defendido, reconocidos en la Constitución y en la Convención.

2) Que en todo caso, la suspensión y diferimiento sucesivo de la audiencia preliminar en la causa, en los términos concretos definidos por el propio Juez de la causa, en ningún caso tuvieron su origen en la no comparecencia del profesor Brewer Carías, ni en ningún otro hecho que le fuera imputable (**Anexo 55**).

3) Que, por lo tanto, cualquiera sea la interpretación del Derecho interno sobre la oportunidad de la decisión de la petición o recurso de nulidad, el hecho de que no se haya decidido no puede considerarse imputable al profesor Brewer Carías, en el marco factual preciso que configura el presente caso.

559. Según el artículo 25 de la Convención, el Estado está obligado a suministrar un recurso *efectivo, sencillo y rápido* para la defensa de los derechos humanos. Para cumplir con esa obligación, el Estado debió decidir ese recurso de nulidad absoluta dentro de los tres días siguientes a su introducción que pauta el artículo 177 del COPP. Si el juez decidió no hacerlo, y pospuso indefinidamente la decisión de esa nulidad absoluta, no puede excusarse en que le Derecho interno le ordenaba esperar la realización de la audiencia preliminar (como lo pretende erradamente el Estado). En todo caso, el hecho de que el mismo juez haya pospuesto y diferido y ultimadamente dejado sin efecto la convocatoria para la realización de la audiencia preliminar, ello, según él mismo, nunca fue imputable al profesor Brewer Carías. Según una conocida regla de Derecho internacional consuetudinario, codificada en el artículo 27 de la Convención de Viena sobre el Derecho de los Tratados, *"una parte no podrá invocar las disposiciones de su derecho interno como justificación del incumplimiento de un tratado"*. Por lo tanto, incluso si el ordenamiento jurídico venezolano dispusiera (que no es cierto que lo disponga), que la decisión sobre la nulidad absoluta por violación de las garantías procesales protegidas por la Convención puede posponerse indefinidamente hasta tanto la audiencia preliminar se realice efectivamente, la única conclusión posible sería que *el Derecho interno no se ha adecuado a la Convención y que, además de los artículos 8 y 25, se han violado también los artículos 1(1) y 2 de la Convención. No debe olvidarse, por lo demás, que al tenor de sus obligaciones generales de respeto y garantía de los derechos humanos, es el Estado el obligado a crear las condiciones necesarias para que cualquier recurso pueda tener resultados efectivos*[187].

_____

187 Corte IDH, *Caso Bulacio Vs. Argentina.* Fondo, Reparaciones y Costas. Sentencia de 18 de Septiembre de 2003. Serie C N° 100, ¶ 127.

560. *Un lapso de ocho años de demora para resolver una denuncia de violación de los derechos humanos en un proceso penal no puede ser considerado en modo alguno razonable ni justificado.* El Estado alega que el Derecho interno venezolano impone que la decisión sea adoptada en la audiencia preliminar y que ésta no puede celebrarse porque el profesor Brewer Carías se ausentó del país y no ha comparecido a la audiencia. Ya hemos demostrado que no es cierto que el Derecho interno venezolano paute semejante cosa. El Estado no ha conseguido señalar norma jurídica alguna que excluya las nulidades absolutas penales del ámbito de aplicación del artículo 177 del COPP, que dispone un lapso general de tres días para decidir las nulidades en las actuaciones escritas. Tampoco ha desmentido la jurisprudencia que hemos presentado, en el mismo sentido de nuestra argumentación.

561. Tampoco ha podido presentar el Estado prueba alguna de tan siquiera un caso en que la audiencia preliminar haya sido diferida a causa de la incomparecencia del profesor Brewer Carías. Por el contrario, lo que consta en autos es una decisión judicial (**Anexo 55**) (*Supra ¶¶ 142, 143)*, donde explícitamente se da cuenta de numerosas postergaciones de esa audiencia, a causa de iniciativas de la defensa de otros co-acusados en el mismo proceso, particularmente la Sra. Cecilia Sosa Gómez y el Sr- Guaicaipuro Lameda (*Supra ¶¶ 21, 142, 143, 419, 430)*. *Esa decisión, en cambio sí **prueba que la audiencia preliminar, en la práctica, no se realiza en fecha fija, sino que está sujeta a múltiples causas de diferimiento**. Este último concepto no se compadece con los principios de preeminencia de los derechos humanos, de justica rápida y de recursos sencillos, rápidos y efectivos para remediar sus violaciones, recogidos en la Constitución venezolana y en la Convención.

562. De todos modos, *gratia arguendi*, cabe preguntarse, ¿es razonable que se esperen ocho años para decidir un asunto sencillo y que toca la protección de los derechos humanos, que es de toda prioridad según la Constitución y la Convención? ¿Dónde estaría la razonabilidad de una normativa (que no existe, por cierto) que condicionara la protección debida a los derechos humanos de un procesado a la celebración de una audiencia preliminar, que podría contaminarse con la nulidad pendiente de decisión? ¿No es más razonable decidir de inmediato lo relativo a la violación de los derechos humanos, antes de continuar con un proceso cuestionado? ¿Qué es lo que haría imprescindible la presencia de la víctima para decidir un recurso de mero Derecho, que podría poner fin al proceso, y que además podría ser planteado de oficio por el juez? ¿Qué podía decir la víctima que no pudieran decir sus abogados? ¿Por qué la decisión del juez sobre un punto de mero Derecho debía ser dictada en presencia de las partes? ¿Por qué una solicitud de nulidad destinada a amparar un procesado cuyos derechos se denuncia que han sido violados, debe esperar para su decisión a la celebración de un acto procesal formal y determinado, como lo es la audiencia preliminar, y no resolverse sin apego a formas y solemnidades inútiles, de manera sencilla e inmediata, o por lo menos, rápida?

563. La Sala Constitucional del Tribunal Supremo de Justicia, como lo hemos mostrado antes, ya ha concluido que es irrazonable sujetar la decisión sobre estas nulidades a un acto procesal, como lo es la audiencia preliminar. Le corresponde ahora a esa honorable Corte pronunciarse al respecto. Recordamos que ella misma ha definido en su jurisprudencia *"el sentido de la protección otorgada por el artículo 25 de la Convención,"* consistente en:

> *"la posibilidad real de acceder a un recurso judicial para que la autoridad competente y capaz de emitir una decisión vinculante determine si ha habido o no una violación a algún derecho que la persona que reclama estima tener y que, en caso de ser encontrada una violación, el recurso sea útil para restituir al interesado en el goce de su derecho y repararlo."*[188] *(Énfasis agregado).*

564. La interpretación que trae el Estado ante esa Corte, para tratar de impedir que ella oiga el fondo del presente caso, no sólo carece de base legal, sino que está reñida con la lógica procesal y sustantiva. Según la primera, lo lógico es depurar el proceso de las nulidades que puedan afectar etapas previas antes de entrar en las sucesivas. Según la segunda, las cuestiones atinentes a la protección de los derechos humanos deben atenderse con la mayor prioridad y sin formalismos que no sean estrictamente necesarios.

565. La posición que ha sostenido la representación del Estado en el presente caso, a más de no sustentarse en el Derecho interno aplicable, es irrazonable. Tan irrazonable que, como hemos señalado *supra,* en el supuesto en que sí existiera (que no existe) una norma jurídica que ordenara resolver las nulidades por inconstitucionalidad en la audiencia preliminar, se trataría de una norma interna contraria a la naturaleza y características del recurso contemplado en el artículo 25 de la Convención, pues no se trataría de un recurso sencillo, ni rápido ni efectivo.

566. Por otra parte, si semejante disposición existiera dentro del orden jurídico venezolano (que no existe), el Juez debería inaplicarla y fundamentar su decisión directamente en el artículo 25 de la Convención, para adoptarla de forma sencilla y rápida. El juez venezolano está obligado, en los términos que ha definido reiteradamente esa Corte. A *"ejercer una especie de "**control de convencionalidad**" entre las normas jurídicas internas que aplican en los casos concretos y la Convención Americana sobre Derechos Humanos...*[189].

---

188 Corte IDH Caso *Jorge Castañeda Gutman vs. México* de 6 de agosto de 2008. ¶. 100 en http://www.Corte IDH.or.cr/docs/casos/articulos/seriec_184_esp.pdf.

189 Corte IDH, *Caso Almonacid Arellano*. Sentencia del 26 de septiembre de 2006. Serie C N° 154; párr. 124. Desde entonces, la Corte ha acudido reiteradamente al mismo concepto para enfatizar la función del juez interno en la aplicación de la CADH y como agente del Estado para ese propósito: Corte IDH, *Caso Trabajadores Cesados del Congreso (Aguado Alfaro y otros)*. Sentencia de 24 de noviembre de 2006. Serie C N° 158, ¶ 128; Corte IDH, *Caso La Cantuta*. Sentencia de 29 de noviembre de 2006. Serie C N° 162, ¶ 173; Corte IDH, *Caso Boyce y otros*. Sentencia de 20 de noviembre de 2007. Serie C N° 169, ¶ 78; Corte IDH, *Caso Heliodoro Portugal*. Sen-

La Corte, sin embargo, también se ha cuidado de aclarar que ese control deben hacerlo los jueces nacionales *"en el marco de sus respectivas competencias y de las regulaciones procesales correspondientes."*[190] Este último requerimiento se cumple plenamente en Venezuela, donde los jueces no sólo están facultados sino obligados a aplicar la disposición más favorable al ser humano proveniente del Derecho internacional, por encima incluso de la Constitución. Así lo determina el artículo 23 de la Constitución venezolana:

> *"Artículo 23. Los tratados, pactos y convenciones relativos a derechos humanos, suscritos y ratificados por Venezuela, tienen jerarquía constitucional y prevalecen en el orden interno, en la medida en que contengan normas sobre su goce y ejercicio más favorables a las establecidas en esta Constitución y en las leyes de la República, y son de aplicación inmediata y directa por los tribunales y demás órganos del Poder Público."* (Énfasis y subrayado añadidos).

567. Por consiguiente, cualquiera sea la posición que se adopta con respecto al plazo que tiene el juez para decidir una solicitud de nulidad de las actuaciones fiscales por inconstitucionalidad, la conclusión es la misma, pues todas las posibilidades conducen a la misma conclusión: que un plazo de ocho años sin decidir, es irrazonable y por lo tanto, configura un caso de ***retardo injustificado (Supra ¶ 424)***. Nuevamente acá, la posición que se adopte con respecto a la interpretación del Derecho interno no tiene mayor influencia para determinar que se configura el supuesto de retardo injustificado en la decisión de la nulidad absoluta demandada por el profesor Brewer Carías. Porque caben básicamente dos posibilidades:

1) Que nuestra interpretación del Derecho interno venezolana, por las razones que ya hemos expuesto y que, como lo sostenemos, el Juez de Control debió decidir la solicitud de nulidad que le fue interpuesta dentro de los tres días siguientes. En esta hipótesis, como un lapso de tres días sin duda cumple con el estándar internacional de razo-

---

tencia de 12 de agosto de 2008. Serie C N° 186, ¶ 180; Corte IDH, *Caso Radilla Pacheco.* Sentencia de 23 de noviembre de 2009. Serie C N° 209, ¶ 339; Corte IDH, *Caso Rosendo Cantú.* Sentencia de 31 de agosto de 2010. Serie C N° 216, ¶ 219; Corte IDH, *Caso Ibsen Cárdenas e Ibsen Peña.* Sentencia 1 de septiembre de 2010. Serie C N° 217, ¶ 202; Corte IDH, *Caso Gomes Lund y otros ("Guerrilha do Araguaia").* Sentencia de 24 de noviembre de 2010. Serie C N° 219, ¶ 176; Corte IDH, *Caso Chocrón Chocrón.* Sentencia de 1 de julio de 2011. Serie C N° 227, ¶ 164; Corte IDH, *Caso Attala Riffo y Niñas*, Sentencia de 24 de febrero de 2012. Serie C N° 239, ¶ 282; y Corte IDH, *Caso Furlan y Familiares.* Sentencia de 31 de agosto de 2012. Serie C N° 246, ¶ 303; Corte IDH, *Caso Masacres de Río Negro.* Sentencia de 4 de septiembre de 2012. Serie C N° 250, ¶ 262.

190 Así lo ha expresado la Corte en alguna jurisprudencia. Cf. Corte IDH, *Caso Trabajadores Cesados del Congreso..., cit.,* ¶ 128; Corte IDH, *Caso Radilla Pacheco..., cit.,* ¶ 339; Corte IDH, *Caso Furlan y Familiares..., cit.,* ¶ 303; Corte IDH, *Caso Masacres de Río Negro..., cit.,* ¶ 262.

nabilidad, una demora de ocho años en decidir no sería únicamente una violación del Derecho interno, sino también una transgresión de la Convención. En este supuesto, es obvio que el retardo de ocho es más que injustificado.

2) Que la interpretación del Estado sobre el Derecho interno sea la acertada (que no lo es), de modo que la decisión de la nulidad absoluta debería esperar la audiencia preliminar, como sostiene el Estado. Es obvio que someter una decisión sobre denuncias de graves violaciones al debido proceso al término incierto de la realización de un acto procesal que no tiene como objeto legal el conocimiento y decisión de esas denuncias, es *irrazonable* y lesiona el derecho a que tales violaciones sean resueltas mediante un recurso *sencillo, rápido y efectivo*, según lo pauta el artículo 8 de la Convención. En ese supuesto, la demora en celebrarla sería, por lo tanto, igualmente injustificada según el Derecho internacional y obedecería a la organización procesal penal en Venezuela, es decir, a un defecto del orden jurídico venezolano imputable como tal al Estado.

OCTAVA PARTE
VIOLACIÓN AL DERECHO A LA IGUALDAD Y NO DISCRIMINACIÓN (ART. 24, CONVENCIÓN) EN APLICACIÓN DE LA LEY DE AMNISTÍA

568. Hemos denunciado en el *Escrito Autónomo de Solicitudes, Alegatos y Pruebas* (¶¶ 201 ss., 618 ss.), cuyo texto en la materia damos aquí por reproducido, la violación del derecho a la igualdad y a la no discriminación del profesor Brewer Carías, por el hecho de que contra todos los principios universales aplicables a la institución de la amnistía, una vez que la misma fue decretada por ley respecto de todos los hechos relacionados con los sucesos de los días 11 y 12 de abril de 2002 mediante Decreto Ley Especial de Amnistía de 31 de diciembre de 2007 (*Gaceta Oficial* No. 5.870 Extra de 31 de diciembre de 2007, **Anexo 70**), con lo cual los mismos quedaron despenalizados, y consecuentemente, extinguida la responsabilidad penal, la acción penal y las causas respectivas que estaban en curso, al profesor Brewer Carías se le negó injustamente el beneficio de la amnistía; siendo precisamente el único de los que solicitó el beneficio de los que se aplicaba la Ley, a quien se le negó *(Supra ¶ 170)*.

569. A manera de conclusión, hemos sostenido ante esa Corte, que esta violación tiene lo que puede calificarse como dos dimensiones: por una parte, una dimensión *general*, porque la inclusión en la ley de amnistía de un requisito o excepción de índole procesal para su aplicabilidad, supone, *per se,* un acto de discriminación, pues habida cuenta de la naturaleza de la institución, que comporta la extinción del carácter de penal de unos hechos, tiene la naturaleza de una *ley penal*, sujeta a los principios de legalidad e igualdad, de donde es ilegítima una aplicación desigual a quienes serían los sujetos de la misma. Por otra parte, nos hemos también referido a lo que puede calificarse como una dimensión *particular* de la violación al artículo 24 de la Convención, con ocasión de la negativa expresa, respecto de su aplicación, al caso del profesor Brewer Carías.

570. La amnistía es una causal de extinción tanto de la acción penal como de la pena que está consagrada en el artículo 104 del Código Penal de Venezuela. Como lo precisó en su *Informe pericial* el Profesor **Carlos Tiffer**, se trata de "una medida jurídica tomada por el poder legislativo, mediante la cual se elimina el carácter delictivo de determinados hechos," de manera que al "despenalizarse los hechos" los mismos "no serán considerados delito en forma general" lo que conlleva "la extinción de la responsabilidad penal a favor de las personas que hayan participado de cualquier manera en la comisión de dichos hechos"; agregando que además "se trata de una forma de extinción de la responsabilidad penal, mediante la cual se evita la declaratoria de la responsabilidad penal de una persona o en su defecto, la imposición de una pena". Por ello, la amnistía también "recae sobre la acción penal, al constituir una forma de extinción de esta", de manera que "no es posible iniciar una investigación penal por hechos amnistiados, en el tanto no existe acción penal que justifique la aplicación del poder punitivo por parte del Estado".

571. En este mismo sentido se pronunció también el Testigo Dr. **Rafael Odremán** en su *declaración testimonial* esa Corte, señalando al respecto que:

> "la Ley de Amnistía constituye la remisión, el olvido o la abolición de ciertos delitos y de sus penas en relación con ciertos hechos enumerados en la misma, respecto de los cuales el Estado renunció a la persecución penal y al castigo que pudiera haberse originado en los mismos, de manera que el delito quedó borrado con todas sus huellas. En consecuencia, conforme al artículo 104 del Código Penal, a raíz de la amnistía se "extingue la acción penal y hace cesar la ejecución de la condena y todas las consecuencias penales de la misma" (*Respuesta a Pregunta 15, Representantes Víctima*).

572. Es precisamente por ello que, como lo informó el profesor **Tiffer** en su *Informe Pericial*

> "todas las personas que se encuentren en la misma situación, al ser posibles autores o partícipes de los hechos amnistiados serán beneficiados por la declaratoria. Es decir, el alcance de la amnistía permite beneficiar indistintamente a todos los individuos implicados en los hechos amnistiados. Lo anterior en el tanto, la amnistía recae sobre hechos, es impersonal y su dictado no procede para beneficiar únicamente a determinadas personas, excluyendo a otras personas de su aplicación, o permitiendo a determinadas personas rechazar los beneficios que conlleva su promulgación."

573. De lo que resulta que "de la misma forma que una ley penal aplica a todas las personas y posee efectos generales, la ley de amnistía que despenaliza la conducta también posee efectos generales y no particulares, abarcando sus efectos a todas las personas" Y es que como también lo afirmó el mismo perito **Tiffer** en su *Informe Pericial,* "no es posible excluir de la aplicación de una ley de amnistía a determinadas personas," por cuanto, "la amnistía despenaliza una conducta o hechos determinados", "sus efectos son generales y objetivos" eliminando "la posible responsabilidad penal de todo sujeto que haya cometido los hechos amnistiados." Por ello, continúa afirmando con razón que "al ser la amnistía de carácter general y objetivo y al recaer sobre hechos, no puede beneficiarse o excluirse a determinadas personas."

574. Por tanto, como también lo indica con claridad meridiana el profesor **Tiffer** en su *Informe Pericial*, "no es posible enjuiciar a alguien por un hecho o conducta despenalizada a través de una ley de amnistía" pues extinguida "la responsabilidad penal que genera la comisión del hecho amnistiado," no puede existir "acción penal alguna que permita enjuiciar a una persona por la comisión de un hecho amnistiado;" agregando además, que cuando se dicta una ley de amnistía, "no es posible continuar el proceso penal en contra de una persona, por un hecho objeto de una ley de amnistía," de manera que "en el momento en que se decrete la ley de amnistía, el juez deberá declarar extinta la acción penal, lo que conlleva a la terminación del proceso penal a favor del investigado".

575. De todo lo anterior resulta, por tanto, como también lo precisó el perito **Carlos Tiffer**, que "no es posible dictar una ley de amnistía que permita la exclusión de una persona, por no cumplir con determinado requisito procesal." Es decir, "por cuanto, la declaratoria de amnistía despenaliza determinados hechos o conductas, de manera general y sin límites algunos," no puede supeditarse sus efectos "al cumplimiento de determinadas condiciones subjetivas de los individuos o requisitos procesales alguno. La declaratoria de amnistía surte efectos generales y objetivos, despenalizando la conducta o hecho objeto de la declaratoria."

576. En conclusión, por tanto, como concluye el perito Dr. **Tiffer** en su informe, tratándose de la despenalización de una conducta por el legislador, de efectos generales:

"no se puede mantener vigente la penalidad de una conducta, únicamente para ser aplicada a una persona en concreto cuando ya ha sido despenalizada para los demás individuos. Lo anterior evidentemente resulta discriminatorio, en el tanto se violenta el principio de igualdad ante la ley. Por ello, no puede excluirse de la aplicación de una ley de amnistía a determinadas personas." […]

"La amnistía al tratarse de un acto emanado del poder legislativo tiene una aplicación general a las personas. El legislador al despenalizar determinada conducta, significa que la misma no puede ser ya considerada como un delito. Por tal razón, la despenalización no puede tener un carácter subjetivo. De lo contrario existiría un empleo arbitrario del poder."

577. Ahora bien, en el caso de la Ley de Amnistía (Decreto Ley 5790) sancionada en Venezuela el 31 de diciembre de 2007, como está probado en autos y resulta de su propio texto, a pesar de que se despenalizaron los hechos relativos a los sucesos ocurridos en Venezuela en abril de 2002, se supeditó su aplicación a un requisito procesal, de manera que no todas las personas que hubieran participado en la comisión de tales hechos –que o estuvieran siendo procesadas por ello- se beneficiaban de la misma, sino solamente aquellas que estuvieran a derecho y se hubieran sometido al proceso penal por su comisión.

578. En efecto, según los artículos 1 y 2 de la Ley de Amnistía,

"Artículo 1. Se concede amnistía a favor de todas aquellas personas que enfrentadas al orden general establecido, y que a la presente fecha se encuentran a derecho y se hayan sometido a los procesos penales, que hayan sido procesados o condenados por la comisión de delitos en los siguientes hechos:

a.   Por la redacción del decreto del gobierno de facto del doce (12) de abril de 2002,

...*omissis*...

Artículo 2. Conforme a lo dispuesto en el artículo anterior, se extinguen de pleno derecho las acciones penales, judiciales, militares y policiales, instruidas por cualquiera de los órganos del Estado, tribunales penales ordinarios o penales militares, que se correspondan exclusivamente con los hechos a que se refiere el artículo anterior."

579. De acuerdo con lo dispuesto en las normas citadas, la ley no sería aplicable a todos por igual, sino que su alcance y aplicación sería diferente en función de la variable relativa al seguimiento de los procesos penales a que hace referencia el artículo 1.

580. Semejante circunstancia fue criticada desde temprano, mereciendo entre otros pronunciamientos el del profesor Arteaga Sanchez, que al respecto señaló (**Anexo 155**):

"...resulta un contrasentido o un absurdo pretender que solo algunos de los perseguidos resulten beneficiados por la medida, queriendo derivar consecuencias o efectos penales de lo que, por voluntad de la ley, ya no es delito. Por tanto, no cabe imponer la condición de haberse puesto a derecho o de haberse sometido a un proceso. Se trata de una condición que los tribunales deben desaplicar. Sencillamente, la única condición procesal que se impone, es el cumplimiento de los trámites procedimentales que la ley prevé, que no son otros que la solicitud de sobreseimiento por parte de la Fiscalía y la decisión de los tribunales, con la urgencia del caso, por tratarse de la libertad de la personas."[191]

581. Pues bien, es precisamente la manutención del carácter penal de determinados hechos en función de la posición procesal en que se encuentren los sujetos de la misma lo que determina que, a la luz de las consideraciones que hemos hecho, y de lo expuesto por el perito y testigo a que nos hemos referido, los términos de redacción de las normas parcialmente transcritas *supra* ponen en evidencia, sin más, el carácter discriminatorio de la Ley.

582. Por ello, al ser preguntado por el Agente del Estado, señor Saltrón, sobre si estaba en conocimiento del decreto de amnistía para las personas que participaron en los sucesos del 11 de abril de 2002 el perito **Ollarves** respondió: "Si estoy completamente consciente de ese decreto y también estoy consciente de una limitación, una restricción ilegítima, que trastoca el principio de igualdad ante la ley al imponer en el artículo 1 un presupuesto procesal que contraria normas imperativas de derecho internacional general o de ç como es distinguir o discriminar ilegítimamente a algunas personas de otras sobre todo en un caso tan importante como es el de una amnistía, en donde la amnesia, la fuerza de la amnesia, y el olvido deben prevalecer y no la fuerza de la inquisición".

583. Afirmación que el perito **Ollarves** amplió, a solicitud del Juez Sierra Porto, añadiendo que

> "hay un presupuesto, un óbice procesal en el artículo 1 que indica que las personas involucradas en esos hechos, para beneficiarse de esta gracia, deben estar a derecho, lo cual por supuesto no opera en esta caso, pero independientemente cuando hablamos de amnistía y cuando hablamos de perdón, de amnesia, de reconciliación y de olvido, los abogados las personas que vivimos en Venezuela tenemos la obligación histórica política y ética, precisamente es de fortalecer el contenido de ese decreto que es para la reconciliación y el olvido y no para fortalecer la fuerza de la inquisición."

584. Es por ello que, respondiendo a una pregunta que le formuló el Juez Caldas, ése mismo perito indicó que la Ley de Amnistía debería aplicarse "…a todas las personas que se encuentran a derecho y también a los que no se encuentra a derecho…" resaltando que "…lo que llama poderosamente la atención al foro jurídico venezolano es la redacción del decreto y este óbice procesal que introduce una limitación ilegítima para aplicar una causal de extinción de la acción penal y de la pena".

---

191 *Vid.* Artículo de Alberto Arteaga Sanchez, *La amnistía es general e impersonal y opera sobre los hechos comprendidos en la ley*, aparecido en el diario *El Universal* en su edición de 9 de enero de 2008 recogido en el portal digital Venezuela Real, Información y Opinión, en http://venezuelareal.zoomblog.com/archivo/2008/01/09/decreto-Ley-de-Amnistia.html (**Anexo 155**)

585. Es tal sentido, insistimos en que prever en una Ley de Amnistía, que la despenalización de unos hechos se aplica a todas las personas involucradas en los mismos, quedando extinguida la responsabilidad penal, la acción penal y los procesos en curso, una excepción basada en un elemento procesal respecto de aquellas personas que "no estaban a derecho," es un contrasentido y en sí misma una discriminación que viola, en perjuicio de esas personas, su derecho a la igualdad y no discriminación garantizado en la Convención.

586. Como lo precisó el profesor **Tiffer** en su *Informe pericial*, cuando "los efectos de la amnistía se supediten al cumplimiento de requisitos procesales de un determinado proceso penal, resulta en un completo contrasentido" pues "ello conllevaría a que se mantenga un proceso penal en el que se investigan hechos que han sido despenalizados por el legislador y se ha extinguido cualquier tipo de responsabilidad penal por la comisión de dichas conductas." En consecuencia, como también concluyó el Perito Dr. **Tiffer**, si en la Amnistía, que tiene efectos generales, "se realiza alguna diferenciación por condiciones personales, subjetivas o procesales, se afecta el principio de igualdad ante la ley;" agregando que "exigir el cumplimiento de un requisito procesal para aplicar la amnistía resulta un completo contrasentido, al no existir fundamento alguno para la existencia del proceso. Requisito además que carece de fundamento y de justificación, para otorgar un trato desigual a las personas beneficiadas de la declaratoria de amnistía. Consecuentemente, la supeditación de la aplicación de la declaratoria de amnistía al cumplimiento de requisitos procesales, resulta completamente violatorio al principio de igualdad."

587. Ese fue precisamente el caso de la Ley de Amnistía de diciembre de 2007 que al establecer la excepción violó la garantía de la igualdad y la no discriminación garantizada en la Convención Americana. De esa violación resultó que en la práctica, *todas las personas involucradas o relacionadas con los hechos de abril de 2002 que fueron despenalizados por la Ley de Amnistía y que solicitaron la aplicación del beneficio, absolutamente todas, excepto una sola, el profesor Brewer Carías*, gozaron del beneficio y sus causas fueron sobreseídas. A nadie más se le negó la aplicación de la Ley.[192]

588. Adicionalmente a la discriminación que deriva de los términos de la Ley de Amnistía *per se*, en el caso del profesor Brewer Carías se violó su derecho a la igualdad y a la no discriminación por negarse la aplicación de la susodicha Ley cuando lo cierto es que el profesor Brewer Carías *sí estaba a derecho y se había sometido al proceso penal seguido en su contra.*

589. Como explicó con toda precisión el perito Dr. **Jesús Ollarves** en el derecho, jurisprudencia y práctica forense venezolana, *estar a derecho* es un concepto referido a las personas que en un proceso han nombrado -ante el juez de control- a sus defensores, y que por tanto, se han sometido al mismo.

---

192 Entendemos que se negó la aplicación de la Ley a algunas personas que lo solicitaron, pero no porque no estuvieran "a derecho," sino porque en los términos de la Ley determinados hechos relacionados con los sucesos de abril no fueron despenalizados.

590. Sobre la expresión *estar a derecho* el testigo Dr. **Rafael Odremán** fue también preciso al indicar que "conforme a la jurisprudencia de la Sala de Casación Penal del Tribunal Supremo de Justicia que ha quedado resumida en la sentencia de 18 de diciembre de 2007 (Exp. 2007-521, Caso: *Rubén Darío Rosales Sánchez*), el mismo está condicionado, exclusivamente, por los diversos actos del proceso penal que exigen la presencia personal del acusado; de manera que un procesado se encuentra a derecho cuando ha estado presente y ha acudido a todos los actos procesales en los cuales necesariamente se requería su presencia" (*Respuesta a Pregunta 15, Representantes Víctima*). De manera coincidente incluso la testigo del Estado, **Mercedes Prieto**, ante una pregunta del Juez Sierra Porto sobre el significado de la expresión respondió: "Que acuda a su proceso, esté presente durante todo el desempeño del proceso."

591. Es precisamente esta la situación procesal del profesor Brewer Carías, pues justamente para el momento en que solicitó que se sobreseyera la causa en aplicación de la Ley de Amnistía había asistido a todos los actos que requerían su presencia; y lo que es más, incluso a la presente fecha puede afirmarse que ha asistido a todos los actos del proceso penal seguido en su contra que requerían su presencia. Es por ello que acertadamente afirmó ante esa Corte el Testigo Dr. **Odremán** que: "Esa fue, precisamente, la situación del profesor Brewer-Carías, quien asistió a todos los actos en que se requería su presencia, y a los que fue requerido por el Ministerio Público en la etapa de investigación, habiendo incluso designado ante el Juez de Control a sus abogados defensores." (*Respuesta a Pregunta 15, Representantes Víctima*).

592. En su caso, era y es evidente que estaba a derecho y sometido al proceso penal en su contra, el cual, siguió incluso personalmente durante toda la etapa de investigación, y no sólo a través de sus defensores. Como lo precisó el testigo Dr. **Odremán**: "la única ocasión en la cual el acusado tenía la carga procesal de comparecer personalmente a un acto judicial era la audiencia preliminar prevista en el artículo 329, ejusdem, la cual, de haberse iniciado sin su presencia, hubiera quizás provocado que hubiera dejado de estar a derecho. Sin embargo, en el proceso ahora extinguido de pleno derecho, dicha audiencia preliminar jamás se realizo y ya, después del 31 de diciembre de 2007, no podrá realizarse en forma alguna pues no hay proceso penal, el cual ha quedado extinguido de pleno derecho" (*Respuesta a Pregunta 15, Representantes Víctima*).

593. En tal sentido, el profesor Brewer cumplía con los requisitos para ser beneficiario de la Ley de Amnistía y en tal sentido el testigo **Rafael Odremán** respondió con meridiana claridad ante una interrogante que le formuló el representante del Estado:

"Sí cumplía con los requisitos. El Dr. Brewer Carías para el día de entrada en vigencia de la Ley de Amnistía el 31 de diciembre de 2007, se encontraba a derecho y se había sometido al proceso penal que se siguió en su contra y al cual se sometió voluntariamente, desde el inicio del mismo, no habiendo dejado de asistir a ningún requerimiento que le hiciera el Ministerio Público o el tribunal, al cual debiera acudir personalmente. Después de la acusación, el único acto en el cual debía estar personalmente presente, que era la audiencia preliminar, y que debió realizarse entre 10 y 20 días después de formulada aquella, nunca se realizó en ese proceso, por lo que nunca dejó de estar a derecho"(Respuesta *a Pregunta 20, Representante Estado*).

594. De igual manera se pronunció el perito **Ollarve**s en su respuesta al Juez Sierra Porto en la audiencia del 4 de septiembre de 2013, indicando que la excepción procesal establecida en el artículo 1 de la ley de Amnistía "no aplica al Dr. Brewer porque él está a derecho desde el acto de la imputación en el cual fue acompañado con sus abogados a ser impuesto del precepto por el cual se le investigaba, y entiendo que sus abogados deben haber comparecido ante un Tribunal de control, un tribunal de garantías a aceptar el cargo y a juramentarse por supuesto".

595. Sin embargo, como lo anunció el ex Fiscal **Isaías Rodríguez** incluso antes de que la *Gaceta Oficial* con la Ley circulara y lo ratificó quien hasta entonces había sido Fiscal de la causa, pero había sido recién designada Fiscal General, como consta en autos (**Anexo** 71), al profesor Brewer Carías se le negó el beneficio de la amnistía, por supuestamente no haber "estado a derecho".

596. Semejante tratamiento fue una violación de su derecho a la igualdad y no discriminación, puesto que a los demás procesados por los mismos hechos, y el mismo delito, se les concedió el beneficio, habiéndose procedido incluso de manera oficiosa (*(Supra ¶ 170 ss.*).

597. En efecto, ya el 7 de enero de 2008 la recién nombrada Fiscal Nacional Sexta (que sustituyó a quien hasta pocos días antes había sido la Fiscal del caso, por haber sido designada Fiscal General para el período 2008-2015 y quien se había pronunciado al respecto en los términos a que acabamos de hacer referencia) solicitó al Juez de Primera Instancia el sobreseimiento de la causa de Cecilia Sosa Gómez y José Gregorio Vázquez, Guaicaipuro Lameda y Carlos Manuel Ayala Corao[193] que eran, junto con el profesor Brewer Carías, las personas que estaban sindicados por el delito de conspiración para cambiar violentamente la Constitución por la redacción, elaboración y discusión del Decreto de Carmona.

598. A efectos de esa solicitud el 10 de enero de 2008 el Tribunal de la causa fijó una audiencia a celebrarse el 14 de enero de 2008 sin convocar al profesor Brewer Carías, de modo que sus abogados defensores solicitaron formalmente el sobreseimiento de la causa también respecto de él mediante escrito que presentaron el 11 de enero de 2008[194]. La audiencia de sobreseimiento se llevó a cabo el 14 de enero de 2008 y el mismo fue acordado sin

---

193 Véase pieza 49 folios 254-262.

194 Véase pieza 49 folios 206 y ss

incluirse al profesor Brewer Carías, siendo precisamente por ese motivo que la convocatoria para la audiencia preliminar del caso, pautada para el 17 de enero de 2008, fue dejada sin efecto por el Juez en esa misma fecha. El 25 de enero de 2008 el Juez publicó la sentencia del sobreseimiento otorgado a los demás sindicados de redactar el Decreto, y ese mismo día negó formalmente la solicitud que se le había presentado de que así fuera resuelto también respecto del profesor Brewer Carías, sosteniendo que no estaba a derecho porque no había comparecido a los *inexistentes* llamados que le había hecho el Tribunal[195]. La apelación interpuesta por los representantes del profesor Brewer fue, como se ha puesto de manifiesto, declarada sin lugar.

599. El sobreseimiento de la causa para otras personas que estaban siendo procesadas por otros hechos previstos en el artículo 1° de la Ley de Amnistía fue decretado por ese Tribunal sin audiencia previa el 6 de febrero de 2008 (p. 49, folios 33-37) y el 20 de febrero de 2008 (p. 50, folios 88-123).

600. Resulta por tanto evidente que el profesor Brewer Carías recibió un trato desigual y que su derecho a la igualdad y no discriminación fue violado por el Estado, al no ser solicitado por la Fiscal el sobreseimiento de la causa respecto de su persona, y al serle negado el que solicitaron sus abogados defensores, tanto por el Tribunal de Instancia como por la Corte de Apelaciones.

601. Esa desigualdad y esa discriminación se pone aún más de bulto cuando se toma en consideración que la errónea consideración realizada respecto del ilegítimo requisito o excepción contenida en la Ley, es decir, respecto de la posición procesal del profesor Brewer Carías, fue obviada por completo respecto de otros procesados, como el ex gobernador Enrique Mendoza y Milagros Durán López, quienes sin lugar a dudas no estaban a derecho, y quienes sí gozaron del beneficio con la amnistía, a solicitud de la Fiscal, como está probado en autos, en evidente discriminación contra el profesor Brewer Carías *(Supra ¶¶ 174 ss.; 177)*. Como lo declaró el testigo Dr. **Rafael Odremán** en su *Declaración Testimonial*:

> "Nuestra solicitud de sobreseimiento fue declarada sin lugar tanto por el Juez de Control como por la Corte de Apelaciones aduciendo que el profesor Brewer no se encontraba a Derecho. Solamente la Magistrado Clotilde Condado Rodríguez salvó el voto basada en que el Ministerio Público no mantuvo el mismo criterio sobre la aplicación de la Ley de Amnistía que tuvo en un caso similar, específicamente en el caso de los ciudadanos Enrique José Mendoza D'ascoli y Milagros del Carmen Durán López, quienes no se encontraban a derecho y sin embargo el Fiscal de la causa les solicitó el sobreseimiento, lo cual consideró la magistrado disidente constituía una evidente discriminación con respecto al

---

195 Recuérdese que ese mismo Tribunal estableció mediante fallo de 20 de julio de 2007 que la audiencia preliminar (único acto en el cual, conforme al artículo 329 del COOP, se requería su presencia en esa fase del proceso) no se había celebrado en ningún caso por la falta de comparecencia del profesor Brewer Carías (**Anexo 55**).

profesor Brewer. Igualmente consideró dicha Magistrado que la frase contenida en el artículo 1 de la Ley de Amnistía "…y que a la presente fecha se encuentren a derecho y se hayan sometido a los procesos penales…" es inconstitucional porque es discriminatoria en la aplicación de este tipo de Ley. De igual manera asentó que no puede de modo alguno hacerse distinción entre personas que estén a derecho o no, porque la Ley Especial de Amnistía es de aplicación inmediata para todas las personas y que la Sala debió desaplicar la frase aludida por ser inconstitucional y decretar el sobreseimiento de la causa dejando sin efecto la orden de aprehensión," (*Respuesta a la Pregunta 15, Representantes Víctima*)

602. La Ley de Amnistía, por tanto, debió aplicarse al profesor Brewer Carías, y al no hacerlo el Estado violó los derechos de la víctima; lo cual, valga decirlo, debe entenderse que ha aceptado el Estado, puesto que también ignoró totalmente esta denuncia de violación, no habiendo contradicho los hechos ni los alegatos relativos a la misma, de manera que la Corte debe tenerlos como aceptados.

NOVENA PARTE
VIOLACIÓN AL DERECHO A LA HONRA
(ART. 11, CONVENCIÓN)

603. En nuestro *Escrito de Solicitudes, Argumentos y Pruebas* se denunció la violación sistemática y persistente del derecho a la honra y la dignidad del Profesor Brewer Carías por parte de la Asamblea Nacional, el Tribunal Supremo de Justicia, el Fiscal General de la República, los embajadores de Venezuela en la República Dominicana y en Costa Rica, violación que ha sido demostrada a lo largo del presente juicio y ponen en evidencia cómo la investigación en su totalidad, en contra de la víctima, constituye en sí misma una violación a este derecho.

604. En el presente caso, las sistemáticas acusaciones públicas de "golpista", "prófugo de la justicia", "culpable de rebelión", dirigidas en contra de nuestro representado, así como la irresponsable atribución que se le hace de la autoría del texto de un documento estrafalario y absurdo, que objetó como incompatible con los pilares de una sociedad democrática, sin que haya habido el pronunciamiento judicial correspondiente, lesionan su reputación y su prestigio como constitucionalista y como profesor universitario.

605. Ya se ha explicado suficientemente como esos órganos del Estado han emitido pronunciamientos prejuzgados que, además de violentar la presunción de inocencia, constituyen otras tantas violaciones al artículo 11 de la Convención por órganos y funcionarios que comprometen la responsabilidad del Estado (***Supra ¶¶ 90, 152,ss.).*** Nos remitimos, y damos por aquí reproducidas, las denuncias que hemos formulado y los documentos y pruebas que las sustentan que no han sido contradichas por la representación Estatal, de manera que esa honorable Corte debe tenerlos como aceptados.

DÉCIMA PARTE
VIOLACIÓN DE LA LIBERTAD DE EXPRESIÓN
(ART. 13, CONVENCIÓN)

606. Hemos igualmente denunciado en el *Escrito Autónomo de Solicitudes, Alegatos y Pruebas* (***EASAP,*** ¶¶ 567 ss.), cuyo texto en lo pertinente también damos aquí por reproducido, la violación del derecho a la expresión de pensamiento, particularmente la de expresar libremente las opiniones jurídicas que se le requirieron al profesor Brewer Carías, como abogado.

607. El proceso penal desarrollado contra el profesor Brewer Carías, sin fundamento probatorio, y sin garantizarle sus derechos fundamentales a un proceso justo, no ha sido gratuito ni obedece a simples errores cometidos de buena fe por el Estado. Como es conocido por su obra escrita y se ha puesto en evidencia dese el inicio de este juicio, el profesor Brewer Carías ha sido disidente visible y creíble desde el inicio de la política autoritaria del gobierno actual de Venezuela. Ha ejercido su libertad de expresión garantizada por el artículo 13 de la Convención Americana, de manera pública y reiterada, en contra de tales políticas. Fue opositor a las propuestas que formuló Hugo Chávez en su campaña presidencial en 1998, y en 1999 fue tan sólo uno de los cuatro miembros de la oposición que lograron ser elegidos a la Asamblea Nacional Constituyente (1999-2000). En este cargo, en los términos del artículo 23.1.a de la Convención Americana, Brewer ejerció su derecho *"de participar en la dirección de los asunto públicos, directamente..."* En tal cargo, él votó en contra del proyecto constitucional del gobierno, y luego hizo campaña pública en contra de su aprobación por referéndum popular.

608. El profesor Brewer Carías también ejerció su derecho a expresarse libremente, como ciudadano y como abogado, al manifestar su opinión crítica en enero de 2002 sobre las violaciones por el gobierno al sistema democrático y a la Carta Democrática Interamericana, y sobre el decreto del 12 de abril (adversa por demás), a la consulta que le formuló el señor Pedro Carmona, auto declarado jefe del llamado "gobierno de transición" de abril de 2002, para lo cual se le trasladó a la Comandancia General del Ejército, en el Fuerte Tiuna de Caracas, en la noche del 11 al 12 de abril de 2002, a pedido del señor Carmona y en el vehículo de éste (***Supra*** ¶¶ *78 ss.).*

609. Fue precisamente el ejercicio de este derecho lo que fue utilizado para acusar al profesor Brewer Carías de conspirar violentamente en contra de la Constitución. Algunos periodistas especularon sobre la presencia del profesor Brewer Carías en esos lugares y publicaron su opinión vinculándolo erróneamente con la concepción de aquellos acontecimientos, como autor o coautor del nombrado decreto del llamado gobierno de transición democrática. Pero no tomaron en cuenta su compromiso profundo y por vida con el constitucionalismo y con el Estado de Derecho. Una cosa es oponerse de manera legítima y democrática a una Constitución y un gobierno; otra cosa es intentar destruirla por la fuerza. El profesor Brewer Carías respeta la primera; se opone desde lo hondo de su ser a la segunda.

610. El profesor Brewer Carías, como persona de figuración pública y ex constituyente, se apresuró a desmentir esos rumores y opiniones. Fue entrevistado asimismo en aquellos días por varios medios de comunicación, entrevistas en las que expresó sus críticas al gobierno del Presidente Chávez, el cual, en su opinión, había cometido también graves abusos contra la Constitución y las instituciones democráticas venezolanas. *Todo dentro de los cánones y estándares de la libertad de expresión, dentro de una sociedad democrática.*

611. Por otra parte, con su presunción equivocada o parcializada, los periodistas no se fijaron en la ausencia del profesor Brewer Carías del acto de declaración del nuevo "gobierno" en la tarde del día 12 de abril. Habiendo tenido información sobre la presencia del profesor Brewer Carías en el Fuerte Tiuna en la madrugada de aquel día, no sabían la razón de esa presencia, que no era otra que la de atender una consulta profesional, ni tampoco sabían, ni podían saber en el momento de los hechos, que en su única oportunidad de comunicarse con el señor Carmona, el profesor Brewer Carías le dio su opinión adversa al decreto de constitución del supuesto "gobierno de transición y unidad nacional". Algunos de ellos, en especial los periodistas Patricia y Rafael Poleo, especularon sobre la participación del profesor Brewer Carías en la redacción de aquel documento, especulación que fue aclarada y desmentida de inmediato, de conformidad con los patrones propios del debate democrático.

612. Al Gobierno no le interesó el esclarecimiento de la verdad, expuesta sin demora en ese desmentido y corroborada por todos los demás testigos competentes, incluso el mismo señor Carmona. El Gobierno y sus dependencias en la fiscalía y los tribunales se aprovecharon de la mera presencia del profesor Brewer Carías en el edificio donde estuvo el señor Carmona, como pretexto suficiente para, por fin, silenciar la voz de un opositor importante, acusándolo de golpista.

613. Todo este conjunto de circunstancias explican que el proceso penal viciado en contra del profesor Brewer Carías es una respuesta estatal al ejercicio de su disidencia, que ha pretendido coaccionar su libertad de expresión, garantizada por la Convención Americana, una respuesta cuyo objetivo es imposibilitar que él siguiera en ejercicio de tal libertad, que tanto molesta al Gobierno actual.

614. La opinión profesional del abogado es una forma de expresión. Criminalizarla, como ha pretendido el Estado no atenta sólo contra la independencia de los abogados como componentes que son del sistema de justicia de un país, sino también contra su libertad de expresar libremente sus ideas. No tiene que ser masiva la difusión de las ideas propias para el ejercicio de la libertad de expresarlas, "por cualquier medio de su elección", en los términos del artículo 13 de la Convención.

615. El profesor Brewer Carías acudió a emitir una opinión que le había sido solicitada y que constituía su idea como jurista sobre lo que se le estaba sometiendo y ha sido objeto de persecución criminal por el solo hecho de haber opinado[196].

---

196 Como bien lo observan **Leo Zwaak, Diana Contreras-Garduño, Lubomira Kostova Tomas Königs y Annick Pijnenburg,** en el *Amicus curiae* presentado a nombre del **Instituto Holandés de Derechos Humanos (SIM)**, después de analizar el Informe de la Comisión Interamericana, lo denunciado por los representantes de la víctima y lo argumentado por los representantes del Estado, concluye en que "ambas partes, están de acuerdo en que, el día 12 de abril de 2002, Carmona le solicitó a Allan Brewer Carías su opinión legal, como afamado académico y experto en derecho constitucional, sobre el documento que luego se llegaría a conocer como el Decreto Carmona" (p. 118), señalando a renglón seguido que:

"119. En consecuencia, parece que Allan Brewer Carías fue acusado por el delito de conspiración para cambiar violentamente la Constitución, *únicamente por causa de haber dado su opinión legal, en su carácter de abogado, cuando Carmona se lo solicitó.* Bajo el Código Penal Venezolano, se arriesga a ser encarcelado.

120. *Esta acusación penal viene a configurar una injerencia respecto a su derecho de libertad de expresión, que es desproporcional y por ende en violación del Artículo 13 de la CADH.* De hecho, como se demuestra a continuación, la acusación contra Allan Brewer Carías no cumple los requisitos del Artículo 13(3) de la CADH: 'No se puede restringir el derecho de expresión por vías o medios indirectos, tales como el abuso de controles oficiales o particulares de papel para periódicos, de frecuencias radioeléctricas, o de enseres y aparatos usados en la difusión de información o por cualesquiera otros medios encaminados a impedir la comunicación y la circulación de ideas y opiniones'.[…]

127. Por ende, *pareciera que la acusación de Allan Brewer Carías se dictó como consecuencia de la opinión que le dio a Pedro Carmona; en otras palabras, por haber desempeñado su deber profesional, como abogado constitucionalista, dando su opinión, cuando se le solicitó, sobre un asunto relativo a la constitucionalidad. No hay ninguna posible relación razonable de proporcionalidad entre estos actos (brindar asesoría legal cuando se le solicitó, como profesional del derecho) y la sanción (correr el riego de que le encarcelen). En consecuencia, la sanción constituye una violación del Artículo 13(1) y 13(3) de la CADH, infringiendo el derecho que tiene Brewer Carías a la libertad de pensamiento y expresión.*

Y más adelante, continúa el *Amicus Curie* citado lo siguiente: "la libertad de expresión de Brewer Carías goza de amplia protección" en virtud de que "su acción/discurso se enmarca en dos categorías que reciben una protección especial, tal como son: i) el discurso sobre asuntos de interés público general; y ii) la libertad de expresión de quienes expresan opiniones divergentes (p. 128). Desarrollando, en cuanto al "Discurso sobre asuntos de interés público general," explican:

"129. La categoría del discurso en cuestión se refiere a las expresiones sobre asuntos constitucionales que, por su propia naturaleza, son asuntos de interés público. La opinión legal de un experto en derecho constitucional, actuando a título profesional, por definición, está relacionada con asuntos de interés público. De hecho, el derecho constitucional es el campo del derecho que se relaciona con los derechos humanos, la democracia, y las garantías constitucionales, y por ende merece que se le asigne una importancia y protección especiales.

130. La expresión de asuntos relacionados con el interés público goza de amplia protección, debido a la importancia que tiene para la democracia y para la protección de los derechos humanos. En consecuencia, el TEDH establece que 'hay un margen

616. Sobre esta violación debe puntualizarse, como lo afirmó ante esta Corte Interamericana el perito, profesor y abogado **Carlos Tiffer**, que el "dar una opinión en el ejercicio de la profesión de los Abogados, debe enmarcarse dentro del contenido del artículo 13 de la Convención Americana de Derechos Humanos," por lo que la criminalización de un abogado por las opiniones jurídicas que pueda dar como tal, cuando sea requerido para ello, es una violación de la libertad de expresión.

617. También como lo mencionamos en el *Escrito Autónomo de Solicitudes, Alegatos y Pruebas* (*EASAP*, ¶¶ 580 ss.), el Ministerio Público no sólo criminalizó la emisión de una opinión jurídica dada por el Profesor Brewer Carías en cumplimiento de su deber como abogado, sino que en el escrito de Acusación Fiscal (**Anexo 48)**, fue mucho más lejos, pues se valió de declaraciones públicas realizadas por aquél, críticas respecto de los numerosos abusos de poder del gobierno venezolano, para construir supuestos "elementos de convicción" de su participación en una conspiración para cambiar violentamente la Constitución, lo que constituye un castigo por sus ideas u opiniones, prohibido por la Convención y por los estándares de la libertad de expresión en una sociedad democrática.

618. En efecto, el profesor Brewer Carías concedió varias entrevistas durante los días 11, 12 y 13 de abril de 2002, entre ellas las realizadas por el diario *El Nacional* de Caracas y las estaciones de televisión *Televen* y *CMT* *(EASAP,* ¶¶ 582, 583). En las mismas se analizaron los acontecimientos del momento y nuestro representado manifestó su opinión sobre lo que había sido, a lo largo del mandato del Presidente Hugo Chávez Frías, una práctica reiterada de abusos de poder y de militarización del Estado, incluidas las violaciones a la libertad de expresión. Igualmente, destacó las violaciones a los artículos 3 y 4 de la Carta Democrática Interamericana, y aludió al derecho de todo ciudadano a la desobediencia civil, dentro de los términos pautados y autorizados por el artículo 350 de la Constitución de la República Bolivariana de Venezuela.[197]

---

muy pequeño bajo el Artículo 10 párrafo 2 de la Convención (art. 10-2) para aplicar restricciones al discurso político o al debate sobre asuntos de interés', en comparación con otras formas de expresión, como son los asuntos que pueden ofender las creencias personales particulares en el campo de la moral o, especialmente, sobre religión. [...]

133. Por otra parte, otros tribunales afirman también que 'el derecho a disentir es la propia esencia de la democracia y lo sigue siendo incluso durante estados de emergencia'.

134. Por lo tanto, debido a la importancia que tiene la opinión legal de los abogados constitucionalistas para la democracia, su libertad de expresión – cuando actúan a título profesional – se debe proteger. De allí que sea inconcebible que a un académico de renombre, experto en derecho constitucional, se le enjuicie por dar su opinión sobre la constitucionalidad de un documento, cuando se le pidió hacerlo."

197 *Artículo 350. El pueblo de Venezuela, fiel a su tradición republicana, a su lucha por la independencia, la paz y la libertad, desconocerá cualquier régimen, legislación o*

619. Pues bien, tal y como se sostuvo en el *Escrito Autónomo de Solicitudes, Alegatos y Pruebas* (*EASAP*, ¶¶ 582 ss.), y como se ha demostrado en el presente juicio, expresar por los medios de comunicación social una opinión crítica al gobierno, afirmar que el gobierno había violado la Carta Democrática Interamericana y comentar sobre el contenido de la norma constitucional que regula la desobediencia civil, era y es para la Fiscal acusadora, hoy Fiscal General de la República, un delito.

620. El perito Profesor **Tiffer** expresó con absoluta claridad que: "si la opinión jurídica es dada por un abogado, referente a su especialidad, como puede ser la interpretación de normas constitucionales o de hechos políticos, su criminalización se convierte en un exceso ilegítimo de parte del Estado, un verdadero acto arbitrario", agregando que: "cuando estas opiniones tienen el carácter de jurídicas, su criminalización no solo afecta las garantías y derechos de cualquier ciudadano sino que, obstaculiza el ejercicio de la profesión de los Abogados y limita el derecho al acceso a la justicia. Criminalizar una opinión, resulta una injerencia de parte del Estado, arbitraria, injustificada, inhumana y antidemocrática."

621. El Informe presentado por el Estado con respecto al rendido por la CIDH con base en el artículo 50 de la Convención, contiene aseveraciones todavía más sorprendentes. Es claro que la libertad de expresión, como tal libertad, comporta, como primera opción, la de hablar o callar, la de expresarse o no, la de opinar o no. Pues bien, en los términos de las afirmaciones del Estado, el profesor Brewer Carías es punible no sólo por lo que opinó y dijo, sino por lo que no opinó y no dijo.

622. En efecto, el castigo que ha infligido el Ministerio Público al profesor Brewer, no sólo se refiere a las opiniones que expuso conforme a su libertad de expresión y a su oficio como jurista, sino también en la *omisión en que habría incurrido al no expresar una opinión a gusto del gobierno en relación con los hechos que dieron origen al proceso penal.* Tal y como ya dijimos en el *Escrito Autónomo de Solicitudes, Alegatos y Pruebas* (*EASAP*, ¶ 595*), en el Capítulo II del *Informe* del Estado presentado ante la Comisión (págs. 51-57), si bien se admite como cierto que a Allan R. Brewer Carías se le requirió el 11 de abril de 2002 una opinión jurídica sobre el llamado Decreto Carmona, se afirma que "extraña al Estado venezolano" que Brewer Carías "no reconociera en estos actos el Golpe de Estado que se gestaba; siendo éste un afamado constitucionalista y además miembro de la Asamblea Nacional Constituyente" (pág. 54); y se apreció sin fundamento alguno, que "resulta cuestionable" que el profesor Brewer Carías haya indicado que "no estaba de acuerdo con el contenido del decreto, como si el mismo hubiera podido llegar a ser constitucional si su contenido hubiera sido distinto" (pág. 54). Todo ello para afirmar el Estado, que a pesar de que Allan R. Brewer Carías "se declara como "disidente de las políticas autoritarias,'" sin embargo, se afirma en el

---

autoridad que contraríe los valores, principios y garantías democráticos o menoscabe los derechos humanos.

934

Informe, "no denunció un acto de constitución de un gobierno de facto [...]. No se opuso al presidencialismo extremo [...], no defendió la Constitución, ni la democracia [...]," y sólo "se tomó la molestia de trasladarse al palacio de Miraflores para manifestarle al señor Carmona su 'opinión' sobre el texto" (pág. 55), considerándose que "todos estos hechos constituyen indicios que comprometen la participación del profesor Brewer Carías en la redacción del decreto [...]" (pág. 56).

623. El artículo 289.1 del Código Orgánico Procesal Penal al regular el *"Derecho a no denunciar por motivos profesionales" precisa que "no* están obligados a formular la denuncia a la que se refiere el artículo 285: 1. Los abogados, respecto de las instrucciones y explicaciones que reciban de sus clientes."

624. El profesor Brewer Carías fue llamado como abogado a expresar una opinión jurídica sobre aquel decreto. Su actividad fue expresar una opinión jurídica, que además fue contraria a lo que se estaba planteado en el documento que se le presentó. Esta actuación es absolutamente legítima y ajustada a la ley. Sus opiniones sobre el asunto que le fue planteado, constituyen la expresión legítima del ejercicio de un derecho y, específicamente, del ejercicio de la profesión de abogado y consultor en materia de Derecho Público, especialidad que ostenta el profesor Brewer Carías.

625. En este caso, se ha perseguido al profesor Brewer Carías, por no haber denunciado los hechos de los cuales tuvo conocimiento cuando se le hizo la consulta jurídica, ignorando el Ministerio Público venezolano, como lo indica el perito Profesor Tiffer, que: "para que realmente el Abogado pueda cumplir con su función en un Estado Democrático, no solamente se debe garantizar el ejercicio de la libertad de expresión y de opinión, sino también se deben de proteger la emisión de sus opiniones, través de la inmunidad civil y penal, antes mencionada." El Estado, además, como lo afirma el perito Profesor Tiffer, debe "resguardar el secreto profesional de los Abogados" que es una garantía en un Estado Democrático, que se "convierte no en un privilegio del Abogado, sino más bien en un derecho del ciudadano que consulta, puesto que con solo realizar la consulta al Abogado, a éste le surge más bien una obligación de guardar confidencialidad sobre lo expresado por su cliente.".... "los Abogados no están obligados a denunciar al cliente cuando se enteran, por sus propias manifestaciones, de que van a cometer un delito o han cometido un delito," por lo que además, "no deben ser identificados con sus clientes ni con las causas de sus clientes, como consecuencia del desempeño de sus funciones."[198]

---

198 En relación con estas precisiones del perito **Profesor Tiffer**, queremos destacar que coinciden completamente con ellas, las argumentaciones que han formulado ante esta honorable Corte Interamericana tanto la **Federación Interamericana de Abogados** en el *Amicus curiae* que ha presentado ante la misma-, como las **Comisiones de Derechos Humanos de los Colegios de Abogados de Venezuela (Humberto Prado)** en el *Amicus curiae* que han presentado ante esta Corte, al igual que los profesores

626. Por otra parte, frente a las repetidas sugerencias del representante del Estado de reclamarle al profesor Brewer Carías el por qué no dio de una u otra manera su opinión jurídica, y pretender de allí, criminalizar su supuesta omisión, el propio perito Profesor Tiffer ha sido precisamente claro al indicar que: "el Abogado no puede estar compelido a interpretar los hechos en sus opiniones, según los intereses oficiales del Estado. Precisamente el ejercicio de la Abogacía de una manera libre, sin interferencias y coacciones, es lo que garantiza que las opiniones sean realmente manifestaciones en defensa de los derechos de los ciudadanos por un lado, y permiten el cuestionamiento y la crítica de las posiciones oficiales por otro lado. Pretender que la interpretación del Abogado se de acuerdo a una determinada orientación es un atentado en contra del Estado Democrático de Derecho." Y eso es lo que han pretendido los representantes del Estado en este caso.

627. Es absurda la pretensión de sancionar a quien emite un dictamen o expresa una opinión jurídica, actuación conforme a derecho, de la cual no puede derivar ninguna consecuencia penal y que, sencillamente, es ajena totalmente a las conductas descritas en los tipos aludidos del Código Penal que antes han sido mencionados. Mas absurdo es, por lo demás, pretender sancionar a una persona por no haber expresado una opinión en el sentido y forma como el Estado o sus representantes hubiesen querido.

628. Como lo ha expuesto el profesor Alberto Arteaga, al comentar el artículo 65.1 del Código Penal venezolano, *"cuando el derecho autoriza o faculta, impone o exige un determinado comportamiento, éste no puede considerarse penalmente ilícito; de esta manera, si en virtud de cualquier norma jurídica, sea de derecho público o privado, una conducta es lícita, no puede a la vez ser considerada como ilícita en el ámbito penal."*[199]. A propósito de la actuación profesional de Brewer Carías en relación con los hechos ocurridos el 11 de Abril del 2002 y en los días anteriores y posteriores a esa fecha, el propio Dr. Arteaga en Dictamen evacuado el 26-07-2002, expresó lo siguiente:

3.4. Ahora bien, en este contexto, cabe ahora hacer referencia a la actuación del Allan R. Brewer Carías.

Como es verificable, el profesor Brewer Carías llegó a Venezuela, de regreso de compromisos internacionales, el día 8 de Abril de 2002 y su relación con los acontecimientos, se limitó a emitir su opinión profesio-

---

del **Grupo de Profesores de Derecho Público de Venezuela** en el *Amicus curiae* que han presentado ante esta Corte. En igual sentido se han pronunciado ante esta Corte, la **International Bar Association** en el *Amicus curiae* que han presentado ate esta Corte, y el **The Netherlands Human Rigths Institute SIM** en el *Amicus curiae* que han presentado ante esta Corte; y cuyo contenido invocamos ante esta Corte para que sean tenidos en cuenta en su decisión

199 ARTEAGA SÁNCHEZ, A.: *Derecho Penal Venezolano.* Séptima edición aumentada y corregida. Paredes Editores. Caracas 1994, p. 190

nal sobre materias de su competencia, sobre un documento o proyecto de decreto de un sedicente Gobierno de transición.

Esta actuación es absolutamente legítima y ajustada a la ley. En ella no pueden identificarse elementos objetivos ni subjetivos de autoría o participación en una rebelión o conspiración, que no existió en la realidad y que, si se hubiese dado o alguna autoridad pudiese llegar a considerar que tuvo lugar, tampoco pueden identificarse tales elementos; y sus opiniones sobre el asunto que le fue planteado, constituyen la expresión legítima del ejercicio de un derecho y, específicamente, del ejercicio de la profesión de abogado y consultor en materia de Derecho Público, especialidad que ostenta el profesor Brewer Carías.

Resulta absurda la simple pretensión de sancionar a quien emite un dictamen o expresa una opinión jurídica, actuación conforme a derecho, de la cual no puede derivar ninguna consecuencia penal y que, sencillamente, es ajena totalmente a las conductas descritas en los tipos aludidos del Código Penal que antes han sido mencionados.

La autoría en materia penal o la coautoría, demanda la adecuación a la conducta descrita en la ley, que no es otra que la realización de actos de rebelión o alzamiento violento contra el Gobierno, o la conspiración con el fin de cambiar violentamente la Constitución; y la participación, a cualquier título, como cooperador, cómplice o auxiliador, exige, no solo la contribución material al hecho incriminado, sino la convergencia en la culpabilidad, por lo cual resulta imprescindible que quede acreditado que el partícipe tenía conciencia de lo que se proponía el autor o los coautores y dirigió su voluntad hacia el hecho objeto del conocimiento.

En el presente caso, no me cabe la menor duda de que no se da elemento alguno que pueda ser calificado como de típico, ilícito o reprochable, por lo que respecta a la conducta del Dr. Allan R. Brewer Carías, en relación a los sucesos del 11-A y antes o después de esos hechos; y no ha sido desvirtuada, en forma alguna, su versión, confirmada por su retiro de Miraflores, antes de la lectura del cuestionado decreto del sedicente Gobierno de transición, ante su manifiesta opinión contraria al contenido del documento, a la luz de exigencias constitucionales y de la Carta Democrática Interamericana.

El Dr. Allan R. Brewer Carías, por lo tanto, simplemente se limitó a una actuación estrictamente profesional, de la cual, como lo expresé antes, no puede derivarse consecuencia alguna de naturaleza penal que pueda ser utilizada para su pretendida incriminación, no configurándose la exigencia fundamental de elementos inequívocos de tipicidad en su comportamiento y ajustándose su conducta a sus derechos y deberes como abogado, de cuyo ejercicio legítimo no puede inferirse ninguna consecuencia ilícita generadora de responsabilidad, según el aforismo, *"qui iure suo utitur neminem laedit" (Anexo 72).*

629. En el Octavo Congreso de las Naciones Unidas sobre Prevención del Delito y Tratamiento del Delincuente, celebrado en la Habana, Cuba, del 27 de agosto al 7 de septiembre de 1990, se aprobaron los *Principios Básicos sobre la función de los Abogados*, documento cuyo espíritu y propósito es la protección adecuada de los derechos humanos y las libertades fundamentales de toda persona, protegiendo el derecho a tener acceso efectivo a los servicios jurídicos de un abogado independiente, y lo que es fundamental, protegiendo a los abogados contra persecuciones, restricciones o injerencias indebidas.

630. Los principios son las reglas por medio de las cuales la ONU tiende a conseguir sus propósitos, son una ampliación o desarrollo de principios consagrados en Tratados de Derecho internacional debidamente ratificados por Venezuela, y por lo tanto son de vinculante cumplimiento.

631. Los considerandos de dicho documento de las Naciones Unidas señalan que los "*Principios Básicos Sobre la Función de los Abogados*, están formulados para ayudar a los Estados Miembros en su tarea de promover y garantizar la función adecuada de los abogados y que deben ser tenidos en cuenta y respetados por los gobiernos en el marco de su legislación y práctica nacionales, y deben señalarse a la atención de los juristas así como de otras personas como los jueces, fiscales, miembros de los poderes ejecutivo y legislativo y el publico en general."

632. En el Capítulo referido a las Garantías para el ejercicio de la profesión, se establece:

16. Los gobiernos garantizarán que los abogados a) puedan desempeñar todas sus funciones profesionales sin intimidaciones, obstáculos, acosos o interferencias indebidas; b) puedan viajar y comunicarse libremente con sus clientes tanto dentro de su país como en el exterior; y c) no sufran ni estén expuestos a persecuciones o sanciones administrativas, económicas o de otra índole a raíz de cualquier medida que hayan adoptado de conformidad con las obligaciones, reglas y normas éticas que se reconocen a su profesión.

17. Cuando la seguridad de los abogados sea amenazada a raíz del ejercicio de sus funciones, recibirán de las autoridades protección adecuada.

18. Los abogados no serán identificados con sus clientes ni con las causas de sus clientes como consecuencia del desempeño de sus funciones. (…)

20. **Los abogados gozarán de inmunidad civil y penal por las declaraciones que hagan de buena fe, por escrito o en los alegatos orales, o bien al comparecer como profesionales ante un tribunal judicial, otro tribunal u órgano jurídico o administrativo. *(…)***

22. Los gobiernos reconocerán y respetarán la confidencialidad de todas las comunicaciones y consultas entre los abogados y sus clientes, en el marco de su relación profesional.

633. El abogado, por tanto, en el ejercicio legítimo de su profesión no puede ser imputado, si no ha traspasado los límites legales. En Venezuela, la Ley de Abogados le impone a los abogados el "deber de ofrecer el concurso de su cultura y técnica jurídica" (art. 15) cuando se les solicite. Por ello, nuestro defendido consideró su deber atender el llamado que le hizo el señor Carmona a su casa, en la madrugada del 12 de abril de 2002, requiriendo su criterio jurídico sobre un asunto. El Código de Ética profesional de la Abogacía, además, prescribe que el abogado debe aceptar o rechazar los asuntos sin exponer las razones que tuviere para ello (art. 13). En consonancia con esto, el profesor Brewer Carías se retiró del Palacio de Miraflores pasado el mediodía del día 12 de abril, sin dar explicaciones a nadie, cuando no pudo entrevistarse con el señor Carmona Estanga para expresarle su criterio jurídico sobre el asunto que se le había consultado.

634. El caso del profesor Brewer Carías es paradigmático en el castigo a la libertad de opinión, protegida por el artículo 13 de la Convención, pero tratada separadamente en la Declaración Universal de los Derechos Humanos y en el Pacto Internacional de Derechos Civiles y Políticos (*"(n)adie podrá ser molestado a causa de sus opiniones"*), texto con respecto al cual el Comité de Derechos Humanos ha subrayado que *"(s)e trata de un derecho para el que el Pacto no admite excepciones ni restricciones."*[200]

635. Las razones que expresó el profesor Brewer Carías, en su crítica a un régimen político que considera (con muy buenos argumentos, sea dicho de paso) como apartado de los valores democráticos universalmente reconocidos y recogidos en los artículos 3 y 4 de la Carta Democrática Interamericana, sólo fueron escuchadas para criminalizarlas[201]. Hablaba un profesor universi-

---

200 CDH, *Observación General N° 10*, párr.1.

201 La **Federación Interamericana de Abogados** concluyó como colorarlo de los razonamientos que hizo en su *Amicus curiae*, en lo siguiente sobre el caso del profesor Brewer Carías:

"60.A. En cuanto a las consideraciones jurídicas expuestas sobre el derecho al ejercicio libre e independiente de la profesión de la abogacía y de los abogados a expresar libremente sus opiniones legales garantizados en los artículos 8 y 13 de la Convención Americana sobre Derechos Humanos, los mismos obligan a los Estados a asegurar la inmunidad penal de los abogados por el ejercicio de su profesión y, por tanto, garantizar la prohibición de la criminalización de los abogados por la emisión de sus opiniones jurídicas, particularmente teniendo en cuenta que la manifestación de una opinión jurídica a un cliente es una forma de ejercicio de la libertad de expresión especialmente protegida por el Derecho Internacional. La interpretación de la libertad de expresión cónsona con el corpus iuris de Derecho Internacional permite concluir que existe una prohibición absoluta a la criminalización de los abogados por la emisión de sus opiniones jurídicas, pues serían innecesarias y desproporcionadas en la atención a los fines previstos en una sociedad democrática. *En consecuencia, par-*

tario, un reconocido constitucionalista. Pero sus opiniones sí fueron utilizadas para perseguirlo como un delincuente e imponerle el exilio forzoso que padece desde más de ocho años. Pedimos a la Corte Interamericana la justicia que se le ha denegado en el sumiso sistema judicial nacional.

636. Con la persecución contra el profesor Brewer Carías, y la orden de detención dictada en su contra estando fuera del país, efectivamente lo que se buscó fue poner una barrera para que no pudiera regresar al país, y así callar su voz dentro del mismo. El exilio y la lejanía le permiten expresar su opinión política fuera del país, pero no dentro del mismo efectivamente. Y ese ha sido el propósito de todo el proceso: violarle su derecho a la libre expresión del pensamiento en su propio país.

637. Ha quedado evidenciada la violación a la libertad de expresión del Profesor Brewer Carías porque: a) porque se ha utilizado la opinión (adversa por demás) que emitió como abogado a solicitud del señor Pedro Carmona Estanga, con respecto al decreto constitutivo del llamado gobierno de transición democrática que éste anunció el 12 de abril de 2002; b) en la acusación se utilizaron varias opiniones críticas del profesor Brewer Carías con respecto al gobierno venezolano y a los hechos ocurridos ese día como pretendidas pruebas de que había sido el redactor del aludido decreto; y, c) se lo ha acusado de no haber expresado públicamente determinadas opiniones, en un sentido en las cuales no estaba en ningún modo obligado a expresar.

---

tiendo de los estándares internacionales desarrollados en la materia antes analizados, no es admisible que se criminalice a un abogado por haber dado una opinión jurídica, como ha sido el caso que originó el proceso penal en contra del profesor Brewer Carías, que tuvo su origen en el hecho de que en su condición de abogado se le solicitó una opinión jurídica sobra la juridicidad de un decreto que se le sometió a su consideración, sobre el cual incluso le expresó a quien le requirió la opinión, críticas y objeciones sobre su constitucionalidad. La criminalización de esa mera opinión jurídica dada en su condición de abogado y dentro del marco del libre ejercicio profesional de la abogacía, como resulta del proceso penal seguido contra el profesor Brewer Carías en Venezuela, a juicio de esta Federación Interamericana de Abogados, constituye una violación de los mencionados artículos 8 y 13 de la Convención Americana."

De la misma manera, la **Federación Interamericana de Abogados** en el *Amicus curiae* presentado ante esta honorable Corte, igualmente concluyó que:

"3. De los hechos relevantes del caso, la FIA observa con extrema preocupación lo que podría configurarse como una criminalización indebida del ejercicio libre de la profesión de abogado y respeto a las opiniones jurídicas que los abogados tienen derecho a expresar. El origen del proceso penal contra el profesor Brewer-Carías en 2005, en efecto, fue el hecho de haber sido consultado como abogado, tres años antes, en 2002, sobre la juridicidad del texto de un decreto de un gobierno de transición, habiéndose limitado en su actuación profesional a emitir la opinión jurídica que le fue requerida por su especialidad en derecho público, sobre la constitucionalidad del contenido de un decreto de transición de gobierno, ámbitos todos dentro de la esfera de su profesión."

638. Nos remitimos, y damos por aquí reproducidos, las denuncias que hemos formulado y los documentos y pruebas que las sustentan que no han sido contradichas por la representación Estatal, de manera que esa honorable Corte debe tenerlos como aceptados. En todo caso, el Estado ignoró totalmente esta denuncia de violación del derecho a la libertad de expresión y al libre ejercicio de la profesión de abogado. No contradijo los hechos ni los alegatos, de manera que la Corte debe tenerlos como aceptados.

DÉCIMA PRIMERA PARTE
VIOLACIÓN DE LA LIBERTAD DE
(ARTS. 7 Y 22, CONVENCIÓN)

639. Hemos denunciado en el *Escrito Autónomo de Solicitudes, Alegatos y Pruebas* (¶¶ 609 ss.), y damos aquí por reproducido, la violación del derecho a la seguridad personal y la libertad de circulación por el acoso o persecución internacional ejercido por el Estado, amenazando constantemente al profesor Brewer Carías, con detenerlo o secuestrarlo. Ello deriva del hecho **de que a pesar de tratarse de un delito político, (rebelión) el que se le imputó y se le acusó injustamente a la víctima, el Estado desató una inusitada y malsana campaña de desprestigio y de persecución internacional en su contra, utilizando indebida e ilegítimamente el canal de la Interpol, que es una organización de cooperación policial internacional que tiene prohibido intervenir en casos de delitos políticos, lo que significó que hasta que la Interpol no rechazó formalmente las pretensiones del Estado, el profesor Brewer Carías se vio limitado de circular libremente**, y amenazado de violación de los derechos, materializada en el acoso y amenaza permanente de funcionarios del Estado, que le ha impedido viajar libremente. Ello en violación de los derechos garantizados en los artículos 7 y 22 de la Convención (*EASAP*, ¶¶ 609 y ss) (*Supra ¶¶, 158 ss.*).

640. Sobre esta denuncia el profesor León Henrique Cottin, testigo promovido por nosotros como representantes de la víctima y quien fue uno de los defensores del profesor Brewer Carías en el proceso penal en Venezuela, fue explícito e ilustrativo ante esta honorable Corte Interamericana, en su *declaración* oral testimonial dada en la audiencia del 3 de septiembre de 2013, en la cual, *en resumen*, expuso lo siguiente:

- El 10 de mayo de 2006, habíamos informado al Tribunal 25° de Control que el Profesor Brewer había aceptado una designación como profesor en la Facultad de Derecho en la Universidad de Columbia en Nueva York y había tomado la decisión de permanecer fuera de Venezuela "hasta que se presentasen las condiciones idóneas para obtener un juicio imparcial y con respeto de sus garantías"

- El día 2 de junio de 2006, la Fiscal Sexta volvió a solicitar la privación de libertad del Profesor Brewer.

- El 15 de junio de 2006 el Juez Dugarte, 25 de Control, dicta la medida privativa de libertad.

- El Juez José Alonso Dugarte fue sustituido, a su vez, por el Juez Provisorio Máximo Guevara Rísquez quien declaró que la audiencia preliminar nunca fue diferida ni suspendida por inasistencia del Profesor Brewer Carias.

- La Fiscal Sexta solicita a INTERPOL la detención del Profesor Brewer Carias por ser un delincuente común. a los fines de extraditarlo

- Nos dirigimos a la INTERPOL en su oficina de LYON-FRANCIA manifestándole que el delito imputado y acusado como autor al Profesor Brewer Carias era un delito eminentemente político y por lo tanto no procede la intervención de la INTERPOL.

- Ante la solicitud de la Fiscal Sexta la Interpol pidió información al Juez de control sobre la naturaleza del delito imputado a Brewer. El Juez decidió el 17 de septiembre de 2007, diciendo que el delito de rebelión no era político pero era de interés público y atribuyendo a Brewer ser el autor intelectual de un magnicidio. La asombrosa decisión dice:

"Aunado, a que contra el Presidente de la República Bolivariana de Venezuela, ciudadano HUGO RAFAEL CHÁVEZ FRÍAS, al parecer, según los elementos de convicción transcritos, se cometió un atentado frustrado, cuya autoridad intelectual, orientan al ciudadano imputado ALLAN BREWER CARIAS, quedando desvirtuada, como antes indicó la naturaleza de delitos políticos de los hechos aquí reproducidos."

- Esa decisión del Juzgado 25ª de Control fue apelada, tempestivamente por los abogados defensores del Profesor Brewer. La Corte de Apelaciones, Sala 8 decidió el 29 de octubre de 2007, dictó la insólita decisión de desechar el recurso de apelación porque "los defensores del imputado pueden recurrir por él por las decisiones que le traen algún perjuicio o agravio, pero no pudiendo en ningún caso hacerlo en contra de la voluntad del mismo, conforme lo establece el artículo 433 del Código Orgánico Procesal Penal.

No sabemos de dónde saco la insólita decisión que el Profesor Brewer Carias estaba en contra de la apelación ejercida por nosotros.

- El 11 de julio de 2006, con ocasión de una Reforma Constitucional el Senado de la República Dominicana invitó al Profesor Allan Brewer a dictar una conferencia. El mismo día el Embajador en la República Dominicana el General de División Francisco Belisario Landis se comunicó con el Coronel Horacio Veras Cabrera Director de INTERPOL en Santo Domingo, República Dominicana informándole que el mismo día existe la altísima posibilidad de que arribe a la República Dominicana por vía aérea como procedente de los Estados Unidos de Norteamérica el aboga-do Allan Brewer Carias pidiéndole que sea detenido, como autor del de-lito de conspiración para cambiar violentamente la Constitución de la República Bolivariana de Venezuela.

- También informa que ha sido notificado de las diligencias hechas por la INTERPOL adscritas al Cuerpo de Investigaciones Científicas, Penales y Criminalistas de Venezuela para dar alcance internacional "a la orden de aprehensión que se anexa".

- El Profesor Brewer Carias fue invitado por el Instituto Interameri-cano de Derechos Humanos con Sede en San José de Costa Rica, para dar una conferencia. La Embajadora Venezolana Nora Uribe, el 29 de agosto de 2006, le dirige carta a la Presidenta del Instituto y otra al Go-bierno de Costa Rica diciendo que "según se conoce participó como au-tor intelectual y material del Decreto y huyó del país. Esa noticia salió en el Diario de la Nación de San José, edición correspondiente al 31de agosto de 2006.

641. Y concluyó su declaración el testigo Dr. Cottin ante esta honorable Corte, recordando que:

"Una tarde en Nueva York dentro de los 49 metros en los que vive el Profesor Brewer, salón comedor-cocina, un cuarto y un baño, le dije a solas "Ven a acá Brewer sé que hablas poco y escribes mucho, confié-same qué le hiciste tú al Presidente Chávez o a alguna de sus hijas para que te hayan hecho esta persecución sistemática y masiva por todo el mundo.

No contestó.

La respuesta me la dio un tiempo después, quien fuera Jefe máximo de la Justicia Penal en Venezuela, Ex Presidente de la Sala Penal del Tri-bunal Supremo de Justicia General Eladio Aponte Aponte quien explicó el contenido de las reuniones de los viernes en la mañana en la Sede la Vice-Presidencia de la República con presencia del Jefe de la Policía Política, el Jefe de la Policía Civil, la Presidente del Tribunal Supremo de Justicia, la Fiscal General de la República y algunos que otros invita-dos entre los cuales, algunas veces estuvo invitado Aponte Aponte.

El Profesor BREWER no es un fugado, es un perseguido […]."

642. En todo caso, el Estado ignoró totalmente estas denuncias de viola-ción; no contradijo los hechos ni los alegatos, de manera que la Corte debe tenerlos como aceptados.

643. Además, como consecuencia de la persecución contra el profesor Brewer, por el hecho de haber sido declarado públicamente por todos los altos funcionarios públicos del Estado, como culpable de un delito que no cometió, ello ha conducido a que incluso se le haya negado ilegítimamente contra su derecho a la identificación, la expedición de su pasaporte, y como consecuencia de ello, que se le haya negado la inscripción en el registro electoral e su país, para poder ejercer el derecho de voto, vulnerándose además de su presunción de inocencia, su derecho a la identidad y al sufragio activo. El Estado también ignoró totalmente esta denuncia de violación. No contradijo los hechos ni los alegatos, de manera que la Corte debe tenerlos como aceptados.

REPARACIONES Y COSTAS

I. OBLIGACIÓN DE REPARAR

644. Con fundamento en el artículo 63.1[202] de la Convención, la Corte Interamericana ha desarrollado el principio internacional sobre la responsabilidad internacional del Estado por la violación de las obligaciones internacionales de derechos humanos y el consecuente deber de reparar integralmente a las víctimas.[203] Este principio internacional sobre la responsabilidad del Estado que comprende la obligación de reparar, contenido en la Convención, es vinculante para los Estados partes, incluida, desde luego, la República Bolivariana de Venezuela:

> "...es un principio de Derecho Internacional que toda violación de una obligación internacional que haya producido daño comporta el deber de repararlo adecuadamente... el artículo 63.1 de la Convención Americana acoge una norma consuetudinaria que constituye uno de los principios fundamentales del Derecho Internacional contemporáneo sobre la responsabilidad de los Estados. Al producirse un hecho internacionalmente ilícito imputable a un Estado, surge la responsabilidad internacional de éste, con el consecuente deber de reparar y hacer cesar las consecuencias de la violación"[204].

---

202 Cuando decida que hubo violación de un derecho o libertad protegidos en [la] Convención, la Corte dispondrá que se garantice al lesionado en el goce de su derecho o libertad conculcados. Dispondrá asimismo, si ello fuera procedente, que se reparen las consecuencias de la medida o situación que ha configurado la vulneración de esos derechos y el pago de una justa indemnización a la parte lesionada. Art. 63.1 de la Convención.

203 **Corte IDH**, *Caso Velásquez Rodríguez ss. Honduras. Reparaciones y Costas.* Sentencia de 21 de julio de 1989. Serie C Nº 7, ¶ 25; *Corte IDH,* **Caso Mejía Idrovo.** Sentencia de 5 de julio de 2011 Serie C Nº 228, párr. 126, y **Caso Chocrón Chocrón,** *cit.,* ¶ 143.

204 *Corte IDH, Caso Masacre Plan de Sánchez vs. Guatemala. Reparaciones y costas. Sentencia de 19 de noviembre de 2004.* Serie C Nº 116, ¶ 52.

645. En ese sentido, los Estados tienen la obligación de adoptar medidas para garantizar los derechos conculcados[205], evitar nuevas violaciones de derechos, reparar y hacer cesar las consecuencias de las violaciones de derechos humanos[206]. Esta obligación de reparar "se regula por el Derecho Internacional, y no puede ser modificada o incumplida por el Estado invocando para ello disposiciones de su derecho interno"[207]

646. Todos los daños derivados de la violación de cualquier obligación internacional asumida por los Estados, requieren siempre que sea posible el restablecimiento de la situación anterior a la violación *(restitutio in integrum),* y cuando no lo es, los Estados deben adoptar medidas de compensación y satisfacción para reparar las consecuencias del incumplimiento de sus obligaciones, así como medidas de carácter positivo para "asegurar que no se repitan hechos lesivos como los ocurridos"[208]. Las medidas de reparación buscan que desaparezcan los efectos de las violaciones cometidas y su "naturaleza y su monto dependen de las características de la violación y del daño ocasionado en los planos material e inmaterial"[209].

647. En suma, en cumplimiento de la obligación de reparación, los Estados deben adoptar medidas para asegurar que cese la violación, garantizar los derechos vulnerados, evitar nuevas violaciones de derechos humanos y medidas de restitución, compensación, satisfacción y garantías de no repetición de las violaciones de derechos humanos ocurridas, con el fin de revertir sus consecuencias[210].

648. Cada una de las violaciones de los derechos humanos del profesor Brewer Carías (***Véase supra Cuarta parte y siguientes***) comporta el incumplimiento de las obligaciones internacionales y la responsabilidad internacional del Estado. Por consiguiente reclamamos la reparación íntegra de los daños causados al profesor Allan R. Brewer Carías.

---

205 *Corte IDH, Caso Acevedo Jaramillo y otros vs. Perú.* Sentencia de 7 de febrero de 2006. Serie C N° 144, ¶ 296.

206 *Corte IDH, Caso Masacre Plan de Sánchez, cit.,* ¶ 52 y 53.

207 *Corte IDH Caso Barreto Leiva, cit.,* ¶ *131; Corte IDH, Caso Goiburú y otros vs. Paraguay. Sentencia de 22 de septiembre de 2006.* Serie C N° 153, ¶ 141; Corte IDH, *Caso Montero Aranguren y otros (Retén de Catia) vs. Venezuela. Sentencia de 5 de julio de 2006.* Serie C N° 150, ¶ 117; Corte IDH, *Caso Ximenes Lopes Vs. Brasil. Fondo, Reparaciones y Costas. Sentencia de 4 de julio de 2006.* Serie C N° 149, ¶ 209; *Corte IDH, Caso Trabajadores Cesados del Congreso (Aguado Alfaro y otros) vs. Perú.* Sentencia de 24 de noviembre de 2006. Serie C N° 158, ¶ 143.

208 *Corte IDH, Caso La Cantuta, cit.,* ¶ *201; Corte IDH, Caso Raxcacó Reyes vs. Guatemala.* Sentencia de 15 de septiembre de 2005. Serie C N° 133, ¶ 115.

209 *Corte IDH, Caso Trabajadores Cesados del Congreso, cit.,* ¶ *144.*

210 Corte IDH, *Caso Masacre Plan de Sánchez, cit.,* ¶¶ 52 a 54.

II. BENEFICIARIOS DE LAS REPARACIONES

649. La Convención Americana establece que las personas afectadas con las violaciones de derechos humanos deben ser objeto de reparación integral. La identificación de los beneficiarios depende de la relación entre los derechos vulnerados y los hechos del caso. Según la Corte IDH la parte lesionada es "toda persona en cuyo perjuicio se haya violado un derecho o libertad consagrado en la Convención" [211]. En el presente caso, aunque todo el entorno familiar del profesor Brewer Carías ha sido afectado moralmente, especialmente en el caso de su esposa, Sra. Beatriz Leal de Brewer, como ya se expuso en el *Escrito Autónomo de Solicitudes Argumentos y Pruebas*, tanto el profesor Brewer Carías como su familia han preferido evitar una reclamación de indemnización pecuniaria por esos conceptos, para poner aún más de relieve que la razón que los ha traído ante el Sistema Interamericano de Derechos Humanos, y esta honorable Corte, es la reivindicación frente a los abusos de poder, la manipulación de las herramientas del Estado de Derecho para anonadar el Estado de Derecho, desmantelar el sistema de garantías fundamentales y violar los derechos humanos de los disidentes venezolanos. Por eso no se han presentado reclamaciones en nombre de los familiares del profesor Brewer Carías, quienes se sentirán resarcidos con el fallo favorable de esta Corte a la demanda contenida en el presente escrito. Conforme a esos criterios, limitamos la consideración como víctima al profesor Allan R. Brewer Carías.

III. MEDIDAS DE REPARACIÓN

1. *Medidas de restitución*

650. El Estado debe restablecer de inmediato el pleno disfrute de los derechos humanos del profesor Brewer Carías que han sido violados y las libertades que le han sido conculcadas. En consecuencia pedimos a esa honorable Corte que declare y disponga:

1°) Que el proceso penal incoado contra el profesor Allan R. Brewer Carías carece de efectos jurídicos y que por lo tanto, debe cesar de inmediato.

2°) Que, en consecuencia, deben dejarse sin efecto de inmediato y en particular los siguientes actos procesales: el acto de imputación de 27 de enero de 2005, la Acusación Fiscal de 21 de octubre de 2005, la medida de privación de libertad de 15 de junio de 2006, así como cualquier otro efecto producido o por producirse de dicho proceso penal, particularmente aquellos que estén destinados a capturar o

---

211 *Corte IDH, Caso de la Masacre de La Rochela vs. Colombia.* Sentencia de 11 de mayo de 2007. Serie C N°163, ¶ 233.

privar de su libertad al profesor Brewer Carías y que le impidan regresar a Venezuela, su lugar de residencia hasta 2006, sin ver expuesta su libertad personal sea afectada.

2. *Medidas de cesación y satisfacción*

651. Que la Corte ordene al Estado las siguientes medidas:

3°) Que, como medio efectivo y para asegurar las consecuencias de privar de efectos jurídicos al proceso contra el profesor Brewer Carías, se le aplique el Decreto-Ley de Amnistía publicado en la *Gaceta Oficial* N° 5.870 Extr. de 31-12-2007 (**Anexo 70**), y se declare el sobreseimiento de la causa penal incoada contra el profesor Allan Brewer Carías así como la extinción inmediata de todos los efectos que de ella derivan.

4°) Que adopte todas las medidas necesarias para que cesen de inmediato todos los actos del Estado y de sus funcionarios de cualesquiera ramas del poder público de hostigamiento y de señalamiento del profesor Brewer Carías como autor de delitos, en particular del delito al que se refiere el proceso penal arbitrariamente incoado contra él, así como de cualquier otra disposición, de hecho o de derecho, discriminatoria contra su persona.

5°) Que adopte las medidas necesarias a fin de que se lleve a cabo una investigación seria, exhaustiva y completa para identificar a los responsables de las violaciones objeto del presente procedimiento, y que una vez identificados los presuntos responsables se les someta a un debido proceso para establecer sus responsabilidades legales.

6°) Que el resultado de las investigaciones referidas en el numeral anterior sea hecho público, mediante su publicación en un diario de circulación nacional.

7°) Que el Estado y sus altas autoridades realicen un acto de disculpa pública y reconocimiento de su responsabilidad internacional por medio de la publicación de la sentencia que se dicte en el presente caso en la *Gaceta Oficial* de la República Bolivariana de Venezuela y en un diario de circulación nacional.

8°) Que el Estado adopte las medidas necesarias para la creación una cátedra permanente, que llevará el nombre de Allan R. Brewer Carías, para la enseñanza e investigación del siguiente tema jurídico: **"El debido proceso como instrumento fundamental para la justiciabilidad de todos los derechos humanos y el fortalecimiento del Estado de Derecho y la democracia"**. Dicha cátedra deberá crearse en la Facultad de Ciencias Jurídicas y Políticas de la Universidad Central de Venezuela, de acuerdo con sus autoridades y el profesor Brewer Carías o, si por cualquier razón ello no fuere posible, en otra institución académica de Venezuela, a juicio de esa honorable Corte.

3. *Medidas de no repetición*

652. En orden a prevenir la repetición de las violaciones a los derechos humanos de las que ha sido víctima el profesor Brewer Carías para garantizar el cumplimiento de su sentencia en el presente caso, pedimos a esa honorable Corte que su condena al Estado incluya las siguientes medidas:

9°) Que el Estado cumpla sin demora lo ordenado por esa honorable Corte en el sentido de adecuar en un plazo razonable su legislación interna a la Convención Americana a través de la modificación de las normas y prácticas que consideran de libre remoción a los jueces temporales y provisorios[212].

10°) Que el Estado adapte su Derecho interno de modo que se suprima toda norma y toda práctica[213] que condicione o de cualquier modo demore injustificadamente la decisión sobre las solicitudes o demandas de nulidad o amparo relativas a la violación de las garantías judiciales en el proceso penal, todo ello de conformidad con los estándares internacionales relativos al debido proceso y a la protección judicial efectiva.

11°) Que el Estado garantice a los abogados el ejercicio libre e independiente de su profesión, conforme a los *Principios Básicos sobre la función de los Abogados*, aprobados en el Octavo Congreso de las Naciones Unidas sobre Prevención del Delito y Tratamiento del Delincuente, celebrado en la Habana, Cuba, del 27 de agosto al 7 de septiembre de 1990, y que deje sin efecto toda norma de Derecho interno y toda práctica incompatibles con dichos Principio Básicos.

12°) Que el Estado establezca como una asignatura obligatoria en el pénsum de estudios de la Educación Media, destinada al estudio de los derechos humanos y sus sistemas de protección tanto en la Constitución de la República Bolivariana de Venezuela como en la Convención Americana sobre Derechos Humanos y los demás tratados sobre derechos humanos de los que Venezuela es parte para la fecha de este escrito y los que ratifique en el futuro.

---

212 Corte IDH, *Caso Chocrón Chocrón, cit.,* párr. 205(8); también, Corte IDH, *Caso Reverón Trujillo, cit.,* ¶ 209(9).

213 Corte IDH, *Caso Castillo Petruzzi y otros, cit.,* ¶ 207; Corte I.D.H.: *Caso Baena Ricardo y otros (270 trabajadores vs. Panamá), cit.,* ¶ 180; Corte I.D.H. *Caso Durand y Ugarte, cit.,* ¶ 137.

13°) Que el Estado garantice plena y efectivamente el cumplimiento de su obligación bajo la Convención Americana consistente en darle la ejecución debida en el país a las sentencias de la Corte Interamericana de Derechos Humanos.

14°) Que se adopten las modificaciones necesarias en el ordenamiento jurídico venezolano a fin de que se incorporen y garanticen efectivamente las disposiciones de la Convención Americana sobre debido proceso y protección judicial en el orden interno de Venezuela, con el objeto de asegurar la existencia de un poder judicial independiente e imparcial que dé pleno cumplimiento a las garantías del debido proceso establecidas en dicho tratado y, en adición a lo dispuesto anteriormente por sentencias de la Corte, se ponga igualmente en practica las conclusiones contenidas en el Informe de la Comisión Interamericana de Derechos Humanos *"Democracia y Derechos Humanos en Venezuela"* (2009), en particular en el párrafo 339[214]:

   1. *Adecuar el derecho interno a los parámetros de la Convención y adoptar todas las medidas necesarias para garantizar la autonomía e independencia de los distintos poderes estatales, y en particular para asegurar que todos los jueces cuenten con garantías de independencia e imparcialidad.*

   2. *Respetar los mecanismos constitucionales establecidos como garantías de independencia e imparcialidad para el nombramiento de jueces y fiscales.*

   3. *Asegurar que todas las designaciones de jueces y fiscales se realicen en virtud de concursos públicos, conforme a lo esta-*

---

214 Invocamos adicionalmente, a estos efectos, el parágrafo 23 de los *Principios y directrices sobre el derecho de las víctimas de las violaciones manifiestas de las normas internacionales de derechos humanos y de violaciones graves del derecho internacional humanitario a interponer recursos y obtener reparaciones* establecidos por la Asamblea General de las Naciones Unidas (AG-ONU, 60/147, 16/12/2005):

   23. *Las garantías de no repetición han de incluir, según proceda, la totalidad o parte de las medidas siguientes, que también contribuirán a la prevención: (...)*

   b) *La garantía de que todos los procedimientos civiles y militares se ajustan a las normas internacionales relativas a las garantías procesales, la equidad y la imparcialidad;*

   c) *El fortalecimiento de la independencia del poder judicial;*

   d) *La protección de los profesionales del derecho, la salud y la asistencia sanitaria, la información y otros sectores conexos, así como de los defensores de los derechos humanos; (...)*

   h) *La revisión y reforma de las leyes que contribuyan a las violaciones manifiestas de las normas internacionales de derechos humanos y a las violaciones graves del derecho humanitario o las permitan.*

blecido en las Normas de Evaluación y Concurso de la Oposición para el Ingreso y Ascenso a la Carrera Judicial.

4. *Dar estricto cumplimiento a las normas que regulan el ingreso y ascenso de los jueces y fiscales, y garantizar su estabilidad en el cargo con miras a asegurar su independencia frente a los cambios políticos o de gobierno.*

5. *Adecuar en un plazo razonable la legislación interna a la Convención Americana a través de la modificación de las normas y prácticas que consideran de libre remoción a los jueces provisorios y además adoptar medidas inmediatas para eliminar la situación de provisionalidad de la mayoría de los jueces y fiscales en Venezuela, otorgando a los funcionarios judiciales provisorios todas las garantías de estabilidad, hasta que cese la condición que originó su provisionalidad.*

6. *Implementar un sistema de carrera judicial y fiscal efectivo de forma tal que el ingreso y ascenso en dichas carreras se efectúe mediante concursos públicos de oposición y selección sobre la base de criterios exclusivamente técnicos.*

7. *Adoptar medidas inmediatas para que finalice el funcionamiento excepcional de la jurisdicción disciplinaria respecto a los jueces, asegurando que dicha jurisdicción sea conforme con la Convención Americana y permita garantizar la independencia e imparcialidad del poder judicial.*

8. *Adoptar las medidas necesarias para implementar evaluaciones y otros mecanismos legales de control interno y externo tanto de la gestión como de la idoneidad de las autoridades judiciales y del Ministerio Público.*

9. *Eliminar de las disposiciones del Código de Ética del Juez Venezolano y Jueza Venezolana las normas que contienen causales de destitución o suspensión demasiado amplias o que permiten un alto grado de subjetividad y adoptar, a la mayor brevedad, las medidas para que se constituyan los órganos disciplinarios a los que se refiere dicho Código.*

10. *Modificar las disposiciones de la Ley Orgánica del Tribunal Supremo de Justicia en las que se compromete la independencia e imparcialidad del poder judicial.*

11. *Modificar las disposiciones de la Ley Orgánica del Tribunal Supremo de Justicia en las que se establecen causales altamente subjetivas para la destitución y suspensión de Magistrados.*

12. *Modificar la definición de "faltas graves" incluida en la Ley Orgánica del Poder Ciudadano para excluir de dicha defini-*

ción las categorías demasiado genéricas o que permiten un alto grado de subjetividad.

13. *Modificar el artículo 203 de la Constitución, en tanto permite la delegación de facultades legislativas al Presidente de la República sin establecer límites definidos ni determinados al contenido de la delegación.*

14. *Incrementar el presupuesto asignado al poder judicial con miras a atacar el retraso procesal.*

4. Indemnización

653. Esa honorable Corte ha clasificado los daños indemnizables en dos grandes categorías: la indemnización del daño material y la indemnización del daño inmaterial. Ateniéndonos a ella, procederemos a solicitar la indemnización debida al Profesor Brewer Carías, en virtud de los daños que ha sufrido con motivo de la violación de sus derechos humanos, en los términos del presente escrito.

654. De acuerdo con lo que ha establecido esa honorable Corte, el daño material supone *"la pérdida o detrimento de los ingresos de las víctimas, los gastos efectuados con motivo de los hechos y las consecuencias de carácter pecuniario que tengan un nexo causal con los hechos del caso"*.[215]

655. La víctima, el profesor Brewer Carías, ha venido sufriendo daños en su patrimonio con motivo de la violación de sus derechos humanos, en especial de las garantías judiciales y de su derecho a la protección judicial, en virtud de los cuales se ha visto forzado a vivir en el *exilio* desde hace más de seis (6) años. Ha sufrido, en efecto, disminución patrimonial y también ha *dejado de ganar*.

656. No obstante el daño cierto que ha sufrido en su patrimonio, no es intención del Profesor Brewer Carías obtener una indemnización pecuniaria a ese respecto.

657. En cuanto al *daño inmaterial*, esa honorable Corte ha señalado que éste *"puede comprender tanto los sufrimientos y las aflicciones causados a las víctimas directas y a sus allegados, como el menoscabo de valores muy significativos para las personas, y otras perturbaciones que no son susceptibles de medición pecuniaria"*.[216]

---

215 Corte IDH. *Caso Bámaca Velásquez Vs. Guatemala. Reparaciones y Costas*. Sentencia de 22 de febrero de 2002. Serie C N° 91, ¶ 43; Corte IDH. *Caso Garibaldi v. Brasil*. Excepciones preliminares, fondo, reparaciones y costas. Sentencia del 23 de septiembre de 2009. ¶ 182, y *Caso Anzualdo Castro* vs. Perú. Excepción preliminar, fondo, reparaciones y costas. Sentencia de 22 de septiembre de 2009. ¶ 204.

216 Corte IDH, *Caso de los "Niños de la Calle" (Villagrán Morales y otros) vs. Guatemala*. Reparaciones y costas. Sentencia de 26 de mayo de 2001. Serie C N° 77, ¶ 84; *Caso Garibaldi vs. Brasil*. Sentencia de 23 de septiembre de 2009. Serie C N° 203, ¶

658. Sobre esa base, el Profesor Brewer Carías pide la reparación del daño inmaterial que ha derivado para él de la violación de las garantías judiciales recogidas en el artículo 8 de la CADH, de su derecho a la protección judicial (artículo 25 CADH), de su derecho a la protección de la honra y dignidad (artículo 11 CADH), de su derecho a la libertad de expresión (artículo 13 CADH) y de su derecho de circulación y residencia (artículo 22 CADH), en los siguientes términos:

15°) Por el sufrimiento derivado de las violaciones a los derechos humanos referidas en el presente escrito por las que esa honorable Corte condene al Estado venezolano, la víctima pide una indemnización de UN BOLÍVAR (BsF 1,00).

5. *Costos y gastos*

659. El Estado debe pagar por las costas y gastos que haya implicado la búsqueda de justicia, que están comprendidos dentro del concepto de reparación consagrado en el artículo 63.1 de la Convención Americana.

660. Los abogados que hemos asistido la profesor Brewer Carías en el Sistema Interamericano de Derechos Humanos lo hemos hecho *pro bono*, en homenaje a su trayectoria y en entera solidaridad con él, frente a los abusos de que ha sido víctima de los que se ha dado cuenta en el presente escrito. Nos limitaremos, por lo tanto, a reclamar del Estado el reembolso de algunos de los gastos en los que hemos incurrido.

661. Por concepto de costos de transporte aéreo, alojamiento e impuestos, con ocasión de la audiencia celebrada en la sede de esa honorable Corte, por los abogados de la víctima, al igual los testigos y peritos que viajaron a San José de Costa Rica, se hicieron los siguientes gastos, según facturas anexas, cuyo reembolso demandamos del Estado:

662. A. Boletos aéreos de Héctor Faúndez, Claudia Nikken, Caterina Balasso y Jesús Ollarves, por un monto total de OCHENTA MIL SETECIENTOS CUARENTA Y DOS BOLÍVARES FUERTES CON 87/100 (BsF 80.742,83.) **(Anexo 156)**.

663. B.Gastos de alojamiento en el hotel Jade, de San José, de todos los abogados, testigos y peritos que comparecieron a la audiencia, por un monto total de SIETE MIL SETECIENTOS SIETE DÓLARES DE LOS ESTADOS UNIDOS DE AMÉRICA, CON 33/100 (US$ 7.707,33) **(Anexo 157)**.

157, y *Caso Escher y otros vs. Brasil*. Sentencia de 6 de julio de 2009. Serie C N° 308, ¶ 229.

PETITORIO

664. Por lo tanto, con base en los fundamentos de hecho y de Derecho contenidos en el presente *Escrito de Observaciones y Alegatos Finales*, así como en el *Escrito Autónomo de Solicitudes Argumentos y Pruebas* y en nuestras *Observaciones a la Excepción Preliminar del Estado*, respetuosamente solicitamos a esa honorable Corte Interamericana de Derechos Humanos que:

1. **Desestime la excepción preliminar relativa al agotamiento de los recursos internos interpuesta por el Estado, conforme a la Tercera Parte del presente Escrito y al petitorio formulado en el párrafo 347 ss.** del mismo *Declare, en su sentencia de fondo, la responsabilidad internacional del Estado venezolano* por serle imputables los hechos aquí expuestos en incumplimiento de sus obligaciones internacionales, derivadas de la violación de los derechos a ser oído en un tiempo razonable por un tribunal independiente e imparcial, a la presunción de inocencia, al debido proceso legal y a la defensa (art. 8); del derecho a la protección judicial (art. 25); del derecho a la libertad y a la seguridad personal (art. 7); de la libertad de expresión (art. 13); del derecho a la protección de la honra y la dignidad (art. 11); del derecho de circulación (art. 22); y del derecho a la igualdad ante la ley (art. 24); todos en relación con el incumplimiento por parte del Estado venezolano de sus deberes generales de respetar y de garantizar el pleno goce de estos derechos, sin discriminación alguna, garantizados en la Convención Americana, en relación con la obligación de respetar los derechos (art. 1.1) y con el deber de adoptar disposiciones de Derecho interno para hacerlos efectivos (art. 2), todo ello en perjuicio de la víctima, profesor Allan R. Brewer Carías.

2. *Condene al Estado venezolano a la reparación integral de las consecuencias de dicha responsabilidad internacional*, de conformidad con el artículo 63(1) de la Convención Americana sobre Derechos Humanos y el Derecho internacional general, en los términos en que lo hemos demandado en el capítulo correspondiente del presente Escrito (*Supra ¶¶ 650 ss.*).

<u>**ES JUSTICIA,**</u>

Pedro Nikken

San José, 4 de octubre de 2013

.

953

APÉNDICE 3.

SENTENCIA Nº 277 DE 26 DE MAYO DE 2014 DE LA CORTE INTERAMERICANA DE DERECHOS HUMANOS Y VOTO CONJUNTO NEGATIVO DE LOS JUECES EDUARDO FERRER MAC GREGOR Y MANUEL VENTURA ROBLES

SENTENCIA DE LA CORTE INTERAMERICANA DE DERECHOS HUMANOS Nº 277 DE 26 DE MAYO DE 2014 EN EL CASO *ALLAN R. BREWER-CARÍAS VS. VENEZUELA* (EXCEPCIONES PRELIMINARES)

En el caso *Allan Randolph Brewer Carías Vs. la República Bolivariana de Venezuela,* la Corte Interamericana de Derechos Humanos (en adelante "la Corte Interamericana", "la Corte" o "el Tribunal"), integrada por los siguientes jueces[1]:

Humberto Antonio Sierra Porto, Presidente;

Roberto F. Caldas, Vicepresidente;

Manuel E. Ventura Robles, Juez;

Diego García-Sayán, Juez;

Alberto Pérez Pérez, Juez, y
Eduardo Ferrer Mac-Gregor Poisot, Juez.
presentes además,

Pablo Saavedra Alessandri, Secretario, y

Emilia Segares Rodríguez, Secretaria Adjunta,

de conformidad con el artículos 62.3 de la Convención Americana sobre Derechos Humanos (en adelante también "la Convención Americana" o "la

---

[1] El 11 de julio de 2012 el Juez Eduardo Vio Grossi se excusó de participar en el presente caso, conforme a lo dispuesto en el artículo 19.2 del Estatuto de la Corte y 21 de su Reglamento, lo cual fue aceptado por el Presidente de la Corte en consulta con los demás jueces.

Convención") y con los artículos 31, 32, 42, 65 y 67 del Reglamento de la Corte (en adelante "el Reglamento"), dicta la presente Sentencia, que se estructura en el siguiente orden:

TABLA DE CONTENIDO

I.   INTRODUCCIÓN DE LA CAUSA Y OBJETO DE LA CONTROVERSIA

II. PROCEDIMIENTO ANTE LA CORTE

III. EXCEPCIONES PRELIMINARES

    A.   Las "excepciones preliminares" presentadas por el Estado relacionadas con la recusación de jueces y al Secretario de la Corte, y el rechazo de la excusa presentada por juez Eduardo Vio Grossi

    B.   La excepción preliminar de falta de agotamiento de recursos internos

        B.1.   Argumentos del Estado, la Comisión y los representantes

        B.2.   Determinación de los hechos pertinentes para resolver la excepción preliminar sobre la falta de agotamiento de recursos internos

          B.2.1. Antecedentes

              B.2.1.1.   Entre finales del año 2001 y abril de 2002

              B.2.1.2.   El 11, 12 y 13 de abril de 2002

              B.2.1.3.   Reacciones a los hechos ocurridos entre el 11 y el 13 de abril de 2002

          B.2.2. Hechos en relación con el proceso penal

              B.2.2.1.   Investigación en contra de Pedro Carmona y por los hechos ocurridos el 11, 12 y 13 de abril de 2002

              B.2.2.2.   Imputación al señor Brewer Carías

              B.2.2.3.   Acusación al señor Brewer Carías

              B.2.2.4.   Medida privativa de libertad

              B.2.2.5.   Continuación del proceso después de la medida preventiva

        B.3.   Consideraciones de la Corte

          B.3.1.   La presentación de la excepción en el momento procesal oportuno

B.3.2. La presentación de recursos idóneos y efectivos para agotar la jurisdicción interna

B.3.3 Las excepciones al previo agotamiento de recursos internos (artículo 46.2 de la Convención Americana)

B.3.3.1 Que no exista en la legislación interna del Estado el debido proceso legal para la protección del derecho o derechos que se alega han sido violados (artículo 46.2.a)

B.3.3.2. Que no se haya permitido al presunto lesionado en sus derechos el acceso a los recursos de la jurisdicción interna, o haya sido impedido de agotarlos (artículo 46.2.b)

B.3.3.3. Que haya retardo injustificado en la decisión sobre los mencionados recursos (artículo 46.2.c)

B.3.3.3.1. Término y momento procesal establecidos en el derecho interno para resolver los recursos de nulidad

B.3.3.3.2. Necesidad de la presencia del acusado en la audiencia preliminar y razones por las cuales se difirió la audiencia

B.3.4. Conclusión sobre la excepción preliminar de falta de agotamiento de recursos internos

IV. PUNTOS RESOLUTIVOS

I

INTRODUCCIÓN DE LA CAUSA Y OBJETO DE LA CONTROVERSIA

1. *El caso sometido a la Corte.* – El 7 de marzo de 2012, de conformidad con lo dispuesto en los artículos 51 y 61 de la Convención Americana, la Comisión Interamericana de Derechos Humanos (en adelante "la Comisión Interamericana" o "la Comisión") sometió a la jurisdicción de la Corte Interamericana (en adelante "escrito de sometimiento") el caso "Allan R[andolph] Brewer Carías"[2] contra la República Bolivariana de Venezuela (en adelante

---

2   Allan Brewer Carías es un especialista en derecho constitucional. Ha sido Senador Suplente, Ministro y miembro de la Asamblea Nacional Constituyente de 1999.

"el Estado" o "Venezuela"), relacionado con "la [presunta] falta de garantías judiciales y protección judicial en el proceso seguido al abogado constitucionalista Allan R. Brewer Car[í]as por el delito de conspiración para cambiar violentamente la Constitución, en el contexto de los hechos ocurridos entre el 11 y el 13 de abril de 2002, en particular, su supuesta vinculación con la redacción del llamado 'Decreto Carmona' mediante el cual se ordenaba la disolución de los poderes públicos y el establecimiento de un 'gobierno de transición democrática'". La Comisión concluyó que "el hecho de que el proceso penal seguido contra Allan Brewer Carías estuviera a cargo de tres jueces temporales durante la etapa preliminar constituía en sí misma una violación a las garantías judiciales en el caso concreto". Asimismo, la Comisión consideró que "en este caso se afectaron las garantías de independencia e imparcialidad del juzgador y el derecho a la protección judicial, teniendo en cuenta que uno de los jueces temporales fue suspendido y reemplazado dos días después de presentar una queja por la falta de cumplimiento de una orden emitida por él que ordenaba el acceso del imputado a la totalidad de su expediente, sumado a la normativa y práctica respecto del nombramiento, destitución y situación de provisionalidad de los jueces en Venezuela". Finalmente, la Comisión consideró que "la imposibilidad de la [presunta] víctima de acceder al expediente en su totalidad y sacar fotocopias, configuró la violación al derecho a contar con los medios adecuados para la preparación de la defensa".

2. *Trámite ante la Comisión.* – El trámite ante la Comisión fue el siguiente:

a) *Petición.* - El 24 de enero de 2007 Pedro Nikken, Helio Bicudo, Claudio Grossman, Juan E. Méndez, Douglass Cassel y Héctor Faúndez Ledesma (en adelante "los representantes"), presentaron la petición inicial.

b) *Informe de admisibilidad.* - El 8 de septiembre de 2009 la Comisión aprobó el Informe de Admisibilidad N° 97/09[3], en el cual concluyó que "el […] caso satisface los requisitos de admisibilidad enunciados en los artículos 46 y 47 de la Convención Americana en cuanto a los reclamos relacionados con los artículos 1, 2, 8, 13 y 25, y que los reclamos bajo los artículos 7, 11, 22 y 24 son inadmisibles".

c) *Informe de Fondo.* - El 3 de noviembre de 2011 la Comisión aprobó el Informe de Fondo N° 171/11[4], de conformidad con el artículo 50 de la Convención (en adelante también "el Informe de Fondo" o "el

---

Currículum Vitae del señor Allan R. Brewer Carías (expediente de anexos al informe de la Comisión, apéndice, tomo V, folios 1770 a 1922).

3   *Cfr.* Informe de Admisibilidad N° 97/09, Petición 84-07, Allan R. Brewer Carías, Venezuela, 8 de septiembre de 2009 (expediente de anexos al informe, apéndice, tomo IV, folios 3607 a 3632).

4   *Cfr.* Informe de Fondo N° 171/11, Caso 12.724, Allan R. Brewer Carías, Venezuela, 3 de noviembre de 2011 (expediente de fondo, tomo I, folios 6 a 46).

Informe N° 171/11"), en el cual llegó a una serie de conclusiones y formuló varias recomendaciones al Estado:

a. *Conclusiones.* – La Comisión concluyó que el Estado "e[ra] responsable de la violación de los derechos, contemplados en los artículos 8 y 25 de la Convención Americana, en relación con sus artículos 1.1 y 2, en perjuicio de Allan R. Brewer Carías". Asimismo, la Comisión concluyó que el Estado "no e[ra] responsable por la violación del derecho contemplado en el artículo 13 de la Convención Americana".

b. *Recomendaciones.* – En consecuencia, la Comisión hizo al Estado una serie de recomendaciones:

1. Adoptar medidas para asegurar la independencia del poder judicial, a fin de fortalecer los procedimientos de nombramiento y remoción de jueces y fiscales, afirmando su estabilidad en el cargo y eliminando la situación de provisionalidad en que se encuentra la gran mayoría de jueces y fiscales, con el objeto de garantizar la protección y garantías judiciales establecidas en la Convención Americana.
2. En el caso de que el proceso penal contra Allan Brewer Carías avance, poner en práctica las condiciones necesarias para asegurar que la causa sea llevada conforme las garantías y los estándares consagrados en los artículos 8 y 25 de la Convención Americana.
3. Reparar adecuadamente las violaciones de derechos humanos declaradas en el informe tanto en el aspecto material como moral.

d) *Notificación al Estado.* – El Informe de Fondo fue notificado al Estado el 7 de diciembre de 2011, otorgándosele un plazo de dos meses para informar sobre el cumplimiento de las recomendaciones. El 7 de febrero de 2012 el Estado presentó una comunicación que no aportó información sobre el cumplimiento de las recomendaciones formuladas por la Comisión y cuestionó las conclusiones del Informe de Fondo.

e) *Sometimiento a la Corte.* - El 7 de marzo de 2012, como consecuencia de "la necesidad de obtención de justicia para la víctima, debido a la naturaleza y gravedad de las violaciones comprobadas, y ante el incumplimiento de las recomendaciones por parte del Estado", la Comisión sometió el caso a la Corte. En particular, la Comisión señaló que sometía "la totalidad de los hechos y violaciones de derechos humanos descritos en el Informe de Fondo 171/11, y solicita[ba] a la Corte que concluya y declare la responsabilidad internacional del Estado de Venezuela por la [presunta] violación de los derechos contemplados en los artículos 8 y 25 de la Convención Americana, en relación con sus artículos 1.1 y 2, en perjuicio de Allan R. Brewer Carías".

f) La Comisión designó como sus delegados ante la Corte al Comisionado Felipe González y al entonces Secretario Ejecutivo de la Comisión Santiago A. Canton, y designó como asesoras legales a las señoras Elizabeth Abi-Mershed, Secretaria Ejecutiva Adjunta, Tatiana Gos, Lilly Ching y Karin Mansel, abogadas de la Secretaría Ejecutiva de la Comisión.

II

PROCEDIMIENTO ANTE LA CORTE

3. *Notificación al Estado y a los representantes.* – El sometimiento del caso fue notificado al Estado y a los representantes el 4 de mayo de 2012.

4. *Escrito de solicitudes, argumentos y pruebas.* – El 7 de julio de 2012 los representantes presentaron ante la Corte su escrito de solicitudes, argumentos y pruebas (en adelante "escrito de solicitudes y argumentos"). Los representantes coincidieron sustancialmente con los alegatos de la Comisión y solicitaron a la Corte que declarara la responsabilidad internacional del Estado por la violación de los artículos 8, 25, 1.1 y 2 alegados por la Comisión y, adicionalmente, solicitaron que se declarara la violación de los artículos 7, 11, 13, 22 y 24 de la Convención, en perjuicio de la presunta víctima.

5. *Escrito de contestación.* – El 12 de noviembre de 2012 el Estado presentó ante la Corte su escrito de excepciones preliminares, contestación al sometimiento del caso y observaciones al escrito de solicitudes y argumentos (en adelante "escrito de contestación"). Asimismo, el Estado designó como Agente Principal al señor Germán Saltrón Negretti. Una de las excepciones preliminares interpuestas se refirió a "la falta de imparcialidad" de ciertos jueces y juezas del Tribunal y su Secretario.

6. El 23 de noviembre de 2012 el Presidente en funciones de la Corte emitió una Resolución en la que, *inter alia,* decidió que la alegación de falta de imparcialidad presentada por el Estado como excepción preliminar no tenía tal carácter y era infundada[5].

7. *Observaciones a las excepciones preliminares.* – Los días 5 y 6 de marzo de 2013 la Comisión y los representantes de la presunta víctima, respectivamente, presentaron sus observaciones a las excepciones preliminares interpuestas por el Estado.

8. *Audiencia pública.* – Mediante Resolución del Presidente de la Corte (en adelante "el Presidente") de 31 de julio de 2013, se convocó a las partes

---

5   *Cfr. Caso Brewer Carías Vs. Venezuela.* Resolución del Presidente en Funciones de la Corte Interamericana, Juez Alberto Pérez Pérez, de 23 de noviembre de 2012. Disponible en: http://www.corteidh.or.cr/docs/asuntos/brewer_23_11_12.pdf

a una audiencia pública sobre el caso y se establecieron cuáles declaraciones serían admitidas para ser rendidas ante fedatario público (*affidávit*) y cuáles en el procedimiento oral[6]. Esta resolución fue impugnada por los representantes por diversos motivos que fueron desestimados por el pleno de la Corte[7]. La audiencia pública fue celebrada los días 3 y 4 de septiembre de 2013 durante el 100 Período Ordinario de Sesiones de la Corte, el cual tuvo lugar en su sede[8]. Durante la referida audiencia, la Corte requirió a las partes que presentaran determinada información y documentación adicional para mejor resolver.

9. Por otra parte, el Tribunal recibió 34 escritos en calidad de *amicus curiae* presentados por: 1) Rubén Hernández Valle, Presidente del Instituto Costarricense de Derecho Constitucional; 2) Asociación Dominicana de Derecho Administrativo[9]; 3) Leo Zwaak, Diana Contreras Garduño, Lubomira Kostova, Tomas Königs y Annick Pijnenburg, en nombre del Netherlands Institute of Human Rights (SIM) de la Universidad de Utrecht; 4) Amira Esquivel Utreras; 5) Luciano Parejo Alfonso; 6) Libardo Rodríguez Rodríguez; 7) Gladys Camacho Cépeda; 8) Osvaldo Alfredo Gozaíni y Pablo Luis Manili, Presidente y Secretario General de la Asociación Argentina de Derecho Procesal Constitucional; 9) Profesores de Derecho Público de Venezuela[10];

---

6   *Cfr. Caso Brewer Carías Vs. Venezuela.* Resolución del Presidente de la Corte Interamericana de 31 de julio de 2013. Disponible en: http://www.corteidh.or.cr/docs/asuntos/brewer_31_07_13.pdf.

7   *Cfr. Caso Brewer Carías Vs. Venezuela.* Resolución de la Corte Interamericana de 20 de agosto de 2013. Disponible en: http://www.corteidh.or.cr/docs/asuntos/brewer_20_08_13.pdf

8   A esta audiencia comparecieron: a) por la Comisión Interamericana: Felipe González, Comisionado, y Silvia Serrano Guzmán, Asesora; b) por los representantes de la presunta víctima: Pedro Nikken, Héctor Faúndez Ledesma, Juan E. Méndez, Douglas Cassel y Claudio Grossman, representantes, y Claudia Nikken García y Caterina Balasso Tejera, asesoras legales; y c) por la República Bolivariana de Venezuela: Germán Saltrón Negretti, Agente del Estado para los Derechos Humanos; Manuel Galindo, Procurador General de la República Bolivariana de Venezuela; Branggela Betancourt, Coordinadora de Asuntos Penales de la Procuraduría General de la República; Luis Britto García, Asesor Externo de la Agencia del Estado para los Derechos Humanos; María Alejandra Díaz, Asesora Externa de la Agencia del Estado para los Derechos Humanos; Manuel García, Abogado de la Agencia del Estado para los Derechos Humanos, y Elbana Bellorín, Internacionalista.

9   El escrito fue firmado por Olivo A. Rodríguez Huertas, Presidente de la Asociación Dominicana de Derecho Administrativo.

10   El escrito fue firmado por: Juan Domingo Alfonso, Jesús María Alvarado, Ricardo Antela Garrido, Tomás A. Arias Castillo, Carlos M. Ayala Corao, José Vicente Haro, Luis Herrera Orellana, Jorge Kiriakidis Longhi, Gustavo J. Linares Benzo, Laura Louza, José A. Muci Borjas, Rafael J. Chavero Gazdik, Roman J. Duque Corredor, Gerardo Fernández V., Oscar Ghersi Rassi, Freddy J. Orlando, Andrea Isabel Rondón G., Carlos Weffe H., y Enrique J. Sánchez Falcón. A este escrito se adhirieron Rogelio Pérez Perdomo, Gustavo Tarre Briceño, Henrique Meier, Humberto Njaim, Decano de la Facultad de Estudios Jurídicos y Políticos de la Universidad

10) Giuseppe F. Ferrari; 11) José Alberto Álvarez, Fernando Saenger, Renaldy Gutiérrez y Dante Figueroa, en nombre de la Federación Interamericana de Abogados (FIA) y en nombre propio[11]; 12) Agustín E. de Asís Roig; 13) Ana Giacommette Ferrer, Presidenta del Centro Colombiano de Derecho Procesal Constitucional; 14) Jaime Rodríguez-Arana; 15) Víctor Rafael Hernández Mendible; 16) Eduardo Jorge Prats; 17) Asdrúbal Aguiar Aranguren, como Presidente del Comité Ejecutivo del Observatorio Iberoamericano de la Democracia y en nombre propio; 18) Marta Franch Saguer; 19) Javier Barnes; 20) Miriam Mabel Ivanega; 21) Jose Luis Benavides; 22) Luis Enrique Chase Plate; 23) Diana Arteaga Macías; 24) José Luis Meilán Gil; 25) The Association of the Bar of the City of New York[12]; 26) Enrique Rojas Franco, Presidente de la Asociación Iberoamericana de Derecho Público y Administrativo Profesor Jesús González Pérez; 27) Pablo Ángel Gutiérrez Colantuono y Henry Rafael Henríquez Machado; 28) Jorge Luis Suárez Mejías, Profesor de la Universidad Católica Andrés Bello; 29) José René Olivos Campos, Presidente de la Asociación Mexicana de Derecho Administrativo; 30) Pedro José Jorge Coviello, Profesor de la Universidad Católica Argentina; 31) Carlos Eduardo Herrera Maldonado, 32) Humberto Prado Sifontes[13]; 33) Jorge Raúl Silvero Salgueiro, y 34) Helena Kennedy y Sternford Moyo, Co-Presidentes del International Bar Association´s Human Rights Institute.

10. El 24 de septiembre de 2013 Isaac Augusto Damsky y Gregorio Alberto Flax remitieron un escrito en calidad de *amicus curiae*. Dado que la audiencia pública tuvo lugar en los días 3 y 4 de septiembre de 2013 y, en consecuencia, el plazo para la remisión de *amicus curiae* venció el 19 de septiembre, siguiendo instrucciones del Presidente de la Corte se informó que dicho escrito no podía ser considerado por el Tribunal ni incorporado al expediente del caso.

11. *Alegatos y observaciones finales escritos.* – El 4 de octubre de 2013 los representantes de la presunta víctima remitieron sus alegatos finales escritos y anexos, y la Comisión presentó sus observaciones finales escritas. Asimismo, el 4 de octubre de 2013 el Estado presentó el escrito de alegatos fina-

---

Metropolitana, Ana Elvira Araujo García, José Ignacio Hernández G., Flavia Pesci-Feltri Scassellati-Sforzolini, Armando Rodríguez García, Alberto Blanco-Uribe Quintero y Serviliano Abache Carvajal, Antonio Silva Aranguren.

11   José Alberto Álvarez es el Presidente de la Federación Interamericana de Abogados (FIA), Fernando Saenger es el Presidente del Comité de Derecho Constitucional de la FIA, Renaldy Gutiérrez es ex Presidente de la FIA y Dante Figueroa es el ex Secretario General de la FIA.

12   El escrito fue presentado por Werner F. Ahlers, Tiasha Palikovic, Andrew L. Frey, Allison Levine Stillman y Gretta L. Walters en representación de The Association of the Bar of the City of New York. El escrito fue firmado por Werner F. Ahlers.

13   El escrito fue firmado por Humberto Prado Sifontes, Coordinador Nacional de la Comisión de Derechos Humanos de la Federación de Colegios de Abogados de Venezuela y algunos miembros de Comisiones Regionales de Derechos Humanos de los colegios de abogados.

les, a través del cual respondió al pedido de prueba para mejor resolver efectuado por el Tribunal. El 10 de octubre de 2013 el Estado presentó los anexos al escrito de alegatos finales e incluyó, como anexo 4, un "apéndice al documento definitivo presentado por el Estado". La Corte constata que en este anexo se encuentran alegatos que fueron consignados dentro del plazo para la presentación de anexos pero no dentro del plazo improrrogable para la presentación del escrito de alegatos finales. Al respecto, la Corte considera que no procede la admisión de dichos alegatos por extemporáneos.

12. El 25 de octubre de 2013 la Secretaría de la Corte, siguiendo instrucciones del Presidente del Tribunal, otorgó un plazo hasta el 15 de noviembre de 2013 para que los representantes, el Estado y la Comisión remitieran las observaciones que estimaran pertinentes, exclusivamente respecto de los escritos y anexos presentados por el Estado y los representantes el 4 de octubre de 2013.

13. *OBSERVACIONES DE LOS REPRESENTANTES, EL ESTADO Y LA COMISIÓN.* – EL 13 DE NOVIEMBRE DE 2013 LOS REPRESENTANTES DE LA PRESUNTA VÍCTIMA REMITIERON SU ESCRITO DE OBSERVACIONES A LAS RESPUESTAS DADAS POR EL ESTADO EN SU ESCRITO DE ALEGATOS FINALES DE 4 DE OCTUBRE DE 2013 A LAS PREGUNTAS QUE LE FUERON FORMULADAS POR LA CORTE EN LA AUDIENCIA PÚBLICA, ASÍ COMO A LOS ANEXOS A DICHO ESCRITO PRESENTADOS POR EL ESTADO EL 10 DE OCTUBRE DE 2013. LA COMISIÓN Y EL ESTADO NO PRESENTARON OBSERVACIONES.

III

EXCEPCIONES PRELIMINARES

14. El Estado presentó en su escrito de contestación al Informe de Fondo como "excepciones preliminares", los siguientes argumentos: i) una recusación a los jueces y al Secretario de la Corte; ii) el rechazo a la excusa presentada por el juez Eduardo Vio Grossi para no participar en el proceso, y iii) la presunta falta de agotamiento de recursos internos.

A. LAS "EXCEPCIONES PRELIMINARES" PRESENTADAS POR EL ESTADO RELACIONADAS CON LA RECUSACIÓN DE JUECES Y AL SECRETARIO DE LA CORTE, Y EL RECHAZO DE LA EXCUSA PRESENTADA POR JUEZ EDUARDO VIO GROSSI

15. Respecto a las llamadas "excepciones preliminares" presentadas por el Estado en cuanto a la recusación de cinco de los jueces y del Secretario de la Corte, y el rechazo de la excusa del juez Eduardo Vio Grossi, el Presidente, mediante resolución de 23 de noviembre de 2012[14], resolvió que "las alegaciones de falta de imparcialidad en las funciones que desempeñan algunos de los Jueces integrantes de la Corte, y de la supuesta presión ejercida contra uno de los Jueces para que se excusara de conocer del presente caso, presentada por el Estado de Venezuela como excepción preliminar no tiene tal carácter". Lo anterior, debido a que se consideró que era "infundada la alegación de falta de imparcialidad formulada por el Estado en relación con los Jueces Diego García-Sayán, Manuel Ventura Robles, Leonardo A. Franco, Marga-rette May Macaulay y Rhadys Abreu Blondet, quienes no han incurrido en ninguna de las causales estatutarias de impedimento ni realizado acto alguno que permita cuestionar su imparcialidad", y estimó "improcedentes e infundados los alegatos estatales referidos a la supuesta falta de imparcialidad de Pablo Saavedra Alessandri, Secretario del Tribunal".

16. Por otra parte, mediante resolución de 29 de noviembre de 2012[15], la Corte resolvió "[c]onfirmar que la excusa del Juez Eduardo Vio Grossi [...] fue presentada y aceptada por el Presidente de la Corte, en consulta con los demás jueces, en apego a las normas estatutarias y reglamentarias que regulan dicha materia" y consideró "improcedentes las alegaciones estatales sobre la

---

14   *Cfr. Caso Brewer Carías Vs. Venezuela.* Resolución del Presidente en Funciones de la Corte Interamericana, Juez Alberto Pérez Pérez, de 23 de noviembre de 2012. Disponible en: http://www.corteidh.or.cr/docs/asuntos/brewer_23_11_12.pdf

15   El Juez Vio Grossi señaló que "en la década de 1980, [s]e desempeñ[ó] como académico del Instituto de Derecho Público de la Facultad de Ciencias Jurídicas y Políticas de la Universidad Central de Venezuela, del que el [señor] Brewer Carías era su Director" razón por la cual tuvo con él "una relación de dependencia laboral y profesional". El Juez Vio Grossi señaló que aunque "ello aconteció hace ya tiempo, no desea[ba] que ese hecho pudiese provocar, si participase en el caso en cuestión, alguna duda, por mínima que fuese, acerca de la imparcialidad tanto [suya] como, muy especialmente, de la Corte". El 12 de noviembre de 2012 el Estado, en su escrito de contestación al informe de fondo y al escrito de solicitudes y argumentos, manifestó que "rechaza[ba]" la excusa presentada por el Juez Vio Grossi". El 29 de noviembre de 2012, el pleno de la Corte decidió confirmar que la excusa del Juez Eduardo Vio Grossi para conocer del caso *Brewer Carías Vs. Venezuela* fue presentada y aceptada por el entonces Presidente de la Corte, en consulta con los demás jueces, en apego a las normas estatutarias y reglamentarias que regulan dicha materia. Ver al respecto: *Cfr. Caso Brewer Carías Vs. Venezuela.* Resolución de la Corte Interamericana de Derechos Humanos de 29 de noviembre de 2012. Disponible en: http://www.corteidh.or.cr/docs/asuntos/bre-wer_29_11_12.pdf

alegada falta de fundamento del motivo expuesto por el Juez Vio Grossi para excusarse, así como las relativas a su `rechazo´ de dicha excusa que pretenden que el Juez Eduardo Vio Grossi se vea obligado a conocer del caso". Por tanto, los cuestionamientos presentados por el Estado al respecto ya fueron resueltos.

B. LA EXCEPCIÓN PRELIMINAR DE FALTA DE AGOTAMIENTO DE RECURSOS INTERNOS

B.1. Argumentos del Estado, la Comisión y los representantes

17. El Estado argumentó que "la supuesta víctima no ha interpuesto y agotado los recursos establecidos en el derecho interno, antes de recurrir al sistema interamericano" y que "los peticiona[rios] no ejercieron y agotaron los recursos establecidos en la legislación venezolana, para hacer valer sus pretensiones y obtener el amparo judicial de los derechos que consideraban le estaban siendo vulnerados". Al respecto, alegó la existencia de "[l]os recursos correspondientes a la fase intermedia establecida en el Código Orgánico Procesal Penal; asimismo, el agotamiento de la fase de juicio, de ser el caso, así como [la existencia de] recursos efectivos, [como] el de Apelación de Autos, de Sentencias Definitivas, de Reconsideración, de Casación, [y] de Revisión". Como posibles recursos, el Estado mencionó los recursos mencionados en el artículo 328 del vigente Código Orgánico Procesal Penal (en adelante "COPP"), el recurso de apelación (artículo 453 del COPP), el recurso de casación (artículo 459 del COPP), y el recurso de revisión (artículo 470 del COPP). Agregó que "[l]a efectividad de estos recursos conllevaría de ser el caso, al logro de [las] pretensiones aducidas por los peticionarios" y que "dentro del sistema de justicia venezolano, existen mecanismos idóneos y cónsonos con el derecho a la defensa".

18. Asimismo, el Estado alegó que "no hay violación de derechos humanos en un juicio que nunca se inició, pues el peticionario se ausentó del país". Respecto a la audiencia preliminar, el Estado argumentó que "la ausencia del [señor] Brewer Carías ha imposibilitado la realización de la audiencia preliminar, [lo cual] ha impedido el ejercicio de las acciones que establece el Código Orgánico Procesal Penal para que las partes intervinientes en el proceso puedan hacer valer sus derechos". Arguyó que "[r]esulta necesario reiterar que la celebración de la audiencia preliminar, es indispensable para la continuación del proceso penal, siendo que en la misma causa puede ser decidida a su favor". Indicó que ésta "es la oportunidad que tiene el imputado para negar, contradecir, argumentar los hechos y el derecho, replicar, contrarreplicar, recusar, hablar en todo momento con su defensor, sin que por ello implique la suspensión de la audiencia". Además, consideró "insólito pretender que el Juez pueda resolver la solicitud de nulidad sin presencia del imputado y que luego se podría realizar la audiencia preliminar[, dado que] esto conllevaría a la violación del debido proceso en su máxima expresión y de los propios derechos del [señor] Brewer Carías".

19. En consecuencia, alegó que el recurso de nulidad interpuesto por los representantes del señor Brewer Carías es "la respuesta de la acusación, y las solicitudes plasmada[s] en él son consecuencia lógica de las argumentaciones hechas por los abogados defensores y no peticiones autónomas que pueden ser resueltas en ausencia del imputado, en un momento distinto a la audiencia preliminar, ya que la nulidad de la acusación – solicitada por los abogados defensores de[l señor] Brewer Carías [-] no versa sobre cuestiones incidentales que vulneran sus derechos, sino que es una solicitud que toca el fondo y la esencia de la propia audiencia preliminar y, por tanto, debe ser resuelta en presencia de las partes para no vulnerar el debido proceso". El Estado arguyó que "consecuentemente, la solicitud de los abogados defensores del [señor] Brewer Carías, así como también las de la Fiscalía en su escrito de acusación, no han sido resueltas, no porque se pretenda violar los derechos de[l señor Brewer], o que se tenga la intención de retrasar el proceso o el Estado venezolano se encuentre en mora, sino que mientras el ciudadano se encuentre ausente, abstraído del proceso penal, fugado de la justicia venezolana, no se puede celebrar y decidir sobre las peticiones de las partes, toda vez que es necesario que se encuentren todas las partes presentes, aunado al hecho que los requerimientos tocan y deciden el fondo del caso". Por otra parte, el Estado argumentó que los representantes "pretenden […] violar el principio de complementariedad […], aduciendo una persecución política, que no existe, y argumentando que como ejercieron algunos recursos – no todos- en los cuales no obtuvieron razón jurídica, ya se agotaron los recursos internos". En los alegatos finales escritos, el Estado reiteró sus argumentos planteados en la contestación de la demanda y solicitó "la declaratoria de improcedencia de la solicitud efectuada por la defensa del [señor] Brewer Carías, por cuanto no se ajusta a los parámetros establecidos en el 46.1.a de la Convención Americana […], ya que los recursos internos expuestos por el Estado, no se han agotado".

20. La Comisión consideró en el escrito de observaciones a las excepciones preliminares que "los alegatos planteados por el Estado ante la Corte no difieren sustantivamente de los planteados ante la [Comisión] en la etapa de admisibilidad". Por lo tanto, señaló que "mediante su informe de admisibilidad 97/09, se pronunció sobre los requisitos de admisibilidad establecidos en la Convención Americana, incluido el de agotamiento de los recursos internos. Dicho pronunciamiento se basó en la información disponible para ese momento, así como en la aplicación de los artículos 46.1 y 46.2 b) y c) de la Convención". La Comisión resaltó que las conclusiones en la etapa de admisibilidad "fueron realizadas bajo el estándar de apreciación *prima facie* aplicable".

21. Con relación a la excepción establecida en el artículo 46.2 c) de la Convención, la Comisión alegó que "no contaba con elementos para atribuir al Estado un retardo injustificado en la decisión en el proceso penal como un todo, debido a que la ausencia física del acusado impediría la celebración de la audiencia preliminar y de otros actos procesales vinculados a su juzgamiento". Sin embargo, la Comisión argumentó que "la falta de resolución del recurso de nulidad interpuesto el 8 de noviembre de 2005 por la defensa del señor Brewer Carías era 'un indicio de demora atribuible al Estado en cuanto a la resolución de los reclamos relativos al debido proceso que estuvieron presentados en el mismo'". Al respecto, la Comisión destacó que "en la etapa de admisibilidad […] el Estado no aportó una explicación satisfactoria sobre las razones de orden interno que impedían a las autoridades judiciales pronunciarse sobre los alegatos que sustentaban el recurso de nulidad ante la ausencia del señor Brewer Carías".

22.   En segundo lugar, respecto a la presunta falta de agotamiento de los recursos internos "ante la supuesta violación a la presunción de inocencia por declaraciones de miembros del poder judicial sobre la culpabilidad del señor Brewer Carías, así como la alegada violación a la independencia e imparcialidad derivada de la provisionalidad de jueces y fiscales vinculados a la causa", la Comisión manifestó que "estos alegatos fueron presentados ante las autoridades judiciales internas en el marco del recurso de nulidad respecto del cual ya se había determinado una demora atribuible al Estado". Así, la Comisión analizó estos argumentos también bajo el artículo 46.2 c) de la Convención, "precisando que el lapso de más que tres años en la resolución del mismo es un factor que se encuadra en la excepción prevista en razón de un retardo injustificado". La Comisión otorgó "especial relevancia en el análisis a la problemática de la provisionalidad de los jueces y fiscales, así como al riesgo que esta problemática implica para la satisfacción de las garantías de independencia e imparcialidad de que son titulares los y las justiciables y que, evidentemente, constituye el presupuesto institucional para que las personas cuenten con recursos idóneos y efectivos que les sea exigible agotar". Al respecto, la Comisión consideró que "el Estado no [habría] present[ado] a la Comisión información sobre la existencia de recursos adecuados para cuestionar la asignación o remoción de jueces y juezas en dicha situación". Aún más, la Comisión indicó que recursos tales como la recusación "no resultan idóneos para cuestionar la provisionalidad de jueces adscritos al proceso o su remoción por causa de su actuación". De esta manera, la Comisión encontró que "la remoción de varios jueces provisionales en el presente caso, tras la adopción de decisiones relativas a la situación de la presunta víctima, puede haber afectado su acceso a los recursos de la jurisdicción interna y por lo tanto corresponde eximir este aspecto del reclamo del requisito bajo estudio".

23.   En los alegatos finales escritos, la Comisión alegó que el Estado "ha mencionado, en abstracto, las etapas procesales y los respectivos recursos regulados en el Código Procesal Penal, lo cual sería relevante si los alegatos de los representantes se limitaran a la inexistencia de recursos. Sin embargo, la problemática planteada en este caso tiene un carácter estructural y obedece a una situación de hecho del Poder Judicial que va mucho más allá de la regulación abstracta del proceso penal".

24.   Los representantes solicitaron que: i) que "se desestime la recusación de jueces de la Corte y de su Secretario, al igual que la impugnación de la excusa del honorable Juez Eduardo Vio Grossi, por invocarse erróneamente como excepciones preliminar y por haberse resuelto previamente dichas incidencias por parte de la Corte Interamericana", y ii) que "se desestime la excepción de no agotamiento de los recursos internos". Al respecto, argumentaron que esta última excepción era "ser extemporánea al no haberse invocado adecuadamente en el primer momento procesal oportuno ante la Comisión Interamericana". Agregaron que dicha excepción debía ser rechazada de manera "[a]dicional y subsidiariamente, por incumplimiento de las reglas de distribución de la carga de la prueba que imponen al Estado, al momento de invocar la excepción preliminar de falta de agotamiento de los recursos internos, [puesto que no habría] indica[do]: a) los recursos internos que debían haberse agotado y, b) la eficacia de esos recursos. [...] Adicional y subsidiariamente, por no estar obligado el profesor Brewer Carías a agotar los recursos internos en virtud del artículo 46(2) de la Convención Americana [...] En subsidio de todo lo anterior, por haber agotado el profesor Brewer Carías todos los recursos efectivamente disponibles para su defensa".

25. Los representantes argumentaron que la presunta víctima "acudió repetidamente al juez provisorio de Control y al Tribunal de Apelaciones para solicitar que se restablecieran sus derechos". También señalaron que al contestar la acusación se denunció la violación de las garantías judiciales del señor Brewer Carías, solicitando "la declaratoria de nulidad de todo lo actuado a causa de dichas violaciones". Indicaron que dicho recurso de nulidad no ha sido resuelto "hasta la fecha", lo cual "hace imposible que la mencionada solicitud de nulidad pueda ser eficaz".

26. Los representantes alegaron que lo que se objeta en este caso "es una investigación y una acusación penal absolutamente infundada, que es parte de un linchamiento moral y político", razón por la cual "no tiene sentido especular en torno a un eventual recurso de apelación o incluso de casación; [ya que] esos recursos s[ería]n adecuados para otra cosa". Igualmente, señalaron que "la argumentación del Estado implica que la [presunta] víctima no puede obtener el amparo que la Constitución y la Convención le garantizan sin antes abandonar su derecho a la libertad personal y entregarse en manos de sus perseguidores, que ejecutarían de inmediato la ilegal orden de captura que pesa en [...] contra" del señor Brewer Carías. Agregaron que "el Estado pretende que, como precio para poder agotar los recursos internos, el [señor] Brewer sacrifique su libertad personal, sometiéndose al arbitrio de tribunales que carecen de independencia e imparcialidad, y al trato inhumano y degradante que implica el encierro en prisiones sin luz natural y sin ventilación, como ya ha tenido la oportunidad de constatar este [...] Tribunal". Indicaron que no puede reprochársele al señor Brewer "que estando fuera del país, protegiera esa libertad por sí mismo, demorando su regreso, puesto que el Estado le negaba esa protección y lo amenazaba". Manifestaron que el señor Brewer siente "un fundado temor de que el ejercicio de los recursos jurisdiccionales pueda poner en peligro el ejercicio de sus derechos".

27. Sobre la ausencia de la presunta víctima en la audiencia preliminar, los representantes alegaron que ello no impide la resolución del recurso de nulidad, considerando que el derecho del acusado a no ser enjuiciado en ausencia constituye "una garantía procesal que debe ser entendida siempre a favor del imputado o acusado y nunca en su contra". Alegaron que "los actos procesales que no se pueden realizar sin la presencia [de la presunta víctima] son aquellos que impliquen su juzgamiento, entre los cuales se encuentran la audiencia preliminar y el juicio oral y público [lo que] no obsta a que sí puedan cumplirse otras numerosas actuaciones judiciales que no implican su juzgamiento en ausencia [como] la solicitud de nulidad de todo lo actuado". Citaron los artículos 327 y siguientes del COPP para determinar los actos procesales que debían resolverse en la audiencia preliminar y, en consecuencia, con la "imprescindible" presencia del imputado, reiterando que la solicitud de nulidad por violación de las garantías procesales debe ser resuelta sin necesidad de que se celebre dicha audiencia y sin que se requiera la presencia del acusado.

28. Por otra parte, los representantes arguyeron que "el único recurso judicial disponible contra la masiva violación del derecho al debido proceso" era el de nulidad absoluta por inconstitucionalidad de las actuaciones judiciales, con fundamento en el artículo 191 del COPP. Al respecto, señalaron que en la legislación no se establece un plazo para decidir la interposición de dicho recurso, por lo que sostuvieron que la autoridad judicial debía actuar conforme a la disposición general contemplada en el artículo 177 del mencionado Código, debiendo resolver dentro de los tres días siguientes a la fecha en que se interpone el recurso, por lo que concluyeron que al momento en que se presentó el escrito de solicitudes y argumentos había un retardo injustificado de siete años. Controvirtieron el alegato del Estado según el cual el recurso no se ha resuelto debido a que debe decidirse en la audiencia preliminar, transcurriendo más de tres años sin que se hubiere celebrado la misma por causas que presuntamente no estarían relacionadas con la ausencia de la presunta víctima, lapso que consideraron que "demora injustificadamente" la decisión del recurso. Además, argumentaron que "la regla general contenida en el artículo 177 del COPP es enteramente congruente con el principio de preeminencia de los derechos humanos [...] que impone a todos los jueces la obligación ineludible de pronunciarse sobre las peticiones relativas a los mismos, sin dilación y con prevalencia sobre cualquier otro asunto".

29. Los representantes consideraron que, si bien el recurso de nulidad absoluta cumple teóricamente con los requisitos establecidos en el artículo 25 de la Convención (sencillo, rápido y efectivo), en el caso concreto, "y dentro del marco de un Poder Judicial que carece de la imparcialidad para decidir", se ha configurado una "denegación de justicia", ya que han transcurrido siete años (al momento de presentación del escrito de solicitudes y argumentos) desde su interposición sin que siquiera se haya iniciado su tramitación. Los representantes alegaron que dicho recurso constituye "el amparo en materia procesal penal", razón por la cual "si el recurso de amparo debe esperar, para su resolución a la celebración de una audiencia preliminar que puede diferirse indefinidamente [...] el recurso no sería en modo alguno sencillo y rápido; y si su decisión estuviera condicionada a que el [señor] Brewer Carías se entregue a sus perseguidores y sea privado de su libertad, el derecho internacional de los derechos humanos y la Convención en particular no permitirían considerarlo un recurso efectivo".

30. Sobre el recurso de nulidad, los representantes añadieron que puede interponerse por cualquiera de las partes respecto a las actuaciones de fiscales o de jueces que puedan haber violado derechos constitucionales, en cualquier estado del proceso siempre que sea antes de dictarse sentencia definitiva, debiendo la autoridad judicial decidir en el lapso de tres días conforme al artículo 177 del COPP. También hicieron referencia a jurisprudencia de la Sala de Casación Penal del Tribunal Supremo de Justicia, en la que se habría establecido que el recurso de nulidad bajo el régimen abierto contemplado en el mencionado ordenamiento "puede ser plantead[o] a instancia de partes o aplicad[o] de oficio en cualquier etapa o grado del proceso por quien conozca de la causa". Asimismo, establecieron que la nulidad "no está restringida legalmente a que sólo pueda ser dictada exclusivamente en alguna oportunidad procesal precisa y determinada, [como] en la audiencia preliminar". Agregaron que "cualquiera sea la posición que se adopta con respecto al plazo que tiene el juez para decidir una solicitud de nulidad de las actuaciones fiscales por inconstitucionalidad, la conclusión es la misma, pues todas las posibilidades conducen a la misma conclusión: que un plazo de ocho años sin decidir, es irrazonable y por lo tanto, configura un caso de retardo injustificado". Lo anterior por cuanto: i) "el Juez de Control debió decidir la solicitud de nulidad que le fue interpuesta dentro de los tres días siguientes, y ii) "someter una decisión sobre denuncias de graves violaciones al debido proceso al término incierto de la realización de un acto procesal que no tiene como objeto legal el conocimiento y decisión de esas denuncias, es irrazonable y lesiona el derecho a que tales violaciones sean resueltas mediante un recurso sencillo, rápido y efectivo".

31. Alegaron también que en el expediente no hay "decisión o auto judicial alguno mediante el cual el Juez de Control haya expresado la imposibilidad de realizar la audiencia preliminar por la ausencia del [señor] Brewer Car[í]as". Afirmaron que hubo un diferimiento de la audiencia en varias ocasiones por diversas causas ajenas a la no comparecencia de la presunta víctima.

32. Los representantes agregaron que la decisión de la Comisión de concluir que no se configuró una violación del artículo 25.1 de la Convención se fundamentó en una interpretación errónea del Código Orgánico Procesal Penal y de la Constitución venezolana. Al respecto, alegaron que la jurisprudencia del Tribunal Superior de Justicia citada en el Informe de la Comisión "contradice [la] apreciación [que la Comisión tuvo] sobre la oportunidad de decidir el recurso de nulidad", pues según el criterio adoptado por dicho tribunal "si el recurso de nulidad se interponía en la fase intermedia, el juez debe resolverla bien antes de la audiencia preliminar, o bien como resultado de dicha audiencia, variando de acuerdo a la lesión constitucional alegada y solo se refirió a que la decisión del recurso de nulidad formulado en la etapa intermedia podría ser preferible que se adoptase en la audiencia preliminar". También refirieron que la sentencia de la Sala Constitucional de octubre de 2009, que fue citada por la Comisión, "se refiere a una situación totalmente distinta y específica relativa al ejercicio de una acción de amparo", esto es, en un contexto preciso y para el único efecto de declarar inadmisible la acción de amparo. Señalaron que "en el supuesto negado que fuera acertada, lo que demostraría es que el orden jurídico interno estaría en contradicción con las obligaciones de Venezuela según la Convención y el Derecho internacional". En tal sentido, alegaron que "sujetar [...] la decisión sobre la nulidad [...] a la celebración de la audiencia constitucional, desprovee a ese recurso de nulidad de los requisitos de ser sencillo y rápido". Consideraron que no se cumple el requisito de sencillez "porque se condiciona a un acto de mayor complejidad, como lo es la audiencia preliminar del proceso penal, [...] y en el cual deben decidirse diversas cuestiones de naturaleza heterogénea", por lo que "no es razonable ni proporcionado al propósito de esa protección". También argumentaron que el recurso de nulidad no es un recurso rápido, concluyendo que el lapso de tiempo que ha transcurrido sin que se celebre dicha audiencia y, consecuentemente, se resuelva el recurso interpuesto es "suficiente para invocar la demora injustificada en la decisión del recurso interpuesto". Manifestaron que el recurso de nulidad tampoco resultaría efectivo por cuanto "se lo estaría sometiendo a la ilegítima condición de que el [señor] Brewer Car[í]as, un perseguido por razones políticas, enjuiciado por un delito político, se entregue en las manos de sus perseguidores".

33.   Además, argumentaron que en el caso concreto se cumplen todas las condiciones del "recurso inefectivo" desarrolladas en la jurisprudencia de la Corte, a saber: i) el recurso habría resultado "ilusorio" por "las condiciones generales del país" que presentaron en su escrito referentes a la presunta falta de independencia e imparcialidad de las autoridades judiciales y fiscales y por "las circunstancias particulares de este caso" que sería el alegado "ensañamiento de todas las ramas del poder público contra la [presunta] víctima"; ii) la "inutilidad" de los recursos por la alegada falta de independencia de las autoridades judiciales para resolver con imparcialidad", y iii) la "configuración de un cuadro de denegación de justicia como consecuencia del retardo injustificado en la decisión sobre nulidad".

34.   Por otra parte y respecto a las excepciones establecidas en el artículo 46.2 de la Convención, alegaron que: i) en el marco de la alegada situación estructural de provisionalidad de los jueces y fiscales en Venezuela, así como "[l]a reiterada y persistente violación del derecho a un juez independiente e imparcial en el proceso contra el [señor] Brewer Carías, no controvertida tampoco por el Estado, comprueba que se negó a la [presunta] víctima el debido proceso legal, con lo que se configura la primera excepción a la exigencia del agotamiento de los recursos internos antes de acudir a la protección internacional de los derechos humanos (art. 46(2)(a) [de la Convención])"; ii) "[l]a persistente y arbitraria negativa del Ministerio Público y de los diversos jueces que han conocido de una causa criminal incoada contra el [señor] Brewer Carías, de admitir y dar curso a los medios de prueba y recursos promovidos por los abogados de la [presunta] víctima para proveer a su adecuada defensa en los términos del artículo 8 de la Convención, configura la segunda excepción a la exigencia del agotamiento de los recursos internos antes de acudir a la protección internacional de los derechos humanos (art. 46(2)(b) [de la Convención])", y iii) "[l]a circunstancia de que el recurso de nulidad de todo lo actuado en el proceso, introducida el 8 de noviembre de 2005, no se haya resuelto para esta fecha, configura el supuesto de retardo indebido y configura la tercera excepción a la exigencia del agotamiento de los recursos internos antes de acudir a la protección internacional de los derechos humanos (art. 46(2)(c)" de la Convención.

35. La Corte expondrá a continuación los hechos que considera necesarios para resolver la excepción sobre previo agotamiento de los recursos internos. A continuación se describirán dichos hechos en el siguiente orden: 1) antecedentes asociados al transitorio derrocamiento del entonces Presidente de la República en abril de 2002 y las reacciones a dichos hechos, y 2) el proceso penal en contra del señor Brewer Carías.

> **B.2.** *Determinación de los hechos pertinentes para resolver la excepción preliminar sobre la falta de agotamiento de recursos internos*

B.2.1. *Antecedentes*

B.2.1.1. *Entre finales del año 2001 y abril de 2002*

36. Entre diciembre de 2001 y abril de 2002 se produjo una movilización social contra diversas políticas del gobierno venezolano[16]. La protesta pública fue creciendo en el primer trimestre de 2002[17] y desembocó en el transitorio derrocamiento del entonces Presidente, Hugo Chávez Frías[18].

---

16 CIDH. Informe sobre la Situación de los Derechos Humanos en Venezuela de 2003 OEA/Ser.L/V/II.118. Doc. 4 rev. 1, 24 de octubre de 2003, Resumen Ejecutivo, párr. 4. "El ambiente político en Venezuela se caracterizó por una notoria tendencia a la radicalización que comenzó con un proceso de definición y acentuación en los primeros meses del año 2002 y la interrupción del orden constitucional el 11 de abril y la posterior restauración el 14 de abril del mismo año". Disponible en: http://www.cidh.org/countryrep/venezuela2003sp/indice.htm; transcripción de sesiones de la "Comisión Especial Política que investiga los hechos ocurridos los días 11, 12, 13 y 14 de abril de 2002" de la Asamblea Nacional de la República Bolivariana de Venezuela (expediente de escrito a la contestación, anexo 1, pieza 6, folios 10419 a 10450), y extracto de "Los documentos del Golpe" de la "Fundación Defensoría del Pueblo" (expediente de anexos a la contestación, anexo 1, pieza 6, folios 10704 a 10709).

17 *Cfr.* OEA. Resolución de la Asamblea General (AG), Declaración sobre la democracia en Venezuela AG/DEC. 28 (XXXII-O/02), 4 de junio de 2002 (expediente de

escrito a la contestación, anexo 1, pieza 2, folio 9258 y 9259); OEA. Resolución del Consejo Permanente (CP), Respaldo a la Institucionalidad Democrática en Venezuela y a la gestión de facilitación del Secretario General de la OEA, OEA/Ser. GCP/RES.833 (1349/02) corr. 1, 16 diciembre 2002, Disponible en: http://www.oas.org/council/sp/resoluciones/HTML/res833.htm; OEA. Resolución de la Asamblea General (AG), Apoyo a la democracia en Venezuela, AG/RES. 1 (XXIX-E/02), 18 de abril de 2002. Disponible en: www.oas.org/consejo/sp/AG/Documentos/AGE-1-29-02%20espanol.doc; OEA. Resolución del Consejo Permanente (CP), Apoyo al proceso de diálogo en Venezuela, OEA/Ser.G CP/RES. 821 (1329/02), 14 agosto 2002. Disponible en: http://www.oas.org/consejo/sp/resoluciones/res821.asp. Notas de prensa: "No fue un golpe" del diario "Panorama" de 13 de abril de 2002 (expediente de anexos a la contestación, anexo 1, pieza 2, folio 8879); "PDVSA suspende envíos a Cuba" del diario "Panorama" de 13 de abril de 2002 (expediente de anexos a la contestación, anexo 1, pieza 2, folio 8879); "¿Cómo se fraguó la renuncia de Hugo Chávez" del diario "El Nacional" de 13 de abril de 2002 (expediente de anexos a la contestación, anexo 1, pieza 7, folio 11185); "EEUU conocía desde febrero los planes para derrocar a Chávez" del diario "El Mundo" de 16 de abril de 2002 (expediente de anexos a la contestación, anexo 1, pieza 3, folio 9198 y 9199); "EEUU admite que hubo encuentros con Carmona pero niega su implicación en la trama golpista" del diario "El Mundo" de 17 de abril de 2002 (expediente de anexos a la contestación, anexo 1, pieza 3, folio 9196 y 9197); "Los 'demócratas' del 11 de abril y sus asesores" del diario "Granma" de 25 de abril de 2002 (expediente de anexos a la contestación, anexo 1, pieza 3, folio 9184); "Al país se le tendió una trampa" del diario "El Nacional" de 27 de abril de 2002 (expediente de anexos a la contestación, anexo 1, pieza 7, folio 11187); "¿Hasta cuándo?" del diario "Panorama" del 7 de mayo de 2002 (expediente de anexos a la contestación, anexo 1, pieza 2, folio 8881); "Autores intelectuales están libre" del diario "Panorama" del 7 de mayo de 2002 (expediente de anexos a la contestación, anexo 1, pieza 2, folio 8882), "Crónica de una guerra civil anunciada" del diario "El Universal" de 7 de mayo de 2002 (expediente de anexos a la contestación, anexo 1, pieza 2, folio 8883); "De verdad verdad son verdaderas" del diario "Panorama" de 14 de mayo de 2002 (expediente de anexos a la contestación, anexo 1, pieza 2, folio 8886); "EEUU abre averiguación sobre complicidad golpista" del diario "Panorama" de 15 de mayo de 2002 (expediente de anexos a la contestación, anexo 1, pieza 2, folio 8890); "Chávez: Hemos abortado un golpe de Estado" del diario "Globovisión" de 6 de octubre de 2002 (expediente de anexos a la contestación, anexo 1, pieza 4, folio 10043), y "El Presidente de Venezuela crea plan antigolpe" del diario "El Tiempo" de 9 de octubre de 2002 (expediente de anexos a la contestación, anexo 1, pieza 4, folio 10044 a 10046).

18   Nota de prensa "Carmona Estanga: He sido opositor pero conspirador nunca" del diario "El Nacional" de 3 de mayo de 2002; "Cronología de movilizaciones realizadas por la oposición hasta el 25 de marzo de 2002 y proyecciones de las futuras manifestaciones hasta el 15 de abril de 2002" (expediente de anexos a la contestación, anexo 1, pieza 1, folios 8497 a 8522); anexos remitidos por la Fiscalía General de la República sobre los hechos sucedidos en fechas 11, 12 y 13 de abril de 2002 (expediente de anexos a la contestación, anexo 1, pieza 1, folios 8634 a 8643 –continua en pieza 2, folios 8644 a 8659–), y publicación "Verdades, mentiras y Videos. Lo más relevante de las interpelaciones en la Asamblea Nacional sobre los sucesos de abril" de "Libros El Nacional" de 2002 (expediente de anexos al escrito de solicitudes y argumentos, tomo VII, folios 7809 a 7857).

B.2.1.2. *El 11, 12 y 13 de abril de 2002*

37. El 11 de abril de 2002 los comandantes de la Fuerza Armada manifestaron desconocer la autoridad del Presidente de la República y al día siguiente el General Lucas Rincón informó a la población que se "solicitó al señor Presidente de la República la renuncia a su cargo, la cual aceptó"[19].

38. De acuerdo con la versión de los hechos dada por el señor Brewer Carías, ya que el Estado sostiene que habrían ocurrido de otra forma (*infra* párr. 62), en la madrugada del 12 de abril de 2002 el señor Pedro Carmona Estanga, uno de los líderes de las protestas civiles se habría puesto en contacto con él y le habría "envi[ado] un vehículo para que lo recogiera en su residencia"[20]. El señor Brewer Carías sostiene que fue llevado al "Fuerte Tiuna", sede del Ministerio de Defensa y de la Comandancia General del Ejército y que, una vez allí, el señor Carmona le habría solicitado que analizara un documento que le habrían entregado cuando llegó a ese lugar, a cuyo efecto se le habría puesto en contacto con dos jóvenes abogados de nombres Daniel Romero y José Gregorio Vásquez, quienes habrían sido los que le mostraron el documento[21]. El referido documento es lo que se conocería como "Decreto Carmona" y ordenaba la "reorganización de los poderes públicos" y el establecimiento de un "gobierno de transición democrática"[22]. Posteriormente, el señor Brewer ha declarado que tras no poder reunirse con el señor Carmona para poder darle su opinión sobre dicho documento, abandonó el "Fuerte Tiuna" y regresó a su casa[23].

---

19 *Cfr.* Nota de prensa "Tres presidentes en dos días" del diario "eluniversal.com" de 12 de abril de de 2002 (expediente de escrito de contestación, anexo 1, pieza 1, folio 8232) y Documento elaborado por Parlamento Latinoamericano Grupo Parlamentario Venezolano, Comisión de Asuntos Políticos titulado "Responsabilidades que sobre el control de orden público tienen las autoridades de la alcaldía del distrito metropolitano de Caracas en relación a los hechos acaecidos el día 11 de abril de 2002" de 15 de abril de 2002 (expediente de escrito de contestación, anexo 1, pieza 2, folios 8903 a 8911).

20 Declaración del señor Brewer Carías de 3 de junio de 2002 ante la Fiscalía Sexta (expediente de anexos a la contestación, anexo 1, pieza 2, folio 8986); declaración del señor Brewer Carías rendida en la audiencia pública celebrada en el presente caso, y declaración de Edgar Jose López Albujas ante la Fiscalía Sexta de 21 de abril de 2005 (expediente de anexos a la contestación, anexo 1, pieza 9, folio 12336).

21 Declaración del señor Brewer Carías de 3 de junio de 2002 ante la Fiscalía Sexta (expediente de anexos a la contestación, anexo 1, pieza 2, folio 8988).

22 Acta de imputación fiscal contra el señor Brewer Carías de 27 de enero de 2005 (expediente de anexos al informe de fondo, tomo I, folio 57).

23 "En medio de la confusión reinante le pedí a los asistentes de Carmona que me solucionara el problema de mi traslado para salir de Fuerte Tiuna y me ubicaron en una camioneta [...]. Llegue a mi casa despuntando el alba". Declaración del señor Brewer Carías de 3 de junio de 2002 ante el Fiscal Sexta (expediente de anexos a la contestación, anexo 1, pieza 2, folio 8991).

39. En efecto, ese mismo día el señor Carmona Estanga "anunció la disolución de los poderes públicos y el establecimiento de un 'gobierno de transición democrática', entre otras medidas"[24], al leer el denominado "Decreto Carmona". En dicho Decreto se establecían, entre otras cosas, las siguientes[25]:

1. Constituir un gobierno de transición democrática y unidad nacional. Se designa a Pedro Carmona Estanga, [...] Presidente de la República de Venezuela, quien asume en este acto y de forma inmediata la jefatura de Estado [...]. El Presidente de la República en Consejo de Ministros queda facultado para dictar los actos de efectos generales que sean necesarios para la mejor ejecución del presente decreto [...].

2. Se restablece el nombre de la República de Venezuela [...].

3. Se suspende de sus cargos a los diputados principales y suplentes de la Asamblea Nacional [...].

7. El Presidente de la República en Consejo de Ministros podrá remover y designar transitoriamente a los titulares de los órganos de los poderes públicos nacionales, estadales y municipales para asegurar la institucionalidad democrática [...].

8. Se decreta la reorganización de los poderes públicos[...], a cuyo efecto se destituyen de sus cargos ilegítimamente ocupados al Presidente y demás magistrados del Tribunal Supremo de Justicia, al Fiscal General de la República, al Contralor General de la República, al Defensor del Pueblo y a los Miembros del Consejo Nacional Electoral. [...]

40. El 14 de abril de 2002 "Hugo Chávez fue reinstaurado en la Presidencia de la República"[26].

B.2.1.3. *Reacciones a los hechos ocurridos entre el 11 y el 13 de abril de 2002*

41. Los hechos acontecidos los días 12 y 13 de abril de 2002 fueron considerados por el Consejo Permanente y la Asamblea General de la Organi-

---

24 *Cfr.* CIDH, Informe sobre la Situación de los Derechos Humanos en Venezuela de 2003. OEA/Ser.L/V/II.118. Doc. 4 rev. 1, 24 de octubre de 2003, párr. 7. Disponible en: http://www.cidh.org/countryrep/venezuela2003sp/introduccion.htm "[L]a Comisión emitió un comunicado de prensa el 13 de abril de 2002, en el que expresó, entre otras cosas, su más enérgica condena por los hechos de violencia, deploró la destitución de las más altas autoridades de todos los poderes públicos; y advirtió que dichos hechos configuraban una interrupción del orden constitucional".

25 Acta de imputación fiscal contra el señor Brewer Carías de 27 de enero de 2005 (expediente de anexos al informe de fondo, tomo I, folio 57).

26 CIDH. Informe sobre la Situación de los Derechos Humanos en Venezuela de 2003.

zación de los Estados Americanos como una "interrupción abrupta del orden democrático y constitucional [en Venezuela]"[27].

42. Por otra parte, los medios de comunicación reportaron que el señor Brewer Carías había estado en el "Fuerte Tiuna" en la madrugada del 12 de abril de 2002 y lo vincularon con la redacción del llamado "Decreto Carmona". El señor Brewer Carías aceptó haber estado en el "Fuerte Tiuna"[28], sin embargo, desmintió en diversas ruedas de prensa y en su declaración ante esta Corte el haber participado en la redacción de dicho decreto[29].

43. El 26 de abril de 2002 la Asamblea Nacional designó una "Comisión Parlamentaria Especial para investigar los sucesos de abril de 2002". En el informe emitido por dicha Comisión se "exhort[ó] al [p]oder [c]iudadano para investigar y determinar las responsabilidades de ciudadanos [...] quienes, sin estar investidos de funciones públicas, actuaron en forma activa y concordada en la conspiración y golpe de Estado". El señor Brewer Carías estaba incluido en la lista de personas que debían ser investigadas, según la Comisión Parlamentaria, por "estar demostrada su participación en la planificación y ejecución del [g]olpe de Estado"[30].

---

27 OEA. Resolución del Consejo Permanente (CP), Actual Situación en Venezuela OEA/Ser. G. CP/doc. 3616/02. 28 de mayo de 2002 Disponible en: http://www.oas.org/XXXIIGA/espanol/documentos/docs_esp/CPdoc3616_02.htm.

28 Declaración del señor Brewer Carías de 3 de junio de 2002 ante el Fiscal Sexta (expediente de anexos a la contestación, anexo 1, pieza 2, folio 8986) y declaración del señor Brewer Carías rendida en la audiencia pública celebrada en el presente caso

29 Declaración de Edgar Jose López Albujas ante Fiscal Sexta de 21 de abril de 2005 (expediente de anexos a la contestación, pieza 9, folio 12334); notas de prensa "Allan Brewer Carías responde a las acusaciones: No redacté el decreto de Carmona Estanga" del diario "El Globo" de 17 de abril de 2002 (expediente de anexos a la contestación, anexo 1, pieza 15, folio 15332); "Brewer Carías se desmarca de Pedro Carmona Estanga" del diario "País" de 17 de abril de 2002 (expediente de anexos a la contestación, anexo 1, pieza 15, folio 15333); "Brewer Carías: no sé quién redactó el decreto Carmona" del diario "El Nuevo País" de 17 de abril de 2002 (expediente de anexos a la contestación, anexo 1, pieza 15, folio 15335); "Brewer-Carías niega haber redactado el decreto" del diario "El Universal" de 17 de abril de 2002 (expediente de anexos a la contestación, anexo 1, pieza 15, folio 15337); Libro "En mi propia defensa. Respuesta preparada con la asistencia de mis defensores Rafael Odreman y León Henrique Cottin contra la infundada acusación fiscal por el supuesto delito de conspiración" de Allan Brewer Carías, Editorial Jurídica Venezolana, Caracas, 2006 (expediente de anexos al informe de fondo, tomo I, folios 77 a 660), y y declaración del señor Brewer Carías rendida en la audiencia pública celebrada en el presente caso.

30 Informe de la Comisión Parlamentaria Especial para Investigar los Sucesos de Abril de 2002, Caracas, Julio de 2002 (expediente de anexo al informe de fondo, tomo II, folio 937).

B.2.2. *Hechos en relación con el proceso penal*

B.2.2.1. *Investigación en contra de Pedro Carmona y por los hechos ocurridos el 11, 12 y 13 de abril de 2002*

44. A fin de determinar las responsabilidades de las personas involucradas en los hechos ocurridos en abril de 2002, el 13 de abril de 2002 la Fiscalía del Ministerio Público a nivel nacional en materia de salvaguarda con competencia especial en bancos, seguros y mercados de capitales inició un proceso de investigación por los hechos ocurridos el 11, 12 y 13 de abril de 2002[31].

45. Entre los años 2002 y 2005 por lo menos cuatro fiscales provisorios investigaron los hechos relacionados con lo acontecido los días 11, 12 y 13 de abril de 2002, entre esos hechos, los relacionados con la redacción del "Decreto Carmona". Inicialmente el Fiscal provisorio José Benigno Rojas estuvo a cargo de la investigación[32], luego fue sustituido por el Fiscal Provisorio Danilo Anderson[33] y, el 28 de agosto de 2002, la investigación fue asumida por Luisa Ortega Díaz como suplente ante la Fiscalía Sexta del Ministerio Público a Nivel Nacional[34].

46. El 10 de mayo de 2002 se citó al señor Brewer para el 15 de mayo de 2002 "a fin de sostener entrevista en relación a la investigación" llevada a cabo en contra el señor Pedro Carmona[35].

47. El 22 de mayo de 2002 el señor Ángel Alberto Bellorín, coronel en servicio del ejército venezolano, presentó una denuncia ante el Fiscal General de la República en la que indicaba que "es un hecho notorio comunicacional reiterado y por todos conocido a través de los diversos medios de comunicación"[36] que la autoría del "Decreto Carmona" pertenecía al señor Brewer Carías y a otras tres personas, y se refirió a los supuestos autores "como expertos en materia constitucional"[37].

---

31 Auto de 13 de abril de 2002 de la Fiscal Sexta (expediente de anexos a la contestación, pieza 1, folio 8214).

32 Auto de 13 de abril de 2002 de la Fiscal Sexta, folio 8214.

33 Auto de 15 septiembre de 2004 de la Fiscal Sexta (expediente de anexos a la contestación, pieza 6, folio 10547).

34 Resolución N° 539 del Ministerio Público de 28 de agosto de 2002 del Fiscal General de la República (expediente de anexos al escrito de solicitudes y argumentos, tomo III, folio 5270).

35 Citación de 10 de mayo de 2002 (expediente de anexos a la contestación, pieza 2, folio 8742).

36 Denuncia formulada por Ángel Bellorín el 22 de mayo de 2002 (expediente de anexos al informe de fondo, tomo II, folios 940 a 975), y declaración del testigo Ángel Bellorín rendida en la audiencia pública celebrada en el presente caso.

37 Denuncia formulada por Ángel Bellorín de 22 de mayo de 2002, folios 940 a 975.

48. El 3 de junio de 2002 el señor Brewer Carías "comparec[ió] previa citación" ante la Fiscalía encargada del proceso[38]. El 9 de julio de 2002 un testigo, el señor Jorge Olavarría[39], presentó ante el Fiscal Rojas un escrito donde señalaba que "[l]e consta[ba] que el [señor] Brewer no redactó ese documento"[40].

49. El 5 de octubre de 2003 cuatro diputados de la Asamblea Nacional presentaron otra denuncia en contra del señor Brewer y otras tres personas por supuestamente ser "los autores intelectuales y materiales en la elaboración, redacción y publicación ante el país del [...] decreto [...] Carmona"[41].

50. Durante esta fase del proceso, en la cual el señor Brewer todavía no había sido imputado, fue asignada inicialmente la Jueza Temporal Vigésimo Quinta, Josefina Gómez Sosa. El 17 de diciembre de 2004 dicha Jueza, a solicitud de la Fiscal Provisoria Sexta, decretó la orden de prohibición de salida del país de 27 imputados, entre quienes no se encontraba el señor Brewer Carías[42]. La orden fue apelada ante la Sala Diez de la Corte de Apelaciones y, el 31 de enero de 2005, esa Sala la revocó. El 3 de febrero de 2005 los jueces de la Corte de Apelaciones cuyo voto había sido por la nulidad de la orden apelada fueron suspendidos de su cargo por la Comisión Judicial del Tribunal Supremo de Justicia[43]. La Jueza Temporal Gómez Sosa también fue suspendida de su cargo por no haber motivado suficientemente la orden de prohibición de salida del país y fue reemplazada por el Juez Manuel Bognanno[44].

---

38 Declaración del señor Brewer Carías el 3 de junio de 2002 ante la Fiscal Sexta (expediente de anexos a la contestación, pieza 2, folios 8986 a 8998).

39 El señor Jorge Olavarría fue diputado a la Asamblea Constituyente de Venezuela de 1999. El 10 de abril se encontraba reunido en su oficina con el señor Brewer Carías. El señor Brewer afirma que "una vez reunidos [...] se presentaron [...] dos jóvenes abogados" con un borrador de lo que luego sería el "Decreto Carmona". El señor Olavarría declaró que él y el señor Brewer observaron la "incons-titucionalidad y la violación de la Carta Democrática Interamericana" que se involucraba en dicho escrito. "En mi propia defensa. Respuesta preparada con la asistencia de mis defensores Rafael Odreman y León Henrique Cottin contra la infundada acusación fiscal por el supuesto delito de conspiración" de Allan Brewer Carías, Editorial Jurídica Venezolana, Caracas, 2006 (expediente de anexos al informe de fondo, tomo I, folio 98).

40 Escrito de Jorge Olavarría ante el Fiscal General de la República de 9 de julio de 2002 (expediente de anexo al escrito de solicitudes y argumentos, tomo IV, folio 6148 y 6149).

41 Denuncia de 5 de octubre de 2003 (expediente de anexos a la contestación, pieza 6, folios 10691 y 10692).

42 Resolución N° 2005-0015 del Tribunal Supremo de Justicia de Caracas de 3 de febrero de 2005 (expediente de anexos al escrito de solicitudes y argumentos, tomo VI, folio 7097).

43 Resolución N° 2005-0015 del Tribunal Supremo de Justicia de Caracas, folio 7098.

44 Resolución N° 2005-0015 del Tribunal Supremo de Justicia de Caracas, folio 7098.

B.2.2.2. *Imputación al señor Brewer Carías*

51. El 13 de enero de 2005 el señor Brewer Carías fue citado nueva-mente por la Fiscal a cargo para el día "20 de enero de 2005 [...] a los fines de imputarlo por los hechos que investiga[ba] esta [...] Fiscal"[45].

52. La imputación en contra del señor Brewer Carías fue realizada el 27 de enero de 2005, en razón de su presunta "participación en la redacción y elaboración del Acta de Constitución del Gobierno de Transición Democráti-ca y Unidad Nacional"[46]. Esta conducta estaría prevista y sancionada en el delito "conspiración para cambiar violentamente la Constitución" consagrado en el artículo 144 -numeral 2, del Código Penal[47] venezolano vigente en ese momento. Como fundamento para la imputación, la Fiscal tuvo en cuenta, *inter alia*: i) el "Decreto Carmona"; ii) la denuncia presentada por el señor Ángel Alberto Bellorín; iii) las diversas notas de prensa y programas de tele-visión que hacían referencia al señor Brewer como autor del mencionado De-creto; iv) la entrevista de 9 de julio de 2002 al señor Jorge Olavarria; v) el contenido del libro "mi testimonio ante la historia" del señor Pedro Carmona, y vi) la entrevista rendida el 3 de junio de 2002 por el señor Brewer ante la Fiscalía.

53. El 14 de febrero de 2005 el señor Brewer designó a los señores José Rafael Odreman Ledezama y León Henrique Cottin, como sus abogados de-fensores en el proceso penal[48].

54. El 4 de mayo de 2005 la defensa presentó ante el Juez Vigésimo Quinto un escrito, mediante el cual expuso las presuntas irregularidades que consideró que se presentaban en el proceso, como la negación algunos los testimonios y la transcripción de unos videos[49]. El 11 de mayo de 2005 el Juez Vigésimo Quinto, Manuel Bognanno, ordenó a la Fiscal Provisoria Sexta

---

45   Citación de 13 de enero de 2005 (expediente de anexos a la contestación, pieza 7, folio 11066).

46   Acta de imputación al señor Brewer Carías de la Fiscal Sexta de 27 de enero de 2005 (expediente de anexos al informe de fondo, tomo I, folio 51).

47   El artículo 144, inciso 2 del Código Penal establece que: "Serán castigados con pre-sidio de doce a veinticuatro años: Los que, sin el objeto de cambiar la forma política republicana que se ha dado la Nación, conspiren o se alcen para cambiar violenta-mente la Constitución Nacional. En la mitad de la pena referida incurrirán los que cometen los actos a que se refieren los números anteriores, con respecto a los Gober-nadores de los Estados, las Asambleas Legislativas y las Constituciones de los Esta-dos, y en la tercera parte de dicha pena, los que se cometieren contra los Presidentes de los Consejos Municipales". Código Penal de Venezuela vigente al 27 de enero de 2005. Disponible en: http://gobiernoenlinea.gob.ve/home/ar-chivos/CodigoPenal.pdf

48   Acta de 14 de febrero de 2005 (expediente de anexos a la contestación, pieza 7, folio 11286).

49   Escrito de la defensa del señor Brewer Carías del 4 de mayo de 2005 dirigido al Juez Vigésimo Quinto de Control (expediente de anexo al informe de fondo, tomo II, fo-lios 1035 a 1058).

permitir a la defensa y al señor Brewer que "t[uvieran] acceso inmediato [al expediente], otorgándoles las copias del expediente o videos que así le [fueran] requeridos y, en el caso de que por razones de volumen del expediente, y espacio [fuera] necesario dotarlos de un área física mayor a la actual, para el estudio del expediente"[50]. Asimismo, en dicha oportunidad, el Juez Vigésimo Quinto indicó "[e]n cuanto a un pronunciamiento por parte del tribunal sobre la pertinencia o utilidad de los medios de prueba, tanto los ofrecidos por el Ministerio Público como por la defensa, ello corresponde a una etapa todavía no acontecida, actualmente la causa se encuentra en etapa de investigación, [...] no correspondiendo en esta oportunidad [...] establecer algún dictamen sobre la pertinencia, necesidad o utilidad de algún medio probatorio ofrecido por las partes. Por otra parte, [...] la negativa del Ministerio Público a la práctica de determinadas pruebas, no constituye impedimento para que la defensa pueda ofrecerlas posteriormente de acuerdo a las formas y procedimiento establecidos"[51]. La decisión de 11 de mayo de 2005 fue declarada absolutamente nula el 6 de julio de 2005 por la Corte de Apelaciones y ordenó que otro juez de control se pronunciara respecto del escrito de la defensa[52]. Lo anterior debido a que consideró que el Juez Vigésimo Quinto no había tenido en cuenta en su decisión "las razones esgrimidas por el Ministerio Público para negar las entrevistas[, ...] con lo cual se violó el principio de contradicción"[53].

55. El 30 de mayo de 2005 la Fiscal Provisoria Sexta había solicitado a la Sala Nueve de la Corte de Apelaciones que declarara nula la decisión del Juez Vigésimo Quinto en tanto el escrito presentado por la defensa no le había sido notificado, por lo cual no había tenido la oportunidad de defenderse[54]. La Fiscalía había señalado que los defensores del señor Brewer Carías habían tenido la posibilidad de revisar el expediente durante todo el proceso transcurrido desde la imputación y que había actas de revisión que consignaban dicha información. Asimismo, la Fiscalía sostuvo que "[d]e las innumerables pruebas solicitadas por los defensores, han sido acordadas casi en su totali-

---

50 Resolución del Juez Vigésimo Quinto de 11 de mayo de 2005 (expediente de anexos al informe, tomo III, folio 1076).

51 Resolución del Juez Vigésimo Quinto de 11 de mayo de 2005, folio 1078.

52 Decisión del 6 de julio de 2005 de la Sala 9 de la Corte de Apelaciones decidiendo la apelación contra la decisión del Tribunal Vigésimo Quinto de Control de 11 de noviembre de 2005 (expediente de anexos al informe de fondo, tomo III, folios 1082 a 1098).

53 Decisión del 6 de julio de 2005 de la Sala 9 de la Corte de Apelaciones decidiendo la apelación contra la decisión del Tribunal Vigésimo Quinto de Control de 11 de noviembre de 2005 (expediente de anexos al informe de fondo, tomo III, folios 1095).

54 Solicitud de nulidad de la Fiscal Sexta de 30 de mayo de 2005 (expediente de anexos al informe de fondo, tomo III, folios 1101 a 1140).

dad, como consecuencia de lo cual es igualmente falso que se haya hecho caso omiso a la petición de evacuación de pruebas"[55].

56.   El 3 de junio de 2005 "la defensa del ciudadano Guaicaipuro Lameda, solicitó a[l] juzgado, se fij[ara] un plazo para que el Ministerio Público present[ara] su acto conclusivo". Para responder a esta solicitud, el 10 de junio de 2005 el Juez Vigésimo Quinto "procedió a enviar [un] oficio a la Fiscalía Sexta Nacional solicitándole un informe sobre el estado actual de la causa, [y que le remitiera el expediente] destacándose que ambas instrucciones eran a los fines de verificar el plazo y la procedencia de la solicitud interpuesta"[56]. El 27 de junio de 2005 la Fiscal Sexta solicitó al juez que "se sirv[iera] indicar […] la norma en que fundamenta[ba] su solicitud, y que le imponga al Ministerio Público la obligación de informar y de remitir las actuaciones que cursan ante el mismo"[57]. El Juez Vigésimo Quinto puso el hecho en conocimiento del Fiscal Superior del Ministerio Público del Área Metropolitana de Caracas ese mismo día[58]. El 29 de junio de 2005 se dejó sin efecto la designación del Juez Vigésimo Quinto[59], Manuel Bognanno, y fue reemplazado por el Juez José Alonso Dugarte Ramos en el Tribunal de Primera Instancia del Circuito Judicial Penal - Área Metropolitana de Caracas[60].

57.   El 10 de agosto de 2005 la defensa presentó ante el Juez Vigésimo Quinto un nuevo escrito insistiendo en la admisión de los testimonios ofrecidos, en la transcripción técnica de los videos y en el cumplimiento de la decisión de la Corte de Apelaciones de 6 de julio de 2005[61].

58.   El señor Brewer Carías viajó fuera de Venezuela el 29 de septiembre de 2005[62] y su defensa, el 10 de mayo de 2006, indicó al juez de control

---

55   Solicitud de nulidad de la Fiscal Provisoria de 30 de junio de 2005 (expediente de anexos a la contestación, anexo 1, pieza 10, folio 12865).

56   Oficio Nº 632-05 de 27 de junio de 2005 del Juez Vigésimo Quinto (expediente de anexos al informe de fondo, tomo III, folio 1139 y 1140).

57   Escrito de la Fiscal Sexta al Juez Vigésimo Quinto de Control de 27 de junio de 2005 (expediente de anexos al informe de fondo, tomo III, folio 1137).

58   Oficio Nº 632-05 de 27 de junio de 2005 del Juez Vigésimo Quinto (expediente de anexos al informe de fondo, tomo III, folio 1139 y 1140).

59   Resolución del Tribunal Supremo de Justicia de 29 de junio de 2005 (expediente de anexos al escritos de solicitudes y argumentos, tomo VI, folio 7105). En dicha decisión se indicó: "dejar sin efecto las designaciones de los siguientes profesionales […]: [...] El Abogado Manuel Antonio Bognanno […], Juez temporal del Juzgado de Primera Instancia del circuito judicial penal […], en razón a las observaciones que fueron formuladas ante este despacho".

60   Cuadro de designaciones efectuadas por la Dirección Ejecutiva de la Magistratura de 29 de junio de 2005 (expediente de anexos al informe de fondo, tomo III, folio 1142).

61   Escrito presentado por la defensa el 10 de agosto de 2005 ante el Juez Vigésimo Quinto de Control (expediente de anexos al informe de fondo, tomo III, folios 1148 a 1196).

62   Oficio de la Dirección de Migración y Zonas Fronterizas del Ministerio del Interior y Justicia de 16 de marzo de 2006 en el que consta del Sistema de Identidad de Migra-

que el señor Brewer Carías no regresaría al país hasta que "se presenten las condiciones idóneas para obtener un juicio imparcial y con respeto de sus garantías judiciales" (*infra* párr. 73).

59. El 4 de octubre de 2005 la defensa del señor Brewer presentó ante el Juzgado Vigésimo Quinto una solicitud de nulidad "de todos los actos adelantados por [el] Ministerio Público" como consecuencia de un libro publicado por el Fiscal General cuyo título es "Abril comienza en octubre" y en el que se habría referido "acerca de ciertas versiones de una persona según las cuales el señor Brewer sería el autor del "Decreto Carmona". Esta solicitud de nulidad aún no ha sido resuelta (*infra* párr. 92).

60. El 20 de octubre de 2005 el Juez Vigésimo Quinto profirió una decisión, mediante la cual[63]: i) negó nuevamente las solicitudes de transcripción de todos los videos, así como la declaración de 4 testigos ofrecidos por la defensa, y ii) negó la solicitud de declaración del señor Carmona Estanga, pues consideró que al encontrarse éste imputado en la causa, su declaración no tendría valor probatorio. Esta decisión fue apelada el 28 de octubre de 2005 por la defensa[64].

B.2.2.3. *Acusación al señor Brewer Carías*

61. El 21 de octubre de 2005 la Fiscal Provisoria Sexta formalizó la acusación contra el señor Brewer Carías y otras dos personas imputadas por la presunta participación en "la comisión del delito de conspiración para cambiar violentamente la Constitución", por lo que se procedería "en consecuencia al enjuiciamiento de los ciudadanos"[65]. En la acusación se indicó:

a. una "relación clara y precisa y circunstanciada del hecho punible que se le atribuye a[l señor] Brewer Carías"[66];

b. los fundamentos de la imputación, para lo cual se expuso un listado de los elementos de convicción utilizados para la acusación;

c. el precepto jurídico aplicable, y

d. "ofrecimiento de los medios de prueba [ante el Juez]".

---

ción la salida del señor Brewer Carías (expediente de anexos a la contestación, pieza 20, folio 17454).

63 Decisión del Juez Vigésimo Quinto de Control del 20 de octubre de 2005 (expediente de anexo al informe de fondo, tomo III, folios 1234 a 1238).

64 Apelación de la defensa ante el Juez Vigésimo Quinto de Control recibida el 28 de octubre de 2005 (expediente de anexos al informe de fondo, tomo IV, folios 1636 a 1700).

65 Acusación fiscal de 21 de octubre de 2005 (expediente de anexos a la contestación, anexo 1, pieza 13, folio 14193 a 14351).

66 Acusación fiscal de 21 de octubre de 2005 (expediente de anexos a la contestación, anexo 1, pieza 13, folio 14196 a 14202).

62. Sobre el primer punto, la Fiscalía como hechos que presuntamente comprometerían la responsabilidad penal del señor Brewer mencionó los siguientes:

a. el "10 de abril de 2002 a las seis de la tarde el [señor] Brewer Carías se [habría] reuni[do] con el [señor] José Gregorio Vásquez López y el [señor] Jorge Olavarria, entre otros, en la oficina de este último, [...] con la finalidad de discutir lo que sería el 'Decreto de Constitución de un Gobierno de Transición Democrática y Unidad Nacional'";

b. "[e]n esta reunión [le habrían] presenta[do ...] al [señor] Brewer Carías un proyecto de Decreto para ser discutido [...]. [...] Efectivamente, el proyecto [habría sido] analizado y discutido por el [señor] Brewer Carías, quien [habría] destac[ado] la mala redacción, pero jamás observó [...] que ese no era el procedimiento [...] para cambiar la Constitución";

c. el "11 de abril de 2002, a las nueve de la mañana, se realiz[ó] un acto en una tarima instalada frente al edificio de PDVSA, dentro de las personas que se encontraban presentes estaba el [señor] Brewer Carías[, quien se habría] separ[ado] momentáneamente de la marcha y acud[ido a dar una entrevista], manifestando que una vez que saliera de esa entrevista se incorporaría nuevamente a la marcha";

d. se habrían "prepara[do] renuncias, destituciones [...] y se hacían escritos, resultando de la investigación que una de las personas [supuestamente] encargadas de la redacción de estos instrumentos jurídicos [sería] el [señor] Brewer Carías";

e. el 11 de abril en el Fuerte Tiuna el señor Brewer Carías habría procedido "a revisar nuevamente el mismo documento que discutió dos días antes" y habría "redact[ado] lo que sería la renuncia del Presidente de la República y [habría] prest[ado] asesoría en cuanto a la forma de proceder del nuevo gobierno, [habría] gir[ado] instrucciones [y dado] sugerencias de la forma como se llevaría a cabo la puesta en vigencia del mencionado decreto";

f. el 12 de abril de 2002 el señor Brewer Carías en la mañana habría dado una entrevista en el programa CMT Noticias y de ahí se habría trasladado "al Palacio de Miraflores" donde presuntamente se habría reunido con el señor Pedro Carmona, y

g. el 12 de abril de 2002 en la noche habría "llama[do al señor] José Gregorio Vásquez López [...] quien [...] se encontra[ría] reunido con el [señor] Pedro Carmona [...], planificando las estrategias a seguir en el nuevo gobierno".

63. Respecto al segundo punto, la Fiscalía realizó un listado de los elementos de convicción junto con la argumentación que utilizó para sustentar su acusación en contra del señor Brewer Carías[67].

64. En cuanto al precepto jurídico aplicable, la Fiscalía manifestó que los hechos por los cuales se acusaba al señor Brewer serían subsumibles en el delito de "conspiración para cambiar violentamente la Constitución", por lo que concluyó que "con los elementos de convicción señalados [...] se tiene la certeza que los imputados [...] conspiraron para cambiar violentamente la Constitución [...], por lo que a criterio de esta representación fiscal existe un fundamento serio para solicitar su enjuiciamiento público"[68].

65. Por otra parte, en la decisión de acusación la Fiscal Provisoria Sexta solicitó que se decretara "la privación judicial preventiva de la libertad" del señor Brewer Carías y las otras dos personas acusadas. Como fundamento de lo anterior, la Fiscalía expreso que por ser un "hecho punible que merece penas privativas de la libertad, cuya acción penal no se encuentra prescrita, fundados elementos de convicción para estimar que los acusados [...] son autores o participes de la comisión del delito de conspiración para cambiar violentamente la Constitución [...] y [hay] presunción razonable de peligro de fuga, en atención a la entidad de la pena que podría llegar a imponerse (presidio de 18 años), as[í] como la facilidad de los imputados para ausentarse del país por disponer de medios económicos suficientes para ello"[69].

66. El 24 de octubre de 2005 el Juez Vigésimo Quinto acordó fijar la audiencia preliminar para el 17 de noviembre de 2005[70]. Ese mismo día la

---

67 Acusación fiscal de 21 de octubre de 2005 (expediente de anexos a la contestación, anexo 1, pieza 13, folios 14209 a 14274). La resolución de acusación incluye 31 elementos de prueba adicionales a los establecidos en la imputación y expone en el "Capítulo III", sobre "fundamentos de la imputación con expresión de los elementos de convicción que emergen de la investigación contra [...] Allan Brewer Carías", 54 "elementos de convicción" para formular este acto: A) Contenido del "Decreto de Constitución de un Gobierno de Transición Democrática y Unidad Nacional"; B) 2 denuncias penales contra Allan Brewer Carías formuladas ante el Ministerio Público Fiscal; C) 2 escritos presentados por Allan Brewer Carías; D) 19 notas o declaraciones en prensa respecto a las cuales la fiscalía efectuó 7 entrevistas a los periodistas en relación con lo que habían mencionado o escrito; E) 17 declaraciones testimoniales rendidas ante el Ministerio Público; F) 4 videos; G) 2 diligencias de investigación de la Fiscalía sobre un video y sobre las llamadas realizadas por la presunta víctima en el día 12 de abril de 2002; H) Informe de la Comisión Parlamentaria Especial para investigar los sucesos de abril de 2002; I) 2 interpelaciones ante la Comisión Especial de la Asamblea Nacionales; J) 3 artículos o libros, y K) 1 comunicación suscrita por el señor Isaac Pérez Recao.

68 Acusación fiscal de 21 de octubre de 2005 (expediente de anexos a la contestación, anexo 1, pieza 13, folio 14325).

69 Acusación fiscal de 21 de octubre de 2005 (expediente de anexos a la contestación, anexo 1, pieza 13, folio 14344).

70 Auto de 24 de octubre de 2005 del Juez Vigésimo Quinto (expediente de anexos a la contestación, anexo 1, pieza 13, folio 14386).

defensa del señor Brewer realizó una solicitud de copia simple del escrito de acusación[71], lo cual fue aceptado y ordenado el 26 de octubre de 2005[72].

67. El 26 de octubre de 2005 la defensa solicitó al Juez Vigésimo Quinto que se garantizara el derecho del señor Brewer Carías "a ser juzgado en libertad" y solicitó también "la declaratoria anticipadamente de improcedencia de la privación preventiva de libertad", por tratarse de una persona no peligrosa, laboral y académicamente activa, con residencia y arraigo en el país[73].

68. El 8 de noviembre de 2005 la defensa presentó ante el Juez Vigésimo Quinto un escrito, mediante el cual dio respuesta a la acusación y rechazó "en todas sus partes, tanto en los hechos como en el derecho, la acusación". Solicitaron, entre otras cosas, la nulidad de todas las actuaciones que conforman la investigación y presentaron excepciones contra la acusación (*infra* párrs. 93 y 94).

69. El 15 de noviembre de 2005 la Corte de Apelaciones del Circuito Judicial requirió al Juez Vigésimo Quinto la acusación hecha en contra del señor Brewer, "a los fines de resolver sobre la admisibilidad o no del recurso de apelación interpuesto por [sus] abogados"[74], lo cual ocurrió el 17 de noviembre del mismo año[75].

70. El 16 de noviembre de 2005 la defensa recusó al Juez Vigésimo Quinto, razón por la cual la audiencia preliminar pautada para el 17 de noviembre de 2005 no fue llevada a cabo[76]. Dicha recusación se fundamentaba en que el Juez Vigésimo Quinto habría incurrido en una causal de inhibición, por cuanto éste había fallado el 20 de octubre de 2005 sobre la decisión de negar la declaración del señor Pedro Carmona, por lo cual la defensa argumentó en dicha oportunidad que al "emitir opinión sobre un tema vital en este proceso como lo es la negativa de evacuar una prueba importantísima para la defensa del [señor] Brewer Carías, de la cual podría desprenderse su exclusión de responsabilidad penal, [...] ello lo inhabilita [...] para seguir cono-

---

71 Solicitud de la defensa de 24 de octubre de 2005 (expediente de anexos a la contestación, anexo 1, pieza 13, folio 14357).

72 Auto de 26 de octubre de 2005 del Juez Vigésimo Quinto (expediente de anexos a la contestación, anexo 1, pieza 14, folio 14424).

73 Apelación de la defensa contra la acusación del Fiscal ante el Juez Vigésimo Quinto de Control recibida el 28 de octubre de 2005 (expediente de anexos al informe de fondo, tomo III, folios 1401 a 1412).

74 Auto de 15 de noviembre de 2005 del Juzgado Vigésimo Quinto (expediente de anexos a la contestación, anexo 1, pieza 16, folio 15792).

75 Auto de 17 de noviembre de 2005 de la Corte de Apelaciones del Circuito Judicial (expediente de anexos a la contestación, anexo 1, pieza 16, folio 15799).

76 Acta del Juzgado Vigésimo Quinto de 17 de noviembre de 2005 (expediente de anexos a la contestación, anexo 1, pieza 16, folio 15805).

ciendo del presente proceso"[77]. La recusación fue declarada sin lugar el 30 de enero de 2005 por la Corte de Apelaciones del Circuito Judicial (Sala 10), debido a que consideró que "tal dictamen sobre la procedencia o no de una prueba anticipada no conlleva a prejuzgar sobre la culpabilidad o inocencia de una persona"[78].

71. Una vez resuelta la recusación en su contra, el Juez Vigésimo Quinto acordó el 7 de febrero de 2006 fijar como nueva fecha para la audiencia preliminar el 7 de marzo de 2006[79]. La defensa presentó una declaración extraprocesal de Pedro Carmona el 1 de marzo de 2006 y solicitó que fuera admitida como prueba en el proceso[80]. El 7 de marzo de 2006 se dejó constancia de "la incomparecencia del [señor] Brewer Carías, aunado a ello, el Juez Vigésimo Quinto se enc[ontraba] de reposo, siendo encargada la Juez Vigésimo Cuarta de Control [...], razón por la cual se acuerda diferir [la audiencia preliminar] para el 4 de abril de 2006"[81]. El 10 de abril de 2006 el Juez Vigésimo Quinto aplazó nuevamente la audiencia preliminar para el 10 de mayo de 2006, debido a que había sido recusado por otra de las personas imputadas en el proceso[82]. Esta nueva recusación fue declarada sin lugar el 26 de abril de 2006[83].

B.2.2.4. *Medida privativa de libertad*

72. El 9 de mayo de 2006 el Juez Vigésimo Quinto ordenó verificar "el movimiento migratorio del [señor] Brewer Carías"[84], por cuanto consideró que "vistas las resultas que arroja[ba]n las diligencias de notificación practi-

---

77 Resolución de la Sala 10 Accidental de la Corte de Apelaciones del Circuito Judicial Penal del Área Metropolitana de Caracas (expediente de anexos a la contestación, anexo 1, pieza 18, folio 16680).

78 Resolución de la Sala 10 Accidental de la Corte de Apelaciones del Circuito Judicial Penal del Área Metropolitana de Caracas (expediente de anexos a la contestación, anexo 1, pieza 18, folio 16680).

79 Auto de 7 de febrero de 2006 del Juez Vigésimo Quinto (expediente de anexos a la contestación, anexo 1, pieza 18, folio 16720).

80 Escrito presentado por la defensa del señor Brewer junto con la declaración extraprocesal de Pedro Carmona Estanga al Juez Vigésimo Quinto de Control el 1 de marzo de 2006 (expediente de anexos a la contestación, anexo 1, pieza 18, folio 16833 a 16848).

81 Acta del Juzgado Vigésimo Quinto de 7 de marzo de 2006 (expediente de anexos a la contestación, anexo 1, pieza 18, folio 16874).

82 Acta del Juzgado Vigésimo Quinto de 10 de abril de 2006 (expediente de anexos a la contestación, anexo 1, pieza 18, folio 16942).

83 Resolución de la Sala 4 Accidental de la Corte de Apelaciones del Circuito Judicial Penal del Área Metropolitana de Caracas (expediente de anexos a la contestación, anexo 1, pieza 19, folio 17249).

84 Resolución del Juzgado Vigésimo Quinto de 9 de mayo de 2006 (expediente de anexos a la contestación, anexo 1, pieza 19, folios 17305 a 17307).

cadas por la Oficina de Alguacilazgo al [señor] Brewer Carías, resulta[ba] pertinente hacer las siguientes consideraciones[:] a la audiencia preliminar como fase intermedia deben concurrir personalmente las partes, y en el supuesto de no ser así, debe suspenderse la celebración de la audiencia hasta que acuden todos los que deben hacerlo en forma personal. No obstante [...] los recurrentes diferimientos de que es objeto la audiencia preliminar por incomparecencia de las partes sin causa justificada, lo cual se traduce en un abuso que hacen los incomparecientes del derecho a ser juzgado en libertad [...]. [U]na inferencia lógica deductiva de las resultas que arroja la práctica de las diligencias de notificación del [señor] Brewer Carías, hacen estimar razonablemente a este juzgado que sobrevenga una carencia de certeza en relación a su permanencia en el país, lo cual implicaría la imposibilidad de su comparecencia personal a la audiencia preliminar, estimación razonable que hace este juzgador en base a las resultas de las notificaciones practicadas en reiteradas oportunidades, dicha situación haría nugatorio el derecho de los demás imputados a obtener de los órganos jurisdiccionales con prontitud las decisiones que deben ser resueltas en la audiencia preliminar durante la presente fase intermedia"[85]. Con base en lo anterior, el Juez Vigésimo Quinto decidió, además, diferir la audiencia hasta el 20 de junio de 2006.

73. El 10 de mayo de 2006 la defensa del señor Brewer Carías informó al Juez Vigésimo Quinto que éste no regresaría al país por cuanto estimó que[86]: i) "la actuación del Ministerio Público en el presente caso no ha sido otra cosa que una clara persecución política oficial en su contra"; ii) "el propio Fiscal General [...] hab[ía] violentado directamente su garantía a la presunción de inocencia, al haberlo condenado públicamente de antemano, al publicar su libro 'Abril comienza en octubre'"; iii) "ante el reclamo oportuno hecho en sede jurisdiccional, sólo ha[bía] obtenido respuestas negativas [y q]ue esas respuestas negativas y muchas veces tardías del órgano jurisdiccional ha[bía]n constituido a su vez nuevas violaciones a sus garantías constitucionales"; iv) "se le cercenó el derecho de obtener el sobreseimiento en la fase intermedia del proceso"; v) "todo ello constituye la negación de una justicia accesible, imparcial, idónea, transparente, autónoma, independiente, responsable, equitativa y expedita"; vi) "la acusación en si misma ya es una condena, cuyo objeto es castigar su crítica política e ideológica al proyecto con el que se pretende sojuzgar a Venezuela", y vii) lo había "designado profesor adjunto en la facultad de derecho de la Universidad de Columbia" en Estados Unidos y él había aceptado dicha posición. Finalmente, manifestó que "ha[bía] tomado la decisión de esperar a que se presenten las condiciones idóneas para obtener un juicio imparcial y con respecto de sus garantías judiciales, [por lo que informaba al Juzgado] a fin de que tom[ara] la decisión que

---

85   Resolución del Juzgado Vigésimo Quinto de 9 de mayo de 2006 (expediente de anexos a la contestación, anexo 1, pieza 19, folios 17305 a 17307).

86   Escrito de la defensa de 10 de mayo de 2006 (expediente de anexos a la contestación, anexo 1, pieza 19, folios 17320 a 17322).

cre[yera] conveniente y contin[uara] adelante el proceso, todo ello a fin de no causar ninguna dilación, ni perjuicio a los demás acusados".

74. El 2 de junio de 2006 la Fiscal Sexta solicitó nuevamente al Juez que se decretara la medida privativa de libertad contra el señor Brewer Carías y manifestó que del escrito presentado por la defensa el 10 de mayo de 2006 "se evidencia[ba] que el imputado [...] se enc[ontraba] fuera del país, que no p[ensaba] regresar, por lo que e[ra] forzoso concluir que su intensión e[ra] la de no someterse a la persecución penal [y que] en consecuencia el imputado no asistir[ía] a la audiencia preliminar prevista para el [...] 20 de junio de 2006"[87]. El Juzgado Vigésimo Quinto acordó el 15 de junio de 2006 expedir la orden de aprehensión al señor Brewer Carías[88], debido a que decretó la medida de privación judicial preventiva de libertad. Los razones esgrimidos por el Juez en dicha decisión, son, *inter alia*, que: i) había "una clara manifestación de voluntad del [señor] Brewer Carías de no someterse a la persecución penal, resultando demás evidente, su intención de evadirse de la administración de justicia"; ii) "la existencia de un hecho punible que merezca pena privativa de la libertad (presidio de 12 a 24 años) y la acción no se encuentra evidentemente prescrita", y iii) "conforme a los hechos que se desprenden de las diligencias de investigación aportados como elementos de convicción por el Ministerio Público, que los hechos o la conducta presuntamente antijurídica que se le atribuye al imputado se subsume en el hecho punible a que se contrae el tipo penal de conspiración para cambiar violentamente la Constitución". En esta misma fecha, copias de esta decisión fueron oficiadas al Director del Cuerpo de Investigaciones Científicas, Penales y Criminalísticas[89]. La medida no se ha hecho efectiva en tanto, a la fecha, el señor Brewer Carías permanece en el extranjero.

B.2.2.5. *Continuación del proceso después de la medida preventiva*

75. La defensa del señor José Gregorio Vásquez, quien fue acusado conjuntamente con el señor Brewer Carías, manifestó el 22 de febrero de 2007 al Juzgado Vigésimo Quinto que "[e]l decreto de la medida privativa de la libertad contra el [señor] Brewer Carías y la imposibilidad de ejecutar dicha medida por encontrarse en el extranjero [...], hace necesario que este Tribunal de Control, previamente a la celebración de la audiencia preliminar[, ...] decida acerca de la separación de la causa contra [el señor] Brewer Carías, por cuanto para juzgar a dicho ciudadano podría ser necesario practicar

---

87 Escrito de la Fiscal de 2 de junio de 2006 ante el Juez (expedientes de anexos al informe de fondo, tomo IV, folios 1433 a 1436).

88 Decisión del Juzgado Vigésimo Quinto de 15 de junio de 2006 (expediente de anexos a la contestación, anexo 1, pieza 20, folio 17435).

89 Oficio del Juzgado Vigésimo Quinto de 15 de junio de 2006 (expediente de anexos a la contestación, anexo 1, pieza 20, folio 17493).

algunas diligencias especiales, que al efecto deberán ser determinadas por [el] Tribunal"[90]. El 7 de marzo de 2007 el Juez Vigésimo Quinto decidió no realizar la separación de la causa, "por cuanto este Tribunal se pronunciara [sobre este punto] en el momento de la realización de la audiencia preliminar, la cual ya se encuentra pautada"[91]. Esta decisión fue apelada por el señor Vásquez el 23 de marzo de 2007[92] y concedida por la Corte de Apelaciones, la cual decidió anular la decisión de 7 de marzo y ordenó volver a proferir la decisión[93]. Por ello, el 20 de julio de 2007 dicho Juez decidió nuevamente no separar la causa en tanto afirmó que[94]:

> "en el caso de marras, el acto de la audiencia preliminar no ha sido diferido por incomparecencia del [señor] Brewer Carías, al contrario los diversos diferimientos que cursan e[n] las actas del presente expediente han sido en virtud de las numerosas solicitudes interpuestas por los distintos defensores de los imputados.
>
> [...]
>
> [C]abe destacar la sentencia con carácter vinculante emanada de la Sala Constitucional del Tribunal Supremo de Justicia [...] de 22 de diciembre de 2003, la cual expresa que cuando existen pluralidad de partes en un proceso penal y alguna de ellas se ausenten por diversas circunstancias nos encontramos frente a la suspensión del proceso hasta tanto todas estas personas comparezca al mencionado acto.
>
> [...]
>
> Los diversos diferimientos de la señalada audiencia no han sido por ausencia del contumaz imputado antes mencionado, por el contrario, han sido producto de las innumerables solicitudes de diferimientos por la propia defensa".

---

90 Escrito de la defensa de José Gregorio Vásquez ante el Juzgado Vigésimo Quinto de 22 de febrero de 2007 (expediente de anexos a la contestación, anexo 1, pieza 21, folios 18319 y 18320).

91 Decisión del Juzgado Vigésimo Quinto de 15 de junio de 2006 (expediente de anexos a la contestación, anexo 1, pieza 20, folio 18413).

92 Escrito de la defensa de José Gregorio Vásquez ante el Juzgado Vigésimo de 23 de marzo de 2007 (expediente de anexos a la contestación, anexo 1, pieza 22, folios 18531 y 18538).

93 Resolución del Juzgado Vigésimo Quinto del Circuito Judicial del Área Metropolitana de Caracas de 20 de julio de 2007 al escrito presentado por la defensa de José Gregorio Vásquez (expediente de anexos al escrito de solicitudes y argumentos, tomo v, folios 6832 a 6838).

94 Resolución del Juzgado Vigésimo Quinto del Circuito Judicial del Área Metropolitana de Caracas de 20 de julio de 2007 al escrito presentado por la defensa de José Gregorio Vásquez (expediente de anexos al escrito de solicitudes y argumentos, tomo v, folios 6832 a 6838).

B.3. *Consideraciones de la Corte*

76. A partir de los alegatos presentados por las partes y la Comisión, la Corte considera necesario entrar a analizar: a) si la excepción de agotamiento de los recursos fue presentada en el momento procesal oportuno; b) si se interpusieron los recursos idóneos y efectivos para remediar la alegada violación de derechos, y c) si proceden las excepciones al agotamiento previo de los recursos internos.

B.3.1. *La presentación de la excepción en el momento procesal oportuno*

77. Esta Corte ha sostenido de manera consistente que una objeción al ejercicio de la jurisdicción de la Corte basada en la supuesta falta de agotamiento de los recursos internos debe ser presentada en el momento procesal oportuno[95], esto es, durante la admisibilidad del procedimiento ante la Comisión[96]. Por tanto, el Estado debía, en primer lugar, precisar claramente ante la Comisión, durante la etapa de admisibilidad del presente caso, los recursos que, en su criterio, aún no se habían agotado. Por otra parte, los argumentos que dan contenido a la excepción preliminar interpuesta por el Estado ante la Comisión durante la etapa de admisibilidad deben corresponder a aquellos esgrimidos ante la Corte[97].

78. Al respecto, la Corte constata que el Estado, en su escrito de contestación de la petición del 25 de agosto de 2009 en el proceso ante la Comisión, señaló que "[l]os peticionarios recono[cía]n que no hab[ían] agotado los recursos internos [y que] era evidente que [esa] petición [era] inadmisible"[98].

79. El Estado alegó en el escrito anteriormente mencionado que los argumentos respecto a que el señor Brewer Carías no fuera "ni por asomo, el redactor del decreto del 12 de abril" o el alegato sobre la "infundada imputación formulada contra el [señor] Brewer Carias, mediante escrito de fecha 27 de enero de 2005", presuponen que la Comisión decidiera si la imputación es infundada o no, cuando esto es competencia de los tribunales venezolanos. El Estado argumentó que los argumentos de hecho y derecho presentados por los

---

95   *Caso Velásquez Rodríguez Vs. Honduras. Excepciones Preliminares.* Sentencia de 26 de junio de 1987. Serie C N° 1, párr. 88, *y Caso Liakat Ali Alibux Vs. Suriname. Excepciones Preliminares, Fondo, Reparaciones y Costas.* Sentencia de 30 de enero de 2014. Serie C N° 276, párr. 14.

96   *Cfr. Caso Velásquez Rodríguez Vs. Honduras. Excepciones Preliminares*, párrs. 84 y 85, *y Caso Liakat Ali Alibux Vs. Suriname*, párr. 14.

97   *Cfr. Caso Furlan y Familiares Vs. Argentina. Excepciones Preliminares, Fondo, Reparaciones y Costas.* Sentencia de 31 de agosto de 2012 Serie C N° 246, párr. 29.

98   Escrito de 31 de agosto de 2009 del Estado ante la Comisión (anexos al escrito de observaciones de los representantes de la presunta víctima a la excepción preliminar interpuesta por el Estado, tomo único, folio 21873).

peticionarios deben ser resueltos por los tribunales de los República Bolivariana de Venezuela y que a tal fin, el señor Brewer Carías debe ponerse a derecho ante los tribunales venezolanos.

80. Asimismo, el Estado en dicho escrito arguyó que los peticionarios
no habían agotado los recursos de la jurisdicción interna en vista de que el
proceso penal seguido contra el señor Brewer Carías se encontraba en etapa
intermedia por causa de que éste había salido de Venezuela y que no existía el
juicio en ausencia. En dicha oportunidad argumentó que, en consecuencia, el
proceso no había llegado a etapa de juicio, que "no se ha[bía] producido la
audiencia oral y pública, no [se] ha[bía] iniciado la admisión de pruebas, [y]
no se ha[bía emitido una] sentencia de primera instancia [que posibilitara la
presentación de u]n recurso de apelación de autos, de un recurso de apelación
de sentencia definitiva, de revocación, casación, revisión en materia penal, de
amparo; y [finalmente una] revisión constitucional por parte de la Sala Constitucional de la República de Venezuela"[99].

81. En consecuencia, la Corte considera que el Estado presentó la excepción preliminar de falta de agotamiento de recursos internos en el momento procesal oportuno en el proceso ante la Comisión, basándose en el argumento de que la falta de agotamiento de recursos se constituía debido al
hecho de que el proceso penal contra el señor Brewer Carías todavía no había
terminado, y que existían etapas en las que se podían discutir sobre las irregularidades alegadas y se disponía de recursos específicos que podían ser presentados en el marco del proceso penal.

82. La Comisión concentró el análisis de su informe de admisibilidad en
la determinación de si procedían las excepciones al agotamiento previo de los
recursos internos. Sin embargo, los representantes señalaron que se habían
agotado recursos adecuados para cumplir con el requisito del artículo 46.1,
razón por la cual la Corte entra a pronunciarse sobre este alegato.

B.3.2. *La presentación de recursos idóneos y efectivos para agotar la jurisdicción interna*

83. El artículo 46.1.a) de la Convención Americana dispone que para
determinar la admisibilidad de una petición o comunicación presentada ante
la Comisión Interamericana de conformidad con los artículos 44 o 45 de la
Convención, es necesario que se hayan interpuesto y agotado los recursos de
la jurisdicción interna, según los principios del Derecho Internacional generalmente reconocidos[100]. La Corte recuerda que la regla del previo agotamiento de los recursos internos está concebida en interés del Estado, pues busca

---

99   Escrito de 31 de agosto de 2009 del Estado ante la Comisión (anexos al escrito de
      observaciones de los representantes de la presunta víctima a la excepción preliminar
      interpuesta por el Estado, tomo único, folio 21873).

      Cfr. Caso Velásquez Rodríguez Vs. Honduras. Excepciones Preliminares, párr. 85, y
      Caso Liakat Ali Alibux Vs. Suriname, párr. 14.

dispensarlo de responder ante un órgano internacional por actos que se le imputen, antes de haber tenido la ocasión de remediarlos con sus propios medios[101]. Lo anterior significa que no sólo deben existir formalmente esos recursos, sino también deben ser adecuados y efectivos, como resulta de las excepciones contempladas en el artículo 46.2 de la Convención[102].

84. Al haber alegado la falta de agotamiento de los recursos internos, corresponde al Estado señalar en esa debida oportunidad los recursos que deben agotarse y su efectividad. De acuerdo con la carga de la prueba aplicable a la materia, el Estado que alega el no agotamiento debe señalar los recursos internos que deben agotarse y proporcionar la prueba de su efectividad. Al respecto, el Tribunal reitera que la interpretación que esta Corte ha dado al artículo 46.1.a) de la Convención por más de dos décadas está en conformidad con el Derecho Internacional[103], y que conforme a su jurisprudencia[104] y a la jurisprudencia internacional[105] no es tarea de la Corte, ni de la Comisión, identificar *ex officio* cuáles son los recursos internos pendientes de agotamiento. El Tribunal resalta que no compete a los órganos internacionales subsanar la falta de precisión de los alegatos del Estado[106].

85. En el presente caso el Estado alegó que el proceso penal no había avanzado por la ausencia del señor Brewer Carías, y que sin su presencia tampoco podía resolverse las solicitudes de nulidad. Por tanto, argumentó que la terminación del proceso penal y la presentación de recursos como la apelación, casación o revisión constituían los recursos idóneos para la presunta víctima (*supra* párrs. 17 y 18).

86. Por otra parte, este Tribunal recuerda que desde su primer caso estableció que la idoneidad de los recursos:

Cfr. Caso Velásquez Rodríguez Vs. Honduras. Fondo. Sentencia de 29 de julio de 1988. Serie C N° 4, párr. 61, y *Caso Liakat Ali Alibux Vs. Suriname*, párr. 15.

Cfr. Caso Velásquez Rodríguez Vs. Honduras. Fondo, párr. 63, y *Caso Liakat Ali Alibux Vs. Suriname*, párr. 15.

103 *Cfr. Caso Reverón Trujillo Vs. Venezuela. Excepción Preliminar, Fondo, Reparaciones y Costas.* Sentencia de 30 de junio de 2009. Serie C N° 197, párr. 22, y *Caso Mémoli Vs. Argentina. Excepciones Preliminares, Fondo, Reparaciones y Costas.* Sentencia de 22 de agosto de 2013. Serie C N° 265, párr. 47.

104 *Cfr. Caso Velásquez Rodríguez Vs. Honduras. Excepciones Preliminares*, párr. 88, y *Caso Furlan y Familiares Vs. Argentina*, párr. 25.

105 *Cfr.* Tribunal Europeo de Derechos Humanos (en adelante "T.E.D.H."), *Caso Deweer Vs. Bélgica*, (N° 6903/75), Sentencia de 27 de febrero de 1980, párr. 26; *Caso Foti y otros Vs. Italia*, (N° 7604/76; 7719/76; 7781/77; 7913/77), Sentencia de 10 de diciembre de 1982, párr. 48, y *Caso de Jong, Baljet y van den Brink Vs. Los Países Bajos*, (N° 8805/79 8806/79 9242/81), Sentencia de 22 de mayo de 1984, párr. 36.

106 *Cfr. Caso Reverón Trujillo Vs. Venezuela*, párr. 23, y *Caso Liakat Ali Alibux Vs. Suriname*, párr. 16. Ver también: T.E.D.H., *Case of Bozano Vs. France*, Sentencia de 18 de diciembre de 1986, parr. 46.

significa que la función de esos recursos, dentro del sistema del Derecho interno, sea idónea para proteger la situación jurídica infringida. En todos los ordenamientos internos existen múltiples recursos, pero no todos son aplicables en todas las circunstancias. Si, en un caso específico, el recurso no es adecuado, es obvio que no hay que agotarlo. Así lo indica el principio de que la norma está encaminada a producir un efecto y no puede interpretarse en el sentido de que no produzca ninguno o su resultado sea manifiestamente absurdo o irrazonable. Por ejemplo, un procedimiento de orden civil, expresamente mencionado por el Gobierno, como la presunción de muerte por desaparecimiento cuya función es la de que los herederos puedan disponer de los bienes del presunto muerto o su cónyuge pueda volver a casarse, no es adecuado para hallar la persona ni para lograr su liberación si está detenida[107].

87. Mientras que sobre la efectividad de los recursos se ha establecido que:

66. Un recurso debe ser, además, eficaz, es decir, capaz de producir el resultado para el que ha sido concebido. El de exhibición personal puede volverse ineficaz si se le subordina a exigencias procesales que lo hagan inaplicable, si, de hecho, carece de virtualidad para obligar a las autoridades, resulta peligroso para los interesados intentarlo o no se aplica imparcialmente.

67. **En cambio, al contrario de lo sostenido por la Comisión, el mero hecho de que un recurso interno no produzca un resultado favorable al reclamante no demuestra, por sí solo, la inexistencia o el agotamiento de todos los recursos internos eficaces, pues podría ocurrir, por ejemplo, que el reclamante no hubiera acudido oportunamente al procedimiento apropiado**[108]. (Añadido fuera del texto)

88. El caso sometido al Tribunal reviste características particulares dado que: i) el proceso se encuentra en etapa intermedia (*infra* párrs. 95 a 97), y ii) el principal obstáculo para que avance el proceso es la ausencia del señor Brewer Carías (*infra* párrs. 138 a 143). En esa medida, el Tribunal considera que en este caso en el cual todavía se encuentra pendiente la audiencia preliminar y una decisión al menos de primera instancia, no es posible entrar a pronunciarse sobre la presunta vulneración de las garantías judiciales, debido a que todavía no habría certeza sobre como continuaría el proceso y si muchos de los alegatos presentados podrían ser subsanados a nivel interno. Lo anterior, sin perjuicio del posible análisis que se pueda hacer respecto al alegado retardo injustificado o plazo razonable (*infra* párr. 143).

---

107 *Caso Velásquez Rodríguez Vs. Honduras. Fondo*, párr. 64.

108 *Caso Velásquez Rodríguez Vs. Honduras. Fondo*, párr. 66 y 67.

89. En similar sentido, la Corte ha señalado que solicitudes interpuestas por la defensa como las solicitudes de nulidad por incumplimiento de formas y condiciones legales o la nulidad de una experticia ofrecida por el Ministerio Público tampoco podrían implicar que haya operado el agotamiento de los recursos internos[109]. En efecto, en el caso *Diaz Peña Vs. Venezuela*, el Tribunal concluyó, *inter alia*, que "el recurso adecuado a su respecto era la apelación de la sentencia que se dictase al término del proceso[,]sin perjuicio de la posibilidad de impugnación por excesiva duración del proceso"[110].

90. Al respecto, la Corte constata que en el marco del proceso penal que se ha llevado a cabo en contra del señor Brewer Carías su defensa presentó diversos escritos respecto a las alegadas garantías que consideraba vulneradas. En efecto, la imputación en contra del señor Brewer Carías fue realizada el 27 de enero de 2005, en razón de su presunta "participación en la redacción y elaboración del Acta de Constitución del Gobierno de Transición Democrática y Unidad Nacional" (*supra* párr. 52). Los representantes alegaron que, con posterioridad a dicha imputación, habrían presentado otros "recursos" dentro de la investigación fiscal, los cuales "revelaron persistentemente su inutilidad a la luz de las [alegadas] arbitrariedades y [presuntas] manipulaciones sistemáticas del Ministerio Público". En el marco de lo ya señalado en la determinación de los hechos pertinentes para resolver la excepción preliminar dichos escritos son los siguientes:

El 4 de mayo de 2005 se presentó un escrito mediante el cual expuso las presuntas irregularidades que consideró que se presentaban en el proceso, como la negación de algunos de los testimonios solicitados y la transcripción de los videos (*supra* párr. 54);

ii) El 10 de agosto de 2005 la defensa presentó ante el Juez Vigésimo Quinto un nuevo escrito insistiendo en la admisión de los testimonios ofrecidos, en la transcripción técnica de los videos y en el cumplimiento de la decisión de la Corte de Apelaciones de 6 de julio de 2005 en la que dicha corte había ordenado a otro Juez de Control distinto que se pronunciara con relación al escrito presentado el 4 de mayo de 2005 (*supra* párr. 57);

iii) El 26 de octubre de 2005 la defensa solicitó al Juez Vigésimo Quinto que se garantizara el derecho del señor Brewer Carías "a ser juzgado en libertad" y solicitó también "la declaratoria anticipadamente de improcedencia de la privación preventiva de libertad", por tratarse de una persona no peligrosa, laboral y académicamente activa, con residencia y arraigo en el país (*supra* párr. 67);

---

109 *Caso Díaz Peña Vs. Venezuela.* Sentencia de 26 de junio de 2012. Serie C N° 244, párr. 124.

110 *Caso Díaz Peña Vs. Venezuela*, párr. 124.

iv) El 28 de octubre de 2005 la defensa apeló una decisión del 20 de octubre de 2005, mediante la cual: a) negó nuevamente las solicitudes de transcripción de todos los videos, así como la declaración de 4 testigos ofrecidos por la defensa, y b) negó la solicitud de declaración del señor Carmona Estanga, pues consideró que al encontrarse éste imputado en la causa, que su declaración no tendría valor probatorio (*supra* párr. 60);

v) La defensa del señor Brewer Carías apeló la aclaratoria a INTER-POL de 17 de septiembre de 2007 realizada por el Juzgado Vigésimo Quinto[111] y solicitó su anulación pero el 29 de octubre de 2007 la apelación fue declarada inadmisible por decisión de la Sala 8 de la Corte de Apelaciones del Circuito Judicial Penal del Área Metropolitana de Caracas, al declarar que en el "proceso penal existen actos que requieren la presencia del imputado, siendo el recurso de apelación uno de ellos"[112], y

vi) El 11 de enero de 2008 los representantes del señor Brewer Carías interpusieron ante el Juez Vigésimo Quinto una solicitud de sobreseimiento con base en el Decreto N° 5.789[113], mediante el cual declaró que se concedía amnistía a favor de "todas aquellas personas que enfrentadas al orden general establecido, y que a la presente fecha se encuentren a derecho y se hayan sometido a los procesos penales, que hayan sido procesadas y condenadas por la comisión de los siguientes hechos: [...] la redacción del Decreto del Gobierno de facto del (12) de abril de 2002"[114].

91.   Además, la defensa presentó dos escritos mediante los cuales se solicitó la nulidad de lo actuado. Las nulidades en el COPP se encuentran establecidas en el capítulo II entre los artículos 190 y 191, los cuales establecen que:

Artículo 190 – Principio – no podrán ser apreciados para fundar una decisión judicial, al utilizar como presupuestos de ella, los actos cumplidos en contravención o con inobservancia de las formas y condiciones previstas en este Código, la Constitución de la República Bolivariana de Venezuela, las leyes, tratados, convenios y acuerdos internacionales sus-

---

111 Oficio del Juzgado Vigésimo Quinto a INTERPOL de 17 de septiembre de 2007 (expediente de anexos a la contestación, anexo 1, pieza 23, folios 19387 a 19396).

112 Resolución de la Corte de Apelaciones Circuito Judicial Penal Área Metropolitana de Caracas, Sala 8 de 29 de octubre de 2007. "En nuestro proceso penal existen actos que requieren la presencia del imputado; siendo el recurso de apelación uno de ellos" (expediente de anexo al informe de fondo, tomo IV, folio 6859).

113 Escrito de la defensa de 11 de enero de 2008 (expediente de anexos a la contestación, anexo 1, pieza 25, folios 20001 a 20012).

114   Decreto N° 5.789 de 31 de diciembre de 2007 (expediente de anexos al informe, tomo IV, folios 1581 a 1587).

critos por la República, salvo que el defecto haya sido subsanado o convalidado.

Artículo 191 – Nulidades absolutas – serán consideradas nulidades absolutas aquellas concernientes a la intervención, asistencia y representación del imputado en los casos y formas que este Código establezca, o las que impliquen inobservancia o violación de derechos y garantías fundamentales previstos en este Código, la Constitución de la República Bolivariana de Venezuela, las leyes y tratados, convenios o acuerdos internacionales suscritos por la República[115].

92. La primera solicitud de nulidad fue presentada por la defensa el 4 de octubre de 2005 ante el Juzgado Vigésimo Quinto (*supra* párr. 59), en el cual se solicitó la nulidad "de todos los actos adelantados por [el] Ministerio Público"[116]. Los fundamentos de dicho recurso fueron que: i) "[e]l [...] Fiscal General [...] public[ó] un libro cuyo título es 'Abril comienza en octubre'"; ii) el Fiscal se habría referido en su libro acerca de ciertas versiones de una persona según las cuales el señor Brewer sería el autor del "Decreto Carmona"; iii) "el Fiscal General [...] en su libro da[ría] por sentado, admit[iría], afirm[aría] [...] que [su] representado supuestamente habría estado en una reunión donde no estuvo, habría estado redactando juntos con otras personas con quienes nunca se ha reunido, un documento que no redactó"; iv) "la publicación y referencia a[l señor] Brewer Carías - a un caso en el cual la Fiscalía lo ha imputado-, que hace el [...] Fiscal General [...] en su libro [...] constitu[iría] una clara y flagrante violación del derecho a la presunción de inocencia de [su] defendido, así como de todos los principios del proceso penal acusatorio"; v) "[s]ería ingenuo que el Fiscal General [...] se amparara y excusara de su [...] conducta sosteniendo que lo que aparece publicado bajo su firma es una referencia a lo que dice Rafael Poleo"; vi) "la investigación del presente caso ha sido adelantada por un ente cuyo máximo jerarca est[aría] absolutamente parcializado", y vii) habrían sido vulnerados "el derecho a la defensa, [a la] presunción de inocencia y el [...] proceso debido, todos de rango constitucional, lo que produc[iría] como consecuencia la nulidad de todos los actos adelantados por el Ministerio Público".

93. El segundo escrito –de 523 páginas– fue presentado por la defensa el 8 de noviembre de 2005 ante el Juez Vigésimo Quinto, como respuesta a la acusación de 21 de octubre de 2005 (*supra* párr. 68). En dicho escrito la defensa rechazó "en todas sus partes, tanto en los hechos como en el derecho, la

---

115 Artículos 190 y 191 del Código Procedimiento Penal de Venezuela (expediente de anexos a la contestación, tomo I, folio 20631).

116 Escrito presentado por la defensa el 7 de octubre de 2005 ante el Juez Vigésimo Quinto (expediente de anexos a la contestación, anexo 1, pieza 13, folio 14107 a 14128).

acusación". Las solicitudes en dicha oportunidad fueron que[117]: i) se "declare la nulidad de todas las actuaciones que conforman la investigación adelantada por el Ministerio Público, así como el acto conclusivo"; ii) subsidiariamente que se "declaren con lugar las excepciones opuestas"; iii) "sean rechazadas las pruebas ofrecidas por el Ministerio Público"; iv) "sean admitidas todas las pruebas que [...] ofreci[eron]", y v) "el enjuiciamiento de[l señor Brewer] se haga en absoluta libertad". La solicitud de nulidad absoluta se fundamentó principalmente en:

  i.   la negativa de diligencias solicitadas por la defensa;

  ii.   la alegada violación del derecho a la defensa y del principio de presunción de inocencia al presuntamente invertir la carga de la prueba y al utilizar testimonios referenciales;

  iii. la supuesta violación del derecho a la defensa y el principio de contradicción relacionados con "la práctica mediatizada de diligencias de investigación";

  iv.   por la alegada falta de decisión oportuna de la solicitud de nulidad interpuesta el 4 de octubre de 2005, y

  v.   la presunta violación de la garantía del juez natural.

94.   Además de las solicitudes de nulidad, dicho escrito de 523 páginas contenía excepciones contra la resolución de acusación, consistentes en lo siguiente: i) acción supuestamente "promovida ilegalmente por falta de requisitos formales para intentar la acusación", y ii) alegada "acción promovida ilegalmente por estar basada en hecho que no revisten carácter penal"[118]. Como fundamentos de fondo, la defensa argumentó sobre: i) la presunta "inexistencia en este caso del llamado 'hecho notorio comunicacional' conforme a la doctrina de la sala constitucional para poder fundamentar una acusación penal"; ii) la alegada "infundada acusación y la [supuesta] inexistencia en este caso del tipo delictivo de conspiración"; iii) un análisis detallado de cada uno de los supuestos "elementos de convicción" utilizados por el Ministerio Público para la acusación; iv) la actuación del señor Brewer "como abogado

---

117   Escrito de la defensa ante el Juzgado Vigésimo Quinto de 8 de noviembre de 2005 (expediente de anexos a la contestación, anexo 1, pieza 15, folio 15195).

118   En este punto la defensa del señor Brewer señaló, *inter alia*, que la Fiscal, "da por sentado en nuestro criterio erradamente, que el mencionado decreto de un gobierno de transición, del día 12 de abril de 2002, habría "entrado en vigencia" desconociendo y cambiando "violentamente la Constitución del 30 de diciembre de 1999" lo cual "no es correcto jurídicamente hablando. Conforme al ordenamiento jurídico venezolano, constitucional y legal, ningún decreto de supuesto gobierno de transición pudo haber entrado en vigencia el 12 de abril y en esa fecha, la Constitución de 1999 no fue cambiada, pues tal acto nunca comenzó a surtir efectos ni entró en vigencia, entre otros factores, porque el mismo no se publicó en forma alguna en la *Gaceta Oficial de la República Bolivariana de Venezuela*" (expediente de anexos a la contestación del Estado, anexo 1, pieza 14, folio 14850).

durante los meses precedentes al 12 de abril de 2002 y durante dicho día", y v) "la inimputabilidad del abogado por el ejercicio de su profesión". Asimismo, la defensa presentó alegatos relacionados con las razones por las cuales solicitó que se negaran las pruebas solicitadas por el Ministerio Público y las pruebas que, por su parte, deseaba promover durante el juicio.

95. Para determinar si estos escritos constituyen recursos adecuados, la Corte constata que en el presente caso la fase preparatoria ya fue cumplida, es decir, ya finalizó la fase de investigación[119] que culmina con la acusación del imputado[120]. El 21 de octubre de 2005 la Fiscal Sexta formalizó la acusación por lo que se procedería "en consecuencia al enjuiciamiento de los ciudadanos"[121]. De acuerdo con el Código Orgánico Procesal Penal la siguiente fase es la denominada "intermedia", la cual consiste primordialmente en la realización de la audiencia preliminar[122]. Esta fase puede culminar con el sobreseimiento o con un acto de apertura a juicio. En caso de ordenarse lo segundo, se abre entonces la tercera fase del proceso, es decir, el juicio oral y los recursos que se puedan interponer tales como la apelación y la casación. Asimismo, el artículo 125 del COPP establece que uno de los derechos del imputado es "[n]o ser juzgado o juzgada en ausencia, salvo lo dispuesto en la Constitución de la República"[123].

96. Tomando en consideración lo anterior, en el presente caso, como se denota del recuento de las fases del procedimiento penal aplicable (*supra* párr. 95), el proceso en contra del señor Brewer Carías se encuentra todavía en la fase intermedia, por cuanto la audiencia preliminar no se ha llevado a cabo y no se ha dado, entonces, inicio al juicio oral, por lo que el Tribunal constata que el proceso penal se encuentra en una etapa temprana. Lo anterior conlleva que no es posible analizar el impacto negativo que una decisión pueda tener si ocurre en etapas tempranas, cuando estas decisiones pueden ser subsanadas o corregidas por medio de los recursos o acciones que se estipulen en el ordenamiento interno.

---

119 Artículo 280 del COPP, el cual establece que "[e]sta fase tendrá por objeto la preparación del juicio oral y público, mediante la investigación de la verdad y la recolección de todos los elementos de convicción que permitan fundar la acusación del fiscal y la defensa del imputado" (expediente de anexos a la contestación, tomo I, folio 20636).

120 Dentro de los actos conclusivos de la fase preparatoria, el artículo 326 del COPP 2001 se refiere a la presentación de la acusación por el Ministerio Público ante el tribunal de control, "cuando el Ministerio Público estim[ara] que la investigación proporciona[ba] fundamento serio para el enjuiciamiento público del imputado" (expediente de anexos a la contestación, tomo I, folio 20638).

121 Acusación fiscal de 21 de octubre de 2005 (expediente de escrito de contestación, anexo 1, pieza 13, folio 14193 a 14351).

122 El artículo 327 del COPP indica que "audiencia preliminar – presentada la acusación el juez convocará a las partes a la audiencia oral" (expediente de anexos a la contestación, tomo I, folio 20638).

123 Artículo 125 del COPP (expediente de anexos a la contestación, tomo I, folio 20628).

97. Debido a la etapa temprana en que se encuentra el proceso, fueron interpuestas por la defensa del señor Brewer Carías las diversas solicitudes de nulidad y de otro tipo mencionadas anteriormente (*supra* párr. 90). Sin embargo, no se interpusieron los recursos que el Estado señaló como adecuados, a saber el recurso de apelación establecido en los artículos 451 a 158 del COPP[124], el recurso de casación señalado en los artículos 459 a 469 del COPP[125], y el recurso de revisión indicado en los artículos 470 a 477 del COPP[126]. En efecto, el Estado alegó sobre este punto la existencia de "[l]os recursos correspondientes a la fase intermedia establecida en el código orgánico procesal penal; asimismo, el agotamiento de la fase de juicio, de ser el caso, así como [la existencia de] recursos efectivos, [como] el de Apelación de Autos, de Sentencias Definitivas, de Reconsideración, de Casación, [y] de Revisión".

98. Cuando un específico procedimiento cuenta con etapas en las que se puede llegar a corregir o subsanar cierto tipo de irregularidades, los Estados deben poder disponer de dichas etapas procesales para remediar las alegadas irregularidades en el ámbito interno, sin perjuicio del análisis que pueda corresponder a las excepciones al previo agotamiento de los recursos internos establecidas en el artículo 46.2 de la Convención. Precisamente al finalizar una etapa intermedia o durante el juicio puede llegar a declararse la existencia de dichas irregularidades y proceder a la anulación de todo lo actuado o la recomposición del proceso en lo pertinente. Lo anterior cobra mayor relevancia en el presente caso si se tiene en cuenta que las solicitudes de nulidad involucraban algunos de los alegatos que fueron presentados ante este Tribunal respecto a la presunta violación a la independencia e imparcialidad judicial, derecho a la defensa, controversias en torno a pruebas que habrían sido rechazadas, posibilidades de contrainterrogar o estar presentes en ciertas declaraciones o modificaciones en las acusaciones, entre otras garantías judiciales.

99. Teniendo en cuenta lo anterior, la Corte considera no son de recibo los argumentos de los representantes en el sentido que dichos escritos fueran

---

124 El artículo 453 del COPP establece que "[e]l recurso de apelación será admisible contra sentencia definitiva dictada en el juicio oral" (expediente de anexos a la contestación, tomo I, folio 20645).

125 El artículo 459 del COPP indica que "[e]l recurso de casación sólo podrá ser interpuesto en contra de las sentencias de las cortes de apelaciones que resuelvan sobre la apelación, sin ordenar la realización de un nuevo juicio oral, cuando el Ministerio Público haya pedido en la acusación o la víctima en su querella, la aplicación de una pena privativa de libertad que en su límite máximo exceda de cuatro años; o la sentencia condene a penas superiores a esos límites, cuando el Ministerio Público o el querellante hayan pedido la aplicación de penas inferiores a las señaladas. Asimismo serán impugnables las decisiones de las Cortes de Apelaciones que confirmen o declaren la terminación del juicio o hagan posible su continuación" (expediente de anexos a la contestación, tomo I, folio 20646).

126 El artículo 470 del COPP señala que "[l]a revisión procederá contra la sentencia firme, en todo tiempo y únicamente a favor del imputado" (expediente de anexos a la contestación, tomo I, folio 20647).

adecuados y suficientes para dar por satisfecho el requisito establecido en el artículo 46.1.a) de la Convención Americana. Por otra parte, en el marco específico de las controversias sobre admisibilidad en el presente caso y debido a la etapa en que se encuentra el proceso, no es posible determinar la eficacia de los recursos indicados por el Estado porque hasta ahora no han operado. Dado que la Comisión concentró su análisis de admisibilidad en las excepciones al agotamiento de recursos internos, a continuación se analiza si proceden dichas excepciones en el presente caso.

B.3.3 *Las excepciones al previo agotamiento de recursos internos (artículo 46.2 de la Convención Americana)*

100. El artículo 46.2 de la Convención prevé que el requisito de previo agotamiento de los recursos internos no resulta aplicable cuando: a) no exista en la legislación interna del Estado de que se trata el debido proceso legal para la protección del derecho o derechos que se alega han sido violados; b) no se haya permitido al presunto lesionado en sus derechos el acceso a los recursos a la jurisdicción interna, o haya sido impedido de agotarlos, y c) haya retardo injustificado en la decisión sobre los mencionados recursos. Al respecto la Corte ha señalado que no procede agotar recursos ineficaces:

> para que tal recurso exista, no basta con que esté previsto por la Constitución o la ley o con que sea formalmente admisible, sino que se requiere que sea realmente idóneo para establecer si se ha incurrido en una violación a los derechos humanos y proveer lo necesario para remediarla. No pueden considerarse efectivos aquellos recursos que, por las condiciones generales del país o incluso por las circunstancias particulares de un caso dado, resulten ilusorios. Ello puede ocurrir, por ejemplo, cuando su inutilidad haya quedado demostrada por la práctica, porque el Poder Judicial carezca de la independencia necesaria para decidir con imparcialidad o porque falten los medios para ejecutar sus decisiones; por cualquier otra situación que configure un cuadro de denegación de justicia, como sucede cuando se incurre en retardo injustificado en la decisión; o, por cualquier causa, no se permita al presunto lesionado el acceso al recurso judicial[127].

101. Por otra parte, la Corte concuerda con lo señalado por la Comisión Interamericana en el informe de admisibilidad del presente caso respecto a que la invocación de las excepciones a la regla del agotamiento de los recursos internos previstas en el artículo 46.2 de la Convención se encuentra estrechamente ligada a la determinación de posibles violaciones a ciertos derechos allí consagrados, tales como las garantías de acceso a la justicia. El artículo

---

127 "Garantías Judiciales en Estados de Emergencia (arts. 27.2 25 y 8 de la Convención Americana sobre Derechos Humanos)". Opinión Consultiva OC – 9/87 del 6 de octubre de 1987. Serie A Nº 9, párr. 24.

46.2 de la Convención Americana, por su naturaleza y objeto, es una norma con contenido autónomo, *vis à vis* las normas sustantivas de la Convención. Por lo tanto, la determinación de si las excepciones a la regla del previo agotamiento de los recursos internos resultan aplicables al caso en cuestión debe llevarse a cabo de manera previa y separada del análisis del fondo del asunto, ya que depende de un estándar de apreciación distinto de aquél utilizado para determinar la presunta violación de los artículos 8 y 25 de la Convención. En consecuencia, a continuación la Corte no entrara a juzgar el fondo del presente caso sino que procederá a valorar exclusivamente la información necesaria para determinar la procedencia de las excepciones al agotamiento de los recursos, en el marco de su jurisprudencia según la cual este tema constituye una cuestión de "pura admisibilidad"[128].

102. Por otra parte, es pertinente recordar que, cuando se alega como excepción preliminar un cuestionamiento a la actuación de la Comisión con relación al procedimiento seguido ante ésta, la Corte ha sostenido que la Comisión Interamericana tiene autonomía e independencia en el ejercicio de su mandato conforme a lo establecido por la Convención Americana y, particularmente, en el ejercicio de las funciones que le competen en el procedimiento relativo al trámite de peticiones individuales dispuesto por los artículos 44 a 51 de la Convención[129]. A su vez, en asuntos que estén bajo su conocimiento, la Corte tiene la atribución de efectuar un control de legalidad de las actuaciones de la Comisión[130], lo que no supone necesariamente revisar el procedimiento que se llevó a cabo ante ésta[131], salvo en caso de que exista un error grave que vulnere el derecho de defensa de las partes[132]. Por último, la parte que afirma que una actuación de la Comisión durante el procedimiento ante la misma ha sido llevada de manera irregular afectando su derecho de defensa

---

128 En similar sentido, *Caso Velásquez Rodríguez Vs. Honduras. Excepciones Preliminares*, párr. 88 y *Caso Salvador Chiriboga Vs. Ecuador. Excepción preliminar y Fondo.* Sentencia de 6 de mayo de 2008. Serie C. N° 179, párr. 40.

129 *Cfr. Control de Legalidad en el Ejercicio de las Atribuciones de la Comisión Interamericana de Derechos Humanos* (arts. 41 y 44 de la Convención Americana sobre Derechos Humanos). Opinión Consultiva OC-19/05 de 28 de noviembre de 2005. Serie A N° 19, punto resolutivo primero, y *Caso Mémoli Vs. Argentina*, párrs. 25 y 49.

130 *Cfr. Control de Legalidad en el Ejercicio de las Atribuciones de la Comisión Interamericana de Derechos Humanos (arts. 41 y 44 de la Convención Americana sobre Derechos Humanos).* Opinión Consultiva OC-19/05, punto resolutivo tercero, y *Caso Mémoli Vs. Argentina*, párrs. 25 y 49.

131 *Cfr. Caso Trabajadores Cesados del Congreso (Aguado Alfaro y otros) Vs. Perú. Excepciones Preliminares, Fondo, Reparaciones y Costas.* Sentencia de 24 de noviembre de 2006. Serie C N° 158, párr. 66, y *Caso Mémoli Vs. Argentina*, párrs. 25 y 49.

132 *Cfr. Caso Trabajadores Cesados del Congreso (Aguado Alfaro y otros) Vs. Perú*, párr. 66, y *Caso Mémoli Vs. Argentina*, párrs. 25 y 49.

debe demostrar efectivamente tal perjuicio[133]. A este respecto, no resulta suficiente una queja o discrepancia de criterios en relación con lo actuado por la Comisión Interamericana[134]. Teniendo en cuenta lo anterior, la Corte entrará a examinar de manera autónoma cada una de las excepciones establecidas en el artículo 46.2 de la Convención Americana.

B.3.3.1 *Que no exista en la legislación interna del Estado el debido proceso legal para la protección del derecho o derechos que se alega han sido violados (artículo 46.2.a)*

103. Ha sido señalado que los representantes alegaron que existiría una problemática estructural que afectaría la independencia e imparcialidad del poder judicial y que se sintetizaría en la sujeción del poder judicial a los intereses del poder ejecutivo (*supra* párr. 34).

104. En su informe de admisibilidad la Comisión Interamericana consideró que no procedía la aplicación de la excepción establecida en el artículo 46.2.a. por las siguientes razones[135]:

90. Los peticionarios consideran que en casos de persecución política, el derecho internacional asiste a quien procura ponerse a salvo del Estado en cuestión. Indican que éste es el fundamento último del asilo y del refugio como instituciones jurídicas y citan el principio de non-refoulement. La Comisión entiende, sin embargo, que Allan Brewer Carías no se encuentra en el extranjero bajo el estatus de refugiado. Considera que un eventual análisis de los alegatos de persecución política o de los factores que hubieron afectado su derecho al debido proceso correspondería a la etapa del fondo.

91. En cuanto al argumento de los peticionarios sobre la naturaleza ilusoria de los recursos de la jurisdicción interna por falta de independencia e imparcialidad del Poder Judicial, los peticionarios fundamentan su alegación en que la elección del Tribunal Supremo de Justicia no se habría ajustado a la Constitución; que la reforma de la Ley Orgánica del Tribunal Supremo de Justicia de 2002 estableció la elección de jueces por mayoría simple; y que los magistrados que no siguen la línea gubernamental han sido destituidos o "jubilados". [...]

---

133 Cfr. *Caso Trabajadores Cesados del Congreso (Aguado Alfaro y otros) Vs. Perú*, párr. 66, y *Caso Mémoli Vs. Argentina*, párrs. 27 y 49.

134 Cfr. *Caso Castañeda Gutman Vs. México. Excepciones Preliminares, Fondo, Reparaciones y Costas.* Sentencia de 6 de agosto de 2008. Serie C N° 184, párr. 42, y *Caso Mémoli Vs. Argentina*, párrs. 27 y 49.

135 Informe de Admisibilidad N° 97/09, Petición 84-07, Allan R. Brewer Carías, Venezuela, 8 de septiembre de 2009 (expediente de anexos al informe, apéndice, tomo IV, folio 3629).

92. Si bien la [Comisión Interamericana] ha manifestado en varias oportunidades su preocupación sobre factores que pueden afectar la imparcialidad e independencia de algunos funcionarios del Ministerio Público y de la rama judicial en Venezuela, **el tenor de los procedimientos contenciosos exige que los peticionarios presenten argumentos concretos sobre el impacto en el proceso judicial relacionado al reclamo. Las menciones genéricas al contexto no son suficientes per se para justificar la invocación de dicha excepción.** (Añadido fuera del texto)

105. Si bien es cierto que en sus alegatos ante este Tribunal, la Comisión Interamericana ha insistido en que "la problemática planteada en este caso tiene un carácter estructural y obedece a una situación de hecho del Poder Judicial que va mucho más allá de la regulación abstracta del proceso penal", la Corte no cuenta con elementos para contradecir la decisión de la Comisión Interamericana en su informe de admisibilidad respecto a la improcedencia de la excepción prevista en el artículo 46.1.a de la Convención. Al respecto, el Tribunal considera que de un alegado contexto estructural de provisionalidad del poder judicial no se puede derivar la aplicación directa de la excepción contenida en el artículo 46.2.a de la Convención, pues ello implicaría que a partir de una argumentación de tipo general sobre la falta de independencia o imparcialidad del poder judicial no fuera necesario cumplir con el requisito del previo agotamiento de los recursos internos.

> **B.3.3.2.** *Que no se haya permitido al presunto lesionado en sus derechos el acceso a los recursos de la jurisdicción interna, o haya sido impedido de agotarlos (artículo 46.2.b)*

106. Los representantes alegaron que al supuestamente condicionar "arbitraria e ilegalmente" el trámite de la solicitud de nulidad a la comparecencia de la presunta víctima en virtud de una orden judicial presuntamente contraria a la Convención, se le impediría al señor Brewer Carías el acceso a los recursos internos, a lo cual se suma "un fundado temor" de que el ejercicio de los recursos le sometería a un mayor agravamiento de la persecución de la cual supuestamente es objeto (*supra* párr. 34).

107. En su informe de admisibilidad, la Comisión Interamericana consideró que la excepción prevista en el artículo 46.2.b procedía en el presente caso por las siguientes razones[136]:

> 93. [...] En el presente caso, los peticionarios alegan que factores tales como la provisionalidad de fiscales y jueces vinculados a la causa, los ha

---

136 Informe de Admisibilidad N° 97/09, Petición 84-07, Allan R. Brewer Carías, Venezuela, 8 de septiembre de 2009 (expediente de anexos al informe, apéndice, tomo IV, folios 3629 y 3630).

hecho susceptibles de remoción sin proceso, situación que afecta las garantías de independencia e imparcialidad.

94. Concretamente alegan que a solicitud de la Fiscal Sexta, la Juez Vigésimo Quinta de Control **decretó la orden de prohibición de salida del país de Allan Brewer Carías**. Dicha orden fue apelada ante la Sala Diez de la Corte de Apelaciones. El 31 de enero de 2005 la Sala de Apelaciones dictó la revocatoria de la orden de prohibición de salida del país. El 3 de febrero de 2005 la Comisión Judicial del Tribunal Supremo de Justicia suspendió de su cargo a los jueces de la Corte de Apelaciones que votaron por la nulidad de la decisión apelada, así como a la Juez Temporal Josefina Gómez Sosa, por no haber motivado suficientemente la orden de prohibición de salida del país. La Jueza Gómez Sosa fue sustituida por el Juez de Control Manuel Bognanno, también temporal. Alegan que éste fue suspendido de su cargo el 29 de junio de 2005 **tras oficiar, el 27 de junio de 2005, al Fiscal Superior sobre alegadas irregularidades en la investigación conducida por la Fiscal Sexta** [61]. Vale decir que los peticionarios alegan que los jueces de control de garantías que resolvieron mociones a favor de la defensa o buscaron rectificar violaciones al debido proceso presuntamente cometidas en la fase de investigación fueron sustituidos.

95. La Comisión observa que, en respuesta a los alegatos de los peticionarios, el Estado no ha indicado los recursos idóneos para cuestionar la asignación o remoción de jueces. De hecho, cabe señalar que recursos normalmente disponibles a la defensa, tales como la recusación, no resultan idóneos para cuestionar la provisionalidad de jueces adscritos al proceso o su remoción por causa de su actuación. La Comisión encuentra que la remoción de varios jueces provisionales en el presente caso, **tras la adopción de decisiones relativas a la situación de la presunta víctima,** puede haber afectado su acceso a los recursos de la jurisdicción interna y por lo tanto corresponde eximir este aspecto del reclamo del requisito bajo estudio. (Añadido fuera de texto)

108. Al respecto, la Corte considera que si bien las determinaciones que efectúa la Comisión en su informe de admisibilidad son determinaciones *prima facie*, el Tribunal constata que es un error de la Comisión haber considerado que las decisiones adoptadas respecto a algunos de los jueces temporales y provisorios que intervinieron en el proceso se relacionaban directamente con el señor Brewer.

109. En efecto, la Corte resalta que el señor Brewer Carías ha sido acusado en un proceso en el que se encontraban imputadas otras personas que supuestamente participaron en los hechos de abril de 2002. La suspensión de la jueza de control y de dos miembros de la Sala que declaró la nulidad de la prohibición de salida del país de algunos imputados en el proceso se relacionaba con una alegada irregularidad en decisiones relacionadas con otros imputados entre quienes no se encontraba.

110. Por otra parte, si bien se mencionó en el informe de admisibilidad que fue dejado sin efecto el cargo del juez de control, Manuel Bognanno, como consecuencia de alegadas irregularidades que habría cometido la Fiscal Sexta, la Corte constata que la controversia ocurrida el 27 de junio de 2005 entre la Fiscal Sexta y el juez Bognanno se relacionaba con una solicitud de la defensa de otro imputado en el proceso, es decir, un imputado distinto al señor Brewer (*supra* párr. 56). De manera que, aún en forma *prima facie*, no es posible establecer relaciones de causalidad directas entre la decisión de dejar sin efecto la designación del juez Bognanno el 29 de junio de 2005 (*supra* párr. 56), y una actuación realizada por el juez "relativa a la situación de la presunta víctima", tal como fue mencionado en el informe de admisibilidad.

111. Asimismo, en términos de los debates sobre si procedía esta excepción, la Corte reitera que el momento procesal en el que se encuentra el presente caso (*supra* párr. 96 a 98) impide una conclusión *prima facie* respecto al impacto de la provisionalidad en la garantía de independencia judicial en orden a establecer como procedente una excepción al agotamiento de los recursos internos basada en el artículo 46.2.b de la Convención. Lo anterior debido a que no hay al menos una decisión de primera instancia mediante la cual se pueda llegar a valorar el impacto real que la provisionalidad de los jueces hubiera podido tener en el proceso, aspecto que constituye una diferencia importante con casos previos de la Corte sobre esta temática en Venezuela. En efecto, en dichos casos se había alcanzado, por lo menos, una decisión de primera instancia y, en algunos de ellos, decisiones sobre los recursos de impugnación[137]. Además, las víctimas en dichos casos habían sido los jueces

---

137 En el caso *Apitz Barbera y otros,* el Tribunal analizó el procedimiento disciplinario que llevó a la destitución de tres de los cinco magistrados del que, en ese entonces, constituía el segundo tribunal más importante de Venezuela. Ello originó un proceso disciplinario, teniendo en cuenta que dicho error constituía causal de destitución. Las víctimas presentaron un recurso de amparo contra la decisión que ordenó la suspensión de dos de los magistrados, un recurso jerárquico contra la decisión que ordenó la destitución, y un recurso de nulidad y medida de amparo cautelar contra la sanción de destitución. *Caso Apitz Barbera y otros ("Corte Primera de lo Contencioso Administrativo") Vs. Venezuela. Excepción Preliminar, Fondo, Reparaciones y Costas*. Sentencia de 5 de agosto de 2008. Serie C N° 182.

El caso *Reverón Trujillo* se relacionaba con una jueza provisoria cuya destitución fue declarada nula pero sin que dicha declaración implicara una restitución al cargo debido a su condición de provisoria. La Comisión de Funcionamiento y Restructuración del Sistema Judicial la destituyó considerando que habría incurrido en ilícitos disciplinarios relacionados con abuso de autoridad y falta de diligencia. Contra esta resolución, la señora Reverón Trujillo interpuso un recurso de nulidad. La Sala Político Administrativa de dicho tribunal declaró la nulidad de la sanción de destitución. Sin embargo, no ordenó su restitución en el cargo ni el pago de los salarios que había dejado de percibir. *Caso Reverón Trujillo Vs. Venezuela. Excepción Preliminar, Fondo, Reparaciones y Costas*. Sentencia de 30 de junio de 2009. Serie C N° 197.

Finalmente, en el caso *Chocrón Chocrón* la Corte declaró la responsabilidad internacional del Estado por haber dejado sin efecto su nombramiento como jueza temporal, sin garantizarle una mínima estabilidad en el ejercicio de dicho cargo, una decisión

removidos, contrario al presente caso en que la presunta víctima es la persona acusada.

112. En efecto, en un proceso enmarcado en las reglas de los sistemas acusatorios, como el presente caso, durante la etapa de juicio o en procedimientos de impugnación, pueden ser corregidas las falencias o violaciones que los jueces internos estimen pertinentes. Cabe resaltar que en la segunda solicitud de nulidad interpuesta por la defensa del señor Brewer se alegó que estos problemas asociados a la forma como fue dejado sin efecto el cargo de algunos jueces provisorios que intervinieron en el proceso afectarían su garantía de ser juzgado por su juez natural, dado que "no se ha garantizado su autonomía, independencia e imparcialidad"[138]. La Corte considera que a partir de la intervención de los jueces internos al resolver ese alegato, podría haberse determinado con mayor claridad si la provisionalidad tenía o no un impacto tal como para que operara la excepción prevista en el artículo 46.2.b y, de ser el caso, analizar el fondo del caso.

113. Por todo lo anterior, se considera que no es aplicable la excepción contemplada en el artículo 46.2.b de la Convención Americana.

B.3.3.3. *Que haya retardo injustificado en la decisión sobre los mencionados recursos (artículo 46.2.c)*

114. Los representantes alegaron que la demora en decidir las solicitudes de nulidad es injustificada según el derecho interno e internacional (*supra* párr. 34).

115. A pesar de que anteriormente la Corte ya resolvió que las solicitudes de nulidad no eran los recursos adecuados, es pertinente entrar a analizar la excepción de "retardo injustificado", por cuanto la Comisión aceptó el agotamiento con base en dicha excepción. En efecto, en su informe de admisibi-

---

motivada para su remoción, así como sus derechos a la defensa y a un recurso efectivo. La señora Chocrón Chocrón había sido designada "con carácter temporal" por la Comisión Judicial del TSJ. Tres meses después de su nombramiento, la Comisión Judicial se reunió y decidió dejar sin efecto su designación, sobre la base de ciertas observaciones que habrían sido formuladas ante los magistrados que conformaban dicha Comisión. Frente a ello, se interpuso un recurso administrativo de reconsideración ante la Comisión Judicial y un recurso contencioso administrativo de nulidad por razones de inconstitucionalidad e ilegalidad conjuntamente con una acción de amparo cautelar ante la Sala Político Administrativa del TSJ. Ambas instancias declararon "sin lugar" los recursos. *Caso Chocrón Chocrón Vs. Venezuela. Excepción Preliminar, Fondo, Reparaciones y Costas.* Sentencia de 1 de julio de 2011. Serie C N° 227.

138 Escrito de la defensa ante el Juzgado Vigésimo Quinto de 8 de noviembre de 2005 (expediente de anexos a la contestación, anexo 1, pieza 15, folio 14783).

lidad la Comisión Interamericana consideró que procedía esta excepción a la luz de las siguientes consideraciones[139]:

87. [...] la Comisión observa que si bien el recurso de nulidad interpuesto el 8 de noviembre de 2005 podría ser resuelto sin la presencia de Allan Brewer Carías, la ausencia física del acusado de hecho impide la celebración de la audiencia preliminar y de otros actos procesales vinculados a su juzgamiento por lo que **la Comisión no cuenta con elementos para atribuir al Estado un retardo injustificado en la decisión** sobre el proceso penal en su conjunto. La Comisión observa, **sin embargo, que la falta de resolución del recurso de nulidad es un indicio de demora atribuible al Estado** en cuanto a la resolución de los reclamos relativos al debido proceso que estuvieron presentados en el mismo.

88. En cuanto a la aplicación de la excepción al requisito de agotamiento de los recursos internos prevista en el artículo 46.2.b de la Convención, los peticionarios alegan que Allan Brewer Carías se ha visto impedido de utilizar los recursos que deben estar a disposición de la defensa dentro del proceso penal, los cuales habrían sido arbitrariamente desconocidos por el Ministerio Público y por el sistema judicial. Afirman que no se ha permitido a Allan Brewer Carías el acceso a los recursos de la jurisdicción interna en vista de que se habría violentado el principio de presunción de inocencia a la luz de declaraciones de miembros del poder judicial sobre la presunta culpabilidad del imputado; y de que la provisionalidad de fiscales y jueces vinculados a la causa habría afectado su independencia e imparcialidad. Asimismo, hacen referencia a la afectación de las garantías del debido proceso relacionadas con el ejercicio de la defensa en juicio, tales como el derecho a interrogar y ofrecer testigos así como de tener acceso al expediente en condiciones que permitan preparar debidamente la defensa del imputado. Alegan que estas presuntas violaciones al acceso a los recursos judiciales con las debidas garantías fueron cuestionadas ante los tribunales mediante el recurso de nulidad incoado el 8 de noviembre de 2005 el cual no ha sido resuelto.

89. La Comisión observa que los reclamos referidos en el párrafo anterior estuvieron presentados en la jurisdicción interna con el recurso de nulidad, y por ende deben ser analizados en el contexto del mismo y el análisis supra bajo el artículo 46.2.c. Como ya se señaló en relación con dicho recurso, ha habido un retardo en la decisión respectiva, y la Comisión considera que **el lapso de más que tres años en la resolución del mismo es un factor que se encuadra en la excepción prevista en razón de un retardo injustificado.** (Añadido fuera de texto)

---

139 Informe de Admisibilidad N° 97/09, Petición 84-07, Allan R. Brewer Carías, Venezuela, 8 de septiembre de 2009 (expediente de anexos al informe, apéndice, tomo IV, folios 3628 y 3629).

116. En el presente caso, existe entre las partes el debate sobre si es aplicable la excepción contenida en el artículo 46.2.c, es decir, si hay un retardo injustificado. Dicho debate se ha centrado además en determinar si el recurso de nulidad sólo podía ser resuelto en la audiencia preliminar en presencia del señor Brewer Carías, o si el recurso podía ser resuelto independientemente de la audiencia preliminar sin su presencia.

117. Para determinar si al aceptar esta excepción al agotamiento de recursos internos existió un error grave que vulnerara el derecho a la defensa del Estado, la Corte analizará la controversia entre las partes sobre: i) el término y el momento procesal establecidos en el derecho interno para resolver los recursos de nulidad, y ii) la necesidad de la presencia del acusado en la audiencia preliminar y las razones por las cuales se difirió la audiencia.

B.3.3.3.1. *Término y momento procesal establecidos en el derecho interno para resolver los recursos de nulidad*

118. En orden a determinar si se ha configurado un retardo injustificado en la resolución de las dos solicitudes de nulidad, la Corte estima pertinente resolver la controversia entre las partes respecto al término y momento procesal establecidos en el derecho interno venezolano. Al respecto, las partes han presentado un debate sobre si estas solicitudes debían ser resueltas por el juez a cargo de la causa en un término de tres días o si, por el contrario, dicha solicitud debía ser examinada y decidida en el transcurso de la audiencia preliminar.

119. La afirmación de que la nulidad debía ser decidida en un plazo de tres días fue sustentada por los representantes en el artículo 177 del COPP que establece que[140]:

> Los autos y las sentencias definitivas que sucedan a una audiencia oral serán pronunciados inmediatamente después de concluida la audiencia. En las actuaciones escritas las decisiones se dictarán dentro de los tres días siguientes. (Añadido fuera del texto)

120. Por su parte, el alegato del Estado según el cual era necesario esperar hasta la realización de la audiencia preliminar para decidir sobre las mencionadas solicitudes se fundamenta en el artículo 330 del COPP, mediante el cual se indica que[141]:

> **Decisión.** Finalizada la audiencia el juez resolverá, en presencia de las partes, sobre las cuestiones siguientes, según corresponda:
>
> 1. En caso de existir un defecto de forma en la acusación del fiscal o del querellante, estos podrán subsanarlo de inmediato o en la

---

140 Artículo 177 del COPP (expediente de anexos a la contestación, tomo I, folio 20631).

141 Artículo 130 del COPP (expediente de anexos a la contestación, tomo I, folio 20629).

misma audiencia, pudiendo solicitar que ésta se suspenda, en caso necesario, para continuarla dentro del menor lapso posible;

2. Admitir, total o parcialmente, la acusación del Ministerio Público o del querellante y ordenar la apertura a juicio, pudiendo el Juez atribuirle a los hechos una calificación jurídica provisional distinta a la de la acusación fiscal o de la víctima;

3. Dictar el sobreseimiento, si considera que concurren algunas de las causales establecidas en la ley;

4. Resolver las excepciones opuestas;

5. Decidir acerca de medidas cautelares;

6. Sentenciar conforme al procedimiento por admisión de los hechos;

7. Aprobar los acuerdos reparatorios;

8. Acordar la suspensión condicional del proceso;

9. Decidir sobre la legalidad, licitud, pertinencia y necesidad de la prueba ofrecida para el juicio oral.

121. Para defender sus posiciones al respecto, las partes presentaron varios testigos y peritos sobre este punto. Por ejemplo, el señor Brewer manifestó en la audiencia pública que[142]:

El Estado está obligado a decidir la solicitud de nulidad antes de la audiencia preliminar porque esa decisión es justamente la que va a limpiar o no el proceso de violaciones constitucionales, una vez que se toma la decisión de la solicitud de nulidad, entonces es que se puede convocar a la audiencia preliminar si esa solicitud de nulidad es declarada sin lugar, en ese estado es que esta el proceso en este momento. Paralizado por el Estado porque el juez no ha resulto la solicitud de nulidad que es la única que existe y no hay otro recurso y por eso el tampoco puede convocar a la audiencia preliminar.

122. Asimismo, el perito Ollarves Irazábal indicó que[143]:

El plazo para resolverla está claramente identificado en nuestro ordenamiento jurídico en el código orgánico, son tres días, esas a nulidades absolutas, esas a nulidades que transgreden contra el contenido esencial

---

142 Declaración del señor Brewer Carías rendida en la audiencia pública celebrada en el presente caso.

143 Declaración del perito Jesús Ollarves Irazábal rendida en la audiencia pública celebrada en el presente caso.

de los derechos humanos, de los derechos y garantías constitucionales que no pueden ser convalidadas ni sanadas

[…]

Nulidades relativas, nulidades sanables, se refiere a la nulidad que puede verse inmiscuida en los requisitos que están establecidos en el artículo 326, relativos a la acusación. Y si se refiriera a nulidades absolutas que no son sanables y que tienen que ser decididas en un plazo finito, perentorio, de tres días como lo ha dicho la sala constitucional de forma reiterada.

123. Mientras que, en otro sentido, el testigo Castellanos manifestó que[144]:

La nulidad como tal no es un recurso es una prerrogativa que tiene todas las partes interviniente a un proceso penal para denunciar la conculcación de prerrogativas constitucionales que obran a su favor. Interpuesta la solicitud de nulidad en la fase intermedia […] pero además dentro del contexto del escrito de excepciones y promoción de prueba que tienen como forma esencial de descarga, esa a nulidad conjuntamente con las demás pretensiones en resolverse en la audiencia preliminar. […]

Esta nulidad se ejerció dentro del ejercicio de la carga que tiene la defensa de accionar en contra de la acusación y la única forma que tiene el tribunal para pronunciar con respecto esa nulidad que se exigieron en ese escrito interpuesto por la defensa es la audiencia preliminar porque la solicitud de nulidad se analiza en el escrito y […] hay similitud entre la presentación de la defensa que lo hace, por ejemplo al momento de interponerse las medidas de excepciones pero también lo invoca mediante la nulidad. Un pronunciamiento de la nulidad traería consigo que el juez emitiera anticipadamente un pronunciamiento con respecto al fondo de la celebración de la audiencia preliminar.

124. Asimismo, las partes hicieron referencia a jurisprudencia del Tribunal Supremo que apoyaría su tesis. Así por ejemplo, el perito Ollarvez Irazábal allegó a la Corte varias sentencias del Tribunal Supremo que denotan lo complejo de este asunto. En una de dichas sentencias, la Sala Constitucional del Tribunal Supremo, el 14 de febrero de 2002[145] señaló que:

Para el proceso penal, el juez de control durante la fase preparatoria e intermedia hará respetar las garantías procesales, pero el Código Orgáni-

---

144 Declaración del testigo Néstor Castellanos rendida en la audiencia pública celebrada en el presente caso.

145 Sentencia de la Sala Constitucional del Tribunal Supremo de 14 de febrero de 2002 (expediente de fondo, tomo VII, folio 3167). En idéntico sentido, la Comisión citó en su informe de fondo otra decisión de la Sala Constitucional del Tribunal Supremo de Justicia. Exp. N° 07-0827. Decisión de 20 de julio de 2007.

co Procesal Penal no señala una oportunidad procesal para que se pidan y se resuelvan las infracciones a tales garantías […].

Ante tal silencio de la ley, ¿cómo maneja el juez de control una petición de nulidad? A juicio de esta Sala, depende de la etapa procesal en que se haga, y si ella se interpone en la fase intermedia, el juez puede resolverla bien antes de la audiencia preliminar o bien como resultado de dicha audiencia, variando de acuerdo a la lesión constitucional alegada, ya que hay lesiones cuya decisión no tienen la urgencia de otras, al no infringir en forma irreparable o inmediata la situación jurídica de las partes.

[…]

De ocurrir tal petición de nulidad, el juez de control – conforme a la urgencia debido a la calidad de la lesión y ante el silencio de la ley – podrá antes de abrir la causa a juicio y en cualquier momento antes de dicho acto de apertura resolverla, aunque lo preferible es que sea en la audiencia preliminar. […]

Sin embargo, cuando la nulidad coincide con el objeto de las cuestiones previas, la resolución de las mismas debe ser en la misma oportunidad de las cuestiones previas, es decir en la audiencia preliminar lo que de paso garantiza el derecho de defensa de todas las partes del proceso y cumple con el principio de contradictorio.

125. En otra sentencia de la Sala Constitucional de 6 de febrero de 2003 se establece, por el contrario[146], que:

[L]a Sala observa que el accionante fundó su pretensión en la alegada infracción de un derecho que, como el del debido proceso, se encuentra garantizado en los términos de los artículos 49 y 257 de la Constitución.

[… E]l accionante contaba con un medio procesal preexistente, tanto o más idóneo, expedito, abreviado y desembarazado que la misma acción de amparo, como era, conforme al artículo 212 del antedicho Código, la solicitud de nulidad de la misma decisión contra la cual ha ejercido la presente acción tutelar; pretensión esta que debía ser decidida, incluso, como una cuestión de mero derecho, mediante auto que debía ser dictado dentro del lapso de tres días que establecía el artículo 194 (ahora, 177) de la ley adjetiva; vale decir, en términos temporales, esta incidencia de nulidad absoluta tendría que haber sido sustanciada y decidida en un lapso ostensiblemente menor que el que prevé la ley, en relación con el procedimiento de amparo

---

146 Sentencia de la Sala Constitucional del Tribunal Supremo de 6 de febrero de 2003 (expediente de fondo, tomo VII, folios 3234).

126. Además, en su informe de fondo la Comisión citó una sentencia reciente, según la cual:

[...] el pronunciamiento requerido por el hoy accionante referido a la declaratoria de nulidad de la acusación fiscal, sólo puede realizarse en el acto de audiencia preliminar, acto que no ha sido realizado por la inasistencia del imputado [...] En relación a la falta de pronunciamiento sobre las solicitudes de '...acumulaciones, nulidades y despacho saneador...', a juicio de la Sala, éstas deben ser resueltas en la audiencia preliminar tal como lo dispone el artículo 330 del Código Orgánico Procesal Penal, motivo por el cual la supuesta amenaza o violación de los derechos constitucionales alegados por el accionante, no es de posible realización por parte del referido Juzgado Cuarto de Control [...], toda vez que éste sólo podría pronunciarse sobre la solicitud del acusado en el acto de audiencia preliminar[147].

127. Por otra parte, se hicieron menciones a sentencias, mediante las cuales se habría establecido que no es posible esperar hasta la audiencia preliminar para revisar las medidas preventivas de libertad, pero dichas sentencias no hacen referencia a solicitudes de nulidad[148].

128. En particular, la Comisión señaló al respecto en su informe de fondo que "la presencia del imputado es requerida en la audiencia preliminar a modo de que dicho acto se pueda realizar y durante su celebración el juez resuelva la solicitud de nulidad planteada por la defensa del acusado", y que por la necesidad de presencia del imputado "no se configura una violación al artículo 25.1 en conexión con el artículo 1.1 de la Convención Americana en perjuicio de Allan Brewer Carías". Sin embargo, había alegado en su informe de admisibilidad que la "falta de resolución del recurso de nulidad es un indicio de demora atribuible al Estado en cuanto a la resolución de los reclamos relativos al debido proceso que estuvieron presentados en el mismo"[149]. Asimismo, argumentó que "los reclamos [...] presentados en la jurisdicción interna con el recurso de nulidad [...] deben ser analizados en el contexto del mismo y [...] bajo el artículo 46.2.c. [dado que] ha[bía] habido un retardo en la deci-

---

147 Sentencia de la Sala Constitucional del Tribunal Supremo de Justicia de 19 de octubre de 2009. Ver también Sentencia de la Sala Accidental de la Corte de Apelaciones del Circuito Judicial Penal del Estado Sucre de 19 de octubre de 2008 (expediente de fondo, tomo I, folio 44).

148 Sentencia de la Sala Constitucional del Tribunal Supremo de 22 de julio de 2004 (expediente de fondo, tomo VII, folios 3251 a 3257); Sentencia de la Sala Constitucional del Tribunal Supremo de 4 de noviembre de 2003 (expediente de fondo, tomo VII, folios 3245 a 3250); Sentencia de la Sala Constitucional del Tribunal Supremo de 16 de mayo de 2003 (expediente de fondo, tomo VII, folios 3238 a 3243), y Sentencia de la Sala Constitucional del Tribunal Supremo de 11 de mayo de 2011 (expediente de fondo, tomo VII, folios 3327 a 3336).

149 Informe de Admisibilidad Nº 97/09, Petición 84-07, Allan R. Brewer Carías, Venezuela, 8 de septiembre de 2009, párr. 87, folio 3628.

sión respectiva, y [...] que el lapso de más [de] tres años en la resolución del mismo [era] un factor que se encuadra[ba] en la excepción prevista en razón de un retardo injustificado"[150].

129. Posteriormente, en sus alegatos finales escritos ante la Corte, la Comisión Interamericana tomó "nota de la distinción entre las diferentes nulidades según el Código Procesal Penal de Venezuela" y que "la nulidad presentada por el señor Brewer Carías no sería una nulidad contra la acusación, sino contra todo lo actuado y por razones de derechos fundamentales", con la consecuencia de que "las solicitudes de nulidad en la etapa intermedia – como la del caso concreto – pueden resolverse o bien antes de la audiencia preliminar o bien después de la misma, dependiendo de su naturaleza". De esta forma, la Comisión consideró que "conforme al derecho interno de Venezuela no sería obligatorio esperar a la audiencia preliminar para resolver la solicitud de nulidad".

130. Tomando en consideración lo anteriormente señalado, el Tribunal constata que existen dos interpretaciones sobre el momento procesal en que se debería resolver las solicitudes de nulidad presentadas. Pese a ello existen elementos relacionados con el contenido del recurso que permiten realizar las siguientes consideraciones.

131. En primer lugar, por una parte la Corte constata que las sentencias que aportaron los representantes en respaldo de sus argumentos se refieren a solicitudes específicas sobre actos procesales concretos que difieren del escrito de solicitud de nulidad de todo lo actuado presentado por la defensa del señor Brewer Carías. En efecto se trata de sentencias que se refieren a solicitudes específicas sobre actos procesales concretos que no implicaban la nulidad de todo lo actuado[151]. Este tipo de solicitudes pueden ser resueltas en el

---

150 Informe de Admisibilidad N° 97/09, Petición 84-07, Allan R. Brewer Carías, Venezuela, 8 de septiembre de 2009, párr. 89, folio 3629.

151 En efecto, se trata de sentencias donde se indica que cierto tipo de nulidades absolutas deben ser decididas "en un lapso ostensiblemente menor que el que prevé la ley en relación con el procedimiento de amparo" (sentencia N° 100 de la Sala Constitucional del Tribunal Supremo de 6 de febrero de 2003 -Caso *Leonardo Rodríguez Carabalí*-, expediente de fondo, tomo IV, folio 4581); la presunta omisión de pronunciamiento a la solicitud de nulidad absoluta (sentencia de la Sala Constitucional del Tribunal Supremo de 11 de mayo de 2011, expediente de fondo, tomo VII); la postergación de decisiones sobre solicitudes de la defensa hasta la audiencia preliminar (sentencia N° 1198 de la Sala Constitucional del Tribunal Supremo de 6 de febrero de 2003 -Caso *Luis Enrique Guevara Medina*-, expediente de fondo, tomo IV, folio 4582); la solicitud de revisión de una medida cautelar de privación de libertad (sentencia de la Sala Constitucional del Tribunal Supremo de 22 de julio de 2004, expediente de fondo, tomo VII, folios 3251 a 3257); las irregularidades en la sustitución de unos defensores por una defensora pública designada por un juez (sentencia N° 2161 de la Sala Constitucional del Tribunal Supremo de 5 de septiembre de 2002, expediente de fondo, tomo IV, folio 4583), y la improcedencia de una demanda conjunta de amparo constitucional y de nulidad (sentencia N° 349 de la Sala Constitu-

plazo de tres días señalado en el artículo 177 del COPP, a diferencia de un recurso de 523 páginas de las cuales 90 se concentran en solicitar la nulidad de todo lo actuado.

132. Adicionalmente, la Corte tiene en cuenta que el Tribunal Supremo de Justicia ha establecido que el momento procesal en el cual procede resolver los escritos que plantean nulidades depende de cuando fueron interpuestos y del tipo de alegatos que en ellos se incluye. Específicamente, el Tribunal Supremo ha indicado que si la solicitud de nulidad coincide con las cuestiones previas, dicha nulidad deberá resolverse conjuntamente con las cuestiones previas durante la audiencia preliminar (*supra* párr. 124). La Corte resalta que en el escrito de 523 páginas se efectúan alegatos involucrados, entre otros, con la inimputabilidad del abogado por el ejercicio de su profesión y detalladas controversias que no sólo son procesales sino que involucran aspectos sustantivos de fondo y de imputabilidad, así como solicitudes relacionadas con que se rechacen las pruebas ofrecidas por el Ministerio Público y que se admitan las pruebas que, por su parte, deseaba promover la defensa durante el juicio. En efecto, en el escrito de contestación a la acusación, la defensa como "petitorio final" requirió que "se declar[a]ra la nulidad de todas las actuaciones que conforman la investigación adelantada por el Ministerio Público[,] subsidiariamente [... que] se declar[ara]n las excepciones opuestas contra la acusación formulada[..., fueran] rechazadas las pruebas ofrecidas por el Ministerio Público [... fueran] admitidas todas las pruebas que h[an] ofrecido [... y] que el enjuiciamiento se h[iciera] en absoluta libertad"[152]. Ello implica estimar como razonable el que no se considere que se pueda responder a dicho escrito y las cuestiones de fondo allí contenidas antes de la audiencia preliminar y que pueda considerarse improcedente un análisis fragmentado del escrito, tal como es solicitado por los representantes.

133. Teniendo en cuenta lo anterior y dado el contenido, las características, complejidad y extensión del escrito presentado el 8 de noviembre de 2005, la Corte considera que las solicitudes de nulidad no son de las que deban resolverse en el plazo de tres días señalado en el artículo 177 del COPP.

B.3.3.3.2. *Necesidad de la presencia del acusado en la audiencia preliminar y razones por las cuales se difirió la audiencia*

134. La Corte considera que en muchos sistemas procesales la presencia del acusado es un requisito esencial para el desarrollo legal y regular del proceso. La propia Convención acoge la exigencia. Al respecto, el artículo 7.5 de la Convención establece que la "libertad podrá estar condicionada a garantías que aseguren su comparecencia ante el juicio", de manera que los Estados se

---

cional del Tribunal Supremo de 26 de febrero de 2002, expediente de fondo, tomo IV, folio 4583).

152 Escrito de la defensa ante el Juzgado Vigésimo Quinto de 8 de noviembre de 2005 (expediente de anexos a la contestación, anexo 1, pieza 15, folios 15194 y 15195).

encuentran facultados a establecer leyes internas para garantizar la comparecencia del acusado. Como se observa, la misma prisión preventiva, que sólo puede ser admitida excepcionalmente, tiene entre uno de sus fines más importantes asegurar la comparecencia del imputado en juicio, de forma a garantizar la jurisdicción penal y contribuye a combatir la impunidad. Asimismo, constituye una garantía para la ejecución del proceso. Además, Venezuela establece convencionalmente la prohibición de juicio en ausencia (*supra* párr. 95).

135. En su *Informe sobre el uso de la prisión preventiva en las Américas*[153] la Comisión precisó que los fines legítimos y permisibles de la detención preventiva deben tener carácter procesal, tales como evitar el peligro de fuga o la obstaculización del proceso y que se debe recurrir solamente a la detención preventiva cuando no existan otros medios de asegurar la presencia del imputado en juicio o de impedir la alteración de pruebas[154].

136. Respecto a si es necesario que el acusado se encuentre presente en la audiencia preliminar para que ésta pueda ser llevada a cabo, existe un consenso entre las partes sobre este punto. En efecto, los representantes han indicado que "la audiencia preliminar no puede realizarse en ausencia del imputado, por ser un acto de juzgamiento" y que "es imprescindible la presencia del acusado". Asimismo, la defensa del señor Brewer reconoció esto en el marco del proceso penal, cuando expreso que "la única ocasión en la cual el [señor] Brewer Carías tenía la carga procesal de comparecer personalmente a un acto judicial era la audiencia preliminar"[155]. Teniendo como base que era necesaria la presencia del señor Brewer Carías para la realización de la audiencia preliminar, las partes debatieron sobre el diferimiento de la misma era atribuible a la ausencia del señor Brewer o si era producto de causas ajenas a él.

137. Al respecto, los representantes han alegado a lo largo del proceso que el Estado no "ha podido presentar [...] prueba alguna de tan siquiera un

---

153 *Informe sobre el uso de la prisión preventiva en las Américas*, OEA/Ser.L/V/II. Doc.46/13, 30 de diciembre de 2013. Disponible en: http://www.oas.org/es/cidh/ppl/informes/pdfs/Informe-PP-2013-es.pdf

154 En dicho informe la Comisión también señaló que "el juzgador deberá expresar las circunstancias concretas de la causa que permitan presumir, fundadamente, que persiste el riesgo de fuga o enunciar las medidas probatorias pendientes de recaudar y su imposibilidad de producirlas con el imputado en libertad. [...] Este deber encuentra fundamento en la necesidad de que el Estado renueve su interés en mantener la prisión preventiva con base en fundamentos actuales. Este requisito no se cumple cuando las autoridades judiciales rechazan sistema-ticamente las solicitudes de revisión limitándose a invocar, por ejemplo, presunciones legales relativas al riesgo de fuga, u otras normas que de una forma u otra establecen la obligatoriedad del mantenimiento de la medida".

155 Resolución del Juez Vigésimo Quinto de Primera Instancia en Funciones de Control del Circuito Judicial Penal del Área Metropolitana de Caracas de 25 de enero de 2008 (expediente de anexos al escrito de solicitudes y argumentos, tomo V, folios 6893 a 6910).

caso en que la audiencia preliminar haya sido diferida a causa de la incomparecencia del profesor Brewer Carías". Los representantes fundamentan su afirmación en la decisión judicial del Juzgado Vigésimo Quinto de 20 de julio de 2007[156], mediante la cual se daba respuesta a la solicitud de separar al señor Brewer de la causa ante "la imposibilidad de ejecutar dicha medida por encontrarse en el extranjero" presentada por otro de los acusados en el proceso, que también se encontraba a la espera de la realización de la audiencia preliminar. En dicha ocasión, el Juez aseguró que para motivar su decisión de no separar la causa que:

> "en el caso de marras, el acto de la audiencia preliminar no ha sido diferido por incomparecencia del [señor] Brewer Carías, al contrario los diversos diferimientos que cursan e[n] las actas del presente expediente han sido en virtud de las numerosas solicitudes interpuestas por los distintos defensores de los imputados".

138. Si bien el Juzgado Vigésimo Quinto hizo esta afirmación en la cual de manera general indicó que no habrían diferimientos causados por la ausencia del señor Brewer, de una revisión del expediente del proceso penal allegado ante este Tribunal se desprende lo contrario. En efecto, la primera citación para realizar la audiencia preliminar fue fijada para el 17 de noviembre de 2005[157], fecha en la cual el señor Brewer Carías ya se había ausentado del país (*supra* párr. 58). A partir de allí y hasta que se adoptó la medida privativa de libertad en contra del señor Brewer, la audiencia preliminar fue diferida o aplazada en cinco oportunidades[158], de las cuales en tres oportunidades dicho diferimiento tuvo relación directa con la actuaciones del señor Brewer o su defensa. En la primera oportunidad, el 16 de noviembre de 2005 la defensa recusó al Juez Vigésimo Quinto, razón por la cual la audiencia preliminar pautada para el 17 de noviembre de 2005 no fue llevada a cabo[159]. En segundo lugar, el 7 de marzo de 2006 se dejó constancia de "la incomparecencia del

---

156 Resolución del Juzgado Vigésimo Quinto de 20 de julio de 2007 al escrito presentado por la defensa de José Gregorio Vásquez (expediente de anexos al escrito de solicitudes y argumentos, tomo v, folios 6832 a 6838).

157 Auto de 24 de octubre de 2005 del Juez Vigésimo Quinto (expediente de anexos a la contestación, anexo 1, pieza 13, folio 14386).

158 Acta del Juzgado Vigésimo Quinto de 17 de noviembre de 2005 (expediente de anexos a la contestación, anexo 1, pieza 16, folio 15805); Auto de 7 de febrero de 2006 del Juez Vigésimo Quinto (expediente de anexos a la contestación, anexo 1, pieza 18, folio 16720); Acta del Juzgado Vigésimo Quinto de 7 de marzo de 2006 (expediente de anexos a la contestación, anexo 1, pieza 18, folio 16874); Acta del Juzgado Vigésimo Quinto de 10 de abril de 2006 (expediente de anexos a la contestación, anexo 1, pieza 18, folio 16942), y Resolución del Juzgado Vigésimo Quinto de 9 de mayo de 2006 (expediente de anexos a la contestación, anexo 1, pieza 19, folios 17305 a 17307).

159 Acta del Juzgado Vigésimo Quinto de 17 de noviembre de 2005 (expediente de anexos a la contestación, anexo 1, pieza 16, folio 15805).

[señor] Brewer Carías, aunado a ello, el Juez Vigésimo Quinto se en-c[ontraba] de reposo, siendo encargada la Juez Vigésimo Cuarta de Control [...], razón por la cual se acuerda diferir [la audiencia preliminar] para el 4 de abril de 2006"[160].

139. Finalmente, el 9 de mayo de 2006 el Juez Vigésimo Quinto ordenó verificar "el movimiento migratorio del [señor] Brewer Carías"[161], por cuanto consideró que "vistas las resultas que arrojan las diligencias de notificación practicadas por la Oficina de Alguacilazgo al [señor] Brewer Carías, resulta pertinente hacer las siguientes consideraciones[:] una inferencia lógica deduc-tiva de las resultas que arroja la práctica de las diligencias de notificación del [señor] Brewer Carías, hacen estimar razonablemente a este juzgado que so-brevenga una carencia de certeza en relación a su permanencia en el país, lo cual implicaría la imposibilidad de su comparecencia personal a la audiencia preliminar, estimación razonable que hace este juzgador en base a las resultas de las notificaciones practicadas en reiteradas oportunidades, dicha situación haría nugatorio el derecho de los demás imputados a obtener de los órganos jurisdiccionales con prontitud las decisiones que deben ser resueltas en la au-diencia preliminar durante la presente fase intermedia" (Añadido fuera del texto). Con base en lo anterior, el Juez Vigésimo Quinto decidió, además, diferir la audiencia hasta el 20 de junio de 2006.

140. El 10 de mayo de 2006 la defensa del señor Brewer Carías informó al Juez Vigésimo Quinto que éste no regresaría al país por cuanto estimó que[162]: i) "la actuación del Ministerio Público en el presente caso no ha sido otra cosa que una clara persecución política oficial en su contra"; ii) "el pro-pio Fiscal General [...] hab[ía] violentado directamente su garantía a la pre-sunción de inocencia, al haberlo condenado públicamente de antemano, al publicar su libro 'Abril comienza en octubre'"; iii) "ante el reclamo oportuno hecho en sede jurisdiccional, sólo ha[bía] obtenido respuestas negativas [y q]ue esas respuestas negativas y muchas veces tardías del órgano jurisdiccio-nal ha[bía]n constituido a su vez nuevas violaciones a sus garantías constitu-cionales"; iv) "se le cercenó el derecho de obtener el sobreseimiento en la fase intermedia del proceso"; v) "todo ello constituye la negación de una jus-ticia accesible, imparcial, idónea, transparente, autónoma, independiente, res-ponsable, equitativa y expedita", y vi) "la acusación en sí misma ya es una condena, cuyo objeto es castigar su crítica política e ideológica al proyecto con el que se pretende sojuzgar a Venezuela".

141. Finalmente, manifestó que:

---

160 Acta del Juzgado Vigésimo Quinto de 7 de marzo de 2006 (expediente de anexos a la contestación, anexo 1, pieza 18, folio 16874).

161 Resolución del Juzgado Vigésimo Quinto de 9 de mayo de 2006 (expediente de anexos a la contestación, anexo 1, pieza 19, folios 17305 a 17307).

162 Escrito de la defensa de 10 de mayo de 2006 (expediente de anexos a la contestación, anexo 1, pieza 19, folios 17320 a 17322).

"ante esas dos situaciones, por un lado la violación sistemática y masiva de sus derechos y garantías constitucionales de la defensa, de acceso a las pruebas, de igualdad de las partes, de la presunción de inocencia, del juez natural, de la tutela judicial efectiva, del juicio en libertad, en fin, del debido proceso, y por el otro, que la [...] Universidad de Columbia le ha brindado la oportunidad de lograr un viejo anhelo profesional, como lo es el pertenecer a su plantilla de profesores, ha tomado la decisión de esperar a que se presenten las condiciones idóneas para obtener un juicio imparcial y con respecto de sus garantías judiciales, [por lo que informaba al Juzgado] a fin de que tome la decisión que crea conveniente y continúe adelante el proceso, todo ello a fin de no causar ninguna dilación, ni perjuicio a los demás acusados".

142. Después de esto, el Juzgado Vigésimo Quinto acordó el 15 de junio de 2006 expedir la orden de aprehensión contra el señor Brewer Carías. A partir de este momento, la audiencia volvió a ser diferida en trece ocasiones[163]. De esas ocasiones, sólo en una oportunidad se hizo mención expresa al señor Brewer, específicamente, el 25 de octubre de 2007 se difirió la audiencia, ya que se estaba a la espera de la "apelación interpuesta por el representante legal del [señor] Brewer Carías" a la aclaratoria que fue enviada a la INTERPOL[164].

143. Teniendo en cuenta esta información, cabe resaltar que existe prueba en el expediente de que el señor Brewer Carías viajó fuera de Venezuela el 29 de septiembre de 2005 (*supra* párr. 58), es decir antes de que se realizara

---

163   Acta del Juzgado Vigésimo Quinto de 20 de junio de 2006 (expediente de anexos a la contestación, anexo 1, pieza 20, folio 17435); Acta del Juzgado Vigésimo Quinto de 27 de julio de 2006 (expediente de anexos a la contestación, anexo 1, pieza 20, folio 17586); Acta del Juzgado Vigésimo Quinto de 18 de septiembre de 2006 (expediente de anexos a la contestación, anexo 1, pieza 20, folio 17711); Acta del Juzgado Vigésimo Quinto de 7 de noviembre de 2006 (expediente de anexos a la contestación, anexo 1, pieza 20, folio 17914); Acta del Juzgado Vigésimo Quinto de 13 de diciembre de 2006 (expediente de anexos a la contestación, anexo 1, pieza 21, folio 17982); Acta del Juzgado Vigésimo Quinto de 25 de enero de 2007 (expediente de anexos a la contestación, anexo 1, pieza 21, folio 18174); Acta del Juzgado Vigésimo Quinto de 23 de febrero de 2007 (expediente de anexos a la contestación, anexo 1, pieza 21, folio 18325); Acta del Juzgado Vigésimo Quinto de 26 de marzo de 2007 (expediente de anexos a la contestación, anexo 1, pieza 22, folio 18579); Acta del Juzgado Vigésimo Quinto de 4 de mayo de 2007 (expediente de anexos a la contestación, anexo 1, pieza 23, folio 18963); Acta del Juzgado Vigésimo Quinto de 27 de junio de 2007 (expediente de anexos a la contestación, anexo 1, pieza 23, folio 19185); Acta del Juzgado Vigésimo Quinto de 31 de julio de 2007 (expediente de anexos a la contestación, anexo 1, pieza 23, folio 19304); Acta del Juzgado Vigésimo Quinto de 27 de septiembre de 2007 (expediente de anexos a la contestación, anexo 1, pieza 24, folio 19430), y Acta del Juzgado Vigésimo Quinto de 29 de noviembre de 2007 (expediente de anexos a la contestación, anexo 1, pieza 24, folio 19643).

164   Acta del Juzgado Vigésimo Quinto de 29 de noviembre de 2007 (expediente de anexos a la contestación, anexo 1, pieza 24, folio 19643).

la acusación formal en su contra y se empezara a citar a las partes a la audiencia preliminar (*supra* párr. 66), razón por la cual el señor Brewer Carías no hubiera podido asistir a dicha audiencia. De manera que su ausencia ha conllevado que la audiencia preliminar en su contra no haya podido ser llevada a cabo, por lo que es posible afirmar que el retardo en la resolución de las nulidades sería imputable a su decisión de no someterse al proceso e implica un impacto en el análisis del retardo injustificado o plazo razonable. En consecuencia, constituye una contradicción del informe de admisibilidad de la Comisión haber considerado que no podía atribuir un retardo injustificado al Estado pero estimar, por otra parte, que la falta de resolución del recurso de nulidad era un indicio de demora atribuible al Estado.

B.3.4. *Conclusión sobre la excepción preliminar de falta de agotamiento de recursos internos*

144. Teniendo en cuenta las anteriores consideraciones, la Corte acoge la excepción preliminar, dado que considera que en el presente caso no fueron agotados los recursos idóneos y efectivos, y que no procedían las excepciones al requisito de previo agotamiento de dichos recursos. En consecuencia, no procede continuar con el análisis de fondo.

IV
PUNTOS RESOLUTIVOS

POR TANTO,

LA CORTE
DECLARA:

Por cuatro votos a favor y dos en contra,

1.   Que en el presente caso no fueron agotados los recursos internos, en los términos de los párrafos 77 a 144 de la presente Sentencia.

DECIDE:

Por cuatro votos a favor y dos en contra,

2.   Acoger la excepción preliminar interpuesta por el Estado relativa a la falta de agotamiento de recursos internos, en los términos de los párrafos 77 a 144 de la presente Sentencia.

Y DISPONE:

Por cuatro votos a favor y dos en contra,

3.   Archivar el expediente.

Los jueces Manuel E. Ventura Robles y Eduardo Ferrer Mac-Gregor Poisot hicieron conocer a la Corte su voto conjunto disidente, el cual acompaña esta Sentencia.

Emitida en español en San José, Costa Rica, el 26 de mayo de 2014.

Humberto Antonio Sierra Porto, Presidente,

Roberto F. Caldas, Manuel E. Ventura Robles, Diego García-Sayán, Alberto Pérez Pérez, Manuel E. Ventura Robles, Eduardo Ferrer Mac-Gregor Poisot,

Pablo Saavedra Alessandri, Secretario

Comuníquese y ejecútese,

Humberto Antonio Sierra Porto, Presidente; Pablo Saavedra Alessandri, Secretario

VOTO CONJUNTO NEGATIVO
DE LOS JUECES
MANUEL E. VENTURA ROBLES Y EDUARDO FERRER MAC-GREGOR POISOT

CASO BREWER CARÍAS VS. VENEZUELA
SENTENCIA DE 26 DE MAYO DE 2014
(EXCEPCIONES PRELIMINARES)

1.   Se emite el presente voto disidente en el caso *Brewer Carías Vs. Venezuela*, de acuerdo con las razones que se expondrán a continuación y por las cuales se discrepa de los puntos resolutivos de la Sentencia adoptada por mayoría de cuatro votos (en adelante "la Sentencia" o "el criterio mayoritario"), mediante los cuales la Corte Interamericana de Derechos Humanos (en adelante "la Corte" o "el Tribunal Interamericano") acoge la excepción preliminar interpuesta por el Estado relativa a la falta de agotamiento de los recursos internos y, por tanto, dispone archivar el expediente del presente caso.

2.   Observamos con preocupación como por primera vez en su historia, la Corte no entra a conocer el fondo del litigio por estimar procedente una excepción preliminar por falta de agotamiento de los recursos internos,[1] relacionado en este caso con los artículos 8 y 25 de la Convención Americana sobre Derechos Humanos (en adelante "la Convención Americana" o "Pacto de San José de Costa Rica" o "CADH"). Asimismo, tal y como se analizará más adelante, existen algunas consideraciones de la Sentencia que consideramos no solo contrarias a la línea jurisprudencial del Tribunal Interamerica-

---

1   Sólo en tres ocasiones anteriores en los más de veintiséis años de jurisdicción contenciosa, la Corte Interamericana no entró al fondo de la controversia planteada por diversos motivos: la primera por la caducidad del plazo para la presentación de la demanda por la Comisión Interamericana (*Caso Cayara Vs. Perú. Excepciones Preliminares.* Sentencia de 3 de febrero de 1993. Serie C N° 14); la segunda ocasión por el desistimiento de la acción deducida por la Comisión Interamericana de Derechos Humanos (*Caso Maqueda Vs. Argentina. Excepciones Preliminares.* Resolución de 17 de enero de 1995. Serie C N° 18); y la tercera por la falta de competencia *ratione temporis* del Tribunal Interamericano (*Caso Alfonso Martín del Campo Dodd Vs. México. Excepciones Preliminares.* Sentencia de 3 de septiembre de 2004. Serie C N° 113).

no, sino que además constituye un peligroso precedente para el sistema interamericano de protección de los derechos humanos en su integralidad en detrimento del derecho de acceso a la justicia y la persona humana.[2]

3.   Cabe resaltar, también, el especial interés que este caso ha despertado en la sociedad civil, al haberse recibido 33 escritos en calidad de *amicus curiae*, provenientes de reconocidos juristas internacionales, así como de instituciones, asociaciones no gubernamentales, jurídicas y profesionales de América y Europa, relacionados con diversos temas atinentes al litigio;[3] por ejemplo, al Estado de derecho, a las garantías judiciales, al debido proceso, a la independencia judicial, a la provisionalidad de los jueces y al ejercicio de la abogacía. Todos los *amici curiae* resultan coincidentes en señalar distintas violaciones a los derechos convencionales del señor Brewer Carías.

4.   Para una mayor claridad dividiremos el presente voto en los siguientes apartados: (1) Objeto del debate (párrs. 5 a 32); (2) Disidencia (párrs. 33-119); y (3) Defensa del Estado de derecho y el ejercicio de la abogacía (párrs. 120-125).

1.   Objeto del debate

5.   Respecto a la excepción preliminar interpuesta por el Estado, tal y como se ha señalado en la Sentencia, la principal controversia entre las partes se deriva de las diversas actuaciones judiciales realizadas por los representantes de las víctimas en la tramitación de los procesos penales internos, en especial la presentación de dos solicitudes de nulidad absoluta de actuaciones, en contra de la averiguación previa y el proceso incoado en contra del abogado Allan Brewer Carías.

6.   Esta controversia radica en: i) si las solicitudes de nulidad eran recursos idóneos y efectivos para agotar la jurisdicción interna; ii) el momento procesal en que debían ser resueltas las solicitudes de nulidad; iii) si hubo impedimento a la presunta víctima de agotar los recursos internos; y iv) si el retardo en la resolución de dichos recursos era imputable a la presunta víctima.

7.   La primera controversia se centró sobre el hecho de si las dos solicitudes de nulidad presentadas por los representantes del señor Brewer Carías

---

2   No debe olvidarse que el sistema internacional debe ser entendido como una integralidad, principio esencial que se desprende del artículo 29 del Pacto de San José, que impone un marco de protección que siempre da preferencia a la interpretación que más favorezca, al constituir el "objeto angular de protección de todo el sistema interamericano". *Cfr. Caso Radilla Pacheco Vs. México. Excepciones Preliminares, Fondo, Reparaciones y Costas.* Sentencia de 23 de noviembre de 2009. Serie C Nº 209, párr. 24.

3   Los nombres de las personas, instituciones y asociaciones que presentaron *amici curiae,* aparecen en el párr. 9 de la Sentencia.

pueden ser consideradas como recursos idóneos y efectivos para cumplir con el requisito de agotamiento de los recursos de la jurisdicción interna.

8. Respecto a la segunda controversia, las partes han presentado un debate sobre si las solicitudes de nulidad debían ser resueltas por el Juez a cargo de la causa en un término de tres días de presentadas o si, por el contrario, dicha solicitud debía ser examinada y decidida en el transcurso de la audiencia preliminar.

9. En cuanto a la tercera controversia, la discusión giró en torno a si se dio algún impedimento para que el señor Allan Brewer Carías pudiera agotar los recursos de la jurisdicción interna, tema relacionado con la provisionalidad de los jueces en Venezuela, así como la imparcialidad e independencia de los jueces y fiscales en ese país.

10. En relación con la cuarta controversia, el debate giró en torno a si dichas solicitudes de nulidad debieron o pudieron ser resueltas aún con la ausencia del imputado. Respecto a si es necesario que el acusado se encuentre presente en la audiencia preliminar para que ésta pueda ser llevada a cabo existe un consenso entre las partes sobre este punto. En efecto, los representantes han indicado que "la audiencia preliminar no puede realizarse en ausencia del imputado, por ser un acto de juzgamiento" y que "es imprescindible la presencia del acusado". Teniendo como base que era necesaria la presencia del señor Brewer Carías para la realización de la audiencia preliminar, las partes debatieron sobre si el recurso de nulidad interpuesto debió ser resuelto antes de la audiencia preliminar o, por el contrario, al finalizar esta etapa procesal.

1.1 *Posición del Estado*

11. Al respecto, el Estado alegó la existencia de "[l]os recursos correspondientes a la fase intermedia establecida en el código orgánico procesal penal; asimismo, el agotamiento de la fase de juicio, de ser el caso, así como [la existencia de] recursos efectivos, [como] el de Apelación de Autos, de Sentencias Definitivas, de Reconsideración, de Casación, [y] de Revisión". Como posibles recursos, el Estado mencionó los recursos mencionados en el artículo 328 del vigente Código Orgánico Procesal Penal (en adelante COPP) de 4 de septiembre de 2009, el recurso de apelación (artículo 453 del Código Orgánico Procesal Penal), el recurso de casación (artículo 459 del Código Orgánico Procesal Penal), y el recurso de revisión (artículo 470 del Código Orgánico Procesal Penal).

12. Asimismo, el Estado argumentó que "la ausencia del [señor] Allan Brewer Carías ha imposibilitado la realización de la audiencia preliminar, [lo cual] ha impedido el ejercicio de las acciones que establece el Código Orgánico Procesal Penal para que las partes intervinientes en el proceso puedan hacer valer sus derechos". Alegó que esta "es la oportunidad que tiene el imputado para negar, contradecir, argumentar los hechos y el derecho, replicar, contrarreplicar, recusar, hablar en todo momento con su defensor, sin que por

ello implique la suspensión de la audiencia". Asimismo, consideró "insólito pretender que el Juez pueda resolver la solicitud de nulidad sin presencia del imputado y que luego se podría realizar la audiencia preliminar [dado que] esto conllevaría a la violación del debido proceso en su máxima expresión y de los propios derechos del [señor] Allan Brewer Carías".

13.   El Estado alegó que el proceso penal no había avanzado por la ausencia del señor Brewer Carías, y que sin su presencia tampoco podía resolverse el recurso de nulidad. Por tanto, argumentó que la terminación del proceso penal y la presentación de recursos como la apelación, casación o revisión constituían los recursos idóneos para la presunta víctima.

14.   Además, el Estado alegó que "no hay violación de derechos humanos en un juicio que nunca se inició, pues el peticionario se ausentó del país" y que "el COPP y la jurisprudencia de nuestro máximo Tribunal Supremo de Justicia ha determinado que la solicitud de nulidad interpuesta por los abogados del Doctor Brewer Carías tiene que ser decidido en la Audiencia Preliminar".

1.2 *Posición de los representantes*

15.   Por su parte, los representantes de la presunta víctima arguyeron que "el único recurso judicial disponible contra la masiva violación del derecho al debido proceso" era el de nulidad absoluta por inconstitucionalidad de las actuaciones judiciales, con fundamento en el artículo 191 del Código Orgánico Procesal Penal. Además, controvirtieron el alegato del Estado según el cual el recurso no se ha resuelto debido a que debe decidirse en la audiencia preliminar, transcurriendo más de tres años sin que se hubiere celebrado la misma por causas que presuntamente no estarían relacionadas con la ausencia de la presunta víctima, lapso que consideraron que "demora injustificadamente" la decisión del recurso.

16.   Los representantes consideraron que si bien el recurso de nulidad absoluta se cumple teóricamente con los requisitos establecidos en el artículo 25 de la Convención Americana (sencillo, rápido y efectivo), en el caso concreto "y dentro del marco de un Poder Judicial que carece de la imparcialidad para decidir", se ha configurado una "denegación de justicia", ya que han transcurrido siete años (al momento de presentación del Escrito de Solicitudes, Argumentos y Pruebas ante el Tribunal Interamericano) desde su interposición sin que siquiera se haya iniciado su tramitación.

17.   Los representantes alegaron además, que dicho recurso constituye "el amparo en materia procesal penal" razón por la cual "si el recurso de amparo debe esperar, para su resolución a la celebración de una audiencia preliminar que puede diferirse indefinidamente [...] el recurso no sería en modo alguno sencillo y rápido; y si su decisión estuviera condicionada a que el [señor] Brewer Carías se entregue a sus perseguidores y sea privado de su libertad, el derecho internacional de los derechos humanos y la Convención en particular no permitirían considerarlo un recurso efectivo".

18.   Asimismo, los representantes alegaron acerca de la ausencia de la presunta víctima en la audiencia preliminar, que ello no impide la resolución del recurso de nulidad, considerando que el derecho del acusado a no ser enjuiciado en ausencia constituye "una garantía procesal que debe ser entendida siempre a favor del imputado o acusado y nunca en su contra". Agregaron que "los actos procesales que no se pueden realizar sin la presencia [de la presunta víctima] son aquellos que impliquen su juzgamiento, entre los cuales se encuentran la audiencia preliminar y el juicio oral y público [lo que] no obsta a que sí puedan cumplirse otras numerosas actuaciones judiciales que no implican su juzgamiento en ausencia [como] la solicitud de nulidad de todo lo actuado". Fundamentados en los artículos 327 y siguientes del Código Orgánico Procesal Penal reiteraron que la solicitud de nulidad por violación de las garantías procesales debe ser resuelta sin necesidad de que se celebre dicha audiencia y sin que se requiera la presencia del acusado.

19.   Alegaron también que en el expediente no hay "decisión o auto judicial alguno mediante el cual el Juez de Control haya expresado la imposibilidad de realizar la audiencia preliminar por la ausencia del [señor] Brewer Car[í]as".

20.   Los representantes concluyeron que: i) en el marco de la alegada situación estructural de provisionalidad de los jueces y fiscales en Venezuela, así como "[l]a reiterada y persistente violación del derecho a un juez independiente e imparcial en el proceso contra el profesor Brewer Carías, no controvertida tampoco por el Estado, comprueba que se negó a la [presunta] víctima el debido proceso legal, con lo que se configura la primera excepción a la exigencia del agotamiento de los recursos internos antes de acudir a la protección internacional de los derechos humanos (art. 46(2)(a) [de la Convención])", ii) "[l]a persistente y arbitraria negativa del Ministerio Público y de los diversos jueces que han conocido de una causa criminal incoada contra el [señor] Brewer Carías, de admitir y dar curso a los medios de prueba y recursos promovidos por los abogados de la víctima para proveer a su adecuada defensa en los términos del artículo 8 de la Convención, configura la segunda excepción a la exigencia del agotamiento de los recursos internos antes de acudir a la protección internacional de los derechos humanos (art. 46(2)(b) [de la Convención])", y iii)   "[l]a circunstancia de que el recurso de nulidad de todo lo actuado en el proceso, introducida el 8 de noviembre de 2005, no se haya resuelto para esta fecha, configura el supuesto de retardo indebido y configura la tercera excepción a la exigencia del agotamiento de los recursos internos antes de acudir a la protección internacional de los derechos humanos (art. 46(2)(c)".

21.   Asimismo, en el expediente ante la justicia venezolana en el presente caso se constata que la defensa presentó dos escritos, mediante los cuales se solicitó la nulidad de lo actuado.[4] El primero de 4 de octubre de 2005, que

---

4   Las nulidades en el Código Orgánico Procesal Penal se encuentran establecidas en el capítulo II, artículos 190 y 191 (expediente de anexos a la contestación, folio 20631).

se fundamenta en que: "el Fiscal General publicó un libro cuyo título es 'Abril comienza en octubre'", en el cual hace referencia a ciertas versiones de una persona según las cuales el señor Brewer sería el autor del "Decreto Carmona". En virtud de lo anterior, los representantes del señor Brewer Carías, consideraron en dicho escrito que "la investigación del presente caso ha sido adelantada por un ente cuyo máximo jerarca está absolutamente parcializado" y que por ende, habrían sido vulnerados "el derecho a la defensa, [a la] presunción de inocencia y el […] proceso debido, todos de rango constitucional, lo que produce como consecuencia la nulidad de todos los actos adelantados por el Ministerio Público", solicitando al juez "a ejercer un verdadero control del proceso", ya que "las violaciones en que ha incurrido el Ministerio Público acarrean la nulidad absoluta de todas las actuaciones pues se trata de infracciones a los derechos y garantías constitucionales de nuestro representado, tal y como lo prevé el artículo 191 del COPP".

1.3 *Posición de la Comisión Interamericana de Derechos Humanos*

22.   Por su parte, la Comisión Interamericana de Derechos Humanos (en adelante "la Comisión" o "la Comisión Interamericana") otorgó "especial relevancia en el análisis a la problemática de la provisionalidad de los jueces y fiscales, así como al riesgo que esta problemática implica para la satisfacción de las garantías de independencia e imparcialidad de que son titulares los y las justiciables y que, evidentemente, constituye el presupuesto institucional para que las personas cuenten con recursos idóneos y efectivos que les sea exigible agotar". Añadió que la problemática planteada en este caso tiene un carácter estructural y obedece a una situación de hecho del Poder Judicial que va mucho más allá de la regulación abstracta del proceso penal.

23.   Al respecto, la Comisión destacó que "en la etapa de admisibilidad […] el Estado no aportó una explicación satisfactoria sobre las razones de orden interno que impedían a las autoridades judiciales pronunciarse sobre los alegatos que sustentaban el recurso de nulidad ante la ausencia del señor Brewer Carías".

Artículo 190 –Principio– no podrán ser apreciados para fundar una decisión judicial, al utilizar como presupuestos de ella, los actos cumplidos en contravención o con inobservancia de las formas y condiciones previstas en este Código, la Constitución de la República Bolivariana de Venezuela, las leyes, tratados, convenios y acuerdos internacionales suscritos por la República, salvo que el defecto haya sido subsanado o convalidado.

Artículo 191 – Nulidades absolutas – serán consideradas nulidades absolutas aquellas concernientes a la intervención, asistencia y representación del imputado en los casos y formas que este Código establezca, o las que impliquen inobservancia o violación de derechos y garantías fundamentales previstos en este Código, la Constitución de la República Bolivariana de Venezuela, las leyes y tratados, convenios o acuerdos internacionales suscritos por la República.

24.   La Comisión también señaló que la falta de resolución del recurso de nulidad es un indicio de demora atribuible al Estado en cuanto a la resolución de los reclamos relativos al debido proceso que estuvieron presentados en el mismo y que los reclamos presentados en la jurisdicción interna con el recurso de nulidad deben ser analizados en el contexto del mismo y bajo el artículo 46.2.c. dado que había habido un retardo en la decisión respectiva, y que el lapso de más de tres años en la resolución del recurso era un factor que se encuadraba en la excepción prevista en razón de un retardo injustificado.[5] De esta forma, la Comisión consideró que "conforme al derecho interno de Venezuela no sería obligatorio esperar a la audiencia preliminar para resolver la solicitud de nulidad".

1.4   *Criterio mayoritario respecto a la excepción preliminar de agotamiento de los recursos internos*

25.   En vista del debate anteriormente descrito, en la Sentencia se consideró que en este caso en el cual todavía se encuentra pendiente la audiencia preliminar y una decisión al menos de primera instancia, no era posible entrar a pronunciarse sobre la presunta vulneración de las garantías judiciales, debido a que todavía no habría certeza sobre cómo continuaría el proceso y si muchos de los alegatos presentados podrían ser subsanados a nivel interno.[6]

26.   En relación con la controversia de si las solicitudes de nulidad presentadas por la defensa del señor Brewer Carías eran recursos idóneos y efectivos, el criterio mayoritario consideró que el proceso en contra del señor Brewer Carías se encuentra todavía en la etapa intermedia, por cuanto la audiencia preliminar no se ha llevado a cabo y no se ha dado, entonces, inicio al juicio oral, por lo que en la Sentencia se constató que el proceso penal se encuentra en una "etapa temprana" (primera vez en su historia que la Corte utiliza este concepto). Dado lo anterior, el criterio mayoritario estimó que no es posible en esas circunstancias analizar el impacto negativo que una decisión pueda tener si ocurre en etapas tempranas del proceso debido a que dichas decisiones pueden ser corregidas por medio de las acciones o recursos internos.[7]

27.   El criterio mayoritario consideró además que de un alegado contexto estructural de provisionalidad del poder judicial no se puede derivar la aplicación directa de la excepción contenida en el artículo 46.2.a de la Convención Americana, pues ello implicaría que a partir de una argumentación de tipo general sobre la falta de independencia o imparcialidad del poder judicial

---

5   Informe de Admisibilidad N° 97/09, Petición 84-07, Allan R. Brewer Carías, Venezuela, 8 de septiembre de 2009, párr. 89 (expediente de anexos al informe, apéndice, tomo IV, folio 3629).

6   *Cfr.* párr. 89 de la Sentencia.

7   *Cfr.* párr. 97 de la Sentencia.

no fuera necesario cumplir con el requisito del previo agotamiento de los recursos internos.[8]

28.   Asimismo, en la Sentencia se señaló que debido a que el momento procesal en el que se encuentra el presente caso impedía una conclusión *prima facie* respecto al impacto de la provisionalidad en la garantía de independencia judicial en orden a establecer como procedente una excepción al agotamiento de los recursos internos basada en el artículo 46.2.b de la Convención Americana, por lo que en este caso no era aplicable dicha excepción.[9]

29.   Teniendo en consideración la discusión anteriormente señalada, respecto del momento en que debían ser resueltas las solicitudes de nulidad, en la Sentencia se constató que existen dos interpretaciones sobre el momento procesal en que se debería resolver las solicitudes de nulidad presentadas. La afirmación de que la nulidad debía ser decidida en un plazo de tres días fue sustentada por los representantes al considerar aplicable el artículo 177 del Código Orgánico Procesal Penal, mientras que el alegato del Estado según el cual era necesario esperar hasta la realización de la audiencia preliminar para decidir sobre las mencionadas solicitudes se fundamenta en el artículo 330 del mismo Código. En defensa y como sustento de sus posiciones al respecto, las partes presentaron varios testigos y peritos sobre este punto, así como jurisprudencia que validaba ambas posiciones.[10]

30.   Sin embargo, la Corte se decantó por la tesis del Estado al considerar que teniendo en cuenta el contenido, las características, complejidad y extensión del escrito presentado el 8 de noviembre de 2005, las solicitudes de nulidad no son de las que deban resolverse en el plazo de tres días señalado en el artículo 177 del referido Código Orgánico Procesal Penal.[11]

31.   Asimismo, el criterio mayoritario concluyó que la ausencia de la presunta víctima ha conllevado que la audiencia preliminar no se haya realizado, por lo que es posible afirmar que el retardo en la resolución de las nulidades sería imputable a su decisión de no someterse al proceso y conlleva un impacto en el análisis del retardo injustificado o plazo razonable.

32.   De esta manera, en la Sentencia se acogió la excepción preliminar presentada por el Estado venezolano, dado que consideró que en el presente caso no fueron agotados los recursos idóneos y efectivos y que no procedían las excepciones al requisito de previo agotamiento de dichos recursos. En consecuencia, decidió que no procedía continuar con el análisis de fondo.

---

8   *Cfr.* párr. 105 de la Sentencia.
9   *Cfr.* párrs. 111 y 112 de la Sentencia.
10   *Cfr.* párrs. 118 a 127 de la Sentencia.
11   *Cfr.* párrs. 130 a 133 de la Sentencia.

2. Disidencia

33.   Nuestra disidencia radica concretamente en las consideraciones realizadas en la Sentencia acerca de: (1) la presentación de los recursos idóneos y efectivos para agotar la jurisdicción interna (art. 46.1.a, de la CADH); y (2) las excepciones a la regla del previo agotamiento de los recursos internos (art. 46.2de la CADH). A continuación procederemos a exponer nuestras consideraciones al respecto.

2.1 *Presentación de los recursos idóneos y efectivos para agotar la jurisdicción interna*

34.   El criterio mayoritario ha considerado que las dos solicitudes de nulidad absoluta presentadas en el proceso penal por los representantes del señor Brewer Carías, no constituyen un recurso idóneo para agotar la jurisdicción interna ya que no se interpusieron los recursos que el Estado señaló como adecuados, a saber, el recurso de apelación establecido en el artículo 453 del Código Orgánico Procesal Penal, el recurso de casación señalado en el artículo 459 del mismo ordenamiento, y el recurso de revisión indicado en el artículo 470 del citado Código, entre otros.

35.   Asimismo, en la Sentencia se ha señalado que el proceso penal seguido en contra del señor Brewer Carías se encuentra en una "etapa temprana", al encontrarse pendiente la audiencia preliminar y una decisión al menos de primera instancia. Lo anterior conlleva, según el criterio mayoritario, que no es posible analizar el impacto negativo que una decisión pueda tener si ocurre en etapas tempranas del proceso, cuando estas decisiones pueden ser subsanadas o corregidas por medio de los recursos o acciones que se estipulen en el ordenamiento interno.

2.1.a *La presentación de la excepción en el momento procesal oportuno*

36.   En primer lugar, debemos señalar que no pasa inadvertido que en el procedimiento ante la Comisión Interamericana, en su etapa de admisibilidad, el Estado en realidad no precisó cuáles eran los recursos efectivos e idóneos y se limitó a señalar, de manera genérica, que no hay todavía una sentencia de primera instancia que posibilitara la presentación de los recursos de apelación de autos, apelación de sentencia definitiva, revocación, casación, revisión en materia penal, amparo y revisión constitucional. Lo que en realidad hace el Estado es simplemente mencionar todos los recursos disponibles en las distintas etapas del proceso, pero no se refiere, específicamente, a los recursos de nulidad y de si eran éstos los recursos idóneos y efectivos.[12]

---

12   Escritos de 25 y 31 de agosto de 2009 del Estado ante la Comisión Interamericana.

37.   Recordemos que la carga procesal la tiene el Estado demandando. En efecto, ha sido jurisprudencia constante de la Corte que una objeción al ejercicio de su jurisdicción basada en la supuesta falta de agotamiento de los recursos internos debe ser presentada en el momento procesal oportuno,[13] esto es, durante las primeras etapas del procedimiento de admisibilidad ante la Comisión;[14] por lo cual se entiende que luego de dicho momento procesal oportuno opera el principio de preclusión procesal.[15] Además de que corresponde al Estado, al alegar la falta de agotamiento de los recursos internos, señalar en esa debida oportunidad los recursos que deben agotarse y su efectividad.[16] El Tribunal Interamericano ha estimado que la interpretación que ha dado al artículo 46.1.a) de la Convención Americana por más de dos décadas es conforme al Derecho Internacional.[17]

38.   Como lo ha expresado de manera constante el Tribunal Interamericano "para que proceda una excepción preliminar a la falta de agotamiento de los recursos internos, el Estado que presenta esta excepción debe especificar los recursos internos que aún no se han agotado, y demostrar que estos recursos se encontraban disponibles y eran adecuados, idóneos y efectivos".[18] *(Subrayado añadido)*.

39.   En el caso concreto, en la etapa de admisibilidad ante la Comisión Interamericana, el Estado no expresa en modo alguno consideración sobre los recursos de nulidad absoluta de actuaciones por violación a derechos fundamentales -de fechas 4 y 8 de noviembre de 2005, respectivamente-, ni mucho menos señala el por qué dichos recursos no son los adecuados, idóneos y efectivos, limitándose de manera genérica a señalar todos los recursos existentes en la legislación venezolana en el proceso penal. Ante esta situación,

---

13 Cfr. *Caso Velásquez Rodríguez Vs. Honduras. Excepciones Preliminares.* Sentencia de 26 de junio de 1987. Serie C N° 1, párr. 88; y *Caso Mémoli Vs. Argentina. Excepciones Preliminares, Fondo, Reparaciones y Costas.* Sentencia de 22 de agosto de 2013. Serie C N° 265, párr. 47.

14 Cfr. *Caso Herrera Ulloa Vs. Costa Rica. Excepciones Preliminares, Fondo, Reparaciones y Costas.* Sentencia de 2 de julio de 2004. Serie C N° 107, párr. 81; y *Caso Mémoli Vs. Argentina. Excepciones Preliminares, Fondo, Reparaciones y Costas.* Sentencia de 22 de agosto de 2013. Serie C N° 265, párr. 47.

15 *Caso Mémoli Vs. Argentina. Excepciones Preliminares, Fondo, Reparaciones y Costas.* Sentencia de 22 de agosto de 2013. Serie C N° 265, párr. 47.

16 Cfr. *Caso Velásquez Rodríguez Vs. Honduras. Excepciones Preliminares.* Sentencia de 26 de junio de 1987. Serie C N° 1, párrs. 88 y 91; y *Caso Mémoli Vs. Argentina. Excepciones Preliminares, Fondo, Reparaciones y Costas.* Sentencia de 22 de agosto del 2013. Serie C N° 265, párrs. 46 y 47.

17 *Caso Masacre de Santo Domingo Vs. Colombia. Excepciones Preliminares, Fondo y Reparaciones.* Sentencia de 30 de noviembre de 2012. Serie C N° 259, párr. 34.

18 Cfr.*Caso Velásquez Rodríguez. Vs. Honduras. Excepciones Preliminares.* Sentencia de 26 de junio de 1987. Serie C N° 1, párrs. 88 y 91; y *Caso Mémoli, Excepciones Preliminares, Fondo, Reparaciones y Costas.* Sentencia de 22 de agosto de 2013. Serie C, N° 265, párrs. 46 y 47.

consideramos que es claro que debió seguirse la jurisprudencia constante de la Corte en la materia, ya que "al alegar la falta de agotamiento de los recursos internos corresponde al Estado señalar en esa debida oportunidad los recursos que deben agotarse y su efectividad.[19] De esta forma, no es tarea de la Corte, ni de la Comisión, identificar *ex officio* cuáles son los recursos internos pendientes de agotamiento. El Tribunal resalta que no compete a los órganos internacionales subsanar la falta de precisión de los alegatos del Estado".[20]

2.1.b La idoneidad de los recursos en el presente caso

40. En segundo lugar, respecto al criterio mayoritario relativo a que las solicitudes de nulidad no son recursos idóneos, observamos, primeramente, que fueron presentados, por parte de los representantes del señor Allan Brewer Carías, dos recursos de nulidad absoluta de actuaciones. El primero de ellos, de 4 de octubre de 2005[21] -en la "etapa preparatoria"- ni siquiera fue tramitado y menos aún resuelto. El segundo recurso de nulidad, de 8 de noviembre de 2005,[22] como respuesta a la acusación de la Fiscal (momento en que da inicio la "etapa intermedia" del proceso) impugnaba, entre otras cosas, la no tramitación y respuesta del primer recurso de nulidad. Este segundo recurso de nulidad tampoco fue tramitado ni resuelto según se advierte de autos.[23]

---

19 *Cfr. Caso Velásquez Rodríguez. Excepciones Preliminares.* Sentencia de 26 de junio de 1987. Serie C N° 1, párr. 88; y *Caso Mémoli Vs. Argentina, Excepciones Preliminares, Fondo, Reparaciones y Costas.* Sentencia de 22 de agosto de 2013. Serie C N° 1, párr. 47.

20 *Cfr. Caso Reverón Trujillo Vs. Venezuela. Excepción Preliminar, Fondo, Reparaciones y Costas.* Sentencia de 30 de junio de 2009. Serie C N° 197, párr. 23, y *Caso Artavia Murillo y otros (Fecundación in vitro) Vs. Costa Rica. Excepciones Preliminares, Fondo, Reparaciones y Costas.* Sentencia de 28 noviembre de 2012 Serie C N° 257, párr. 23.

21 La solicitud de nulidad absoluta de todo lo actuado de la investigación, está suscrito el 4 de octubre 2005 y según aparece en autos "consignado ayer (6) seis de octubre ante el Juez 25 de Control", apareciendo la leyenda "recibido" el día 7 del mismo mes y año. *Cfr.* Expediente de anexos a la contestación del Estado, folio 1407.

22 Según consta en autos, el segundo recurso de nulidad fue suscrito el 8 de noviembre de 2005, acordándose "abrir una nueva pieza la cual se denominará TRIGÉSIMA (30°) PIEZA" de "DOSCIENTOS SETENTA Y DOS (272) FOLIOS ÚTILES, incluyendo el presente auto", mediante decisión del JUZGADO VIGÉSIMO QUINTO DE PRIMERA INSTANCIA EN FUNCIÓN DE CONTROL DEL CIRCUITO JUDICIAL PENAL DEL ÁREA METROPOLITANA DE CARACAS. *Cfr.* expediente de anexos a la contestación del Estado, folio 14675.

23 El Estado aportó copia de todo el expediente del proceso penal interno ante la Corte Interamericana. Según se advierte no existe providencia o decisión alguna que siquiera haya admitido a trámite los escritos de nulidad absoluta de actuaciones presentados por los representantes de las presuntas víctimas.

41.   Es evidente que no hubo tramitación ni respuesta a estos recursos de nulidad, que en ese momento procesal representaban el recurso idóneo y efectivo a la luz de la jurisprudencia histórica del Tribunal Interamericano. El pretender esperar a que se lleve a cabo la audiencia preliminar y todo el proceso, para luego impugnar la sentencia de primera instancia constituye, en definitiva, un retardo injustificado desde la perspectiva del derecho internacional, si se tiene en cuenta que han pasado más de siete años.

42.   Conforme lo han señalado los representantes -criterio que compartimos-, el recurso de nulidad constituye, por su naturaleza, "el amparo en materia procesal penal" razón por la cual "si el recurso de amparo debe esperar, para su resolución a la celebración de una audiencia preliminar que puede diferirse indefinidamente [...] el recurso no sería en modo alguno sencillo y rápido". En este sentido, tal y como consta en el expediente, una sentencia de la Sala Constitucional venezolana de 6 de febrero de 2003, señala que:[24]

> [... E]l accionante contaba con un medio procesal preexistente, tanto o más idóneo, expedito, abreviado y desembarazado que la misma acción de amparo, como era, conforme al artículo 212 del antedicho Código, la solicitud de nulidad de la misma decisión contra la cual ha ejercido la presente acción tutelar; pretensión esta que debía ser decidida, incluso, como una cuestión de mero derecho, mediante auto que debía ser dictado dentro del lapso de tres días que establecía el artículo 194 (ahora, 177) de la ley adjetiva; vale decir, en términos temporales, esta incidencia de nulidad absoluta tendría que haber sido sustanciada y decidida en un lapso ostensiblemente menor que el que prevé la ley, en relación con el procedimiento de amparo.*(Subrayado añadido).*

43.   En otras palabras, el recurso de nulidad absoluta de todo lo actuado, cuando se trata de vulneración del debido proceso que involucra derechos fundamentales, como amparo en materia penal, debería ser, conforme el artículo 25 de la Convención Americana, un recurso efectivo, sencillo y rápido ante los jueces o tribunales competentes, que ampare contra actos que violen sus derechos fundamentales reconocidos por la Constitución, la ley o la Convención.

44.   Con base en las anteriores consideraciones, queda claro, a nuestro parecer, que los recursos de nulidad interpuestos por los representantes del señor Brewer en el proceso penal interno, se constituyen en recursos idóneos y efectivos, incluso más efectivos que un recurso de amparo en el caso concreto -conforme a la propia jurisprudencia de la Sala Constitucional transcrita-.[25] Esto, independientemente que en el caso concreto se pudiera advertir, al analizar el fondo, que estos recursos de nulidad ni siquiera fueron sustanciados por el Estado. Asimismo, las argumentaciones y consideraciones en este

---

24   Transcrita, en la parte conducente, en el párr. 125 de la Sentencia.
25   Véase *supra*, párr. 42 del presente voto conjunto disidente.

aspecto, debieron ser interpretadas por la Corte de acuerdo con el artículo 29 de la Convención Americana, el cual establece una interpretación preferentemente *pro homine*. En efecto, tal y como lo ha establecido el Tribunal Interamericano:[26]

> "es necesario recalcar que el sistema de protección internacional debe ser entendido como una integralidad, principio recogido en el artículo 29 de la Convención Americana, el cual impone un marco de protección que siempre da preferencia a la interpretación o a la norma que más favorezca los derechos de la persona humana, objetivo angular de protección de todo el Sistema Interamericano. En este sentido, la adopción de una interpretación restrictiva en cuanto al alcance de la competencia de este Tribunal no sólo iría contra el objeto y fin de la Convención, sino que además afectaría el efecto útil del tratado mismo y de la garantía de protección que establece, con consecuencias negativas para la presunta víctima en el ejercicio de su derecho de acceso a la justicia". *(Subrayado añadido)*.

45.   De esta forma, al no demostrarse cuál recurso específicamente era el idóneo, ni acreditarse plenamente el dicho del Estado respecto a la falta de idoneidad del recurso interpuesto, la excepción preliminar de falta de agotamiento de los recursos internos no debió ni siquiera ser analizada.

2.1.c   Sobre la denominada "etapa temprana" como pretendido nuevo elemento en la regla del agotamiento de los recursos internos

46.   En tercer lugar, no consideramos procedente el criterio mayoritario respecto a que el proceso penal se encuentra aún en una "etapa temprana" (nuevo concepto acuñado en la Sentencia y en la jurisprudencia) y que ello conlleva a que no es posible analizar el impacto negativo que una decisión pueda tener, cuando éstas pueden ser subsanadas o corregidas por medio de los recursos o acciones que se estipulen en el ordenamiento interno en etapas posteriores.

47.   Esta consideración contradice la línea jurisprudencial del propio Tribunal Interamericano en sus más de veintiséis años de jurisdicción contenciosa, desde su primera resolución en la temática de agotamiento de los recursos internos como es el caso *Velásquez Rodríguez Vs. Honduras,*[27] creando así un preocupante precedente contrario a su misma jurisprudencia y al derecho de acceso a la justicia en el sistema interamericano.

---

26   *Cfr. Caso Radilla Pacheco Vs. México. Excepciones Preliminares, Fondo, Reparaciones y Costas.* Sentencia de 23 de noviembre de 2009. Serie C N° 209, párr. 24.

27   *Caso Velásquez Rodríguez Vs. Honduras.* Excepciones Preliminares. Sentencia de 26 de junio de 1987. Serie C N° 1.

48.   En efecto, en su primer caso contencioso en el año 1987, el caso *Velásquez Rodríguez*, la Corte consideró lo siguiente:

91. La regla del previo agotamiento de los recursos internos en la esfera d   -

,

rechos humanos (art. 25), recursos que
deben ser sustanciados de conformidad con las reglas del debido proceso
legal (art. 8.1)
mismos Estados, de garantizar el libre y pleno ejercicio de los derec

(art. 1). Por eso, cuando se invocan ciertas excepciones a la
regla de no agotamiento de los recursos internos, como son la inefectivi-
dad de tales recursos o la inexistencia del debido proceso legal, _____

-

m

a   .

sensiblemente a la materia de fondo. (*El subrayado y resaltado añadidos*).

49. En la Sentencia se hace referencia al *caso Velázquez Rodríguez* en donde cabe resaltar que si bien la Corte reconoció que "el mero hecho de que un recurso interno no produzca un resultado favorable al reclamante no demuestra, por sí solo, la inexistencia o el agotamiento de todos los recursos internos eficaces, pues podría ocurrir, por ejemplo, que el reclamante no hubiera acudido oportunamente al procedimiento apropiado";[28] también en el referido precedente se agregó que:

"68. El asunto toma otro cariz [...] cuando se demuestra que los recursos son rechazados sin llegar al examen de la validez de los mismos, o por razones fútiles, o si se comprueba la existencia de una práctica o política ordenada o tolerada por el poder público, cuyo efecto es el de impedir a ciertos demandantes la utilización de los recursos internos que, normalmente, estarían al alcance de los demás. En tales casos el acudir a esos recursos se convierte en una formalidad que carece de sentido. Las excepciones del artículo 46.2 serían plenamente aplicables en estas situaciones y eximirían de la necesidad de agotar recursos internos que, en la práctica, no pueden alcanzar su objeto"[29].(*Subrayado añadido*).

---

28   *Caso Velásquez Rodríguez Vs. Honduras. Excepciones Preliminares*. Sentencia de 26 de junio de 1987. Serie C N° 1, párr. 67.

29   *Caso Velásquez Rodríguez Vs. Honduras. Excepciones Preliminares*. Sentencia de 26 de junio de 1987. Serie C N° 1, párr. 68.

50.   En el presente caso, los representantes del señor Brewer utilizaron los medios de impugnación previstos en la legislación venezolana -recursos de nulidad absoluta- para poder garantizar sus derechos fundamentales en el procedimiento penal; en la Sentenciase sostiene que el procedimiento en el proceso penal venezolano llevado contra el señor Brewer Carias se encuentra en una "etapa temprana" por lo que quedaban pendientes otros recursos internos en etapas posteriores que podrían haber garantizado sus derechos. En palabras del criterio mayoritario:

> "[E]n este caso en el cual todavía se encuentra pendiente la audiencia preliminar y una decisión al menos de primera instancia, no es posible entrar a pronunciarse sobre la presunta vulneración de las garantías judiciales, debido a que todavía no habría certeza sobre como continuaría el proceso y si muchos de los alegatos presentados podrían ser subsanados a nivel interno. Lo anterior, sin perjuicio del posible análisis que se pueda hacer respecto al alegado retardo injustificado o plazo razonable", tomando en consideración que "el proceso en contra del señor Brewer Carías se encuentra todavía en la fase intermedia, por cuanto la audiencia preliminar no se ha llevado a cabo y no se ha dado, entonces, inicio al juicio oral, por lo que el Tribunal constata que el proceso penal se encuentra en una etapa temprana. Lo anterior conlleva que no es posible analizar el impacto negativo que una decisión pueda tener si ocurre en etapas tempranas, cuando estas decisiones pueden ser subsanadas o corregidas por medio de los recursos o acciones que se estipulen en el ordenamiento interno"[30]. *(Subrayado añadido).*

51.   Además, en lo tocante a los recursos de la fase intermedia y juicio oral el criterio mayoritario sostuvo que:

> "Debido a la etapa temprana en que se encuentra el proceso, fueron interpuestas por la defensa del señor Brewer Carías las diversas solicitudes de nulidad [...]. Sin embargo, no se interpusieron los recursos que el Estado señaló como adecuados, a saber el recurso de apelación establecido en los artículos 451 a 158 del COPP, el recurso de casación señalado en los artículos 459 a 469 del COPP, y el recurso de revisión indicado en los artículos 470 a 477 del COPP. En efecto, el Estado alegó sobre este punto la existencia de "[l]os recursos correspondientes a la fase intermedia establecida en el código orgánico procesal penal; asimismo, el agotamiento de la fase de juicio, de ser el caso, así como [la existencia de] recursos efectivos, [como] el de Apelación de Autos, de Sentencias Definitivas, de Reconsideración, de Casación, [y] de Revisión".[31] *(Subrayado añadido).*

---

30   Párrs. 88 y 96 de la Sentencia.
31   Párr. 97 de la Sentencia.

52. En el *Caso Díaz Peña Vs. Venezuela* -que se utiliza en la Sentencia-[32] la Corte señaló que "solicitudes interpuestas por la defensa como las solicitudes de nulidad por incumplimiento de formas y condiciones legales o la nulidad de una expertica ofrecida por el Ministerio Público tampoco podrían implicar que haya operado el agotamiento de los recursos internos"[33] y "el recurso adecuado a su respecto era la apelación de la sentencia que se dictase al término del proceso[,]sin perjuicio de la posibilidad de impugnación por excesiva duración del proceso". En primer lugar, el precedente sentado en el *Caso Díaz Peña* constituye un precedente aislado que no se había utilizado con posterioridad; en segundo lugar, a diferencia de dicho precedente en donde se había interpuesto el recurso de amparo y, por lo tanto, se estimó que el recurso de apelación hubiera agotado los recursos internos, en el caso *sub judice* debido a la etapa procesal en la que se encontraba el procedimiento penal contra el señor Allan Brewer Carias los recursos de nulidad interpuestos eran los que debían agotarse para poder subsanar las violaciones que se habían producido durante la etapa preliminar de investigación. Evidentemente al no ser tramitados y mucho menos existir pronunciamiento sobre los recursos de nulidad absoluta presentados, no se podía acceder a los recursos previstos en las etapa intermedia y de juicio oral que contempla la legislación venezolana.

53. Por otra parte, no debe pasar inadvertido que en realidad el Estado no cuestionó la efectividad de los recursos de nulidad pues solo se limitó a señalar que aún quedaban pendientes "[l]os recursos correspondientes a la fase intermedia establecida en el código orgánico procesal penal; asimismo, el agotamiento de la fase de juicio, de ser el caso, así como [la existencia de] recursos efectivos, [como] el de Apelación de Autos, de Sentencias Definitivas, de Reconsideración, de Casación, [y] de Revisión".[34] Es decir, sobre los recursos de nulidad absoluta interpuestos el Estado no refirió que no fueran los recursos adecuados y efectivos que debían de agotarse, sino que, por el contrario, se limitó a señalar los recursos pendientes que debían agotarse en etapas posteriores.

54. Consideramos que los dos recursos de nulidad absoluta interpuestos por la defensa del señor Brewer Carías, como lo hemos mencionado -véase *supra* párrs. 40 a 44 del presente voto- claramente eran los recursos idóneos, adecuados y efectivos que debían agotarse en el momento procedimental en el que se encontraba el proceso penal, pues tenían como finalidad remediar los derechos fundamentales que hubieran sido vulnerados en la etapa de investigación; y, por lo tanto, al no ser ni siquiera tramitados ninguno de los dos recursos de nulidad interpuestos desde el 2005 se configura de manera induda-

---

32 Párr. 89 de la Sentencia.

33 *Cfr. Caso Díaz Peña Vs. Venezuela. Excepciones preliminares, Fondo, Reparaciones y Costas.* Sentencia de 26 de junio de 2012, Serie C Nº 244, párr. 90 y 124.

34 Párr. 17 de la Sentencia.

ble, a nuestro entender, la excepción aplicable en el articulo 46.2.c de la Convención Americana desde la perspectiva del Derecho internacional.

55.   Al respecto, la jurisprudencia de este Tribunal Interamericano ha sido constante al analizar la aplicación de las excepciones previstas en el artículo 42.6 de la Convención. En algunos casos ha desestimado la excepción preliminar o bien ha determinado que las cuestiones relativas al agotamiento y efectividad de los recursos internos aplicables deberían ser resueltas junto con las cuestiones de fondo. Así, la aplicación de las excepciones al agotamiento de los recursos internos han sido consideradas *en su conjunto,*[35] por el retardo injustificado durante las investigaciones o procedimientos[36] y la ausencia de recursos adecuados y efectivos.[37] Incluso, la Corte señaló en el *Caso Gomes Lund y otros (Guerrilha do Araguaia) Vs. Brasil* que "[a]lmomento en que la Comisión emitió su Informe [de Admisibilidad], [habían] pasados más de 19 años del inicio de [la Acción Ordinaria y] no había una decisión definitiva del fondo en el ámbito interno. Por ello, la Comisión concluyó que el retardo del proceso no podía ser considerado razonable", de este modo "el Tribunal no [encontró] elementos para modificar [...] lo resuelto por la Comisión Interamericana. Aunado a ello,[...] la Corte observ[ó] que los alegatos del Estado relativos a la eficacia del recurso y a la inexistencia de un retardo injustificado en la Acción Ordinaria versa[ban] sobre cuestiones relacionadas con el fondo del caso, puesto que controvierten los alegatos relacionados con la presunta violación de los artículos 8, 13 y 25 de la Convención Americana".*(Subrayado añadido).* En consecuencia [tanto la Comisión y la Corte]

---

35   *Caso Velásquez Rodríguez Vs. Honduras. Excepciones Preliminares.* Sentencia de 26 de junio de 1987. Serie C N° 1, párr. 95; *Caso Fairén Garbi y Solís Corrales Vs. Honduras. Excepciones Preliminares.* Sentencia de 26 de junio de 1987. Serie C N° 2, párr. 94 y *Caso Godínez Cruz Vs. Honduras. Excepciones Preliminares.* Sentencia de 26 de junio de 1987. Serie C N° 3, párr. 97.

36   *Caso Genie Lacayo Vs. Nicaragua. Excepciones Preliminares.* Sentencia de 27 de enero de 1995. Serie C N° 21, párrs. 29, 30 y 31; *Caso Las Palmeras Vs. Colombia. Excepciones Preliminares.* Sentencia de 4 de febrero de 2000. Serie C N° 67, párrs. 38 y 39; *Caso Juan Humberto Sánchez Vs. Honduras.*Sentencia de 7 de junio de 2003. Serie C N° 99, párr. 68 y 69; *Caso Heliodoro Portugal Vs. Panamá.* Excepciones Preliminares, Fondo, Reparaciones y Costas. Sentencia de 12 de agosto de 2008. Serie C N° 186, párr. 19 y 20; *Caso Ríos y otros Vs. Venezuela. Excepciones Preliminares, Fondo, Reparaciones y Costas.* Sentencia de 28 de enero de 2009. Serie C N° 194, párr. 39; *Caso Anzualdo Castro Vs. Perú.* Excepción Preliminar, Fondo, Reparaciones y Costas. Sentencia de 22 de Septiembre de 2009. Serie C N° 202, párr. 19; *Caso Gomes Lund y otros (Guerrilha do Araguaia) Vs. Brasil. Excepciones Preliminares, Fondo, Reparaciones y Costas.* Sentencia de 24 de noviembre de 2010. Serie C N° 219, párr. 42 y *Caso Osorio Rivera Vs. Perú. Excepciones Preliminares, Fondo, Reparaciones y Costas.* Sentencia de 26 de noviembre de 2013, Serie C N° 275, párr. 23.

37   *Caso Díaz Peña Vs. Venezuela. Excepciones preliminares, Fondo, Reparaciones y Costas.* Sentencia de 26 de junio de 2012, Serie C N° 244, párr. 126.

consideraron que no se podía exigir el requisito del agotamiento de los recursos internos y aplicó al caso el artículo 46.2.c de la Convención.[38]

56.   La nueva teoría de la "etapa temprana" utilizada en la presente Sentencia representa un retroceso que afecta al sistema interamericano en su integralidad, en cuanto a los asuntos ante la Comisión Interamericana y casos pendientes por resolver por la Corte, toda vez que tiene consecuencias negativas para las presuntas víctimas en el ejercicio del derecho de acceso a la justicia. Aceptar que en las "etapas tempranas" del procedimiento no puede determinarse alguna violación(porque eventualmente puedan ser remediadas en etapas posteriores) crea un precedente que implicaría graduar la gravedad de las violaciones atendiendo a la etapa del procedimiento en la que se encuentre; más aún, cuando es el propio Estado el que ha causado que no se hayan agotado los recursos internos en el presente caso, dado que ni siquiera dio trámite a los recursos de nulidad de actuaciones -de 4 y 8 de noviembre de 2005- por violación a derechos fundamentales. De esta forma, acoger la excepción preliminar es ir en contra de los criterios señalados por este Tribunal Interamericano desde el *Caso Velásquez Rodríguez* en donde se consideró que:

> "[S]i la Corte acogiera la excepción opuesta por el Gobierno y declarara que quedan recursos internos efectivos por oponer, se estaría adelantando sobre la cuestión de fondo, sin haber recibido las pruebas y argumentos que la Comisión ha ofrecido, así como los que el Gobierno pudiere proponer. Si, en cambio, declarara que los recursos internos efectivos se han agotado o que no existieron, estaría prejuzgando sobre el fondo en contra del Estado involucrado".[39]

57.   Por otra parte, sobre la expresión utilizada en la presente Sentencia sobre el análisis de "cuestiones de pura admisibilidad",[40] la Corte en su jurisprudencia constante ha entendido que:

> [e]n primer lugar, la Corte ha señalado que la <u>falta de agotamiento de recursos es una cuestión de pura admisibilidad y que el Estado que la alega debe indicar los recursos internos que es preciso agotar, así como acreditar que esos recursos son efectivos</u>[41]. En segundo término, a fin de

---

38   *Caso Gomes Lund y otros (Guerrilha do Araguaia) Vs. Brasil. Excepciones Preliminares, Fondo, Reparaciones y Costas.* Sentencia de 24 de noviembre de 2010. Serie C N° 219, párr. 42.

39   *Caso Velásquez Rodríguez Vs. Honduras. Excepciones Preliminares.* Sentencia de 26 de junio de 1987. Serie C N° 1, párr. 95.

40   *Cfr.* párr. 101 de la Sentencia.

41   *Caso Velásquez Rodríguez Vs. Honduras. Excepciones Preliminares.* Sentencia de 26 de junio de 1987. Serie C N° 1, párr. 88; *Caso Nogueira Carvalho y otro Vs. Brasil. Excepciones Preliminares y Fondo.* Sentencia de 28 de noviembre de 2006. Serie C N° 161, párr. 51; y *Caso Almonacid Arellano y otros Vs. Chile. Excepciones Prelimi-*

que sea oportuna la excepción sobre el no agotamiento de los recursos internos debe alegarse en la primera actuación del Estado durante el procedimiento ante la Comisión; de lo contrario, se presume que el Estado ha renunciado tácitamente a presentar dicho argumento. En tercer lugar, el Estado demandado puede renunciar en forma expresa o tácita a la invocación de la falta de agotamiento de los recursos internos[42]. *(Subrayado añadido).*

58. En el presente caso, las cuestiones de "pura admisibilidad", tal como se han entendido por la jurisprudencia de esta Corte, se refieren a la interposición y señalamiento en el momento procesal oportuno del procedimiento ante la Comisión Interamericana; sin embargo, el análisis de estas cuestiones no pueden ser analizadas de manera autónoma de las cuestiones de fondo, especialmente cuando se involucran alegatos de presuntas violaciones al debido proceso y garantías judiciales, pues como la Comisión señaló "las excepciones a la regla del agotamiento de los recursos internos previstas en el artículo 46.2 de la Convención se encuentra estrechamente ligada a la determinación de posibles violaciones a ciertos derechos allí consagrados, tales como las garantías de acceso a la justicia".[43]

59. Separar los aspectos estrictamente de admisibilidad con los de fondo, como se pretende en la Sentencia, resulta una cuestión por demás artificiosa en el presente caso, porque para determinar si operan las excepciones a la regla del agotamiento de los recursos internos, indefectiblemente implica el análisis de aspectos sustantivos relacionados con el "debido proceso legal", "acceso a los recursos de jurisdicción interna" o al "retardo injustificado" de los mismos, excepciones previstas en el artículo 46.2, incisos a), b) y c), íntimamente relacionadas con los derechos previstos con los artículos 8 y 25 del Pacto de San José, que fueron motivo de alegatos específicos y de controversia por las partes.

60. En este sentido, como lo ha señalado en muchos casos este Tribunal Interamericano, en el *Caso Salvador Chiriboga Vs. Ecuador,* debido a que la interposición de recursos por la Comisión en el procedimiento ante el sistema interamericano tenía relación directa con el fondo, decidió que "[e]l alegato relacionado con el retardo injustificado en algunos de los procesos judiciales presentados por los hermanos Salvador Chiriboga y el Estado, ést[os] ser[ían]

---

nares, Fondo, Reparaciones y Costas. Sentencia de 26 de septiembre de 2006. Serie C N° 154, párr. 64.

42   *Caso Velásquez Rodríguez Vs. Honduras. Excepciones Preliminares.* Sentencia de 26 de junio de 1987. Serie C N° 1, párr. 88; *Caso Nogueira Carvalho y otro Vs. Brasil. Excepciones Preliminares y Fondo.* Sentencia de 28 de noviembre de 2006. Serie C N° 161, párr. 51; y *Caso Almonacid Arellano y otros Vs. Chile.* Sentencia de 26 de septiembre de 2006. Serie C N° 154, párr. 64.

43   Párr. 101 de la Sentencia.

analizado[s] por el Tribunal al examinar la presunta violación de los artículos 8 y 25 de la Convención".[44]

61.   En el mismo sentido, por ejemplo, en el caso *Heliodoro Portugal Vs. Panamá*,[45] la Corte consideró que:

> "19. De acuerdo con lo señalado anteriormente, los argumentos de las partes y la prueba allegada en este proceso, <u>el Tribunal observa que los argumentos del Estado relativos a la supuesta inexistencia de un retardo injustificado en las investigaciones y procesos abiertos en la jurisdicción interna versan sobre cuestiones relacionadas al fondo del caso, puesto que controvierten los alegatos relacionados con la presunta violación de los artículos 8 y 25 de la Convención Americana.</u> Asimismo, la Corte no encuentra motivo para reexaminar el razonamiento de la Comisión Interamericana al decidir sobre la admisibilidad del presente caso."[46] *(Subrayado añadido).*

62. Si bien la regla de la falta de agotamiento de los recursos internos es en interés del Estado, también representa un derecho de los individuos para que existan recursos que *amparen sus derechos fundamentales* de manera rápida y sencilla, como lo establece el artículo 25 de la Convención Americana, de tal manera que estos recursos tengan realmente efectividad para subsanar violaciones en sede nacional y evitar que se activen los órganos del sistema interamericano.[47]

63.   Al respecto, debe recordarse, como lo ha establecido el Tribunal Interamericano que, el Estado "es el principal garante de los derechos humanos de la personas, de manera que, si se produce un acto violatorio de dichos derechos, es el propio Estado quien tiene el deber de resolver el asunto a nivel interno [...], antes de tener que responder ante instancias internacionales como el Sistema Interamericano, lo cual deriva del carácter subsidiario que reviste el proceso internacional frente a los sistemas nacionales de garantías de

---

44   *Caso Salvador Chiriboga Vs. Ecuador. Excepción Preliminar y Fondo.* Sentencia de 6 de mayo de 2008. Serie C N° 179, Párr. 44.

45   *Caso Heliodoro Portugal Vs. Panamá. Excepciones Preliminares, Fondo, Reparaciones y Costas.* Sentencia de 12 de agosto de 2008. Serie C N° 186

46   *Cfr. Caso de las Hermanas Serrano Cruz Vs. El Salvador.* Excepciones Preliminares. Sentencia de 23 de noviembre de 2004. Serie C N° 118, párr. 141; y *Caso Salvador Chiriboga Vs. Ecuador. Excepción Preliminar y Fondo.* Sentencia de 6 de mayo de 2008. Serie C N° 179, párr. 44.

47   En el mismo sentido, véase el voto concurrente del juez Eduardo Ferrer Mac-Gregor Poisot a la sentencia de la Corte Interamericana en el *Caso Liakat Ali Alibux Vs. Suriname*, de 30 de enero de 2014, especialmente párrs. 24 a 26; y en relación a las dimensiones del artículo 25 del Pacto de San José, párrs. 30 a 125 de dicho voto.

los derechos humanos".[48] Esas ideas también han adquirido forma en la jurisprudencia reciente bajo la concepción de que todas las autoridades y órganos de un Estado Parte en la Convención tienen la obligación de ejercer un "control de convencionalidad".[49]

64. En definitiva, de tomarse de forma literal el precedente que se está creando a través de lo que en la Sentencia se denomina "etapa temprana" del proceso, podría llegar a tener un efecto negativo en el sistema interamericano de protección de los derechos humanos, ya que en muchos asuntos en trámite ante la Comisión, o incluso en casos ante la Corte, implicaría acoger la excepción preliminar de falta de agotamiento de los recursos internos, sin entrar a conocer el fondo del caso; lo que contradice la línea jurisprudencial del Tribunal Interamericano en la materia que ha mantenido desde su jurisprudencia más temprana, en detrimento del derecho de acceso a la justicia.

2.2 Excepciones a la regla del previo agotamiento de los recursos internos

65. A continuación procederemos al análisis de cada una de las excepciones previstas a la regla del previo agotamiento de los recursos internos, establecida en el artículo 46.2 de la Convención Americana sobre Derechos Humanos.

2.2.a Que no exista en la legislación interna del Estado de que se trata el debido proceso legal para la protección del derecho o derechos que se alega han sido violados (art. 46.2.a de la Convención Americana)

66. Como se ha señalado anteriormente, los representantes han alegado que existe una problemática estructural que afecta la independencia e imparcialidad del poder judicial y que se sintetiza en la sujeción del poder judicial a los intereses del poder ejecutivo.

67. Por su parte la Comisión Interamericana ha insistido en que "la problemática planteada en este caso tiene un carácter estructural y obedece a una situación de hecho del Poder Judicial que va mucho más allá de la regulación abstracta del proceso penal".

68. Sin embargo, en la Sentencia se ha considerado que de un alegado contexto estructural de provisionalidad del poder judicial no se puede derivar la aplicación directa de la excepción contenida en el artículo 46.2.a de la Convención Americana, pues ello implicaría que a partir de una argumenta-

---

48 *Caso Acevedo Jaramillo y otros Vs. Perú. Interpretación de la Sentencia de Excepciones Preliminares, Fondo, Reparaciones y Costas.* Sentencia de 24 de noviembre de 2006. Serie C N° 157, párr. 66.

49 *Caso Masacre de Santo Domingo Vs. Colombia. Excepciones Preliminares, Fondo y Reparaciones.* Sentencia de 30 de noviembre de 2012. Serie C N° 259, párr. 142.

ción de tipo general sobre la falta de independencia o imparcialidad del poder judicial no fuera necesario cumplir con el requisito del previo agotamiento de los recursos internos.

69.   En primer lugar, es importante señalar que en la Sentencia se omite por completo en el capítulo de la "determinación de los hechos pertinentes" el tema de la situación de provisionalidad de los fiscales y jueces en Venezuela, siendo que es un elemento central y particularmente debatido entre las partes, existiendo abundante material en el expediente sobre los hechos concretos en esta temática.[50] En segundo término, no cabe duda que esta problemática acerca de la provisionalidad de jueces y fiscales en este país, que ya ha sido abordada por la Corte en los casos *Apitz Barbera y otros*,[51] *Reverón Trujillo*[52] y *Chocrón Chocrón*[53] contra Venezuela, se encuentra íntimamente ligada al tema de los recursos judiciales en la jurisdicción interna; incluso la Corte determinó una serie de hechos probados en dichos casos en relación con los principales aspectos del proceso de reestructuración judicial en dicho país. En ese sentido, lo correcto hubiera sido, unir el estudio de la excepción preliminar de falta de agotamiento de los recursos internos al análisis de los argumentos de fondo en el presente caso, tal y como lo ha hecho la Corte en otras oportunidades.

70.   Respecto a esta situación, y específicamente sobre Venezuela, ya se ha pronunciado la Comisión Interamericana al constatar que en "las listas de designaciones y traslados hechos por la Comisión Judicial del Tribunal Supremo de Justicia durante el año 2012, la totalidad de jueces y juezas corresponde a cargos temporales (en mayor número), accidentales y provisorios". Asimismo, en cuanto a la provisionalidad de fiscales en Venezuela, la Comisión observó que la Fiscal General de la República en octubre de 2008 reconoció que:

> [l]a provisionalidad en el ejercicio de los cargos de fiscales, coloca a estos funcionarios en situación de vulnerabilidad ante la influencia que, sobre su actuación, podrían tener factores de poder, en detrimento de la

---

50   En los tres casos anteriores en la historia de la Corte que no se entra al fondo del caso (véase *supra* nota 1 del presente voto), no existe una narración o determinación especial de hechos. Este es, curiosamente, el primer caso donde acogiendo una excepción preliminar se incorpora un epígrafe en la Sentencia denominado "Determinación de los hechos pertinentes para resolver la excepción preliminar sobre la falta de agotamiento de recursos internos", omitiéndose por completo los hechos relativos a la situación de provisionalidad de fiscales y jueces.

51   *Caso Apitz Barbera y otros ("Corte Primera de lo Contencioso Administrativo") Vs. Venezuela. Excepción Preliminar, Fondo, Reparaciones y Costas.* Sentencia de 5 de agosto de 2008. Serie C N° 182.

52   Corte IDH. *Caso Reverón Trujillo Vs. Venezuela. Excepción Preliminar, Fondo, Reparaciones y Costas.* Sentencia de 30 de junio de 2009. Serie C N° 197.

53   *Caso Chocrón Chocrón Vs. Venezuela. Excepción Preliminar, Fondo, Reparaciones y Costas.* Sentencia de 1 de julio de 2011. Serie C N° 227.

constitucionalidad y de la legalidad de la justicia. La provisionalidad en el ejercicio de los cargos de la función pública es contraria a lo establecido en el artículo 146 de la Constitución de la República Bolivariana de Venezuela, en la que se señala que los cargos de la administración pública son de carrera, a los que se accederá por concurso público."[54]

71.   Precisamente, en su Informe sobre el caso *Allan R. Brewer Carías (Venezuela)*,[55] la Comisión se pronunció en su sistema de peticiones y casos sobre el impacto que pueden tener varios cambios de operadores de justicia en una investigación penal derivado de su condición de provisionalidad. Así, la Comisión Interamericana ha indicado que múltiples asignaciones de fiscales provisionales diferentes en un mismo caso tiene efectos negativos en el impulso de las investigaciones si se tiene en cuenta la importancia, por ejemplo, que tiene la constitución y evaluación del acervo probatorio de una manera continua. La Comisión ha considerado que una situación como la señalada tiene consecuencias negativas frente a los derechos de las víctimas en el marco de procesos penales relacionados con violaciones a derechos humanos.

72.   Al valorar la situación de la provisionalidad de los jueces en Venezuela, en el caso *Reverón Trujillo*[56] la Corte señaló que en la época de los hechos de dicho caso (ocurridos entre 2002 y 2004), "el porcentaje de jueces provisorios en el país alcanzaba aproximadamente el 80%". Además, "[e]n los años 2005 y 2006 se llevó a cabo un programa por medio del cual los mismos jueces provisorios nombrados discrecionalmente lograron su titularización. La cifra de jueces provisorios se redujo a aproximadamente 44% a finales del año 2008".[57] En agosto de 2013, según un testigo presentado por el Estado, la situación del poder judicial era la siguiente: 1095 jueces provisorios, 50 jueces suplentes especiales, 183 jueces temporales, 657 jueces titulares y 12 puestos vacantes para jueces".[58] Para el 2013 solo el 33% de los jue-

---

54   CIDH. *Garantías para la Independencia de las y los Operadores de Justicia. Hacia el Fortalecimiento del Acceso a la Justicia y el Estado de Derecho en las Américas.* OEA/Ser.L/5/II. Doc. 44. 5 de diciembre 2013.

55   CIDH. *Informe N° 171/11 Caso 12.724 Allan R. Brewer Carías (Venezuela),* 3 de noviembre de 2011, párr. 130. Ver también, CIDH. informe *Democracia y derechos humanos en Venezuela,* OEA/Ser.L/V/II. Doc. 54, 30 de diciembre de 2009, párr. 229.

56   *Caso Reverón Trujillo Vs. Venezuela. Excepción Preliminar, Fondo, Reparaciones y Costas.* Sentencia de 30 de junio de 2009. Serie C N° 197.

57   *Caso Reverón Trujillo Vs. Venezuela. Excepción Preliminar, Fondo, Reparaciones y Costas.* Sentencia de 30 de junio de 2009. Serie C N° 197, Párr. 106.

58   Declaración testimonial de Luis Fernando Damiani Bustillos, testigo presentado por el Estado. En 2013, según se ha publicado en la página web del TSJ, se han nombrado a más de 71 jueces provisorios, 408 jueces temporales y 356 jueces accidentales en las diferentes circunscripciones judiciales del país. Ver asimismo la Declaración pericial de Antonio Canova González de 29 de agosto de 2013.

ces eran titulares y el 67% era designado o removido por la Comisión Judicial dado que no gozan de estabilidad.[59]

73. Asimismo, sobre la provisionalidad de los fiscales adscritos al Ministerio Público hasta 2005 se habían designado 307 Fiscales provisorios, interinos y suplentes, de tal forma que aproximadamente el noventa por ciento (90%) de los fiscales se encontraban en provisionalidad, sin estabilidad en el cargo y en condición de libre nombramiento y remoción por parte del Fiscal General de la República.[60] En 2008 se designaron 638 fiscales sin que medie un concurso público, sin titularidad, y por tanto de libre nombramiento y remoción.[61] En 2011, 230 fiscales fueron libremente escogidos y designados en resoluciones "sin motivación".[62] En 2011 y 2013 se realizaron actividades en relación con los Concursos Públicos de Credenciales y de Oposición para el Ingreso a la Carrera Fiscal, lo cual incluyó el nombramiento *de los primeros cuatro fiscales no provisorios.*[63] Una testigo presentada por el Estado precisó que, en cuanto al Programa de Formación para el Ingreso a la Carrera Fiscal, durante 2011-2012 egresaron 88 alumnos y durante 2012-2013 se esperaba el egreso de 102 más.[64]

74. Por su parte, la Comisión observó que las autoridades que han adoptado decisiones que podrían ser interpretadas como favorables al acusado han sido removidas por la Comisión Judicial. Además, la secuela de provisionalidad ha afectado significativamente tanto a los jueces como fiscales que han atendido el presente caso, ya que la totalidad de autoridades del Ministerio Público y judiciales que han tenido conocimiento del mismo han sido provisorias. La Comisión enfatizó que los riesgos de esta provisionalidad se han visto materializado en al menos dos situaciones, a saber, "i) después de que una Sala declaró la nulidad de la prohibición de salida del país por considerarla inmotivada, dos de sus miembros fueron separados de sus cargos" y "ii) el juez de control de garantías que solicitó a la Fiscalía el expediente, y que ante

---

59 Declaración de Octavio José Sisco Ricciardi en la audiencia pública celebrada en el presente caso. Ver además, los anexos 24 y 25 al escrito de contestación presentado por el Estado donde se alude a un total de 1949 jueces de los cuales el 34 % son titulares y el 65 % estaría sin estabilidad.

60 CIDH, Informe Anual 2005, OEA/Ser.L/V/II.124 Doc. 7, 27 febrero 2006, párr. 294.

61 CIDH. Informe Democracia y Derechos Humanos en Venezuela, OEA/Ser.L/V/II. Doc. 54, 30 de diciembre de 2009, párr. 264.

62 *Cfr.* CIDH, Informe Anual 2011, OEA/Ser.L/V/II, Doc. 5 corr. 1, 7 marzo 2011, párr. 459.

63 Boletín divulgativo de la Escuela Nacional de Fiscales del Ministerio Público, "Desde la Escuela Nacional de Fiscales", Año 1, Numero 2, Enero – 15 de Abril de 2012; Boletín divulgativo de la Escuela Nacional de Fiscales del Ministerio Público, "Desde la Escuela Nacional de Fiscales", Año 2, Numero 5, Enero - 15 Abril 2013; Boletín divulgativo de la Escuela Nacional de Fiscales del Ministerio Público, "Desde la Escuela Nacional de Fiscales", Año 2, Numero 6, 15 Abril – Junio 2013. Ver asimismo la declaración de la testigo Santa Palella Stracuzzi, presentada por el Estado.

64 Declaración de la testigo Santa Palella Stracuzzi, presentada por el Estado.

la negativa de la Fiscalía ofició a su superior jerárquico, fue removido del cargo sin proceso disciplinario ni motivación alguna por la Comisión Judicial." De acuerdo con la Comisión, esto habría enviado un mensaje que "ha logrado el efecto de disuadir cualquier actuación objetiva e independiente de las autoridades judiciales que continuarían conociendo el proceso en situación de provisionalidad".

75.   Las consideraciones anteriores demuestran claramente que el estudio de la controversia presentada respecto al agotamiento de los recursos internos, específicamente lo relacionado con la excepción contenida en el artículo 46.2.a, se encuentra íntimamente ligada a la problemática de la provisionalidad de los jueces y fiscales en Venezuela, lo que indudablemente se relaciona con el artículo 8.1 de la Convención Americana —derecho a un juez o tribunal competente, independiente e imparcial— tomando en cuenta que los alegatos son verosímiles y que de demostrarse podrían constituir violaciones al Pacto de San José. Por lo cual consideramos que el estudio del tema no puede ser desligado del análisis del fondo del caso y, por lo tanto, la Corte debió analizar la excepción preliminar presentada por el Estado de forma conjunta con los argumentos de fondo presentados por las partes en el presente caso, como lo había realizado el Tribunal Interamericano conforme a su jurisprudencia histórica en la materia.

2.2.b   *Que no se haya permitido al presunto lesionado en sus derechos el acceso a los recursos de la jurisdicción interna, o haya sido impedido de agotarlos (art. 46.2.b de la Convención Americana)*

76.   Al respecto en la Sentencia se ha considerado que el momento procesal, a saber "la etapa temprana", en el que se encuentra el presente caso impide una conclusión *prima facie,* respecto al impacto de la provisionalidad en la garantía de independencia judicial en orden a establecer como procedente una excepción al agotamiento de los recursos internos basada en el artículo 46.2.b de la Convención. El criterio mayoritario sustenta la anterior consideración, en que no hay al menos una decisión de primera instancia mediante la cual se pueda llegar a valorar el impacto real que la provisionalidad de los jueces hubiera podido tener en el proceso.

77.   Por su parte, los representantes han alegado que "al condicionar arbitraria e ilegalmente el trámite de la solicitud de nulidad a la comparecencia de la presunta víctima en virtud de una orden judicial contraria a la Convención, se le impide al señor Brewer Carías el acceso a los recursos internos, a lo cual se suma "un fundado temor" de que el ejercicio de los recursos le someta a un mayor agravamiento de la persecución de la cual es objeto". Además, han señalado "que los jueces de control de garantías que resolvieron mociones a favor de la defensa o buscaron rectificar violaciones al debido proceso presuntamente cometidas en la fase de investigación fueron sustituidos".

78.   Asimismo, la Comisión ha observado que, en respuesta a los alegatos de los peticionarios, el Estado no ha indicado los recursos idóneos para cuestionar la asignación o remoción de jueces. Señala que recursos normalmente disponibles a la defensa, tales como la recusación, no resultan idóneos para cuestionar la provisionalidad de jueces adscritos al proceso o su remoción por causa de su actuación. La Comisión encuentra que la remoción de varios jueces provisionales en el presente caso, tras la adopción de decisiones relativas a la situación de la presunta víctima, puede haber afectado su acceso a los recursos de la jurisdicción interna y, por lo tanto, corresponde eximir este aspecto del reclamo del requisito bajo estudio.

79.   Sobre el tema del contexto de provisionalidad de jueces en Venezuela ya nos hemos referido anteriormente (véase *supra* párrs. 66 a 74 del presente voto); sin embargo, cabe señalar que si bien el criterio mayoritario considera que en virtud del momento procesal en el que se encuentra el proceso interno no es posible medir el impacto que ésta haya tenido en el proceso, en el expediente se encuentran elementos que podrían, de evaluarse en el fondo, llevarnos a otra conclusión.

80.   En primer lugar, el Tribunal Interamericano pudo haber estudiado si la secuela de provisionalidad de fiscales y jueces en un caso concreto, por sí mismo, representa una violación al derecho a un juez o tribunal independiente e imparcial, que prevé el artículo 8.1 de la Convención Americana, a la luz del justiciable. En el caso concreto, se advierte que, en efecto, ha existido una secuela de provisionalidad de jueces y fiscales que han actuado en el proceso penal del señor Brewer Carías. Como lo expresa la propia Sentencia "por lo menos cuatro fiscales provisorios investigaron los hechos relacionados con lo acontecido los días 11, 12 y 13 de abril de 2002, entre esos hechos, los relacionados con la redacción del Decreto Carmona. Inicialmente el Fiscal provisorio José Benigno Rojas estuvo a cargo de la investigación, luego fue sustituido por el Fiscal Provisorio Danilo Anderson y, el 28 de agosto de 2002, la investigación fue asumida por Luisa Ortega Díaz como suplente ante la Fiscalía Sexta del Ministerio Público a Nivel Nacional".[65] En 2007 la señora Ortega Díaz asumió como Fiscal General de la Nación, pero desde el año anterior (2006)fue encargada la Fiscal 122 del Ministerio Público del Área Metropolitana de Caracas, María Alejandra Pérez, para "actuar conjunta o separadamente de la Fiscal Sexta".[66]

81.   También se advierte que los jueces de control han tenido carácter provisorio o temporal. En efecto, en relación con los hechos del 11, 12 y 13 de abril de 2002, inicialmente intervino la Jueza Temporal Vigésimo Quinta Josefina Gómez Sosa. El 3 de febrero de 2005 dicha jueza fue reemplazada

---

65   Párr. 46 de la Sentencia.

66   Oficio de la Fiscalía 122 del Ministerio Público del Área Metropolitana de Caracas (expediente de anexos a la contestación, folio 16970).

por el Juez Manuel Bognanno.[67] El 29 de junio de 2005 se dejó sin efecto la designación del Juez Vigésimo Quinto Manuel Bognanno,[68] quien fue reemplazado por el Juez José Alonso Dugarte Ramos en el Tribunal de Primera Instancia del Circuito Judicial Penal -Área Metropolitana de Caracas.[69] En 2006 asumió como jueza de control la señora María Lourdes Fragachan[70] y posteriormente intervinieron los jueces José Alonso Dugarte Ramos[71] y Máximo Guevara Rizquez.[72]

82.   Varios de los juzgadores han sido removidos de sus cargos por motivo de resoluciones que han emitido en el proceso penal relativo al caso. Por ejemplo, fueron suspendidos de sus cargos sin goce de sueldo dos jueces de Apelaciones, mediante resolución N° 2005-0015, de 3 de febrero de 2005.[73] En dicha resolución se establece lo siguiente:

"Visto el escándalo público que ha ocasionado la decisión, no unánime, de la Sala 10 de la Corte de Apelaciones del Circuito Judicial Penal de la Circunscripción Judicial del Área Metropolitana de Caracas revocando la medida cautelar de prohibición de salida del país, que había dictado en el Juzgado Vigésimo Quinto de Control del mismo Circuito Judicial Penal, en contra de los ciudadanos imputados por el Ministerio Público en el delito de rebelión civil, esta Comisión Judicial observa que la referida Sala fundó su decisión en la falta de motivación de la decisión apelada, y en vez de regresar los autos al tribunal de origen para que corrigiera tal error, el cual resulta inexcusable, lo tomó como motivo para anular la referida medida cautelar".

83.   En la misma resolución No 2005-0015, la Comisión Judicial resolvió suspender de su cargo sin goce de sueldo a la jueza Josefina Gómez Sosa

---

67   Resolución N° 2005-0015 del Tribunal Supremo de Justicia de Caracas, de 3 de febrero de 2005. (expediente de anexos al escrito de solicitudes, argumentos y pruebas, tomo VI, folio 7098).

68   Resolución del Tribunal Supremo de Justicia de 29 de junio de 2005 (expediente de anexos al escritos de solicitudes y argumentos, tomo VI, folio 7105). En dicha decisión se indicó: "dejar sin efecto las designaciones de los siguientes profesionales [...]: [...] El Abogado Manuel Antonio Bognanno [...], Juez temporal del Juzgado de Primera Instancia del circuito judicial penal [...], en razón a las observaciones que fueron formuladas ante este despacho".

69   Cuadro de designaciones y sustituciones jueces y fiscales del poder judicial de Venezuela (expediente de anexos al informe de fondo, tomo III, folio 1142).

70   Acta del Juzgado Vigésimo Quinto de 20 de junio de 2006 (expediente de anexos a la contestación, folio 17435).

71   Acta del Juzgado Vigésimo Quinto de 27 de julio de 2006 (expediente de anexos a la contestación, folio 17580).

72   Acta del Juzgado Vigésimo Quinto de 27 de septiembre de 2006 (expediente de anexos a la contestación, folio 17774).

73   Resolución que obra en autos, en el folio 7097.

y en su sustitución se designa al abogado Manuel Bognanno.[74]Posteriormen-
te, el juez temporal Manuel Bognanno fue removido de su cargo[75] tras denunciar al Fiscal Superior la irregularidad en la que estaba incurriendo la Fiscal
Provisoria Sexta al no remitir el expediente solicitado,[76] siendo sustituido -
unos días después de dicho conflicto- por el juez provisorio José Alonso Dugarte Ramos.[77] En la Sentencia se considera que al referirse la señalada controversia entre el juez y la fiscal con una solicitud de la defensa de otro imputado,[78] no es posible establecer una causalidad directa entre la decisión de
dejar sin efecto la designación del Juez Bognanno[79] y la afectación a la hoy
presunta víctima; argumento que no compartimos ya que olvida el criterio
mayoritario que se trata *del mismo juez que conoce del mismo proceso penal*
en el que se encuentra como imputado el señor Brewer Carías y precisamente
uno de los alegatos centrales de los representantes de la presunta víctima es la
afectación que produce la situación de provisionalidad de jueces y fiscales
que pueden ser removidos libremente.

84.   Esta "secuela de fiscales y jueces provisorios o temporales", así como la afectación que ello representó en el proceso concreto seguido en contra
del señor Brewer Carías, guarda especial relación con la presunta violación
del artículo 8.2.c de la Convención Americana -derecho a la adecuada defen-
sa-; ya que según consta en el expediente, en la etapa acusatoria del proceso,
la Fiscal Provisoria Sexta no había permitido el suministrar copias fotostáticas de las actuaciones al señor Brewer Carías,[80] lo que implicó que el acusado
tuviera que acudir personalmente en reiteradas ocasiones durante nueves meses para copiar a mano las actuaciones cuya fotocopia se le denegó sistemáti-

---

74   Resolutivo primero de la Resolución de la Comisión Judicial de 3 de febrero de 2005
       (folio 7097 del expediente).

75   En la resolución 2005-1045 de la Comisión Judicial, de 29 de junio de 2005 (que
       obra en folio 7105 del expediente), se deja sin efecto la designación del juez Manuel
       Antonio Bognanno Palmares.

76   Sobre el conflicto entre el Juez Vigésimo Quinto de Primera Instancia en Funciones
       de Control del Circuito Judicial Penal del Área Metropolitana de Caracas, Juez Ma-
       nuel Bognanno y la Fiscal Provisoria Sexta, véase el párr. 58 de la Resolución.

77   *Cfr.* Cuadro de designaciones efectuadas por la Dirección Ejecutiva de la Magistratu-
       ra de 29 de junio de 2005 (expediente de anexos al informe de fondo, tomo III, folio
       1142).

78   *Cfr.* párr. 56 de la Sentencia.

79   *Cfr.* párr. 110 de la Sentencia.

80   En la audiencia pública se hizo referencia a una circular que prohibía las fotocopias.
       En el expediente obra la Circular emitida por el despacho del Fiscal General de la
       República el 10 de julio de 2001, que ordenó "absten[erse] de expedir copias simples
       o certificadas de las actas de la investigación, lo cual no debe entenderse como una
       restricción al derecho de examinar las actas que conforman la investigación, que tie-
       nen los imputados, los defensores y las demás personas a quienes se les haya acorda-
       do la intervención en el proceso" (tomo VII, folio 3152 del expediente).

camente.[81] Además, la misma Fiscal Provisoria negó al acusado el pleno acceso al expediente, en particular en lo que toca al cotejo y transcripción de los videos que eran invocados como pruebas contra el señor Brewer Carías.[82]

85.   Sobre el particular, resulta relevante la jurisprudencia de este Tribunal Interamericano sobre el derecho de contar con el tiempo y los medios adecuados para preparar la defensa previsto en el articulo 8.2.c de la Convención Americana, que implica la obligación al Estado a permitir el acceso al inculpado al conocimiento del expediente llevado en su contra.[83] En tal sentido, la Corte ha determinado que la ley interna debe organizar el proceso respectivo de conformidad con el Pacto de San José.[84] Además, el Tribunal Interamericano ha precisado que [l]a obligación estatal de adecuar la legislación interna a las disposiciones convencionales comprende el texto constitucional y todas las disposiciones jurídicas de carácter secundario o reglamentario, de tal forma que pueda traducirse en la efectiva aplicación práctica de los estándares de protección de los derechos humanos.[85]

86.   Asimismo, el Tribunal Interamericano ha estimado que el acceso al expediente es requisito *sine qua non* de la intervención procesal de la víctima en la causa en la que se constituye como parte coadyuvante o querellante, según la legislación interna. Si bien la Corte ha considerado admisible que en ciertos casos exista reserva de las diligencias adelantadas durante la investigación preliminar en el proceso penal,[86] para garantizar la eficacia de la administración de justicia, en ningún caso la reserva puede invocarse para impedir a la víctima el acceso al expediente de una causa penal. La potestad del

---

81   Según lo establecido por el propio Estado, el señor Brewer Carías firmó "diecisiete actas donde se hace constar el acceso y la revisión del expediente" (tomo I, folio 731 del expediente).

82   Decisión de la Fiscal de 21 de abril de 2005 (expediente de anexo 1 al escrito de contestación, pieza 9, folio 1236).

83   *Caso Palamara Iribarne Vs. Chile. Fondo, Reparaciones y Costas.* Sentencia de 22 de noviembre de 2005. Serie C N° 135, párr. 170.

84   *Cfr. Caso Valle Jaramillo y otros Vs. Colombia. Fondo, Reparaciones y Costas.* Sentencia de 27 de noviembre de 2008. Serie C N° 192, párr. 233; *Caso Heliodoro Portugal Vs. Panamá. Excepciones Preliminares, Fondo, Reparaciones y Costas.* Sentencia de 12 de agosto de 2008. Serie C N° 186, párr. 247; *Caso Kawas Fernández Vs. Honduras. Fondo, Reparaciones y Costas.* Sentencia de 3 de abril de 2009 Serie C N° 196, párr. 188; y *Caso Radilla Pacheco Vs. México. Excepciones Preliminares, Fondo, Reparaciones y Costas.* Sentencia de 23 de Noviembre de 2009. Serie C N° 209, párr. 247

85   *Cfr. Caso Zambrano Vélez y otros Vs. Ecuador. Supervisión de Cumplimiento de Sentencia.* Resolución de la Corte Interamericana de Derechos Humanos de 21 de septiembre de 2009, Considerando cuadragésimo noveno y *Caso Radilla Pacheco Vs. México.* Excepciones Preliminares, Fondo, Reparaciones y Costas. Sentencia de 23 de Noviembre de 2009. Serie C N° 209, párr. 247.

86   *Cfr. Caso Barreto Leiva Vs. Venezuela. Fondo, Reparaciones y Costas.* Sentencia de 17 de noviembre de 2009. Serie C N° 206, párrs. 54 y 55.

Estado de evitar la difusión del contenido del proceso, de ser el caso, debe ser garantizada adoptando las medidas necesarias compatibles con el ejercicio de los derechos procesales de las víctimas.

87.   Si bien en el caso se dio acceso al expediente al señor Brewer y a sus representantes, no se permitió que la defensa pudiera obtener copias fotostáticas. Precisamente en el *Caso Radilla Pacheco Vs. México*, el Tribunal Interamericano consideró que "la negativa de expedir copias del expediente de la investigación a las víctimas constitu[ía] una carga desproporcionada en su perjuicio, incompatible con el derecho a su participación en la averiguación previa" y que "los Estados deben contar con mecanismos menos lesivos al derecho de acceso a la justicia para proteger la difusión del contenido de las investigaciones en curso y la integridad de los expedientes".[87]

88.   Por otro lado, la referida secuela de fiscales y jueces provisorios, y su posible afectación en el caso concreto, guarda también relación con la presunta violación al artículo 8.2.f de la Convención Americana, por la imposibilidad de presentar prueba anticipada respecto de Pedro Carmona Estanga y estar presente en el interrogatorio de la señora Patricia Polea. En efecto, dicha disposición convencional dispone que una de las garantías mínimas de toda persona inculpada de un delito, consiste en "el derecho de la defensa de interrogar a los testigos presentes en el Tribunal y de obtener la comparecencia, como testigos o peritos de otras personas que puedan arrojar "luz sobre los hechos".[88] Así, este derecho como garantía mínima queda protegido dentro del contexto de las distintas etapas del proceso penal.[89]

89.   En este punto habría que distinguir dos cuestiones concretas en el caso. En primer lugar lo relativo a la prueba anticipada consistente en el testimonio de Pedro Carmona Estanga, prueba no aceptada por la fiscal con el argumento de ser co-imputado en el proceso penal, lo que evidentemente resultaba fundamental para arrojar luz sobre los hechos. Los representantes del señor Brewer sostienen que no admitir esa prueba anticipada fue una decisión "arbitraria porque según el derecho venezolano, la condición de imputado no representa ningún impedimento legal para prestar testimonio".[90]

90.   En segundo lugar, los representantes alegaron que "no pudieron estar presentes en las declaraciones de ninguno de los testigos, ni pudieron interrogarlos, sino, en algunos casos"; en particular alegaron no poder estar presentes en el interrogatorio de la señora Patricia Poleo, el cual fue negado ver-

---

87   *Caso Radilla Pacheco Vs. México. Excepciones Preliminares, Fondo, Reparaciones y Costas*. Sentencia de 23 de Noviembre de 2009. Serie C N° 209, párr. 256.

88   En el mismo sentido *Caso Ricardo Canese Vs. Paraguay. Fondo, Reparaciones y Costas*. Sentencia de 31 de agosto de 2004. Serie C N° 111, párr. 164.

89   Caso *Mohamed Vs. Argentina. Excepción Preliminar, Fondo, Reparaciones y Costas*. Sentencia de 23 noviembre de 2012. Serie C N° 255, párr. 91.

90   Folio 161 (Tomo I) del expediente de fondo.

balmente por la Fiscal el día que se realizó la entrevista.[91] Sobre el particular, resulta relevante la jurisprudencia establecida en el caso *Barreto Leyva*, en el sentido de que el derecho de la defensa debe necesariamente poder ejercerse desde que se señala a una persona como posible autor o participe de un hecho punible y solo culmina cuando se finaliza el proceso, incluyendo en su caso la etapa de ejecución de la pena. Sostener lo opuesto implicaría supeditar las garantías convencionales que protegen el derecho a la defensa a que el investigado se encuentre en determinada etapa procesal, dejando abierta la posibilidad de que con anterioridad se afecte un ámbito de derechos a través de actos de autoridad que desconoce o a los que no puede controlar u oponerse con eficacia, lo cual es evidentemente contrario a la Convención Americana. Impedir que la persona ejerza su derecho de defensa desde que se inicia la investigación en su contra y la autoridad dispone o ejecuta actos que implican afectación de derechos es potenciar los poderes investigativos del Estado en desmedro de derechos fundamentales de la persona investigada. El derecho a la defensa obliga al Estado a tratar al individuo en todo momento como un verdadero sujeto del mismo proceso, en el más amplio sentido de este concepto, y no simplemente como objeto del mismo.[92]

91. De todo lo anteriormente expuesto, nuevamente llegamos a la conclusión de que el Tribunal Interamericano debió diferir el estudio de la excepción preliminar sobre falta de agotamiento de los recursos internos, al conocimiento del fondo del caso, ya que evidentemente la controversia abarca tanto aspectos de admisibilidad como aspectos propios del fondo relacionados con las garantías judiciales previstas en el artículo 8 de la Convención Americana, específicamente relativas al derecho a un juez o tribunal independiente e imparcial (8.1 CADH), el derecho a una adecuada defensa (8.2.c CADH) y el derecho a interrogar los testigos y de obtener la comparecencia de personas que puedan arrojar luz sobre los hechos (8.2.f CADH). Y no utilizar el artificioso argumento de la "etapa temprana" del proceso -como se realiza en la Sentencia-, para evitar entrar al fondo del caso.

---

91 Dicha negación tuvo como fundamento el artículo 306 del Código Orgánico Procesal Penal el cual disponía que: "*El Ministerio Público podrá permitir la asistencia del imputado, la víctima o de sus representantes a los actos que se deban practicar [en la fase preliminar], cuando su presencia fuera útil para el esclarecimiento de los hechos y no perjudique el éxito de la investigación o impida una pronta o regular actuación*".

92 *Caso Barreto Leiva Vs. Venezuela. Fondo, Reparaciones y Costas*. Sentencia de 17 de noviembre de 2009. Serie C N° 206, párr. 30.

2.2.c Que haya retardo injustificado en la decisión sobre los mencionados recursos (art. 46.2.c de la Convención Americana)

92.   Para determinar la procedencia de esta excepción al agotamiento de recursos internos, la Sentencia analizó la controversia entre las partes sobre el (i) el término y el momento procesal establecidos en el derecho interno para resolver los recursos de nulidad; y (ii) la necesidad de la presencia del acusado en la audiencia preliminar y las razones por las cuales se difirió la audiencia.

93.   Precisamente, nuestra posición disidente radica en el razonamiento de que controversias tales como: si el recurso de nulidad podía o no ser resuelto sin la presencia del señor Brewer, como parte de la audiencia preliminar o independientemente de esta; si dicho recurso debió ser resuelto en el plazo de tres días, o por el contrario en el transcurso la audiencia preliminar, y si la omisión del Estado de pronunciarse sobre el recurso constituye una demora injustificada del proceso penal, *se relacionan directamente con el fondo del caso*, pues existen alegatos de ambas partes en torno al plazo razonable, a las garantías judiciales y a la protección judicial que se encuentran estrechamente ligados con esta determinación. En consecuencia, solo en el fondo se hubiese podido determinar si dicho retardo injustificado realmente existía o no, y si de esa forma se vulneraba o no los derechos de la Convención Americana.

2.2.c.a El término y el momento procesal establecidos en el derecho interno para resolver los recursos de nulidad

94.   La Sentencia constató que existen "dos interpretaciones sobre el momento procesal en que se debería resolver las solicitudes de nulidad presentadas";[93] sin embargo, a pesar de la complejidad de los alegatos de ambas partes sobre el momento procesal en que debe resolverse, en la Sentencia se entra posteriormente a definir un aspecto polémico, entre otros argumentos, dejando ver que un recurso de 523 páginas no podía resolverse en 3 días, como si la extensión del recurso sea lo que determina el momento procesal en que se debe resolver.

95.   En su análisis sobre este punto, el criterio mayoritario olvida por completo el primer recurso de nulidad de 4 de octubre de 2005 -presentado en la etapa preliminar de investigación, recurso que no fue ni siquiera tramitado-; y, además, no considera que el segundo recurso de nulidad de 8 de noviembre de 2005, se encuentra claramente dividido en cuestiones que atienden, por un lado, a la nulidad absoluta de actuaciones en la investigación se-

---

[93]   Párr. 130 de la Sentencia.

guida por el Ministerio Público, y por otro, a la nulidad respecto del acto conclusivo de acusación formulada contra el doctor Allan R. Brewer Carías.

96.   En efecto, según consta en el expediente,[94] en el recurso de nulidad de 8 de noviembre de 2005, claramente aparece el epígrafe "II. SOLICITUD DE NULIDAD DE TODAS LAS ACTUACIONES POR LA VIOLACIÓN SISTEMÁTICA Y MASIVA DE LAS GARANTÍAS CONSTITUCIONALES Y LEGALES DEL DR. ALLAN R. BREWER CARÍAS", que a su vez se divide en seis partes: (1) la nulidad por la negativa de diligencia de defensa: a) la negativa de testimoniales, y b) la negativa de acceder a videos, así como de su transcripción; (2) la nulidad por violación del derecho a la defensa y del principio de presunción de inocencia al invertir la carga de la prueba y al utilizar testimonios referenciales; (3) la nulidad por violación del derecho a la defensa y del principio de contradicción relacionados con la práctica mediatizada de diligencias de investigación; (4) la nulidad por falta de decisión oportuna (referido al primer recurso de nulidad de 4 de noviembre de 2005); (5) la nulidad por violación de la garantía del juez natural; y (6) comentarios y argumentaciones comunes a las solicitudes de nulidad anteriores.

97.   En este sentido, consideramos que es clara la distinción que se realiza en el segundo recurso de nulidad de 8 de noviembre de 2005 entre la nulidad de actuaciones en la etapa de investigación y la nulidad del acto conclusivo de acusación en contra el doctor Allan R. Brewer Carías. En efecto, por una parte la nulidad de todo lo actuado por violaciones a derechos fundamentales en la investigación puede resolverse *antes de la audiencia preliminar* (incluso algunos alegatos se refieren a la no tramitación del primer recurso de nulidad de 4 de noviembre que debió ser resuelto en la etapa preliminar de investigación); en cambio, la nulidad del acto conclusivo de la acusación puede resolverse en cualquier momento, sea antes de abrir la causa a juicio o después de la audiencia preliminar, conforme lo ha establecido la jurisprudencia de la Sala Constitucional del Tribunal Supremo. En el recurso de nulidad de 8 de noviembre se hacen planteamientos de ambas nulidades de actuaciones por violación de derechos fundamentales, tanto de la etapa de investigación como del acto conclusivo de acusación. En dicho recurso claramente se advierte que, por una parte, se alega la nulidad de actuaciones en la etapa de investigación (epígrafe II del recurso, véase *supra* párr. 96 del presente voto), mientras que a partir del epígrafe III (denominado "OPOSICIÓN DE EXCEPCIONES" se refiere a la nulidad de la acusación (no de la investigación en la fase preliminar de investigación), la cual "preferiblemente" -lo que no significa necesariamente- debía ser resuelta después de la audiencia preliminar. En efecto, según consta en la Sentencia,[95] la Sala Constitucional del Tribunal Supremo en sentencia del 14 de febrero de 2002, señaló, *inter alia*:

---

94   Folios 14696 a 14787 del expediente de anexos a la contestación, que corresponden a las páginas 21 a 111 del escrito de solicitud de nulidad de 8 de noviembre de 2005.

95   Párr. 124 de la Sentencia.

De ocurrir tal petición de nulidad, el juez de control –conforme a la urgencia debido a la calidad de la lesión y ante el silencio de la ley– **podrá antes de abrir la causa a juicio y en cualquier momento antes de dicho acto de apertura resolverla**, aunque **lo preferible** es que sea en la audiencia preliminar [...] *(Resaltado añadido).*

98.   Como puede apreciarse no es concluyente la jurisprudencia sobre el momento en que puede resolverse el recurso de nulidad de actuaciones. El primer recurso de nulidad de 4 de noviembre debió ser tramitado y resuelto en la etapa de investigación, en el que se alegaba esencialmente violado el derecho a la presunción de inocencia por las implicaciones del libro publicado por el Fiscal General; el segundo recurso de nulidad de 8 de noviembre -que tampoco fue ni siquiera tramitado- puede ser resuelto antes o después de la audiencia preliminar, teniendo en cuenta la clara división que se hace en el recurso respecto de la nulidad de actuaciones en la etapa de investigación, y respecto de la nulidad de actuaciones del acto conclusivo de acusación. El criterio mayoritario acoge la posición del Estado, es decir, la interpretación más restrictiva para el derecho de acceso a la justicia de la hoy presunta víctima, lo que evidentemente prohíbe el artículo 29 de la Convención Americana y contradice el principio *pro homine*. Precisamente, la demostrada complejidad de la discusión entre las partes respecto a los recursos de nulidad y el hecho de que el objeto principal del caso se centra en las presuntas vulneraciones a diversas *garantías judiciales (debido proceso) y protección judicial,* ameritaba que el Tribunal Interamericano entrara a conocer el fondo y que la excepción preliminar de falta de agotamiento de los recursos internos sea analizada a la luz de los argumentos de las partes respecto al fondo del presente caso.

99.   Las consideraciones anteriores demuestran con mucha más razón que el estudio de la controversia presentada respecto al agotamiento de los recursos internos, no se puede desligar del análisis de fondo del caso, ya que precisamente el recurso de nulidad en cuestión, el momento procesal en que debió ser resuelto, así como su plazo razonable, se encuentran intrínsecamente vinculados a la presunta violación de los derechos a las garantías judiciales y la protección judicial a que se refieren los artículos 8 y 25 de la Convención Americana, como lo había hecho en muchos casos la Corte Interamericana conforme a su jurisprudencia histórica en la materia.

100.   Ante tal situación, la Corte ha afirmado con anterioridad, que las excepciones preliminares son actos que buscan impedir el análisis de fondo de un asunto cuestionado, mediante la objeción de la admisibilidad de un caso o de alguno de sus aspectos, ya sea en razón de la persona, materia, tiempo o lugar, *siempre y cuando dichos planteamientos tengan el carácter de preliminares.*[96]

---

96   Cfr. *Caso Las Palmeras Vs. Colombia. Excepciones Preliminares.* Sentencia de 4 de febrero de 2000. Serie C N° 67, párr. 34; *Caso Vélez Restrepo y Familiares Vs. Co-*

101. Dado que la cuestión sobre la procedencia de resolver el recurso de nulidad en ausencia del señor Brewer Carías no puede ser revisada sin entrar a estudiar previamente el fondo del caso, ésta no podía ser analizada en el marco de esta excepción preliminar.[97] En virtud de lo anterior, el Tribunal Interamericano debió desestimar la alegada excepción preliminar de falta de agotamiento de los recursos internos interpuesta por el Estado y, consecuentemente, continuar con el análisis de fondo en el presente caso.

2.2.c.b La necesidad de la presencia del acusado en la audiencia preliminar y las razones por las cuales se difirió la audiencia

102. Sobre este tema, en la Sentencia se ha considerado que la ausencia del señor Brewer Carías "ha conllevado que la audiencia preliminar en su contra no haya podido ser llevada a cabo, por lo que es posible afirmar que el retardo en la resolución de las nulidades sería imputable a su decisión de no someterse al proceso y conlleva un impacto en el análisis del retardo injustificado o plazo razonable."[98]

103. El criterio mayoritario fundamenta su razonamiento en una interpretación del artículo 7.5 de la Convención Americana. Al respecto, la Sentencia señala que la presencia del acusado es un requisito esencial para el desarrollo legal y regular del proceso y que el artículo 7.5 de la Convención establece que la "libertad podrá estar condicionada a garantías que aseguren su comparecencia ante el juicio", de manera que los Estados se encuentran facultados a establecer leyes internas para garantizar la comparecencia del acusado.

104. Disentimos también del criterio mayoritario en este sentido, ya que la determinación sobre si el procedimiento llevado en contra del señor Brewer cumplía con los requisitos del artículo 7.5 de la Convención Americana es, sin duda, una cuestión de fondo. En todo caso, habría que considerar que, como se desprende del expediente, el señor Brewer Carías ha sido citado en varias ocasiones para la audiencia preliminar; sin embargo, ninguna de ellas el diferimiento de la audiencia fue propiamente por ausencia de la presunta

---

lombia. Excepción Preliminar, Fondo, Reparaciones y Costas. Sentencia de 3 de septiembre de 2012 Serie C N° 248, párr. 30; Caso *Artavia Murillo y otros (Fecundación in vitro) Vs. Costa Rica. Excepciones Preliminares, Fondo, Reparaciones y Costas.* Sentencia de 28 noviembre de 2012 Serie C N° 257, párr. 40; y Caso *Mohamed Vs. Argentina. Excepción Preliminar, Fondo, Reparaciones y Costas.* Sentencia de 23 noviembre de 2012 Serie C N° 255, párr. 23.

97   Cfr. Caso *Castañeda Gutman Vs. México. Excepciones Preliminares, Fondo, Reparaciones y Costas.* Sentencia de 6 de agosto de 2008. Serie C N° 184, párr. 39; y *Caso Vélez Restrepo y Familiares Vs. Colombia. Excepción Preliminar, Fondo, Reparaciones y Costas.* Sentencia de 3 de septiembre de 2012 Serie C N° 248, párr. 30.

98   Párr. 143 de la Sentencia.

víctima, sino por otras razones. [99] Al respecto, los representantes han alegado a lo largo del proceso que el Estado no "ha podido presentar […] prueba alguna de tan siquiera un caso en que la audiencia preliminar haya sido diferida a causa de la incomparecencia del profesor Brewer Carías".

105. Aunado a lo anterior, en la decisión judicial del Juzgado Vigésimo Quinto de 20 de julio de 2007, mediante la cual se daba respuesta a la solicitud de separar al señor Brewer de la causa ante la "la imposibilidad de ejecutar dicha medida por encontrarse en el extranjero" presentada por otro de los acusados en el proceso, que también se encontraba a la espera de la realización de la audiencia preliminar, el Juez de Control motivó su decisión basado en que:

> "en el caso de marras, el acto de la audiencia preliminar no ha sido diferido por incomparecencia del [señor] Brewer Carías, al contrario los diversos diferimientos que cursan e[n] las actas del presente expediente han sido en virtud de las numerosas solicitudes interpuestas por los distintos defensores de los imputados. [100]

106. De acuerdo con las pruebas que constan en el expediente, la no comparecencia del señor Brewer Carías se da *cuando ya se ha presentado la acusación en su co*ntra, momento en el cual la defensa del señor Brewer Carías informó al Juez Vigésimo Quinto que éste no regresaría al país por cuanto estimó que: i) "la actuación del Ministerio Público en el presente caso no ha sido otra cosa que una clara persecución política oficial en su contra"; ii) "el

---

99 En el párr. 138 de la Sentencia se afirma que en tres ocasiones la audiencia preliminar fue diferida o aplazada debido a "la relación directa con las actuaciones del señor Brewer o su defensa". Lo anterior no es del todo exacto ya que en la primera oportunidad (17 de noviembre de 2005) el diferimiento se debió a que se recusó al Juez Vigésimo Quinto, lo que evidentemente el ejercer un derecho no puede usarse en contra de la hoy presunta víctima como se pretende en la Sentencia; la segunda ocasión no se llevó a cabo la audiencia, entre otras cosas, porque "el Juez Vigésimo Quinto se encontraba de reposo, siendo encargada la Juez Vigésimo Cuarta de Control"; y en la tercera ocasión se advierte que en realidad se presumió que no comparecería el señor Brewer Carías por encontrarse fuera del país (párr. 139 de la Sentencia), lo que no necesariamente implicaba su no comparecencia. Posteriormente a la orden de aprehensión contra el señor Brewer Carías, la audiencia volvió a ser diferida en trece ocasiones y en "sólo una oportunidad se hizo mención expresa al señor Brewer, específicamente, el 25 de octubre de 2007 se difirió la audiencia, ya que se estaba a la espera de la "apelación interpuesta por el representante legal del [señor Brewer Carías] a la aclaratoria que fue enviada a la INTERPOL" (párr. 142 de la Sentencia). Como se puede apreciar, no se advierte de ningún modo que puede atribuirse los diferimientos de la audiencia preliminar directa y exclusivamente a la ausencia de la hoy presunta víctima, como se pretende ver por el criterio mayoritario.

100 Resolución del Juzgado Vigésimo Quinto del Circuito Judicial del Área Metropolitana de Caracas de 20 de julio de 2007 al escrito presentado por la defensa de José Gregorio Vásquez (expediente de anexos al escrito de solicitudes y argumentos, tomo v, folios 6832 a 6838).

propio Fiscal General [...] hab[ía] violentado directamente su garantía a la presunción de inocencia, al haberlo condenado públicamente de antemano, al publicar su libro 'Abril comienza en octubre'"; iii) "ante el reclamo oportuno hecho en sede jurisdiccional, sólo ha[bía] obtenido respuestas negativas [y q]ue esas respuestas negativas y muchas veces tardías del órgano jurisdiccional ha[bía]n constituido a su vez nuevas violaciones a sus garantías constitucionales"; iv) "se le cercenó el derecho de obtener el sobreseimiento en la fase intermedia del proceso"; v) "todo ello constituye la negación de una justicia accesible, imparcial, idónea, transparente, autónoma, independiente, responsable, equitativa y expedita", y vi) "la acusación en si misma ya es una condena, cuyo objeto es castigar su crítica política e ideológica al proyecto con el que se pretende sojuzgar a Venezuela".

107. Lo señalado anteriormente, en especial el hecho de la publicación de un libro del Fiscal General titulado "Abril comienza en octubre" en el cual se refiere a ciertas versiones de una persona según las cuales el señor Brewer sería el autor del "Decreto Carmona" y en el cual afirma que el señor Brewer Carías supuestamente habría estado en una reunión donde se redactó dicho decreto, se relaciona directamente con el derecho a las garantías judiciales, específicamente, el derecho de presunción de inocencia.

108. En este sentido, cabe recordar la reciente jurisprudencia de la Corte en el caso *J Vs. Perú,*[101] donde establece claramente que:

> 233. En el ámbito penal, la Corte Interamericana ha señalado que el principio de presunción de inocencia constituye un fundamento de las garantías judiciales[102]. La presunción de inocencia implica que el acusado no debe demostrar que no ha cometido el delito que se le atribuye, ya que el *onus probandi* corresponde a quien acusa[103] y cualquier duda debe ser usada en beneficio del acusado. Así, la demostración fehaciente de la culpabilidad constituye un requisito indispensable para la sanción penal, de modo que la carga de la prueba recae en la parte acusadora y no en el acusado[104]. **Por otro lado, el principio de presunción de inocencia implica que los juzgadores no inicien el proceso con una idea preconce-**

---

101 *Caso J. Vs. Perú. Excepción Preliminar, Fondo, Reparaciones y Costas.* Sentencia de 27 de noviembre de 2013. Serie C N° 275.

102 *Cfr. Caso Suárez Rosero Vs. Ecuador. Fondo.* Sentencia de 12 de noviembre de 1997. Serie C N° 35. párr. 77; y *Caso López Mendoza Vs. Venezuela. Fondo, Reparaciones y Costas.* Sentencia de 1 de septiembre de 2001. Serie C N° 233, párr. 128.

103 *Cfr. Caso Ricardo Canese Vs. Paraguay. Fondo, Reparaciones y Costas.* Sentencia de 31 de agosto de 2004. Serie C N° 111, párr. 154; y *Caso López Mendoza Vs. Venezuela. Fondo, Reparaciones y Costas.* Sentencia de 1 de septiembre de 2011. Serie C N° 233, párr. 128.

104 En igual sentido se ha pronunciado el Comité de Derechos Humanos del Pacto de Derechos Civiles y Políticos. Comité de Derechos Humanos. Observación general N° 32, El derecho a un juicio imparcial y a la igualdad ante los tribunales y cortes de justicia (HRI/GEN/1/Rev.9 (vol. I)), párr. 30.

bida de que el acusado ha cometido el delito que se le imputa[105]. *(Resaltado añadido).*

109. En este sentido, el Tribunal Interamericano, siguiendo lo establecido por el Tribunal Europeo ha resaltado que la presunción de inocencia puede ser violada no sólo por los jueces o tribunales a cargo del proceso, sino también por otras autoridades públicas,[106] por lo cual las autoridades estatales deben elegir cuidadosamente sus palabras al declarar sobre un proceso penal, antes de que una persona o personas haya sido juzgada y condenada por el delito respectivo.[107] Si bien en el marco del proceso penal en sí mismo, los señalamientos de culpabilidad por parte de funcionarios tales como fiscales y procuradores no constituyen una violación a la presunción de inocencia, las declaraciones de estos funcionarios a la prensa, sin calificaciones o reservas, infringen la presunción de inocencia en la medida en que fomenta que el público crea en la culpabilidad de la persona y prejuzga la evaluación de los hechos por una autoridad judicial competente.[108] La Corte ha coincidido con este criterio y ha advertido que la presunción de inocencia exige que las autoridades estatales sean discretas y prudentes al realizar declaraciones públicas sobre un proceso penal.[109]

110. La Corte ha reiterado en su jurisprudencia que las autoridades estatales deben tener en cuenta que los funcionarios públicos tienen una posición de garante de los derechos fundamentales de las personas y, por tanto, sus declara-

---

105   Cfr. *Caso Cabrera García y Montiel Flores Vs. México. Excepción preliminar, Fondo, Reparaciones y Costas.* Sentencia de 26 de noviembre de 2010. Serie C N° 220, párr. 184; y *Caso López Mendoza Vs. Venezuela. Fondo, Reparaciones y Costas.* Sentencia de 1 de septiembre de 2011. Serie C N° 233, párr. 128.

106   De esta forma, el Tribunal Europeo de Derechos Humanos ha considerado que declaraciones por parte del Ministerio del Interior y altas autoridades policiales, del Presidente del Parlamento, del Fiscal General u otras autoridades fiscales a cargo de la investigación e inclusive de parte de un conocido General retirado, que a la vez era candidato a gobernador, pero que no era un funcionario público al momento de sus declaraciones, generaron violaciones a la presunción de inocencia en cada caso. *Cfr. Allenet de Ribemont Vs. Francia,* 10 de febrero de 1995, Serie A N° 308; *Butkevicius Vs. Lituania,* N° 48297/99, § 49, TEDH 2002-II (extractos); *Daktaras Vs. Lituania,* N° 42095/98, § 42, TEDH 2000-X; *Fatullayev Vs. Azerbaiyán,* N° 40984/07, § 160 y 161, 22 de abril de 2010; *Khuzhin y otros Vs. Rusia,* N° 13470/02, § 95, 23 de octubre de 2008, y *Kuzmin Vs. Rusia,* N° 58939/00, § 59 a 69, 18 de marzo de 2010.

107   Cfr. *Daktaras Vs. Lithuania,* N° 42095/98, § 41, TEDH 2000-X; *Butkevicius Vs. Lituania,* N° 48297/99, § 49, TEDH 2002-II (extractos); *Ismoilov y otros Vs. Rusia,* N° 2947/06, § 166, 24 de abril de 2008; *Böhmer Vs. Alemania,* N° 37568/97, §56, 3 de octubre de 2002, y *Khuzhin y otros vs. Rusia,* N° 13470/02, § 94, 23 de octubre de 2008.

108   TEDH, *Allenet de Ribemont vs. Francia,* 10 de febrero de 1995, § 41, Serie A N° 308. En este mismo sentido, *Ismoilov and Others vs. Rusia,* N° 2947/06, § 161, 24 de abril de 2008.

109   *Caso J. Vs. Perú. Excepción Preliminar, Fondo, Reparaciones y Costas.* Sentencia de 27 de noviembre de 2013. Serie C N° 275, párr. 244.

ciones no pueden desconocer éstos.[110] Este deber de especial cuidado se ve particularmente acentuado en situaciones de mayor conflictividad social, alteraciones del orden público o polarización social o política precisamente por el conjunto de riesgos que pueden implicar para determinadas personas o grupos en un momento dado.[111] La presunción de inocencia no impide que las autoridades mantengan debidamente informada a la sociedad sobre investigaciones penales, pero requiere que cuando lo hagan, guarden la debida discreción y circunspección necesaria para garantizar la presunción de inocencia de los posibles involucrados.[112]

111. Ahora bien, en el presente caso, el hecho de que el libro del Fiscal General, titulado "Abril comienza en octubre", saliera publicado en septiembre de 2005, podría haber llevado a presumir la culpabilidad del señor Brewer Carías en la redacción del llamado "Decreto Carmona", toda vez que la imputación formal en contra de la hoy presunta víctima por la fiscal a cargo se realizó en menos de un mes después, en octubre de ese mismo año, cuestión que precisamente fue motivo de impugnación en el primer recurso de nulidad de 4 de octubre de 2005 cuando se realizaba la etapa preliminar de investigación.

112. No pasa inadvertido que según obra en autos, el Fiscal General de la República designó, el 28 de agosto de 2002, directamente, como "suplente especial" a la fiscal que precisamente realizara en octubre de 2005 la imputación formal del señor Brewer Carías.[113] La posible violación al derecho de

---

110 Cfr. *Caso Apitz Barbera y otros ("Corte Primera de lo Contencioso Administrativo") Vs. Venezuela. Excepción Preliminar, Fondo, Reparaciones y Costas.* Sentencia de 5 de agosto de 2008. Serie C N° 182, párr. 131; *Caso Ríos y otros Vs. Venezuela. Excepciones Preliminares, Fondo, Reparaciones y Costas.* Sentencia de 28 de enero de 2009. Serie C N° 194, párr. 139; *Caso Perozo y otros Vs. Venezuela. Excepciones Preliminares, Fondo, Reparaciones y Costas.* Sentencia de 28 de enero de 2009. Serie C N° 195, párr. 151; y *Caso J Vs. Perú. Excepción Preliminar, Fondo, Reparaciones y Costas.* Sentencia del 27 de noviembre de 2013. Serie C N° 262, párr. 247.

111 Cfr. *Caso Ríos y otros Vs. Venezuela. Excepciones Preliminares, Fondo, Reparaciones y Costas.* Sentencia de 28 de enero de 2009. Serie C N° 194, párr. 139; y *Caso Perozo y otros Vs. Venezuela. Excepciones Preliminares, Fondo, Reparaciones y Costas.* Sentencia de 28 de enero de 2009. Serie C N° 195, párr. 151.

112 Al respecto, el Tribunal Europeo de Derechos Humanos ha indicado que: "The freedom of expression, guaranteed by Article 10 of the Convention, includes the freedom to receive and impart information. Article 6 § 2 cannot therefore prevent the authorities from informing the public about criminal investigations in progress, but it requires that they do so with all the discretion and circumspection necessary if the presumption of innocence is to be respected". TEDH, *Allenet de Ribemont Vs. Francia*, 10 de febrero de 1995, § 38, Serie A N° 308. Ver asimismo, *Caso J. Vs. Perú. Excepción Preliminar, Fondo, Reparaciones y Costas.* Sentencia de 27 de noviembre de 2013. Serie C N° 275, párr. 247.

113 A folios 979 del expediente principal consta el nombramiento respectivo, que a la letra dispone: "REPÚBLICA BOLIVARIANA DE VENEZUELA. MINISTERIO PÚBLICO. Despacho del Fiscal General de la República. Caracas, 28 de agosto de 2002. Años 192° y 143°. RESOLUCIÓN N° 539: JULIÁN ISAÍAS RODRÍGUEZ

presunción de inocencia se hace más evidente en un régimen de provisionalidad de fiscales -en el que existe libre designación y remoción-, por lo que resultaba indispensable en el caso analizar esta situación estructural al poder dicha provisionalidad irradiar de manera negativa en la autonomía de los fiscales y en el proceso penal correspondiente, lo que estimamos no puede pasar desapercibido para los jueces interamericanos.

113. Resulta también relevante hacer mención que dicho señalamiento del Fiscal General sobre la redacción del "Decreto Carmona" en su libro publicado en septiembre de 2005 pudo haber contribuido -aunado al hecho de que proviene de una autoridad relevante del Estado-, a fomentar la culpabilidad de la presunta víctima, por lo que conforme a la jurisprudencia anteriormente señalada del Tribunal Interamericano, los fiscales a cargo de una investigación, y más aun los fiscales generales, deben abstenerse de escribir, así sea literariamente, respecto de los casos que están bajo el conocimiento de los demás fiscales, considerando que este deber de cuidado se ve acentuado en las situaciones de mayor conflictividad social, alteraciones de orden público o polarización social o política como lo sería la situación ocurrida los días 11, 12 y 13 de abril de 2002.

114. Asimismo, consideramos que en la Sentencia se realiza una interpretación restrictiva del artículo 7.5 de la Convención Americana, contraria al artículo 29 de la misma, al hacer ver que la presunta víctima se encuentra prófugo de la justicia, cuando esto no es así. Consta en autos que desde el primer momento en que fue citado por el fiscal del ministerio público que inició el proceso de investigación por los hechos de abril de 2002, el señor Brewer Carías compareció para declarar el 3 de junio de ese mismo año. [114] Y obran en autos abundantes constancias relativas a que la hoy presunta víctima estuvo defendiéndose constantemente, incluso asistiendo personalmente a copiar a mano el expediente por cerca de nueve meses cuando se le acusa formalmente en el año 2005. [115]

DÍAZ, Fiscal General de la República, de conformidad con lo dispuesto en los artículos 1 y 49 de la Ley Orgánica del Ministerio Público, y en virtud de que han resultado infructuosas las diligencias realizadas para la localización y posterior convocatoria del Primer y Segundo Suplentes de la Fiscalía Sexta del Ministerio Público a Nivel Nacional con competencia plena, quedando así agotada la lista de suplentes respectiva, designo SUPLENTE ESPECIAL a la ciudadana abogada LUISA ORTEGA DÍAZ, titular de la cédula de identificación Nº 4.555.631, quien se viene desempeñando como Suplente Especial de la Fiscalía Séptima del Ministerio Público de la Circunscripción Judicial del Área Metropolitana de Caracas, para que se encargue del referido Despacho, actualmente vacante, dese el 01-09-2002 y hasta nuevas instrucciones de esta Superioridad. Regístrese, Comuníquese y Publíquese. JULIÁN ISAÍAS RODRÍGUEZ DÍAZ. Fiscal General de la República".

114   La declaración del señor Brewer Carías de 3 de junio de 2002 ante la Fiscal Sexta, obra en el expediente de anexos a la contestación, pieza 2, folios 8986 a 8998.

115   Ver la declaración rendida en la audiencia pública del presente caso por León Henrique Cottin, abogado venezolano defensor del señor Brewer Carías en el proceso pe-

nal interno, así como las siguientes actas que obran en la copia del proceso judicial remitido a la Corte: Acta de revisión de expediente N° C43 de 27 de enero de 2005 (expediente de escrito a la contestación, anexo 1, pieza 7, folio 11164); acta de revisión de expediente N° C43 de 28 enero de 2005 (expediente de anexos al escrito de contestación, anexo 1, pieza 7, folio 11168); acta de revisión de expediente N° C43 de 31 de enero de 2005 (expediente de anexos al escrito de contestación, anexo 1, pieza 7, folio 11182); acta de revisión de expediente N° C43 de 1 de febrero de 2005 (expediente de anexos al escrito de contestación, anexo 1, pieza 7, folio 11196); acta de revisión de expediente N° C43 de 3 de febrero de 2005 (expediente de anexos al escrito de contestación, anexo 1, pieza 7, folio 11214); acta de revisión de expediente N° C43 de 9 de febrero de 2005 (expediente de anexos al escrito de contestación, anexo 1, pieza 7, folio 11268); acta de revisión de expediente N° C43 de 11 de febrero de 2005 (expediente de anexos al escrito de contestación, anexo 1, pieza 7, folio 11273) acta de revisión de expediente N° C43 de 15 de febrero de 2005 (expediente de anexos al escrito de contestación, anexo 1, pieza 7, folio 11321); acta de revisión de expediente N° C43 de 16 de febrero de 2005 (expediente de anexos al escrito de contestación, anexo 1, pieza 7, folio 11337); acta de revisión de expediente N° C43 18 de febrero de 2005 (expediente de anexos al escrito de contestación, anexo 1, pieza 7, folio 11383); acta de revisión de expediente N° C43 de 18 de febrero de 2005 (expediente de anexos al escrito de contestación, anexo 1, pieza 7, folio 11386); acta de revisión de expediente N° C43 de 21 de febrero de 2005 (expediente de anexos al escrito de contestación, anexo 1, pieza 7, folio 11398); acta de revisión de expediente N° C43 22 de febrero de 2005 (expediente de anexos al escrito de contestación, anexo 1, pieza 7, folio 11399); acta de revisión de expediente N° C43 de 22 de febrero de 2005 (expediente de anexos al escrito de contestación, anexo 1, pieza 8, folio 11412); acta de revisión de expediente N° C43 de 24 de febrero de 2005 (expediente de anexos al escrito de contestación, anexo 1, pieza 8, folio 11505); acta de revisión de expediente N° C43 de 25 de febrero de 2005 (expediente de anexos al escrito de contestación, anexo 1, pieza 8, folio 11508); acta de revisión de expediente N° C43 de 28 de febrero de 2005 (expediente de anexos al escrito de contestación, anexo 1, pieza 8, folio 11546); acta de revisión de expediente N° C43 de 1 de marzo de 2005 (expediente de anexos al escrito de contestación, anexo 1, pieza 8, folio 11572); acta de revisión de expediente N° C43 de 2 de marzo de 2005 (expediente de anexos al escrito de contestación, anexo 1, pieza 8, folio 11579); acta de revisión de expediente N° C43 de 3 de marzo (expediente de anexos al escrito de contestación, anexo 1, pieza 8, folio 11601); acta de revisión de expediente N° C43 de 4 de marzo de 2005 (expediente de anexos al escrito de contestación, anexo 1, pieza 8, folio 11619); acta de revisión de expediente N° C43 de 7 de marzo de 2005 (expediente de anexos al escrito de contestación, anexo 1, pieza 8, folio 11641); acta de revisión de expediente N° C43 de 10 de marzo de 2005 (expediente de anexos al escrito de contestación, anexo 1, pieza 8, folio 11740); acta de revisión de expediente N° C43 de 15 de marzo de 2005 (expediente de anexos al escrito de contestación, anexo 1, pieza 8, folio 11792 y 11793); acta de revisión de expediente N° C43 de 15 de marzo de 2005 (expediente de anexos al escrito de contestación, anexo 1, pieza 8, folio 11784); acta de revisión de expediente N° C43 de 16 de marzo de 2005 (expediente de anexos al escrito de contestación, anexo 1, pieza 8, folio 11836); acta de revisión de expediente N° C43 de 19 de marzo de 2005 (expediente de anexos al escrito de contestación, anexo 1, pieza 9, folio 11950); acta de revisión de expediente N° C43 de 21 de marzo de 2005 (expediente de anexos al escrito de contestación, anexo 1, pieza 9, folio 11970); acta de revisión de expediente N° C43 de 22 de marzo de 2005 (expediente de anexos al escrito de contestación, anexo 1, pieza 9, folio 11972 y 11973); acta de revisión de expediente N° C43 de 28 de marzo de 2005 (expediente de anexos al escrito de con-

115. El hecho de que el señor Brewer Carías saliera del país en septiembre de 2005 (de manera libre ya que no había ninguna orden de captura en su contra) y coincidente, además, con la publicación del libro del Fiscal General, no significa que estuviera prófugo de la justicia. Como se ha señalado con anterioridad (véase *supra* párr. 106 del presente voto), la defensa del señor Brewer Carías informa al juez que no regresaría al país debido a la serie de violaciones procesales que señala como una "clara persecución política oficial en su contra"; de tal manera que, según los representantes, existe un "<u>fundado temor</u>" de que el ejercicio de los recursos le someta a un mayor agravamiento de la persecución de la cual es objeto, además, señalan "que permanece fuera

---

testación, anexo 1, pieza 9, folio 12004 y 12005); acta de revisión de expediente Nº C43 de 31 de marzo de 2005 (expediente de anexos al escrito de contestación, anexo 1, pieza 9, folio 12081); acta de revisión de expediente Nº C43 de 7 de abril de 2005 (expediente de anexos al escrito de contestación, anexo 1, pieza 9, folios 12162 y 12163); acta de revisión de expediente Nº C43 de 8 de abril de 2005 (expediente de anexos al escrito de contestación, anexo 1, pieza 9, folio 12165); acta de revisión de expediente Nº C43 de 12 de abril de 2005 (expediente de anexos al escrito de contestación, anexo 1, pieza 9, folio 12191); acta de revisión de expediente Nº C43 de 18 de abril de 2005 (expediente de anexos al escrito de contestación, anexo 1, pieza 9, folio 12310); acta de revisión de expediente Nº C43 de 25 de abril de 2005 (expediente de anexos al escrito de contestación, anexo 1, pieza 9, folio 12354); acta de revisión de expediente Nº C43 de 26 de abril de 2005 (expediente de anexos al escrito de contestación, anexo 1, pieza 9, folio 12355) Acta de revisión de expediente Nº C43 de 2 de mayo de 2005 (expediente de anexos al escrito de contestación, anexo 1, pieza 10, folio 12401); acta de revisión de expediente Nº C43 de 10 de mayo de 2005 (expediente de anexos al escrito de contestación, anexo 1, pieza 10, folio 12609); acta de revisión de expediente Nº C43 de 1 de junio de 2005 (expediente de anexos al escrito de contestación, anexo 1, pieza 11, folio 12887); acta de revisión de expediente Nº C43 de 7 de junio de 2005 (expediente de anexos al escrito de contestación, anexo 1, pieza 11, folio 12928); acta de revisión de expediente Nº C43 de 9 de junio de 2005 (expediente de anexos al escrito de contestación, anexo 1, pieza 11, folio 12954); acta de revisión de expediente Nº C43 de 15 de junio de 2005 (expediente de anexos al escrito de contestación, anexo 1, pieza 11, folio 12970); acta de revisión de expediente Nº C43 de 29 de junio de 2005 (expediente de anexos al escrito de contestación, anexo 1, pieza 11, folio 12992); acta de revisión de expediente Nº C43 de 4 de julio de 2005 (expediente de anexos al escrito de contestación, anexo 1, pieza 11, folio 13014); acta de revisión de expediente Nº C43 de 4 de julio de 2005 (expediente de anexos al escrito de contestación, anexo 1, pieza 13, folio 13052); acta de revisión de expediente Nº C43 de 11 de julio de 2005 (expediente de anexos al escrito de contestación, anexo 1, pieza 13, folio 13095); acta de revisión de expediente Nº C43 de 22 de septiembre de 2005 (expediente de anexos al escrito de contestación, anexo 1, pieza 13, folio 13980); acta de revisión de expediente Nº C43 de 27 de septiembre de 2005 (expediente de anexos al escrito de contestación, anexo 1, pieza 13, folio 13997); acta de revisión de expediente Nº C43 de 28 de septiembre de 2005 (expediente de anexos al escrito de contestación, anexo 1, pieza 13, folio 14008); acta de revisión de expediente Nº C43 de 30 de septiembre de 2005 (expediente de anexos al escrito de contestación, anexo 1, pieza 13, folio 14022); acta de revisión de expediente Nº C43 de 7 de octubre de 2005 (expediente de anexos al escrito de contestación, anexo 1, pieza 13, folio 14100); entre otras.

del país como exiliado para resguardar su libertad y su integridad física y moral".[116] Así, en el presente caso las razones de la no comparecencia de la hoy presunta víctima, debieron analizarse a la luz de los planteamientos de fondo planteados, ya que si fueran fundados sería contrario a la Convención Americana obligar a una persona a seguir un proceso en su contra privado de su libertad, cuando se acreditaran violaciones a los *derechos a la presunción de inocencia, a ser juzgado por un juez o tribunal independiente e imparcial, al debido proceso y a las garantías judiciales* previstos en los artículos 8 y 25 de la Convención Americana, planteamientos expresamente invocados como violados por la hoy presunta víctima y no analizados en el caso.

116. La interpretación que se realiza en la Sentencia del artículo 7.5 de la Convención Americana se aleja de lo estipulado en el artículo 29 del Pacto de San José, que establece que ninguna disposición de la Convención puede ser interpretada en el sentido de permitir a alguno de los Estados Partes, *suprimir o limitar el goce y ejercicio de los derechos y libertades reconocidos en la Convención*. El criterio mayoritario no realiza su análisis del artículo 7.5 de la Convención a la luz del artículo 29 de la misma, sino que decide, por el contrario, realizar una interpretación restrictiva y limitante de dicho artículo, dejando de lado el carácter *pro homine* que ha de llevar dicha interpretación, de acuerdo con el mencionado artículo 29 de la Convención y la jurisprudencia constante de la Corte, en el entendido que está de por medio el derecho a la libertad personal. Pretender que el señor Brewer Carías regrese a su país para perder su libertad y, en esas condiciones, defenderse personalmente en juicio, constituye un argumento incongruente y restrictivo del derecho de acceso a la justicia, al no haberse analizado en el caso precisamente los aspectos de fondo invocados por la hoy presunta víctima relacionados con diversas violaciones a los artículos 8 y 25 de la Convención Americana, que de manera consustancial condicionan los alcances interpretativos del artículo 7.5 del Pacto de San José respecto al derecho a la libertad personal.[117]

117. Nuevamente, el tema de presuntas violaciones a los artículos 8.1. (derecho a un juez o tribunal independiente e imparcial, 8.2 (derechos mínimos del inculpado de un delito, como lo son, *inter alia* la presunción de inocencia, la adecuada defensa, el presentar o interrogar testigos), 25 (derecho a la protección judicial), así como la misma interpretación restrictiva del artículo 7.5 de la Convención Americana que realiza el criterio mayoritario en el presente caso, conduce a afirmar de manera indudable, que el Tribunal Inter-

---

116 Escrito de alegatos y observaciones finales de los representantes del señor Brewer Carías, párr. 133.

117 No pasa inadvertido, según obra en autos, que los abogados defensores del señor Brewer Carías solicitaron expresamente que se garantizara su derecho a ser juzgado en libertad, solicitud de 26 de octubre de 2005 que ni siquiera fue tramitada. *Cfr.* Apelación de la defensa ante el Juez Vigésimo Quinto de Control recibida el 28 de octubre de 2005 (expediente de anexos al informe de fondo, tomo IV, folios 1636 a 1700).

americano debió estudiar la controversia respecto a la necesidad de la presencia del acusado en la audiencia preliminar y las razones por las cuales se difirió la audiencia, a la luz de las consideraciones de fondo de estos artículos, para así tener un contexto más amplio en su estudio de esta y otras controversias del caso.

118. En definitiva, los suscritos disentimos del criterio mayoritario porque consideramos se actualizan las tres excepciones a que se refiere el artículo 46.2 de la Convención Americana, puesto que el caso involucra cuestiones de fondo, especialmente las referidas a las supuestas violaciones al derecho a un juez y tribunal imparcial (art. 8.1 CADH), al debido proceso (8.2 CADH), y al derecho a la protección judicial (art. 25 CADH). Al aceptar la excepción preliminar de agotamiento de los recursos internos se está condenando al señor Brewer a afrontar un proceso en donde existe la posibilidad de que se hayan cometido violaciones a la Convención Americana.

119. En consecuencia, el Tribunal Interamericano debió desestimar la excepción preliminar de falta de agotamiento de los recursos internos y entrar a resolver el fondo del caso, conforme a la línea jurisprudencial sobre la materia que ha establecido la propia Corte. El utilizar como uno de los argumentos centrales en la Sentencia la artificiosa teoría de la "etapa temprana" del proceso, para no entrar al análisis de las presuntas violaciones a los derechos humanos protegidos por el Pacto de San José, constituye un claro retroceso en la jurisprudencia histórica de esta Corte, pudiendo producir el precedente que se está creando consecuencias negativas para las presuntas víctimas en el ejercicio del derecho de acceso a la justicia; derecho fundamental de gran trascendencia para el sistema interamericano en su integralidad, al constituir en sí mismo una garantía de los demás derechos de la Convención Americana en detrimento del efecto útil de dicho instrumento.

3.   Defensa del Estado de derecho y el ejercicio de la abogacía

120.   Como se ha advertido a lo largo del presente voto, estimamos que la Corte debió entrar al fondo del caso al estar íntimamente ligadas las cuestiones de admisibilidad con las de fondo; entre las cuales se encuentran la secuela de provisionalidad de fiscales y jueces, y su impacto concreto en el proceso penal; el análisis de la presunción de inocencia, la adecuada defensa y, en general, aspectos relacionados con los artículos 8 y 25 de la Convención Americana.

121.   Por otra parte, consideramos que el análisis de fondo era indispensable, además, para analizar el hecho de que se haya acusado penalmente a un jurista reconocido internacionalmente, como Allan Brewer Carías, por atender una consulta profesional. De los hechos se desprende que el acusado Brewer Carías hizo uso de su derecho de ejercer la profesión de abogado.

122. Ya en una ocasión anterior el Tribunal Interamericano analizó una condena penal a causa del ejercicio profesional. En este sentido, en el caso *De la Cruz Flores Vs. Perú*[118] la víctima había sido condenada penalmente por atender en su calidad de médico a miembros de Sendero Luminoso, lo que para la Corte "no solo es un acto esencialmente lícito, sino que es un deber de un médico prestarlo".[119]

123. A lo anterior se suma la reflexión de la Corte al emitir la *Opinión Consultiva OC-5/85 sobre la Colegiación Obligatoria de Periodistas.*[120] En dicha Opinión, el Tribunal Interamericano afirmó que no se podía sancionar penalmente a un periodista no colegiado, por la imbricación que existe entre el derecho a la libertad de expresión y el ejercicio del periodismo. Es decir, el periodista no colegiado estaba haciendo uso legítimo de un derecho, por lo cual la Corte declaró incompatible con la Convención Americana la legislación costarricense que sancionaba penalmente el ejercicio del periodismo sin estar debidamente colegiado.

124. En el caso *Brewer Carías Vs. Venezuela* estamos también ante el hecho de que se pretende penalizar un acto propio del ejercicio de la profesión de abogado, que por su naturaleza es lícito. Si bien se trata de profesiones distintas, debiera prevalecer el criterio de la Corte de proteger el ejercicio profesional que, como en el caso del Profesor Brewer, busca ejercer su profesión y defender el Estado de Derecho. No haber analizado en el fondo del caso el enjuiciamiento penal del Profesor Brewer Carías limitó lo que debiera ser el principal quehacer de un tribunal internacional de derechos humanos: la defensa del ser humano frente a la prepotencia del Estado.

125. Un tribunal internacional de derechos humanos debe proceder, antes que nada, a la defensa del Estado de Derecho -y en el caso concreto también del ejercicio de la abogacía-, lo cual es consustancial con un régimen democrático, con los valores que inspiran al sistema interamericano en su integralidad y particularmente con los principios que rigen la Carta Democrática Interamericana.

Manuel E. Ventura Robles,   Eduardo Ferrer Mac-Gregor Poisot,
Juez;   Juez;

Pablo Saavedra Alessandri, Secretario

---

[118] *Cfr. Caso De la Cruz Flores Vs. Perú. Fondo, Reparaciones y Costas.* Sentencia de 18 de noviembre de 2004. Serie C N° 115.

[119] *Caso De la Cruz Flores Vs. Perú. Fondo, Reparaciones y Costas.* Sentencia de 18 de noviembre de 2004. Serie C N° 115, párr. 102.

[120] *Cfr. La Colegiación Obligatoria de Periodistas (Arts. 13 y 29 Convención Americana sobre Derechos Humanos).* Opinión Consultiva OC-5/85 del 13 de noviembre de 1985. Serie A N° 5.

ÍNDICE GENERAL

SUMARIO 7

NOTA EXPLICATIVA 9

PRÓLOGO: EL AGOTAMIENTO DE LOS RECURSOS DE LA JURISDICCIÓN INTERNA Y LA SENTENCIA DE LA CORTE INTERAME-RICANA DE DERECHOS HUMANOS EN EL CASO BREWER CARÍAS, por: *Héctor Faúndez Ledezma* 21

LIBRO PRIMERO
ACTUACIONES ANTE LA COMISIÓN INTERAMERICANA DE DERECHOS HUMANOS

PRIMERA PARTE: ESCRITO DE LA DENUNCIA PRESENTADA POR LOS REPRESENTANTES DE ALLAN R. BREWER-CARÍAS ANTE LA COMISIÓN INTERAMERICANA DE DERECHOS HUMANOS CONTRA EL ESTADO VENEZO-LANO, POR VIOLACIÓN DE SUS DERECHOS GARANTI-ZADOS EN LA CONVENCIÓN INTERAMERICANA DE DERECHOS HUMANOS, DE FECHA 24 DE ENERO DE 2007 ... 31

I.   **RESUMEN** 32

II.   **ADMISIBILIDAD** 34

III. **HECHOS** 35

    1.   SEMBLANZA DE LA VÍCTIMA 35

       A. *Destacado jurista* 35

       B. *Defensor de los Derechos Humanos* 36

       C. *Hombre público y disidente del régimen político de Venezuela* 36

    2.   ANTECEDENTES RELEVANTES DE LA VIOLACIÓN DE LOS DERECHOS HUMANOS DEL DR. ALLAN BRE-WER CARÍAS 39

    3.   LA IMPUTACIÓN PENAL CONTRA EL DR. ALLAN BREWER CARÍAS 44

IV. VIOLACIÓN DE LAS GARANTÍAS JUDICIALES (ARTÍCULO 8, CADH) 45

1. VIOLACIÓN DEL DERECHO A SER OÍDO POR UN JUEZ O TRIBUNAL INDEPENDIENTE E IMPARCIAL (ARTÍCULO 8(1), CADH). 46

    A. *La sujeción política y jerárquica del Sistema Judicial y del Ministerio Público en Venezuela* 46

        a. **El Tribunal Supremo de Justicia** 46

        b. **La provisionalidad de jueces y fiscales** 48

    B. *La falta de independencia e imparcialidad de jueces y fiscales en el caso del Dr. Brewer Carías* 52

        a. **La precariedad y sujeción política de los fiscales y jueces del caso** 52

    C. *La violación del principio de la igualdad de medios* 55

2. VIOLACIÓN DE LA PRESUNCIÓN DE INOCENCIA (ARTÍCULO 8(2), CADH) 55

    A. *La imputación basada en un supuesto "hecho notorio comunicacional"* 55

    B. *La formulación expresa de la Fiscal provisoria Sexta de la inversión de la presunción de inocencia* 59

    C. *Violación de la presunción de inocencia por otros órganos del poder público* 60

        a. **Violación de la presunción de inocencia por la Asamblea Nacional** 61

        b. **Violación de la presunción de inocencia por el Tribunal Supremo de Justicia** 62

        c. **Violación de la presunción de inocencia por el Fiscal General de la República** 63

        d. **Violación de la presunción de inocencia por los Embajadores de Venezuela en la República Dominicana y en Costa Rica** 64

3. LA VIOLACIÓN DE LOS DERECHOS A SER OÍDO Y A LA DEFENSA (ARTÍCULOS 8(1) Y 8(2)(F), CAHD) 65

    A. *Se ha impedido a la defensa interrogar a testigos relevantes que comparecerieron ante la Fiscal provisoria Sexta* 66

    B. *Se han rechazado arbitrariamente testigos y otras pruebas relevantes promovidos por la defensa* 67

        a **Testimonio de Pedro Carmona Estanga** 67

        b. **Testimonio de Nelson Mezerhane** 69

| | c. | *Testimonio de Nelson Socorro* | 69 |

c.   *Testimonio de Nelson Socorro* 69

d.   *Testimonio de Yajaira Andueza* 70

e.   *Testimonio de Guaicaipuro Lameda* 70

f.   *Testimonio de Leopoldo Baptista* 70

g.   *Prueba de informes sobre la migración del Dr. Brewer Carías* 71

C.   *La apreciación sesgada, aviesa y parcializada del acervo probatorio* 71

a.   *El libro "Mi testimonio ante la historia" del Sr. Pedro Carmona Estanga.* 71

b.   *El testimonio de Jorge Olavarría* 72

c.   *Absurda apreciación de supuestas pruebas sobrevenidas y referenciales* 73

4.   VIOLACIÓN DE LOS DERECHOS DE SER OÍDO Y A LOS MEDIOS ADECUADOS PARA LA PREPARACIÓN DE LA DEFENSA (ARTÍCULOS 8(1) Y 8(2)(C), CADH) 75

V.   **VIOLACIÓN DEL DERECHO A LA PROTECCIÓN JUDICIAL (ARTÍCULO 25, CADH)** 77

VI.   **VIOLACIÓN DEL DERECHO A JUICIO EN LIBERTAD (AR-TÍCULO 8.2, CADH).** 78

VII.   **VIOLACIÓN DEL DERECHO A LA HONRA (ARTÍCULO 11, CADH)** 80

VIII.   **VIOLACIÓN DE LA LIBERTAD DE EXPRESIÓN (ARTÍCULO 13, CADH).** 81

IX.   **VIOLACIÓN DEL DERECHO A LA SEGURIDAD PERSONAL Y DE LA LIBERTAD DE CIRCULACIÓN (ARTÍCULOS 7 Y 22, CADH).** 82

X.   **VIOLACIÓN DE LOS PRINCIPIOS DE NO DISCRIMINACIÓN E IGUALDAD ANTE LA LEY (ARTÍCULOS 1.1 Y 24, CADH)** 83

XI.   **VIOLACIÓN DE LOS DEBERES DE GARANTIZAR EL PLENO GOCE DE LOS DERECHOS Y DE ADOPTAR LAS MEDIDAS NECESARIAS PARA HACERLOS EFECTIVOS (ARTÍCULOS 1 Y 2, CADH).** 85

XII.   **NO EXIGIBILIDAD EN ESTE CASO DE LA REGLA DEL PREVIO AGOTAMIENTO DE RECURSOS INTERNOS (ARTÍCULO 46, CADH).** 85

XIII.   CONCLUSIÓN 88

XIV.   PETITORIO 89

XV.   PETICIONARIOS 90

SEGUNDA PARTE: ESCRITO DE RESPUESTA A LAS PRE-GUNTAS FORMULADAS POR LA COMISIÓN INTER-AMERICANA DE DERECHOS HUMANOS EN FECHA 24 DE OCTUBRE DE 2007, CONSIGNADO EL 27 DICIEM-BRE DE 2007 92

I. RESPUESTA A LA COMUNICACIÓN DE LA CIDH FECHADA EL 24 DE OCTUBRE DE 2007 93

    A. Primer particular: "estatus del recurso de nulidad interpuesto por los representantes del señor Brewer Carías el 8 de noviembre de 2005." 93

    B. Segundo particular: efectos procesales de la falta de presencia física del señor Brewer Carías en el desarrollo del proceso conforme con la normativa interna venezolana. 94

    C. Tercer particular: resultados de la audiencia preliminar. En caso de no haberse realizado, tengan a bien indicar las razones por las cuales habría sido aplazada. 99

    D. Cuarto Particular: Piezas del expediente a las cuales Los Representantes del Señor Brewer Carías no han tenido acceso y Razones Que Motivan La Falta De Acceso 101

II. EL AGRAVAMIENTO DE LAS VIOLACIONES A LOS DERECHOS HUMANOS Y DE LA SITUACIÓN DE LA VÍCTIMA. 102

III. OBSERVACIONES RELATIVAS AL TRÁMITE DEL PRESENTE CASO 108

IV. PETITORIO 118

TERCERA PARTE: ESCRITOS COMPLEMENTARIOS A LA PETICIÓN FORMULADOS CON OCASIÓN DE LA SAN-CIÓN DE LA LEY DE AMNISTÍA DE 30 DE DICIEMBRE DE 2007 119

I. ESCRITO DE FECHA 25 DE FEBRERO DE 2008 SOBRE NUEVOS HECHOS CON OCASIÓN DE LA EJECUCIÓN DE LA LEY DE AMNISTÍA EL 31 DE DICIEMBRE DE 2007 119

II. ESCRITO COMPLEMENTARIO DE FECHA 30 DE ABRIL 2008 SOBRE LA EJECUCIÓN DE LA LEY DE AMNISTÍA.... 122

APÉNDICE 1: INFORME Nº 97/09 DE ADMISIBILIDAD DE LA COMISIÓN INTERAMERICANA DE DERECHOS HUMA-NOS DE FECHA 8 DE SEPTIEMBRE DE 2009 124

I. RESUMEN 125

II. TRÁMITE ANTE LA COMISIÓN 126

III. POSICIÓN DE LAS PARTES.. 126

    A. Posición de los peticionarios 126

        1. Contexto.. 126

        2. Hechos alegados en relación con el proceso judicial...... 128

        3. Alegatos sobre la violación de la Convención
            Americana... 135

        4. Alegatos sobre la admisibilidad del reclamo 140

    B. Posición del Estado.. 142

        1. Contexto.. 142

        2. Alegatos sobre la conducción del proceso judicial 144

        3. Alegatos sobre la admisibilidad del reclamo 151

IV. ANÁLISIS.. 152

    A. Competencia *ratione personae, ratione loci, ratione
       temporis* y *ratione materíae* de la comisión............................ 152

    B. Requisitos de admisibilidad 152

        1. Agotamiento de los recursos internos............................ 152

        2. Plazo de presentación de la petición............................. 157

        3. Duplicación de procedimientos y cosa juzgada
            internacional.. 157

        4. Caracterización de los hechos alegados 157

V. CONCLUSIONES.. 158

CUARTA PARTE: ESCRITO DE OBSERVACIONES ADICIO-
NALES PRESENTADO ANTE LA COMISIÓN INTER-
AMERICANA DE DERECHOS HUMANOS EN FECHA 30 DE
NOVIEMBRE DE 2009 160

I.   INTRODUCCIÓN Y CONTEXTO.. 160

II. VIOLACIÓN DE LAS GARANTÍAS JUDICIALES
    (ARTÍCULO 8, CADH).. 171

    1. Introducción.. 171

    2. Violación del derecho a ser oído por un juez o tribunal
       independiente e imparcial (artículo 8(1), cadh). 182

    3. Violaciones sobrevenidas al debido proceso originadas en
       el Decreto-Ley de Amnistía de 31 de diciembre de 2007....... 199

    4. Violación de la presunción de inocencia (artículo 8(2),
       CADH).. 210

    5. La violación de los derechos a ser oído y a la defensa
       (artículos 8(1) y 8(2)(f), CADH) 221

6. Violación de los derechos de ser oído y a los medios adecuados para la preparación de la defensa (artículos 8(1) y 8(2)(c), CADH) 222

7. La violación de los derechos a ser oído y a ser impuesto de la acusación en su contra (artículo 8(2)(b), CADH) 225

III. VIOLACIÓN DEL DERECHO A LA PROTECCIÓN JUDICIAL (ARTÍCULO 25, CADH) 229

IV. VIOLACIÓN DEL DERECHO A JUICIO EN LIBERTAD (ARTÍCULO 8.2, CADH).. 239

V. VIOLACIONES A LA LIBERTAD DE EXPRESIÓN (CADH, ART. 13)... 253

VI. PETITORIO.. 259

APÉNDICE 2: INFORME Nº 171/11 DE LA COMISIÓN INTERAMERICANA DE DERECHOS HUMANOS DE FECHA 7 DE MARZO DE 2012 RENDIDO CONFORME AL ARTICULO 50 DE LA CONVENCIÓN AMERICANA PARA EL SOMETIMIENTO DEL CASO ANTE LA CORTE INTERAMERICANA DE DERECHOS HUMANOS 261

I. RESUMEN 262

II. TRÁMITE ANTE LA COMISIÓN POSTERIOR AL INFORME DE ADMISIBILIDAD Nº 97/09................................. 262

III. POSICIONES DE LAS PARTES SOBRE EL FONDO 263

   A. Posición de los peticionarios 263

      1. Contexto... 263

      2. Hechos alegados en relación con el proceso judicial 264

      3. Alegatos sobre la violación de la Convención Americana.. 269

   B. Posición del Estado 276

      1. Contexto... 276

      2. Alegatos en relación con el proceso judicial 277

         a. Alegatos sobre la solicitud de nulidad de lo actuado 278

         b. Alegatos sobre el derecho a un recurso efectivo y al debido proceso 279

      3. Alegatos sobre el derecho a la libertad de expresión 284

IV. ANÁLISIS SOBRE EL FONDO 285

   A. Determinaciones de hecho 285

      1. Antecedentes... 285

      2. Hechos probados en relación con el proceso judicial..... 289

B. Determinaciones de derecho 299

    1. Derecho a las garantías judiciales y la protección judicial (Artículos 8.1 y 25 de la Convención Americana en relación con su artículo 1.1) 299

        a. Derecho a un juez imparcial e independiente 300

        b. Medios adecuados para la preparación de la defensa 309

        c. Derecho a la protección judicial (plazo razonable) 312

    2. Derecho a la libertad de expresión (Artículo 13 de la Convención Americana en relación con su artículo 1.1) 314

V. CONCLUSIONES 315

VI. RECOMENDACIONES 315

NOTA DE LA COMISIÓN INTERAMERICANA DE DERECHOS HUMANOS DE FECHA 7 DE MARZO DE 2012, DE SOMETIMIENTO DEL CASO Nº 12.724 (ALLAN R. BREWER CARÍAS v. VENEZUELA) A LA CORTE INTERAMERICANA DE DERECHOS HUMANOS 316

LIBRO SEGUNDO
ACTUACIONES ANTE LA CORTE INTERAMERICANA DE DERECHOS HUMANOS

QUINTA PARTE: ESCRITO AUTÓNOMO DE SOLICITUDES, ARGUMENTOS Y PRUEBAS PRESENTADO POR LOS REPRESENTANTES DE ALLAN R. BREWER-CARÍAS ANTE LA CORTE INTERAMERICANA DE DERECHOS HUMANOS CONTRA EL ESTADO VENEZOLANO, POR VIOLACIÓN DE SUS DERECHOS GARANTIZADOS EN LA CONVENCIÓN INTERAMERICANA DE DERECHOS HUMANOS, DE FECHA 7 DE JULIO DE 2012 321

INTRODUCCIÓN 324

OBJETO DEL ESCRITO DE SOLICITUDES, ARGUMENTOS Y PRUEBAS 328

PRIMERA PARTE: FUNDAMENTOS DE HECHO 330

I. AGOTAMIENTO DE RECURSOS INTERNOS 330

II. PERFIL DE LA VÍCTIMA EN EL PRESENTE CASO: ALLAN R. BREWER CARÍAS 333

III. SITUACIÓN GENERAL Y SISTEMÁTICA RESPECTO DE FALTA DE INDEPENDENCIA JUDICIAL Y SITUACIONES QUE AFECTAN LA INSTITUCIONALIDAD Y LAS INVESTI-GACIONES PENALES INDEPENDIENTES. ... 339

1. La sujeción política y jerárquica del Sistema Judicial y del Ministerio Público al Poder Ejecutivo en Venezuela: falta de independencia del Tribunal Supremo de Justicia 340

2. La provisionalidad de jueces y fiscales. Observaciones de organismos internacionales de derechos humanos 345

3. Una nueva faz de la reorganización judicial permanente de la inestabilidad de los jueces: la creación en 2011 de una "jurisdicción disciplinaria judicial" políticamente sometida, con jueces disciplinarios nombrados libremente por la asamblea nacional sin tener competencia constitucional para ello 357

4. El programa de regularización de la titularidad (PET): Un nuevo fraude a la Constitución y a la independencia judicial 360

5. La provisionalidad en el Ministerio Público 362

6. Un Poder Judicial al servicio del Poder Ejecutivo en un marco de ausencia de separación de poderes, y su confirmación por declaraciones públicas de un ex Magistrado del Tribunal Supremo en abril de 2012 364

IV. ANTECEDENTES RELEVANTES DE LA VIOLACIÓN DE LOS DERECHOS HUMANOS DEL PROFESOR BREWER CARÍAS. LOS SUCESOS DE ABRIL DE 2002 371

1. Movilización popular y anuncio de la renuncia del Presidente 371

2. Atención del profesor Brewer Carías al requerimiento de asistencia jurídica formulado por el Dr.Pedro Carmona Estanga 372

3. Vinculación mediática del profesor Brewer Carías con la redacción del decreto mediante informaciones referenciales de periodistas, y desmentido del Profesor Brewer Carías en relación con las informaciones referenciales de prensa 374

V. ACTOS DEL ESTADO QUE VIOLAN LA CONVENCIÓN AMERICANA SOBRE DERECHOS HUMANOS EN PERJUICIO DEL PROFESOR ALLAN BREWER CARÍAS.... 378

1. El Informe de la Comisión Parlamentaria Especial de 2002... 378

2. Hechos relacionados con el proceso judicial incoado contra el profesor Brewer Carías 379

A. Inicio del proceso de imputación contra el profesor
Brewer Carías... 379

B. Vulneración del derecho a un juez o tribunal
independiente e imparcial.. 382

    a. Los jueces temporales que intervinieron en la
causa contra el profesor Brewer Carías y sus
destituciones.. 382

    b. Fiscales provisorios que ha intervenido en el caso ... 383

C. Rechazo, adulteración y apreciación inexcusablemente
sesgada de las pruebas... 384

    a. Testimonio de Jorge Olavarría en 2002...................... 384

    b. Transcripciones adulteradas de entrevistas
televisadas 387

D. La negativa fiscal a evacuar pruebas promovidas por la
defensa y de suministrar copias del expediente.................. 389

    a. Copias y transcripciones... 389

    b. Negativa fiscal a admitir pruebas promovidas por
la defensa 391

E. Negativa de la Fiscal provisoria Sexta de permitir el
control de pruebas por la defensa... 393

F. Los intentos del juez de control provisorio por
controlar el expediente, la negativa de la Fiscal a ser
controlada, negativa de pruebas y la destitución del
juez.. 394

G. Salida del profesor Brewer Carías de Venezuela en
septiembre de 2005 y su permanencia en Nueva York 394

H. Acusación fiscal contra el profesor Brewer Carías y su
contestación solicitando nulidad de todo lo actuado. 395

I. Decisión del juez de control reconociendo que la falta
de realización de la audiencia preliminar no es
imputable a la permanencia de Brewer en el exterior 395

3. Vulneración de la presunción de inocencia 396

A. Violación del derecho a la presunción de inocencia por
la imputación basada en un supuesto "hecho notorio
comunicacional".. 397

B. Violación de la presunción de inocencia por
improcedente inversión de la carga de la prueba por
formulación expresa de la Fiscal provisoria Sexta........... 398

C. Violación de la presunción de inocencia por otros
órganos del Poder Público 398

4. *Hechos en relación con la persecución política contra el profesor Brewer Carías* 399

    A. *La Carta de Magistrados del Tribunal Supremo al Instituto Interamericano de Derechos Humanos y al Instituto Iberoamericano de Derecho Procesal Constitucional* 399

    B. *Información suministrada por la defensa al juez de control sobre la permanencia de Brewer Carías en Nueva York, y la solicitud de la Fiscal al juez de que dictase medida privativa de libertad en su contra, e inicio de la persecución en su contra incluso apelando a Interpol* 400

    C. *Persecución a escala internacional. Actuación del Embajador en República Dominicana, nueva solicitud de intervención de INTERPOL, e intento de conversión del delito imputado en otro delito de frustrado magnicidio* 401

    D. *Afirmación de la Fiscal sobre la percepción del profesor Brewer Carías sobre la justicia en el país* 406

    E. *La negativa de la Fiscal General de la República y del Juez de Control de aceptar la aplicación de la Ley de Amnistía al profesor Brewer Carías.* 411

SEGUNDA PARTE: FUNDAMENTOS DE DERECHO 416

I. VIOLACIÓN DE LAS GARANTÍAS JUDICIALES (ARTÍCULO 8, CADH) 416

II. VIOLACIÓN DEL DERECHO A SER OÍDO POR UN JUEZ O TRIBUNAL COMPETENTE, INDEPENDIENTE E IMPARCIAL (ARTÍCULO 8.1, CADH) 425

    1. *Un tribunal competente, independiente e imparcial* 426

    2. *La inestabilidad y falta de independencia de los jueces en Venezuela* 429

    3. *La ausencia de garantías de la independencia judicial* 431

    4. *La falta de imparcialidad judicial* 434

    5. *La persistencia del fenómeno durante todo el tiempo transcurrido desde que se inició el proceso penal contra el profesor Brewer Carías* 442

    6. *Provisionalidad, inestabilidad y falta de independencia en el Ministerio Público* 447

    7. *La violación del derecho del profesor Brewer Carías a un tribunal independiente e imparcial* 449

III. VIOLACIÓN DE GARANTÍAS JUDICIALES MÍNIMAS ATINENTES AL DERECHO A LA DEFENSA DE DISPONER DEL TIEMPO Y DE LOS MEDIOS ADECUADOS PARA LA PREPARACIÓN DE SU DEFENSA (CADH, ART. 8.2.C) Y DE PROMOVER Y REPREGUNTAR TESTIGOS (CADH, ART. 8.2.F) 458

1. La negativa de suministrar copias y de brindar pleno acceso al expediente 458

2. La negativa a admitir y evacuar pruebas promovidas por la defensa 461

    A. Negación general del derecho del imputado a promover pruebas durante la fase de investigación del proceso penal 462

    B. Rechazo arbitrario de testigo y otras pruebas relevantes promovidas por la defensa. 464

        a. Testimonio de Pedro Carmona Estanga 464

        b. Testimonio de Nelson Mezerhane 466

        c. Testimonio de Nelson Socorro 467

        d. Testimonio de Yajaira Andueza 467

        e. Testimonio de Guaicaipuro Lameda 467

        f. Testimonio de Leopoldo Baptista 468

    C. Prueba de informes sobre la migración del profesor Brewer Carías 468

3. La apreciación sesgada, aviesa y parcializada del acervo probatorio 468

    A. El libro "Mi testimonio ante la historia" del Sr. Pedro Carmona Estanga. 468

    B. El testimonio de Jorge Olavarría 469

4. Absurda apreciación de supuestas pruebas sobrevenidas y referenciales 470

5. Violación del derecho a la comunicación previa y detallada de la acusación formulada. 473

IV. VIOLACIÓN DE LA PRESUNCIÓN DE INOCENCIA (CADH, ART. 8.2) 477

1. La inculpación basada en un supuesto "hecho notorio comunicacional" 478

2. La formulación expresa de la Fiscal provisoria Sexta de la inversión de la presunción de inocencia. 485

3. Violación de la presunción de inocencia por otros órganos del Poder Público 486

A.   *Violación de la presunción de inocencia por la Asamblea Nacional* 487

B.   *Violación de la presunción de inocencia por el* **Tribunal Supremo de Justicia** 488

C.   *Violación de la presunción de inocencia por el Fiscal General de la República*... 489

D.   *Violación de la presunción de inocencia por los Embajadores de Venezuela en la República Dominicana y en Costa Rica* 490

4.   *Fundamentos jurídicos de la denuncia que formulamos de violación de la presunción de inocencia (art. 8.2 de la convención) en perjuicio del profesor Brewer Carías*.............. 491

A.   *La fundamentación de la imputación y de la acusación sobre publicaciones en medios de comunicación y el llamado hecho notorio comunicacional*.......................... 491

B.   *Sobre la violación de la presunción de inocencia por altos funcionarios y órganos del Estado.* 497

5.   *Conclusión sobre la presunción de inocencia* 500

V.   VIOLACIÓN DEL DERECHO A UN JUICIO EN LIBERTAD (ARTÍCULO 8(2), CADH) 501

VI. VIOLACIÓN DEL DERECHO A LA PROTECCIÓN JUDICIAL (CADH, ART. 25) 513

1.   *El ejercicio de los recursos judiciales disponibles solicitando protección judicial incluyendo el recurso de nulidad de todo lo actuado* 513

2.   *La posición asumida por la comisión en relación con las violaciones denunciadas del derecho a la protección judicial (plazo razonable) del profesor Brewer Carías.* 529

3.   *La violación del derecho a la protección judicial (plazo razonable) en el presente caso*.. 532

A.   *Consideraciones sobre el "recurso de nulidad," único disponible en el Derecho interna* 533

B.   *Características del recurso de nulidad por violación de derechos y garantías constitucionales establecido en los artículos 190 y siguientes del Código Orgánico Procesal Penal*.. 534

C.   *El recurso ejercido por los defensores del profesor Brewer Carías ante el Juez de Control el 8 de noviembre de 2005 fue el recurso de nulidad establecido en los artículos 190 y 191 del Código Orgánico Procesal Penal.* 540

D. Sobre la oportunidad para la decisión del "recurso de nulidad".. 542

E. El Juez de Control estaba obligado a decidir de inmediato, en forma perentoria, el "recurso de nulidad" ejercido por los defensores de Allan R. Brewer Carías por violaciones de sus derechos y garantías constitucionales, sin que fuera obligatorio que lo hiciera sólo en la "audiencia preliminar"............. 545

4. La audiencia preliminar en el proceso seguido el profesor Brewer Carías nunca se realizó por causas que le son ajenas 557

5. El condicionamiento de la decisión de la nulidad de todas las actuaciones demandada por el profesor Brewer Carías a la celebración de la audiencia preliminar del proceso penal en su contra, es una violación del artículo 25 de la convención 558

VII. VIOLACIÓN DEL DERECHO A LA HONRA (ART. 11, CADH)... 565

VIII. VIOLACIÓN DE LA LIBERTAD DE EXPRESIÓN (ART. 13, CADH) 565

IX. VIOLACIÓN DEL DERECHO A LA SEGURIDAD PERSONAL Y DE LA LIBERTAD DE CIRCULACIÓN (ARTS. 7 Y 22, CADH) 576

X. VIOLACIÓN DEL DERECHO A LA IGUALDAD Y NO DISCRIMINACIÓN (ART.S 1.1 Y 24, CADH)...................... 578

REPARACIONES Y COSTAS 588

I. OBLIGACIÓN DE REPARAR.............................. 588

II. BENEFICIARIOS DE LAS REPARACIONES 590

III. MEDIDAS DE REPARACIÓN 591

1. Medidas de restitución................................ 591

2. Medidas de cesación y satisfacción............................. 591

3. medidas de no repetición 592

4. Indemnización 595

5. Costos y gastos.. 596

PRUEBA 597

I. PRUEBA TESTIMONIAL OFRECIDA 597

II. PRUEBA PERICIAL OFRECIDA 598

III. PRUEBA DOCUMENTAL....................................... 600

1. Documentales que tienen por objeto demostrar que no era necesario agotar los recursos internos 601

2. *Documentales que demuestran el perfil de la víctima, profesor Allan Brewer Carías* 604

3. *Situación general y sistemática respecto de la falta de independencia judicial y otras situaciones que afectan la institucionalidad y las investigaciones penales independientes* 604

   A. *La sujeción política y jerárquica del Poder Judicial y del Ministerio Público al Poder Ejecutivo en Venezuela: la falta de independencia del Tribunal Supremo de Justicia*... 605

   B. *La provisionalidad de los jueces, la reestructuración permanente y el PET. La nueva jurisdicción disciplinaria judicial* 609

   C. *La provisionalidad en el Ministerio Público* 612

   D. *El Poder Judicial, como el Legislativo y el Ministerio Público, están al servicio del Poder Ejecutivo en un marco de ausencia de separación de poderes. "Historias secretas de un juez en Venezuela"* 613

4. *Documentales que tienen por objeto demostrar los antecedentes relevantes de la violación de los derechos humanos del profesor Brewer Carías* 614

   A. *La movilización popular y el anuncio de la renuncia del Presidente* 614

   B. *La atención del profesor Brewer Carías al requerimiento de asistencia jurídica formulado por el Señor Pedro Carmona* 615

   C. *Vinculación mediática del profesor Brewer Carías con la redacción del decreto mediante informaciones referenciales de periodistas, y desmentido del profesor Brewer en relación con las informaciones referenciales de prensa* 615

5. *Actos del Estado que violan la Convención Americana Sobre Derechos Humanos con relación al profesor Allan Brewer Carías*.. 617

   A. *El Informe de la Comisión Parlamentaria Especial de 2002* 617

   B. *El proceso judicial incoado contra el profesor Brewer Carías* 618

      a. *Inicio del proceso de imputación del profesor Brewer Carías*.. 618

    b. *Los jueces temporales que intervinieron en la causa contra el profesor Brewer Carías y sus destituciones* 619

    c. *Fiscales provisorios que han intervenido en el caso* . 619

    d. *Rechazo, adulteración y apreciación inexcusablemente sesgada de las pruebas. Negativa control de las pruebas. Negativa a emitir copias del expediente* 620

    e. *Salida del profesor Brewer Carías de Venezuela en septiembre de 2005 y su permanencia en Nueva York.* 625

    f. *Acusación fiscal contra el profesor Brewer Carías y su contestación solicitando la nulidad de todo lo actuado* 626

    g. *Decisión del Juez 25 de Control reconociendo que la falta de realización de la audiencia preliminar no es imputable a la permanencia del profesor Brewer en el extranjero* 627

  C. *Vulneración de la presunción de inocencia* 627

  D. *La persecución política del profesor Brewer Carías* 630

6. *Sobre la amnistía* 632

PETITORIO 634

SEXTA PARTE: ESCRITO DE OBSERVACIONES PRESENTADAS POR LOS REPRESENTANTES DE ALLAN R. BREWER-CARÍAS DE 6 DE MARZO DE 2013 A LA EXCEPCIÓN PRELIMINAR FORMULADA POR EL ESTADO EN EL ESCRITO DE CONTESTACIÓN (DE 12 DE NOVIEMBRE DE 2012) 635

INTRODUCCIÓN 635

I. APRECIACIÓN GENERAL SOBRE EL ESCRITO DE CON-TESTACIÓN DEL ESTADO A LA LUZ DE LAS EXIGENCIAS DEL ARTÍCULO 41 DEL REGLAMENTO DE LA CORTE 636

II. LA RECUSACIÓN DE LOS MAGISTRADOS Y SECRETARIO DE LA CORTE PLANTEADA COMO SUPUESTA "EXCEPCIÓN PRELIMINAR" EN EL ESCRITO DE CONTESTACIÓN DEL ESTADO 640

III. PRECISIONES SOBRE HECHOS MALICIOSAMENTE TERGIVERSADOS 641

1. *El profesor Brewer Carías es un exiliado y no huyó de Venezuela* 641

2. *La no celebración de la audiencia preliminar en el paródico proceso incoado contra el profesor Brewer Carías no obedeció a su ausencia sino a otras razones identificadas por el juez de la causa.* 647

IV. **LA EXCEPCIÓN DE FALTA DE AGOTAMIENTO DE LOS RECURSOS INTERNOS. CONSIDERACIÓN PRELIMINAR....** 651

V. **LAS EXCEPCIONES A LA REGLA DEL PREVIO AGOTAMIENTO DE LOS RECURSOS INTERNOS SE APLICAN AL PRESENTE CASO (ART. 46(2) CADH)** 657

1. *La inutilidad de los recursos internos intentados y la aplicación del artículo 46(2) de la convención* 660

   A. *El abatimiento de los recursos internos intentados por la defensa* 660

      a) En la fase de investigación del proceso penal 661

      b) En un incidente generado por una solicitud de la INTERPOL 663

      c) En incidente sobre la aplicación del Decreto-Ley de Amnistía 664

      d) En la solicitud de nulidad introducida junto con la contestación de la acusación 665

   B. *Las excepciones a la regla del previo agotamiento de los recursos internos* 665

2. *La demora injustificada en la decisión de la solicitud de nulidad de las actuaciones del Ministerio Público relativas a la fase de investigación del proceso penal* 677

   A. *La demora en decidir el recurso de nulidad es injustificada según el Derecho interno venezolano* 677

   B. *La demora en decidir el recurso de nulidad es injustificada según la Convención Americana sobre Derechos Humanos y el Derecho internacional* 681

SÉPTIMA PARTE: ESCRITO DE ALEGATOS Y OBSERVACIONES FINALES PRESENTADO POR LOS REPRESENTANTES DE ALLAN R. BREWER CARÍAS ANTE LA CORTE INTERAMERICANA DE DERECHOS HUMANOS DE 4 DE OCTUBRE DE 2013 685

INTRODUCCIÓN 685

Un disidente acosado y perseguido por el Estado 687

Un caso de debido proceso que el Estado trata de convertir en un caso de agotamiento de sus recursos internos: un dilema para la Corte Interamericana de Derechos Humanos 688

PRIMERA PARTE: LOS HECHOS 693

I. **SITUACIÓN GENERAL Y SISTEMÁTICA RESPECTO DE FALTA DE INDEPENDENCIA DEL PODER JUDICIAL Y SITUACIONES QUE AFECTAN LA INSTITUCIONA-LIDAD Y LAS INVESTIGACIONES PENALES INDE-PENDIENTES** 694

    1. *La sujeción política y jerárquica del sistema judicial y del Ministerio Público al Poder Ejecutivo en Venezuela: falta de independencia del Tribunal Supremo de Justicia* 694

    2. *La provisionalidad de jueces y fiscales.* 698

    3. *Una nueva faz de la reorganización judicial permanente y de la inestabilidad de los jueces: la creación de una "Jurisdicción Disciplinaria Judicial" políticamente sometida, con jueces disciplinarios nombrados libremente por la Asamblea Nacional sin tener competencia constitucional para ello* 701

    4. *El Programa de Regularización de la Titularidad (PET): un nuevo fraude a la Constitución y a la independencia judicial* 704

    5. *La provisionalidad en el Ministerio Público y su falta de independencia e imparcialidad* 706

    6. *Un Poder Judicial al servicio del Poder Ejecutivo en un marco de ausencia de separación de poderes, y su confirmación por declaraciones públicas de un ex Magistrado del Tribunal Supremo en abril de 2012* 708

II. **ANTECEDENTES RELEVANTES DE LA VIOLACIÓN DE LOS DERECHOS HUMANOS DEL PROFESOR BREWER CARÍAS. LOS SUCESOS DE ABRIL DE 2002** 709

    1. *Movilización popular y anuncio de la renuncia del Presidente* 710

    2. *Atención del profesor Brewer Carías al requerimiento de asistencia jurídica formulado por el Dr. Pedro Carmona Estanga* 711

    3. *Vinculación mediática del profesor Brewer Carías con la redacción del decreto mediante dichos referenciales de periodistas, y desmentido del profesor Brewer Carías en relación con las referencias de prensa* 712

III. **ACTOS DEL ESTADO QUE VIOLAN LA CONVENCION AMERICANA SOBRE DERECHOS HUMANOS EN PERJUICIO DEL PROFESOR ALLAN BREWER CARÍAS.** 715

    1. *El Informe de la Comisión Parlamentaria Especial de 2002...* 715

2. *Hechos relacionados con el proceso judicial incoado contra el profesor Brewer Carías* 716

   A. Inicio del proceso e imputación contra el profesor Brewer Carías 716

   B. Vulneración del derecho a un juez o tribunal independiente e imparcial 718

      a. Los jueces temporales que intervinieron en la causa contra el profesor Brewer Carías y sus destituciones 718

      b. Fiscales provisorios que intervinieron en el caso 719

   C. Rechazo, adulteración y apreciación sesgada de las pruebas 720

   D. La negativa fiscal a evacuar pruebas promovidas por la defensa y a suministrar copias del expediente 721

      a. Copias y transcripciones 721

      b. Negativa fiscal a admitir pruebas promovidas por la defensa 723

   F. Los intentos del juez de control provisorio por controlar el expediente, la negativa de la Fiscal a ser controlada, negativa de pruebas y la destitución del juez 724

   G. Salida del profesor Brewer Carías de Venezuela en septiembre de 2005 y su permanencia en Nueva York .. 725

   H. Acusación fiscal contra el profesor Brewer Carías y su contestación solicitando nulidad de todo lo actuado. 726

   I. Decisión del juez de control reconociendo que la falta de realización de la audiencia preliminar no es imputable a la permanencia de Brewer en el exterior ... 727

3. *Hechos relacionados con la vulneración de la presunción de inocencia* 728

   A. Fundamentación de la imputación en un "hecho notorio comunicacional" que no era tal 729

   B. Improcedente inversión de la carga de la prueba por formulación expresa de la Fiscal provisoria Sexta 729

   C. Declaraciones sobre la culpabilidad del profesor Brewer Carías por otros órganos del Poder Público 730

4. *Hechos en relación con la persecución política contra el profesor Brewer Carías* 730

A. La Carta de Magistrados del Tribunal Supremo al Instituto Interamericano de Derechos Humanos y al Instituto Iberoamericano de Derecho Procesal Constitucional.. 730

B. Información suministrada por la defensa al juez de control sobre la permanencia de Brewer Carías en Nueva York, y la solicitud de la Fiscal al juez de que dictase medida privativa de libertad en su contra, e inicio de la persecución en su contra incluso apelando a Interpol. 731

C. Persecución a escala internacional. Actuación del Embajador en República Dominicana, nueva solicitud de intervención de INTERPOL, e intento de conversión del delito imputado en otro delito de frustrado magnicidio 731

D. Afirmación de la Fiscal sobre la percepción del profesor Brewer Carías sobre la justicia en el país........ 733

E. La negativa de la Fiscal General de la República y del Juez de Control de aceptar la aplicación de la Ley de Amnistía al profesor Brewer Carías.............................. 734

SEGUNDA PARTE: DE LAS PRUEBAS... 738

I. LAS PRUEBAS DE LA COMISIÓN INTERAMERICANA DE DERECHOS HUMANOS.. 738

1. *Los documentos promovidos* 738

2. *Testimonios expertos* 738

A. Sr. José Zeitune 739

B. Testimonios expertos rendidos en otros casos, cuyo traslado se solicitó 739

II. LAS PRUEBAS DE LA VÍCTIMA 740

1. *La declaración de la víctima* 740

2. *Los documentos promovidos* 740

A. Documentos anexos al Escrito Autónomo de Solicitudes, Argumentos y Pruebas 740

B. Documentos anexos al Escrito de Observaciones a las Excepciones preliminares................................. 741

B. Documentos consignados en la Audiencia Pública........ 742

C. Otros documentos 743

3. *La prueba testimonial*... 743

A. León Henrique Cottin.. 744

B. José Rafael Odremán Lezama 744

4. *Experticias* 744

    A. **Caros Tiffer Sotomayor** 745

    B. **Antonio Canova González** 745

    C. **Jesús Ollarves Irazábal** 745

II. **LAS PRUEBAS DEL ESTADO: REFERENCIA A LOS MEDIOS OFRECIDOS Y PRODUCIDOS Y NUESTRAS OBSERVACIONES** 746

    1. *Los documentos promovidos* 748

    2. *Las testimoniales* 762

        A. **Julián Isaías Rodríguez** 762

        B. **Ángel Alberto Bellorín** 765

        C. **Luis Fernando Damiani Bustillos** 766

        D. **Santa Palella Stracuzzi** 767

        E. **Néstor Castellanos** 768

        F. **Mercedes Prieto Serra** 772

    3. *El peritaje del magistrado Octavio Sisco Ricciardi* 773

TERCERA PARTE: LA IMPROCEDENCIA DE LA EXCEPCIÓN PRELIMINAR DE FALTA DE AGOTAMIENTO DE LOS RECURSOS INTERNOS INVOCADA POR EL ESTADO 773

I. **LA REGLA DE NO AGOTAMIENTO DE LOS RECURSOS INTERNOS. CONSIDERACIONES GENERALES** 775

    1. *Una regla con raíces en el Derecho internacional general* 775

    2. *Una excepción indisociable del objeto y fin de la Convención.* 780

II. **LA EXCEPCIÓN DEL ESTADO FUNDADA EN EL ALEGADO NO AGOTAMIENTO DE LOS RECURSOS INTERNOS DEBE SER DESESTIMADA POR LA CORTE.** 782

    1. *El profesor Brewer Carías intentó todos los recursos internos disponibles para subsanar en la jurisdicción interna las violaciones a sus derechos humanos perpetradas en el proceso penal instaurado en su contra.* 782

        A. **La nulidad por inconstitucionalidad de todas las actuaciones fiscales** 782

        B. **Recursos interpuestos dentro de la investigación fiscal** 786

        C. **Recursos con ocasión de un incidente generado por una solicitud de la INTERPOL** 789

D. Recursos interpuestos en relación con la aplicación del Decreto-Ley de Amnistía 790

2. *El Estado interpuso la excepción relativa al agotamiento previo de los recursos internos de manera extemporánea y defectuosa, en términos que comportan la renuncia tácita a oponerla.* 793

III. TODAS LAS EXCEPCIONES A LA REGLA DEL PREVIO AGOTAMIENTO DE LOS RECURSOS INTERNOS SE APLICAN AL PRESENTE CASO 798

1. *Primera excepción: que no exista en la legislación interna del Estado de que se trata el debido proceso legal para la protección del derecho o derechos que se alega han sido violados. CADH, Art. 46(2)(a).* 802

2. *Segunda excepción: que no se haya permitido al presunto lesionado en sus derechos el acceso a los recursos de la jurisdicción interna, o haya sido impedido de agotarlos. CADH, Art. 46(2)(b)* 814

3. *Tercera excepción: que haya retardo injustificado en la decisión sobre los mencionados recursos. CADH, Art. 46(2)(c).* 817

   A. La demora en decidir el recurso de nulidad es injustificada según el Derecho interno venezolano 817

   B. La demora en decidir el recurso de nulidad es injustificada según la Convención Americana sobre Derechos Humanos y el Derecho internacional 835

CUARTA PARTE: VIOLACIÓN AL DERECHO A UN JUEZ IMPARCIAL E INDEPENDIENTE (ARTÍCULO 8.1, CADH) . 841

QUINTA PARTE: VIOLACIÓN DE LAS GARANTÍAS JUDI-CIALES MÍNIMAS ATINENTES AL DERECHO A LA DEFENSA DE DISPONER DEL TIEMPO Y DE LOS MEDIOS ADECUADOS PARA LA PREPARACIÓN DE SU DEFENSA (CADH, ART. 8.2.C) Y DE PROMOVER Y REPREGUNTAR TESTIGOS (CADH, ART. 8.2.F) 867

SEXTA PARTE: VIOLACIÓN DEL DERECHO A LA PRESUNCIÓN DE INOCENCIA Y A LA DEFENSA (ART. 8.1 CONVENCIÓN) 881

I. VIOLACIÓN A LA PRESUNCIÓN DE INOCENCIA POR LA INCULPACIÓN BASADA EN UN SUPUESTO HECHO NOTORIO COMUNICACIONAL 882

II. LA INVERSIÓN EXPLÍCITA DE LA PRESUNCIÓN DE INOCENCIA POR LA FISCAL 893

III. VIOLACIÓN DE LA PRESUNCIÓN DE INOCENCIA POR EL FISCAL GENERAL DE LA REPÚBLICA, ISAÍAS RODRÍGUEZ.. 894

IV. VIOLACIÓN DE LA PRESUNCIÓN DE INOCENCIA POR ÓRGANOS DEL ESTADO.. 909

SÉPTIMA PARTE: VIOLACIÓN DEL DERECHO A LA PRO-TECCIÓN JUDICIAL (ARTÍCULO 25, CONVENCIÓN) POR EL RETARDO INJUSTIFICADO EN DECISIÓN DEL RECURSO DE NULIDAD QUE ERA EL ÚNICO DISPO-NIBLE LUEGO DE LA ACUSACIÓN 911

OCTAVA PARTE: VIOLACIÓN AL DERECHO A LA IGUALDAD Y NO DISCRIMINACIÓN (ART. 24, CON-VENCIÓN) EN APLICACIÓN DE LA LEY DE AMNISTÍA.... 920

NOVENA PARTE: VIOLACIÓN AL DERECHO A LA HONRA (ART. 11, CONVENCIÓN).. 929

DÉCIMA PARTE: VIOLACIÓN DE LA LIBERTAD DE EXPRESIÓN (ART. 13, CONVENCIÓN) 930

DÉCIMA PRIMERA PARTE: VIOLACIÓN DE LA LIBERTAD DE (ARTS. 7 y 22, CONVENCIÓN).. 941

REPARACIONES Y COSTAS 944

I.   OBLIGACIÓN DE REPARAR 944

II.   BENEFICIARIOS DE LAS REPARACIONES 946

III. MEDIDAS DE REPARACIÓN 946

      1.   Medidas de restitución... 946

      2.   Medidas de cesación y satisfacción............................. 947

      3.   Medidas de no repetición... 948

      4.   Indemnización 951

      5.   Costos y gastos 952

PETITORIO.. 953

APÉNDICE 3: SENTENCIA Nº 277 DE 26 DE MAYO DE 2014 DE LA CORTE INTERAMERICANA DE DERECHOS HUMANOS Y VOTO CONJUNTO NEGATIVO DE LOS JUECES EDUARDO FERRER MAC GREGOR Y MANUEL VENTURA ROBLES.. 954

I.   INTRODUCCIÓN DE LA CAUSA Y OBJETO DE LA CONTROVERSIA.. 956

II.   PROCEDIMIENTO ANTE LA CORTE.................................... 959

III. EXCEPCIONES PRELIMINARES... 962

A. LAS "EXCEPCIONES PRELIMINARES" PRESENTADAS POR EL ESTADO RELACIONADAS CON LA RECU-SACIÓN DE JUECES Y AL SECRETARIO DE LA CORTE, Y EL RECHAZO DE LA EXCUSA PRESEN-TADA POR JUEZ EDUARDO VIO GROSSI 963

B. LA EXCEPCIÓN PRELIMINAR DE FALTA DE AGOTA-MIENTO DE RECURSOS INTERNOS 964

B.1. Argumentos del Estado, la Comisión y los representantes 964

B.2. Determinación de los hechos pertinentes para resolver la excepción preliminar sobre la falta de agotamiento de recursos internos 971

    B.2.1. Antecedentes 971

        B.2.1.1. Entre finales del año 2001 y abril de 2002 971

        B.2.1.2. El 11, 12 y 13 de abril de 2002 973

        B.2.1.3. Reacciones a los hechos ocurridos entre el 11 y el 13 de abril de 2002 974

    B.2.2. Hechos en relación con el proceso penal 976

        B.2.2.1. Investigación en contra de Pedro Carmona y por los hechos ocurridos el 11, 12 y 13 de abril de 2002 976

        B.2.2.2. Imputación al señor Brewer Carías 978

        B.2.2.3. Acusación al señor Brewer Carías 981

        B.2.2.4. Medida privativa de libertad 985

        B.2.2.5. Continuación del proceso después de la medida preventiva 987

B.3. Consideraciones de la Corte 989

    B.3.1. La presentación de la excepción en el momento procesal oportuno 989

    B.3.2. La presentación de recursos idóneos y efectivos para agotar la jurisdicción interna 990

    B.3.3 Las excepciones al previo agotamiento de recursos internos (artículo 46.2 de la Convención Americana) 999

        B.3.3.1 Que no exista en la legislación interna del Estado el debido proceso legal para la protección del derecho o derechos que se alega han sido violados (artículo 46.2.a) 1001

B.3.3.2. *Que no se haya permitido al presunto lesionado en sus derechos el acceso a los recursos de la jurisdicción interna, o haya sido impedido de agotarlos (artículo 46.2.b)* 1002

B.3.3.3. *Que haya retardo injustificado en la decisión sobre los mencionados recursos (artículo 46.2.c)* 1005

B.3.3.3.1. *Término y momento procesal establecidos en el derecho interno para resolver los recursos de nulidad* 1007

B.3.3.3.2. *Necesidad de la presencia del acusado en la audiencia preliminar y razones por las cuales se difirió la audiencia* 1013

B.3.4. *Conclusión sobre la excepción preliminar de falta de agotamiento de recursos internos* 1018

IV. PUNTOS RESOLUTIVOS 1018

VOTO CONJUNTO NEGATIVO DE LOS JUECES: MANUEL E. VENTURA ROBLES Y EDUARDO FERRER MAC-GREGOR POISOT 1020

1.   Objeto del debate 1021

1.1 *Posición del Estado* 1022

1.2 *Posición de los representantes* 1023

1.3 *Posición de la Comisión Interamericana de Derechos Humanos* 1025

1.4 *Criterio mayoritario respecto a la excepción preliminar de agotamiento de los recursos internos* 1026

2.   Disidencia 1028

2.1 *Presentación de los recursos idóneos y efectivos para agotar la jurisdicción interna* 1028

2.1.a *La presentación de la excepción en el momento procesal oportuno* 1028

2.1.b *La idoneidad de los recursos en el presente caso* 1030

2.1.c *Sobre la denominada "etapa temprana" como pretendido nuevo elemento en la regla del agotamiento de los recursos internos* 1032

2.2 *Excepciones a la regla del previo agotamiento de los recursos internos* 1040

    2.2.a *Que no exista en la legislación interna del Estado de que se trata el debido proceso legal para la protección del derecho o derechos que se alega han sido violados (art. 46.2.a de la Convención Americana)* 1040

    2.2.b *Que no se haya permitido al presunto lesionado en sus derechos el acceso a los recursos de la jurisdicción interna, o haya sido impedido de agotarlos (art. 46.2.b de la Convención Americana)* 1044

    2.2.c *Que haya retardo injustificado en la decisión sobre los mencionados recursos (art. 46.2.c de la Convención Americana)* 1051

        2.2.c.a *El término y el momento procesal establecidos en el derecho interno para resolver los recursos de nulidad* 1051

        2.2.c.b *La necesidad de la presencia del acusado en la audiencia preliminar y las razones por las cuales se difirió la audiencia* 1054

3. **Defensa del Estado de derecho y el ejercicio de la abogacía** 1063

INDICE GENERAL 1065